Die Kabinettsprotokolle
der Bundesregierung

Band 10 · 1957

Die Kabinettsprotokolle
der Bundesregierung

herausgegeben
für das Bundesarchiv
von
Hartmut Weber

Die Kabinettsprotokolle der Bundesregierung

Band 10 · 1957

bearbeitet
von
Ulrich Enders und Josef Henke

R. OLDENBOURG VERLAG MÜNCHEN 2000

Die Deutsche Bibliothek – CIP-Einheitsaufnahme

Deutschland / Bundesregierung:
Die Kabinettsprotokolle der Bundesregierung / hrsg. für das
Bundesarchiv. – Bd. 8. 1955 (1997) – ... – München : Oldenbourg, 1993 – ...
Erscheint unregelmäßig. – Bis Bd. 7. 1954 (1993) im Verl. Boldt, Boppard am Rhein. –
Bibliographische Deskription nach Bd. 10. 1957 (2000)
Frueher u. d. T.: Deutschland <Bundesrepublik> / Bundesregierung: Die Kabinetts-
protokolle der Bundesregierung

Bd. 10 1957. – (2000)
ISBN 3-486-56407-2

© 2000 Oldenbourg Wissenschaftsverlag GmbH, München
Rosenheimer Straße 145, D-81671 München
Internet: http://www.oldenbourg-verlag.de

Das Werk einschließlich aller Abbildungen ist urheberrechtlich geschützt. Jede Verwertung außerhalb der Grenzen des Urheberrechtsgesetzes ist ohne Zustimmung des Verlages
unzulässig und strafbar. Dies gilt insbesondere für Vervielfältigungen, Übersetzungen, Mikro-
verfilmungen und die Einspeicherung und Bearbeitung in elektronischen Systemen.

Gedruckt auf säurefreiem, alterungsbeständigem Papier (chlorfrei gebleicht).
Gesamtherstellung: R. Oldenbourg Graphische Betriebe Druckerei GmbH, München

ISBN 3-486-56407-2
ISSN 0723-6069

INHALTSVERZEICHNIS

Geleitwort 7
Zur Edition 9
Einleitung 15
   1. Beziehungen der Bundesrepublik Deutschland zu den westlichen Bündnispartnern und zu den Staaten des Ostblocks 15
   2. Die Gesetzgebungstätigkeit zum Ende der Legislaturperiode 29
   3. Bundestagswahlen und Regierungsbildung 40
Verzeichnis der Sitzungen und Tagesordnungspunkte 51
Protokolle 67
Anhang
   1. Geschäftsordnung der Bundesregierung 457
   2. Die Teilnehmer an den Kabinettssitzungen des Jahres 1957 467
   3. Übersicht zur Anwesenheit der regelmäßigen Teilnehmer an den Kabinettssitzungen 1957 491
   4. Zeittafel 497
Abkürzungsverzeichnis 503
Quellen- und Literaturverzeichnis 511
Personenindex 525
Sach- und Ortsindex 553

GELEITWORT

Nach Erscheinen der Kabinettsprotokolle des Jahres 1956 im Spätsommer 1998 hat die Editionsgruppe des Bundesarchivs mit der Publikation der Protokolle der Kabinettsausschüsse begonnen. Der erste Band des Kabinettsausschusses für Wirtschaft aus den Jahren 1951 bis 1953 liegt bereits vor, die beiden anderen Bände über die Jahre 1954 bis 1957 werden in den Jahren 2000 und 2001 erscheinen. Ferner liegt der Band vor, der die Sitzungsniederschriften des Ministerausschusses für die Sozialreform der Jahre 1955 bis 1960 enthält. Damit hat das Bundesarchiv dem Kabinettsbeschluß der Bundesregierung vom 20. Juli 1979 auch hinsichtlich der Veröffentlichung der Sitzungsniederschriften der Kabinettsausschüsse entsprochen. Das Bundesarchiv ist damit zugleich auch dem im Lauf der Jahre immer nachdrücklicher vorgetragenen Wunsch der wissenschaftlichen Forschung nach einer Präsentation der Ausschußprotokolle entgegen gekommen.

Es ist aber zugleich ureigenstes Anliegen auch archivischer Tätigkeit, historische Quellen wissenschaftlich aufzuarbeiten und einer breiten Öffentlichkeit zugänglich zu machen. So ist auch im Leitbild des Bundesarchivs die Verwertung von Archivgut in wissenschaftlichen Quelleneditionen ausdrücklich als Aufgabenbereich festgehalten. Die Präsentation von Quellen dient gleichzeitig dem Zweck, auf die in Archiven aufbewahrten Quellen und deren Nutzbarkeit hinzuweisen sowie zu deren Auswertung anzuregen. Die Edition historischer Quellen versteht sich daher als Dienstleistung für die Forschung wie für den interessierten Bürger.

Es freut mich, daß ich trotz der Ausweitung des Editionsprogramms nunmehr den Jahresband 1957 der Hauptreihe der Edition der Kabinettsprotokolle vorlegen kann. Ich bin weiter zuversichtlich, daß auch die Folgebände aus der dritten Legislaturperiode wie geplant publiziert und die von meinen Vorgängern im Amt Prof. Dr. Hans Booms ins Leben gerufene und von Prof. Friedrich P. Kahlenberg fortgeführte Editionsreihe erfolgreich fortgesetzt wird.

Mein herzlicher Dank für die Fertigstellung dieses Jahresbandes 1957 gilt daher insbesondere den Bearbeitern Dr. Ulrich Enders und Dr. Josef Henke. Daneben danke ich auch den übrigen Mitgliedern der von Dr. Josef Henke geleiteten Editionsgruppe des Bundesarchivs, Ralf Behrendt, Dr. Michael Hollmann, Bettina Martin-Weber, Uta Rössel, Christoph Schawe und Klaus Wagner. Sie haben die einzelnen Arbeitsstufen des Manuskripts mit kritischer Aufmerksamkeit begleitet und in konstruktiver Mitarbeit an der Entstehung dieses Bandes mitgewirkt.

Geleitwort

Weiterhin ist es eine angenehme Pflicht, für die zuverlässige kollegiale Unterstützung zu danken, die den Bearbeitern dieses Bandes von auswärtigen Archiven und Forschungsinstitutionen zuteil wurde. Ich danke den Kollegen und Mitarbeitern des Politischen Archivs des Auswärtigen Amtes, des Landesarchivs Berlin, der Stiftung Bundeskanzler Adenauer Haus, des Archivs für Christlich-Demokratische Politik der Konrad-Adenauer-Stiftung, des Archivs für Christlich-Soziale Politik der Hanns-Seidel-Stiftung, des Archivs des Deutschen Liberalismus der Friedrich-Naumann-Stiftung und des Archivs der sozialen Demokratie der Friedrich-Ebert-Stiftung. Stellvertretend für viele andere seien an dieser Stelle die Namen von Knud Piening, Dr. Heike Schroll, Dr. Hans Peter Mensing, Dr. Günter Buchstab, Dr. Renate Höpfinger, Raymond Pradier und Ulrich Cartarius genannt.

Schließlich danke ich den Kolleginnen und Kollegen der Fachabteilungen des Bundesarchivs an den verschiedenen Dienstorten für die nachhaltige Unterstützung. Bei den Recherchen im Bildarchiv war Brigitte Kuhl eine große Hilfe. Brigitte Josten und Anita Wennholz erledigten in gewohnter Zuverlässigkeit die Schreibarbeiten, Irmgard Wettengel las mit Zuverlässigkeit und Sorgfalt Korrektur. Sie alle sind in meinem herzlichen Dank eingeschlossen.

Die bereits mit der Drucklegung der letzten fünf Editionsbände erprobte Zusammenarbeit mit dem R. Oldenbourg Verlag in München hat sich auch bei der Edition des Jahresbandes 1957 bestens bewährt.

Koblenz, im Mai 2000

Hartmut Weber
Präsident des Bundesarchivs

ZUR EDITION

Gegenstand des vorliegenden Bandes der Edition „Die Kabinettsprotokolle der Bundesregierung" sind die Sitzungsniederschriften aus dem Jahr 1957, die in Form von Kurzprotokollen über die Sitzungen des Bundeskabinetts von Referenten des Bundeskanzleramts angefertigt wurden[1]. Die Protokolltexte wurden bis 1998 als geheime Verschlußsache in der Registratur des Bundeskanzleramts verwahrt, dann an das Bundesarchiv abgegeben und dort dem Bestand Bundeskanzleramt (B 136) zugeordnet. Sie sind bis zum Ende der 4. Wahlperiode im Herbst 1965 in zwei Serien – Entwürfe und Ausfertigungen – organisiert. Die Textvorlagen des Jahres 1957 befinden sich in den folgenden Bänden:

Serie der Ausfertigungen:

B 136/36115   160. – 174. Kabinettssitzung (22. Nov. 1956 – 7. März 1957)
B 136/36116   175. – 196. Kabinettssitzung (13. März 1957 – 9. Okt. 1957)
B 136/36117   1. – 19. Kabinettssitzung (28. Okt. 1957 – 26. März 1958).

Serie der Entwürfe:

B 136/36280   160. – 169. Kabinettssitzung (22. Nov. 1956 – 30. Jan. 1957)
B 136/36281   170. – 179. Kabinettssitzung (6. Febr. 1957 – 11. April 1957)
B 136/36282   180. – 196. Kabinettssitzung (17. April 1957 – 17. Okt. 1957)
B 136/36283   1. –   9. Kabinettssitzung (28. Okt. 1957 – 15. Jan. 1958).

Die Edition bietet in aller Regel den Text der Protokollausfertigungen. Sie werden hiermit ungekürzt, aber in graphisch aufgearbeiteter Form vorgelegt. Von den Ausfertigungen abweichende Entwurfsstadien werden im Anmerkungsapparat nur dann nachgewiesen, wenn es inhaltlich angemessen erscheint; bei rein stilistischen Bearbeitungen und orthographischen, syntaktischen oder stilistischen Korrekturen

---

[1] Zur Entstehung der Protokolltexte vgl. Kabinettsprotokolle 1954, S. IX–XII.

wird auf den Nachweis von Abweichungen verzichtet. Auch die der Entwurfsserie beigefügten Einladungen und deren Anlagen – mit der Ausnahme der Einladung zu der offensichtlich ausgefallenen Sondersitzung am 29. Mai 1957 – sowie das in die Protokollserien aufgenommene Schriftwerk bleiben von der Veröffentlichung ausgenommen. Nachträgliche Protokollkorrekturen – in der Regel dem ausgefertigten Protokoll als Anhang beigefügt oder in der „Kabinettskorrespondenz" gesammelt[2] – sind dagegen berücksichtigt und die ursprünglichen Textfassungen der Ausfertigungen in den Anmerkungen nachgewiesen.

Für alle Teile des Protokolltextes gilt – ebenso wie für Quellenzitate im Kommentar –, daß offensichtliche orthographische oder syntaktische Fehler der Textvorlagen stillschweigend korrigiert worden sind. In Zweifelsfällen sind die Korrekturen der Bearbeiter kenntlich gemacht. Darüber hinaus sind keine Vereinheitlichungen und Normalisierungen vorgenommen worden, um die Authentizität des Textes so weit wie möglich zu wahren.

Die Dokumentenköpfe sind von den Bearbeitern gestaltet worden. Sie enthalten in Abweichung von der originalen Textgestaltung in einheitlicher und übersichtlicher Form die den Textvorlagen entnommenen Angaben zu Teilnehmern sowie zu Zeit und Ort der Sitzungen. Die Reihenfolge der genannten Teilnehmer entspricht der Vorlage; Bundesminister, Staatssekretäre und andere Sitzungsteilnehmer sind jedoch durch Semikola voneinander abgetrennt. Soweit dies nicht bereits in den Vorlagen geschehen war, sind bei der Nennung der Ministerialbeamten stillschweigend das entsendende Ressort, bei den sonstigen Sitzungsteilnehmern entsprechende Hinweise auf ihre Funktion hinzugefügt worden.

Die Tagesordnung ist dem Protokoll in der Fassung der Ausfertigung entnommen. Die Angaben zu den Vorlagen einschließlich der Akten- bzw. Geschäftszeichen stammen dagegen in der Regel aus den Einladungsschreiben und sind gegebenenfalls ohne besondere Kennzeichnung von den Bearbeitern so weit wie möglich vervollständigt worden.

Die Formulierung der Tagesordnungspunkte im Protokolltext entspricht grundsätzlich dem Wortlaut der Vorlage. Das für den jeweiligen (ordentlichen) Tagesordnungspunkt federführende Ressort ist in der Höhe der Überschrift dann angegeben, wenn dessen Nennung auch Bestandteil der Tagesordnung in den Textvorlagen war.

Ordentliche Tagesordnung und Nachtragstagesordnung wurden in den Textvorlagen in der Regel durchgehend numeriert und sind in dieser Zählung in die Edition übernommen worden. Außerordentliche Tagesordnungspunkte erhielten dagegen meistens keine Numerierung. Bisweilen wurden ihnen aber vom Protokollanten, insbesondere bei fortlaufender Aufzählung im Protokolltext, ebenfalls arabische Nummern zugeordnet, so daß ordentliche und außerordentliche Tagesordnungspunkte einer Sitzung manchmal mit der gleichen Nummer bezeichnet wurden. Um jedem Tagesordnungspunkt eine eindeutige Kennzeichnung zu geben, werden deshalb in der Edition alle außerhalb der Tagesordnung behandelten Punkte

---

[2] Vgl. für die 1. bis 4. Wahlperiode B 136/36207 und 36208.

grundsätzlich mit fortlaufenden Großbuchstaben in eckigen Klammern markiert. Ordentliche einzige Punkte der Tagesordnung sind in den edierten Protokolltexten im Interesse der Zitierfähigkeit durch die Ziffer 1 in eckigen Klammern gekennzeichnet worden.

Außerhalb der ordentlichen Tagesordnung stehende und durch den Protokollanten nicht eigens überschriebene Textpassagen sind durch die Bearbeiter zur besseren inhaltlichen Überschaubarkeit mit Überschriften versehen worden. Diese nachträglich gebildeten Überschriften sind durch eckige Klammern gekennzeichnet und werden, wie außerordentliche Tagesordnungspunkte, mit Großbuchstaben eingeführt.

Die sprechenden Personen, die im Protokolltext der Vorlage in der Regel durch Unterstreichungen markiert wurden, sind in der Edition im Kursivsatz wiedergegeben.

Zum Protokoll gehörende Anlagen sind dann in den Text der Edition aufgenommen worden, wenn ihre Wiedergabe den Protokolltext ergänzt oder verständlicher macht. Dies gilt für die einzige für das Jahr 1957 nachgewiesene Langfassung eines Sitzungsprotokolls, nämlich zur 167. Sitzung (Fortsetzung) am 16. Januar 1957 TOP 3 (Brüsseler Regierungskonferenz zur Erweiterung der europäischen Integration), sowie für die Haushaltszusammenstellung des Bundesministers der Finanzen zur Sondersitzung am 28. März 1957 TOP 1 (Haushaltslage). Darüber hinaus ist zu TOP 1 der 2. Sitzung am 7. November 1957 (Entscheidungen über Gesetzentwürfe, die in der zweiten Legislaturperiode nicht mehr verabschiedet wurden) eine Anlage zur Kabinettsvorlage des Bundeskanzleramts auszugsweise in den Protokolltext inseriert worden. Diese eingefügten Texte sind jeweils durch Kursivschrift kenntlich gemacht.

Mit den Sitzungsmitschriften der Minister Seebohm und von Merkatz (seit Juni 1955)[3] stehen neben den resümierenden Berichten Bundesminister Schäffers für seinen Staatssekretär Hartmann und den Sitzungsnotizen Staatssekretär Hallsteins Parallelüberlieferungen zu den Kabinettsprotokollen zur Verfügung[4]. In zwei Fällen konnten im vorliegenden Jahresband 1957 mit Hilfe der Notierungen Seebohms im offiziellen Protokoll nicht erfaßte Verhandlungen des Kabinetts rekonstruiert werden. Dabei handelt es sich um die Ministerbesprechungen in der 179. Sitzung am 11. April 1957 TOP 1 (Aussprache über die Führung des Wahlkampfes) und in der 188. Sitzung am 10. Juli 1957 TOP A (Ministerbesprechung).

Der in den Anmerkungen präsentierte Kommentar zu den Protokolltexten verfolgt mehrere Ziele. Neben der textkritischen Beschreibung des Textkorpus dienen die Anmerkungen zunächst dazu, den Protokolltext verständlich zu machen und an den Beratungsgegenstand heranzuführen. Nicht allgemein bekannte Ereignisse und Institutionen sowie heute ungebräuchliche Begriffe werden bei ihrer ersten Erwähnung erläutert.

---

[3] Vgl. Kabinettsprotokolle 1955, S. 13 und Bildteil.
[4] Vgl. zu den Parallelüberlieferungen bis 1954 Kabinettsprotokolle 1954, S. XIV f.

Zur Edition

Insbesondere aber ist beabsichtigt, die zu den Beratungsgegenständen entstandene und im Bundesarchiv, aber auch in anderen Archiven verwahrte archivalische Überlieferung so weit wie möglich nachzuweisen. So werden die im Protokolltext angesprochenen Besprechungen, Schreiben, Vermerke, Gesetzestexte, Drucksachen, Zeitungsartikel usw. verifiziert und deren Fundstellen dokumentiert. Vor allem gilt das für die den Kabinettsberatungen zu Grunde liegenden Kabinettsvorlagen, die in den Beständen des jeweils federführenden Ressorts im Bundesarchiv oder im Politischen Archiv des Auswärtigen Amts sowie in der Regel auch im Bestand Bundeskanzleramt (B 136) im Bundesarchiv überliefert sind. Darüber hinaus soll dem Benutzer der Edition durch die Bezeichnung weiterer Unterlagen der zuständigen und qualifiziert beteiligten Ressorts der gezielte Einstieg in die einschlägige Sachaktenüberlieferung ermöglicht werden, ohne daß eine vollständige sachthematische Inventarisierung angestrebt wird. Auch auf Unterlagen in den verfügbaren Nachlässen von Kabinettsmitgliedern im Bundesarchiv und in den Parteiarchiven wird gegebenenfalls hingewiesen.

Durch die Hinweise „siehe" – für Rückverweise – und „Fortgang" soll im Kommentar der Gang der Beratungen einer Angelegenheit nachvollziehbar gemacht werden. Dies geschieht auch durch Querverweise auf die Sitzungen des Kabinettsausschusses für Wirtschaft und des Ministerausschusses für die Sozialreform, deren Protokolle derzeit in einer gesonderten Reihe im Rahmen der Edition „Die Kabinettsprotokolle der Bundesregierung" vom Bundesarchiv veröffentlicht werden[5].

Hinsichtlich der im Kabinett beratenen Gesetz- oder Verordnungsentwürfe wird auf die Nachzeichnung der sich an den Kabinettsbeschluß anschließenden parlamentarischen Behandlung verzichtet, sofern die Angelegenheit nicht wieder aus den Gesetzgebungskörperschaften ins Kabinett zurückkam. Nachgewiesen werden in jedem Fall die betreffenden Drucksachen des Bundesrats und des Bundestags und zwar mit den Nummern, welche die Regierungsvorlagen jeweils für die erste Behandlung dort erhielten. Abgeschlossen wird die Kommentierung mit dem Hinweis auf die amtliche Veröffentlichung von Gesetzen, Verordnungen, Regierungsabkommen, Beschlüssen oder Verlautbarungen.

Im Protokolltext genannte Personen erhalten bei ihrer ersten Nennung eine biographische Anmerkung. Ausgenommen bleiben alle in den Dokumentenköpfen aufgeführten Teilnehmer an den Kabinettssitzungen. Über deren Lebensdaten, insbesondere beruflichen Werdegang, informiert eine eigene Zusammenstellung in Anhang 2. Alle diese Kurzbiographien werden im Personenregister durch Fettdruck der betreffenden Seitenzahl nachgewiesen.

Sind bei den Kabinettsberatungen zu Personalsachen Namen nur den Anlagen zu entnehmen, so beschreibt der Kommentar zusammenfassend, welche und wie viele Positionen in den jeweiligen Ministerien und deren Geschäftsbereich besetzt werden sollten. Erst ab der Besetzung von Abteilungsleiterstellen in einem Ministerium

---

[5] Kabinettsausschuß für Wirtschaft. Band 1: 1951 bis 1953. Bearb. von Ulrich Enders; Band 2: 1954 bis 1955. Bearb. von Michael Hollmann (erscheint 2000); Band 3: 1956 bis 1957. Bearb. von Ralf Behrendt und Uta Rössel (erscheint voraussichtlich 2000). Ministerausschuß für die Sozialreform 1955 bis 1960. Bearb. von Bettina Martin-Weber. – Dagegen sind die Niederschriften über die Sitzungen des Bundesverteidigungsrats – dem Kabinettsbeschluß vom 20. Juli 1979 gemäß – weiterhin von der Edition ausgeschlossen.

(Ministerialdirektoren, gelegentlich auch Ministerialdirigenten) und von auswärtigen Vertretungen (einschließlich Konsulaten) sowie ab der Ernennung von Brigadegeneralen, von Bundesrichtern, Oberfinanz- und Senatspräsidenten, Präsidenten von Landesarbeitsämtern, Bundesbahn- und Oberpostdirektionen und anderen Leitern, im allgemeinen auch stellvertretenden Leitern von Bundesbehörden werden die im Protokoll nicht genannten Namen aus den (nicht abgedruckten) Anlagen in die Anmerkungen übernommen.

Wissenschaftliche Literatur ist nur dann angegeben, wenn der Sachkommentar dadurch wesentlich entlastet werden kann. Die Zitierung erfolgt unter Verwendung von Kurztiteln, die im Literaturverzeichnis aufgelöst sind.

Die Einleitung verfolgt den Zweck, die Beratungen im Kabinett in den allgemeinen ereignisgeschichtlichen Rahmen des Jahres 1957 einzuordnen. Ein Verzeichnis der Sitzungen und Tagesordnungspunkte führt unmittelbar zu den beratenen Gegenständen. Dem Band beigegeben sind weiterhin ein Abdruck der Geschäftsordnung der Bundesregierung (Anhang 1), neben dem erwähnten biographischen Verzeichnis der Sitzungsteilnehmer (Anhang 2) graphische Übersichten über die Anwesenheit der regelmäßigen Teilnehmer an den Kabinettssitzungen (Anhang 3), eine Zeittafel (Anhang 4), ein Abkürzungsverzeichnis, ein Quellen- und Literaturverzeichnis, ein Personenindex, dessen Hinweise auf Bundeskanzler, Bundesminister und Staatssekretäre spezifiziert sind, sowie ein in der Regel zweigliedriger Sach- und Ortsindex.

EINLEITUNG

1. Beziehungen der Bundesrepublik Deutschland zu den westlichen Bündnispartnern und zu den Staaten des Ostblocks

Die Neuregelung der Beziehungen zu den Westmächten durch die Pariser Verträge und der Beitritt der Bundesrepublik Deutschland zum NATO-Bündnis im Mai 1955 hatten den Kurs der Bundesrepublik auf eine Kooperation und Integration mit den westlichen Bündnispartnern festgelegt. Er schuf die Voraussetzungen auch für eine Verständigung der Bundesrepublik mit Frankreich. Die Bereitschaft der Bundesregierung, sich an einer wirtschaftlichen Integration der Länder der Montanunion unter gemeinsamen politischen Institutionen zu beteiligen, hatte auch eine Lösung der Saarfrage und die Eingliederung des Saarlandes in die Bundesrepublik zum Januar 1957 ermöglicht.

Die 1955 erfolgte Aufnahme der ebenfalls in die Souveränität entlassenen DDR in den Warschauer Pakt hatte auf internationaler Ebene die politische und militärische Blockbildung abgeschlossen und, unterstützt durch die von der Sowjetunion verkündete Doktrin der friedlichen Koexistenz, eine Phase der Entspannung eingeleitet. Sie ließ die Frage nach der Wiedervereinigung Deutschlands in den Hintergrund treten, während sich bei den Supermächten USA und UdSSR in der Frage der kontrollierten Abrüstung und des Disengagements eine Verständigungsbereitschaft abzeichnete. Die Suez-Krise und die Ereignisse in Osteuropa ab der zweiten Hälfte des Jahres 1956, aber auch Irritationen im westlichen Verteidigungsbündnis hatten jedoch neue Spannungen hervorgerufen, die die Bundesregierung zu erhöhter Aufmerksamkeit und raschem Handeln veranlaßten.

NATO-Bündnis und Atombewaffnung

Der Einmarsch sowjetischer Truppen in Ungarn im November 1956 hatte bei der Bundesregierung und in der deutschen Öffentlichkeit den Eindruck einer unmittelbaren Bedrohung der Bundesrepublik durch die Sowjetunion gefestigt und gleichzeitig verdeutlicht, wie sehr die Existenz der noch unbewaffneten Bundesrepublik von der Verteidigungsbereitschaft und dem Engagement der Vereinigten Staaten als Führungsmacht des westlichen Lagers abhängig war. Diese Abhängigkeit mußte als um so problematischer empfunden werden, als die Beziehungen zu den USA selbst starken Schwankungen ausgesetzt gewesen waren.

Einleitung

Im Sommer 1956 hatte die amerikanische Regierung den nach dem Vorsitzenden der Vereinigten Stabschefs der US-Streitkräfte Admiral A.W. Radford benannten „Radford-Plan" veröffentlicht, der eine deutliche Verringerung der konventionellen Bodentruppen und eine verstärkte Ausstattung des „Strategic Air Command" mit Atomwaffen vorsah. Die einseitige und überraschende Bekanntgabe einer derartig weitreichenden militärstrategischen Neuorientierung hatte bei den NATO-Verbündeten erhebliche Unruhe ausgelöst. Besonders Bundeskanzler Adenauer empfand die Vorgehensweise der USA als brüskierend. Er hatte sich kurz vor der Bekanntgabe in den USA aufgehalten, ohne über diese Planungen unterrichtet worden zu sein. Er sah nicht nur das persönliche Vertrauensverhältnis zu den führenden Politikern der USA erschüttert, auch der Umrüstungsplan selbst erschien ihm sicherheitspolitisch unannehmbar, da er die Gefahr eines auf dem Boden der Bundesrepublik ausgetragenen Atomkrieges erhöhen mußte[1].

Nach massiver bündnisinterner Kritik zogen die USA den Radford-Plan zurück. Auf der NATO-Gipfelkonferenz im Dezember 1956 einigten sich die Bündnispartner darauf, an starken konventionellen Streitkräften festzuhalten, gleichzeitig aber auch die Ausrüstung der NATO-Truppen in Europa mit taktischen Atomwaffen, d.h. mit Atomwaffen von begrenzter Zerstörungskraft und Radioaktivität, voranzutreiben. Diese Kombination sollte das Verteidigungspotential erhöhen und zugleich eine größere Flexibilität in der Reaktion auf einen möglichen Angriff sicher stellen[2].

Für die Bundesregierung bedeutete dieser Beschluß, von der bisherigen Konzeption einer rein konventionellen Aufrüstung abzurücken und die Ausstattung der Bundeswehr mit atomaren Trägerwaffen sowie die Stationierung taktischer Atomwaffen auf dem Boden der Bundesrepublik innenpolitisch vorzubereiten. Auf dem Weg dahin beschränkten sich Bundesverteidigungsminister Franz Josef Strauß und Bundeskanzler Adenauer zunächst darauf, in der Öffentlichkeit eine Ausrüstung der Bundeswehr mit modernen Waffen zu fordern, die dem technischen Ausrüstungsniveau der Bündnispartner gleichwertig sein sollten[3]. Daß sich hinter dieser Forderung der Ruf nach taktischen Atomwaffen verbarg, wurde erstmals in einem Presseinterview am 5. April 1957 deutlich, als Adenauer auf die Frage nach den Umrüstungsplänen der Bundesregierung erklärte: „Die taktischen Atomwaffen sind im Grunde nichts anderes als eine Weiterentwicklung der Artillerie, und es ist ganz selbstverständlich, daß bei einer so starken Fortentwicklung der Waffentechnik, wie wir sie leider haben, wir nicht darauf verzichten können, daß auch unsere Truppen - das sind ja beinahe normale Waffen - die neuesten Typen haben und die neueste Entwicklung mitmachen. [...] Diese ganze Entwicklung ist also im vollen Fluß, und wir Deutschen können diese Entwicklung nicht stoppen. Wir müssen uns der Entwicklung anpassen. [...]"[4].

Die Ausführungen Adenauers, vor allem sein Vergleich von Atomwaffen mit der Artillerie, ließen Zweifel an der Kompetenz des Bundeskanzlers aufkommen[5] und

---

[1] Vgl. 144. Sitzung am 20. Juli 1956 TOP A (Kabinettsprotokolle 1956, S. 484–489).
[2] Zur NATO-Konferenz siehe 164. Sitzung am 19. Dez. 1956 TOP I (Kabinettsprotokolle 1956, S. 775–777).
[3] Vgl. dazu Haftendorn, Sicherheit, S. 162–166.
[4] Text des Presseinterviews in B 145 I/68.
[5] Vgl. dazu Schwarz, Adenauer, S. 333 und Schwarz, Ära Adenauer, S. 359.

Einleitung

lösten heftige Gegenreaktionen in der Öffentlichkeit aus. Ein besonderes Gewicht in der sich entwickelnden Protestbewegung gegen die Atomrüstungspläne der Bundesregierung gewann dabei die „Göttinger Erklärung" vom 12. April 1957. In ihr hatten 18 angesehene Atomphysiker, darunter die Nobelpreisträger Max Born, Otto Hahn, Max von Laue und Werner Heisenberg, auf die selbstzerstörerische Wirkung eines Einsatzes von Atombomben hingewiesen und vor einer atomaren Aufrüstung der Bundeswehr gewarnt. Adenauer konnte in einem Gespräch mit den Professoren eine Eskalation der Auseinandersetzung abwenden und damit der Gefahr entgehen, daß die Atombewaffnung Hauptthema des Wahlkampfes würde[6].

Auch die SPD lehnte aus sicherheits- und deutschlandpolitischen Gründen eine Atombewaffnung grundsätzlich ab. Nach ihrer Auffassung mußte die nukleare Aufrüstung die Spannungen zwischen Ost und West verschärfen und die Chancen einer Wiedervereinigung Deutschlands beeinträchtigen. In einer Großen Anfrage vom 2. April 1957, in der sich die SPD-Fraktion nach den Rüstungsplänen der Bundesregierung erkundigte, suchte sie den offenen Schlagabtausch mit der Bundesregierung[7]. Der Entwurf der von Verteidigungsminister Strauß ausgearbeiteten Antwort wurde in einer eigens einberufenen Kabinettssitzung am 9. Mai 1957 beraten, an der auch führende Vertreter der Koalitionsfraktionen teilnahmen[8]. Die vom Kabinett genehmigte Stellungnahme konzentrierte sich im Kern auf die Aussage, daß Atomwaffen integraler Bestandteil der militärischen Planungen des NATO-Bündnisses und daher für die Bundesrepublik als Mitgliedsstaat verbindlich seien, die Bundesregierung aber selbst keine nationale Verfügungsgewalt über diese Waffen anstrebe. Ferner wurde in der Stellungnahme betont, daß die Bundesregierung in ihrer Sicherheitspolitik keine Alternative zum NATO-Bündnis sehe, eine Mitgliedschaft im westlichen Verteidigungsbündnis sich notwendig aus der Bedrohung durch die Sowjetunion ergebe und der Frieden nur über den Besitz und die abschreckende Wirkung von Atomwaffen gesichert werden könne.

Die SPD war in ihrer Anfrage auch auf eine Stabsübung der NATO eingegangen, die unter dem Decknamen „Lion Noir" vom 21. bis 27. März 1957 durchgeführt und in der erstmals der Bodeneinsatz taktischer Atomwaffen auf dem Gebiet der Bundesrepublik geübt worden war. Die Bundesregierung gab hierzu nur eine ausweichende Antwort[9]. Die Auswertung der Stabsübung hatte nämlich ergeben, daß bei bestehendem Kräfteverhältnis ein begrenzter, von den Ländern des Ostblocks ausgehender atomarer Konflikt den Verlust von zwei Drittel des Gebietes der Bundesrepublik verursachen und zerstörte Infrastrukturen insbesondere entlang des Rheins und hohe Verluste bei der zivilen Bevölkerung hinterlassen würde[10].

Für die Bundesregierung war diese negative Bilanz eher ein weiteres Argument für eine auf der Abschreckung aufbauende Politik der atomaren Aufrüstung. Die

---

[6] Vgl. 180. Sitzung am 30. April 1957 TOP A.
[7] Vgl. 180. Sitzung am 30. April 1957 TOP 4.
[8] Vgl. Sondersitzung am 9. Mai 1957.
[9] Zur Bundestagsdebatte am 10. Mai 1957 vgl. Stenographische Berichte, Bd. 36, S. 12051–12138, zur Analyse der in der Bundestagsdebatte am 10. Mai 1957 zum Ausdruck kommenden unterschiedlichen Konzeptionen zwischen Regierung und Opposition vgl. Pöttering, Sicherheitspolitik, S. 101–115.
[10] Vgl. Sondersitzung am 29. Mai 1957.

Einleitung

Weichen hierfür waren nur wenige Tage vor der Bundestagsdebatte gestellt worden, als die Außenminister auf der NATO-Konferenz vom 2. bis 4. Mai 1957 in Bonn sich grundsätzlich für eine Ausrüstung der NATO-Truppen mit taktischen Atomwaffen aussprachen und eine Überprüfung des für die Verteidigungszwecke erforderlichen Verhältnisses von konventionellen und atomaren Waffen in Auftrag gaben[11]. Auch eine Note, die Adenauer am 27. April 1957 kurz vor der NATO-Tagung von dem sowjetischen Ministerpräsidenten Bulganin erhalten hatte, konnte die Bundesregierung von ihrer Überzeugung nicht mehr abbringen. Bulganin hatte darin eindringlich vor den Plänen einer nuklearen Aufrüstung und deren Folgen gewarnt und auf die negativen Auswirkungen für die Wiedervereinigung hingewiesen[12].

Doch wenige Monate später war es die Sowjetunion selbst, die das westliche Verteidigungsbündnis zu weiteren Schritten im Rüstungswettlauf veranlaßte. Mit dem erfolgreichen Start der Satelliten Sputnik 1 und Sputnik 2 am 4. Oktober und 2. November 1957 hatte die Sowjetunion einer überraschten Weltöffentlichkeit ihre Fortschritte in der Raketentechnik demonstriert. Diese Erfolge wurden gleichzeitig als Beweis der militärischen Stärke der Sowjetunion gewertet, auf die das NATO-Bündnis bei den anstehenden rüstungs- und militärstrategischen Entscheidungen unmittelbar eine Antwort suchte. So verständigten sich die Regierungschefs auf der NATO-Gipfelkonferenz in Paris im Dezember 1957 darauf, die Rüstungsproduktion generell zu erhöhen und besser aufeinander abzustimmen, sowie die Konsultationsmechanismen innerhalb des Bündnisses zu verbessern. Wesentlicher aber und von weitreichenderer Bedeutung war der Beschluß, unter amerikanischer Verfügungsgewalt die NATO mit Atommunition auszustatten, auf dem Territorium der Verbündeten Lager mit Atomsprengköpfen zum sofortigen Einsatz im Ernstfall anzulegen und Mittelstreckenraketen für einen Vergeltungsschlag bereitzustellen[13].

Adenauer, der der Konferenz mit Skepsis entgegengesehen hatte, war mit den Ergebnissen des Pariser NATO-Gipfels hoch zufrieden. Es war gelungen, durch Kooperation auf nuklearem Gebiet den politischen Zusammenhalt des Bündnisses zu festigen, das westliche Bündnis militärisch zu stärken und das Engagement der USA im NATO-Bündnis langfristig zu sichern[14].

Ende des Jahres 1957 war auch eine weitere Krise des NATO-Bündnisses überwunden, die von den britischen Plänen zu einer Reduzierung der Stationierungstruppen in Deutschland ausgegangen war. Bereits im Sommer 1956 hatte die britische Regierung eine Verringerung ihrer Truppen angekündigt und am 14. Februar 1957 dem NATO-Rat einen entsprechenden Beschluß formell bekanntgegeben[15]. Er stieß im NATO-Bündnis auf breiten Widerstand. Insbesondere die Bundesregierung wandte sich in den NATO-Gremien gegen diesen Beschluß, der nach ihrer Auffassung die Kampfkraft des Bündnisses entscheidend schwächen und die Sicherheit der Bundesrepublik unmittelbar gefährden würde. Zudem befürchtete Adenauer,

---

[11] Vgl. 180. Sitzung am 30. April 1957 TOP A.
[12] Vgl. 180. Sitzung am 30. April 1957 TOP A.
[13] Vgl. 7. Sitzung am 13. Dez. 1957 TOP A.
[14] Vgl. Adenauer, Erinnerungen 1955–1959, S. 346.
[15] Vgl. 171. Sitzung am 15. Febr. 1957 TOP D.

Einleitung

wie er in einem Gespräch mit dem Oberkommandierenden der NATO-Streitkräfte in Europa, General Lauris Nordstad, am 21. Mai betonte, daß Großbritannien, das am 15. Mai 1957 seine erste Wasserstoffbombe gezündet hatte, die atomare Aufrüstung forcieren und den Zusammenhalt des Bündnisses durch seine Aufspaltung in atomwaffenlose und atomwaffenbesitzende Mächte entscheidend schwächen könnte[16].

Aufgrund einer Initiative Adenauers konnte auch diese Krise im Bündnis überwunden werden. Adenauer hatte vorgeschlagen, die von der britischen Regierung geforderten Einsparungen durch eine Umstrukturierung zu erzielen, ohne jedoch die Kampfkraft der Stationierungstruppen zu beeinträchtigen[17]. Daneben stellte die Bundesregierung im NATO-Rat den Antrag, die militärische Stärke des Bündnisses und die Anforderungen zur Erfüllung der Verteidigungszwecke zu überprüfen. Das Ergebnis dieser Untersuchung bestätigte die Bedeutung der konventionellen Streitkräfte für die Militärstrategie des Bündnisses. Es eröffnete der Bundesregierung den Weg, durch einen eigenen militärischen Beitrag in Form konventioneller Rüstung Gewicht und Stimme im Bündnis zu erwerben. Sie nutzte auch diese Situation, als sie in ihrem NATO-Jahresbericht vom Herbst 1957 ankündigte, die Aufstellung des Heeres zu beschleunigen[18].

Abrüstung und Wiedervereinigung

Die einseitige Bekanntgabe des Radford-Plans im Sommer 1956, das gemeinsame Vorgehen der USA und der Sowjetunion gegen die NATO-Bündnispartner Großbritannien und Frankreich zur Beilegung des Suez-Konfliktes und schließlich die Aufforderung des sowjetischen Ministerpräsidenten Bulganin an Eisenhower vom November 1956 zu einer amerikanisch-sowjetischen Zusammenarbeit hatten bei Adenauer die Befürchtung ausgelöst, die USA könnten zu einer Verständigung mit der Sowjetunion gelangen und die Interessen ihrer kleineren Bündnispartner vernachlässigen[19].

Eine Zusammenarbeit der beiden Atommächte schien tatsächlich auf dem Gebiet der Abrüstung nicht ausgeschlossen. Eine Annäherung hatte sich angedeutet, als noch vor einer Wiederaufnahme der Verhandlungen im Unterausschuß der UNO-Abrüstungskommission im März 1957 die USA und die Sowjetunion in der Frage der Errichtung von Inspektionszonen und entmilitarisierten Zonen einander entgegengekommen waren[20]. Die Bundesregierung verfolgte diese Entwicklung mit Skepsis. Sie befürchtete, eine Verständigung in Abrüstungsfragen könne eine Lösung der politischen Ursachen der internationalen Spannungen in den Hintergrund drängen und insbesondere den Status quo des geteilten Deutschland für eine unbestimmte Dauer festschreiben[21]. Schon während der ersten Phase der Abrüstungs-

---

[16] Vgl. 183. Sitzung am 21. Mai 1957 TOP A.
[17] Vgl. 175. Sitzung am 13. März 1957 TOP 1 und 176. Sitzung am 20. März 1957 TOP 1.
[18] Vgl. dazu 4. Sitzung am 21. Nov. 1957 TOP 6.
[19] Vgl. dazu die Ausführungen Adenauers in der Sondersitzung des Kabinetts am 9. Nov. 1956 (Kabinettsprotokolle 1956, S. 703–710, hier S. 706–708).
[20] Vgl. 176. Sitzung am 20. März 1957 TOP 1.
[21] Vgl. Sondersitzung am 12. April 1956 TOP 1 (Kabinettsprotokolle 1956, S. 302).

verhandlungen im Frühjahr und Sommer 1956 hatte sich die Bundesregierung daher bei den westlichen Teilnehmerstaaten USA, Großbritannien, Frankreich und Kanada für ein Junktim von Abrüstung und Wiedervereinigung eingesetzt[22]. Eine weitere Gefahr sah die Bundesregierung in den Plänen zur Errichtung rüstungsverdünnter Zonen in Europa. Sie befürchtete, daß derartige Zonen eine Entwicklung zur Neutralisierung einleiten könnten, an deren Ende die Bundesrepublik militärisch vom Westen abgekoppelt und einem Zugriff der Sowjetunion schutzlos ausgeliefert sein würde.

So versetzten Pressemeldungen über ein Interview des amerikanischen Präsidenten Eisenhower vom 8. Mai 1957 zum Stand der Abrüstungsverhandlungen die Bundesregierung erneut in Aufregung. Die Äußerungen Eisenhowers waren dahingehend interpretiert worden, daß die USA erstmalig der Bildung von Luftinspektionszonen und in weiterem Sinne einer rüstungskontrollierten Zone in Europa zustimmen und auf die bisherige Vorbedingung der Regelung politischer Fragen wie die der Wiedervereinigung verzichten würden[23]. Dementis und Rücksprachen konnten die Bundesregierung zwar besänftigen, sie verfolgte aber die weiteren Abrüstungsverhandlungen mit erhöhter Aufmerksamkeit. Ihr Mißtrauen galt dabei vor allem dem amerikanischen Chefunterhändler Harold Stassen, der durch Eigenmächtigkeiten und mangelhafte Unterrichtung der Bündnispartner wiederholt Anlaß zu Besorgnis gegeben hatte[24].

Die Situation entspannte sich, als Adenauer bei seiner USA-Reise im Mai 1957 die amerikanische Regierung auf seine Linie der Deutschlandpolitik festlegen konnte. In dem gemeinsamen Kommuniqué vom 28. Mai 1957 wurde festgehalten, daß einem Abrüstungsabkommen eine Lösung der deutschen Frage notwendig vorausgehen müsse und die Vereinigten Staaten keine Abrüstungsmaßnahmen eingehen würden, die die Wiedervereinigung Deutschlands präjudizieren könnten[25].

Doch schon wenige Tage später sah sich die Bundesregierung erneut zu Besorgnis veranlaßt. Stassen hatte am 31. Mai 1957 dem sowjetischen Chefunterhändler Valerian Sorin ohne vorherige Unterrichtung der westlichen Verbündeten ein Memorandum übergeben, das erstmals auch die Errichtung von Bodeninspektionszonen in der rüstungsbeschränkten Zone Europas zur Diskussion stellte. Der amerikanische Unterhändler war damit deutlich über die Positionen hinausgegangen, die Dulles noch am 27. Mai gegenüber Adenauer bezogen hatte. Im Auswärtigen Amt fühlte man sich an die Vorgehensweise im Jahr zuvor erinnert, als der Radford-Plan unmittelbar nach dem Besuch Adenauers in den USA veröffentlicht worden war[26].

Stassens Vorschlag ließ die Befürchtungen wieder aufleben, die Verhandlungen könnten zu einer Abtrennung der Abrüstungsfrage von der politischen Forderung nach Wiedervereinigung führen. Dagegen konnte die Bundesregierung die soge-

---

[22] Vgl. Adenauer, Erinnerungen 1955–1959, u.a. S. 35–37 und 281–284, dazu insbesondere Pöttering, Sicherheitspolitik, S. 146 f., zum „flexiblen Junktim" der Bundesregierung Haftendorn, Sicherheit, S. 78–86 und Kosthorst, Brentano, S. 94–105.

[23] Vgl. 182. Sitzung am 16. Mai 1957 TOP A.

[24] Vgl. 184. Sitzung am 31. Mai 1957 TOP 1.

[25] Vgl. 184. Sitzung am 31. Mai 1957 TOP 1.

[26] Vgl. 185. Sitzung am 12. Juni 1957 TOP A.

nannte Berliner Erklärung vom 29. Juli 1957 als Erfolg verbuchen. In ihr hatten sich die drei Westmächte und die Bundesregierung zu einer gemeinsamen Deutschlandpolitik bekannt. Frankreich, Großbritannien und die USA hatten sich darüber hinaus verpflichtet, daß sie keinem Abrüstungsabkommen zustimmen würden, das die Wiedervereinigung behindere[27]. Mit dieser öffentlichen Festlegung hatte Adenauer die auch aus wahlpolitischen Gesichtspunkten erwünschte Zusicherung der westlichen Bündnismächte für seine Deutschlandpolitik erhalten. Weitere Bedenken bezüglich einer sowjetisch-amerikanischen Zusammenarbeit erwiesen sich zudem als gegenstandslos, da am 6. September 1957 die Abrüstungsverhandlungen in London ohne Ergebnis abgebrochen wurden.

Die anstehende Entscheidung über eine atomare Aufrüstung der NATO sowie die Angst vor einem atomaren Konflikt hielten jedoch im In- wie im Ausland die Abrüstungsdiskussion in Gang. Sie wurde von der Bundesregierung aufmerksam verfolgt[28]. So mußte sie zur Kenntnis nehmen, daß auf einer internationalen Tagung der amerikanischen Universität von Princeton führende westliche Politiker für die Vorrangigkeit eines Abrüstungsabkommens plädierten und in der Teilung Deutschlands eher einen friedenssichernden Faktor sahen[29].

Mit Besorgnis verfolgte die Bundesregierung auch die Entspannungsvorschläge des international angesehenen amerikanischen Professors und Botschafters George F. Kennan, der als guter Kenner der Verhältnisse in der Sowjetunion und in Europa galt. In einer von der Londoner BBC verbreiteten und in deutschen Tageszeitungen abgedruckten Vortragsserie hatte er den Abbau der gegenwärtigen internationalen Spannungen als wichtigste politische Aufgabe der Gegenwart bezeichnet. Als grundlegenden Beitrag zur Entspannung hatte er eine militärisch verdünnte Zone in Europa und den Verzicht auf die geplante Aufrüstung der NATO mit taktischen Atomwaffen gefordert. Die Auffassung der Bundesregierung, daß sich ein wiedervereinigtes Deutschland Optionen für seine künftige Bündnispolitik offen halten müsse, hatte er als illusorisch bezeichnet, da sie für die Sowjetunion inakzeptabel sei und die Entspannungsbemühungen behindere. Schließlich hielt er eine Entschärfung der militärischen Konfrontation und des atomaren Wettrüstens für wesentlicher und dringender als die Wiedervereinigung Deutschlands. Er war daher der Meinung, daß die deutsche Frage von der Sicherheits- und Abrüstungspolitik abgetrennt und in besonderen Verhandlungen gelöst werden müsse[30].

Ähnliche Gedanken wie Kennan entwickelte auch der polnische Außenminister Adam Rapacki, als er in einer Rede vor der UNO am 2. Oktober 1957 die Errichtung einer rüstungsbeschränkten und atomwaffenfreien Zone in Europa vorschlug[31].

---

[27] Vgl. 184. Sitzung am 31. Mai 1957 TOP 1. – Diese öffentliche Zusicherung wertete der an der Ausformulierung beteiligte Wilhelm Grewe als die „umfassendste programmatische Formulierung der gemeinsamen Deutschland-Politik der Unterzeichner des Deutschland-Vertrages". Siehe Grewe, Rückblenden, S. 299.

[28] Zu den verschiedenen Abrüstungsvorschlägen aus den westlichen Ländern vgl. Adenauer, Erinnerungen 1955–1959, S. 284–288.

[29] Vgl. 196. Sitzung am 9. Okt. 1957 TOP F.

[30] Vgl. 6. Sitzung am 4. Dez. 1957 TOP A.

[31] Rapacki hatte für das Scheitern der Londoner Abrüstungsverhandlungen unter anderem die Westmächte und die Bundesregierung verantwortlich gemacht, da sie „konkrete Schritte in der Abrüstungsfrage von der gleichzeitigen Lösung anderer strittiger internationaler Probleme

Diesen Abrüstungsplan griff der sowjetische Ministerpräsident wenige Tage vor der entscheidenden NATO-Konferenz auf. In Briefen vom 10. Dezember 1957 wandte sich Bulganin mit jeweils unterschiedlicher Akzentsetzung an die Regierungschefs der NATO-Mitgliedsstaaten. Darin kritisierte er einerseits die Pläne zur atomaren Aufrüstung der NATO und warnte vor den Gefahren eines atomaren Konfliktes. Andererseits bekundete er sein Interesse an einer friedlichen Koexistenz und an einem stabilen Frieden, um schließlich Verhandlungen auf der Grundlage der von Rapacki vorgetragenen Ideen vorzuschlagen. Gegenüber dem amerikanischen Präsidenten bot er zusätzlich den Verzicht auf den Einsatz von Atomwaffen, die Einrichtung einer atomwaffenfreien Zone in Europa sowie einen Nichtangriffspakt zwischen der NATO und dem Warschauer Pakt als Diskussionsgrundlage für eine Gipfelkonferenz an[32].

Diese von Adenauer nachträglich als „großangelegter Propagandafeldzug"[33] bezeichnete Briefaktion konnte aber die Entschlossenheit der NATO-Staaten nicht mehr erschüttern, auf der anstehenden Gipfelkonferenz einer Aufrüstung mit atomaren Trägersystemen zuzustimmen. Dennoch blieb der Rapacki-Plan beherrschendes Thema der Entspannungsbemühungen im Jahre 1958[34].

Die Bundesregierung konnte die NATO-Konferenz vom Dezember 1957 als Erfolg ihrer Politik der Westbindung werten. Die Aufrüstungsbeschlüsse stärkten die Stellung der Bundesrepublik im NATO-Bündnis. Die Gefahr einer Diskriminierung der Bundesrepublik als Staat zweiter Ordnung war gebannt und gleichzeitig ihrem Bedürfnis nach Sicherheit militärisch und bündnispolitisch Rechnung getragen worden. Innenpolitisch geriet jedoch die Bundesregierung in ihrer Deutschland- und Sicherheitspolitik mehr und mehr in Erklärungszwang. Die von verschiedenen Seiten vorgetragenen Abrüstungsvorschläge stimmten in weiten Teilen mit dem Sicherheitskonzept der SPD überein und boten daher Argumentationshilfe im Kampf gegen eine nukleare Aufrüstung der Bundeswehr. So entstand ein Zündstoff, der sich schon zu Beginn des Jahres 1958 in einer heftigen parlamentarischen Auseinandersetzung entlud[35] und in der Aktion „Kampf dem Atomtod" mündete[36].

Die Beziehungen zur Sowjetunion und der Abbruch der Beziehungen zu Jugoslawien

Noch während im Frühjahr 1957 die Bundesregierung mit den militärischen Umrüstungsplänen der NATO beschäftigt war, erhielt sie von der Sowjetunion ein überraschendes Gesprächsangebot. In einem Brief vom 5. Februar 1957 an Bundeskanzler Adenauer hatte sich der sowjetische Ministerpräsident Bulganin besorgt über das deutsch-sowjetische Verhältnis seit Aufnahme der diplomatischen Beziehungen im Oktober 1955 geäußert und die unbefriedigende Zusammenarbeit zwischen beiden Ländern beklagt. Auf das Konzept der friedlichen Koexistenz einge-

---

abhängig gemacht" und auf die „Remilitarisierung Westdeutschlands" Rücksicht genommen hätten. Text der Rede vom 2. Okt. 1957 in DzD III 3/3, S. 1682 f., zum Rapacki-Plan auch Adenauer, Erinnerungen 1955–1959, S. 360–363.

[32] Vgl. 7. Sitzung am 13. Dez. 1957 TOP A.
[33] Siehe Adenauer, Erinnerungen 1955–1959, S. 360.
[34] Vgl. 15. Sitzung am 26. Febr. 1958 TOP A (B 136/36117).
[35] Vgl. 10. Sitzung am 22. Jan. 1958 TOP 4 (B 136/36117).
[36] Vgl. 20. Sitzung am 14. April 1958 TOP C (B 136/36118).

hend hatte er sein Interesse am Abbau der internationalen Spannungen bekundet, Möglichkeiten einer engeren und freundschaftlichen Zusammenarbeit zwischen der Bundesrepublik und der Sowjetunion konstatiert und konkret Verhandlungen über ein Handels-, Kultur- und Konsularabkommen vorgeschlagen. Auch in der Frage der Repatriierung der in der Sowjetunion festgehaltenen Deutschen, ein Thema, das bisher die deutsch-sowjetischen Beziehungen besonders belastet hatte[37], hatte Bulganin Erleichterungen in Aussicht gestellt. Schließlich bot er in der Wiedervereinigungsfrage die Unterstützung der Sowjetunion an, sofern die Bundesrepublik und die DDR zu einer Verständigung gelangten[38].

Bulganin hatte allerdings auch deutlich gemacht, daß er trotz des Verhandlungsangebotes unverändert an der Zwei-Staaten-Theorie festhielt, die von der Existenz zweier souveräner Staaten ausgehend die Wiedervereinigung als ausschließliche Angelegenheit der beiden deutschen Staaten erachtete. Ungeachtet dieser prinzipiellen Gegensätze in der zentralen Frage der Wiedervereinigung war Adenauer entschlossen, das Verhandlungsangebot auszuloten. In seiner Antwort vom 27. Februar 1957 begrüßte er den Vorschlag Bulganins, den er als einen Beitrag zur Verbesserung der politischen Atmosphäre zwischen beiden Ländern bezeichnete. Er wies aber ebenso auf die Ursachen der bisherigen Schwierigkeiten hin und bezeichnete die Spaltung Deutschlands sowie die Repatriierungsfrage als Haupthindernisse für eine auch von deutscher Seite gewünschte Verständigung. Schließlich ging er auf die von Bulganin angesprochenen Fragen der Wiedervereinigung und der Wiederbewaffnung ein, beschränkte sich jedoch auf die Feststellung der unterschiedlichen Standpunkte[39]. Der sich anschließende weitere Schriftwechsel, über den Adenauer das Kabinett laufend unterrichtete, führte schließlich zu konkreten Verhandlungen, die am 23. Juli 1957 in Moskau aufgenommen wurden[40]. Sie gerieten vorübergehend vor allem wegen der Rückführungsfrage ins Stocken, wurden aber nach den Wahlen weitergeführt. Am 25. April 1958 konnte schließlich der Vertrag über allgemeine Fragen des Handels und der Seeschiffahrt sowie ein Konsularvertrag in Bonn von dem Ersten Stellvertretenden Ministerpräsidenten der Sowjetunion, Anastas Mikojan, und Bundesaußenminister von Brentano unterzeichnet werden[41].

Den Gesprächsfaden zur Sowjetunion ließ Adenauer auch nach der Anerkennung der DDR durch Jugoslawien nicht abreißen. Jugoslawien gehörte als reformsozialistischer Staat der Gruppe der blockfreien Staaten an und spielte im Rahmen des Ost-West-Konfliktes eine besondere strategische Rolle. Als einziges osteuropäisches Land hatte es bisher der DDR die Anerkennung versagt, verfügte aber über normale Beziehungen zu den übrigen Staaten des Ostblocks. Für die Bundesregierung, die sich selbst durch die Hallstein-Doktrin offizieller, direkter Kontaktmöglichkeiten nach Osten beraubt hatte, besaß Jugoslawien daher eine wichtige Verbindungsfunktion. 1955 hatte die Bundesrepublik diplomatische Beziehungen zu Jugoslawien

---

[37] Vgl. dazu auch 144. Sitzung am 20. Juli 1956 TOP 7 (Kabinettsprotokolle 1956, S. 497 f.).
[38] Vgl. 171. Sitzung am 15. Febr. 1957 TOP A.
[39] Vgl. 179. Sitzung am 11. April 1957 TOP A.
[40] Vgl. 188. Sitzung am 10. Juli 1957 TOP B.
[41] Zum Besuch Mikojans in Bonn vgl. 23. Sitzung am 30. April 1958 TOP A, zum Ratifizierungsgesetz vgl. 29. Sitzung am 18. Juni 1958 TOP 3 (B 136/36118).

aufgenommen. Mit dem Abschluß eines Handelsvertrages hatte die Bundesregierung 1956 versucht, Jugoslawien enger an den Westen zu binden und eine Nichtanerkennung der DDR durch wirtschaftliches und finanzielles Entgegenkommen abzusichern. Doch schon in dieser Zeit hatten Äußerungen des jugoslawischen Staatspräsidenten Tito über die Existenz zweier deutscher Staaten die Bundesregierung irritiert und den Abschluß des Handelsvertrages mit Jugoslawien verzögert[42]. Zum Herbst 1957 verdichteten sich die Anzeichen eines Kurswechsels in Jugoslawien, als im Rahmen eines Staatsbesuchs des polnischen Ministerpräsidenten in Belgrad vom 10. bis 16. September 1957 Gomulka und Tito wiederholt die Oder-Neiße-Linie als endgültige Westgrenze Polens und die Anerkennung der DDR als notwendige Voraussetzung für die Wiedervereinigung Deutschlands bezeichnet hatten[43].

Die Bundesregierung begann für den Fall einer Anerkennung der DDR durch Jugoslawien Vorbereitungen zu treffen, indem sie zunächst verschiedene Varianten einer Reaktion ausarbeiten ließ. Den bemerkenswertesten Vorschlag unterbreitete dabei der von Belgrad nach Bonn zur Berichterstattung zitierte Botschafter Georg Pfleiderer, der sich für eine grundsätzliche Kehrtwende in der Ostpolitik aussprach. Um die Selbstblockade der Bundesrepublik gegenüber den Ländern des Ostblocks zu überwinden und um eine aktive Ostpolitik zu ermöglichen, schlug er eine Anerkennung der DDR und der übrigen Ostblockstaaten durch die Bundesrepublik vor[44]. Als am 14. Oktober 1957 die Regierungen der DDR und Jugoslawiens tatsächlich die Aufnahme diplomatischer Beziehungen bekannt gaben, suchte Bonn zunächst die jugoslawische Regierung zur einer Revision ihres Beschlusses zu bewegen. Nach dem Scheitern dieser Bemühungen sah sich die Bundesregierung zu einer Entscheidung gezwungen. In der Sondersitzung am 17. Oktober 1957 beschloß sie einstimmig, die diplomatischen Beziehungen zu Jugoslawien abzubrechen[45]. Es hatte sich die Ansicht durchgesetzt, daß ohne eindeutige und harte Reaktion von Seiten der Bundesregierung der Alleinvertretungsanspruch nicht gehalten und eine weltweite Anerkennung der DDR erfolgen könnte.

Dieser Beschluß hatte weitreichende Konsequenzen. Über Jahre hinweg blieb der Bundesregierung der Weg für eine aktive Politik gegenüber den Staaten des Ostblocks versperrt. Betroffen waren vor allem die Pläne der Bundesregierung gegenüber Polen, in denen über den Abschluß von Handelsabkommen[46] hinaus auch die Aufnahme diplomatischer Beziehungen in Betracht gezogen wurde[47]. In der durch die Anwendung der Hallstein-Doktrin geschaffenen Situation gewannen die Beziehungen zur Sowjetunion eine um so größere Bedeutung, aus der sich auch das Festhalten Adenauers an den deutsch-sowjetischen Handelsvertragsverhandlungen erklärte.

---

[42] Vgl. 142. Sitzung am 4. Juli 1956 (Kabinettsprotokolle 1956, S. 460–462).
[43] Vgl. 195. Sitzung am 18. Sept. 1957 TOP A.
[44] Vgl. 196. Sitzung am 9. Okt. 1957 TOP A.
[45] Vgl. Sondersitzung am 17. Okt. 1957.
[46] Vgl. dazu 190. Sitzung am 24. Juli 1957 TOP D und 4. Sitzung am 4. Nov. 1957 TOP 3.
[47] Zu den Planungen vgl. Kosthorst, Brentano, S. 203–209 und Schwarz, Ära Adenauer, S. 27–42.

Europapolitik und Beziehungen zu den westlichen Nachbarn

Der Radford-Plan, die Abrüstungsverhandlungen und schließlich die britischen Pläne einer Truppenreduzierung machten deutlich, daß die Interessen der Bundesrepublik in der bestehenden militärischen Bündnisstruktur noch nicht ausreichend abgesichert erschienen. Die Sicherheit der Bundesrepublik hing nach Adenauers Überzeugung entscheidend auch von einer Stärkung Europas ab. Nach seiner Auffassung war nur ein geeintes Europa in der Lage, sich als dritte Kraft im weltumspannenden Ost-West-Konflikt zu behaupten und genügend wirtschaftliche Anziehungskraft zu entwickeln, um die USA langfristig an Europa zu binden[48].

Voraussetzung für eine engere europäische Zusammenarbeit war zunächst jedoch, das Mißtrauen der ehemaligen Kriegsgegner gegenüber Deutschland abzubauen und den Sicherheitsbedürfnissen der westlichen Nachbarn Rechnung zu tragen. Hierfür war die Überwindung des deutsch-französischen Gegensatzes von grundlegender Bedeutung. Mit der Unterzeichnung des Saarabkommens im Oktober 1956 hatten wesentliche Differenzen beseitigt und die Grundlagen einer weiteren Verständigung zwischen Frankreich und der Bundesrepublik geschaffen werden können. Die Entschlossenheit der Bundesregierung, über die geplante europäische Wirtschaftsgemeinschaft eine dauerhaft institutionelle Bindung an Westeuropa einzugehen, hatte für Frankreich den Weg zur Zustimmung zu den Saarverträgen geebnet. Auf diese enge Verklammerung von Saarfrage und europäischer Integration hatte Adenauer selbst hingewiesen, als er am 11. Oktober 1956 im Kabinett erklärte, „daß das Verhandlungsergebnis nur durch die Europapolitik der beiden Regierungen ermöglicht worden sei"[49].

Mit der Eingliederung des Saarlandes in das Bundesgebiet zum 1. Januar 1957[50] war die Saarfrage selbst keine Thema der Kabinettsberatungen mehr. Auf der Tagesordnung der Bundesregierung standen 1957 nurmehr Fragen der rechtstechnischen[51], haushaltspolitischen[52] und wirtschaftlichen[53] Angleichung, wie sie das Eingliederungsgesetz vom 23. Dezember 1956 vorschrieb[54]. Das Kabinett hatte sich auch, soweit der Bund Arbeitgeber war, mit einer Anpassung der Löhne und Gehälter[55] zu befassen. Ferner entschied es über die personelle Besetzung des deutsch-französischen Gemischten Gerichtshofs, der nach dem Saarabkommen als Schlichtungsstelle zwischen der ehemaligen französischen Besatzungsmacht im Saarland und der Bundesrepublik errichtet worden war[56]. Schließlich stimmte die Bundesregierung einer Umwandlung der Saarkohlebergwerke in eine Aktiengesell-

---

[48] Vgl. Adenauer, Erinnerungen 1955–1959, S. 266.
[49] Siehe 156. Sitzung am 11. Okt. 1956 TOP 1 (Kabinettsprotokolle 1956, S. 636).
[50] Vgl. 164. Sitzung am 19. Dez. 1956 TOP 8 (Kabinettsprotokolle 1956, S. 781).
[51] Vgl. 177. Sitzung am 27. März 1957 TOP 2.
[52] Vgl. 167. Sitzung am 16. Jan. 1957 TOP D.
[53] Vgl. 7. Sitzung am 13. Dez. 1957 TOP 5.
[54] Vgl. 161. Sitzung am 28. Nov. 1956 (Kabinettsprotokolle 1956, S. 742).
[55] Vgl. 189. Sitzung am 16. Juli 1957 TOP E und 7. Sitzung am 13. Dez. 1957 TOP 6.
[56] Vgl. 171. Sitzung am 15. Febr. 1957 TOP 8.

Einleitung

schaft zu, mit der die Eigentumsverhältnisse an dem Unternehmen der neuen staatsrechtlichen Situation angepaßt werden sollten[57].

Zeitgleich mit Abschluß des Saarabkommens waren im Oktober 1956 die Verhandlungen der sechs Länder der Montanunion über die Gründung einer europäischen Wirtschafts- und Atomgemeinschaft in die entscheidende Phase getreten. Einen erfolgreichen Abschluß dieser Verhandlungen erachtete Adenauer als eine der wichtigsten Aufgaben für das Jahr 1957. Er forderte daher seine Minister auf, „sich mit allen Kräften für die Schaffung eines vereinigten Europas einzusetzen"[58]. Der Appell Adenauers war nur allzu berechtigt. Neue Forderungen Frankreichs und Belgiens nach Einbeziehung der überseeischen Gebiete in die Wirtschaftsgemeinschaft hatten bei den europäischen Verhandlungspartnern und innerhalb der Bundesregierung, insbesondere bei Bundeswirtschaftsminister Erhard, scharfe Kritik ausgelöst. Umstritten war daneben auch die Frage der sozialen Harmonisierung sowie die Frage eines europäischen Atompools. Die Auseinandersetzung konzentrierte sich dabei vor allem auf die Frage der Eigentumsrechte bzw. der Verfügungsgewalt über die Ausgangsmaterialien der Kernspaltung. Erst nach zweitägigen intensiven Beratungen am 15. und 16. Januar 1957 konnte das Kabinett ein Einverständnis über die weiteren Verhandlungsstrategien erzielen. Der Abschluß der Beratungen war auf das Engagement Adenauers zurückzuführen, der auf ein rasches Verhandlungsergebnis gedrängt und eine großzügige und entgegenkommende Haltung der Bundesregierung eingefordert hatte[59].

Weitere Forderungen Frankreichs zur Einbeziehung der überseeischen Gebiete brachten den grundsätzlichen Konflikt zwischen einer „institutionellen" und einer „funktionellen" Lösung der Europapolitik erneut zum Ausbruch. Erhard sah die Grenze des Zumutbaren erreicht, lehnte jede weiteren Zugeständnisse ab und wollte sogar den Abbruch der Verhandlungen in Kauf nehmen[60]. Als alternative Lösung brachte er erneut die von ihm favorisierte Freihandelszone[61] ins Gespräch. Das Kabinett schloß sich dagegen der politischen Argumentation Adenauers an und entschied sich für ein flexibles Vorgehen, um dem eingeschlagenen Weg einer institutionellen Lösung zu einem raschen und erfolgreichen Abschluß zu verhelfen. In der Konferenz der Außenminister am 18. Februar und der Konferenz der Regierungschefs der sechs Länder der Montanunion am 19. und 20. Februar 1957 wurden die letzten Hindernisse aus dem Weg geräumt[62]. Am 25. März 1957 unterzeichneten die Regierungschefs der sechs Länder der Montanunion in Rom das Vertragswerk. Im April brachte die Bundesregierung das Ratifizierungsgesetz auf den Weg der parlamentarischen Beratung[63]. Nach Abschluß der Ratifizierungsverfahren bei den beteiligten Staaten der Montanunion konnte die Wirtschafts- und Atomgemeinschaft zum 1. Januar 1958 in Kraft treten. Nach dieser Grundentscheidung hatte sich das Kabinett mit den Fragen der personellen Repräsentanz der Bundesrepublik in den

---

[57] Vgl. 177. Sitzung am 27. März 1957 TOP C.
[58] Vgl. 165. Sitzung am 9. Jan. 1957 TOP A.
[59] Vgl. 167. Sitzung am 15. und 16. Jan. 1957 TOP 3.
[60] Vgl. 171. Sitzung am 15. Febr. 1957 TOP E.
[61] Vgl. 170. Sitzung am 6. Febr. 1957 TOP 4.
[62] Vgl. 172. Sitzung am 21. Febr. 1957 TOP A
[63] Vgl. 179. Sitzung am 11. April 1957 TOP 4.

verschiedenen parlamentarischen Gremien der europäischen Institutionen[64] sowie mit der Frage des gemeinsamen Sitzes - als Favoriten waren Brüssel und Luxemburg im Gespräch - und der personellen Besetzung der neu geschaffenen supranationalen Organe[65] zu befassen.

Die Europäische Wirtschaftsgemeinschaft sollte nicht nur die Länder der Montanunion institutionell verklammern. Mit ihr verband sich auch das Ziel, die wirtschaftliche Entwicklung im Rahmen der Zollunion zu fördern und die Lebens- und Produktionsverhältnisse unter den Mitgliedsstaaten anzugleichen. Gerade letzteres erschien um so dringlicher, als die wirtschaftliche Entwicklung in den einzelnen Mitgliedsländern sehr unterschiedlich verlief und die Beziehungen untereinander zunehmend belastete.

Anhaltende Exportüberschüsse bei relativ niedriger Inflation hatten zu hohen Handels- und Zahlungsbilanzüberschüssen der Bundesrepublik im Handel mit den Ländern der OEEC geführt. Die Entwicklung wurde noch verstärkt durch den Verrechnungsmechanismus zwischen Gläubigern und Schuldnern innerhalb der Europäischen Zahlungsunion (EZU), der zu immer höheren Devisenzuflüssen bei der Bank deutscher Länder führte. Diese anhaltend extreme Gläubigerstellung der Bundesrepublik drohte das europäische Handels- und Zahlungsgefüge zu sprengen. Innerhalb der OEEC wurde daher die Forderung an die Bundesregierung immer stärker, eine Gute-Gläubiger-Politik zu betreiben und einen wirksamen Beitrag zum Abbau der bestehenden Ungleichgewichte zu leisten. Eine besondere Verpflichtung entstand dabei der Bundesregierung gegenüber Großbritannien und Frankreich, die zu den größten Schuldnerländern innerhalb der EZU zählten.

Das britische Pfund Sterling war seit Ende des Zweiten Weltkrieges wiederholt unter Abwertungsdruck geraten. Die britische Regierung war um eine Aufrechterhaltung der Währungsparitäten bestrebt, teils um die Verpflichtungen gegenüber dem Sterling-Gebiet zu erfüllen, teils um die Rolle des Pfund Sterling als zweite Reservewährung neben dem US-Dollar aufrecht zu erhalten. Eine Möglichkeit zur Begrenzung des Devisenabflusses sah die britische Regierung darin, der Bundesregierung erneut die Kosten für die Stationierung britischer Truppen in der Bundesrepublik zu übertragen. Bereits 1955 hatte die Bundesregierung ohne eine vertragliche Grundlage die Stationierungskosten für die drei westlichen Alliierten übernommen. Nach den Vorstellungen der britischen Regierung sollte sie auch die Stationierungskosten für das Rechnungsjahr 1956/57 begleichen[66]. Die Ankündigung der britischen Regierung im Frühjahr 1957, aus Kostengründen ihre in Deutschland stationierten Truppen zu reduzieren, unterstrich den Ernst der finanziellen Situation und verlieh den britischen Forderungen zusätzlichen Nachdruck[67]. In parallel zu den Verhandlungen über die Stationierungskosten laufenden deutsch-britischen Wirtschaftsverhandlungen wurden Maßnahmen zur Stützung des Pfundes ausgelotet. Die Bundesregierung verpflichtete sich schließlich, die im Londoner Abkommen anerkannten Schulden vorzeitig zurückzuzahlen, die Beträge der Vorauszahlungen für künftige deutsche Rüstungskäufe zu erhöhen und schließlich einen Kredit für

---

[64] Vgl. 5. Sitzung am 27. Nov. 1957 TOP 3.
[65] Vgl. 7. Sitzung am 13. Dez. 1957 TOP B.
[66] Vgl. 144. Sitzung am 20. Juli 1956 TOP B (Kabinettsprotokolle 1956, S. 489–492).
[67] Vgl. 175. Sitzung am 13. März 1957 TOP 1.

Einleitung

den von Großbritannien gewünschten Devisentransfer zu gewähren[68]. Nachdem die haushaltsrechtlichen Hürden überwunden waren, konnte die Bank deutscher Länder im Frühjahr 1957 die vereinbarten Devisenvorauszahlungen in Höhe von 75 Millionen Pfund Sterling an die Bank von England überweisen[69].

Die Stützungsaktion schuf jedoch nur vorübergehend Abhilfe. Die faktische Abwertung des französischen Franc am 12. August 1957 um über 16 % löste vor dem Hintergrund der schon lange erwarteten allgemeinen Anpassung der Währungsparitäten eine Spekulationswelle zugunsten der D-Mark aus, von der das Pfund durch Devisenabflüsse in besonderem Maße betroffen war. Diesem Aufwertungsdruck konnte auch eine offizielle Erklärung der Bundesregierung, an den Währungsparitäten festzuhalten, kaum Einhalt gebieten[70]. Die Situation beruhigte sich für das Pfund erst, als in einer aufeinander abgestimmten Aktion am 18. und 19. September 1957 die Bundesbank den Diskontsatz um einen halben Prozentsatz auf 4 % senkte und die Bank von England ihren Diskontsatz von 5 auf 7 % erhöhte[71].

Ende Oktober 1957 trat die britische Regierung erneut an die Bundesregierung mit dem Wunsch nach Fortzahlung der Stationierungskosten heran. Dieses Mal konnte das Auswärtige Amt die Forderung mit dem Hinweis auf die eigenen Rüstungsanstrengungen ablehnen. Es zeigte sich aber der finanziellen Situation Großbritanniens gegenüber aufgeschlossen und bot eine Aufstockung des Devisenkontos bei der Bank von England an[72]. Mit diesem Vorschlag gelang es, die Frage der Stützung des englischen Pfundes von den Verhandlungen über die Stationierungskosten abzuspalten. Sie führten schließlich Ende 1958 zu einem eigenen Abkommen, das eine deutsche Devisenhilfe für einen Zeitraum von drei Jahren vorsah[73].

Die extreme Gläubigerposition innerhalb der OEEC wies der Bundesrepublik auch die Aufgabe zu, Frankreich bei der Überwindung seiner anhaltenden und durch den Algerienkrieg verschärften Finanzkrise zu unterstützen. Frankreich hatte sich nach Großbritannien mit Abstand zu dem größten Schuldner innerhalb der europäischen Zahlungsunion entwickelt. Mit verschiedenen Maßnahmen, die einer Abwertung des Franc um über 16 Prozent entsprachen, hatte die französische Regierung zuletzt im August 1957 versucht, ihre Defizite in der Handels- und Zahlungsbilanz abzubauen, ohne jedoch die eigentlichen Schuldenprobleme im Staatshaushalt in den Griff zu bekommen. Nach mehreren mit Regierungskrisen verbundenen Lösungsversuchen sondierte die französische Regierung Möglichkeiten eines Kredits von Seiten der EZU, mit dessen Hilfe eine grundlegende Sanierung des Haushaltes durchgeführt werden sollte. Im Rahmen einer internationalen Kreditaktion wurde schließlich dem Ersuchen Frankreichs stattgegeben. Von einer bilateralen Lösung war in diesem Falle abgesehen worden. Es sollte vermieden werden, daß die Bundesrepublik wenig mehr als ein Jahrzehnt nach dem Krieg als

---

[68] Vgl. 166. Sitzung am 11. Jan. 1957 TOP 1.
[69] Vgl. 177. Sitzung am 27. März 1957 TOP D.
[70] Vgl. 193. Sitzung am 20. Aug. 1957 TOP 1.
[71] Vgl. 191. Sitzung am 7. Aug. 1957 TOP B.
[72] Vgl. 5. Sitzung am 27. Nov. 1957 TOP B.
[73] Vgl. 47. Sitzung am 10. Dez. 1958 TOP 4 (B 136/36119).

Einleitung

größter Gläubiger gegenüber Frankreich auftreten und in eine Position gedrängt würde, Frankreich Konditionen für die Kreditvergabe zu stellen[74].
Derartige Überlegungen wiesen darauf hin, wie sehr noch trotz fortschreitender europäischer Integration die Schatten der Vergangenheit auf der Entwicklung gutnachbarlicher Beziehungen lasteten. Sie erschwerten die Verhandlungen über den Ausgleich vermögensrechtlicher Schäden, die durch das deutsche Besatzungsregime in Belgien und in den Niederlanden und durch die nach dem Krieg vollzogenen Grenzberichtigungen erforderlich geworden waren. Sie belasteten gleichermaßen die Bemühungen um eine Verbesserung zwischenstaatlicher Beziehungen auf administrativer Ebene[75]. Mit komplizierten vermögensrechtlichen Fragen hatte sich das Kabinett auch gegenüber Österreich zu befassen, um eine Entschädigungsformel für deutsches Privatvermögen zu finden, das durch besatzungsrechtliche Verfügungen und durch den österreichischen Staatsvertrag von 1955 beschlagnahmt und teilweise an den österreichischen Staat übergegangen war[76].

2. Die Gesetzgebungstätigkeit zum Ende der Legislaturperiode

Als Regierungschef sah sich Adenauer für die Realisierung der in seine zweite Amtszeit als Bundeskanzler fallenden Gesetzesvorhaben der Bundesregierung verantwortlich. In seiner Zeitplanung orientierte er sich dabei vor allem an dem Wahltermin 1957. Wichtig erscheinende Gesetzesvorhaben sollten so rechtzeitig verabschiedet werden, daß sie in der Phase der parlamentarischen Beratung nicht in den Wahlkampf hineingezogen würden. Dieser Gesichtspunkt diente ihm häufig dazu, einzelne Vorhaben mit Nachdruck zu verfolgen, seine Minister anzuspornen oder zu disziplinieren[77]. Adenauer mochte dabei an die Erfüllung seines Regierungsprogrammes von 1953 gedacht haben[78], es ging ihm aber auch zweifellos darum, die Wahlaussichten seiner Partei günstig zu gestalten und seine erneute Kanzlerschaft abzusichern.

Sozialgesetzgebung

Die wohl bedeutendste sozialpolitische Gesetzgebungsmaßnahme in der zweiten Legislaturperiode war die Rentenreform des Jahres 1957. Dies galt nicht nur für die materiellen Verbesserungen durch die Anhebung der durchschnittlichen Renten und deren Anpassung an die allgemeine Einkommensentwicklung, sondern auch für deren innenpolitische Resonanz, die die Rentenreform zu einem „einmaligen Wahlschlager"[79] werden ließ. Adenauer hatte diese Wirkung einkalkuliert, als er

---

[74] Vgl. 5. Sitzung am 27. Nov. 1957 TOP 5.
[75] Zum Gesetz über den deutsch-belgischen Ausgleichsvertrag vom 24. Sept. 1956 vgl. 180. Sitzung am 30. April 1957 TOP 5, zu den Verhandlungen mit den Niederlanden über einen Ausgleichsvertrag vgl. 165. Sitzung am 19. Jan. 1957 TOP 4.
[76] Vgl. 184. Sitzung am 31. Mai 1957 TOP 4.
[77] Vgl. dazu Kabinettsprotokolle 1956, S. 15.
[78] Vgl. dazu Stenographische Berichte, Bd. 18, S. 11–22.
[79] Eckardt, Unordentliches Leben, S. 471, zur Auswirkung auf die Wahl vgl. auch Hockerts, Entscheidungen, S. 425.

Einleitung

1955 selbst die entscheidenden Anstöße gab[80], eine Verabschiedung des Gesetzes noch „vor Beginn des Wahlfiebers" anmahnte[81] und im Oktober 1956 auf eine rechtzeitige und großzügige Lösung drängte[82].

Ende Januar 1957 verabschiedete der Bundestag das Reformwerk. Zusätzliche Änderungen vor allem zugunsten der kleineren Renten machten die Zustimmung der Bundesregierung nach Art. 113 des Grundgesetzes erforderlich[83]. Sie verzögerten aber nicht mehr das Inkrafttreten des Gesetzes, so daß die ersten Auszahlungen noch rechtzeitig vor dem Wahltermin erfolgen konnten. Die Reform brachte eine Anhebung der Renten um durchschnittlich 65,3 % bei den Arbeitern und um 71,9 % bei den Angestellten. Da die Reform rückwirkend zum 1. Januar 1957 in Kraft trat, waren auch Nachzahlungen angefallen, die zusammen mit der regulären Anhebung der laufenden Renten erstmals im Mai 1957 ausgezahlt wurden. Für das zweite Quartal 1957 wurden insgesamt 3,4 Milliarden DM[84] für Zahlungen an mehr als 5 Millionen Rentenempfänger verausgabt[85]. Gegenfinanziert wurden die Aufbesserungen durch eine Erhöhung der Beitragssätze der Pflichtversicherten in der Angestellten- und Arbeiterrentenversicherung von 11 auf 14 % ab März 1957 sowie durch staatliche Zuschüsse. Diese stiegen gegenüber 1956 von 9,6 Milliarden DM auf 13,8 Milliarden DM im Jahr 1957[86].

Im Zusammenhang mit der Neuregelung der gesetzlichen Rentenversicherung war auch die Versicherungspflicht für die Arbeitslosenversicherung ausgeweitet und der Beitragssatz von 3 auf 2 % gesenkt worden. Gleichzeitig waren die Leistungen in der Arbeitslosenversicherung erheblich verbessert worden[87]. Dadurch ergab sich für den Haushalt der Bundesanstalt für Arbeitsvermittlung und Arbeitslosenversicherung ein Defizit von über 90 Millionen DM, das aus Rücklagen der Anstalt gedeckt werden mußte[88]. Ein größeres Haushaltsdefizit hatten sinkende Arbeitslosenzahlen verhindert. Für 1957 war die Arbeitslosenquote im Jahresdurchschnitt unter die Zwei-Prozent-Marke gefallen. Dabei hatten stark saisonbedingte Beschäftigungsschwankungen auf dem arbeitsintensiven Bausektor ein noch besseres Ergebnis verhindert[89].

---

[80] Vgl. dazu Kabinettsprotokolle, Ministerausschuß für die Sozialreform, S. 29–35.

[81] Vgl. dazu 84. Sitzung am 2. Juni 1955 TOP E (Kabinettsprotokolle 1955, S. 337–339).

[82] Vgl. 154. Sitzung am 17. Okt. 1956 TOP 4 (Kabinettsprotokolle 1956, S. 643).

[83] Vgl. dazu 170. Sitzung am 6. Febr. 1957 TOP C.

[84] Zu den Zahlen vgl. Geschäftsbericht Deutsche Bundesbank 1957, S. 19 f. Darin sind nicht enthalten die Auszahlungen an die Rentner in der Knappschaftsversicherung.

[85] Die Zahl setzt sich aus den laufenden (d.h. ohne die 1957 neu hinzukommenden) Renten an Versicherte in der Arbeiter-, Angestellten- und Knappschaftlichen Rentenversicherung sowie aus den entsprechenden Witwenrenten zusammen. Waisenrenten wurden nicht berücksichtigt. Vgl. Deutschland im Wiederaufbau 1958, S. 257.

[86] Vgl. BT-Drs. 568 (Sozialbericht 1958, Teil II: Rechnungsergebnisse in den gesetzlichen Rentenversicherungen im Jahre 1957).

[87] Zum Gesetz zur Änderung und Ergänzung des Gesetzes über Arbeitsvermittlung und Arbeitslosenversicherung vom 23. Dez. 1956 (BGBl. I 1018) vgl. 126. Kabinettssitzung am 14. März 1956 TOP F (Kabinettsprotokolle 1956, S. 256).

[88] Vgl. 185. Sitzung am 12. Juni 1957 TOP 3.

[89] Zur Arbeitslosigkeit auf dem Bausektor vgl. 172. Sitzung am 21. Febr. 1957 TOP 7.

Einleitung

Im Rahmen der Sozialreform sollte auch die Unfallversicherung umfassend neu geordnet werden. Die Bundesregierung hatte hierzu einen Gesetzentwurf zur Neuregelung des Rechts der gesetzlichen Unfallversicherung vorgelegt[90], der aber bis zum Ablauf der Legislaturperiode nicht mehr verabschiedet wurde. In dem Gesetz zur vorläufigen Neuregelung von Geldleistungen in der Gesetzlichen Unfallversicherung vom 27. Juli 1957 konnten jedoch die wichtigsten Anpassungen vorweggenommen werden, so vor allem eine Neufestsetzung der Leistungen, deren Höhe sich nunmehr nach dem Jahresarbeitsverdienst unter Berücksichtigung der wirtschaftlichen Gesamtentwicklung errechnete[91].

Gegen den Widerstand des Bundesfinanzministers beschloß der Bundestag auch in der Kriegsopferversorgung eine Anpassung an die Neuregelung der Rentenversicherung. Das Sechste Gesetz zur Änderung und Ergänzung des Bundesversorgungsgesetzes vom 1. Juli 1957 brachte Verbesserungen in einer Höhe von insgesamt 542 Millionen DM. Der Mehraufwand war vor allem durch die Anhebung der einkommensunabhängigen Grundrente um rund 20 % sowie eine Erhöhung der Pflegezulage verursacht[92].

Mit dem Gesetz zur Änderung und Ergänzung von Vorschriften des Kindergeldgesetzes vom 27. Juli 1957 wurde auch das Kindergeld allgemein von 25 DM auf 30 DM monatlich erhöht und der Empfängerkreis erweitert. Den erforderlichen Mehraufwand bezifferte der Bundesarbeitsminister auf 90 Millionen DM, der jedoch weitgehend durch Beitragsleistungen finanziert wurde[93]. Weitere Maßnahmen zur Unterstützung der Familien und der Jugendlichen unternahm die Regierung entgegen ihren Absichtserklärungen nicht. Kennzeichnend für ihre Vernachlässigung der Familienpolitik war die ständige Verschiebung und schließlich die Absetzung eines Grundsatzreferates des Bundesministers für Familienfragen von der Tagesordnung der Kabinettssitzungen[94].

Die sich abzeichnende Verkürzung der wöchentlichen Arbeitszeit, die Tendenz zur Fünftagewoche sowie der Wunsch einzelner Gewerbezweige, den Sonntag in die Wochenarbeitszeit einzubeziehen, veranlaßten die Bundesregierung, auf dem Gebiet des Arbeitsschutzes aktiv zu werden. So bekannte sie sich in Beantwortung einer Großen Anfrage der CDU/CSU-Fraktion zur generellen Einhaltung der Sonntagsruhe, wenngleich sich der Bundeswirtschaftsminister für eine stärkere Berücksichtigung der Interessen einzelner Industrie- und Gewerbezweige eingesetzt hatte[95]. Auf den Trend zur Fünftagewoche mit täglichen Arbeitszeiten von neun Stunden reagierte die Bundesregierung mit einem Jugendarbeitsschutzgesetz, das vor allem Verbesserungen bei Arbeitszeit, Pausen und Urlaub vorsah. Dieses Gesetz wurde in der zweiten Wahlperiode nicht mehr abschließend behandelt und im Dezember 1957 von der Bundesregierung neu eingebracht[96].

---

[90] Vgl. 169. Sitzung am 30. Jan. 1957 TOP 3.
[91] Vgl. 176. Sitzung am 20. März 1957 TOP 7.
[92] Vgl. 175. Sitzung am 13. März 1957 TOP A.
[93] Vgl. 174. Sitzung am 7. März 1957 TOP 2.
[94] Vgl. 168. Sitzung am 23. Jan. 1957 TOP 2.
[95] Vgl. 178. Sitzung am 4. April 1957 TOP D.
[96] Vgl. 171. Sitzung am 15. Febr. 1957 TOP 4 und 7. Sitzung am 13. Dez. 1957 TOP 7.

Einleitung

Wesentliche Verbesserungen brachte auch die achte Novelle zum Lastenausgleichsgesetz, das einen Ausgleich der Vermögensverluste insbesondere für Flüchtlinge und Vertriebene schuf und deren wirtschaftliche Eingliederung erleichtern sollte. Die Novelle bewirkte eine vor allem durch Bund und Länder zu finanzierende Anhebung der Sätze für die Hauptgeschädigten um durchschnittlich 65 % sowie eine Erhöhung des Grundbetrages der Hausratsentschädigung um 400 DM und eine 20 %ige Erhöhung der Unterhaltshilfe im Rahmen der Kriegsschadensrente. Schließlich leitete das Änderungsgesetz den Übergang von der Eingliederungs- zur Entschädigungsphase ein. So wurde erstmals die Hauptentschädigung ausgezahlt[97].

Insgesamt gesehen erhöhte sich der Gesamtaufwand der öffentlichen Hände an den Sozialleistungen gegenüber 1956 um 5,5 Milliarden DM von 24,3 auf 29,8 Milliarden DM. Dabei nahmen die Aufwendungen des Bundes um eine Milliarde zu und erreichten für 1957 etwa 10 Milliarden DM[98]. Die Bundesregierung konnte somit auf eine beachtliche Leistungsbilanz zurückblicken und darauf hinweisen, daß sie in der Sozialpolitik ihr Regierungsprogramm von 1953 verwirklicht hatte. Adenauer hatte damals erklärt, daß sich seine Regierung verstärkt um diejenigen Bevölkerungsschichten bemühen werde, die bisher am wirtschaftlichen Aufschwung der Bundesrepublik nicht teilhaben konnten.

Aufbau der Bundeswehr

Mit der Verbesserung sozialer Leistungen auf breiter Basis war es der Bundesregierung auch gelungen, der sozialdemokratischen Opposition ein wichtiges Argument gegen die Wiederbewaffnung aus der Hand zu schlagen und den Beweis anzutreten, daß der Aufbau der Bundeswehr einen Ausbau der sozialen Sicherheit nicht ausschloß[99]. Zudem hatte die Bundesregierung auf Drängen Adenauers das Wehrpflichtgesetz 1956 so rechtzeitig auf den Weg der parlamentarischen Beratung gebracht, daß noch vor den Wahlen vollendete Tatsachen geschaffen und die Frage der Wiederbewaffnung aus dem Wahlkampf herausgehalten werden konnten[100]. Dieses Kalkül ging auf. Zum April 1957 wurden die ersten 10 000 Wehrpflichtigen ohne besondere innenpolitische Auseinandersetzungen eingezogen.

Im Rahmen der Wehrgesetzgebung befaßte sich das Kabinett 1957 mit dem Gesetz über die Militärseelsorge, das die Zusammenarbeit mit der evangelischen und katholischen Kirche regelte[101]. Mit dem Gesetz über den Wehrbeauftragten des Bundestages vom 26. Juli 1957 wurde eine Institution geschaffen, die den Schutz der Grundrechte in der Bundeswehr sowie die parlamentarische Kontrolle sicherstellen sollte[102]. Schließlich wurden mit dem Vertrauensmännerwahlgesetz vom 26. Juli 1957 den Personalvertretungen in den öffentlichen Verwaltungen ähnliche Einrichtungen aufgebaut und das Mitbestimmungsrecht im Bereich der Bundes-

---

[97] Vgl. 181. Sitzung am 7. Mai 1957 TOP B.
[98] Vgl. Deutschland im Wiederaufbau 1957, S. 171 f.
[99] Vgl. dazu Hockerts Entscheidungen, S. 415 f.
[100] Vgl. 154. Sitzung am 3. Okt. 1956 TOP 6 (Kabinettsprotokolle 1956, S. 616).
[101] Vgl. 171. Sitzung am 15. Febr. 1957 TOP 7.
[102] Vgl. 186. Sitzung am 16. Juni 1957 TOP 5.

wehr entsprechend den dortigen Gegebenheiten eingeführt[103]. Daneben beriet das Kabinett in Ausführung des Wehrpflichtgesetzes auch die Schaffung eines zivilen Ersatzdienstes für die anerkannten Wehrdienstverweigerer. Ein entsprechendes Gesetz kam allerdings erst 1960 zustande[104]. In engem Zusammenhang mit dem Aufbau der Bundeswehr stand auch das 4. Strafrechtsänderungsgesetz. Es hatte zum Ziel, die Bundeswehr vor Verunglimpfungen zu bewahren sowie die innere Sicherheit und Verteidigungsbereitschaft zu schützen[105].

Der Aufbau der Bundeswehr wurde von der Öffentlichkeit aufmerksam begleitet und sorgte unvorhergesehen für Aufregung im Kabinett. Als am 11. Juni 1957 fünfzehn Rekruten der Bundeswehr bei einer Übung in der Iller ertranken, gab es neben der Trauer um die toten Soldaten öffentliche Kritik am Führungsstil der Bundeswehr und an dem neu geprägten Bild der Inneren Führung[106]. Ebenso trübte der Bestechungsskandal im Bundeswehrbeschaffungsamt das Bild eines soliden und ordungsgemäßen Aufbaus der Bundeswehr[107]. Unter dem generellen Vorwurf eines überhasteten Aufbaus der Bundeswehr wurden auch die Personalentscheidungen bei der Besetzung von Führungspositionen und der Aufbau demokratischer Kontrollstrukturen kritisch verfolgt. Dies galt insbesondere für die Bestrebungen von Bundesverteidigungsminister Strauß, im Zuge der Neustrukturierung seines Ministeriums[108] personelle Entscheidungen durchzusetzen, die den Primat der Politik sichern sollten[109].

Wohnungsbau

Als Sozialpolitik im weiteren Sinne galt auch die Wohnungsbaupolitik, an der der Wohnungsbauminister und der Vertriebenenminister gleichermaßen beteiligt waren. Im Vordergrund dieses Politikbereiches standen die Bemühungen, das zum Teil immer noch bestehende Wohnungselend zu beseitigen, die Flüchtlingslager abzubauen, die Evakuierten unterzubringen und den nach wie vor in die Bundesrepublik kommenden Flüchtlingen aus der Sowjetzone und den Ländern Osteuropas eine neue Unterkunft zu verschaffen. Für das Rechnungsjahr 1957 wurden die öffentlichen Mittel um 660 Millionen DM auf den Rekordetat von 1,8 Milliarden DM aufgestockt. Sie fanden insbesondere für den Mietwohnungsbau sowie für Steuerbegünstigungen und finanzielle Hilfsmaßnahmen des privaten Wohnungsbaus Verwendung[110]. Im Jahr 1957 wurden mehr als 550 000 Wohnungen errichtet und damit die Bauleistung der vorangegangenen drei Baujahre eingehalten. Der geschätzte Aufwand betrug für dieses Jahr 11,5 Milliarden DM, wovon 3,5 Milliarden DM oder etwas mehr als 30 % des Gesamtaufwandes dem öffentlich geförderten sozialen Wohnungsbau aus den

---

[103] Vgl. 174. Sitzung am 7. März 1957 TOP B.
[104] Vgl. 165. Sitzung am 9. Jan. 1957 TOP A.
[105] Vgl. 173. Sitzung am 1. März 1957 TOP C.
[106] Vgl. 185. Sitzung am 12. Juni 1957 TOP A.
[107] Vgl. 196. Sitzung am 9. Okt. 1957 TOP 1.
[108] Vgl. 176. Sitzung am 20. März 1957 TOP 4.
[109] Vgl. 196. Sitzung am 9. Okt. 1957 TOP 1.
[110] Vgl. 172. Sitzung am 21. Febr. 1957 TOP 7.

Einleitung

Kassen des Bundes und der Länder zuflossen. Aus diesen Mitteln wurde für 1957 der Bau von etwa 250 000 Sozialwohnungen gefördert. Insgesamt waren somit seit 1950 insgesamt 4 Millionen neue, aus öffentlichen und privaten Mitteln finanzierte Wohnungen mit einem Kapitalaufwand von etwa 65 Milliarden DM gebaut worden. 14 Millionen Personen hatten auf diese Weise eine neue Unterkunft gefunden. Das im ersten Wohnungsbaugesetz von 1950 festgesetzte Ziel, bis Ende 1956 2 Millionen Wohnungen des sozialen Wohnungsbaus vor allem zugunsten niederer Einkommensschichten zu errichten, wurde damit erreicht[111].

Dennoch herrschte weiterhin ein Wohnungsbedarf, insbesondere in Großstädten und industriellen Ballungsgebieten. Mit dem zweiten Wohnungsbaugesetz vom Juni 1956, das als Anschlußgesetz die Förderung privater Eigentumsbildung zum Ziel hatte, war bis 1962 die Errichtung von jährlich 300 000 Sozialwohnungen angestrebt[112]. Dazu war eine Erhöhung der staatlichen Fördermittel von jährlich 500 Millionen auf 700 Millionen DM vorgesehen.

Weitere Teilprogramme betrafen den Wohnungsbau für Flüchtlinge aus der Sowjetzone und Ungarn sowie für Evakuierte. Mehranforderungen des Wohnungsbauministers Preusker lehnte zwar der um einen ausgeglichenen Haushalt besorgte Finanzminister ab, letztlich mußte er aber den Mehrheitsbeschlüssen des Bundestages nachgeben[113].

Preissteigerungen im Bausektor hatten insbesondere den Wohnungsbau für Sowjetzonenflüchtlinge ins Stocken gebracht, obwohl die Bundesregierung Ende 1956 den Förderungssatz von 1500 DM je unterzubringenden Flüchtling auf 2000 DM erhöht hatte. Dies entsprach der Erhöhung des Bundesbeitrages für eine vierköpfige Familie von 6000 auf 8000 DM. Dennoch konnten wegen des verstärkten Zustroms von Flüchtlingen nicht genügend Unterkünfte errichtet werden, so daß ein Rückstau in den Flüchtlingslagern und insbesondere in Berlin entstand. Erst ein Machtwort des Bundeskanzlers, die Förderung ungeachtet der aktuellen Haushaltslage durchzuführen, schuf im Herbst des Jahres Abhilfe[114].

Schließlich wurde auch die Instandsetzung und Modernisierung des zumeist privaten Althausbesitzes von der Bundesregierung gefördert. Um die Wirtschaftlichkeit des Hausbesitzes zu ermöglichen, hatte sie Mietpreisbindungen gelockert und Instandsetzungsarbeiten steuerlich begünstigt[115].

Landwirtschaft

Mit der Durchführung des Grünen Plans unternahm die Bundesregierung große finanzielle Anstrengungen zur Förderung der landwirtschaftlichen Produktion und zur Anhebung der Lebensverhältnisse der auf dem Lande lebenden und wirtschaftenden Bevölkerung. Sie setzte dabei das Schwergewicht auf eine Verbesserung der

---

[111] Zu den Zahlen vgl. den Bericht des BMWo vom 15. Mai 1957 „Der Wohnungsbau in der zweiten Legislaturperiode" in B 136/1454 und Deutschland im Wiederaufbau 1957, S. 365–372, sowie Tabellen bei Schulz, Wiederaufbau, S. 349–355.

[112] Vgl. 118. Sitzung am 8. Febr. 1956 TOP 3 (Kabinettsprotokolle 1956, S. 170–172).

[113] Vgl. 181. Sitzung am 7. Mai 1957 TOP 8 und 9.

[114] Vgl. 196. Sitzung am 9. Okt. 1957 TOP E.

[115] Vgl. 181. Sitzung am 7. Mai 1957 TOP 6 und 8.

Agrarstruktur, die die Voraussetzung für eine auf Mechanisierung und Rationalisierung basierende Produktionssteigerung schaffen sollte. In diesem Bereich wurden die staatlichen Mittel von 239 Millionen DM im Jahre 1956 auf 400 Millionen DM für das Jahr 1957 und für Rationalisierungsmaßnahmen von 245 auf 290 Millionen DM erhöht. Gleichzeitig förderte die Bundesregierung Qualität und Absatz agrarischer Erzeugnisse. Hierfür wurden gegenüber dem Vorjahr die Beträge um 60 Millionen DM auf 480 Millionen DM erhöht. Insgesamt waren im Grünen Plan 1957 zur Förderung der Landwirtschaft Haushaltsmittel in Höhe von 1212 Millionen DM bereit gestellt worden. Trotz dieser Verdoppelung der Mittel im Vergleich zum Vorjahr löste der Grüne Plan Unzufriedenheit beim Deutschen Bauernverband aus. Steigende Löhne und Betriebskosten hatten die Einkommensverbesserungen neutralisiert und den Abstand zu den Einkommen in der Industrie unverändert gelassen[116]. Der Bauernverband forderte daher zwar nicht direkt kostendeckende Preise, erhob aber Anspruch auf einen staatlichen Aufwandsausgleich bei unzureichenden Erzeugerpreisen[117]. Die Interessenvertreter hatten wohl verstanden, daß die Bundesregierung im Wahljahr jede weitere inflationäre Preisentwicklung vor allem im Lebensmittelsektor verhindern wollte und ihren Forderungen eher auf dem Wege der Subventionen nachkommen würde.

Auch bei den Bestrebungen, die soziale Sicherung in der Landwirtschaft zu verbessern, konnte ein Teilerfolg erzielt werden. Das Gesetz über die Altershilfe für Landwirte vom 27. Juli 1957 schuf eine auf berufsständischer Grundlage beruhende Sockelrente für rund 1,1 Millionen selbständige Landwirte. Ein Anfangszuschuß des Bundes in Höhe von 70 Millionen DM sollte die finanzielle Basis dieser Rente bilden. Kabinett und Regierungsfraktion hatten sich gegen den um seinen Haushalt besorgten Finanzminister und gegen ordnungspolitische Bedenken des Bundeswirtschaftsministers durchgesetzt[118].

Einkommensentwicklung und Preise

Die Lohnerhöhungen in der Landwirtschaft um ca. 10 % konnten den Abstand zu den Löhnen in der Industrie und der gewerblichen Wirtschaft jedoch nicht verringern, da sich in allen Wirtschaftsbereichen die starken Lohnbewegungen des Jahres 1956 auch 1957 fortsetzten. Zwar wurde die Zuwachsrate von durchschnittlich 12 % des Jahres 1956 nicht mehr erreicht, doch stiegen in der Industrie die Bruttostundenverdienste in den einzelnen Bereichen zwischen 5 und 10 %, im Durchschnitt etwa um 8 %. Unter Anrechnung der in den einzelnen Wirtschaftszweigen sehr unterschiedlichen Arbeitszeitverkürzung bedeutete dies eine Erhöhung des durchschnittlichen Wochenbruttoverdienstes um etwa 6 %. Dieser Lohnentwicklung folgte auch der Öffentliche Dienst. In den Verhandlungen der öffentlichen Arbeitgeber mit den Gewerkschaften wurden Erhöhungen der Löhne und Gehälter für Arbeiter und Angestellte um durchschnittlich ca. 7 % vereinbart[119]. Entsprechende Verbesserungen der Bezüge der Beamten und Richter brachte das Bundesbesoldungsgesetz vom 27. Juli 1957, das eine Anhebung der Grundgehälter in allen

---

[116] Vgl. 165. Sitzung am 9. Jan. 1957 TOP D.
[117] Vgl. 171. Sitzung am 15. Febr. 1957 TOP 2.
[118] Vgl. 185. Sitzung am 12. Juni 1957 TOP 2.
[119] Vgl. 173. Sitzung am 1. März 1957 TOP 7.

Einleitung

Besoldungsgruppen von zuletzt 155 % auf 165 % der Sätze von 1927 festschrieb[120]. Mit der Verbesserung der Dienstbezüge ging auch eine Angleichung der Versorgungsbezüge ehemaliger Beamter und deren Hinterbliebener einher. Die Besoldungsrechtsreform, die rückwirkend zum 1. April in Kraft trat, sowie zusätzliche Verbesserungen wie vor allem die Anhebung des Ortszuschlags[121] führten zu Mehrbelastungen beim Bund von 53,4 und bei der Bundesbahn von 94 Millionen DM[122]. Diese Einkommensverbesserungen lösten Preiserhöhungen bei den Omnibustarifen der Bundesbahn[123] und Bundespost[124] aus.

Verbesserungen ihrer Einkünfte konnte auch die Ärzteschaft verzeichnen, als das Kabinett einem Kompromißvorschlag des für die Preisregelung zuständigen Bundeswirtschaftsministers zustimmte, der eine Erhöhung der Gebührensätze um mehr als 30 % vorsah[125].

Neben Lohnforderungen richtete sich das Interesse der Gewerkschaften verstärkt auch auf eine Verbesserung der Arbeitsbedingungen und auf einen Ausbau der sozialen Sicherheit. So hatten die Metallarbeiter des Tarifbezirks Schleswig-Holstein nach einem 16 Wochen anhaltenden Streik die Lohnfortzahlung im Krankheitsfalle im Tarifrecht durchgesetzt[126]. Auch auf dem Gebiet der Arbeitszeitverkürzung konnten die Gewerkschaften Erfolge verbuchen. Nach der Einführung der 45-Stunden-Woche in der Metallindustrie im Oktober 1956 vollzog sich auch in anderen gewerblichen und industriellen Bereichen eine schrittweise Reduzierung der wöchentlichen Arbeitszeit von 48 auf 45 Stunden. Im öffentlichen Dienst gelang ein entscheidender Durchbruch, als die Tarifgemeinschaft der kommunalen Arbeitgeber aus der bis dahin geschlossenen Abwehrfront der öffentlichen Arbeitgeber ausbrach und in dem zum 1. April wirksamen Tarifvertrag für Arbeiter und Angestellte eine stufenweise Einführung der 45-Stunden-Woche ab 1. Oktober 1957 einräumte[127]. Bund und Länder vertraten dagegen die Position, erst ab April 1958 in mehreren Stufen die 45-Stunden-Woche einzuführen. Eine entsprechende Anpassung der Arbeitszeiten war im Beamtenrechtsrahmengesetz vom 1. Juli 1957 vorgesehen worden[128].

Die Bundesregierung verfolgte die Lohnentwicklung mit Sorge. Nachdem die konjunkturelle Überhitzung des Jahres 1956 gerade überwunden und eine relative Stabilität auf dem Preissektor hergestellt schien, drohte der auf breiter Basis erzielte Kaufkraftzuwachs das Preisgefüge in Bewegung zu setzen und einen neuen Inflationsschub auszulösen. Eine neue Lohn-Preisspirale wollte die Bundesregierung im Wahljahr vermeiden, zumal die Opposition gerade diese Entwicklung vorhergesagt hatte. Vor allem Bundeswirtschaftsminister Erhard versuchte, in öffentlichen

---

[120] Vgl. 173. Sitzung am 1. März 1957 TOP E.
[121] Vgl. 194. Sitzung am 3. Sept. 1957 TOP E.
[122] Vgl. dazu Schreiben des BFM vom 13. Mai 1957 an das Bundeskanzleramt in B 136/316.
[123] Vgl. 177. Sitzung am 27. März 1957 TOP F (Omnibustarife).
[124] Vgl. 185. Sitzung am 12. Juni 1957 TOP B (Bundesbahn).
[125] Vgl. Sondersitzung am 27. Juni 1957 TOP 1.
[126] Vgl. 165. Sitzung am 9. Jan. 1957 TOP E.
[127] Vgl. 186. Sitzung am 19. Juni 1957 TOP B.
[128] Vgl. 177. Sitzung am 27. März 1957 TOP H (Tarifverhandlungen bei der Bundespost).

Maßhalteappellen an die Industrie[129] und in direkten Gesprächen mit den Vertretern einzelner Wirtschaftszweige, die Preisbewegungen unter Kontrolle zu halten[130]. Unter Androhung von Preisvorschriften und mittels Gewährung von Subventionen gelang es der Bundesregierung, die Preissteigerungen für Brot[131], Margarine[132] und Zucker[133] zu verhindern. Ebenso war die Bundesregierung darum bemüht, die Kohlepreiserhöhungen vom Oktober 1956 aufzufangen und die Bevölkerung mit der nur beschränkt verfügbaren, aber billigen Hausbrandkohle zu versorgen. Der industrielle Bedarf und der Verbrauch der Stationierungsstreitkräfte sowie der Bundeswehr sollte dagegen mit teurer Importkohle gedeckt werden[134].

Auch in den zentralen Sektoren der industriellen Grundstoffe Kohle und Eisen versuchte die Bundesregierung betriebs- und lohnkostenbedingte Forderungen nach Preisanhebungen zu verhindern oder wenigstens zu verzögern. Bei der eisenverarbeitenden Industrie gelang es ihr, durch steuerliche Zugeständnisse Preiserhöhungen bis zu einem Zeitpunkt nach den Wahlen hinauszuschieben[135]. Auch im Falle der Kohle hatte die Industrie Verständnis aufgebracht und die durch die Tarifabschlüsse vom Juli 1957 erforderlichen Preiserhöhungen aus dem Wahlkampf herausgehalten[136]. Daß der Unternehmensverband Ruhrbergbau jedoch einen Tag nach der Wahl Preiserhöhungen ankündigte, brachte Erhard eine herbe Kritik der Opposition und der Gewerkschaften ein. Sie hatten seine Preispolitik als wahltaktische Manipulation angeprangert und sahen sich nun voll in ihrer Kritik bestätigt. Mit einem Gesetz zur Liberalisierung des Wettbewerbs auf dem Energiemarkt wollte Erhard eine Rücknahme der Preiserhöhungen erzwingen, doch der einsetzende Preisverfall ließ einen derartig drastischen Eingriff schließlich als obsolet erscheinen[137].

Zur Sicherung stabiler Preise setzte die Bundesregierung auch das wirtschaftspolitische Instrument der Zollsenkungen ein. So sah die vierte konjunkturpolitische Zollsenkung eine 25%ige Zollsatzsenkung bei gewerblichen Gütern vor. Dadurch sollten Importe erleichtert und über ein vermehrtes Warenangebot die Preise unter Kontrolle gehalten werden[138]. Dem gleichen Ziel diente auch die Zollsatzsenkung für Obst und Südfrüchte vom Sommer 1957[139]. Sie galt aber weniger der Steuerung der Konjunktur, sie war mehr als Wahlgeschenk für die Hausfrauen konzipiert – ebenso wie die angekündigte, aber nicht mehr realisierbare Senkung der Kaffeepreise[140].

---

[129] Vgl. 183. Sitzung am 21. Mai 1957 TOP 3.
[130] Zu den Bemühungen Erhards um ein Stillhalteabkommen bei Löhnen und Preisen vgl. 177. Sitzung am 27. März 1957 TOP F (Omnibustarife).
[131] Vgl. 175. Sitzung am 13. März 1957 TOP B.
[132] Vgl. 180. Sitzung am 30. April 1957 TOP B.
[133] Vgl. 187. Sitzung am 2. Juli 1957 TOP 5.
[134] Vgl. 168. Sitzung am 23. Jan. 1957 TOP D und 172. Sitzung am 21. Febr. 1957 TOP 4.
[135] Vgl. 165. Sitzung am 9. Jan. 1957 TOP 9.
[136] Vgl. 189. Sitzung am 16. Juli 1957 TOP A.
[137] Vgl. 196. Sitzung am 9. Okt. 1957 TOP D.
[138] Vgl. 173. Sitzung am 13. März 1957 TOP B und 191. Sitzung am 7. Aug. 1957 TOP 3.
[139] Vgl. 192. Sitzung am 14. Aug. 1957 TOP C.
[140] Vgl. 192. Sitzung am 14. Aug. 1957 TOP C und D.

Einleitung

In einer Mischung aus Überzeugungsarbeit, Maßhalteappellen und Maßnahmen zur Lenkung des Warenangebotes gelang es der Bundesregierung, die Preise auf einem stabilen Niveau zu halten. Der Index der Lebenshaltungskosten blieb vom vierten Quartal 1956 bis zum zweiten Quartal 1957 einschließlich unverändert. Erst im dritten und vierten Quartal 1957 nahm er wieder zu[141].

Haushalt

Im Bemühen um Preisstabilität wurde die Bundesregierung allerdings von einer sich abflachenden Konjunktur unterstützt. Das Bruttosozialprodukt verzeichnete 1957 einen Anstieg von 7,5 %. Im Vorjahr hatte die Steigerungsrate noch bei 9,6 und 1955 bei mehr als 12 % gelegen[142]. Dennoch wiesen diese Zahlen auf ein ungebrochenes Wirtschaftswachstum hin. Grundlage dieser Entwicklung waren eine im Vergleich zu den wichtigsten Handels- und Wirtschaftspartnern der Bundesrepublik niedrige Inflationsrate sowie relativ geringe Lohnsteigerungen. Sie sicherten nicht nur intern die Stabilität der Währung, sie schufen günstige Voraussetzungen für die Exportwirtschaft, die neben der Bauwirtschaft tragender Pfeiler des anhaltenden konjunkturellen Aufschwungs war. Als wachstumsfördernd erwies sich auch der Kaufkraftzuwachs bei den privaten Haushalten durch Einkommensverbesserungen und staatliche Transferleistungen im sozialen Bereich. Sie stärkten zwar die Nachfrage nach Konsumgütern und wirkten insofern ebenfalls konjunkturbelebend, stellten allerdings auch ein latentes Gefahrenmoment für die Preisstabilität dar. Das wirtschaftliche Wachstum ließ aber auch die Steuereinnahmen ansteigen und schuf somit die finanziellen Voraussetzungen für eine großzügige staatliche Verteilungspolitik. So stieg der ordentliche Bundeshaushalt von 1955 mit einem Umfang von 25,5 Milliarden DM auf 31,5 Milliarden DM im Jahre 1956, während der Haushalt im Wahljahr 1957 mit einem neuen Rekordbetrag von 35,4 Milliarden DM abschloß.

Den Mehranforderungen standen gleichzeitig erhebliche Steuerausfälle gegenüber. Insbesondere die zum 1. Januar 1957 rechtskräftig gewordene Steuerreform führte zu Einnahmeminderungen in Höhe von 1,7 Milliarden DM. Diese Steuersenkungen hatte der Bundestag unter maßgeblicher Beteiligung des aus Mitgliedern der Koalitionsfraktionen bestehenden sogenannten Kuchenausschusses zur Entlastung insbesondere der privaten Haushalte 1956 beschlossen[143].

Ein weiteres Haushaltsrisiko entstand durch die Entscheidung des Bundesverfassungsgerichts zur Ehegattenbesteuerung. Die Beschlüsse des Bundestages für eine

---

[141] Ausgehend vom Jahr 1950 mit dem Wert 100 Punkte verharrte der Index der Lebenshaltungskosten vom 4. Quartal 1956 bis zum 2. Quartal 1957 einschließlich auf 114 Punkten. Im 3. Quartal stieg er auf 116 und im 4. Quartal auf 117 Punkte. Vgl. dazu Geschäftsbericht Bank deutscher Länder 1956, S. 2 und Geschäftsbericht der Deutschen Bundesbank 1957, S. 14.

[142] Vgl. dazu Geschäftsbericht Deutsche Bundesbank 1957, S. 18. Die Zahlen beziehen sich auf die jeweils gültigen Preise.

[143] Zum Gesetz zur Änderung des Einkommensteuer- und Körperschaftsteuergesetzes vom 19. Dez. 1956 (BGBl. I 918) vgl. 152. Sitzung am 19. Sept. 1956 TOP 12 (Kabinettsprotokolle 1956, S. 600), zur Tätigkeit des als Kuchenausschuß bezeichneten Gremiums vgl. Kabinettsprotokolle 1956, S. 30–33.

Übergangslösung brachten nach Schätzungen des Finanzministers hier einen zusätzlichen Jahresausfall für den Bund von ca. 50 Millionen DM[144].

Mehrausgaben und Mindereinnahmen ließen insgesamt eine Deckungslücke von mehr als sechs Milliarden DM entstehen. Steuermehreinnahmen aufgrund des steigenden Sozialproduktes, Umschichtungen in den außerordentlichen Haushalt, eine Prozentkürzung der Ausgabenansätze und einzelne Ausgabenkürzungen konnten nur zu einem geringen Teil die Haushaltslücke schließen. Allerdings konnte die Bundesregierung zur Deckung des restlichen Fehlbetrags auf erhebliche Kassenmittel zurückgreifen[145]. Diese als Juliusturm[146] bezeichneten Rücklagen waren durch die im Bundeshaushalt veranschlagten, aber nicht ausgegebenen Mittel zum Aufbau der Bundeswehr entstanden.

Diese akkumulierten Überschüsse reizten sowohl Regierung wie Parlament zu Mehranforderungen, die wiederholt zu einer Revision des Haushaltsvoranschlags zwangen[147]. In seinem Bemühen um mehr Haushaltsdisziplin legte sich Finanzminister Schäffer wiederholt mit seinen Kabinettskollegen an[148] und scheute sich nicht, wie zum Beispiel bei der Kleiderhilfe für das Lager Friedland, auch um Beträge von 50 000 DM zu feilschen[149].

Schäffer scheiterte jedoch bei dem Versuch, einen Teil der Rücklagen für das nächste Haushaltsjahr zu retten. Verteidigungsminister Strauß hatte die Freigabe des auf das Rechnungsjahr 1957 übertragenen und noch nicht verausgabten Restbetrages im Haushalt 1956 in Höhe von 3,6 Milliarden DM gefordert. Der Finanzminister lehnte diese Forderung mit dem Argument ab, daß diese für den Aufbau der Bundeswehr vorgesehenen Mittel ohnehin nicht ausgeschöpft werden könnten. Den Streit entschied schließlich der Bundeskanzler zugunsten des Verteidigungsministers. Ihm war daran gelegen, den Partnern im NATO-Bündnis die Bereitschaft der Bundesregierung zu eigenen Verteidigungsanstrengungen zu demonstrieren[150]. Die aus dem Haushalt des Bundesverteidigungsministeriums nach Abzug von 1,2 Milliarden DM Stationierungskosten verbliebenen 7,8 Milliarden DM konnten wiederum nicht, wie Schäffer angekündigt hatte, vollständig verausgabt werden, so daß auch für 1958 eine Kassenrücklage entstand.

In seiner restriktiven Finanzpolitik und in seinen Bemühungen um einen ausgeglichenen Haushalt stand Schäffer nicht nur im Kabinett, sondern auch in der Fraktion oft genug allein[151]. Seine Hartnäckigkeit schuf ihm im Wahljahr keine Freunde, sie war auch der Grund dafür, daß er bei Adenauer in Ungnade fiel und trotz seiner führenden Position in der CSU bei den entscheidenden Verhandlungen

---

[144] Vgl. 178. Sitzung am 4. April 1957 TOP 4, zu den Schätzungen des BFM vgl. Schreiben vom 13. Mai 1957 an das Bundeskanzleramt in B 136/316.
[145] Vgl. Sondersitzung am 28. März 1957 TOP 1, weiteres Zahlenmaterial in B 136/316 und Deutschland im Wiederaufbau 1957, S. 166–171.
[146] Vgl. dazu Kabinettsprotokolle 1956, S. 30.
[147] Vgl. dazu 178. Sitzung am 4. April 1957 TOP G.
[148] Vgl. 181. Sitzung am 7. Mai 1957 TOP 9.
[149] Vgl. 185. Sitzung am 12. Juni 1957 TOP F.
[150] Vgl. 194. Sitzung am 3. Sept. 1957 TOP D.
[151] Vgl. u.a. 183. Sitzung am 21. Mai 1957 TOP 2.

um die Wiederberufung zum Finanzminister auch nicht den nötigen Rückhalt seiner Partei erhielt.

3. Bundestagswahlen und Regierungsbildung

Wahlkampfaspekte

Kassenrücklagen und wirtschaftlicher Aufschwung hatten eine großzügige Ausgabenpolitik ermöglicht. Die Verteilung staatlicher Mittel und Vergünstigungen geriet dabei zunehmend in den Sog wahlpolitischer Überlegungen. Verantwortlich hierfür war vor allem der als Kuchenausschuß bekannt gewordene informelle Ausschuß der Unionsfraktion, der maßgeblich an der Ausgestaltung der Steuerreform beteiligt war. Er hatte die Entscheidungen über die Steuerpolitik von der Exekutive zur Legislative verlagert und den Bundesfinanzminister mehr und mehr in die Defensive gedrängt. Ohne hinreichenden Rückhalt im Kabinett und in der Fraktion sah sich Schäffer zum Nachgeben gezwungen, wollte er nicht seine wiederholten Rücktrittsankündigungen tatsächlich wahrmachen.

Diese Auseinandersetzungen zwischen dem Finanzminister und der Fraktion waren der Öffentlichkeit nicht verborgen geblieben[152]. Der Bundeskanzler hatte daher gleich zu Beginn des Jahres 1957 mit Blick auf den bevorstehenden Wahlkampf ein geschlossenes Auftreten der Regierung und eine geräuschlose Zusammenarbeit mit dem Parlament gefordert[153]. In diesem Zusammenhang gewann am Ende der Legislaturperiode auch aus gesetzgebungstechnischen Gründen das informelle Gespräch zwischen Regierung und Koalitionsfraktion eine wesentliche Funktion, wobei Heinrich Krone in seiner Doppelfunktion als Vorsitzender der Unionsfraktion im Bundestag und Vertrauter des Bundeskanzlers eine zentrale Rolle zuwuchs[154]. Da in diesen Gesprächen nicht zuletzt das Abstimmungsverhalten der Koalitionsfraktionen im Bundestag festgelegt wurde, mußte sich Finanzminister Schäffer auch den dort gefaßten Beschlüssen beugen. So akzeptierte er die Erhöhung der Haushaltsansätze für den Wohnungsbau[155] ebenso wie Mehranforderungen für die Beamtenbesoldung[156], die Rentenreform[157] oder die Kriegsopfernovelle[158]. Andererseits versuchte die Bundesregierung auch über die Fraktionsführung auf die Ausgabenwünsche der Abgeordneten mäßigend einzuwirken. So sollte sie zum Beispiel beim Gesetz über den Ausbauplan des Fernstraßennetzes darauf hinwirken, „unangemessene Ausweitungen" von Forderungen zu verhindern[159]. Die Fraktion war ihrerseits selbstbewußt genug, die

---

[152] Vgl. dazu Henzler, Schäffer, S. 519–535.
[153] Vgl. 165. Sitzung am 19. Jan. 1957 TOP A.
[154] Zur Bedeutung von Heinrich Krone für den Regierungsstil Adenauers vgl. Krone, Tagebücher, S. XIII f.
[155] Vgl. 182. Sitzung am 16. Mai 1957 TOP 7 I und 183. Sitzung am 21. Mai 1957 TOP B.
[156] Vgl. 173. Sitzung am 1. März 1957 TOP E.
[157] Vgl. 170. Sitzung am 7. Febr. 1957 TOP C.
[158] Vgl. 175. Sitzung am 13. März 1957 TOP A.
[159] Vgl. 169. Sitzung am 30. Jan. 1957 TOP 2.

von der Bundesregierung vorgeschlagenen Haushaltsansätze für die Fortführung der Sonderaufgaben der ehemaligen Minister Kraft und Schäfer zu streichen[160] und im Falle des Luftschutzgesetzes aus Ersparnisgründen die Verpflichtung zum Bau von Schutzunterkünften aufzuheben[161].

Wie bereits im Wahlkampf 1953, so dienten auch im Wahljahr 1957 Auslandsreisen dazu, die Medienpräsenz zu verstärken und die Aufmerksamkeit der Öffentlichkeit auf die Aktivitäten der Bundesregierung und einzelner Regierungsmitglieder zu lenken. Hierzu zählten die Reise Blüchers nach Pakistan[162] und die Weltreise von Brentanos in die USA, nach Australien und Indien[163]. Auf besonderes Interesse in der deutschen Öffentlichkeit stieß der Aufenthalt Adenauers in Teheran und seine Begegnungen mit dem Shah von Persien und der Kaiserin Soraya, deren Eheschicksal von der deutschen Öffentlichkeit mit besonderer Aufmerksamkeit verfolgt wurde[164]. Höheres politisches Gewicht besaß Adenauers Reise in die USA. Sie stärkte nicht nur sein Ansehen im In- und Ausland. Der Bundeskanzler erhielt auch die Zusicherung, daß die Regierung der Vereinigten Staaten alle Deutschland berührenden Fragen nur mit der Zustimmung der Bundesregierung behandeln würde. Mit dieser Erklärung unterstützten die Vereinigten Staaten demonstrativ Adenauers Politik der Westbindung und stärkten dem Bundeskanzler den Rücken im Wahlkampf[165].

Ende März hatte der Bundespräsident den Wahltermin auf den 15. September 1957 festgelegt[166]. Die eigentliche heiße Phase des Wahlkampfes setzte im Juni 1957 ein, als FDP, SPD und CDU ihre „Wahlkongresse" durchführten. Die FDP verkündete auf ihrer Parteiveranstaltung am 5. und 6. Juni in Hamburg ihr Aktionsprogramm. Ihr folgte der Wahlkongreß der SPD am 16. Juni in der Westfalenhalle in Dortmund, auf dem sie ihr Wahlprogramm „Sicherheit für alle" bekannt gab. Am 30. Juni stimmte die CDU ihr Parteivolk am gleichen Ort auf den Wahlkampf ein. Sie hatte schon zuvor auf dem Parteitag in Hamburg im Mai 1957 ihr Manifest für die Bundestagswahl verabschiedet[167].

Die sachlichen Auseinandersetzungen mit dem politischen Gegner wurden jedoch bald von Unterstellungen und persönlichen Angriffen überschattet, wozu Adenauer selbst nicht unwesentlich beitrug[168]. Am 2. Juni 1957 erklärte er öffentlich in Bamberg, die bevorstehende Wahl würde darüber entscheiden, ob Deutschland

---

[160] Vgl. 171. Sitzung am 15. Febr. 1957 TOP 5.
[161] Vgl. 183. Sitzung am 21. Mai 1957 TOP D.
[162] Vgl. Sondersitzung am 28. März 1957 TOP A.
[163] Vgl. 178. Sitzung am 4. April 1957 TOP 1.
[164] Vgl. 178. Sitzung am 4. April 1957 TOP 1.
[165] Vgl. 184. Sitzung am 31. Mai 1957 TOP 1.
[166] Vgl. 176. Sitzung am 20. März 1957 TOP 2.
[167] Der Wahlkampf schlug sich in den Kabinettsprotokollen nicht signifikant nieder. Zwei Mitschriften Seebohms über insgesamt drei nicht offiziell protokollierte Ministerbesprechungen legen jedoch den Schluß nahe, daß unmittelbar vor oder nach den Kabinettssitzungen die Minister den Wahlkampf erörterten. Vgl. dazu die Aufzeichnungen Seebohms zur 179. Sitzung am 11. April 1957 TOP 1 und 188. Sitzung am 10. Juli 1957 TOP A. Eine weitere Ministerbesprechung fand in der 191. Sitzung am 7. Aug. 1957 TOP D statt.
[168] Vgl. dazu insbesondere Kitzinger, Wahlkampf, und Klotzbach, Staatspartei, S. 388–398.

christlich bleiben oder kommunistisch werden würde. Noch provozierender wirkte aber seine Äußerung auf dem Wahlkongreß der CSU am 30. Juli in Nürnberg, als er ausrief, daß ein Sieg der SPD den Untergang Deutschlands bedeute. Damit löste er bei der Opposition und weiten Teilen der kritischen Öffentlichkeit einen Sturm der Entrüstung aus. Die sozialdemokratischen Ministerpräsidenten boykottierten eine traditionelle Einladung Adenauers im Bundesrat. Es folgten nunmehr auch persönliche Angriffe der SPD auf Adenauer[169]. So geriet gegen die ursprüngliche Absicht der SPD der Wahlkampf in seiner letzten Phase zu einer Auseinandersetzung zwischen Adenauer und Erich Ollenhauer, dem Parteivorsitzenden und Kanzlerkandidaten der SPD. Im persönlichen Vergleich der beiden Parteiführer besaß die Union jedoch eindeutige Vorteile. Die CDU hatte ihren Wahlkampf ganz auf die Person des Amtsinhabers abgestimmt und die Erfolge in der Wirtschafts- und Sozialpolitik sowie die gefestigte Stellung der Bundesrepublik im westlichen Bündnis- und Verteidigungssystem eng mit der Person Adenauers verknüpft. Zudem verfügte Adenauer als Partei- und Regierungschef über eine Autorität, die sich mit dem allgemeinen Ansehen verband, das der Bundeskanzler im In- und Ausland bei Reisen und Konferenzen gewonnen hatte. Diesem Kanzlerbonus konnte Ollenhauer nur wenig entgegensetzen. Seine Versuche, durch Reisen in die USA, nach Kanada und nach Israel seine Stellung auf dem internationalen Parkett aufzuwerten, brachten nicht den erwünschten Effekt. Seine USA-Reise erwies sich sogar angesichts der glänzenden Erfolge Adenauers ebendort einige Wochen später als kontraproduktiv[170].

Von Verdächtigungen, Unterstellungen und persönlichen Angriffen waren nicht nur die beiden Hauptkontrahenten des Wahlkampfes betroffen. So war schon Monate zuvor die politische Vergangenheit des SPD-Vorstandsmitglieds Herbert Wehner als ehemals führendes Mitglied der KPD ins öffentliche Gespräch gebracht und die politische Zuverlässigkeit eines herausragenden Parteimitglieds der SPD in Frage gestellt worden[171]. Wehners politische Vergangenheit geriet auch in der parlamentarischen Auseinandersetzung um ein Amnestiegesetz[172] erneut in die öffentliche Auseinandersetzung. Dabei verglich Wehner Innenminister Schröder mit dem sowjetischen Chefankläger Wyschinski, worauf Schröder mit einer Anspielung auf Wehners Erfahrungen mit dem sowjetischen Herrschaftssystem parierte und Ollenhauer zu einer Ehrenerklärung für Wehner veranlaßte[173]. Auch der Prozeß gegen Viktor Agartz, dem ehemaligen Leiter des Wirtschaftswissenschaftlichen Instituts des Deutschen Gewerkschaftsbundes, fügte sich in die Versuche, Teilen der SPD subversive Verbindungen zu den Machthabern in der DDR und der Sowjetunion zu unterstellen[174].

Schon durch diese persönlichen Angriffe sah sich die sozialdemokratische Opposition in die Defensive gedrängt. Aber auch auf außen- und innenpolitischem Gebiet hatte die sozialdemokratische Opposition kein in sich schlüssiges, überzeugendes

---

[169] Vgl. dazu 188. Sitzung am 10. Juli 1957 TOP A.
[170] Vgl. dazu 178. Sitzung am 4. April 1957 TOP 1 und 179. Sitzung am 11. April 1957 TOP 1.
[171] Vgl. 176. Sitzung am 20. März 1957 TOP 1.
[172] Vgl. 177. Sitzung am 27. März 1957 TOP G.
[173] Vgl. 5. Sitzung am 27. Nov. 1957 TOP A.
[174] Vgl. 178. Sitzung am 4. April 1957 TOP 1 und 7. Sitzung am 13. Dez. 1957 TOP C.

Konzept als Alternative zur Regierungspolitik entgegenzustellen. So hatte die SPD angekündigt, im Falle eines Wahlsieges die Mitgliedschaft der Bundesrepublik in der NATO zur Disposition zu stellen und die gegenwärtigen antagonistischen Bündnisstrukturen durch ein kollektives Sicherheitssystem in Europa zu ersetzen. Der Einmarsch sowjetischer Truppen in Ungarn im Dezember 1956 hatte aber den vorhandenen Bedrohungsvorstellungen neuen Auftrieb verliehen und die deutschland- und sicherheitspolitische Konzeption der SPD weithin als illusorisch erscheinen lassen. Breite Unterstützung fand die SPD dagegen in ihrer Kritik an der atomaren Aufrüstung der Bundeswehr. Durch ein rechtzeitiges Einlenken konnte Adenauer aber in dieser Frage verhindern, daß diese grundlegende Kontroverse zwischen Opposition und Regierungsparteien in den Mittelpunkt des Wahlkampfes rückte[175].

Auch im Engagement um Berlin, Frontstadt im Kalten Krieg und Symbol des Willens zur Wiedervereinigung, konnte sich die Opposition keine nennenswerten Vorteile in der Gunst um Wählerstimmen verschaffen. Ihrer Forderung, die Verbundenheit mit Berlin zu stärken und die Hauptstadtfunktionen zu wahren, trat die Bundesregierung mit einer eigenen Initiative entgegen. Mit einem Architektenwettbewerb und mit der Verlegung von Bundesbehörden nach Berlin trug sie zu einer Stärkung der Präsenz des Bundes in Berlin bei[176].

Auf innen- und wirtschaftspolitischem Gebiet fand die sozialdemokratische Opposition gleichfalls kein Mittel, eigene Alternativen zur Politik der Regierungskoalition zu entwickeln. Die von der Bundesregierung betriebenen Transferleistungen im sozialen Bereich sowie deutliche Einkommensverbesserungen bei breiten Bevölkerungsschichten entsprachen in der Grundtendenz den sozialdemokratischen Forderungen nach dem Ausbau der sozialen Sicherung sowie nach einer gerechten Verteilung der Einkommen. Ebenso hatte die Bundesregierung die Preisentwicklung unter Kontrolle halten und so die Stabilität der Währung verteidigen können. Schließlich war auch mit der Verabschiedung des Kartellgesetzes[177] die Forderung der SPD nach einer Sicherung des freien Wettbewerbs und nach einer verbraucherfreundlichen Preispolitik in den Grundzügen erfüllt. Die SPD konnte die offenkundige wirtschaftliche Aufwärtsentwicklung und die deutlichen sozialpolitischen Fortschritte nicht leugnen und nur in weitergehenden Forderungen ein eigenes Profil entwickeln. So war sie zwar auf dem Wege, die ordnungspolitischen Grundentscheidungen in der Wirtschafts- und Sozialpolitik der Regierung Adenauer zu akzeptieren, doch vereinzelt erhobene Forderungen nach Verstaatlichung der Schlüsselindustrien schreckten nicht nur potentielle Koalitionspartner auf[178], sie ließen auch bei den Wählern Zweifel an der Aufrichtigkeit ihrer offiziellen Bekenntnisse aufkommen.

Die durch einen weltwirtschaftlichen Aufwärtstrend begünstigte gesamtwirtschaftliche Entwicklung in der Bundesrepublik wurde schließlich weithin auch als Bestätigung des von Bundeswirtschaftsminister Erhard propagierten Konzepts der

---

[175] Vgl. Sondersitzung am 9. Mai 1957.
[176] Vgl. 169. Sitzung am 30. Jan. 1957 TOP A.
[177] Zur Einschätzung des Kartellgesetzes als wirtschaftspolitisches Steuerungselement vgl. 183. Sitzung am 21. Mai 1957 TOP 3.
[178] Vgl. 178. Sitzung am 4. April 1957 TOP 1.

sozialen Marktwirtschaft empfunden, das die politische Steuerbarkeit der wirtschaftlichen Abläufe und zugleich Handlungsspielraum für soziale Umverteilungsmaßnahmen zu ermöglichen schien. Es verlieh darüber hinaus dem von Erhard propagierten Motto „Wohlstand für alle" einen realen Gehalt. Damit schuf sie eine Voraussetzung für die innere Stabilisierung der bundesrepublikanischen Nachkriegsgesellschaft, die auch in einem verstärkten Bedürfnis nach Sicherheit und Bewahrung des Erreichten zum Ausdruck kam. Nicht zuletzt verband sich die zum Wirtschaftswunder erklärte ökonomische Entwicklung mit dem Namen Erhards, der in einem auf seine Person zugeschnittenen und finanziell wie propagandistisch durch Kampagnen der privaten Industrie unterstützten Wahlkampf entscheidend zum Wahlerfolg der Union beitrug.

Wahlergebnis und Regierungsbildung

Nach dem vor allem durch kabinettsinterne Streitigkeiten über die Konjunkturpolitik und durch die Auseinandersetzungen mit der FDP verursachten Meinungstief im Jahre 1956 hatten die Umfrageergebnisse seit Beginn des Jahres 1957 eine kontinuierliche Aufwärtsentwicklung für die CDU/CSU verzeichnet. Im April 1957 überflügelten die Unionsparteien in den Umfragen erstmals die SPD. Diese positive Entwicklung, die auch der Bundeskanzler mit Genugtuung verfolgte[179], hielt ungebrochen bis zum Wahltag an. Dennoch übertraf das Wahlresultat vom 15. September 1957 alle Erwartungen. Bei einer Wahlbeteiligung von 87,8 % hatten die CDU/CSU 50,2 % der abgegebenen Stimmen erhalten. Gegenüber den Bundestagswahlen im Jahre 1953 konnte sie die Anzahl der Mandate von 243 auf 270 erhöhen und mit 54,3 % der Parlamentssitze die absolute Stimmenmehrheit im Bundestag erringen. Die SPD verbesserte ihren Stimmenanteil von 28,8 % auf 31,2 % und erhielt mit 169 Sitzen im Bundestag 18 Sitze mehr als 1953. Daß auch die SPD Stimmen hinzugewinnen konnte, lag an dem allgemeinen Trend zu Gunsten der großen und zu Lasten der kleineren, regionalen oder interessensorientierten Parteien. So konnte der GB/BHE, der 1953 noch 28 Mandate errungen hatte, nicht mehr in den Bundestag einziehen. Die FDP erhielt nurmehr 41 Sitze gegenüber 48 im Jahre 1953. Ihr Stimmenanteil war von 9,5 % auf 7,7 % gesunken. Sah Adenauer damit das Ende des politischen Liberalismus eingeleitet[180], so versuchte sich die FDP selbst als dritte Kraft in dem sich abzeichnenden Zweiparteiensystem zu etablieren. Überleben konnte noch einmal die DP. Sie hatte zwar bundesweit nur 3,5 % der Stimmen erhalten, konnte aber dank der Wahlabsprachen mit der CDU in Niedersachsen, wo sie 11,4 % der Stimmen erhalten hatte, die Hürden des Wahlgesetzes überspringen. Im Wahlbündnis mit der FVP, die wie vereinbart nach den Wahlen in der DP aufging, errang sie insgesamt 17 Bundestagsmandate. Als kleinerer Koalitionspartner der Unionsparteien erhöhte sie das Stimmenpolster der Regierungsmehrheit auf 77 Sitze[181].

Eine Sonderentwicklung vollzog sich dagegen in Bayern, wo die CSU als Regionalpartei gestärkt aus den Wahlen hervorging. Sie hatte 57,2 % der abgegebenen

---

[179] Vgl. Sondersitzung am 29. Juli 1957 TOP D.
[180] Vgl. dazu die Äußerungen Adenauers auf der Sitzung des Bundesvorstandes der CDU am 19. Sept. 1957 (Protokolle des CDU-Bundesvorstandes 1957–1961, S. 4).
[181] Zu den Zahlenangaben vgl. Ritter/Niehuss, Wahlen, S. 100 f.

Stimmen erhalten und alle Direktmandate für sich gewonnen, während die SPD nur 26,4 % erreichte und deutlich abgefallen war. Das Wahlergebnis wirkte sich unmittelbar auf die Machtkonstellation im Lande aus. Die bis dahin in Bayern regierende Viererkoalition aus SPD, FDP, GB/BHE und BP brach auseinander. Die CSU als stärkste Partei konnte wieder die Regierung übernehmen und mit Hanns Seidel den Ministerpräsidenten stellen[182].

Der deutliche Wahlerfolg hatte Adenauers Stellung als Parteiführer gestärkt, seinen Handlungsspielraum für die anstehenden Verhandlungen um die Regierungsbildung aber nicht wesentlich vergrößert. In der anstehenden Personaldiskussion mußte Adenauer auf die Kräfteverhältnisse innerhalb der Partei, der Landesverbände und der Bundestagsfraktion, auf den Konfessionsproporz, aber auch auf die erworbenen Positionen im Kabinett Rücksicht nehmen[183]. So stand es außer Frage, die Bundesminister des Auswärtigen, Heinrich von Brentano, des Innern, Gerhard Schröder, und für Wirtschaft, Ludwig Erhard, in ihren Ämtern zu belassen. Ebenso hielt Adenauer an Franz-Josef Wuermeling entgegen anders lautenden Gerüchten als Familienminister fest.[184] Auch von der Wiederernennung Heinrich Lübkes als Landwirtschaftsminister ließ Adenauer sich nicht abbringen, obwohl der Deutsche Bauernverband massive Kritik geübt und personelle Alternativen gefordert hatte[185].

Unproblematisch erwies sich auch die Ernennung des bisherigen Bundesministers für das Post- und Fernmeldewesen, Ernst Lemmer, zum Bundesminister für Gesamtdeutsche Fragen. Als Nachfolger des schwer erkrankten Jakob Kaiser vertrat Lemmer nunmehr den Berliner Landesverband der CDU im Kabinett. Eine Art Wiedergutmachung erhielt Theodor Blank, der die Nachfolge von Anton Storch als Bundesminister für Arbeit und Sozialordnung antrat. Er war im Oktober 1956 der Kabinettsumbildung zum Opfer gefallen und als Bundesverteidigungsminister ausgeschieden. Blank hatte gegen Storch kandidiert und war nach einer internen, ergebnislos verlaufenen Abstimmung von den Sprechern des Arbeitnehmerflügels der Union als Sozialminister vorgeschlagen worden. Bestätigt im Amt wurde Theodor Oberländer, der als Vertreter der Vertriebenen das Bundesministerium für Vertriebene, Flüchtlinge und Kriegsgeschädigte behielt.

Auch die Einbindung der DP in die Regierung war nach den vorausgegangenen Wahlabsprachen unumstritten. So konnten die beiden bisherigen Vertreter der DP im Kabinett ihre Positionen beibehalten. Hans-Joachim von Merkatz, der nach der Regierungsumbildung vom Oktober 1956 zusätzlich das Justizministerium geleitet hatte, blieb Bundesminister für Angelegenheiten des Bundesrates und der Länder, während Hans-Christoph Seebohm sein Amt als Bundesminister für Verkehr weiterführte.

---

[182] Vgl. 196. Sitzung am 9. Okt. 1957 TOP C.

[183] Zur Regierungsbildung allgemein vgl. Schwarz, Ära Adenauer 1957–1963, S. 19–27, Schwarz, Der Staatsmann, S. 348–364, zur Chronologie ferner Krone, Tagebücher, S. 265–270, ferner Henzler, Schäffer, S. 566–578, Domes, Bundesregierung, S. 62–83, Müchler, CDU/CSU, S. 127–137.

[184] Danach wollte der Bundeskanzler eine Frau mit dieser Aufgabe betrauen. Unterlagen hierzu in B 136/4618.

[185] Vgl. Niederschrift über die Besprechung der Führung des Deutschen Bauernverbandes mit Adenauer am 10. Okt. 1957 in B 136/8632, dazu ausführlicher Morsey, Lübke, S. 233–237.

Dagegen fanden der bisherige Vizekanzler und Bundesminister für wirtschaftliche Zusammenarbeit, Franz Blücher, sowie der Bundesminister für Wohnungsbau, Viktor-Emanuel Preusker, keine Berücksichtigung mehr. Sie waren nach der Aufspaltung der FDP im Frühjahr 1956 in die Fraktion der FVP übergetreten und über eine Listenverbindung mit der DP wieder in den Bundestag eingezogen. Ihre vorangegangene Mitarbeit im Kabinett wurde insofern honoriert, als Blücher den Posten eines Vizepräsidenten bei der Hohen Behörde der Europäischen Gemeinschaft für Eisen und Stahl erhielt und Preusker zu einem der Vizepräsidenten des Bundestages gewählt wurde. Dagegen erhielten die 1956 aus der Regierung ausgeschiedenen Bundesminister für besondere Aufgaben, Waldemar Kraft und Hermann Schäfer, keine neuen Ämter mehr. Kraft war vom GB/BHE in die CDU eingetreten und konnte erneut in den Bundestag einziehen, während Schäfer als Mitglied der FVP von der politischen Bühne des Bundestages abtrat.

Für Preusker übernahm der CDU-Abgeordnete Paul Lücke das Wohnungsbauministerium. Seine Wahl verkörperte eine Akzentverschiebung der künftigen Regierungsarbeit, da Lücke als bisheriger Vorsitzender des Bundestagsausschusses für Wiederaufbau und Wohnungswesen bereits engagiert für eine mittelständische, marktwirtschaftlich orientierte Wohnungsbau- und Eigentumspolitik eingetreten war[186]. Dagegen entfiel mit dem Ausscheiden Blüchers auch das Ministerium für wirtschaftliche Zusammenarbeit. Es ging in das neue, von Adenauer ursprünglich als Verhandlungsmasse vorgeschlagene Ministerium für wirtschaftlichen Besitz des Bundes ein, das schließlich zur Wahrung des landesverbandlichen und konfessionellen Proporzes innerhalb der Regierung an Hermann Lindrath, einen evangelischen Abgeordneten der CDU aus Baden-Württemberg, vergeben wurde[187].

Die CSU konnte nach ihrem eindrucksvollen Sieg ihre schon 1956 erhobene Forderung nach einem vierten Ministerium durchsetzen und damit ihre Position innerhalb des Kabinetts ausbauen. Franz-Josef Strauß behielt das Bundesministerium für Verteidigung und Siegfried Balke das Bundesministerium für Atomkernenergie und Wasserwirtschaft, Fritz Schäffer, bislang Bundesminister der Finanzen, übernahm das Justizministerium. Richard Stücklen wurde mit 41 Jahren jüngstes Kabinettsmitglied, er erhielt das Bundesministerium für das Post- und Fernmeldewesen.

Neu ins Kabinett kam auch Franz Etzel, bislang Vizepräsident der Hohen Behörde der Europäischen Gemeinschaft für Kohle und Stahl, der für die CDU des Landes Nordrhein-Westfalen ein Bundestagsmandat errungen hatte. Etzel hatte sich in der Auseinandersetzung mit Erhard um die europäische Wirtschaftsintegration als Vorkämpfer für eine institutionelle Lösung erwiesen und in der kritischen Phase der Verhandlungen um die EWG im Herbst 1956 besondere Verdienste erworben[188]. Adenauer gegenüber hatte er die Errichtung eines Europa-Ministeriums vorgeschlagen und selbst Organisationspläne dazu ausgearbeitet. Es sollte „für die Erarbeitung einer einheitlichen Auffassung der Bundesrepublik, insbesondere auf den Gebieten der Koordinierung der Wirtschafts- und Währungspolitik, der Entwicklung

---

[186] Zur Rolle von Paul Lücke vgl. Wagner, Sozialstaat, hier insbesondere S. 46–60.
[187] Vgl. dazu Hentschel, Erhard, S. 306.
[188] Vgl. dazu Enders, Streit über Europa, S. 143–160.

einer europäischen Agrar- und Verkehrspolitik und einer gemeinsamen Handelspolitik der Mitgliedsstaaten zuständig" sein und für seine Koordinierungstätigkeit durch einen Kabinettsausschuß für europäische Angelegenheiten unter dem Vorsitz des Europa-Ministers unterstützt werden[189]. Die Pläne hierfür scheiterten jedoch an dem Widerstand Erhards und von Brentanos, die für eine zusätzliche Konkurrenz auf dem Gebiet der Europapolitik keinen Bedarf erkannten und Adenauer gegenüber eine rasche Verständigung in der Regelung der Zuständigkeiten zusagten[190]. Adenauer übertrug daraufhin Etzel das Finanzministerium. Mit dieser Personalentscheidung setzte Adenauer in der Finanzpolitik den von Unternehmerseite schon seit längerem gewünschten neuen Akzent, zählte doch der Industrieanwalt aus Duisburg als Leiter des wirtschaftspolitischen Arbeitskreises der CDU zum rheinisch-industriellen Flügel der CDU, der sich wiederholt gegen die Steuerpolitik des bisherigen Bundesfinanzministers Fritz Schäffer gewandt und eine Steuerreform zugunsten einer Kapitalbildung in privater Hand gefordert hatte.

Auf diese Weise hatte Adenauer auch dem in der letzten Phase der vergangenen Legislaturperiode in Ungnade gefallenen Schäffer die Rückkehr in das Finanzministerium versperrt. Für Adenauer bot die Regierungsneubildung eine Gelegenheit, seinen zwar prinzipientreuen, dafür aber auch unbequemen und ungeschmeidigen Haushälter loszuwerden. Er konnte von einer günstigen Verhandlungsposition aus operieren, hatte er doch frühzeitig Signale von der CSU erhalten, daß sie nicht unumschränkt die Vorstellungen Schäffers unterstützen würde. Adenauer bot Schäffer zunächst das für die Verhandlungen eigens entworfene Schatzministerium an, das sich aus Teilen des Finanzministeriums und des ehemaligen Ministeriums für wirtschaftliche Zusammenarbeit zusammensetzen sollte. Zusätzlich sollte Schäffer die Stellvertretung des Bundeskanzlers erhalten. Schäffer verhielt sich zunächst abwartend. Schließlich forderte er für sich noch zusätzlich den Vorsitz im Kabinettsausschuß für Wirtschaft, um damit seine Stellung im Kabinett aufzuwerten[191]. Adenauer hatte diese Funktion bereits Erhard zugesichert und inzwischen auch Etzel für den Posten des Finanzministers gewonnen. Er bot schließlich dem zögernden Schäffer das Justizministerium an. Schäffer, dem inzwischen auch der Rückzug in die bayerische Landespolitik durch die Neubildung der Landesregierung unter Hanns Seidel am 18. Oktober 1957 verwehrt worden war, blieb letztlich nur die Annahme übrig, wollte er nicht gänzlich aus der Regierungsverantwortung ausscheiden[192].

Mit der Zusage Schäffers war die Regierungsbildung nach fast sechswöchigen Verhandlungen abgeschlossen. Insgesamt brachte die langwierige, wenn auch undramatische Kabinettsumbildung keine wesentlichen Veränderungen mit sich. Das neue Kabinett bestand aus 18 Ministern. Als neue Mitglieder waren Lücke, Lindrath, Etzel und Stücklen in das Kabinett eingetreten, während Blücher, Preusker, Kaiser und Storch aus ihren Ämtern ausgeschieden waren. Eine herausragende

---

[189] Vgl. dazu Nachlaß Etzel N 1254/84 und B 136/4620.
[190] Vgl. dazu Schreiben von Brentanos an Adenauer vom 28. Okt. 1957 in B 136/4620.
[191] Vgl. dazu Schreiben Adenauers an Schäffer vom 21. Okt. 1957 in Nachlaß Schäffer N 1168/37 und Antwort Schäffers vom 22. Okt. 1957 in B 136/4620.
[192] Zur Auseinandersetzung um die Person Schäffers bei der Regierungsbildung vgl. Henzler, Schäffer, S. 566–578.

Stellung in der Rangordnung der Kabinettsmitglieder erhielt schließlich Erhard, dem neben der Leitung des Kabinettsausschusses für Wirtschaft nicht zuletzt aus Gründen des konfessionellen Proporzes die Funktion des Vizekanzlers übertragen wurde. Frauen blieben bei der Ämtervergabe einmal mehr unberücksichtigt[193].

Die personellen und organisatorischen Veränderungen im Bundeskabinett wirkten sich auch auf der Ebene der Staatssekretäre aus, wenngleich hier weitgehend eine Kontinuität gewahrt wurde. Neuer Staatssekretär im Bundesministerium für wirtschaftlichen Besitz des Bundes wurde Hans Busch, der erst Anfang März 1957 als Nachfolger von Max Sauerborn Staatssekretär im Bundesministerium für Arbeit geworden war. Seine Nachfolge dort trat Wilhelm Claussen an. Im Bundesverkehrsministerium löste Ludwig Seiermann den bisherigen Staatssekretär Günther Bergemann ab[194]. Im Familienministerium wurde die Stelle eines Staatssekretärs neu eingerichtet. Mit der Wahrnehmung der Aufgaben wurde Ende des Jahres 1957 Gabriele Wülker betraut, die damit als erste Frau eine leitende Stellung innerhalb der Bundesregierung bekleidete[195]. Im Auswärtigen Amt gab schließlich Hallstein nach seiner Berufung zum Präsidenten der Europäischen Kommission Anfang des Jahres 1958 sein Amt als Staatssekretär ab. Seine Nachfolge trat van Scherpenberg an[196].

Zuständigkeitsabgrenzung

Die personellen Veränderungen im Kabinett schlugen sich auch in einer Änderung der Zuständigkeiten in einzelnen Geschäftsbereichen der Ministerien nieder. Vor allem der Wegfall des Bundesministeriums für wirtschaftliche Zusammenarbeit und - bereits 1956 - der beiden Sonderministerien sowie die Errichtung des neuen Bundesministeriums für wirtschaftlichen Besitz des Bundes hatten derartige Verschiebungen erforderlich gemacht. Adenauer nahm von seinem nach § 9 der Geschäftsordnung der Bundesregierung vorgesehenen Recht Gebrauch, die hierfür erforderlichen Entscheidungen zu treffen. Mit besonderen Schreiben vom 27. Oktober 1957 teilte Adenauer allen designierten Ministern die Veränderungen in ihrem künftigen Geschäftsbereich mit[197].

So erhielt das Auswärtige Amt aus der Erbmasse des Bundesministeriums für wirtschaftliche Zusammenarbeit zu seinem bisherigen Geschäftsbereich auch die deutsche Vertretung bei der OEEC in Paris. Das Bundeswirtschaftsministerium wurde zusätzlich mit der Aufgabe der Eingliederung der deutschen Wirtschaft in die europäische Gemeinschaft einschließlich der bisher vom Bundesministerium für wirtschaftliche Zusammenarbeit bearbeiteten Angelegenheiten der OEEC betraut. Vom Bundesministerium des Innern wurde der Bereich Jugendfragen mit Ausnahme der Bundesprüfstelle für jugendgefährdende Schriften auf das Bundesministerium für Familie und Jugend übertragen. Dafür erhielt das Innenministerium den Bereich Recht des Öffentlichen Dienstes, für den bisher das Bundesministerium

---

[193] Vgl. dazu die Eingaben von Frauenverbänden in B 136/4620.

[194] Zur Ernennung von Dr. Ludwig Seiermann und Dr. Wilhelm Claussen vgl. 3. Sitzung am 13. Nov. 1957 TOP 1.

[195] Zur Ernennung von Dr. Gabriele Wülker vgl. 5. Sitzung am 27. Nov. 1957 TOP 1.

[196] Vgl. dazu 8. Sitzung am 8. Jan. 1958 TOP A (B 136/36117).

[197] Schreiben Adenauers an die künftigen Bundesminister in B 136/4620.

In dem bis dahin längsten Streik in der Bundesrepublik erreichten Anfang 1957 die Metallarbeiter in Schleswig-Holstein insbesondere den Einstieg in die Lohnfortzahlung im Krankheitsfall (*Bundesarchiv Bild 183/44417/2*).

Keine Experimente!

»Sieh mal, Otto, da werden schon wieder Baugruben für eine neue große Siedlung ausgehoben. Die Wohnungen reichen noch immer nicht! Der Wiederaufbau ist doch eine harte Nuß!«

»Wenn es allein darum ginge! Aber denk mal an den riesigen Flüchtlingsstrom, den die westdeutsche Wirtschaft seit dem Zusammenbruch außerdem verkraftet hat.«

»Allerdings! Ich las erst kürzlich, daß es sich dabei um rund 11,5 Millionen Menschen handelt. Das ist ja fast ein Viertel unserer gesamten Bevölkerung!«

»Eine schöne Leistung, diesen vielen Familien eine neue Existenz zu geben! Die meisten haben einen gut bezahlten Arbeitsplatz gefunden und sich einen neuen Hausstand schaffen können.«

»Und noch immer kommen so um die Zwanzig- bis Fünfundzwanzigtausend im Monat hinzu. Verständlich, daß sie es manchmal nicht gleich so finden, wie sie es sich vorstellen. Immerhin: wer keine Scheu vor der Arbeit hat, kann sich bei uns sein Brot — und auch mehr — verdienen.«

»... und er kann sich sogar auswählen wie und wo! Solche Chancen hat eine sozialistisch geplante Wirtschaft nicht zu bieten. Da wird einfach von oben befohlen, was denen gerade in den Kram paßt.«

»Na, Otto, ich glaube, wir verzichten darauf, mit sozialistischen Experimenten die Erfolge unserer Sozialen Marktwirtschaft zu gefährden. Uns ist doch eine gute Zukunft sicher!«

Deshalb bleiben wir auch in Zukunft bei Erhards Sozialer Marktwirtschaft

DIE WAAGE

Die Waage · Gemeinschaft zur Förderung des Sozialen Ausgleichs e.V. · Vorsitzer Franz Greiss · Köln am Rhein · Schildergasse 32–34

Unterstützung der Wirtschaftspolitik Ludwig Erhards durch Inserate der Gemeinschaft zur Förderung des sozialen Ausgleichs e.V. „DIE WAAGE" *(Ludwig-Erhard-Stiftung).*

DER BUNDESMINISTER
FÜR VERTRIEBENE,
FLÜCHTLINGE u. KRIEGSGESCHÄDIGTE
A.Z.
(Bei Antwortschreiben bitte das Aktenzeichen angeben)

BONN, den 2o. Februar 1957
Husarenstraße 30
Fernsprecher Sammel-Nummern 3 1881 u. 3 7646

Anlagen 1

Herrn
Bundeskanzler Dr. Konrad Adenauer
B o n n

Hochverehrter Herr Bundeskanzler!

Nach der glücklich verabschiedeten Rentenreform und dem zur Entscheidung anstehenden Grünen Plan hat die 8. Novelle zum Lastenausgleichsgesetz für 13 Millionen Menschen entscheidende Bedeutung.

Ich bitte Sie, Ihren ganzen Einfluss als Bundeskanzler und Vorsitzender der CDU dafür einsetzen zu wollen, daß die schleppenden parlamentarischen Beratungen beschleunigt und hinreichende Mittel für die Fortsetzung der Eingliederung sowie für ein überzeugendes Beginnen der Hauptentschädigung bereitgestellt werden. Der Lastenausgleich muss meines Erachtens im Zusammenhang mit der sozialen Sicherungsaktion der Rentenreform und der Gesundung der landwirtschaftlichen Struktur durch den Grünen Plan gesehen werden. Für die Geschädigten ist dem Lastenausgleich die doppelte Aufgabe zugefallen: Die soziale Sicherung und die Wiederherstellung zerstörter mittelständischer Struktur.

Das grosse Sozial- und Mittelstandswerk der zweiten Legislaturperiode wäre unvollendet, wenn die 8. Novelle nicht termingerecht und mit einer der doppelten Funktion entsprechenden finanziellen Ausstattung verabschiedet werden könnte.

Ich gestatte mir aus allen diesen Erwägungen die Anregung, das Grundsätzliche der 8. Novelle im Zusammenhang mit den Verhandlungen um die Finanzierung des Grünen Planes sehen und behandeln lassen zu wollen.

Mit dem Ausdruck meiner vorzüglichen Hochachtung bin ich
Ihr sehr ergebener

(Dr. Oberländer)

P.S. Die Durchschrift eines an den Herrn Bundesminister der Finanzen gerichteten Briefes füge ich bei.

Neben Rentnern und Bauern gehörten die Flüchtlinge und Vertriebenen zu den Bevölkerungsgruppen, deren Interessen von der Bundesregierung vor den Wahlen besonders zu berücksichtigen waren. – Schreiben des Bundesministers für Vertriebene, Flüchtlinge und Kriegsgeschädigte, Theodor Oberländer, vom 20. Februar 1957 an Bundeskanzler Konrad Adenauer (*Bundesarchiv B 136/646*).

Plakatwand im Wahlkampf *(Archiv für Christlich-Demokratische Politik der Konrad-Adenauer-Stiftung).*

Die SPD bekämpfte den von der Bundesregierung verfolgten Kurs der Atombewaffnung *(Bundesarchiv Bild 183/49306/3)*.

Bonn, den 9. August 1957

<u>Dem Herrn Staatssekretär erg. vorzulegen</u>

Der Vorstand des Obst- und Gemüsebauverbandes für die Rheinprovinz hat die Absicht, den Herrn Bundeskanzler aufzusuchen, um die schwierige Lage der durch Unwetterschäden betroffenen Obst- und Gemüsebaubetriebe und andere, die Obst- und Gartenbauwirtschaft betreffende Fragen zu erörtern. In diesem Vorstand sind vor allem einige Herren, die im Wahlkreis des Herrn Bundeskanzlers wohnen und denen eine Hilfe für die Obst- und Gemüsebaubetriebe (nördlicher Teil des Wahlkreises) im Vorgebirge besonders am Herzen liegt.

Nach Rücksprache mit Herrn Abgeordneten Rösing würde den Herren, darunter die Herren Hermann, Jansen und Kreuzberg, ein Termin am 19. oder 20. August gut passen.

Ich schlage vor, einen dieser Tage zu wählen.

(Selbach)

Bundeskanzler Adenauer hatte auch in seinem eigenen Wahlkreis auf die Interessen seiner Wählerschaft, hier auf die Obst- und Gemüsebauern, besonders einzugehen. – Vorlage des Leiters des Kanzlerbüros im Bundeskanzleramt, Josef Selbach, vom 9. August 1957 für Staatssekretär Hans Globke (*Bundesarchiv B 136/8698*).

STADT BONN

075

Stadt Bonn - Amt 05/3

Gegen Zustellung

Herrn
Bundeskanzler
Dr. Konrad A d e n a u e r ,
R h ö n d o r f
Zennigsweg 8a

Dienststelle: Wahlamt
Dienstgebäude: Altes Rathaus
am Markt
Zimmer-Nr.: 409
Fernruf: 30 71 Nebenanschluß: 703

BONN, den 19.Sept.1957

Ihr Zeichen   Ihr Schreiben vom   Unser Aktenzeichen
(bei Antwort angeben) Neu.

Betrifft: Bundestagswahl am 15.Sept.1957

Die gemäss den Vorschriften des Bundeswahlgesetzes und der Bundeswahlordnung heute durch den Kreiswahlausschuss vorgenommene formelle Feststellung des Wahlergebnisses für den Wahlkreis Nr. 69 Bonn-Stadt und Bonn-Land hat ergeben, dass für Sie die meisten gültigen Stimmen abgegeben wurden. Von 188 591 abgegebenen gültigen Stimmen entfielen 129 273 Stimmen auf Sie.

Sie sind damit als Wahlkreisabgeordneter gewählt.

Ich darf Sie bitten, mir nach § 41 Abs.2 BWG binnen einer Woche schriftlich zu erklären, ob Sie die Wahl annehmen. Dazu wird auf die Vorschriften des § 45 BWG hingewiesen.

Der Oberstadtdirektor
als Kreiswahlleiter

Bankverbindungen der Stadtkasse:
Städtische Sparkasse Bonn Nr. 1131 - Postscheckkonto Köln Nr. 118 90 - Landeszentralbank Bonn Nr. 442/164
Für Steuerzahlungen: Postscheckkonto Köln 197 35

Konrad Adenauer wurde in seinem Wahlkreis Bonn-Stadt und Bonn-Land direkt gewählt. – Mitteilung des Kreiswahlleiters vom 19. September 1957 *(Stiftung Bundeskanzler-Adenauer-Haus, Nachlaß Adenauer 13.05).*

Preissteigerungen unmittelbar nach dem Wahltag brachten den um die Preis- und Währungsstabilität bemühten Bundeswirtschaftsminister Ludwig Erhard in Bedrängnis. – „Luftschlacht über Deutschland", in: „Welt am Sonntag" vom 6. Oktober 1957 (B 102/34010).

Marie-Elisabeth Lüders (FDP) eröffnete am 15. Oktober 1957 als Alterspräsidentin den Dritten Deutschen Bundestag in der Berliner Kongreßhalle *(Bundesarchiv, Bild 183/64549/12)*.

Karl Georg Pfleiderer (1899–1957), Botschafter der Bundesrepublik Deutschland in Jugoslawien und Verfasser eines Memorandums über die Neugestaltung der Deutschland- und Ostpolitik der Bundesrepublik, verstarb am 8. Oktober 1957 in Bonn *(Bundesbildstelle)*.

Der jugoslawische Botschafter Dusan Kveder beim Verlassen des Auswärtigen Amtes. Nach der Anerkennung der DDR durch Jugoslawien hatte die Bundesregierung am 19. Oktober 1957 die diplomatischen Beziehungen zu Jugoslawien abgebrochen *(Bundesarchiv Bild 183/64728/24).*

BUND DER KINDERREICHEN DEUTSCHLANDS
SITZ BONN
BKD
BUNDESVORSTAND

VORSITZENDE: EVA GRÄFIN FINCKENSTEIN MDB, GLEICHBERECHTIGTE STELLVERTR. VORSITZENDE: ALBERT WOLF MDB, STUTTGART UND KARL KLAMMT MDL LANDSHUT I. BAY.

An den
Herrn Bundeskanzler
Dr. Dr. Konrad Adenauer
B o n n , Bundeskanzleramt

Bonn, 25. Septr. 1957
Am Berghang 12
23248
Konten:
Commerz- und Discontobank A.-G., Goslar Nr. 12098
Postscheckkonto: Hannover 955 64
Städt. Sparkasse Bonn, am Bundeshaus Nr. 344

Bundeskanzleramt
Eing. 27. SEP. 1957
Anlagen:

Die Vorsitzende:
Eva Gräfin Finckenstein MdB

Sehr verehrter Herr Bundeskanzler!

Darf ich Ihnen im Namen des "Bundes der Kinderreichen Deutschlands" unsere Bitte nahebringen, Herrn Dr. Wuermeling im neuen Kabinett mit dem Amt des Ministers für Familienfragen zu betrauen.

Wir haben als überparteilicher und konfessionell nicht gebundener Verband nach mehrjähriger Zusammenarbeit allen Grund, Herrn Wuermeling für sein Eintreten für die Belange der kinderreichen Familie Dank zu wissen.

Dabei darf ich darauf aufmerksam machen, daß wir zahlenmäßig der stärkste Familien-Verband sind und durch unseren ständigen, unmittelbaren Kontakt mit den großen Familien sehr genau über das Ansehen unterrichtet sind, das sich Herr Wuermeling zu erringen verstanden hat.

In alter Verehrung:

Eva Gräfin Finckenstein

Unterschiedliche Interessensverbände versuchten Einfluß auf die Regierungsbildung zu nehmen. – Schreiben des Bundes der Kinderreichen Deutschlands vom 25. September 1957 an Bundeskanzler Adenauer *(Bundesarchiv B 136/4618).*

Dr. h.c. ROBERT PFERDMENGES
KÖLN, 4. Oktober 1957
UNTER SACHSENHAUSEN 4
TEL. 2891

Dem Herrn Bundeskanzler vorzulegen.

Persönlich

Lieber Herr Globke,

von der Handelskammer Bremen erhielt ich das in Photocopie beiliegende Schreiben. Bremen hat durch die Währungsreform ausserordentlich gelitten und fast alle dortigen Firmen sind sehr schwach, da sie nur noch einen kleinen Bruchteil ihres Kapitals besitzen. Alle Bemühungen, diese Kapitalbasis wieder aufzubauen, um Geschäfte machen und auch Risiken übernehmen zu können, sind an der Politik des Finanzministeriums gescheitert.

Sie kennen mein Hauptargument gegen den Herrn Bundesfinanzminister: er hat es nicht verstanden, die unbedingt notwendige Kapitalansammlung in der Wirtschaft zu betreiben. Wie Sie aus der Anlage ersehen, ist die Handelskammer Bremen - deren Präses und Geschäftsführer mir persönlich völlig unbekannt sind - voll und ganz meiner Ansicht über die Gefahren einer weiteren Betreuung des Finanzministeriums durch den derzeitigen Inhaber. Herr Bundeskanzler kennt meine Ansicht, die ja von Vielen geteilt wird.

Ich glaube, dass fast alle Handelskammern Westdeutschlands dieselbe Ansicht vertreten wie die Handelskammer Bremen. Wenn es uns nicht gelingt, die mittleren Firmen auf eine festere finanzielle Basis zu stellen, so wird bei einem starken Windstoss das Wirtschaftsgebäude, das wir errichtet haben, ins Schwanken kommen.

Ich bin im Begriff, für 10 Tage nach Baden-Baden zu fahren, werde mich aber nach meiner Rückkehr bei Ihnen melden.

Mit freundlichen Grüssen bin ich

Ihr

Rob. Pferdmenges.

Herrn
Dr. Hans G l o b k e
Staatssekretär des Bundeskanzleramtes
B o n n
Koblenzerstrasse 139-141

Eine Wiederernennung von Fritz Schäffer zum Bundesminister der Finanzen war auch in Wirtschaftskreisen umstritten. – Schreiben von Robert Pferdmenges vom 4. Oktober 1957 an Staatssekretär Hans Globke *(Bundesarchiv B 136/4618)*.

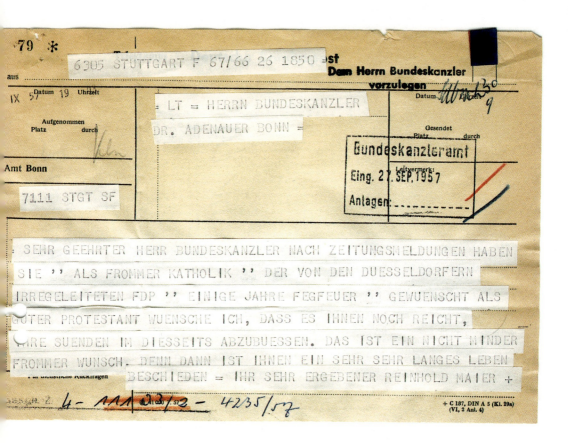

Fromme Wünsche zwischen Katholiken und Protestanten. – Telegramm des FDP-Bundesvorsitzenden Reinhold Maier vom 26. September 1957 an Bundeskanzler Adenauer *(Bundesarchiv B 136/4542).*

Die neuen Bundesminister (von links oben nach rechts unten): Bundesminister der Finanzen Franz Etzel, Bundesminister für Wohnungsbau Paul Lücke, Bundesminister für das Post- und Fernmeldewesen Richard Stücklen, Bundesminister für wirtschaftlichen Besitz des Bundes Hermann Lindrath (*Bundesarchiv Bild 183/54244/10, 54489/6, 59834/9 und 54244/8*).

Das 3. Kabinett Adenauer bei Bundespräsident Theodor Heuss am 28. Oktober 1957. Oberste Reihe von links nach rechts: Paul Lücke, Siegfried Balke, Hermann Lindrath, Ernst Lemmer, Theodor Blank, Franz Josef Wuermeling. Mittlere Reihe: Theodor Oberländer, Richard Stücklen, Heinrich Lübke, Ludwig Erhard, Franz Etzel, Fritz Schäffer. Vordere Reihe: Heinrich von Brentano, Konrad Adenauer, Theodor Heuss, Gerhard Schröder (*Bundesbildstelle*).

der Finanzen zuständig war. Der Bundesminister für Arbeit erhielt zusätzlich die vom ehemaligen Bundesminister für besondere Aufgaben, Schäfer, bisher bearbeiteten Gebiete des unselbständigen Mittelstandes, der Angestellten und der geistig schaffenden freien Berufe. Dem Bundesminister für Atomkernenergie und Wasserwirtschaft wurden seinem neuen Titel entsprechend die vom ehemaligen Sonderminister Kraft bis dahin wahrgenommenen Aufgaben der Koordinierung der wasserwirtschaftlichen und wasserrechtlichen Fragen übertragen. Das neu geschaffene Bundesministerium für wirtschaftlichen Besitz des Bundes wurde mit den aus dem Bundesfinanzministerium ausgegliederten Aufgaben wirtschaftlicher Besitz und wirtschaftliche Beteiligungen des Bundes sowie der Verwaltung der Liegenschaften des Bundes und der Bundesbauverwaltung und aus dem bisherigen Geschäftsbereich des Bundesministeriums für wirtschaftliche Zusammenarbeit mit der Verwaltung des ERP-Sondervermögens betraut. Der Bundesminister für Vertriebene, Flüchtlinge und Kriegsgeschädigte erhielt zusätzlich aus dem Geschäftsbereich des Bundesministeriums der Finanzen die Aufsicht über das Bundesausgleichsamt[198].

Diese Neuabstimmung der Zuständigkeiten stellte Adenauer auch einleitend in seiner Regierungserklärung vom 29. Oktober 1957 vor[199]. Sie stellten für ihn die notwendigen organisatorischen Voraussetzungen für die von ihm genannten innen- und außenpolitischen Ziele seiner dritten Amtszeit dar. Diese Ziele bestanden weitgehend in der Fortführung der bisherigen Regierungstätigkeit auf der Grundlage der in den beiden vorausgegangenen Legislaturperioden entwickelten Grundmuster und Ordnungsvorstellungen. Schwerpunkte der künftigen Tätigkeit auf innenpolitischem Gebiet lagen dabei in der Fortsetzung der Sozialreform. Dazu zählte nicht nur die Neuordnung der Kranken- und Unfallversicherung, sondern ebenso die Bildung von Eigentum auch mittlerer und unterer Einkommensschichten. Die angekündigte Vermögenspolitik sollte allgemein den materiellen Lebensstandard anheben. Sie verstand sich aber auch als Beitrag zum Ausbau der sozialen Sicherheit, der die Gefahr der Entwicklung zum Versorgungsstaat zu vermeiden suchte und das Prinzip der Selbstverantwortung jedes Einzelnen betonte. In diesem Rahmen war eine breitere Streuung des Besitzes durch Eigentumsbildung im Bereich des Wohnungsbaus und durch die Förderung von „Miteigentum" an den Produktionsmitteln in Form von „Volksaktien" der Volkswagenwerke und anderer staatlicher Betriebe angestrebt. Maßnahmen zur Förderung des Mittelstandes und der Landwirtschaft sollten schließlich die angekündigte Vermögenspolitik abrunden. Realisierbar waren diese Vorstellungen nur auf der Grundlage einer florierenden Wirtschaft. Durch eine gezielte staatliche Steuerpolitik sollten deshalb Kapitalbildung bei den Unternehmen gefördert und damit Voraussetzungen zur Steigerung der Produktivität in der Wirtschaft geschaffen werden. Auch in der Außenpolitik setzte Adenauer auf eine Fortführung des bisherigen Kurses. Er sah es als seine Aufgabe an, den europäischen Zusammenschluß zu intensivieren sowie die europäisch-atlantische Bündnisgemeinschaft fortzuführen und zu vertiefen. An dem

---

[198] Zur Geschäftsverteilung vgl. Schreiben des Bundeskanzlers an die Bundesminister vom 30. Okt. 1957 in B 136/4620. Die geänderte Zuständigkeitsabgrenzung wurde als Pressemitteilung Nr. 1166/57 vom 28. Okt. 1957 vom Bundespresseamt veröffentlicht (BD 7–1957/4).
[199] Vgl. 1. Sitzung am 28. Okt. 1957 TOP 1.

Einleitung

Ziel der Wiederherstellung der Einheit Deutschlands hielt er unverändert fest. Diesem Ziel sollte auch eine Aktivierung der Politik auf der Grundlage des Gewaltverzichts und der Verständigung gegenüber den Ländern des Ostblocks, vor allem aber gegenüber Polen, dienen.

Ausdruck der Kontinuität zur bisherigen Regierungsarbeit war schließlich, daß das dritte Kabinett Adenauer zunächst die in der zweiten Legislaturperiode auf den Weg gebrachten, aber nicht mehr verabschiedeten Gesetzentwürfe zum größten Teil in unveränderter Form erneut auf den Weg der parlamentarischen Beratung brachte[200].

Ulrich Enders

---

[200] Vgl. 2. Sitzung am 7. Nov. 1957 TOP 1.

VERZEICHNIS DER SITZUNGEN UND TAGESORDNUNGSPUNKTE

**165. Kabinettssitzung
am Mittwoch, den 9. Januar 1957** 69
A. Innen- und außenpolitische Lage – B. Ministerzimmer im Bundeshaus – 2. Finanzverhandlungen mit Großbritannien – 3. Truppenvertragsverhandlungen: Nutzungsvergütung für nicht spezifisch-militärisch genutzte Vermögenswerte des Bundes – 1. Personalien – 4. Deutsch-niederländische Ausgleichsverhandlungen – C. Beitrag der Bundesrepublik an der Bevorschussung der Räumungskosten des Suez-Kanals – 5. Brüsseler Konferenz über den Gemeinsamen Markt; hier: Behandlung der Finanzzölle – 6. Entwurf eines Gesetzes über die Errichtung des Bundesaufsichtsamtes für das Kreditwesen – 7. Entwurf eines Dritten Gesetzes zur Aufhebung des Besatzungsrechts – 8. Verlegung der Hauptdienststelle des Bundesgesundheitsamtes von Koblenz nach Berlin – 9. Entwurf einer Dritten Verordnung zur Änderung der Verordnung betreffend die Besteuerung der entflochtenen Unternehmen der Stahl- und Eisenindustrie auf dem Gebiet der Umsatzsteuer – 10. Entwurf eines Gesetzes über den zivilen Ersatzdienst – D. Auswirkungen der Erhöhung der Landarbeiterlöhne auf die Preise für landwirtschaftliche Produkte – E. Streik in Schleswig-Holstein – F. Lage in der SBZ

**166. Kabinettssitzung
am Freitag, den 11. Januar 1957** 81
A. Saatguthilfe für Ungarn – B. Metallarbeiterstreik in Schleswig-Holstein – 1. Deutsch-englische Finanzverhandlungen (einschließlich Stationierungskosten) – 2. Truppenvertragskonferenz; hier: Nutzungsvergütung für nicht spezifisch militärisch genutzte Vermögenswerte des Bundes und der Länder – 3. Aufgliederung der Pauschalansätze von je 600 000 DM in Einzelplan 24 des BMZ zur Durchführung der Sonderaufträge

**167. Kabinettssitzung
am Dienstag, den 15. Januar 1957** 86
A. Streik in Schleswig-Holstein – 3. Brüsseler Regierungskonferenz zur Erweiterung der europäischen Integration

Verzeichnis der Sitzungen und Tagesordnungspunkte

167. Kabinettssitzung (Fortsetzung)
am Mittwoch, den 16. Januar 1957 100
3. Brüsseler Regierungskonferenz zur Erweiterung der europäischen Integration – 1. Personalien – 2. Mitteilung über die in Aussicht genommene Besetzung von zwei auswärtigen Vertretungen – 4. Entwurf eines Gesetzes über den Ausbauplan für die Bundesfernstraßen – 5. Entwurf eines Dritten Gesetzes zur Aufhebung des Besatzungsrechts – 6. Entwurf einer Ersten Verordnung über die Durchführung einer Sondererhebung zur Lohnstatistik; hier: Entwurf einer Stellungnahme zu den vom Bundesrat verlangten Änderungen – 7. Fahrpreisermäßigung für Heimkehrer seit dem 1. Juli 1953 und ihnen Gleichgestellte – 8. Politische Betätigung des Soldaten – 9. Kurzdenkschrift zur Familienpolitik – B. Genehmigung der Bundesregierung zur Ausgabe von Schuldverschreibungen der Landwirtschaftlichen Rentenbank bis zur Höhe von 10 Mio. DM – C. Aufnahme von Ungarnflüchtlingen – D. Finanzielle Anforderungen der Saar

168. Kabinettssitzung
am Mittwoch, den 23. Januar 1957 114
6. Entwurf eines Gesetzes über die Neuregelung des Rechts der gesetzlichen Unfallversicherung (Unfallversicherungsgesetz - UVG -) – 1. Personalien – 5. Entwurf eines Kabinettsbeschlusses zwecks Zustimmung zur Unterzeichnung der Luftverkehrsabkommen mit den skandinavischen Königreichen Dänemark, Norwegen und Schweden – A. Neuwahl des Präsidenten und der Vizepräsidenten der Hohen Behörde der Europäischen Gemeinschaft für Kohle und Stahl – B. Beginn der Kabinettssitzungen – C. Regierungserklärungen vor dem Bundestag – D. Hausbrandversorgung – E. Treibstoffversorgung – F. Flugplatz Wahn – 2. Kurzdenkschrift zur Familienpolitik – 3. Politische Betätigung des Soldaten – 4. Entwurf eines Gesetzes über den Ausbauplan für die Bundesfernstraßen – 7. Übernahmequote von Ungarnflüchtlingen durch die Bundesrepublik – G. Oberbefehlshaber der alliierten Landstreitkräfte (COMLANDCENT)

169. Kabinettssitzung
am Mittwoch, den 30. Januar 1957 120
1. Personalien – A. Regierungserklärungen vor dem Bundestag am 31. Januar und 1. Februar 1957 – B. Verlegung von Bundesdienststellen nach Berlin; hier: Kurzreferat des Bundesministers für Vertriebene, Flüchtlinge und Kriegsgeschädigte – 2. Entwurf eines Gesetzes über den Ausbauplan für die Bundesfernstraßen – C. Gutachten über die Deutsche Bundesbahn – 3. Entwurf eines Gesetzes über die Neuregelung des Rechts der gesetzlichen Unfallversicherung (Unfallversicherungsgesetz - UVG -) – 4. Personelle Besetzung des Gemischten Ausschusses für Eisenbahnfragen gemäß Art. 38 des deutsch-französischen Vertrages zur Regelung der Saarfrage vom 27. Oktober 1956 – 5. Entwurf eines Gesetzes über die Fest-

stellung des Wirtschaftsplans des ERP-Sondervermögens für das Rechnungsjahr 1957 (ERP-Plangesetz 1957) – D. Einfügung einer Saarklausel

**170. Kabinettssitzung
am Mittwoch, den 6. Februar 1957** 126
A. Innen- und außenpolitische Lage – 1. Personalien – 2. Besetzung einer auswärtigen Vertretung – B. Gemeinsame Geschäftsordnung der Bundesministerien – 3. Deutsch-belgischer Ausgleichsvertrag; Rückerwerb des grenzdurchschnittenen und grenznahen Grundbesitzes deutscher Staatsangehöriger, deren Wohnort zur Zeit noch unter belgischer Verwaltung steht – 5. Besondere Verpflichtungserklärung für Geheimnisträger der Stufe „COSMIC", die nächste Verwandte in der Sowjetzone oder im Ostsektor Berlins haben – 6. Aufgliederung der Pauschalansätze von je 600 000 DM in Einzelplan 24 des BMZ zur Durchführung der Sonderaufträge – C. Entwurf des Arbeiter-Rentenversicherungsneuregelungs-Gesetzes und des Angestellten-Versicherungsneuregelungs-Gesetzes – 4. Bericht der OEEC Arbeitsgruppe Nr. 17 über die Möglichkeit der Errichtung einer Freihandelszone – D. Streik in Schleswig-Holstein

**171. Kabinettssitzung
am Freitag, den 15. Februar 1957** 136
A. Bulganinbrief – B. Recht zur Mitfederführung beim Richtergesetz – C. Unterbringung der Spätaussiedler – D. Verringerung der Stationierungstruppen durch England – E. Assoziierung der überseeischen Gebiete – 7. Vertrag zur Regelung der evangelischen Militärseelsorge – 1. Personalien – 2. Grüner Bericht 1957 (Teil II) – 3. Entwurf eines Gesetzes über die Neuregelung des Rechts der gesetzlichen Unfallversicherung (Unfallversicherungsgesetz - UVG -) – 4. Entwurf eines Jugendarbeitsschutzgesetzes; hier: Stellungnahme der Bundesregierung zur Stellungnahme des Bundesrates - Bundesratsdrucksache 455/56 - (Beschluß) – 5. Aufgliederung der Pauschalansätze von je 600 000 DM in Einzelplan 24 des Bundesministers für wirtschaftliche Zusammenarbeit zur Durchführung der Sonderaufträge der ehem. Dienststellen Kraft und Schäfer – 6. Wahltag für die Wahl zum 3. Deutschen Bundestag – 8. Vorschläge zur Ernennung des Präsidenten und des Vizepräsidenten des deutsch-französischen gemischten Gerichtshofes in Saarbrücken – 9. Schaffung einer am Tage der Wiedervereinigung zur Verfügung stehenden Hochschullehrerreserve für die deutschen Hochschulen in der sowjetischen Besatzungszone; hier: Festlegung des für die Bearbeitung dieser Frage zuständigen Fachressorts – F. Einfügung der Saarklausel

**172. Kabinettssitzung
am Donnerstag, den 21. Februar 1957** 154
A. Außenpolitische Lage – 1. Personalien – 8. Besetzung von zwei auswärtigen Vertretungen – 2. Entwurf eines Gesetzes zur Änderung von Verbrauch-

steuergesetzen – 3. Entwurf eines Getreidepreisgesetzes – 4. Umstellung der Versorgung der Bundeswehr und der Stationierungstruppen mit festen Brennstoffen aus deutscher Produktion auf Importkohle – 5. Amtszeit des deutschen Staatsvertreters beim 1. Senat des Obersten Rückerstattungsgerichts in Rastatt – 6. Ergänzung des Verwaltungsrates der Deutschen Bundesbahn 1957 – 7. Finanzierung des sozialen Wohnungsbaus – 9. Grüner Bericht 1957 (Teil II)

**173. Kabinettssitzung
am Freitag, den 1. März 1957** 163
A. Deutscher Vertreter bei der Industrieausstellung in Kairo – B. Vertretung des Bundesministers für Vertriebene, Flüchtlinge und Kriegsgeschädigte und des Bundesministers der Finanzen im Kabinett – C. Viertes Strafrechtsänderungsgesetz – D. Kleine Anfrage 332 der Fraktion der SPD betr. Strafverfolgung von Verwaltungsangehörigen der Bundesministerien – E. Besoldung der Mitglieder des Bundesverfassungsgerichts – F. Gesetz zur Änderung des Gesetzes zur Änderung des Einkommensteuergesetzes und des Körperschaftsteuergesetzes – G. Vorschlag des belgischen Paters Dr. D. Pire für den Friedensnobelpreis – 1. Personalien – 8. Mitteilung über die in Aussicht genommene Besetzung von zwei auswärtigen Vertretungen – 6. Unterstützung des deutschen Zeitungsverlagswesens – 2. Entwurf eines Gesetzes über die Feststellung des Wirtschaftsplans des ERP-Sondervermögens für das Rechnungsjahr 1957; hier: Stellungnahme zu der Entschließung des Bundesrates vom 22.2.1957 – 3. Wahltag für die Wahl zum 3. Deutschen Bundestag – 4. Ergänzung des Verwaltungsrats der Deutschen Bundesbahn – 5. Fortsetzung der Aussiedlung – 7. Kündigung der Gehalts- und Lohntarife im öffentlichen Dienst

**174. Kabinettssitzung
am Donnerstag, den 7. März 1957** 172
2. Entwurf eines Gesetzes zur Änderung und Ergänzung von Vorschriften der Kindergeldgesetze – A. Erhöhung der Löhne und Vergütungen – B. Entwurf eines Gesetzes über die Wahl und die Amtsdauer der Vertrauensmänner der Soldaten – 1. Personalien – 3. Entwurf eines Gesetzes über die Errichtung eines Bundesaufsichtsamtes für das Kreditwesen – 4. Unterstützung des deutschen Zeitungsverlagswesens – C. Entwurf einer Verordnung über die Steuervergünstigung von Kapitalansammlungsverträgen – D. Eröffnung der deutschen Industrieausstellung in Kairo – E. Sprecher des Gemeinsamen Marktes in Genf – F. Fortbestand des Personalgutachterausschusses – G. Tunesischer Unabhängigkeitstag

**175. Kabinettssitzung
am Mittwoch, den 13. März 1957** 183
A. Kriegsopferversorgung – 2. Entwurf eines Gesetzes über die Steuerbegünstigung von Importwaren – 3. Neuprägung der Bundesmünzen zu 2 DM

– 4. Personalien – B. Brotpreis – 1. Politische Lage – C. Drittes Gesetz zur Aufhebung des Besatzungsrechts – D. Entwurf einer Verordnung über die Steuerbegünstigung von Kapitalansammlungsverträgen

**176. Kabinettssitzung
am Mittwoch, den 20. März 1957** 191

1. Politische Lage – 2. Wahltag für die Wahl zum 3. Deutschen Bundestag – 3. Personalien – 4. Besetzung militärischer Führungsstellen – 7. Entwurf eines Gesetzes zur Neuregelung des Rechts der gesetzlichen Unfallversicherung (Unfallversicherungsgesetz - UVG); Stellungnahme der Bundesregierung zu den Änderungsvorschlägen des Bundesrates – 6. Entwurf eines Gesetzes über Steuererleichterungen bei der Umwandlung von Kapitalgesellschaften und bergrechtlichen Gewerkschaften (Umwandlungs-Steuergesetz) – 5. Britische Übungen im Raume Soltau-Lüneburg – 8. Lieferung von 100 000 Tonnen Getreide an Polen – 10. Entlohnung des Kraftfahrers des Bundespressechefs als Chefkraftfahrer – 9. Heranziehung aufgespriteter Weine zum Monopolausgleich

**177. Kabinettssitzung
am Mittwoch, den 27. März 1957** 197

A. Konkordatsurteil des Bundesverfassungsgerichts – 1. Personalien – 2. Vollzug des Gesetzes über die Eingliederung des Saarlandes vom 23.12.1956 (BGBl. I S. 1011); hier: Fassung der Saarklausel in Bundesgesetzen und Verordnungen – 3. Verwendung der in Kapitel 1401 Titel 301 ausgebrachten 50 Mio. DM für die Förderung der wissenschaftlichen Forschung aus Verteidigungsmitteln (Entschließung des Deutschen Bundestages vom 28.6.1956); hier: Freimittel in Höhe von 28 Mio. DM - nach Abzug von 15 Mio. DM für die Deutsche Forschungsgemeinschaft und 7 Mio. DM für die Max-Planck-Gesellschaft – B. Entwurf eines Gesetzes über die Feststellung des Sechsten Nachtrags zum Bundeshaushaltsplan für das Rechnungsjahr 1956 – C. Entwurf eines Gesetzes über die Einbringung der Steinkohlenbergwerke im Saarland in eine Aktiengesellschaft – D. Entwurf eines Gesetzes über die Übernahme einer Kursgarantie für eine Devisenanlage der Bank deutscher Länder bei der Bank of England – E. Weizenlieferungen an Polen – F. Omnibustarife – G. Amnestiegesetz – H. Tarifverhandlungen bei der Bundespost

**Sondersitzung
am Donnerstag, den 28. März 1957** 209

A. Bericht über die Reise des Vizekanzlers nach Pakistan – 1. Haushaltslage – 2. Verwendung der in Kap. 1401 Tit. 301 ausgebrachten 50 Mio. DM für die Förderung der wissenschaftlichen Forschung aus Verteidigungsmitteln (Entschließung des Deutschen Bundestages vom 28.6.1956); hier: Freimittel in

Höhe von 28 Mio. DM - nach Abzug von 15 Mio. DM für die Deutsche Forschungsgemeinschaft und 7 Mio. DM für die Max-Planck-Gesellschaft – B. Erhöhung der Omnibustarife

**178. Kabinettssitzung
am Donnerstag, den 4. April 1957** 215

1. Politische Lage – 2. Personalien – 3. Entwurf eines Gesetzes über das Europäische Währungsabkommen – 4. Entwurf eines Deutschen Richtergesetzes – 5. Ergänzung zum Entwurf des Bundeshaushalts für das Rechnungsjahr 1957 – 6. Heranziehung aufgespriteter Weine zum Monopolausgleich – A. Weiterer Verkauf von rd. 6000 t Fleischkonserven durch die Einfuhr- und Vorratsstelle für Schlachtvieh, Fleisch und Fleischerzeugnisse (Dritte Wälzung) – B. Deutsch-türkischer Munitionslieferungsvertrag – C. Erhöhung der Omnibus-Tarife – D. Große Anfrage der Fraktion der CDU/CSU betr. gesetzliche Beschränkung der Sonntagsarbeit, Bundestagsdrucksache 3236 – E. Wahlkampf – F. Tarifverhandlungen im öffentlichen Dienst – G. Übersicht über die Ausgabenpolitik

**179. Kabinettssitzung
am Donnerstag, den 11. April 1957** 227

1. Aussprache über die Führung des Wahlkampfes – A. Antwort auf den Bulganin-Brief – 2. Omnibustarife – 4. Entwurf eines Gesetzes zu den Verträgen zur Gründung der Europäischen Wirtschaftsgemeinschaft und der Europäischen Atomgemeinschaft (EURATOM) vom 25. März 1957 nebst dem Wortlaut der Verträge, Anhänge und Protokolle sowie des gleichzeitig unterzeichneten Abkommens über gemeinsame Organe für die Europäischen Gemeinschaften und ihrer Begründung – 3. Personalien – 5. Entwurf eines Gesetzes über die Militärseelsorge – 6. Entwurf einer Verordnung über Ausnahmen von der Wohnraumbewirtschaftung und Mietpreisbindung – 7. Stellungnahme der Bundesregierung zur Großen Anfrage der Fraktion der CDU/CSU betr. gesetzliche Beschränkung der Sonntagsarbeit – 8. Deutscher Beitrag zum Flüchtlingsfonds der Vereinten Nationen – 9. Zuwendungen an Getreidemühlen zur Stabilisierung der Mehlpreise – 10. Entwurf eines Gesetzes über die Neugliederung des Gebietsteiles Baden des Bundeslandes Baden-Württemberg nach Art. 29 Abs. 3 d. Grundges. – Antrag d. Abg. Dr. Kopf, Hilbert, Dr. Brühler, Dr. Böhm (Frankfurt), Lulay und Gen. – B. Bereitstellung von Wohnungsbaumitteln für die Rückführung der Evakuierten

**180. Kabinettssitzung
am Dienstag, den 30. April 1957** 235

A. Außenpolitische Lage – B. Stützung des Margarinepreises – 1. Personalien – 2. Beschluß der Bundesregierung über den Vorschlag des Bundesministers für Verkehr für die Ernennung des Vorsitzers und der übrigen Mitglieder des Vorstandes der Deutschen Bundesbahn gemäß § 8 Abs. 3 des Bundesbahngesetzes – 3. Vorschlag zur Ernennung des Präsidenten des Gemischten Gerichtshofes in Saarbrücken – 4. Entwurf einer Antwort der Bundesregierung auf die Große Anfrage der SPD betr. Atomwaffen – 5. Entwurf eines Gesetzes zu dem deutsch-belgischen Ausgleichsvertrag vom 24. September 1956 – 6. Entwurf eines Gesetzes über die Neugliederung des Gebietsteiles Baden des Bundeslandes Baden-Württemberg nach Art. 29 Abs. 3 des Grundgesetzes – Antrag der Abg. Dr. Kopf, Hilbert, Dr. Brühler, Dr. Böhm (Frankfurt), Lulay und Gen. - BT-Drucksache 3316 – 7. Unterrichtung des Kabinetts durch den Bundesminster des Innern über die durch das Urteil des Bundesverwaltungsgerichts vom 22.11.1956 geschaffene Lage auf dem Gebiet des Apothekenwesens – 8. Bereitstellung von Wohnungsbaumitteln für die Rückführung von Evakuierten – 9. Bereitstellung von Wohnungsbaumitteln zu Gunsten von Ungarnflüchtlingen – 10. Deutscher Beitrag zum Flüchtlingsfonds der Vereinten Nationen – 11. Zuwendungen an Getreidemühlen zur Stabilisierung der Mehlpreise – 12. Prägung einer Eichendorff-Gedenkmünze – 13. Ursachen des Geburtenrückganges – C. Saarländisches Gesetz Nr. 577 über die Gewährung von Vorschußzahlungen in der gesetzlichen Rentenversicherung vom 8. April 1957 – D. Feierlichkeiten am 17. Juni

**181. Kabinettssitzung
am Dienstag, den 7. Mai 1957** 244

2. Personalien – 1. Entwurf einer Antwort der Bundesregierung auf die Große Anfrage der SPD betr. Atomwaffen – 3. Mitteilung über die in Aussicht genommene Neubesetzung einer auswärtigen Vertretung – 4. Entwurf eines Gesetzes zu der Satzung vom 26. Oktober 1956 der Internationalen Atomenergiebehörde – 11. Deutsche Dienststelle nach Art. 42 des Vertrages zwischen der Bundesrepublik Deutschland und der Französischen Republik zur Regelung der Saarfrage – 12. Gesetz über die Militärseelsorge; hier: Ergänzung des Artikels 2 – A. Weiterführung der Sonderaufträge – a) Fragen der Angestellten und freien Berufe – b) Fragen des Wasserrechts und der Wasserwirtschaft – B. Achtes Änderungsgesetz zum Lastenausgleichsgesetz – C. Prägung einer Eichendorff-Gedenkmünze – D. Stützung der Margarine-Preise – E. Zuwendungen an Getreidemühlen zur Stabilisierung der Mehlpreise – F. Vertretung der Bundesregierung durch Bundesminister bei offiziellen Anlässen – 5. Entwurf eines Gesetzes über die Feststellung des Bundeshaushaltsplanes für das Rechnungsjahr 1957 – 6. Entwurf des Bundeshaushaltsplanes 1957 – a) Darlehen zur Förderung von Instandsetzungsarbeiten an Wohngebäuden (Kap. A 2503 Tit. 531) – b) Finanzierung des Wohnungsbaues zugunsten von Sowjetzonenflüchtlingen und der ihnen gleichgestellten Personen (Kap. 2503 Tit. 532) – 7. Bereitstellung von Wohnungsbaumitteln für die Rückführung von Eva-

kuierten – 8. Denkschrift „Wege zur Wiederherstellung der Wirtschaftlichkeit des Hausbesitzes und seiner Eingliederung in die soziale Marktwirtschaft" – 9. Bereitstellung von Wohnungsbaumitteln zugunsten von Ungarnflüchtlingen

**Sondersitzung
am Donnerstag, den 9. Mai 1957** 254
1. Entwurf einer Antwort der Bundesregierung auf die Große Anfrage der SPD betr. Atomwaffen (Bundestagsdrucksache Nr. 3347)

**182. Kabinettssitzung
am Donnerstag, den 16. Mai 1957** 257
A. Außenpolitische Lage – B. Informationswesen – 1. Personalien – 2. Akkreditierung eines deutschen Botschafters in Nepal – 3. Entwurf eines Gesetzes über die Errichtung eines Bundesaufsichtsamtes für das Kreditwesen; hier: Sitz des Bundesaufsichtsamtes – 4. Freigabe des Restes der deutschen 18 %-Quote an der Weltbank – 8. Entwurf eines Gesetzes über die Feststellung des Bundeshaushaltsplanes für das Rechnungsjahr 1957 – C. Gesetz zu dem deutsch-französischen Niederlassungs- und Schiffahrtsvertrag vom 27.10.1956; hier: Stellungnahme der Bundesregierung zu dem Beschluß des Bundesrates (Vorlage des Auswärtigen Amtes vom 14.5.1957 – 502 - 81.21/2 - Frankreich –) – 9. Saarländisches Gesetz Nr. 577 über die Gewährung von Vorschußzahlungen in der gesetzlichen Rentenversicherung vom 8.4.1957 – 6. I Denkschrift „Wege zur Wiederherstellung der Wirtschaftlichkeit des Hausbesitzes und seiner Eingliederung in die soziale Marktwirtschaft" – 6. II Entwurf des Bundeshaushaltsplanes 1957; – a) Darlehen zur Förderung von Instandsetzungsarbeiten an Wohngebäuden (Kap. A 2503 Tit. 531) – 7 I. Entwurf des Bundeshaushaltsplanes 1957; – b) Finanzierung des Wohnungsbaues zugunsten von Sowjetzonenflüchtlingen und der ihnen gleichgestellten Personen (Kap. 2503 Tit. 532) – 7 II. Bereitstellung von Wohnungsbaumitteln für die Rückführung von Evakuierten – 7 III. Bereitstellung von Wohnungsbaumitteln zugunsten von Ungarnflüchtlingen – D. Bundeshaushalt 1957 (Vorlage des Bundesministers der Finanzen vom 13.5.1957 – II a - 0400 - 179/57 –) – 5. Konjunkturelle Zollsenkung

**183. Kabinettssitzung
am Dienstag, den 21. Mai 1957** 266
1. Personalien – A. Besprechung mit General Norstad – B. Ergebnisse der Koalitionsbesprechungen – 3. Konjunkturpolitische Zollsenkung – 4. Teil; hier: Entwurf einer 69. Verordnung über Zollsatzänderungen – 2. Bundeshaushalt 1957 – 4. Freigabe des Restes der deutschen 18 %-Quote an der Weltbank – C. Verkauf der Stinnes-Aktien – D. Änderung des Luftschutz-

gesetzes – 5. Entwurf des Bundeshaushaltsplans 1957; – a) Darlehen zur Förderung von Instandsetzungsarbeiten an Wohngebäuden (Kap. A 2503 – Tit. 531) – 6. Bereitstellung von Wohnungsbaumitteln zugunsten von Ungarnflüchtlingen – 7. Entwurf eines Gesetzes über die Feststellung des Bundeshaushaltsplanes für das Rechnungsjahr 1957 – 8. Alterssicherung der Landwirte; hier: Initiativentwurf eines Gesetzes über die Alterssicherung der Landwirte – E. Deutsch-österreichische Vermögensverhandlungen

**Sondersitzung
am Mittwoch, den 29. Mai 1957** 275
1. Stabsrahmenübung „Schwarzer Löwe" – 2. Globale Verteidigungsstrategie

**184. Kabinettssitzung
am Freitag, den 31. Mai 1957** 276
1. Politische Lage – 2. Personalien – 4. Deutsch-österreichische Vermögensverhandlungen der Gemischten Kommission, hier: Genehmigung der Richtlinien für die weiteren Verhandlungen der deutschen Delegation – A. Sowjetnote – B. Deutsch-Iranische Studienkommission – C. Stinnes-Aktien – D. Weingesetz

**185. Kabinettssitzung
am Mittwoch, den 12. Juni 1957** 284
A. Politische Lage – 1. Personalien – 3. Genehmigung des Haushaltsplans der Bundesanstalt für Arbeitsvermittlung und Arbeitslosenversicherung für das Rechnungsjahr 1957 – 2. Alterssicherung der Landwirte; hier: Initiativentwurf eines Gesetzes über die Alterssicherung der Landwirte – Bundesdrucks. 3118 – 4. Entwurf eines Vierzehnten Gesetzes zur Änderung des Zolltarifs – Stand: 23.5.1957 – 5. Verwaltung des Volkswagen-Sondervermögens nach § 12 Abs. 1 des Initiativ-Gesetzentwurfs – Bundestagsdrucks. Nr. 3534 – B. Tariferhöhungen bei der Bundesbahn – 6. Höchstgeschwindigkeitsgrenze für Kraftfahrzeuge – a) Entwurf eines Gesetzes zur Änderung des Straßenverkehrsgesetzes und des Gesetzes zur Sicherung des Straßenverkehrs – b) Gesetz über allgemeine Höchstgeschwindigkeitsgrenzen für Kraftfahrzeuge – hier: Anrufung des Vermittlungsausschusses durch die Bundesregierung – 7. Zuwendungen des Bundes zur Stabilisierung der Mehlpreise – 8. Aussagegenehmigung für den Herrn Bundeskanzler in der Sache Hertslet/Sonnemann – C. Deutsch-sowjetische Verhandlungen in Moskau – 9. Zwangsverkauf von Anteilen der Hugo Stinnes Corporation, New York, durch das Office of Alien Property Department of Justice – D. Entwurf eines Gesetzes zu den Vereinbarungen zwischen der Regierung der Bundesrepublik Deutschland und den Regierungen der Vereinigten Staaten von Amerika, des Vereinigten Königreichs von Großbritannien und

Nordirland, der Republik Frankreich, des Königreichs Dänemark, des Königreichs der Niederlande und des Königreichs Belgien über gegenseitige Hilfe (Artikel 3 des Nordatlantik-Vertrages) – E. Wohnungsbau für Flüchtlinge – F. Kleiderbeschaffung für das Lager Friedland

**186. Kabinettssitzung
am Mittwoch, den 19. Juni 1957** 298

A. Dotationen – B. Arbeitszeit für öffentliche Bedienstete – C. Deutschbelgischer Ausgleichsvertrag – D. Verfahren gegen Staatssekretär Dr. Sonnemann – 1. Personalien – 2. §§ 37 und 44 des Bundesbankgesetzes; Vorschläge für die Besetzung des Direktoriums der Bundesbank – 3. Große Anfrage der Fraktion der DP (Bundestagsdrucksache 3431) betr. Gleichstellung der Angehörigen der ehemaligen Waffen-SS mit den Angehörigen der ehemaligen Wehrmacht – 4. Ursachen des Geburtenrückganges – 5. Zustimmung der Bundesregierung gem. Art. 113 des Grundgesetzes zum Gesetz über den Wehrbeauftragten des Bundestages – E. Freigabe des Restes der deutschen 18 % Quote an der Weltbank

**Sondersitzung
am Donnerstag, den 27. Juni 1957** 304

1. Erhöhung der Preugo-Mindestsätze – A. Bekleidungsvorräte im Lager Friedland

**187. Kabinettssitzung
am Dienstag, den 2. Juli 1957** 307

A. Erhöhung der Preugo-Mindestsätze – B. Beginn des Wahlkampfes – C. Zuwendungen an Getreidemühlen zur Stabilisierung der Mehlpreise – 1. Personalien – 2. Mitteilung über die in Aussicht genommene Besetzung einer auswärtigen Vertretung – 3. Gesetzentwurf zu dem deutsch-belgischen Ausgleichsvertrag vom 24.9.1956; hier: Stellungnahme des Bundesrates vom 24.5.1957 – 4. Entwurf einer Dritten Verordnung über die Höchstzahlen der Kraftfahrzeuge des Güterfernverkehrs und der Fahrzeuge des Möbelfernverkehrs – 5. Stellungnahme zu dem Entwurf eines Sechsten Gesetzes zur Änderung des Zuckersteuergesetzes – 6. Entwurf eines Abkommens betr. die Frachten und Beförderungsbedingungen im Verkehr mit Kohle und Stahl auf dem Rhein – 7. Sender Europa I – 8. Ursachen des Geburtenrückganges – 9. Entwicklung der Preise – 12. Freigabe der 18 %-Quote für die Weltbank – 10. Entwicklung des Wohnungsbaues – 13. Vorschlag zur Besetzung der Stelle des Präsidenten der Bundesnotenbank – D. Urlaubsregelung in den Bundesressorts – E. Nachfolgeinstitution der Golddiskontbank – F. Große Anfrage betr. Waffen-SS – G. Betreuung der Aussiedler im Grenzdurchgangslager Friedland – 11. Gesetz zur Änderung des Lebensmittelgesetzes – H. Diskontinuität der Legislaturperioden

**188. Kabinettssitzung
am Mittwoch, den 10. Juli 1957** 318

A. Ministerbesprechung – 1. Personalien – 2. Ursachen des Geburtenrückganges – B. Deutsch-sowjetische Verhandlungen in Moskau – 3. Einführung der Wiedergutmachungsgesetzgebung im Saarland – 4. Entwurf eines Gesetzes über das Abkommen vom 15.5.1956 zwischen der Bundesrepublik Deutschland und dem Königreich Belgien über die Errichtung nebeneinanderliegender nationaler Grenzabfertigungsstellen, über die Grenzabfertigung in Zügen während der Fahrt und über Bestimmung von Gemeinschafts- und Betriebswechselbahnhöfen im Verkehr über die deutsch-belgische Grenze – 5. Entwurf einer Verordnung über Zollsatzänderungen – 6. Betreuung der Aussiedler im Grenzdurchgangslager Friedland; Bereitstellung von Mitteln für dringenden Bekleidungsbedarf – 7. Wohnungsbau für Vertriebene und Sowjetzonenflüchtlinge – C. Entwurf einer Verordnung über die Auszahlung des Ehrensoldes für Träger höchster Kriegsauszeichnungen des 1. Weltkrieges – D. Rüstungslieferungen aus Griechenland – E. Verteilung von Wahlschriften der Parteien in den Kasernen

**189. Kabinettssitzung
am Dienstag, den 16. Juli 1957** 327

A. Bergarbeiterlöhne und Kohlenpreise – B. Bundesnotenbankgesetz – 5. Verwaltungsabkommen zwischen Bund und Ländern: – b) über die Errichtung eines Deutschen Wissenschaftsrates – 5. Verwaltungsabkommen zwischen Bund und Ländern: – a) über den Ausbau der Ingenieurschulen – 1. Personalien – 3. Wiedergutmachung nationalsozialistischen Unrechts – 4. Entwurf eines Gesetzes zu den Verträgen zur Gründung der Europäischen Wirtschaftsgemeinschaft und der Europäischen Atomgemeinschaft (EURATOM) vom 25. März 1957; hier: voraussichtliche Stellungnahme des Bundesrates – C. Entwurf eines Atomgesetzes – 2. Sender Europa I – D. Wirtschaftshilfe für Island – E. Gehaltszahlung an Bedienstete der Bahn und Post im Saarland

**Sondersitzung
am Montag, den 22. Juli 1957** 337

2. Diskontermäßigung – 1. Maßnahmen zur Milderung der Ernteschäden im Jahre 1956 in zuckerrübenanbauenden Betrieben – A. Bekleidungsaktion im Lager Friedland

**190. Kabinettssitzung
am Mittwoch, den 24. Juli 1957** 341

A. Ausbau des Autobahnnetzes bis zur niederländischen Grenze und deutsch-niederländische Ausgleichsverhandlungen – 1. Personalien –

2. Hilfsmaßnahmen für den Saargrenzgürtel – 3. Entwurf eines Gesetzes zur vorläufigen Regelung der wissenschaftlichen und wirtschaftlichen Anwendung der Kernenergie (Vorläufiges Atomgesetz) – B. Stationierungskosten – C. Völkerrechtliche und staatsrechtliche Stellung des Landes Berlin – 4. Bundesmittel für den Wohnungsbau zugunsten von Zuwanderern aus den sowjetischen Besatzungsgebieten, von Aussiedlern und von ihnen gleichgestellten Personen – 5. Unfallversicherung für Bundesminister, Angestellte und Arbeiter des Bundes sowie sonstige in Dienstkraftwagen mitfahrende Personen – D. Wirtschaftshilfe für Polen – E. Bundestagswahl – F. Alterssicherung der Landwirte

**Sondersitzung
am Montag, den 29. Juli 1957** 347

1. Maßnahmen zur Milderung der Ernteschäden im Jahre 1956 in zuckerrübenanbauenden Betrieben – 2. Altersversorgung der Landwirte; hier: Laufzeit und Verzinsung des Bundesdarlehens von 70 Mio. DM – 4. Verwendung eines Teils des Erlöses aus der Abwicklung und Entflechtung des ehemaligen reichseigenen Filmvermögens zugunsten von Vertriebenen und Flüchtlingen – 3. Bundesmittel für den Wohnungsbau zugunsten von Zuwanderern aus den sowjetischen Besatzungsgebieten, von Aussiedlern und von ihnen gleichgestellten Personen – A. Plakataktion des Deutschen Saarbundes – B. Luftschutzgesetz – C. Anerkennung des neuen Regimes in Tunesien – D. Meinungsumfragen zur Bundestagswahl

**191. Kabinettssitzung
am Mittwoch, den 7. August 1957** 353

A. Pressefragen – 1. Personalien – 2. Mitteilung über die in Aussicht genommene Neubesetzung von vier auswärtigen Vertretungen – 3. 69. Verordnung über Zollsatzänderungen (konjunkturpolitische Zollsenkung, 4. Teil) – B. Diskontsenkung – C. Preiserhöhung für Zuckerrüben – D. Ministerbesprechung

**192. Kabinettssitzung
am Mittwoch, den 14. August 1957** 356

1. Personalien – 2. Mitteilung über die in Aussicht genommene Neubesetzung einer auswärtigen Vertretung – 3. 2. Internationale Konferenz über die friedliche Verwendung der Kernenergie vom 1.–13. September 1958 in Genf – 4. Abkommen betreffend Frachten und Beförderungsbedingungen im Verkehr mit Kohle und Stahl auf dem Rhein – 5. Entwurf einer Dritten Verordnung über die Höchstzahlen der Kraftfahrzeuge des Güterfernverkehrs u. der Fahrzeuge des Möbelfernverkehrs – A. Arbeitszeitverkürzung – B. Gesetz über Titel, Orden und Ehrenzeichen; hier: Bestimmung der Muster nach § 6 Abs. 1 Nr. 2 und 3 des Gesetzes (Vorlage des BMI vom

5. 8. 1957 – I A - 11 952 A - 850/57) – C. Zollsatzänderungen für Frischobst – D. Umsatzsteuer für Röstkaffee – E. Ministerbesprechung

**193. Kabinettssitzung
am Dienstag, den 20. August 1957** 361

1. Probleme des deutschen Zahlungsbilanzüberschusses – 6 a. Errichtung eines Deutschen Wissenschaftsrats – 2. Personalien – 3. Mitteilung über die in Aussicht genommene Besetzung einer auswärtigen Vertretung – 4. Entwurf einer Einundsiebzigsten Verordnung über Zollsatzänderungen (Obstzölle) – 5. Dritte Verordnung über die Höchstzahlen der Kraftfahrzeuge des Güterfernverkehrs und der Fahrzeuge des Möbelfernverkehrs – 6 b. Ausbau der Ingenieurschulen – 7. Sender Europa I – 8. Befreiung des Röstvorgangs bei Kaffee im Großhandel von der Umsatzsteuer – A. Kriegsfolgenschlußgesetz – B. Richtlinien für das künftige Verfahren im Sportverkehr der deutschen Sportverbände mit den Ostblockstaaten insbesondere mit Ungarn

**194. Kabinettssitzung
am Mittwoch, den 3. September 1957** 370

A. Auszeichnung des Hauptgeschäftsführers des Bundesverbandes der deutschen Industrie – B. Gedenken an Otto Suhr – C. Verordnung zur Änderung der Straßenverkehrs-Zulassungsordnung und der Straßenverkehrs-Ordnung (Abmessungen und Gewichte) – 1. Personalien – 2. Mitteilung über die in Aussicht genommene Besetzung einer auswärtigen Vertretung – 3. Entwurf einer Verordnung über die Gewährung von Vorrechten und Befreiungen an die Organisation des Nordatlantikvertrages, die nationalen Vertreter, das internationale Personal und die für die Organisation tätigen Sachverständigen – 4. Errichtung einer Bundesanstalt für Bodenforschung – 5. Verfassungsrechtliche Prüfung des Gesetzes zur Änderung wasserrechtlicher Vorschriften in Hessen vom 16. April 1957 (Hess. GVBl. S. 50) – D. Freigabe der in das Rechnungsjahr 1957 übertragenen Ausgabereste des Bundesministers für Verteidigung (Einzelplan 14) – E. Ortsklassenverzeichnis – F. Änderungsverordnung über Ausgleichsleistungen nach dem Lastenausgleichsgesetz

**195. Kabinettssitzung
am Mittwoch, den 18. September 1957** 377

1. Politische Lage – 2. Personalien – 3. Freigabe der in das Rechnungsjahr 1957 übertragenen Ausgabereste des BMVtg (Einzelplan 14) – 4. Angelegenheit Henschel-Kassel – 5. Entschädigungsansprüche der Schweizerischen Bundesregierung und der Galerien Fischer, Luzern, und Neuport, Zürich – 6. Wirtschaftshilfe für Island – A. Allgemeines Kriegsfolgengesetz

**196. Kabinettssitzung
am Mittwoch, den 9. Oktober 1957** 383

A. Tod von Botschafter Pfleiderer – B. Schweden-Reise des Bundeskanzlers – 1. Personalien – 5. Wirtschaftshilfe für Island – C. Regierungswechsel in Bayern – 6. Gesetz über Maßnahmen zum Schutz der Zivilbevölkerung; hier: Zustimmung der Bundesregierung nach Artikel 113 GG – 2. Antrag auf Übernahme einer Bundesbürgschaft zugunsten der Firma Henschel – D. Sofortmaßnahmen zur Förderung des Wettbewerbs in der Energiewirtschaft – 3. Räumungsklagen deutscher Hauseigentümer gegen die amerikanischen Stationierungsstreitkräfte und ihre Mitglieder und Ergänzung des Bundesleistungsgesetzes – 4. OEEC-Ratssitzung in Paris – E. Unterbringung der Flüchtlinge – F. Presseberichte zur Deutschen Frage

**Sondersitzung
am Donnerstag, den 17. Oktober 1957** 395

1. Politische Lage (Jugoslawien)

**1. Kabinettssitzung
am Montag, den 28. Oktober 1957** 397

1. Regierungserklärung

**2. Kabinettssitzung
am Donnerstag, den 7. November 1957** 399

A. Politische Lage in Niedersachsen – 1. Entscheidung über die Gesetzentwürfe, die in der zweiten Legislaturperiode nicht mehr verabschiedet wurden – 2. Personalien – 3. Mitteilung über die in Aussicht genommene Besetzung auswärtiger Vertretungen – 4. Bildung eines Kulturfonds des Europarates – 5. Liberalisierung der Einfuhr – 6. Gesetz über die Deutsche Bundesbank; hier: Zustimmung der Bundesregierung zu den Dienstverträgen gemäß § 7 Abs. 4 Satz 3 und § 8 Abs. 5 Satz 3

**3. Kabinettssitzung
am Mittwoch, den 13. November 1957** 412

1. Personalien – A. Politische Haltung der Tageszeitung „Die Welt" – 2. Regierungsvorlagen, die dem Bundesrat am 8. November 1957 zugeleitet wurden; hier: Entscheidung über die Stellungnahme der Bundesregierung zu etwaigen Änderungsvorschlägen des Bundesrates – B. Bundeswahlgesetz – C. Verwaltungsabkommen zwischen Bund und Ländern über die Errichtung eines Wissenschaftsrates (Vorlage BMI vom 11.11.1957 – III 2 - 32012 - 1765/57) – D. Besoldung des Präsidenten und Vizepräsidenten der Bundesbank

Verzeichnis der Sitzungen und Tagesordnungspunkte

**4. Kabinettssitzung
am Donnerstag, den 21. November 1957** 417

1. Personalien – 2. Vorhaben der OEEC auf dem Gebiet der friedlichen Atomenergie – 3. Wirtschaftshilfe für Polen – 5. Entwurf eines Gesetzes zur Errichtung des Bundesamtes für zivilen Bevölkerungsschutz – 4. Entwurf eines Gesetzes über das Abkommen vom 24. April 1954 zwischen der Bundesrepublik Deutschland und der Italienischen Republik über Untersuchung und Überwachung von Wein – 6. NATO-Jahreserhebung 1957 – I. und II. Teil – A. Bundeshaushalt

**5. Kabinettssitzung
am Mittwoch, den 27. November 1957** 421

A. Allgemeine Fragen der Außen- und Innenpolitik – 1. Personalien – 2. Abschluß der Verhandlungen über die Zusatzvereinbarungen zum NATO-Truppenstatut – 3. Entwurf eines Gesetzes zur Ernennung der Vertreter der Bundesrepublik zu den Europäischen Versammlungen – 4. Mehlpreissubventionen – 5. Krediterksuchen Frankreichs an die OEEC – 6. Verhandlungen über Pläne zur Änderung des Wehrpflichtgesetzes und des Organisationsgesetzes – B. Stationierungskosten – C. Bundesbank; hier: Verträge mit den Präsidenten – D. Bundesbank; hier: Weiterverwendung von Vizepräsident Könneker

**6. Kabinettssitzung
am Mittwoch, den 4. Dezember 1957** 433

1. Personalien – A. Außenpolitische Lage – B. Verordnung über den Verkauf bestimmter Waren an Sonn- und Feiertagen – 2. Entwurf einer Ersten Verordnung über Änderungen der Bezugsgrößen für die Berechnung von neu festzusetzenden Renten in den Rentenversicherungen der Arbeiter und der Angestellten sowie in der knappschaftlichen Rentenversicherung – C. Ernennung der Vertreter der Bundesrepublik zu den Europäischen Versammlungen – D. Arbeitszeitverkürzung – E. Erhöhung des Mindestpreises für Zuckerrüben – F. Entwürfe der Verwaltungsgerichtsordnung und des Gesetzes über die Beschränkung der Berufung im verwaltungsgerichtlichen Verfahren; hier: Stellungnahme der Bundesregierung zu den Vorschlägen des Bundesrates

**7. Kabinettssitzung
am Freitag, den 13. Dezember 1957** 441

A. NATO-Tagung in Paris – B. Sitz und personelle Besetzung der Organe der Europäischen Gemeinschaften – C. Fall Agartz – D. Nächste Kabinettssitzung – 1. Personalien – E. Europäische Gemeinschaftsanlage der OEEC für die chemische Aufarbeitung bestrahlter Kernbrennstoffe – 2. Gegenseitige Vertretung der Bundesminister – 3. Weihnachts- und Neujahrsglückwünsche

– 6. Besoldungsrechtliche Übergangsmaßnahmen für die Bundesbeamten im Saarland; hier: Zweite Rechtsverordnung auf Grund des § 13 Abs. 6 des Gesetzes über die Eingliederung des Saarlandes vom 23.12.1956 – 7. Entwurf eines Jugendarbeitsschutzgesetzes – 4. Vertretung der saarländischen Arbeitnehmer im Beratenden Ausschuß der Hohen Behörde der Europäischen Gemeinschaft für Kohle und Stahl – 5. Memorandum der Regierung des Saarlandes an die Bundesregierung betr. die derzeitige besondere wirtschaftliche Lage des Saarlandes vom 13.11.1957 – F. Umschuldung der Verpflichtungen des indischen Staates gegenüber deutschen Industrieunternehmungen für Lieferungen für das Stahlwerk Rourkela – G. Wissenschaftsrat – H. Mittel für die FU Berlin – I. Weihnachtsgeld – J. Ernennung von Hettlage – K. Interzonenhandel

PROTOKOLLE

**165. Kabinettssitzung
am Mittwoch, den 9. Januar 1957**

Teilnehmer: *Adenauer, Blücher, Schröder, von Merkatz, Schäffer, Erhard, Lübke, Strauß, Seebohm, Lemmer, Kaiser, Wuermeling; Globke, Hallstein, von Lex, Sauerborn, Wandersleb, Nahm; Klaiber (Bundespräsidialamt), von Eckardt (BPA), Krueger (BPA), Selbach (Bundeskanzleramt). Protokoll: Abicht.*

Beginn: *9.30 Uhr*   Ende: *12.40 Uhr*

Ort: Haus des Bundeskanzlers

Tagesordnung:
1. *Personalien*
   Gemäß Anlage.
2. *Finanzverhandlungen mit Großbritannien (einschließlich Stationierungskosten)*
   Vorlage des AA vom 5. Jan. 1957 (411 - 304 - 05/24 - 1/57).
3. *Truppenvertragsverhandlungen: Nutzungsvergütung für nicht spezifisch-militärisch genutzte Vermögenswerte des Bundes*
   Vorlage des AA vom 4. Jan. 1957 (507 - 900 - 76 244/57).
4. *Deutsch-Niederländische Ausgleichsverhandlungen*
   Vortrag des AA.
5. *Brüsseler Konferenz über den Gemeinsamen Markt; hier: Behandlung der Finanzzölle*
   Vorlage des BMF vom 12. Dez. 1956 (III B/9 - Z 2059 - 217/56).
6. *Entwurf eines Gesetzes über die Errichtung des Bundesaufsichtsamtes für das Kreditwesen*
   Vorlage des BMWi vom 20. Dez. 1956 (VI A 3 - 14 903/56).
7. *Entwurf eines Dritten Gesetzes zur Aufhebung des Besatzungsrechts*
   Vorlage des BMJ vom 19. Dez. 1956 (9161/1 - 7 - 49593/56).
8. *Verlegung der Hauptdienststelle des Bundesgesundheitsamtes von Koblenz nach Berlin*
   Vorlagen des BMI vom 3. Nov. 1956 (Z 9 - 01 130 - 2400 - III/56) bzw. des BMF vom 17. Dez. 1956 (II A/5 - J 1100 - 14/56).
9. *Entwurf einer Dritten Verordnung zur Änderung der Verordnung betreffend die Besteuerung der entflochtenen Unternehmen der Stahl- und Eisenindustrie auf dem Gebiet der Umsatzsteuer*
   Vorlage des BMF vom 12. Dez. 1956 (IA A/3 - S 4105 - Entfl. - 70/56).
10. *Entwurf eines Gesetzes über den zivilen Ersatzdienst*
    Vorlage des BMVtg vom 29. Dez. 1956 (VIII B 3 - 2499/56).

[A.] Innen- und außenpolitische Lage

Aus Anlaß des Jahreswechsels gibt der *Bundeskanzler* einen Überblick über die innen- und außenpolitische Lage. Er vertritt die Ansicht, daß das Jahr 1957 sowohl für Deutschland wie für die Arbeit der Bundesregierung von besonderer Bedeutung sein werde. Die außenpolitische Lage sei nicht gut. Im Nahen Osten sei aus dem[1] Suez-Konflikt beinahe ein neuer Brandherd entstanden[2]. Die Vorgänge in Ungarn[3] und Polen[4] hätten keineswegs zu einer Rißbildung im Sowjetblock geführt. Die UNO hätte im Gegensatz zu ihrem Verhalten im Suez-Konflikt im Falle Ungarn eine unverständliche Passivität gezeigt. Eine spätere Geschichtsschreibung würde darüber sicherlich ein hartes Urteil fällen. Großbritannien und Frankreich seien gedemütigt worden. Der Diktator Nasser[5] habe mit Hilfe der UNO einen Triumph feiern können, dessen Kosten ganz Europa und die weiße Rasse überhaupt zu tragen haben würden. Für die Bundesregierung ergebe sich daraus die Forderung, sich mit allen Kräften für die Schaffung eines vereinigten Europas einzusetzen. Das Auswärtige Amt müsse in dieser Richtung im kommenden Jahr eine stärkere Initiative entfalten. Auf dem Gebiete der Innenpolitik sei bemerkenswert, daß die SPD trotz der Ereignisse in Ungarn und Polen weiter bei ihrer Parole bleibe, Deutschland solle aus der NATO ausscheiden[6]. Im Hinblick auf diese Forderung der SPD würde ihr Wahlerfolg bei der nächsten Bundestagswahl im tiefsten Sinne des Wortes ein nationales Unglück für Deutschland bedeuten.

---

[1] Korrigiert aus: „außer dem".

[2] Vgl. 159. Sitzung am 14. Nov. 1956 TOP A (Kabinettsprotokolle 1956, S. 720–722). – Die Verstaatlichung des Suezkanals im Juli 1956 hatte eine internationale Krise und schließlich einen bewaffneten Konflikt ausgelöst. Nach dem Bombardement von Port Said waren französische und britische Truppen am 5. Nov. 1956 in der Kanalzone gelandet. Auf Druck der UNO, im Weltsicherheitsrat hatten die USA zusammen mit der Sowjetunion gegen Großbritannien und Frankreich gestimmt, war am 6. Nov. 1956 ein Waffenstillstand geschlossen worden. Die französisch-britische Aktion war mit Israel abgestimmt, das seinerseits am 29. Okt. 1956 mit seinen Truppen in die Sinai-Halbinsel einmarschiert war. Der israelisch-arabische Krieg wurde durch Intervention der USA, der UdSSR und der UNO beendet.

[3] Vgl. 159. Sitzung am 14. Nov. 1956 TOP A (Kabinettsprotokolle 1956, S. 720 f.). – Der ungarische Volksaufstand war im November 1956 von sowjetischen Truppen niedergeschlagen worden. – Zu den Hilfsmaßnahmen für Ungarn Fortgang 166. Sitzung am 11. Jan. 1957 TOP A.

[4] Vgl. dazu 158. Sitzung am 24. Okt. 1956 TOP 4 (Kabinettsprotokolle 1956, S. 655 f.). – Der nach innenpolitischen Unruhen („Posener Aufstand") von Wladyslaw Gomulka im Herbst 1956 eingeleitete Reformprozeß („Polnischer Oktober") ließ vorübergehend eine Politik der Liberalisierung in Polen erwarten.

[5] Gamal Abd el-Nasir, gen. Nasser (1918–1970). 1952 maßgebliche Beteiligung am Sturz des ägyptischen Königs Faruk durch das „Komitee der freien Offiziere", ab 1953 Oberbefehlshaber der Streitkräfte, 1953–1954 stellvertretender Ministerpräsident und Innenminister, 1954 Ministerpräsident, im November auch Staatsoberhaupt, 1956–1970 Staatspräsident, 1958–1961 Staatsoberhaupt der aus Ägypten und Syrien gebildeten Vereinigten Arabischen Republik.

[6] So hatte u. a. zuletzt am 5. Dez. 1956 der verteidigungspolitische Sprecher der SPD-Fraktion Fritz Erler im Bundestag erklärt, eine von der SPD geführte Regierung würde einen Austritt aus dem NATO-Bündnis anstreben, da die Mitgliedschaft der Bundesrepublik die Wiedervereinigung Deutschlands behindere (Stenographische Berichte, Bd. 33, S. 9755). Zur Haltung der SPD vgl. auch Wilker, Sicherheitspolitik.

Die Spaltung der liberalen Partei[7] werde auf die deutschen Wähler ungünstig wirken. Die letzte Rede Maiers[8] halte der FDP alle Koalitionsmöglichkeiten nach der nächsten Bundestagswahl offen[9]. Hieraus ergebe sich die Notwendigkeit, daß das Kabinett und die Koalitionsfraktionen völlige Geschlossenheit und Einigkeit zeigten. Auf dem Gebiete der Gesetzgebung müßten die Koalitionsfraktionen das Dringlichkeitsprogramm entschlossen durchführen und rücksichtslos von ihrer Mehrheit Gebrauch machen. Eine kräftige Hand des Bundeskabinetts und der Koalitionsfraktionen würde auf die deutsche Wählerschaft ihren Eindruck nicht verfehlen. Die „Gesetzgebungsfabrikation" in den Ministerien müsse stillgelegt werden. Die Mitglieder des Kabinetts müßten sich auch persönlich entlasten, damit sie sich besonders wichtigen Aufgaben und insbesondere der Vorbereitung der Wahl widmen könnten. Die vom Kabinett eingesetzte Gesetzgebungskommission solle in nächster Zeit nochmals zusammentreten und das Gesetzgebungsprogramm der Bundesregierung erneut überprüfen[10]. Differenzen zwischen den Bundesministern dürften nicht in der Öffentlichkeit ausgetragen werden. Wahlreden müßten überlegt und vorsichtig abgefaßt sein. In wichtigen Fragen müsse man eine Sprachregelung finden. Der Bundespressechef solle über alle wesentlichen Punkte der Politik der Bundesregierung seit 1949 eine Aufzeichnung machen und den Mitgliedern der Bundesregierung zuleiten[11]. Die SPD werde voraussichtlich versuchen, die Preise heraufzutreiben, den Streik in Schleswig-Holstein[12] auszudehnen und weitere Tarife zu kündigen. Dem müsse man zu

---

[7] Siehe 131. Sitzung am 25. April 1956 TOP A (Kabinettsprotokolle 1956, S. 318–320). – Im Jahre 1956 hatte der Koalitionswechsel der FDP in Nordrhein-Westfalen und der daraus resultierende Sturz der Regierung Arnold (CDU) am 20. Febr. 1956 zum Austritt von 16 Bundestagsabgeordneten der FDP, darunter alle FDP-Bundesminister, aus ihrer Fraktion und Partei geführt. Diese hatten mit der Gründung der FVP am 23. April 1956 auch die Spaltung der liberalen Partei bewirkt. Während die FVP die Koalition mit der CDU fortführte, hatte der FDP-Vorsitzende Thomas Dehler zur gleichen Zeit auf dem Bundesparteitag der FDP in Würzburg vom 20. bis 22. April 1956 den Bruch seiner Partei mit dem bisherigen Koalitionspartner auch auf Bundesebene vollzogen. – Vgl. dazu FDP-Bundesvorstand, S. XLI–LIII.

[8] Dr. Reinhold Maier (1889–1971). 1924–1933 Landesvorsitzender der württembergischen DDP und MdL, 1929–1933 Wirtschaftsminister und Bevollmächtigter Württembergs im Reichsrat, 1932–1933 MdR, 1933–1945 Rechtsanwalt, 1945 Mitbegründer der Demokratischen Volkspartei (später FDP), 1945–1952 Ministerpräsident von Württemberg-Baden, 1952–1953 Ministerpräsident von Baden-Württemberg, 1953–1956 und 1957–1959 MdB, 1957–1960 Bundesvorsitzender der FDP.

[9] Auf dem Dreikönigstreffen der baden-württembergischen FDP am 6. Jan. 1957 in Stuttgart hatte Maier vor einer großen Koalition sowie vor der Gefahr sozialistischer Experimente gewarnt und eine Koalition mit der CDU nicht ausschließen wollen (Text der Rede in B 136/4542 und in Maier, Selbstbesinnung). – Nach der Rede hatte der Bundesvorstand der FDP in Stuttgart noch am gleichen Tag beschlossen, Maier zu bitten, für den Bundesvorsitz zu kandidieren (FDP-Bundesvorstand, S. 230–234). Am 24. Jan. 1957 wurde Reinhold Maier auf dem Bundesparteitag in Berlin als Nachfolger Thomas Dehlers zum Bundesvorsitzenden der FDP gewählt.

[10] Vgl. 143. Sitzung am 11. Juli 1956 TOP 7 (Kabinettsprotokolle 1956, S. 480 f.). – Die Kommission hatte am 24. Mai 1956 ihre Tätigkeit aufgenommen. Unterlagen dazu in B 136/836.

[11] Vgl. dazu die vom BPA herausgegebene Broschüre „Versprochen und gehalten". Exemplar in B 136/3774.

[12] Vgl. TOP E dieser Sitzung.

begegnen wissen. Er sei fest überzeugt, daß die Parteien der jetzigen Regierungskoalition die nächste Bundeswahl gewinnen würden. Mit einem derartigen Wahlausgang würde der Welt die politische Reife des deutschen Volkes und die Stetigkeit der deutschen Politik bewiesen werden.

[B.] Ministerzimmer im Bundeshaus

Der *Bundesminister für wirtschaftliche Zusammenarbeit* kommt darauf zu sprechen, daß einige Bundesminister durch die Bundestagsverwaltung aus ihren Zimmern im Bundeshaus herausgesetzt worden seien[13]. Abgesehen von der Unerfreulichkeit der Durchführung hätten diese Minister, darunter er selbst, jetzt keinen Aufenthaltsraum im Bundeshaus. Das ihm angebotene bisherige Sekretärinnenzimmer sei nach seiner baulichen Beschaffenheit für ihn ungeeignet. Auf eine Frage des Bundeskanzlers berichtet *Staatssekretär Dr. Globke*, der Bundestag sei wiederholt an die Bundesregierung herangetreten und habe die Freigabe mehrerer Zimmer für die Vizepräsidenten des Bundestages und ihre Sekretärinnen erbeten. Nach längeren Verhandlungen habe das Bundeskanzleramt dem Bundestag mitgeteilt, wenn gewisse bauliche Veränderungen getroffen würden, könne man über die Abgabe einiger Zimmer an die Bundestagsverwaltung reden. Dieses Schreiben habe die Bundestagsverwaltung benutzt, um vollendete Tatsachen zu schaffen. Gegen dieses Verfahren sei bereits mündlich protestiert worden. Der *Bundeskanzler* erklärt, man könne die von zwei Vizepräsidenten mit ihren Sekretärinnen bezogenen Zimmer nicht mit Gewalt aufbrechen, solle aber bei dem Bundestag schriftlich protestieren und andere Ersatzräume, möglicherweise den Sitzungssaal P 01, fordern. Das Kabinett erklärt sich damit einverstanden[14].

2. Finanzverhandlungen mit Großbritannien AA

und

3. Truppenvertragsverhandlungen: Nutzungsvergütung für nicht spezifisch-militärisch genutzte Vermögenswerte des Bundes AA

Diese Punkte der Tagesordnung werden bis zur nächsten Kabinettssitzung am 11. Januar um 16.30 Uhr zurückgestellt[15].

1. Personalien

Das Kabinett beschließt gemäß Anlage 1 zu Punkt 1 der heutigen Tagesordnung[16].

---

[13] Siehe 146. Sitzung am 8. Aug. 1956 TOP 4 (Kabinettsprotokolle 1956, S. 528 f.).
[14] Unterlagen dazu in B 136/4514.
[15] Fortgang 166. Sitzung am 11. Jan. 1957 TOP 1 und 2.
[16] Vorgeschlagen war die Ernennung eines Botschaftsrats im AA, eines Ministerialrats im Bundesrechnungshof sowie eines Oberstarztes und des Brigadegenerals Johann Buchner im BMVtg.

4. Deutsch-Niederländische Ausgleichsverhandlungen AA

Staatssekretär Dr. Hallstein unterrichtet das Kabinett über die Absicht des Auswärtigen Amtes, mit der niederländischen Regierung in Verhandlungen über die Rückgabe der sogenannten Traktat-Ländereien und der unter vorläufige niederländische Verwaltung gestellten Gebiete zu treten[17]. Falls es die niederländische Regierung wünsche, sei das Auswärtige Amt bereit, auch über die Frage der Auslandsbonds[18] zu verhandeln. Die Vertragsverhandlungen müßten bis 15. April abgeschlossen sein. Der *Bundesminister für Ernährung, Landwirtschaft und Forsten* unterstreicht die Bedeutung der Verhandlungsthemen für den Ausgang der nächsten Bundestagswahl[19]. Der *Bundesminister für Verkehr* macht in diesem Zusammenhang Ausführungen über die Bedeutung des Hafens in Emden und die Probleme des Ems-Unterlaufes und des Dollarts. Auch der *Bundesminister der Finanzen* befürwortet baldige Verhandlungen über die Rückgabe der Traktat-Ländereien und der unter niederländische Verwaltung gestellten deutschen Gebiete. Er bittet um Beteiligung seines Ressorts an etwaigen Verhandlungen über die Auslandsbonds. Der *Bundesminister für gesamtdeutsche Fragen* erklärt, die geplanten Verhandlungen erhielten dadurch

---

[17] Siehe 91. Sitzung am 13. Juli 1955 TOP 5 (Kabinettsprotokolle 1955, S. 426–430); vgl. auch 147. Sitzung am 15. Aug. 1956 TOP 1c (Deutsch-Belgische Ausgleichsverhandlungen: Kabinettsprotokolle 1956, S. 538 f., insb. Anm. 17). – Im Pariser Sechs-Mächte-Abkommen vom 22. März 1949 war u.a. den Niederlanden die Verwaltung der Gebiete von Selfkant (mit mehreren Ortschaften) und Elten sowie von weiteren kleineren Gebietsstreifen entlang der deutsch-niederländischen Grenze nach dem Stand vom 31. Dez. 1937 bis zum Abschluß eines Friedensvertrages übertragen worden (Wortlaut des Kommuniqués vom 22. März 1949 in EA 1949, S. 2028). Die Bundesregierung hatte sich seit 1950 um die Rückgabe dieser Gebiete und der sogenannten Traktatländereien bemüht. Bei diesen handelte es sich um landwirtschaftliche Flächen beiderseits der deutsch-niederländischen Grenze, deren Nutzung durch die Verträge der Niederlande mit Preußen von 1816 (Vertrag von Kleve) und mit Hannover von 1824 (Vertrag von Meppen) geregelt worden war. Die auf niederländischem Gebiet gelegenen Ländereien deutscher Eigentümer waren nach Kriegsende wie das übrige deutsche Vermögen als Feindvermögen auf den niederländischen Staat übertragen und zum Teil wieder verkauft worden, während die niederländischen Bauern ihre Traktatrechte auf ihren im deutschen Grenzgebiet liegenden Ländereien weiterhin ausübten. Vgl. dazu auch BT-Drs. 1666 vom 5. Jan. 1950. – Unterlagen zu den Verhandlungen hierüber in AA B 86, Bde. 422 bis 425 sowie in B 106/2639 und 2640, weitere Unterlagen im Bestand B 183 (Bentheimer Grenzlandausschuß).

[18] Bei den Auslandsbonds handelte es sich um deutsche, auf Reichsmark lautende Wertpapiere, die nach der Besetzung der Niederlande durch deutsche Truppen unrechtmäßig nach Deutschland verbracht worden waren. Die Restitutionsforderungen der Niederlande bezogen sich auf einen Restbetrag gemäß der in einem Notenwechsel vom 19. Mai 1952 getroffenen Vereinbarung, die in das Gesetz vom 23. Jan. 1953 über Fragen der Restitution und über die Freigabe von deutschen Reichsmark-Wertpapieren (BGBl. II 3) eingegangen war. Unterlagen zu den Verhandlungen über die finanziellen Aspekte des Ausgleichsvertrages in B 126/9148, zu den bisherigen Verhandlungen über niederländische Restitutionsansprüche auf deutsche Auslandsbonds in B 126/12436 bis 12438 und 13991, in B 136/1724 und 1725 sowie in AA B 2, Bde. 187 und 188, AA B 86, Bde. 432 und 434 sowie 445 bis 449.

[19] Lübkes Wahlkreis, Dinslaken-Rees, war von den Auseinandersetzungen in der Eigentumsfrage unmittelbar betroffen. Vgl. das Schreiben Lübkes an Schäffer vom 24. Juli 1957 in B 108/4248.

eine besondere Bedeutung, daß sie einen weiteren Schritt auf dem Wege zur Wiedervereinigung darstellten[20].

[C.] Beitrag der Bundesrepublik an der Bevorschussung der Räumungskosten des Suez-Kanals

Staatssekretär Dr. Hallstein trägt vor, daß sich die Bundesrepublik nach den Wünschen der UNO an der Bevorschussung der Räumungskosten des Suezkanals in Höhe von 1 Mio. Dollar beteiligen solle[21]. Dieser Betrag solle mit den später zu Lasten deutscher Kanalbenutzer entstehenden Kanalgebühren verrechnet werden. Der *Bundesminister für wirtschaftliche Zusammenarbeit* betont, daß die deutsche Wirtschaft an einer baldigen Räumung des Suezkanals interessiert sei. Der *Bundesminister der Justiz* befürchtet, daß der gewünschte deutsche Beitrag eine deutsche Anerkennung der Verpflichtung, sich an weiteren Räumungskosten zu beteiligen, bedeuten könne. Demgegenüber stellt der *Bundeskanzler* klar, es handele sich nicht um eine deutsche Beteiligung an den Räumungskosten, sondern um ein Darlehen. Im Hinblick auf diese Klarstellung erklärt der *Bundesminister der Finanzen*, daß er haushaltsrechtliche Möglichkeiten zur Erfüllung des NATO[22]-Wunsches sehe. Das Kabinett erklärt sich mit dem von der NATO gewünschten deutschen Beitrag an der Bevorschussung der Räumungskosten des Suezkanals in Höhe von 1 Mio. Dollar einverstanden[23].

---

[20] Die Verhandlungen begannen am 5. April 1957. Unterlagen zu den Delegationssitzungen 1957 in AA B 24, Bde. 97 und 98. Sie führten zum deutsch-niederländischen Abkommen „zur Regelung von Grenzfragen und anderen zwischen beiden Ländern bestehenden Problemen (Ausgleichsvertrag)" vom 8. April 1960 (Gesetz vom 10. Juni 1963, BGBl. II 458). Das Vertragswerk regelte u. a. die Rückgabe der 1949 unter niederländische Verwaltung gestellten Gebiete und den Grenzverlauf (Grenzvertrag), weiter die Zusammenarbeit in der Emsmündung (Ems-Dollart-Vertrag). Schließlich verpflichtete sich die Bundesrepublik zur Zahlung eines Betrages von 280 Millionen DM an die Niederlande (Finanzvertrag). Der Pauschalbetrag umfaßte alle restlichen finanziellen Ansprüche der Niederlande einschließlich der Ansprüche für die Wiedergutmachung an Opfern nationalsozialistischer Verfolgung. – Fortgang 17. Sitzung am 12. März 1958 TOP B (B 136/36117); zum Bau von Straßen an die niederländische Grenze Fortgang 190. Sitzung am 24. Juli 1957 TOP A.

[21] Siehe Sondersitzung am 9. Nov. 1956 TOP A (Kabinettsprotokolle 1956, S. 703–707). – Vorlage des AA vom 5. Jan. 1957 in B 136/6228, weitere Unterlagen über die Verhandlungen bei der UNO und über die Beratungen der Vereinigung der Suezkanal-Benutzer zur Kanalräumung in AA B 12, Bd. 53, AA B 30, Bd. 94 und AA B 2, VS-Bde. 100 bis 104. – Nach dem Eingreifen der britischen und französischen Truppen hatte Ägypten den Suezkanal mit versenkten Schiffs- und Flugzeugwracks unpassierbar gemacht.

[22] Gemeint war die UNO.

[23] Hallstein übermittelte den Kabinettsbeschluß am 9. Jan. 1957 dem Ständigen Beobachter der Bundesrepublik Deutschland bei der UNO (Drahterlaß in AA B 2, Bd. 104, weitere Unterlagen in AA B 30, Bd. 53). – Nach dem Rückzug der UNO-Truppen aus der Kanalzone und nach Abschluß der Räumungsarbeiten unter der Leitung der Vereinten Nationen gab die ägyptische Suezkanalbehörde am 9. April 1957 die Befahrbarkeit des Kanals für alle Tonnagen und Flaggen mit Ausnahme von Israel bekannt. Die Kosten der Kanalräumung, an der auch zwei deutsche Hebeschiffe beteiligt waren, beliefen sich auf 11,8 Millionen Dollar (AdG 1957, S. 6386).

5. **Brüsseler Konferenz über den Gemeinsamen Markt; hier: Behandlung der Finanzzölle**
BMF

Der *Bundesminister der Finanzen* trägt den Inhalt seiner Kabinettvorlage vom 12.12.1956 vor und macht den Vorschlag, die Frage der Behandlung der Finanzzölle im Rahmen des Gemeinsamen Marktes zunächst im Wirtschaftskabinett zu besprechen[24]. Nach kurzer Grundsatzdebatte, an der sich vor allem die *Bundesminister für wirtschaftliche Zusammenarbeit, für Verteidigung, für Wirtschaft* sowie *für Ernährung, Landwirtschaft und Forsten* beteiligen, erklärt sich das Kabinett mit einer Behandlung im Wirtschaftskabinett am Anfang der kommenden Woche einverstanden[25].

6. **Entwurf eines Gesetzes über die Errichtung des Bundesaufsichtsamtes für das Kreditwesen**
BMWi

Der *Bundesminister für Wirtschaft* trägt den Inhalt seiner Kabinettvorlage vom 20.12.1956 vor[26] und bemerkt, es sei vor allem über die Fragen des Sitzes des Bundesaufsichtsamtes und die Frage des Benehmens mit der Bank deutscher

---

[24] Zur Brüsseler Regierungskonferenz der sechs Länder der Montanunion und deren Verhandlungen über den Gemeinsamen Markt und EURATOM siehe 158. Sitzung am 24. Okt. 1956 TOP A (Kabinettsprotokolle 1956, S. 656–658). – Vorlage des BMF vom 12. Dez. 1956 in B 126/3017. – Das BMF hatte beantragt, eine begrenzte Liste von Waren aufzustellen, die bei der Einfuhr einem Finanzzoll unterliegen und zunächst vom Gemeinsamen Markt ausgeschlossen sein sollten. Die als staatliche Einnahmequelle in Betracht gezogenen wettbewerbsneutralen Finanzzölle sollten nur auf Importwaren erhoben werden, die im Inland nicht oder nur in sehr geringem Umfang produziert wurden. Gedacht war dabei insb. an Waren wie Kaffee, Kakao oder Tee. Diesem Vorschlag hatte das BMWi in seiner Vorlage vom 7. Jan. 1957 mit der Begründung widersprochen, daß Finanzzölle mit den Prinzipien eines gemeinsamen Marktes nicht vereinbar seien. Nach Empfehlung des BMWi sollten die Finanzzölle in Verbrauchssteuern umgewandelt werden (B 102/73572).

[25] Fortgang dazu 62. Sitzung des Kabinettsausschusses für Wirtschaft am 15. Jan. 1957 TOP 1 (B 136/36219) und zum Gemeinsamen Markt 167. Sitzung am 15. Jan. 1957 TOP 3.

[26] Vorlage des BMWi vom 20. Dez. 1956 in B 102/23342 und B 136/1215, weitere Unterlagen in B 102/23343 und 23344. – Die vom BMWi angestrebte Zentralisierung der bisher bei den Ländern liegenden Aufsicht in einer selbständigen Bundesoberbehörde sollte der zu erwartenden bundesweiten Ausdehnung der Banken und Kapitalanlagegesellschaften Rechnung tragen. Die Voraussetzung für die überregionale Ausdehnung hatte das Gesetz über die Aufhebung der Beschränkung des Niederlassungsbereichs von Kreditinstituten vom 24. Dez. 1956 (BGBl. I 1073) geschaffen. Auch der noch in parlamentarischer Beratung befindliche Gesetzentwurf (BT-Drs. 2973) über die Kapitalanlagegesellschaften (Gesetz vom 16. April 1957, BGBl. I 378) ging von einer überregionalen Tätigkeit der Kreditinstitute aus. Nach Vorschlag des BMWi sollte das Aufsichtsamt seinen Sitz ebenso wie die Bank deutscher Länder in Frankfurt/Main haben. Grundlage des Entwurfs war das Gesetz über das Kreditwesen vom 25. Sept. 1939 (RGBl. I 1955). In einzelnen Bestimmungen sollte die Formulierung „im Einvernehmen" durch „im Benehmen" mit der Bank deutscher Länder ersetzt werden. Gegen diese Abschwächung des Mitspracherechts hatte der Zentralbankrat „schwerwiegende Bedenken" erhoben (Schreiben der BdL an den BMWi vom 21. Dez. 1956 in B 102/23342). Mit einer Saarklausel sollte die Gültigkeit von Bundesrecht im Saarland bis zu der im Eingliederungsgesetz vom 23. Dez. 1956 (BGBl. I 1011) vorgesehenen Übergangsphase im Dezember 1959 ausgeschlossen werden.

165. Sitzung am 9. Januar 1957

Länder zu entscheiden. Außerdem werde man in den Gesetzentwurf eine Saarklausel einfügen müssen. Nach eingehender Erörterung zwischen dem *Bundeskanzler*, dem *Bundesminister für Wirtschaft*, dem *Bundesminister der Finanzen* und dem *Bundesminister für wirtschaftliche Zusammenarbeit* billigt das Kabinett die Vorlage des Bundesministers für Wirtschaft vom 20.12.1956 mit der Maßgabe, daß das Bundesaufsichtsamt seinen Sitz am Sitz der Bundesregierung haben soll und daß in den Gesetzentwurf eine Saarklausel eingefügt wird. Der *Bundesminister der Justiz* schlägt vor, die Formulierung der Saarklausel im Interministeriellen Saarausschuß zu besprechen[27]. Im Zusammenhang mit diesem Punkt der TO berichten die *Bundesminister für Wirtschaft* und *der Finanzen* über die Beratungsgegenstände der morgigen Sitzung des Zentralrats der Bank deutscher Länder[28].

7. Entwurf eines Dritten Gesetzes zur Aufhebung des Besatzungsrechts BMJ

Dieser Punkt der TO wird bis zur Kabinettssitzung am 15. Januar zurückgestellt[29].

8. Verlegung der Hauptdienststelle des Bundesgesundheitsamtes von Koblenz nach Berlin BMI/BMF

Der *Bundesminister des Innern* trägt den Inhalt seiner Kabinettvorlage vom 3.11.1956 vor und vertritt die Ansicht, über Kostenhöhe und Zeitpunkt der Verlegung der Hauptdienststelle des Bundesgesundheitsamtes von Koblenz nach Berlin sowie über die Frage eines Neubaus für diese Dienststelle in Berlin könne man später noch sprechen[30]. Der *Bundesminister der Finanzen* macht wegen der Kosten einen Vorbehalt und stimmt im übrigen der Kabinettvorlage zu. Die übrigen Kabinettsmitglieder erheben keinen Widerspruch[31].

---

[27] Dieser interministerielle Ausschuß war am 11. Dez. 1956 zum ersten Mal zusammengetreten. Er befaßte sich unter Federführung des BMI ausschließlich mit der Einführung von Bundesrecht im Saarland. Unterlagen zu seiner Tätigkeit in B 106/2603 und 2617. – BR-Drs. 9/57. – Fortgang 174. Sitzung am 7. März 1957 TOP 3.

[28] Auf der Tagesordnung stand u.a. die Beratung des Gesetzentwurfs über das Bundesaufsichtsamt für das Kreditwesen. Vgl. dazu das Sitzungsprotokoll des Zentralbankrats vom 9. und 10. Jan. 1957 in HA BBk B 330/9 und den Protokollauszug in B 102/23342.

[29] Fortgang 167. Sitzung (Fortsetzung) am 16. Jan. 1957 TOP 5.

[30] Siehe 227. Sitzung am 13. Juni 1952 TOP 8 (Kabinettsprotokolle 1952, S. 387). – Vorlage des BMI vom 3. Nov. 1956 in B 142/954 und B 136/5242 sowie Vorlage des BMF vom 17. Dez. 1956 in B 136/5242. – Das BMI hatte einem Antrag des Berliner Senats entsprochen und die Verlegung der Hauptdienststelle von Koblenz nach Berlin beantragt. Bei grundsätzlicher Zustimmung hatte der BMF eine Verlegung zum Rechnungsjahr 1958 gefordert, da im Bundeshaushalt 1957 keine Mittel mehr zur Verfügung stünden.

[31] Die Dienststelle wurde am 1. Juni 1958 nach Berlin verlegt (vgl. Bulletin Nr. 96 vom 29. Mai 1958, S. 965).

9. **Entwurf einer dritten Verordnung zur Änderung der Verordnung betreffend die Besteuerung der entflochtenen Unternehmen der Stahl- und Eisenindustrie auf dem Gebiet der Umsatzsteuer** BMF

Der *Bundesminister der Finanzen* führt aus, im Interesse eines Schutzes der kleinen und mittleren Betriebe der Eisen- und Stahlindustrie sei eine Beschränkung der Verlängerung der Umsatzsteuerfreiheit für die entflochtenen Unternehmen der Eisen- und Stahlindustrie auf ein Jahr angebracht[32]. Er sei jedoch bereit, schon im kommenden Sommer einer Verlängerung um ein weiteres Jahr zuzustimmen. Der *Bundesminister für wirtschaftliche Zusammenarbeit* geht im einzelnen auf die jetzige Lage der Eisen- und Stahlpreise ein[33]. Der *Bundesminister des Innern* erinnert u.a. daran, daß der Bundeskanzler sich im letzten Sommer gegenüber der Forderung der entflochtenen Eisen- und Stahlindustrie, die Umsatzsteuerfreiheit auf vier Jahre zu verlängern, nicht ablehnend verhalten habe. Er schlägt als Kompromiß eine Verlängerung um zwei Jahre vor. Das Kabinett billigt die Kabinettvorlage des Bundesministers der Finanzen vom 5.1.1957 – Nr. IV A 3 - S 4105 - Entfl.-2/57 – mit der Maßgabe, daß an Stelle des 31. Dezember 1957 der 31. Dezember 1958 tritt[34].

10. **Entwurf eines Gesetzes über den zivilen Ersatzdienst** BMVtg

Der *Bundesminister für Verteidigung* trägt den Inhalt seiner Kabinettvorlage vom 29.12.1956 vor[35]. Er vertritt die Auffassung, daß das Gesetz vom Bundesminister des Innern durchgeführt werden müsse. Der *Bundesminister des Innern* hält dem-

---

[32] Siehe 274. Sitzung am 10. Febr. 1953 TOP B (Kabinettsprotokolle 1953, S. 155). – Vorlage des BMF vom 5. Jan. 1957 in B 136/1105. – Mit der Auflösung der Großkonzerne in der Eisen- und Stahlindustrie aufgrund alliierter Entflechtungsvorschriften waren kleinere Betriebseinheiten entstanden. Dadurch hatte sich die Zahl der umsatzsteuerpflichtigen Verarbeitungsvorgänge erhöht und überproportionale Steuerleistungen verursacht. Die Verordnung vom 10. Febr. 1953 (BGBl. I 17) hatte für diese Fälle Steuerbefreiungen für bestimmte Umsätze als Ausgleichsmaßnahme vorgesehen. Das BMF hatte auf Initiative der betroffenen Unternehmen eine Verlängerung dieser Verordnung um ein weiteres Jahr beantragt.

[33] In den laufenden Verhandlungen mit der Wirtschaftsvereinigung Eisen- und Stahlindustrie um die Beibehaltung stabiler Preise machte deren Verbandspräsident Hans Günther Sohl einen Stillstand in der Preisentwicklung „bis zum Herbst 1957" von Zugeständnissen der Bundesregierung abhängig (vgl. das Schreiben vom 30. April 1957 an Adenauer in B 136/7713). Die bisher gewährte Umsatzsteuerbefreiung brachte der Eisen- und Stahlindustrie eine jährliche Entlastung von annähernd 80 Millionen DM (Vermerk des BMF vom November 1956 in B 126/11878).

[34] Verordnung vom 23. Jan. 1957 (BGBl. I 2).

[35] Vorlage des BMVtg vom 29. Dez. 1956 in B 136/8895. – Das Wehrpflichtgesetz vom 21. Juni 1956 (BGBl. I 651) hatte in § 27 die Einrichtung und Organisation des Ersatzdienstes vorgesehen und die Rechtsstellung des anerkannten Wehrdienstverweigerers einem eigenen Gesetz vorbehalten. Das Anerkennungsverfahren selbst war in § 26 des Wehrpflichtgesetzes und in §§ 18 bis 20 der Musterungsverordnung vom 25. Okt. 1956 (BGBl. I 830) geregelt. Für die Durchführung des Ersatzdienstes, dessen in § 3 beschriebene Aufgaben dem öffentlichen Wohl dienen sollten, war die Errichtung einer bundeseigenen Verwaltung vorgesehen, deren Errichtung der BMVtg in seiner Vorlage beantragt hatte. Der auf Vorschlag des BMF in § 3 angefügte Satz lautete: „Der für den Einsatz zu entrichtende Kostenbeitrag ist entsprechend dem durchschnittlichen Aufwand für die den Ersatzdienstpflichtigen zu gewährenden Geld- und Sachbezüge für die Ausrüstung und für die Unterbringung am Einsatzort festzusetzen".

gegenüber die Zuständigkeit seines Ressorts nicht für gegeben. Auf Vorschlag des *Bundesministers für wirtschaftliche Zusammenarbeit* beschließt das Kabinett gegen den Widerspruch des *Staatssekretärs Sauerborn*, den Bundesminister für Arbeit mit der Durchführung des Gesetzes zu beauftragen. Auf Vorschlag des *Bundesministers der Finanzen* beschließt das Kabinett ferner, in § 3 des Gesetzentwurfs einen Satz über die Frage eines Kostenbeitrages einzufügen. Mit diesen Maßgaben billigt das Kabinett die Kabinettvorlage des Bundesministers für Verteidigung vom 29.12.1956[36].

[D.] **Auswirkungen der Erhöhung der Landarbeiterlöhne auf die Preise für landwirtschaftliche Produkte**

Auf eine Frage des *Bundeskanzlers* erklärt der *Bundesminister für Ernährung, Landwirtschaft und Forsten*, daß sich eine weitere Erhöhung der Landarbeiterlöhne als Preissteigerung bei landwirtschaftlichen Produkten auswirken werde[37].

[E.] **Streik in Schleswig-Holstein**

Der *Bundesminister für Wirtschaft* berichtet auf eine Frage des *Bundeskanzlers* über die augenblickliche Streiklage in Schleswig-Holstein[38]. Er erwähnt u. a., daß die Gewerkschaften eine allgemeine Heizungszulage an die streikenden Arbeiter im Zusammenhang mit ihrer Stimmabgabe bei der Urabstimmung ausgezahlt haben. Der *Bundeskanzler* erklärt diesen Vorfall als unerhört und bittet um nähere Nachprüfung der Vorkommnisse, damit die Bundesregierung in scharfer Form Stellung nehmen kann. Der *Bundesminister für Wirtschaft* berichtet weiter, daß

---

[36] BR-Drs. 18/57, BT-Drs. 3485. – Gesetz über den zivilen Ersatzdienst vom 13. Jan. 1960 (BGBl. I 10).

[37] Nach Lohnsteigerungen im Jahre 1956 hatte die Gewerkschaft Gartenbau, Land- und Forstwirtschaft Anfang des Jahres 1957 erneut eine Erhöhung der Löhne um 20 bis 25 % oder um mindestens 0,20 DM pro Stunde gefordert. Die im zweiten Jahresquartal 1957 in den einzelnen Tarifbezirken abgeschlossenen Verträge sahen im Bundesgebiet eine Aufbesserung von durchschnittlich 15 % vor. So erhöhten sich die Löhne in Bayern, dem größten Tarifbezirk mit dem zugleich niedrigsten Lohnniveau, von 1,13 auf 1,25 DM pro Stunde in Ortsklasse I. Unterlagen dazu in B 116/16037, Unterlagen über die Entwicklung der Löhne in der Landwirtschaft auch in B 136/8802, der Nahrungsmittelpreise in B 136/2440 und der Relation Löhne-Preise in B 136/2442.

[38] Siehe 158. Sitzung am 25. Okt. 1956 TOP E (Kabinettsprotokolle 1956, S. 668). – Nach der Urabstimmung am 11. und 12. Okt. hatte am 24. Okt. 1956 in Schleswig-Holstein der bis dahin längste Streik in der Geschichte der Bundesrepublik begonnen. Hauptstreitpunkt war die von der IG Metall erhobene Forderung nach Lohnfortzahlung im Krankheitsfall bis zu sechs Wochen. Von rund 42 000 Beschäftigten in der Metallindustrie des Landes folgten 30 000 dem Streikaufruf, 30 Betriebe waren von dem Ausstand betroffen (Vermerk vom 16. Jan. 1957 in B 136/8806). Das Ergebnis der von Ministerpräsident von Hassel angeregten Schlichtungsverhandlungen war nach dem ablehnenden Votum der Gewerkschaftsleitung am 7. Jan. 1957 in einer Urabstimmung zurückgewiesen worden. Vgl. den Bericht des BMA vom 15. Jan. 1957 in B 136/8806.

165. Sitzung am 9. Januar 1957

Ministerpräsident v. Hassel³⁹ die Bundesregierung ersuchen wolle, ihrerseits einen Schlichtungsversuch zu machen. Der *Bundeskanzler* bittet den Bundesminister für Wirtschaft, Ministerpräsident v. Hassel mitzuteilen, daß er zu einem Schlichtungsversuch bereit sei. Der *Bundeskanzler* bittet den Bundesminister für Wirtschaft außerdem, im Benehmen mit Ministerpräsident v. Hassel zu klären, zu welchem frühestmöglichen Zeitpunkt die Presse von der Bereitschaft der Bundesregierung unterrichtet werden könne. Er ist der Ansicht, daß eine derartige Presseerklärung insbesondere auf die Arbeitgeber beruhigend wirken werde. Das Kabinett erklärt sich mit einem Schlichtungsversuch des Bundeskanzlers einverstanden. In diesem Zusammenhang spricht sich der *Bundesminister für das Post- und Fernmeldewesen* für die Schaffung eines staatlichen Schlichtungswesens⁴⁰ aus. Die *Bundesminister des Innern* und *für Ernährung, Landwirtschaft und Forsten* stimmen dem zu. Der *Bundeskanzler* bemerkt, daß der Bundesminister für Arbeit stets gegen ein staatliches Schlichtungswesen Stellung genommen habe. Vor den Bundestagswahlen werde man ein derartiges Gesetz nicht erlassen können. Ihm selbst schwebe jedoch der Gedanke eines kurzgehaltenen Gewerkschaftsgesetzes vor, das sich darauf beschränke, die Rechenschaftslegung über die finanziellen Mittel anzuordnen und eine Regelung über Urabstimmungen zu treffen⁴¹.

[F.] **Lage in der SBZ**

Der *Bundesminister für wirtschaftliche Zusammenarbeit* berichtet, daß die Kohlenversorgungslage in der SBZ infolge des Ausbleibens polnischer Lieferungen kritisch geworden sei. Aus diesem Grunde könne die SBZ der Bundesrepublik die zugesagten Braunkohlenmengen, die insbesondere für die Versorgung von Berlin bestimmt gewesen seien, nicht liefern. Wenn man auf der Lieferung der Braunkohle bestehe, werde es zu einem Zusammenbruch der Kohlenversorgung in der SBZ kommen. Die Schuld werde von der SBZ in propagandistischer Verdrehung der Tatsachen der Bundesrepublik zugeschoben werden. Der *Bundeskanzler* hält es für richtig, einen Zusammenbruch der Kohlenversorgung in der SBZ nicht zu provozieren. Der *Bundeskanzler* berichtet in diesem Zusammenhang, der Bevollmächtigte der Evangelischen Kirche Prälat Kunst⁴²

---

³⁹ Kai-Uwe von Hassel (1913–1997). 1951–1955 und 1964–1975 stellvertretender, 1955–1964 Landesvorsitzender der CDU in Schleswig-Holstein, 1950–1965 MdL Schleswig-Holstein, 1954–1963 Ministerpräsident von Schleswig-Holstein, 1953–1954 und 1965–1980 MdB, 1956–1969 stellvertretender Bundesvorsitzender der CDU, 1963–1966 Bundesminister der Verteidigung, 1966–1969 Bundesminister für Vertriebene, Flüchtlinge und Kriegsgeschädigte, 1969–1972 Präsident und 1972–1976 Vizepräsident des Deutschen Bundestages, 1977–1980 Präsident der Parlamentarischen Vertretung der WEU, 1979–1984 MdEP.

⁴⁰ 1953 hatte das Kabinett einen derartigen Beschluß zurückgestellt. Vgl. dazu 296. Sitzung am 2. Juni 1953 TOP 3 (Kabinettsprotokolle 1953, S. 323 f.), sowie 139. Sitzung am 13. Juni 1956 TOP 3 (Kabinettsprotokolle 1956, S. 417, Anmerkung 19).

⁴¹ Zum Metallarbeiterstreik Fortgang 166. Sitzung am 11. Jan. 1957 TOP B.

⁴² D. Dr. Hermann Kunst (1907–1999). Nach 1933 Mitglied der Bekennenden Kirche, 1940 Superintendent und 1942 Stellvertretender Präses der westfälischen Landeskirche, 1949–1977 Bevollmächtigter des Rates der EKD am Sitz der Bundesregierung, 1956–1972 Militärbischof.

habe ihm mitgeteilt, daß der Druck der SBZ-Regierung auf die Kirchen in letzter Zeit erheblich gestiegen sei[43].

---

[43] Die evangelische Kirche in der DDR war dadurch in finanzielle Schwierigkeiten geraten, daß die Behörden der DDR das bisher geduldete Umtauschverhältnis von 1:4 für die Transferleistungen der evangelischen Kirche in der Bundesrepublik an die Landeskirchen der DDR von jährlich ca. 10 Millionen DM dem offiziellen Kursverhältnis von 1:1 anpassen wollten. Als Kompensation für die Einnahmeausfälle bemühten sich Vertreter der Kirchen bei den jeweiligen Regierungen in West und Ost, im Rahmen des Interzonenhandelsabkommens Steinkohlelieferungen, die von der Bundesregierung bezuschußt werden sollten, an die Kirchen in der DDR zu genehmigen. Der Verkaufserlös sollte dann der evangelischen Kirche in der DDR zugute kommen. Vgl. dazu den Vermerk vom 4. Jan. 1957 für ein Gespräch Adenauers mit Prälat Kunst am 7. Jan. 1957 in B 136/7836 und Vermerke vom 18. Febr. 1957 in B 136/7836 und B 146/807, ferner auch den Tagebucheintrag des Ratsvorsitzenden der EKD Otto Dibelius vom 4./5. Dez. 1956 in Nachlaß Dibelius N 1439/4, weitere Unterlagen über die Zahlungen in B 137/16262 und 16531, zu den Verhandlungen von Dibelius und weiteren Kirchenvertretern mit der Regierung der DDR am 3. Dez. 1956 vgl. Hartweg, SED und Kirche, S. 207–228. – Fortgang hierzu Kabinettsausschuß für Wirtschaft, Chefbesprechung am 20. Febr. 1957 TOP A (B 136/36220).

**166. Kabinettssitzung
am Freitag, den 11. Januar 1957**

Teilnehmer: Adenauer, Blücher, von Brentano, Schröder, Schäffer, Erhard, Strauß, Preusker, Oberländer, Wuermeling; Globke, Hallstein, W. Strauß, Sonnemann, Bergemann, Steinmetz, Thedieck; Klaiber (Bundespräsidialamt), von Eckardt (BPA), Krueger (BPA), Selbach (Bundeskanzleramt). Protokoll: Abicht.

Beginn: 16.30 Uhr   *Ende: 18.25 Uhr*
Ort: Haus des Bundeskanzlers

Tagesordnung:
1. *Deutsch-englische Finanzverhandlungen (einschließlich Stationierungskosten)
   Vorlage des AA vom 5. Jan. 1957 (411 - 30 - 5/24 - 1/57).*
2. *Truppenvertragskonferenz; hier: Nutzungsvergütung für nicht spezifisch militärisch genutzte Vermögenswerte des Bundes und der Länder
   Vorlage des AA vom 4. Jan. 1957 (507 - 900 - 76244/57).*
3. *Aufgliederung der Pauschalansätze von je 600 000 DM in Einzelplan 24 des Bundesministers für wirtschaftliche Zusammenarbeit zur Durchführung der Sonderaufträge
   a) Prüfung der Lage des gesamten unselbständigen Mittelstandes und der geistig schaffenden Berufe (Titel 310) und
   b) Koordinierung wasserwirtschaftlicher und wasserrechtlicher Fragen (Titel 311)
   Vorlage des BMZ vom 11. Jan. 1957 (I/4a - 1/5/57).*

[A.] Saatguthilfe für Ungarn

Staatssekretär Dr. Sonnemann teilt mit, er sei von dem Generaldirektor der FAO darauf angesprochen worden, ob die Bundesrepublik weiterhin Saatguthilfe an Ungarn durch Lieferung von Gerste und Hafer bis zur Höhe des vereinbarten Betrages von 3,5 Mio. DM leisten wolle[1]. *Staatssekretär Dr. Sonnemann* setzt sich für die Wiederaufnahme der Lieferungen ein und führt zur Deckungsfrage aus, man solle den gesperrten Teilbetrag in Höhe von 1 Mio. DM der insgesamt 10 Mio. DM betragenden Ungarnhilfe freigeben, die Saatguthilfe zunächst aus unverbrauchten Beträgen decken und schließlich den bisher ungedeckten Spitzenbetrag von rund 700 000 DM aus ähnlichen Quellen finanzieren. Der *Bundesminister des Auswärtigen* berichtet, daß er gestern mit dem österreichischen Außenminister über die Frage

---
[1] Zur Hilfe für Ungarn siehe 164. Sitzung am 19. Dez. 1956 TOP E (Kabinettsprotokolle 1956, S. 772 f.).

der Saatguthilfe für Ungarn gesprochen habe². Minister Figl³ habe die Saatguthilfe als notwendig und dringlich bezeichnet. Er habe erklärt, daß Österreich bereit sei, das Seinige zu tun. Die ungarische Bevölkerung solle sehen, daß der Westen wirklich zur Linderung der Not in Ungarn beitrage. Der *Bundesminister des Auswärtigen* befürwortet den Antrag von Staatssekretär Dr. Sonnemann und fügt hinzu, man solle die Saatguthilfe unter einer gewissen Kontrolle nur an selbständige Bauern leisten, nicht dagegen an Kolchosenbetriebe. Der *Bundesminister der Finanzen* bringt zum Ausdruck, daß er der Saatguthilfe an Ungarn wohlwollend gegenüber stehe. Er schlägt vor, sich am kommenden Montag im einzelnen über die Deckungsfrage auf Chefebene zu unterhalten und am kommenden Dienstag einen Kabinettsbeschluß zu fassen. Der *Bundeskanzler* erklärt demgegenüber, in der Frage der Saatguthilfe an Ungarn gebe es nur ein schnelles und eindeutiges „Ja". Es sei bedauerlich, daß die Bundesrepublik bisher so wenig für Ungarn getan habe. Den zur Finanzierung fehlenden Betrag solle man aus dem gleichen Titel entnehmen, in dem die 10 Mio. DM für Ungarnhilfe eingesetzt seien. Notfalls müsse man den Haushaltsansatz überschreiten. Der *Bundesminister der Finanzen* erklärt, er wolle sich bemühen, dem Vorschlag des Bundeskanzlers zu entsprechen. Er behält sich vor, an das Kabinett heranzutreten, falls sich in der Deckungsfrage Schwierigkeiten ergeben sollten. Der *Bundeskanzler* stellt fest, daß das Kabinett die von Staatssekretär Dr. Sonnemann beantragte Saatguthilfe an Ungarn beschlossen hat⁴.

[B.] **Metallarbeiterstreik in Schleswig-Holstein**

Der *Bundeskanzler* berichtet über den gegenwärtigen Stand und die Auswirkungen des Metallarbeiterstreiks in Schleswig-Holstein. In diesem Zusammenhang stellt der *Bundesminister des Innern* die Frage, ob es einen Referentenentwurf für ein Schlichtungsgesetz gebe. Der *Bundeskanzler* hält die Ausarbeitung eines derartigen Entwurfs, der auch das Verfahren bei Urabstimmungen regele, für angebracht. Der *Bundesminister für wirtschaftliche Zusammenarbeit* regt an, sich auch Gedanken über die Grenzen des Streikrechts, insbesondere bei Versorgungsbetrieben zu machen. Der *Bundesminister für Atomfragen* bezeichnet es als bedauerlich, daß man nicht die Möglichkeit habe, Schiedssprüche für verbindlich zu erklären⁵.

1. **Deutsch-englische Finanzverhandlungen (einschließlich Stationierungskosten) AA**

Der *Bundesminister des Auswärtigen* trägt den Inhalt seiner Kabinettvorlage vom 5. Januar 1957 vor und fügt hinzu, man solle ab 5. Mai 1957 Stationierungskosten

---

² Von Brentano hatte am 10. Jan. 1957 in Wien bei den Trauerfeierlichkeiten für den verstorbenen österreichischen Bundespräsidenten Theodor Körner die Bundesregierung vertreten.

³ Leopold Figl (1902–1965). 1945 Vizekanzler und Landeshauptmann von Niederösterreich, Mitbegründer und 1945–1951 Bundesobmann der ÖVP, 1945–1953 Bundeskanzler, 1953–1959 Außenminister, 1959–1962 Präsident des Nationalrats, 1962–1965 erneut Landeshauptmann von Niederösterreich.

⁴ Vgl. dazu die telegraphischen Berichte über die weiteren Verhandlungen auf UNO- und NATO-Ebene zur Fortführung der internationalen Hilfsaktion in AA B 2, Bd. 178.

⁵ Siehe 165. Sitzung am 9. Jan. 1957 TOP E. – Fortgang 167. Sitzung am 15. Jan. 1957 TOP A.

höchstens im Gesamtbetrage von 1,2 Mrd. DM zahlen[6]. Dabei solle man zum Ausdruck bringen, daß die Zahlung nicht auf Grund eines Rechtsanspruches erfolge, daß an eine Verlängerung um ein drittes Jahr auf keinen Fall gedacht sei und daß man jedem der Verbündeten höchstens 50 % der Vorjahresbeträge geben könne. An Großbritannien solle man als eine Art „defence aid" einen zusätzlichen Betrag zahlen, weil es in besonderen Haushalts- und Devisenschwierigkeiten sei und tatsächlich kampfbereite Verbände in der Bundesrepublik stationiert habe. Der *Bundesminister des Auswärtigen* erwähnt in diesem Zusammenhang, daß Großbritannien auch durch andere Maßnahmen geholfen werden solle, z.B. durch erhebliche Anzahlungen auf Rüstungskäufe, durch vorzeitige Tilgung der Auslandsschulden und schließlich durch ein Darlehen. Der *Bundesminister der Finanzen* ergänzt diese Ausführungen durch den Hinweis, daß er bereit sei, gegenüber der Bank deutscher Länder die Rückbürgschaft und das Kursrisiko für das Darlehen an die englische Notenbank zu übernehmen[7]. Er fügt hinzu, daß man hierfür allerdings die Genehmigung des Bundestags brauchen werde. Er hält es für zweckmäßig, über das Darlehen erst zu reden, wenn sich in den Verhandlungen mit Großbritannien über die eigentlichen Stationierungskosten Schwierigkeiten ergäben. In der Frage der Stationierungskosten stimmt er dem Vorschlag des Bundesministers des Auswärtigen zu. Der Betrag[8] von 1,2 Mrd. DM solle aus dem Haushalt des Verteidigungsministeriums entnommen

---

[6] Siehe 164. Sitzung am 19. Dez. 1956 TOP G (Kabinettsprotokolle 1956, S. 773 f.). – Vorlage des AA vom 5. Jan. 1957 in AA B 14, Bd. 96 und B 126/34103, weitere Unterlagen zu den Verhandlungen über die Stationierungskosten allgemein in AA B 2, VS-Bde. 192 und 193, AA B 14 (Ref. 301), Bd. 95 bis 99 und B 126/34101 bis 34104. – Im Gesetz vom 24. März 1955 zum Vertrag vom 23. Okt. 1954 über den Beitritt der Bundesrepublik zum Brüsseler Vertrag und zum Nordatlantikvertrag (BGBl. 1955 II 256) war vorgesehen, die noch nicht geregelten finanziellen und rechtlichen Fragen vor allem hinsichtlich der Rechte und Pflichten der verbündeten Streitkräfte und der Staaten, die Truppen auf dem Gebiet der Bundesrepublik unterhielten, bis zum vorgesehenen Abschluß von Zusatzvereinbarungen zum NATO-Truppenstatut übergangsweise zu regeln. Nach einer Kostenbeteiligung der Bundesregierung für das Rechnungsjahr 1955/56 hatten die Entsendestaaten 1956 erneut einen deutschen Beitrag gefordert. Dabei hatten sie anerkannt, daß ein Rechtsanspruch auf Zahlungen nicht bestünde, vielmehr als eine moralische Verpflichtung der Bundesrepublik im Rahmen der allgemeinen NATO-Verpflichtungen anzusehen seien. Vgl. dazu den Bericht des BMF vom 31. Okt. 1956 in B 126/5045. – In den deutsch-britischen Finanzverhandlungen war angestrebt, durch eine Reihe von Maßnahmen, darunter auch durch eine Regelung der Stationierungskosten, zu einer umfassenden Lösung der Finanz- und Währungsprobleme Großbritanniens beizutragen. In dem der Vorlage beigefügten Memorandum hatte die britische Regierung den Wunsch ausgesprochen, daß die Bundesrepublik alle örtlich anfallenden Kosten der Stationierung britischer Truppen übernehmen möge, bis die Eigenleistungen der Bundesrepublik für die gemeinsame Verteidigung eine Überprüfung dieser Regelung ermöglichten (Memorandum vom 3. Jan. 1957 auch in B 136/3132). Das AA hatte u.a. als Verhandlungsziel vorgeschlagen, finanzielles Entgegenkommen mit Zusicherungen über die Aufrechterhaltung der bisherigen Truppenstärke und der Kampfkraft der Stationierungstruppen abhängig zu machen. Das AA hatte in seiner Vorlage ferner vorgeschlagen, eine vorzeitige Rückzahlung der im Londoner Abkommen vereinbarten Schulden, eine Beteiligung an der Finanzierung der Einfuhr amerikanischen Öls, eine Erhöhung der Vorauszahlung für deutsche Rüstungskäufe sowie eine Kreditgewährung für die Verhandlungen in Betracht zu ziehen. Vgl. dazu Wippich, Krise des £-Sterling, S. 59 f.

[7] Fortgang hierzu 177. Sitzung am 27. März 1957 TOP D (Gesetz über die Übernahme einer Kursgarantie für eine Devisenanlage der Bank deutscher Länder bei der Bank von England).

[8] Korrigiert aus: „Vertrag".

werden. Ein darüber hinaus gehendes Opfer könne man jedoch dem Bundesminister für Verteidigung nicht zumuten[9]. Der *Bundesminister für Verteidigung* führt aus, daß Großbritannien nicht die Absicht habe, die zur Zeit in der Bundesrepublik stationierten Streitkräfte zu demobilisieren, falls sie nach England zurückgeführt würden. Dies bedeute, daß die Belassung dieser Streitkräfte in der Bundesrepublik nur insoweit zu einer zusätzlichen Belastung Großbritanniens führe, als die Kosten im Falle der Belassung in der Bundesrepublik die Kosten im Falle der Rückführung nach England überstiegen. Dieser Differenzbetrag liege erheblich unter der von Großbritannien geforderten Summe. Anschließend macht der *Bundesminister für Verteidigung* eingehende Ausführungen über die Kosten der deutschen Verteidigung in den nächsten Haushaltsjahren. Der *Bundeskanzler* bittet den Bundesminister für Verteidigung, diese Ausführungen unter Hinzufügung einer Anwesenheitsliste schriftlich niederzulegen[10]. Der *Bundesminister für Wirtschaft* regt an, im Rahmen der Verhandlungen über die Stationierungskosten die Bitte an Großbritannien zu richten, die englischen Streitkräfte in der Bundesrepublik mit ausländischer Kohle zu versorgen. Im kommenden Kohlenversorgungsjahr würde in Deutschland eine erhebliche Lücke bei Hausbrand eintreten. Für die Besatzungstruppen seien bisher 750 000 t Kohle und Koks verbraucht worden. Diese Menge solle künftig der deutschen Hausbrandversorgung zur Verfügung gestellt werden. Den Engländern solle die Auslandskohle in Höhe des deutschen Kohlenpreises vergütet werden. Der Differenzbetrag solle im Rahmen der Stationierungskosten zu deutschen Lasten verrechnet werden[11]. Der *Bundesminister der Finanzen* äußert Zweifel an der Möglichkeit, diesen Vorschlag durchzusetzen. Er bringt zum Ausdruck, daß der Differenzbetrag keinesfalls zusätzlich zu Lasten des Verteidigungshaushalts verrechnet werden dürfe. Das Kabinett billigt die Vorlage des Bundesministers des Auswärtigen vom 5. Januar 1957 mit der Maßgabe, daß der Betrag von 1,2 Mrd. DM nicht überschritten werden darf[12].

2. **Truppenvertragskonferenz; hier: Nutzungsvergütung für nicht spezifisch militärisch genutzte Vermögenswerte des Bundes und der Länder** AA

Der *Bundesminister des Auswärtigen* erläutert seine Kabinettvorlage vom 4. Januar 1957. Der *Bundesminister der Finanzen* legt besonderen Wert auf die vom Bundes-

---

[9] Diese Obergrenze hatte auch das BMVtg in seinem Schreiben vom 10. Jan. 1957 aufgrund der Befürchtung gefordert, daß die Aufwendungen für Stationierungskosten den gleichzeitigen Aufbau der Bundeswehr beeinträchtigen könnten (B 136/3132).

[10] Aufstellung des BMVtg nicht ermittelt. – Fortgang zum Haushalt des BMVtg (Einzelplan 14) 194. Sitzung am 3. Sept. 1957 TOP D.

[11] Vgl. dazu 172. Sitzung am 21. Febr. 1957 TOP 4.

[12] Zum Ergebnis der Erörterungen vgl. die „Aufzeichnung über die Kabinettssitzung am 11. Jan. 1957" in AA B 14, Bd. 96 und AA B 2, VS-Bd. 193. – Die Modalitäten einer gegenseitigen Hilfe im Sinne von Artikel 3 des NATO-Vertrages wurden von einem „deutsch-britischen Wirtschaftsausschuß" beraten, der vom 14. Jan. bis 2. März 1957 in Bonn tagte. Vgl. dazu die Protokolle und Aufzeichnungen in AA B 14, Bd. 97 und 769. – Fortgang 171. Sitzung am 15. Febr. 1957 TOP D.

minister des Auswärtigen vorgeschlagene verstärkte Revisionsklausel[13]. *Staatssekretär Dr. Steinmetz* gibt zu Protokoll, daß die Post die Weiterzahlung der ihr zustehenden Vergütungen durch die verbündeten Streitkräfte beanspruche[14]. Das Kabinett erklärt sich mit dem Inhalt der Kabinettvorlage des Auswärtigen Amtes vom 4. Januar 1957 einverstanden[15].

3. **Aufgliederung der Pauschalansätze von je 600 000 DM in Einzelplan 24 des BMZ zur Durchführung der Sonderaufträge** BMZ

   a) Prüfung der Lage des gesamten unselbständigen Mittelstandes und der geistig schaffenden Berufe (Titel 310)

   b) Koordinierung wasserwirtschaftlicher und wasserrechtlicher Fragen (Titel 311)

[Dieser Tagesordnungspunkt] wird nicht behandelt[16].

---

[13] Siehe 154. Sitzung am 3. Okt. 1956 TOP 7 (Kabinettsprotokolle 1956, S. 614 f.). – Vorlage des AA vom 4. Jan. 1957 in AA B 86, Bd. 351 und B 136/3129. – Nach Artikel 7 des Finanzvertrages zu dem am 23. Okt. 1954 in Paris unterzeichneten Protokoll über die Beendigung des Besatzungsregimes in der Bundesrepublik Deutschland (BGBl. 1955 II 381) wurden Liegenschaften im Besitz des Bundes oder der Länder den verbündeten Streitkräften unentgeltlich zur Verfügung gestellt, unabhängig davon, ob sie für militärische oder andere Zwecke verwendet wurden. Der BMF hatte den Vermögenswert zivil genutzter Liegenschaften für 1957 auf 6,25 Milliarden DM und deren Nutzungsvergütung bei Berücksichtigung der ortsüblichen Miete auf 300 Millionen DM jährlich beziffert. Die von der deutschen Delegation vorgetragene Forderung nach einer Nutzungsvergütung für diese Objekte war von den Stationierungsländern abgelehnt worden und hatte die Verhandlungen ins Stocken gebracht. Während der BMF eine Übergangslösung bis 1959 angeregt hatte, hatte das AA eine verstärkte Revisionsklausel als Lösung vorgeschlagen. Diese Klausel sah vor, daß auf Antrag eines Vertragspartners die Zusatzvereinbarungen zum Truppenstatut (Vertrag über die Rechte und Pflichten ausländischer Streitkräfte und ihrer Mitglieder in der Bundesrepublik Deutschland) zu dem am 23. Okt. 1954 in Paris unterzeichneten Protokoll über die Beendigung des Besatzungsregimes in der Bundesrepublik Deutschland (BGBl. 1955 II 321) dann überprüft werden sollten, wenn sich für diesen Vertragspartner einzelne Bestimmungen als besonders belastend oder unzumutbar erweisen sollten.

[14] Die Stationierungstruppen, deren ziviles Gefolge, Mitglieder und Angehörige sollten die öffentlichen Fernmeldedienste nach den jeweiligen deutschen Vorschriften benutzen können. – Unterlagen zu den Verhandlungen hierüber in AA B 86, Bde. 361 bis 363 und B 257/39407 und 39409.

[15] Fortgang 5. Sitzung am 27. Nov. 1957 TOP 2.

[16] Fortgang 171. Sitzung am 15. Febr. 1957 TOP 5.

**167. Kabinettssitzung
am Dienstag, den 15. Januar 1957**

Teilnehmer: Adenauer, Blücher, von Brentano, Schröder, Schäffer, Erhard, Lübke (bis 12.10 Uhr), Storch (bis 12.05 Uhr), Seebohm, Lemmer (ab 9.55 Uhr), Preusker, Oberländer, Balke, Wuermeling; Globke, Hallstein, W. Strauß, Sonnemann (ab 10.50 Uhr), Sauerborn (ab 12.05 Uhr), Steinmetz, Rust (ab 9.15 Uhr), Thedieck, Ripken; Klaiber (Bundespräsidialamt), von Eckardt (BPA), Carstens (AA), Krueger (BPA), Selbach (Bundeskanzleramt), Kilb (Bundeskanzleramt). Protokoll: Praß.

Beginn: 9.00 Uhr   Ende: 12.40 Uhr

Ort: Haus des Bundeskanzlers

Tagesordnung:
1. Personalien
   Gemäß Anlagen.
2. Mitteilung über die in Aussicht genommene Besetzung von zwei auswärtigen Vertretungen
   Schreiben des Staatssekretärs des Bundeskanzleramtes vom 10. Jan. 1957 (11 - 14004 - 131/57/VS-Vertr.).
3. Brüsseler Regierungskonferenz zur Erweiterung der europäischen Integration
   Vorlage des AA vom 10. Jan. 1957 (20 - 210 - 225 - 30 - 01/36/57 und 20 - 215 - 227 - 4 - 154/57) und Vorlage des BMWi vom 7. Jan. 1957 (I A 1/ I A 5 - 69/57).
4. Entwurf eines Gesetzes über den Ausbauplan für die Bundesfernstraßen
   Vorlage des BMV vom 9. Jan. 1957 (StB 1/2 - Rpl - 2005 Vms 57).
5. Entwurf eines Dritten Gesetzes zur Aufhebung des Besatzungsrechts
   Vorlage des BMJ vom 19. Dez. 1956 (9161/1 - 7 - 49593/56).
6. Entwurf einer Ersten Verordnung über die Durchführung einer Sondererhebung zur Lohnstatistik; hier: Entwurf einer Stellungnahme zu den vom Bundesrat verlangten Änderungen
   Vorlagen des BMA vom 20. Okt. 1956 (I b 2 - 1960 - 849 I/56 - K.S. Nr. 356/56) bzw. vom 21. Dez. 1956 (I b 2 - 1960 - 1391/56 - K.S. Nr. 615/56) und Schnellbrief des BMVt vom 31. Okt. 1956 (I 7 b - 6897 - 1839/56 - Kab. Nr. 1422/56).
7. Fahrpreisermäßigung für Heimkehrer seit dem 1. Juli 1953 und ihnen Gleichgestellte
   Vorlage des BMVt vom 4. Jan. 1957 (II 7c-3422 Kab. 1720/56).
8. Politische Betätigung des Soldaten
   Vortrag des BMVtg.
9. Kurzdenkschrift zur Familienpolitik
   Vorlage des BMFa vom 12. Dez. 1956 (F 1 - 2100 - K 11/56).

167. Sitzung am 15. Januar 1957

[A.] **Streik in Schleswig-Holstein**

Der *Bundeskanzler* berichtet, daß er am Donnerstag die Sozialpartner zu einer Besprechung eingeladen habe[1]. Er werde lediglich allgemeine Ausführungen machen. Wie er erfahren habe, wünschen die Gewerkschaften, daß seine Vermittlung sich darauf beschränke, die Partner an einen Tisch zu bringen. Der *Bundesminister für Arbeit* empfiehlt zu erklären, daß sich die Vertragsparteien beim zuständigen Ministerium zusammensetzen und dort eine Einigung versuchen.

Das Kabinett nimmt Kenntnis[2].

3. Brüsseler Regierungskonferenz zur Erweiterung der europäischen Integration AA

Nach einem ausführlichen Vortrag des *Bundesministers des Auswärtigen* über den Stand der Verhandlungen über EURATOM erörtert das Kabinett eingehend die mit diesem Projekt zusammenhängenden Fragen.

Anschließend werden die offenen Fragen des Gemeinsamen Marktes behandelt[3].

Der Bundesminister des Auswärtigen berichtet nach der Kabinettvorlage vom 10.1.1957 zunächst über den Stand der Verhandlungen über EURATOM[4].

---

[1] Siehe 166. Sitzung 11. Jan. 1957 TOP B. – Unterlagen zu der Besprechung am 17. Jan. 1957 in B 136/8806. – Gesprächsteilnehmer waren Adenauer, Storch, Erhard, Ministerpräsident von Hassel, der DGB-Vorsitzende Willi Richter, der IG Metall-Vorsitzende Otto Brenner, der Präsident der Bundesvereinigung der Deutschen Arbeitgeberverbände Hans-Constantin Paulssen, der Vorsitzende des Gesamtverbandes der metallindustriellen Arbeitgeberverbände Hans Bilstein sowie Vertreter der regionalen Arbeitnehmer- und Arbeitgeberorganisationen. Es wurde Einigung darüber erzielt, neue Verhandlungen der Tarifvertragsparteien für den 22. Jan. 1957 im Bundesarbeitsministerium anzuberaumen (vgl. Bulletin Nr. 13 vom 19. Jan. 1957, S. 115). – Zur Vorbereitung dieses Gesprächs vgl. auch den Vermerk des BMWi vom 16. Jan. 1957 über eine Besprechung Erhards mit dem IG Metall-Vorsitzenden Otto Brenner vom gleichen Tage in B 102/36960.

[2] Fortgang 170. Sitzung am 6. Febr. 1957 TOP D.

[3] Siehe 165. Sitzung am 9. Jan. 1957 TOP 5. – Vorlage des AA vom 10. Jan. 1957 in AA B 10, Bd. 89a und B 136/1313 sowie Vorlage des BMWi vom 7. Jan. 1957 in B 102/22100 und B 136/1313. Für diese Kabinettssitzung standen auch die Vorlagen des BMG vom 8. Jan., des BMF vom 10. Jan., des BMAt und des BMVt vom 11. Jan., des BMA vom 14. Jan. sowie des BMV und des BMWo vom 15. Jan. 1957 zur Beratung an (B 136/1313 und AA B 10, Bd. 916). Weitere Unterlagen zur Vorbereitung und parlamentarischen Beratung des Vertragswerkes in AA B 10, Bd. 899 bis 935 und in der Sammlung von der Groeben (ACDP I-659). Vgl. von der Groeben, Deutschland und Europa, S. 268–292, Küsters, Gründung, und Weilemann, Anfänge. – Neben dem amtlichen Kurzprotokoll wurde ein ausführliches, nur für die Bundesminister bestimmtes Langprotokoll zu diesem Tagesordnungspunkt angefertigt (vgl. dazu 167. Sitzung [Fortsetzung] am 16. Jan. 1957 TOP 3). Es ist in der Serie der Ausfertigungen der Kabinettsprotokolle enthalten (B 136/36115) und wird hier anschließend in Kursivschrift eingefügt.

[4] Vorlage des AA vom 10. Jan. 1957 in AA B 10, Bd. 89a und B 136/1313. – Der Vertrag zu EURATOM sah vor, gemeinsame, nach einer besonderen Satzung organisierte Unternehmen zur friedlichen Nutzung der Atomenergie zu schaffen, deren Aufbau und Betrieb die wirtschaftlichen Kräfte eines einzelnen Landes übersteigen würde. Ihre Gründung hatte der Ministerrat der Mitgliedsstaaten einstimmig zu genehmigen. Der Vertrag enthielt ferner ausführliche Bestimmungen über Gesundheitsschutz und Verwendungskontrolle. Zur Deckung und Sicherung des Bedarfs an Brennstoffen war eine eigene, zentrale Versorgungsagentur vorgesehen. In seiner Vorlage hatte das AA über den Stand der Verhandlungen berichtet und eine Einigung in

In Brüssel bestehe über einen wesentlichen Teil der Fragen Einigkeit, so über den Gesundheitsschutz, über die Notwendigkeit einer scharfen und wirksamen Kontrolle und über den Austausch der Kenntnisse auf der Basis der Freiwilligkeit. Nur unter besonders strengen Voraussetzungen solle eine obligatorische Lizenzerteilung vorgesehen werden.

Hinsichtlich der Versorgung habe die zwischen dem Bundeskanzler und Ministerpräsident Mollet[5] am 6.11.1956 getroffene Grundsatzvereinbarung[6] die Zustimmung der anderen Verhandlungspartner gefunden. Danach werde der Verbraucher eine weitgehende Freiheit genießen. Er werde Menge und Herkunftsort bestimmen können. Die Regelung werde zeitlich befristet werden. Eine Verlängerung werde nur mit Zustimmung des Ministerrates möglich sein.

Die Eigentumsfrage habe nur theoretische Bedeutung, da man sich über die Kontrolle der Benutzung des Kernmaterials einig sei.

Eine Isotopentrennungsanlage solle erst errichtet werden, wenn eine Studiengruppe geprüft habe, ob der Bau einer derartigen Anlage zweckmäßig sei[7]. Die französische Regierung dränge sehr, doch müsse der Auffassung des Bundesministers für Atomfragen gefolgt werden, die Entscheidung dieser Frage bis zu der Überprüfung zurückzustellen.

Das Forschungsbudget solle nach Auffassung der deutschen Delegation für fünf Jahre im voraus schätzungsweise veranschlagt werden. Jedoch sollen die erforderlichen Mittel nach allgemeinen haushaltsrechtlichen Grundsätzen nur für ein Jahr und nicht für einen längeren Zeitraum im voraus bewilligt werden.

Der Bundeskanzler berichtet, daß der amerikanische Botschafter ihm mitgeteilt habe, daß die Vereinigten Staaten auf die deutsche Note, mit der um den Abschluß eines bilateralen Atomenergie-Abkommens mit den USA gebeten worden sei, vorerst nicht antworten könnten[8]. Frankreich habe eine entsprechende Frage inzwischen zurückgezogen, Italien habe sich mit den gleichen Anliegen wie Deutschland an die

---

den Fragen der Forschungsförderung, der Gemeinschaftsunternehmen, der Investitionen, des Gesundheitsschutzes und in der Sicherung vor Mißbrauch festgestellt. Die Regelungen über den Austausch der Kenntnisse sowie über die Außenbeziehungen bedurften nach Darstellung des AA noch der Genehmigung durch die Delegationsleiter. Als weiterhin verhandlungsbedürftig hatte das AA die Versorgung mit Erzen und Brennstoffen, die Eigentumsfrage, das Forschungsbudget und schließlich die Errichtung einer gemeinsamen Isotopentrennanlage bezeichnet. Der Vorlage war ein Beschlußentwurf beigefügt, mit dem das AA beantragt hatte, die bisherigen Verhandlungsergebnisse zu genehmigen.

[5] Guy Mollet (1905–1975). Seit 1946 Abgeordneter in der französischen Nationalversammlung (Sozialistische Partei), 1946–1969 Generalsekretär der Sozialistischen Partei, 1946–1947 und 1950–1951 Staatsminister sowie 1951 und (Mai) 1958 stellvertretender Ministerpräsident, 1956–1957 Ministerpräsident, 1958–1959 Staatsminister in der Regierung de Gaulle.

[6] Vgl. Sondersitzung am 7. Nov. 1956 um 16.30 Uhr (Kabinettsprotokolle 1956, S. 693–696).

[7] Die Isotopen-Studiengesellschaft wurde Anfang April gegründet (vgl. Bulletin Nr. 137 vom 30. Juli 1957, S. 1307). – Unterlagen dazu in B 138/280 und 281.

[8] Vgl. die Aufzeichnung des AA vom 10. Jan. 1957 über die Erklärung von US-Botschafter James B. Conant gegenüber dem Bundeskanzler in AA B 2, VS-Bd. 206. – Note der Bundesregierung nicht ermittelt.

USA gewandt. Die Vereinigten Staaten wollten aber nichts tun, was das Zustandekommen oder die Tätigkeit von EURATOM erschweren könnte[9].

Der Bundesminister für Atomfragen *erklärt, daß er gerade auf einer Reise nach Frankreich sich davon überzeugt habe, daß die Franzosen umfangreiche Vorbereitungen getroffen hätten und eine Reihe der von ihnen errichteten Anlagen in EURATOM einbringen wollten. Ein Zyklotron sei im Bau und eine umfangreiche halbfertige Isotopentrennungsanlage. Die Amerikaner und Kanadier zeigten sich gegenüber den deutschen Wünschen auf Abschluß bilateraler Verträge sehr zurückhaltend. In Brüssel bestehe eine Tendenz, auf den ursprünglichen Spaak-Bericht*[10] *zurückzugehen. Alle diese Tendenzen stimmten ihn bedenklich. Keinesfalls dürfte die Konzessionspflicht für Kernenergie-Anlagen, wie sie im ursprünglichen Spaak-Bericht vorgesehen sei, wieder eingeführt werden.* Der Bundesminister des Auswärtigen *erklärt, daß dies von niemandem beabsichtigt sei.* Der Bundesminister für Atomfragen *hält die Möglichkeit eines Direktbezuges aus Gebieten außerhalb der Gemeinschaft für besonders bedeutsam für den Fall, daß die Agentur den Bedarf nicht decken könne oder einen unangemessenen Preis fordere. An dieser Forderung müsse unter allen Umständen festgehalten werden.* Der Bundeskanzler *schließt sich dieser Auffassung an.*

Das Kabinett ist einverstanden.

Der Bundesminister für Atomfragen *erörtert nunmehr das Eigentum an Kernbrennstoffen. Eine Bestimmung, wonach EURATOM ausschließlich Eigentum erhalte, würde im Widerspruch zu dem deutschen Atomgesetz*[11] *stehen. Es handele sich auch um eine politisch wichtige Frage, weil sie die Entscheidung präjudizieren könne, ob die Atomenergieindustrie sozialisiert werden solle.* Der Bundesminister des Auswärtigen *weist auf die Vereinigten Staaten hin. Auch dort bestehe nationales Eigentum an Kernbrennstoffen, ohne daß sich daraus Sozialisierungstendenzen ergeben hätten. Im übrigen sei die Frage wirtschaftlich ohne Bedeutung. In jedem Falle müsse der Entzug des Materials möglich sein, wenn ein Mißbrauch festgestellt werden sollte.* Der Bundeskanzler *betont, daß es allein von Bedeutung sei, daß*

---

[9] Nach der Vorlage des AA vom 1. Juni 1957 über ein Kernkraftreaktorabkommen mit den USA (B 136/6113) beabsichtigten die französische und die italienische Regierung gleichlautende Verträge mit den USA abzuschließen. Die Verhandlungen waren in enger Fühlungnahme untereinander erfolgt und sollten die technische Zusammenarbeit beschleunigen. Die Möglichkeit des Eintritts der EURATOM in die Abkommen war ausdrücklich vorgesehen. Zum deutsch-amerikanischen Reaktor-Abkommen vom 3. Juli 1957 (BAnz. Nr. 181 vom 20. Sept. 1957, S. 1) vgl. Bulletin Nr. 134 vom 25. Juli 1957, S. 1261–1265. – Zur Problematik des Verhältnisses zwischen den bilateralen Atomabkommen und der Gemeinschaftseinrichtung EURATOM sowie zur Haltung der USA vgl. FRUS 1955–1957, Bd. IV, S. 261–569 und Eckert, Kernenergie, S. 313–334, zur Haltung der USA insb. S. 326–328.

[10] Der Bericht des belgischen Außenministers Paul-Henri Spaak vom 27. April 1956 hatte die Grundlage für die weiteren Regierungsberatungen über die Europäische Wirtschaftsgemeinschaft gebildet (B 136/1312). Den Auftrag hierzu hatte Spaak von den Außenministern der Montanunionsländer auf der Konferenz in Messina am 1. und 2. Juni 1955 erhalten. – Vgl. dazu 89. Sitzung am 6. Juli 1955 TOP E (Kabinettsprotokolle 1955, S. 405 f.).

[11] Vgl. hierzu 144. Sitzung am 20. Juli 1956 TOP 1 (Kabinettsprotokolle 1956, S. 492–495) und 190. Sitzung am 24. Juli 1957 TOP 3 (Vorläufiges Atomgesetz).

private Unternehmen das nötige Kernmaterial erwerben und ihren Bedürfnissen entsprechend verwenden können. Der Eigentumsbegriff sei nicht entscheidend. Der Vizekanzler ist der Ansicht, daß man das private Eigentum unangetastet lassen könne, solange Kernmaterial ordnungsmäßig verwendet werde. Für den Fall einer mißbräuchlichen Verwendung könne man die Entziehung des Eigentums vorsehen. Der Bundesminister für Wohnungsbau befürchtet, daß die künftige Entwicklung durch den EURATOM-Vertrag gehemmt werden könnte, insbesondere dann, wenn später die Möglichkeit bestünde, Kernenergie durch Fusion von Wasserstoffatomen zu gewinnen und zu einer Eigenproduktion überzugehen. Der Bundesminister für Atomfragen ergänzt die Ausführungen mit dem Hinweis, daß die Gewinnung von Kernenergie durch Fusion die Gewinnungsform der Zukunft sein werde und daß der jetzige Vertrag praktisch nur die Ausnutzung und Verwertung von Uran regele. Der Bundeskanzler ist der Auffassung, daß dann eine völlig veränderte Lage eintreten würde und der gegenwärtige Vertrag, der von der Verwendung von Uran ausgehe, obsolet werden würde. Dieses Ergebnis sei selbstverständlich, ohne daß es einer besonderen Klausel für den Fall, daß andere Kernbrennstoffe als Uran verwertet werden, bedürfe. Wenn wir im übrigen dem Vertrag nicht beitreten würden, werde man eine Verkaufssperre über der Bundesrepublik verhängen, weil man uns dann als Störenfried betrachten würde. Maßgeblich sei allein die Frage, ob dieser Vertrag unsere wirtschaftlichen Interessen verletze. Es könne jedoch nicht zweifelhaft sein, daß die Bundesrepublik ohne diesen Vertrag in den nächsten Jahren schon aus finanziellen Gründen nichts Entscheidendes leisten könne. Der Vertrag jedoch eröffne für uns die Möglichkeit, an dem Vorsprung der anderen teilzunehmen. Schließlich dürften wir bei der Beurteilung dieser Fragen nicht in eine egozentrische Denkweise verfallen. Der Bundesminister für Wohnungsbau betont, daß ihm lediglich daran gelegen sei, daß die Entwicklung nicht gehemmt werde. Auch könne nicht übersehen werden, daß EURATOM ein Vorkaufsrecht für die Produktion der Bundesrepublik erhalte und so mit der deutschen Produktion Geschäfte machen könne. Der Bundeskanzler hält diesem Einwand entgegen, daß Frankreich und Belgien große Uranvorkommen besäßen und auch nur über die Gemeinschaft Geschäfte machen könnten. Die Bundesrepublik könne dann nicht für sich die Unabhängigkeit von der Gemeinschaft verlangen, wenn sie selbst später einmal die Gelegenheit zu Geschäften haben sollte. Der Bundesminister für Verkehr weist auf das Kohle-Wirtschaftssyndikat[12] hin, bei dem es dieselben Probleme gegeben habe. Der Bundeskanzler hält es für ausreichend, daß der Direktbezug von Dritten zulässig sei für den Fall, daß die Gemeinschaft einen unangemessenen Preis verlange oder den Bedarf nicht befriedigen könne. Im übrigen müsse man die ganze Frage in einem größeren politischen Zusammenhang sehen. Wenn wir keine Bedenken dagegen angemeldet hätten, daß das Leben unserer Soldaten einem gemeinschaftlichen Oberbefehl anvertraut worden sei, dann sei es nicht einzusehen, warum es nicht

---

[12] Angesprochen ist hier der Deutsche Kohlenverkauf (DKV), der von 1948 bis 1952 eine zentrale Zuständigkeit für den Kohlenabsatz besaß und auf Druck der Besatzungsmächte aufgelöst worden war. – Vgl. hierzu 187. Sitzung am 20. Nov. 1951 TOP 4 (Kabinettsprotokolle 1951, S. 772 f.) und 22. Sitzung des Kabinettsausschusses für Wirtschaft am 19. Juni 1952 TOP 3 (Kabinettsausschuß für Wirtschaft 1951–1953, S. 166 f.).

167. Sitzung am 15. Januar 1957

auch möglich sein sollte, wirtschaftliche Güter einer gemeinschaftlichen Kontrolle durch eine europäische Institution zu unterstellen. Der Bundesminister für Wirtschaft *stellt die Fragen, ob die Kontrolle der Nutzung für die Bundesrepublik stärker sein werde als für die anderen Länder und ob nicht gegebenenfalls die Gefahr der Diskriminierung bestehe, zumal wir erklärt hätten, daß wir keine atomaren Waffen verwenden wollten[13].* Der Bundesminister des Auswärtigen *erwidert, daß die Kontrolle gegenüber allen Ländern gleich wäre und daß die Bundesrepublik an der Kontrolle beteiligt sei.* Der Bundeskanzler *fügt hinzu, daß eine Kontrolle über die Produktion von Atomwaffen nicht auf Grund des EURATOM-Vertrages durchgeführt werden würde, sondern auf Grund anderer Verpflichtungen. Das sei aber doch für die Beurteilung des EURATOM-Vertrages wesentlich.* Der Bundesminister des Auswärtigen *betont erneut, daß der Eigentumsbegriff ohne praktische Bedeutung sei, wichtig sei vielmehr allein, daß ein Herausgabeanspruch bei Mißbrauch bestehe.* Der Bundesminister für Atomfragen *bittet, diesen Standpunkt weiter zu vertreten.* Staatssekretär Prof. Dr. Hallstein *hält es politisch für beachtenswert, daß Frankreich und die Vereinigten Staaten ein sehr großes Interesse an einer Regelung hätten, wonach EURATOM das ausschließliche Eigentumsrecht an Kernbrennstoffen zustehen solle. Man werde aber dennoch auf der bisherigen Linie weiterverhandeln, also der Begründung eines Eigentumsmonopols für EURATOM soweit wie möglich Widerstand leisten. Doch dürfe man die Verhandlungen nicht an dieser Frage scheitern lassen, denn letztlich habe sie nur theoretischen Charakter.*

Das Kabinett ist einverstanden.

Der Bundesminister für Wohnungsbau *hält es für wünschenswert, die im Vertrag vorzusehende Eigentumsregelung kurz zu befristen und für sie eine Revisionsklausel vorzusehen.*

Der Bundesminister für Atomfragen *behandelt nunmehr die Errichtung einer Isotopen-Trennungsanlage[14]. Die Anlage sei sehr teuer und technisch schon überholt, sie werde ½ bis 1 Mrd. DM kosten. Man solle daher abwarten, um Fehlinvestitionen zu vermeiden. Die Franzosen drängten zwar sehr, jedoch sei ihr Hauptinteresse an der Anlage militärischer Natur.* Der Bundeskanzler *hält es für vorteilhafter, wenn wir an der Anlage beteiligt sind und nicht Frankreich allein die Anlage baut. Nur so hätten wir die Möglichkeit, in der militärischen Entwicklung ein Wort mitzusprechen.* Der Bundesminister des Auswärtigen *unterstützt diese Auffassung. Die Bundesrepublik habe ein Interesse, an dem Bau einer etwaigen Isotopen-Trennungsanlage beteiligt zu sein. Zwar sollte man nach Möglichkeit keine verpflichtende Zusage abgeben, um Fehlinvestitionen zu vermeiden. Man könne aber vorsehen, daß in dem Vertrag die grundsätzliche Einigung über die Errichtung einer Isotopen-Trennungsanlage aufgenommen werde vorbehaltlich der finanziellen Fragen und einer genaueren Prüfung der technischen Probleme.*

---

[13] Adenauer hatte auf der Londoner Neunmächtekonferenz vom 28. Sept. bis 3. Okt. 1954 einen Verzicht der Bundesregierung auf Atomwaffen erklärt. Vgl. dazu 49. Sitzung am 5. Okt. 1954 TOP 1 (Kabinettsprotokolle 1954, S. 420) sowie Küsters, Souveränität, S. 499–536.

[14] Zu den Ausführungen Balkes vgl. die Vorlage des BMAt vom 11. Jan. 1957 in B 138/723 und B 136/1313, weitere Unterlagen zur Isotopen-Trennungsanlage in B 138/732.

Das Kabinett ist einverstanden.

Der Bundesminister der Finanzen *hat Bedenken, für ein Studienbüro, das die Errichtung der Isotopen-Trennungsanlage untersuchen solle, so große Mittel aufzuwenden, wie es im Vertrag vorgesehen sei.* Der Bundeskanzler *hält die Beteiligung der Bundesrepublik an dem Studienvorhaben für unbedingt erforderlich, weil sie sich nur so über die Entwicklung auf diesem Gebiet unterrichten könne.*

Das Kabinett ist einverstanden.

Der Bundesminister für Atomfragen *geht sodann auf den Kostenansatz für die Forschungsausgaben der EURATOM ein. Er stimmt dem Vorschlag grundsätzlich zu, 200 Mio. Dollar für Forschungszwecke zur Verfügung zu stellen (Anteil der Bundesrepublik 40 bis 50 Mio. Dollar). Jedoch müßte die haushaltsrechtliche Entscheidung entsprechend den bei uns geltenden Grundsätzen jeweils für 1 Jahr geschaffen werden und nicht, wie vorgesehen, für 5 Jahre im voraus. Auch halte er es für falsch, einzelne nationale Objekte aus einem gemeinschaftlichen Fonds zu finanzieren. Es sei zu erwägen, ob man dem holländischen Vorschlag folgen solle, 60 % der von jedem Staat aufgebrachten Beträge in seinem Gebiet zu verausgaben. Im übrigen sei er in der Frage des Forschungsbudgets zu Konzessionen bereit, wenn es gelinge, in der Eigentumsfrage unseren Standpunkt durchzusetzen.* Der Bundesminister des Auswärtigen *betont, daß eine Forschung ohne Subventionen nicht möglich sei. Ein Forschungsprogramm für fünf Jahre sei bereits aufgestellt. Die Mittel sollen jährlich festgelegt und im einzelnen aufgegliedert werden.* Der Bundesminister der Finanzen *schlägt vor, daß man sich auf ein Gesamtprogramm einigen sollte, dessen Kostenschätzung aber unverbindlich sein müsse. Man könne sich jetzt noch nicht festlegen.* Der Bundeskanzler *hält eine Schätzung für erforderlich, um die Größenordnung des Forschungsprogramms beurteilen zu können. Das allein sei der Sinn der Schätzung. Im übrigen sollen die jährlichen Zuschußbeträge auf Grund einer jedes Jahr neu zu treffenden Entscheidung bewilligt werden.*

Das Kabinett ist einverstanden.

Staatssekretär Prof. Dr. Hallstein *schlägt vor, nunmehr die offenen Fragen des Gemeinsamen Marktes zu erörtern*[15]. Der Bundesminister für Wirtschaft *bedauert, daß ihm während der letzten 7 Monate keine Gelegenheit gegeben wurde, ent-*

---

[15] In seiner Vorlage vom 10. Jan. 1957 hatte das AA außer über EURATOM auch über den Stand der Verhandlungen über den Gemeinsamen Markt und die noch offenen Fragen berichtet, die den Außenministern zur Entscheidung vorgelegt werden sollten. Danach war über den Aufbau der gemeinsamen supranationalen Institutionen sowie über die Realisierung des Gemeinsamen Marktes durch den stufenweisen Abbau von Binnenzöllen und Kontingenten bis zum Ende einer Übergangszeit von 12 bis spätestens 15 Jahren eine Einigkeit ebenso erzielt worden. Konsens bestand auch über die Prinzipien einer Angleichung der Handelspolitik, der Wettbewerbsregeln, der Zahlungsbilanz, des freien Zahlungs-, Waren- und Dienstleistungsverkehrs sowie über Schutzklauseln und Verwaltungsvorschriften. Differenzen unter den Verhandlungspartnern bestanden nach dem Bericht des AA noch in der Verkehrspolitik, vor allem aber in der Behandlung des französisch-belgischen Vorschlags vom 15./16. Nov. 1956 über die Assoziierung ihrer überseeischen Gebiete. Das AA hatte sich aus politischen und wirtschaftlichen Gründen grundsätzlich für den Vorschlag einer Assoziierung ausgesprochen und um Genehmigung gebeten, gemäß den in Abschnitt V Ziffer 1–11 der Kabinettsvorlage als Beschlußantrag angeführten Grundsätzen die Verhandlungen fortzuführen.

sprechend einem früher von ihm gemachten Vorschlag die offenen Fragen laufend im Kabinett abzustimmen[16]. Jetzt seien Kompromisse zustande gekommen, die nicht befriedigend seien. Frankreich vertrete im Bereich des Gemeinsamen Marktes einen ultranationalen Standpunkt. Es versuche auch, sich dem Wettbewerb zu entziehen und möglichst keine festen Verpflichtungen einzugehen. Die Situation sei sehr unbefriedigend. Es bestehe die Gefahr, daß wir in den inflationistischen Trend hineingezogen würden. Auch für Frankreich müsse der Grundsatz gelten, daß kein Volk größere soziale Leistungen erbringen könne, als es seiner Produktivität entspreche. Die Verpflichtung zur sozialen Harmonisierung sei daher besonders bedenklich, weil sie im Ergebnis dazu führen müßte, daß auch wir unsere Wirtschaft überfordern[17]. Staatssekretär Prof. Dr. Hallstein erklärt, daß eine solche Verpflichtung nicht bestehe. Es sei gelungen, die französischen Wünsche abzuwenden. Es werde lediglich die Erwartung – nicht jedoch eine Verpflichtung – ausgesprochen, daß die Herstellung des Marktes zu einer Angleichung gewisser Positionen wie der wöchentlichen Arbeitszeit und der durchschnittlichen Höhe der Überstundenzuschläge führen werde. Nur in der Frage der Angleichung der männlichen und weiblichen Arbeitslöhne und des bezahlten Jahresurlaubs übernähmen die Mitgliedstaaten bindende Verpflichtungen. Der Bundesminister für Wirtschaft hält die Vereinbarungen für weitergehend. So könne seines Wissens Frankreich zum Beispiel Schutzklauseln in Anspruch nehmen, wenn wir am Ende des ersten Abschnittes nicht zur 40-Stunden-Woche gelangen. Auch werde ein anderes Sozialsystem gefordert. Staatssekretär Prof. Dr. Hallstein ist der Auffassung, daß von Frankreich nicht die Aufgabe seines Sozialsystems erwartet werden könne. Andererseits sei es aber auch nicht vertretbar, uns zu zwingen, dem französischen Sozialsystem zu folgen. Es mußte daher ein Mittelweg gefunden werden; dieses Ziel sei auch erreicht worden. Am 6. November 1956 sei zwischen dem Bundeskanzler und dem Ministerpräsidenten Mollet ein Kompromiß erzielt worden[18]. Der Bundesminister für Arbeit weist darauf hin, daß die Lohnhöhe in der Bundesrepublik an 6. Stelle innerhalb der europäischen Staaten stehe. Wenn der falsche Wechselkurs bestehen bleibe, werde man uns entgegenhalten, daß unsere Löhne zu niedrig seien und daß daher Lohnerhöhungen erfolgen müßten. Der Bundeskanzler betont, daß Frankreich sich schon jetzt durch entsprechende Maßnahmen gegen die Einfuhr billiger Erzeugnisse aus den übrigen Staaten schützen könne. Künftig würde es diese Schutzklausel behalten, aber mit dem Unterschied, daß die Gewährung oder Nichtgewährung der

---

[16] In seinem Schreiben vom 7. Mai 1956 an den Bundeskanzler hatte Erhard eine regelmäßige Berichterstattung der deutschen Verhandlungsführer im Kabinett vorgeschlagen (B 136/1313). Vgl. dazu 133. Sitzung am 9. Mai 1956 TOP C (Kabinettsprotokolle 1956, S. 349).

[17] Zum Sachkomplex „Soziale Harmonisierung" vgl. die Vorlage des BMA vom 14. Jan. 1957 in B 136/1313, weitere Unterlagen dazu in AA B 10, Bd. 930 (u.a. Bericht der Sachverständigengruppe des Internationalen Arbeitsamtes in Genf vom August 1956); Zahlenmaterial über die Entwicklung der Realeinkommen, Lebenshaltungskosten in B 102/14476, vgl. dazu auch das Schreiben des Präsidenten des Bundesverbandes der Deutschen Industrie, Fritz Berg, vom 14. April 1957 an den BMWi in B 102/12617 sowie Zahlen über Kaufkraftvergleich und Unterschiede in der Sozial-, Steuer- und Familienpolitik der Mitgliedsländer in Bulletin Nr. 64 vom 3. April 1957, S. 549–553.

[18] Vgl. Sondersitzung am 7. Nov. 1956 um 16.30 Uhr (Kabinettsprotokolle 1956, S. 693–696).

Schutzklauseln von einer europäischen Instanz kontrolliert werden würde. Im übrigen werde dann nicht nur der Wechselkurs, sondern die Kaufkraft entscheiden. Der Bundesminister für Wirtschaft *bezweifelt, ob man den Vergleich der Kaufkraft anerkennen werde. Er müsse jedoch erneut betonen, daß auch Frankreich seine sozialen Leistungen auf seine Produktivität abstimmen müsse.* Der Bundesminister der Finanzen *hält es innenpolitisch für bedenklich, sich in der europäischen Gemeinschaft auf die 40-Stunden-Woche festzulegen.* Der Bundeskanzler *betont, daß die 40-Stunden-Woche auch unser Endziel sei.* Der Bundesminister für Wirtschaft *erinnert daran, daß das Kabinett bei seiner letzten Behandlung des Gemeinsamen Marktes die soziale Harmonisierung abgelehnt habe[19]. Die gegenwärtigen Zugeständnisse widersprächen diesem Kabinettsbeschluß. Im übrigen sei ein Zeitraum von zwölf Jahren viel zu lang. Frankreich wolle sich lediglich gegen den Gemeinsamen Markt schützen, sei aber andererseits nicht bereit, etwas selbst beizutragen.* Der Bundeskanzler *hält die Frist ebenfalls für zu lang. Verträge seien jedoch nichts Starres, sie seien vielmehr als ein Rahmen aufzufassen, der Änderungen zulasse, wenn die Verhältnisse es erforderten. Das gelte auch für die 12-Jahres-Frist.* Der Bundesminister für Wirtschaft *schlägt vor, in den Vertrag eine Revisionsklausel aufzunehmen, die seine Abänderung entsprechend den Bedürfnissen der mit den übrigen OEEC-Parteien zu vereinbarenden Freihandelszonen[20] ermögliche.* Der Bundeskanzler *unterstützt den Vorschlag. Viele Dinge seien jetzt noch nicht übersehbar, daher sei es zweckmäßig, eine allgemeine Revisionsklausel einzubauen, die es ermögliche, den Vertrag der künftigen Entwicklung anzupassen.*

Das Kabinett ist einverstanden.

Abschließend erklärt der Bundeskanzler, *insgesamt gesehen sei der Vertrag ein Wagnis. Er habe jedoch große wirtschaftliche und politische Aspekte. Vor allem müsse man auch die Mentalität der anderen berücksichtigen. Unsere Wirtschaft sei eben für die Welt furchterregend. Es sei daher verständlich, wenn Frankreich Sorge habe, mit uns zu paktieren. Auch entspreche es der Natur Frankreichs, sich gegen vermeintliche Gefahren so weit wie möglich zu schützen.*

Der Bundesminister für Verkehr *geht auf die besonderen verkehrswirtschaftlichen Probleme des Vertragswerks ein[21]. Hier bestehe mit dem Auswärtigen Amt volle Übereinstimmung. Man dürfe keine Prinzipien in den Vertrag hineinbringen, die das im Bereich der Montangemeinschaft Erreichte gefährden. Vermieden werden müsse auf jeden Fall ein gespaltener Markt. Es sei jedoch schwierig, die Holländer zu überzeugen.* Der Vizekanzler *hält es nicht für möglich, den vom Bundeskanzler und Ministerpräsidenten Mollet erzielten Kompromiß ohne politischen Schaden zu ändern. Man solle daher diesen Kompromiß respektieren. Viel wichtiger erscheine*

---

[19] Vgl. dazu 155. Sitzung am 5. Okt. 1956 TOP 1 (Kabinettsprotokolle 1956, hier S. 621 f.).

[20] Parallel zu den Verhandlungen über die Errichtung eines Gemeinsamen Marktes wurden im Rahmen der OEEC die Möglichkeiten einer Freihandelszone diskutiert. Vgl. dazu 170. Sitzung am 6. Febr. 1957 TOP 4.

[21] Vgl. dazu die Vorlage des BMV vom 15. Jan. 1957 in B 136/1313. – Der BMV hatte in seiner Vorlage die Errichtung eines europäischen Verkehrsmarktes mit einem freien Wettbewerb der Verkehrsträger für die Bundesrepublik abgelehnt und die in den Verhandlungen erzielten Ergebnisse bereits als das weitest mögliche Entgegenkommen bezeichnet.

ihm jedoch die Frage der überseeischen Gebiete. Der Bundeskanzler *erklärt, daß dem Kompromiß eine Einigungsformel der deutschen und französischen Sachverständigen zu Grunde gelegen habe.* Der Bundesminister für Wohnungsbau *ist der Auffassung, daß Frankreich der Bundesrepublik sein gemäßigtes Tempo aufzwingen wolle, anderenfalls wolle es von der Schutzklausel Gebrauch machen. Im Ergebnis werde das dazu führen, daß die Bundesrepublik, Belgien und Holland eine Einheitsfront gegen Frankreich bilden werden wie in der Montanunion. Der Interessengegensatz müsse dann politisch ausgetragen werden. Bedenklich sei jedoch, daß die Gewerkschaften für den innerpolitischen Bereich auf das Beispiel Frankreichs hinweisen würden. Es sei daher unbedingt erforderlich – jedenfalls auf die Dauer –, die Währung zu bereinigen.* Der Vizekanzler *wirft ein, daß dies jedenfalls zur Zeit nicht zu erreichen sei.* Der Bundeskanzler *bemerkt dazu, daß die Gewerkschaften über die Lage in Frankreich genau unterrichtet seien. Sie könnten sich also heute genau so auf Frankreich berufen wie nach Abschluß des Vertrages. Für Frankreich werde die Situation nach Inkrafttreten des Vertrages schwieriger werden, für uns dagegen besser.* Staatssekretär Prof. Dr. Hallstein *hält die Schutzklauseln für erforderlich, wenn man nicht in Kauf nehmen wolle, daß ganze Industriezweige in Frankreich wegen der zu hohen Sozialleistungen dem Wettbewerb erliegen.* Der Bundesminister für Wirtschaft *hält die Ausweichmöglichkeiten Frankreichs für eine Gefahr. Wenn Frankreich der Gemeinschaft beitrete, dann könne es nur die Sozialleistungen gewähren, die seiner Produktivität entsprächen. Die falschen Wechselkurse, die zu hohen Soziallasten und die darauf begründete inflationistische Politik machten aus Frankreich einen Störungsfaktor. Frankreich müsse daher die innere Bereitschaft haben, diese Dinge zu bereinigen. In diesem Zusammenhang müsse er darauf hinweisen, daß es unklar sei, ob Frankreich den Übergang von der ersten zur zweiten Etappe verhindern könne.* Staatssekretär Prof. Dr. Hallstein *erwidert, daß diese Frage eindeutig geklärt sei. Eine qualifizierte Mehrheit der Mitgliedstaaten entscheide über den Übergang von der ersten zur zweiten Etappe.*

Staatssekretär Prof. Dr. Hallstein *erörtert nunmehr die Fragen der Assoziierung der überseeischen Gebiete mit dem Gemeinsamen Markt[22]. Man müsse verschiedene Probleme unterscheiden. Eine Beteiligung an der politischen Herrschaft in den Kolonien komme nicht in Betracht. Ein handelspolitischer Anschluß der überseeischen Gebiete an den Gemeinsamen Markt sei notwendig. Dies werde von allen Beteiligten anerkannt. Problematisch sei die Frage einer Beteiligung aller Mitgliedstaaten an den Kosten der allgemeinen Infrastruktur. Hier müsse wiederum unterschieden werden zwischen politischen, sozialen und wirtschaftlichen Infrastrukturvorhaben. Eine Beteiligung an denjenigen Investitionen, die sich aus der Souveränität ergeben (militärische Anlagen, polizeiliche Einrichtungen usw.) komme nicht in Betracht.*

---

[22] In der Vorlage vom 10. Jan. 1957 hatte das AA zu den französisch-belgischen Vorschlägen einer Assoziierung ihrer überseeischen Gebiete an den künftigen europäischen Wirtschaftsraum Stellung bezogen und in Abschnitt V Ziffer 1–11 einen Beschlußantrag für die weitere Verhandlungsführung in der Frage der Assoziierung vorgelegt.

Die wirtschaftlichen Infrastrukturvorhaben sollten insoweit gefördert werden, als sie im Zusammenhang mit bestimmten wirtschaftlichen Projekten stünden. Hier sei an Straßenbau, Hafenbau und dergleichen zu denken. Zum Teil werde es möglich sein, diese Vorhaben durch Anleihen zu finanzieren. In anderen Fällen werde eine Finanzierung über den Kapitalmarkt jedoch schwierig sein. Jedes Projekt müsse einzeln geprüft werden. Über jedes Projekt müsse eine gesonderte Entscheidung getroffen werden.

Für die sozialen Infrastrukturvorhaben (Krankenhäuser, Schulen, Eingeborenenwirtschaft, Mustergüter, Lehrwerkstätten und dergleichen) müßten feste Zahlungen à fonds perdu vorgesehen werden.

Dauernde Abnahmeverpflichtungen für die Erzeugnisse der überseeischen Gebiete könne die Bundesrepublik nicht übernehmen. Dies würde mit unserem wirtschaftlichen System in Widerspruch stehen. Außerdem würde eine solche Verpflichtung technisch kaum zu realisieren sein.

Der Bundeskanzler *weist auf die große politische Bedeutung der Fragen hin. Staatssekretär Dulles[23] habe ihm schon vor Jahren gesagt, es bestehe die große Gefahr einer indisch-chinesischen Infiltration in die afrikanischen Gebiete. Die Aufgabe Europas sei es, diese Gebiete für sich zu erhalten. Das von den Franzosen vorgeschlagene Abkommen bedeute einen großen Gewinn für uns. Ob wir allerdings schon in 10 Jahren große Vorteile haben würden, könne niemand sagen. Andererseits müßten wir uns fragen, was geschehen würde, wenn wir uns nicht beteiligten. Es sei für uns ein Gebot wirtschaftlicher und politischer Klugheit, uns zu beteiligen. Die Kautelen, auf die Staatssekretär Hallstein hingewiesen habe, müßten jedoch beachtet werden.*

Der Bundesminister der Finanzen *gibt zu bedenken, daß die britische Regierung der Einbeziehung der überseeischen Gebiete widerraten und ihre Beteiligung für den Fall, daß die überseeischen Gebiete doch einbezogen werden sollten, abgelehnt habe. Auch bestehe die Gefahr, daß die Bundesrepublik den Aspekt einer Kolonialmacht erhalte, wenn sie sich an der Erschließung der überseeischen Gebiete, die sich noch in kolonialer Abhängigkeit befinden, beteilige. Langfristige Abnahmeverpflichtungen seien ohnehin indiskutabel. Auch könne er sich nicht damit einverstanden erklären, daß die z. .Zt. in den überseeischen Gebieten noch bestehenden Diskriminierungen gegen Deutsche erst nach der gemeinsamen Erschließung dieser Gebiete verschwinden sollten. Die Aufbringung der 170 Mio. Dollar jährlich, die im wesentlichen von der Bundesrepublik getragen werden solle, sei nicht zu vertreten. Die Beteiligung an der Finanzierung der öffentlichen Investitionen könne nicht mit der Entwicklung des gegenseitigen Handelsverkehrs in Verbindung gebracht werden. Es handele sich hier um ein Problem, das für sich und in einem anderen Rahmen betrachtet werden müsse. Im übrigen habe er seine Auffassung zu den finanziellen*

---

[23] John Foster Dulles (1888–1959). 1919 Mitglied der amerikanischen Friedensdelegation in Paris, 1946–1950 Delegierter der USA bei den Vereinten Nationen (1949 Delegationsleiter), 1950–1952 Berater von Außenminister Acheson, 1951 als Sonderbotschafter am Abschluß des Friedensvertrages mit Japan maßgeblich beteiligt, 1952–1959 Außenminister (Secretary of State) der USA.

Fragen in seiner Kabinettvorlage vom 10. Januar 1957 – II C/7 - FA 2005 - 13/57 – auf Seite 7 und 8 ausführlich zum Ausdruck gebracht[24]*. Falls die französische Delegation auf einer ausdrücklichen Vertragsbestimmung bestehen sollte, schlage er vor, daß man eine Beteiligung an solchen Infrastrukturmaßnahmen in Aussicht nehme, die mit bestimmten produktiven Projekten und für den gemeinsamen Markt bedeutsamen Entwicklungsvorhaben in den überseeischen Gebieten in unmittelbarem Zusammenhang stünden.*

Abschließend möchte er feststellen, daß er den Ziffern 1 bis 7 der Kabinettvorlage des Auswärtigen Amtes, Abschnitt 5, Seiten 21 bis 22, zustimmen könne, daß er jedoch die Ziffern 8 und 9 ablehnen müsse. Wir könnten uns an sozialen Aufbauvorhaben in den überseeischen Gebieten nicht beteiligen.

Staatssekretär Prof. Hallstein *erwidert, die Engländer hätten sich nicht in dem vom Bundesminister der Finanzen dargelegten Sinne geäußert. Sie hätten lediglich erklärt, daß sie ihre eigenen überseeischen Gebiete nicht in die Freihandelszone einbringen wollten.*

Im übrigen hätten die Franzosen ihre Vorschläge sehr spät vorgelegt. Es werde daher ganz unmöglich sein, alle Einzelheiten im Vertrag zu regeln. Man würde sich auf die Festlegung einiger Grundsätze beschränken müssen. Um sich gegen den Vorwurf zu sichern, daß man unzeitgemäße koloniale Methoden billige, müsse in den Vertrag ein Hinweis auf die Bestimmungen der UN-Charta, welche sich auf abhängige Gebiete beziehen[25]*, aufgenommen werden. Auch müsse sichergestellt werden, daß die Bevölkerung der in Betracht kommenden Gebiete an den Beratungen und an der Auswahl der zu finanzierenden Projekte beteiligt werde. Dies habe Staatssekretär Faure*[26] *in einer Besprechung, die vor einigen Tagen stattgefunden habe, zugesagt*[27]*.*

---

[24] Vgl. dazu die Vorlage des BMF vom 10. Jan. 1957 in B 136/1313. – Der BMF hatte zu den finanziellen Fragen der Assoziierung einen eigenen Beschlußantrag eingebracht, der bei grundsätzlicher Bejahung eine auch vom BMWi geforderte Zurückstellung einer weiteren Erörterung bis zum Abschluß des Vertragswerkes vorsah.

[25] In Art. 73 der Charta der Vereinten Nationen vom 26. Juni 1945 (Documents of the United Nations Conference on International Organization, Bd. 15, S. 336, deutscher Text mit den die hier angesprochenen Bestimmungen nicht betreffenden Änderungen vom 17. Dez. 1963 und vom 20. Dez. 1965 veröffentlicht als Anlage zum Gesetz vom 6. Juni 1973 zum Beitritt der Bundesrepublik Deutschland zur Charta der Vereinten Nationen: BGBl. II 430) bekennen sich „Mitglieder der Vereinten Nationen, welche die Verantwortung für die Verwaltung von Hoheitsgebieten haben oder übernehmen, deren Völker noch nicht die volle Selbstregierung erreicht hatten [...] zu dem Grundsatz, daß die Interessen der Einwohner dieser Hoheitsgebiete Vorrang haben; sie übernehmen als heiligen Auftrag die Verpflichtung, im Rahmen des durch diese Charta errichteten Systems des Weltfriedens und der internationalen Sicherheit das Wohl dieser Einwohner aufs äußerste zu fördern". Gemäß Art. 74 sollte die Politik für diese Hoheitsgebiete „nicht minder auf dem allgemeinen Grundsatz der guten Nachbarschaft in sozialen, wirtschaftlichen und Handelsangelegenheiten beruhen" als die Politik für das eigene Mutterland.

[26] Maurice Faure (geb. 1922). 1951–1981 Mitglied der französischen Nationalversammlung (Radikalsozialistische Fraktion), 1953–1955 Generalsekretär der Radikalsozialistischen Partei, 1956–1958 Staatssekretär im Außenministerium, 1958 Minister für die Europäischen Institutionen, 1961–1968 Präsident der Europäischen Bewegung, 1961–1965 und 1969–1971 Vorsitzender der Radikalsozialistischen Partei, 1972 Mitbegründer des Mouvement des Radicaux

Hinsichtlich der Finanzierung müsse die Frage gestellt werden, was als Minimum zugestanden werden müsse, damit der Vertrag im französischen Parlament nicht scheitere. Diese Fragestellung sei auch der Ausgangspunkt unserer Stellungnahme gewesen. Im übrigen sollte man die Kolonien nicht schlechter behandeln als andere unterentwickelte Gebiete.

Der Bundesminister der Finanzen ist der Auffassung, daß wir für Frankreich so lange keine sozialen Lasten übernehmen könnten, als wir bei uns noch nicht ausreichende soziale Leistungen hätten.

Der Bundesminister für Wirtschaft unterstützt die Ausführungen des Bundesministers der Finanzen. Es sei unzumutbar, daß Frankreich immer neue Forderungen vorbringe. Die Assoziierung sei ebenfalls eine ganz neue Frage[28]*. Hier könne man nicht in Bausch und Bogen ja sagen. Es sei falsch, unsere geringen Mittel für koloniale Gebiete aufzubringen und nicht für die unterentwickelten selbständigen Länder. Es genüge, zunächst die marktmäßigen und handelspolitischen Fragen zu regeln. Alles übrige könne einem späteren Zeitpunkt vorbehalten bleiben. Er müsse daher die Ziffern 8 und 9 der Kabinettvorlage des Auswärtigen Amtes ablehnen. Andererseits sei er mit den Ziffern 1 bis 7 einverstanden.*

Der Bundeskanzler ist der Auffassung, daß die Ziffer 8 sehr vorsichtig formuliert sei. Es würden nur Projekte von allgemeinem europäischen Interesse gemeinsam finanziert werden. Alle Einzelheiten, insbesondere die Frage, ob und inwieweit private und öffentliche Mittel zur Finanzierung herangezogen werden, seien bewußt offen gelassen worden. Diese Fragen seien späteren Vereinbarungen vorbehalten. Man müsse bedenken, daß es sich bei den in Ziffer 8 genannten Vorhaben um solche handele, an denen in erster Linie die europäischen Mitgliedstaaten interessiert seien. Im Gegensatz dazu beziehe sich die Ziffer 9, die von der sozialen Infrastruktur spreche, auf Projekte, an denen die eingeborene Bevölkerung in erster Linie interessiert sei. Die Ziffer 9 bilde daher das notwendige Korrelat zu Ziffer 8. Gerade wenn man die Grundsätze veralteter Kolonialpolitik von sich weise, sollte man nicht nur an das europäische Interesse denken, sondern auch an die soziale Entwicklung der Bevölkerung dieser Gebiete. Abgesehen davon seien die beiden Ziffern wirklich vorsichtig und ausgezeichnet formuliert. Im übrigen eröffneten diese Gebiete für das arme Europa einfach großartige Möglichkeiten.

Der Bundesminister der Finanzen erklärt, daß dies nicht bestritten werde. Es müsse jedoch die Diskriminierung beseitigt werden. Es gehe nicht an, daß wir Zahlungen für französische Einrichtungen leisten sollen und daß die Franzosen die Herren im

---

de Gauche (MRG), 1980–1984 MdEP, 1981 Justizminister, 1988 Staatsminister für Ausrüstung und Wohnungsfragen.

[27] Vgl. dazu die Aufzeichnungen über die Besprechung zwischen Hallstein und Faure am 10. Jan. 1957 in AA B 2, VS-Bd. 206 und über die vorausgegangenen Besprechungen am 9. und 15. Dez. 1956 in AA B 10, Bd. 935.

[28] Vgl. dazu den französisch-belgischen Bericht vom 11. Okt. 1956 über die Beteiligung der überseeischen Länder und Gebiete und die Erklärung der französischen Delegation betreffend die Einbeziehung der überseeischen Gebiete in den Gemeinsamen Markt, die in der Sitzung des Ausschusses der Delegationsleiter am 16. Nov. 1956 vorgelegt worden waren, in B 136/1313. Weitere Unterlagen in B 102/12616 und 22100.

Lande blieben. Der Bundesminister des Auswärtigen *widerspricht dieser Ansicht. Die Bundesrepublik zahle nicht an Frankreich, sondern an die Gemeinschaft. Auch bestünden keine Hindernisse, daß wir z.B. ein deutsches Krankenhaus bauten.*

Der Bundesminister für Verkehr *unterstützt diesen Gedanken und betont, daß doch auch deutsche Unternehmen und auch die deutsche Wirtschaft an den Vorhaben profitieren könnten.*

Der Vizekanzler *hält es für erforderlich, daß die für deutsche Staatsangehörige noch bestehende Diskriminierung schrittweise mit der Inkraftsetzung des gemeinsamen Investitionsprogramms beseitigt werden müsse.* Der Bundesminister des Auswärtigen *stimmt dieser Auffassung zu.*

Das Kabinett beschließt, die Sitzung am 16. Januar 1957 im Bundestagsgebäude, Sitzungszimmer P 01, während der Beratungen des Plenums fortzusetzen.

167. Kabinettssitzung (Fortsetzung) am Mittwoch, den 16. Januar 1957

Teilnehmer: Adenauer, Blücher, Schröder (ab 10.00 Uhr), Schäffer, Erhard, Lübke, Seebohm (ab 10.00 Uhr), Lemmer (bis 12.00 Uhr), Preusker, Oberländer, Balke (ab 11.45 Uhr), Wuermeling; Hallstein (bis 12.00 Uhr), W. Strauß (ab 10.05 Uhr), Steinmetz (10.50 bis 11.00 Uhr), Ripken (ab 11.15 Uhr); Carstens (AA; bis 12.00 Uhr), Krueger (BPA; ab 10.45 Uhr), Selbach (Bundeskanzleramt), Kilb (Bundeskanzleramt). Protokoll: Praß.

Beginn: 9.45 Uhr   *Ende: 12.40 Uhr*

Ort: Bundeshaus, Sitzungssaal P 01

3. Brüsseler Regierungskonferenz zur Erweiterung der europäischen Integration   AA

Das Kabinett setzt die Beratungen über den Gemeinsamen Markt fort und behandelt ausführlich die Assoziierung der überseeischen Gebiete[1].

Nach eingehender Erörterung beschließt das Kabinett einstimmig die Vorlage des Auswärtigen Amtes in der Fassung, wie sie sich aus den Beratungen des Kabinetts vom 15. und 16. Januar 1957 ergibt.

Das Kabinett beschließt ferner, eine ausführliche Fassung des Protokolls über die beiden Sitzungen in jeweils einem Stück nur an die Mitglieder des Kabinetts auszuhändigen.

Der Bundesminister für Wirtschaft *greift erneut die bereits am Vortage erörterte Frage der sozialen Harmonisierung auf. In den Vertrag sollte eine Bestimmung aufgenommen werden, daß das Streben nach höheren sozialen Leistungen die Stabilität der Währung nicht gefährden dürfe.* Der Bundesminister für Wohnungsbau *unterstützt diesen Vorschlag mit dem Hinweis, daß der Vertrag über die Montan-Union eine gleichartige Währungssicherungs-Klausel enthalte*[2]. *Der Bundeskanzler schlägt vor, etwa folgende Fassung zu wählen:*

„Es wird vorausgesetzt, daß die Stabilität der Währung durch Maßnahmen zur sozialen Harmonisierung nicht gefährdet wird."

Diese Formulierung vermeide den Eindruck, daß es sich hier um etwas Neues handele. Das sei jedoch nicht der Fall; denn die Sicherung der Stabilität der Währung lag sicherlich auch in der Absicht der technischen Berater, die den Kompromißvorschlag formuliert hätten.

Das Kabinett ist einverstanden.

---

[1] Zur Vorlage des AA und weiterer Ressorts vgl. Anmerkung 4 zum Protokoll der 167. Sitzung am 15. Jan. 1957. – Das ausführliche Langprotokoll ist anschließend in Kursivschrift abgedruckt.

[2] Vgl. Gesetz vom 29. April 1952 zum Vertrag vom 18. April 1951 über die Gründung der Europäischen Gemeinschaft für Kohle und Stahl (BGBl. II 445).

167. Sitzung (Fortsetzung) am 16. Januar 1957

Der Bundesminister für Wirtschaft *behandelt sodann die Assoziierung der überseeischen Gebiete[3]. Die Bundesrepublik werde es nicht vermeiden können, moralisch mit den Fehlern der französischen Kolonialpolitik belastet zu werden. Das werde sich auch nicht ändern, wenn wir Schulen und Krankenhäuser bauen. Der* Bundeskanzler *hält diesen Bedenken entgegen, daß der sogenannte antikolonialistische Gedanke im Rückgang begriffen sei. Die Einflußnahme der USA im Nahen Orient sei doch Protektionismus in einer anderen Art. Im übrigen sei er von Deutschen, die in Afrika wohnten, und von Albert Schweitzer[4] wiederholt darauf hingewiesen worden, daß die Entwicklung der schwarzen Bevölkerung noch nicht so weit fortgeschritten sei, daß man sie sich selbst überlassen könnte. Die Schwarzen bedürften noch immer gewisser Lenkung.*

Jetzt hätte die Bundesrepublik die Möglichkeit, sich an der Entwicklung eines der reichsten Gebiete der Welt zu beteiligen. Die Privatinitiative werde selbstverständlich nicht ausgeschaltet werden. Allerdings würden gewisse Vorhaben gemischt-wirtschaftlich mit staatlicher und privater Beteiligung organisiert werden müssen. Im Ergebnis sei es ein Segen für die Schwarzen, wenn wir uns an der Erschließung der Gebiete beteiligen.

Der Bundesminister für Wirtschaft *ist demgegenüber der Ansicht, daß Frankreich von einer wirtschaftlichen Erschließung gar nicht spreche. Der* Bundeskanzler *ist überzeugt, daß Frankreich und Belgien ihren Vorschlag nur widerstrebend gemacht hätten. Andererseits hätte jedoch Frankreich erkannt, daß seine wirtschaftliche Kraft nicht ausreiche, um die Gebiete selbst zu erschließen. Auch wolle es der Welt gegenüber eine große politische Geste machen. Der* Bundesminister für Wohnungsbau *unterstreicht diesen Gedanken. Außenminister Spaak[5] habe schon 1952 ihm und Außenminister v. Brentano erklärt, daß Belgien den Kongo allein nicht halten könne und daß die Gefahr bestünde, daß in diesem Gebiet eine politisch gefährliche Entwicklung in Gang gesetzt werde. Er unterstütze daher den Vorschlag, daß Europa gemeinsam in dem afrikanischen Kontinent Fuß fasse. Die Aktion müsse unter dem Schlagwort „Europa baut für Afrika" stehen. Die Beteiligung der europäischen Gemeinschaft sei nicht nur nötig, sondern auch überfällig. Wir dürften diese Position nicht räumen. Im übrigen verweise er auf seine Kabinettvorlage vom 15. Januar 1957 und wiederhole den dortigen Antrag, durch eine entsprechende Ergänzung des Punktes 3 des Beschlußentwurfs des Auswärtigen Amtes vom 10. Januar 1957, Abschn. V, S. 21, sicherzustellen, daß die vertragschließenden Staaten an ihre ver-*

---

[3] Vgl. dazu Vorlage des BMWi vom 7. Jan. 1957 in B 102/22100 und B 136/1313.

[4] Dr. Albert Schweitzer (1875–1965). Evangelischer Theologe, Philosoph und Arzt, ab 1913 Missionsarzt in Lambarene (Gabun/Westafrika), 1952 Friedensnobelpreis.

[5] Dr. Paul-Henri Spaak (1899–1972). 1932–1956 und 1961–1966 Abgeordneter des belgischen Repräsentantenhauses (Belgische Sozialistische Partei). 1935 Minister für Post und Verkehr; 1936–1945 (1940–1945 in der Exilregierung in London), 1946–1949, 1954–1957, 1961–1966 Außenminister; 1938–1939, 1946 und 1947–1949 Ministerpräsident, 1945–1946 und 1961–1966 stellvertretender Ministerpräsident, 1949–1951 Präsident der Beratenden Versammlung des Europarates, 1950–1955 Leiter des Internationalen Rates der Europäischen Bewegung, 1952–1954 Präsident der Gemeinsamen Versammlung der EGKS, 1957–1961 Generalsekretär der NATO.

traglichen Zusicherungen nicht gebunden seien, wenn die Gesamtentwicklung der überseeischen Gebiete nicht im Einklang mit den Prinzipien der Charta der Vereinten Nationen stehen sollte[6].

Auch beantrage er, in den Ziffern 8 und 9 des Beschlußentwurfs des Auswärtigen Amtes einen Zusatz aufzunehmen, wonach die Investitionstätigkeit im gleichen Schrittmaß wie die Beseitigung der Diskriminierung gegenüber den Staatsangehörigen der europäischen Mitgliedstaaten vor sich gehen solle.

Der Vizekanzler *schließt sich diesem Standpunkt an. Außenminister Spaak habe im November die Beteiligung der europäischen Länder in Afrika mit allem Nachdruck gefordert. Im übrigen habe das Auswärtige Amt die Möglichkeit einer politischen Mißdeutung in seiner Kabinettvorlage sorgfältig erwogen. Er empfehle, den dort zum Ausdruck kommenden Gedanken, daß wir uns an einer überlebten kolonialen Entwicklung nicht beteiligen wollten, dadurch zu unterstreichen, daß typische Maßnahmen, die sich aus der Souveränität ergeben, wie der Bau von militärischen Anlagen und Verwaltungsgebäuden, auszunehmen seien. Ein besonderes Problem bildeten die Schulen, die Krankenhäuser und die übrigen sozialen Vorhaben. Auch hier handele es sich grundsätzlich um typische Aufgaben des herrschenden Landes. Im Verhältnis zu Afrika lasse sich dieser Standpunkt jedoch nicht aufrechterhalten. Man müsse daran denken, was die Amerikaner nach 1945 für Europa und besonders für Deutschland getan hätten.*

Ferner sei es notwendig, die privatwirtschaftliche Investitionstätigkeit in den überseeischen Gebieten soweit wie möglich zu fördern.

Die privatwirtschaftliche Hilfe müsse der staatlichen Hilfe gleichgewertet werden. Im übrigen sei er gegen eine Oberplanungsbehörde, die einseitig staatlich bestimmt werde. Der Bundesminister der Finanzen *verweist auf den der Kabinettvorlage des Auswärtigen Amtes beigefügten Bericht der ad-hoc-Arbeitsgruppe der Brüsseler Konferenz vom 20. Dezember 1956*[7]. *Die Aufbringung von 170 Mio. Dollar jährlich, von denen der weitaus größte Teil auf die Bundesrepublik entfallen solle, sei völlig ausgeschlossen. Im übrigen möchte er nochmals unterstreichen, was er bereits gestern gesagt habe. England habe in den deutsch-britischen Wirtschaftsverhandlungen im Dezember gegen eine Präferenzbehandlung der überseeischen Gebiete und gegen eine gemeinsame Investitionspolitik in diesen Gebieten erhebliche Bedenken geäußert und von einer befriedigenden Lösung dieser Frage seinen Beitritt zum Gemeinsamen Markt in Form der Freihandelszone abhängig gemacht*[8]. *Es sei erforderlich, diese Frage mit England zu klären. Der Vertrag dürfe England nicht veranlassen, sich nicht am Gemeinsamen Markt in Form der Freihandelszone zu beteiligen.*

---

[6] Vorlage des AA vom 10. Jan. 1957 in AA B 10, 89a und B 136/1313, Vorlage des BMWo vom 15. Jan. 1957 in B 136/1313. – Das AA hatte in seiner Vorlage vom 10. Jan. 1957 in Abschnitt V einen Beschlußantrag vorgelegt, der in den Ziffern 1–11 Leitlinien über die weitere Verhandlungsführung hinsichtlich der Assoziierungsfrage enthielt. Der BMWo hatte in seiner Vorlage eine entsprechende Ergänzung zu Punkt 3 des Beschlußentwurfs des AA gefordert.

[7] Vgl. dazu den Bericht der ad-hoc-Arbeitsgruppe vom 20. Dez. 1956 in AA B 10, Bd. 89 a.

[8] Vgl. 170. Sitzung am 6. Febr. 1957 TOP 4, dazu Unterlagen über die Verhandlungen des ständigen deutsch-britischen Wirtschaftsausschusses in B 102/18449.

Der Bundesminister für Verkehr schlägt vor, nicht von überseeischen Gebieten, sondern von überseeischen Ländern zu sprechen. Tunis und Marokko seien selbständige Staaten. Auch Togo habe einen weitgehend selbständigen Status. Im übrigen unterstütze er die Vorlage des Auswärtigen Amtes. Schon vor Jahren habe ihm der Präsident der Französischen Eisenbahngesellschaften, Armand[9], erklärt, daß man Deutschland auf die Dauer die Zugänge zu den Rohstoffquellen Afrikas nicht verweigern dürfe. Der jetzige französische Vorschlag sei das Ergebnis langer Überlegungen. Wir müssen die uns gebotene Chance wahrnehmen. Es sei auch möglich, unsere Beteiligung mit guten Gründen vor der deutschen Öffentlichkeit zu vertreten. Denn es sei unverantwortlich, wenn wir uns von der Erschließung und inneren Entwicklung der afrikanischen Gebiete distanzieren würden. Die Völker Afrikas erwarten von uns, daß wir mit ihnen nicht nur Handel treiben, sondern uns auch an der Erschließung ihrer Gebiete beteiligen.

Staatssekretär Prof. *Hallstein* erklärt sich mit dem Vorschlag des Vizekanzlers und des Bundesministers für Wohnungsbau einverstanden. Es müsse jedoch der Wortlaut noch genauer geprüft werden.

Zu den Ausführungen des Bundesministers der Finanzen müsse er feststellen, daß die deutsche Delegation die französische Forderung, jährlich 170 Mio. Dollar global aufzubringen, ablehne. Unser Ziel sei es, zwischen den verschiedenen in Betracht kommenden Infrastrukturvorhaben zu unterscheiden und nur gezielte Projekte zu finanzieren. Auch sollten die Mitgliedstaaten auf die Privatinitiative verwiesen werden. England habe den Ausschluß der überseeischen Gebiete nicht kategorisch zur Voraussetzung seines Beitritts zum Gemeinsamen Markt gemacht. Andererseits sei jedoch die Notwendigkeit anzuerkennen, mit den Engländern in dieser Frage Fühlung zu halten. Am 15. Januar 1957 habe ein Meinungsaustausch zwischen dem britischen Premierminister Macmillan[10] und Außenminister Spaak stattgefunden[11]. Alle seien daran interessiert, insbesondere vor allem auch die Franzosen, daß sich England am Gemeinsamen Markt beteilige. In Frankreich sei diese Beteiligung für die innerstaatliche Ratifikation von wesentlicher Bedeutung. Andererseits werde England nur mitmachen, wenn der europäische Markt eine Tatsache sei. Nachdem Macmillan Premierminister geworden sei[12], habe er keinen Zweifel, daß

---

[9] Louis Armand (1905–1971). 1946–1949 stellvertretender Generaldirektor, 1949–1955 Generaldirektor und 1955–1958 Präsident der französischen Staatsbahnen (SNCF), Vorsitzender des von der Brüsseler Regierungskonferenz eingesetzten Ausschusses für Atomenergie.

[10] Sir Harold Macmillan, Earl of Stockton (1894–1986). 1924–1929 und 1931–1964 Mitglied des britischen Unterhauses (Konservative Partei), 1942 Parlamentarischer Unterstaatssekretär im Kolonialministerium, 1942–1945 Vertreter der britischen Regierung (Minister-Resident) im alliierten Hauptquartier in Nordwestafrika, gleichzeitig 1943–1944 britischer diplomatischer Vertreter beim Französischen Nationalkomitee de Gaulles in Algier, Mai bis Juli 1945 Luftfahrtminister, 1951–1954 Minister für Wohnungsbau, 1954–1955 Verteidigungsminister, 1955 Außenminister, 1955–1957 Schatzkanzler, 1957–1963 Premierminister und Vorsitzender der Konservativen Partei.

[11] Die Gespräche berührten die Freihandelszone, die OEEC und den Gemeinsamen Markt. Vgl. den Drahtbericht vom 16. Jan. 1957 in B 138/723.

[12] Macmillan war am 10. Jan. 1957 als Nachfolger Sir Anthony Edens britischer Premierminister geworden.

die Freihandelszone zustande kommen werde. Im übrigen würden alle Angehörigen der anderen Staaten dieselben Rechte in den Kolonialgebieten erhalten wie die Angehörigen des dort herrschenden Landes. Die bestehenden Diskriminierungen für private Investitionen würden daher nicht bestehenbleiben. Allerdings werde dieses nur schrittweise geschehen können.

Die Anregung des Bundesministers für Verkehr, nicht von überseeischen Gebieten, sondern von überseeischen Ländern zu sprechen, sei zu begrüßen. Sie vermittle den Anschluß an die Hilfe für die unterentwickelten Länder.

Der Bundesminister für Ernährung, Landwirtschaft und Forsten *erklärt, daß er zunächst der Verhandlungsführung des Auswärtigen Amtes mit Vorbehalten gegenüber gestanden habe. Er könne jedoch jetzt feststellen, daß er mit der bisherigen Führung der Verhandlungen einverstanden sei. Die Wünsche seines Ressorts seien in vollem Umfange durch die deutsche Delegation berücksichtigt worden. Bei allem müsse man bedenken, daß das Hauptziel der Brüsseler Verhandlungen die politische Einigung sei. Das würde auch von den älteren vernünftigen Bauern anerkannt. Es sei allerdings notwendig, schrittweise vorzugehen. Zunächst müßten die sechs Länder untereinander einig werden, dann müßte man mit England verhandeln. Die Abstimmung im GATT sollte man einem späteren Zeitpunkt überlassen. Die gegenwärtigen Verhandlungen sollten damit nicht belastet werden. Auf jeden Fall müßten aber langfristige Abnahmeverträge abgelehnt werden.*

Der Bundeskanzler *gibt bekannt, daß die amerikanische Regierung in einer Note an das Auswärtige Amt in ungewöhnlich scharfer Form für das Zustandekommen von EURATOM und dem Gemeinsamen Markt eingetreten sei*[13].

Der Bundesminister für Wirtschaft *fordert, daß Frankreich als Gegenleistung für die Investitionen der übrigen Mitgliedstaaten in den überseeischen Gebieten die Verpflichtung übernehmen müßte, die Gemeinschaft von solchen kolonialen Vorhaben zu unterrichten, die das wirtschaftliche Interesse der übrigen Mitgliedstaaten berühren könnten.*

Das Kabinett ist einverstanden.

Der Bundesminister für Wirtschaft *greift erneut seinen Vorschlag vom Vortage auf, in den Vertrag eine Revisionsklausel aufzunehmen, die eine Anpassung an veränderte Verhältnisse ermöglichen würde.*

Das Kabinett ist einverstanden.

Der Bundesminister der Finanzen *wünscht, daß das Auswärtige Amt in der Frage des italienischen Stimmgewichts bei der Investitionsbank*[14] *an seiner bisherigen Haltung festhalten möge. Das Stimmgewicht Italiens müsse im Verhältnis 2:3:3 unter dem Stimmgewicht Deutschlands und Frankreichs bleiben.* Der Bundeskanzler

---

[13] Vgl. dazu die Aufzeichnung des AA vom 10. Jan. 1957 über die Erklärung von US-Botschafter James B. Conant gegenüber dem Bundeskanzler in AA B 2, VS-Bd. 206.

[14] Die im Vertragswerk vorgesehene Investitionsbank sollte eine ausgeglichene Entwicklung unter den Ländern des Gemeinsamen Marktes fördern. Sie sollte sich vor allem an der Finanzierung von Projekten zur Erschließung benachteiligter Regionen und Länder sowie an Maßnahmen zur Modernisierung und Produktionsumstellungen von Betrieben beteiligen.

bemerkt hierzu, daß dieser Wunsch als Rückenstärkung des Auswärtigen Amtes angesehen werden sollte.

Das Kabinett ist einverstanden.

Der Bundesminister für Wirtschaft *trägt nunmehr Ziff. 1) des Beschlußentwurfs seiner Kabinettvorlage vom 14. Januar 1957 – I A 1 - 160/57 – vor*[15]. *Die Handelspolitik müsse nach außen möglichst liberal gestaltet werden. Die Bildung von Großhandelsräumen sei unerwünscht. Die Franzosen machten in dieser Beziehung neuerdings wieder Schwierigkeiten. Sie wünschen protektionistische Außenzölle. Es müsse jedoch an der bisherigen Tendenz des Auswärtigen Amtes, eine möglichst liberale Außenhandelspolitik zu verwirklichen, festgehalten werden. Im übrigen lehnten die USA die Haltung Frankreichs ab. Er bitte daher, Ziff. 1) seines Beschlußentwurfs zuzustimmen.*

Das Kabinett ist einverstanden.

Der Bundesminister für Wirtschaft *trägt nunmehr Punkt 2) des Beschlußentwurfs seiner Kabinettvorlage vom 14. Januar 1957 vor. Er wünscht, daß eine Regelung gefordert wird, die die Erhöhung unserer derzeitig geltenden Zollsätze vermeidet. Wir sollten auch nicht zu anderen restriktiven Maßnahmen gezwungen werden können.*

Der Bundesminister für Ernährung, Landwirtschaft und Forsten *ist der Auffassung, daß man sich auf einen einheitlichen Zollsatz einigen müßte. Die französischen Zölle lägen höher als unsere Zölle; die belgischen und niederländischen Zölle dagegen niedriger; unsere Zölle lägen in der Mitte. Es werde jedoch nicht in allen Fällen möglich sein, an unseren bisherigen Zöllen festzuhalten. Bei einigen Positionen würden Erhöhungen, bei anderen Zollsenkungen in Betracht kommen.*

Staatssekretär Prof. Dr. Hallstein *ist der Ansicht, daß Punkt 2) des Beschlußentwurfs des Bundesministers für Wirtschaft mit Punkt 1) zusammenfalle. Im übrigen sei es notwendig, zu einem Kompromiß zu gelangen. Die deutsche Delegation werde an der bisherigen Tendenz festhalten.*

Der Bundeskanzler *unterstützt die Auffassung des Bundesministers für Wirtschaft. In den Vertrag müsse eine Bestimmung aufgenommen werden, die uns von dem Zwang entbinde, den hohen Zöllen Frankreichs zu folgen. Der Punkt 2) des Beschlußentwurfs des Bundesministers für Wirtschaft müsse jedoch anders formuliert werden.*

Das Kabinett ist einverstanden.

Der Bundesminister für Wirtschaft *erklärt abschließend, daß Frankreich darüber froh sein sollte, wenn es durch die Gemeinschaft gezwungen werde, seinen Zoll zu senken, wozu es sonst wegen seiner parteipolitischen Schwäche nicht in der Lage wäre.*

Der Bundesminister für Vertriebene *verweist auf seine Kabinettvorlage vom 11. Januar 1957 – II 2 a 97/57 Kab. 0061. Er bittet, in Brüssel klarzustellen, daß*

---

[15] Vorlage des BMWi vom 14. Jan. 1957 in B 102/12616 und B 136/1313.

Beihilfen an Vertriebene, Sowjetzonenflüchtlinge und Kriegssachgeschädigte nicht von dem Verbot des Art. 44 des Vertrags erfaßt würden[16].

Staatssekretär Prof. Dr. Hallstein *teilt mit, daß der deutsche Vertreter eine entsprechende Erklärung abgegeben habe. Es sei klargestellt, daß die genannten Beihilfen unter die Ausnahmebestimmungen des Vertrages fielen.*

Der Bundesminister für Wirtschaft *trägt nunmehr Punkt 4) und 5) des Beschlußentwurfs seiner Kabinettvorlage vor.*

Soweit der Ministerrat bindende Beschlüsse fassen könnte, sollten nur die Regierungen, nicht die Staaten, unmittelbar verpflichtet werden. Man müsse dabei bedenken, daß die Mitglieder des Ministerrates als solche parlamentarisch nicht verantwortlich seien.

Die Bestrebungen, einen paritätisch zusammengesetzten Wirtschafts- und Sozialrat zu bilden, müßten nachdrücklich bekämpft werden. Wenn die Errichtung eines solchen Organs jedoch unvermeidlich sei, dürfe ihm lediglich ein rein beratender Einfluß eingeräumt werden[17]. *Das Ziel müsse sein, ein europäisches Parlament mit echter demokratischer Legitimation zu schaffen.*

Staatssekretär Prof. Dr. Hallstein *weist darauf hin, daß alle 5 Verhandlungspartner die Einsetzung eines Wirtschafts- und Sozialrates verlangten. Dabei werde auch auf den in der Montan-Union bestehenden Beratenden Ausschuß verwiesen. Die deutsche Delegation werde sich bemühen zu verhindern, daß ein Wirtschafts- und Sozialrat entstehe. Sollte das nicht möglich sein, so werde die deutsche Delegation dafür eintreten, daß seine Funktionen lediglich beratenden Charakter erhalten. Im übrigen würden alle Bemühungen auf die Schaffung eines europäischen Parlaments gerichtet sein.*

Das Kabinett ist einverstanden.

Der Bundesminister für Wirtschaft *betont erneut, daß die paritätische Besetzung des Wirtschafts- und Sozialrates unter allen Umständen verhindert werden müsse. Gegebenenfalls müsse eine dritte Gruppe eingebaut werden, die sich aus Wissenschaftlern, Sachverständigen, freien Berufen, Handwerkern und Bauern zusammensetze. Auch sollte dem Wirtschafts- und Sozialrat kein Initiativrecht eingeräumt werden. Im Ergebnis solle man eine echte parlamentarische Verantwortung anstreben.*

Der Bundeskanzler, *der* Bundesminister für Ernährung, Landwirtschaft und Forsten *und der* Bundesminister für das Post- und Fernmeldewesen *fordern ebenfalls eine dritte Gruppe neben den Vertretern der Industrie und der Arbeitnehmer.*

Das Kabinett ist einverstanden.

---

[16] Vorlage des BMVt vom 11. Jan. 1957 in B 136/1313. – Artikel 44 erklärte wettbewerbsverzerrende staatliche Beihilfen für unvereinbar mit den Prinzipien des Gemeinsamen Marktes. Der BMVt hatte in seiner Vorlage beantragt, daß Förderungsmaßnahmen für den genannten Personenkreis durch den Vertrag nicht beeinträchtigt würden.

[17] Artikel 193 des Vertragsentwurfs sah die Errichtung eines Wirtschafts- und Sozialausschusses mit beratender Funktion vor. Er sollte aus Vertretern verschiedener Gruppen des wirtschaftlichen und sozialen Lebens bestehen.

Der Bundeskanzler schlägt ergänzend vor, für den Fall, daß ein Wirtschafts- und Sozialrat nicht vermieden werden könne, in die Vereinbarung eine Bestimmung einzuarbeiten, wonach an seine Stelle so bald wie möglich ein direkt gewähltes Parlament treten solle.

Das Kabinett ist einverstanden.

Der Bundesminister für Wohnungsbau betont, *daß auch gegen den Beratenden Ausschuß der Montan-Union Bedenken beständen. Unter den Verbraucher-Vertretern befänden sich Repräsentanten sozialisierter Wirtschaftszweige. Dort werde eine Entwicklung zum sozialisierten Rätestaat betrieben.*

Der Bundeskanzler hält es für erforderlich, daß der Gemeinsame Markt und die Montan-Union auf die Dauer zusammengefaßt werden.

Staatssekretär Prof. Dr. Hallstein *berichtet, daß Staatssekretär Faure bei seinem kürzlichen Besuch in Bonn[18] mitgeteilt habe, er habe eine eindeutige Instruktion, zu verlangen, daß die parlamentarische Versammlung für den Gemeinsamen Markt und EURATOM eine andere als die für die Montan-Union sei. Französische Abgeordnete, die seinerzeit gegen die Montan-Union gestimmt hätten, weigerten sich, für den Gemeinsamen Markt zu stimmen, wenn die Versammlung der Montan-Union die parlamentarische Funktion im Gemeinsamen Markt übernehme. Unter diesen Umständen werde es vielleicht notwendig sein, die Errichtung einer weiteren europäischen Versammlung für den Gemeinsamen Markt zu akzeptieren. Dann wäre aber gleichzeitig zu vereinbaren, daß die europäischen Organe rationalisiert werden sollten, um damit die Voraussetzung für eine Zusammenlegung verschiedener Institutionen zu schaffen.*

Der Bundeskanzler schließt sich diesen Ausführungen an.

Staatssekretär Prof. Dr. Hallstein *berichtet, daß im Vertrag ein gewisses Verordnungsrecht für den Ministerrat vorgesehen werden solle. Dies sei notwendig, um solche Bestimmungen, die sich auf die Festlegung allgemeiner Grundsätze beschränkten, zu konkretisieren.*

Der Bundeskanzler hält ein Verordnungsrecht des Ministerrates wegen der Unübersehbarkeit der Fragen für erforderlich. Dieses sei jedoch ein Grund mehr für die baldige Schaffung eines Parlaments.

Staatssekretär Dr. Strauß *weist darauf hin, daß der Vertrag an einigen Stellen vorsehe, daß der Ministerrat „recommendations" aussprechen könne. Hierbei handele es sich nicht um Empfehlungen im Sinne des deutschen Sprachgebrauchs, sondern um bindende Direktiven. Die Bundesregierung würde in einem solchen Fall verpflichtet sein, den von der Verfassung vorgeschriebenen Weg zur Ausführung der ergangenen Direktiven zu beschreiten. Für die französische Regierung sei die Situation einfacher. Sie habe nach der französischen Verfassung ein umfassenderes Verordnungsrecht. Wenn man das Verfahren vereinfachen wolle und den Beschlüssen*

---

[18] Vgl. dazu die Aufzeichnung des AA über die Besprechung am 10. Jan. 1957 in AA B 2, VS-Bd. 206.

des Ministerrates eine stärkere automatische Wirkung verleihen wolle, müßten in größerem Umfange Hoheitsrechte auf den Ministerrat übertragen werden.

Der Bundeskanzler *spricht sich gegen eine Übertragung von Hoheitsrechten in größerem Umfange aus. Es handele sich um ein sehr schwieriges und in seinen Wirkungen im einzelnen nicht übersehbares Gebiet. Man müsse zunächst sehen, wie weit man mit den bisher vorgesehenen Mitteln komme. Später könne man dem direkt gewählten europäischen Parlament weitergehende Befugnisse übertragen.*

Das Kabinett ist einverstanden.

Auf eine Frage des Bundeskanzlers *teilt* Staatssekretär Prof. Dr. Hallstein *mit, daß er die Leitung der deutschen Delegation vom 17. Januar 1957 an selbst übernehmen werde. Staatssekretär Faure habe dringend darum gebeten. Sowohl die Franzosen wie auch die Italiener würden durch einen Staatssekretär bzw. ehemaligen Staatssekretär vertreten sein.*

Der Bundesminister für Wirtschaft *bittet* Staatssekretär Prof. Dr. Hallstein, *bei allen Fragen, die den Gemeinsamen Markt betreffen, im Einvernehmen mit dem deutschen Sprecher in der Arbeitsgruppe Gemeinsamer Markt, Prof. Müller-Armack[19], zu handeln.*

Staatssekretär Prof. Dr. Hallstein *erklärt, er werde engste Verbindung mit Prof. Müller-Armack halten.*

Der Bundeskanzler *stellt fest, daß die wesentlichsten Punkte aus dem Komplex der Brüsseler Verhandlungen in der gestrigen und heutigen Kabinettssitzung erörtert worden seien. Wenn von dem im Kabinett erzielten Einvernehmen in entscheidender Weise abgewichen werden sollte oder wenn wesentliche neue, bisher nicht erörterte Punkte zur Sprache kommen sollten, müsse das Kabinett erneut befaßt werden.*

Wenn es sich um kleinere Abweichungen handele, müsse die Delegation die entsprechende Freiheit haben. Im übrigen sei es die Aufgabe des Delegationsleiters, das Einvernehmen in der Delegation herzustellen.

Das Kabinett ist einverstanden.

Der Bundesminister für Wirtschaft *erörtert nunmehr den Anpassungsfonds[20]. Es müsse vermieden werden, daß jeder wirtschaftliche Fehlschlag einzelner Unternehmen zu Lasten des Gemeinsamen Marktes gehe.*

Der Bundesminister der Finanzen *verweist auf Abschn. IV seiner Kabinettvorlage vom 10. Januar 1957 und auf seinen Antrag auf S. 13 der Kabinettvorlage[21]. Er bittet,*

---

[19] Prof. Dr. Alfred Müller-Armack (1901–1978). 1939 Professor für Volkswirtschaftslehre an der Universität Münster, 1950–1955 an der Universität Köln, 1952–1963 BMWi, dort 1952–1958 Leiter der Abteilung I (Wirtschaftspolitik), 1958–1963 Staatssekretär, 1966–1968 Aufsichtsratsvorsitzender der Rheinischen Stahlwerke in Essen.

[20] Der geplante Anpassungsfond (Europäischer Fonds für die Berufsausbildung und Freizügigkeit der Arbeitskräfte) sollte Mittel für Umschulungs-, Umsiedlungs- und anderweitige Unterstützungsmaßnahmen bereitstellen, mit denen die durch den angestrebten Strukturwandel bedingte Arbeitslosigkeit aufgefangen werden sollte.

die bisherige deutsche Haltung in der Frage des Anpassungsfonds beizubehalten, da das bisher Zugestandene die äußerste Grenze des Möglichen darstelle. Der Bundeskanzler *bezeichnet die Ausführungen des Bundesministers der Finanzen als Rückenstärkung für den Delegationsleiter.*

Der Bundesminister für Wirtschaft *gibt seinen Widerspruch zu Protokoll, daß der Vertrag, der wichtige wirtschaftliche Fragen enthält, niemals durch die Wirtschafts- und Finanzminister der beteiligten Staaten diskutiert worden sei.*

Der Bundesminister für Wohnungsbau *regt an, vor der Unterzeichnung des Vertrages durch die Außenminister noch eine Kabinettsberatung durchzuführen, um die wichtigsten Fragen abschließend zu erörtern.*

Der Bundeskanzler *verweist demgegenüber auf seine früheren vom Kabinett gebilligten Ausführungen, wonach das Kabinett erneut zu befassen sei, wenn von dem erzielten Einvernehmen in entscheidender Weise abgegangen werden sollte oder wenn wesentliche neue Punkte zur Sprache kommen sollten. Er schlägt vor, der Vorlage des Auswärtigen Amtes in der Fassung, wie sie sich aus den Beratungen des Kabinetts vom 15. und 16. Januar 1957 ergibt, zuzustimmen.*

Das Kabinett nimmt den Vorschlag einstimmig an.

Der Bundeskanzler *dankt abschließend Staatssekretär Prof. Dr. Hallstein für die mühevolle Arbeit, die er im Interesse des Zustandekommens des Vertrags geleistet habe. Im übrigen habe die gestrige und heutige Kabinettssitzung wertvolle Anregungen ergeben, für die er den Kabinettmitgliedern danke*[22].

1. Personalien

Das Kabinett beschließt gemäß Anlage 1) zu Punkt 1) der TO für die 167. Kabinettssitzung der Bundesregierung am 15. Januar 1957[23].

---

[21] Vgl. Vorlage des BMF vom 10. Jan. 1957 in B 136/1313. – Durch den wirtschaftlichen Zusammenschluß wurden in vielen gewerblichen Bereichen Produktionsumstellungen erwartet. Den von Umstellungsmaßnahmen betroffenen Arbeitnehmern sollten Warte- und Überbrückungsgelder zum Ausgleich der Lohneinbußen bzw. für vorübergehende Arbeitslosigkeit gezahlt werden. Dabei sollte der Anpassungsfond verpflichtet sein, bis zu 50 % der von den Einzelstaaten getätigten Ausgleichsleistungen zu erstatten. Der BMF hatte sich aus praktischen Erwägungen gegen eine weitergehende Differenzierung der Tatbestände und der daraus resultierenden Erstattungsforderungen gewandt.

[22] Zum Ergebnis der Kabinettsbesprechung vgl. auch Aufzeichnung des AA vom 17. Jan. 1957 in AA B 2, VS-Bd. 205. – Die Verhandlungen wurden am 17. Jan. 1957 in Brüssel zunächst auf Delegationsleiterebene fortgeführt. Vgl. die Berichte in AA B 10, Bd. 928. Es folgte die Konferenz der Außenminister der sechs Länder der Montanunion vom 26. bis 28. Jan. und am 4. Febr. 1957. Vgl. die Sitzungsdokumente und andere Unterlagen in AA B 10, Bd. 908 und 917. – Fortgang (Assoziierung überseeischer Gebiete) 171. Sitzung am 15. Febr. 1957 TOP E.

[23] Vorgeschlagen war die Ernennung eines Vortragenden Legationsrates im AA, des Vizepräsidenten des Bundesaufsichtsamtes für das Versicherungs- und Bausparwesen Dr. Ernst Fritz zum Präsidenten und die Einstellung eines Angestellten im BPA nach der ADO für übertarifliche Angestellte.

2. Mitteilung über die in Aussicht genommene Besetzung von zwei auswärtigen Vertretungen AA

Das Kabinett beschließt gemäß Vorlage[24].

4. Entwurf eines Gesetzes über den Ausbauplan für die Bundesfernstraßen BMV

Dieser Punkt der TO wird bis zur nächsten Kabinettssitzung zurückgestellt[25].

5. Entwurf eines Dritten Gesetzes zur Aufhebung des Besatzungsrechts BMJ

Der *Bundesminister der Finanzen* schlägt vor, die in § 8 des Entwurfs eines Dritten Gesetzes zur Aufhebung des Besatzungsrechts vorgesehene Neufassung[26] des § 127 der RHO[27] wie folgt zu ändern:

„Die nach diesem Gesetz für Beamte geltenden Vorschriften sind auf Richter und sinngemäß auf die Soldaten der deutschen Bundeswehr anzuwenden."

Diese Änderung solle die Gleichstellung der Beamten und Richter zum Ausdruck bringen. *Staatssekretär Dr. Strauß* widerspricht diesem Vorschlag. Das Grundgesetz habe eindeutig zwischen Richtern und Beamten unterschieden. Diese Unterscheidung dürfe hier nicht in Frage gestellt werden. Wollte man dem Vorschlag des Bundesministers der Finanzen folgen, so würde man das kommende Richtergesetz[28] präjudizieren. Der *Bundeskanzler* schließt sich der Auffassung von Staatssekretär Dr. Strauß an.

Das Kabinett beschließt die Vorlage des Bundesministers der Justiz vom 19. Dezember 1956 in der Fassung der Ergänzungsvorlage vom 11.1.1957[29].

---

[24] Vorlage des Bundeskanzleramtes vom 10. Jan. 1957 in B 136/1837. – Vorgeschlagen waren die Neubesetzungen der Gesandtschaft in Kabul mit Botschaftsrat Dr. Erich Eiswaldt und des Generalkonsulats in Montreal mit Ministerialdirigent Dr. Gerhard Stahlberg.

[25] Fortgang 168. Sitzung am 23. Jan. 1957 TOP 4.

[26] Siehe 81. Sitzung am 13. Mai 1955 TOP 8 (Kabinettsprotokolle 1955, S. 285). – Vorlage des BMJ vom 19. Dez. 1956 und Ergänzungsvorlage vom 11. Jan. 1957 in B 141/21539 und B 136/1886, weitere Unterlagen in B 141/21538 und 21540 bis 21545. – Mit dem Entwurf eines Dritten Gesetzes wurde ein weiterer Abbau besatzungsrechtlicher Vorschriften angestrebt. Das Erste und Zweite Gesetz zur Aufhebung des Besatzungsrechtes war am 1. Juni 1956 in Kraft getreten (BGBl. I 437 und 447). In der Anlage zur Vorlage des BMJ waren die einzelnen, vom Alliierten Kontrollrat, von der Alliierten Hohen Kommission und von den Besatzungsmächten in den einzelnen Besatzungszonen erlassenen Gesetze und Verordnungen angeführt, die außer Kraft gesetzt werden sollten.

[27] Angesprochen ist die Reichshaushaltsordnung (RHO) vom 31. Dez. 1922 (RGBl. 1923 II 17). Sie blieb bis 1969 rechtskräftig. – Mit dem Gesetz Nr. 34 des Kontrollrates vom 31. Aug. 1946 (Amtsblatt des Kontrollrats in Deutschland Nr. 10, S. 172) über die Auflösung der Wehrmacht war auch § 127 der RHO aufgehoben worden. Der Aufbau der Bundeswehr hatte jedoch die Wiedereinführung dieses Paragraphen erforderlich gemacht. In der vom BMJ vorgeschlagenen Fassung sollten in Analogie zum früheren Wortlaut die Soldaten der Bundeswehr hinsichtlich der Bestimmungen der RHO den Beamten gleichgestellt werden.

[28] Zum Entwurf eines Deutschen Richtergesetzes vgl. 178. Sitzung am 4. April 1957 TOP 4.

[29] BR-Drs. 25/57. – Fortgang 175. Sitzung am 13. März 1957 TOP C.

6. **Entwurf einer Ersten Verordnung über die Durchführung einer Sondererhebung zur Lohnstatistik; hier: Entwurf einer Stellungnahme zu den vom Bundesrat verlangten Änderungen** BMA

Der *Bundesminister der Finanzen* weist darauf hin, daß die vom Bundesminister für Vertriebene gewünschte Ausdehnung der Statistik auf die Vertriebenen- (Flüchtlings-) Eigenschaft praktisch nicht durchführbar sei[30]. Das habe eine Prüfung im Fachausschuß „Preis- und Lohnstatistik" beim Statistischen Bundesamt ergeben[31]. *Staatssekretär Dr. Strauß* ergänzt diese Ausführung dahin, daß nach § 2 des Gesetzes über die Lohnstatistik vom 28.5.1956 (BGBl. I S. 429) nur die Arbeitgeber auskunftspflichtig seien. Da aber den Arbeitgebern die Vertriebenen- (Flüchtlings-) Eigenschaft ihrer Arbeitnehmer größtenteils nicht bekannt sei, wäre eine Befragung der Arbeitnehmer erforderlich, die gesetzlich nicht zugelassen sei. Der *Bundesminister für Vertriebene* erklärt sich bereit, seinen Antrag zurückzustellen, wenn das Kabinett bereit sei, sich für eine spätere Repräsentativ-Statistik einzusetzen. Der *Bundesminister für Wohnungsbau* hält Repräsentativ-Untersuchungen durch ein privates Institut für ausreichend und für weniger kostspielig. Er habe mit solchen Untersuchungen gute Erfahrungen gemacht. Der *Bundeskanzler* schließt sich dieser Anregung an. Der *Bundesminister für Vertriebene* stellt seinen Antrag zurück mit der Erklärung, daß er davon ausgehe, daß das Kabinett bereit sei, ihm zum gegebenen Zeitpunkt Mittel für erforderliche Repräsentativ-Untersuchungen zu bewilligen.

Das Kabinett beschließt die vom Bundesminister für Arbeit mit Schreiben vom 20. Oktober 1956 vorgeschlagene Stellungnahme der Bundesregierung zu den Änderungsvorschlägen des Bundesrates[32].

7. **Fahrpreisermäßigung für Heimkehrer seit dem 1. Juli 1953 und ihnen Gleichgestellte** BMVt

Der *Bundesminister für Vertriebene* trägt den Inhalt seiner Kabinettvorlage vom 4.1.1957 vor[33]. Der *Bundesminister der Finanzen* widerspricht dem Antrag. Er empfiehlt, die Entscheidung der Frage dem Haushaltsausschuß des Bundestages zu

---

[30] Vorlagen des BMA vom 20. Okt. und vom 21. Dez. 1956 sowie Schreiben des BMVt vom 31. Okt. 1956 in B 150/2046. – Die Vorlage des BMA war im Umlaufverfahren verabschiedet worden. Der BMA hatte beantragt, eine Sondererhebung nach dem Stand vom Oktober 1956 über Arbeitsverdienste und Arbeitszeiten gemäß dem Gesetz über die Lohnstatistik durchzuführen.

[31] Vgl. dazu das Kurzprotokoll des Fachausschusses Preis- und Lohnstatistik vom 17. Sept. 1956 in B 102/10614.

[32] Stellungnahme des BMA zu BR-Drs. 310/56 nicht ermittelt. – Neben Geschlecht und Alter sollte der Fragebogen auch Angaben zur Vertriebenen-Eigenschaft enthalten. Der Bundesrat hatte eine derartige Differenzierung für undurchführbar erachtet und eine Verschiebung der Erhebung auf das Jahresende befürwortet. – Verordnung vom 7. Febr. 1957 (BAnz. Nr. 30 vom 13. Febr. 1957, S. 1).

[33] Vgl. 164. Sitzung am 19. Dez. 1956 TOP K (Kabinettsprotokolle 1956, S. 783). – Vorlage des BMVt vom 4. Jan. 1957 in B 136/2727, weitere Unterlagen in B 106/23570. – Der BMVt hatte beantragt, die Differenz zum vollen Fahrpreis aus Haushaltsmitteln des Bundes zu begleichen und die hierfür benötigte Summe auf 400 000 DM im Jahr veranschlagt.

überlassen. Wenn der Haushaltsausschuß die Weitergewährung der 75 %igen Fahrpreisermäßigung für Heimkehrer und ihnen gleichgestellte Personen beschließt, müsse er auch eine Deckungsvorlage machen und damit die Verantwortung für die Weitergewährung übernehmen. Wenn das Kabinett dagegen diesen Beschluß fasse, muß es selbst eine Deckungsmöglichkeit nachweisen. Der *Bundeskanzler* hält den Antrag des Bundesministers für Vertriebene für berechtigt und schlägt vor, ihm zuzustimmen, vorbehaltlich einer Deckung der Ausgaben, die noch mit dem zuständigen Bundestagsausschuß abgestimmt werden soll. Der *Bundesminister der Finanzen* weist darauf hin, daß die Fahrpreisermäßigung bis zum 31.12.1956 von der Deutschen Bundesbahn getragen worden sei und empfiehlt, die Bundesbahn auch künftighin die Belastung tragen zu lassen.

Das Kabinett beschließt die Weitergewährung der 75 %igen Fahrpreisermäßigung bis zum 31.3.1958 und beauftragt den Bundesminister für Verkehr, der Bundesbahn vorzuschlagen, die Kosten für diese Ermäßigung selbst zu tragen[34].

8. Politische Betätigung des Soldaten BMVtg

Dieser Punkt wird wegen Abwesenheit des Bundesministers für Verteidigung zurückgestellt[35].

9. Kurzdenkschrift zur Familienpolitik BMFa

Dieser Punkt soll als Punkt 3 auf die Tagesordnung der nächsten Kabinettssitzung gesetzt werden[36].

[B.] Genehmigung der Bundesregierung zur Ausgabe von Schuldverschreibungen der Landwirtschaftlichen Rentenbank bis zur Höhe von 10 Mio. DM

Der *Vizekanzler* berichtet, daß er gegen die Verabschiedung der Kabinettvorlagen des Bundesministers für Ernährung, Landwirtschaft und Forsten vom 21. Dezember[37] 1956 und vom 8. Januar 1957 – IV A 4 - 4420 - 353/56 - Kab. Nr. 754/56 – im Umlaufverfahren Einspruch erhoben habe. Es handele sich hier um eine grundsätzliche Frage, die im Kabinett erörtert werden solle[38].

---

[34] Der Beschluß wurde nicht ausgeführt. Vgl. den Schriftwechsel mit der Hauptverwaltung der Deutschen Bundesbahn in B 108/29050.
[35] Fortgang 168. Sitzung am 23. Jan. 1957 TOP 3.
[36] Fortgang 168. Sitzung am 23. Jan. 1957 TOP 2.
[37] Korrigiert aus: September.
[38] Vgl. 60. Sitzung des Kabinettsausschusses für Wirtschaft am 19. Nov. 1956 TOP 1 (B 136/36219). – Vorlagen des BML vom 21. Dez. 1956 und 8. Jan. 1957 in B 116/16810 und B 136/7349, dort auch Schreiben des BMZ vom 12. Jan. 1957. – Mit der Emission der Landwirtschaftlichen Rentenbank sollten Maßnahmen zur Förderung der Landwirtschaft finanziert werden. Der BMZ hatte Bedenken gegen die vorgesehene Steuerbegünstigung erhoben und wegen grundsätzlicher, nicht näher spezifizierter Fragen eine Erörterung im Kabinett beantragt.

Nach Aussprache genehmigt das Kabinett die mit den genannten Kabinettvorlagen beantragte Ausgabe von Schuldverschreibungen[39].

[C.] Aufnahme von Ungarnflüchtlingen

Der *Bundesminister für Vertriebene* berichtet, daß monatlich etwa 25 000 Flüchtlinge aus der Sowjetzone in die Bundesrepublik kämen. Unsere Aufnahmekapazität sei erschöpft. Es wäre daher erforderlich, für die Aufnahme der Ungarnflüchtlinge eine Höchstgrenze festzulegen. Sie könnte bei 15 000 einschl. 800 Studenten liegen[40]. Der *Bundeskanzler* widerspricht diesem Antrag. Ein solcher Beschluß sei aus außenpolitischen und moralischen Gründen nicht vertretbar. Es sei jedoch wünschenswert, daß dem Kabinett für die nächste Sitzung ein schriftlicher Bericht vorgelegt werde. Der *Bundesminister für Vertriebene* erklärt sich hierzu bereit[41].

[D.] Finanzielle Anforderungen der Saar

Der *Bundesminister für Wohnungsbau* wirft die Frage auf, wie die finanziellen Anforderungen der Saar behandelt werden sollen[42]. Er möchte insbesondere wissen, ob geplant sei, hierfür einen Sonderhaushalt aufzustellen. Der *Bundesminister der Finanzen* erklärt, daß er in einer der nächsten Sitzungen über die Regelung der finanziellen Anforderungen der Saar berichten werde.

Das Kabinett ist einverstanden[43].

---

[39] Bekanntmachung vom 6. Febr. 1957 (BAnz. Nr. 31 vom 14. Febr. 1957, S. 1).

[40] Zur Aufnahme der Ungarn-Flüchtlinge siehe 164. Sitzung am 19. Dez. 1956 TOP E (Kabinettsprotokolle 1956, S. 772 f.). Dort hatte Adenauer unter Hinweis auf das Beispiel von Kanada speziell die Aufnahme ungarischer Studenten befürwortet. Zu Hilfsmaßnahmen für Ungarn vgl. 166. Sitzung TOP A (Saatguthilfe für Ungarn), zur Aufnahme und Unterbringung von Sowjetzonenflüchtlingen und Ungarnflüchtlingen vgl. 182. Sitzung am 16. Mai 1957 TOP 7 I und TOP 7 III. – Zu den Ausführungen des BMVt vgl. Sprechzettel in B 150/3548.

[41] Fortgang 168. Sitzung am 23. Jan. 1957 TOP 7.

[42] Zur Eingliederung der Saar siehe 162. Sitzung am 5. Dez. 1956 TOP A (Kabinettsprotokolle 1956, S. 751 f.). – Angesprochen war die Bundesfinanzhilfe gemäß § 10 des Gesetzes vom 23. Dez. 1956 über die Eingliederung des Saarlandes (BGBl. I 1011). – In dem Memorandum vom 20. Nov. 1956 hatte die Saarregierung zur Angleichung der Saarwirtschaft an die des Bundesgebietes u.a. direkte Zuschüsse aus Bundesmitteln in Höhe von etwa 650 Millionen DM gefordert (Memorandum in B 136/1875 sowie Aufzeichnung des AA vom 11. Dez. 1956 in AA B 17, Bd. 89 und B 136/1875). Nach den Angaben des BMF bezifferten sich die Hilfsmaßnahmen des Bundes auf insgesamt 2,3 Milliarden DM, wovon 480 Millionen auf den Bundeshaushalt 1957 entfallen würden. Weitere Unterlagen dazu in B 126/1396 und 1397 sowie in B 126/2377 bis 2379. Unterlagen zu einzelnen Maßnahmen in B 126/40182 und zur Förderung aus ERP-Mitteln in B 136/1292.

[43] Fortgang 7. Sitzung am 13. Dez. 1957 TOP 5.

**168. Kabinettssitzung
am Mittwoch, den 23. Januar 1957**

Teilnehmer: Adenauer (ab 10.00 Uhr), Blücher (bis 12.45 Uhr), von Brentano (bis 12.30 Uhr), Schröder, von Merkatz, Schäffer, Erhard, Lübke, Strauß, Seebohm, Lemmer, Preusker, Oberländer, Balke, Wuermeling; Globke, Sauerborn, Thedieck; Klaiber (Bundespräsidialamt), von Eckardt (BPA), Krueger (BPA), Selbach (Bundeskanzleramt). Protokoll: Abicht.

Beginn: 9.30 Uhr *Ende: 13.40 Uhr*

Ort: Haus des Bundeskanzlers

Tagesordnung:
1. *Personalien*
   Gemäß Anlagen.
2. *Kurzdenkschrift zur Familienpolitik*
   Vorlage des BMFa vom 12. Dez. 1956 (F 1 - 2100 - K 11/56).
3. *Politische Betätigung des Soldaten*
   Vortrag des BMVtg.
4. *Entwurf eines Gesetzes über den Ausbauplan für die Bundesfernstraßen*
   Vorlage des BMV vom 9. Jan. 1957 (StB 1/2 - Rpl - 2005 Vms 57).
5. *Entwurf eines Kabinettsbeschlusses zwecks Zustimmung zur Unterzeichnung der Luftverkehrsabkommen mit den skandinavischen Königreichen Dänemark, Norwegen und Schweden*
   Vorlagen des BMV vom 5. Nov. 1956 (L 1/3 - 127/13 - 216 Vm/56), vom 21. Nov. 1956 (L 3/L 1 - 344 - 216/Vm/6 II), vom 14. Jan. 1957 (L 1/L 3 - 127/13 - 216 Vm/56 III) und Vorlage des BMF vom 13. Nov. 1956 (II A/2 - Ve 5700 - 157/56).
6. *Entwurf eines Gesetzes über die Neuregelung des Rechts der gesetzlichen Unfallversicherung (Unfallversicherungsgesetz - UVG -)*
   Vorlage des BMA vom 16. Jan. 1957 (GS - 6401 - 32/57).
7. *Übernahmequote von Ungarnflüchtlingen durch die Bundesrepublik*
   Vortrag des BMVt.

6. Entwurf eines Gesetzes über die Neuregelung des Rechts der gesetzlichen Unfallversicherung (Unfallversicherungsgesetz – UVG –) **BMA**

Unter Vorsitz des Vizekanzlers führt *Staatssekretär Sauerborn* zu der Vorlage des Bundesministers für Arbeit vom 16.1.1957 aus, daß einige Punkte noch zwischen den Ressorts geklärt werden müßten. Er schlägt vor, diese Vorlage erst in der nächsten

Kabinettssitzung zu erörtern. Die *Bundesminister der Finanzen, für Verkehr* und *des Innern* stimmen diesem Vorschlag zu. Das Kabinett beschließt entsprechend[1].

1. Personalien

Das Kabinett billigt die Personalangelegenheiten gemäß Anlage 1 und 2 sowie Nachtrag zu Punkt 1 der heutigen Tagesordnung[2].

5. Entwurf eines Kabinettsbeschlusses zwecks Zustimmung zur Unterzeichnung der Luftverkehrsabkommen mit den skandinavischen Königreichen Dänemark, Norwegen und Schweden BMV

Der *Bundesminister für Verkehr* bittet, über seine Kabinettvorlagen vom 5., 6. und 21.11.1956 sowie 14.1.1957 unverzüglich Beschluß zu fassen. Nach kurzer Diskussion erteilt das Kabinett seine Zustimmung zur Unterzeichnung der Luftverkehrsabkommen mit den skandinavischen Königreichen Dänemark, Norwegen und Schweden[3].

[A.] Neuwahl des Präsidenten und der Vizepräsidenten der Hohen Behörde der Europäischen Gemeinschaft für Kohle und Stahl

Nach eingehender Diskussion billigt das Kabinett die Vorlage[4] des Bundesministers des Auswärtigen vom 21.1.1957 – Az. 213 - 84 - 00/1/103/57.

---

[1] Vorlage des BMA vom 16. Jan. 1957 in B 149/3915 und B 136/2693. – Fortgang 169. Sitzung am 30. Jan. 1957 TOP 3.

[2] Vorgeschlagen war die Ernennung des Brigadegenerals Heinrich Gädcke und eines Obersten im Bereich des BMVtg, einer Ministerialrätin im BMVt (Anlage 1) und des Generalkonsuls Dr. Hellmuth Dietmar im AA (Anlage 2). Des weiteren sollten gemäß Nachtrag die Oberdirektoren Dr. Valentin Siebrecht, Dr. Friedrich Wehner und Dr. Kurt Schimmelpfennig zu Präsidenten der Landesarbeitsämter Südbayern, Hessen und Niedersachsen ernannt werden.

[3] Vorlagen des BMV vom 5., 6. und 21. Nov. 1956 sowie vom 14. Jan. 1957 in B 136/2767, Vorlage des BMF vom 13. Nov. 1956 in B 136/2770, Unterlagen zu den Abkommen in B 108/64718 und B 136/2770. – Die Abkommen, zu denen der BMV die Entwürfe von Ratifizierungsgesetzen vorgelegt hatte, enthielten Bestimmungen über die Einräumung gegenseitiger Rechte zur Aufnahme und Durchführung eines Fluglinienverkehrs mit den in den Abkommen benannten Unternehmen. In den Abkommen waren den skandinavischen Fluglinien weiterreichende Rechte eingeräumt worden als der französischen. Der BMF hatte daher auf eine Verständigung mit Frankreich gedrängt, um nicht den gewinnträchtigen Linienverkehr der Lufthansa über den Flughafen Paris nach Südamerika zu gefährden. – Abkommen mit Dänemark: BR-Drs. 188/57, BT-Drs. 3575, Gesetz vom 30. Sept. 1957 zum Abkommen vom 29. Jan. 1957 (BGBl. II 1420). – Abkommen mit Norwegen: BR-Drs. 190/57, BT-Drs. 3576, Gesetz vom 30. Sept. 1957 zum Abkommen vom 29. Jan. 1957 (BGBl. II 1427). – Abkommen mit Schweden: BR-Drs. 189/57, BT-Drs. 3578, Gesetz vom 30. Sept. 1957 zum Abkommen vom 29. Jan. 1957 (BGBl. II 1435).

[4] Zur Wahl von René Mayer vgl. 84. Sitzung am 2. Juni 1955 TOP C (Kabinettsprotokolle 1955, S. 335); vgl. auch Hollmann, Nachfolge. – Vorlage des AA vom 21. Jan. 1957 in AA B 20, Bd. 292 und B 136/8363. – Das AA hatte vorgeschlagen, der Wiederwahl des Präsidenten René Mayer sowie der Vizepräsidenten Franz Etzel und Albert Coppé für eine weitere zweijährige

Im Zusammenhang mit der Erörterung dieser Frage bekennt sich das Kabinett zu der Auffassung, daß künftig mehr für die Ausbildung von Bundesbeamten, die in internationalen Gremien verwendet werden sollen, getan werden müsse.

[B.] **Beginn der Kabinettssitzungen**

Der *Bundeskanzler*, der den Vorsitz übernimmt, regt an, daß Kabinettssitzungen künftig nicht um 9.30 Uhr, sondern erst um 10.00 Uhr beginnen sollten. Die übrigen Kabinettmitglieder erklären sich mit diesem Vorschlag einverstanden.

[C.] **Regierungserklärungen vor dem Bundestag**

Der *Bundeskanzler* bringt zum Ausdruck, daß es notwendig sein werde, künftig häufiger als bisher Regierungserklärungen vor dem Bundestag abzugeben. Hierdurch würden die politischen Parteien zu einer klaren Stellungnahme in wichtigen politischen Fragen gezwungen. Außerdem werde durch derartige Regierungserklärungen die Öffentlichkeit mehr als bisher an der Politik der Bundesregierung interessiert.

In diesem Zusammenhang weist der *Bundeskanzler* auf die besondere Bedeutung der bevorstehenden außenpolitischen und Berlindebatte am 31. Januar und auf die Wehrdebatte am 1. Februar hin[5]. Es sei auch zweckmäßig, Regierungserklärungen über die Maßnahmen zur Sicherung der Währung und die Vorhaben zur Förderung der Wissenschaft abzugeben. Das Bundesministerium der Justiz solle im Benehmen mit den beteiligten Ressorts zur Abwehr weiterer Preissteigerungen den Entwurf eines Gesetzes gegen Preiswucher ausarbeiten. Es sei ein Mißbrauch der Freiheiten der Sozialpartner, wenn Arbeitgeber oder Arbeitgebervereinigungen unbesehen Forderungen der Arbeitnehmer oder Gewerkschaften nachgäben, weil sie bei der jetzigen Wirtschaftslage die zugestandenen Lohnerhöhungen ohne weiteres auf die Preise aufschlagen zu können glaubten[6].

[D.] **Hausbrandversorgung**

Auf eine Frage des *Bundeskanzlers* teilt der *Bundesminister für Wirtschaft* mit, daß die Hausbrandversorgung gegenwärtig nicht gefährdet sei. Die Versorgung der Industrie mit Kohle und Koks müsse als gut bezeichnet werden. Wenn in der Hausbrandversorgung bei längerem Anhalten der Kälteperiode Verknappungserscheinungen aufträten, könne daher diese Lücke aus der laufenden Produktion

---

Amtsperiode bis zum Febr. 1959, dem regulären Ende der Amtszeit sämtlicher Mitglieder der Hohen Behörde, zuzustimmen. – Fortgang 8. Sitzung am 8. Jan. 1958 TOP 2 (B 136/36117).

[5] Fortgang hierzu 169. Sitzung am 30. Jan. 1957 TOP A.

[6] Zum Wirtschaftsstrafgesetz vom 9. Juli 1954 (BGBl. I 175) siehe 24. Sitzung am 19. März 1954 TOP B (Kabinettprotokolle 1954, S. 110). In dieser Fassung des bis zum 31. Dez. 1955 befristeten Gesetzes war der bis dahin rechtskräftige § 19 über die Preistreiberei nicht mehr enthalten. Vgl. dazu auch 112. Sitzung am 11. Jan. 1956 TOP A, S. 99. – Unterlagen über die Vorbereitung eines Verlängerungsgesetzes in B 141/19743 und 19744 sowie B 136/2177, Pressestimmen und Eingaben in B 141/7531. – Gesetz zur Verlängerung der Geltung des Wirtschaftsstrafgesetzes 1954 vom 21. Dez. 1958 (BGBl. I 949).

aufgefüllt werden⁷. Der *Bundesminister für Verkehr* bemerkt hierzu, daß die Bundesbahn trotz rechtzeitiger Anforderung auch im vergangenen Sommer zu wenig Kohle geliefert bekommen habe⁸.

[E.] **Treibstoffversorgung**

Auf eine Frage des *Bundeskanzlers* berichtet der *Bundesminister für Wirtschaft*, daß auch die Versorgung mit Vergaser- und Dieseltreibstoff gut sei. Die jetzigen Vorräte ließen eine volle Versorgung – und zwar auch der Landwirtschaft und der Bundesbahn – bis einschließlich April zu. Schwieriger sei dagegen die Situation bei Heizöl⁹. Der *Bundesminister der Finanzen* bittet den Bundesminister für Wirtschaft, in Verhandlungen mit den Ölgesellschaften dafür zu sorgen, daß die jetzigen Preiserhöhungen bei Treibstoffen nach Freimachung des Suez-Kanals wieder rückgängig gemacht würden¹⁰. Der *Bundesminister des Auswärtigen* weist in diesem Zusammenhang darauf hin, daß die Gewinne der Ölgesellschaften schon vor den Preiserhöhungen wesentlich überhöht gewesen seien.

[F.] **Flugplatz Wahn**

Der *Bundeskanzler* teilt mit, es sei damit zu rechnen, daß der Flugplatz Wahn in absehbarer Zeit von den britischen Streitkräften freigegeben werde. Zur Zeit fänden Verhandlungen darüber statt, ob der Flugplatz Lohausen oder der Flugplatz Wahn als Flugplatz für Düsenverkehrsmaschinen ausgebaut werden solle. Der *Bundesminister für Verkehr* führt hierzu aus, daß er sich in einem Schreiben an den Ministerpräsidenten von Nordrhein-Westfalen für Wahn und Frankfurt/Main ausgesprochen habe¹¹. Ein bis zwei zivile Düsenflugplätze würden für die Bundesrepublik bis zum Jahre 1965 ausreichend sein¹².

---

[7] Siehe 162. Sitzung am 5. Dez. 1956 TOP F (Kabinettsprotokolle 1956, S. 757) sowie 57. Sitzung des Kabinettsausschusses für Wirtschaft am 4. Sept. 1956 TOP 2 (B 136/36219). – Unterlagen über die Versorgungslage in der Industrie in B 102/4406 sowie bei Hausbrand und Kleinverbrauch in B 102/34295. – In Beantwortung eines an den Bundeskanzler gerichteten Schreibens des MdB Ernst Müller-Hermann (CDU) hatte der BMWi eine Verbesserung der Versorgung privater Haushalte auf Kosten der Industrie mit der Begründung abgelehnt, daß bei einer weiteren Verknappung der Kohlebelieferung für die Industrie die Bewirtschaftung wieder eingeführt werden müßte. Die Versorgungslage der Industrie sei überdies nur durch den Zukauf teurer Importkohle möglich, während sich der private Verbrauch auf die Belieferung mit billiger Inlandskohle stützen könne (Schreiben des BMWi vom 8. Jan. 1957 in B 136/2495). – Zur Kohlenversorgungslage vgl. auch 172. Sitzung am 21. Febr. 1957 TOP 4.

[8] Vgl. dazu auch das Schreiben des BMV an den BMWi vom 19. Febr. 1957 in B 102/34295.

[9] Zur Versorgung mit Heizöl vgl. auch 60. Sitzung des Kabinettsausschusses für Wirtschaft am 19. Nov. 1956 TOP 1 (B 136/36219).

[10] Unterlagen zur Versorgungslage und zu der ab April wieder rückläufigen Preisentwicklung in B 102/5444 bis 5446 und in B 136/7701.

[11] Schreiben nicht ermittelt.

[12] Siehe 158. Sitzung am 24. Okt. 1956 TOP 2 (Kabinettsprotokolle 1956, S. 660). – Der Flughafen Wahn bei Köln wurde am 18. Juli 1957 von den britischen Streitkräften für den zivilen Luftverkehr freigegeben. Unterlagen dazu in B 108/28873 und 28876 sowie in B 136/1573, zum Ausbau für Düsenflugzeuge Unterlagen in B 108/28884 und 28877.

2. Kurzdenkschrift zur Familienpolitik BMFa

Der *Bundesminister für Familienfragen* erläutert seine mit Kabinettvorlage vom 12.12.1956 vorgelegte Kurzdenkschrift zur Familienpolitik[13]. Nach längerer Debatte über die Grundsätze der Familienpolitik der Bundesregierung bittet der *Bundeskanzler*, diese Denkschrift in einigen Punkten zu erweitern, damit sie zum Gegenstand einer abschließenden Kabinettberatung gemacht werden könne[14].

3. Politische Betätigung des Soldaten BMVtg

Der *Bundesminister für Verteidigung* hält einen Vortrag über die rechtlichen Schranken für die politische Betätigung der Soldaten. Er betont die Bedeutung einer eingehenden Unterrichtung der Soldaten über die Politik der Bundesregierung und stellt klar, daß es sich hierbei nicht um die Information über parteipolitische Ziele, sondern um die Vermittlung der Kenntnis über die Politik des Staates handele[15].

4. Entwurf eines Gesetzes über den Ausbauplan für die Bundesfernstraßen BMV

Die Behandlung dieses Punktes der TO wird auf die nächste Kabinettssitzung am 30. Januar verschoben. Der *Bundesminister für Verkehr* weist ausdrücklich darauf hin, daß seine Kabinettvorlage vom 9.1.1957 damit zum dritten Mal von der Tagesordnung abgesetzt sei[16]. Der *Bundesminister der Finanzen* bringt zum Ausdruck, daß er Wert darauf lege, sich vor der Kabinettssitzung am 30. Januar mit dem Bundesminister für Verkehr in einer Chefbesprechung über die bezgl. des § 4 bestehenden Meinungsverschiedenheiten zu unterhalten[17].

---

[13] Siehe 164. Sitzung am 19. Dez. 1956 TOP 6 (Kabinettsprotokolle 1956, S. 780). – Vorlage des BMFa vom 12. Dez. 1956 in B 136/6134. – In der Denkschrift war insb. auf den Geburtenrückgang eingegangen worden, der auf die schwierige wirtschaftliche Lage kinderreicher Familien und auf einen vorherrschenden Materialismus zurückgeführt und als ungünstige Entwicklung für den Bevölkerungsaufbau angesehen wurde.

[14] In einer weiteren Vorlage vom 17. April 1957 stellte das BMFa ausführlich die demographische Entwicklung dar und ging auf die verschiedenen sozialen, wirtschaftlichen und ethischen Ursachen des Geburtenrückgangs ein (B 153/2709 und B 136/6134). – Die Vorlage wurde 1957 wiederholt auf die Tagesordnung gesetzt, doch nicht behandelt (vgl. 180. Sitzung TOP 13, 181. Sitzung TOP 10, 186. Sitzung TOP 4, 187. Sitzung TOP 8 und 188. Sitzung TOP 2).

[15] Vorlage des BMVtg vom 19. Dez. 1956 in B 136/6848. – Der BMVtg hatte in der Vorlage über die Rechtslage aufgrund des Soldatengesetzes berichtet und u.a. ausgeführt: „Während also die politische Betätigung dem Soldaten im Mannschaftsdienstgrad grundsätzlich freisteht, soll sich der Offizier oder Unteroffizier nicht dem Verdacht aussetzen, er sei intolerant und behandele seine Untergebenen parteiisch. Daher darf er nicht in aller Öffentlichkeit als Exponent einer politischen Organisation erscheinen; die Mitgliedschaft selbst und eine unauffällige Mitarbeit im Stillen ist ihm nicht verwehrt." – Vgl. auch 188. Sitzung am 10. Juli 1957 TOP E (Verteilung von Wahlschriften der Parteien vor Kasernen).

[16] Siehe 167. Sitzung am 16. Jan. 1957 TOP 4. – Vorlage des BMV vom 9. Jan. 1957 in B 108/20952 und B 136/9760. – Fortgang 169. Sitzung am 30. Jan. 1957 TOP 2.

[17] § 4 betraf die vorübergehende Finanzierung des Straßenbaus aus dem Aufkommen der Mineralölsteuer bis zum Inkrafttreten eines Verkehrsfinanzgesetzes. Der BMV hatte beantragt, den vollen Betrag aus der Mineralölsteuer zur Straßenbaufinanzierung heranzuziehen. Dagegen wollte der BMF nur das den Vorjahresbetrag übersteigende Aufkommen dem Straßenbau zu-

7. **Übernahmequote von Ungarnflüchtlingen durch die Bundesrepublik** BMVt

Der *Bundesminister für Vertriebene, Flüchtlinge und Kriegsgeschädigte* legt dar, daß man in der Frage der Aufnahme von Ungarnflüchtlingen vor einer neuen Situation stehe. Aus Polen kämen zur Zeit monatlich 10 000 deutsche Aussiedler in das Bundesgebiet[18]. Wenn man berücksichtige, daß aus der sowjetisch besetzten Zone monatlich 25 000 Flüchtlinge kämen, sei es begreiflich, daß alle Auffanglager der Bundesländer voll belegt seien. Trotz besten Willens könne man daher den Österreichern im gegenwärtigen Augenblick nicht dadurch entgegenkommen, daß man zusätzlich noch weitere Ungarnflüchtlinge in die Bundesrepublik aufnehme.

Das Kabinett nimmt von diesen Ausführungen des Bundesministers für Vertriebene, Flüchtlinge und Kriegsgeschädigte zustimmend Kenntnis[19].

[G.] Oberbefehlshaber der alliierten Landstreitkräfte (COMLANDCENT)

Der *Bundesminister für Verteidigung* berichtet, daß der Oberbefehlshaber der alliierten Streitkräfte in Europa, General Norstad[20], der Bundesregierung angeboten habe, schon jetzt einen qualifizierten deutschen General zur baldigen Verwendung als Oberbefehlshaber der Landstreitkräfte im Europakommando der alliierten Streitkräfte Europa Mitte zu benennen.

Nach eingehender Erörterung beschließt das Kabinett, Generalleutnant Dr. Speidel[21] für diese Aufgabe namhaft zu machen[22].

---

kommen lassen und den größeren Sockelbetrag als nicht zweckgebunden für andere Ausgaben verwenden. In der Chefbesprechung am 28. Jan. 1957 einigten sich der BMV und der BMF auf eine Formulierung des § 4 Abs. 1, wonach das Aufkommen aus der Mineralölsteuer „in angemessener Weise" zu berücksichtigen sei. Vgl. dazu die Vermerke des BMV vom 28. Jan. 1957 in B 108/20952 und des Bundeskanzleramtes vom 29. Jan. 1957 in B 136/9761.

[18] Siehe 167. Sitzung (Fortsetzung) am 16. Jan. 1957 TOP C. – Sprechzettel vom 21. Jan. 1957 in B 150/3548, vgl. dazu ferner den Bericht des BMVt vom 25. Jan. 1957 in B 150/5364.

[19] Fortgang 180. Sitzung am 30. April 1957 TOP 9.

[20] Lauris Norstad (1907–1988). 1943–1944 Brigadegeneral, Befehlshaber der alliierten Luftstreitkräfte im Mittelmeerraum, 1944 stellvertretender Stabschef der Heeresluftwaffe, 1945 Generalmajor, 1946–1947 Planungs- und Operationschef des Generalstabs im Kriegsministerium, 1947–1951 Vertreter der Luftwaffe im Nationalen Sicherheitsrat, 1951 Oberkommandierender der US-Luftstreitkräfte in Europa, 1953–1956 der atlantischen Luftstreitkräfte, 1956–1962 Oberkommandierender der NATO-Streitkräfte.

[21] Dr. Hans Speidel (1897–1984). 1914–1945 Offizier, zuletzt 1944 Generalleutnant und Chef des Generalstabs der Heeresgruppe B, 1944–1945 Inhaftierung, 1950–1955 Bundeskanzleramt/Dienststelle Blank, 1951–1954 Militärischer Chefdelegierter bei der Konferenz zur Bildung der EVG, 1955–1957 BMVtg (1955 Generalleutnant), dort Leiter der Abteilung Gesamtstreitkräfte, 1957–1963 Befehlshaber der alliierten Landstreitkräfte Europa-Mitte, 1963–1964 Sonderbeauftragter der Bundesregierung für Fragen der atlantischen Verteidigung.

[22] Speidel wurde am 1. April 1957 Befehlshaber der alliierten Landstreitkräfte Europa-Mitte. Am 6. April 1957 wurde er zum General ernannt (Pers 1/297).

169. Kabinettssitzung
am Mittwoch, den 30. Januar 1957

Teilnehmer: Adenauer (ab 10.06 Uhr), Blücher (ab 11.30 Uhr), von Brentano (von 10.07 bis 11.45 Uhr), Schröder, von Merkatz (ab 12.32 Uhr), Schäffer (Vorsitz bis 10.06 Uhr), Erhard, Lübke, Storch (bis 12.30 Uhr), Seebohm, Lemmer, Oberländer, Balke, Wuermeling; W. Strauß, Sauerborn (ab 12.30 Uhr), Rust, Wandersleb, Thedieck, Ripken; Klaiber (Bundespräsidialamt; bis 12.32 Uhr), Janz (Bundeskanzleramt), von Eckardt (BPA), Krueger (BPA), Selbach (Bundeskanzleramt). Protokoll: Abicht.

Beginn: 10.00 Uhr   *Ende: 12.40 Uhr*

Ort: Haus des Bundeskanzlers

Tagesordnung:
1. *Personalien*
   Gemäß Anlagen.
2. *Entwurf eines Gesetzes über den Ausbauplan für die Bundesfernstraßen*
   Vorlage des BMV vom 9. Jan. 1957 (StB 1 / 2 - Rpl - 2005 Vms 57) und vom 19. Jan. 1957 (StB 1 / 2 - Rpl - 2005 Vms 57 - II).
3. *Entwurf eines Gesetzes über die Neuregelung des Rechts der gesetzlichen Unfallversicherung (Unfallversicherungsgesetz – UVG –)*
   Vorlage des BMA vom 28. Jan. 1957 (GS - 6401 - 32/57).
4. *Personelle Besetzung des Gemischten Ausschusses für Eisenbahnfragen gemäß Art. 38 des deutsch-französischen Vertrages zur Regelung der Saarfrage vom 27. Oktober 1956*
   Vorlage des BMV vom 16. Jan. 1957 (E 1 - Arbes 5 - 361 Vm 56).
5. *Entwurf eines Gesetzes über die Feststellung des Wirtschaftsplans des ERP-Sondervermögens für das Rechnungsjahr 1957 (ERP-Plangesetz 1957)*
   Vorlage des BMZ vom 17. Jan. 1957 (III - 1 b 7013 - 13 - K - 27 c 16).

1. Personalien

Unter Vorsitz des Bundesministers der Finanzen billigt das Kabinett die Personalien gemäß Anlage 1, Anlage 2 und Nachtrag zu Punkt 1 der heutigen Tagesordnung[1].

---

[1] Vorgeschlagen waren die Ernennung eines Ministerialdirigenten im AA, der Brigadegeneräle Leo Hepp, Heinrich Baron von Behr und Heinrich Hax im BMVtg, eines Ministerialdirigenten im BMV (Anlage 1), die Weiterbeschäftigung des Generalkonsuls Wilhelm von Pochhammer im AA (Anlage 2) sowie die Ernennung eines Ministerialdirigenten im BMI und die Einstellung eines Angestellten im BPA nach der ADO für übertarifliche Angestellte (Nachtrag).

[A.] **Regierungserklärungen vor dem Bundestag am 31. Januar und 1. Februar 1957**

Unter Vorsitz des Bundeskanzlers werden die Grundsätze der Regierungserklärungen vor dem Bundestag am 31. Januar und 1. Februar erörtert². Die außenpolitische Erklärung soll von dem Bundesminister des Auswärtigen abgegeben werden³. Die Erklärung zur Berlin-Frage⁴ soll von dem Bundesminister des Innern übernommen, durch den Bundesminister der Finanzen ergänzt und in der Debatte von dem Bundesminister für das Post- und Fernmeldewesen unterstützt werden. Der *Bundeskanzler* hält es für zweckmäßig, diese Regierungserklärung kurz zu halten. Sie soll sich darauf beschränken, auf den Kabinettsbeschluß vom Februar 1950 betr. Verlegung von Bundesdienststellen nach Berlin Bezug zu nehmen, die Zahl der Bundesbediensteten in Bonn und Berlin gegenüberzustellen und die Höhe der Bundesmittel, die für Berlin zur Verfügung gestellt werden, zu nennen⁵. Bei der Behandlung des Punktes 5 der Tagesordnung des Bundestages am 1. Februar soll der Bundesminister für Verteidigung auch einige grundsätzliche Ausführungen über die Wehrpolitik der Bundesregierung machen⁶.

---

² Siehe 168. Sitzung am 23. Jan. 1957 TOP C.

³ Text der von Außenminister von Brentano am 30. Jan. 1957 fertiggestellten Rede in B 136/3773. – Themen der Regierungserklärung waren die Rückkehr des Saarlandes, die Lage im Nahen Osten, die Verhältnisse in den Staaten des Ostblocks, die Frage der deutschen Ostgebiete und der Wiedervereinigung, das Verhältnis zur Sowjetunion, die Sicherheits- und Bündnispolitik der Bundesregierung sowie die europäische Integration. Zu den Ausführungen und der anschließenden Debatte im Bundestag am 31. Jan. 1957 vgl. Stenographische Berichte, Bd. 34, S. 10640–10740.

⁴ Mit Schreiben des Protokollanten vom 4. Febr. 1957 berichtigt aus „Wiedervereinigungsfrage" (B 136/36115).

⁵ Vgl. 49. Sitzung am 28. Febr. 1950 TOP G (Kabinettsprotokolle 1950, S. 234) und 161. Sitzung am 28. Nov. 1956 (Kabinettsprotokolle 1956, S. 743–746). – Am 6. Febr. 1957 fand im Bundestag die Beratung des Berichts des Ausschusses für Gesamtdeutsche und Berliner Fragen (BT-Drs. 3116) über den Antrag der SPD, FDP und GB/BHE betreffend Hauptstadt Berlin (BT-Drs. 2889) und über den Antrag der SPD betreffend Vorbereitung hauptstädtischer Funktionen Berlins (BT-Drs. 3167) statt. Der BMI berichtete dem Bundestag, daß sich die Zahl der in Berlin und Bonn beschäftigten Bundesbediensteten annähernd die Waage halten würden. Zu den Bundesmitteln für Berlin beschränkte er sich auf Angaben über getätigte und vorgesehene Ausgaben zur Wiederherstellung ehemaliger Regierungsbauten und zum Ausbau der Universitäten und kulturellen Einrichtungen (Stenographische Berichte, Bd. 35, S. 10813 f.). – Weitere Angaben über den Ausbau Berlins zur Hauptstadt und über die Aufträge der Bundespost für die West-Berliner Wirtschaft im Jahre 1957 in Bulletin Nr. 3 vom 5. Jan. 1957, S. 25–29.

⁶ Vgl. dazu 163. Sitzung am 12. Dez. 1956 TOP 2 (Kabinettsprotokolle 1956, S. 768 f.). – Unter Punkt 5 der Tagesordnung war die erste Beratung des Entwurfs eines Gesetzes über die Feststellung eines fünften Nachtrags zum Bundeshaushaltsplan für das Rechnungsjahr 1956 angeführt, der ausschließlich Ansätze für das Verteidigungsressort enthielt (BT-Drs. 3058). Strauß berichtete dem Bundestag insb. über die Anforderungen von Planstellen und Mitteln für den weiteren Aufbau der Bundeswehr auf insgesamt 130 000 Berufssoldaten und Soldaten auf Zeit bis zum 31. März 1957, über den personellen Nachholbedarf im Verwaltungsbereich sowie über den Bedarf an Mitteln und Personal zum Aufbau des Beschaffungsamtes. – Zu den Ausführungen des BMVtg am 1. Febr. 1957 und der anschließenden Aussprache vgl. Stenographische Berichte, Bd. 35, S. 10761–10800. – Fünftes Nachtragshaushaltsgesetz vom 11. Juni 1957 (BGBl. II 484). – Fortgang 170. Sitzung am 6. Febr. 1957 TOP A (Innen- und außenpolitische Lage).

[B.] Verlegung von Bundesdienststellen nach Berlin; hier: Kurzreferat des Bundesministers für Vertriebene, Flüchtlinge und Kriegsgeschädigte

Der *Bundesminister für Vertriebene, Flüchtlinge und Kriegsgeschädigte* teilt mit, daß er demnächst eine Abteilung seines Hauses nach Berlin verlegen wolle[7]. Das Kabinett nimmt zustimmend Kenntnis.

2. Entwurf eines Gesetzes über den Ausbauplan für die Bundesfernstraßen   BMV

Nach kurzer Erörterung billigt das Kabinett die Kabinettvorlage des Bundesministers für Verkehr vom 9.1.1957 in der Fassung der Kabinettvorlagen vom 19. und 28.1.1957[8].

Die Bundesminister für Verkehr und der Finanzen sollen während der Behandlung des Gesetzentwurfs im Bundesrat gemeinsam mit den Koalitionsfraktionen Fühlung nehmen, um eine unangemessene Ausweitung des Gesetzentwurfs bei der weiteren Behandlung im Bundestag zu verhindern[9].

[C.] Gutachten über die Deutsche Bundesbahn

Der *Bundesminister für Verkehr* trägt den Inhalt seiner Kabinettvorlage vom 28.1.1957 vor[10]. Das Kabinett billigt diese Vorlage. Auf Wunsch des *Bundesministers*

---

[7] Vgl. dazu das Schreiben des BMVt vom 28. Jan. 1957 in B 136/4669. – Staatssekretär Nahm hatte in Aussicht gestellt, Referate, die ausschließlich für Flüchtlinge aus der sowjetischen Besatzungszone zuständig waren, in der Berliner Vertretung zusammenzufassen. In der Folge wurde eine neue Abteilung IV mit der Zuständigkeit „Fragen der SBZ-Flüchtlinge und Vertretung des Ministeriums in Berlin" eingerichtet (Organisationsplan vom 1. Juni 1957).

[8] Siehe 168. Sitzung am 23. Jan. 1957 TOP 4. – Vorlagen des BMV vom 9., 19. und 28. Jan. 1957 in B 108/20952 und B 136/9761. – Vorgesehen war der Neubau von Autobahnen sowie der Neu- und Ausbau von Bundesstraßen. Das gesamte Programm sollte je nach Dringlichkeit in drei Baustufen verwirklicht werden. Der BMV hatte die Gesamtkosten nach dem Preisstand von 1955 auf 22 Milliarden DM geschätzt. Die Vorlage enthielt jedoch keinen Finanzierungsplan, sondern lediglich den Hinweis auf das noch zu erlassende Verkehrsfinanzgesetz.

[9] BR-Drs. 33/57, BT-Drs. 3234. – Gesetz vom 27. Juli 1957 (BGBl. I 1189).

[10] Siehe 59. Sitzung des Kabinettsausschusses für Wirtschaft am 10. Nov. 1956 TOP 1 (B 136/36219). – Vorlage des BMV vom 28. Jan. 1957 in B 108/1330 und B 136/1515. – Die Bundesregierung hatte in der 34. Kabinettssitzung am 1. Juni 1954 (Kabinettsprotokolle 1954, S. 246) im Rahmen der Entwicklung eines gesamtwirtschaftlichen Verkehrskonzeptes den BMV beauftragt, ein Gutachten über Maßnahmen zur Wiederherstellung der Wirtschaftlichkeit der Bundesbahn erstellen zu lassen. Unterlagen zur Entstehung dieses nach seinem Verfasser, dem Präsidenten des Hauptprüfungsamtes für die Deutsche Bundesbahn, Dr. Karl Ottmann, genannten Ottmann-Gutachtens vom Juli 1955 und Stellungnahmen des BMV in B 108/1461, 1487 und 2121, ferner in B 136/1512 bis 1514. In seiner Vorlage vom 28. Jan. 1957 hatte der BMV das Bundeskabinett um Ermächtigung gebeten, entsprechend den in Thesen zusammengefaßten Empfehlungen des Gutachtens, die durch einen vom Kabinettsausschuß für Wirtschaft eingesetzten interministeriellen Ausschuß nochmals überarbeitet worden waren, weitere Maßnahmen zur Rationalisierung und zur Verbesserung der Wettbewerbsfähigkeit gegenüber den anderen Verkehrsträgern durchzuführen. Nach These 7 sollten Richtlinien für die Rechnungslegung und die Aufstellung der Jahresabschlüsse vom Vorstand mit den Prüfungs- und Aufsichtsinstanzen der Deutschen Bundesbahn abgestimmt werden. Die vom BMZ gewünschten Änderungen, sie bezogen sich auf die Mitwirkung unabhängiger Prüfer bei der Rechnungslegung

für wirtschaftliche Zusammenarbeit sollen die Ausführungen unter Ziffer I (Zu These 7) und unter Ziffer II im unmittelbaren Einvernehmen zwischen den Bundesministern für Verkehr und für wirtschaftliche Zusammenarbeit umformuliert werden, daß private Wirtschaftsprüfer nur von Fall zu Fall herangezogen werden.

3. **Entwurf eines Gesetzes über die Neuregelung des Rechts der gesetzlichen Unfallversicherung (Unfallversicherungsgesetz – UVG –)** BMA

Nach einem einleitenden Bericht des *Bundesministers für Arbeit* über das Ergebnis der letzten Chefbesprechungen[11] tragen *Staatssekretär Dr. Rust*, der *Bundesminister für Atomfragen*, der *Bundesminister für Wirtschaft*, der *Bundesminister für Familienfragen*, der *Bundesminister für wirtschaftliche Zusammenarbeit* sowie der *Bundesminister des Innern* die Bedenken ihrer Ressorts gegen den Gesetzentwurf vor[12]. Auf Vorschlag des *Bundesministers für Wirtschaft* beschließt das Kabinett, den Gesetzentwurf zunächst an den Kabinettsausschuß zu verweisen. Der *Bundesminister für Arbeit* bittet die Ressorts, ihm die Änderungswünsche schriftlich bekanntzugeben und nachrichtlich den übrigen Ressorts mitzuteilen. Auf Wunsch des *Bundeskanzlers* soll im Kabinettsausschuß auch die Frage einer Festsetzung von Mindesthonoraren für Ärzte geprüft werden[13].

4. **Personelle Besetzung des Gemischten Ausschusses für Eisenbahnfragen gemäß Art. 38 des deutsch-französischen Vertrages zur Regelung der Saarfrage vom 27. Oktober 1956** BMV

Das Kabinett stimmt der Kabinettvorlage des Bundesministers für Verkehr vom 16.1.1957 mit der Maßgabe zu, daß in dem Gemischten Ausschuß für Eisenbahnfragen auch die Bundesministerien der Finanzen und für Wirtschaft je einen Sitz

---

und Aufstellung der Jahresabschlüsse, wurden teilweise berücksichtigt. Vgl. dazu das Schreiben Seebohms vom 1. Febr. 1957 an Blücher in B 136/1515.

[11] Nicht ermittelt.

[12] Siehe 168. Sitzung am 23. Jan. 1957 TOP 6. – Vorlagen des BMA vom 16. Jan. und vom 28. Jan. 1957 mit einer Zusammenstellung der Änderungswünsche der Ressorts in B 149/3915 und B 136/2693, weitere Unterlagen zur Entstehung in B 149/3913 und 3914. – Im Rahmen der Sozialreform sollten nach der Verabschiedung des Rentenversicherungsgesetzes am 21. Jan. 1957 durch den Bundestag eine Verbesserung der Unfall- und Krankenversicherung folgen. In der Vorlage hatte der BMA an der bisherigen Grundkonzeption einer Entschädigung für die Folgen eines Arbeitsunfalles oder einer Berufskrankheit durch die Träger der Unfallversicherung festgehalten. Neben Leistungsverbesserungen hatte der BMA auch Prinzipien der Unfallverhütung und der Wiederherstellung der Erwerbstätigkeit in den Entwurf aufgenommen. Als wesentliche Leistungsverbesserungen waren u. a. eine Anpassung der Unfallrenten an die Entwicklung der Löhne und Gehälter, eine versicherungsrechtliche Gleichstellung der Arbeitnehmer in der Landwirtschaft mit denen der gewerblichen Wirtschaft sowie eine deutliche Erhöhung der Witwen- und Waisenrente vorgesehen. Die Kosten der Unfallversicherung sollten wie bisher durch Beiträge der Arbeitgeber im Umlageverfahren getragen werden. Den aus der Neuregelung resultierenden Mehraufwand für das Jahr 1957 hatte der BMA auf insgesamt 476 Millionen DM veranschlagt.

[13] Fortgang 65. Sitzung des Kabinettsausschusses für Wirtschaft am 8. Febr. 1957 TOP 1 (B 136/36220) und 171. Sitzung am 15. Febr. 1957 TOP 3.

erhalten. Der *Bundesminister für Verkehr* spricht die Bitte aus, daß sich diese Ministerien in dem Ausschuß nur durch Beamte vertreten lassen, die mindestens den Rang eines Ministerialrates haben[14].

5. Entwurf eines Gesetzes über die Feststellung des Wirtschaftsplans des ERP-Sondervermögens für das Rechnungsjahr 1957 (ERP-Plangesetz 1957) BMZ

Das Kabinett billigt die Kabinettvorlage des Bundesministers für wirtschaftliche Zusammenarbeit vom 17.1.1957 mit der Maßgabe, daß die Bedenken des Bundesministers für Ernährung, Landwirtschaft und Forsten am 1. Februar vormittags in einer Chefbesprechung zwischen den Bundesministern für wirtschaftliche Zusammenarbeit und für Ernährung, Landwirtschaft und Forsten behoben werden sollen[15].

[D.] **Einfügung einer Saarklausel in:**

a) die Verordnung über die steuerliche Behandlung von Prämien über Verbesserungsvorschläge[16],

b) die Dritte Verordnung zur Änderung und Ergänzung der Dritten Verordnung zur Durchführung des Feststellungsgesetzes[17],

c) die Neunte Verordnung zur Durchführung des Feststellungsgesetzes (9. FeststellungsDV)[18],

---

[14] Zum Gesetz vom 22. Dez. 1956 über den Vertrag vom 27. Okt. 1956 zwischen der Bundesrepublik Deutschland und der Französischen Republik zur Regelung der Saarfrage (BGBl. II 1587) vgl. 159. Kabinettssitzung am 14. Nov. 1956 TOP 8 a (Kabinettsprotokolle 1956, S. 728). – Vorlage des BMV vom 16. Jan. 1957 in B 136/2732. – Der Ausschuß sollte gemäß dem Vertrag vom 27. Okt. 1956 für die bis Ende 1959 vorgesehene Übergangsperiode für Betrieb und Verwaltung der im Saarland gelegenen Strecken der Deutschen Bundesbahn beratend tätig sein. Der BMV hatte in seiner Vorlage beantragt, drei Vertreter des Saarlandes, drei Vertreter der Bundesbahn und vier Vertreter des BMV in den Ausschuß zu entsenden. Dagegen hatten der BMF und der BMWi jeweils mit Schreiben vom 28. Jan. 1957 je einen Sitz für ihr Ministerium beansprucht (Schreiben in B 136/2732). Verzeichnis der Mitglieder des Ausschusses und Geschäftsordnung vom 18. Dez. 1956 in B 108/22171.

[15] Vorlage des BMZ vom 17. Jan. 1957 in B 146/1847 und B 136/1286. – In der Vorlage war der Wirtschaftsplan 1957 des ERP-Sondervermögens in Einnahmen und Ausgaben auf etwas mehr als 900 Millionen DM festgestellt worden. Nach Angaben des BMZ bestand der überwiegende Teil der Einnahmen aus Zinsen, Tilgungen und Rückflüssen. Sie sollten auf Vorschlag des BMZ als Kredite, Zuschüsse und Beteiligungen für Modernisierungsinvestitionen, strukturpolitische Maßnahmen und für die Förderung der mittelständischen Wirtschaft verwendet werden. Der BML hatte eine stärkere Berücksichtigung der Landwirtschaft und der Wasserwirtschaft gefordert. Vgl. den Vermerk des BMZ vom 29. Jan. 1957 in B 146/1847 und das Schreiben Blüchers an Lübke vom 30. Jan. 1957 in B 136/1286. Eine Einigung wurde am 1. Febr. 1957 erzielt, eine Änderung der Ansätze war nicht erforderlich. Vgl. den Vermerk des Bundeskanzleramtes vom 1. Febr. 1957 sowie das Schreiben des BML vom 1. Febr. 1957 an den BMZ in B 136/1286. – BR-Drs. 35/57. – Fortgang 173. Sitzung am 1. März 1957 TOP 2.

[16] Vorlage des BMF vom 27. Okt. 1956 in B 126/19004 und B 136/626. – BR-Drs. 488/56. – Verordnung vom 18. Febr. 1957 (BGBl. I 33).

[17] Vorlage des BMF vom 4. Dez. 1956 in B 126/10610 und B 136/649. – BR-Drs. 507/56. – Dritte Verordnung vom 19. Febr. 1957 (BGBl. I 161).

d) die Verordnung zur Änderung und Ergänzung der Sechsten Verordnung zur Durchführung des Feststellungsgesetzes[19],

e) die Verordnung zur Änderung und Ergänzung der Fünften Verordnung zur Durchführung des Feststellungsgesetzes[20].

Auf Antrag des *Bundesministers der Finanzen* beschließt das Kabinett die Einfügung einer negativen Saarklausel in die obengenannten Verordnungen und ermächtigt den Bundesminister der Finanzen, die Paragraphenfolge dieser Verordnungen entsprechend zu ändern[21].

---

[18] Vorlage des BMF vom 4. Dez. 1956 in B 126/10617 und B 136/649. – BR-Drs. 510/56. – Neunte Verordnung vom 14. März 1957 (BGBl. I 214).

[19] Vorlage des BMF vom 4. Dez. 1956 in B 126/10621 und B 136/649. – BR-Drs. 509/56. – Verordnung vom 19. Febr. 1957 (BGBl. I 163).

[20] Vorlage des BMF vom 4. Dez. 1956 in B 126/10617 und B 136/649. – BR-Drs. 508/56. – Verordnung vom 14. März 1957 (BGBl. I 231).

[21] Die Verordnungsentwürfe zu a) bis e) waren im Umlaufverfahren genehmigt worden. Die Verordnungen bezogen sich auf das Gesetz vom 21. April 1952 über die Feststellung von Vertreibungsschäden und Kriegssachschäden (BGBl. I 237), das die Rechtsgrundlage für die Leistungen aus dem Lastenausgleichsgesetz vom 14. Aug. 1952 (BGBl. I 446) bildete. Der Antrag des BMF entsprach jeweils den Änderungswünschen des Bundesrates (vgl. den Vermerk des Bundeskanzleramtes vom 29. Jan. 1957 in B 136/649). – Nach dem Eingliederungsgesetz vom 23. Dez. 1956 (BGBl. I 1011) sollten alle nach dem 1. Jan. 1957 verkündeten Gesetze und Verordnungen auch im Saarland gelten, sofern dies nicht ausdrücklich ausgeschlossen war. Vgl. dazu 177. Sitzung am 27. März 1957 TOP 2.

170. Kabinettssitzung
am Mittwoch, den 6. Februar 1957

Teilnehmer: Adenauer (bis 11.20 Uhr)[1], Blücher, von Brentano, Schröder, von Merkatz, Schäffer, Erhard, Lübke, Storch, Seebohm, Lemmer, Preusker, Oberländer, Balke; Globke, Thedieck (ab 12.40 Uhr), Ripken (ab 12.25 Uhr); Klaiber (Bundespräsidialamt), Krueger (BPA), Selbach (Bundeskanzleramt), Kilb (Bundeskanzleramt). Protokoll: Bachmann.

Beginn: 10.00 Uhr Ende: 13.15 Uhr

Ort: Haus des Bundeskanzlers

Tagesordnung:
1. Personalien
   Gemäß Anlagen.
2. Besetzung einer auswärtigen Vertretung
   Schreiben des Staatssekretärs des Bundeskanzleramtes vom 29. Jan. 1957 (11 - 14004 - 169/57 VS-Vertr.).
3. Deutsch-belgischer Ausgleichsvertrag; Rückerwerb des grenzdurchschnittenen und grenznahen Grundbesitzes deutscher Staatsangehöriger, deren Wohnort zur Zeit noch unter belgischer Verwaltung steht
   Vorlage des AA vom 22. Jan. 1957 (302.213 - 01/4530/56).
4. Bericht der OEEC Arbeitsgruppe Nr. 17 über die Möglichkeit der Errichtung einer Freihandelszone
   Vorlage des AA vom 29. Jan. 1957 (411 - 318 - 02/777/57).
5. Besondere Verpflichtungserklärung für Geheimnisträger der Stufe „COSMIC", die nächste Verwandte in der Sowjetzone oder im Ostsektor Berlins haben
   Vorlage des BMI vom 11. Jan. 1957 (VI A 1 - 63 760 A - 7034/57 VS-Vertr.).
6. Aufgliederung der Pauschalansätze von je 600 000 DM in Einzelplan 24 des BMZ zur Durchführung der Sonderaufträge
   a) Prüfung der Lage des gesamten unselbständigen Mittelstandes und der geistig schaffenden Berufe (Tit. 310),
   b) Koordinierung wasserwirtschaftlicher und wasserrechtlicher Fragen (Tit. 311)
   Vorlage des BMZ vom 5. Febr. 1957 (K 31/16).

---

[1] In Adenauers Tageskalender war für 11.30 Uhr die Abfahrt nach Köln zur Feier des 70. Geburtstages des Erzbischofs von Köln, Josef Kardinal Frings, notiert (B 136/20686).

[A. Innen- und außenpolitische Lage]

Der *Bundeskanzler* eröffnet die Sitzung mit einem Hinweis auf die günstige Wirkung der letzten außenpolitischen Bundestagsdebatte in der deutschen Öffentlichkeit[2]. Das Echo in der Presse sei allerdings schlecht gewesen. Es zeige sich hier wieder einmal mit aller Deutlichkeit, daß die Bundesregierung kaum die Möglichkeit habe, in der Presse ihre Gedanken gebührend zum Ausdruck zu bringen. Der *Bundeskanzler* erklärt, er habe sich in der Bundestagsdebatte absichtlich zurückgehalten und verweist auf seine diesbezügliche Äußerung in der Berliner Presse-Konferenz[3]. Dort habe er hinsichtlich der zukünftigen politischen Entwicklung optimistische Ansichten geäußert. Dieser Optimismus sei in den Schwierigkeiten begründet, die der Ostblock ganz offensichtlich habe. Die wirtschaftlichen Gegebenheiten würden vielleicht auch zu einem Wechsel der Politik zwingen. Auf westlicher Seite müsse man sich aber vor allem hüten, was die Sowjetunion als politische Provokation auffassen könne[4]. Der *Bundeskanzler* spricht sodann über seine im Herbst 1955 in Moskau gemachten Erfahrungen[5] und kommt schließlich auf die bevorstehende Berlin-Debatte des Bundestages und auf die Frage der deutschen Ostgrenze zu sprechen. Nach einigen Bemerkungen des *Vizekanzlers* und des *Bundesministers für Verkehr* macht der *Bundesminister der Justiz* Ausführungen über die heutige Situation in den Gebieten jenseits der Oder-Neiße-Linie. Der *Bundesminister für Vertriebene, Flüchtlinge und Kriegsgeschädigte* kommt auf die Absicht gewisser Kreise zu sprechen, das Notaufnahmeverfahren abzuschaffen[6]. Er verweist ferner auf die Tatsache, daß neuerdings aus Ost-Deutschland mit Zustimmung der polnischen Behörden viele Deutsche in die Bundesrepublik abwanderten, deren Wohnsitzwechsel man nicht unter den Begriff „Familienzusammenführung" bringen könnte. Der *Minister* warnt vor der Möglichkeit einer zweiten Vertreibung der Deutschen aus den Gebieten jenseits der Oder-Neiße[7]. Auch der *Bundeskanzler* ist der Meinung,

---

[2] Siehe 169. Sitzung am 30. Jan. 1957 TOP A. – Zur Bundestagsdebatte am 31. Jan. 1957 vgl. Stenographische Berichte, Bd. 34, S. 10640–10740.

[3] Text der Pressekonferenz am 2. Febr. 1957 anläßlich der Eröffnung der „Grünen Woche" in Berlin in B 145 I/66, veröffentlicht in Bulletin Nr. 24 vom 5. Febr. 1957, S. 209–211.

[4] Seebohm notierte hierzu: „Abbröckeln im Osten. Katastrophale wirtschaftliche Lage in Ungarn, Polen, DDR, auch in der Sowjetunion. Einfluß Chinas gestärkt. Explosion aus den Schwierigkeiten heraus? Russen nicht reizen." (Nachlaß Seebohm N 1178/9 b).

[5] Zu Adenauers Reise nach Moskau vom 9. bis 13. Sept. 1955 vgl. Sondersitzung am 15. Sept. 1955 TOP A (Kabinettsprotokolle 1955, S. 511–522).

[6] Vgl. 126. Sitzung am 14. März 1956 TOP E (Kabinettsprotokolle 1956, S. 255). – Zum Stand des Notaufnahmeverfahrens vgl. die Äußerungen von Staatssekretär Nahm in der Pressekonferenz am 4. Febr. 1957 mit dem dort vorgelegten Material in B 145 I/66, dazu auch B 136/9437, ferner Bulletin Nr. 24 vom 5. Febr. 1957, S. 216. – Ein von der Fraktion der SPD im Bundestag eingebrachter Gesetzentwurf zur Änderung des Gesetzes über die Notaufnahme von Deutschen in das Bundesgebiet vom 4. Dez. 1956 (BT-Drs. 2959) sah u.a. eine größere Freizügigkeit, eine wirksamere Erfassung durch eine verschärfte Meldepflicht und eine Neuregelung des Verteilungsverfahrens auf die Länder vor. – Unterlagen dazu in B 150/2567 und B 136/9433.

[7] Seebohm notierte dazu: „Lage Notaufnahmeverfahren. Rotkreuzabkommen mit Polen: voriges Jahr 20 000; jetzt wöchentlich 5000–6000. Neue Transporte aus Polen stellen eine neue zweite Vertreibung dar weit über Lösung Probleme Familienzusammenführung; das kann eineinhalb

daß Ost-Deutschland für Europa und den Westen endgültig verloren sei, wenn alle Deutschen von dort abwanderten. Er schlägt vor, daß ein Ausschuß des Kabinetts die Frage der deutschen Ostgebiete behandelt und eine Sprachregelung erarbeitet, die dann auch mit den Koalitionsparteien abgesprochen werden soll. Der *Bundeskanzler* schlägt für diesen Ausschuß den Vizekanzler sowie die Bundesminister des Auswärtigen, der Justiz, für Verkehr, für das Post- und Fernmeldewesen und für Vertriebene, Flüchtlinge und Kriegsgeschädigte vor. Das Kabinett stimmt der Einsetzung des Ausschusses zu[8].

Der *Bundeskanzler* spricht sodann über die Bestrebungen, das Wahlgesetz zu ändern[9]. Er habe nicht die Absicht gehabt, mit seinem Brief an den Ministerpräsidenten Hellwege[10] der Deutschen Partei zu nahe zu treten[11]. Es sei sehr zu überlegen, ob die beabsichtigte Zusammenarbeit zwischen Bayern-Partei und Deutscher Partei dem Wahlgesetz entspreche. Beide Parteien setzten sich eventuell der Gefahr aus, daß die für sie abgegebenen Stimmen später für ungültig erklärt würden. Das aber wäre für die gegenwärtige Regierungskoalition sehr bedauerlich. Der *Bundesminister der Justiz* stimmt dem Bundeskanzler insoweit zu, als es das erklärte Ziel der gegenwärtigen Regierungskoalition sein müsse, ein Wahlergebnis zu erzielen, welches die Aufrechterhaltung der Koalition in der nächsten Legislaturperiode ermögliche. Man müsse Verstimmungen nach Möglichkeit vermeiden. Daher sei es zweckmäßig, die Änderungsanträge zum Wahlgesetz in erster Lesung den Ausschüssen des Bundestages zu überweisen und die Anträge nicht sofort abzulehnen. Das Kabinett erörtert sodann ausführlich die Argumente, die für oder gegen eine Überweisung der Änderungsanträge zum Wahlgesetz an die Bundestagsausschüsse sprechen. Es wird eine Koalitionsbesprechung über diese Frage in Aussicht genommen[12].

Nachdem der Bundeskanzler die Sitzung verlassen und der Vizekanzler den Vorsitz übernommen hat, beschäftigt sich das Kabinett mit der bevorstehenden Berlin-Debatte des Bundestages. Der *Bundesminister der Justiz und für Angelegenheiten des Bundesrates* ist der Meinung, die Öffentlichkeit müsse darüber ins Bild gesetzt werden, was bereits bezüglich der Verlegung von Bundesdienststellen nach Berlin

---

Millionen umfassen. Das würde praktisch Aufgabe der Gebiete bedeuten." (Nachlaß Seebohm N 1178/9b). – Fortgang hierzu 171. Sitzung am 15. Febr. 1957 TOP C.

[8] Unterlagen hierzu nicht ermittelt.

[9] Siehe 115. Sitzung am 25. Jan. 1956 TOP E (Kabinettsprotokolle 1956, S. 127 f.). – Mit Änderungsanträgen hatte die Fraktion des GB/BHE und der DP (BT-Drs. 3027) und der SPD (BT-Drs. 3097) eine Abschwächung bzw. Erleichterung bei der Anwendung der 5 %-Klausel zu erreichen erhofft. Klagen der Bayern-Partei und der GVP hatte das Bundesverfassungsgericht am 23. Jan. 1957 abgewiesen (BVerfGE 6, 84, sowie BT-Drs. 3170).

[10] Heinrich Hellwege (1908–1991). 1946–1947 Landrat in Stade, 1946–1952 und 1955–1963 MdL Niedersachsen (DP), 1947–1961 Vorsitzender der DP, 1949–1955 MdB, dort 1949 Fraktionsvorsitzender, 1949–1955 Bundesminister für Angelegenheiten des Bundesrates, 1955–1959 Ministerpräsident des Landes Niedersachsen, 1961 Übertritt zur CDU.

[11] Adenauer hatte sich am 1. Febr. 1957 bei Hellwege nach dessen Kontakten zur Bayern-Partei erkundigt. In seiner Antwort vom 4. Febr. 1957 hatte Hellwege die Form des Schreibens Adenauers bedauert und sein Gespräch mit dem Vorsitzenden der Bayern-Partei als ganz normal und informativ bezeichnet (StBKAH 12.29).

[12] Nicht ermittelt.

geschehen sei. Der *Bundesminister für Wohnungsbau* erklärt sich bereit, über die Berliner Bauten zu sprechen[13]. Der *Vizekanzler* regt an, daß der Bundesminister für das Post- und Fernmeldewesen alle Berliner Abgeordneten der Koalition zu einer Besprechung einlädt, in welcher über die Berliner finanziellen Anforderungen gesprochen werden sollte. Der *Minister* erklärt sich hierzu bereit[14].

1. **Personalien**[15]

und

2. **Besetzung einer auswärtigen Vertretung**   AA

Das Kabinett stimmt den Vorschlägen zu[16].

[B. Gemeinsame Geschäftsordnung der Bundesministerien]

Außerhalb der Tagesordnung kommt der *Bundesminister des Innern* auf einen Sachverhalt zu sprechen, der u.a. auf der ersten Seite der „Frankfurter Allgemeinen Zeitung" vom 6.2.1957 unter der Überschrift „Oberaufsicht des Bundespresseamtes" behandelt wird. Die verzerrte Mitteilung über gewisse Bestimmungen des Entwurfs einer gemeinsamen Geschäftsordnung der Bundesministerien[17] gehe offensichtlich auf einen klaren Fall von Geheimnisverrat zurück. Die Öffentlichkeit werde durch eine falsche Auslegung der verratenen Bestimmungen offenbar irregeführt. Abgesehen von der Frage der sachlichen Berechtigung des Presseangriffs müsse man aber sagen,

---

[13] Zum Ausbau Berlins vgl. 161. Sitzung am 28. Nov. 1956 TOP A (Kabinettsprotokolle 1956, S. 743–746).

[14] Vgl. 169. Sitzung am 30. Jan. 1957 TOP A. – Am 6. Febr. 1957 erörterte der Bundestag den Schriftlichen Bericht des Ausschusses für Gesamtdeutsche und Berliner Fragen (BT-Drs. 3116) über den Antrag der Fraktionen der SPD, FDP, GB/BHE (BT-Drs. 2998) betr. Verlegung von Ministerien und anderen Dienststellen nach Berlin. Zum Bericht und zur Aussprache vgl. Stenographische Berichte, Bd. 35, S. 10812–10850. Vgl. dazu auch den Bericht der Bundesregierung vom 17. Aug. 1957 (BT-Drs. 3762) zum Antrag der SPD betr. „Vorbereitung hauptstädtischer Funktionen" (BT-Drs. 3167). Unterlagen in B 136/4669 und B 106/12391; vgl. auch Pommerin, Berlin, S. 201–207.

[15] Vorgeschlagen war die Ernennung eines Ministerialdirigenten im AA, eines Ministerialrates beim Bundesrechnungshof, eines Ministerialdirigenten im BMAt und die Einstellung eines Angestellten im BMVtg nach der ADO für übertarifliche Angestellte im öffentlichen Dienst. Außerdem sollte der BMA beauftragt werden, wegen der beabsichtigten Ernennung der Oberdirektoren bei der BAVAV Heinrich Kretschmer und Dr. Rudolf Rigler zum Präsidenten des Landesarbeitsamtes Nordbayern bzw. zum ständigen Stellvertreter des Präsidenten des Landesarbeitsamtes Südbayern den Verwaltungsrat der BAVAV und die Bayerische Staatsregierung zu den Vorschlägen zu hören.

[16] Vorlage des Bundeskanzleramtes vom 29. Jan. 1957 in B 136/1837. – Vorgeschlagen war die Besetzung der Gesandtschaft in Wellington mit Dr. Herbert Nöhring.

[17] Vgl. den Entwurf des BMI vom 24. Jan. 1957 in B 106/4146 und B 136/4002. – Der BMI hatte eine Neufassung der GGO I zur Verabschiedung im Umlaufwege vorgelegt. Die das Pressewesen behandelnden §§ 81 bis 83 sahen eine Einschränkung der pressepolitischen Selbständigkeit der Bundesministerien und eine entsprechende Ausweitung der Zuständigkeit des Bundespresseamtes vor. Unterlagen hierzu in B 106/4164.

daß der Geheimschutz in den Bundesministerien wieder einmal versagt habe. Das Vertrauen unserer Verbündeten sei in dieser Hinsicht ohnehin schon sehr gering. Neuerdings habe man auch im Bundestag entdeckt, daß es so wie bisher nicht weitergehe[18]. Er, der *Minister*, schlage vor, ein Ermittlungsverfahren wegen Geheimnisverrats gegen Unbekannt durch den Oberbundesanwalt einleiten zu lassen. Wenn ein einziger Mann wegen Verletzung seiner Amtspflichten oder der Strafgesetze aus dem Dienst entfernt werde, würden derartige Fälle wohl aufhören. Es gelte, endlich einmal ein Exempel zu statuieren. Der *Vizekanzler* schließt sich diesen Ausführungen an. Der *Bundesminister für Wirtschaft* ist grundsätzlich derselben Meinung, glaubt aber, daß der gegebene Anlaß für die Einleitung eines solchen Verfahrens nicht günstig sei. Der *Bundesminister der Justiz* teilt die Bedenken des Bundesministers für Wirtschaft in diesem besonderen Falle. Er schließt sich auch den Bedenken an, die in der Presse geäußert werden. Der *Minister* ist aber mit dem Bundesinnenminister der Meinung, daß es Zeit sei, angesichts der wiederholten Fälle vorsätzlichen oder fahrlässigen Geheimnisverrats ein Exempel zu statuieren. Der *Bundesminister des Innern* sagt zu den Presseangriffen, daß es selbstverständlich niemals seine Absicht gewesen sei, durch die vorgeschlagene Zusammenarbeit zwischen dem Bundespresseamt und den Ministerien die Minister zu Staatssekretären zu degradieren, wie geäußert worden sei. Es gelte, den Apparat des Bundespresseamtes für eine möglichst wirksame Pressepolitik zu nützen. Das Amt solle aber natürlich nicht als Zensor, sondern nur als Helfer der Minister auftreten[19]. Der *Minister* verweist noch einmal auf den schlechten Ruf, den die Bundesrepublik auf dem Gebiete des Geheimschutzes bei ihren Verbündeten habe. Der *Bundesminister der Finanzen* stimmt diesen Ausführungen zu.

Der *Bundesminister für Wohnungsbau* regt an, durch eine Prüfung sicherzustellen, daß das Abhören von Telefongesprächen unmöglich gemacht wird. Der *Vizekanzler* weist darauf hin, daß Ferngespräche nach Berlin in wichtigen Angelegenheiten immer über Funk geführt werden sollten[20].

---

[18] Zu Indiskretionen vgl. Sondersitzung am 29. Aug. 1956 TOP A (Kabinettsprotokolle 1956, S. 561 f.).

[19] Der stellvertretende Leiter des Bundespresseamtes Werner Krueger wies vor der Bundespressekonferenz am 6. Febr. 1957 darauf hin, daß die beabsichtigte Neufassung nur den bisherigen Zustand fixiere und alle anderen Überlegungen hinsichtlich einer Stärkung des Bundespresseamtes unzutreffend seien (B 145 I/66 und Bulletin Nr. 27 vom 8. Febr. 1957, S. 234, Entwurf der Stellungnahme in B 145/385). Vgl. ferner die Äußerungen Adenauers in der Pressekonferenz am 8. Febr. 1957 (B 145 I/66). – Die Vorlage des BMI blieb jedoch unverändert. Vgl. dazu Gemeinsame Geschäftsordnung der Bundesministerien. Allgemeiner Teil (GGO I). Hrsg. vom BMI 1958. – Fortgang hierzu 8. Sitzung am 8. Jan. 1958 TOP 4 (B 136/36117). – Eine förmliche Bekanntmachung der Änderungen und Neufassungen erfolgte erst ab 1970 im GMBl. (Bekanntmachung vom 5. Febr. 1970, GMBl., S. 90).

[20] Zur „Abhörsicherheit" der Telefonleitungen vgl. 115. Sitzung am 25. Jan. 1956 TOP H (Kabinettsprotokolle 1956, S. 140).

170. Sitzung am 6. Februar 1957

3. Deutsch-belgischer Ausgleichsvertrag; Rückerwerb des grenzdurchschnittenen und grenznahen Grundbesitzes deutscher Staatsangehöriger, deren Wohnort zur Zeit noch unter belgischer Verwaltung steht AA

Der *Bundesminister der Finanzen* teilt bei vorübergehender Abwesenheit des Bundesministers des Auswärtigen mit, er habe sich mit diesem dahin geeinigt, daß die Sache zurückgestellt und zunächst noch einmal in einer Chefbesprechung behandelt werden soll[21].

5. Besondere Verpflichtungserklärung für Geheimnisträger der Stufe „COSMIC", die nächste Verwandte in der Sowjetzone oder im Ostsektor Berlins haben BMI

Der *Bundesminister des Innern* begründet seine Vorlage[22] und bittet, daß Staatssekretär Dr. Globke über die Ansicht des Staatssekretärausschusses[23] zu dieser Frage berichtet. *Staatssekretär Dr. Globke* spricht sich für die schärfere Fassung der Erklärung nach dem Vorschlage des Verteidigungsministers aus. Der *Bundesminister des Auswärtigen* schließt sich dieser Meinung an. Der *Vizekanzler* berichtet über einen praktischen Fall, der ihn bewogen habe, entgegen seinen ursprünglichen Bedenken jetzt die Meinung des Verteidigungsministers zu befürworten. Auch der *Bundesminister für das Post- und Fernmeldewesen* spricht sich gerade im Interesse der Angehörigen, die im sowjetischen Machtbereich wohnen, für die schärfere Fassung

---

[21] Siehe 152. Sitzung am 19. Sept. 1956 TOP 2 (Kabinettsprotokolle 1956, S. 598). – Vorlage des AA vom 22. Jan. 1957 in AA B 86, Bd. 560 und B 136/1724, weitere Unterlagen insb. über die Festlegung des Grenzverlaufs in AA B 86, Bde. 559 bis 565 sowie in B 106/77049 und 77050. – Im Pariser Sechs-Mächte-Abkommen vom 22. März 1949 war u.a. Belgien die Verwaltung von 4850 ha deutschen Grenzgebiets bis zum Abschluß eines Friedensvertrags übertragen worden (Wortlaut des Kommuniqués vom 28. März 1949 in EA 1949, S. 2028), von denen es 1950 ha in Anspruch genommen hatte. Unterlagen über die im Dez. 1955 nach einem Besuch Spaaks in Bonn im November 1955 begonnenen Verhandlungen in AA B 2 Bd. 204, B 136/1723 und 1724, B 106/77048 bis 77050 und B 141/35546. Der „Vertrag zwischen der Bundesrepublik Deutschland und dem Königreich Belgien über die Berichtigung der deutsch-belgischen Grenze und andere, die Beziehung zwischen beiden Ländern betreffende Fragen" war am 24. Sept. 1956 von Spaak und von Brentano unterzeichnet worden. – Das AA hatte den Rückkauf von Grundstücken, die von der belgischen Verwaltung beschlagnahmt worden waren, als Verhandlungsvorschlag ins Gespräch gebracht. Der BMF hatte sich jedoch gegen eine Bereitstellung von Haushaltsmitteln gewandt. Vgl. dazu das Schreiben des BMF vom 4. Febr. 1957 an das Bundeskanzleramt in B 136/1724. In der Chefbesprechung am 13. Febr. 1957 wurde eine Reduzierung des Betrages von vier auf zwei Millionen DM beschlossen, der für die Umsiedler aus den vier im Ausgleichsvertrag festgelegten Gemeinden von den Ländern zur Verfügung gestellt werden sollte. Vgl. den Vermerk vom 14. Febr. 1957 in B 126/9123. – Fortgang 180. Sitzung am 30. April 1957 TOP 5.

[22] Siehe 151. Sitzung am 12. Sept. 1956 TOP 4 (Kabinettsprotokolle 1956, S. 588 f.). – Vorlage des BMI vom 11. Jan. 1957 in B 106/104565. – Nach dem Vorschlag des BMI sollten bei Personen, die dem höchsten NATO-Geheimhaltungsgrad „Cosmic" unterlagen und Verwandte in Ostblockstaaten hatten, Reisen in Staaten des kommunistischen Machtbereichs einem strengeren Genehmigungsverfahren unterliegen. Der BMI hatte in seiner Vorlage auf den Dissens mit dem BMVtg hingewiesen und um Entscheidung gebeten. Während der BMI eine Benachrichtigung der Dienststelle über eine Reise in die DDR oder Ostberlin für ausreichend hielt, hatte der BMVtg einen grundsätzlichen Verzicht auf derartige Reisen auch in dringenden Fällen gefordert.

[23] Unterlagen zur Tätigkeit des Ausschusses in B 106 VS/245 und 246.

der Verpflichtungserklärung aus. Der *Bundesminister der Finanzen* ist grundsätzlich derselben Meinung, bittet aber zu prüfen, ob man nicht Ausnahmen jeweils mit Zustimmung des Bundesministers für Verteidigung zulassen könne. Während die *Bundesminister für Wohnungsbau* und *für Vertriebene, Flüchtlinge und Kriegsgeschädigte* die schärfere Fassung befürworten, will der *Bundesminister der Justiz* die Verantwortung im Einzelfall lieber dem Vorgesetzten überlassen und damit der Fassung des Innenministers den Vorzug geben. Der *Bundesminister des Auswärtigen* ist aber der Meinung, daß die Vorgesetzten überfordert würden, wenn sie im Einzelfall die Entscheidung treffen sollten. Es ließe sich den Betroffenen gegenüber kaum begründen, daß die Reiseerlaubnis in dem einen Falle versagt und in dem anderen erteilt würde. Es sei besser, den Geheimnisträgern von Anfang an klarzumachen, welche Pflichten sie mit ihrer Ermächtigung übernehmen. Der *Bundesminister des Innern* gibt zu bedenken, daß eine COSMIC-Ermächtigung vielfach zwangsläufig aus der Dienststellung folge. Es sei nicht immer möglich, die Aufgaben anders zu verteilen, wenn ein Bediensteter die Ermächtigung ablehne. Man dürfe auch nicht vergessen, daß für die Ermächtigung nicht nur der eigentliche Bearbeiter eines Vorganges in Betracht komme, sondern auch Hilfspersonal. Der *Bundesminister der Justiz* führt aus, daß gegen seine zuvor geäußerte Meinung das John-Urteil[24] angeführt werden könnte. Dort sei nicht das Recht anerkannt worden, durch Preisgabe auch nur kleiner Geheimnisse den Ausweg aus einer schwierigen Situation unter sowjetischem Druck zu suchen.

Das Kabinett spricht sich mit Mehrheit für die Auffassung des Verteidigungsministers, d.h. für die verschärfte Fassung der Verpflichtungserklärung, aus[25].

6. **Aufgliederung der Pauschalansätze von je 600 000 DM in Einzelplan 24 des BMZ zur Durchführung der Sonderaufträge** BMZ

   a) **Prüfung der Lage des gesamten unselbständigen Mittelstandes und der geistig schaffenden Berufe**

   b) **Koordinierung wasserwirtschaftlicher und wasserrechtlicher Fragen**

Die Sache wird auf Wunsch des *Bundesministers des Innern* zurückgestellt[26].

---

[24] Otto John (1909–1996). 1937–1944 Rechtsanwalt und Syndikus der Lufthansa in Berlin, 1944 im Zusammenhang mit dem Attentat gegen Hitler Flucht nach Großbritannien, 1944–1948 im Foreign Office, 1948–1950 Rechtsanwalt in London, seit Dez. 1950 kommissarischer Leiter, von Okt. 1951 bis zum Übertritt nach Ost-Berlin am 20. Juli 1954 Präsident des Bundesamtes für Verfassungsschutz, am 12. Dez. 1955 Rückkehr in die Bundesrepublik, am 23. Dez. 1955 verhaftet, am 22. Dez. 1956 vom Bundesgerichtshof in Karlsruhe wegen Landesverrats zu vier Jahren Zuchthaus verurteilt, am 25. Juli 1958 vorzeitig aus der Haft entlassen, kämpfte seitdem um seine Rehabilitierung, u.a. mehrere erfolglose Anträge auf Wiederaufnahme des Gerichtsverfahrens. – Vgl. dazu 159. Sitzung am 14. Nov. 1956 TOP 3 (Kabinettsprotokolle 1956, S. 727). – Urteil des 3. Strafsenats des Bundesgerichtshofes vom 22. Dez. 1956 in BGHSt 10, 163, Abschrift und weitere Unterlagen auch in Nachlaß Rheindorf N 1263/353. – Vgl. auch die Dokumentation zum „Fall John" in Schiffers, Verfassungsschutz, und Stöver, Fall John.

[25] Fortgang 35. Sitzung am 17. Sept. 1958 TOP 3 (B 136/36118).

[26] Fortgang 171. Sitzung am 15. Febr. 1957 TOP 5.

[C.] Entwurf des Arbeiter-Rentenversicherungsneuregelungs-Gesetzes und des Angestellten-Versicherungsneuregelungs-Gesetzes

Das Kabinett stimmt der Vorlage zu, macht jedoch auf Wunsch des *Bundesministers der Finanzen* den Vorbehalt, daß durch den noch ausstehenden Beschluß des Bundesrates keine wesentlichen Erhöhungen der Ausgaben eintreten[27]. Der *Bundesminister für Wohnungsbau* versieht seine Zustimmung mit dem Vorbehalt, daß eine baldige Kabinettsberatung über den Ersatz für ausfallende Kapitalmarkt-Anlagen der Rentenversicherungsträger wünschenswert ist. Das Kabinett stimmt dieser Auffassung zu[28].

4. Bericht der OEEC Arbeitsgruppe Nr. 17 über die Möglichkeit der Errichtung einer Freihandelszone AA

Der *Vizekanzler* berichtet ausführlich über die Kabinettsausschuß-Beratung am 5.2.1957. Insoweit wird auf das Protokoll über diese Sitzung verwiesen[29]. Das Ergebnis der Beratung des Kabinettsausschusses ist, daß für die Pariser Verhandlungen wegen der Einbeziehung der Landwirtschaft in die Freihandelszone folgendes, vom Wortlaut der Kabinettvorlage (s. Seite 9 letzter Satz) abweichendes Verfahren in Aussicht genommen wird: Im Hinblick auf die britischen Widerstände gegen die Einbeziehung der Landwirtschaft soll diese Frage zunächst ausgeklammert und nicht behandelt werden. Falls jedoch Staaten auf einer Behandlung dieser Frage bestehen, soll die Erörterung möglichst einem Ministerausschuß vorbehalten werden. In jedem Falle hat jedoch die Kabinettvorlage die Grundlage der deutschen Stellungnahme zu sein. In der weiteren Debatte über die Vorlage sprechen die *Bun-*

---

[27] Vgl. 140. Sitzung am 19. Juni 1956 TOP 4 (Kabinettsprotokolle 1956, S. 433 f.). – Vorlage des BMA vom 2. Febr. 1957 in B 149/448 und B 136/760, weitere Unterlagen in B 149/446 und 447. – Eine erneute Behandlung im Kabinett war erforderlich geworden, da die Beschlüsse des Bundestages zur Anhebung niedrigerer Renten Mehrausgaben des Bundes mit sich brachten und daher die Zustimmung der Bundesregierung nach Art. 113 GG erforderten. – BR-Drs. 27/57 a und b. – Arbeiterrentenversicherungs-Neuregelungsgesetz vom 23. Febr. 1957 (BGBl. I 45) und Angestelltenversicherungs-Neuregelungsgesetz vom 23. Febr. 1957 (BGBl. I 88).

[28] Fortgang hierzu 11. Sitzung am 29. Jan. 1958 TOP 2 (B 136/36117).

[29] Siehe 64. Sitzung des Kabinettsausschusses für Wirtschaft am 5. Febr. 1957 TOP 1 (B 136/36220) und 144. Kabinettssitzung am 20. Juli 1956 TOP B (Kabinettsprotokolle 1956, S. 489–492). – Gemeinsame Vorlage des AA, BMF, BMWi, BML und BMZ vom 29. Jan. 1957 in B 102/11155, B 146/743, B 136/2596 und AA B 53, Bd. 114. – Der Ministerrat der OEEC hatte auf seiner Tagung am 17. bis 19. Juli 1956 auf Anregung Großbritanniens beschlossen, einen Ausschuß einzusetzen, der die Möglichkeiten einer auch die Mitgliedsländer der OEEC umfassenden Freihandelszone prüfen sollte. Der Ausschuß hatte in seinem Bericht, der der Kabinettsvorlage beigefügt war, dieses Projekt als realisierbar und vereinbar mit dem Plan der Gründung einer Wirtschaftsgemeinschaft durch die sechs Mitgliedsstaaten der Montanunion betrachtet. Dieser Bericht sollte auf der Tagung des Ministerrates am 12. und 13. Febr. 1957 beraten werden. In der Vorlage war beantragt worden, den Bericht zu billigen und die deutsche Delegation zu ermächtigen, die weiteren Verhandlungen nach den in der Vorlage beschriebenen Gesichtspunkten weiter zu führen. Hinsichtlich der Landwirtschaft war beantragt worden, die Agrarfrage schon in der nächsten Ministerratsrunde zu behandeln (Seite 9 letzter Satz der Vorlage). Vgl. dazu Bührer, Westdeutschland, S. 362; zu den Auseinandersetzungen und Verhandlungen über die Freihandelszone vgl. Brenke, Europakonzeptionen, S. 595–633.

desminister für Ernährung, Landwirtschaft und Forsten, der Finanzen, für Wirtschaft und abschließend erneut der Vizekanzler. Das Kabinett beschließt entsprechend der unveränderten Vorlage, wobei man sich aber den letzten Satz des Abschnitts VI (Seiten 9/10) etwa wie folgt modifiziert denken kann:

„Vom deutschen Standpunkt aus ist es wesentlich, daß die Agrarfrage, wenn sie schon in der nächsten Sitzung des Ministerrates behandelt werden sollte, nach den vorstehenden Grundsätzen behandelt wird."[30]

[D. Streik in Schleswig-Holstein]

Außerhalb der Tagesordnung erörtert das Kabinett die Streiksituation in Schleswig-Holstein[31]. Der *Bundesminister für Wirtschaft* warnt davor, daß Bundestag und Bundesregierung sich erpressen lassen. Der *Bundesminister für Arbeit* berichtet ausführlich über die bisherigen Bemühungen, den Streik zu beenden. Die Industriegewerkschaft Metall habe einen erheblichen Teil ihres Vermögens zur Auszahlung von Streikgeldern verbraucht und werde daher für die nächste Zeit nicht mehr voll aktionsfähig sein. Der *Minister* berichtet, daß durch den ehem. Arbeitsminister von Nordrhein-Westfalen, Ernst[32], ein erneuter Schlichtungsversuch in Kiel unternommen werde[33]. Der *Minister* wendet sich aber gegen eine staatliche Zwangsschlichtung. Angesichts des bisher nicht sehr günstigen Verlaufs der Aktion würden die Gewerkschaften selbst bald zu einer vernünftigen Lösung bereit sein. Der *Bundesminister für das Post- und Fernmeldewesen* ist dagegen der Meinung, daß der Staat die letzte Verantwortung für das Geschehen nicht abwälzen könne.

---

[30] Fortgang 196. Sitzung am 9. Okt. 1957 TOP 4.

[31] Siehe 167. Sitzung am 15. Jan. 1957 TOP A. – Die Empfehlung der Tarifkommission der IG Metall, dem Verhandlungsergebnis vom 25. Jan. 1957 zuzustimmen, hatten die Arbeitnehmer in einer Urabstimmung am 30. Jan. 1957 abgelehnt. Vgl. dazu den Bericht des BMA vom 6. Febr. 1957 in B 136/8806.

[32] Johann Ernst (1888–1969). Seit 1905 Bergmann und Tätigkeit im Gewerkeverein christlicher Bergarbeiter Deutschlands, 1932–1933 MdR (Zentrum), 1946–1958 MdL Nordrhein-Westfalen (CDU), 1947–1950 Direktor für Sozialfragen in der Deutschen Kohlenbergbau-Leitung, Essen, 1950–1953 Arbeitsminister, 1958–1959 Arbeits- und Sozialminister, 1959–1960 Minister für Bundesangelegenheiten des Landes Nordrhein-Westfalen.

[33] Gegenüber dem Einigungsvorschlag vom 25. Jan. 1957 sah der Kompromißvorschlag vom 10. Febr. 1957 folgende Verbesserungen vor: Die Lohnfortzahlung sollte ab dem vierten Krankheitstag auch bei Erkrankungen von weniger als sieben Tagen Dauer erfolgen, die Unterstützung sollte nach einer Betriebszugehörigkeit von vier Wochen (bisher: drei Monate) gewährt werden und bei einer Krankheitsdauer von 7 bis 14 Tagen für die drei Karenztage 50 % Beihilfe gezahlt werden. Schließlich sollten bei einem Arbeitsunfall Karenztage entfallen und ein Anspruch auf den vollen Arbeitslohn bestehen. Die Große Tarifkommission billigte das Ergebnis mit 63 gegen 2 (vorher: 32 gegen 30 Stimmen). Bei der Urabstimmung am 13. Febr. 1957 ergab sich eine Mehrheit von 57,66 % gegen die Annahme, die erforderliche Mehrheit von 75 % für die Fortsetzung des Streiks wurde somit verfehlt (B 136/8806). – Zum Ergebnis des Streiks und seiner Bewertung vgl. auch die Rundfunkansprache Erhards vom 15. Febr. 1957 und die Aufzeichnung des BMWi vom 18. Febr. 1957 („Stellungnahme zum Streik in Schleswig-Holstein") in B 102/36960.

Er verweist auf den Streik im Ruhrgebiet im Jahre 1929[34]. Es müsse die Möglichkeit geschaffen werden, Schiedssprüche zwangsweise für verbindlich zu erklären. Der *Bundesminister für Wirtschaft* ist derselben Auffassung. Er meint, der Staat müsse durch entschiedenes und zielbewußtes Auftreten die gemäßigten Elemente in den Gewerkschaften, zu denen, wie sich jetzt herausgestellt habe, auch der Vorsitzende der Metallgewerkschaft gehöre, unterstützen. Auch der *Vizekanzler* ist dieser Meinung. Er glaubt, der Streik sei durchaus unpopulär, wirtschaftlich sei die Grenze des Tragbaren bereits überschritten. Der *Bundesminister für Arbeit* verweist aber auf die schlechten Erfahrungen mit der staatlichen Zwangsschlichtung in der Weimarer Zeit[35]. Die Schlichter seien vom Staat unabhängig und damals auch angesichts der heraufsteigenden Wirtschaftskrise bereit gewesen, immer wieder die Löhne zu erhöhen. Schließlich habe man zu 90 % staatlicherseits für verbindlich erklärte Schiedssprüche und nur noch zu 10 % frei vereinbarte Tarifverträge gehabt. Damit sei man zum staatlich festgesetzten Lohn gekommen, ohne daß die Schlichter tatsächlich dem Einfluß des Staates in vollem Umfange unterstanden hätten.

---

[34] Im sogenannten „Ruhreisenstreit" 1928/29 waren im Spätherbst 1928 annähernd 300 000 Metallarbeiter im Ruhrbezirk ausgesperrt worden. Auf der Grundlage des Schiedsspruches des Reichsministers des Innern Carl Severing, der als Oberschlichter eingesetzt worden war, wurde die Aussperrung Anfang Dezember 1928 aufgehoben. Ein von der Arbeitgeberseite angestrengtes Gerichtsverfahren gegen den in unterster Instanz gefällten Schiedsspruch war im Januar 1929 vom Reichsarbeitsgericht zugunsten der Antragsteller entschieden worden. Zur politischen Würdigung des Konflikts vgl. Fraenkel, Ruhreisenstreit.

[35] Die Verordnung über das Schlichtungswesen vom 30. Okt. 1923 (RGBl. I 1043) hatte einen paritätisch besetzten Schlichtungsausschuß und als zweite Instanz eine Schlichtungskammer mit einem von der Landes- bzw. Reichsbehörde zu bestellenden unparteiischen Schlichter vorgesehen. Der Schlichtungsausschuß sollte auf Antrag einer Tarifpartei tätig werden. Der von den Schlichtern erarbeitete Vorschlag für den Abschluß einer Gesamtvereinbarung zwischen den Tarifparteien konnte im Falle einer Nicht-Einigung dann als verbindlich erklärt werden, „wenn die in ihm getroffene Regelung bei gerechter Abwägung der Interessen beider Teile der Billigkeit entspricht und ihre Durchführung aus wirtschaftlichen und sozialen Gründen erforderlich ist."

**171. Kabinettssitzung
am Freitag, den 15. Februar 1957**

Teilnehmer: Adenauer, von Brentano, Schröder, von Merkatz, Schäffer, Erhard, Lübke, Storch (von 19.30 bis 20.40 Uhr), Preusker, Oberländer; Globke (bis 19.45 Uhr), W. Strauß, Sauerborn (bis 19.30 Uhr), Steinmetz, Rust (bis 19.30 Uhr), Thedieck; Klaiber (Bundespräsidialamt), von Eckardt (BPA), Krueger (BPA), Selbach (Bundeskanzleramt), Kilb (Bundeskanzleramt), Carstens (AA; von 17.50 bis 19.00 Uhr). Protokoll: Praß.

Beginn: 17.00 Uhr   *Ende: 20.45 Uhr*

Ort: Haus des Bundeskanzlers

Tagesordnung:
1. *Personalien*
   Gemäß Anlage.
2. *Grüner Bericht 1957 (Teil II)*
   Vorlage des BML vom 9. Febr. 1957 (IV A 1 - 4152 - 12/57 - Kab. Nr. 90/57 geh.).
3. *Entwurf eines Gesetzes über die Neuregelung des Rechts der gesetzlichen Unfallversicherung (Unfallversicherungsgesetz – UVG –)*
   Vorlage des BMA vom 29. Jan. 1957 (GS - 6401 - 125/57) und vom 11. Febr. 1957 (GS - 6401 - 196/57).
4. *Entwurf eines Jugendarbeitsschutzgesetzes; hier: Stellungnahme der Bundesregierung zur Stellungnahme des Bundesrates – Bundesratsdrucksache 455/56 – (Beschluß)*
   Vorlage des BMA vom 4. Febr. 1957 (III c - 519/57).
5. *Aufgliederung der Pauschalansätze von je 600 000 DM in Einzelplan 24 des BMZ zur Durchführung der Sonderaufträge*
   a) Prüfung der Lage des gesamten unselbständigen Mittelstandes und der geistig schaffenden Berufe (Tit. 310),
   b) Koordinierung wasserwirtschaftlicher und wasserrechtlicher Fragen (Tit. 311)
   Vorlage des BMZ vom 5. Febr. 1957 (K 31/16).
6. *Wahltag für die Wahl zum 3. Deutschen Bundestag*
   Vorlage des BMI vom 1. Febr. 1957 (I B 1 - 11 172 B 28/57).
7. *Vertrag zur Regelung der evangelischen Militärseelsorge*
   Vorlage des BMVtg vom 5. Febr. 1957 (I - I B 5 - Tgb. Nr. 220/57).
8. *Vorschläge zur Ernennung des Präsidenten und des Vizepräsidenten des deutsch-französischen gemischten Gerichtshofes in Saarbrücken*
   Vorlage des BMJ vom 5. Febr. 1957 (1084/9 (2) 5216/57).

9. *Schaffung einer am Tage der Wiedervereinigung zur Verfügung stehenden Hochschullehrerreserve für die deutschen Hochschulen in der sowjetischen Besatzungszone; hier: Festlegung des für die Bearbeitung dieser Frage zuständigen Fachressorts*
Vorlage des BMI vom 5. Febr. 1957 (III 2 - 31340 - 636 X/56) sowie Vorlage des BMG vom 9. Febr. 1957 (Z 1 - 3157/I 4 - 799 - 0).

[A.] **Bulganinbrief**

Der *Bundeskanzler* teilt mit, daß der Brief des Ministerpräsidenten Bulganin[1] von der Sowjetunion veröffentlicht wurde, obwohl er mit Botschafter Smirnow[2] verabredet hatte, daß der Brief noch nicht veröffentlicht werde[3].

Der Brief soll in der nächsten Woche zusammen mit der Antwort beraten werden. Die Antwort soll Ende der nächsten Woche durch Botschafter Haas[4] übergeben werden[5].

---

[1] Nikolaj A. Bulganin (1895–1975). 1922–1927 Tätigkeit im Obersten Volkswirtschaftsrat, 1931–1937 Stadtoberhaupt von Moskau, 1934 Kandidat, ab 1937 Mitglied des ZK der KPdSU, 1944–1946 stellvertretender Verteidigungsminister und Mitglied des Verteidigungskomitees, 1947–1949 und 1952–1955 Verteidigungsminister, 1948–1958 Mitglied des Politbüros (ab 1952 des Präsidiums) des ZK der KPdSU, 1947–1949 und 1952–1955 erster stellvertretender und ab Febr. 1955 als Nachfolger Malenkows Vorsitzender des Ministerrates, 1958 von Chruschtschow abgelöst, 1961 Ausschluß aus dem ZK der KPdSU.

[2] Andrej A. Smirnow (1905–1982). Seit 1936 im sowjetischen diplomatischen Dienst, 1937–1941 Botschaftsrat in Berlin, 1941–1943 Botschafter in Teheran, als Experte für Fragen der Deutschland- und Osteuropapolitik u.a. Mitglied der sowjetischen Delegationen auf den alliierten Konferenzen von Teheran 1943, London 1947 und Paris 1949, 1949–1956 sowjetisches Außenministerium, 1956 Botschafter in Wien, 1956–1966 in Bonn, 1966–1969 in Ankara, 1969–1973 einer der Stellvertretenden Außenminister.

[3] Zum vorausgegangenen Notenwechsel siehe 138. Sitzung am 8. Juni 1956 TOP A (Kabinettsprotokolle 1956, S. 404 f.). – Note vom 5. Febr. 1957 in AA B 12, Bd. 16, veröffentlicht in BPA-Mitteilung Nr. 150/57 vom 11. Febr. 1957 und abgedruckt in DzD III 3/1, S. 299–315. – Bulganin hatte sich in der Note vom 5. Febr. 1957 besorgt über die eine Wiedervereinigung gefährdende Bündnis- und Wiederbewaffnungspolitik der Bundesrepublik geäußert, Möglichkeiten und Bedingungen einer friedlichen Koexistenz entwickelt und zur Verbesserung der gegenseitigen Beziehungen Verhandlungen zunächst auf wirtschaftlichem und technischem Gebiet vorgeschlagen. Unter der Voraussetzung einer Verständigung zwischen der Bundesrepublik und der DDR hatte er die Unterstützung für eine Wiedervereinigung angeboten. In Bonn hatte der Leiter des dortigen Büros von United Press, Rüdiger von Wechmar, bei der sowjetischen Botschaft nur eine unvollständige Auskunft über den Inhalt des Briefes erhalten und der Presse bekanntgegeben. Daß auch die Wiedervereinigungsfrage angesprochen war, war in der Pressemeldung unerwähnt geblieben. Vgl. dazu den Vermerk vom 9. Febr. 1957 in AA B 12, Bd. 466.

[4] Dr. Wilhelm Haas (1896–1981). 1922–1937 im auswärtigen Dienst, dabei u.a. 1934–1937 Handelsattaché in Tokio, 1937–1945 Vertreter der IG Farbenindustrie in Peking, 1947–1949 Leiter der Präsidialkanzlei des Bremer Senats, seit 1949 wieder im auswärtigen Dienst, 1950–1951 Leiter der Personalabteilung des AA, 1952–1956 Botschafter in Ankara, 1956–1958 in Moskau und 1958–1961 in Tokio.

[5] In seiner Antwort vom 22. Febr. 1957 betonte Adenauer den friedlichen Charakter der Bündnispolitik der Bundesrepublik. Er begrüßte den Vorschlag, in Verhandlungen über eine wirtschaftliche Zusammenarbeit einzutreten. Als Hindernisse für den Aufbau freundschaftlicher

[B.] Recht zur Mitfederführung beim Richtergesetz

Der *Bundeskanzler* stellt die Frage, ob es Fälle gebe, in denen ein Ministerium bei der Vorlage eines anderen Ministeriums ein Mitfederführungsrecht habe. Die Vorlage des Richtergesetzes soll zu Schwierigkeiten geführt haben, weil das Innenministerium ein Recht zur Mitfederführung für sich in Anspruch genommen habe[6]. Der *Bundesminister des Innern* erklärt, daß über die Vorlage des Richtergesetzes zwischen den Bundesministern der Justiz, der Finanzen und des Innern eine Einigung erzielt worden sei. Er sei daher überrascht, daß die Frage vom Bundesminister der Justiz jetzt noch als streitig angesehen werde. Im übrigen gebe es gewohnheitsrechtlich das Institut der gemeinsamen Federführung. Beispiele hierfür seien das Wehrstrafgesetz[7] und das Personenstandsgesetz[8]. Das habe auch bisher in keinem Falle zu grundsätzlichen Schwierigkeiten geführt. Man habe vielmehr die Frage einer gemeinsamen Vorlage jeweils im Einzelfall kollegial und praktisch arrangiert.

Der *Bundesminister der Justiz* bestreitet die Existenz eines Instituts der Mitfederführung. Es sei vielmehr stets jeweils ein Ministerium federführend. Ein anderes Ministerium sei vielleicht stark beteiligt. Für diese Beteiligung gebe es das Institut der Mitzeichnung aber nicht mehr. Im übrigen hätte ein Recht zur Mitfederführung präjudizielle Bedeutung für das Verhältnis der Landesjustizminister zu den Landesinnenministern. Nach der Absprache mit dem Bundesminister des Innern und dem Bundesminister der Finanzen seien vom Innenministerium noch 70 Änderungswünsche geltend gemacht worden. Das habe zu dem Eindruck geführt, daß das Innenministerium die Vorlage bis zur Klärung des von ihm in Anspruch genommenen Rechts zur Mitfederführung blockieren wolle.

Der *Bundeskanzler* weist darauf hin, daß die Verfassung ein besonderes Richtergesetz fordere[9]. Dieses Gesetz sei noch nicht eingebracht worden, obwohl die Verfassung

---

Beziehungen bezeichnete er dagegen die von der Sowjetunion vertretene Ansicht der Existenz zweier deutscher Staaten und die Frage der Rückführung der in der Sowjetunion noch zurückgehaltenen Deutschen. – Antwortschreiben in AA B 12, Bd. 16 und weitere Unterlagen in AA B 12, Bd. 466 und B 1, Bd. 126, veröffentlicht in Bulletin Nr. 42 vom 1. März 1957, S. 353 f. und in DzD III 3/1, S. 421 f. Das Antwortschreiben wurde zusammen mit einer Begleitnote von Botschafter Haas am 27. Febr. in Moskau übergeben und unter dem Datum dieses Tages veröffentlicht (Bericht vom 28. Febr. 1957 und Dolmetscherprotokoll in AA B 12, Bd. 466). Zu dem Briefwechsel, der schließlich zu einem deutsch-sowjetischen Handelsabkommen 1958 führte, vgl. Kosthorst, Brentano, S. 156–167. – Fortgang 179. Sitzung am 11. April 1957 TOP A.

[6] Zur inhaltlichen Beratung des Richtergesetzes vgl. 178. Sitzung am 4. April 1957 TOP 4. – In der vom BMJ noch zurückgehaltenen Vorlage vom 14. Febr. 1957 war die Frage der Federführung als noch strittig bezeichnet worden (B 141/1856). Demgegenüber hatte der BMJ in früheren Vereinbarungen dem BMF und dem BMI eine Mitfederführung an dem Richtergesetz eingeräumt, da es zu einem erheblichem Teil dienstrechtliche Vorschriften enthielt, für die der BMF und der BMI eine Zuständigkeit beanspruchten. Vgl. dazu den Schriftwechsel und Aufzeichnungen in B 141/1853 und 1855 und in B 106/30356.

[7] Vgl. 159. Sitzung am 14. Nov. 1956 TOP 11 (Kabinettsprotokolle 1956, S. 729). – Gesetz vom 30. März 1957 (BGBl. I 298).

[8] Vgl. 44. Sitzung am 14. Sept. 1954 TOP 5 (Kabinettsprotokolle 1954, S. 381). – Gesetz vom 18. Mai 1957 (BGBl. I 518).

[9] Vgl. Art. 98 Abs. 1 GG.

seit 1949 in Kraft sei. Angeblich bereite die SPD ein Initiativgesetz vor[10]. Es müsse vermieden werden, daß die Opposition der Bundesregierung zuvorkomme. Im übrigen sei die Forderung des Richterbundes durchaus berechtigt, das Gesetz noch in dieser Legislaturperiode in den Gesetzgebungsgang zu bringen[11]. Eine Mitfederführung zu gleichem Recht sollte nicht eingeführt werden. Es würde das Verfahren nur noch komplizierter gestalten. Der *Bundesminister des Innern* ist der Ansicht, daß es ein Institut der gemeinsamen Federführung bereits gebe. Er verweist erneut auf das Wehrstrafgesetz und das Personenstandsgesetz. Auch dürfe man diese Frage nicht zu leicht nehmen. Es handele sich hier um ein zentrales Problem. Im Hintergrund stehe die Forderung der Justiz nach einem Rechtsprechungsministerium. Gerade deshalb sei die Vereinbarung zwischen den drei beteiligten Ministerien getroffen worden.

Der *Bundeskanzler* schlägt vor, die Vorlage möglichst bald dem Kabinett vorzulegen und das Innenministerium und das Finanzministerium mitzeichnen zu lassen. Im übrigen sollte von Staatssekretär Dr. Globke festgestellt werden, welche Bedeutung die Mitfederführung habe und ob dieses Institut schon bisher angewendet worden sei[12].

Das Kabinett ist einverstanden[13].

[C.] **Unterbringung der Spätaussiedler**

Der *Bundesminister für Vertriebene* berichtet über den Ernst der Situation für die Unterbringung der Spätaussiedler und Flüchtlinge[14]. Die Läger seien überfüllt, die Gemeinden nicht mehr im Stande, weitere Spätaussiedler und Flüchtlinge aufzunehmen. Andererseits versuche Polen, aus den deutschen Ostgebieten alle Deutschen möglichst herauszudrängen. Nordrhein-Westfalen habe erklärt, daß es nicht mehr in der Lage sei, weitere Spätaussiedler und Sowjetzonenflüchtlinge aufzunehmen. Wenn die Frage nicht gelöst werden könne, stehe Berlin vor einer Katastrophe[15]. Auch das Lager Friedland werde in Kürze überfüllt sein. Am 21.2.1957 habe er eine

---

[10] Die SPD-Fraktion brachte in der laufenden Legislaturperiode keinen Initiativentwurf zum Richtergesetz mehr ein.

[11] Vgl. dazu den Vermerk des BMJ vom 11. Febr. und den des Bundeskanzleramtes vom 12. Febr. 1957 in B 136/2190.

[12] Mit Schreiben vom 23. Febr. 1957 an den BMJ legte der BMI eine Liste von insgesamt 51 Gesetzentwürfen vor, bei denen in den letzten zwei Jahren jeweils mehrere Ressorts federführend waren (B 141/1855 und B 136/2190). Zur Frage der Mitfederführung vgl. ferner die Stellungnahme des BMJ vom 12. März 1957 in B 136/4646. – Überlegungen von Seiten des Bundeskanzleramtes zur Straffung der Regierungstätigkeit befaßten sich ebenfalls mit der Frage der Federführung. Dabei kam man zu dem Schluß, daß bei allen Bedenken das Institut der Mitfederführung beibehalten werden sollte. Vgl. die undatierte, vermutlich vom 11. Sept. 1957 stammende Aufzeichnung in B 136/4653.

[13] Fortgang zum Richtergesetz 178. Sitzung am 4. April 1957 TOP 4.

[14] Siehe 170. Sitzung am 6. Febr. 1957 TOP A. – Zahlenmaterial und Länderberichte in B 150/2870, 2871 und 2969 sowie B 106/24252.

[15] Unterlagen über die Zahl der nicht anerkannten Flüchtlinge in Berlin in B 150/6392, 6394 und 6395. – Zum „Flüchtlingsstau" in Berlin Fortgang 196. Sitzung am 9. Okt. 1957 TOP E.

Besprechung mit den Länderministern. Bis dahin sollte möglichst geklärt werden, was geschehen solle[16].

Der *Bundeskanzler* schlägt vor, daß die Frage in einem Gespräch zwischen den Bundesministern der Finanzen, für Vertriebene, des Innern, für Wohnungsbau und für Verteidigung erörtert werde[17].

Das Kabinett ist einverstanden.

Der *Bundesminister der Finanzen* weist darauf hin, daß die vom Bundesminister für Vertriebene genannte Gesamtzahl der Einwanderer von 435 000 gegenüber der bisher zugrunde gelegten Zahl von 250 000 bedeutende Mehrkosten verursachen würde. Er müsse aber schon jetzt darauf hinweisen, daß jedes Faß einmal leer werde. Der *Bundesminister für Wohnungsbau* ist der Auffassung, daß die zusätzliche Unterbringung Mehrkosten von rd. 200 Mio. DM verursachen werde. Es wäre durchaus möglich, die Unterbringungsfrage durch eine Umdisposition bei der Inanspruchnahme von neu erstellten Wohnungen zu lösen. Es handle sich daher lediglich um ein finanzielles Problem[18].

[D.] Verringerung der Stationierungstruppen durch England

Der *Bundeskanzler* stellt die Frage, ob an England die Stationierungskosten voll weitergezahlt werden sollten, wenn es 30 000 Mann Stationierungstruppen abziehe. *Staatssekretär Dr. Rust* erklärt, daß die Delegation des Verteidigungsministeriums den Auftrag erhalten habe, ein Veto gegen den Abzug einzulegen[19].

Der *Bundesminister für Vertriebene* betont, daß die Flüchtlinge kein Verständnis für die Zahlung der Stationierungskosten haben werden. Der *Bundeskanzler* gibt einen Überblick über die Zahl der Stationierungstruppen und bezeichnet die Situation als sehr ernst. Der *Bundesminister des Auswärtigen* ist der Auffassung, daß es in der WEU zu einer scharfen Diskussion kommen werde. Die Benelux-Staaten seien über die Haltung Englands verstimmt.

Der *Bundespressechef* gibt zu bedenken, daß die beabsichtigte Verminderung der Stationierungstruppen bereits während der Verhandlungen über die Stationierungskosten bekannt gewesen sei. Der *Bundesminister des Auswärtigen* bestätigt dieses,

---

[16] Auszug der Niederschrift vom 22. Febr. 1957 über diese Sitzung in B 150/2870.

[17] Unterlagen dazu nicht ermittelt.

[18] Fortgang 173. Sitzung am 1. März 1957 TOP 5.

[19] Siehe 166. Sitzung am 11. Jan. 1957 TOP 1. – Die britische Regierung hatte dem Ständigen Rat der WEU und der NATO den schon seit Beginn der Verhandlungen um die Stationierungskosten im Sommer 1956 angekündigten Plan einer Reduzierung der Stationierungstruppen in Europa bekanntgegeben, der für die Bundesrepublik den Abzug von ca. 30 000 Mann Landstreitkräfte und 50 % der taktischen Luftstreitkräfte bedeutet hätte. Das BMVtg sah in den britischen Abzugsplänen eine Beeinträchtigung der Strategie der Vorwärtsverteidigung, zudem eine einseitige Vorleistung des Westens bei den laufenden Abrüstungsverhandlungen mit der Sowjetunion (vgl. dazu 176. Sitzung am 20. März 1957 TOP 1) und schließlich die zunehmende Gefahr einer atomaren Auseinandersetzung mangels eines konventionellen Streitkräftepotentials. Vgl. dazu die Erklärung der britischen Regierung vom 14. Febr. 1957 sowie die Aufzeichnung des AA vom 18. Febr. 1957 in AA B 12, VS-Bd. 3781.

betont jedoch, daß die Zahlung vom Bestand der Stationierungstruppen abhängig gemacht worden sei. Der *Bundesminister für Wohnungsbau* teilt mit, daß er seit längerer Zeit einen persönlichen Kontakt zu dem englischen Verteidigungsminister Sandys[20] habe. Es sei daher zu erwägen, ob er sich auf Grund dieses Kontaktes in die Diskussion einschalten solle. Nach kurzer Erörterung bejahen der *Bundeskanzler* und der *Bundesminister des Auswärtigen* diese Frage[21].

Das Kabinett ist einverstanden[22].

[E.] Assoziierung der überseeischen Gebiete

Der *Bundesminister des Auswärtigen* berichtet über den Stand der Verhandlungen zur Frage der Assoziierung der überseeischen Gebiete. Am 26. November hätten die Franzosen erstmalig den Vorschlag gemacht, die überseeischen Gebiete in den Gemeinsamen Markt einzubeziehen[23]. In der Zwischenzeit habe die deutsche Delegation einen ausgezeichneten konkreten Vorschlag ausgearbeitet, der einen Plafond von 300 Mio. Dollar für die wirtschaftlichen Infrastrukturvorhaben für 4 Jahre mit einem einheitlichen Verteilerschlüssel wie für die Investitionsbank vorsehe[24]. Die Benelux-Staaten seien mit diesem Vorschlag nach anfänglichen Bedenken im Prinzip einverstanden. Minister Spaak habe sogar seinen eigenen Vorschlag zurückgezogen, weil er den deutschen für besser halte. Das Ziel des deutschen Vorschlags sei die Assoziierung der überseeischen Gebiete im Einklang mit der Charta der Vereinten Nationen. Im übrigen konkretisiere der deutsche Vorschlag die Grundsätze, die vom Kabinett zu dieser Frage beschlossen worden seien.

Nach einer Darstellung des wesentlichen Inhalts des deutschen Vorschlags berichtet der *Bundesminister des Auswärtigen*, daß die Franzosen nunmehr ihrerseits einen neuen Vorschlag vorgelegt haben[25]. Dieser Vorschlag habe insbesondere folgende Abweichungen gegenüber dem deutschen Vorschlag:

---

[20] Duncan Edward Sandys (1908–1987). 1933 im britischen diplomatischen Dienst, 1935–1945 und ab 1950 Mitglied des britischen Unterhauses (Konservative Partei), 1947–1950 Präsident des Exekutivausschusses der Europäischen Bewegung, 1951–1954 Minister für Versorgung, 1954–1957 für Wohnungsbau und Kommunale Selbstverwaltung, 1957–1959 für Verteidigung, 1959–1960 für Luftfahrt, 1960–1962 für Commonwealth-Beziehungen, 1962–1964 für Commonwealth-Beziehungen und die Kolonien.

[21] Unterlagen über eine Besprechung nicht ermittelt.

[22] Fortgang 175. Sitzung am 13. März 1957 TOP 1.

[23] Siehe 167. Sitzung am 16. Jan. 1957 TOP 3. – Der französische Vorschlag war bereits am 16. Nov. 1956 vorgelegt worden.

[24] Vgl. die Aufzeichnung vom 1. Febr. 1957 über den Stand der Verhandlungen sowie den geänderten und ergänzten Vorschlag der deutschen Verhandlungsdelegation vom 1. Febr. 1957 in AA B 10, Bd. 917, ferner die Beschlüsse der Konferenz der Außenminister vom 26. bis 28. Jan. und vom 4. Febr. 1957 in AA B 10, Bd. 908 und die Aufzeichnung vom 14. Febr. 1957 über den Gemeinsamen Markt und die Assoziierung der überseeischen Gebiete in AA B 10, Bd. 932.

[25] Am 15. Febr. 1957 hatte die französische Delegation neue Vorschläge zur Assoziierung der überseeischen Gebiete vorgelegt, die in einigen Punkten von den bisherigen Ergebnissen erheblich abwichen. So sollten u.a. den Bewohnern der überseeischen Gebiete das Niederlassungsrecht in den Mitgliedstaaten gewährt, Bestimmungen über die Investitionen von Zweckbindungen weitgehend befreit und schließlich Algerien mit einigen Modifikationen als

a) Der Hinweis auf die Charta der Vereinten Nationen sei gestrichen.

b) Das Niederlassungsrecht solle nicht von vornherein und unbeschränkt, sondern nur progressiv eingeräumt werden und sich auch auf die Bewohner der überseeischen Gebiete bezüglich der Mitgliedstaaten beziehen.

c) Bei den Investitionen werde nicht zwischen der sozialen und der wirtschaftlichen Infrastruktur unterschieden. Es fehle auch die Beziehung zum konkreten Projekt. Frankreich fordere Pauschalbeträge für die Gesamtinvestitionen, die nach dem Nutzen für die Beteiligungsländer aufgeschlüsselt werden sollen.

d) Algier solle aus der Regelung ausgeklammert werden, obwohl Algier in der Montan-Union nicht als Teil Frankreichs behandelt werde.

Der *Bundeskanzler* bemerkt hierzu, daß Frankreich seinen Standpunkt nicht aufgeben werde, Algier als Teil des Mutterlandes zu behandeln. Der *Bundesminister des Auswärtigen* glaubt, daß dies auch nicht nötig sei. Andererseits sei aber Algier ein Gebiet, das nicht in Europa liege. Es müsse daher in die Regelung über die überseeischen Gebiete einbezogen werden. Das hindere jedoch nicht, daß Algier eine Sonderbehandlung erfahre. Das staatsrechtliche Problem könne ebenso wie bei Tunis und Marokko ausgeklammert werden[26].

e) Die Mitgliedstaaten sollen in vier Jahren insgesamt 500 Mio. Dollar als Plafonds in einen Investitionsfonds einbringen. Es sei jedoch nicht klar, für welche Gebiete diese Zahlungen aufgebracht werden sollen; insbesondere, ob zum Beispiel auch für Marokko und Tunis. Auch fehle der Aufbringungsschlüssel.

Der *Bundesminister des Auswärtigen* schlage mit Rücksicht auf diese Abweichungen vor, an dem deutschen Vorschlag festzuhalten. Zwar werden Belgien und Holland unseren Vorschlag als zu weitgehend betrachten, andererseits aber den französischen a limine ablehnen. Aus Gründen der Verhandlungstaktik sollte man zunächst die Beneluxstaaten ihren Standpunkt vertreten lassen, dabei jedoch als Grundlage den deutschen Vorschlag benutzen, der den Verhandlungspartnern bekannt sei, während der französische Vorschlag für alle Beteiligten völlig neu wäre. Da der deutsche Vorschlag sehr weitgehend sei, werde es nicht leicht sein, die Zustimmung der Bundesminister für Wirtschaft und der Finanzen zu finden.

Der *Bundeskanzler* stellt die Frage, ob die Einbeziehung der überseeischen Gebiete für Frankreich eine conditio sine qua non sei und was geschehen werde, wenn der französische Vorschlag abgelehnt werde, Frankreich aber seinerseits den deutschen Vorschlag ablehne.

Der *Bundesminister des Auswärtigen* ist der Ansicht, daß dann wohl auch der Gemeinsame Markt gescheitert sei. Das gelte jedoch nicht für EURATOM, da das Junktim zwischen Gemeinsamem Markt und EURATOM nicht mehr aktuell sei.

Teil Frankreichs in den Gemeinsamen Markt einbezogen werden. Vgl. dazu Telegramm der deutschen Botschaft in Paris an das AA vom 15. Febr. 1957 und undatierter Entwurf der französischen Vorschläge in AA B 10, Bd. 932 und Nachlaß Carstens N 1337/645.

[26] Die französischen Kolonien Tunesien und Marokko waren 1956 unabhängig geworden.

Der *Bundeskanzler* teilt mit, daß der Bundesminister für Atomfragen ihm einen Brief über Eigentumsfragen im Zusammenhang mit EURATOM geschrieben habe. Der *Bundesminister des Auswärtigen* bemerkt hierzu, daß die Antwort vorbereitet werde[27].

Der *Bundesminister für Wirtschaft* betont, daß die Bundesrepublik über den deutschen Vorschlag hinaus keine weiteren Zugeständnisse machen könne. Andernfalls werde der Bundestag nicht seine Zustimmung erteilen. Die Franzosen trügen immer wieder neue Forderungen vor. Wenn ihnen die Hälfte der Forderungen zugestanden werde, täten sie so, als brächten sie ein Opfer. Wie der Gemeinsame Markt bei der Haltung der Franzosen funktionieren solle, sei ihm unverständlich. Einerseits schössen in Frankreich die Preise immer stärker in die Höhe, andererseits aber werde der Währungskurs aufrechterhalten. Im übrigen vertrete die Bundesrepublik eine sehr positive Auffassung gegenüber der Freihandelszone. Minister Spaak sehe den Gemeinsamen Markt als die wichtigste Frage an. Das sei jedoch funktional falsch, weil die Freihandelszone den umfassenderen Wirtschaftsraum darstelle. Nach seiner Auffassung müsse man den Gemeinsamen Markt und die Freihandelszone als eine funktionale Einheit betrachten. Der Gemeinsame Markt sei nicht das Kernstück, sondern ein Teilstück der Freihandelszone.

Der *Bundeskanzler* hat gegen diese Auffassung erhebliche Bedenken. Sie gefährde die gesamte Regelung, insbesondere auch das Europaparlament. Die Auffassung des Bundesministers für Wirtschaft erwecke den Eindruck, als ob die 6 Partner des Gemeinsamen Marktes ihre Handlungsfreiheit zu Gunsten der Errichtung einer Freihandelszone aufgeben sollten. Die 6 Länder müßten aber zuerst eine Einheit bilden. Dann erst könnten sie mit den OEEC-Ländern verhandeln. Jedes andere Verhalten würde zu keinem Ergebnis führen. Die Ausführungen des Bundesministers für Wirtschaft seien daher im Ausgangspunkt falsch.

Der *Bundesminister für Wirtschaft* weist demgegenüber darauf hin, daß der britische Schatzkanzler ihm in einem vertraulichen Gespräch erklärt habe, daß England die Freihandelszone auch ohne den Gemeinsamen Markt schaffen wolle[28]. Auch habe der Ministerrat der OEEC beschlossen, eine Freihandelszone zu bilden.

Der *Bundeskanzler* betont die Bedeutung des Gemeinsamen Marktes. Wenn der Gemeinsame Markt bestehe, so komme ein direkt gewähltes Parlament zustande. Der Gemeinsame Markt solle die Möglichkeit geben, ein vereintes Europa zu schaffen. Daher sei der Gemeinsame Markt nicht nur ein Teil, sondern das Kernstück unserer Bemühungen. Er dürfe nicht degradiert werden.

Der *Bundesminister des Auswärtigen* teilt diese Ansicht. Die Ansicht des Bundesministers für Wirtschaft enthalte die Gefahr, daß wir die Handlungsfreiheit für den

---

[27] In einem Brief vom 14. Febr. 1957 hatte sich der BMAt dafür ausgesprochen, in den bevorstehenden Verhandlungen entgegen den Positionen von Frankreich, Belgien und Holland die Frage des Eigentums an Kernbrennstoffen nicht zum Gegenstand des Vertragsinhaltes zu machen, zumindest aber ein ausschließliches Eigentumsrecht von EURATOM zu verhindern (B 136/8327).

[28] Aufzeichnungen über ein Gespräch mit dem britischen Schatzkanzler Peter Thorneycroft konnten nicht ermittelt werden.

Gemeinsamen Markt verlören. Der *Bundesminister für Wirtschaft* hält diesen Bedenken entgegen, daß die anderen OEEC-Länder darüber befremdet seien, daß sie in die Rolle von Europäern zweiter Ordnung gedrängt würden.

Der *Bundeskanzler* betont erneut, daß der Gemeinsame Markt mindestens in gleichem Maße politische wie wirtschaftliche Zwecke verfolge. Wer den politischen Zweck nicht bejahe, könne immer noch für den wirtschaftlichen Zweck gewonnen werden.

Der *Bundesminister der Finanzen* ist der Ansicht, daß der deutsche Vorschlag die kritische Situation gerettet habe. Frankreich wolle den Bogen überspannen. Der französische Vorschlag könne nicht die Grundlage einer Einigung bilden. Er sei auch finanziell untragbar. Der deutsche Vorschlag vertrete den Grundsatz, daß Frankreich seine eigenen Leistungen im bisherigen Maße fortsetzen solle und daß die Mitgliedstaaten Frankreich nur unterstützen sollten. Frankreich wolle dagegen lediglich dieselben Leistungen erbringen wie die Mitgliedstaaten. Es könne daher nur über den deutschen Vorschlag verhandelt werden. Er sei überzeugt, daß Frankreich – wenn auch nicht ohne Widerstand – im Ergebnis diesen Vorschlag annehmen werde.

Der *Bundeskanzler* befürchtet, daß Belgien und Luxemburg ihre Haltung ändern werden.

Der *Bundesminister für Ernährung, Landwirtschaft und Forsten* ist der Ansicht, daß in Paris der Eindruck entstanden sei, daß von deutscher Seite unterschiedliche Auffassungen vertreten würden. Das politische Ziel sei das Hauptziel des Gemeinsamen Marktes.

Der *Bundeskanzler* wiederholt nachdrücklich, daß der politische Zweck der Hauptzweck sei. Andererseits solle der Beitritt zum Gemeinsamen Markt aus wirtschaftlichen Gründen zulässig sein, er dürfe aber nicht den politischen Zweck gefährden. Im übrigen dürfe die Mitwirkung Englands keineswegs überschätzt werden.

Der *Bundesminister für Wirtschaft* glaubt, daß es England wirklich ernst mit der Freihandelszone meine. Auch sei die öffentliche Meinung für die Schaffung einer Freihandelszone sehr günstig. Die englische Wirtschaft sei gesund und produktiv, die französische dagegen keineswegs.

Der *Bundeskanzler* ist demgegenüber der Auffassung, daß Frankreich auf lange Sicht die besseren wirtschaftlichen Möglichkeiten habe als England. Frankreich habe einen latenten Reichtum, man brauche nur an die Sahara mit den Öl- und Uranvorkommen zu denken. Auch Äquatorial-Afrika sei eine bedeutende Reserve. Englands Entwicklung sei dagegen stark rückläufig.

Der *Bundesminister des Auswärtigen* hält es für entscheidend, daß zunächst der Vertrag über den Gemeinsamen Markt abgeschlossen und ratifiziert werde, ohne daß Inhalt und Tempo von der Freihandelszone bestimmt würden. Man dürfe nicht übersehen, daß in der OEEC Leute vertreten seien, die den politischen Zusammenschluß nicht wollen. Der *Bundesminister der Justiz* schließt sich dieser Auffassung an. Englands Politik sei stets konsequent gegen eine politische europäische Einheit gerichtet gewesen. An diesem Ziel habe sich grundsätzlich nichts geändert. Andererseits sei England bereit, sich Tatsachen zu beugen. Das beweise das Beispiel der

Montan-Union. Es müsse also zuerst die politische Einheit über den Gemeinsamen Markt angestrebt werden.

Der *Bundeskanzler* weist darauf hin, daß England in der Entwicklung der nuklearen Waffen drei Jahre zurückliege. Es versuche nun, durch eigene Arbeiten den Anschluß an die Entwicklung zu erreichen, sei jedoch mit diesem Problem nicht fertig geworden. Auch sei England sich offenbar seiner Armut noch nicht bewußt geworden.

Der *Bundesminister für Wohnungsbau* ist ebenfalls der Auffassung, daß England keine politische europäische Integration wünsche. Andererseits werde es geschaffene Fakten anerkennen. Der Vizekanzler habe ihm seinen Eindruck über die Verhandlungen dahingehend geschildert, daß eine Wechselwirkung hinsichtlich des Zustandekommens des Gemeinsamen Marktes und der Freihandelszone bestehe. Die Franzosen wollten sich alles bezahlen lassen. Wenn aber die Freihandelszone als Realität drohe, werde Frankreich seinen Widerstand leichter fallen lassen. Die außenpolitische Situation sei so gefährlich, daß alles zur Beschleunigung des politischen Zusammenschlusses getan werden solle. Es sei jedenfalls nicht vertretbar, nach beiden Seiten unüberschreitbare Barrieren aufzurichten[29].

Der *Bundeskanzler* glaubt, daß die Lage für Europa in den USA sehr kritisch werde, wenn der Gemeinsame Markt und die Atomgemeinschaft nicht zustande kommen. Was die USA und die SU dann tun würden, könne niemand sagen[30]. Aus der Sicht der USA ergebe sich verstärkt die Forderung nach einem möglichst baldigen Abschluß der Verträge. Auch für die Wahlen zum Bundestag sei der europäische Zusammenschluß von besonderer Bedeutung. Es dürfe kein Zweifel darüber bestehen, daß der politische Gesichtspunkt das Wichtigste sei.

Der *Bundesminister für Wirtschaft* ist ebenfalls dieser Auffassung, betont jedoch, daß man nicht alle Forderungen Frankreichs erfüllen dürfe.

Der *Bundeskanzler* teilt diese Ansicht und bittet den Bundesminister des Auswärtigen, am Montag alles zu versuchen, um den deutschen Vorschlag durchzusetzen. Am Dienstag sollten die Ministerpräsidenten die restlichen Fragen klären[31].

Das Kabinett ist einverstanden.

7. Vertrag zur Regelung der evangelischen Militärseelsorge BMVtg

Nach einer kurzen Erörterung der kirchenrechtlichen Stellung des Rates und der Generalsynode der Evangelischen Kirche beschließt das Kabinett die Vorlage[32].

---

[29] Zu den Verhandlungen über die Freihandelszone vgl. 170. Sitzung am 6. Febr. 1957 TOP 4.

[30] Zu Adenauers Einschätzung der Rolle Europas gegenüber einer pax atomica der USA und der Sowjetunion vgl. 154. Sitzung am 3. Okt. 1956 TOP C (Kabinettsprotokolle 1956, S. 609 f.).

[31] Fortgang 172. Sitzung am 21. Febr. 1957 TOP A.

[32] Zur Ernennung des Prälaten D. Dr. Hermann Kunst zum evangelischen Militärbischof vgl. 115. Sitzung am 25. Jan. 1956 TOP 4 (Kabinettsprotokolle 1956, S. 134 f.). – Vorlage des BMVtg vom 5. Febr. 1957 in B 136/6878. – Nach dem vom BMVtg zur Genehmigung vorgelegten Abkommen sollte nach Konsultation der Bundesregierung ein vom Rat der Evangelischen Kirche ernannter Militärbischof mit der kirchlichen Leitung der Militärseelsorge beauftragt werden. Dagegen sollte ein dem BMVtg unmittelbar nachgeordnetes „Evangelisches Kirchenamt für die

171. Sitzung am 15. Februar 1957

1. Personalien

Das Kabinett beschließt gemäß Anlage zu Punkt 1 der Tagesordnung für die Kabinettssitzung der Bundesregierung am 15. Februar 1957 (Anlage zur Einladung vom 8.2.1957) und gemäß Nachtrag zu Punkt 1 der Tagesordnung[33].

2. Grüner Bericht 1957 (Teil II) BML

Der *Bundesminister für Ernährung, Landwirtschaft und Forsten* gibt einen kurzen zusammenfassenden Überblick über die Auswirkungen des ersten Grünen Planes und insbesondere über die Ergebnisse des Wirtschaftsjahres 1955/56. Die Maßnahmen des Grünen Plans hätten eine günstige Auswirkung gehabt, wenn auch mit Rücksicht auf die Kürze der Zeitspanne noch nicht alle Maßnahmen voll zum Tragen gekommen seien[34].

Im Wirtschaftsjahr 1955/56 habe die Differenz zwischen den Verkaufserlösen und Ausgaben 3,4 Mia. DM betragen. Dennoch bestehe nach wie vor eine erhebliche Disparität zwischen Aufwand und Ertrag, die bei etwa 3 Mia. DM liege. Der Präsident des Bauernverbandes schätze diese Disparität auf etwa 3,5 Mia. DM[35].

Obwohl ab Frühjahr 1956 die Tariflöhne um 11,5 v.H. erhöht worden seien[36], lägen die Vergleichslöhne der gewerblichen Arbeitskräfte erheblich höher. Nach den Ermittlungen des Bundesamtes für Statistik und des Wifo-Instituts betrage die Diffe-

---

Bundeswehr" unter der Leitung eines Militärgeneraldekans die zentralen Verwaltungsaufgaben wahrnehmen. Die Militärseelsorge selbst sollten hauptamtliche Militärseelsorger ausüben. Der Vertrag zwischen der Evangelischen Kirche und der Bundesregierung, dem eine lange innerkirchliche Debatte vorausging (vgl. den Tagebucheintrag von Dibelius vom 8. Febr. 1957 in Nachlaß Dibelius N 1439/4), wurde am 22. Febr. 1957 unterzeichnet. – Fortgang 179. Sitzung am 11. April 1957 TOP 5.

[33] Vorgeschlagen war die Ernennung eines Ministerialdirigenten im BMF, zweier Ministerialräte im Bundesrechnungshof und eines Ministerialrates im BMWi, weiterhin die Ernennung des Generalmajors Curt Siewert, des Brigadegenerals Peter von der Groeben, des Flottillenadmirals Hubert Freiherr von Wangenheim und von je zwei Obersten und Ministerialräten im BMVtg sowie im Nachtrag die Ernennung eines weiteren Ministerialrats im BMVtg.

[34] Siehe 118. Sitzung am 8. Febr. 1956 TOP 7 (Kabinettsprotokolle 1956, S.175–185). – Vorlagen des BML vom 9. und 13. Febr. 1957 zu Teil II „Übersicht über getroffene und beabsichtigte Maßnahmen" in B 116/7304 und B 136/380, Vorlage des BML vom 21. Jan. 1957 zu Teil I „Bericht über die Lage und Stellung der Landwirtschaft in der Volkswirtschaft" in B 136/380, Vorstufen in B 116/7304. – Nach dem Landwirtschaftsgesetz vom 5. Sept. 1955 (BGBl. I 565) waren dem Bundesrat und Bundestag jährlich Berichte über die Lage der Landwirtschaft („Grüner Bericht") zur Beratung vorzulegen.

[35] Die vom BML vorgelegten Zahlen über Betriebsausgaben und Einnahmen in der Landwirtschaft waren von den Verbandsvertretern angezweifelt worden. Weitergehende Forderungen hatten sie mit der Disparität der Einnahmen und Ausgaben in der Landwirtschaft begründet, die sie für 1956 auf 3,4 Milliarden DM beziffert hatten. Diese Relation war trotz einer Verbesserung der Gesamtbilanz in der Landwirtschaft – gegenüber dem Wirtschaftsjahr 1955/56 hatten sich die Einnahmen 1956/57 um 700 Millionen DM erhöht – von der Verbandsseite aufgrund steigender Betriebskosten als unverändert betrachtet worden. Vgl. dazu das Schreiben von Edmund Rehwinkel an Adenauer vom 6. Febr. 1957 in B 136/380.

[36] Vgl. dazu 165. Sitzung am 9. Jan. 1957 TOP D.

renz der Löhne in der Landwirtschaft gegenüber der Industrie durchschnittlich 41 Pfennig[37].

Der neue Grüne Plan 1957 führe die bisherigen Ziele der Bundesrepublik fort. Neu seien die Mittel für die Milch in Höhe von insgesamt 450 Mio. DM (1956 = 42 Mio. DM) und die einmalige Starthilfe von 70 Mio. DM für die Alterssicherung. Die Unterstützung der Milchproduktion sei von besonderer Bedeutung. Sie erhöhe im Ergebnis den Milchauszahlungspreis um 4 Pfennig pro Liter. Diese Hilfe solle nur unter besonderen Voraussetzungen (für Milch der Güteklassen I und II aus seuchenfreien Tierbeständen bzw. solchen, die einem entsprechenden Verfahren angeschlossen sind) gewährt werden. Zunächst würden etwa 25–30 % der Milch nicht an der Hilfsmaßnahme teilnehmen. In einem Vierteljahr werde dieser Prozentsatz bereits auf 20 bzw. 15 % gesunken sein. Die Milchsubvention bedeute daher einen sehr starken Antrieb für die Qualitätssteigerung der Milch.

Auch die Alterssicherung sei von erheblicher Bedeutung[38]. Sie werde den Erbgang beschleunigen und damit die Leistungsfähigkeit der landwirtschaftlichen Betriebe steigern. Es handele sich um eine einmalige Starthilfe zur Pflichtversicherung. Die Masse der kleinen Bauern werde trotz der zusätzlichen Belastung mit dieser Pflichtversicherung einverstanden sein, wenn ihnen die einmalige Starthilfe zugesagt werde.

Insgesamt fordere der Grüne Plan über den Haushaltsansatz von 615,5 Mio. DM zusätzliche Mittel in Höhe von 666,5 Mio. DM, so daß sich das Gesamtvolumen des Grünen Plans auf 1,282 Mia. DM belaufe. Dennoch läge dieser Betrag um fast ³/₄ Mia. DM niedriger als die Finanzwünsche des Bauernverbandes.

Der *Bundesminister der Finanzen* erklärt, er sei durchaus kein Feind der Landwirtschaft. Er müsse jedoch vor einem Übermaß warnen[39]. Bei der Finanzlage des Bundes müßte die Finanzierung sehr ernst geprüft werden. Im übrigen habe das Kabinett bei den Beratungen des Haushalts beschlossen, daß ein Rückgriff auf den Verteidigungshaushalt nur mit Zustimmung des Verteidigungsministers zulässig sei. Er könne somit nicht selbständig über die Reserven des Verteidigungshaushaltes verfügen. Er bitte daher, den Beschluß zu vertagen, weil der Verteidigungsminister erst am Montag für eine Besprechung zur Verfügung stehe. Im übrigen sei es notwendig,

---

[37] Ein „Wifo-Institut" bzw. entsprechende Ermittlungen konnten nicht nachgewiesen werden. Gemeint sein könnten das IFO-Institut für Wirtschaftsforschung e.V. in München – die Abkürzung IFO ergibt sich aus Information und Forschung – oder das Deutsche Institut für Wirtschaftsforschung in Berlin (DIW), zu deren Hauptaufgaben die Wirtschaftsbeobachtung, Konjunkturanalyse und -prognose, Marktuntersuchungen und Strukturforschung gehörten. Beide Institute waren mit anderen wirtschaftswissenschaftlichen Einrichtungen seit 1949 in der Arbeitsgemeinschaft deutscher wirtschaftswissenschaftlicher Forschungsinstitute zusammengeschlossen. Im „Grünen Bericht" 1957, Teil B, Abschnitt I.4, bezog sich der BML bei dem Vergleich der Verdienste von gewerblichen und landwirtschaftlichen Arbeitnehmern indessen außer auf Veröffentlichungen des Statistischen Bundesamtes auf Materialien der Forschungsgesellschaft für Agrarpolitik und Agrarsoziologie, Bonn (BT-Drs. 3200).

[38] Vgl. dazu 185. Sitzung am 12. Juni 1957 TOP 2 und 134. Sitzung am 15. Mai 1956 TOP 2 (Kabinettsprotokolle 1956, S. 358).

[39] Vgl. dazu die Vermerke des BMF vom 19. Jan. und 11. Febr. 1957 sowie das Schreiben Schäffers an den Bundeskanzler vom 25. Jan. 1957 in B 126/2100.

eine etwaige Gesetzesvorlage über den Bundesrat zu leiten. Andererseits bestünden jedoch keine Bedenken, den Bundestag gleichzeitig informativ zu verständigen. Der *Bundeskanzler* weist darauf hin, daß der Ältestenrat den Bericht der Bundesregierung über die Lage der Landwirtschaft als Punkt 13 auf die Tagesordnung der 193. Sitzung des Bundestages am Donnerstag, den 21. Februar 1957, gesetzt habe. Es müsse daher bis zu diesem Zeitpunkt eine Entscheidung getroffen werden. Allerdings könne über die Hilfsmaßnahmen des Grünen Planes 1957 nicht gesondert entschieden werden, es müßten vielmehr alle vor der Wahl noch notwendig werdenden finanziellen Maßnahmen gemeinsam beraten werden.

Nach einem Hinweis der *Bundesminister für Ernährung, Landwirtschaft und Forsten* und der *Justiz*, daß eine Vertagung des Grünen Berichtes zu einer Beunruhigung führen würde, und nach der Erklärung des *Bundesministers für Wohnungsbau*, daß auch dem Althausbesitz[40] geholfen werden müsse, beschließt das Kabinett, daß die Bundesminister der Finanzen, für Ernährung, Landwirtschaft und Forsten und für Verteidigung unter Vorsitz des Bundeskanzlers am Montag, den 19. Februar 1957, 10.00 Uhr, eine Einigung über die finanziellen Aufwendungen des Bundes im Grünen Plan 1957 anstreben sollten. Das Ergebnis dieser Besprechung soll am Donnerstag[41], den 21. Februar 1957, dem Kabinett mitgeteilt und von ihm gebilligt werden[42].

3. **Entwurf eines Gesetzes über die Neuregelung des Rechts der gesetzlichen Unfallversicherung (Unfallversicherungsgesetz – UVG –)** BMA

Der *Bundesminister für Arbeit* berichtet, daß der Kabinett-Ausschuß beschlossen habe, den Entwurf des o. a. Gesetzes in den Gesetzgebungsgang zu bringen und die zwischen seinem Ministerium und dem Innenministerium offene Frage nach dem Versicherungsträger für die gemeindlichen Versorgungsbetriebe und die nichtgewerbsmäßigen Bauarbeiter während der Ausschußberatungen im Bundestag endgültig zu klären[43]. Andererseits sollen aber vorher die gemeindlichen und gewerblichen Unfallversicherungsverbände gutachtlich zu der offenen Frage von seinem Ministerium gehört werden[44].

---

[40] Vgl. dazu 160. Sitzung am 22. Nov. 1956 TOP 5 (Kabinettsprotokolle 1956, S. 734 f.).

[41] Korrigiert aus: „Dienstag".

[42] Fortgang 172. Sitzung am 21. Febr. 1957 TOP 9.

[43] Siehe 169. Sitzung am 30. Jan. 1957 TOP 3 und 65. Sitzung des Kabinettsausschusses für Wirtschaft am 8. Febr. 1957 TOP 1 (B 136/36220). – Vorlagen des BMA vom 29. Jan. 1957 und Ergänzungsvorlage vom 11. Febr. 1957 in B 149/3915 und B 136/2694. – Die Vorlage enthielt eine Neufassung des Gesetzentwurfs gemäß den materiellen und redaktionellen Änderungswünschen der Ressorts. Die Ergänzungsvorlage bestand aus einer Finanzaufstellung, nach der sich der Mehraufwand für das Jahr 1957, verteilt auf die einzelnen Leistungsarten und Versicherungsträger, gegenüber früheren Angaben von 476 auf 342 Millionen DM verringerte.

[44] Die Differenzen bezogen sich auf § 644 des Entwurfs, wonach bei Bauarbeiten von kurzer Dauer die Zweiganstalt für Bauberufsgenossenschaften Versicherungsträger war. Das BMI hatte den Standpunkt vertreten, daß in diesen Fällen die Gemeindeunfallversicherung Versicherungsträger sein müsse. Vgl. dazu das Schreiben des BMI vom 4. Febr. 1957 an den BMA in B 149/3915.

Das Kabinett ist einverstanden.

Der *Bundesminister für Wirtschaft* hält die laufende Anpassung der Renten nach den Grundsätzen der Sozialreform für sehr bedenklich. Das würde bei der Steinkohle zu einer 2 %igen Erhöhung des Preises führen[45].

Der *Bundeskanzler* ist der Auffassung, daß die geforderte Anpassung lediglich eine zwangsläufige Folge der Sozialreform sei.

Der *Bundesminister für Wirtschaft* bittet um die Ermächtigung, seine Auffassung im Ausschuß vortragen zu dürfen. Der *Bundesminister für Arbeit* erhebt hiergegen keine Bedenken.

Das Kabinett ist einverstanden.

Der *Bundesminister für Wohnungsbau* erhebt ebenfalls Bedenken gegen die Anpassung der Renten und verweist dabei auf seine früher vorgetragenen Bedenken gegen die Produktivitätsrente[46]. Der *Bundesminister für Wirtschaft* schließt sich diesen Bedenken an. Der *Bundesminister der Finanzen* betont demgegenüber, daß die Bundesregierung konsequent bleiben müsse, nachdem die Sozialreform nun einmal beschlossen sei[47].

Das Kabinett beschließt die Vorlage vom 29.1.1957 nach Maßgabe der Ergänzungsvorlage vom 11.2.1957[48].

4. Entwurf eines Jugendarbeitsschutzgesetzes; hier: Stellungnahme der Bundesregierung zur Stellungnahme des Bundesrates – Bundesratsdrucksache 455/56 – (Beschluß)
BMA

Der *Bundesminister der Finanzen* empfiehlt, dem Vorschlag des Bundesrates zu folgen[49].

---

[45] Analog zum Rentenreformgesetz (vgl. 161. Sitzung am 28. Nov. 1956 TOP A: Kabinettsprotokolle 1956, S. 742) sollte auch die Unfallrente in ihrer Höhe den Lohn- und Einkommensverhältnissen angepaßt werden. Die Beiträge für die Unfallversicherung waren von den Arbeitgebern aufzubringen und wirkten daher kostensteigernd. Zu den Auswirkungen auf die Kohlepreise vgl. das Schreiben des BMWi an den BMA vom 5. Febr. 1957 in B 149/3915 und B 136/2694.

[46] Zu den Bedenken des BMWo vgl. 134. Sitzung am 15. Mai 1956 TOP 2 (Kabinettsprotokolle 1956, S. 354 f.).

[47] Das Rentenreformgesetz war am 21. Jan. 1957 verabschiedet worden (Stenographische Berichte, Bd. 34, S. 10599). – Gesetz vom 23. Febr. 1957 (BGBl. I 45 und 88).

[48] BR-Drs. 55/57. – Fortgang 176. Sitzung am 20. März 1957 TOP 7.

[49] Siehe 161. Sitzung am 28. Nov. 1956 TOP 8 (Kabinettsprotokolle 1956, S. 741 f.). – Vorlage des BMA vom 4. Febr. 1957 zur BR-Drs. 455/56 in B 149/1096 und B 136/2677, Unterlagen zur Vorbereitung des Gesetzes in B 149/1091 bis 1098, 1100 und 1101. – Der BMA hatte in seiner Vorlage für Jugendliche eine Pausenzeit von insgesamt einer Stunde bei regelmäßiger Arbeitszeit von acht Stunden vorgesehen. Der Bundesrat hatte die vom BMA vorgeschlagene Differenzierung der Pausenregelung nach Männern, Frauen und Jugendlichen als unpraktikabel abgelehnt und für die Jugendlichen eine Angleichung an die Regelung für Frauen gemäß § 18 der Arbeitszeitordnung vom 30. April 1938 (RGBl. I 447) empfohlen, wonach bei einer regelmäßigen Arbeitszeit von täglich acht Stunden eine Pause von einer halben Stunde zugestanden wurde.

171. Sitzung am 15. Februar 1957

Der *Bundesminister für Arbeit* hält diesen Vorschlag für nicht vertretbar, weil er im Ergebnis dazu führen müsse, daß den Jugendlichen eine neunstündige Arbeitszeit ohne Pause zugemutet werde.

Das Kabinett beschließt die Vorlage[50].

5. Aufgliederung der Pauschalansätze von je 600 000 DM in Einzelplan 24 des Bundesministers für wirtschaftliche Zusammenarbeit zur Durchführung der Sonderaufträge der ehem. Dienststellen Kraft und Schäfer BMZ

Der *Bundeskanzler* weist darauf hin, daß für den gesamten unselbständigen Mittelstand bisher nichts getan worden sei. Es müßten daher die notwendigen Erhebungen durchgeführt werden, um die unentbehrliche Grundlage für spätere Maßnahmen zu schaffen[51]. Auf die Frage des *Bundesministers für Wirtschaft*, ob der Bundesbeauftragte für Fragen der Angestellten und freien Berufe anordnungsbefugt sein werde, erklärt der *Bundeskanzler*, daß es sich lediglich um eine Bestandsaufnahme handele und daß die weiteren Fragen später zu regeln wären.

Der *Bundesminister des Innern* befürchtet Schwierigkeiten in den Fraktionen. Der *Bundeskanzler* erklärt sich bereit, diese zu bereinigen.

Der *Bundesminister der Finanzen* ist der Ansicht, daß in den Fraktionen zu dieser Frage keine einheitliche Auffassung bestehe. Es empfehle sich daher, die Vorlage so zu gestalten, daß eine größtmögliche Chance der Annahme der Vorlage im Haushaltsausschuß bestehe.

Der *Bundesminister des Innern* glaubt, daß wegen des Stellenplans Schwierigkeiten entstehen werden. Er halte einen Kompromiß dahingehend für möglich, den Bundesbeauftragten für Wasserfragen in das Ministerium für wirtschaftliche Zusammenarbeit einzugliedern, die Aufgabe des ehemaligen Sonderministers Schäfer[52] dagegen einem anderen Ministerium zuzuweisen.

---

[50] BT-Drs. 3286. – Fortgang 7. Sitzung am 13. Dez. 1957 TOP 7.

[51] Siehe Sondersitzung am 9. Nov. 1956 TOP 1 (Kabinettsprotokolle 1956, S. 712–716). – Vorlage des BMZ vom 5. Febr. 1957 in B 146/1849 und B 136/4707, weitere Unterlagen in B 136/7688. – Am 9. Nov. 1956 hatte das Kabinett beschlossen, die zeitlich begrenzten Sonderaufgaben der im Zuge der Kabinettsumbildung ausgeschiedenen Bundesminister für besondere Aufgaben, Hermann Schäfer und Waldemar Kraft, auf das Bundesministerium für wirtschaftliche Zusammenarbeit zu übertragen und hierfür 600 000 DM im Einzelplan 24 (BMZ) des Bundeshaushaltsplanes 1957 zur Einrichtung von Bundesbeauftragten einzusetzen. Es handelte sich dabei um die Prüfung der Lage des unselbständigen Mittelstandes und der geistig frei schaffenden Berufe sowie um die Koordinierung wasserwirtschaftlicher und wasserrechtlicher Fragen. Der Vorlage beigefügt waren ein Organisations- und Stellenplan für die Bundesbeauftragten. Diese Ämter sollten von den ehemaligen Ministern weitergeführt werden. Der BMZ hatte in seiner Vorlage die Forderungen der ehemaligen Sonderminister denen des BMF gegenübergestellt, der eine Mehrung und Hebung der Beamtenstellen abgelehnt und die Einsetzung von Bundesbeauftragten als unnötig erachtet hatte. Als Kompromißlösung hatte der BMZ hinsichtlich der Stellenanforderungen und der Höhe der Entschädigung des Bundesbeauftragten einen Mittelweg vorgeschlagen. Eine Eingliederung der Bundesbeauftragten in seinen Geschäftsbereich hatte der BMZ abgelehnt und um eine Übertragung der Aufträge auf die fachlich zuständigen Ressorts gebeten.

[52] Dr. Hermann Schäfer (1892–1966). 1920–1924 geschäftsführender Vorstand der Vereinigung der leitenden Angestellten, 1925–1933 Mitglied des Reichsvorstandes der DDP/DStP, 1946

Der *Bundeskanzler* weist demgegenüber darauf hin, daß die Angestelltengewerkschaft eine Fortführung der Arbeiten der ehemaligen Dienststelle Schäfer nachdrücklich wünsche. Die bisherige Verzögerung habe bereits zu einer Verärgerung der Angestelltengewerkschaft geführt[53].

Der *Bundesminister für Wohnungsbau* ist der Ansicht, daß die Angestellten das Gefühl haben würden, schlecht behandelt zu werden, wenn jetzt die Aufgabe der Dienststelle Schäfer nicht fortgeführt werde. Die Angestelltengewerkschaft sehe in der Fortführung der Aufgabe ein politisches Faktum. Auch glaube er, daß Minister a. D. Schäfer nur dann bereit sein werde, die Aufgabe durchzuführen, wenn das Kabinett in der heutigen Sitzung die Fortführung der Aufgabe beschließe und der Herr Bundeskanzler bereit sei, sich bei den Fraktionen der Koalition und im Haushaltsausschuß für die Fortführung der Aufgabe einzusetzen.

Der *Bundesminister der Justiz* trägt vor, daß der abwesende Bundesminister für Verkehr der Auffassung sei, daß nur eine erfahrene Persönlichkeit das Wasserwirtschaftsgesetz im Bundestagsausschuß vertreten könne[54]. Der Bundesminister für Verkehr schlage daher vor, diese Aufgabe dem Bundesverkehrsministerium zu übertragen. Der *Bundeskanzler* lehnt diesen Vorschlag ab. Er empfehle vielmehr, beide Sonderaufgaben dem Bundesminister für wirtschaftliche Zusammenarbeit zu übertragen und im übrigen die Pauschalansätze nach dem Kompromißvorschlag des Bundesministers für wirtschaftliche Zusammenarbeit aufzugliedern. Er sei bereit, diese Lösung in den Fraktionen der Koalition und im Haushaltsausschuß zu vertreten.

Das Kabinett ist einverstanden[55].

6. Wahltag für die Wahl zum 3. Deutschen Bundestag BMI

Dieser Punkt der Tagesordnung wird abgesetzt. Der *Bundeskanzler* bittet den Bundesminister des Innern, zunächst festzustellen, welche Zeit erforderlich ist, um die beträchtlichen Vorarbeiten für die Wahl durchzuführen. Der *Bundesminister des Innern* ist bereit, diese Frage zu klären[56].

---

stellvertretender Vorsitzender des Landesverbands Hamburg der FDP, 1947 stellvertretender Zonenvorsitzender, 1948 Vizepräsident des Parlamentarischen Rates, 1950–1956 stellvertretender Vorsitzender der FDP, 1949–1957 MdB (1956 FVP, 1957 DP/FVP), dort 1949–1953 Bundestagsvizepräsident, 1949–1951 Fraktionsvorsitzender, 1953–1956 Bundesminister für besondere Aufgaben, ab 1961 wieder in der FDP.

[53] Vgl. dazu Schreiben des Hauptvorstandes der Deutschen Angestellten-Gewerkschaft vom 31. Jan. 1957 an den Bundeskanzler in B 136/4707.

[54] Zum Regierungsentwurf eines Wasserwirtschaftsgesetzes siehe 71. Sitzung am 16. Febr. 1955 TOP 4 (Kabinettsprotokolle 1955, S. 141–143), Gesetz zur Ordnung des Wasserhaushalts (Wasserhaushaltsgesetz) vom 27. Juli 1957 (BGBl. I 1110).

[55] Fortgang 181. Sitzung am 7. Mai 1957 TOP A.

[56] Vorlage des BMI vom 1. Febr. 1957 in B 106/58952 und B 136/3839. – Fortgang 173. Sitzung am 1. März 1957 TOP 3.

8. Vorschläge zur Ernennung des Präsidenten und des Vizepräsidenten des deutsch-französischen gemischten Gerichtshofes in Saarbrücken BMJ

Das Kabinett beschließt gemäß Vorlage des Bundesministers der Justiz vom 5.2.1957[57].

9. Schaffung einer am Tage der Wiedervereinigung zur Verfügung stehenden Hochschullehrerreserve für die deutschen Hochschulen in der sowjetischen Besatzungszone; hier: Festlegung des für die Bearbeitung dieser Frage zuständigen Fachressorts BMI

Der *Bundesminister des Innern* ist der Ansicht, daß die Aufgabe in die Zuständigkeit seines Ministeriums fällt. Sie sei nur ein Teilstück anderer Fragen. Seine Auffassung sei im übrigen in der Stellungnahme des Bundesministers der Finanzen vom 14.2.1957 „klassisch" zum Ausdruck gebracht worden[58].

Staatssekretär Thedieck hält die Stellungnahme des Bundesfinanzministers durchaus nicht für klassisch. Sie habe nur einen Punkt behandelt. Die Mittel seien im Etat des Bundesministeriums für gesamtdeutsche Fragen ausgebracht und nicht im Haushalt des Bundesministeriums des Innern. Auch habe sich bisher im Bundesministerium des Innern niemand um diese Frage gekümmert. Erst nachdem sein Haus sich dieser Frage angenommen und sie weitgehend gefördert habe, hätte die Kultusabteilung des Innenministeriums diese Aufgabe für sich in Anspruch genommen.

Der *Bundeskanzler* gibt zu bedenken, daß das Innenministerium eine stärkere Fühlungnahme mit den Hochschulen als das Ministerium für gesamtdeutsche Fragen habe.

---

[57] Vorlage des BMJ vom 5. Febr. 1957 in B 141/31834 und B 136/7120. – Artikel 42 des Gesetzes über den Vertrag zwischen der Bundesrepublik Deutschland und der Französischen Republik zur Regelung der Saarfrage vom 22. Dez. 1956 (BGBl. II 1587) sah die Errichtung eines Gemischten Gerichtshofes vor, der die Einheitlichkeit der Rechtsprechung auf Gebieten gewährleisten sollte, auf denen für die Übergangszeit bis zum 31. Dez. 1959 französisches Recht gelten sollte. Präsident und Vizepräsident durften nicht Angehörige der beiden Vertragsstaaten sein. Zur Errichtung des Ausschusses vgl. die Bekanntmachung über das Protokoll betreffend den deutsch-französischen Gemischten Gerichtshof und das in dem Vertrag zur Regelung der Saarfrage vorgesehene Schiedsgericht (BAnz. Nr. 11 vom 17. Jan. 1957, S. 1). – Vorgeschlagen waren der Präsident des belgischen Kassationsgerichtshofes, Albert Fettweis (geb. 1888), und der Präsident des Landesgerichts in Luxemburg, Eugène Rodenbourg (geb. 1895). – Fortgang 180. Sitzung am 30. April 1957 TOP 3.

[58] Vorlage des BMI vom 5. Febr. 1957 und Stellungnahme des BMF vom 14. Febr. 1957 in B 138/6434 und B 136/3022. – Im Einzelplan des BMG für die Rechnungsjahre 1956 und 1957 waren 2 Millionen DM mit der Zweckbestimmung der Förderung von gesamtdeutschen Aufgaben im Hochschulbereich ausgebracht. Der BMI hatte den BMG um Übertragung der Mittel gebeten und dies mit seiner Zuständigkeit für die Forschungsförderung begründet. Der BMF hatte den Antrag des BMI unterstützt und neben inhaltlichen Erwägungen – Zusammenhang zwischen der Bildung einer Hochschullehrerreserve und der dem BMI obliegenden Förderung des wissenschaftlichen Nachwuchses – festgestellt, „daß es nicht angeht, die Kulturpolitik auf zwei Ressorts zu verteilen". Da das BMG den Antrag abgelehnt hatte (vgl. die Vorlage des BMG vom 9. Febr. 1957 in B 136/3022), hatte der BMI das Kabinett um Entscheidung gebeten.

171. Sitzung am 15. Februar 1957

Staatssekretär Thedieck hält diesem Hinweis entgegen, daß sein Haus die Verhandlungen mit der Rektorenkonferenz eingeleitet und durchgeführt habe. Erst danach habe sich das Innenministerium gemeldet.

Der *Bundesminister des Innern* hält die vom Bundesministerium für gesamtdeutsche Fragen geleistete Arbeit für sehr dankenswert. Er glaube jedoch, daß die kulturellen Aufgaben organisatorisch zusammengefaßt werden müßten. Der Bund werde dann leistungsfähiger erscheinen, wenn diese Zusammenfassung stattfände.

Der *Bundeskanzler* gibt zu erwägen, daß das Bundesministerium für gesamtdeutsche Fragen nur ein vorübergehendes Ministerium sei und daß es das Ziel des Bundes sein müsse, auf die kulturellen Fragen Einfluß zu gewinnen. Es sei daher wünschenswert, daß alle kulturellen Aufgaben organisatorisch beim Bundesministerium des Innern zusammengefaßt würden.

Das Kabinett ist einverstanden.

Staatssekretär Thedieck bittet nunmehr, diese Aufgaben sofort auf das Innenministerium zu übertragen und nicht erst ab 1.4.1957.

Der *Bundesminister des Innern* ist einverstanden.

Das Kabinett beschließt die Vorlage[59].

[F.] Einfügung der Saarklausel

Der *Bundesminister der Finanzen* trägt vor, daß der Bundesrat in seiner Sitzung vom 8. Februar 1957 dem Entwurf einer Verordnung zur Veranlagung der Vermögenssteuer und zur Einheitsbewertung der gewerblichen Betriebe mit der Maßgabe zugestimmt habe, daß als § 4 eine negative Saarklausel eingefügt werde[60].

Wie in diesem Fall, so sei auch in anderen Gesetzen und Verordnungen, die vor dem 1. Januar 1957 in den Gesetzgebungsgang gelangt seien, die nachträgliche Einfügung der Saarklausel erforderlich. Zur Vereinfachung des Verfahrens wäre es zweckmäßig, wenn das Kabinett die Minister generell ermächtigte, die negative Saarklausel nachträglich einzufügen. Das Kabinett ist einverstanden.

---

[59] Zur Ausführung des Beschlusses vgl. den Schriftwechsel zwischen BMI und BMG in B 138/6434, zur Durchführung des Förderungsprogrammes vgl. B 138/1655 und 1656.

[60] Vgl. BR-Drs. 28/57 sowie das Schreiben des BMF vom 15. Febr. 1957 an das Bundeskanzleramt in B 136/3286. – Die Vorlage des BMF vom 19. Dez. 1956 war im Umlaufverfahren verabschiedet worden (B 126/6628 und B 136/3286). Zur Einfügung der negativen Saarklausel, mit der das Inkrafttreten von Bundesgesetzen im Saarland bis zum Ablauf der Übergangsfrist im Dezember 1959 ausgeschlossen werden sollte, vgl. auch 169. Sitzung am 30. Jan. 1957 TOP D und 177. Sitzung am 27. März 1957 TOP 2. – BR-Drs. 28/57, Verordnung vom 11. März 1957 (BGBl. I 187).

172. Kabinettssitzung am Donnerstag, den 21. Februar 1957

Teilnehmer: Adenauer, Blücher, von Brentano, von Merkatz, Schäffer, Erhard, Lübke, Storch, Seebohm, Lemmer, Preusker, Oberländer, Balke; Globke, Bleek, Rust, Thedieck, Ripken (ab 12.40 Uhr); Bott (Bundespräsidialamt), Krueger (BPA), Selbach (Bundeskanzleramt). Protokoll: Bachmann.

Beginn: 10.00 Uhr   Ende: 12.55 Uhr
Ort: Bundeshaus, Zimmer 119

Tagesordnung:

1. Personalien
   Gemäß Anlagen.

2. Entwurf eines Gesetzes zur Änderung von Verbrauchsteuergesetzen (Verbrauchsteueränderungsgesetz)
   Vorlage des BMF vom 8. Febr. 1957 (III C/4 - V 9900 - 40/57).

3. Entwurf eines Getreidepreisgesetzes 1957/58
   Vorlage des BML vom 14. Febr. 1957 (III B 7 - 9311.7 - 11/57).

4. Umstellung der Versorgung der Bundeswehr und der Stationierungstruppen mit festen Brennstoffen aus deutscher Produktion auf Importkohle
   Vorlage des BMWi vom 14. Febr. 1957 (III A 5 - 30 302/57).

5. Amtszeit des deutschen Staatsvertreters beim 1. Senat des Obersten Rückerstattungsgerichts in Rastatt
   Vorlage des BMJ vom 5. Febr. 1957 (P 18 - W 60).

6. Ergänzung des Verwaltungsrates der Deutschen Bundesbahn 1957
   Vorlage des BMV vom 13. Febr. 1957 (E 1 - VR/DB e - 3 W 57).

7. Finanzierung des sozialen Wohnungsbaus
   Vortrag des BMWo.

8. Besetzung von zwei auswärtigen Vertretungen
   Schreiben des Staatssekretärs des Bundeskanzleramtes vom 19. Febr. 1957 (11 - 14004 - 252/57 VS-Vertr.).

9. Grüner Bericht 1957 (Teil II)
   Vorlage des BML vom 9. Febr. 1957 (IV A 1 - 4152 - 12/57 Kab. Nr. 90) sowie vom 13. Febr. 1957 (IV A 1 - 4152 - 12/57 Kab. Nr. 49/57 geh.).

[A. Außenpolitische Lage]

Der *Bundeskanzler* berichtet zu Beginn der Sitzung über die Antwort, die demnächst auf den Brief des sowjetischen Ministerpräsidenten gegeben werden soll. Das Kabinett billigt den Entwurf[1]. Sodann spricht der *Bundeskanzler* über die gestrige Zusammenkunft der Regierungschefs der Montanunion-Staaten in Paris[2]. Der *Bundeskanzler* knüpft an einen Zeitungsartikel an, der von der „Vision von Eurafrika" spricht. Alle großen Ideen erschienen zunächst visionär, so auch die enge Verbindung zwischen Europa und Afrika und die enge wirtschaftliche Verbindung zwischen den Montanunion-Staaten, die jetzt beginnen solle. Keine über das Tagesgeschehen hinausgehende Tätigkeit sei in der Welt ohne Risiko. Dieses Risiko müsse das freie Europa auf sich nehmen, um nicht in absehbarer Zeit zwischen den Völkern Asiens und Afrikas erdrückt zu werden, wenn diese Völker gegenüber Europa eine feindliche Haltung einnehmen sollten. Die Einzelheiten der Verträge über Euratom und den Gemeinsamen Markt würden jetzt von Experten ausgearbeitet, damit die Unterzeichnung der Verträge im März d. J. in Rom erfolgen könne. Das französische Parlament werde sich vermutlich sehr bald mit den Verträgen befassen, auch in der Bundesrepublik sollte versucht werden, die Ratifizierung noch vor den Wahlen möglich zu machen.

Anschließend berichtet der *Bundesminister des Auswärtigen* über Einzelfragen der Vertragsentwürfe. Das Problem des Eigentums an den Kernbrennstoffen sei weitgehend im Sinne[3] eines Eigentumsrechts der Gemeinschaft gelöst worden. Diese Frage habe aber überwiegend theoretische Bedeutung, denn es sei kein wesentlicher Unterschied, ob man ein mit großen Beschränkungen belastetes Privateigentum schaffe oder ein Gemeinschaftseigentum, das Privatleuten zur Nutzung überlassen würde. Bezüglich der überseeischen Gebiete beim Gemeinsamen Markt sei eine Übergangslösung für fünf Jahre in Aussicht genommen. Der *Bundesminister für Wirtschaft* äußert gewisse Bedenken. Auch wenn der deutsche Handel mit den französischen Kolonialgebieten – wie vorgesehen – verdoppelt werden würde, so könnte er doch nur 180 Mio. DM jährlich erreichen, das seien 0,3 % des deutschen Außenhandels. Durch die Angleichung des Zollsystems und durch die Notwendigkeit, die Lieferungen aus den französischen Kolonialgebieten in Anspruch zu nehmen, würden sich gewisse Waren, wie Kakao, Bananen und Ölfrüchte, erheblich verteuern. Es müsse auch vermieden werden, daß die Bundesrepublik durch die Einbeziehung der überseeischen Gebiete in den Gemeinsamen Markt von den anderen Rohstoff-Märkten der Welt ausgeschlossen werde. Der *Bundesminister der Finanzen* äußert Bedenken wegen der finanziellen Leistungen, welche die Bundes-

---

[1] Zur Antwortnote Adenauers vom 22. Febr. 1957 siehe 171. Sitzung am 15. Febr. 1957 TOP A. – Fortgang hierzu 179. Sitzung am 11. April 1957 TOP A.

[2] Vgl. 171. Sitzung am 15. Febr. 1957 TOP E. – Am 18. Febr. hatte die Konferenz der Außenminister und am 19. und 20. Febr. 1957 eine Konferenz der Regierungschefs der sechs Montanunion-Länder stattgefunden, auf der die letzten noch offenen Grundsatzfragen entschieden worden waren. Vgl. dazu die Sitzungsdokumente in AA B 10, Bde. 908 und 917, zum Stand der Verhandlungen vgl. auch Bulletin Nr. 36 vom 21. Febr. 1957, S. 305.

[3] Im Entwurf folgte hier: „im Sinne Frankreichs, d.h. im Sinne eines Eigentumsrechts der Gemeinschaft..." (B 136/36281).

republik zu erbringen haben werde. Der *Minister* betont allerdings, daß er noch keine Gelegenheit gehabt habe, die bisherigen Entwürfe genau zu prüfen. Der *Bundesminister der Justiz* setzt sich dafür ein, daß die komplizierten Zusammenhänge der neuen Vertragsentwürfe vom Bundespresseamt in einer volkstümlichen Schrift dargestellt würden. Außerdem sei eine baldige Beteiligung des Bundestages notwendig. Der *Bundesminister des Auswärtigen* erwidert im einzelnen auf die vorgetragenen Bedenken und verweist auf den Unterausschuß des Auswärtigen Ausschusses des Bundestages, welcher die Vertragsentwürfe bald behandeln solle[4]. Der *Bundesminister für Wohnungsbau* spricht über Währungsprobleme und über das Verhältnis der Länder des Gemeinsamen Marktes zu der geplanten Freihandelszone. Der *Bundesminister für Atomfragen* befürchtet eine Diskriminierung der Bundesrepublik dadurch, daß die Gemeinschaft Eigentümer des spaltbaren Materials werde, soweit das Material für zivile Zwecke verwendet werde. Deutschland habe auf eine militärische Verwendung des Materials verzichtet, müsse also das gesamte Material in Gemeinschaftseigentum überführen[5]. Der *Bundeskanzler* betont, daß der deutsche Verzicht auf militärische Verwendung jederzeit widerrufen werden könne. Der *Bundesminister der Justiz* führt aus, daß die anderen an Euratom beteiligten Staaten der Gemeinschaft mindestens eine Mitteilung über die Menge des militärisch verwendeten Materials machen müßten. Auch der *Bundeskanzler* ist der Meinung, daß eine Prüfung in dieser Richtung notwendig sei[6].

1. Personalien

und

8. Besetzung von zwei auswärtigen Vertretungen AA

Das Kabinett stellt die Beschlußfassung über die Ernennung des Staatssekretärs z.D. Dr. Busch aus formellen Gründen bis zur nächsten Sitzung zurück[7]. Im übrigen stimmt das Kabinett allen Ernennungsvorschlägen zu (Professor Oeftering[8],

---

[4] Aufgrund eines Beschlusses des Ausschusses für Auswärtige Angelegenheiten in der 71. Sitzung am 6. Febr. 1957 hatte sich der Unterausschuß Nr. 9 „Brüsseler Verträge" am 20. Febr. 1957 konstituiert. Vgl. die Pressekonferenz vom 20. Febr. 1957 in B 145 I/66, Protokolle der konstituierenden und der fünf folgenden Sitzungen vom 27. Febr. bis 4. April 1957 in Parlamentsarchiv des Deutschen Bundestages.

[5] Im Entwurf des Protokolls lautete der Halbsatz: „während z.B. Frankreich mit dem Hinweis auf die militärische Verwendung des Materials das gemeinschaftliche Eigentum unmöglich machen könne." (B 136/36281).

[6] Im Anschluß an diese Kabinettssitzung berichteten von Brentano, Müller-Armack, Carstens und Dr. Günther Harkort (Handelspolitische Abteilung des AA) der Pressekonferenz (Protokoll in B 145 I/66) und am 22. Febr. 1957 der Bundeskanzler in einem Teegespräch über die Ergebnisse der Beratungen (vgl. Teegespräche 1955–1958, S. 178–189). – Fortgang 179. Sitzung am 11. April 1957 TOP 4 (Ratifizierungsgesetz).

[7] Hierzu und zu den folgenden Ernennungsvorschlägen siehe 163. Sitzung am 12. Dez. 1956 (Kabinettsprotokolle 1956, S. 767). – Fortgang 173. Sitzung am 1. März 1957 TOP 1.

[8] Dr. Heinz Maria Oeftering (geb. 1903). 1930–1943 Reichsfinanzverwaltung, 1945–1947 Präsident der Rechnungskammer Rheinhessen-Pfalz, 1947–1949 Präsident des Rechnungshofes Rheinland-Pfalz, 1949–1957 BMF, dort Leiter der Abteilung II (Allgemeine Finanzpolitik und öffentliche Finanzwirtschaft) und Ständiger Vertreter des Staatssekretärs, 1957 Präsident des Bundesrech-

172. Sitzung am 21. Februar 1957

Dr. Seifriz⁹, Dr. Pohland¹⁰, Dr. Engelhardt¹¹, Dr. Melchers¹² und von Nostitz¹³). Außerdem beschließt das Kabinett die Ernennung des Ministerialrats Dr. Käss¹⁴

---

nungshofes, 1957–1972 Vorstandsvorsitzender und Präsident der Deutschen Bundesbahn, 1972–1975 Präsident des Verwaltungsrates der Deutschen Bundesbahn. – Vorgeschlagen war die Ernennung zum Präsidenten des Bundesrechnungshofes. – Seebohm notierte hierzu: „Bedenken des Bundeskanzlers gegen Oeftering wegen der Nachprüfung gewisser Fonds ausschließlich durch den Präsidenten des Bundesrechnungshofes. Finanzminister hat Vorschlagsrecht gemäß Reichshaushaltsordnung; will keinen anderen Vorschlag machen. Bundeskanzler läßt nach Rücksprache mit Oeftering Bedenken fallen." (Nachlaß Seebohm N 1178/9b).

[9] Dr. Adalbert Seifriz (1902–1990). 1946–1954 Wirtschaftsministerium von Württemberg-Baden bzw. ab 1952 von Baden-Württemberg, 1955–1957 Leiter des Landesgewerbeamtes Baden-Württemberg, 1957–1963 Präsident des Landesarbeitsamtes Baden-Württemberg, 1960–1963 MdL Baden-Württemberg (CDU), 1963–1966 Staatssekretär und Bevollmächtigter des Landes Baden-Württemberg beim Bund, 1966–1972 Minister für Bundesangelegenheiten des Landes Baden-Württemberg. – Vorgeschlagen war die Ernennung zum Präsidenten des Landesarbeitsamtes von Baden-Württemberg.

[10] Dr. Erich Pohland (geb. 1898). 1937–1945 Amt für deutsche Roh- und Werkstoffe/Reichsamt für Wirtschaftsausbau, 1946–1947 Zentralamt für Wirtschaft in der britischen Zone/Verwaltungsamt für Wirtschaft, 1947–1949 Verwaltung für Wirtschaft des Vereinigten Wirtschaftsgebiets, 1949–1956 BMWi, dort Hilfsreferent im Referat IV B 1 (Chemie), zuständig für das Sachgebiet Düngemittel, Schädlingsbekämpfung, Sprengstoffe, 1956–1960 BMAt, dort 1956–1958 Leiter des Referats 8 (Strahlennutzung), 1958–1960 des Referats II B 4 (Grundsatzfragen der Atomchemie), 1960 Abordnung zur Eurochemic – Europäische Gesellschaft für die chemische Aufbereitung bestrahlter Kernbrennstoffe in Brüssel, dort Generaldirektor. – Vorgeschlagen war die Ernennung zum Ministerialrat im BMAt.

[11] Dr. Hans Engelhardt (geb. 1907). 1937–1940 Reichsstelle für Landbeschaffung – Reichsumsiedlungsgesellschaft m.b.H., 1940–1945 Inspektion der Festungen beim OKH, 1948–1955 Landrat in Hilpoltstein, 1955–1969 BMAt bzw. ab 1962 BMwF, dort 1955–1957 Leiter des Referats 1 (Generalreferat), 1957 des Referats I A 5 (Personal-, Organisations- und Sicherheitsangelegenheiten), 1958–1964 der Gruppe I A (Recht, Wirtschaft und Verwaltung), 1964–1969 der Abteilung I (Zentralabteilung). – Vorgeschlagen war die Ernennung zum Ministerialrat im BMAt.

[12] Dr. Wilhelm Melchers (1900–1972). 1925–1945 auswärtiger Dienst, 1946–1948 Evangelisches Hilfswerk in Bremen, 1948–1949 Senatsabteilung für Häfen und Schiffahrt in Bremen, seit Dezember 1949 Organisationsbüro für die konsularisch-wirtschaftlichen Vertretungen im Ausland bzw. ab Juni 1950 Dienststelle für Auswärtige Angelegenheiten im Bundeskanzleramt, seit 1951 AA, 1953–1957 Gesandter bzw. (ab 1956) Botschafter in Bagdad und Amman, 1957–1961 in New Delhi und Katmandu (Nepal), 1961–1965 in Athen. – Vorgeschlagen war die Ernennung zum Botschafter in New Delhi (Vorlage des Bundeskanzleramtes vom 19. Febr. 1957 in B 136/1837). – Fortgang hierzu 182. Sitzung am 16. Mai 1957 TOP 2 (Akkreditierung in Katmandu/Nepal).

[13] Gottfried von Nostitz-Drzewiecki (1902–1976). 1927–1945 auswärtiger Dienst, seit 1950 Dienststelle für Auswärtige Angelegenheiten im Bundeskanzleramt bzw. seit 1951 AA, 1953–1957 Botschaftsrat in Den Haag, 1957–1964 Generalkonsul in Sao Paulo, 1964–1967 Botschafter in Santiago de Chile. – Vorgeschlagen war die Ernennung zum Generalkonsul in Sao Paulo (Vorlage des Bundeskanzleramtes in B 136/1837). – Fortgang hierzu 181. Sitzung am 7. Mai 1957 TOP 2.

[14] Dr. Friedrich Käss (1910–1984). 1948 Verwaltung für Finanzen des Vereinigten Wirtschaftsgebiets, 1950–1957 BMF, dort Leiter des u.a. für das Lastenausgleichsgesetz zuständigen Referats (1952–1954 Referat B 2 in der Sondergruppe Lastenausgleich, 1954–1957 Referat II C 9), 1957 gleichzeitig Leiter der Unterabteilung I A (Organisation, Allgemeine Verwaltung), 1957–1975 Präsident des Bundesausgleichsamtes.

zum Präsidenten des Bundesausgleichsamtes[15]. Der augenblicklich amtierende Präsident soll Vizepräsident werden, wenn der Bundesminister des Innern nicht innerhalb einer mit dem Bundesminister der Finanzen zu vereinbarenden Frist Widerspruch erhebt[16].

2. Entwurf eines Gesetzes zur Änderung von Verbrauchsteuergesetzen BMF

Das Kabinett stimmt der Vorlage zu[17].

3. Entwurf eines Getreidepreisgesetzes BML

Das Kabinett stimmt der Vorlage zu[18].

4. Umstellung der Versorgung der Bundeswehr und der Stationierungstruppen mit festen Brennstoffen aus deutscher Produktion auf Importkohle BMWi

Staatssekretär Dr. Rust wendet sich nachdrücklich gegen eine erneute finanzielle Belastung der Bundeswehr. Es sei unmöglich, die Bundeswehr ausschließlich auf amerikanische Kohle zu verweisen. *Staatssekretär Dr. Rust* bezieht sich auf einen Kabinettsbeschluß vom November 1956, wonach zusätzliche finanzielle Belastungen des Verteidigungshaushaltes nicht mehr vorgenommen werden sollten. Außerdem sprächen auch außenpolitische Gründe gegen die häufige Inanspruchnahme des Verteidigungshaushalts für sachfremde Zwecke. Der *Bundesminister für Wirtschaft* begründet seine Vorlage[19]. Der *Bundesminister für Verkehr* unterstützt die Auffassung

---

[15] Siehe 150. Sitzung am 5. Sept. 1956 TOP 1 sowie 154. Sitzung am 3. Okt. 1956 TOP 1 (Kabinettsprotokolle 1956, S. 579 f. und 767). – Fortgang hierzu 183. Sitzung am 21. Mai 1957 TOP 1.

[16] Infolge der Erkrankung des Präsidenten Dr. Walter Kühne (vgl. 150. Sitzung am 5. Sept. 1956: Kabinettsprotokolle 1956, S. 579) amtierte der Direktor und Leiter der Abt. II Wolfgang Duckart. – Zur Ernennung Duckarts zum Vizepräsidenten vgl. 183. Sitzung am 21. Mai 1957 TOP 1; zur früheren Diskussion um die Besetzung der Stelle des Vizepräsidenten vgl. 154. Sitzung am 3. Okt. 1956 TOP 1 (Kabinettsprotokolle 1956, S. 613) sowie auch Schriftwechsel in B 136/7329.

[17] Vorlage des BMF vom 8. Febr. 1957 in B 136/7273. – Angestrebt war eine technische Vereinheitlichung und Anpassung der Vorschriften in einzelnen Bereichen der Verbrauchssteuern. – BR-Drs. 91/57, BT-Drs. 3362. – Gesetz vom 10. Okt. 1957 (BGBl. I 1704).

[18] Vgl. 130. Sitzung am 18. April 1956 TOP 10. – Vorlage des BML vom 14. Febr. 1957 in B 116/41422 und B 136/2619. – Mit der Vorlage hatte der BML u.a. eine Neufestsetzung der Erzeugerpreise für Brot-, Futter und Industriegetreide, für Braugerste inländischer Erzeugung sowie der Verbraucherpreise für Saatgetreide beantragt. Des weiteren hatte er an der Anbietungspflicht und den Lieferprämien für Roggen in modifizierter Form festgehalten. – BR-Drs. 93/57, BT-Drs. 3520. – Gesetz über Preise für Getreide inländischer Erzeugung für das Wirtschaftsjahr 1957/58 sowie über besondere Maßnahmen in der Getreide- und Futtermittelwirtschaft (Getreidepreisgesetz 1957/58) vom 19. Aug. 1957 (BGBl. I 1239). – Vgl. auch 180. Sitzung am 30. April 1957 TOP 11 (Mehlpreissubventionen).

[19] Siehe Sondersitzung am 5. Nov. 1956 TOP 1 (Kabinettsprotokolle 1956, S. 684 f.). – Vorlage des BMWi vom 14. Febr. 1957 in B 102/34269 und B 136/2495. – In Erwartung eines durch die Arbeitszeitverkürzungen bedingten Produktionsausfalls bei Kohle unter gleichzeitig ansteigender Nachfrage hatte das BMWi gefordert, daß die Bundeswehr sowie die ausländischen Streitkräfte ihren Bedarf weitgehend aus der Importkohle deckten. Der Differenzbetrag zwischen der teureren Auslands- und der billigeren Inlandskohle sollte aus Bundesmitteln beglichen werden. Damit

des Bundesministeriums für Verteidigung und ist der Meinung, daß die Gesamtlage auf dem Gebiet der Kohlenversorgung geprüft werden sollte. Der *Vizekanzler* schlägt vor, daß das Wirtschaftskabinett demnächst über die „Kohlenversorgung und die damit zusammenhängenden Finanzierungsfragen" berät. Die Vorlage des Bundesministers für Wirtschaft solle in der Einladung nicht besonders genannt werden. Das Kabinett stimmt diesem Vorschlage zu[20].

5. **Amtszeit des deutschen Staatsvertreters beim 1. Senat des Obersten Rückerstattungsgerichts in Rastatt** BMJ

Das Kabinett stimmt der Vorlage zu[21].

6. **Ergänzung des Verwaltungsrates der Deutschen Bundesbahn 1957** BMV

Der *Bundesminister für Verkehr* begründet seine Vorlage[22]. Das Kabinett beschließt die Ernennung der in der Vorlage genannten Herren mit Ausnahme des Herrn Max Rademacher[23]. Die Beratung über diesen Punkt wird zurückgestellt[24].

7. **Finanzierung des sozialen Wohnungsbaus** BMWo

Der *Bundesminister für Wohnungsbau* hält einen ausführlichen Vortrag[25]. In der Frage des sozialen Wohnungsbaues seien die Sorgen im wesentlichen überstanden.

---

sollte „in Anbetracht der großen politischen Bedeutung" eine preisgünstige Versorgung privater Haushalte mit Kohle sichergestellt werden.

[20] Dazu hielt Schäffer in einem Vermerk vom 21. Febr. 1957 fest: „Wird in das Wirtschaftskabinett mehr zur allgemeinen Erörterung verwiesen. Der Vorschlag der Verschiebung von Brennstoffkosten auf den Bundeshaushalt wird abgelehnt." (B 126/34102, dort auch ein der Kabinettsvorlage vorausgehender Schriftwechsel Erhards mit Schäffer). – Fortgang 66. Sitzung des Kabinettsausschusses für Wirtschaft am 12. März 1957 TOP 3 (B 136/36220).

[21] Vorlage des BMJ vom 5. Febr. 1957 in B 136/1147, weitere Unterlagen dazu in AA B 86, Bd. 839. – Das Oberste Rückerstattungsgericht (ORG) als Nachfolger der alliierten Obersten Rückerstattungsgerichte war nach dem Vertrag vom 23. Okt. 1954 zur Regelung aus Krieg und Besatzung entstandener Fragen (BGBl. 1955 II 424) auf einer neuen Rechtsgrundlage geschaffen worden. Der 1. Senat des ORG in Rastatt war für das ehemalige französische Besatzungsgebiet zuständig. Unterlagen zur Tätigkeit des Gerichts in Bestand B 215. – Der BMJ hatte in seiner Vorlage beantragt, die zum 29. Jan. 1958 auslaufende Stelle des deutschen Vertreters beim französischen Senat des Obersten Rückerstattungsgerichts in Rastatt aus sachlichen und finanziellen Gründen nicht zu verlängern.

[22] Vorlage des BMV vom 13. Febr. 1957 in B 108/28613 und B 136/2737. – Das BMV hatte in seiner Vorlage die Verlängerung des Mandats für Willy Max Rademacher, Ludwig Rosenberg und Prof. Dr. Otto Most beantragt.

[23] Willy Max Rademacher (1897–1971). 1946–1967 Präsident des Bundesverbandes Spedition und Lagerei e.V., 1946–1949 Mitglied der Hamburger Bürgerschaft, 1949–1965 MdB (FDP), dort 1949–1953 Vorsitzender, 1953–1957 stellvertretender Vorsitzender des Ausschusses für Verkehrswesen, 1961–1965 MdEP.

[24] Fortgang hierzu 173. Sitzung am 1. März 1957 TOP 4.

[25] Siehe 152. Sitzung am 19. Sept. 1956 TOP 1 (Kabinettsprotokolle 1956, S. 599 f.), vgl. auch 160. Sitzung am 20. Nov. 1956 TOP 5 (Kabinettsprotokolle 1956, S. 734 f.). – Zu den Ausfüh-

Die von der Opposition vor Monaten angekündigte Katastrophe werde nicht stattfinden. Auf dem Sektor des steuerlich begünstigten Wohnungsbaues sei die Beschaffung erststelliger Hypotheken auf gewisse Schwierigkeiten gestoßen, die aber nicht unüberwindlich seien. Zur Verbesserung der Lage des Althausbesitzes habe der Haushaltsausschuß des Bundestages beschlossen, 50 Mio. DM im außerordentlichen Haushalt für zinslose Reparaturdarlehen zur Verfügung zu stellen. Hierauf habe es eine unerwartete Reaktion in der Öffentlichkeit gegeben. Die beteiligten Stellen hätten sehr viele Zuschriften mit der Bitte um Zuteilung solcher Darlehen erhalten. Es sei daher vorzuschlagen, daß die Summe auf 100 Mio. DM erhöht werde. Der *Minister* spricht sich sodann für eine Lockerung der Mietenbindungen aus[26]. Diese würde nur bei freiwilligem Wohnungswechsel in Betracht kommen. Im ganzen sei das Wohnungsbauprogramm der Bundesregierung ungewöhnlich erfolgreich gewesen. Für das Jahr 1956 sei mit einer neuen Rekordziffer im Wohnungsbau zu rechnen. Wenn von jetzt an pro Jahr auch nur 400 000 Wohnungen, also weit weniger als bisher, gebaut werden würden, so werde die Wohnungsknappheit in der Bundesrepublik (unter Einrechnung der noch zuströmenden Sowjetzonenflüchtlinge) in drei Jahren behoben sein. Damit sei dann in zehn bis elf Jahren das geschaffen worden, was die Bundesregierung in der Regierungserklärung von 1949 für die nächsten 25 Jahre in Aussicht genommen hatte. Damals sei man von einer jährlichen Leistung von 200 000 Wohnungen ausgegangen[27]. Der *Minister* spricht sodann über die falsche Verteilung gewisser mit der Erschließung von Wohngebieten zusammenhängender Belastungen. Auch die Frage der Raumordnung müsse untersucht werden. Es gebe gewisse Ballungsgebiete, in denen heute noch die Wohnungsknappheit erheblich sei, während in anderen Gebieten Wohnungen bereits nicht mehr vermietet werden könnten. Der *Bundeskanzler* dankt dem Bundesminister für Wohnungsbau für seine Ausführungen und bittet, sie in kurzer Zusammenfassung schriftlich niederzulegen. Der *Minister* erwidert, daß dies für die im Bundestag eingebrachte Große Anfrage ohnehin notwendig sei[28]. Der *Bundeskanzler* fragt nach der Beschäftigungslage bei den Bauarbeitern. Der *Minister* erwi-

---

rungen vgl. auch den Bericht des BMWo „Spürbare Auswirkungen der steuerlichen Vergünstigungen" in Bulletin Nr. 42 vom 1. März 1957, S. 359 f.

[26] Vgl. dazu 40. Sitzung am 21. Juli 1954 TOP 7 (Kabinettsprotokolle 1954, S. 327 f.).

[27] In seiner Regierungserklärung am 20. Okt. 1949 hatte Adenauer vor dem Deutschen Bundestag eine „energische" Förderung des Wohnungsbaus „mit allen Mitteln" angekündigt, jedoch keine konkreten Zahlen genannt (Stenographische Berichte, Bd. 1, S. 23 f.). Am 14. Okt. 1949 hatte der BMWo Wildermuth das Bundeskabinett darüber informiert, daß im Jahre 1949 rund 200 000 Wohnungen bei einem Kostenaufwand von etwa 2 Milliarden DM gebaut worden seien, während man für das Baujahr 1950 anstrebe, 250 000 Wohnungen zu errichten, wofür etwa 2,5 Milliarden DM benötigt würden. Am 15. Nov. 1949 hatte Wildermuth im Kabinett erklärt, „es sei notwendig, jährlich etwa 250 000 Wohnungen zu bauen". Vgl. 12. Sitzung am 14. Okt. 1949 TOP 1 und 22. Sitzung am 15. Nov. 1949 TOP 1 (Kabinettsprotokolle 1949, S. 122 f. und 198 f.).

[28] Zur Großen Anfrage Nr. 90 der SPD über die Sicherung des sozialen Wohnungsbaus (BT-Drs. 3009) nahm Preusker auf der 197. Sitzung des Bundestages am 14. März 1957 Stellung (Stenographische Berichte, Bd. 35, S. 11214–11219). Unterlagen zur Beantwortung der Anfrage in B 136/133. – Vgl. dazu auch 174. Sitzung am 7. März 1957 TOP C (Steuervergünstigung von Kapitalansammlungsverträgen).

dert, daß besonders auch durch die Einschränkung der öffentlichen Bauten die Bauarbeiter in den Wintermonaten zu einem nicht unerheblichen Teil arbeitslos gewesen seien, doch würden sich getroffene Maßnahmen bereits im Februar günstig auswirken[29]. Der *Bundesminister der Finanzen* betont, daß für den Wohnungsbau aus Bundesmitteln insgesamt 2998,5 Mio. DM zur Verfügung gestellt würden[30]. Das Kabinett erhebt gegen die Vorschläge des Bundesministers für Wohnungsbau keine Bedenken.

Der *Bundesminister für Vertriebene, Flüchtlinge und Kriegsgeschädigte* gibt bekannt, daß heute die zuständigen Landesminister zusammenkämen, um über die Unterbringung der Sowjetzonenflüchtlinge zu beraten[31]. Die Länder hätten gedroht, ab sofort keine Flüchtlinge mehr aufzunehmen, wenn ihnen nicht bald finanzielle Zusagen der Bundesregierung gemacht würden. Eine Chefbesprechung mit dem Bundesminister der Finanzen sei ohne klares Ergebnis geblieben[32]. Die Flüchtlingslager seien überfüllt. Wenn die angedrohten Maßnahmen getroffen würden, könnten sie in 8 bis 14 Tagen katastrophale Folgen haben. Der *Bundesminister für Wohnungsbau* schlägt vor, mit der Bindungsermächtigung für den kommenden Haushalt und der Zusage ihrer Vorfinanzierung zu helfen. Wenn bei der endgültigen Abrechnung die Vorleistungen des Bundes als zu hoch festgestellt würden, müßten die überzahlten Beträge von den allgemeinen Wohnungsbaumitteln, die der Bund zur Verfügung stelle, abgezogen werden. Der *Bundesminister der Finanzen* erklärt, er könne zu diesen Vorschlägen ohne die notwendigen Unterlagen nicht Stellung nehmen. Der *Bundesminister für Vertriebene, Flüchtlinge und Kriegsgeschädigte* schließt sich dem Vorschlage des Bundesministers für Wohnungsbau an und tritt dafür ein, daß vorfinanziert werde und nicht nachfinanziert. Hierin liege der Kern des Streites mit den Ländern. Der *Bundeskanzler* schlägt vor, die Minister sollten den Vertretern der Länder gegenüber heute den vom Bundesminister für Wohnungsbau gemachten Vorschlag unterbreiten und dabei betonen, daß sich der Bundesminister der Finanzen eine Stellungnahme noch vorbehalten habe. Soweit er, der Bundeskanzler, sehe, sei der Vorschlag für den Bundesfinanzminister ohne Risiko. Der *Bundesminister der Finanzen* erhebt auch gegen diese Lösung Bedenken. Das Kabinett stimmt schließlich dem Vorschlage des Bundesministers für Wohnungsbau mit Mehrheit zu[33].

---

[29] Unterlagen zu den saisonbedingten Schwankungen der Beschäftigungslage im Bausektor in B 149/1397 und zur Förderung der Bauaktivitäten in der Winterzeit in B 149/5799. – Von den ca. 1,8 Millionen Beschäftigten im Bau- und Baunebengewerbe mußten zwischen Oktober 1956 und April 1957 mehr als 1 Million Arbeiter witterungsbedingt die Arbeit unterbrechen. Bei starken regionalen Schwankungen betrug die durchschnittliche Arbeitslosigkeit in diesem Bereich ca. 8 Wochen.

[30] Vgl. dazu die Zusammenstellung des BMF vom 1. Febr. 1957 in B 136/9517.

[31] Siehe 171. Sitzung am 15. Febr. 1957 TOP C. – Vgl. die Niederschrift vom 22. Febr. 1957 in B 150/2870.

[32] Die Besprechung hatte am 19. Febr. 1957 stattgefunden (vgl. den Sprechzettel vom 19. Febr. 1957 in B 150/2870).

[33] Fortgang dazu 181. Sitzung am 7. Mai 1957 TOP 6 b.

9. Grüner Bericht 1957 (Teil II) BML

Der *Bundesminister für Ernährung, Landwirtschaft und Forsten* begründet seine Vorlage. Die Sache ist bereits in der Kabinettssitzung vom 15.2.1957 behandelt worden[34]. In einer Ministerbesprechung unter Vorsitz des Herrn Bundeskanzlers sind am 20.2.1957 die finanziellen Leistungen des Planes durchberaten worden[35]. Alle Vorschläge des Bundesministers für Ernährung, Landwirtschaft und Forsten wurden gebilligt mit Ausnahme eines Betrages von 70 Mio. DM für die Alterssicherung[36]. Der *Minister* betont, daß es sich bei diesen 70 Mio. DM um eine einmalige Aktion (Starthilfe) für dieses Jahr handele. Insgesamt umfasse der Grüne Plan für 1957 Leistungen in Höhe von 1212 Mio. DM, die insbesondere zur Verbesserung der Agrarstruktur, der Produktionsverhältnisse und zur Förderung der Milchwirtschaft eingesetzt würden. Gegenüber dem Vorjahr entstehe ein Mehrbetrag von 300 Mio. DM, für den noch keine Deckung vorhanden sei. Der *Bundeskanzler* betont, daß eine unterschiedliche Behandlung der Großbauern und der Kleinbetriebe beim Milchpreis unmöglich sei. Dies wird vom *Bundesminister für Ernährung, Landwirtschaft und Forsten* unterstrichen, da gerade in großbäuerlichen Betrieben Schwierigkeiten, z.B. durch den hohen Lohnanteil an den Produktionskosten, entstünden. Der *Bundesminister der Justiz* erklärt, die Deutsche Partei werde dem Grünen Plan nicht zustimmen können, weil er nach Meinung der DP unzureichend sei. Der *Bundesminister für Verkehr* ist im Gegensatz zum Bundesminister der Justiz der Auffassung, daß auf dem Gebiet der Sanierung des Milchviehbestandes (Tbc-Freiheit) bereits erfolgreiche Maßnahmen getroffen seien. Der *Bundesminister für Wirtschaft* stimmt dem Grünen Plan zu und macht darauf aufmerksam, daß nicht 300, sondern etwa 600 Mio. DM mehr als im Vorjahr aufgewendet würden. Man müsse nämlich berücksichtigen, daß die Steuererleichterungen auch dieses Jahr fortdauerten. Das Kabinett stimmt dieser Auffassung zu. Dieser Gesichtspunkt müsse auch in der Öffentlichkeit gebührend zur Geltung gebracht werden. Anschließend werden noch Fragen des taktischen Vorgehens im Zusammenhang mit der Debatte über den Grünen Plan besprochen[37].

---

[34] Siehe 171. Sitzung am 15. Febr. 1957 TOP 2. – Vorlagen des BML vom 9. und 13. Febr. 1957 zu Teil II „Übersicht über getroffene und beabsichtigte Maßnahmen" in B 116/7304 und B 136/380.

[35] Zur Besprechung am 20. Febr. 1957 vgl. den Vermerk des Bundeskanzleramtes vom 21. Febr. 1957 in B 136/380.

[36] Vgl. hierzu 185. Sitzung am 12. Juni 1957 TOP 2.

[37] BR-Drs. 52/57 und zu BR-Drs. 52/57, BT-Drs. 3200. – Der BML gab am 21. Febr. 1957 eine Stellungnahme der Bundesregierung zum Bericht ab. Vgl. dazu Stenographische Berichte, Bd. 35, S. 11011–11017.

**173. Kabinettssitzung
am Freitag, den 1. März 1957**

Teilnehmer: Blücher (bis 12.20 Uhr), Schäffer (Vorsitz ab 12.20 Uhr), Schröder, von Merkatz, Erhard, Lübke, Storch, Lemmer, Preusker, Oberländer, Balke; Globke, Hallstein (bis 11.40 Uhr), Bergemann, Gladenbeck (ab 10.48 Uhr), Rust, Wandersleb (ab 10.15 Uhr), Thedieck (bis 12.55 Uhr); Klaiber (Bundespräsidialamt; mit Ausnahme zu Punkt 8 der TO), Krueger (BPA). Protokoll: Abicht.

Beginn: 10.00 Uhr   *Ende: 13.05 Uhr*

Ort: Haus des Bundeskanzlers

Tagesordnung:
1. *Personalien*
   Gemäß Anlagen.
2. *Entwurf eines Gesetzes über die Feststellung des Wirtschaftsplans des ERP-Sondervermögens für das Rechnungsjahr 1957; hier: Stellungnahme zu der Entschließung des Bundesrates vom 22. Febr. 1957*
   Vorlage des BMZ vom 23. Febr. 1957 (III/1 b - 7013 - 22 - K 27 c/16).
3. *Wahltag für die Wahl zum 3. Deutschen Bundestag*
   Vorlage des BMI vom 1. Febr. 1957 (I B 1 - 11 172 B - 28/57).
4. *Ergänzung des Verwaltungsrats der Deutschen Bundesbahn*
   Vorlage des BMV vom 22. Febr. 1957 (E 1 - VR/DB e - 3 W 57 III).
5. *Fortsetzung der Aussiedlung*
   Vorlage des BMVt vom 15. Febr. 1957 (III 5 - 8505,3 I/2 - Kab. Nr. 280/57 Tgb. Nr. 25/57 VS-Vertr.).
6. *Unterstützung des deutschen Zeitungsverlagswesens*
   Vorlage des BMF vom 28. Febr. 1957 (IV B/1 - S 2135 - 49/57).
7. *Kündigung der Gehalts- und Lohntarife im öffentlichen Dienst*
   Vortrag des BMF.
8. *Mitteilung über die in Aussicht genommene Besetzung von zwei auswärtigen Vertretungen*
   Schreiben des Staatssekretärs des Bundeskanzleramtes vom 25. Febr. 1957 (11 - 14004 - 263/264/57 VS-Vertr.)

[A.] Deutscher Vertreter bei der Industrieausstellung in Kairo

Der *Vizekanzler* teilt mit, der Bundesverband der Deutschen Industrie lege Wert darauf, daß der Bundeswirtschaftsminister an der Industrieausstellung in Kairo teilnehme. Der *Bundesminister für Wirtschaft* erklärt, daß er dem ägyptischen Botschafter keine bindende Zusage gemacht habe. Im Hinblick auf die Suez-Krise und die folgenden Ereignisse habe er das Auswärtige Amt um eine Entscheidung gebeten. *Staatssekretär Professor Dr. Hallstein* glaubt die Teilnahme des Bundeswirtschaftsministers nicht empfehlen zu können. Der *Vizekanzler* ist der Ansicht, daß die Teilnahme des von dem Bundesverband der Deutschen Industrie ersatzweise vorgeschlagenen früheren Ministerpräsidenten Arnold[1] ebenfalls einen zu starken politischen Akzent haben würde. Der *Bundesminister des Innern* stellt darauf die Frage, ob nicht Staatssekretär Dr. Westrick die Bundesrepublik vertreten könne. Der *Bundesminister für Wirtschaft* erklärt sich mit diesem Vorschlag einverstanden und weist darauf hin, daß Staatssekretär Dr. Westrick auch der ressortmäßige Stellvertreter sei. Der *Vizekanzler* regt an, die beteiligten Ressorts sollten sich über diese Frage noch einmal aussprechen[2].

[B.] **Vertretung des Bundesministers für Vertriebene, Flüchtlinge und Kriegsgeschädigte und des Bundesministers der Finanzen im Kabinett**

Der *Bundesminister für Vertriebene, Flüchtlinge und Kriegsgeschädigte* bittet die übrigen Kabinettsmitglieder um ihr Einverständnis, daß er sich im Kabinett durch Bundesminister v. Merkatz vertreten läßt. Der *Bundesminister der Finanzen* bittet um Zustimmung des Kabinetts, daß sich der Bundesminister der Finanzen und der Bundesminister für Atomfragen gegenseitig vertreten. Einwendungen werden nicht erhoben[3].

[C.] **Viertes Strafrechtsänderungsgesetz**

Der *Bundesminister der Justiz* stellt die Frage, ob er sich vor dem Bundestag weiterhin für die §§ 91, 96 und 109 b einsetzen solle[4]. Er habe den Eindruck, daß das Bundesministerium für Verteidigung auf diese Vorschriften der Regierungsvorlage keinen entscheidenden Wert mehr lege. *Staatssekretär Dr. Rust* betont, daß das Bundesverteidigungsministerium den Hauptwert auf die baldige Verabschiedung

---

[1] Karl Arnold (1901–1958). 1920–1933 Tätigkeit in der christlichen Gewerkschaftsbewegung, 1946–1947 Oberbürgormeister von Düsseldorf, 1946–1958 MdL Nordrhein-Westfalen (CDU), 1947–1956 Ministerpräsident des Landes Nordrhein-Westfalen, 1956 einer der vier Stellvertreter des Bundesvorsitzenden der CDU, 1957–1958 MdB.

[2] Zu den verschiedenen Bemühungen, Erhard für die Teilnahme an der Ausstellung zu gewinnen, vgl. die Unterlagen in B 102/5986, vgl. dazu auch Berggötz, Nahostpolitik, S. 208–211. – Fortgang 174. Sitzung am 7. März 1957 TOP D.

[3] Eine schriftliche Fixierung dieses Beschlusses konnte nicht ermittelt werden. – Unterlagen zur Vertretungsregelung in B 136/1835. – Vgl. auch 7. Sitzung am 13. Dez. 1957 TOP 2.

[4] Siehe 157. Sitzung am 17. Okt. 1956 TOP 5 (Kabinettsprotokolle 1956, S. 648 f.). – Zweck der Novelle war, die Verteidigungsbereitschaft zu sichern, den Aufbau der Bundeswehr und die Anwesenheit von Truppen verbündeter Mächte vor Verunglimpfungen strafrechtlich zu schützen. Der Gesetzentwurf war als BT-Drs. 3039 nach der ersten Lesung am 8. Febr. 1957 an den Rechtsausschuß überwiesen worden (Stenographische Berichte, Bd. 35, S. 10948). Die angesprochenen Paragraphen behandelten Vorschriften, die die Sicherheit und den inneren Bestand der Bundesrepublik betrafen. Vgl. dazu den Sprechzettel für den BMJ und weitere Unterlagen in B 141/3140.

des Gesetzes lege. An den genannten Vorschriften solle festgehalten werden, wenn auch die Koalition fest bleibe. Der *Bundesminister des Innern* bringt zum Ausdruck, man könne eine Ansicht, auf die sich das Kabinett mehrfach festgelegt habe, nicht ohne weiteres ändern. Der *Vizekanzler* und der *Bundesminister für Wirtschaft* schließen sich dieser Auffassung an. Der *Vizekanzler* stellt fest, daß das Kabinett weiterhin den Standpunkt der Regierungsvorlage vertritt. Der *Bundesminister der Justiz* bittet bei der weiteren parlamentarischen Beratung um eine aktive Unterstützung durch das Bundesverteidigungsministerium. Er bittet ferner um die Ermächtigung, einer etwaigen Änderung in der Haltung der Koalitionsfraktionen Rechnung tragen zu dürfen. *Staatssekretär Dr. Rust* sagt die Unterstützung durch sein Haus zu. Im übrigen wird den Ausführungen des Bundesministers der Justiz nicht widersprochen. Der *Bundesminister des Innern* regt an, mit Vertretern der Koalitionsfraktionen, insbesondere mit dem Abgeordneten Jaeger, über die Frage der §§ 91, 96 und 109 b noch zu sprechen.

Der *Bundesminister der Justiz* trägt weiter vor, daß das Land Berlin und der Bundesbevollmächtigte in Berlin eine Streichung der Berlin-Klausel vorgeschlagen hätten, und erklärt, er sei bereit, auf die Berlin-Klausel zu verzichten[5]. *Staatssekretär Dr. Rust*, der *Bundesminister des Innern* und der *Bundesminister für das Post- und Fernmeldewesen* erklären sich mit einer Streichung der Berlin-Klausel einverstanden. Das Kabinett erhebt gegen die Streichung der Berlin-Klausel keine Einwendungen[6].

[D.] Kleine Anfrage 332 der Fraktion der SPD betr. Strafverfolgung von Verwaltungsangehörigen der Bundesministerien

Der *Bundesminister der Justiz* erklärt, daß die Kleine Anfrage 332 von seinem Hause beantwortet werden müsse; er bäte jedoch die beteiligten Ressorts, insbesondere das Auswärtige Amt und das Bundesministerium für Wirtschaft, unverzüglich formulierte Beiträge zu liefern. *Staatssekretär Professor Dr. Hallstein* und der *Bundesminister für Wirtschaft* sichern die baldige Übersendung derartiger Beiträge zu[7].

[E.] Besoldung der Mitglieder des Bundesverfassungsgerichts

Der *Bundesminister des Innern* weist darauf hin, daß im Bundestag Bestrebungen vorhanden seien, die Besoldung der Mitglieder des Bundesverfassungsgerichts zu

---

[5] Vgl. dazu das Schreiben des Senators für Bundesangelegenheiten und Bevollmächtigten des Landes Berlin beim Bund Günter Klein vom 12. Febr. 1957 an den BMJ sowie die Niederschrift über die Ressortbesprechung über die Berlin-Klausel zwischen Vertretern des BMJ, BMVtg, AA und BMG am 22. Febr. 1957 im BMJ in B 141/3140 und B 136/549.

[6] Unterlagen zur weiteren parlamentarischen Behandlung in B 141/3141 bis 3146, Gesetz vom 11. Juni 1957 (BGBl. I 597).

[7] In der Drucksache war nach dem Stand der Strafverfahren gegen Beamte der Bundesministerien nachgefragt worden, bei denen es sich u.a. um schwere Fälle von Bestechung, Veruntreuung und Unterschlagung handelte. – Unterlagen zur Kleinen Anfrage Nr. 332 (BT-Drs. 3217) vom 20. Febr. 1957 in B 106/18633, B 136/105 sowie B 141/26361 und 26362. – Zuletzt hatte sich die SPD in der Kleinen Anfrage Nr. 138 (BT-Drs. 1080) in dieser Angelegenheit erkundigt und am 19. Jan. 1955 vom BMJ eine Antwort erhalten (BT-Drs. 1156). – Zur Antwort des BMJ vom 17. Mai 1957 vgl. BT-Drs. 3524.

erhöhen⁸. Er hält eine derartige Besoldungserhöhung im Vergleich zu der Besoldung der Mitglieder der oberen Bundesgerichte für ungerechtfertigt und spricht die Befürchtung aus, daß eine Erhöhung der Besoldung bei den Mitgliedern des Bundesverfassungsgerichts zu entsprechenden Forderungen bei anderen Stellen führen würde. Der Bundeskanzler habe in diesem Sinne bereits an die Koalitionsfraktionen geschrieben⁹. Der *Bundesminister der Finanzen* trägt ergänzend vor, daß sich der Rechtsausschuß des Bundestages bereits am 21. Februar für eine Besoldungserhöhung ausgesprochen habe¹⁰. Man müsse also unverzüglich mit den Koalitionsfraktionen reden. Der *Vizekanzler* schlägt vor, diese Frage in der Koalitionsbesprechung am 7. März zur Sprache zu bringen¹¹. Das Kabinett ist damit einverstanden.

[F.] **Gesetz zur Änderung des Gesetzes zur Änderung des Einkommensteuergesetzes und des Körperschaftssteuergesetzes**

Nach längerer Beratung beschließt das Kabinett, die irreführenden Pressemeldungen über eine angebliche Absicht, das Gesetz zur Änderung des Gesetzes zur Änderung des Einkommensteuergesetzes und des Körperschaftssteuergesetzes vom 19.12.1956 erneut zu ändern, kurz zu dementieren¹².

[G.] **Vorschlag des belgischen Paters Dr. D. Pire für den Friedensnobelpreis**

Der *Bundesminister für Vertriebene, Flüchtlinge und Kriegsgeschädigte* unterrichtet das Kabinett, daß er in seiner Eigenschaft als Ehrenmitglied der „Hilfe für heimatlose Ausländer e.V." durch den Präsidenten der Beratenden Versammlung des Europarates, Dehousse¹³, gebeten worden sei, den belgischen Pater Dr. D. Pire¹⁴,

---

⁸ Mit Schreiben vom 20. Febr. 1957 an den BMJ hatte das BMF von Bestrebungen der Opposition berichtet, die Besoldung der Richter des Bundesverfassungsgerichts aus dem derzeit im Bundestag beratenen Bundesbesoldungsgesetz (BT-Drs. 1993) herauszunehmen und wegen der Bedeutung einem besonderen Amtsgehaltsgesetz zu überlassen. Vgl. das Schreiben in B 106/7341, dazu weitere Unterlagen in B 106/7947. – Zum Bundesbesoldungsgesetz vgl. 160. Sitzung am 22. Nov. 1956 TOP 10 (Kabinettsprotokolle 1956, S. 733). Weitere Unterlagen zur Beratung der Richterbesoldung in B 141/1574 bis 1578.

⁹ Vgl. das Schreiben des Bundeskanzlers an die Fraktionsvorsitzenden vom 23. Febr. 1957 in B 136/889.

¹⁰ Zu den Ausführungen des BMF vgl. Sprechzettel vom 25. Febr. 1957 in B 126/1842. – Vgl. das Protokoll der 186. Sitzung des Rechtsausschusses am 20. Febr. 1957 in Parlamentsarchiv des Deutschen Bundestages. In der 187. Sitzung am 21. Febr. 1957 und in der folgenden Sitzung behandelte der Rechtsausschuß ausschließlich das Wehrstrafgesetz.

¹¹ In einer Koalitionsbesprechung am 18. März 1957 wurde u.a. auch das Beamtenrechtsrahmengesetz behandelt. Vgl. dazu das Beschlußprotokoll in ACDP VIII-001-290/6.

¹² Siehe 134. Sitzung am 15. Mai 1956 TOP 4 (Kabinettsprotokolle 1956, S. 361 f.). – Unterlagen zur Vorbereitung eines Gesetzes zur Änderung des Einkommensteuergesetzes in der Fassung vom 19. Dez. 1956 (BGBl. I 918) in B 126/6201. – Stellungnahme der Bundesregierung nicht ermittelt. – Fortgang 11. Sitzung am 29. Jan. 1958 TOP 2 (B 136/36117).

¹³ Dr. Fernand Dehousse (1906–1976). 1950 Senator im belgischen Parlament (Sozialistische Partei), 1952–1960 Vertreter Belgiens in der Montanunion, 1954 Mitglied, 1956–1959 Präsident der Beratenden Versammlung des Europarates, 1955 Vorsitzender der WEU-Kommission zur

der sich durch den Bau von Dörfern für heimatlose Ausländer große Verdienste erworben habe, für den Friedensnobelpreis vorzuschlagen. Das Auswärtige Amt habe keine Bedenken geäußert. Das Kabinett erhebt keinen Widerspruch. Der *Bundesminister der Justiz* regt an, das Kabinett solle auch den Grafen Coudenhove-Kalergi[15] für den Friedensnobelpreis vorschlagen. Dieser Vorschlag wird jedoch zurückgestellt[16].

1. **Personalien**

Das Kabinett billigt die Vorschläge gemäß Anlage 1, 2, 3, 4 und Nachtrag zu Punkt 1 der heutigen Tagesordnung[17].

Vorbereitung und Überwachung der Volksabstimmung über das Saarstatut, 1965–1966 belgischer Erziehungsminister, 1971–1972 Minister für Sprachgemeinschaften.

[14] Dr. Dominique Georges Pire (1910–1969). Seit 1929 Dominikanermönch in Belgien, 1937–1947 Lehrer für Moralphilosophie und Soziologie an der Ordenshochschule in La Sarte (Belgien), Gründer zahlreicher sozialer Einrichtungen für Alte, Bedürftige und vor allem ab 1949 für heimatlose Ausländer, ab 1956 Aufbau der „Europa-Dörfer" in Deutschland, Österreich und Belgien, 1958 Friedensnobelpreis, 1959 Gründung der „Welt der offenen Herzen", in dessen Rahmen u.a. 1960 Einrichtung einer „Friedens-Universität" und von „Friedens-Inseln" in Ost-Pakistan (1962), Indien (1967) und in Afrika (1960).

[15] Dr. Graf Richard Coudenhove-Kalergi (1894–1972). Österreichischer Schriftsteller, 1923 Begründer der Paneuropa-Union, 1938–1946 in der Emigration in den USA und in der Schweiz, 1947 Generalsekretär der Europäischen Parlamentarier-Union, 1952–1965 führende Tätigkeit in der Europäischen Bewegung.

[16] Der Friedensnobelpreis 1957 wurde dem kanadischen Politiker Lester Pearson (1897–1972) u.a. wegen seiner Initiative für die Entsendung einer UN-Polizeitruppe zur Beendigung der Suez-Krise verliehen. – Berichte und Reden zur Preisverleihung in B 122/577.

[17] Vorgeschlagen war in Anlage 1 die Ernennung von Staatssekretär z. D. Dr. Hans Busch zum Staatssekretär im BMA. In einem Schreiben der Hermann-Ehlers-Gesellschaft – Evangelische Arbeitsgemeinschaft für öffentliche Verantwortung – an Adenauer vom 6. März 1957 wurde diese Entscheidung „lebhaft bedauert" und auf einen Besuch des Vorsitzenden der Gesellschaft bei Krone „vor längerer Zeit" hingewiesen, bei dem man den Wunsch geäußert habe, „daß es aus optischen Gründen begrüßenswert wäre, daß diese Stelle mit einem evangelischen Mann besetzt werden könnte". Als geeigneten Kandidaten habe man bereits damals den Ministerialdirektor im BMV Dr. Wilhelm Claussen genannt (Schreiben mit Antwortschreiben Adenauers vom 29. Juni 1957, in dem dieser seine Bereitschaft zu einem grundsätzlichen Gespräch über die konfessionelle Parität auf dem Gebiet der Personalpolitik unterstrich, in B 136/1837). – Claussen wurde in der neuen Legislaturperiode Staatssekretär im BMA, während Busch als Staatssekretär in das neu geschaffene BMBes wechselte (vgl. dazu 3. Sitzung am 13. Nov. 1957 TOP 1). – Vorgeschlagen wurden des weiteren die Einstellung eines Angestellten nach der ADO für übertarifliche Angestellte im öffentlichen Dienst im BMAt (Anlage 2), die Ernennung der Oberdirektoren bei der BAVAV Dr. Valentin Siebrecht, Dr. Friedrich Wehner und Dr. Kurt Schimmelpfennig zu Präsidenten des Landesarbeitsamtes Südbayern, des Landesarbeitsamtes Hessen und des Landesarbeitsamtes Niedersachsen (vgl. 168. Sitzung am 23. Jan. 1957 TOP 1) sowie die Ernennung von Dr. Aloys Degen und Dr. Rudolf Rigler zu Direktoren und ständigen Stellvertretern der Präsidenten bei den Landesarbeitsämtern in Hessen bzw. Südbayern (Anlage 3). Schließlich sollten Brigadegeneral Hellmuth Reinhardt zum Generalmajor (Anlage 4) und im BMI ein Ministerialrat zum Ministerialdirigenten (Nachtrag) ernannt werden.

173. Sitzung am 1. März 1957

8. Mitteilung über die in Aussicht genommene Besetzung von zwei auswärtigen Vertretungen AA

Das Kabinett erklärt sich mit der Besetzung von auswärtigen Vertretungen gemäß Schreiben des Staatssekretärs des Bundeskanzleramtes vom 25.2.1957 – Az. 11 - 14004 - 263/264/57 VS-Vertr. – einverstanden[18].

6. Unterstützung des deutschen Zeitungsverlagswesens BMF

Der *Bundesminister für Wirtschaft* setzt sich für eine Senkung der Umsatzausgleichssteuer für Zeitungsdruckpapier von 6 % auf 4 % ein. Er erklärt, daß andernfalls die Zeitungspreise nicht gehalten werden könnten, und unterstreicht die politischen Auswirkungen einer Zeitungspreiserhöhung gerade vor der nächsten Bundestagswahl. Der *Bundesminister der Finanzen* spricht sich gegen eine Steuersenkung aus. Wenn die Regierung selbst die Initiative ergreife und eine Steuersenkung beantrage, sei weiteren Steuersenkungsanträgen Tür und Tor geöffnet[19]. Der *Bundesminister des Innern* stellt die Frage, ob es zu einer Senkung der Umsatzausgleichssteuer einer Zustimmung des Bundestages bedürfe und ob eine derartige Steuersenkung geeignet sei, die Zeitungspreise stabil zu halten. Der *Vizekanzler* macht darauf aufmerksam, daß das Anzeigengeschäft der Zeitungen in der jetzigen Zeit sehr gut sei. *Staatssekretär Dr. Rust* schließt sich im Hinblick auf den Finanzbedarf seines Hauses der Auffassung des Bundesministers der Finanzen an und spricht sich gegen jede Einnahmeminderung aus. Der *Bundesminister der Finanzen* erklärt, daß er dem Vorschlag des Bundesministers für Wirtschaft nur dann zustimmen könne, wenn es diesem gelinge, eine bindende Erklärung der Zeitungsverlage zu erhalten, daß die Zeitungspreise bis Oktober nicht erhöht würden. Er selbst wolle prüfen, ob es einen Weg gebe, die Umsatzausgleichssteuer für Zeitungsdruckpapier ohne Zustimmung des Bundestages zu senken. Der *Bundesminister für Wirtschaft* erklärt sich bereit, im Sinne der Anregung des Bundesministers der Finanzen in den nächsten acht Tagen mit den Zeitungsverlagen zu sprechen.

Die Frage einer Unterstützung des deutschen Zeitungsverlagswesens soll in einer der nächsten Kabinettssitzungen erneut erörtert werden[20].

---

[18] Vorlage des Kanzleramtes vom 25. Febr. 1957 in B 136/1837. – Vorgeschlagen waren die Besetzung der Botschaft in Rom mit Staatssekretär Dr. Manfred Klaiber und der Botschaft beim Heiligen Stuhl mit dem Vortragenden Legationsrat Dr. Rudolf Graf Strachwitz. – Fortgang zu Strachwitz 181. Sitzung am 7. Mai 1957 TOP 2.

[19] Vorlage des BMF vom 28. Febr. 1957 und vorausgehender Schriftwechsel mit dem BMWi in B 136/5892, vgl. dazu ferner den Vermerk des BMWi vom 1. März 1957 über die Vorlage des BMF in B 102/17965. – Der BMF hatte sich in seiner Vorlage für eine Steuerbegünstigung bei der Einfuhr von Zellstoffen für die Herstellung von Zeitungspapier eingesetzt.

[20] Zellstoff und Zeitungspapier wurden schließlich in die Liste volkswirtschaftlich vordringlichen Bedarfs aufgenommen. Die Einfuhr dieser Waren sollte gemäß dem in Beratung befindlichen Gesetzentwurf zur steuerlichen Begünstigung von Importwaren erleichtert werden. Vgl. den Vermerk des BMWi vom 2. Mai 1957 in B 102/17965. – Fortgang 174. Sitzung am 7. März 1957 TOP 4.

2. Entwurf eines Gesetzes über die Feststellung des Wirtschaftsplans des ERP-Sondervermögens für das Rechnungsjahr 1957; hier: Stellungnahme zu der Entschließung des Bundesrates vom 22.2.1957 BMZ

Der *Bundesminister für Vertriebene, Flüchtlinge und Kriegsgeschädigte* unterstützt nachdrücklich die Entschließung des Bundesrates vom 22.2.1957. Das Kabinett beschließt jedoch nach kurzer Diskussion entsprechend der Kabinettvorlage des Bundesministers für wirtschaftliche Zusammenarbeit vom 23.2.1957 Az. III/1 b - 7013 - 22 - K 27 c/16 -[21].

3. Wahltag für die Wahl zum 3. Deutschen Bundestag BMI

Der *Bundesminister des Innern* macht ergänzende Ausführungen zu seiner Kabinettvorlage vom 1. 2. 1957[22]. Anschließend erörtert das Kabinett ausführlich die für einen früheren oder späteren Wahltermin sprechenden Gesichtspunkte. *Staatssekretär Dr. Globke* erklärt, daß der Bundeskanzler gegen einen zu frühen Wahltermin Bedenken habe. Weil dann wichtige Gesetze (z.B. über den Gemeinsamen Markt und Euratom) nicht mehr verabschiedet werden könnten und die kleineren Koalitionsparteien keine ausreichende Zeit zur Konzentrierung ihrer Parteiorganisationen hätten. Es sei daher zweckmäßig, die Beschlußfassung noch auf weitere 4 Wochen zurückzustellen. Der *Bundesminister der Finanzen*, der den Vorsitz übernimmt, schlägt vor, dem Wunsch des Bundeskanzlers zu entsprechen. Das Kabinett ist einverstanden[23].

4. Ergänzung des Verwaltungsrats der Deutschen Bundesbahn BMV

Das Kabinett stimmt der Wiederernennung des Dr. Kastner[24] und des Herrn Rademacher zu Mitgliedern des Verwaltungsrates der Deutschen Bundesbahn zu[25].

---

[21] Siehe 169. Sitzung am 30. Jan. 1957 TOP 5. – Vorlage des BMZ vom 23. Febr. 1957 zu BR-Drs. 35/57 in B 146/1847 und B 136/1286. – Der Bundesrat hatte gefordert, die Mittel für die Förderung der mittelständischen gewerblichen Wirtschaft in Höhe von 10 Millionen DM „mit Vorrang" für kriegsgeschädigte Unternehmen über die Lastenausgleichsbank zu vergeben. Der BMZ hatte in seiner Vorlage beantragt, der Entschließung nicht zu entsprechen, da die Forderungen des Bundesrates bereits berücksichtigt worden seien. – BT-Drs. 3266. – Gesetz vom 1. Juli 1957 (BGBl. II 533).

[22] Siehe 171. Sitzung am 15. Febr. 1957 TOP 6. – Vorlage des BMI vom 1. Febr. 1957 in B 106/58952 und B 136/3839. – Die Wahlperiode des 2. Deutschen Bundestages endete am 6. Okt. 1957. Der BMI hatte daher einen Termin zwischen dem 7. Juli und dem 6. Okt. 1957 empfohlen und selbst den 15. oder 22. Sept. vorgeschlagen.

[23] Fortgang 176. Sitzung am 20. März 1957 TOP 2.

[24] Dr. Heinz Kastner (1905–1981). 1932–1945 Deutsche Reichsbahn (1943 Reichsbahndirektor), 1949–1958 Vorstandsmitglied und 1957 Vorstandsvorsitzender der Westfälischen Landes-Eisenbahn AG in Lippstadt, seit 1952 Mitglied im Verwaltungsrat der Deutschen Bundesbahn, 1958–1970 Präsident der Bundesbahndirektion Köln. – Seine Wiederwahl als Vertreter der Länder im Verwaltungsrat der Bundesbahn war vom Bundesrat vorgeschlagen worden.

[25] Siehe 172. Sitzung am 21. Febr. 1957 TOP 6. – Vorlage des BMV vom 22. Febr. 1957 in B 108/28613 und B 136/2737. – Zur Ernennung Rademachers und Kastners 1952 vgl. 206. Sitzung am 11. März 1952 TOP 1 (Kabinettsprotokolle 1952, S. 154 f.).

5. **Fortsetzung der Aussiedlung** BMVt

Der *Bundesminister für Vertriebene, Flüchtlinge und Kriegsgeschädigte* trägt den Inhalt seiner Kabinettvorlage vom 15.2.1957 vor und erklärt, es käme ihm vor allem auf folgendes an: Das Kabinett solle über die politische Problematik in Kenntnis gesetzt werden und einen Beschluß fassen, daß das Reichsgebiet in den Grenzen von 1937 in der Praxis als Einheit angesehen werden solle[26]. Der *Bundesminister der Finanzen* hält es für zweckmäßig, in der heutigen Kabinettssitzung keinen Beschluß zu fassen, sondern die angesprochenen Fragen in Ressortbesprechungen zu vertiefen. Der *Bundesminister für Vertriebene, Flüchtlinge und Kriegsgeschädigte* erklärt sich mit diesem Vorschlag einverstanden. Der *Bundesminister des Innern* stellt die Frage, ob das Auswärtige Amt die UNO anrufen solle, wenn die Aussiedlung zu einer neuen Völkervertreibung ausgeweitet werde. Der *Bundesminister für Vertriebene, Flüchtlinge und Kriegsgeschädigte* schlägt vor, zu den vorgesehenen Ressortbesprechungen auch das Auswärtige Amt hinzuzuziehen und das Ergebnis der Ressortbesprechungen mit dem kleinen Kreis unter Vorsitz des Vizekanzlers abzustimmen[27].

Das Kabinett ist damit einverstanden.

7. **Kündigung der Gehalts- und Lohntarife im öffentlichen Dienst** BMF

Der *Bundesminister der Finanzen* berichtet über den Stand der Verhandlungen über die Gehalts- und Lohntarife im öffentlichen Dienst[28]. Er bittet das Kabinett um Zustimmung zu folgendem Verfahren:

1) Die Angestelltengehälter sollen nicht über 160 % hinaus erhöht werden[29].

2) Dem Wegfall der Ortsklasse C soll zugestimmt werden.

3) Dem Wegfall der Wohnungsgeldklasse V soll nicht widersprochen werden.

4) Bei den Arbeiterlöhnen soll die Beibehaltung einer Sonderregelung für die Bundesbahn und die Post angestrebt werden. Die Bundesministerien für Verkehr sowie für das Post- und Fernmeldewesen sollen in dieser Frage enge Fühlung mit dem Bundesministerium für Finanzen halten.

5) Zur Erörterung der Arbeitszeitfrage sollen Kommissionen eingesetzt werden. Im Gegensatz zur kommunalen Tarifgemeinschaft sollen der Bund und die Tarifge-

---

[26] Siehe 170. Sitzung am 6. Febr. 1957 TOP A. – Vorlage nicht ermittelt.

[27] Unterlagen hierzu nicht ermittelt.

[28] Die Gewerkschaften ÖTV und DAG hatten gegenüber dem Bund, der Tarifgemeinschaft deutscher Länder und der Vereinigung der kommunalen Arbeitgeberverbände die Lohn- und Gehaltstarife zum 31. März 1957 gekündigt. Sie hatten u.a. die Erhöhung der Löhne und der Grundvergütungen der Angestellten um mindestens 10 %, den Wegfall der Ortsklassen C und B und eine Herabsetzung der Arbeitszeit auf 45 Stunden gefordert. – Unterlagen zu den Vorbereitungen der Verhandlungen auf Arbeitgeberseite in B 222/95, B 106/7948 und 8298 sowie B 136/5208 und 5209.

[29] Bei der Reform des Bundesbesoldungsgesetzes hatte sich das Kabinett darauf festgelegt, die Gehälter auf 160 % des Standes von 1927 anzuheben (vgl. TOP E dieser Sitzung und 160. Sitzung am 22. Nov. 1956 TOP 10: Kabinettsprotokolle 1956, S. 733).

meinschaft deutscher Länder keine bindende Zusage machen, daß bis zum 31. März eine Vereinbarung über die Arbeitszeit abgeschlossen wird[30].

Der *Bundesminister des Innern* sieht im Hinblick auf die fortgeschrittene Zeit von längeren Ausführungen ab. Er bittet jedoch, das Protokoll so zu fassen, daß der Vortrag des Bundesministers der Finanzen nicht in allen Einzelheiten als förmlich beschlossen angesehen werden kann. Der *Bundesminister der Finanzen* spricht den Wunsch aus, daß die Bundesministerien für Verkehr sowie für das Post- und Fernmeldewesen sich vor dem Verhandlungsbeginn am 6. März mit seinem Hause in Verbindung setzen und daß das Bundesministerium des Innern etwaige abweichende Meinungen in Einzelfragen seinem Hause vor diesem Zeitpunkt mitteilt. Der *Bundesminister für Arbeit* bittet, daß ein Vertreter seines Hauses zu etwaigen Ressortbesprechungen hinzugezogen wird. Der *Bundesminister der Finanzen* erklärt sich hiermit einverstanden[31].

---

[30] Fortgang hierzu 186. Sitzung am 19. Juni 1957 TOP B.
[31] Vgl. die Aufzeichnung des BMV vom 7. März 1957 über diese Besprechung in B 108/12822. – Zur Regelung für die Deutsche Bundespost vgl. 177. Sitzung am 27. März 1957 TOP H. – Fortgang 174. Sitzung am 7. März 1957 TOP A.

**174. Kabinettssitzung
am Donnerstag, den 7. März 1957**

Teilnehmer: Blücher, Schröder, von Merkatz, Schäffer (ab 10.10 Uhr), Erhard (ab 10.30 Uhr), Storch (bis 10.55 Uhr), Seebohm, Preusker (bis 12.20 Uhr), Wuermeling; Globke, Hallstein, Westrick, Gladenbeck, Rust, Wandersleb (ab 11.45 Uhr), Nahm, Thedieck; Bott (Bundespräsidialamt), Krueger (BPA), Andres (BMA; zu Punkt 2 der TO). Protokoll: Praß.

Beginn: 10.00 Uhr *Ende: 12.50 Uhr*

Ort: Haus des Bundeskanzlers

Tagesordnung:
1. *Personalien*
   Gemäß Anlagen.
2. *Entwurf eines Gesetzes zur Änderung und Ergänzung von Vorschriften der Kindergeldgesetze*
   Vorlage des BMA vom 27. Febr. 1957 (III b/1004/57).
3. *Entwurf eines Gesetzes über die Errichtung eines Bundesaufsichtsamtes für das Kreditwesen*
   Vorlage des BMWi vom 27. Febr. 1957 (VI A 3 - 2151/57).
4. *Unterstützung des deutschen Zeitungsverlagswesens*
   Vorlage des BMF vom 28. Febr. 1957 (IV B/1 - S 2135 - 49/57).

Außerhalb der T.O.:

Entwurf einer Verordnung über die Steuerbegünstigung von Kapitalansammlungsverträgen
Vorlage des BMF vom 3. März 1957 (IV B 1 - F 2120a - 39/57).

Der Vizekanzler eröffnet die Sitzung.

2. Entwurf eines Gesetzes zur Änderung und Ergänzung von Vorschriften der Kindergeldgesetze **BMA**

Der *Bundesminister für Arbeit* berichtet, daß künftig ein einheitlicher Beitrag von 1 % der Lohnsumme des Betriebes an die Kindergeldkassen zu entrichten sei. Ferner sei das Kindergeld auf 30,- DM je Monat gegenüber bisher 25,- DM erhöht worden. Fraglich sei, ob die Inanspruchnahme der Finanzämter für die Einziehung der Beiträge der Selbständigen die Zustimmung der Finanzverwaltung finden werde¹. Der *Bundesminister der Finanzen* schätzt die Netto-Mehrbelastung des Bundes durch den Gesetzentwurf auf 0,56 Mio. DM. Insoweit seien keine Bedenken zu erheben. Andererseits aber müsse er darauf hinweisen, daß der Bundesrat voraussichtlich nicht bereit sein werde, der Einziehung der Beiträge durch die Finanzämter zuzustimmen. Die Zustimmung des Bundesrates sei aber unentbehrlich, weil die Finanzämter Behörden der Länder seien. Im übrigen sei die Einschaltung der Finanzämter nicht sehr glücklich, weil die Beitragspflichtigen die Einziehung der Beiträge durch die Finanzämter als Steuererhebung empfinden werden. Er selbst erhebe jedoch keinen Widerspruch und sei bereit, sich für die Regelung des Entwurfs im Bundesrat einzusetzen. Ob das jedoch zu einem Erfolg führen werde, wisse er nicht. Das gleiche gelte für die geplante Rücksprache des Bundesministers für Arbeit mit den Ministern der Länder². Der *Bundesminister für Familienfragen* stellt zwei Vorschläge zur Diskussion. Zunächst möchte er empfehlen, die für die Zeit ab 1. Januar 1958 vorgesehene Befreiung der Landwirtschaft von Beitragszahlungen bei Einheitswerten bis 6000,- DM schon auf die Zwischenzeit auszudehnen. Das ließe sich dadurch erreichen, daß Beiträge unter 10,00 DM im Jahr nicht erhoben werden. Eine solche Regelung würde etwa 50 bis 70 % der Landwirte freistellen und nur zu einem Ausfall von rd. 14 Mio. DM führen. Er schlage daher vor, Artikel 5 Nr. 3 des Entwurfs³ wie folgt zu fassen:

„Die landwirtschaftlichen Familienausgleichskassen haben Beiträge für das Jahr 1957 nach den bisherigen Vorschriften zu erheben. Ergibt sich bei der Umlage für eine Person ein Beitrag von weniger als 10 Deutsche Mark im Jahr, so ist der Beitrag nicht einzuziehen. Der Beitragsausfall geht nicht zu Lasten der übrigen Beitrags-

---

¹ Siehe 161. Sitzung am 28. Nov. 1956 TOP B (Kabinettsprotokolle 1956, S. 748) und 61. Sitzung des Kabinettsausschusses für Wirtschaft am 20. Dez. 1956 TOP 2 (B 136/36219). – Vorlage des BMA vom 27. Febr. 1957 in B 136/1331, ferner in B 106/8502. – Mit dem Gesetzentwurf war eine Erhöhung des Kindergeldes von 25 auf 30 DM sowie eine Vereinheitlichung der Kindergeldgesetzgebung angestrebt. Durch die Einbeziehung von Stief- und Pflegekindern sollten auch solche Bevölkerungskreise mit drei und mehr Kindern begünstigt werden, die bisher von den Leistungen ausgeschlossen waren. Ferner wurde der Leistungsanspruch auf alle Empfänger von Kinderzuschüssen aus den gesetzlichen Rentenversicherungen, auf Empfänger von Kindergeld vergleichbaren Leistungen aufgrund von außerhalb der Bundesrepublik geltenden Vorschriften (gedacht war hier an das Saarland, dessen Familienzulagengesetz noch gültig war) sowie auf Angehörige von Verwaltungen und Betrieben, die dem öffentlichen Dienst nahestanden, ausgedehnt. Die Grundsätze der bisherigen Kindergeldgesetzgebung blieben jedoch unverändert. So sollten die Mittel für die Kindergeldzahlung wie bisher durch Beiträge aufgebracht und die Leistungen durch die verschiedenen Familienausgleichskassen ausgezahlt werden. Von den Änderungen betroffen waren u.a. das Gesetz über die Gewährung von Kindergeld und die Errichtung von Familienausgleichskassen (Kindergeldgesetz) vom 13. Nov. 1954 (BGBl. I 333) in der Fassung des Gesetzes zur Ergänzung des Kindergeldgesetzes (Kindergeldergänzungsgesetz) vom 23. Dez. 1955 (BGBl. I 841) und das Gesetz über die Versorgung der Opfer des Krieges (Bundesversorgungsgesetz) in der Fassung vom 6. Juni 1956 (BGBl. I 463). Für 1957 hatte der BMA einen Gesamtbedarf von 563 Millionen DM errechnet, dem Beitragseingänge in Höhe von 660 Millionen DM gegenüberstanden. Der Überschuß sollte zur Überbrückung bis zum Beginn der regulären Zahlungen verwendet werden.
² Unterlagen hierzu nicht ermittelt.
³ Art. 5 Nr. 3 des Entwurfs enthielt nur den ersten Satz des Änderungsvorschlages.

pflichtigen der landwirtschaftlichen Familienausgleichskassen; er darf bei der Umlage für das Jahr 1957 nicht berücksichtigt werden."

Der *Bundesminister für Arbeit* erklärt, daß er sich gegen eine solche Regelung nicht wehre. Man müsse sich jedoch klar darüber sein, daß man damit der Landwirtschaft eine neue Subvention zu Lasten der gewerblichen Betriebe einräume. Die Landwirtschaft bezahle dann im Jahr noch nicht einmal 20 % dessen, was sie selbst erhalte. Der *Bundesminister der Finanzen* hält einen Beitrag von 10,00 DM im Jahr für durchaus zumutbar. Im übrigen käme eine Übernahme der 14 Mio. DM durch den Bund keineswegs in Frage. Der *Bundesminister für Arbeit* hält das auch nicht für erforderlich. Die Umlage von 1 % enthalte genügend Reserven für den Ausgleich des Ausfalls von 14 Mio. DM. Der *Bundesminister für Familienfragen* hält es für politisch unklug, durch die 14 Mio. DM eine erhebliche Mißstimmung bei den landwirtschaftlichen Kleinstunternehmen zu schaffen. Auch lohne sich kaum die Verwaltung für die 14 Mio. DM. Schließlich sei zu berücksichtigen, daß ab 1. Januar 1958 ohnehin die Freistellung beabsichtigt sei. Der *Bundesminister des Innern* unterstützt diese Auffassung. Es sei zu berücksichtigen, daß es sich hier um kleine Leute handele, die seit Jahren keine Steuern zahlen, nunmehr aber zu Beitragszahlungen herangezogen werden sollten, andererseits jedoch ab 1. Januar 1958 wieder freigestellt werden würden. Das sei wenig glücklich, zumal der Ausfall durch die 1 %ige Umlage aufgefangen werden könne. Auch der *Vizekanzler* und der *Bundesminister der Justiz* halten die Regelung dieser Bagatellbeiträge nicht für lohnenswert. Der *Bundesminister für Arbeit* empfiehlt, die Freistellung dem Bundestag zu überlassen. Der *Bundesminister der Finanzen* unterstützt diese Auffassung. Es sei taktisch besser, dem Bundestag die Freistellung zu überlassen, denn andernfalls werde der Bundestag über die 10,00 DM-Grenze hinausgehen. Der *Bundesminister für Familienfragen* hält eine solche Methode für falsch. Die Bundesregierung müsse ihre Auffassung klar gegenüber dem Bundestag zum Ausdruck bringen. Auch werde andernfalls der Wahlkampf bis zur letzten Beschlußfassung des Bundestages mit diesem Streitstoff belastet.

Das Kabinett beschließt mit Mehrheit den Abänderungsvorschlag des Bundesministers für Familienfragen zu Artikel 5 Nr. 3[4]. Die endgültige Fassung soll jedoch noch mit dem Justizministerium abgestimmt werden.

Ferner beschließt das Kabinett auf Vorschlag der *Bundesminister der Justiz* und *des Innern*, daß rechtsförmliche Wünsche, die nicht den materiellen Inhalt betreffen, ggf. im Gesetzgebungswege von den beiden Ministern vorgetragen werden können. Der *Bundesminister für Familienfragen* erklärt, daß sein zweiter Vorschlag politisch sehr bedeutsam sei. Der Gesetzentwurf führe generell die Beitragspflicht für alle Selbständigen ein (§ 11 Absatz 4–6). Die jährliche Höchstgrenze liege jetzt bei 300 DM, während sich bisher die Beiträge auf 12 und 60 DM beliefen. Diese generelle Beitragspflicht werde zu einer erheblichen Unzufriedenheit bei den nicht landwirtschaftlichen Selbständigen führen. Denn schon in der Vergangenheit hätten die

---

[4] Die Nr. 3 zu Artikel V (Übergangsbestimmungen) erhielt eine Ergänzung, wonach für landwirtschaftliche Kleinstunternehmer bereits 1957 eine Beitragsentlastung eintreten sollte (Ergänzung zur Vorlage in B 136/1331).

Selbständigen (Ärzte, Rechtsanwälte, Steuerberater, Wirtschaftsprüfer usw.) einen Frontalangriff gegen das Kindergeldgesetz gerichtet, obwohl 16 Familienausgleichskassen bisher die zu ihnen gehörigen Selbständigen überhaupt nicht zu Beiträgen für ihre Person veranlagt hätten. Auch werde die künftige doppelte Veranlagung des Selbständigen von der Familienausgleichskasse wegen seiner Eigenschaft als Arbeitgeber und vom Finanzamt für seine eigene Person zu Mißstimmungen führen. Dies um so mehr als die Selbständigen die Beitragsanforderung durch das Finanzamt psychologisch als Sondersteuer empfinden werden. Der Ausfall von 60 Mio. DM könne im übrigen durchaus durch die Reserven der 1 %igen Umlage ausgeglichen werden. Im übrigen werde der Bundestag die Einschaltung der Finanzämter nicht billigen. Der *Bundesminister für Arbeit* hält es für nicht vertretbar, die freien Berufe freizustellen, solange sie Leistungen fordern. Wer Rechte geltend machen wolle, müsse auch die entsprechenden Pflichten übernehmen. Er übernehme es gern, diesen Grundsatz politisch zu vertreten. Der *Bundesminister der Justiz* empfiehlt, die freien Berufe völlig aus der Regelung des Kindergeldgesetzes herauszunehmen und ggf. die besonders Leistungsschwachen ohne Beitragszahlung in das Gesetz einzubeziehen. Der *Bundesminister für Wohnungsbau* teilt die Ansicht des Bundesministers für Familienfragen. Die gewerblichen Betriebe hätten stärkere Möglichkeiten für steuerliche Manipulationen als die Angehörigen der freien Berufe. Letztere seien besonders benachteiligt. Daher existiere auch mit Recht eine Verbitterung in diesen Kreisen. Grundsätzlich sei er zwar gegen die Einbeziehung der freien Berufe in diese Regelung, jedoch könne das jetzt nicht revidiert werden, nachdem das Kindergeldgesetz die freien Berufe bereits einbezogen habe. Der *Bundesminister für Verkehr* ist demgegenüber der Ansicht, daß nur derjenige Leistungen fordern könne, der auch Pflichten übernehme. Jede andere Regelung sei dem gewerblichen Mittelstand gegenüber nicht zu vertreten. Der *Vizekanzler* hält die freien Berufe steuerlich für besonders benachteiligt. Andererseits habe er die Einbeziehung der freien Berufe in das Kindergeldgesetz stets abgelehnt. Jetzt könnte sie jedoch nicht mehr herausgenommen werden. Der *Bundesminister für Arbeit* bittet, den Höchstbeitrag von 300,- DM nicht zu überschätzen. Wer einen Beitrag von 300,- DM zu entrichten habe, zahle nur ½% seines Einkommens. Der *Bundesminister für Familienfragen* betont erneut seine Ansicht, daß die Regelung des Entwurfs im Bundestag nicht durchsetzbar sein werde. Sie werde aber bis dahin zu einer starken Verstimmung in der Öffentlichkeit führen. Der *Bundesminister für Wirtschaft* warnt davor, den Mittelstand durch die vom Bundesminister für Familienfragen geforderte Regelung ins Lager des Kollektivismus zu treiben. Mit einer solchen Politik würde die Regierung den Mittelstand verlieren, sobald er sich an die staatliche Fürsorge gewöhnt habe. Entweder müßte also der Mittelstand ganz aus dem Kindergeldgesetz ausgeklammert werden oder auch Beiträge zahlen. Der *Bundesminister für Familienfragen* schlägt vor, den Entwurf zunächst in den Gesetzgebungsweg zu geben, um zu verhüten, daß der Mittelstand völlig herausgenommen wird. Ggf. könne dann später in der Stellungnahme der Bundesregierung zu den Beschlüssen des Bundesrates eine endgültige Entscheidung getroffen werden. Der *Bundesminister für Wohnungsbau* hält es für falsch, den gewerblichen Mittelstand in die Regelung einzubeziehen, die freien Berufe aber herauszunehmen. Eine solche Regelung wäre nicht voll gerecht, weil die Körperschaften wirtschaftlich besser stünden als der gewerbliche Mittelstand. Der *Vizekanzler* empfiehlt, den Entwurf zunächst an den Bundesrat weiterzuleiten und die Behandlung der freien Berufe zwischenzeitlich zwischen den Ressorts und auch den Fraktionen weiter zu diskutieren, damit das Kabinett bei der Erörterung der Stellungnahme zu den Beschlüssen des Bundesrates einen endgültigen Beschluß fassen kann.

Das Kabinett erklärt sich mit diesem Vorschlag gegen die Stimme des Bundesministers für Familienfragen einverstanden. Abschließend bittet der *Bundesminister für Wohnungsbau* den Bundesminister für Arbeit, noch einige Formulierungen mit ihm abzustimmen. Der *Bundesminister für Arbeit* ist damit einverstanden. Das Kabinett hat keine Bedenken[5].

[A.] Erhöhung der Löhne und Vergütungen

Der *Bundesminister der Finanzen* gibt einen ausführlichen Bericht über die Verhandlungen mit den Gewerkschaften über die Erhöhung der Löhne und Angestelltenvergütungen[6]. Die Gemeinden hätten sich auf eine Erhöhung von 7 % des Ecklohns[7] = 12 Pfg. Stundenlohn-Erhöhung für Angestellte und Arbeiter geeinigt. Dabei sei zu berücksichtigen, daß die Gemeinden bereits um 6 Pfennige dem Bund voraus seien. Die Länder hätten gestern ebenfalls 7 % Ecklohn und im Ergebnis auch eine Stundenlohn-Erhöhung von 12 Pfennig zugesagt. Die Verhandlungen für den Bund seien zunächst abgebrochen worden, sollen aber am 28. und 29. März fortgesetzt werden. Es sei unmöglich, daß der Bund die Löhne um 18 Pfennig erhöhe. Die Gewerkschaften forderten eine 10 %ige Hebung des Ecklohns. Die Vertreter des Bundes hätten 5 % angeboten und wollten ggf. auf 6 bis 6½ % hinaufgehen. Ein solches Zugeständnis würde bereits 100 Mio. DM Mehrkosten für die Bundesbahn verursachen. Wenn die Parteien ihre angekündigten Mehrforderungen von nahezu 3 Mia. DM nicht reduzierten, sei dieses Zugeständnis nicht möglich. Es sei daher erforderlich, daß der Bundesminister für Verkehr und der Bundesminister der Finanzen sich noch vor der Besprechung mit den Gewerkschaften abstimmten. Jedenfalls müßten sowohl die Post als auch die Bahn fest bleiben und keineswegs über 7 % hinausgehen. Auch müsse die Relation zwischen Post und Bahn gehalten werden. Er bitte nachdrücklich um die Unterstützung dieses Standpunktes. Bei den Angestellten könne einem Wegfall der Ortsklasse C sowie einer Hebung der Tarifklasse V auf IV des Wohnungsgeldzuschusses zugestimmt werden. Abgelehnt werden müsse jedoch eine Anhebung der Grundgehälter über 160 %, zumal bei den unteren und mittleren Laufbahnen dieser Satz weit überschritten sei und zum Teil 212 % erreiche. Die Gewerkschaften würden dieser Regelung auch zustimmen, wenn der Bundestag fest bliebe. Hier sei voraussichtlich eine Einigung möglich. Die Löhne

---

[5] BR-Drs. 95/57, BT-Drs. 3490. – Gesetz vom 27. Juli 1957 (BGBl. I 1061).

[6] Siehe 173. Sitzung am 1. März 1957 TOP 7. – Vgl. dazu den Sprechzettel des BMF zur Kabinettssitzung in B 106/8298.

[7] Der Ecklohn ist ein tariflich festgelegter Stundenlohn für die normale Facharbeitergruppe, zum Beispiel in der Bundesverwaltung der Lohn eines Handwerkers der Lohngruppe IV in der Ortslohnklasse II (Tarifvertrag 1957 in GMBl. S. 113). Aus ihm lassen sich die Tariflöhne für die übrigen Gruppen errechnen.

der Arbeiter bereiteten dagegen sehr große Schwierigkeiten. Dabei müsse Klarheit darüber bestehen, daß die Reserven des Wehretats verausgabt seien[8].

Der *Bundesminister für Verkehr* sieht in dem Bericht des Bundesministers der Finanzen einen Beweis für den Ernst der Lage. Allerdings halte er die Lage noch für viel ernster. Der Bundestag werde sich kaum mit 160 % abfinden. Man müsse sogar mit 170 % rechnen. Das aber würde bei der Bundesbahn im Ergebnis eine 14 %ige lineare Gütertariferhöhung notwendig machen. Der Bundestagsabgeordnete Kramel[9] fordere 170 % als Mindestregelung und vertrete diese Auffassung jetzt auch im Verwaltungsrat der Bundesbahn. Hinzu komme die Arbeitszeitverkürzung. Es sei unmöglich, den Trend der 45-Stunden-Woche bei den Arbeitern der Bundesbahn aufzuhalten. Es sei das Ziel gewesen, die 45-Stunden-Woche in 3 Jahren zu erreichen. Die vom Bundesminister der Finanzen geforderte Überweisung der Frage der Arbeitszeitverkürzung an die Kommissionen werde jedoch zu einer Beschleunigung führen[10]. Wenn die Löhne um 7 % erhöht würden, so würde damit auch der Lohnausgleich für die Arbeitszeitverkürzung erhöht werden. Das sei jedoch jetzt nicht mehr zu ändern, nachdem die Frage den Kommissionen zugewiesen sei. *Staatssekretär Prof. Dr. Gladenbeck* erklärt, daß die Ertragslage der Post katastrophal sei. Wenn eine 7 %ige Erhöhung komme, so bedeute das eine Mehrbelastung von 36 Mio. DM im Jahr. Sie könne keineswegs aus den Erträgen entrichtet werden. Es müßte daher auf Bundesmittel zurückgegriffen werden. Im übrigen sei im Haushalt 1957 der Bundespost bereits eine starke Finanzierungslücke für Investitionen vorhanden. Hierfür mußten aus zwingenden Gründen entgegen den Bestimmungen der Haushaltsordnung Mittel freigegeben werden. Der *Bundesminister der Finanzen* teilt mit, daß der Bundespost Schatzanweisungen in Höhe von 250 Mio. DM für Investitionen zur Verfügung gestellt würden. Die Rückzahlung werde aber wahrscheinlich für 1958 gefordert werden.

Hinsichtlich der Lohnerhöhung bitte er die Bundesbahn und die Bundespost, keineswegs über 7 % hinauszugehen. Die Reserven des Verteidigungshaushalts könnten nicht noch weiter in Anspruch genommen werden. Er werde mit den Parteien erörtern, ob nicht andere Ausgabewünsche zurückgestellt oder gekürzt werden könnten. Die Grenze des zu Verantwortenden sei erreicht. Der *Bundesminister für Wirtschaft* ist überrascht, daß eine 7 %ige Erhöhung des Lohnes als tragbar angesehen wird. Wenn die Lohnpolitik so weitergeführt werde, bedeute das eine Verdoppelung des Lohn- und Gehaltsniveaus in 9 Jahren. Das könne von keiner Produktivitätssteigerung getragen werden. Er beabsichtige, alle Zweige der gewerblichen Wirtschaft zusammenzurufen und sie aufzufordern, der Preis-Lohn-Spirale ein Ende zu bereiten. Jedenfalls solle die gewerbliche Wirtschaft sich

---

[8] Zur Verplanung der in dem sogenannten Juliusturm angesammelten, nicht verausgabten Mittel aus dem Verteidigungsetat vgl. Sondersitzung am 30. Okt. 1956 TOP 1 (Kabinettsprotokolle 1956, S. 671–674).

[9] Angelo Kramel (1903–1975). 1953–1961 MdB (CSU), Bundesvorstand des Deutschen Beamtenbundes, Vorsitzender des Bundes bayerischer Beamtenverbände und des Vereins der Finanzbeamten in Bayern, Mitglied des Verwaltungsrates der Deutschen Bundesbahn und des Vorstands des Bundes Deutscher Steuerbeamten.

[10] Zur Arbeitszeitverkürzung vgl. 186. Sitzung am 19. Juni 1957 TOP B.

verpflichten, für ein Jahr stillzuhalten, wenn die Gewerkschaften ihrerseits keine neuen Forderungen stellten. Andernfalls sei ein inflationärer Trend nicht zu vermeiden.

Staatssekretär Prof. Dr. Gladenbeck kommt auf seine früheren Ausführungen zurück und teilt mit, daß der Verwaltungsrat den Rücktritt angedroht habe, falls die Post zu neuen kurzfristigen Verschuldungen genötigt werde. Im übrigen habe die Post bisher aus Gründen der Preisdisziplin entgegen den Notwendigkeiten ihrer eigenen Finanzlage auf Gebührenerhöhungen verzichtet. Das könne jedoch nicht noch ein weiteres Jahr durchgehalten werden[11]. Der *Bundesminister für Wohnungsbau* bezweifelt, ob der Appell des Bundesministers für Wirtschaft zu einem Erfolg führen werde. Jedenfalls müsse sehr schnell etwas geschehen. Der *Bundesminister für Verkehr* weist darauf hin, daß die Bundesbahn die Tarife seit 1951/52 nicht geändert habe. Der jetzige Zeitpunkt eigne sich schlecht für einen freiwilligen Preis- und Lohnstopp, weil die Tarife zum großen Teil zum 31. März 1957 gekündigt seien. Im übrigen könne man gewissen Konsequenzen nicht ausweichen. So habe allein die Arbeitszeitverkürzung im Bergbau zu einer Mehrbelastung der Bundesbahn von 50 bis 60 Mio. DM geführt. Der *Vizekanzler* hält trotz dieser Bedenken den Versuch des Bundesministers für Wirtschaft für dringend erforderlich. Die Wirtschaft müsse zur Disziplin aufgefordert werden. Ein vertieftes, ernstes Gespräch sei notwendig. Die Wirtschaft müsse lernen, sich als Glied des Ganzen zu fühlen. Der *Bundesminister der Finanzen* greift die bereits erörterte Frage der Lohnerhöhung auf. Er bittet erneut die Bundesbahn und die Bundespost, nicht über 7 % zu gehen und erklärt, daß er es begrüße, wenn die Bahn beim Ecklohn unter 7 % bliebe[12]. Die Verhandlungen müßten so geführt werden, daß sie kein Präjudiz für die Beamtenbesoldung bedeuteten. Im übrigen habe der Bundeskanzler dem Abgeordneten Kramel in einem Brief mitgeteilt, daß seine Zusage auf unvollständigen Informationen durch Herrn Kramel beruhte, daß er daher einer Berufung auf diese Zusage nicht zustimmen könne[13]. Abschließend bittet der *Bundesminister der Finanzen* um eine Erörterung im Kabinett, wenn die Verhandlungen mit der Bahn und der Post stattgefunden hätten. Das Kabinett ist einverstanden[14].

---

[11] Zur Gebührenerhöhung bei der Bundespost vgl. 3. Sitzung des Kabinettsausschusses für Wirtschaft am 13. Dez. 1957 TOP A (B 136/36221).

[12] Zur Erhöhung der Verkehrstarife bei der Bundesbahn vgl. 185. Sitzung am 12. Juni 1957 TOP B.

[13] Vgl. das Schreiben Adenauers vom 23. Febr. 1957 in B 136/889 und die Antwort Kramels vom 6. März 1957 in B 136/890. – Zur Neuregelung der Beamtenbesoldung vgl. 173. Sitzung am 1. März 1957 TOP E.

[14] Der rückwirkend zum 1. April 1957 wirksam gewordene Tarifvertrag vom 4. Juni 1957 brachte eine Erhöhung des Ecklohns bei den Arbeitern der Bundesbahn um durchschnittlich ca. 7 %, die einen Mehraufwand von jährlich 100,4 Millionen DM erforderte (vgl. das Schreiben des Vorstandes der Deutschen Bundesbahn vom 26. März 1957 an den BMV und Tarifvertrag Nr. 3/57 in B 108/27260), während die Tariferhöhungen bei den Angestellten jährlich Mehraufwendungen von 1,3 Millionen DM erforderten (vgl. das Schreiben des Vorstandes vom 21. Juni 1957 an den BMV mit Tarifvertrag I/57 in B 108/26704). – Zur Erhöhung der Tarife bei der Bundespost vgl. 177. Sitzung am 27. März 1957 TOP H.

Der *Bundesminister für Verkehr* berichtet über die beabsichtigte Tagung des Beamtenbundes am 15. März 1957 in Bad Godesberg. Nach Erörterung beschließt das Kabinett, daß die Regierung durch den Bundesminister des Innern vertreten werden solle[15].

[B.] Entwurf eines Gesetzes über die Wahl und die Amtsdauer der Vertrauensmänner der Soldaten

Der *Bundesminister des Innern* teilt mit, daß zwischen ihm und dem Bundesminister für Verteidigung vereinbart worden sei, im „Allgemeinen Teil" der Begründung die Ziffer 2 wie folgt neu zu fassen: „Der Vertrauensmann soll das Gefüge der Bundeswehr, das auf Autorität und Verantwortung, auf Vertrauen und Kameradschaft beruht, stärken helfen; § 35 Abs. 2 Satz 1 des Soldatengesetzes bestimmt, daß er zur verantwortungsvollen Zusammenarbeit zwischen Vorgesetzten und Untergebenen sowie zur Erhaltung des kameradschaftlichen Vertrauens innerhalb des Bereiches, für den er gewählt ist, beitragen soll. Wenn seine Tätigkeit auch vielfach gerade seinen Kameraden zugute kommt, so steht er doch im Dienst des Ganzen. Der Kreis seiner Pflichten ist somit ein Amt."[16]

Ferner soll in der Begründung zu § 4 des Entwurfs der Satz 5 („Ihre gewissenhafte Erfüllung gehört zu den dienstlichen Pflichten jedes einzelnen Mitgliedes") gestrichen werden.

Das Kabinett ist einverstanden[17].

1. Personalien

Das Kabinett beschließt die Anlage 1 zu Punkt 1 der T.O. für die 174. Kabinettssitzung der Bundesregierung am 7. März 1957[18].

---

[15] Vgl. dazu den Bericht über den Bundesvertretertag des Deutschen Beamtenbundes am 15. und 16. März 1957 in Bad Godesberg in „Der Beamtenbund" Nr. 4 vom April 1957 (ZSg. 1–122/30). – Als Vertreter der Bundesregierung nahmen Lemmer und Schröder teil. – Fortgang 178. Sitzung am 4. April 1957 TOP F.

[16] Vorlage des BMVtg vom 23. Febr. 1957 in B 136/1004, weitere Unterlagen in BW 2/1136 und 1137. – Nach § 35 Abs. 3 des Soldatengesetzes vom 19. März 1956 (BGBl. I 114) war die Regelung der Wahlberechtigung, der Wählbarkeit, des Wahlverfahrens und der Amtsdauer der Vertrauensmänner einem eigenen Gesetz vorbehalten. Die Vorlage war im Umlaufverfahren verabschiedet worden. Der ursprüngliche Text zu Ziffer 2 lautete: „Der Vertrauensmann soll das Gefüge der Bundeswehr, das auf Autorität und Verantwortung, auf Vertrauen und Kameradschaft beruht, stärken helfen. § 35 Abs. 2 Satz 1 Soldatengesetz. Wenn seine Tätigkeit auch vielfach gerade seinen Kameraden zugute kommt, so steht er doch im Dienst des Ganzen. Der Kreis seiner Pflichten ist somit ein Amt. Ihre Erfüllung gehört zu dem Dienst, den er zu leisten hat, § 7 Soldatengesetz."

[17] BR-Drs. 94/57, BT-Drs. 3419. – Gesetz vom 26. Juli 1957 (BGBl. I 1052).

[18] Vorgeschlagen war die Ernennung des Generalleutnants Hans Röttiger im BMVtg, eines Ministerialrates im BMWi, eines Vortragenden Legationsrates im AA und von zwei Ministerialräten im BMP.

3. **Entwurf eines Gesetzes über die Errichtung eines Bundesaufsichtsamtes für das Kreditwesen** BMWi

Das Kabinett beschließt die Stellungnahme der Bundesregierung. Die Sitzfrage wird nicht erörtert[19].

4. **Unterstützung des deutschen Zeitungsverlagswesens** BMF

Dieser Punkt der Tagesordnung wird zurückgestellt, bis die Besprechung des Bundesministers für Wirtschaft mit den Zeitungsverlegern und dem Bundesminister der Finanzen stattgefunden hat[20].

[C.] **Entwurf einer Verordnung über die Steuervergünstigung von Kapitalansammlungsverträgen** BMF

Der *Bundesminister der Finanzen* betont, daß die Verordnung unentbehrlich sei[21]. Entscheidend sei § 1 Ziffer 3 der Verordnung, wonach künftighin der unmittelbare oder mittelbare erste entgeltliche Erwerb festverzinslicher Schuldverschreibungen nur dann steuerbegünstigt sein soll, wenn sie durch besondere Rechtsverordnung der Bundesregierung mit Zustimmung des Bundesrates auf Grund ihrer Ausgabebedingungen unter Berücksichtigung ihres volkswirtschaftlichen Zweckes als besonders förderungswürdig anerkannt werden.

Es werde also auf den Einzelfall abgestellt, damit die jeweiligen Verhältnisse berücksichtigt werden können. Mehr sei wirklich nicht möglich. Der *Bundesminister für Wohnungsbau* bestreitet nicht die Notwendigkeit. Er bedaure jedoch, daß die Verordnung isoliert erscheine, ohne daß vorher die gesamte Kapitalmarktpolitik der Regierung klargestellt sei. Jedenfalls dürfe die Verordnung nicht vor dem 1.4. in Kraft treten. Auch dürfte der Zinssatz für die Industrieobligationen nicht noch weiter heraufgetrieben werden. Es bestünde die Gefahr, daß die Verabschiedung der Verordnung präjudizierend wirke. Er schlage daher vor, am Dienstag nächster Woche im Wirtschaftskabinett seine Antwort auf die Große Anfrage[22] (Drucksache 3009 Ziffer 4a) zu beraten und dabei die Maßnahmen der Bundesregierung gegen den

---

[19] Siehe 165. Sitzung am 9. Jan. 1957 TOP 6. – Vorlage des BMWi vom 27. Febr. 1957 zu BR-Drs. 9/57 in B 102/23343 und B 136/7362. – Fortgang 182. Sitzung am 16. Mai 1957 TOP 3.

[20] Siehe 173. Sitzung am 1. März 1957 TOP 6. – Unterlagen über diese Besprechungen nicht ermittelt. – Fortgang 175. Sitzung am 13. März 1957 TOP 2 (Steuerbegünstigung von Importwaren).

[21] Vorlage des BMF vom 2. März 1957 in B 126/6289 und B 136/2326. – Mit der neuen Verordnung sollte die Verordnung über steuerbegünstigte Kapitalansammlungsverträge vom 8. Okt. 1956 (BGBl. I 789) mit Wirkung vom 9. Okt. 1956 außer Kraft gesetzt und durch eine Regelung ersetzt werden, nach der „alle festverzinslichen Wertpapiere durch Rechtsverordnung der Bundesregierung mit Zustimmung des Bundesrates auf Grund ihrer Ausgabebedingungen unter Berücksichtigung ihres volkswirtschaftlichen Zwecks als besonders förderungsbedürftig anerkannt werden". Die Verordnung sollte am Tage nach ihrer Verkündung in Kraft treten.

[22] In der Großen Anfrage Nr. 90 über die Sicherung des sozialen Wohnungsbaus hatte sich die Fraktion der SPD unter Punkt 4a nach den Maßnahmen der Bundesregierung zur Verbesserung des Kapitalmarktes erkundigt (BT-Drs. 3009 vom 13. Dez. 1956). Zur Beantwortung der Anfrage durch Preusker vgl. 172. Sitzung am 21. Febr. 1957 TOP 7 (Finanzierung des Wohnungsbaus).

Verfall des Kapitalmarktes zu erörtern[23]. Der *Bundesminister der Finanzen* weist darauf hin, daß die Verordnung am 22. März im Bundesrat behandelt werden müsse. Es könne daher nicht mit der Zuleitung bis zum 12. März gewartet werden. Er schlage daher vor, die Erörterung im Wirtschaftskabinett am Dienstag durchzuführen, aber den Verordnungsentwurf zunächst unverändert bereits jetzt dem Bundesrat zuzuleiten. Etwa erforderlich werdende Änderungen könnten dann später bei den Besprechungen im Bundesrat noch mitgeteilt werden. Der *Bundesminister für Wohnungsbau* erklärt sich mit diesem Vorschlag einverstanden. Er bittet jedoch, in § 5 den Satz 1 wie folgt zu fassen: „Die Verordnung tritt am 1. April 1957 in Kraft".

Das Kabinett beschließt die Verordnung mit dieser Änderung[24].

[D.] **Eröffnung der deutschen Industrieausstellung in Kairo**

Nach Erörterung beschließt das Kabinett, daß die deutsche Industrieausstellung in Kairo wegen der schwierigen außenpolitischen Situation nicht von dem Bundesminister für Wirtschaft, sondern von Senator a. D. Wenhold[25] eröffnet werden soll[26].

[E.] **Sprecher des Gemeinsamen Marktes in Genf**

Der *Bundesminister für Wirtschaft* bittet das Kabinett, klarzustellen, daß die Länder bei den Verhandlungen über den Gemeinsamen Markt in Genf nicht soweit entmachtet werden dürfen, daß nur der Sprecher auftritt. Es müsse den Ländern vielmehr gestattet sein, in Einzelfragen ihren eigenen Standpunkt zu vertreten[27]. *Staatssekretär Professor Dr. Hallstein* glaubt, daß dies nicht möglich sei. Er wolle jedoch die Frage noch prüfen. *Staatssekretär Dr. Westrick* betont, daß der Sprecher

---

[23] Vgl. 66. Sitzung des Kabinettsausschusses für Wirtschaft am 12. März 1957 TOP 1 (B 136/36220).

[24] BR-Drs. 96/57. – Fortgang 175. Sitzung am 13. März 1957 TOP D.

[25] Hermann Wenhold (1891–1976). 1945–1946 Senator für Finanzen in Bremen, Vorsitzender des Außenhandelsbeirats beim BMWi, Vizepräsident der Handelskammer Bremen und Mitglied mehrerer Ausschüsse des DIHT, 1955–1958 Generalkommissar der Bundesrepublik für die Vorbereitung der Weltausstellung 1958 in Brüssel.

[26] Siehe 173. Sitzung am 1. März 1957 TOP A. – Am 4. März 1957 hatte von Brentano aus Washington an Erhard telegraphiert: „In heutiger Besprechung bestätigte Staatssekretär Dulles meine Ansicht, daß Eröffnung Ausstellung Kairo durch Kabinettsmitglied angesichts derzeitiger Situation nicht zweckmäßig sei. Wäre deshalb dankbar, wenn Sie von Reise nach Kairo Abstand nehmen und Eröffnung durch politisch weniger prominente Persönlichkeiten vornehmen ließen" (B 102/5986). Zu dieser Besprechung vgl. ferner FRUS 1955–1957, Bd. XVI, S. 202–207. – An der Eröffnung der Ausstellung, die vom 14. März bis zum 3. April 1957 dauerte, nahm Hermann Wenhold als Vertreter der Bundesregierung teil. Vgl. den Bericht des deutschen Botschafters in Kairo vom 23. März 1957 in B 102/5986, weitere Berichte über den Verlauf der Ausstellung in B 102/5985.

[27] Auf der für den 24. April 1957 in Genf anberaumten Sitzung des ständigen Ausschusses des Allgemeinen Zoll- und Handelsabkommens (GATT) stand das Abkommen über die Europäische Wirtschaftsgemeinschaft an erster Stelle der Tagesordnung. Zur Zusammensetzung und Vorbereitung der deutschen Delegation Unterlagen in B 102/7402, dort auch Dokumente über die Tagung.

nur Erklärungen abgeben dürfe, die auf gemeinsamen Instruktionen beruhten. *Staatssekretär Professor Dr. Hallstein* bestätigt diese Auffassung. Der *Bundesminister für Wirtschaft* ist der Ansicht, daß die Verhandlungen im Rahmen der OEEC vom Wirtschaftsministerium geführt werden, daß jedoch im Rahmen des GATT das Auswärtige Amt die Verhandlungsführung habe. Der *Vizekanzler* schlägt vor, daß diese Frage morgen zwischen ihm und dem Bundesminister für Wirtschaft erörtert werde[28].

[F.] **Fortbestand des Personalgutachterausschusses**

Staatssekretär Dr. Rust gibt die beabsichtigte Antwort auf die Kleine Anfrage des Bundestages zum Fortbestand des Personalgutachterausschusses bekannt. Danach sollen dem Ausschuß keine neuen Aufgaben zugewiesen werden. Im übrigen wäre für eine solche Aufgabenzuweisung ein besonderes Gesetz erforderlich. Das Kabinett billigt die Antwort mit der Maßgabe, daß auf Vorschlag des *Bundesministers des Innern* der Hinweis auf die Gesetzesbedürftigkeit einer neuen Aufgabenzuweisung weggelassen wird[29].

[G.] **Tunesischer Unabhängigkeitstag**

Das Kabinett beschließt, daß die Bundesregierung auf dem Tunesischen Unabhängigkeitstag durch den Bundesminister der Justiz vertreten werden soll[30].

---

[28] Nicht ermittelt.

[29] Siehe 157. Sitzung am 17. Okt. 1956 TOP F (Kabinettsprotokolle 1956, S. 652–654). – Der Personalgutachterausschuß war mit Gesetz vom 23. Juli 1955 (BGBl. I 451) zur Auswahl der höheren Offiziere für die Streitkräfte errichtet worden. In der Kleinen Anfrage Nr. 330 vom 19. Febr. 1957 hatte sich die DP/FVP nach der Einstellung der Tätigkeit des Ausschusses und nach einer möglichen Beauftragung mit neuen Aufgaben erkundigt (BT-Drs. 3211). In seiner Antwort vom 7. März 1957 berichtete der BMVtg über die noch anfallenden Arbeiten des Ausschusses. Ferner erklärte er, daß die Bundesregierung nicht die Absicht habe, den Personalgutachterausschuß mit weiteren als im Gesetz vorgeschriebenen Aufgaben zu betrauen (BT-Drs. 3267). Unterlagen dazu in B 136/111. – Zur Einstellung seiner Tätigkeit Fortgang 9. Sitzung am 15. Jan. 1958 TOP 7 (B 136/36117).

[30] Zu den Unabhängigkeitsfeiern vgl. Sondersitzung am 14. Juni 1956 TOP A (Kabinettsprotokolle 1956, S. 421). – Vgl. den Bericht von Merkatz' vom 21. März 1957 über seine Teilnahme an den Feierlichkeiten anläßlich des ersten Jahrestages der tunesischen Unabhängigkeit vom 17. bis 21. März 1957 in B 136/3653. – Zu Tunesien vgl. auch Sondersitzung am 29. Juli 1957 TOP C.

175. Sitzung am 13. März 1957

175. Kabinettssitzung
am Mittwoch, den 13. März 1957

Teilnehmer: Blücher (außer TOP D), Schröder (außer TOP D), von Merkatz (von 13.15 bis 13.45 Uhr), Schäffer, Erhard (außer TOP D), Lübke (außer TOP D), Storch (außer TOP D), Seebohm, Lemmer (außer TOP D), Preusker, Kaiser, Wuermeling; Globke, Hallstein, Westrick, Rust, Bergemann, Wandersleb, Nahm, Ripken; Grau (BMAt), Klaiber (Bundespräsidialamt), von Eckardt (BPA; bis 12.30 Uhr), Krueger (BPA), Haenlein (Bundeskanzleramt). Protokoll: Bachmann.

Beginn: 10.00 Uhr   *Ende: 14.20 Uhr*

Ort: Haus des Bundeskanzlers

Tagesordnung:
1. *Politische Lage.*
2. *Entwurf eines Gesetzes über die Steuerbegünstigung von Importwaren*
   Vorlage des BMF vom 11. März 1957 (IV B/1 - S 2000 - 9/57).
3. *Neuprägung der Bundesmünzen zu 2 DM*
   Vorlage des BMF vom 28. Febr. 1957 (II B/6 - F 5144 - 21/57).
4. *Personalien*
   Gemäß Anlagen.

Zu Beginn der Sitzung begrüßt der *Vizekanzler* den Bundesminister für gesamtdeutsche Fragen, der nach seiner Erkrankung zum ersten Mal wieder an einer Kabinettssitzung teilnimmt.

[A. Kriegsopferversorgung]

Außerhalb der Tagesordnung berichtet der *Bundesminister der Finanzen* über eine Debatte in der CDU/CSU-Bundestagsfraktion zur Frage der Verbesserung der Leistungen an Kriegsopfer[1]. Der für diesen Zweck in Aussicht zu nehmende Betrag

---
[1] Zum 5. Änderungs- und Ergänzungsgesetz vgl. 136. Sitzung am 30. Mai 1956 TOP A (Kabinettsprotokolle 1956, S. 385). – Anläßlich der Beratung der 6. Novelle zur Änderung und Ergänzung des Bundesversorgungsgesetzes hatte sich die CDU/CSU-Bundestagsfraktion am 12. März 1957 ohne Beschlußfassung mehrheitlich für Aufbesserungen ausgesprochen, die, vor allem bedingt durch eine Erhöhung der Grundrente um durchschnittlich 10 %, eine Mehrbelastung des Bundeshaushalts von rund 330 Millionen DM bedeuteten. Vgl. die Aufzeichnung des BMF vom 12. März 1957 in B 126/13878 sowie das Protokoll dieser Sitzung in ACDP VIII-001-107/4. – Die Änderungsanträge von SPD (BT-Drs. 3139), FDP (BT-Drs. 3188), GB/BHE (BT-Drs. 3194), von CDU/CSU und DP (BT-Drs. 3287) strebten ebenfalls eine Erhöhung der Grund-, Eltern-, Waisen- und Witwenrenten an. Sie brachten schließlich eine

183

dürfe auf keinen Fall 300 Mio. DM jährlich überschreiten. Der Bundeskanzler habe diesem Standpunkt des Bundesfinanzministers telegrafisch zugestimmt. Die Reserven des gesamten Bundeshaushalts würden am 31.3.1957 etwa 6,5 Mia. DM betragen. Hiervon seien bereits 2,2 Mia. DM in den Haushaltsvoranschlag 1957 eingesetzt, weitere 1000 [Mio. DM] würden für den außerordentlichen Haushalt benötigt. Hinzu kämen die Stationierungskosten. Wenn man weiter die Mehraufwendungen hinzurechne, die im Haushalt 1957 nach weitverbreiteter Auffassung gemacht werden sollten, komme man auf einen weit höheren Betrag als die oben erwähnten 6,5 Mia. DM. Der *Minister* bittet das Kabinett, zum Ausdruck zu bringen, daß für die Verbesserung der Kriegsopferversorgung nicht mehr als 300 Millionen DM zur Verfügung gestellt werden dürften. Nach langer Debatte habe sich die CDU-CSU-Fraktion gestern ebenfalls so entschieden gegen den Widerstand einer Gruppe, die mindestens 450 Mio. DM verlange. Auch in der Fraktion der Deutschen Partei würden 450 Mio. DM verlangt. Das Kabinett möge die Vertreter der Deutschen Partei bitten, daß sie in ihrer Fraktion ebenfalls auf eine Begrenzung der Forderungen auf 300 Mio. DM hinwirkten. Der *Vizekanzler* unterstreicht die Vorschläge des Bundesministers der Finanzen mit dem Hinweis auf die Preissituation, *Staatssekretär Dr. Rust* mit dem Hinweis auf die schlechte Lage des Verteidigungshaushalts. Der *Bundesminister für Familienfragen* schließt sich der Meinung des Bundesfinanzministers an. Vor allem sei es falsch, wiederum die Erhöhung der Grundrenten anzustreben. Der *Minister* bittet aber zu prüfen, ob nicht die Kinderzuschläge bei den Ausgleichsrenten auf 35 DM erhöht werden könnten. Dies sei der Satz, der heute schon im gesamten sozialen Bereich gelte. Das Kabinett stimmt den Vorschlägen des Bundesministers der Finanzen zu[2].

2. Entwurf eines Gesetzes über die Steuerbegünstigung von Importwaren   BMF

Der *Bundesminister der Finanzen* begründet seine Vorlage[3]. Die unter aa) aufgeführten Wirtschaftsgüter, deren Preis auf dem Weltmarkt wesentlichen Schwankungen unterliegt, können 15 % niedriger als normal bilanziert werden. Diese Regelung ergebe sich bereits aus dem sogenannten Bremer Erlaß[4] und solle jetzt lediglich besser

---

jährliche Ausgabenerhöhung des Bundes um rund 543 Millionen DM mit sich. Vgl. dazu den Vermerk des BMA vom 21. Mai 1957 in B 149/11908, weitere Unterlagen in B 126/13878 und B 136/397.

[2] BR-Drs. 214/57. – Sechstes Gesetz zur Änderung und Ergänzung des Bundesversorgungsgesetzes vom 1. Juli 1957 (BGBl. I 661).

[3] Vorlage des BMF vom 11. März 1957 in B 102/17965 und B 136/627. – Beabsichtigt war eine Ergänzung des Einkommensteuergesetzes in der Fassung vom 21. Dez. 1954 (BGBl. I 441) und des Zweiten Gesetzes zur Änderung des Einkommensteuergesetzes vom 11. Aug. 1955 (BGBl. I 505), mit der die Einfuhr und Lagerhaltung bestimmter Waren durch eine steuerliche Begünstigung gefördert werden sollte. Unter den Buchstaben aa) waren Güter von allgemeinem wirtschaftlichen Wert und unter bb) Waren von militärischer und besonderer volkswirtschaftlicher Bedeutung aufgezählt. Letztere sollten um bis zu 30 % des Anschaffungswertes steuerlich niedriger bewertet werden.

[4] In dem sog. Bremer Erlaß vom 6. Dez. 1954 (BStBl. 1955 II S. 20 und 1956 II S. 95) hatten die Finanzminister und -senatoren der Länder zugestanden, daß bei der Ermittlung des Teilwertes von Importwaren, die besonderen Schwankungen des Weltmarktpreises unterworfen waren,

legalisiert werden. Das Verfahren unter bb) der Kabinettvorlage sei noch vertretbar. Ein wesentlicher Teil des Steuerausfalls werde von den Ländern getragen werden. Er, der Minister, wolle daher hier keine Bedenken erheben, müsse aber vor jeder Ausweitung dieser Bestimmung warnen. Der *Bundesminister für Wirtschaft* verzichtet auf nähere Ausführungen zur Sache, regt aber gewisse textliche Änderungen an, die im Einvernehmen mit dem Bundesminister der Finanzen unverzüglich vorgenommen werden sollten. Das Kabinett stimmt diesem Vorschlage zu. Der *Bundesminister für Ernährung, Landwirtschaft und Forsten* bemängelt, daß gewisse Güter nicht ausdrücklich für die Steuerbegünstigung vorgesehen sind (z.B. Hülsenfrüchte, Reis, Tee, Kakao, Fette u.a.). Außerdem müsse man auch an einen Anreiz für die Lagerhaltung inländischer Waren denken. Der *Bundesminister der Finanzen* wendet sich gegen die Festlegung eines bestimmten Warenkatalogs. Es genüge zunächst die allgemeine Vollmacht, ihre Ausfüllung sei dann Sache des Wirtschaftskabinetts. Es werde auch von den jeweiligen Zeitumständen abhängen, was noch vertretbar sei. Der *Bundesminister für Wirtschaft* schließt sich dieser Auffassung an, das Kabinett stimmt ihr zu. Der *Bundesminister des Innern* spricht sich für eine elastischere Regelung unter bb) des Entwurfs aus, ebenso für eine Begünstigung des Imports von Zeitungspapier[5]. Der *Bundesminister der Finanzen* warnt vor einer Überschreitung des Satzes von 30 % und bezeichnet das erste Geltungsjahr der Verordnung als Versuchszeitraum, nach dessen Ablauf man evtl. an Änderungen denken könne. Der *Vizekanzler* weist darauf hin, daß die unter bb) des Entwurfs vorgesehene Regelung (alles was über den sogenannten Bremer Erlaß hinausgeht) im Bundesrat ohnehin auf Schwierigkeiten stoßen würde.

Das Kabinett beschließt entsprechend der Vorlage des Bundesministers der Finanzen[6].

3. Neuprägung der Bundesmünzen zu 2 DM BMF

Der *Bundesminister der Finanzen* begründet seine Vorlage[7]. Es seien für die neuen 2-DM-Münzen Persönlichkeiten vorgeschlagen worden, die außerhalb des politischen

---

ein Abschlag bis zu 15 % auf den zum Bilanzstichtag gültigen Marktpreis vorgenommen werden konnte. Der Bundesfinanzhof hatte mit Urteil vom 17. Juli 1956 diesen Erlaß für rechtswidrig erklärt (BStBl. III S. 379). – Vgl. dazu die BPA-Mitteilung Nr. 1524/56 vom 28. Dez. 1956 (BD 7/167–1956/4).

[5] Vgl. dazu 173. Sitzung am 1. März 1957 TOP 6.

[6] BR-Drs. 102/57, BT-Drs. 3427. – Der Gesetzentwurf wurde in das Gesetz zur Änderung steuerrechtlicher Vorschriften vom 26. Juli 1957 (BGBl. I 848) eingearbeitet. Unterlagen dazu in B 126/6208 bis 6210 und B 136/1066.

[7] Siehe 63. Sitzung am 5. Mai 1950 TOP 3 (Kabinettsprotokolle 1950, S. 363 f.). – Vorlage des BMF vom 28. Febr. 1957 in B 126/24107 und B 136/7337. – Nach einem Beschluß des Bundestages in seiner 104. Sitzung am 30. Sept. 1955 sollten gemäß BT-Drs. 1084 die bisher in Umlauf befindlichen Münzen durch eine neue, unverwechselbare Prägung ersetzt werden (Stenographische Berichte, Bd. 26, S. 5760). Nachdem die Bundesregierung im Umlaufverfahren Gestalt, Gewicht, Material und Gesamtmenge nach dem Gesetz über die Ausprägung von Scheidemünzen vom 8. Juli 1950 (BGBl. I 323) bestimmt hatte, sollte das Kabinett nun über das Münzbild entscheiden.

Lebens gestanden hätten. Zu empfehlen seien die preisgekrönten Entwürfe[8] des Bildhauers Karl Roth[9], welche auch die Zustimmung des kulturpolitischen Ausschusses des Bundestages gefunden hätten[10]. Der *Vizekanzler* gibt zu bedenken, ob es nicht bei diesem oder einem künftigen Anlaß zweckmäßig sei, eine Persönlichkeit aus den Gebieten jenseits der Oder-Neiße-Linie herauszustellen. Der *Bundesminister des Innern* hält es nicht für zweckmäßig, dreierlei Geldstücke desselben Wertes mit verschiedenen Münzbildern herauszugeben.

Nach kurzer Debatte beschließt das Kabinett:

a) Es wird nur ein einheitliches neues 2-DM-Stück herausgegeben,

b) auf der Bildseite erscheint der Kopf von Max Planck[11] in der Ausführung des Entwurfs von Roth,

c) auf der Rückseite soll die Wertzahl (2) kräftig hervorgehoben werden[12].

4. Personalien

Das Kabinett stimmt den Ernennungsvorschlägen in Anlage 1) zu Punkt 4) der Tagesordnung zu[13].

[B. Brotpreis]

Außerhalb der Tagesordnung berichtet der *Bundesminister für Ernährung, Landwirtschaft und Forsten* über die Entwicklung des Brotpreises[14]. Er, der Minister, habe in seinen Verhandlungen mit den Vertretern des Bäckerhandwerks eine Annäherung der Standpunkte bis auf etwa 1 Pfg. p/kg erreicht. In Schleswig-Holstein sei allerdings eine besondere Situation gegeben, weil dort erst in letzter Zeit mit kräftigen Lohnerhöhungen im Backgewerbe eine Angleichung an die

---

[8] Für die Bildseite waren der Physiker Max Planck, der Mediziner Robert Koch und der Ingenieur Oskar von Miller vorgeschlagen.

[9] Karl Roth (1900–1967). Bildhauer und Medailleur in München.

[10] Vgl. das Protokoll der 49. Sitzung des Ausschusses für Kulturpolitik am 7. Febr. 1957 in Parlamentsarchiv des Deutschen Bundestages. – Unterlagen über den Wettbewerb in B 126/24107.

[11] Max Planck (1858–1947). 1885 Professor für Physik in Kiel, seit 1889 in Berlin, 1912–1938 Sekretär der Preußischen Akademie der Wissenschaften, langjähriger Vorsitzender der Deutschen Physikalischen Gesellschaft, 1918 Nobelpreis für Physik, 1920–1937 und 1945–1946 Präsident der Kaiser-Wilhelm-Gesellschaft zur Förderung der Wissenschaften (1948 umbenannt in Max-Planck-Gesellschaft zur Förderung der Wissenschaften).

[12] Bekanntmachung über die Ausgabe von Bundesmünzen im Nennwert von 2 Deutschen Mark vom 12. Juni 1958 (BGBl. I 419).

[13] Vorgeschlagen war die Ernennung eines Ministerialrats im BMJ und von vier Ministerialräten im BMP (Anlage in B 134 VS/12).

[14] Vgl. den Vermerk vom 12. März 1957 über die bisherigen Verhandlungen in B 136/2626, weitere Unterlagen in B 116/41427 und B 126/8311. – In den Tarifabschlüssen im Bäckereigewerbe waren im Bundesgebiet Ende Februar 1957 Lohnerhöhungen von teilweise mehr als 10 % und eine Reduzierung der Arbeitszeit vereinbart worden. Sie hatten zwischen Februar und März 1957 Brotpreiserhöhungen im Bundesdurchschnitt von 2,8 % ausgelöst.

übrige Bundesrepublik erfolgt sei. Der *Minister* wendet sich dagegen, daß man jetzt mit einer Festpreis- oder Stop-Preisverordnung eingreife, die Bundesregierung setze sich dann dem Vorwurf aus, daß sie gegen die ständigen Lohnsteigerungen nichts unternommen habe, aber mit Gewaltmaßnahmen gegen den Mittelstand vorgehe. In Schleswig-Holstein habe übrigens der dortige Wirtschaftsminister[15] die Situation im Backgewerbe untersucht und den Preiserhöhungen zugestimmt[16]. Der *Minister* hält es für richtig, daß in den weiteren Verhandlungen mit den Bäckern eine Erhöhung des Brotpreises um 5 Pfg. für den gängigsten Laib von 1½ kg in Aussicht genommen werde. In diesem Betrag seien die erhöhten Lohnkosten, erhöhte Aufwendungen für Brennmaterial und eine Halbierung der vom Bund gezahlten Mehlpreissubventionen enthalten. Es sei somit vorzuschlagen, daß der Bund die Subventionen von 45 Mio. DM auf 22,5 Mio. DM jährlich senkt[17]. Der *Bundesminister des Innern* fragt, wieviele Bäcker es etwa in der Bundesrepublik gebe, wieviele davon auch Konditorwaren herstellten, welche Preiserhöhungen auf diesem Sektor in letzter Zeit stattgefunden hätten und wie groß der Umsatzanteil der Backwaren und der Konditorwaren sei. Der *Bundesminister für Ernährung, Landwirtschaft und Forsten* gibt die Zahl der Bäcker mit etwa 60 000 an, hierzu müsse man noch die Brotfabriken in Betracht ziehen. Der *Bundesminister der Finanzen* setzt sich nachdrücklich dafür ein, daß im Falle einer unangemessenen Erhöhung des Brotpreises die Mehlpreissubventionen des Bundes wegfallen. Diese seien seinerzeit unter der Voraussetzung und zu dem Zweck gegeben worden, daß der Brotpreis unverändert bleibe. Der *Bundesminister für Wirtschaft* ist der Meinung, daß die Bäcker den Brotpreis wegen der Lohnerhöhungen nicht unbedingt erhöhen müßten. Der Brotpreis sei ein politischer Preis und habe als solcher außerordentliche Bedeutung. Es genüge darauf hinzuweisen, daß sofort nach Bekanntwerden der Absichten der Bäcker der Präsident des Bauernverbandes, Rehwinkel[18], die Erhöhung der Preise für Fleisch und Fett gefordert habe. Es sei bedrohlich, daß man jetzt vom Käufermarkt zum Verkäufermarkt gelange. Er, der Minister, bereite eine große Aktion zusammen mit der Industrie vor mit dem Ziel, die Preise allgemein zu stabilisieren[19]. Hierzu macht der *Minister* nähere, vertraulich zu behandelnde Angaben. Eine jetzt mit Zustimmung der Bundesregierung erfolgende Brotpreiserhöhung würde seine Absichten erheblich beeinträchtigen. Es sei überdies bedenklich, nach dem Vorschlage des Bundesministers für Ernährung, Landwirtschaft und Forsten eine

---

[15] Minister für Wirtschaft und Verkehr des Landes Schleswig-Holstein war Hermann Böhrnsen.
[16] Unterlagen dazu in B 116/8965.
[17] Fortgang hierzu 180. Sitzung am 30. April 1957 TOP 11.
[18] Edmund Rehwinkel (1899–1977). 1945 Kreislandwirt, dann Landrat des Kreises Celle, 1947 Präsident des Verbandes des niedersächsischen Landvolkes, 1949–1964 Präsident der Landwirtschaftskammer Hannover, 1959–1968 Präsident des Deutschen Bauernverbandes.
[19] In Gesprächsrunden mit Verbandsvertretern der einzelnen Gewerbezweige versuchte Erhard mäßigend auf die Preisforderungen einzuwirken (vgl. dazu die Pressedokumentation in B 102/8992). Daneben plante Erhard eine konjunkturpolitisch begründete Senkung der Zollsätze, die das Warenangebot erhöhen und Preisauftriebstendenzen dämpfen sollte. – Fortgang dazu 67. Sitzung des Kabinettsausschusses für Wirtschaft am 17. April 1957 TOP 1 (B 136/36220) und 182. Sitzung am 16. Mai 1957 TOP 5.

formale Preisabsprache zwischen der Zentralvertretung des Backgewerbes und der Bundesregierung zu treffen. Derartige Preisabsprachen zwischen den Gewerbetreibenden seien bekanntlich verboten. Der richtige Weg wäre, eine Erhöhung des Brotpreises gegenüber dem Stand vom 1.1.1957 um den genau errechneten Anteil zuzulassen, den die Lohnerhöhungen ausmachten. Bei diesem Stand müßte dann der Preis durch eine Stopverordnung stabil werden. Politisch sollte ganz klar und immer wiederholt herausgestellt werden, daß die Lohnforderungen der Gewerkschaften an der Aufwärtsbewegung der Preise schuld seien[20]. Darüber hinaus müsse man mit der Einfuhrpolitik, der Zollpolitik und Liberalisierungsmaßnahmen einen Druck auf die Wirtschaft ausüben. Es sei auch ein Unding, daß mangels eines ausreichenden Kapitalmarktes die Investitionen vielfach über den Preis finanziert würden.

Im Anschluß an den Vortrag der beiden Auffassungen der Bundesminister Dr. Lübke und Professor Erhard entwickelt sich eine längere Debatte, in der alle anwesenden Bundesminister ihren Standpunkt darlegen.

Folgende Gesichtspunkte kommen besonders zur Geltung:

Zwiespältigkeit der Gewerkschaftspolitik (Lohnforderungen einerseits, formelle Warnung der DGB-Zentrale vor Brotpreiserhöhungen andererseits). Wird es angesichts der Preisentwicklung auf die Dauer möglich sein, einer Mietzinserhöhung die Zustimmung zu versagen? Politische Bedeutung des Mittelstandes, zu dem auch das jetzt angesprochene Bäckereigewerbe gehört. Eine Festlegung des Brotpreises ist über § 10 des Getreidegesetzes[21] möglich, ähnliche Mittel sind aber bei anderen lebenswichtigen Gütern nicht vorhanden. Die Einhaltung einer Festpreisverordnung könnte nur durch den Verbraucher kontrolliert werden. Es ist zweifelhaft, ob eine derartige Kontrolle bei den heutigen Einkommensverhältnissen genügt. Ist es richtig, die Bedeutung der Preisdebatte weiter zu unterstreichen und evtl. in der Öffentlichkeit eine falsche Vorstellung über die Einflußmöglichkeit der Bundesregierung auf diesem Gebiet zu erwecken? Wie würde der Bundesrat sich zu einer Preisstopverordnung für Backwaren stellen? Künstliche Verteuerung des Mehls durch den numerus clausus bei den Mühlen[22].

Am Schluß der Debatte beauftragt das Kabinett den Bundesminister für Ernährung, Landwirtschaft und Forsten, die Verhandlungen mit dem Backgewerbe fortzuführen und ist damit einverstanden, daß der Bundesminister für Wirtschaft an den Verhandlungen teilnimmt[23].

---

[20] Gegen diese von Erhard auch in öffentlichen Reden vertretene These wandte sich die DAG in einem Schreiben vom 22. März 1957 an Adenauer (B 136/2442).

[21] Nach § 10 des Getreidegesetzes vom 24. Nov. 1951 (BGBl. I 901) konnte die Bundesregierung durch Rechtsverordnung Preise für Brot und Kleingebäck zum Zwecke einer angemessenen Preisgestaltung festlegen.

[22] Vgl. hierzu 117. Sitzung am 1. Febr. 1956 TOP 5 (Kabinettsprotokolle 1956, S. 152–154).

[23] In der abschließenden Verhandlung mit Vertretern des Zentralverbandes des deutschen Bäckerhandwerkes, des Gesamtverbandes der deutschen Brotindustrie und des Zentralverbandes deutscher Konsumgenossenschaften noch am 13. März 1957 erkannten Erhard und Blücher zwar die durch Lohnerhöhungen und andere Kostensteigerungen entstandene Lage der Betriebe

1. Politische Lage Vizekanzler

Staatssekretär Professor Dr. Hallstein berichtet anhand der streng geheimen Kabinettvorlage des Bundesministers des Auswärtigen vom 11. März 1957 über die britischen Absichten, die Truppen in der Bundesrepublik zu vermindern[24].

Der *Bundesminister für Verkehr* wendet sich gegen die mit der Kabinettvorlage vorgeschlagene Erklärung der Bundesregierung, die in der heute nachmittag stattfindenden Sitzung des NATO-Rates abgegeben werden soll. Die Stationierung ausreichender britischer Einheiten in der Bundesrepublik sei ein wesentliches Element der Pariser Verträge[25]. Es komme darauf an, daß das Bundesgebiet östlich des Rheins und insbesondere östlich der Weser wirksam verteidigt werden könne. Wenn eine Erklärung im NATO-Rat abgegeben werden müsse, so brauche hierüber das Bundeskabinett nicht formell zu beschließen. *Staatssekretär Professor Dr. Hallstein* erwidert, daß im NATO-Rat lediglich die deutsche Ablehnung der britischen Absichten bekanntgegeben werden solle. Wichtiger seien die später folgenden Beratungen im Rat der WEU. Der *Vizekanzler* bemerkt, daß eine so entscheidende Sache unbedingt im Kabinett beraten werden müsse, da sonst mit Recht der Vorwurf mangelnder Beteiligung des Kabinetts an entscheidenden politischen Fragen erhoben werden könnte. *Staatssekretär Dr. Rust* spricht sich für die vorgeschlagene Erklärung aus und bemerkt, daß voraussichtlich die britischen Absichten zu keiner wesentlichen Schwächung der militärischen Position der Bundesrepublik führen würden, da das erst langsam entstehende Vakuum von der wachsenden Bundeswehr ausgefüllt werden würde. Der *Vizekanzler* schlägt dem Kabinett folgenden Beschluß vor:

1.) Das Kabinett nimmt den Text der heute im NATO-Rat vom deutschen Vertreter abzugebenden Erklärung zur Kenntnis.

2.) Das Kabinett ist der Auffassung, daß der deutsche Vertreter im Rat der WEU alles tun soll, um der deutschen Position, so wie sie in der Kabinettvorlage des Auswärtigen Amtes niedergelegt ist, zum Erfolge zu verhelfen. *Staatssekretär Professor Dr. Hallstein* macht darauf aufmerksam, daß die Erklärung insbesondere in Abschnitt IV Abs. 3 noch geändert werden solle. Das Kabinett beschließt entsprechend dem Vorschlage des Vizekanzlers[26].

---

an, waren aber nicht bereit, einer Erhöhung des Brotpreises von mehr als 3 Pfennig pro Kilogramm zuzustimmen. Vgl. die Mitteilung des BPA Nr. 256/57 vom 14. März 1957. – Fortgang (Stabilisierung des Mehlpreises) 181. Sitzung am 7. Mai 1957 TOP E.

[24] Siehe 171. Sitzung am 15. Febr. 1957 TOP D. – Vorlage des AA vom 11. März 1957 in AA B 14, VS-Bd. 12. – In der Vorlage wurden die sicherheitspolitischen Bedenken gegen die geplanten Truppenreduzierungen wiederholt und an die vertraglichen Verpflichtungen Großbritanniens erinnert. Der Vorlage beigefügt war der Entwurf einer entsprechenden Erklärung der Bundesregierung für die Sitzung des NATO-Rates am 13. März 1957. – Bereits am 21. Febr. 1957 hatte Botschafter Blankenhorn vor dem NATO-Rat und am 26. Febr. 1957 von Brentano vor dem Rat der WEU die ablehnende Stellungnahme der Bundesregierung zu den Abzugsplänen vorgetragen. Unterlagen dazu in AA B 14, VS-Bd. 12 und AA B 2, VS-Bd. 191.

[25] Mit Gesetz vom 24. März 1955 (BGBl. II 256) war die Bundesrepublik gemäß dem am 23. Okt. 1954 in Paris unterzeichneten Protokoll Mitglied des NATO-Paktes geworden.

[26] Fortgang 176. Sitzung am 20. März 1957 TOP 1 (Politische Lage).

[C. Drittes Gesetz zur Aufhebung des Besatzungsrechts]

Außerhalb der Tagesordnung spricht der *Bundesminister der Justiz* über den Entwurf eines dritten Gesetzes zur Aufhebung des Besatzungsrechts.

Die Stellungnahme der Bundesregierung zu den Vorschlägen des Bundesrates sollte auf Grund einer Kabinettvorlage des Bundesministers der Justiz im Umlaufwege herbeigeführt werden. Die Bundesminister des Innern und der Finanzen hätten gegen die Vorlage Einspruch erhoben. Der Bundesminister der Justiz trage diesen Einsprüchen Rechnung und stelle die ursprüngliche Regierungsvorlage in vollem Umfange wieder her. Er bitte das Kabinett, dem neuen Entwurf der Stellungnahme der Bundesregierung zuzustimmen[27].

Das Kabinett beschließt entsprechend.

[D. Entwurf einer Verordnung über die Steuerbegünstigung von Kapitalansammlungsverträgen]

Außerhalb der Tagesordnung legt der *Bundesminister für Wohnungsbau* einen Gegenentwurf zu der am 7.3. vom Kabinett beschlossenen Verordnung über Kapitalansammlungsverträge vor[28]. Die Sache sei gestern nachmittags im Wirtschaftskabinett erörtert worden[29]. Wenn es bei der ursprünglichen Formulierung der Verordnung bliebe, werde sich eine Heraufsetzung der Mieten im sozialen Wohnungsbau am 1.4.1957 nicht umgehen lassen. Es bleibe also nur übrig, den jetzt überreichten neuen Entwurf passieren zu lassen oder 400 Mio. DM für Darlehen oder 36 Mio. DM für Zinszuschüsse aus Bundesmitteln zur Verfügung zu stellen. Der *Bundesminister der Finanzen* wendet sich gegen eine Änderung der Verordnung, da es unzweckmäßig sei, sich jetzt die Hände binden zu lassen. In einer längeren Debatte wird Einverständnis darüber erzielt, daß es unter keinen Umständen wünschenswert sei, 8%ige Emissionen mit Steuerbegünstigung zu versehen und daß der 6%ige Zinssatz möglichst gehalten werden solle. Es besteht auch Übereinstimmung darüber, daß es unzweckmäßig ist, für jeden Fall der Steuerbegünstigung eine Rechtsverordnung mit Zustimmung des Bundesrates herauszugeben. Es wird beschlossen, die Ziffer 3 des § 1 Abs. 1 der Verordnung so zu formulieren, daß spätere gleichartige Emissionen ebenfalls von der Genehmigung gedeckt werden[30].

---

[27] Siehe 167. Sitzung am 16. Jan. 1957 TOP 5. – Stellungnahmen des BMF und des BMI jeweils vom 7. März 1957 zur Vorlage des BMJ vom 26. Febr. 1957 und überarbeitete Vorlage vom 12. März 1957 zu BR-Drs. 25/57 in B 141/21540 und B 136/1886. – Die Einwände des BMF und des BMI hatten sich gegen den Vorschlag gerichtet, bestimmte Verordnungen der britischen Militärregierung bzw. des britischen Hohen Kommissars über die Übernahme von Bediensteten von aufgelösten Behörden der britischen Besatzungszone aufzuheben. Sie hatten ihren Einspruch damit begründet, daß die Übernahme nach Maßgabe dieser Vorschriften noch nicht überall vollzogen worden sei. – BT-Drs. 3306, Drittes Gesetz zur Aufhebung des Besatzungsrechts vom 23. Juli 1958 (BGBl. I 540).

[28] Siehe 174. Sitzung am 7. März 1957 TOP C. – Vorlage des BMWo nicht ermittelt.

[29] Vgl. 66. Sitzung des Kabinettsausschusses für Wirtschaft am 12. März 1957 TOP 1 (B 136/36220).

[30] Neufassung des Verordnungsentwurfs des BMF vom 27. März 1957 in B 126/6289. – BR-Drs. 96/1/57. – Verordnung über die Steuerbegünstigung von Kapitalansammlungsverträgen vom 30. März 1957 (BGBl. I 318).

**176. Kabinettssitzung
am Mittwoch, den 20. März 1957**

Teilnehmer: Adenauer (bis 12.30 Uhr)[1]*, Schröder (bis 12.55 Uhr), Schäffer (Vorsitz ab 12.30 Uhr), Erhard, Lübke, Storch (bis 12.30 Uhr), Strauß, Seebohm, Lemmer, Preusker, Oberländer, Kaiser, Wuermeling; Globke, Hallstein, Westrick; Vockel (Bevollmächtigter der Bundesrepublik Deutschland in Berlin), Klaiber (Bundespräsidialamt), von Eckardt (BPA; bis 12.30 Uhr), Krueger (BPA), Selbach (Bundeskanzleramt). Protokoll: Abicht.*

Beginn: 10.00 Uhr *Ende: 13.15 Uhr*

Ort: Bundeskanzleramt, Haus II

Tagesordnung:
1. *Politische Lage.*
2. *Wahltag für die Wahl zum 3. Deutschen Bundestag.*
3. *Personalien*
   Gemäß Anlagen.
4. *Besetzung militärischer Führungsstellen*
   Vorlage des BMVtg vom 11. März 1957 (M I - 148/57 geh.).
5. *Britische Übungen im Raume Soltau-Lüneburg*
   Vorlage des BMVtg vom 14. März 1957 (IX B I - 910 - 11 - 2232/57 geh.).
6. *Entwurf eines Gesetzes über Steuererleichterungen bei der Umwandlung von Kapitalgesellschaften und bergrechtlichen Gewerkschaften (Umwandlungssteuergesetz)*
   Vorlage des BMF vom 15. März 1957 (IV B/1 - S 1939 - 24/57).
7. *Entwurf eines Gesetzes zur Neuregelung des Rechts der gesetzlichen Unfallversicherung; Stellungnahme der Bundesregierung zu den Änderungsvorschlägen des Bundesrates (Unfallversicherungsgesetz – UVG)*
   Vorlage des BMA vom 13. März 1957 (GS - 6401 - 356/57).
8. *Lieferung von 100 000 Tonnen Getreide an Polen*
   Vorlage des AA vom 15. März 1957[2] *(413 - 84.02 - 94.20/251/57 VS-Vertr.).*
9. *Heranziehung aufgespriteter Weine zum Monopolausgleich*
   Vorlage des BMF vom 13. Febr. 1957 (III C/2 - V 7166 - 41/57).
10. *Entlohnung des Kraftfahrers des Bundespressechefs als Chefkraftfahrer*
    Vorlage des BMF vom 18. Febr. 1957 (I B/5 - BA 4202 - 42/56).

---

[1] Laut Tageskalender Adenauers fand um 12.45 Uhr ein Gespräch mit General Norstad statt (B 136/20686).
[2] Korrigiert aus 14. März 1957.

176. Sitzung am 20. März 1957

1. Politische Lage   **Bundeskanzler**

Der *Bundeskanzler* weist auf die Verhandlungen über die Stärke der britischen Truppen in der Bundesrepublik hin und hebt hervor, es sei erfreulicherweise gelungen, eine Lösung zu finden, die den Fortbestand der WEU sichere[3]. Sodann geht der *Bundeskanzler* kurz auf das Verhältnis der Bundesrepublik zu den USA ein[4].

Auf dem Gebiet der Innenpolitik hebt der *Bundeskanzler* den Fall Wehner[5] hervor, der gestern den Geschäftsordnungsausschuß beschäftigt habe[6]. Was das Amnestiegesetz anlange, sei es zweckmäßig, dem Vorschlag des Bundestagspräsidenten zu folgen und die Entscheidung zunächst zurückzustellen[7].

---

[3] Siehe 175. Sitzung am 13. März 1957 TOP 1. – Auf der Ministerratstagung der WEU am 18. März 1957 hatte die britische Regierung den Einwänden der Verbündeten nachgegeben und einem auf Vorschlag Adenauers von SACEUR ausgearbeiteten Kompromiß zugestimmt. Danach sollte eine Truppenreduzierung von nurmehr 13 500 Mann vor allem Verwaltungspersonal betreffen und eine militärische Schwächung durch Umgruppierungen ausgeglichen werden. Eine weitere Verringerung sollte in Absprache mit den Verbündeten und nach Vorlage eines Untersuchungsberichts erst im Rechnungsjahr 1958 vorgenommen werden. Unterlagen dazu in AA B 2, VS-Bd. 191 und AA B 14, VS-Bd. 12, vgl. dazu auch Kommuniqué vom 19. März 1957 über die Ministerratstagung in Bulletin Nr. 55 vom 21. März 1957, S. 465. – Seebohm notierte dazu: „Gefahr des Bruches WEU vermieden. Schwierige Lage durch Großbritannien. Großbritannien will sich zur nuklearen Macht ausbilden und daher Ausgaben für konventionelle Waffen drosseln. Damit ergibt sich für Europa völlig neue Lage: Gefahr europäischer Vorherrschaft Englands. Daher Antrag Adenauers auf grundsätzliche Überprüfung. Klärung der Frage: nukleare Aufrüstung Europas!" (Nachlaß Seebohm N 1178/9b). – Zur Weiterbehandlung des Vorschlags von Adenauer vgl. 68. Sitzung des Kabinettsausschusses für Wirtschaft am 8. Mai 1957 TOP 1 (B 136/36220).

[4] Seebohm hielt hierzu fest: „USA: Gesetz über Vertretung Eisenhowers durch Nixon. Beunruhigt über Gesundheit von Eisenhower und Nixon" (Nachlaß Seebohm N 1178/9b).

[5] Herbert Wehner (1906–1990). 1927–1942 Mitglied der KPD, 1930–1931 MdL Sachsen, 1933–1935 illegale Tätigkeit für die KPD in Deutschland, ab 1935 Emigration und Mitglied des Zentralkomitees der Exil-KPD und der Komintern, 1937–1941 Aufenthalt in Moskau, 1941 im Auftrag der Komintern in Schweden, 1942–1944 Inhaftierung und Verurteilung zu einer einjährigen Haftstrafe vor einem schwedischen Gericht, Ausschluß aus der KPD, 1944–1946 Tätigkeit als wissenschaftlicher Hilfsarbeiter in Schweden, 1946 Rückkehr nach Deutschland, Mitglied des Landesvorstandes der SPD in Hamburg, 1949–1983 MdB, dort 1949–1966 Vorsitzender des Bundestagsausschusses für gesamtdeutsche und Berliner Fragen, 1966–1969 Bundesminister für gesamtdeutsche Fragen, 1958–1973 stellvertretender Parteivorsitzender, 1969–1983 Fraktionsvorsitzender.

[6] Am 9. März 1957 hatte die schwedische Zeitung „Dagens Nyheter" geschrieben, daß Wehner Ende 1941 von dem damaligen Generalsekretär der Komintern Georgi Dimitroff nach Stockholm geschickt worden sei, um dort eine Spionagezentrale einzurichten. Teile aus diesem Artikel hatte der Geschäftsführer der CDU-Fraktion Will Rasner auf einer Pressekonferenz verlesen. In einer Erklärung vom 13. März 1957 und in einem Schreiben vom 14. März 1957 an den Präsidenten des Bundestages hatte Wehner zu den Vorwürfen Stellung genommen und um eine Ehrenerklärung gebeten. Der Bundestagspräsident hatte sich an den Geschäftsordnungsausschuß des Bundestages gewandt, der sich dafür aussprach, die Angelegenheit auf sich beruhen zu lassen, zumal die Zeitung ihre Darstellung widerrufen hatte. Vgl. die Abschriften der Briefe Wehners und das Protokoll des Geschäftsordnungsausschusses vom 18. März 1957 in B 136/4534, weitere Unterlagen in AdsD, Nachlaß Ollenhauer, Bd. 460. – Vgl. dazu auch die Aufzeichnung Seebohms (Nachlaß Seebohm N 1178/9b) sowie Scholz, Wehner.

[7] Zur Auseinandersetzung um ein Amnestiegesetz vgl. 177. Sitzung am 27. März 1957 TOP G.

Staatssekretär Professor Dr. Hallstein berichtet sodann ausführlich über die Rüstungsverhandlungen in London[8] und trägt die Grundzüge der morgigen Regierungserklärung vor dem Bundestag vor[9].

2. Wahltag für die Wahl zum 3. Deutschen Bundestag BMI

Der *Bundeskanzler* liest eine Notiz des Bundespräsidenten vor, in der sich der Bundespräsident aus staatspolitischen Gründen für den 15. September als Wahltag ausspricht[10]. Nach eingehender Erörterung der für einen früheren und einen späteren Wahltermin sprechenden Gründe beschließt das Kabinett, dem Bundespräsidenten den 15. September als Wahltag zu empfehlen[11]. Der *Bundesminister der Finanzen* betont, daß er aus grundsätzlichen Erwägungen für eine Wahl im Juli eintreten müsse.

3. Personalien

Das Kabinett stimmt den Vorschlägen gemäß Anlage 1, 2 und 3 zur heutigen Tagesordnung zu[12].

4. Besetzung militärischer Führungsstellen BMVtg

Der *Bundesminister für Verteidigung* trägt den Inhalt seiner Kabinettvorlage vom 11. März 1957 vor[13].

---

[8] Siehe Sondersitzung am 12. April 1956 TOP 1 (Kabinettsprotokolle 1956, S. 299–305). – Der Unterausschuß der Abrüstungskommission der Vereinten Nationen hatte am 18. März 1957 in London seine am 5. Mai 1956 unterbrochenen Verhandlungen wieder aufgenommen. Zuvor hatten am 12. Jan. 1957 die Vereinigten Staaten und am 14. Jan. 1957 die Sowjetunion der UN-Vollversammlung neue Vorschläge u. a. zur Begrenzung der konventionellen Rüstung und zu einer Begrenzung bzw. zu einem Verbot von Kernwaffen und weiteren Kernwaffenversuchen vorgelegt. – Vgl. die Berichte des deutschen Beobachters in London in AA B 14 (Ref. II A 7), VS-Bd. 425.

[9] In der Regierungserklärung berichtete Hallstein über den EWG- und EURATOM-Vertrag, der am 25. März 1957 in Rom unterzeichnet werden sollte (Stenographische Berichte, Bd. 35, S. 11327–11334). – Fortgang hierzu 179. Sitzung am 11. April 1957 TOP 4.

[10] Siehe 173. Sitzung am 1. März 1957 TOP 3. – Adenauer hatte am Vortag mit Heuss u. a. den Wahltermin erörtert. Dabei hatte sich der Bundespräsident entschieden gegen eine Vorverlegung des Termins auf den Monat Juli ausgesprochen und Adenauer eine entsprechende Notiz überreicht. Vgl. die Aufzeichnung über das Gespräch am 19. März 1957 in B 122 VS/31269, abgedruckt in Adenauer-Heuss, Unter vier Augen, S. 218 f., Text der Notiz vom 19. März 1957 in B 136/3839, abgedruckt in Adenauer-Heuss, Unter vier Augen, S. 461, vgl. dazu ferner Heuss, Tagebuchbriefe, S. 251 und Krone, Tagebücher, S. 249 (Eintrag vom 20. März 1957), wonach auch Krone dem Bundeskanzler zum Termin 15. September geraten hatte.

[11] Anordnung vom 22. März 1957 über die Bundestagswahl am 15. Sept. 1957 (BGBl. I 282).

[12] Vorgeschlagen war die Ernennung eines Ministerialrates im BML, der Brigadegeneräle Günther Pape und Ottomar Hansen, der Generalmajore Friedrich Foertsch und Heinrich Trettner (Anlage 1), des Direktors beim Landesarbeitsamt Berlin und ständigen Stellvertreters des Präsidenten Hans Potratz (Anlage 2) sowie eines Vortragenden Legationsrates im AA (Anlage 3).

[13] Vorlage des BMVtg vom 11. März 1957 nicht ermittelt.

176. Sitzung am 20. März 1957

Das Kabinett erklärt sich damit einverstanden, daß Generalleutnant Matzky[14] und Generalmajor Pemsel[15] zu kommandierenden Generälen des 1. und 2. Korps in Münster bzw. Ulm ernannt werden. Außerdem erteilt das Kabinett die grundsätzliche Zustimmung, daß Generalleutnant Heusinger[16] als Generalinspekteur der Bundeswehr in Aussicht genommen wird. Ferner billigt das Kabinett, daß die Abteilung IV (Streitkräfte) des Bundesministeriums für Verteidigung in einen Bundeswehr-Führungsstab unter Leitung des Generalleutnants Heusinger umgewandelt wird und daß ihm die Abteilungen Heer, Luftwaffe, Marine, Territoriale Verteidigung und Gesundheitswesen unterstellt werden[17].

7. **Entwurf eines Gesetzes zur Neuregelung des Rechts der gesetzlichen Unfallversicherung (Unfallversicherungsgesetz – UVG); Stellungnahme der Bundesregierung zu den Änderungsvorschlägen des Bundesrates** BMA

Nach kurzer Diskussion beschließt das Kabinett gemäß Vorlage des Bundesministers für Arbeit vom 15. März 1957[18].

---

[14] Gerhard Matzky (1894–1983). 1912–1945 Berufsoffizier, zuletzt 1944–1945 Kommandierender General des XVIII., später XXVI. Armeekorps, 1945–1948 Kriegsgefangenschaft, 1949 Verbindungsstab der deutschen Arbeitseinheiten bei den amerikanischen Besatzungsstreitkräften, 1951–1956 BMI, dort Leiter der Unterabteilung VI B, ab 1953 der Abteilung VI C (Ausbildung und Einsatz des Bundesgrenzschutzes und der Bereitschaftspolizeien der Länder), 1957–1960 Kommandierender General des I. Korps in Münster.

[15] Max Pemsel (1897–1985). 1917–1945 Berufsoffizier, zuletzt 1944–1945 Kommandeur der 6. Gebirgs-Division und 1945 Chef des Generalstabs des Armeeoberkommandos Ligurien, 1945–1948 Kriegsgefangenschaft, 1950–1956 Bayerische Versicherungsbank AG, 1956–1961 Bundeswehr, dort 1956–1957 Befehlshaber im Wehrbereichskommando VI in München, 1957–1961 Kommandierender General des II. Korps in Ulm.

[16] Adolf Heusinger (1897–1982). 1915–1945 Berufsoffizier, 1931–1934 Generalstab des Heeres, 1937–1944 Operationsabteilung des OKH (seit 1940 deren Chef), Juli–September 1944 Gestapo-Haft nach Verwundung beim Attentat auf Hitler am 20. Juli, 1944–1945 ohne Verwendung, 1945–1948 amerikanische Kriegsgefangenschaft, 1948–1950 Schriftsteller und Tätigkeit als Chef Auswertung bei der Organisation Gehlen, seit 1950 militärischer Berater Adenauers, 1950 Erarbeitung der „Himmeroder Denkschrift", 1950–1951 sachverständiger Berater der Bundesregierung für die „Petersberger Gespräche" mit den Westalliierten über einen deutschen Verteidigungsbeitrag, 1951 militärischer Sachverständiger der deutschen Delegation bei den Beratungen über den Pleven-Plan und die EVG, 1951–1955 Dienststelle Blank, dort seit 1952 Leiter der Militärabteilung, 1955–1961 BMVtg, dort 1955–1957 Vorsitzender des Militärischen Führungsrates, 1957 Leiter der Abteilung Gesamtstreitkräfte, 1957–1961 Generalinspekteur der Bundeswehr, 1961–1964 Vorsitzender des Ständigen Militärausschusses der NATO in Washington. – Heusinger trat sein Amt als erster Generalinspekteur der Bundeswehr am 1. Juni 1957 an.

[17] Mit Ministererlaß vom 20. Mai 1957 (BW 1/Org. 1/6, Bd. 3) wurde aus der bisherigen Abteilung IV (Gesamtstreitkräfte) der „Führungsstab der Bundeswehr" gebildet, dessen Leiter Heusinger mit Wirkung vom 1. Juni 1957 die Bezeichnung Generalinspekteur der Bundeswehr führte. Weiterhin wurden die militärischen Abteilungen V, VI und VII in Führungsstäbe des Heeres, der Luftwaffe und der Marine umgewandelt, die jeweils unter der Leitung eines Inspekteurs standen. Vgl. dazu Meyer, Heusinger, S. 296–315.

[18] Siehe 171. Sitzung am 15. Febr. 1957 TOP 3. – Vorlage des BMA vom 15. März 1957 zu BR-Drs. 55/57 in B 149/3915 und B 136/2694. – Neben redaktionellen und technischen Änderungen hatte der Bundesrat entgegen der Regierungsvorlage vorgeschlagen, daß Versorgungsbetriebe,

6. Entwurf eines Gesetzes über Steuererleichterungen bei der Umwandlung von Kapitalgesellschaften und bergrechtlichen Gewerkschaften (Umwandlungs-Steuergesetz)

BMF

Nachdem der Bundesminister der Finanzen den Vorsitz übernommen hat, billigt das Kabinett die Vorlage betreffend das Umwandlungs-Steuergesetz vom 15. März 1957[19].

5. Britische Übungen im Raume Soltau-Lüneburg

BMVtg

Das Kabinett stimmt der Kabinettvorlage des Bundesministers für Verteidigung vom 14. März 1957 zu[20]. Der *Bundesminister für Verkehr* bittet, auch die Gemeindewege panzerfest auszubauen. Das Kabinett erklärt sich damit einverstanden.

8. Lieferung von 100 000 Tonnen Getreide an Polen

AA

Der *Bundesminister der Finanzen* beanstandet, daß er die Kabinettvorlage zu spät erhalten habe, und kündigt an, daß er in künftigen Fällen von den Rechten des § 21 Absatz 3 der Geschäftsordnung der Bundesregierung Gebrauch machen werde[21].

Nach längerer Diskussion über das Für und Wider einer Getreidelieferung an Polen wird beschlossen, in einer Besprechung zwischen den beteiligten Ressorts unter Hinzuziehung der Bank deutscher Länder am kommenden Montag zu prüfen, ob eine Absicherung der Lieferungen durch eine Bundesbürgschaft möglich ist. Es besteht Einverständnis, daß eine zusätzliche Belastung des Bundeshaushalts nicht tragbar ist[22].

Verkehrsunternehmen sowie land- und forstwirtschaftliche Betriebe der Gemeinden nicht bei den gemeindlichen Unfallversicherungsträgern, sondern bei den jeweiligen Berufsgenossenschaften versichert werden sollten. Der BMA hatte in seiner Vorlage beantragt, die Änderungsvorschläge anzunehmen. – BT-Drs. 3318. – Gesetz zur vorläufigen Neuregelung von Geldleistungen in der gesetzlichen Unfallversicherung vom 27. Juli 1957 (BGBl. I 1071).

[19] Zum Gesetz über die Umwandlung von Kapitalgesellschaften und bergrechtlichen Gesellschaften (Umwandlungsgesetz) vom 12. Nov. 1956 (BGBl. I 844) siehe 130. Sitzung am 18. April 1956 TOP 6 (Kabinettsprotokolle 1956, S. 313). – Vorlage des BMF vom 15. März 1957 in B 136/1090, weitere Unterlagen in B 126/32738. – Der Entwurf sah steuerliche Sonderbestimmungen bei Gesellschaften vor, die unter das Umwandlungsgesetz fielen. Er sollte die Rückwandlung in Personengesellschaften und damit die Wiederherstellung der Vorkriegsverhältnisse bei solchen Gesellschaften erleichtern, die nach 1945 wegen der hohen Progression des Einkommensteuertarifs die Form einer Kapitalgesellschaft angenommen hatten. – BR-Drs. 121/57, BT-Drs. 3497. – Gesetz vom 11. Okt. 1957 (BGBl. I 1713).

[20] Vorlage des BMVtg vom 14. März 1957 in BW 1/21765 und B 136/6930. – Der BMVtg hatte bei grundsätzlicher Anerkennung der Notwendigkeit von Militärübungen darum gebeten, das AA im Rahmen der Truppenvertragskonferenz mit der Aufnahme von Verhandlungen mit dem Ziel zu beauftragen, eine Reduzierung des Manövergeländes und eine Einschränkung der Übungen durch die britischen Stationierungsstreitkräfte zu erreichen. – Unterlagen zu den Verhandlungen des AA in AA B 86, Bde. 373 und 374. – Fortgang 5. Sitzung am 27. Nov. 1957 TOP 2.

[21] Vgl. dazu die Geschäftsordnung der Bundesregierung im Anhang 1.

[22] Siehe 159. Sitzung am 14. Nov. 1956 TOP A (Kabinettsprotokolle 1956, S. 721). – Vorlage des AA vom 15. März 1957 in AA (Abt. 4), VS-Bd. 4840. – Aufzeichnung des AA vom 27. März

10. Entlohnung des Kraftfahrers des Bundespressechefs als Chefkraftfahrer BMF

Das Kabinett stimmt gegen die Stimme des *Bundesministers der Finanzen* der Entlohnung des Kraftfahrers des Bundespressechefs als Chefkraftfahrer zu[23].

9. Heranziehung aufgespriteter Weine zum Monopolausgleich BMF

Dieser Punkt der Tagesordnung wird bis zur nächsten Kabinettssitzung zurückgestellt[24].

über die Besprechung am 25. März 1957 und weitere Unterlagen über die Verhandlungen in B 116/42156. – Fortgang 177. Sitzung am 27. März 1957 TOP E.

[23] Vorlage des BMF vom 18. Febr. 1957 in B 106/31791. – Die Besonderheiten für die bei den obersten Bundesbehörden beschäftigten Kraftfahrer waren in dem Tarifvertrag vom 11. Dez. 1956 (GMBl., S. 591) geregelt. Vgl. dazu 162. Sitzung am 5. Dez. 1956 TOP C (Kabinettsprotokolle 1956, S. 754). Der BMF hatte zwar seine sachlichen Bedenken gegen eine über die Tarifvereinbarung vom 7. Juli 1952 (GMBl., S. 186) hinausgehende monatliche Leistungszulage formuliert, eine Entscheidung jedoch mit Hinweis auf die Haltung des Bundeskanzlers dem Kabinett anheimgestellt.

[24] Fortgang 178. Sitzung am 4. April 1957 TOP 6.

**177. Kabinettssitzung
am Mittwoch, den 27. März 1957**

Teilnehmer: Schäffer (Vorsitz), Schröder, von Merkatz, Lübke, Seebohm, Preusker, Oberländer, Kaiser, Wuermeling; Busch, Rust, Steinmetz; Klaiber (Bundespräsidialamt), Janz (Bundeskanzleramt), van Scherpenberg (AA), Kattenstroth (BMWi), Glaesser (BPA), Selbach (Bundeskanzleramt). Protokoll: Bachmann.

Beginn: 10.00 Uhr   *Ende: 13.20 Uhr*
Ort: Haus des Bundeskanzlers

Tagesordnung:
1. *Personalien*
   Gemäß Anlagen.
2. *Vollzug des Gesetzes über die Eingliederung des Saarlandes vom 23. Dez. 1956 (BGBl. I S. 1011); hier: Fassung der Saarklausel in Bundesgesetzen und Verordnungen*
   Vorlage des BMI vom 18. März 1957 (I A 2 - 12 014 A - 305/57).
3. *Verwendung der in Kap. 1401 Tit. 301 ausgebrachten 50 Mio. DM für die Förderung der wissenschaftlichen Forschung aus Verteidigungsmitteln (Entschließung des Deutschen Bundestages vom 28.6.1956); hier: Freimittel in Höhe von 28 Mio. DM – nach Abzug von 15 Mio. DM für die Deutsche Forschungsgemeinschaft und 7 Mio. DM für die Max-Planck-Gesellschaft –*
   Vorlage des BMI vom 16. März 1957 (III 2 - 32 023 - 1096 IV/57).
4. *Heranziehung aufgespriteter Weine zum Monopolausgleich*
   Vorlage des BMF vom 13. Febr. 1957 (III C/2 - V 7166 - 41/57)[1].

[A. Konkordatsurteil des Bundesverfassungsgerichts]

Außerhalb der Tagesordnung berichtet der *Bundesminister des Innern* über das gestern verkündete Konkordatsurteil des Bundesverfassungsgerichts und seine möglichen politischen Auswirkungen[2]. Einerseits sei es erfreulich, daß das Bundes-

---

[1] Nach der in der Ausfertigung enthaltenen Tagesordnung wurde der TOP vor Beginn der Sitzung abgesetzt (B 136/36116).

[2] Siehe 135. Sitzung am 23. Mai 1956 TOP 4 (Kabinettsprotokolle 1956, S. 374 f.). – Mit dem Gesetz über das öffentliche Schulwesen vom 14. Sept. 1954 (Niedersächsisches Gesetz- und Verordnungsblatt Nr. 19, S. 89) hatte das Land Niedersachsen die christliche Gemeinschaftsschule als Regelschule eingeführt. Am 12. März 1955 hatte die Bundesregierung beim Bundesverfassungsgericht die Feststellung beantragt, daß das Land Niedersachsen dadurch gegen das in Bundesrecht übergegangene Reichskonkordat von 1933 (RGBl. II 697) verstoßen und damit das Recht des Bundes auf Respektierung der für ihn verbindlichen internationalen Verträge

verfassungsgericht das gültige Zustandekommen des Reichskonkordats und seine Fortgeltung bejaht habe, andererseits sei eine schwierige Situation dadurch entstanden, daß die Kulturhoheit der Länder die Durchsetzbarkeit gewisser Konkordatsbestimmungen sehr erschwere. Der *Minister* verweist auf seine gestrige Presseerklärung[3]. Der *Bundesminister der Justiz* weist auf die Auswirkungen hin, welche das Urteil auf die Vertragsschließungskompetenz des Bundes haben könne. Der Bund trage völkerrechtlich auch die Verantwortung für die Durchführung der Verträge, die er abschließe. Der *Bundesminister für Verkehr* erklärt, daß der Abschluß von Kulturabkommen durch den Bund angesichts des genannten Urteils problematisch sei. Die Deutsche Partei habe sich seinerzeit dafür eingesetzt, die Fortgeltung des Reichskonkordats im Grundgesetz zu verankern. Dies sei nicht geschehen, es könne jetzt auch zu innerpolitischen Schwierigkeiten kommen. *Ministerialdirektor Dr. van Scherpenberg* spricht über den Standpunkt des Auswärtigen Amtes und hält es für notwendig, daß in der heutigen Pressekonferenz zu dem Urteil Stellung bezogen werde, allerdings mit der nötigen Zurückhaltung. Auch der *Bundesminister für Wohnungsbau* hält eine Sprachregelung für nötig, besonders da die SPD und die FDP den Abschluß eines neuen Konkordats für wünschenswert erklärt hätten. Der *Bundesminister der Justiz* gibt den Hinweis, daß die Begründung des Urteils nicht bindend sei, sondern nur sein Tenor. Die den Ländern zukommende Vertragsschließungsbefugnis schaffe für sie keine eigene Völkerrechts-Subjektivität, es handele sich vielmehr um eine Delegation der Rechte des Bundes. Auch der *Bundesminister für gesamtdeutsche Fragen* hält eine klare Äußerung der Bundesregierung für notwendig. Der *Bundesminister für Ernährung, Landwirtschaft und Forsten* verweist auf die zwei Seiten der Angelegenheit. Es müsse das Verhältnis des Bundes zu den Ländern und des Staates zur Kirche in Betracht gezogen werden. Der *Bundesminister für Familienfragen* meint, das Urteil laufe auf den Satz hinaus: Das Konkordat gilt im Bundesgebiet, aber nicht in den Ländern. Der *Bundesminister der Finanzen* schlägt vor, die aus der heutigen Tagespresse bereits ersichtliche Stellungnahme des Bundesministers des Innern zum Konkordatsurteil zunächst zu übernehmen. Hiergegen erhebt sich kein Widerspruch[4].

---

verletzt habe. In dem am 26. März 1957 verkündeten Urteil hatte das Bundesverfassungsgericht den Antrag der Bundesregierung zurückgewiesen. Es hatte festgestellt, daß das Reichskonkordat gültig zustandegekommen sei, daß die aus Bund und Ländern bestehende Bundesrepublik Deutschland Vertragspartner sei und daß die Verpflichtungen aus den Schulbestimmungen des Reichskonkordats nur von den Ländern erfüllt werden könnten. Es hatte aber auch festgestellt, daß die Länder dem Bund gegenüber nicht verpflichtet seien, die Schularcikel des Reichskonkordats bei der Gestaltung des Landesschulrechts zu berücksichtigen. Die Frage, ob das niedersächsische Schulgesetz gegen das Reichskonkordat verstoße, war nicht beantwortet worden, da nach Ansicht des Gerichts verfassungsrechtlich keine Bindung der Länder an die Schulartikel des Reichskonkordats bestehe (BVerfGE 6, 309, Text des Urteils auch in B 136/5848). – Unterlagen zum Feststellungsverfahren in B 122/1280 bis 1282, B 141/6447 bis 6456, AA B 80, Bde. 335 bis 338, ferner in B 106/21552, vgl. dazu Giese, Konkordatsprozeß und Repgen, Konkordatsstreit.

[3] Text nicht ermittelt. Vgl. jedoch „Frankfurter Allgemeine Zeitung" vom 26. März 1957, S. 5 „Verhandlungen mit dem Vatikan notwendig".

[4] Vgl. das Protokoll der Pressekonferenz vom selben Tage in B 145 I/67.

1. Personalien

Das Kabinett stimmt den vorgeschlagenen Maßnahmen gemäß Anlagen 1 und 2 zu Punkt 1 der Tagesordnung zu[5].

Ferner wird auf Vorschlag des *Staatssekretärs Dr. Steinmetz* (ausnahmsweise ohne rechtzeitige Übermittlung der Unterlagen an die Kabinettsmitglieder) beschlossen, der Ernennung des Abteilungspräsidenten Hellmich[6] zum Ministerialrat zuzustimmen[7].

2. Vollzug des Gesetzes über die Eingliederung des Saarlandes vom 23.12.1956 (BGBl. I S. 1011); hier: Fassung der Saarklausel in Bundesgesetzen und Verordnungen BMI

Der *Bundesminister der Justiz* und der *Bundesminister des Innern* legen ihre gegensätzlichen Standpunkte dar. Der *Bundesminister der Justiz* schlägt vor, die Sache zu erneuten Ressortbesprechungen zurückzuverweisen[8].

Nach kurzer Debatte beschließt das Kabinett, die Fassung 3 der Vorlage des Bundesministers des Innern vom 18.3.1957 gemäß der Kabinettvorlage des Auswärtigen Amtes vom 25. März 1957 zu ändern[9]. Bezüglich der Fassungen 1 und 2 der Klausel stimmt das Kabinett der Vorlage des Bundesministers des Innern zu[10]. Das Kabinett wird sich erneut mit der Sache befassen, falls die Bundesminister des Innern und der Justiz dies gemeinsam vorschlagen.

Das Kabinett stimmt der Auffassung des Bundesministers für Verkehr zu, daß die Saarklausel und die Berlin-Klausel in Fällen von lokaler Bedeutung entfallen können.

---

[5] Anlagen in B 134 VS/12. – Vorgeschlagen war die Ernennung eines Ministerialdirigenten im BMVt (Anlage 1) sowie die Verleihung der Eigenschaft eines Beamten auf Lebenszeit für den Präsidenten der Außenhandelsstelle für Erzeugnisse der Ernährung und Landwirtschaft Heinz Zörner (Anlage 2).

[6] Korrigiert aus Hellmig. – Dr. Franz Joseph Hellmich (geb. 1904). Seit 1931 im Postdienst, 1951–1956 Oberpostdirektionen Dortmund und Düsseldorf, 1956–1969 BMP, dort 1956–1964 Leiter des Referats I A (Brief- und Paketdienst, Postgebühren, Interzonenverkehr; später: Postordnung, Postgebühren, Postverkehr mit der SBZ), 1964–1969 Leiter der Unterabteilung III a (Personalwesen: Beamte, Grundsatzfragen des öffentlichen Dienstes, Ausbildung u.a.).

[7] Vorlage des BMP vom 6. Febr. 1957 in B 134/4216.

[8] Vorlagen des BMI vom 18. März 1957 und des AA vom 25. März 1957 in B 106/2603 und B 136/1872, Stellungnahme des BMJ nicht ermittelt. – Nach dem Eingliederungsgesetz sollten alle nach dem 1. Jan. 1957 verkündeten Gesetze und Verordnungen auch im Saarland gelten, soweit dies nicht ausdrücklich durch eine Saarklausel ausgeschlossen wurde. Wegen Meinungsverschiedenheiten mit dem BMJ hatte der BMI um eine Entscheidung des Kabinetts gebeten. Gegenüber der vom BMI vorgeschlagenen negativen Saarklausel mit der Formulierung: „Dieses Gesetz gilt nicht im Saarland" hatte der BMJ eine Formulierung gefordert, die eine erleichterte Einführung von Bundesrecht während der Übergangszeit bis zum Ende des Jahres 1959 vorsah.

[9] Fassung 3 der Vorlage des BMI bezog sich auf Gesetze und Verordnungen, die nach Ablauf der Übergangszeit im Dezember 1959 gültig werden sollten. Hier hatte das AA eine Ergänzung vorgeschlagen, die den Abschluß internationaler Verträge erleichtern sollte.

[10] Fassung 1 und 2 enthielten Formulierungsvorschläge zu einer negativen Saarklausel für Gesetze und Verordnungen, die im Saarland nicht bzw. nur teilweise in Kraft treten sollten.

3. **Verwendung der in Kapitel 1401 Titel 301 ausgebrachten 50 Mio. DM für die Förderung der wissenschaftlichen Forschung aus Verteidigungsmitteln (Entschließung des Deutschen Bundestages vom 28.6.1956); hier: Freimittel in Höhe von 28 Mio. DM – nach Abzug von 15 Mio. DM für die Deutsche Forschungsgemeinschaft und 7 Mio. DM für die Max-Planck-Gesellschaft –** BMI

Der *Bundesminister der Finanzen* weist darauf hin, daß nach der Geschäftsordnung der Bundesregierung die Sache zunächst in einer Chefbesprechung behandelt werden müsse[11]. Im übrigen könne hier die Verantwortung dem Finanzminister auch durch das Kabinett nicht abgenommen werden[12]. Der *Bundesminister des Innern* glaubt, daß man angesichts der vorausgegangenen Korrespondenz und des bekannten Standpunktes des Bundesministers der Finanzen von der Chefbesprechung absehen könne. Im übrigen seien ähnliche Haushaltsanliegen auch in den vergangenen Jahren wiederholt im Kabinett behandelt worden. Der *Minister* verweist auf die politische Bedeutung eines Kabinettsbeschlusses in dieser Sache. Das Kabinett könne nur noch bis zum 31.3.1957, d.h. bis zum Ablauf des gegenwärtigen Haushaltsjahres, einen Beschluß fassen. Der *Bundesminister der Finanzen* schildert demgegenüber den Ernst der finanziellen Situation des Bundes. Die gesperrten 10 % aus dem Haushalt 1956 seien bereits als Deckung in den Haushalt 1957 eingesetzt[13]. Er, der Minister, müsse bei seinem Widerspruch auf Grund der Geschäftsordnung bleiben. Der *Bundesminister für Verkehr* setzt sich nachdrücklich für das Anliegen des Bundesinnenministers ein. Der *Bundesminister der Finanzen* erklärt, der Bund stelle im Haushalt 1957 100 Mio. DM für die wissenschaftliche Forschung bereit. Unter Anrechnung auf diese Summe könnte ab 1.4.1957, d.h. in wenigen Tagen, über die 5 Mio. DM verfügt werden. *Staatssekretär Dr. Rust* unterstützt den Standpunkt des Bundesministers der Finanzen. Im Interesse des Verteidigungshaushaltes, der für verschiedene sachfremde Aufgaben in Anspruch genommen werde, müsse auch der Verteidigungsminister auf Sparsamkeit drängen. Die *Bundesminister der Justiz* und *für Ernährung, Landwirtschaft und Forsten* sowie *für Wohnungsbau* verweisen auf die politischen Schwierigkeiten, die erwachsen können, wenn sich der Standpunkt des Bundesministers der Finanzen durchsetzt. Der *Bundesminister für Wohnungsbau* setzt aber hinzu, daß er dem Bundesminister der Finanzen beitreten müsse im Hinblick auf das Defizit, mit dem der Haushalt 1956 abschließe. Der *Bundesminister für Familienfragen* macht einen Kompromißvorschlag, den weder der *Bundesminister der Finanzen* noch der *Bundesminister des Innern* für annehmbar

---

[11] Siehe dazu § 17 der GOBReg, abgedruckt in Anhang 1.

[12] Vorlage des BMI vom 16. März 1957 und Vorlage des BMF vom 22. März 1957 in B 138/1664 und B 136/2029. – Im Bundeshaushalt 1956 waren 50 Millionen DM aus Verteidigungsmitteln zur Forschungsförderung bereitgestellt worden, davon 15 Millionen DM für die Deutsche Forschungsgemeinschaft und 7 Millionen DM für die Max-Planck-Gesellschaft. Der Restbetrag von 28 Millionen DM war gemäß dem Haushaltsgesetz 1956 einer 10 %igen Ausgabensperre unterworfen. Der BMI, dem die Bewirtschaftung dieses Fonds übertragen worden war, hatte die vollständige Freigabe des Restbetrages beantragt. Der BMF hatte dagegen auf der Einhaltung der Sperre bestanden.

[13] Nach § 8 Abs. 1 des Bundeshaushaltsgesetzes 1956 vom 24. Juli 1956 durfte über die letzten 10 % der Bewilligung von Sachausgaben und für allgemeine Ausgaben nur mit Zustimmung des BMF verfügt werden (BGBl. II 830).

erklären. Der *Bundesminister für Ernährung, Landwirtschaft und Forsten* regt an, mit den Koalitionsfraktionen darüber zu sprechen, ob nicht die geplante Erhöhung der Grundrenten des Bundesversorgungs-Gesetzes unterbleiben könne[14]. Nach kurzer Aussprache beschließt das Kabinett, am Donnerstag, dem 28. März, wieder zusammenzutreten, um über die heute zurückzustellende Vorlage des Bundesministers des Innern und über die Ausgabenwünsche für den Haushalt 1957 zu beraten[15].

[B.] **Entwurf eines Gesetzes über die Feststellung des Sechsten Nachtrags zum Bundeshaushaltsplan für das Rechnungsjahr 1956**

Der *Bundesminister der Finanzen* begründet seine Vorlage vom 8.3.1957. Über den Entwurf sei unter den beteiligten Ministern Einverständnis erzielt worden[16]. Er, der Minister, habe sich mit dem Bundesminister für Wohnungsbau außerdem über eine Änderung der Vorlage hinsichtlich des Kapitels 1412 Titel 49 wie folgt geeinigt:

a) Zweckbestimmung

„Tilgung und Zinsen für Darlehen, die im Zusammenhang mit dem Bau von Wohnungen zur Unterbringung von Angehörigen der Bundeswehr und der Bundeswehrverwaltung sowie mit der Kasernenfreimachung und dem Ankauf von nichtbundeseigenen Liegenschaften für militärische Zwecke gewährt werden."

b) Erläuterungen zu Titel 49

„Veranschlagt sind Rückflüsse aus den Darlehen:

1.) für den Bau von Bauten zur Unterbringung von nichtkasernierten Angehörigen der Bundeswehr und der Bundeswehrverwaltung (vgl. Kap. 1412 Tit. 830),

2.) für den Bau von Wohnungen im Zusammenhang mit der Rückführung von ehemals militärischen Liegenschaften zu dem ursprünglichen Verwendungszweck (vgl. Kap. 1412 Tit. 790 – sonstige Aufwendungen),

3.) für den Bau von Wohnungen im Zusammenhang mit der Beschaffung nichtbundeseigener Liegenschaften für militärische Zwecke (vgl. Kap. 1412 Tit. 791 – sonstige Aufwendungen).

Gemäß § 22 des Zweiten Wohnungsbaugesetzes vom 27.6.1956 (BGBl. I S. 523) werden die Mittel vom Bundesminister für Wohnungsbau bewirtschaftet."

---

[14] Das Sechste Gesetz zur Änderung und Ergänzung des Bundesversorgungsgesetzes vom 1. Juli 1957 sah insbesondere Leistungsverbesserungen in der Grund- und Ausgleichsrente vor (BGBl. I 661). Es basierte auf Anträgen der Fraktionen der SPD (BT-Drs. 3139), der FDP (BT-Drs. 3188), des GB/BHE (BT-Drs. 3194) und der CDU/CSU (BT-Drs. 3287).

[15] Fortgang Sondersitzung am 28. März 1957 TOP 2.

[16] Vorlage des BMF vom 8. März 1957 in B 126/12921 und B 136/314. – Der Entwurf enthielt den endgültigen Einzelplan 14 (Verteidigung) für den Haushaltsplan 1956. Kapitel 1412 enthielt die Ausgaben für die Unterbringung der Bundeswehr und der Bundeswehrverwaltung. Hinsichtlich des Titel 49 hatte der BMWo beantragt, auch die Rückflüsse aus bestimmten Darlehen und Zinsen der Förderung des Wohnungsbaus für Angehörige der Bundeswehr und der Bundeswehrverwaltung zufließen zu lassen. Vgl. dazu die Vorlage des BMWo vom 15. März 1957 in B 136/314.

Der *Minister* schlägt vor, vorstehende Fassung zu genehmigen mit dem Vorbehalt, daß die Haushaltssachverständigen die Formel noch einmal überprüfen. Das Kabinett ist einverstanden[17].

[C.] **Entwurf eines Gesetzes über die Einbringung der Steinkohlenbergwerke im Saarland in eine Aktiengesellschaft**

Außerhalb der Tagesordnung wird die Vorlage des Bundesministers der Finanzen vom 22.3.1957, Entwurf eines Gesetzes über die Einbringung der Steinkohlenbergwerke im Saarland in eine Aktiengesellschaft, behandelt[18].

Der *Bundesminister der Finanzen* teilt mit, daß die saarländische Regierung mit dem Entwurf einverstanden sei. Sie habe besonderen Wert auf die Einfügung des Satzes 2 im § 1 gelegt[19]. Das Kabinett stimmt dem Entwurf zu[20].

[D.] **Entwurf eines Gesetzes über die Übernahme einer Kursgarantie für eine Devisenanlage der Bank deutscher Länder bei der Bank of England**

Außerhalb der Tagesordnung behandelt das Kabinett den Entwurf eines Gesetzes über die Übernahme einer Kursgarantie für eine Devisenanlage der Bank deutscher Länder bei der Bank of England. Der *Bundesminister der Finanzen* begründet den Entwurf[21]. *Ministerialdirektor Dr. van Scherpenberg* unterstreicht das außenpolitische

---

[17] BR-Drs. 124/57, BT-Drs. 3418. – Gesetz vom 27. Juli 1957 (BGBl. II 745).

[18] Vorlage des BMF vom 22. März 1957 in B 136/2488, Unterlagen zur Vorbereitung, weiteren Beratung und Ausführung des Gesetzes in B 126/40182. – In Artikel 85 des Saarvertrages vom 27. Okt. 1956 (Gesetz vom 22. Dez. 1956, BGBl. II 1587) hatte sich die Bundesrepublik verpflichtet, bis zum 30. Sept. 1957 für die Steinkohlenbergwerke im Saarland eine Aktiengesellschaft als neuen Rechtsträger zu errichten. Die 1936 gegründete „Saargruben-Aktiengesellschaft" hatte sich zu 100 % im Besitz des Reiches befunden. Durch verschiedene Verfügungen der französischen Besatzungsmacht sowie durch die Saargrubenkonventionen von 1950 und 1953 waren die „Saarbergwerke" errichtet worden, deren Besitzanteile zum Teil auf den französischen Staat, zum Teil auf das Saarland übergegangen waren. Mit dem vom BMF zur Genehmigung vorgelegten Gesetz sollte der Übergang der Aktiven und Passiven der „Saarbergwerke" und deren Vorgänger auf die neue Aktiengesellschaft geregelt werden.

[19] Satz 2 des § 1 der Vorlage des BMF lautete: „Das Saarland ist berechtigt, sich an der Errichtung der Gesellschaft durch Übernahme von Aktien in Höhe von 26 vom Hundert des Grundkapitals zu beteiligen" (B 136/2488).

[20] BR-Drs. 130/57, BT-Drs. 3420. – Gesetz vom 27. Juli 1957 (BGBl. I 1103).

[21] Vorentwurf des BMF (o.D.) in B 126/3403 sowie Vorlage des AA vom 22. März 1957 in B 136/1102. – Im Rahmen der deutsch-britischen Finanzverhandlungen über die Stationierungskosten (vgl. 166. Sitzung am 11. Jan. 1957 TOP 1) und im Rahmen der gegenseitigen Wirtschaftshilfe nach Artikel 3 des Nordatlantikvertrages (vgl. 185. Sitzung am 12. Juni 1957 TOP D) war vereinbart worden, daß die BdL ihr Devisenguthaben bei der Bank of England um 75 Millionen Pfund Sterling erhöht. Aus diesem Guthaben sollten die im Londoner Schuldenabkommen von der Bundesrepublik anerkannten, aus der britischen Nachkriegshilfe entstandenen Verpflichtungen in Gesamthöhe von 75 Millionen Pfund Sterling in jährlichen Ratenzahlungen von jeweils 7,5 Millionen Pfund Sterling an die britische Regierung beglichen werden. Da aus haushaltsrechtlichen Gründen die Bundesregierung den Gegenwert der Raten erst bei Fälligkeit erstatten konnte, benötigte die BdL eine Kursgarantie über die Gesamthöhe des Betrages, zu der der BMF ermächtigt werden sollte. Durch die beantragte Maßnahme sollten die

Interesse an der Vorlage. Auf Vorschlag des *Bundesministers für Wohnungsbau* wird der letzte Absatz der Begründung gestrichen. Im übrigen stimmt das Kabinett dem Entwurf zu[22].

[E. Weizenlieferungen an Polen]

Außerhalb der Tagesordnung spricht der *Bundesminister für Vertriebene, Flüchtlinge und Kriegsgeschädigte* über die beabsichtige Lieferung von 100 000 t Weizen an Polen[23]. Man müsse sich die Frage vorlegen, ob damit nicht das kommunistische Regime in Polen gestärkt werde, das anscheinend wieder auf dem Wege zurück zum Stalinismus sei. Die Bedenken würden besonders deutlich angesichts der Ereignisse in Ungarn. Die Hilfslieferungen des Westens[24] dienten dort heute zur Stützung des Kadarregimes[25], anders als bei Beginn der Lieferungen. Damals seien sie wirklich der antikommunistischen notleidenden Bevölkerung zugute gekommen. Die Sowjetpolitik sei deutlich. Sowjetisches Gold werde in größerem Umfange laufend zum Ankauf von Konsumgütern in der freien Welt ausgegeben, damit die sowjetische Industrie sich der Produktion von Rüstungsmaterial in höherem Maße widmen könne. Es sei angezeigt, daß der Ostausschuß unter Vorsitz des Vizekanzlers sich mit diesen Fragen befasse[26]. Der *Minister* verweist auf sehr viele Zuschriften, die von Deutschen aus Oberschlesien in sein Haus gelangt seien. Darin werde vor einer Unterstützung der polnischen Regierung durch westliche Hilfslieferungen gewarnt. Der *Bundesminister der Finanzen* berichtet über eine Chefbesprechung der Bundesminister des Auswärtigen, für Wirtschaft, für Ernährung, Landwirtschaft und Forsten und der Finanzen sowie der Vertreter der Bank deutscher Länder[27]. Man habe dort beschlossen, den USA vorzuschlagen, daß sie 100 000 t Weizen an die Bundesrepublik verkauften, die das Getreide sodann nach Polen weiterliefern würde. Den Kaufpreis sollten die Amerikaner stunden, bis Polen seinerseits gezahlt habe. Der polnische Kaufpreis sollte möglichst in Kohlenlieferungen bestehen. Hiernach sollte es sich also um ein echtes Geschäft, allerdings mit politischem Hin-

---

extreme Gläubigerstellung der Bundesrepublik innerhalb der EZU abgebaut, die Verhandlungen über die Höhe der Stationierungskosten begünstigt und die Zusammenarbeit mit Großbritannien auf wirtschaftlichem Gebiet gefördert werden. Vgl. dazu Wippich, Krise des £-Sterling, S. 60 f.

[22] BR-Drs. 152/57, BT-Drs. 3498. – Gesetz vom 18. Okt. 1957 (BGBl. I 1745). – Fortgang 5. Sitzung am 27. Nov. 1957 TOP B.

[23] Siehe 176. Sitzung am 20. März 1957 TOP 8.

[24] Vgl. 166. Sitzung am 11. Jan. 1957 TOP A.

[25] Janos Kadar (1912–1989). Seit 1931 Mitglied der illegalen ungarischen KP, 1943 Sekretär des ZK, 1945 Mitglied des Politbüros, 1946 stellvertretender Generalsekretär der KP bzw. seit 1948 der Ungarischen Partei der Werktätigen, 1948–1950 Innenminister, nach Amtsenthebung 1951 Parteiausschluß und Inhaftierung, 1954 Rehabilitierung, 1956 erneut Mitglied des Politbüros und des ZK-Sekretariats, Okt. 1956 nach Beginn des Ungarn-Aufstandes zunächst Mitglied der Regierung Nagy, Nov. 1956 Bildung einer Gegenregierung und Bitte um sowjetische militärische Intervention, 1956–1988 Erster Sekretär bzw. ab 1985 Generalsekretär des ZK der Ungarischen Sozialistischen Arbeiterpartei, 1956–1958 und 1961–1965 zugleich Ministerpräsident.

[26] Zur Einsetzung des Ausschusses vgl. 170. Sitzung am 6. Febr. 1957 TOP A.

[27] Aufzeichnung über die Besprechung am 25. März 1957 in B 116/42156.

tergrund, handeln, jedoch nicht um eine caritative Maßnahme. Immerhin müsse man die jetzt geäußerten Bedenken des Bundesministers für Verkehr ernsthaft prüfen. Der *Bundesminister für Ernährung, Landwirtschaft und Forsten* glaubt, daß die westlichen Hilfslieferungen nach Ungarn doch auch heute noch im wesentlichen zweckentsprechend verwendet würden, und zwar weitgehend unter Aufsicht des Internationalen Roten Kreuzes. Ob in Polen wirklich wieder eine Verschärfung der politischen Lage im Gange sei, müsse geprüft werden, es sei aber zu bemerken, daß katholische Kreise Gomulka[28] bei der kürzlich abgehaltenen Wahl unterstützt hätten und daß viele Kolchosen aufgelöst worden seien. Vielleicht sei es zweckmäßig, die Lage in Polen demnächst im Kabinett zu erörtern. Der *Bundesminister der Justiz* tritt für eine Vorprüfung der Angelegenheit im Ausschuß für Ostfragen unter Vorsitz des Vizekanzlers ein. Grundsätzlich müßten die Polen und die anderen Satellitenstaaten bei der in Gang gekommenen Separationsbewegung vom Westen gestützt werden. Die Risse im Ostblock seien auch deswegen entstanden, weil die Wirtschaftshilfe von Moskau nicht in dem erhofften Umfange geleistet werden konnte. Unabhängig von dieser Grundsatzfrage müsse man sich über die Stellung Polens zu Deutschland unterhalten. *Ministerialdirektor Dr. van Scherpenberg* erklärt, das Auswärtige Amt sei sich über die Schwierigkeiten und die Unsicherheit der Lage in Polen durchaus klar. U.a. lägen verschiedene interessante Meldungen des Bundesnachrichtendienstes vor, die aber nicht erkennen ließen, daß die polnische Regierung zum Stalinismus zurückzukehren wünsche. Das Auswärtige Amt habe sich auch bisher schon bemüht, die Satellitenstaaten anders zu behandeln als Moskau und damit einen günstigen Effekt erzielt. Das vorgesehene Weizengeschäft müsse aber bald abgewickelt werden, weil die vorgesehenen Maßnahmen sonst ihren Wert verlören. Ein wirtschaftliches Risiko laufe die Bundesrepublik nicht. Der *Bundesminister der Finanzen* unterstreicht, daß das vorgesehene Geschäft nur nach Absprache mit den USA abgeschlossen werden könne. Auch dort werde man die politischen Voraussetzungen vermutlich sorgfältig prüfen.

Der *Bundesminister für Vertriebene, Flüchtlinge und Kriegsgeschädigte* ist der Meinung, daß die Separationsbestrebungen der Satelliten und insbesondere Polens keinen großen Erfolg haben könnten, solange zweiundzwanzig sowjetische Divisionen in der Sowjetzone Deutschlands stünden. Der *Bundesminister der Finanzen* schlägt vor, daß der Ausschuß unter Vorsitz des Vizekanzlers die soeben behandelten politischen Probleme eingehender prüft. Inzwischen sollen die Vorbereitungen zur Durchführung des Weizengeschäftes fortgeführt werden[29].

---

[28] Wladyslaw Gomulka (1905–1982). Ab 1931 im ZK der polnischen KP, 1932–1934 und 1936–1939 Inhaftierung, während der deutschen Besetzung ab 1939 Untergrundtätigkeit, 1943–1948 Generalsekretär der Polnischen Arbeiterpartei, 1945 zugleich stellvertretender Ministerpräsident und Minister für die wiedergewonnenen Gebiete, 1948 Ausschluß aus allen Partei- und Staatsämtern, 1951–1955 Inhaftierung, 1956 Rehabilitierung infolge der Auswirkungen des „Polnischen Oktobers", 1956–1970 Erster Sekretär des ZK der Polnischen Vereinigten Arbeiterpartei, 1970 Entmachtung, 1971 Ausschluß aus dem ZK.

[29] Mit der Vorlage vom 13. Mai 1957 zog das AA seinen Antrag vom 15. März 1957 zurück, da Polen wegen der langwierigen Verhandlungen auf eine Lieferung aus der Bundesrepublik verzichtet habe. Vorlage in AA (Abteilung 4), VS-Bd. 4840. – Fortgang 190. Sitzung am 24. Juli 1957 TOP D (Wirtschaftshilfe für Polen).

[F. Omnibustarife]

Außerhalb der Tagesordnung spricht *Ministerialdirektor Dr. Kattenstroth* über die per 1.4.1957 beabsichtigte Erhöhung der Omnibus-Tarife bei Bahn und Post. Der Bundesminister für Wirtschaft hat hiergegen Bedenken und bittet das Kabinett, die früher erteilte Zustimmung zu dem Erhöhungsbeschluß zurückzuziehen. Der *Bundesminister für Verkehr* wendet sich entschieden gegen diese Absicht. Die neuen Tarife seien bereits bekanntgegeben worden[30]. Es sei nur noch möglich, ihre Inkraftsetzung ab 1.4.1957 telegrafisch zu verhindern. Das würde aber insbesondere auf die privaten Verkehrsunternehmen einen sehr schlechten Eindruck machen und der Bundesregierung viele Sympathien kosten. Die privaten Verkehrsträger würden sich der Tariferhöhung nämlich anschließen, müßten aber auch ihrerseits bei den alten unzureichenden Preisen bleiben, wenn die Erhöhung bei Bahn und Post unterbliebe. Das Kabinett habe die Erhöhung bereits am 1.6.1954[31], am 5.10.1956[32] und zuletzt am 19.12.1956 beschlossen[33]. Bei der geplanten Erhöhung handele es sich für Bahn und Post um ein Gesamtaufkommen von 10 bis 15 Mio. DM. Die Sozialtarife würden nicht betroffen. Private Omnibusbetriebe seien zum Teil bei den heutigen Tarifen nicht mehr in der Lage, die notwendigen Reparaturen zu bezahlen. Der *Bundesminister für Wohnungsbau* legt in Vertretung des Bundesministers für Wirtschaft dessen Standpunkt dar. Die Beibehaltung der Tarife bei Bahn und Post hindere die privaten Unternehmen nicht, ihre Tarife zu erhöhen. Im September 1955 habe sich bei der Bundestagssitzung in Berlin die Bundesregierung verpflichtet, die öffentlichen Tarife nicht zu erhöhen[34]. Dies sei in dem Konjunkturprogramm am 22.6.1956 wiederholt worden[35]. Eine Tariferhöhung würde gerade im gegenwärtigen Augenblick die Verhandlungen empfindlich stören, die der Bundesminister für Wirtschaft über ein Stillhalteabkommen auf dem Gebiet der Preise und Löhne führe[36]. Verschiedene Preise in der Bundesrepublik seien heute noch dirigistisch verzerrt. Bei Beginn der nächsten Legislaturperiode müsse ein allgemeines Entzerrungsprogramm in Angriff genommen werden. Es sei zweckmäßig, die geplante Tariferhöhung bis zu diesem Zeitpunkt zu verschieben. *Staatssekretär Dr. Steinmetz*

---

[30] Vgl. Tarif- und Verkehrsanzeiger der Deutschen Bundesbahn Nr. 12 vom 25. März 1957, S. 2. Darin war eine Erhöhung der Bahnbustarife von 6 auf 7,5 Pfennig pro Kilometer ab 1. April 1957 angekündigt worden.

[31] Vgl. 34. Sitzung am 1. Juni 1954 TOP 7 (Kabinettsprotokolle 1954, S. 244–249).

[32] Vgl. Fortsetzung der 158. Sitzung am 25. Okt. 1956 TOP 12 (Kabinettsprotokolle 1956, S. 665).

[33] Vgl. 164. Sitzung am 19. Dez. 1956 TOP M (Kabinettsprotokolle 1956, S. 784 f.). – Vorlagen zu den Beschlüssen in B 136/1488 und B 108/6947.

[34] In der 106. Sitzung des Bundestags am 19. Okt. 1955 in Berlin hatte Erhard ein konjunkturpolitisches Programm der Bundesregierung vorgelegt und in dessen Punkt 4 angekündigt, die staatlich gebundenen Preise und Tarife nicht zu erhöhen und in diesem Sinne auch auf die Länder, Städte, Kreise und Gemeinden einzuwirken (Stenographische Berichte, Bd. 26, S. 5822).

[35] Vgl. 140. Sitzung am 19. Juni 1956 TOP 2 (Kabinettsprotokolle 1956, S. 434–440). – Zur Bekanntgabe vor dem Bundestag am 22. Juni 1956 vgl. Stenographische Berichte, Bd. 30, S. 8143–8151.

[36] Unterlagen hierzu nicht ermittelt. Erhard konferierte in der folgenden Zeit mit den Spitzenvertretern einzelner Industrie- und Gewerbebereiche. Dabei war die Preisstabilität stets zentrales Thema. Vgl. dazu die Pressedokumentation in B 102/8992.

unterstützt die Ausführungen des Bundesministers für Verkehr vom betrieblichen Standpunkt der Bundespost aus. Es seien alle Vorbereitungen für die Einführung der neuen Tarife getroffen. Der Bundesminister für das Post- und Fernmeldewesen neige indessen der Ansicht zu, daß man auf die Tariferhöhung aus politischen Gründen jetzt verzichten solle. Dies sei auch in einem Gespräch zum Ausdruck gekommen, das der Minister mit dem Bundeskanzler geführt habe. Der *Bundesminister der Finanzen* erklärt, daß ein etwaiges Ersuchen von Bahn und Post um Deckung eines Defizits durch den Bund angesichts der Haushaltslage erfolglos sein müsse. Wenn jetzt eine geringfügige Tariferhöhung (unter Beibehaltung der Sozialtarife) käme, so werde sich binnen kurzem die Bevölkerung daran gewöhnen. Wenn heute telegrafisch ein Beschluß der Bundesregierung widerrufen werde, der am 19.12.1956 aus wohlerwogenen Gründen gefaßt worden sei, gebe sich die Bundesregierung den Anschein der Nervosität. Eine Vertagung der Beschlußfassung bis zur Rückkehr des Bundeskanzlers[37] sei leider unmöglich, da die neuen Tarife ohnehin in Kraft träten, wenn die Bundesregierung heute keinerlei Beschluß fasse. Es müsse daher abgestimmt werden.

Das Kabinett beschließt gegen die Stimmen der *Bundesminister für Wohnungsbau* und *für Familienfragen*, daß an dem Beschluß vom 19.12.1956 festgehalten wird, den Regeltarif im Kraftfahrlinienverkehr der Deutschen Bundesbahn und der Deutschen Bundespost von 6 auf 7,5 Dpf je Person/km anzuheben (keine Anhebung der Sozialtarife)[38].

[G. Amnestiegesetz]

Außerhalb der Tagesordnung spricht der *Bundesminister des Innern* auf Veranlassung des Bundesministers der Justiz über die Frage einer politischen Amnestie. Es sei zweckmäßig, im Sinne des seinerzeit gefaßten Kabinettsbeschlusses weiterhin mit Gnadenerweisen im Einzelfalle zu arbeiten[39]. Bisher sei in der Bundesrepublik nur ein einziges Zuchthausurteil ergangen[40]. In diesem Falle werde vermutlich bald

---

[37] Adenauer war zur Unterzeichnung der Verträge über die Europäische Wirtschaftsgemeinschaft am 25. März nach Rom gereist und anschließend nach Teheran zu einem Staatsbesuch weitergeflogen. Vgl. dazu 178. Sitzung am 4. April 1957 TOP 1.

[38] Tariferhöhung vom 1. April 1957 (BAnz. Nr. 68 vom 6. April 1957, S. 1).

[39] Siehe 161. Sitzung am 28. Nov. 1956 TOP C (Kabinettsprotokolle 1956, S. 749 f.). – Am 22. März 1957 hatte der Bundestag den von der FDP-Fraktion eingebrachten Entwurf eines Gesetzes über die Gewährung von Straffreiheit (BT-Drs. 2793) in zweiter Lesung behandelt. Angestrebt war die Aussetzung des Strafvollzugs bzw. die Straffreiheit für zwischen dem 23. Mai 1949 und dem 16. Aug. 1956 begangene politisch motivierte Vergehen gegen die Staatsgewalt und die öffentliche Ordnung. Betroffen waren vor allem Mitglieder der ehemaligen KPD. Zweck dieser Initiative war, die Spannungen zwischen der Bundesrepublik und der DDR abzubauen und das Schicksal der in der DDR Inhaftierten zu erleichtern (Stenographische Berichte, Bd. 36, S. 11427–11461). Der Ausschuß für Rechtswesen und Verfassungsrecht hatte sich für eine Ablehnung des Entwurfs ausgesprochen (BT-Drs. 3157). Unterlagen zur parlamentarischen Beratung in B 106/15803 und in B 136/3189.

[40] Vgl. das Zahlenmaterial in der Ministervorlage für den BMI vom 15. März 1957 und den Sprechvermerk für den BMJ ebenfalls vom 15. März 1957 in B 106/15803, Zahlenmaterial auch in B 141/4382.

eine Begnadigung erfolgen. Der *Bundesminister für gesamtdeutsche Fragen* weist darauf hin, daß eine großzügige Amnestie in der Bundesrepublik im Interesse der politischen Häftlinge in der Sowjetzone liege. Er, der Minister, habe erst kürzlich bei Gesprächen mit Leuten, die nach jahrelanger Haft entlassen worden seien, erschütternde Eindrücke gewonnen. Auch die Lage der evangelischen Kirche könnte durch eine Amnestie der Bundesrepublik gegenüber den Sowjetzonenmachthabern erleichtert werden. Der *Minister* fragt sodann nach den bisher unerledigten Fällen, in denen noch kein Urteil ergangen sei. Der *Bundesminister des Innern* erwidert, daß die Bereinigung dieser Fälle ursprünglich als juristisch besonders schwierig angesehen worden sei. Bei genauer Prüfung sei ihre Zahl aber erheblich zusammengeschrumpft. Von 1000 Ermittlungsverfahren seien am 1.1.1957 6 bis 700 eingestellt gewesen. Die anderen Fälle würden noch geprüft. Möglicherweise werde es kein einziges Urteil geben, durch welches eine Strafe wegen der bloßen Zugehörigkeit zur KPD verhängt werde. Der *Bundesminister der Justiz* erklärt, er habe vor einigen Monaten eine Amnestie empfohlen und sei damals überstimmt worden[41]. Er müsse jetzt dafür eintreten, daß an dem damals eingenommenen Standpunkt festgehalten werde. Auch der *Bundesminister der Finanzen* ist der Meinung, es dürfe nicht der Eindruck entstehen, als ob die Bundesregierung in dieser Frage eine schwankende Haltung einnehme[42].

[H. Tarifverhandlungen bei der Bundespost]

Außerhalb der Tagesordnung spricht *Staatssekretär Dr. Steinmetz* über die Tarifverhandlungen mit den Lohnempfängern der Bundespost[43]. Man habe die Forderung nach 10 %iger Lohnerhöhung abgelehnt, aber eine Erhöhung des Ecklohnes um 7 % zugestanden. Hinzu komme 1 Pfg, um das Lohngefälle zwischen der Bundespost und den Ländern aufrecht zu erhalten. Ferner solle die Ortsklasse C beim Wohnungsgeld wegfallen. Eine Diskussion über verkürzte Arbeitszeit und über eine Revision der Angestellten-Tarife sei abgelehnt worden. Der *Bundesminister der Finanzen* weist auf die für Fragen der Arbeitszeit eingesetzte Kommission hin[44]. Eine Lohnerhöhung um 7 % sei die äußerste Grenze. Der *Bundesminister für Verkehr* ist der Meinung, daß eine Diskussion über die Verkürzung der Arbeitszeit bei den

---

[41] Vgl. dazu 158. Sitzung am 24. Okt. 1956 TOP 4 (Kabinettsprotokolle 1956, S. 655 f.).

[42] Am 11. April lehnte der Bundestag den Gesetzentwurf der FDP ab und faßte aufgrund eines Antrags der CDU/CSU und der DP/FVP eine Entschließung, in der er sich für eine Weiterführung der Rechtsprechung in der „bisherigen maßvollen Praxis" aussprach, in der Hoffnung, daß eine „großzügige und von humanem Geiste getragene Handhabung der strafrechtlichen Vorschriften bei politischen Straftaten zu einer Entspannung führen und so dazu beitragen wird, daß das harte Schicksal der zahlreichen Opfer der sowjetzonalen Strafjustiz durch entsprechende Maßnahmen gemildert wird." (Umdruck 1001, vgl. dazu Stenographische Berichte, Bd. 36, S. 11605–11609).

[43] Siehe 174. Sitzung am 7. März 1957 TOP A. – Vgl. die Aufzeichnung über die Verhandlung am 19. März 1957 in B 136/5209 und am 25. März 1957 in B 106/8298.

[44] Zu den Verhandlungen um eine Verkürzung der Arbeitszeit vgl. 158. Sitzung am 25. Okt. 1956 TOP 3 (Kabinettsprotokolle 1956, S. 665 f.). – Unterlagen über die Tätigkeit der Kommission zur Beratung der Arbeitszeitverkürzung in B 106/19287, B 222/121 und B 136/1966. – Fortgang hierzu 186. Sitzung am 19. Juni 1957 TOP B.

Lohnempfängern nicht mehr aufzuhalten sein würde, wenn im Beamtenrechtsrahmengesetz[45] vom Bundestag in den nächsten Wochen für die Beamten eine 45-stündige Arbeitswoche festgelegt würde. Das Kabinett nimmt von dem Verhandlungsergebnis des Bundesministers für das Post- und Fernmeldewesen zustimmend Kenntnis[46].

---

[45] Vgl. dazu das Rahmengesetz zur Vereinheitlichung des Beamtenrechts (Beamtenrechtsrahmengesetz) vom 1. Juli 1957 (BGBl. I 667).

[46] Vereinbart waren Erhöhungen der Stundenlöhne je nach Ortsklasse und Lohngruppe von 10 bis 16 Pfennig. – Tarifvertrag Nr. 95 über die Neuregelung der Löhne für die Arbeiter der Deutschen Bundespost vom 28. März 1957 und Tarifvertrag Nr. 97 über die Erhöhung der Angestelltenbezüge vom 7. Juni 1957 (Amtsblatt des Bundesministers für das Post- und Fernmeldewesen, S. 295 und 449). – Fortgang 178. Sitzung am 4. April 1957 TOP F.

**Sondersitzung
am Donnerstag, den 28. März 1957**

Teilnehmer: Blücher, Schröder, von Merkatz (ab 16.15 Uhr), Schäffer, Lübke, Storch, Seebohm, Lemmer, Preusker, Kaiser; Rust, Nahm; Klaiber (Bundespräsidialamt), Janz (Bundeskanzleramt), Löns (AA), Kattenstroth (BMWi), Haenlein (Bundeskanzleramt), Selbach (Bundeskanzleramt), Glaesser (BPA). Protokoll: Abicht.

Beginn: 16.00 Uhr   *Ende: 18.10 Uhr*

Ort: Haus des Bundeskanzlers

Tagesordnung:
1. *Haushaltslage*
   Vortrag des BMF.
2. *Verwendung der in Kap. 1401 Tit. 301 ausgebrachten 50 Mio. DM für die Förderung der wissenschaftlichen Forschung aus Verteidigungsmitteln (Entschließung des Deutschen Bundestages vom 28.6.1956); hier: Freimittel in Höhe von 28 Mio. DM – nach Abzug von 15 Mio. DM für die Deutsche Forschungsgemeinschaft und 7 Mio. DM für die Max-Planck-Gesellschaft – Vorlage des BMI vom 16. März 1957 (III 2 - 32023 - 1096 IV/57) und Vorlage des BMF vom 22. März 1957 (II A/5 - J 5105 - 20/57).*

[A.] Bericht über die Reise des Vizekanzlers nach Pakistan

Der *Vizekanzler* gibt einen ausführlichen Bericht über seine Reise nach Pakistan. Er geht auf die politische und wirtschaftliche Lage Pakistans ein und schildert seine Gespräche mit dem Staatspräsidenten, dem Ministerpräsidenten und anderen führenden Politikern Pakistans[1].

Außerdem berichtet der *Vizekanzler* über sein Zusammentreffen mit dem türkischen Außenminister und dem griechischen Ministerpräsidenten[2].

---

[1] Blücher hatte vom 17. bis 26. März 1957 der Islamischen Republik Pakistan einen Besuch abgestattet. Vgl. das Schlußkommuniqué über den Besuch in Bulletin Nr. 59 vom 27. März 1957, S. 506. In seinen Gesprächen mit Staatspräsident Generalmajor Iskander Mirza, Ministerpräsident H. S. Suhrawardy, dem Gouverneur von Westpakistan M. A. Gurmany und zahlreichen weiteren verantwortlichen Persönlichkeiten in Politik und Wirtschaft war auch die Zusammenarbeit zwischen beiden Staaten bei verschiedenen Wirtschaftsprojekten behandelt worden. Unterlagen dazu in B 146/1888 und 1889 und in Nachlaß Blücher N 1080/146.

[2] Auf der Hin- und Rückreise hatte Blücher Zwischenaufenthalte in Ankara bzw. Athen zu informellen Gesprächen mit dem türkischen Außenminister Ethem Menderes und dem griechischen Ministerpräsidenten Konstantin Karamanlis genutzt.

Sondersitzung am 28. März 1957

1. Haushaltslage **BMF**

Der *Bundesminister der Finanzen* gibt einen Überblick über die Lage des Bundeshaushalts. Wegen der Einzelheiten seines Vortrages wird auf die Anlage[3] verwiesen.

I. Zusätzliche Anforderungen gegenüber dem Haushaltsvoranschlag 1957/58

1. Der Haushaltsvoranschlag 1957/58 enthält schon
a) unter den Einnahmen einen Betrag von   *2200 Mio. DM*
(Einnahmen aus dem Rückstellungskonto für Verteidigungszwecke)
b) die 5 %ige Kürzung aller Ausgaben mit einem Schätzungsbetrag von   *300 Mio. DM*
Außerdem sind aus den Stationierungskosten des Jahres 1956 an die Alliierten noch zu bezahlen   *580 Mio. DM*

II. Die zusätzlichen Ausgabenforderungen 1957 sind:

1. „Grüner Plan" 1957 in Höhe von rd.   *600 Mio. DM*
2. Verbesserung der Leistungen für Kriegsopfer wenigstens (11 Monate!)   *300 Mio. DM*
3. Erhöhung der Aufwendungen aus dem Gesetz über Wiedergutmachung   *345 Mio. DM*
4. Erhöhung der Aufwendungen für Wissenschaft und Forschung   *100 Mio. DM*
5. Minderung an Abschöpfungen und durch Zuckersubventionen (schon beschlossen)   *115 Mio. DM*
6. Lebensversicherungsrenten (schon beschlossen)   *30 Mio. DM*
7. Verteidigungsfolgekosten Anforderungen der Alliierten (schon beschlossen) mit einem Mindestbetrag von   *238,3 Mio. DM*
8. Bürgschaften (schon beschlossen)   *50 Mio. DM*
9. Hilfe für Ungarnflüchtlinge (schon beschlossen)   *30 Mio. DM*
10. Bundesnachrichtendienst (z.Zt. in Verhandlungen) rd.   *12 Mio. DM*
11. Sonderleistungen an die Saar (Gründung der Bergwerke AG)   *101 Mio. DM*
12. Leistungen an die Bundesbahn mindestens (Die Anforderungen der Bundesbahn selbst sind höher)   *500 Mio. DM*

---

[3] Die als Anlage der Protokollausfertigung (B 136/36116) beigefügte formlose und undatierte Zusammenstellung wird im folgenden in Kursivschrift eingefügt.

13. Besoldung (unter Voraussetzung, daß es bei 160 % bleibt)	15 Mio. DM
14. für Sport	5 Mio. DM
15. Kindergeld	1 Mio. DM
16. für Niedersachsen (gefordert vom Herrn Bundeskanzler)	90 Mio. DM
17. Mehrleistungen an Schleswig-Holstein (Antrag bereits gestellt; Annahme sicher)	25 Mio. DM
18. Zonenrandgebiete (wie oben)	30 Mio. DM
19. Gemeinsamer Markt und Euratom (Bundesfinanzministerium bemüht sich z.Zt. diese Mehrleistungen auf das Jahr 1958 zu verschieben)	50 Mio. DM
20. Heimatvertriebene (vom Herrn Bundeskanzler bereits zugesagt. Antrag wird im Bundestag gestellt)	100 Mio. DM
21. Erhöhung der Aufwendungen für Knappschaftsrenten (eine Mindestannahme)	36 Mio. DM
22. Bundesjugendplan (bereits beschlossen)	14 Mio. DM
23. Tuberkulosehilfe (Bundesfinanzministerium hat sich noch nicht einverstanden erklärt)	30 Mio. DM
24. Sonstiges (Portugal, deutsches Vermögen in der Schweiz, Reichstagsgebäude, Landwirtschaft, Pensionskasse deutsche Eisenbahn, Versorgungskosten des Bundes und der Länder, Beteiligung Flughäfen)	60–90 Mio. DM
	2877,3–2907,3 Mio. DM

Der Haushaltsausschuß hat auch bereits 50 Mio. DM für „unterentwickelte Gebiete" bewilligt. Es besteht höchste Wahrscheinlichkeit, daß diese entweder in dieser Form oder zur Erhöhung der Aufwendungen für Kriegsopfer von 300 Mio. DM auf 350 Mio. DM verwendet werden. Sie sind also der obigen Summe zuzurechnen.

                                                                                          2927,3–2957,3 Mio. DM

III. Frage der Mehreinnahmen

Der Finanz- und Steuerausschuß des Bundestages hat die steuerlichen Mehreinnahmen des Bundes für das Rechnungsjahr 1957 (mit Ausnahme der Einkommen- und Körperschaftsteuer) höher geschätzt um rd. 279,5 Mio. DM.
Das Bundesfinanzministerium hält diese Schätzung für übersteigert.
Er hat weiterhin ein Mehrertragnis der Einkommen- und Körperschaftsteuer für den Bund um rd. 200 Mio. DM angenommen. Ganz abgesehen davon, daß diese Schätzung schon zweifelhaft ist, hat er noch gar nicht Stellung genommen zu dem

Sondersitzung am 28. März 1957

Ausfall an Einkommensteuer infolge des bekannten Urteils des Bundesverfassungsgerichts über die Besteuerung der Ehegatten.
Der Ausfall aufgrund dieses Urteils wird im nächsten Jahr zwischen 150 Mio. DM bis 200 Mio. DM (nur für Bund) zu schätzen sein.

IV. Schlußfolgerung:

Aus der Kasse müssen für den Haushalt 1957 entnommen werden:	
a) die oben erwähnten	*2200 Mio. DM*
b) die Mittel, die entnommen werden zur Deckung des außerordentlichen Haushalts 1957	*1100 Mio. DM*
c) die Mittel, die entnommen werden müssen zur Deckung der noch rückständigen Ausgaben für Stationierungskosten 1956 mit	*580 Mio. DM*
d) von den vorgenannten Ausgaben (plus 50 Mio DM „unterentwickelte Gebiete") soweit sie nicht durch Mehreinnahmen gedeckt sind (Betriebsmittelzinsen 60 Mio. DM, Minderbetrag des Kriegsfolgenschlußgesetzes durch verspätetes Inkrafttreten 87 Mio. DM, Minderausgaben im Sozialhaushalt; Erhöhung der Steuerschätzungen und Minderbedarf an Schuldentilgung rd. 350 Mio. DM = 497 Mio. DM) sind ebenfalls zu decken aus der Kasse	*2430,3 Mio. DM*
	6310,3 Mio. DM
Aus der Kasse wären also insgesamt zu entnehmen	*6310,3 Mio. DM*

Die Kasse beträgt voraussichtlich am 31.3.1957 höchstens 6,5 Mrd. DM. Diese Kasse ist, wie bekannt, entstanden aus den für den Wehrhaushalt vorgesehenen Mitteln und zur Deckung von Verpflichtungen im Wehrhaushalt bestimmt.
Ferner wird bei der Aufstellung des Haushaltsplans 1958 zu überlegen sein, ob die einmaligen Einnahmen durch Dauereinnahmen (Steuern) ersetzt werden können, ob sie teilweise dadurch ersetzt werden können und ob der Rest der überschüssigen Ausgaben aufrecht erhalten bleiben kann.

Zusammenfassend erklärt der *Bundesminister der Finanzen,* daß die Mehrausgaben des Haushalts 1957 in Höhe von 6,31 Mrd DM voraussichtlich aus den 6,5 Mrd DM Kassenmitteln gedeckt werden könnten. Künftig sei dann aber kein kassenmäßiger Spielraum mehr vorhanden. Ein Haushaltsausgleich sei ausgeschlossen, wenn der Bundestag weitere zusätzliche Ausgaben beschließe. Für das Haushaltsjahr 1958 sei die Situation noch ernster. Ein Rückgriff auf Kassenmittel sei in diesem Jahr nicht mehr möglich. Außerdem würden die Verpflichtungen des Verteidigungshaushalts noch um 1 Mrd DM höher liegen als im Rechnungsjahr 1957. Man müsse also im Haushaltsjahr 1958 mit einem Fehlbetrag von 7,5 Mrd DM rechnen. Diesem Fehlbetrag stünden voraussichtlich Mehreinnahmen von 2,5 Mrd DM gegenüber, wenn die Konjunktur in dem bisherigen Maße weiter ansteige. Das echte Defizit des Haushalts 1958 werde mithin mindestens 5 Mrd DM betragen.

Die Bundesregierung müsse aus diesem Grunde immer und überall zur Sparsamkeit mahnen und auf die verantwortungslosen Ausgabeanträge der Opposition in den letzten 3 Jahren hinweisen.

Der *Bundesminister der Finanzen* sagt den Kabinettsmitgliedern die Übersendung ausführlichen Zahlenmaterials zu dieser Frage zu[4].

Der *Bundesminister für Arbeit* ergänzt die Ausführungen des Bundesministers der Finanzen durch nähere Darlegungen über die Fragen der Arbeitslosenhilfe und der Kriegsopferversorgung. *Staatssekretär Dr. Rust* berichtet ausführlich über die Verteidigungsausgaben in den nächsten Jahren. In einer Diskussion zwischen den *Bundesministern für Verkehr* und *der Finanzen* wird klargestellt, daß für den Verkehrshaushalt eine 5 %ige Kürzung gilt. Der *Bundesminister der Finanzen* deutet an, daß man im Jahre 1958 möglicherweise eine Ergänzungsabgabe einführen müsse. Der *Bundesminister für Wohnungsbau* weist darauf hin, daß in den Aufstellungen des Bundesministers der Finanzen einige Reserven vorhanden seien. Er stimmt aber dem Bundesminister der Finanzen darin zu, daß weitere Ausgaben nicht mehr beschlossen werden dürften. Der *Vizekanzler* schließt sich dem an.

Das Kabinett billigt die Ausführungen des Bundesministers der Finanzen zur Haushaltslage[5].

2. **Verwendung der in Kap. 1401 Tit. 301 ausgebrachten 50 Mio. DM für die Förderung der wissenschaftlichen Forschung aus Verteidigungsmitteln (Entschließung des Deutschen Bundestages vom 28.6.1956); hier: Freimittel in Höhe von 28 Mio. DM – nach Abzug von 15 Mio. DM für die Deutsche Forschungsgemeinschaft und 7 Mio. DM für die Max-Planck-Gesellschaft –** BMF

Der *Bundesminister der Finanzen* teilt mit, daß er sich mit dem Bundesminister des Innern im Sinne der Kabinettvorlage des Bundesministers des Innern vom 16. März 1957 geeinigt habe. Lediglich über die Frage eines Zuschusses an den Deutschen Sprachatlas in Marburg in Höhe von 120 000,-- DM solle noch auf Referentenebene verhandelt werden[6].

---

[4] Vgl. das Schreiben Schäffers vom 2. April 1957 an die Bundesminister in B 126/12925 und B 136/315.

[5] Fortgang 178. Sitzung am 4. April 1957 TOP 5 (Ergänzungsgesetz) und TOP G.

[6] Siehe 177. Sitzung am 27. März 1957 TOP 3. – Am 28. März 1957 beschloß auch der Haushaltsausschuß des Bundestages die vollständige Freigabe der Mittel (Parlamentsarchiv des Deutschen Bundestages). Vgl. das Protokoll der Sitzung und das Schreiben des Ausschußvorsitzenden an den BMF vom 28. März 1957 in B 138/1664.

[B.] Erhöhung der Omnibustarife

Der *Bundesminister für Wohnungsbau* schneidet in Vertretung des abwesenden Bundesministers für Wirtschaft die Frage der vom Kabinett bereits mehrfach behandelten Erhöhung der Omnibustarife an. Es sei dem Bundesminister für Wirtschaft zugesagt worden, daß die Angelegenheit in Gegenwart des Bundeskanzlers erneut im Kabinett behandelt werden sollte[7]. Der *Vizekanzler* bestätigt dies, erklärt aber, daß inzwischen die Erhöhung der Omnibustarife veröffentlicht worden sei. Der *Bundesminister für Verkehr* weist darauf hin, daß der Bundeskanzler diese Frage in der letzten Kabinettssitzung, an der er und der Bundesminister für Wirtschaft teilgenommen hätten, nicht angeschnitten habe. Er vertritt die Ansicht, das Kabinett dürfe seine früheren Beschlüsse nicht ohne weiteres umwerfen. Der *Bundesminister für Ernährung, Landwirtschaft und Forsten* gibt zu bedenken, daß die von der SPD regierten Kommunen ihre Verkehrstarife ebenfalls erhöht hätten. Der *Bundesminister der Finanzen* glaubt, daß der Sache am meisten gedient sei, wenn man möglichst wenig über sie rede[8].

---

[7] Siehe 177. Sitzung am 27. März 1957 TOP F. – Auf Intervention des BMWi hatte der Bundeskanzler eine Vertagung des Kabinettsbeschlusses bis zu seiner Rückkehr von seinem Besuch im Iran am 2. April 1957 angeordnet (vgl. den Telegrammwechsel in B 136/1488).

[8] Fortgang 178. Sitzung am 4. April 1957 TOP C.

178. Sitzung am 4. April 1957

**178. Kabinettssitzung
am Donnerstag, den 4. April 1957**

Teilnehmer: Adenauer, Blücher, von Brentano, Schröder (ab 10.15 Uhr), von Merkatz, Schäffer, Erhard, Storch (von 10.30 bis 12.45 Uhr), Strauß (ab 12.00 Uhr), Seebohm (ab 10.15 Uhr), Lemmer (ab 10.20 Uhr), Preusker, Oberländer (ab 10.50 Uhr), Wuermeling; Globke, Hallstein (bis 12.40 Uhr), Westrick, Sonnemann, Rust, Steinmetz (von 10.20 bis 11.50 Uhr), Nahm (bis 10.50 Uhr), Thedieck; Klaiber (Bundespräsidialamt), von Eckardt (BPA), Krueger (BPA), Glaesser (BPA), Selbach (Bundeskanzleramt). Protokoll: Praß.

Beginn: 10.00 Uhr   *Ende: 12.50 Uhr*

Ort: Bundeshaus, Zimmer 01 P

Tagesordnung:
1. *Politische Lage.*
2. *Personalien*
   Gemäß Anlagen.
3. *Entwurf eines Gesetzes über das Europäische Währungsabkommen*
   Gemeinsame Vorlage des BMZ und des AA vom 14. März 1957 (401 - 305 - 10 - 776/57).
4. *Entwurf eines Deutschen Richtergesetzes*
   Gemeinsame Vorlage der BMJ, BMI, BMF und BMA vom 6. März 1957 (3119/1 - 4319/57 usw.).
5. *Ergänzung zum Entwurf des Bundeshaushalts für das Rechnungsjahr 1957*
   Vorlage des BMF vom 21. März 1957 (II A - A 0400 - 153/57).
6. *Heranziehung aufgespriteter Weine zum Monopolausgleich*
   Vorlage des BMF vom 13. Febr. 1957 (III C/2 - V 7166 - 41/57).

1. Politische Lage   **Bundeskanzler**

Der *Bundeskanzler* spricht zunächst einige Fragen und Fälle aus dem innerpolitischen Bereich an. Er bittet die Minister, sich für die Zeit des Wahlkampfes weitgehend von der ministeriellen Arbeit freizumachen, fordert eine strenge Beachtung der Geheimhaltungsvorschriften[1], spricht den Fall Agartz[2] an und

---

[1] Vgl. dazu 170. Sitzung am 6. Febr. 1957 TOP B.
[2] Dr. Viktor Agartz (1897–1964). 1946–1947 MdL Nordrhein-Westfalen (SPD), 1946 Generalsekretär des Deutschen Wirtschaftsrats für die britische Zone, 1946 Leiter des Zentralamts für Wirtschaft in der britischen Zone in Minden, 1947 Leiter des Verwaltungsamts für Wirtschaft des amerikanischen und britischen Besatzungsgebietes, 1948 Mitglied des Wirtschaftsrates des Vereinigten Wirtschaftsgebiets, 1948–1955 Mitgeschäftsführer des Wirtschaftswissen-

215

behandelt die Bedeutung des Urteils des Bundesverfassungsgerichts zur Fortgeltung des Konkordats³.

Das Kabinett beschließt, eine Erklärung zum Fall Agartz zu veröffentlichen mit dem Wortlaut, wie er von den Bundesministern des Innern und der Justiz in der Sitzung vorgeschlagen wurde⁴. Weiterhin beschließt das Kabinett, einen aktuellen Fall zur außenpolitischen Vertretungsbefugnis des Bundes durch die Bundesregierung dem Bundesverfassungsgericht vorzulegen, um eine Revision der in dem Konkordatsurteil des Bundesverfassungsgerichts vertretenen Auffassung zu erwirken⁵.

Der *Bundesminister des Auswärtigen* gibt einen ausführlichen Bericht über seine Reise nach den USA, Australien und Indien⁶. Die Beziehungen zwischen den USA und Deutschland seien eindeutig und klar⁷. Die USA sei völlig loyal und

---

schaftlichen Instituts der Gewerkschaften, 1956 Gründung der Gesellschaft für wirtschaftswissenschaftliche Forschung m.b.H., bis 1961 Herausgeber der Korrespondenz für Wirtschafts- und Sozialwissenschaften (Wiso-Korrespondenz), 1958 Ausschluß aus der SPD wegen parteischädigenden Verhaltens, 1960 Ausschluß aus der IG Druck und Papier.

³ Siehe 177. Sitzung am 27. März 1957 TOP A.

⁴ Agartz war am 25. März festgenommen und am 26. März 1957 in Untersuchungshaft genommen worden. Nach Hinterlegung einer Kaution kam er im Mai 1957 wieder auf freien Fuß. In der Anklageschrift des Generalbundesanwalts beim Bundesgerichtshof wurde ihm zur Last gelegt, die Wiso-Korrespondenz für Wirtschafts- und Sozialwissenschaften seit März 1956 aus Zuwendungen der SED finanziert und sich der Agententätigkeit schuldig gemacht zu haben. Der Bundesgerichtshof sprach Agartz am 13. Dez. 1957 frei, da ihm ein direkter Vorsatz einer verfassungsfeindlichen Betätigung nicht nachgewiesen werden könne und sich die Entgegennahme von Geldern der SED nicht in einer deutlich verfassungsfeindlichen Tendenz der Artikel seiner Zeitschrift niedergeschlagen habe. Unterlagen in B 136/1742, in Nachlaß Agartz N 1104/7 und in AdsD, Nachlaß Gustav Heinemann, Mappe 01023. – In der Erklärung der Bundesregierung wurden die Versuche, einen Zusammenhang zwischen der Verhaftung von Agartz und dem Wahlkampf herzustellen, als „verleumderische Angriffe gegen die rechtsstaatlichen Grundlagen der Bundesrepublik Deutschland" zurückgewiesen (Bulletin Nr. 66 vom 5. April 1957, S. 569). – Fortgang hierzu 7. Sitzung am 13. Dez. 1957 TOP C.

⁵ Seebohm notierte dazu: „Vertragsschließungskompetenz des Bundes gefährdet, dazu gehört auch der Komplex des Preußischen Kunstbesitzes" (Nachlaß Seebohm N 1178/9b). – Ein Verfassungskonflikt hatte sich angebahnt, als der Bundesrat am 8. März 1957 dem vom Bundestag verabschiedeten Gesetz zur Errichtung einer Stiftung Preußischer Kulturbesitz die Zustimmung auch aus verfassungsrechtlichen Gründen (Beeinträchtigung der Gesetzgebungskompetenz der Länder auf kulturpolitischem Gebiet) verweigert hatte (BR-Drs. 62/57). Gegen das nach eingehender Prüfung vom Bundespräsidenten unterzeichnete Gesetz vom 25. Juli 1957 (BGBl. I 841) erhob der Bundesrat Klage beim Bundesverfassungsgericht. Unterlagen dazu in B 136/2354. – Fortgang hierzu 10. Sitzung am 22. Jan. 1958 TOP B (B 136/36117). – Das Vertragsschließungsrecht des Bundes war auch durch das Europäische Abkommen über die Gleichwertigkeit der Studienzeit an den Universitäten berührt, das am 15. Dez. 1956 in Paris unterzeichnet worden war. Auch hier wiesen die Ministerpräsidenten die Bundesregierung darauf hin, daß das Abkommen einen Gegenstand betreffe, der in die ausschließliche Zuständigkeit der Länder falle. Unterlagen dazu in B 136/3833.

⁶ Unterlagen über die Reise von Brentanos vom 2. bis 13. März in die USA, vom 17. bis 25. März nach Australien und vom 26. bis 31. März 1957 nach Indien in AA B 1, Bd. 17 und Nachlaß Brentano N 1239/103. Weitere Unterlagen zur Vorbereitung und Durchführung des Staatsbesuchs in Australien in AA B 31 (Ref. 304), Bd. 3, sowie zu seinem Staatsbesuch in Indien in AA B 12, Bd. 1280.

⁷ In Gesprächen mit Außenminister Dulles am 4. und 5. März 1957 erörterte von Brentano die Lage im mittleren Osten und in Osteuropa sowie Fragen des NATO-Bündnisses. Diese Themen

vertragstreu. Eine Zurückziehung ihrer Truppen oder eine Distanzierung von Deutschland stünden nicht zur Diskussion. Die negativen Stimmen dürften nicht überbewertet werden. Allerdings hänge es stark von uns selbst ab, ob die positive Politik der USA fortgesetzt werde. Alle Vorgänge in Deutschland und Europa würden mit großem Interesse, aber auch mit wachem Mißtrauen verfolgt. Die Hauptsorge gelte der Frage, ob die Bundesrepublik ihrer jetzigen Politik treu bleibe. Es könne kein Zweifel darüber bestehen, daß die USA keine Stunde länger vertragstreu bleiben würden als Deutschland. Im übrigen würde jede unklare Haltung der deutschen Politik sofort zu einem Gespräch zwischen der UdSSR und der USA führen. Die Reise von Ollenhauer[8] sei ein voller Mißerfolg gewesen, denn er sei so verstanden worden, als wolle er sich aus allen Verträgen lösen[9]. Mit einer Regierung Ollenhauer würde eine neue Etappe der USA-Politik beginnen. Ein großes Interesse habe die USA an der Verwirklichung des Gemeinsamen Marktes und an Euratom. Ein Scheitern würde die USA so enttäuschen, daß es zu einem Desinteressement mit allen Folgen führen würde. Auch begreife man den Rückstand Deutschlands in der Rüstung nicht. Deutschland habe auf allen Gebieten sein Plansoll übererfüllt. Auf dem Gebiet der Rüstung habe es jedoch seine Zusagen nicht gehalten. Zwar habe man seit drei Monaten insoweit einen günstigeren Eindruck. Es empfehle sich jedoch, die USA laufend über die deutsche Aufrüstung zu unterrichten, denn nur so könne man das Interesse der amerikanischen Öffentlichkeit an diesen Fragen zufriedenstellen.

In der Beurteilung der weltpolitischen Situation gebe es keine Differenzen. Die USA seien weit davon entfernt, an eine Entspannung zu glauben.

Auch die Gespräche in Australien hätten gezeigt, daß ein großes, echtes und unmittelbares Interesse an den deutschen Problemen bestehe. Auch dort sei sofort die Frage nach dem Gemeinsamen Markt gestellt worden.

Während seines Besuchs in Indien habe er fünfmal mit Nehru[10] sprechen können. Nehru sehe viele Fragen anders als wir, aber er bemühe sich doch um ein Ver-

---

    waren auch in dem Gespräch mit Präsident Eisenhower am 7. März 1957 angeschnitten worden. Vgl. dazu Gesprächsaufzeichnungen in FRUS 1955–1957, Bd. XXVI, S. 203–219.

[8] Erich Ollenhauer (1901–1963). 1928–1933 Vorsitzender des Verbandes der Arbeiterjugend Deutschlands, 1933 Emigration, 1933–1945 Mitglied des (emigrierten) Parteivorstandes der SPD, 1946–1952 stellvertretender Vorsitzender der SPD, 1949–1963 MdB, dort 1949–1952 stellvertretender Fraktionsvorsitzender, 1952–1963 Fraktionsvorsitzender, 1952–1963 Vorsitzender der SPD,

[9] Ollenhauer hatte vom 10. Febr. bis 1. März 1957 eine Reise in die USA und nach Kanada unternommen. Vgl. die Unterlagen zur Vorbereitung der Reise und Presseausschnitte in AdsD, Nachlaß Ollenhauer, Bde. 479 bis 489, dazu auch Aufzeichnungen von Botschafter Krekeler in AA B 32, Bd. 28, sowie Klotzbach, Staatspartei, S. 392. U.a. führte er Gespräche mit Außenminister Dulles (vgl. dazu Bericht Krekelers vom 18. Febr. 1957 in AA B 2, Bd. 210) sowie am 28. Febr. 1957 mit Präsident Eisenhower (vgl. dazu Gesprächsaufzeichnung vom 28. Febr. 1957 in FRUS 1955–1957, Bd. XXVI, S. 201). Eisenhower informierte sich bei diesem Gespräch über die Haltung der SPD zur Wiedervereinigung und zur Verteidigungspolitik.

[10] Jawaharlal Pandit Nehru (1889–1964). Seit 1919 im Indischen Nationalkongreß, dort 1923–1925 und 1927–1929 Generalsekretär, 1929–1936 Präsident, 1946 im Auftrag der britischen

ständnis für die deutsche Politik. Die Bestrebungen um die Wiedervereinigung würden von ihm voll unterstützt. Im übrigen sei Nehru Antikommunist. Auch sei die tiefe Religion der Inder ein Schutzwall gegen den Kommunismus. In Indien sei ein großes Interesse und eine große Achtung für Deutschland festzustellen. Auch sei die indische Wirtschaft stark an einem Handel mit Deutschland interessiert. Jeder Betrag, der dort – nach sorgfältiger Prüfung – angelegt werde, sei gut angelegt[11].

Der *Bundeskanzler* berichtet nunmehr über seine Reise nach Italien, Iran und der Türkei. Er habe in Rom längere Gespräche mit Ministerpräsident Segni[12] und einigen Kabinettsmitgliedern geführt[13]. Besorgniserregend sei die Politik der Labour-Partei. Gaitskell[14] versuche die Saragat[15]- und Nenni[16]-Sozialisten zusammenzubringen. Diese Politik der Labour-Partei sei besorgniserregend; denn man dürfe nicht übersehen, daß Nenni Kommunist sei[17].

Kolonialmacht Chef einer Interimsregierung, nach der Unabhängigkeit Indiens 1947–1964 Ministerpräsident.

[11] Vgl. hierzu 143. Sitzung am 11. Juli 1956 TOP 1 a (Kabinettsprotokolle 1956, S. 468 f.). – Zur Finanzierung von indischen Industrieprojekten Fortgang 7. Sitzung am 13. Dez. 1957 TOP F (Rourkela).

[12] Antonio Segni (1891–1972). 1943–1944 Mitbegründer der Democrazia Cristiana (DC), 1944–1946 Unterstaatssekretär für Landwirtschaft, 1946–1953 italienischer Landwirtschaftsminister, 1955–1957 und 1959–1960 Ministerpräsident, 1958–1959 stellvertretender Ministerpräsident und Verteidigungsminister, 1960–1962 Außenminister, 1962–1964 Staatspräsident.

[13] Am 25. März 1957 war in Rom der Vertrag zur Gründung der Europäischen Wirtschaftsgemeinschaft und zu EURATOM unterzeichnet worden. Beglaubigte Kopie der Römischen Verträge in AA Mult. 965 und 966. Sitzungsdokumente in AA B 20, Bd. 30, Text der Rede, die Adenauer als Vorsitzender des Ministerrates hielt, in Bulletin Nr. 59 vom 27. März 1957, S. 505 f. – Aufzeichnung über ein Gespräch Adenauers mit Segni nicht ermittelt.

[14] Hugh Todd Gaitskell (1906–1963). 1947–1950 britischer Minister für Brenn- und Kraftstoffversorgung, 1950 Wirtschaftsminister, 1950–1951 Schatzkanzler, 1955–1963 Vorsitzender der Labour-Partei und Oppositionsführer im Unterhaus.

[15] Giuseppe Saragat (1898–1988). 1946 Präsident der Verfassunggebenden Versammlung in Italien (Sozialistische Partei Italiens, PSI), 1947 Abspaltung der eine enge Zusammenarbeit mit den Kommunisten ablehnenden „Saragat-Sozialisten" von den Linkssozialisten, 1951 maßgebliche Beteiligung an der Gründung der Sozialdemokratischen Partei (PSDI) und 1951–1954, 1957–1964 und 1976 deren Generalsekretär, 1947–1950 und 1954–1957 stellvertretender Ministerpräsident, 1963–1964 Außenminister, 1964–1971 Staatspräsident.

[16] Pietro Nenni (1891–1980). 1931–1939 Sekretär der PSI im Exil, ab 1943 Generalsekretar der Sozialistischen Partei der proletarischen Einheit (PSIUP), 1945–1947 und 1963–1968 stellvertretender Ministerpräsident, 1946–1947 und 1968–1969 Außenminister, 1948–1970 Kammerabgeordneter, 1949 nach Spaltung der italienischen Sozialisten Generalsekretär der Linkssozialisten („Nennisozialisten", mit dem alten Parteinamen PSI), 1950–1956/57 Zusammenarbeit mit der Kommunistischen Partei, 1966–1969 Vorsitzender der PSI, 1970 Senator auf Lebenszeit.

[17] Auf dem Kongreß der Sozialistischen Partei vom 6. bis 10. Febr. 1957 hatte Generalsekretär Nenni die bisherige Aktionseinheit mit der Kommunistischen Partei Italiens aufgekündigt und sich für eine Zusammenarbeit mit der Sozialdemokratischen Partei Saragats ausgesprochen (EA 1957, S. 9687). – Die gemäßigten, sozialdemokratischen „Saragat-Sozialisten" gehörten der Koalitionsregierung unter dem christlich-demokratischen Ministerpräsidenten Segni an, die in jüngster Zeit mit jeweils knappen Mehrheiten Mißtrauensanträge überstanden hatte. Nach Austritt der Sozialdemokraten aus der Regierung mußte Segni am 6. Mai 1957 zurücktreten (EA 1957, S. 9932).

178. Sitzung am 4. April 1957

Bei seinem Aufenthalt im Iran habe er bestätigt gefunden, daß der Schah[18] die tragende Persönlichkeit der iranischen Politik sei[19]. Der Schah beabsichtige, mit dem Gewinn aus den Ölfunden in Persien die Landwirtschaft und die Industrie aufzubauen. Allerdings benötige er Vorschüsse. Diese Vorschüsse glaube er jedoch bereits nach drei Jahren aus den Gewinnen zurückzahlen zu können. Der Iran werde von England sehr umworben. Das Erscheinen der deutschen Delegation im Iran habe in England wenig Sympathie gefunden. Der Schah ziehe den Deutschen vor, ebenso das persische Volk. Er wünsche eine deutsche Beteiligung am persischen Öl und an der pipe-line von Ghom nach Eskenderun. Im Gespräch mit dem Schah habe er zugesagt, einen Ausschuß einzusetzen, der zusammen mit dem Iran die Möglichkeiten prüfen und einen Bericht erstatten solle. Dann werde entschieden, was getan werden solle. Es empfehle sich, den Ausschuß möglichst bald nach Persien zu schicken. Vorsitzender könnte der ehemalige Ministerialdirektor Schniewind[20] sein. Anscheinend könne man in Iran mit großen Wirtschaftsmöglichkeiten rechnen. Außenpolitisch bestünde ein gutes Verhältnis zwischen dem Iran, der Türkei und Pakistan. Diese drei mohammedanischen Staaten seien der Schutzwall der freien Welt gegen den Kommunismus in Rußland und China. Man müsse daher alles tun, um den Iran zu stärken[21].

In der Türkei habe er ein längeres Gespräch mit Ministerpräsident Menderes geführt[22]. Auch hier habe er – wie beim Schah – die große Sorge um den Ausgang der Wahl in Deutschland feststellen müssen. Der *Bundesminister für Verkehr* unterstreicht, daß es von großer politischer Bedeutung sei, daß Deutschland sich an der Entwicklung des Iran wirtschaftlich beteilige. Die Türkei und der Iran seien

---

[18] Mohammed Reza Pahlevi (1919–1980). 1941–1979 Schah des Iran.

[19] Unterlagen zur Vorbereitung und Durchführung der Reise Adenauers, u.a. Redeentwürfe für seine offizielle Reise vom 28. März bis 2. April 1957 in den Iran in AA B 12, Bd. 995, ferner Text der Pressekonferenz vom 5. April 1957, auf der Adenauer über seine Reise berichtete, in B 145 I/68. Schlußkommuniqué über den Besuch in Bulletin Nr. 65 vom 4. April 1957, S. 557. – Aufzeichnungen vom 4. und 5. April über die Gespräche Adenauers mit Schah Mohammed Reza Pahlevi am 28. März und am 1. April 1957 und mit dem Beauftragten der iranischen Regierung für Erdölfragen am 1. April 1957 in B 136/1262. Vgl. dazu auch Eckardt, Unordentliches Leben, S. 485–492.

[20] Dr. Otto Schniewind (1887–1970). 1919–1922 Reichsschatzamt, 1925–1928 und 1931–1933 preußisches Ministerium für Handel und Gewerbe, 1928–1931 Finanzberater der persischen Regierung in Teheran und zeitweise provisorischer Leiter des persischen Finanzministeriums, 1933–1935 Staats- und Reichskommissar an der Berliner Börse, 1935–1937 Reichswirtschaftsministerium, 1937–1938 Mitglied des Direktoriums der Reichsbank, nach Rücktritt seit 1938 Privatbankier, 1944 Inhaftierung im Konzentrationslager Ravensbrück, 1948–1949 Leiter der Dienststelle des Beraters für den Marshallplan beim Vorsitzer des Verwaltungsrats des Vereinigten Wirtschaftsgebiets (ERP Coordinating Office), 1948–1958 Vorsitzender des Verwaltungsrats der Kreditanstalt für Wiederaufbau.

[21] Fortgang 184. Sitzung am 31. Mai 1957 TOP B.

[22] Adnan Menderes (1899–1961). 1946 Mitbegründer der Demokratischen Partei in der Türkei, 1950 deren Vorsitzender, 1950–1960 türkischer Ministerpräsident, 1960 durch einen Militärputsch unter General Gürsel gestürzt und verhaftet, 1961 wegen Bruchs der Verfassung zum Tode verurteilt und hingerichtet. – Bei einem Zwischenstopp in Istanbul während des Rückfluges hatten Menderes und Adenauer miteinander gesprochen. Vgl. dazu den Tageskalender Adenauers (B 136/20686). – Aufzeichnung über dieses Gespräch nicht ermittelt.

ebenso wie Deutschland Wachposten gegen Rußland. Wenn wir die wirtschaftliche Entwicklung dieser Länder unterstützten, förderten wir daher unsere eigenen Interessen. Auch bei der verkehrsmäßigen Erschließung des Landes sollten wir mithelfen. Eine Hilfeleistung für den Iran sei noch wichtiger als für Indien.

2. Personalien

Das Kabinett beschließt die Anlage zu Punkt 2 der Tagesordnung für die 178. Kabinettssitzung der Bundesregierung vom 4. April 1957 nebst Nachtrag[23].

Ferner beschließt das Kabinett die Ernennung des Generalleutnants Heusinger zum General[24].

3. Entwurf eines Gesetzes über das Europäische Währungsabkommen BMZ/AA

Das Kabinett beschließt die Vorlage[25].

4. Entwurf eines Deutschen Richtergesetzes BMJ

Der *Bundesminister der Justiz* erklärt, daß die Vorlage mit Ausnahme von drei strittigen Fragen die Zustimmung der beteiligten Ressorts gefunden habe[26]. Streitig sei die Forderung, daß das Dienstgericht, das über Disziplinarsachen der Richter und über die Zulässigkeit von Verwaltungsakten oder Maßnahmen der Verwaltung zu entscheiden habe, beim Bundesgerichtshof errichtet werden soll. Die Bundesminister des Innern und der Finanzen wünschten die Errichtung bei dem Bundesverwaltungsgericht. Ferner sei streitig, ob auch die Bundesverfassungsrichter – wenn auch in beschränktem Umfange – in das Gesetz einbezogen werden sollen. In dieser Frage sei allerdings inzwischen mit der vom Bundesverfassungsgericht eingesetzten Kommission eine Einigung erzielt worden. Sie ergebe sich aus dem Nachtrag vom 2.4.1957, der vor der Sitzung den Mitgliedern des Kabinetts ausge-

---

[23] Vorgeschlagen war die Ernennung des Ministerialdirektors im BMF Herbert Fischer-Menshausen, des Generals Hans Speidel (vgl. dazu 168. Sitzung am 23. Jan. 1957 TOP G), je eines Ministerialdirigenten im BMWi und im BMWo (Anlage 1) sowie je eines Ministerialrates im BPA und im BMAt (Nachtrag).

[24] Siehe 176. Sitzung am 20. März 1957 TOP 4. – Vorlage des BMVtg vom 22. März 1957 und Ernennungsurkunde vom 25. April 1957 in Pers 1/296.

[25] Vorlage des AA und des BMZ vom 14. März 1957 in B 146/700 und B 136/7355. – Das Abkommen war am 5. Aug. 1955 in Paris unterzeichnet worden. Mit ihm sollte die Europäische Zahlungsunion abgelöst und für die Vertragsparteien der Übergang zu einer Konvertierbarkeit ihrer Währungen eingeleitet werden. Es sah die Errichtung eines Europäischen Währungsfonds und eines multilateralen Zahlungsausgleichssystems unter den Mitgliedsstaaten vor. – BR-Drs. 151/57. – Der Entwurf wurde in der dritten Legislaturperiode erneut eingebracht: BR-Drs. 438/57, BT-Drs. 541. – Gesetz vom 26. März 1959 (BGBl. II 293).

[26] Siehe 171. Sitzung am 15. Febr. 1957 TOP B. – Gemeinsame Vorlage des BMI, BMJ, BMF und BMA vom 6. März 1957 in B 141/1857, B 106/30358 und B 136/2191, sowie Nachtrag vom 2. April 1957 in B 141/1858, B 106/30357 und in B 136/2191, weitere Unterlagen zur Entstehung des Gesetzes in B 141/1813 bis 1865 und in B 106/30353 bis 30361, 6785 bis 6788 und 6790. – In der Vorlage war auf die noch bestehenden Meinungsverschiedenheiten hinsichtlich des Sitzes des Dienstgerichtes und der Einbeziehung des Bundesverfassungsgerichts hingewiesen worden.

händigt worden sei. Der *Bundesminister des Innern* stimmt diesem Kompromißvorschlag zu den §§ 67 und 68 des Entwurfs zu[27]. Andererseits lehnt er jedoch die Errichtung des Dienstgerichts beim Bundesgerichtshof ab. Sie entspreche keineswegs der Tradition. Es müsse berücksichtigt werden, daß der Aufgabenbereich des Dienstgerichts erweitert werde und insoweit durchaus neu sei. Der *Bundesminister der Finanzen* schließt sich dieser Auffassung an. Der *Bundesminister der Justiz* bestätigt die Erweiterung des Aufgabenbereiches. Jedoch könne hieraus nicht die Errichtung beim Bundesverwaltungsgericht hergeleitet werden. Die Aufgabenerweiterung sei vielmehr ein zusätzlicher Grund dafür, daß die Zuständigkeit der ordentlichen Richter erhalten bleibe. Ob die vom Dienstgericht zu entscheidenden Streitgegenstände ihrer Natur nach Verwaltungsakte seien, sei unerheblich. Entscheidend sei, daß vom Dienstgericht die richterliche Tätigkeit überprüft werde. Daher sollten ordentliche Richter über Richter zu Gericht sitzen. Aber auch in der Frage der Mitfederführung könne er der Auffassung der Bundesminister des Innern und der Finanzen nicht folgen. Es sei zwar richtig, daß sich ein Institut der Mitfederführung in der Praxis entwickelt habe[28]. Allerdings habe es sich immer nur um zwei Minister gehandelt. Auch sei die Mitfederführung nur bei zwölf Vorlagen von insgesamt 227 anerkannt worden. Bei dem Entwurf des Deutschen Richtergesetzes müsse jedoch der Bundesminister der Justiz allein die Federführung haben, weil es sich hier um Richter handele. Wenn das Kabinett das Gesetz verabschiede, müsse der Bundesminister der Justiz das Gesetz allein vertreten. Der *Bundesminister des Innern* erklärt, daß die zwölf Gesetze, bei denen die Mitfederführung anerkannt wurde, durchaus bedeutungsvoll gewesen seien. Im übrigen seien die Bundesminister der Finanzen und des Innern für das öffentliche Dienstrecht zuständig. Da in anderen Fällen die Mitfederführung zugestanden wurde, sehe er nicht ein, warum es hier nicht möglich sei. Da in der Sache eine Annäherung erfolgt sei, sollten für das Verfahren keine Schwierigkeiten aufgeworfen werden. Der *Bundesminister der Finanzen* ergänzt diese Ausführungen dahin, daß es ihm besonders auf die praktische Durchführung ankomme. Es müsse ihm das Recht eingeräumt werden, im Ausschuß das Wort zu ergreifen. Der *Bundeskanzler* betont, daß es sich dann aber nur darum handeln könne, die Meinung des Kabinetts zu vertreten und nicht die Auffassung eines Ministers. Der *Bundesminister der Finanzen* bestätigt diese Auffassung. Der *Bundesminister für Wohnungsbau* ist der Auffassung, daß der

---

[27] § 67 zählte die Bestimmungen des Richtergesetzes auf, die für die Richter des Bundesverfassungsgerichts keine Geltung haben sollten, § 68 bestimmte, daß ein Bundesrichter als Mitglied des Bundesverfassungsgerichts zu einer richterlichen Tätigkeit an den oberen Bundesgerichten nur mit seiner Einwilligung herangezogen werden durfte. Die Kommission des Bundesverfassungsgerichts hatte sich grundsätzlich gegen eine Einbeziehung in das Richtergesetz ausgesprochen. Vgl. dazu den Vermerk des BMJ vom 23. Febr. 1957 in B 141/1858 und B 136/2191. Dem Kompromißvorschlag des BMJ vom 2. April 1957 (ebenda) hatte die vom Plenum des Bundesverfassungsgerichts eingesetzte Kommission zugestimmt. Danach wurden die besondere Rechtsstellung der Richter am Bundesverfassungsgericht betont und Ausnahmebestimmungen gemäß § 67 bestätigt. Nach der Neuformulierung des § 68 sollten die Rechte und Pflichten eines Richters an den oberen Bundesgerichten während seiner Tätigkeit als Mitglied des Bundesverfassungsgerichts ruhen. Vgl. dazu die Nachtragsvorlage vom 2. April 1957.

[28] Zur Auseinandersetzung um die Mitfederführung vgl. 171. Sitzung am 15. Febr. 1957 TOP B.

Bundesminister der Justiz das Gesetz allein vertreten solle. *Staatssekretär Dr. Rust* weist darauf hin, daß vor kurzem die Wehrdisziplinargerichte errichtet worden seien[29]. Es sei erforderlich, die damit zusammenhängenden Fragen noch mit dem Bundesminister der Justiz zu erörtern. Der *Bundeskanzler* schlägt vor, daß der Bundesminister der Justiz die Vorlage in den Ausschußsitzungen vertrete, daß aber die beiden anderen Ressorts zu den Sitzungen hinzugezogen werden müßten. Dabei müsse jedoch sichergestellt werden, daß eine einheitliche Meinung vertreten werde. Das Kabinett ist einverstanden.

Zur Frage der Errichtung der Dienstgerichte bittet der *Bundeskanzler* um Abstimmung, ob der Vorlage zugestimmt werde oder ob die Dienstgerichte bei dem Bundesverwaltungsgericht errichtet werden sollten. Das Kabinett beschließt mit Mehrheit die Regelung der Vorlage.

Der *Bundesminister des Innern* beantragt, den Entwurf noch nicht in den Gesetzgebungsgang zu geben. Der *Bundesminister der Justiz* bittet dagegen um Weiterleitung des Gesetzentwurfs. Das Kabinett beschließt, den Entwurf in der Fassung des Nachtrags vom 2.4.1957 an den Bundesrat weiterzuleiten[30].

5. Ergänzung zum Entwurf des Bundeshaushalts für das Rechnungsjahr 1957   BMF

Der *Bundesminister der Finanzen* verweist auf die Vorlage und erklärt, daß das Steuermehraufkommen wegen des Beschlusses des Bundesverfassungsgerichts zur Ehegattenbesteuerung[31] von 350 Mio. DM auf 300 Mio. DM herabgesetzt werden müsse[32]. Die Deckungslücke von 50 Mio. DM könne durch einen Minderbedarf für Schuldentilgung geschlossen werden.

Das Kabinett beschließt die Vorlage mit dieser Änderung[33].

---

[29] Zur gesetzlichen Vorbereitung der Wehrdisziplinargerichtsbarkeit vgl. 113. Sitzung am 18. Jan. 1956 TOP 2 (Kabinettsprotokolle 1956, S. 109 f.).

[30] BR-Drs. 183/57; BR-Drs. 40/58, BT-Drs. 516. – Gesetz vom 8. Sept. 1961 (BGBl. I 1665).

[31] Zur Ehegattenbesteuerung vgl. 100. Sitzung am 14. Okt. 1955 TOP 4 (Kabinettsprotokolle 1955, S. 573), Unterlagen dazu in B 136/628. – Durch das Urteil des Bundesverfassungsgerichts vom 17. Jan. 1957 war § 26 des Einkommensteuergesetzes in der Fassung vom 17. Jan. 1952 (BGBl. I 33) für nichtig erklärt worden (BVerfGE 6, 55; vgl. dazu auch die Stellungnahme des Wissenschaftlichen Beirates beim BMF in Bulletin Nr. 48 vom 12. März 1957, S. 408). Als Begründung war angeführt, daß unter der bisherigen Gemeinschaftsbesteuerung von Ehegatten mithelfende Ehefrauen und Hausfrauen mit ihren Arbeitsleistungen unberücksichtigt geblieben waren. – Fortgang hierzu 183. Sitzung am 21. Mai 1957 TOP 2.

[32] Vorlage des BMF vom 21. März 1957 in B 126/12927 und B 136/317. – Die Ergänzung war durch Mehrausgaben für den Grünen Plan 1957 (vgl. 171. Sitzung am 15. Febr. 1957 TOP 2) sowie durch den Minderbedarf von ca. 400 000 DM bei der Übertragung der Aufgaben der Bundesminister für besondere Aufgaben Kraft und Schäfer auf den BMZ (vgl. 171. Sitzung am 15. Febr. 1957 TOP 5) erforderlich geworden. Die Mehrausgaben für den Grünen Plan beliefen sich gegenüber der Regierungsvorlage auf 596,5 Millionen DM, für die der BMF Deckungsmöglichkeiten vorgeschlagen hatte. Insgesamt erhöhte sich damit das Haushaltsvolumen 1957 um 450 Millionen DM auf ca. 35 Milliarden DM, und zwar im ordentlichen Haushalt um 350 Millionen auf ca. 33,5 Milliarden DM und im außerordentlichen Haushalt um 100 Millionen DM auf 1,5 Milliarden DM.

[33] BR-Drs. 150/57. – Die Ergänzungsvorlage wurde nicht an den Bundestag weitergeleitet, ihre Bestimmungen wurden in den Entwurf des Bundeshaushaltsgesetzes eingearbeitet. Vgl. dazu

178. Sitzung am 4. April 1957

6. Heranziehung aufgespriteter Weine zum Monopolausgleich BMF

Der *Bundesminister der Finanzen* begründet seine Vorlage vom 13.2.1957[34]. Das Gutachten des BFH[35] müsse respektiert werden. Andernfalls werde der Bundesrechnungshof Beanstandungen erheben. Der *Bundesminister des Auswärtigen* betont, daß das jetzige Verfahren einer 35jährigen Praxis entspreche. Die Heranziehung der Weine zum Monopolausgleich werde die Bundesrepublik in größere handelspolitische Schwierigkeiten mit den zwölf Lieferländern bringen. Im übrigen reiche das Gutachten keineswegs aus. Die Heranziehung zur Monopolausgleichsabgabe bedürfe vielmehr einer Gesetzesänderung. Der *Bundesminister der Finanzen* hält dem entgegen, daß die Marktverhältnisse sich völlig geändert hätten. Erst seit einigen Jahren würden Dessertweine eingeführt, die aus minderwertigen Weinen durch einfachen Spritzusatz hergestellt würden. Die alten Verträge mit den Lieferländern bezögen sich auf einen anderen Gegenstand. Der *Bundesminister für wirtschaftliche Zusammenarbeit* weist darauf hin, daß der Bundesminister der Finanzen lediglich gegen die sogenannten aufgespriteten Dessertweine vorgehen wolle, nicht dagegen gegen die klassischen Dessertweine. Man müsse also die letzte Gruppe aus der geplanten Heranziehung zum Monopolausgleich ausklammern. Der *Bundesminister für Wirtschaft* hält es nicht für möglich, eine zuverlässige gesetzliche Abgrenzung der beiden Gruppen zu finden. *Staatssekretär Sonnemann* stellt fest, daß der Mißbrauch erst seit drei bis fünf Jahren üblich geworden sei. Dem müsse Widerstand geleistet werden. Die Frage sei nur, ob das verwaltungsmäßig möglich sei, und ob eine klare Definition des Begriffes „klassischer Dessertwein" möglich sei. Der *Bundeskanzler* schlägt vor, daß die beteiligten Ressorts diese Frage noch einmal erörtern. Das Kabinett ist einverstanden[36].

---

die Vorlage des BMF vom 18. Mai 1957 und Schreiben des BMF an den Bundesrat vom 31. Mai 1957 in B 126/12927. – Fortgang 182. Sitzung am 16. Mai 1957 TOP 8.

[34] Zur Einfuhr „aufgespriteter" Weine (Dessert- und Wermutweine) vgl. 83. Sitzung am 5. Mai 1955 TOP 4 (Kabinettsprotokolle 1955, S. 314 f.). – Vorlage des BMF vom 13. Febr. 1957 sowie Vorlage des AA vom 27. Febr. 1957 in B 136/7266, ferner Sprechzettel des BMF für die Kabinettssitzung in B 126/23431 und weitere Unterlagen in B 126/11055 und 11056. – Der Monopolausgleich war eine neben dem Zoll erhobene Abgabe, die in ihrer Höhe etwa der inländischen Steuerbelastung entsprach. Dem Monopolausgleich sollte nur der dem Wein zugesetzte Alkoholanteil unterliegen. Auf Art und Menge der Einfuhren des Jahres 1956 bezogen hatte der BMF das Aufkommen aus der Besteuerung des Zusatzalkohols auf 35 bis 42 Millionen DM beziffert. In seinem Gutachten vom 26. Mai 1954 (BStBl. III S. 197) hatte der Bundesfinanzhof die Auffassung vertreten, daß die dem Wein zugesetzte Weingeistmenge bei der Einfuhr einer Monopolausgleichsabgabe unterliege. Der Bundesrechnungshof hatte in einem Schreiben vom 7. Febr. 1957 an den BMF unter Hinweis auf dieses Gutachten die Erhebung einer Monopolausgleichsabgabe gefordert. Das Schreiben war der Vorlage des BMF beigefügt. Das AA hatte dagegen neben rechtlichen und preispolitischen vor allem handelspolitische Argumente vorgetragen und insb. auf die Handelsbilanzüberschüsse der Bundesrepublik gegenüber den Lieferländern, insb. Italien und Spanien, hingewiesen und sich für einen Verzicht ausgesprochen.

[35] Korrigiert aus BFA.

[36] Vgl. dazu auch die Kleine Anfrage Nr. 326 von Abgeordneten der CDU/CSU-Fraktion vom 6. Febr. 1957 (BT-Drs. 3175). In seiner Antwort vom 13. Juni 1957 erklärte der BMF, daß wegen der preis- und handelspolitischen Auswirkungen die Besprechungen noch nicht abgeschlossen seien (BT-Drs. 3619). Unterlagen dazu in B 126/23431 und B 136/111.

[A.] Weiterer Verkauf von rd. 6000 t Fleischkonserven durch die Einfuhr- und Vorratsstelle für Schlachtvieh, Fleisch und Fleischerzeugnisse (Dritte Wälzung)

Der *Bundesminister für Wirtschaft* betont, daß bisher die Fleischkonserven stets zu Festpreisen verkauft worden seien. Wenn jetzt eine öffentliche Ausschreibung zum Meistgebot stattfände, würden sich die Fleischkonserven verteuern. In einem Augenblick, in dem sich die Bundesregierung besonders um die Stabilisierung der Preise bemühe, müßte sie mit einem solchen Verfahren das Gesicht verlieren. *Staatssekretär Dr. Sonnemann* stellt fest, daß eine Ausschreibung in jedem Falle stattfände. Es sei nur zu entscheiden, ob ein sozial kalkulierter Festpreis oder eine freie Preisgestaltung vorzuziehen sei[37]. Der *Bundesminister für Wirtschaft* betont erneut, daß bisher stets ein Festpreis vorgeschrieben worden wäre. Der *Bundesminister der Finanzen* wendet ein, daß der Verkauf zu Festpreisen praktisch ein Geschenk an bestimmte Interessenten (Kauf- und Warenhäuser) bedeute. Dieses Verfahren dürfe nicht fortgeführt werden. Der *Bundesminister für Wirtschaft* betont, daß die Fleischkonserven und ihre Preise bekannt seien. Es müßten also die alten Preise gehalten werden. Auch könne durch den Verkauf zu Festpreisen ein Druck auf die Preise ausgeübt werden. Der *Bundeskanzler* empfiehlt, zu beschließen, daß die Fleischkonserven nicht zu einem höheren Preis verkauft werden dürfen als bisher. Das Kabinett ist einverstanden[38].

[B.] Deutsch-türkischer Munitionslieferungsvertrag

Der *Bundesminister für Verteidigung* trägt den wesentlichen Inhalt seiner Vorlage vom 2.4.1957 vor. Er bittet, den Vertrag vom 29.8.1956 wertmäßig ungekürzt aufrechtzuerhalten und alle Ressorts anzuweisen, die größtmögliche Unterstützung zum Inkrafttreten des Vertrages, insbesondere auch im Bundestag zu gewähren. Auch bittet er den Bundesminister der Finanzen, Vorauszahlungen im Rahmen des Möglichen zu leisten. Das Kabinett ist einverstanden[39].

---

[37] Vorlage des BML vom 22. März 1957 und Vorlage des BMF vom 30. März 1957 in B 116/10888 und B 136/2635. – Der BML hatte beantragt, etwa 15 Millionen nicht mehr lagerfähiger Fleischkonserven aus der Bundesreserve zu günstigen Preisen von der Einfuhr- und Vorratsstelle auf dem Markt zu veräußern. Demgegenüber hatte der BMF eine öffentliche Ausschreibung zum Höchstgebot gefordert. Der BMF erhoffte sich eine Verringerung der durch Lagerhaltungskosten und Preisabschlag entstandenen Verluste der öffentlichen Hand.
[38] Bekanntmachung in BAnz. Nr. 74 vom 16. April 1957, S. 1.
[39] Vorlage des BMVtg vom 2. April 1957 nicht ermittelt. – Unterlagen zur Vorbereitung und Text des Vertrages vom 29. Aug. 1956 in AA B 50, Bd. 149 und AA (Abteilung 4), VS-Bd. 4892, vgl. dazu auch die Mitteilungen Blanks vom 8. Sept. und 6. Nov. 1956 an den Bundeskanzler in B 136/6897. – Der Vertrag sah jährliche Lieferungen der Türkei von 1956 bis 1959 mit einem Gesamtvolumen von 760 Millionen DM vor, die in entsprechenden Jahresraten aus Etatmitteln des Verteidigungsministeriums beglichen werden sollten. – Danktelegramm des türkischen Ministerpräsidenten Menderes vom 11. Mai 1957 nach der Zustimmung des Bundestages zum Liefervertrag in B 136/3653.

[C.] **Erhöhung der Omnibus-Tarife**

Der *Bundeskanzler* bittet um Auskunft, ob die Omnibus-Tarife inzwischen erhöht worden seien. Der *Bundesminister für Verkehr* bejaht diese Frage. Der *Bundeskanzler* erklärt daraufhin, daß unter diesen Umständen heute von einer weiteren Erörterung abgesehen werden soll[40].

[D.] **Große Anfrage der Fraktion der CDU/CSU betr. gesetzliche Beschränkung der Sonntagsarbeit, Bundestagsdrucksache 3236**

Der *Bundesminister für Arbeit* verweist auf seinen inzwischen fertiggestellten und den Ressorts zugeleiteten Antwortentwurf[41]. Der *Bundesminister für Wirtschaft* weist darauf hin, daß eine Ablehnung der Sonntagsarbeit für die Wirtschaft gewisse Gefahren heraufbeschwöre. Der *Bundesminister des Auswärtigen* schlägt vor, die Beantwortung der Anfrage im Bundestag absetzen zu lassen und die Frage zunächst im Kabinett zu erörtern. Der *Bundeskanzler* schließt sich diesem Vorschlag an und bittet, die Beantwortung der Anfrage um 14 Tage zu verschieben und die Frage rechtzeitig auf die Tagesordnung des Kabinetts zu setzen. Der *Bundesminister des Innern* schlägt vor, bei der Vorbereitung der Antwort möglichst umfangreiches Material, insbesondere auch die Gutachten der Kirche, heranzuziehen.

Das Kabinett ist einverstanden[42].

[E.] **Wahlkampf**

Der *Bundeskanzler* schlägt vor, in der nächsten Kabinettssitzung die Themen für den Wahlkampf zu erörtern. Es müsse sichergestellt werden, daß der Wahlkampf ein einheitliches Bild biete. Das Kabinett ist einverstanden und setzt die nächste Sitzung auf Donnerstag, den 11. April, fest[43].

[F.] **Tarifverhandlungen im öffentlichen Dienst**

Der *Bundesminister der Finanzen* gibt eine kurze Übersicht über den neuesten Stand der Tarifverhandlungen mit den Gewerkschaften. Für die Arbeiter konnte

---

[40] Siehe Sondersitzung am 28. März 1957 TOP B. – Fortgang 179. Sitzung am 11. April 1957 TOP 2.

[41] Die CDU/CSU-Fraktion hatte sich nach Umfang und Ausmaß der Sonntagsarbeit, insb. in der Stahlindustrie, erkundigt und nach der Vereinbarkeit der gleitenden Arbeitswoche mit Art. 140 GG gefragt (BT-Drs. 3236). In dem Entwurf vom 12. März 1957 hatte der BMA einen Bericht nach Abschluß seiner Ermittlungen zugesagt (B 136/133). – Kirchen und kirchliche Organisationen, sowie DGB und christliche Gewerkschaften, aber auch Teile der Arbeitgeberorganisationen hatten sich nachdrücklich für den arbeitsfreien Sonntag ausgesprochen. Unterlagen zur Vorbereitung der Antwort, darunter Stellungnahmen und Verlautbarungen in B 149/10690, ferner in B 102/42312.

[42] Fortgang 179. Sitzung am 11. April 1957 TOP 7.

[43] Zur Festlegung des Wahltages vgl. 176. Sitzung am 20. März 1957 TOP 2. – Fortgang 179. Sitzung am 11. April 1957 TOP 1.

178. Sitzung am 4. April 1957

eine Einigung erzielt werden[44]. Die Verhandlungen über die Tarife der Angestellten hätten bisher jedoch noch zu keinem Ergebnis geführt. Es sei vielmehr eine Kommission zur Erörterung der Fragen gebildet worden[45].

[G.] Übersicht über die Ausgabenpolitik

Der *Bundesminister der Finanzen* berichtet, daß die Koalition eine Übersicht über die Ausgabenpolitik wünsche. Er werde diesem Wunsch nachkommen und dabei insbesondere auch auf die Anträge der SPD eingehen. Sie beliefen sich allein für das Jahr 1957 auf 6,7 Mia. DM und würden bei vollständiger Erfüllung für die nächsten vier Jahre Mehrausgaben von 22 Mia. DM verursachen[46].

---

[44] Siehe 174. Sitzung am 7. März 1957 TOP A. – Vgl. den Tarifvertrag und die Niederschrift über die Tarifverhandlungen vom 28. März 1957 über die Neuregelung der Arbeiterlöhne des Bundes mit Ausnahme der Deutschen Bundespost und der Deutschen Bundesbahn, außerdem die Aufzeichnungen des BMF vom 1. April 1957 über das Ergebnis der Lohnverhandlungen mit der ÖTV am 28. März 1957 sowie über die Tarifverhandlungen vom 29. März 1957 über die Erhöhung der Angestelltenvergütungen in B 106/7405. – Tarifvertrag vom 28. März 1957 über die Erhöhung der Arbeiterlöhne in der Bundesverwaltung (GMBl., S. 113).

[45] Die Kommission hatte die Aufgabe, die Möglichkeiten einer Arbeitszeitverkürzung in den einzelnen Bereichen des öffentlichen Dienstes zu untersuchen. Vgl. dazu insb. B 106/19287, weitere Unterlagen zu den laufenden Verhandlungen über die Angestelltenvergütungen in B 222/96, B 106/7405 und B 106/8298. – Tarifvertrag vom 4. Juni 1957 (GMBl., S. 217).

[46] Zur Haushaltslage vgl. Sondersitzung am 28. März 1957 TOP 1. – Vgl. dazu das Schreiben Schäffers an den Vorsitzenden der CDU/CSU-Fraktion Krone vom 6. April 1957 mit einer Kostenaufstellung über die von der SPD gestellten Ausgabenanträge in ACDP VIII-001-057/2 sowie die Übersichten über die finanziellen Belastungen nach dem jeweiligen Stand der Beratungen einzelner Gesetze im Bundestag in B 126/12926. – Fortgang 181. Sitzung am 7. Mai 1957 TOP 5.

**179. Kabinettssitzung
am Donnerstag, den 11. April 1957**

Teilnehmer: Adenauer (bis 12.50 Uhr)[1], Blücher, von Brentano (bis 12.32 Uhr), Schröder (bis 12.52 Uhr), von Merkatz, Schäffer, Erhard (bis 12.56 Uhr), Storch (bis 13.45 Uhr), Seebohm, Lemmer, Preusker, Oberländer, Kaiser, Balke, Wuermeling (bis 13.33 Uhr); Globke, Hallstein (bis 11.33 Uhr), W. Strauß, Westrick, Sonnemann; Klaiber (Bundespräsidialamt), von Eckardt (BPA), Glaesser (BPA), Selbach (Bundeskanzleramt), Kilb (Bundeskanzleramt). Protokoll: Abicht.

Beginn: 10.00 Uhr   *Ende: 14.05 Uhr*

Ort: Haus des Bundeskanzlers

Tagesordnung:
1. *Aussprache über die Führung des Wahlkampfes.*
2. *Omnibustarife.*
3. *Personalien*
   Gemäß Anlagen.
4. *Entwurf eines Gesetzes zu den Verträgen zur Gründung der Europäischen Wirtschaftsgemeinschaft und der Europäischen Atomgemeinschaft (EURATOM) vom 25. März 1957 nebst dem Wortlaut der Verträge, Anhänge und Protokolle sowie des gleichzeitig unterzeichneten Abkommens über gemeinsame Organe für die Europäischen Gemeinschaften und ihrer Begründung*
   Vorlagen des AA vom 7. Mai 1956 (210 - 225 - 20 - 15/5246/56), 2. Okt. 1956 (210 - 225 - 30 - 01/1160/56), 10. Jan. 1957 (20 - 210 - 225 - 30 - 01/36/57, 20 - 215 - 227 - 04/57).
5. *Entwurf eines Gesetzes über die Militärseelsorge*
   Vorlage des BMVtg vom 2. April 1957 (I B 5 - Tgb. Nr. 517/57).
6. *Entwurf einer Verordnung über Ausnahmen von der Wohnraumbewirtschaftung und Mietpreisbindung*
   Gemeinsame Vorlage der BMWo und BMWi vom 30. März 1957 (I/7 - 6211/6/57 - bzw. I B 4/U2/7145/57).
7. *Stellungnahme der Bundesregierung zur Großen Anfrage der Fraktion der CDU/CSU betr. gesetzliche Beschränkung der Sonntagsarbeit (BT-Drucksache 3236).*

---

[1] Um 12.55 Uhr führte Adenauer ein Informationsgespräch mit dem britischen Journalisten Basil Kingsley Martin, Chefredakteur des „New Statesman". Aufzeichnung des Gesprächs in Adenauer, Teegespräche 1955–1958, S. 192–196, dazu Adenauer, Erinnerungen 1955–1959, S. 288–292.

8. Deutscher Beitrag zum Flüchtlingsfonds der Vereinten Nationen
   Vorlage des AA vom 29. März 1957 (508 - 020 - 14 - 22/1660/57).
9. Zuwendungen an Getreidemühlen zur Stabilisierung der Mehlpreise
   Vorlage des BML vom 21. März 1957 (III A 1 a - 3142.1 - 61/57 Kab. Nr. 161).
10. Entwurf eines Gesetzes über die Neugliederung des Gebietsteiles Baden des Bundeslandes Baden-Württemberg nach Art. 29 Abs. 3 des Grundgesetzes. – Antrag der Abg. Dr. Kopf, Hilbert, Dr. Brühler, Dr. Böhm (Ffm.), Lulay und Gen.
    Vorlage des BMI vom 2. April 1957 (I A 1 - 11 832 A - 396/57).

Die Kabinettssitzung wird von 10 bis 10.20 Uhr auf die Bundesminister beschränkt.

1. **Aussprache über die Führung des Wahlkampfes**　　　　　　　　**Bundeskanzler**

Der *Bundeskanzler* macht nähere Ausführungen über die Aufgaben, die an die Kabinettmitglieder im nächsten Wahlkampf herantreten werden. Anschließend findet eine allgemeine Aussprache statt[2].

Aussichten von A. als gut bis sehr gut beurteilt. Pluspunkte: Kontroverse Ollenhauer / Zinn[3]. SPD mit Ergebnissen der Ollenhauerreisen nach USA und Tel Aviv sehr unzufrieden[4]. Bekanntgabe der wirtschaftlichen Prinzipien nach der Wahl durch Ollenhauer und die Rückwirkung auf FDP[5] und Atzenroth[6]. Erklärung des

---

[2] Im folgenden ist in Kursivschrift die Aufzeichnung Seebohms aus dem Nachlaß Seebohm, N 1178/9b, abgedruckt. Vgl. dazu auch Aufzeichnung von Merkatz' in Nachlaß von Merkatz ACDP I-148-041/1.

[3] Georg August Zinn (1901–1976). 1927–1933 Stadtverordneter in Kassel (SPD), 1931–1945 Rechtsanwalt, 1945–1949 Hessischer Minister der Justiz, 1946 zugleich Direktor des Landespersonalamtes, 1947 Vizepräsident der Verwaltung des Vereinigten Wirtschaftsgebietes, 1947–1970 Landesvorsitzender der hessischen SPD, 1948–1949 Mitglied des Parlamentarischen Rates, 1949–1951 und 1961 MdB, 1950–1969 Hessischer Ministerpräsident und zugleich erneut Hessischer Minister der Justiz, 1954–1970 MdL Hessen. – Der Pressereferent der hessischen Landesregierung hatte am 7. April 1957 in Kassel erklärt: „Die SPD treibt keinen Personenkult. Ein Sieg der SPD im Bundestagswahlkampf ist nicht gleichzusetzen mit der Betrauung Ollenhauers als Bundeskanzler." Vgl. dazu die „Frankfurter Allgemeine Zeitung" vom 8. April 1957, S. 1. Der Christlich-Demokratische Pressedienst hatte in seiner Ausgabe Nr. 71 vom 10. April 1957 berichtet, daß in diesem Zusammenhang bereits Zinn als möglicher Kanzlerkandidat der SPD genannt worden sei (ZSg. 1–19/15).

[4] Zur USA-Reise Ollenhauers vgl. 178. Sitzung am 4. April 1957 TOP 1. – Ollenhauer hatte vom 18. bis 26. März 1957 Israel besucht und war am 25. März 1957 von Ministerpräsident Ben Gurion und anschließend von Außenministerin Golda Meir empfangen worden. Zeitplan und Pressereaktionen zu seiner Reise in AdsD, Nachlaß Ollenhauer, Bd. 490.

[5] Ollenhauer hatte am 3. April 1957 vor Vertretern der ausländischen Presse dargelegt, daß die SPD im Falle eines Wahlsieges die Schlüsselindustrien einer öffentlichen Kontrolle unterwerfen würde. Der wirtschaftspolitische Sprecher der FDP-Fraktion im Bundestag, Karl Atzenroth, hatte daraufhin erklärt, es werde keine Möglichkeit einer Koalition von SPD und FDP auf Bundesebene geben, solange die SPD an diesen Plänen festhielte. Vgl. dazu die „Frankfurter Allgemeine Zeitung" vom 10. April 1957.

179. Sitzung am 11. April 1957

BHE gegen ein Zusammengehen mit SPD[7]; Oberländer glaubt, daß er über die 5 % Klausel hinauskommt, aber nicht mit SPD zusammengehen will. Wahlabsprachen in einzelnen Wahlkreisen (DP/FVP: CDU)[8]. Wahlprogramm herausstellen: Europäische Frage (Schwenkung der SPD gegenüber Gemein. Markt)[9], der Kern ist das Petersberger Abkommen und Stellung SPD dazu[10]. Junge Union hat 160 000 eingeschriebene Mitglieder. Wehrpflicht dürfte keine Rolle im Wahlkampf spielen, um so mehr kann die SPD kritisiert werden. Verabschiedung der Rentengesetze zugunsten von 6 Mio alten Menschen, vor allem pro futuro größere Sicherheit für die Versicherten. Leistungen auf dem Gebiet des Wohnungsbaues. Wiedervereinigung: Russen können nicht zulassen die direkte Grenze Polen/Deutschland (?) solange gespannte Lage: daher Entspannung für Wiedervereinigung. Differenzieren ist nötig, aber Eindruck der Geschlossenheit der Koalition muß bleiben! Hauptgegner SPD. Nicht scharfer Wahlkampf gegen BHE. Stellungnahme gegen FDP: kein unnötiges Porzellan zerschlagen. S[eeboh]m: Grenzen 1937 Minderheitenrecht – Wahlhilfe von Brentanos

---

[6] Dr. Karl Atzenroth (1895–1995). Möbelfabrikant in Koblenz, 1949–1965 MdB (FDP), dort 1953–1956 stellvertretender Vorsitzender des Ausschusses für Lastenausgleich, 1957–1963 Vorsitzender des Arbeitskreises Wirtschaft der FDP–Fraktion, 1962–1965 Vorsitzender des Ausschusses für Entwicklungshilfe, 1956–1958 und 1960–1966 Mitglied des FDP-Bundesvorstandes.

[7] Der Bundesausschuß des BHE hatte auf seiner Tagung am 24. und 25. Nov. 1956 in Göttingen seine taktische Grundlinie für den Bundestagswahlkampf festgelegt und u.a. beschlossen, daß die Partei als selbständige Kraft in den Bundestagswahlkampf gehe. Vgl. dazu Neumann, BHE, S.198.

[8] Nach dem Beschluß vom 20. Jan. 1957 über die Verschmelzung der FVP mit der DP zur DP/FVP hatte der Bundestag am 14. März der Fraktionsbildung von DP und FVP zugestimmt. Vorsitzender der Partei blieb Hellwege, sein Stellvertreter wurde Preusker. Hellwege und Adenauer sowie weitere Vertreter von DP/FVP und CDU hatten sich am 22. März 1957 auf Wahlabsprachen in Niedersachsen verständigt. Vgl. dazu die Aufzeichnung von Merkatz' in Nachlaß von Merkatz ACDP I-148-090/02. Am 11. April berichtete die „Hannoversche Allgemeine Zeitung", CDU und DP hätten sich entschlossen, in etwa 50 von 253 Wahlkreisen jeweils nur einen Kandidaten aufzustellen, um zu verhindern, „daß die SPD infolge der Zersplitterung im bürgerlichen Lager zu sogenannten Überhangmandaten kommt."

[9] Am 21. März 1957 hatte in der Aussprache zur Regierungserklärung über die Europäische Wirtschaftsgemeinschaft der wirtschaftspolitische Sprecher der SPD, Heinrich Deist, die grundsätzliche Zustimmung der SPD zum Auf- und Ausbau einer europäischen Wirtschaftseinheit erklärt, aber auch eine Reihe von Vorbehalten und Forderungen, darunter insb. die Vereinbarkeit der Verträge mit der Forderung nach Wiedervereinigung, angemeldet. Vgl. dazu Stenographische Berichte, Bd. 35, S. 11334–11342, dazu ferner BT-Drs. 3311. Vgl. auch Bellers, Reformpolitik.

[10] Zum Petersberger Abkommen vom 22. Nov. 1949 vgl. BAnz. Nr. 28 vom 26. Nov. 1949, S. 1, sowie 25. Kabinettssitzung am 23. Nov. 1949 TOP A (Kabinettsprotokolle 1949, S. 219f.). – In dem Abkommen, das von der SPD scharf kritisiert worden war und dem Bundeskanzler den Vorwurf „Kanzler der Alliierten" eingebracht hatte, hatte sich die Bundesregierung u.a. zur Zusammenarbeit mit dem Militärischen Sicherheitsamt der Alliierten, zu einer Entflechtungspolitik und zur Mitarbeit in der Ruhrbehörde und in der OEEC verpflichtet. Im Gegenzug hatten die Besatzungsmächte eine Lockerung der Industriekontrollen und ein Entgegenkommen in der Demontagepolitik zugesagt.

für BHE. Sonnabend Besprechung bei Blücher über Sprachregelung[11]. Brief! Merkatz: uns verstimmt jedes Entgegenkommen gegenüber der FDP. Gefahr der nationalistischen Sozialrevolutionäre (Maier-Döring[12] – frühere SRP[13]). Blücher: Wahlkampf gegen FDP führen indem man innere Zusammenhanglosigkeit und Unwahrheit darstellt. Programm wird repräsentiert durch Spitzenkandidaten in NRW: Weyer[14], Döring, Achenbach[15], Mende[16]. FDP muß nach der Wahl erwachen! und sich spalten. S[eeboh]m: Straßenbau, Verkehrsfibel, Hamburg (Platz). Zahlen an Kabinettmitglieder. Lemmer: Gesamtstimmung DIHT positiv für Regierung und gegen FDP. Kern: Sicherheitskomplex ansprechen; Leute wollen keine Experimente. Preusker: Unklarheit der FDP (erst am Tage nach der Wahl wollen wir uns entscheiden) Verbindung DP/FVP vollzieht sich unten stürmisch. Schlägt eine Art Koalitionsgeneralstab vor; von unserer Seite Merkatz, Preusker. Wuermeling: Frage der Anfälligkeit der SPD gegenüber dem Osten: KP-Wähler sind jetzt bei der SPD. Äußerungen gegen den ungarischen Aufstand. Rede Agartz 1954 war eine ausgesprochene SED-Rede[17] (Zitate!) (Gewerkschaftskongreß). Preissteigerungen – nicht nur Löhne. Rückwirkung der gesteigerten Weltmarktpreise, größere Steuerung in allen anderen Ländern.

---

[11] Laut Tagebucheintragung von Blücher fand am Samstag, den 13. April 1957, ein Treffen der „Ost-Kommission" mit von Brentano, Hallstein, Oberländer, Kaiser, Globke und Hans Grundschoettel, Bundeskanzleramt, statt (Nachlaß Blücher N 1080/294-11).

[12] Wolfgang Döring (1919–1963). 1938–1945 Berufsoffizier (zuletzt Hauptmann bei der Panzertruppe), 1950–1956 Geschäftsführer des Landesverbandes Nordrhein-Westfalen der FDP, 1954–1958 MdL Nordrhein-Westfalen (1956–1958 Fraktionsvorsitzender), 1956–1957 Bundeswahlkampfleiter der FDP, 1957–1963 MdB, dort 1961–1963 stellvertretender Fraktionsvorsitzender, 1958–1963 Mitglied des FDP-Bundesvorstands (1962–1963 stellvertretender Bundesvorsitzender).

[13] Zu der unterstellten Unterwanderung der FDP in Nordrhein-Westfalen durch ehemalige Nationalsozialisten vgl. 118. Kabinettssitzung am 8. Febr. 1956 TOP A (Kabinettsprotokolle 1956, S. 167).

[14] Willi Weyer (1917–1987). 1941–1942 Assistent an der Akademie für Deutsches Recht, 1948–1954 Stadtverordneter und zweiter Bürgermeister der Stadt Hagen, 1950–1954 und 1958–1975 MdL Nordrhein-Westfalen (FDP; 1958–1962 Fraktionsvorsitzender), 1953–1954 MdB, 1954 Minister für Wiederaufbau, 1956–1958 Finanzminister, 1962–1975 Innenminister des Landes Nordrhein-Westfalen, 1956–1972 Landesvorsitzender der FDP in Nordrhein-Westfalen, 1963–1968 stellvertretender Bundesvorsitzender der FDP, 1974–1986 Präsident des Deutschen Sportbundes.

[15] Dr. Ernst Achenbach (1909–1991). 1936–1944 AA bzw. auswärtiger Dienst, dabei 1940–1943 Leiter der Politischen Abteilung der deutschen Botschaft in Paris, 1946 Rechtsanwalt, 1947–1948 Verteidiger bei den Nürnberger Kriegsverbrecherprozessen, 1950–1958 MdL Nordrhein-Westfalen (FDP), dort 1955–1958 stellvertretender Fraktionsvorsitzender, 1957–1976 MdB, dort 1971–1972 stellvertretender Fraktionsvorsitzender, 1960–1964 Mitglied der Beratenden Versammlung des Europarates und der Versammlung der WEU, 1964–1977 MdEP.

[16] Dr. Erich Mende (1916–1998). 1936–1945 Berufssoldat, 1949–1980 MdB (FDP, 1970 CDU), dort 1949–1953 parlamentarischer Geschäftsführer, 1953–1957 stellvertretender und 1957–1963 Fraktionsvorsitzender, 1960–1968 Bundesvorsitzender der FDP, 1963–1966 Bundesminister für gesamtdeutsche Fragen.

[17] Vgl. dazu 34. Sitzung des Kabinettsausschusses für Wirtschaft am 5. Aug. 1955 TOP 1 (B 136/36216). – Agartz hatte seit 1951 die Theorie einer „expansiven Lohnpolitik" als Instrument einer aktiven Konjunkturpolitik vertreten. Diese Theorie hatte bei den Gewerkschaften nachhaltige Zustimmung gefunden.

Höhere Reallohnkraft trotz Preissteigerung; Ausgleich durch Steuersenkung. Keine Verschuldung des Bundes; dagegen hohe Verschuldung der SPD Regierung in Niedersachsen. Merkatz: Leistungen werden nicht honoriert, wohl aber Gefährdungen von Zuständen. Preusker: Gleicher Start mit der SBZ 1948: 1:1, jetzt 1:5! Jedes Ministerium schickt das Material (Zahlen) zum Bundeskanzleramt; von dort aus soll abgestimmtes Material herausgegeben werden. Kaiser: CDU/CSU müssen die Spitze behalten; dazu kommt es auf den Anteil der Arbeiterschaft an. Leistungen werden als selbstverständlich hingenommen; man hat sich daran gewöhnt. Man muß sagen, was man erreichen will!! (Maier: FDP Hecht im Teich „sozial überfütterter" Karpfen[18]). Wiedervereinigung: Sicherheit für 70, nicht für 50 Mio! Entspannung in der Welt Voraussetzung für W[iedervereinigung]. Storch: Neugestaltung der Renten hat Umwandlung des gesamten Denkens in erstaunlichem Umfang herbeigeführt. Arbeitsrecht hat Heimatrecht in den Betrieben gegründet! Beurlaubung von Kabinettsmitgliedern: ab 1.6. möglichst keine Beurlaubungen der Minister mehr. Sts müssen Häuser leiten können. Preusker: Aus Saisonberuf von 2 Mio Bauarbeitern konnte Dauerbeschäftigung über das ganze Jahr hinweg erreicht werden; großer Erfolg bei der Arbeiterschaft. Kaiser: Gesellschaftspolitische Stellung der Arbeiter ist wichtig.

[A.] Antwort auf den Bulganin-Brief

Der *Bundeskanzler* bittet den Bundesminister des Auswärtigen, den Kanzlerbrief und die Antwortnote auf den Bulganin-Brief zu verlesen. Nach der Verlesung findet eine kurze Aussprache statt. Das Kabinett nimmt von dem Antwortbrief und der deutschen Note Kenntnis[19].

2. Omnibustarife BMV/BMP

Die Erhöhung der Omnibustarife, die bereits mehrfach Gegenstand von Kabinettsberatungen – u. a. am 19.12.1956 sowie 27. und 28.3.1957 – war, wird nochmals eingehend erörtert. Das Kabinett spricht sich mit Mehrheit gegen die Stimmen der

---

[18] In seiner Programmrede vor dem Landesparteitag der FDP in Köln am 25. März 1957 hatte Maier u.a. die „Ausgabenwollust" des Bundestages, die „Inflationsmentalität" und den Ausbau des Wohlfahrtsstaates kritisiert und angekündigt, die FDP werde ohne Koalitionsaussage auf sich allein gestellt im kommenden Wahlkampf „der Hecht im Teich sozial überfütterter Karpfen" sein. Vgl. „Frankfurter Allgemeine Zeitung" vom 25. März 1957, S. 3.

[19] Siehe 171. Sitzung am 15. Febr. 1957 TOP A. – Vgl. das Schreiben Adenauers vom 13. April 1957 als Antwort auf den Brief Bulganins vom 18. März 1957 in AA B 12, Bd. 16, dazu auch AA B 12, Bd. 466; Schriftwechsel veröffentlicht u.a. im Bulletin Nr. 48 vom 26. März 1957, S. 493 f., und DzD III 3/1, S. 498–501 sowie im Bulletin Nr. 75 vom 18. April 1957, S. 649 f. und DzD III 3/1, S. 596 f. – Adenauer bedauerte in seinem Schreiben, daß Bulganin nicht auf die von ihm angesprochene Repatriierungsfrage eingegangen sei. Die Zwei-Staaten-Theorie wies er erneut zurück. In der dem Schreiben beigefügten Verbalnote erklärte der Bundeskanzler die Bereitschaft, in Wirtschaftsverhandlungen mit der Sowjetunion einzutreten. – Fortgang 180. Sitzung am 30. April 1957 TOP B.

Bundesminister für Wirtschaft und *für Familienfragen* dafür aus, es bei den früheren Kabinettsbeschlüssen zu belassen[20].

4. Entwurf eines Gesetzes zu den Verträgen zur Gründung der Europäischen Wirtschaftsgemeinschaft und der Europäischen Atomgemeinschaft (EURATOM) vom 25. März 1957 nebst dem Wortlaut der Verträge, Anhänge und Protokolle sowie des gleichzeitig unterzeichneten Abkommens über gemeinsame Organe für die Europäischen Gemeinschaften und ihrer Begründung AA

Das Kabinett stimmt einstimmig der Kabinettvorlage des Bundesministers des Auswärtigen vom 5. April 1957 zu[21]. Entsprechend einer Anregung des *Bundesministers für Atomfragen* soll jedoch das Wort „Kernkraft" durch den Ausdruck „Kernenergie" ersetzt werden[22].

Die Frage der Federführung im Interimsausschuß soll unter Hinzuziehung des Bundesministers der Justiz zunächst im Wirtschaftskabinett erörtert werden[23].

Abordnungen, Ernennungen und Beförderungen von deutschen Beamten und Angestellten in internationalen Gremien – insbesondere in der Europäischen Wirtschaftsgemeinschaft und der Europäischen Atomgemeinschaft – sollen künftig unter entsprechender Anwendung der Geschäftsordnung der Bundesregierung dem Kabinett zur Beschlußfassung vorgelegt werden[24]. Die formelle Ergänzung der Geschäftsordnung soll im Zusammenhang mit einer Neufassung vorgenommen werden[25].

3. Personalien

Unter Vorsitz des Vizekanzlers billigt das Kabinett die Vorschläge gemäß Anlage 1 nebst Nachtrag und Anlage 2 zu Punkt 3 der Tagesordnung[26].

---

[20] Siehe 178. Sitzung am 4. April 1957 TOP C.

[21] Siehe 171. Sitzung am 15. Febr. 1957 TOP E (Assoziierung überseeischer Gebiete). – Vorlage des AA vom 5. April 1957 in AA B 10, Bd. 932 und B 136/1314. – Die Vorlage nahm Bezug auf frühere Vorlagen des AA vom 1. Mai 1956, 2. Okt. 1956 und 10. Jan. 1957. Sie enthielt das gesamte Vertragswerk für den Gemeinsamen Markt und EURATOM, wie es am 25. März 1957 in Rom unterzeichnet worden war, sowie den Entwurf eines aus vier Artikeln bestehenden Vertragsgesetzes.

[22] Vgl. dazu das Schreiben des BMAt vom 6. April 1957 in B 136/1314.

[23] Fortgang hierzu 69. Sitzung des Kabinettsausschusses für Wirtschaft am 1. Juni 1957 TOP 3 (B 136/36220). – Der Interimsausschuß sollte bis zum Inkrafttreten des Vertrages tätig sein und noch ungeklärte Details regeln. – BR-Drs. 146/57, BT-Drs. 3615. – Zum Ratifizierungsverfahren Fortgang 189. Sitzung am 16. Juli 1957 TOP 4.

[24] Vgl. dazu 5. Sitzung am 27. Nov. 1957 TOP 3.

[25] Vgl. dazu § 15 Abs. 2 der GOBReg, abgedruckt in Anhang 1. – Eine Neufassung der GOBReg erfolgte am 29. März und 12. Sept. 1967 (GMBl., S. 130 und S. 430). Unterlagen dazu in B 136/4646 und 4647.

[26] Zur Ernennung vorgeschlagen waren Flottilleadmiral Karl-Adolf Zenker, drei Kapitäne zur See, ein Oberst und zwei Ministerialräte im Bereich des BMVtg, ein Vortragender Legationsrat im AA und ein Ministerialrat im BMWi (Anlage 1), ein Ministerialdirigent im BMF (Nachtrag) sowie die Einweisung des Botschafters Dr. Wilhelm Melchers (vgl. 172. Sitzung am 21. Febr. 1957 TOP 8) in eine Planstelle der Besoldungsgruppe B 4 (Anlage 2).

Die Besetzung der Stellen des Präsidenten und des Vizepräsidenten des Bundesrechnungshofes soll in der Kabinettssitzung am 17. April behandelt werden[27].

5. Entwurf eines Gesetzes über die Militärseelsorge BMVtg

Staatssekretär Dr. Strauß erläutert vom Standpunkt des Bundesministeriums der Justiz die Vorlage des abwesenden Bundesministers für Verteidigung vom 2. April 1957. Der *Vizekanzler* äußert formelle Bedenken gegen die Behandlung des Vertrages mit der evangelischen Kirche in Deutschland als völkerrechtlicher Vertrag. Gegen seine Stimme billigt das Kabinett die Vorlage des Bundesministers für Verteidigung vom 2. April 1957[28].

6. Entwurf einer Verordnung über Ausnahmen von der Wohnraumbewirtschaftung und Mietpreisbindung BMWo

Der *Bundesminister für Wohnungsbau* trägt, unterstützt durch den *Bundesminister für Wirtschaft*, den Inhalt der gemeinsamen Kabinettvorlage vom 30. März 1957 vor[29]. Der *Bundesminister für Vertriebene, Flüchtlinge und Kriegsgeschädigte* macht gegen die Vorlage nachdrücklich sozialpolitische Bedenken geltend. Das Kabinett stimmt mit Mehrheit der Vorlage zu[30].

7. Stellungnahme der Bundesregierung zur Großen Anfrage der Fraktion der CDU/CSU betr. gesetzliche Beschränkung der Sonntagsarbeit BMA

Dieser Punkt der T.O. ist abgesetzt. Die Große Anfrage betr. gesetzliche Beschränkung der Sonntagsarbeit ist bereits in der gestrigen Plenarsitzung des Bundestages beantwortet worden[31].

---

[27] Am 21. Febr. 1957 hatte das Kabinett der Ernennung Oefterings zum Präsidenten des Bundesrechnungshofes zugestimmt (172. Sitzung am 21. Febr. 1957 TOP 1, zur weiteren Verwendung Oefterings vgl. 180. Sitzung am 30. April 1957 TOP 2). – Fortgang 183. Sitzung am 21. Mai 1957 TOP 1.

[28] Siehe 171. Sitzung am 15. Febr. 1957 TOP 7. – Vorlage des BMVtg vom 2. April 1957 in B 136/6878. – Die Synode der Evangelischen Kirche in Deutschland hatte am 7. März 1957 dem Vertrag zugestimmt. Der Vertrag, der auch beamtenrechtliche Fragen und finanzielle Verpflichtungen des Bundes betraf, bezog sich auch auf Gegenstände der Bundesgesetzgebung und bedurfte daher der Zustimmung der gesetzgebenden Körperschaften. – BR-Drs. 170/57. – Fortgang 181. Sitzung am 7. Mai 1957 TOP 12.

[29] Gemeinsame Vorlage des BMWo und des BMWi vom 30. März 1957 in B 102/30794 und B 136/1475. – Als Beitrag zum Abbau der Wohnungszwangswirtschaft sollten teurere Wohnungen von der öffentlichen Wohnraumbewirtschaftung und der Preisregelung ausgenommen werden. Diese Regelung sollte den Mieterschutz unberührt lassen.

[30] Der Bundesrat hielt eine Lockerung der Wohnraumbewirtschaftung in Anbetracht der Wohnungsnot für verfrüht und lehnte den Verordnungsentwurf in der Sitzung am 7. Juni 1957 ab (BR-Drs. 171/57).

[31] Siehe 178. Sitzung am 4. April 1957 TOP D. – Die Drucksache Nr. 3236 war in der 203. Sitzung des Bundestags am 10. April 1957 behandelt worden. Dabei hatte sich Storch grundsätzlich für den Schutz der Sonn- und Feiertage ausgesprochen und erklärt, „daß die notwendige Steigerung der Produktion auch ohne Preisgabe der Sonntagsruhe und der Sonntagsheiligung erreicht

8. Deutscher Beitrag zum Flüchtlingsfonds der Vereinten Nationen AA

9. Zuwendungen an Getreidemühlen zur Stabilisierung der Mehlpreise BML

10. Entwurf eines Gesetzes über die Neugliederung des Gebietsteiles Baden des Bundeslandes Baden-Württemberg nach Art. 29 Abs. 3 d. Grundges. – Antrag d. Abg. Dr. Kopf, Hilbert, Dr. Brühler, Dr. Böhm (Frankfurt), Lulay und Gen. BMI

[B.] Bereitstellung von Wohnungsbaumitteln für die Rückführung der Evakuierten

Kabinettvorlagen der Bundesminister für Wohnungsbau sowie für Vertriebene, Flüchtlinge und Kriegsgeschädigte vom 6.4.1957.

Diese Punkte werden zurückgestellt bis zur Kabinettssitzung am 17. April 1957[32].

---

werden sollte und daß der verfassungsmäßige Schutz der Sonn- und Feiertage gewahrt werden muß". (Stenographische Berichte, Bd. 36, S. 11512 f.).

[32] Fortgang 180. Sitzung am 30. April 1957 TOP 10, TOP 11, TOP 6 und TOP 8.

**180. Kabinettssitzung
am Dienstag, den 30. April 1957**

Teilnehmer: Adenauer (bis 10.43 Uhr)[1], Blücher, von Brentano, Schäffer, Lübke, Strauß, Lemmer (bis 11.55 Uhr), Balke, Wuermeling (bis 12.22 Uhr); Globke (bis 12.00 Uhr), Hallstein, Bleek, W. Strauß, Westrick, Busch, Bergemann, Steinmetz (ab 11.55 Uhr), Nahm, Thedieck, Ripken; Klaiber (Bundespräsidialamt), Janz (Bundeskanzleramt; ab 12.00 Uhr), von Eckardt (BPA), Krueger (BPA), Selbach (Bundeskanzleramt), Kilb (Bundeskanzleramt; bis 10.43 Uhr). Protokoll: Abicht.

Beginn: 10.00 Uhr   *Ende: 12.37 Uhr*

Ort: Haus des Bundeskanzlers

Tagesordnung:

1. *Personalien*
   Gemäß Anlagen.

2. *Beschluß der Bundesregierung über den Vorschlag des BMV für die Ernennung des Vorsitzers und der übrigen Mitglieder des Vorstandes der Deutschen Bundesbahn gemäß § 8 Abs. 3 des Bundesbahngesetzes*
   Vorlage des BMV vom 3. April 1957 (Z 1 - Pebo (Vorst) 9/376 Bb/57).

3. *Vorschlag zur Ernennung des Präsidenten des Gemischten Gerichtshofes in Saarbrücken*
   Vorlage des BMJ vom 5. April 1957 (1084/9 (2) - 5654/57).

4. *Entwurf einer Antwort der Bundesregierung auf die Große Anfrage der SPD betr. Atomwaffen (BT-Drucksache 3347)*
   Vorlage des BMVtg wird nachgereicht.

5. *Entwurf eines Gesetzes zu dem deutsch-belgischen Ausgleichsvertrag vom 24. Sept. 1956*
   Vorlage des AA vom 15. April 1957 (302 - 213 - 01/1120/57).

6. *Entwurf eines Gesetzes über die Neugliederung des Gebietsteiles Baden des Bundeslandes Baden-Württemberg nach Art. 29 Abs. 3 des Grundgesetzes – Antrag der Abg. Dr. Kopf, Hilbert, Dr. Brühler, Dr. Böhm (Frankfurt), Lulay und Gen., BT-Drucks. 3316*
   Vorlage des BMI vom 2. April 1957 (I A 1 - 11 832 A - 396/57).

7. *Unterrichtung des Kabinetts durch den BMI über die durch das Urteil des Bundesverwaltungsgerichts vom 22. Nov. 1956 geschaffene Lage auf dem Gebiet des Apothekenwesens*
   Vorlage des BMI vom 29. März 1957 (IV B 7 4470 - 05 - 100/57).

---

[1] Im Tageskalender Adenauers war um 10.45 Uhr ein Gespräch mit Herbert Blankenhorn eingetragen (B 136/20686).

180. Sitzung am 30. April 1957

8. *Bereitstellung von Wohnungsbaumitteln für die Rückführung von Evakuierten*
   Gemeinsame Vorlage des BMWo und des BMVt vom 6. April 1957 (I/12 - 4205/12/57 und II/5 - 5833/1425/57).

9. *Bereitstellung von Wohnungsbaumitteln zu Gunsten von Ungarnflüchtlingen*
   Gemeinsame Vorlage des BMWo und BMVt vom 19. März 1957 (I/12 - 4141/7/57 und II - 5 5856/1140/57).

10. *Deutscher Beitrag zum Flüchtlingsfonds der Vereinten Nationen*
    Vorlage des AA vom 29. März 1957 (508 - 020 - 14/22 - 1660/57).

11. *Zuwendungen an Getreidemühlen zur Stabilisierung der Mehlpreise*
    Vorlage des BML vom 21. März 1957 (III A 1 a - 3142.1 - 61/57, Kab. Nr. 161).

12. *Prägung der Eichendorff-Gedenkmünze*
    Vorlage des BMF vom 17. April 1957 (V A/1 - F 5148 - 1/57).

13. *Ursachen des Geburtenrückganges*
    Denkschrift des BMFa vom 17. April 1957 (F 2100 - K - 1/57).

[A.] **Außenpolitische Lage**

Der *Bundeskanzler* gibt einen Überblick über die außenpolitische Lage. Er behandelt dabei die Besprechungen mit den deutschen Atomwissenschaftlern[2], die Verlautbarungen der sowjetischen Botschaft in Bonn[3], den Bulganin-Brief an Groß-Britannien[4], die Unterhaltung mit dem sowjetischen Botschafter Smirnow[5] und die

---

[2] In der „Göttinger Erklärung" vom 12. April 1957 hatten sich 18 Atomwissenschaftler gegen die Ausrüstung der Bundeswehr mit Atomwaffen gewandt. Zum 17. April hatte Adenauer zu einer Aussprache eingeladen, an der die Professoren Walther Gerlach, Otto Hahn, Max von Laue, Wolfgang Riezler und Carl-Friedrich von Weizsäcker, Bundesminister Strauß, die Staatssekretäre Hallstein, Rust und Globke sowie die Generäle Heusinger und Speidel teilnahmen. Dabei war von beiden Seiten der Wunsch und die Notwendigkeit betont worden, zu einer kontrollierten Abrüstung zu gelangen. Vgl. Bulletin Nr. 75 vom 18. April 1957, S. 650. – Unterlagen zum Göttinger Aufruf und zur Vorbereitung des Gesprächs in B 136/6889 und B 106/16053, zum Ergebnis des Gesprächs vgl. auch das Protokoll der Pressekonferenz vom 17. April 1957 in B 145 I/68, ferner Schriftwechsel von Strauß mit von Weizsäcker von Februar bis April 1957 in ACSP, Nachlaß Strauß, Büro Bundesminister für Verteidigung, Bd. 112. – Fortgang hierzu Sondersitzung am 9. Mai 1957.

[3] In der Zeitschrift „Die Sowjetunion heute" vom 10. April 1957 hatte die sowjetische Botschaft in einem Artikel anläßlich des 35. Jahrestages der Unterzeichnung des Vertrages von Rapallo erklärt, daß der Briefwechsel zwischen dem deutschen Bundeskanzler und dem sowjetischen Ministerpräsidenten zu Hoffnungen auf ein Wiedererstehen des Geistes von Rapallo berechtige. Vgl. dazu die Stellungnahme des AA vom 11. April 1957 in AA B 12, Bd. 466.

[4] In der Note vom 20. April 1957 an Macmillan hatte Bulganin einen befristeten Stop von Atombombenversuchen vorgeschlagen, falls sich die Westmächte nicht auf eine Dauereinstellung verständigen könnten. Vgl. den Umdruck des Bundespresseamtes in Nachlaß Blankenhorn N 1356/75b, Note veröffentlicht in DzD III 3/1, S. 625–633.

[5] Siehe 172. Sitzung am 21. Febr. 1957 TOP A. – Vgl. die Aufzeichnung über das Gespräch am 25. April 1957 in StBKAH III/54. – Bei diesem Gespräch hatte Adenauer das Interesse der Bundesregierung an den Rüstungsbegrenzungen und insb. an einer kontrollierten nuklearen Abrüstung betont. In einem Schreiben vom 28. April 1957 hatte er gegenüber Smirnow sein Befremden zum Ausdruck gebracht, daß diese Haltung der Bundesregierung in der Note der

letzte sowjetische Note⁶. Die außenpolitische Lage sei ernst. Bei der bevorstehenden NATO-Tagung in Bonn käme es darauf an, größte Geschlossenheit zu zeigen⁷.

Staatssekretär Professor Dr. Hallstein berichtet anschließend über das Ergebnis der gestrigen Sitzung des Ministerkomitees des Europarates⁸.

[B.] **Stützung des Margarinepreises**

Der *Bundesminister für Ernährung, Landwirtschaft und Forsten* teilt mit, es sei möglich, die Margarinepreise in diesem Jahr auf dem alten Stand zu halten. Maßgebende Vertreter der deutschen Margarineindustrie hätten dem Bundesminister für Wirtschaft entsprechende Zusagen gemacht. Voraussetzung sei allerdings, daß das Kabinett der folgenden Absprache zwischen den Bundesministerien für Wirtschaft sowie für Ernährung, Landwirtschaft und Forsten zustimme: Das Bundesministerium für Ernährung, Landwirtschaft und Forsten stellt dem Bundesministerium für Wirtschaft einen Betrag von 5 Mio. DM für Zuschüsse an die deutsche Margarineindustrie zur Verfügung, und zwar im Wege einer außerplanmäßigen Ausgabe aus den für die Förderung der Wasserwirtschaft bestimmten Mitteln. Das Bundesministerium für Wirtschaft stellt dafür dem Bundesministerium für Ernährung, Landwirtschaft und Forsten aus ERP-Krediten einen Betrag von 11 Mio. DM für die Förderung der Wasserwirtschaft zur Verfügung. Eine zusätzliche Belastung des Bundeshaushalts trete durch diese Maßnahmen nicht ein. Das Kabinett habe

---

Sowjetunion vom 27. April 1957 nicht berücksichtigt worden war. Schreiben veröffentlicht in Bulletin Nr. 81 vom 3. Mai 1957, S. 716 und in DzD III 3/1, S. 655.

⁶ Siehe 179. Sitzung am 11. April 1957 TOP A. – In der Note vom 27. April 1957 an die Regierung der Bundesrepublik Deutschland hatte die Sowjetunion vor einer Umwandlung des Territoriums der Bundesrepublik in einen Atomstützpunkt der NATO gewarnt. Note in AA (Ref. II A 7), VS-Bd. 802, veröffentlicht in DzD III 3/1, S. 651–654, dazu auch Aufzeichnung vom 28. April 1957 zur Beurteilung der Situation und Ausarbeitung einer Antwortnote der Bundesregierung in Nachlaß Blankenhorn N 1351/75b. – In einer ersten Stellungnahme vom 29. April 1957 hatte Außenminister von Brentano diese Note als den Versuch einer Einschüchterung bewertet. Vgl. Bulletin Nr. 80 vom 30. April 1957, S. 693 und DzD III 3/1, S. 655–659. – Die Antwort der Bundesregierung erfolgte am 22. Mai 1957. Note in AA (Ref. II A 7), VS-Bd. 802, veröffentlicht in DzD III 3/2, S. 1053-1056.

⁷ Unterlagen über die NATO-Außenministerkonferenz am 2. und 3. Mai 1957 in Bonn in B 136/2157 (Programm), AA B 2, Bd. 38 und AA B 14, Bd. 37 (Programm, Zusammensetzung, Tischreden, Presseverlautbarungen) und AA B 14 (II A 7), VS-Bd. 6 (Konferenzmappe), Sitzungsdokumente in Nachlaß Blankenhorn N 1351/74, 75a und 76. – Abschlußkommuniqué in Bulletin Nr. 83 vom 7. Mai 1957, S. 729. – Gegenstand der Beratungen waren u.a. die Modernisierung des Waffenarsenals, die Aufrüstung der Streitkräfte mit Atomwaffen, die Abrüstungsverhandlungen mit der Sowjetunion sowie die Wiedervereinigungsfrage. Dabei hatten die Bündnispartner ihre Entschlossenheit bekundet, ihre Bemühungen um eine friedliche Wiederherstellung der Einheit Deutschlands innerhalb eines europäischen Sicherheitssystems fortzusetzen und zu verstärken.

⁸ Am 29. April 1957 hatte das Ministerkomitee des Europarates in Straßburg seine 20. Sitzung abgehalten. Neben Fragen der allgemeinen politischen Situation in Europa hatte der Ministerrat vor allem die Reorganisation der Institutionen von Europarat und Europäischem Wirtschaftsrat (OEEC) behandelt. Vgl. das Protokoll der 20. Sitzung des Ministerkomitees am 29. April 1957 in AA B 21, Bd. 15 sowie das Kommuniqué in Mitteilungen des Europarats Nr. 7 vom Mai 1957 (EA 1957, S. 9866).

seinerzeit die Stützungsaktion im Grundsatz bereits beschlossen[9]. Heute gehe es nur darum, das Kabinett über den technischen Weg, auf dem die Stützungsaktion vorgenommen werden solle, zu unterrichten. *Staatssekretär Dr. Westrick* stimmt den Ausführungen des Bundesministers für Ernährung, Landwirtschaft und Forsten zu. Der *Bundesminister der Finanzen* erhebt keinen Widerspruch. Das Kabinett erklärt sich einverstanden[10].

1. Personalien

Unter Vorsitz des Vizekanzlers beschließt das Kabinett gemäß Anlage 1 bis 6 zu Punkt 1 der heutigen Tagesordnung[11].

2. Beschluß der Bundesregierung über den Vorschlag des Bundesministers für Verkehr für die Ernennung des Vorsitzers und der übrigen Mitglieder des Vorstandes der Deutschen Bundesbahn gemäß § 8 Abs. 3 des Bundesbahngesetzes BMV

Staatssekretär Dr. Bergemann trägt den Inhalt der Kabinettvorlage des Bundesministers für Verkehr vom 3.4.1957 vor[12].

Das Kabinett beschließt entsprechend dieser Vorlage.

Der *Bundesminister der Finanzen* weist darauf hin, daß sich der jetzige Präsident des Bundesrechnungshofes, Professor Dr. Oeftering, noch nicht endgültig entschlossen habe, die Berufung als Vorsitzer des Vorstandes der Deutschen Bundesbahn anzunehmen. Auch sei die Auswahl eines neuen Präsidenten des Bundesrechnungshofes sehr schwierig. Aus diesem Grunde sei es zweckmäßig, über den heutigen Kabinettsbeschluß noch keine Mitteilung an die Presse zu machen[13].

---

[9] Nicht ermittelt.

[10] Vgl. die Aufzeichnung vom 5. April 1957 über die Vereinbarung zwischen BMWi und BML und das Schreiben des BMWi an den BML vom 23. April 1957 sowie den Entwurf einer gemeinsamen Kabinettsvorlage vom Mai 1957 in B 116/8692. – Um die Margarinepreise für 1957 stabil zu halten, sollte auf Vorschlag des BMWi der Bund die aus dem Zwang zur Beimischung von inländischem Rapsöl entstehenden Mehrkosten übernehmen und im Gegenzug die Margarineindustrie sich zum Stillhalten in der Preisfrage verpflichten. – Fortgang 181. Sitzung am 7. Mai 1957 TOP D.

[11] Vorgeschlagen war die Ernennung von zwei Ministerialräten im BMWi (Anlage 1), des Landgerichtsdirektors Dr. Albert Messner zum Bundesrichter beim Bundesgerichtshof (Anlage 2), die Vergütung eines Ministerialrates im BML nach der ADO für übertarifliche Angestellte (Anlage 3), ferner die Ernennung von zwei Ministerialräten im BMI, eines Ministerialdirigenten im BMWi sowie des Direktors beim Bundesrechnungshof Dr. Eduard Sina (Anlage 5). Des weiteren sollte dem Bundespräsidenten vorgeschlagen werden, den Bundesverwaltungsdirektor Dr. Werner Kohl zum Direktor beim Landesarbeitsamt Pfalz als ständigen Stellvertreter des Präsidenten (Anlage 4) und den Oberdirektor bei der BAVAV Heinrich Kretschmer zum Präsidenten des Landesarbeitsamtes Nordbayern zu ernennen (Anlage 6).

[12] Vorlage des BMV vom 3. April 1957 in B 108/28593. – Der BMV hatte vorgeschlagen, den Präsidenten des Bundesrechnungshofes Heinz Maria Oeftering zum Ersten Präsidenten und Vorstandsvorsitzenden und Fritz Schelp, Hans Geitmann und Karl Koch zu Präsidenten und Mitgliedern des Vorstandes der Deutschen Bundesbahn zu ernennen.

[13] Oeftering hatte Forderungen hinsichtlich personeller und struktureller Veränderungen in der Führung der Bundesbahn gestellt. Am 13. Mai 1957 trat er sein Amt an. Unterlagen dazu in B 108/28593.

180. Sitzung am 30. April 1957

3. **Vorschlag zur Ernennung des Präsidenten des Gemischten Gerichtshofes in Saarbrücken** BMJ

Staatssekretär Dr. Strauß befürwortet die Ernennung des belgischen Richters an der Cour de Cassation J. Valentin[14] zum Präsidenten des Gemischten Gerichtshofes in Saarbrücken. Das Kabinett beschließt gemäß Kabinettvorlage des Bundesministers der Justiz vom 5.4.1957[15].

4. **Entwurf einer Antwort der Bundesregierung auf die Große Anfrage der SPD betr. Atomwaffen** BMVtg

Der *Bundesminister für Verteidigung* trägt die Antwort, die er namens der Bundesregierung auf die Große Anfrage der SPD betr. Atomwaffen in der Bundestagssitzung am 10. Mai zu geben beabsichtigt, in den Grundzügen vor[16].

Er teilt mit, daß die Antwort auf Grund einer Ressortbesprechung, die am heutigen Nachmittag stattfinden wird, im einzelnen formuliert werden soll. Der Wortlaut der Antwort soll den Kabinettsmitgliedern am 3. Mai übersandt werden[17].

5. **Entwurf eines Gesetzes zu dem deutsch-belgischen Ausgleichsvertrag vom 24. September 1956** AA

Staatssekretär Thedieck erhält von dem *Bundesminister des Auswärtigen* die gewünschte Klarstellung, daß der deutsch-belgische Ausgleichsvertrag keine Beeinträchtigung der Entscheidungsfreiheit für ein wiedervereinigtes Deutschland enthält[18]. Der *Vizekanzler* weist unter Zustimmung der übrigen Kabinettsmitglieder darauf hin, daß man diesen Punkt nicht in der Öffentlichkeit anschneiden solle. Auf Anre-

---

[14] Jean Valentin (geb. 1899). 1948–1954 Richter am Berufungsgericht von Brüssel, seit 1954 Richter am Belgischen Kassationsgericht, 1957–1960 zugleich Präsident des deutsch-französischen Gemischten Gerichtshofes in Saarbrücken.

[15] Siehe 171. Sitzung am 15. Febr. 1957 TOP 8. – Vorlage des BMJ vom 5. April 1957 in B 141/31834 und B 136/7120. – Die Nachbenennung war durch den Verzicht des bisherigen Kandidaten A. Fettweis erforderlich geworden. – Vgl. auch 181. Sitzung am 11. Mai 1957 TOP 11.

[16] Vgl. BT-Drs. 3347 vom 2. April 1957. – Die SPD hatte insgesamt neun Fragen nach den Maßnahmen der Bundesregierung zur Verhinderung eines Atomkrieges auf dem Boden des geteilten Deutschland, nach ihren Bemühungen um eine internationale Abrüstung, zu ihrer Haltung gegenüber der Lagerung von Atomwaffen auf dem Gebiet der Bundesrepublik und nach Maßnahmen zum Schutz der Zivilbevölkerung gestellt. – Undatierter Entwurf einer mit dem AA und dem BMI abgestimmten Antwort auf die Anfrage in B 136/6889, zur geschäftsmäßigen Abstimmung vgl. auch B 136/133.

[17] Aufzeichnung vom 23. Mai über eine Besprechung von Strauß mit Staatssekretär Rust, General Heusinger und anderen am 3. Mai 1957 in B 136/6889. – Fortgang Sondersitzung am 9. Mai 1957 TOP 1.

[18] Siehe 170. Sitzung am 6. Febr. 1957 TOP 3. – Vorlage des AA vom 15. April 1957 in AA B 24, Bd. 150 und B 136/1724. – Die Vorlage enthielt den Entwurf eines Ratifizierungsgesetzes, den Vertrag, dem das Kabinett in der 152. Sitzung am 19. Sept. 1956 TOP 2 (Kabinettsprotokolle 1956, S. 598) zugestimmt hatte, verschiedene Anhänge, einen Briefwechsel zwischen den vertragschließenden Parteien sowie eine Denkschrift, die das Ergebnis der Verhandlungen zusammenfaßte. Gegenstand des Vertrages waren insb. Grenzberichtigungen und Regelungen für grenzdurchschnittenes oder grenznahes Gebiet.

239

180. Sitzung am 30. April 1957

gung von *Staatssekretär Thedieck* erklärt sich der *Bundesminister des Auswärtigen* damit einverstanden, daß unter Ziffer 2 der Denkschrift zu dem Vertrag (Seite 32, linke Spalte, vierte Zeile der Drucksache) das Wort „Entwurfes" durch das Wort „Vertrages" ersetzt wird. Der *Vizekanzler* weist darauf hin, daß das Kabinett seinerzeit dem Abschluß des Vertrages zugestimmt habe.

Die anwesenden Kabinettsmitglieder stimmen der Kabinettvorlage des Bundesministers des Auswärtigen vom 15.4.1957 zu[19].

6. **Entwurf eines Gesetzes über die Neugliederung des Gebietsteiles Baden des Bundeslandes Baden-Württemberg nach Art. 29 Abs. 3 des Grundgesetzes – Antrag der Abg. Dr. Kopf, Hilbert, Dr. Brühler, Dr. Böhm (Frankfurt), Lulay und Gen. – BT-Drucksache 3316**   BMI

Staatssekretär Bleek schildert die Gesichtspunkte, die gegen den Antrag der Abg. Dr. Kopf[20], Hilbert[21], Dr. Brühler, Dr. Böhm (Frankfurt)[22], Lulay[23] und Gen. – BT-Drucks. 3316 – sprechen[24]. Er führt aus, die Bundesregierung solle eine Stellungnahme vor dem Plenum des Bundestages nach Möglichkeit vermeiden. Wenn eine Stellungnahme erforderlich sei, solle sich die Bundesregierung auf die Darlegung der rechtlichen Gesichtspunkte beschränken.

---

[19] BR-Drs. 191/57. – Fortgang 186. Sitzung am 19. Juni 1957 TOP C.

[20] Dr. Hermann Kopf (1901–1991). Seit 1930 Rechtsanwalt, 1949–1969 MdB (CDU), dort 1960–1969 Vorsitzender des Ausschusses für auswärtige Angelegenheiten, 1952–1961 Mitglied der Beratenden Versammlung des Europarates und der Versammlung der WEU.

[21] Anton Hilbert (1898–1986). 1929–1933 Mitglied des Badischen Landtags (Badische Bauernpartei), 1945 Bürgermeister in Wutha (Thüringen), 1946–1947 Staatssekretär für Landwirtschaft in Baden, 1946–1947 Mitglied der Beratenden Landesversammlung in Baden (Südbaden), 1947–1956 MdL Baden, ab 1952: Baden-Württemberg (CDU), 1946–1947 Staatssekretär für Landwirtschaft, 1948–1949 Mitglied des Parlamentarischen Rates, 1949–1968 MdB, dort 1949 Vorsitzender, 1949–1953 stellvertretender Vorsitzender des Ausschusses für innergebietliche Neuordnung.

[22] Prof. Dr. Franz Böhm (1895–1977). 1925–1933 Reichswirtschaftsministerium, seit 1933 Lehrtätigkeit an den Universitäten in Freiburg i. Br. und seit 1937 in Jena, 1945–1946 hessischer Kultusminister, 1946–1962 ordentlicher Professor für Bürgerliches, Handels- und Wirtschaftsrecht an der Universität Frankfurt/Main, 1952 Leiter der deutschen Delegation bei den Wiedergutmachungsverhandlungen mit Israel, 1953–1965 MdB (CDU), 1959 einer der Kandidaten für die Nachfolge von Theodor Heuss im Amt des Bundespräsidenten.

[23] Wilhelm Adam Lulay (1901–1974). 1952 Vorsitzender der CDU Nordbaden, 1952 der Arbeitsgemeinschaft Südwest, 1953 des gesamtbadischen Landesverbandes der CDU, 1953–1957 und 1959–1961 MdB.

[24] Siehe 162. Sitzung am 5. Dez. 1956 TOP 5 (Kabinettsprotokolle 1956, S. 755 f.). – Vorlage des BMI vom 2. April 1957 in B 136/4345. – Der BT-Antrag hatte die Wiederherstellung des Landes Baden angestrebt. Der BMI hatte in seiner Vorlage aus verfassungsrechtlichen und sachlichen Gründen (Vorwegnahme der endgültigen Neugliederung) den Antrag abgelehnt. – In der 6. Sitzung des Bundestages am 12. Dez. 1957 erklärte Schröder, daß eine Neugliederung des Bundesgebietes durch ein Bundesgesetz erst nach Abschluß der Rückgliederung des Saarlandes und nach der Wiedervereinigung in Betracht gezogen werden könne (vgl. Stenographische Berichte, Bd. 39, S. 169–170). – Vgl. dazu auch Schiffers, Weniger Länder.

Die anwesenden Kabinettsmitglieder erklären sich mit diesem Verfahren einverstanden[25].

7. **Unterrichtung des Kabinetts durch den Bundesminister des Innern über die durch das Urteil des Bundesverwaltungsgerichts vom 22.11.1956 geschaffene Lage auf dem Gebiet des Apothekenwesens** BMI

Staatssekretär Bleek unterrichtet die Kabinettsmitglieder darüber, daß dadurch eine neue Lage auf dem Gebiete des Apothekenwesens eingetreten sei, daß der Hamburgische Senat beschlossen habe, eine Normenkontrollklage vor dem Bundesverfassungsgericht anzustrengen. Es sei daher zweckmäßig, zunächst die Begründung Hamburgs abzuwarten und dann Ressortbesprechungen zwischen den Bundesministerien des Innern, der Justiz und für Wirtschaft abzuhalten, ob und mit welcher Begründung sich die Bundesregierung dieser Klage anschließen solle[26].

8. **Bereitstellung von Wohnungsbaumitteln für die Rückführung von Evakuierten**
BMWo/BMVt

und

9. **Bereitstellung von Wohnungsbaumitteln zu Gunsten von Ungarnflüchtlingen**
BMWo/BMVt

Diese Punkte der Tagesordnung sind abgesetzt[27].

10. **Deutscher Beitrag zum Flüchtlingsfonds der Vereinten Nationen** AA

Der *Bundesminister des Auswärtigen* setzt sich für eine Erhöhung des deutschen Beitrags zum Flüchtlingsfonds der Vereinten Nationen ein[28]. Der *Bundesminister*

---

[25] Der Antrag wurde in der zweiten Legislaturperiode nicht abschließend beraten. – Fortgang 28. Sitzung am 11. Juni 1958 TOP 4 (B 136/36118). – Der unter der BT-Drs. 375 neu eingebrachte Antrag scheiterte am negativen Votum des BT-Rechtsausschusses (Protokolle der Sitzung am 21. Jan. 1959 in B 136/4345).

[26] Vorlage des BMI vom 29. März 1957 in B 142/1265 und B 136/5235. – Das Gesetz vom 1. Jan. 1953 über die vorläufige Regelung der Errichtung von Apotheken (BGBl. I 9) war mehrmals verlängert worden. Nachdem bereits das Bundesverfassungsgericht diese Gesetze für nichtig erklärt hatte (Bekanntmachung vom 9. Juni 1956, BGBl. I 506), hatte sich am 22. Nov. 1956 auch das Bundesverwaltungsgericht in einer Verwaltungsstreitsache erneut für das Prinzip der Freiheit der Berufswahl nach Art. 12 GG ausgesprochen und sich damit gegen die bisherige Zulassungsregelung nach Bedürfnisprüfung (gleichmäßige und angemessene Versorgungsdichte) gewandt (Urteil vom 22. Nov. 1956 in BVerwGE 4, 167). Der BMI hatte dagegen in seiner Vorlage Gegenmaßnahmen angekündigt, um zu verhindern, daß bei einer Niederlassungsfreiheit „der ungeregelten Vermehrung der Apotheken im gesamten Bundesgebiet Tür und Tor geöffnet" würde. Nach Kontaktaufnahmen mit dem BMWi und dem BML sah der BMI jedoch von weiteren Schritten ab.

[27] Fortgang 181. Sitzung am 7. Mai 1957 TOP 7 und TOP 9.

[28] Vorlage des AA vom 29. März 1957 in B 136/6385. – Der Flüchtlingsfonds wurde durch freiwillige Beiträge der UN-Mitglieder gespeist. Das AA hatte eine Erhöhung des deutschen Beitrags von bisher 100 000 DM auf 300 000 DM beantragt. Die Bundesrepublik war aufgrund der Vertriebenen-

der Finanzen weist darauf hin, daß er zunächst um eine Chefbesprechung gebeten hätte, daß für die Erhöhung des deutschen Beitrags keine haushaltsmäßige Deckung vorhanden sei und daß schließlich der Haushalt 1957 heute abschließend im Haushaltsausschuß des Bundestages beraten werde. Es bestehe jedoch eine Möglichkeit, den deutschen Beitrag zum Flüchtlingsfonds der Vereinten Nationen zu erhöhen, wenn der Einzelplan des Auswärtigen Amtes an anderer Stelle entsprechend gekürzt werde.

Die *Bundesminister des Auswärtigen* und *der Finanzen* kommen überein, vor der Behandlung des Haushalts 1957 im Plenum des Bundestages über diese Frage zu sprechen[29].

11. Zuwendungen an Getreidemühlen zur Stabilisierung der Mehlpreise BML

Der *Bundesminister der Finanzen* bittet um Zurückstellung dieses Punktes der Tagesordnung[30]. Der *Bundesminister für Ernährung, Landwirtschaft und Forsten* betont demgegenüber, es sei zwischen den Referenten des Bundesministeriums der Finanzen und seines eigenen Hauses eine Einigung dahin zustande gekommen, daß die Zuwendungen an die Getreidemühlen zunächst für ein halbes Jahr erfolgen sollten. Es sei auch eine Deckungsmöglichkeit vereinbart worden. Der *Bundesminister der Finanzen* erklärt hierzu, daß ihm über diese Absprache nichts bekannt sei. Er sei jedoch bereit, seine Zustimmung zu geben, wenn sich nach Rücksprache mit seinen Referenten herausstelle, daß eine Deckungsmöglichkeit aus Zolleinnahmen (Rotweinsondereinfuhren, Sektgrundweineinfuhren und Traubensafteinfuhren) bestehe. Andernfalls müsse die Angelegenheit erneut im Kabinett behandelt werden[31].

12. Prägung einer Eichendorff-Gedenkmünze BMF

Der *Bundesminister der Finanzen* teilt mit, daß der in seiner Kabinettvorlage vom 17.4.1957 erwähnte Gegenvorschlag zurückgezogen worden sei[32]. Es stehe daher

---

und Flüchtlingssituation Nettoempfänger des Flüchtlingsfonds. Mit der Erhöhung des Beitrags hatte das AA die Erwartung verbunden, auch einen größeren Zuschuß des Fonds zu erhalten.

[29] Zum Bundeshaushaltsplan für das Rechnungsjahr 1957 siehe 181. Sitzung am 7. Mai 1957 TOP 5. – Gemäß Umdruck 1174 wurde der Beitrag vom Bundestag in der 213. Sitzung am 29. Mai 1957 auf 840 000 DM erhöht (vgl. Stenographische Berichte, Bd. 37, S. 12499).

[30] Siehe 164. Sitzung am 19. Dez. 1956 TOP J (Kabinettsprotokolle 1956, S. 783). – Vorlage des BML vom 21. März 1957 in B 136/2626 und B 126/8311, Unterlagen zur Auseinandersetzung des BML mit dem BMF in B 116/8965. – Am 19. Dez. 1956 hatte das Bundeskabinett bis zum 31. März 1957 befristete Stützungsmaßnahmen für die Getreidemühlen beschlossen. Der BML hatte in seiner Vorlage eine Verlängerung der Maßnahme um ein weiteres halbes Jahr beantragt. Mit einem geplanten Zuschuß von 1,20 DM pro 100 kg Mehl sollte der Mehl- und damit auch der Brotpreis stabil gehalten werden. Die hierfür erforderlichen Bundesmittel hatte der BML auf 34 Millionen DM beziffert.

[31] Fortgang 181. Sitzung am 7. Mai 1957 TOP E.

[32] Vorlage des BMF vom 17. April 1957 in B 126/8227. – Die Vorlage des BMF ging auf eine Initiative der Eichendorff-Stiftung zum Gedenken des hundertsten Todestages zurück. Die Gesellschaft selbst hatte den Entwurf von Hermann Diesener, einem schlesischen Landsmann des Dichters, favorisiert.

nur der Entwurf des Bildhauers Karl Roth für die Prägung einer Eichendorff[33]-Gedenkmünze zur Debatte.

Die anwesenden Kabinettsmitglieder erklären sich daraufhin ohne Diskussion mit der Kabinettvorlage des Bundesministers der Finanzen vom 17.4.1957 einverstanden[34].

13. Ursachen des Geburtenrückganges BMFa

Dieser Punkt der Tagesordnung wird zurückgestellt[35].

[C.] Saarländisches Gesetz Nr. 577 über die Gewährung von Vorschußzahlungen in der gesetzlichen Rentenversicherung vom 8. April 1957

Die Kabinettvorlagen des Bundesministers für Arbeit vom 17.4.1957 – Az. IV a 6 - 4188.4 - 1176/57 – und des Bundesministers der Finanzen vom 26.4.1957 – Az. II C/5 - SK 0272 - 15/57 – werden zunächst zur Vorberatung dem Wirtschaftskabinett überwiesen[36].

[D.] Feierlichkeiten am 17. Juni

Staatssekretär Bleek schlägt vor, daß die Feierlichkeiten am 17. Juni nicht in Berlin, sondern in Bonn stattfinden sollen[37] und daß die Hauptrede bei diesen Feierlichkeiten von Professor Litt[38] gehalten wird.

Die anwesenden Kabinettsmitglieder erklären sich damit einverstanden[39].

---

[33] Joseph Freiherr von Eichendorff (1788–1857). Deutscher Dichter der Spätromantik.

[34] Der Beschluß wurde vom Kabinett am 7. Mai 1957 bestätigt (vgl. 181. Sitzung am 7. Mai 1957 TOP C). – Bekanntmachung vom 12. Nov. 1957 (BGBl. I 1792).

[35] Siehe 168. Sitzung am 23. Jan. 1957 TOP 2.

[36] Vorlagen des BMA vom 17. April 1957 in B 149/3697 und des BMF vom 26. April 1957 in B 126/13838 sowie in B 136/762. – Das vom saarländischen Landtag verabschiedete Gesetz (Amtsblatt des Saarlandes 1957, S. 511), das nach dem Eingliederungsgesetz der Zustimmung der Bundesregierung bedurfte, sah eine Anpassung der Rentenregelung an die in der Bundesrepublik vor der Verwirklichung stehende Rentenreform vor. U.a. sollten rückwirkend ab 1. Jan. 1957 laufende Vorschüsse an die Rentenempfänger ausgezahlt werden. Der BMF hatte in seiner Vorlage vom 26. April 1957 Widerspruch eingelegt und darauf hingewiesen, daß die beabsichtigte Regelung den saarländischen Rentnern teilweise höhere Leistungen als den Rentnern in der Bundesrepublik gewähre. – Der Kabinettsausschuß für Wirtschaft beriet die Vorlagen in seiner 68. Sitzung am 8. Mai 1957 TOP 2 (B 136/36220). – Fortgang 182. Sitzung am 16. Mai 1957 TOP 9.

[37] Der 17. Juni war durch das Gesetz vom 4. Aug. 1953 (BGBl. I 778) zum gesetzlichen Feiertag erklärt worden (Unterlagen dazu in B 106/104112). Neben Gedenkfeierlichkeiten in Berlin, an denen auch Vertreter der Bundesregierung und eine Delegation von Bundestagsabgeordneten teilnahmen, hatte seit 1954 alljährlich eine Feier im Deutschen Bundestag in Bonn stattgefunden. Zur Feiergestaltung 1956 vgl. 132. Sitzung am 2. Mai 1956 TOP E.

[38] Prof. Dr. Theodor Litt (1880–1962). 1919 Professor für Philosophie und Pädagogik in Bonn, 1920–1937 und 1946–1947 in Leipzig, 1947–1952 (Emeritierung) erneut in Bonn.

[39] Der Staatsakt fand am 17. Juni 1957 im Plenarsaal des Bundestages statt. – Vgl. den Text der Ansprache Adenauers und der Rede Theodor Litts in Bulletin Nr. 110 vom 19. Juni 1957, S. 1005–1008. – Unterlagen zur Gestaltung der Feierlichkeiten, insb. auch das Rundschreiben des BMI an die Ministerpräsidenten der Länder vom 22. Mai 1957 in B 136/3006, B 137/1047 bis 1049 und B 106/104125.

181. Kabinettssitzung am Dienstag, den 7. Mai 1957

Teilnehmer: Blücher, Schröder, Schäffer, Erhard (bis 11.07 Uhr), Lübke (bis 11.30 Uhr), Strauß (bis 11.40 Uhr), Lemmer, Preusker, Oberländer, Balke, Wuermeling (bis 12.30 Uhr); Hallstein, W. Strauß, Westrick, Busch, Bergemann, Nahm, Thedieck, Ripken; Janz (Bundeskanzleramt), Krueger (BPA; bis 12.35 Uhr), Kilb (Bundeskanzleramt). Protokoll: Abicht.

Beginn: 10.00 Uhr   *Ende: 12.45 Uhr*

Ort: Haus des Bundeskanzlers

Tagesordnung:

1. *Entwurf einer Antwort der Bundesregierung auf die Große Anfrage der SPD betr. Atomwaffen (BT-Drucks. 3347).*

2. *Personalien*
   Gemäß Anlagen.

3. *Mitteilung über die in Aussicht genommene Neubesetzung einer auswärtigen Vertretung*
   Schreiben des Staatssekretärs des Bundeskanzleramtes vom 2. Mai 1957 (11 - 14004 - 397/57 VS-Vertraulich).

4. *Entwurf eines Gesetzes zu der Satzung vom 26. Okt. 1956 der Internationalen Atomenergiebehörde*
   Gemeinsame Vorlage des BMAt und des AA vom 2. Mai 1957 (215 - 227 - 01/4441/57).

5. *Entwurf eines Gesetzes über die Feststellung des Bundeshaushaltsplanes für das Rechnungsjahr 1957*
   Vorlage des BMWo vom 6. April 1957 (III Z/2 - 2011/30/57).

6. *Entwurf des Bundeshaushaltsplans 1957;*
   a) Darlehen zur Förderung von Instandsetzungsarbeiten an Wohngebäuden (Kap. A 2503 Tit. 531)
   b) Finanzierung des Wohnungsbaues zugunsten von Sowjetzonenflüchtlingen und der ihnen gleichgestellten Personen (Kap. 2503 Tit. 532)
   Vorlagen des BMWo vom 21. März 1957 (A/2 - 2011/29/57) und 8. April 1957 (I/VII - 6600/4/57).

7. *Bereitstellung von Wohnungsbaumitteln für die Rückführung von Evakuierten*
   Gemeinsame Vorlage des BMWo (I/12 - 4205/12/57) und des BMVt (II/5 - 5853/1425/57) vom 6. April 1957.

8. *Denkschrift „Wege zur Wiederherstellung der Wirtschaftlichkeit des Hausbesitzes und seiner Eingliederung in die soziale Marktwirtschaft"*
   Vorlage des BMWo vom 11. April 1957 (I A/5 - 6600/5/57).

9. *Bereitstellung von Wohnungsbaumitteln zugunsten von Ungarnflüchtlingen Vorlage des BMWo (I/12 - 4141/57) und des BMVt (II - 55856/1140/57) vom 13. März 1957.*
10. *Denkschrift des BMFa über die Gründe des Geburtenrückganges Vorlage des BMFa vom 17. April 1957[1] (F - 2100 - K - 1/57).*
11. *Deutsche Dienststelle nach Art. 42 des Vertrages zwischen der Bundesrepublik Deutschland und der Französischen Republik zur Regelung der Saarfrage Vorlage des BMJ vom 24. April 1957 (220 BMJ - Allg. 25).*
12. *Gesetz über die Militärseelsorge; hier: Ergänzung des Artikels 2. Vorlage des BMVtg vom 3. Mai 1957 (I - I B 5).*

2. Personalien

Das Kabinett stimmt den Ernennungsvorschlägen gemäß Anlage 1 zu Punkt 2 der heutigen Tagesordnung zu[2].

Der Nachtrag zu Punkt 2 der Tagesordnung wird zurückgestellt[3].

1. Entwurf einer Antwort der Bundesregierung auf die Große Anfrage der SPD betr. Atomwaffen   **BMVtg**

Der *Vizekanzler* teilt mit, daß dieser Punkt der Tagesordnung in der Kabinettssitzung am 9. Mai behandelt werden soll[4].

3. Mitteilung über die in Aussicht genommene Neubesetzung einer auswärtigen Vertretung   **AA**

Das Kabinett stimmt der Neubesetzung einer auswärtigen Vertretung gemäß Schreiben des Staatssekretärs des Bundeskanzleramtes vom 2.5.1957 zu[5].

4. Entwurf eines Gesetzes zu der Satzung vom 26. Oktober 1956 der Internationalen Atomenergiebehörde   **BMAt/AA**

Das Kabinett billigt die gemeinsame Vorlage der Bundesminister des Auswärtigen und für Atomfragen vom 2.5.1957[6].

---

[1] Korrigiert aus: 24. April 1957. – Der TOP wurde nicht behandelt. Siehe dazu 168. Sitzung am 23. Jan. 1957 TOP 2.

[2] Vorgeschlagen war die Ernennung des Vortragenden Legationsrats Dr. Rudolf Graf Strachwitz zum Botschafter (vgl. 173. Sitzung am 1. März 1957 TOP 8), des Botschaftsrats Gottfried von Nostitz-Drzewiecki zum Generalkonsul (vgl. 172. Sitzung am 21. Febr. 1957 TOP 8) sowie eines Ministerialdirigenten im BMVtg.

[3] Der Nachtrag enthielt Anstellungsvorschläge für drei Oberste im BMVtg nach der ADO für übertarifliche Angestellte im öffentlichen Dienst.

[4] Fortgang Sondersitzung am 9. Mai 1957.

[5] Vorlage des Bundeskanzleramtes vom 2. Mai 1957 in B 136/1837. – Vorgeschlagen war die Neubesetzung der Gesandtschaft in Rangun mit Botschaftsrat Elgar von Randow.

181. Sitzung am 7. Mai 1957

11. Deutsche Dienststelle nach Art. 42 des Vertrages zwischen der Bundesrepublik Deutschland und der Französischen Republik zur Regelung der Saarfrage BMJ

Das Kabinett nimmt von der Kabinettvorlage des Bundesministers der Justiz vom 24.4.1957 zustimmend Kenntnis[7].

12. Gesetz über die Militärseelsorge; hier: Ergänzung des Artikels 2 BMVtg

Der *Bundesminister für Verteidigung* trägt den Inhalt seiner Kabinettvorlage vom 3.5.1957 in den Grundzügen vor. Er führt aus, daß die Apostolische Nuntiatur in Artikel 2 des Gesetzentwurfs eine Bezugnahme auf Artikel 27 des Reichskonkordats wünsche, daß der Bundesrat die Einfügung einer negativen Saarklausel vorgeschlagen habe und daß der Bundesminister der Justiz die Streichung des Satzes 3 in Absatz 3 des Teiles I der Begründung zum Gesetzentwurf angeregt habe[8].

Das Kabinett beschließt entsprechend[9].

[A.] Weiterführung der Sonderaufträge

a) Fragen der Angestellten und freien Berufe

b) Fragen des Wasserrechts und der Wasserwirtschaft

Der *Vizekanzler* trägt den Inhalt seiner Kabinettvorlage vom 6.5.1957 – Az. K 31/16 – vor. Er betont, daß der Haushaltsausschuß des Bundestages die Anträge der Abgeordneten Vogel[10] und Conring[11] abgelehnt und entsprechend dem Antrag des

---

[6] Siehe 152. Sitzung am 19. Sept. 1956 TOP 3 (Kabinettsprotokolle 1956, S. 598 f.). – Gemeinsame Vorlage des AA und des BMAt vom 2. Mai 1957 in AA B 22, Bd. 9, B 138/2782 und B 136/6113. – Die Aufgabe der Internationalen Behörde bestand darin, für ausschließlich zivile Zwecke Ausgangsmaterialien, Ausrüstung und Dienstleistungen für die Erforschung, Entwicklung und praktische Anwendung der Atomenergie zur Verfügung zu stellen. – BR-Drs. 202/57, BT-Drs. 3595. – Gesetz vom 27. Sept. 1957 (BGBl. II 1357).

[7] Siehe 180. Sitzung am 30. April 1957 TOP 3. – Vorlage des BMJ vom 24. April 1957 in B 136/7120. – Die zu errichtende Dienststelle sollte beim deutsch-französischen Gemischten Gerichtshof die Interessen der Bundesrepublik vertreten. Der BMJ hatte in seiner Vorlage Dr. Leopold Adams, Generalstaatsanwalt, und Dr. Erich Kammer, Oberstaatsanwalt beim Oberlandesgericht Saarbrücken, als Leiter und Stellvertreter vorgeschlagen.

[8] Siehe 179. Sitzung am 11. April 1957 TOP 5. – Vorlage des BMVtg vom 3. Mai 1957 in B 136/6878. – Die Apostolische Nuntiatur hatte in einer Verbalnote vom 13. April 1957 darum gebeten, in der im Art. 2 des Gesetzentwurfes angesprochenen beamtenrechtlichen Regelung den Artikel 27 des Reichskonkordats als Bezugsnorm ausdrücklich zu erwähnen (Abschrift der Note in B 136/6878). Der BMVtg hatte in seiner Vorlage vorgeschlagen, die nachträglich vorgetragenen Änderungswünsche in das laufende Beratungsverfahren einzubringen. Der auf Antrag des BMJ zu streichende Satz lautete: „Damit ist sie [die Militärseelsorge] – soweit sie staatliche Maßnahmen notwendig macht – eine Angelegenheit der Verteidigung im Sinne des Artikels 73 [GG]". Der BMJ hatte „unerwünschte politische Auswirkungen" auf die Kirchen in der DDR befürchtet. Vgl. dazu den Vermerk vom 6. Mai 1957 in B 136/6878.

[9] BT-Drs. 3500. – Gesetz vom 26. Juli 1957 (BGBl. I 701).

[10] Dr. Rudolf Vogel (1906–1991). 1930–1933 Redakteur mehrerer Zentrumszeitungen, 1933–1940 freier Journalist, 1945–1946 u.a. Arbeitsamtsleiter in Aalen, Ulm und Ludwigsburg, 1947 Deutsches Büro für Friedensfragen, 1948–1949 Mitglied des Wirtschaftsrates des Vereinigten Wirtschaftsgebiets (CDU), 1949–1964 MdB, dort 1949–1953 Vorsitzender des Ausschusses für Fragen

Abgeordneten Ritzel¹² sämtliche Ansätze für die Beauftragten für Angestelltenfragen und für Wasserfragen gestrichen habe¹³. Wenn das Plenum des Bundestages diesen Beschluß bestätige, stehe das Ansehen der Bundesregierung und die Geschlossenheit der Koalition auf dem Spiel. Außerdem sei die Grundsatzerklärung des Bundeskanzlers vom 28.9.1956, in der er sich für die Weiterführung der Aufgaben der bisherigen Sonderminister Dr. Schäfer und Kraft¹⁴ eingesetzt habe¹⁵, in der Öffentlichkeit, u.a. bei der DAG, bekannt. Nach längerer Diskussion, an der sich vor allem die *Bundesminister des Innern, für Wohnungsbau, der Finanzen* sowie *für Ernährung, Landwirtschaft und Forsten* beteiligen, schlägt der *Vizekanzler* vor, bei der Regierungsvorlage zu bleiben und diese Ansätze nochmals vor den Koalitionsfraktionen zu vertreten. Wenn jedoch die Unterstützung der Koalitionsfraktionen nicht sicher sei, solle die Bundesregierung vor dem Plenum des Bundestages keine Erklärungen abgeben. Das Kabinett stimmt diesem Vorschlag zu¹⁶.

---

 der Presse, des Rundfunks und des Films, ab 1953 Haushaltsobmann der CDU/CSU-Fraktion, 1953 Bundesbeauftragter für Filmfragen und Vorsitzender des Abwicklungsausschusses zur Entflechtung des ehemaligen reichseigenen Filmvermögens, 1960–1964 Vorsitzender des Kuratoriums der Deutschen Stiftung für Entwicklungsländer und Vorsitzender der Südosteuropa-Gesellschaft, 1964–1968 Botschafter und Leiter der deutschen Vertretung bei der OECD in Paris, 1968–1969 Staatssekretär im BMSchatz.

[11] Dr. Hermann Conring (1894–1989). 1921–1927 Preußisches Finanzministerium und Preußisches Staatsministerium, 1927–1945 Landrat in Northeim und in Leer, während der deutschen Besetzung der Niederlande 1940–1944 Provinzialbevollmächtigter für die Provinz Groningen, ab 1948 Generalsekretär des Landwirtschaftlichen Hauptvereins für Ostfriesland, 1953–1955 MdL Niedersachsen (Unabhängiger, Gast der DP/CDU-Fraktion), 1953–1969 MdB (CDU), dort 1964–1969 stellvertretender Vorsitzender des Haushaltsausschusses.

[12] Heinrich Georg Ritzel (1893–1971). 1924–1930 MdL Hessen (SPD), 1930–1933 MdR, 1930–1933 Kreisdirektor im Kreis Gießen und stellvertretender Provinzialdirektor der Provinz Oberhessen, 1933–1935 Mitglied der Völkerbundregierung des Saargebiets, Emigration in die Schweiz, 1939–1947 Generalsekretär der Schweizer Europa-Union, 1949–1965 MdB (SPD), dort 1949–1965 Vorsitzender des Ausschusses für Geschäftsordnung und Immunität, ab 1957 für Wahlprüfung, Immunität und Geschäftsordnung, 1950 MdL Hessen.

[13] Siehe 171. Sitzung am 15. Febr. 1957 TOP 5. – Vorlage des BMZ vom 6. Mai 1957 in B 146/1849 und B 136/4707. – Der BMZ hatte in seiner Vorlage über die Beschlüsse des Haushaltsausschusses berichtet, die Alternativen für die Bundesregierung (Wiederherstellung der Regierungsvorlage, Zustimmung zu den Anträgen von Vogel und Conring auf eine Bewilligung von Globalbeträgen oder die Hinnahme des Beschlusses des Haushaltsausschusses) dargestellt und um eine Entscheidung gebeten.

[14] Waldemar Kraft (1898–1977). 1925 Direktor des deutschen Landwirtschaftlichen Zentralverbandes in Polen, 1940–1945 Geschäftsführer der Reichsgesellschaft für Landbewirtschaftung, 1945–1948 Internierung, 1950 Finanzminister und stellvertretender Ministerpräsident des Landes Schleswig-Holstein sowie 1951 zusätzlich Justizminister, 1952–1953 Vorsitzender des GB/BHE, 1953–1961 MdB (1953–1955 GB/BHE, 1955 fraktionslos, 1956 CDU), 1953–1956 Bundesminister für besondere Aufgaben.

[15] In einem Schreiben vom 28. Sept. 1956 an alle Bundesminister hatte Adenauer die Förderung der Angelegenheiten des unselbständigen Mittelstandes und der geistig schaffenden freien Berufe zur Daueraufgabe der Bundesregierung erklärt, eine angemessene Ausgestaltung der Dienststelle des Bundesministers Schäfer gefordert und die übrigen Bundesminister um Unterstützung gebeten (B 126/51513 und B 136/4706).

[16] In der 3. Lesung des Bundeshaushaltsplanes 1957 bewilligte der Bundestag in seiner 213. Sitzung am 29. Mai 1957 zwar Globalbeträge, jedoch keine Planstellen zur Weiterführung der

[B.] Achtes Änderungsgesetz zum Lastenausgleichsgesetz

Der *Bundesminister der Finanzen* trägt vor, daß der Bundesrat beschlossen habe, wegen des Achten Gesetzes zur Änderung des Lastenausgleichsgesetzes den Vermittlungsausschuß anzurufen. Er habe in seiner Kabinettvorlage vom 26.4.1957 beantragt, daß auch die Bundesregierung den Vermittlungsausschuß anrufen solle, und zwar mit dem Ziel, die Regierungsvorlage zu § 6 Abs. 1 LAG wiederherzustellen und auch die Leistungsseite (§ 246 LAG) in die Verhandlungen vor dem Vermittlungsausschuß einzubeziehen. Dem habe der Bundesminister für Vertriebene, Flüchtlinge und Kriegsgeschädigte in seiner Kabinettvorlage vom 29.4.1957 widersprochen. Inzwischen habe eine Chefbesprechung stattgefunden. Er halte zwar an seinem Standpunkt fest, wolle aber aus politisch-taktischen Gründen den beachtlichen Gesichtspunkten des Bundesministers für Vertriebene, Flüchtlinge und Kriegsgeschädigte nicht widersprechen[17]. Es müsse jedoch Klarheit darüber bestehen, daß die Regierungsvertreter im Vermittlungsausschuß dafür einzutreten hätten, daß die Länder bis einschließlich 1961 die bisherigen Leistungen für den Lastenausgleichsfonds aufbringen müßten. Es solle vorbehalten bleiben, diese Frage für die folgenden Jahre im Zusammenhang mit einer Neuregelung der Vermögenssteuer erneut aufzurollen. Der *Bundesminister für Vertriebene, Flüchtlinge und Kriegsgeschädigte* betont, es wäre politisch unklug, wenn die Bundesregierung ihrerseits den Vermittlungsausschuß anrufe. Mit den Vorbehalten des Bundesministers der Finanzen erkläre er sich einverstanden. Das Kabinett beschließt entsprechend[18].

Sonderaufträge. Gegenüber der Regierungsvorlage waren die Ansätze für die Zwecke der Koordinierung wasserrechtlicher und wasserwirtschaftlicher Fragen in Höhe von 320 000 DM um 215 000 DM und die Ansätze für die Zwecke zur Prüfung der Lage des Mittelstandes in Höhe von 479 000 um 320 000 DM gekürzt worden (Stenographische Berichte, Bd. 37, S. 12527). Mit Schreiben vom 22. Jan. 1958 berichtete der Bundesminister für wirtschaftlichen Besitz des Bundes als Nachfolger des BMZ abschließend über die Einweisung der durch die Beschlüsse des Bundestages vorübergehend planstellenlos gewordenen Beamten in Planstellen anderer Ministerien (B 136/4706 und B 126/51513).

[17] Siehe 147. Sitzung am 15. Aug. 1956 TOP 2 (Kabinettprotokolle 1956, S. 541 f.). – Vorlage des BMF vom 26. April 1957 und Vorlage des BMVt vom 29. April 1957 in B 126/10485 und B 136/646. – Der Gesetzentwurf sah eine Erhöhung und endgültige Festsetzung der Entschädigungssätze vor und sollte den Übergang von der Eingliederungsphase zur Entschädigungsphase durch eine Änderung des Lastenausgleichsgesetzes vom 14. Aug. 1952 (BGBl. I 446) regeln. Zu § 6 Abs. 1 LAG sah der Entwurf vor, daß die Länder für die Dauer des Lastenausgleichs den Ausgleichsfonds aus den Einnahmen der Vermögenssteuer gemäß der bis 1958 befristeten Regelung bezuschussen sollten. Der Bundesrat hatte am 3. Mai 1957 im Rahmen des Vermittlungsverfahrens beschlossen, daß ab 1959 die Zuschüsse allein vom Bund zu leisten seien (BT-Drs. 3446). Die durch den BR-Vorschlag bedingten Verringerungen auf der Einnahmeseite des Bundes sollten auch bei der Festsetzung der in § 246 LAG beschriebenen Entschädigungsleistungen berücksichtigt werden. Der BMVt hatte in seiner Vorlage davor gewarnt, daß die Verantwortung für ein eventuelles Scheitern der vom Bundestag beschlossenen Anhebung der Hauptentschädigungssätze den Ländern abgenommen, den Bemühungen des BHE gegen die Haltung der Finanzminister der Länder der Boden entzogen und die Stellung des Bundestages im Vermittlungsausschuß geschwächt würde.

[18] Der Vermittlungsausschuß beriet die Angelegenheit abschließend in der 32. Sitzung am 28. Juni 1957 (vgl. die Protokolle des Vermittlungsausschusses, Fiche 4 L 2). Der von Bundestag und Bundesrat angenommene Kompromißvorschlag des Vermittlungsausschusses (BT-Drs. 3698) sah Zuschußleistungen der Länder von 1959 bis 1978, dem festgesetzten Ende

[C.] Prägung einer Eichendorff-Gedenkmünze

Das Kabinett bestätigt den Kabinettsbeschluß vom 30.4.1957[19].

[D.] Stützung der Margarine-Preise

Der *Bundesminister der Finanzen* weist darauf hin, daß die Frage der Stützung der Margarinepreise in der Kabinettssitzung am 30. April lediglich besprochen worden sei, daß das Kabinett aber keinen Beschluß gefaßt habe. Er selbst habe den erörterten Maßnahmen nicht zugestimmt[20]. Der *Bundesminister für Ernährung, Landwirtschaft und Forsten*, der *Vizekanzler* und *Staatssekretär Dr. Westrick* vertreten demgegenüber die Auffassung, daß ein Kabinettsbeschluß gefaßt worden sei. *Staatssekretär Dr. Westrick* gibt bekannt, die Zusage der deutschen Margarineindustrie, daß die Margarinepreise im laufenden Haushaltsjahr gehalten werden sollten, sei in den nächsten Tagen zu erwarten. Der *Bundesminister der Finanzen* hebt hervor, die Frage der Stützung der Margarinepreise habe nicht auf der Tagesordnung der Kabinettssitzung am 30. April gestanden. Er sei auch über die mit diesem Problem zusammenhängenden Einzelfragen nicht unterrichtet gewesen. Er habe in der Sitzung lediglich auf die bei dem Bundesrechnungshof zu erwartenden Schwierigkeiten hinweisen wollen. Dies sei nicht als Zustimmung aufzufassen. Bei einer derartigen wichtigen Frage könne man überdies die rechtzeitige Verteilung einer entsprechenden Kabinettvorlage erwarten. Der *Vizekanzler* hält unter diesen Umständen die Einbringung einer Kabinettvorlage für angebracht. Auf Anregung des *Bundesministers für Ernährung, Landwirtschaft und Forsten* soll der Bundeskanzler vorher um seine Stellungnahme gebeten werden[21].

[E.] Zuwendungen an Getreidemühlen zur Stabilisierung der Mehlpreise

Der *Bundesminister der Finanzen* schneidet die Frage der Zuwendungen an Getreidemühlen zur Stabilisierung der Mehlpreise an, die ebenfalls in der Kabinettssitzung am 30. April erörtert worden ist[22]. Er betont, daß nach seinen Feststellungen die Referentenbesprechungen, auf die der Bundesminister für Ernährung, Landwirtschaft und Forsten in der Kabinettssitzung am 30. April Bezug genommen habe, nicht

---

der Lastenausgleichsleistungen, in Höhe von 25 % ihrer Aufkommen an der Vermögenssteuer vor. – Gesetz vom 26. Juli 1957 (BGBl. I 809).

[19] Siehe 180. Sitzung am 30. April 1957 TOP 12.

[20] Siehe 180. Sitzung am 30. April 1957 TOP B. – Zum Einspruch des BMF vgl. das Schreiben Schäffers an den Bundeskanzler vom 22. Mai 1957 in B 136/7748, dazu auch den Vermerk des BML vom 3. Mai 1957 in B 116/8692.

[21] Durch die Zusage der Margarineindustrie, die Preise im laufenden Haushaltsjahr zu halten, konnten weitere Vorarbeiten für eine Kabinettsvorlage zur Subventionierung der Margarinepreise eingestellt werden. Vgl. den Vermerk des Bundeskanzleramtes vom 6. Juni 1957 in B 136/7748. Am 5. Aug. 1957 dankte der BMWi dem Vorsitzenden des Margarine-Verbandes für die Zurückhaltung in der Preisfrage und wies darauf hin, daß die inzwischen eingetretene Senkung der Rohstoffpreise eine weitere Diskussion über eine Erhöhung der Margarinepreise erübrige (Abschrift in B 116/8692).

[22] Siehe 180. Sitzung am 30. April 1957 TOP 11.

stattgefunden hätten. Der *Bundesminister für Ernährung, Landwirtschaft und Forsten* erklärt, er werde auf diese Frage noch zurückkommen[23].

[F.] Vertretung der Bundesregierung durch Bundesminister bei offiziellen Anlässen

Der *Vizekanzler* weist darauf hin, daß die Bundesregierung bei offiziellen Anlässen vielfach nicht ausreichend durch Bundesminister vertreten sei, und bittet die Kabinettsmitglieder, sich die Nationalfeiertage von Japan und Paraguay am 10. bzw. 14. Mai vorzumerken[24].

5. Entwurf eines Gesetzes über die Feststellung des Bundeshaushaltsplanes für das Rechnungsjahr 1957 BMWo

6. Entwurf des Bundeshaushaltsplanes 1957; BMWo

a) Darlehen zur Förderung von Instandsetzungsarbeiten an Wohngebäuden (Kap. A 2503 Tit. 531)

b) Finanzierung des Wohnungsbaues zugunsten von Sowjetzonenflüchtlingen und der ihnen gleichgestellten Personen (Kap. 2503 Tit. 532)

7. Bereitstellung von Wohnungsbaumitteln für die Rückführung von Evakuierten
BMWo/BMVt

8. Denkschrift „Wege zur Wiederherstellung der Wirtschaftlichkeit des Hausbesitzes und seiner Eingliederung in die soziale Marktwirtschaft" BMWo

9. Bereitstellung von Wohnungsbaumitteln zugunsten von Ungarnflüchtlingen
BMWo/BMVt

Der *Bundesminister für Wohnungsbau* schlägt vor, zunächst Punkt 8 in Verbindung mit Punkt 6a der Tagesordnung, dann Punkt 6b in Verbindung mit Punkt 7 und 9[25] der Tagesordnung und schließlich Punkt 5[26] der Tagesordnung zu behandeln.

Auf die Punkte 8 und 6a eingehend, gibt der *Bundesminister für Wohnungsbau* einen Überblick über seine Denkschrift zur Wiederherstellung der Wirtschaftlichkeit

---

[23] Fortgang 185. Sitzung am 12. Juni 1957 TOP 7.

[24] Zur Teilnahme von Bundesministern an offiziellen Veranstaltungen anläßlich ausländischer Nationalfeiertage vgl. 125. Sitzung am 5. März 1956 TOP A (Kabinettsprotokolle 1956, S. 234).

[25] Eine Behandlung dieses TOPs ist nicht protokolliert. – Fortgang hierzu 182. Sitzung am 16. Mai 1957 Sitzung TOP 7 III.

[26] Eine Behandlung dieses TOPs ist nicht protokolliert. Vorlage des BMWo vom 6. April 1957 in B 136/315. – Fortgang hierzu 182. Sitzung am 16. Mai 1957 TOP 8.

des Hausbesitzes und seiner Eingliederung in die soziale Marktwirtschaft[27], schildert die bisherigen Maßnahmen der Bundesregierung zur Förderung des Wohnungsbaues und bezeichnet es aus sachlichen Gründen und im Hinblick auf die bevorstehenden Bundestagswahlen als dringend erforderlich, den vom Haushaltsausschuß des Bundestages zur Verbesserung der Lage des Althausbesitzes bewilligten Betrag von 50 Mio. DM auf 100 Mio. DM zu erhöhen[28].

Der *Bundesminister der Finanzen* erklärt demgegenüber, er könne mit Rücksicht auf die Haushaltslage einer Verschlechterung des Haushalts nicht zustimmen und müsse sich auch gegen die geringste Mehrausgabe wehren. Er weist darauf hin, daß der Bundesminister für Wohnungsbau in einer früheren Kabinettssitzung erklärt habe, er wolle keine weiteren finanziellen Forderungen stellen. Der *Bundesminister für Wohnungsbau* betont, daß die Forderungen des Althausbesitzes sachlich berechtigt seien, daß sie im Hinblick auf die Leistungen der Bundesregierung für die Landwirtschaft (Grüner Plan) nicht zurückgewiesen werden könnten und daß das Kabinett am 21. Februar die Erhöhung des Betrages von 50 Mio. DM auf 100 Mio. DM bereits beschlossen habe. Der *Bundesminister der Finanzen* hält dem entgegen, am 21. Februar habe nur eine Grundsatzdebatte über eine Denkschrift stattgefunden; Beschlüsse über finanzielle Einzelmaßnahmen seien nicht gefaßt worden. Der *Vizekanzler* unterstützt den Bundesminister für Wohnungsbau und schildert die staatlichen Eingriffe in die Substanz des Althausbesitzes seit der Inflationszeit. Der *Bundesminister der Finanzen* erklärt hierzu, auch ihm seien diese Dinge bekannt, dennoch könnten Ausgaben im Haushalt nicht ohne Deckung erhöht werden. Der *Bundesminister für Atomfragen* zeigt den Gegensatz zwischen Subventionspolitik und der von der Bundesregierung verfolgten marktwirtschaftlichen Grundlinie auf. Der *Bundesminister für Wohnungsbau* kündigt an, daß die Erhöhung des Ansatzes von 50 Mio. DM auf 100 Mio. DM durch einen Initiativantrag aus der Mitte des Bundestages beantragt werden würde. Die Bundesregierung könne nicht gegen einen derartigen Antrag Stellung nehmen. Der *Bundesminister der Finanzen* erklärt hierzu, daß er als Finanzminister zu einer derartigen Stellungnahme verpflichtet sei, weil keine haushaltsrechtliche Deckung vorhanden wäre. Der *Bundesminister für Wohnungsbau* gibt zu Protokoll, daß er

---

[27] Zu TOP 8 siehe 160. Sitzung am 22. Nov. 1956 TOP 5 (Kabinettsprotokolle 1956, S. 734 f.). – Vorlagen des BMWo vom 18. März und 11. April 1957 in B 134/6934 und B 136/9510. – In der den Vorlagen beigefügten Denkschrift waren die Lage des Hausbesitzes und die bisherigen und weiter beabsichtigten steuerlichen Begünstigungen und direkten finanziellen Maßnahmen zur Förderung des privaten Wohnungsbaus dargestellt. Zur raschen Behebung der Wohnungsnot forderte der BMWo u.a. eine Verbesserung der steuerlichen Abschreibungsmöglichkeiten für Instandsetzungsarbeiten, Zinszuschüsse und Instandsetzungsdarlehen aus öffentlichen Mitteln, eine weitgehende Freigabe der Mieten und generell eine Lockerung der öffentlichen Wohnraumbewirtschaftung.

[28] Zu TOP 6a siehe Vorlage des BMWo vom 8. April und des BMF vom 24. April 1957 in B 134/6934. – In seiner 172. Sitzung am 21. Febr. 1957 TOP 7 hatte das Kabinett der Erhöhung der Bundesmittel für zinslose Instandsetzungsdarlehen auf 100 Millionen DM zugestimmt. Den Antrag des BMWo, diese Mittel bereitzustellen, hatte der BMF mit Hinweis darauf abgelehnt, daß das Kabinett keinen Beschluß zur Deckung des Betrages gefaßt habe und er sich nicht in der Lage sähe, zusätzliche Haushaltsmittel bereitzustellen. – Fortgang hierzu 182. Sitzung am 16. Mai 1957 TOP 6 II a.

zurücktreten werde, wenn der Bundesminister der Finanzen in der morgigen Plenarsitzung gegen eine Erhöhung des Ansatzes Stellung nehme. Der *Bundesminister der Finanzen* antwortet, daß auch er zurücktreten werde, wenn der Ansatz ohne Deckung erhöht würde[29].

Auf Punkt 7 der Tagesordnung übergehend, führt der *Bundesminister für Vertriebene, Flüchtlinge und Kriegsgeschädigte* aus, daß der Bund nach dem Bundesevakuiertengesetz[30] gesetzlich verpflichtet sei, die Rückführung der Evakuierten von Land zu Land zu finanzieren[31]. Auf Grund eines Kabinettsbeschlusses habe er überdies vor dem Bundestag erklärt, daß der Bund 25 Mio. DM für diesen Zweck zur Verfügung stellen wolle[32]. Es gehe nunmehr darum, eine Bindungsermächtigung in Höhe von 30 Mio. DM zu beschließen, mit der erst der Haushalt 1958 belastet werden solle. Für den Haushalt 1957 entstünden also keine Mehrbelastungen. Den Evakuierten könne das Recht auf Heimat nicht vorenthalten werden. Wenn das Kabinett den beantragten Beschluß nicht fasse, würde er unglaubwürdig werden und müsse die entsprechenden Konsequenzen ziehen. Der *Bundesminister der Finanzen* erklärt hierzu, das Kabinett und der Haushaltsausschuß des Bundestages hätten für das Jahr 1957 zusätzliche Mittel für die Evakuiertenrückführung abgelehnt. Für das Jahr 1958 könne er noch keine Erklärungen abgeben, weil die finanzielle Situation für dieses Haushaltsjahr noch nicht zu übersehen sei[33].

Zu Punkt 6b der Tagesordnung verweist der *Bundesminister für Wohnungsbau* auf den Kabinettsbeschluß vom 21. Februar[34]. Die Vorfinanzierung im Wege der Bindungsermächtigung müsse von 200 Mio. DM auf 370 Mio. DM erhöht werden[35]. Der

---

[29] In seiner 207. Sitzung am 8. Mai 1957 begann der Bundestag mit der zweiten Lesung des Bundeshaushaltsgesetzes 1957. Eine Erörterung des Einzelplanes 25 (Bundesminister für den Wohnungsbau) fand in der 221. Sitzung des Bundestages am 23. Mai 1957 statt. Dabei wurde der Änderungsantrag der Koalitionsfraktionen auf Erhöhung des Ansatzes für Instandsetzungsarbeiten (Umdruck Nr. 1063) auf 100 Millionen DM einstimmig angenommen (vgl. Stenographische Berichte, Bd. 37, S. 12352).

[30] Vgl. das Gesetz vom 14. Juli 1953 (BGBl. I S. 586).

[31] Gemeinsame Vorlage des BMWo und des BMVt vom 6. April 1957 in B 134/1679, B 150/2893 und B 136/9517. – Der BMWo hatte beantragt, die noch verbliebenen ca. 65 000 Evakuierten innerhalb der nächsten drei Jahre zurückzuführen und wohnungsmäßig unterzubringen. Hierfür sollten aus Haushaltsmitteln zusätzlich bis zu 98 Millionen DM zur Verfügung gestellt werden, davon 30 Millionen DM durch eine Bindungsermächtigung aus dem Haushalt des Rechnungsjahres 1958.

[32] Vgl. hierzu Kabinettsbeschluß der 116. Sitzung am 27. Jan. 1956 TOP 1 (Kabinettsprotokolle 1956, S. 141–145) sowie die Ausführungen Oberländers in der 128. Sitzung des Bundestages am 9. Febr. 1956 (Stenographische Berichte, Bd. 28, S. 6677).

[33] Fortgang hierzu 182. Sitzung am 16. Mai 1957 TOP 7 II.

[34] Siehe 172. Sitzung am 21. Febr. 1957 TOP 7. – Vorlage des BMWo vom 21. März 1957 in B 134/523 und B 136/9510 sowie Vorlage des BMF vom 29. März 1957 in B 126/12925 und B 136/9510. – Der BMWo hatte in seiner Vorlage um eine Bestätigung des Kabinettsbeschlusses vom 21. Febr. 1957 gebeten. Die Mittel sollten der Unterbringung der Flüchtlinge in Wohnungen dienen. Die Bindungsermächtigung sollte das BMWo in die Lage versetzen, im Haushaltsplan des Rechnungsjahres 1958 eingestellte Mittel bereits im laufenden Rechnungsjahr für Unterbringungszwecke zu verwenden. Dagegen hatte der BMF eine diesbezügliche Beschlußfassung des Kabinetts bestritten und alle weitergehenden Forderungen abgelehnt.

[35] Im einzelnen dazu Fortgang 182. Sitzung am 16. Mai 1957 TOP 7 I.

181. Sitzung am 7. Mai 1957

Bundesminister für Vertriebene, Flüchtlinge und Kriegsgeschädigte unterstützt diesen Antrag und führt aus, daß sich noch 400 000 Personen in lagermäßigen Unterkünften befänden und daß mit dem Zuströmen von weiteren 400 000 Sowjetzonenflüchtlingen und Aussiedlern zu rechnen sei[36].

Da das Kabinett nicht mehr beschlußfähig ist, wird von einer Abstimmung abgesehen. Der *Vizekanzler* regt an, die strittigen Fragen sollten von den beteiligten Bundesministern unter Vorsitz des Bundeskanzlers besprochen werden, um eine Regierungskrise zu vermeiden[37].

---

[36] Zahlenmaterial über den Zustrom und die Unterbringung von Sowjetzonenflüchtlingen und Aussiedlern in B 150/2870 und 2871.
[37] Fortgang 182. Sitzung am 16. Mai 1957 TOP 6 und 7.

Sondersitzung
am Donnerstag, den 9. Mai 1957

Teilnehmer: Adenauer, Blücher, von Brentano, Schröder, Schäffer (ab 17.15 Uhr), Erhard, Lübke, Storch, Strauß, Lemmer (bis 17.20 Uhr), Preusker, Oberländer, Balke, Wuermeling; Globke, Hallstein, von Lex, W. Strauß, Hartmann, Steinmetz, Thedieck, Ripken; von Eckardt (BPA), Krueger (BPA), Knieper (BMVtg), Selbach (Bundeskanzleramt), Berendsen (MdB), Brühler (MdB), Elbrächter (MdB), Euler (MdB, bis 17.45 Uhr), Gerstenmaier (MdB), Jaeger (MdB), Kliesing (MdB), von Manteuffel (MdB), Pferdmenges (MdB), Rasner (MdB), Schneider (Lollar) (MdB), Schneider (Bremerhaven) (MdB), Stücklen (MdB). Protokoll: Kriele.

Beginn: 16.15 Uhr   Ende: 19.20 Uhr
Ort: Bundeshaus

Tagesordnung:

Einziger Punkt: Entwurf einer Antwort der Bundesregierung auf die Große Anfrage der SPD betr. Atomwaffen (Bundestagsdrucksache Nr. 3347)
Vorlage des BMVtg vom 8. Mai 1957 (I B - I B 1 - IV - Tgb.Nr. 396/57 geh.).

[1.] **Entwurf einer Antwort der Bundesregierung auf die Große Anfrage der SPD betr. Atomwaffen (Bundestagsdrucksache Nr. 3347)** BMVtg

Der *Bundeskanzler* weist zur Eröffnung der Sitzung darauf hin, daß die Atomfrage, die das deutsche Volk bewege, als ein emotionals Anliegen des deutschen Volkes gesehen werden müsse und daher nicht nur nach rationalen Gesichtspunkten behandelt werden dürfe. Das Wahlbemühen der Opposition sei es offensichtlich, die gefühlsmäßige und begreifliche Sorge der Bevölkerung vor den Wirkungen der Atomwaffe im Wahlkampf auszunützen. Eine solche Sorge könne und dürfe man nicht bagatellisieren. Es müsse vielmehr dem deutschen Volk deutlich gemacht werden, daß, wenn wir die NATO gefährden und die Freundschaft mit dem Westen verlieren, die Verhältnisse sich nur zum noch schlechteren entwickeln könnten.

Der *Bundesminister für Verteidigung* verliest sodann den Entwurf für die Regierungserklärung auf die Große Anfrage der SPD vom 2. April 1957 − BT-Drucks. Nr. 3347 zur Atomfrage[1]. In der anschließenden Aussprache erklärt zunächst der

---

[1] Siehe 180. Sitzung am 30. April 1957 TOP 4. − Vorlage des BMVtg vom 8. Mai 1957 in B 136/6889, Unterlagen zur Beantwortung der Frage nach Maßnahmen zum Schutz der Zivilbevölkerung in B 106/17570. − In der Vorlage, die nach generellen Vorbemerkungen auf die einzelnen Fragen der SPD-Fraktion einging, war auf die Notwendigkeit der atomaren Aufrüstung

Bundeskanzler, daß dieser Entwurf, abgesehen von einigen geringfügigen, noch vorzunehmenden stilistischen Änderungen, seine volle Zustimmung finde. Aus einer soeben erhaltenen Meinungsumfrage gehe mit Deutlichkeit hervor, wie stark die Angst vor den Wirkungen der Atomwaffen das deutsche Volk ergriffen habe[2]. Die Erklärung der Bundesregierung und die Äußerungen der Vertreter der Koalitionsparteien in der dann folgenden Bundestagsdebatte müßten daher nach seiner Meinung folgende Gesichtspunkte herausstellen:

1.) Den unbedingten Willen, auf jede Weise ein Abrüstungsabkommen zu erreichen.
2.) Die Unmöglichkeit, auch bei einem sonstigen Verzicht auf Atomwaffen ihren Wirkungen zu entgehen.
3.) Das Bemühen um ausreichende Schutzmaßnahmen.

Der *Bundesminister für das Post- und Fernmeldewesen* unterstreicht aus seinen eigenen Erfahrungen die Notwendigkeit wie die Wirksamkeit einer auf das Gefühlsmäßige abgestellten Behandlung der Atomfrage. *BT-Abg. Euler* (DP-FVP) hält es für notwendig zu betonen, daß die bisherige und jetzige Politik die einzig wirksame zum Schutze der Bevölkerung sei. *BT-Abg. v. Manteuffel* (DP-FVP) empfiehlt, die Verantwortung der Sowjets für die bisherigen Fehlschläge der Abrüstungsverhandlungen herauszustellen. Der *Bundesminister des Innern* glaubt ebenfalls, daß die Atomfrage zum Hauptgegenstand des Wahlkampfes durch die Opposition gemacht werden würde. Eine gewisse Straffung der verlesenen Erklärung könne ihre Wirkung erhöhen. *BT-Abg. D. Dr. Gerstenmaier* (CDU/CSU) beurteilt die Bevölkerungsstimmung ähnlich wie der Bundeskanzler und die Vorredner. Er meine aber, daß die Diskussion trotzdem ein hohes Niveau beibehalten müsse, da es gelte, die Zweifelnden und Nachdenklichen zu gewinnen. Hauptaufgabe der Debatte im Bundestag müsse sein, von der Opposition sich nicht zu einer als negativ empfundenen Festlegung verleiten zu lassen. Der *Bundeskanzler* verliest darauf die von der SPD dazu eingereichten Anträge[3]. *BT-Abg. Dr. Jaeger* wünscht, daß diesen Anträgen entgegengetreten werde. Gegen das Paulskirchenmanifest[4] und die Bemü-

---

als friedenssichernde Maßnahme, zugleich aber auch auf das Interesse der Bundesregierung an einem Rüstungskontrollabkommen hingewiesen worden.

[2] 63 % der Befragten hatten sich im April 1957 gegen eine Atombewaffnung der Bundeswehr ausgesprochen, 20 % waren unentschieden und 17 % dafür (Umfrage des Instituts für Demoskopie Allensbach Nr. 291 in B 145/4229). Dagegen wurde in einem Vermerk des Bundeskanzleramtes vom 7. Mai 1957 das Verhältnis von Befürwortern und Gegnern in der Atomfrage auf 60 zu 40 geschätzt (B 136/6889). – Zur Protestbewegung gegen die atomare Bewaffnung der Bundeswehr vgl. Kraushaar, Protest-Chronik.

[3] Angesprochen ist hier neben der BT-Drs. 3347 der SPD-Entschließungsantrag zur Großen Anfrage der SPD, wonach der Bundestag an die Atommächte appellieren solle, die Atombombenversuche einzustellen. Außerdem sollte die Bundesregierung ersucht werden, die Ausrüstung der Bundeswehr mit Atomwaffen zu unterlassen, der Lagerung von Atomwaffen und Stationierung von Atomwaffen-Verbänden auf dem Gebiet der Bundesrepublik die Zustimmung zu verweigern und die Bevölkerung über Schutzmaßnahmen gegen mögliche Auswirkungen der Stationierung von Atomwaffen aufzuklären (Umdruck Nr. 1093). – Auch die FDP forderte in einem eigenen Antrag den Verzicht auf die Ausrüstung der Bundeswehr mit atomaren Waffen (Umdruck Nr. 1096).

[4] Vgl. dazu 68. Sitzung am 28. Jan. 1955 TOP 1 (Kabinettsprotokolle 1955, S. 155 f.). – In einem „Deutschen Manifest" hatte die vor allem von der SPD und den Gewerkschaften getragene Ver-

hungen der Opposition sei in den vergangenen Jahren nicht nur die Wehrpflicht, sondern auch die Wehrbereitschaft durchgesetzt worden. In der Atomfrage habe bisher nur die Gegenseite gesprochen. Nun sei Gelegenheit zum Gegenangriff gegeben. *BT-Abg. Schneider*-Bremerhaven (DP-FVP) und der *Bundesminister für Wohnungsbau* sind ebenfalls der Meinung, daß man nicht zurückweichen dürfe. *BT-Abg. Dr. Rasner* (CDU/CSU) glaubt auch, daß die SPD nicht auf eine sachliche, sondern auf eine rein emotionale Behandlung der Angelegenheit hinaus wolle. *BT-Abg. D. Dr. Gerstenmaier* (CDU/CSU) schlägt vor, dem Antrag der SPD insbesondere zu I einen eigenen Antrag der Koalitionsfraktionen entgegenzusetzen[5]. Diesem Vorschlag wird zugestimmt. Die Vertreter der Koalitionsparteien übernehmen die Vorbereitung eines solchen Gegenantrages[6].

Vizekanzler Blücher schlägt vor, der Bundeskanzler möge vor Verlesung der Erklärung der Bundesregierung durch Bundesminister Strauß eine eigene Erklärung setzen, die die gefühlsmäßige Seite der Angelegenheit behandle. Diesem Vorschlag wird ebenso zugestimmt wie der Regierungserklärung mit den noch vorzunehmenden kleinen stilistischen Änderungen[7].

---

sammlung vom Januar 1955 in der Frankfurter Paulskirche vor einer die Wiedervereinigung erschwerenden Aufrüstung beider Teile Deutschlands gewarnt.

[5] Abschnitt I des SPD-Antrags bezog sich auf den Appell des Bundestags an die Atommächte.

[6] Die Anträge der Fraktionen des GB/BHE (Umdruck Nr. 1097) sowie der CDU/CSU und DP/FVP (Umdruck Nr. 1099), die der Bundestag in seiner 209. Sitzung am 10. Mai 1957 im Gegensatz zu den parallelen Anträgen der Opposition annahm (vgl. Stenographische Berichte, Bd. 36, S. 12136 und 12137), forderten u. a. die Ächtung der modernen Massenvernichtungsmittel, die Einstellung der Atombombenversuche und Schutzmaßnahmen für die Zivilbevölkerung.

[7] Zur Antwort der Bundesregierung am 10. Mai 1957 auf die Anfrage der SPD und die folgende Aussprache vgl. Stenographische Berichte, Bd. 36, S. 12051–12145. – Die Erklärungen des Bundeskanzlers und die vom Bundestag angenommenen Entschließungen der Koalitionsfraktionen in Bulletin Nr. 88 vom 14. Mai 1957, S. 781.

182. Kabinettssitzung
am Donnerstag, den 16. Mai 1957

Teilnehmer: Adenauer (bis 17.00 Uhr und ab 17.48 Uhr)[1], Blücher, von Brentano, Schröder (bis 19.00 Uhr), Schäffer, Erhard, Lübke, Storch (bis 18.52 Uhr), Strauß, Preusker, Oberländer, Balke; Globke, Steinmetz, Thedieck, Ripken; Klaiber (Bundespräsidialamt), von Eckardt (BPA), Krueger (BPA), Selbach (Bundeskanzleramt), Kilb (Bundeskanzleramt). Protokoll: Abicht.

Beginn: 16.00 Uhr   Ende: 19.45 Uhr

Ort: Haus des Bundeskanzlers

Tagesordnung:

1. *Personalien*
   Gemäß Anlagen.

2. *Akkreditierung eines deutschen Botschafters in Nepal*
   Schreiben des Staatssekretärs des Bundeskanzleramtes vom 9. Mai 1957 (11 - 14004 - 412/57 VS-Vertr.).

3. *Entwurf eines Gesetzes über die Errichtung eines Bundesaufsichtsamtes für das Kreditwesen; hier: Sitz des Bundesaufsichtsamtes*
   Vorlage des BMWi vom 25. April 1957 (VI A 3 - 2249/57).

4. *Freigabe des Restes der deutschen 18 %-Quote an der Weltbank*
   Vorlage des BMWi vom 25. April 1957 (VI B 3 - 426/72 - 60823/57).

5. *Konjunkturelle Zollsenkung*
   Vorlage des BMF vom 15. Mai 1957 (III B/5 - Z 2211 - 171/57).

6. *I. Denkschrift „Wege zur Wiederherstellung der Wirtschaftlichkeit des Hausbesitzes und seiner Eingliederung in die soziale Marktwirtschaft"*
   Vorlagen des BMWo vom 18. März und 11. April 1957 (I A/5 - 6600/5/57).
   II. Entwurf des Bundeshaushaltsplanes 1957
   a) Darlehen zur Förderung von Instandsetzungsarbeiten an Wohngebäuden (Kap. A 2503 Tit. 531)
   Vorlage des BMWo vom 21. März 1957 (A/2 - 2011/29/57).

7. *I. Entwurf des Bundeshaushaltsplanes 1957*
   b) Finanzierung des Wohnungsbaues zugunsten von Sowjetzonenflüchtlingen und der ihnen gleichgestellten Personen (Kap. 2503 Tit. 532)
   Vorlage des BMWo vom 21. März 1957 (A/2 - 2011/29/57).

---

[1] Nach dem Tageskalender Adenauers fand um 17.00 Uhr ein Gespräch mit dem ehemaligen isländischen Ministerpräsidenten Olafur Thors statt (B 136/20686).

*II. Bereitstellung von Wohnungsbaumitteln für die Rückführung von Evakuierten
Vorlage des BMWo (I/12 - 4205/12/57) und des BMVt (II/5 - 5853/1425/57)
vom 6. April 1957.*

*III. Bereitstellung von Wohnungsbaumitteln zugunsten von Ungarnflüchtlingen
Vorlage des BMWo (I/12 - 4141/7/57) und des BMVt (II - 55856/1140/57) vom
19. März 1957.*

8. *Entwurf eines Gesetzes über die Feststellung des Bundeshaushaltsplanes für
das Rechnungsjahr 1957
Vorlagen des BMWo vom 6. April 1957 und 6. Mai 1957 (III Z/2 - 2011/30/57).*

9. *Saarländisches Gesetz Nr. 577 über die Gewährung von Vorschußzahlungen in
der gesetzlichen Rentenversicherung vom 8. April 1957
Vorlage des BMA vom 16. Mai 1957 (IV a 6 - 1662/57).*

[A.] **Außenpolitische Lage**

Der *Bundesminister des Auswärtigen* führt aus, daß die Meldung der „Welt" vom 13. Mai, daß Eisenhower[2] seinen Kurs geändert habe, nicht auf offiziellen amerikanischen Informationen beruhe, sondern offenbar auf einen Artikel von Margret Higgins[3] zurückgehe[4]. Inzwischen habe die Amerikanische Botschaft in Bonn auf Weisung des State Department bestätigt, daß die Meldung der „Welt" unzutreffend sei[5]. Dennoch habe die „Welt" in den folgenden Tagen ihre Haltung nicht geändert[6].

---

[2] Dwight D. Eisenhower (1890–1969). 1942–1945 Oberbefehlshaber der US-Truppen, ab 1943 der alliierten Invasionsstreitkräfte (SHAEF) auf dem europäischen Kriegsschauplatz, Mai–November 1945 US-Militärgouverneur in Deutschland, 1945–1947 Generalstabschef der US-Armee, 1950–1952 Oberbefehlshaber der NATO-Streitkräfte in Europa (SACEUR), 1952–1961 Präsident der USA.

[3] Marguerite Higgins (1921–1966). 1942–1963 Berichterstatterin für die „New York Herald Tribune" u.a. 1946–1949 aus Berlin, 1950–1958 aus Korea (1951 Pulitzer-Preis), seit 1958 diplomatische Chefkorrespondentin in Washington, 1965 Kriegsberichterstatterin aus Vietnam.

[4] Am 8. Mai 1957 hatte Eisenhower vor der Presse erklärt, daß er einen Vorschlag zu einer militärisch kontrollierten Zone in Europa mit einer positiven Einstellung prüfen würde. Dies wurde von der amerikanischen Presse dahingehend interpretiert, daß die USA erstmalig der Bildung von Luftinspektionszonen und in weiterem Sinne einer rüstungskontrollierten Zone in Europa zustimmen und auf die bisherige Vorbedingung der Regelung politischer Fragen wie die der Wiedervereinigung verzichten würden. Vgl. die Aufzeichnung vom 13. Mai 1957 über die Spekulationen zu einem amerikanischen Kurswechsel und über die mißverstandene Pressekonferenz Eisenhowers in AA B 1, Bd. 66, und AA B 2, VS-Bd. 121, weitere Unterlagen in AA B 12, Bd. 47a. Die „Welt" hatte am 13. Mai 1957 über die Pressekonferenz unter der Überschrift „Eisenhower ändert den Kurs. Wiedervereinigung keine Bedingung für Abrüstung" berichtet. – In einem Telegramm vom 15. Mai 1957 hatte Botschafter Krekeler aus Washington über die Entstehung der Meldung berichtet. Demnach war sie auf eine Darstellung von Higgins in der „New York Herald Tribune" vom 11. Mai 1957 zurückzuführen und hatte erst in der deutschen Redaktion eine schärfere und sensationellere Fassung erhalten (AA B 2, VS-Bd. 121). – Zu den Abrüstungsverhandlungen siehe 176. Sitzung am 20. März 1957 TOP 1.

[5] Vgl. dazu den Bericht Krekelers vom 13. Mai 1957 an Grewe in AA B 2, Bd. 139.

[6] So veröffentlichte die „Welt" am 14. Mai einen Artikel unter der Überschrift „London: Abrüstung auch ohne Wiedervereinigung" und am 15. Mai 1957 einen Artikel unter dem Titel „Dulles

Diese Haltung führe nicht nur zu einer Verstimmung der in Bonn akkreditierten Diplomaten, sondern sei auch geeignet, das Vertrauen der Verbündeten zu Deutschland zu untergraben. Der *Bundeskanzler* bemerkt, daß es keinen Weg gebe, unmittelbar auf die deutsche Presse einzuwirken. Der *Bundesminister des Innern* regt an, den sehr sachlichen Artikel in der heutigen Ausgabe des Industriekuriers[7] im Bulletin abzudrucken. Der *Bundesminister für Ernährung, Landwirtschaft und Forsten* schlägt vor, die Bundesregierung solle eine Aufklärungsschrift zusammenstellen und verteilen, in der die deutsche Öffentlichkeit über den Unterschied zwischen militärisch verdünnter Zone und militärischer Inspektionszone sowie die Zusammenhänge zwischen Abrüstung und Wiedervereinigung unterrichtet würde[8].

[B.] Informationswesen

Der *Bundeskanzler* bezeichnet es als notwendig, daß das Auswärtige Amt für die Zeit bis zu den Wahlen einen Schnelldienst einrichtet, durch den alle Kabinettsmitglieder, auch wenn sie sich außerhalb von Bonn befänden, sofort über die neuesten außenpolitischen Ereignisse umfassend unterrichtet würden[9].

In diesem Zusammenhang spricht der *Bundeskanzler* sein Bedauern aus, daß die deutschen Rundfunkanstalten sich für Mitteilungen und Kommentare der Bundesregierung wenig zugänglich zeigten.

Anschließend wird das Problem des Europasenders I berührt, wobei sich an der Diskussion außer dem *Bundeskanzler* insbesondere *Staatssekretär Dr. Steinmetz*, *Staatssekretär Dr. Globke*, *Staatssekretär Thedieck*, der *Bundespressechef* und der *Bundesminister für Atomfragen* beteiligen[10].

1. Personalien

Das Kabinett billigt die Ernennungs- und Anstellungsvorschläge gemäß Anlagen 1 und 3 zu Punkt 1 der Tagesordnung[11].

---

    strebt Abrüstung mit Bonns Billigung an. Deutsche Einheit noch Bedingung?". Diese und weitere Presseverlautbarungen in Nachlaß Blankenhorn N 1351/75a.

[7] In einem Kommentar des Industriekuriers vom 16. Mai 1957 unter der Überschrift „Wiedervereinigung und Abrüstung" wurde einerseits betont, daß die Gerüchte über einen angeblichen Kurswechsel der USA bei den Abrüstungsverhandlungen auf Kosten der Wiedervereinigung jeder Grundlage entbehrten, andererseits wurde um Verständnis dafür geworben, daß angesichts der atomaren Bedrohung eine Verschiebung der Prioritäten zugunsten einer Verständigung mit der Sowjetunion plausibel erscheine.

[8] In einem Rundfunkinterview wies von Eckardt auf die Dementis der verbündeten Mächte hin und betonte, daß zu Beunruhigung kein Anlaß gegeben sei (vgl. Bulletin Nr. 93 vom 21. Mai 1957, S. 833 f.). – Fortgang zu den Abrüstungsverhandlungen 184. Sitzung am 31. Mai 1957 TOP 1.

[9] Laut Vermerk vom 14. Aug. 1957 hatte sich die Angelegenheit erledigt. Vermerk in AA (Abt. 7), VS-Bd. 3755.

[10] Vgl. dazu 187. Sitzung am 2. Juli 1957 TOP 7.

[11] Vorgeschlagen war die Ernennung des Generalmajors Joachim Huth im BMVtg (Anlage 1), eines Ministerialdirigenten im BMP sowie die Anstellung von zwei Obersten und des General-

Das Kabinett stimmt ferner der Anlage 2 zu Punkt 1 der Tagesordnung mit der Maßgabe zu, daß der Eintritt in den Ruhestand um einen Monat hinausgeschoben wird[12].

2. Akkreditierung eines deutschen Botschafters in Nepal AA

Das Kabinett nimmt von dem Schreiben des Staatssekretärs des Bundeskanzleramtes vom 9.5.1957 zustimmend Kenntnis[13].

3. Entwurf eines Gesetzes über die Errichtung eines Bundesaufsichtsamtes für das Kreditwesen; hier: Sitz des Bundesaufsichtsamtes BMWi

Das Kabinett beschließt nach kurzer Diskussion gemäß Kabinettvorlage des Bundesministers für Wirtschaft vom 25.4.1957[14].

4. Freigabe des Restes der deutschen 18 %-Quote an der Weltbank BMWi

Unter Vorsitz des Vizekanzlers legen die *Bundesminister für Wirtschaft* und *der Finanzen* ihre Standpunkte zu der Frage der Freigabe des Restes der deutschen 18 %-Quote an der Weltbank dar[15]. Auf Vorschlag des *Vizekanzlers*, der eine

---

leutnants a. D. Wolfgang Vorwald als übertariflich eingestufte Angestellte des öffentlichen Dienstes im BMVtg (Anlage 3).

[12] Vorgeschlagen war, den Eintritt in den Ruhestand des Präsidenten der Bundesanstalt für Arbeitsvermittlung und Arbeitslosenversicherung, Julius Scheuble, bis zum 31. Juli 1957 hinauszuschieben (Anlage 2).

[13] Vorlage des Bundeskanzleramtes vom 9. Mai 1957 in B 136/1837. – Vorgeschlagen war die Akkreditierung des Botschafters in Neu Delhi Dr. Wilhelm Melchers (vgl. 172. Sitzung am 21. Febr. 1957 TOP 8) in Katmandu (Nepal).

[14] Siehe 174. Sitzung am 7. März 1957 TOP 3. – Vorlage des BMWi vom 25. April 1957 in B 102/23343 und B 136/7362. – Der BMWi hatte sich nochmals gegen den Beschluß des Kabinetts vom 9. Jan. 1957 (vgl. 165. Sitzung am 9. Jan. 1957 TOP 6) gewandt, den Sitz in die Bundeshauptstadt zu verlegen und, gestützt auf Meinungen aus Fachkreisen, für die räumliche Nähe zur Bundesbank plädiert. – BT-Drs. 3264. – Ein Gesetz kam in der zweiten Legislaturperiode nicht mehr zustande. Nach dem Gesetz über das Kreditwesen vom 10. Juli 1961 (BGBl. I 881) wurde am 1. Jan. 1962 das Bundesaufsichtsamt in Berlin errichtet. – Fortgang 55. Sitzung am 18. Febr. 1959 TOP 4 (B 136/36119).

[15] Zur deutschen Quote am Subskriptionsbeitrag an der Weltbank siehe 297. Sitzung am 9. Juni 1953 TOP G (Kabinettsprotokolle 1953, S. 336–338). – Vorlage des BMWi vom 25. April 1957 in B 102/26580 und B 136/3339, Vorlage des BMF vom 10. Mai 1957 in B 126/13972 und B 136/3339. – Die Bundesrepublik hatte 1953 zugesagt, ihre 18 %-Quote in Höhe von insgesamt 249 Millionen DM in zehn Jahresraten, beginnend ab 1. Juli 1957, freizugeben, d.h. bei der Weltbank einzuzahlen. Nachdem bereits 136 Millionen DM freigegeben worden waren, hatte der BMWi auf Drängen der Weltbank eine vorzeitige Freigabe des Restes der DM-Subskriptionsquote in Höhe von 113 Millionen DM beantragt, obwohl deren Aufbringung im ordentlichen Haushalt erst für spätere Jahre vorgesehen war. Der BMF hatte diesen Vorschlag mit der Begründung abgelehnt, die Bundesrepublik habe bereits das Doppelte der fälligen Beträge eingezahlt. Ferner hatte er sich wegen der Haushalts- und Exportlage sowie wegen der hohen Diskontaufwendungen (10 Millionen DM) gegen eine vorzeitige Zahlung ausgesprochen und sich allenfalls bereit erklärt, die am 1. Juli 1958 fällige Rate von 22,6 Millionen DM bereits am 1. Sept. 1957 zu zahlen.

182. Sitzung am 16. Mai 1957

Kompromißlösung andeutet, wird vereinbart, daß dieser Punkt der Tagesordnung in einer Vorbesprechung zwischen den genannten Kabinettsmitgliedern am 20. Mai erörtert und in der Kabinettssitzung am 21. Mai abschließend beraten werden soll[16].

8. Entwurf eines Gesetzes über die Feststellung des Bundeshaushaltsplanes für das Rechnungsjahr 1957 BMWo/BMF

Der *Vizekanzler* bringt in Erinnerung, daß die Zuziehung des Bundesbeauftragten für die Wirtschaftlichkeit in der Verwaltung zur Beratung dieses Punktes der Tagesordnung vorgesehen worden sei. Der *Bundesminister für Wohnungsbau* weist darauf hin, daß der Bundesminister für Verteidigung sich bereit erklärt habe, einen anderen Lösungsvorschlag zu machen. Mit Rücksicht auf die augenblickliche Abwesenheit des Bundesministers für Verteidigung wird vereinbart, die Frage des Wohnungsfürsorgereferates für die Bundeswehr im Bundesministerium für Wohnungsbau in Gegenwart des Bundesministers für Verteidigung in der Kabinettssitzung am 21. Mai zu beraten[17].

[C.] Gesetz zu dem deutsch-französischen Niederlassungs- und Schiffahrtsvertrag vom 27.10.1956; hier: Stellungnahme der Bundesregierung zu dem Beschluß des Bundesrates (Vorlage des Auswärtigen Amtes vom 14.5.1957 – 502 - 81.21/2 - Frankreich –)

Das Kabinett beschließt gemäß Kabinettvorlage des Auswärtigen Amtes vom 14.5.1957 in der Fassung des heute verteilten Deckblattes[18].

9. Saarländisches Gesetz Nr. 577 über die Gewährung von Vorschußzahlungen in der gesetzlichen Rentenversicherung vom 8. 4. 1957 BMA

Das Kabinett beschließt,

I. dem Saarländischen Gesetz Nr. 577 zuzustimmen[19],

---

[16] Fortgang 183. Sitzung am 21. Mai 1957 TOP 4.

[17] Siehe 181. Sitzung am 7. Mai 1957 TOP 5. – Vorlagen des BMWo vom 6. April 1957 und vom 6. Mai 1957 in B 136/315 und B 136/316 sowie Vorlage des BMF vom 24. April 1957 in B 136/316. – Der BMWo hatte die personelle Ausstattung eines in seinem Geschäftsbereich zu errichtenden Referates zur Wohnungsfürsorge für die Bundeswehr beantragt. Vgl. dazu Sondersitzungen am 8. und 9. Nov. 1956 TOP 1 (Kabinettsprotokolle 1956, S. 702 und 712). Mit Hinweis auf die sonstigen Haushaltsanforderungen hatte der BMF einer Erhöhung der Stellenzahl widersprochen. – Fortgang 183. Sitzung am 21. Mai 1957 TOP 7 und TOP B.

[18] Siehe 159. Sitzung am 14. Nov. 1956 TOP 8 d (Kabinettsprotokolle 1956, S. 728). – Vorlage des AA vom 14. Mai 1957 zu BR-Drs. 127/57 in B 136/2116. – Der Vertrag regelte vor allem die gegenseitige Anerkennung, Rechtsstellung, Besteuerung und Gründung von Gesellschaften im Land des jeweiligen Vertragspartners. Gegen die Auffassung des Bundesrates, der Vertrag berühre Materien (Niederlassungs- und Gewerberecht), die in die ausschließliche Gesetzgebungskompetenz der Länder fielen, hatte das AA die Meinung vertreten, daß der Bundesregierung auch in diesen Fällen beim Abschluß internationaler Verträge die Vertragsschließungs- und Inkraftsetzungskompetenz zustehe. – BT-Drs. 3521. – Gesetz vom 29. Okt. 1957 (BGBl. II 1661).

182. Sitzung am 16. Mai 1957

II. in einem Begleitschreiben der Bundesregierung an die Saarregierung darauf hinzuweisen,

a) daß der persönliche Besitzstand der Saarrentner, gemessen an der Kaufkraft, aufrechterhalten werden soll, daß aber allgemeine Sondervorschriften des Saarlandes bei der Anpassung an die Rechtslage in der Bundesrepublik nicht übernommen werden sollen,

b) daß die Zustimmung der Bundesregierung kein Präjudiz für die künftige Währungsumstellung bedeutet und

c) daß es erwünscht ist, daß die Saarregierung künftig Gesetzentwürfe nach § 6 des Saareingliederungsgesetzes der Bundesregierung möglichst frühzeitig mitteilt[20].

6 I. Denkschrift „Wege zur Wiederherstellung der Wirtschaftlichkeit des Hausbesitzes und seiner Eingliederung in die soziale Marktwirtschaft" BMWo

Dieser Punkt der Tagesordnung wird nicht mehr erörtert[21].

6 II. Entwurf des Bundeshaushaltsplanes 1957;
  a) Darlehen zur Förderung von Instandsetzungsarbeiten an Wohngebäuden (Kap. A 2503 Tit. 531) BMWo

Zu diesem Punkt der Tagesordnung führt der *Bundesminister für Wohnungsbau* aus: Die politische Bedeutung der beantragten Maßnahme habe sich dadurch erhöht, daß die Bundesratsausschüsse die Mietpreislockerungsverordnung der Bundesregierung für teure Altwohnungen abgelehnt habe[22]. Es sei daher dringend erforderlich, daß weitere 50 Mio. DM zur Förderung von Instandsetzungsarbeiten an Wohngebäuden in den Bundeshaushalt 1957 eingesetzt würden. Er sei auch bereit, auf einen Kompromißvorschlag einzugehen. Der *Bundesminister der Finanzen* erklärt, der Haushaltsausschuß, der sich auf einen Betrag von nur 50 Mio. DM festgelegt habe, werde der Erhöhung auf 100 Mio. DM nicht zustimmen. Es sei für den Betrag von weiteren 50 Mio. DM auch keine Deckung vorhanden. Er könne daher einer

---

[19] Siehe 180. Sitzung am 30. April 1957 TOP C und 68. Sitzung des Kabinettsausschusses für Wirtschaft am 8. Mai 1957 TOP 2 (B 136/36220). – Vorlage des BMA vom 16. Mai 1957 in B 149/3697 und B 136/762 und Vorlage des BMF vom 26. April 1957 in B 136/762. – Das Gesetz Nr. 577 über die Gewährung von Vorschußzahlungen in der gesetzlichen Rentenversicherung vom 8. April 1957 (Amtsblatt des Saarlandes, 1957, S. 511) bedurfte nach Artikel 6 des Eingliederungsgesetzes vom 23. Dez. 1956 (BGBl. I 1011) der Zustimmung der Bundesregierung, die der BMA in seiner Vorlage beantragt hatte. Der BMF hatte seinen Widerspruch gegen die Vorlage des BMA damit begründet, daß Sondervorschriften teilweise eine Besserstellung der Rentenempfänger des Saarlandes gegenüber den Regelungen im Bundesgebiet mit sich brächten. Zur Erhaltung des sozialen Besitzstandes im Saarland vgl. 163. Sitzung am 12. Dez. 1956 TOP B (Kabinettsprotokolle 1956, S. 766).

[20] Schreiben des Stellvertreters des Bundeskanzlers vom 8. Juni 1957 an den Ministerpräsidenten des Saarlandes in B 136/762 und B 149/3697.

[21] Siehe 181. Sitzung am 7. Mai 1957 TOP 8.

[22] Vgl. dazu 179. Sitzung am 11. April 1957 TOP 6.

182. Sitzung am 16. Mai 1957

Erhöhung um 50 Mio. DM trotz des Änderungsantrages der Fraktion der DP/FVP (Umdruck 1063) nicht zustimmen[23].

Beschlüsse zu diesem Punkt der Tagesordnung werden nicht gefaßt. Die Angelegenheit soll in der Kabinettssitzung am 21. Mai weiterberaten werden[24].

7 I. Entwurf des Bundeshaushaltsplanes 1957;

b) Finanzierung des Wohnungsbaues zugunsten von Sowjetzonenflüchtlingen und der ihnen gleichgestellten Personen (Kap. 2503 Tit. 532)   BMWo

Nachdem der Bundeskanzler wieder den Vorsitz übernommen hat, bemerkt der *Bundesminister der Finanzen* zu diesem Punkt der Tagesordnung, daß er sich im Hinblick auf den Änderungsantrag der Koalitionsfraktionen (Umdruck 1092, Ziffer 1) dem Anliegen des Bundesministers für Wohnungsbau nicht mehr widersetzen wolle[25].

7 II. Bereitstellung von Wohnungsbaumitteln für die Rückführung von Evakuierten
BMWo/BMVt/BMF

Der *Bundesminister der Finanzen* erklärt zu diesem Punkt der Tagesordnung, daß er mit Rücksicht auf den Änderungsantrag der Koalitionsfraktionen (Umdruck 1092, Ziffer 2)[26] auch hier den Forderungen des Bundesministers für Wohnungsbau und des Bundesministers für Vertriebene, Flüchtlinge und Kriegsgeschädigte entsprechen werde[27].

---

[23] Siehe 181. Sitzung am 7. Mai 1957 TOP 6 a. – Vorlage des BMWo vom 8. April 1957 und des BMF vom 24. April 1957 in B 134/6934. – Der Änderungsantrag wurde mit Datum vom 22. Mai 1957 von den Koalitionsfraktionen übernommen (Umdruck 1063 neu, vgl. Anlage 33 in Stenographische Berichte, Bd. 37, S. 12376).

[24] Fortgang 183. Sitzung am 21. Mai 1957 TOP 5.

[25] Siehe 181. Sitzung am 7. Mai 1957 TOP 6 b. – Vorlage des BMWo vom 21. März 1957 und Vorlage des BMF vom 29. März 1957 in B 134/523 und B 136/9510. – Der Änderungsantrag der Koalitionsfraktionen vom 9. Mai 1957 sah unter Ziffer 1 eine Erhöhung der den Ländern zu gewährenden Darlehen um 170 Millionen DM auf insgesamt 370 Millionen DM vor (Umdruck 1092, vgl. Anlage 32 in Stenographische Berichte, Bd. 37, S. 12376). Er wurde vom Bundestag in seiner 211. Sitzung am 23. Mai 1957 angenommen (ebenda, S. 12351). – Fortgang 185. Sitzung am 12. Juni 1957 TOP E.

[26] Siehe 181. Sitzung am 7. Mai 1957 TOP 7. – Vorlage des BMWo und des BMVt vom 6. April 1957 in B 134/1679, B 150/2893 und B 136/9517. – Unter Ziffer 2 des Änderungsantrages vom 9. Mai 1957 hatten die Koalitionsfraktionen beantragt, den BMWo zu ermächtigen, mit Zustimmung des BMF für das Rechnungsjahr 1958 bis zur Höhe von 30 Millionen DM Verpflichtungen einzugehen. Diese Mittel sollten der nachstelligen Finanzierung des Wohnungsbaus für Evakuierte dienen (Umdruck 1092, vgl. Anlage 32 in Stenographische Berichte, Bd. 37, S. 12376). Dieser Betrag entsprach der Summe, die der BMWo und BMVt in ihrer gemeinsamen Kabinettsvorlage vom 6. April 1957 beantragt hatten.

[27] Den Änderungsantrag der Koalitionsfraktionen nahm der Bundestag in seiner 211. Sitzung am 23. Mai 1957 einstimmig an (Stenographische Berichte, Bd. 37, S. 12351).

7 III. **Bereitstellung von Wohnungsbaumitteln zugunsten von Ungarnflüchtlingen**
BMWo/BMVt/BMF

Der *Bundesminister der Finanzen* betont, daß er keine Möglichkeit sähe, entsprechend dem Antrag der Bundesminister für Wohnungsbau sowie für Vertriebene, Flüchtlinge und Kriegsgeschädigte Mittel für den Wohnungsbau zugunsten von Ungarnflüchtlingen bereitzustellen[28].

Dieser Punkt der Tagesordnung soll in der Kabinettssitzung am 21. Mai weiterberaten werden[29].

[D.] **Bundeshaushalt 1957 (Vorlage des Bundesministers der Finanzen vom 13.5.1957 – II a - 0400 - 179/57 –)**

Im Zusammenhang mit der Behandlung der Punkte 6 II. und 7 I. bis III. der Tagesordnung gibt der *Bundesminister der Finanzen* einen Überblick über die Lage des Bundeshaushalts 1957. Dabei trägt er den Inhalt seiner Kabinettvorlage vom 13.5.1957 unter zusätzlicher Erläuterung der Einzelpositionen vor[30].

Beschlüsse werden nicht gefaßt. Dieser Punkt der Tagesordnung soll ebenfalls in der Kabinettssitzung am 21. Mai abschließend beraten werden[31].

5. **Konjunkturelle Zollsenkung** BMF

Der *Bundesminister für Wirtschaft* führt aus, daß eine 30 %ige lineare Zollsenkung erforderlich sei, um ein Ansteigen der inländischen Preise zu verhindern. Außerdem soll Deutschland seine Bereitwilligkeit dokumentieren, dem Ausland Exportwaren abzunehmen. Weiter soll ein zu starkes Ansteigen der Gold- und Devisenbestände verhindert werden. Schließlich erwarte die deutsche Bevölkerung, daß die Bundesregierung einen sichtbaren Schritt zur Stabilisierung der Inlandspreise tue. Härten sollten dadurch ausgeglichen werden, daß die Zollsätze in besonderen Einzelfällen wieder heraufgesetzt werden könnten[32]. Der *Bundeskanzler* befürchtet,

---

[28] Siehe 181. Sitzung am 7. Mai 1957 TOP 9. – Gemeinsame Vorlage des BMWo und des BMVt vom 13. März 1957 in B 134/3823 und B 136/9517, dort auch Abschrift des Schreibens des BMF vom 20. März 1957 an den BMWo, weitere Unterlagen in B 106/24261. – Nach der Weigerung des BMF, weiteren Anforderungen zu entsprechen, hatten der BMWo und der BMVt eine Entscheidung des Kabinetts über die Bereitstellung von 10 Millionen DM aus Bundesmitteln zur Finanzierung des Wohnungsbaus für die Ungarnflüchtlinge im Rechnungsjahr 1957 beantragt.

[29] Fortgang 183. Sitzung am 21. Mai 1957 TOP B (Ergebnisse der Koalitionsbesprechungen) und TOP 6.

[30] Vorlage des BMF vom 13. Mai 1957 in B 126/12925 und B 136/316, weitere Unterlagen in B 126/51525. – Der BMF hatte eine Mehrbelastung von 3,4 Milliarden DM errechnet und Vorschläge zur Deckung des Defizits ausgearbeitet. Insb. hatten die Zollsenkung, die Ehegattenbesteuerung, die Beamtenbesoldung, die 6. Novelle zum Bundesversorgungsgesetz, finanzielle Maßnahmen für Berlin und Brotpreis-Subventionen erhebliche Einnahmeausfälle verursacht, die durch Umschichtungen im Bundeshaushalt ausgeglichen werden sollten.

[31] Fortgang 183. Sitzung am 21. Mai 1957 TOP 2.

[32] Siehe 67. Sitzung des Kabinettsausschusses für Wirtschaft am 17. April 1957 TOP 1 (B 136/36220). – Vorlage des BMF vom 15. Mai 1957 in B 126/3885, B 102/56241 und B 136/355. – Mit der Zollsenkung sollte das Warenangebot erhöht und dadurch die Preisent-

daß die Koalitionsfraktionen und der Bundestag den Vorschlägen des Bundesministers für Wirtschaft nicht zustimmen würden. Er glaubt auch, daß die deutsche Bevölkerung nach einer Zollsenkung mit einem Absinken der Preise rechnen werde. Die Enttäuschung der Bevölkerung, wenn der von ihr erwartete Erfolg nicht einträte, sei politisch gefährlich. Endlich sei die Drohung mit einer Zollsenkung wirksamer als die Zollsenkung selbst. Es sei daher zweckmäßig, wenn sich die Bundesregierung vom Bundestag die Vollmacht geben lasse, die Zölle in den Positionen zu senken, in denen sich Preissteigerungen zeigten. Überdies seien die Preise zur Zeit stabil. Der *Vizekanzler* erklärt, daß ihm der von dem Bundeskanzler vorgeschlagene Weg lieber sei als die Pläne des Bundesministers für Wirtschaft. Er vertritt jedoch die Auffassung, daß die Bevölkerung fest mit einer Zollsenkung rechne. Der *Bundesminister für Atomfragen* tritt im Ergebnis der Ansicht des Bundesministers für Wirtschaft bei. Der *Bundesminister für Ernährung, Landwirtschaft und Forsten* stimmt demgegenüber dem Bundeskanzler zu. Der *Bundesminister für Wohnungsbau* macht den Kompromißvorschlag, die Bundesregierung solle sich die Ermächtigung geben lassen, die Zölle linear um 30 % zu senken und im Einzelfall Ausnahmegenehmigungen zu erteilen. Der *Bundeskanzler* hält auch diese Lösung vor den Wahlen für psychologisch bedenklich.

Beschlüsse werden nicht gefaßt. Es wird vereinbart, die Frage der konjunkturellen Zollsenkung zunächst in einer Koalitionsbesprechung am 20. Mai zu erörtern und dann in der Kabinettssitzung am 21. Mai abschließend zu beraten[33].

---

wicklung gedämpft werden. Der BMF hatte einen Einnahmeausfall von mehr als 120 Millionen DM errechnet. Dagegen vertrat der BMWi die Ansicht, daß eine erhöhte Wareneinfuhr den erwarteten Ausfall an Zolleinnahmen wesentlich verringern, wenn nicht kompensieren würde. Am 10. Mai 1957 hatten sich Erhard und Schäffer über die Ausarbeitung des Entwurfes einer Vierten Konjunkturpolitischen Zollsenkungsverordnung verständigt (vgl. Vermerke vom 24. April und 10. Mai 1957 in B 102/56241). Der BMF hatte in seiner Vorlage die Zollsenkung wegen des Einnahmeausfalls abgelehnt, die Vorschläge des BMWi aber dennoch zur Diskussion gestellt.

[33] Fortgang 183. Sitzung am 21. Mai 1957 TOP B (Koalitionsbesprechung) und TOP 3.

**183. Kabinettssitzung
am Dienstag, den 21. Mai 1957**

Teilnehmer: Adenauer (ab 17.10 Uhr), Blücher, von Brentano, Schröder, Schäffer, Erhard, Lübke, Storch (ab 17.15 Uhr), Seebohm, Lemmer, Preusker, Oberländer, Balke, Wuermeling; Globke (ab 17.10 Uhr), Westrick, Busch (bis 17.15 Uhr), Rust, Thedieck, Ripken; Bott (Bundespräsidialamt), von Eckardt (BPA), Krueger (BPA), Selbach (Bundeskanzleramt). Protokoll: Praß.

Beginn: 17.00 Uhr   *Ende: 19.00 Uhr*

Ort: Haus des Bundeskanzlers

Tagesordnung:

1. *Personalien*
   Gemäß Anlagen.

2. *Bundeshaushalt 1957*
   Vorlage des BMF vom 13. Mai 1957 (II A - A 0400 - 179/57).

3. *Konjunkturelle Zollsenkung*
   Vorlage des BMF vom 15. Mai 1957 (III B/5 - Z 2211 - 171/57).

4. *Freigabe des Restes der deutschen 18 %-Quote an der Weltbank*
   Vorlage des BMWi vom 16. Mai 1957 (VI B 3 - 426/72 - 61032/57).

5. *Entwurf des Bundeshaushaltsplans 1957;*
   a) Darlehen zur Förderung von Instandsetzungsarbeiten an Wohngebäuden (Kap. A 2503 Tit. 531)
   Vorlage des BMWo vom 21. März 1957 (A/2 - 2011/29/57).

6. *Bereitstellung von Wohnungsbaumitteln zugunsten von Ungarnflüchtlingen*
   Gemeinsame Vorlage des BMWo und des BMVt vom 19. März 1957 (I/12 - 4141/7/57 und II - 5 5856/1140/57).

7. *Entwurf eines Gesetzes über die Feststellung des Bundeshaushaltsplanes für das Rechnungsjahr 1957*
   Vorlage des BMWo vom 6. Mai 1957 (III Z/2 - 2011/30/57).

8. *Alterssicherung der Landwirte; hier: Initiativentwurf eines Gesetzes über die Alterssicherung der Landwirte – BT-Drucks. 3118 –*
   Vorlage des BMA vom 10. Mai 1957 (GS - 6501 - 672/57).

Der Vizekanzler eröffnet die Sitzung.

1. Personalien

Staatssekretär Dr. Busch bittet, den Ernennungsvorschlag gemäß Anlage 4 zu Punkt 1 der Tagesordnung erst bei Anwesenheit des Bundesministers für Arbeit zu behandeln.

Der *Bundesminister der Finanzen* weist darauf hin, daß die Einweisung des jetzigen Ministerialdirektors Dr. Georg Anders in die Stelle eines Staatssekretärs erst ab 1. Juni möglich sei, weil die Stelle vorher nicht frei wäre.

Der Bundeskanzler übernimmt ab 17.10 Uhr den Vorsitz.

Das Kabinett beschließt die Anlagen 1 bis 4 zu Punkt 1 der Tagesordnung für die 183. Kabinettssitzung der Bundesregierung vom 21. Mai 1957 nebst Nachtrag zu Anlage 1 vom 20. Mai 1957[1].

[A.] Besprechung mit General Norstad

Der *Bundeskanzler* berichtet, daß er ein mehrstündiges Gespräch mit dem Oberbefehlshaber der NATO-Streitkräfte, General Norstad, über aktuelle Verteidigungsfragen geführt habe. Dabei sei deutlich geworden, daß die Bundesrepublik von der USA in einem außerordentlich starken Maße abhängig sei. Das gleiche gelte auch für die anderen europäischen Staaten. Europa sei verloren, wenn die USA sich zurückziehen würden[2].

[B.] Ergebnisse der Koalitionsbesprechungen

Der *Bundeskanzler* berichtet, daß die Koalitionsbesprechungen zu einer Einigung geführt hätten. Eine Reihe zusätzlicher Wünsche habe erfüllt werden können. Jetzt müßten aber die Kabinettsmitglieder darauf hinwirken, daß neue Wünsche nicht mehr gestellt werden[3].

---

[1] Vorgeschlagen war die Ernennung von Oberst i. G. a. D. Hans-Heinrich Worgitzky zum Vizepräsidenten des Bundesnachrichtendienstes, des Konteradmirals a. D. Rolf Johannesson zum Flottillenadmiral (Anlage 1) sowie die Anstellung des Pressereferenten im BMF nach der ADO für übertarifliche Angestellte im öffentlichen Dienst (Anlage 2). Oberlandesgerichtsrat Dr. Hermann Stumpf sollte zum Bundesrichter beim Bundesarbeitsgericht ernannt (Anlage 3) und dem Bundespräsidenten die Ernennung von Oberregierungsrat a. D. Anton Sabel zum Präsidenten der Bundesanstalt für Arbeitsvermittlung und Arbeitslosenversicherung vorgeschlagen werden (Anlage 4). Gemäß Nachtrag zu Anlage 1 sollten ernannt werden Ministerialdirektor Dr. Georg Anders zum Staatssekretär im BMI, Ministerialdirektor Dr. Guido Hertel zum Präsidenten des Bundesrechnungshofes, Direktor Alfred Rausch zum Vizepräsidenten des Bundesrechnungshofes (vgl. dazu 179. Sitzung am 30. Jan. 1957 TOP 3), Ministerialdirigent Dr. Friedrich Käss zum Präsidenten des Bundesausgleichsamtes und Direktor Wolfgang Duckart zum Vizepräsidenten des Bundesausgleichsamtes (vgl. dazu 172. Sitzung am 21. Febr. 1957 TOP 1).

[2] Vgl. die Aufzeichnung über das Gespräch am 21. Mai 1957, an dem auch von Brentano, Strauß, Blankenhorn und Heusinger teilnahmen, in AA B 2, VS-Bd. 280 und Nachlaß Adenauer, StBKAH III/54, Unterlagen zum protokollarischen Teil in B 136/6203.

[3] Nach der Aufzeichnung Schäffers vom 21. Mai 1957 hatte die Koalition am 20. Mai 1957 eine Reihe von Maßnahmen zur Stabilisierung des Haushalts beschlossen, so u. a. eine Bevollmächtigung des Kabinetts für Zollsenkung, die Absenkung der Begünstigung bei der Ehegattenbesteuerung um einen weiteren Prozentpunkt, die Erhöhung der Darlehen für die Instandsetzung

3. **Konjunkturpolitische Zollsenkung – 4. Teil; hier: Entwurf einer 69. Verordnung über Zollsatzänderungen** BMF

Der *Bundeskanzler* unterstreicht den Erfolg der ernsten Mahnungen an die Wirtschaft durch den Bundesminister für Wirtschaft[4]. Es sei eine Preisberuhigung erreicht worden. Eine generelle Zollsenkung sei daher jetzt nicht erforderlich. Sie würde auch nur Unruhe verursachen. Es genüge, wenn die Bundesregierung eine Ermächtigung erhalte, bei sich ergebender Notwendigkeit die Zölle allgemein oder individuell senken zu können[5]. Der *Bundesminister für Wirtschaft* hält die gegenwärtige Preissituation nicht für konsolidiert. Die Zollsenkung solle weder Unruhe schaffen, noch primär Preissenkungen ermöglichen. Ihre eigentliche Aufgabe sei die Sicherung der Preisstabilität. Auch sei es für die Koalition mißlich, wenn die lineare Zollsenkung abgelehnt werde; denn die Öffentlichkeit wisse genau, daß sich der Bundesverband der Industrie öffentlich gegen eine Zollsenkung ausgesprochen habe. Man werde daher der Meinung sein, daß die Regierung in ihren Entschlüssen nicht unabhängig sei. Die Opposition werde daraus einen Wahlschlager machen und werde ihm vorwerfen, daß er sich im Kabinett und seiner eigenen Partei gegen Interesseneinflüsse nicht durchsetzen könne. Der *Bundesminister für Wirtschaft* weist auch auf die internationale Situation hin, die sich aus den hohen deutschen Überschüssen ergebe. Man könne und müsse von der Bundesrepublik eine gute Gläubigerpolitik erwarten[6]. Im übrigen sei eine Zollermächtigung relativ schwer zu handhaben. Der *Bundeskanzler* betont erneut den Erfolg, den der Bundesminister für Wirtschaft durch sein Eingreifen erzielt hat. Eine große Anzahl von Firmen habe dem Minister zugesagt, die Preise stabil zu halten. Gerade diese Firmen würden enttäuscht sein, wenn jetzt noch eine zusätzliche Zollsenkung käme. Im übrigen müsse man berücksichtigen, daß die landwirtschaftlichen Erzeugnisse nicht unter die lineare Zollsenkung fallen sollen. Es werde sich daher nicht vermeiden lassen,

---

von Wohngebäuden, eine Erhöhung der Bundesmittel für den Flüchtlingswohnungsbau und für die Unterbringung der Evakuierten sowie eine Finanzierung des Wohnungsbaus für Ungarnflüchtlinge aus Überschüssen anderer Titel des BMWo. Zu den Forderungen für die Landwirtschaft hielt Schäffer fest: „Es entspannte sich auch eine Debatte über die Anträge der Landwirtschaft, die in die Hunderte von Millionen gehen. Allgemeine Meinung die, daß über die Mittel des ‚Grünen Plans' nicht mehr hinausgegangen werden könne und die Anträge daher unterbleiben sollten" (B 126/12925 und 51513).

[4] Auf der Jahresversammlung des BDI am 18. Mai 1957 in Frankfurt/Main hatte Erhard die restriktive Kreditpolitik der BdL gegen die Kritik von Verbandspräsident Fritz Berg verteidigt und in ihr einen Beitrag zur Preiskonsolidierung gesehen. Er hatte aber auch die Preisdisziplin der deutschen Industrie ausdrücklich anerkannt und eine gleichmäßige konjunkturelle Entwicklung bei stabilen Preisen prognostiziert. In diesem Zusammenhang war er auch im Gegensatz zum Verbandspräsidenten für die geplante Zollsenkung eingetreten. Vgl. dazu die Pressedokumentation über die Rede Erhards in B 102/8954, dazu auch das Fernschreiben des Präsidenten des BDI vom 18. Mai 1957 an den Bundeskanzler in B 126/3885 (dort auch Presseausschnitte) und B 136/355 sowie das Schreiben des Präsidenten des BDI vom 1. März 1957 an den BMWi in B 102/18520.

[5] Siehe dazu 182. Sitzung am 16. Mai 1957 TOP 5 und TOP B dieser Sitzung. – Vorlage des BMF vom 15. Mai 1957 (Entwurf einer 69. Verordnung über Zollsatzänderungen) in B 126/3885 und B 136/355.

[6] Vgl. dazu 193. Sitzung am 20. Aug. 1957 TOP 1.

daß der Käufer enttäuscht sein werde, wenn er dies feststelle. Wesentlich sei aber auch, daß der Bundestag voraussichtlich dem Antrag einer generellen linearen Zollsenkung nicht zustimmen werde. Der *Bundesminister der Finanzen* gibt den Inhalt seiner neuen Vorlage vom 21. Mai 1957 wieder[7]. Danach wird die Bundesregierung für die Zeit vom 1.7. bis 31.12.1957 durch Gesetz ermächtigt, die Zölle für alle Waren der gewerblichen Wirtschaft mit Ausnahme der Waren des Montan-Bereichs ohne Begrenzung auf einen bestimmten Prozentsatz zu senken. Eine solche Ermächtigung werde eine große moralische Wirkung haben. Auch sei sie ein schlagkräftiges Instrument, weil sie die Möglichkeit gebe, bei einer echten Preissteigerung schnell einzugreifen. Der *Vizekanzler* äußert erhebliche Bedenken gegen ein solches Gesetz. In jedem Einzelfall werde es zu einer Auseinandersetzung führen, ob und wann eine Zollsenkung nötig sei. Der *Bundesminister des Auswärtigen*, der grundsätzlich den Standpunkt des Bundesministers für Wirtschaft vertritt, ist der Ansicht, daß die Bundesregierung es sich nicht leisten könne, im Parlament überstimmt zu werden. Man hätte eben schneller handeln sollen. Der *Bundeskanzler* bemerkt, daß der Vorstand der CDU/CSU das Gesetz ablehne und daß auch die DP/FVP eine gesetzliche Ermächtigung an die Bundesregierung nicht unterstützen wolle. Der *Bundesminister für Wohnungsbau* sieht in einer allgemeinen Ablehnung der Zollsenkung eine ernste Schädigung des Ansehens der Bundesregierung. Daher müsse auf jeden Fall die gesetzliche Ermächtigung verabschiedet werden. Der *Bundeskanzler* hält die Verabschiedung nicht für eine Prestigefrage. Der Bundestag gehe in Kürze auseinander, und es träte eine längere Unterbrechung der Gesetzgebungsarbeit ein. Während dieser Zeit müsse die Bundesregierung ein Mittel haben, um etwaigen neuen Preissteigerungen sofort entgegentreten zu können. Der *Bundesminister für Wirtschaft* ist der Ansicht, daß die Abgeordneten der CDU/CSU kaum in der Öffentlichkeit den Antrag auf eine generelle lineare Zollsenkung ablehnen würden, wenn das Kabinett sie beschließe. Wenn aber der Weg einer gesetzlichen Ermächtigung gegangen werden soll, so müßte diese Ermächtigung ihm erteilt werden. Der *Bundeskanzler* hat hiergegen verfassungsrechtliche Bedenken. Wenn der Bundeskanzler die Verantwortung für die Politik trage, so könne er nicht damit einverstanden sein, daß diese Verantwortung einem einzelnen Minister übertragen werde. Der *Bundesminister des Innern* bemerkt, daß er sich in der Koalitionsbesprechung hinter den Antrag des Bundesministers für Wirtschaft gestellt habe. Er sei der Ansicht, daß die Regierung vier Instrumente benötige, um die Preissituation zu konsolidieren: Das Kartellgesetz[8], ein wirksames Preis- und Tarifrecht und ein wirksames Zollrecht. Das sei aber jetzt nicht mehr zu erreichen. Daher müsse jetzt die gesetzliche Ermächtigung der Bundesregierung durchgesetzt werden. Sowohl bei der Zollsenkung als auch beim Kartellgesetz sei ein sehr starker

---

[7] Vorlage des BMF vom 21. Mai 1957 in B 102/56241 und B 136/355. – Die Vorlage enthielt den Entwurf eines Vierzehnten Gesetzes zur Änderung des Zolltarifs, mit dem die Bundesregierung „zur Verhütung volkswirtschaftlich ungerechtfertigter Preissteigerungen" ermächtigt werden sollte, bis zum 31. Dez. 1957 befristet Zollsätze durch Rechtsverordnung zu senken oder aufzuheben.

[8] Angesprochen war das noch nicht verabschiedete Gesetz gegen Wettbewerbsbeschränkungen (Kartellgesetz) vom 27. Juli 1957 (BGBl. I 1081).

Interessentendruck in Erscheinung getreten. Der *Bundeskanzler* hält es für eine Erscheinung der freien Wirtschaft, daß jeder Interessent möglichst viel herausholen wolle. Jedoch sei der Zustand der letzten Jahre unbefriedigend. Andererseits habe der Bundesminister für Wirtschaft durch seine strengen Ermahnungen sichtbare Erfolge erzielt. Er glaube daher, daß eine gesetzliche Ermächtigung für das Kabinett ausreichend sei. Der *Bundesminister für Wirtschaft* beantragt, ihm wenigstens die Ermächtigung zur Durchführung von Einzelsenkungen einzuräumen. Das Kabinett solle generelle Senkungen beschließen. Der *Bundeskanzler* hält eine gesetzliche Teilung der Vollmacht nicht für möglich. Andererseits habe er keine Bedenken, wenn das Kabinett nach Erlaß des Gesetzes dem Bundesminister für Wirtschaft durch Kabinettsbeschluß die Ermächtigung zur Durchführung von Einzelsenkungen erteile. Wichtig erscheine ihm jedoch jetzt noch, zu klären, ob die DP/FVP für eine Unterstützung der gesetzlichen Ermächtigung des Kabinetts gewonnen werden könne. Der *Vizekanzler* betont erneut die Bedenken gegen eine solche Ermächtigung. Die Einfuhren würden gemindert werden, wenn Zollsenkungen zu erwarten seien. Auch werde der Verbraucher enttäuscht sein, wenn die landwirtschaftlichen Erzeugnisse nicht einbezogen würden. Es sei fraglich, ob die DP/FVP ein solches Gesetz unterstützen werde. Andererseits werde er bemüht sein, die Fraktion für den Standpunkt des Kabinetts zu gewinnen. Der *Bundesminister der Finanzen* weist auf die Eilbedürftigkeit dieses Gesetzes hin und schlägt vor, das Gesetz sofort an den Bundesrat zu leiten. Der *Vizekanzler* und *der Bundesminister für Wohnungsbau* empfehlen eine Änderung der Begründung des Gesetzes. Der *Bundesminister der Finanzen* ist bereit, die Begründung mit dem Bundesminister für Wirtschaft und dem Bundesminister für Wohnungsbau neu zu fassen.

Das Kabinett beschließt bei drei Stimmenthaltungen gegen die Stimme des *Bundesministers für Wirtschaft* die Vorlage des Bundesministers der Finanzen vom 21.5.1957. Der *Bundesminister für Wirtschaft* erklärt, daß er eine ressortmäßige Verantwortung für den Verzicht auf eine Zollsenkung nicht übernehmen könnte und gibt seinen ausdrücklichen Widerspruch zu Protokoll[9].

2. Bundeshaushalt 1957 BMF

Der *Bundesminister der Finanzen* berichtet, daß die CDU/CSU-Fraktion bereit sei, zur Deckung des Ausfalles durch die Neuregelung der Ehegattenbesteuerung[10] den geplanten Freibetrag von 720 auf 500 oder doch wenigstens 600 DM zu senken. Auch solle die Prozentkürzung um ein weiteres Prozent auf 6 % erhöht werden. Andererseits habe er sich bereit erklärt, die erhöhte Prozentkürzung nicht in Anspruch zu nehmen, wenn sich bis zum Ende des Kalenderjahres herausstelle, daß die Inanspruchnahme wegen erhöhten Steueraufkommens oder sonstiger Überschüsse nicht erforderlich sei. Der *Bundesminister für Verkehr* ist der Ansicht, daß die 6 %-Kürzung für seinen Haushalt nicht tragbar sei[11]. Der *Bundeskanzler*

---

[9] Fortgang 185. Sitzung am 12. Juni 1957 TOP 4.
[10] Vgl. dazu 178. Sitzung am 4. April 1957 TOP 5.
[11] Siehe 182. Sitzung am 16. Mai 1957 TOP D. – Vorlage des BMF vom 13. Mai 1957 und Vorlage des BMV vom 15. Mai 1957 in B 126/12926 und B 136/316. – Der BMF hatte berichtet, daß sich

weist darauf hin, daß die Erhöhung der Prozentklausel nach der ausdrücklichen Erklärung des Bundesministers der Finanzen nur eine vorläufige Maßnahme sei. Wenn das Steueraufkommen sich gegenüber den Ansätzen erhöhen sollte, werde die Prozentkürzung nicht in Anspruch genommen. Der *Bundesminister für Verkehr* hält diese Erklärung nicht für ausreichend, weil ihm damit die Möglichkeit genommen werde, bereits im Kalenderjahr 1957 über das Geld zu verfügen. Der *Bundeskanzler* hält diesem Einwand entgegen, daß der Bundesminister für Verkehr nicht über alle Mittel bereits im Kalenderjahr 1957 verfügen werde. Im Frühjahr 1958 könne er aber auch über die Restmittel disponieren. Der *Bundesminister für Wohnungsbau* betont, daß die Erhöhung der Prozentkürzung eigentlich keine zusätzliche Belastung bedeute. Wenn das Aufkommen geringer sein sollte als die Ansätze, so müßte ohnehin eine Beschränkung der Ausgaben stattfinden.

Das Kabinett erklärt sich nunmehr mit der Erhöhung der Prozentkürzung auf 6 % einverstanden.

Der *Bundesminister der Finanzen* beantragt, auch eine eindeutige Deckung für die Erhöhung der Beamtenbesoldung auf 165 % zu beschließen. Es seien drei Wege möglich:

a) Verlagerung des Fonds für Entwicklungsländer in den außerordentlichen Haushalt oder

b) weitere Anhebung der Prozentkürzung auf 7 % oder

c) Senkung der Mittel für Bundesbauten um 53,5 Mio. DM.

Der *Bundesminister für Wohnungsbau* schlägt mit Zustimmung des *Bundesministers des Innern* vor, nur die Mittel für die Zollbauten in Höhe von 35 Mio. DM zu streichen, die Mittel für den Bundesgrenzschutz also nicht zu kürzen und den Restbedarf von etwa 15 Mio. DM durch Verlagerung aus dem Fonds für Entwicklungsländer in den außerordentlichen Haushalt zu decken.

Der *Bundesminister der Finanzen* ist mit diesem Vorschlag einverstanden. Das Kabinett beschließt entsprechend[12].

---

seit der Kabinettsberatung im Oktober 1956 Mehrausgaben von 3,4 Milliarden DM ergeben hätten. Nach den Parlamentsbeschlüssen sollten diese Ausgaben im wesentlichen aus den Kassenguthaben des Bundes gedeckt werden, die ursprünglich für Verteidigungszwecke und Stationierungskosten angelegt worden waren, ohne daß diese Verpflichtungen eingeschränkt oder aufgehoben worden wären. Mit der Deckung des außerordentlichen Haushalts in Höhe von 1,5 Milliarden DM und mit den Ausgaben für die restlichen Stationierungskosten in Höhe von 580 Millionen DM waren nach Angaben des BMF die Bundesreserven erschöpft. Um weitere Haushaltsrisiken abdecken zu können, hatte der BMF gefordert, die generelle Prozentkürzung des Bundeshaushaltes für das Rechnungsjahr 1957 nach § 8 des Entwurfs des Haushaltsgesetzes 1957 von 5 % auf 6 % zu erhöhen. Der BMV hatte in seiner Vorlage beantragt, die Forderungen des BMF abzulehnen. Als Begründung wies er auf die Auswirkungen der Etatkürzungen insbesondere für den Straßenbau und die Bundesbahn hin. Eine Entscheidung des Kabinetts sei dringend erforderlich, da die Fortsetzung der zweiten Lesung des Bundeshaushaltes für den 22. Mai 1957 vorgesehen sei.

[12] Die Erhöhung des Kürzungsbetrages wurde bei der dritten Beratung des Gesetzentwurfes gemäß Änderungsantrag der Koalitionsfraktionen (Umdruck 1148) in der 213. Sitzung des Bundestages

183. Sitzung am 21. Mai 1957

Der *Bundesminister für Verkehr* bemerkt, daß der Bundesminister der Finanzen eine Bundeshilfe für die Besoldung der Bundesbahn abgelehnt habe. Wenn die Bundesbahn diese Zahlungen selbst leisten solle, müsse der Bund bereit sein, mit Kassenmitteln zu helfen. Der Bundeskanzler schlägt vor, diese Frage im Herbst noch einmal zu erörtern.

Der *Bundesminister für Ernährung, Landwirtschaft und Forsten* beantragt, für die Mehlsubventionen einen weiteren Betrag von 34 Mio. DM zur Verfügung zu stellen und hierfür auf die gleichhohen Einnahmen aus zusätzlichen Einfuhren an Rotwein, Traubensaft und Sektgrundwein zurückzugreifen. Der *Bundesminister der Finanzen* betont, daß solche Gelder im Rechnungsjahr 1957 nicht eingegangen wären. Der Bundeskanzler schlägt vor, daß diese Frage unter Vorsitz des Vizekanzlers zwischen den Bundesministern der Finanzen und für Ernährung, Landwirtschaft und Forsten noch erörtert wird[13].

Das Kabinett ist einverstanden.

4. Freigabe des Restes der deutschen 18 %-Quote an der Weltbank BMWi

Der *Vizekanzler* schlägt vor, daß er mit dem Bundesminister der Finanzen eine Einigung herbeiführe und daß das Kabinett ihn ermächtige, entsprechend der erzielten Vereinbarung zu verfahren.

Das Kabinett ist einverstanden[14].

[C.] Verkauf der Stinnes-Aktien

Der *Vizekanzler* berichtet ausführlich über die Absichten der USA, die Stinnes-Aktien zu verkaufen und die vielschichtigen deutschen Interessen, die durch einen solchen Verkauf berührt werden. Es sei daher nötig, daß die Bundesregierung verhindere, daß völlig fremde Interessengruppen Einfluß gewinnen. Der *Bundesminister des Auswärtigen* schildert die Verhandlungen mit Außenminister Dulles und dem Botschafter der USA[15]. Die Frage werde bei dem bevorstehenden Besuch der

---

am 29. Mai 1957 angenommen (vgl. Stenographische Berichte, Bd. 37, S. 12546). – Gesetz über die Feststellung des Bundeshaushaltsplans für das Rechnungsjahr 1957 vom 26. Juni 1957 (BGBl. II 712).

[13] Siehe hierzu 181. Sitzung am 7. Mai 1957 TOP E. – Fortgang zur Mehlpreissubvention 185. Sitzung am 12. Juni 1957 TOP 7.

[14] Vgl. 182. Sitzung am 16. Mai 1957 TOP 4. – Fortgang 186. Sitzung am 19. Juni 1957 TOP E.

[15] Das Office of Alien Property des US-Department of Justice hatte am 15. Mai 1957 über 500 000 Aktienanteile des Hugo-Stinnes-Konzerns, die in die USA verbracht und 1943 als Feindvermögen beschlagnahmt worden waren, zum Verkauf angeboten und eine Frist zur Abgabe des Gebots auf den 25. Juni 1957 festgesetzt. Die Frist zur Einreichung eines die Bonität der Bieter ausweisenden Fragebogens war ursprünglich auf den 5. Juni 1957 terminiert. Der Schritt des amerikanischen Treuhänders kam für die deutsche Seite unerwartet und hatte intensive Verhandlungen um eine Fristverlängerung ausgelöst. – Unterlagen und Aufzeichnungen zu den Gesprächen auch von Außenminister Dulles mit Adenauer und von Brentano am 4. Mai 1957 in AA B 86, Bd. 839, dazu ferner FRUS 1955–1957, Bd. XXVI, S. 242.

USA sofort angesprochen werden[16]. Eine Fristverlängerung zur Einreichung des Fragebogens von etwa zwei bis drei Wochen sei so gut wie sicher. Der *Bundesminister der Finanzen* erklärt, daß er erst gestern von dieser Angelegenheit Kenntnis erhalten habe. Er werde mit Herrn Abs[17] in Kürze ein Gespräch über diese Frage führen. Der *Bundeskanzler* empfiehlt, zunächst die Besprechung in den USA abzuwarten. Der *Bundesminister des Auswärtigen* teilt diese Auffassung, schlägt jedoch vor, bereits jetzt die notwendigen Vorbereitungen auf deutscher Seite zu treffen[18].

[D.] Änderung des Luftschutzgesetzes

Der *Bundesminister für Wohnungsbau* teilt mit, daß der Fraktionsvorstand der CDU gestern beschlossen habe, im Luftschutzgesetz[19] die Verpflichtung zur Errichtung von Luftschutzbauten zu streichen[20]. Diese Änderung sei politisch nicht vertretbar und müsse unbedingt verhindert werden. Der *Bundeskanzler* erklärt sich bereit, morgen den Abgeordneten Krone daraufhin anzusprechen[21].

5. Entwurf des Bundeshaushaltsplans 1957;

a) Darlehen zur Förderung von Instandsetzungsarbeiten an Wohngebäuden (Kap. A 2503 – Tit. 531) BMWo/BMF

6. Bereitstellung von Wohnungsbaumitteln zugunsten von Ungarnflüchtlingen
BMWo/BMVt

---

[16] Zum USA-Besuch Adenauers vom 24. bis 29. Mai 1957 vgl. 184. Sitzung am 31. Mai 1957 TOP 1.

[17] Hermann Josef Abs (1901–1994). 1938 Vorstandsmitglied und Direktor der Auslandsabteilung der Deutschen Bank, 1948 Mitglied und 1951 stellvertretender Vorsitzender des Verwaltungsrates der Kreditanstalt für Wiederaufbau, 1951–1953 Leiter der deutschen Delegation bei der Londoner Schuldenkonferenz, seit 1952 im Verwaltungsrat der Deutschen Bundesbahn, 1957–1967 Vorstandssprecher und 1967–1976 Aufsichtsratsvorsitzender der Deutschen Bank.

[18] Fortgang 184. Sitzung am 31. Mai 1957 TOP C.

[19] Zum Gesetz über die Maßnahmen zum Schutz der Zivilbevölkerung siehe 164. Sitzung am 19. Dez. 1956 TOP 2 (Kabinettsprotokolle 1956, S. 777 f.), zum Beschluß der CDU-Fraktion vgl. den Vermerk des Bundeskanzleramtes vom 21. Mai 1957 in B 136/1937.

[20] Zur Kostenseite vgl. u. a. den Vermerk des BMWo vom 20. Nov. 1956: „Kosten und Finanzierung des Schutzraumbautenprogramms im öffentlich geförderten Wohnungsbau" in B 134/4745. In einer Kabinettsvorlage vom 4. April 1957 hatte der BMF mit Rücksicht auf die Haushaltslage des Bundes gefordert, die Verabschiedung des Gesetzes auf die nächste Legislaturperiode zu verschieben oder gegebenenfalls die kostenwirksamen Bestimmungen zu streichen. Andernfalls hatte er die Anwendung von Art. 113 GG angekündigt (B 136/574).

[21] Vgl. dazu das Schreiben Adenauers an Krone vom 21. Mai 1957 in B 136/1937. – Adenauer drängte Krone auf Verabschiedung des Gesetzes mit der Begründung: „Wir geben sonst ein sehr billiges Agitationsmittel gegen uns in die Hände unserer Gegner". – Fortgang 196. Sitzung am 9. Okt. 1957 TOP 6.

7. **Entwurf eines Gesetzes über die Feststellung des Bundeshaushaltsplanes für das Rechnungsjahr 1957** BMWo

Die Punkte 5 bis 7 der Tagesordnung wurden mit Rücksicht auf die erzielte Einigung in der Koalitionsbesprechung nicht mehr erörtert[22].

8. **Alterssicherung der Landwirte; hier: Initiativentwurf eines Gesetzes über die Alterssicherung der Landwirte** BMA

Die Behandlung des Initiativentwurfs wurde aus Zeitmangel zurückgestellt[23].

[E.] **Deutsch-österreichische Vermögensverhandlungen**

Diese Frage wurde aus Zeitmangel nicht behandelt[24].

---

[22] Siehe 182. Sitzung am 16. Mai 1957 TOP 6 II a, TOP 7 III, TOP 7 I und TOP 8. – Zur Verständigung der Koalition über die Erhöhung der Kostenansätze im Bereich des Wohnungsbaus vgl. TOP B dieser Sitzung.
[23] Fortgang 185. Sitzung am 12. Juni 1957 TOP 2.
[24] Fortgang 184. Sitzung am 31. Mai 1957 TOP 4.

**Sondersitzung
am Mittwoch, den 29. Mai 1957**

Der Bundeskanzler
14302 - 259/57 geh.

Bonn, den 18. Mai 1957
63 Ausfertigungen
... Ausfertigung

Einladung[1]
für die Sondersitzung der Bundesregierung
am Mittwoch, d. 29.5.57, 10.00 Uhr
Ort: Haus des Bundeskanzlers

Tagesordnung:
1. *Stabsrahmenübung „Schwarzer Löwe"*
   (Vortrag von General Heusinger)[2]
2. *Globale Verteidigungsstrategie*
   (Vortrag von General Heusinger)[3]

Federführend:
Der BM f. Verteidigung

Der BM f. Verteidigung

---

[1] Maschinenschriftlicher Entwurf vom 18. Mai 1957 mit den Paraphen Adenauers und Globkes vom 20. Mai 1957 (B 136/36282). – Eine Protokollierung ließ sich nicht nachweisen. Es konnten auch keine Hinweise darüber ermittelt werden, ob diese Sitzung stattgefunden hat oder neu anberaumt wurde.

[2] An der Stabsrahmenübung „Lion Noir" vom 21. bis 27. März 1957 hatten erstmals deutsche Truppenteile teilgenommen. Dabei war eine militärische Auseinandersetzung der NATO-Streitkräfte mit Truppen der Ostblockstaaten auf dem Territorium der Bundesrepublik unter Einsatz taktischer Atomwaffen erprobt worden. Als Ergebnis waren ein Verlust des Gebietes der Bundesrepublik bis zur Ems-Neckar-Linie, eine schwerwiegende Zerstörung der Infrastruktur und der Industrieanlagen entlang des Rheins sowie erhebliche Bevölkerungsverluste und eine unkontrollierte Fluchtbewegung der Zivilbevölkerung festgestellt worden. Vgl. dazu den Entwurf vom 21. Mai 1957 des Vortrags und Auswertungsberichte über die Übung in BW 2/2088, sowie weitere Unterlagen in BW 1/15633. Zur Atomstrategie der NATO vgl. auch Meyer, Heusinger, insb. S. 234–258.

[3] Vortragsmanuskript nicht ermittelt. Vgl. jedoch Skizze zu einem Vortrag Heusingers „Die Strategische Weltlage" aus dem Jahre 1957 in BW 2/981.

184. Sitzung am 31. Mai 1957

**184. Kabinettssitzung
am Freitag, den 31. Mai 1957**

Teilnehmer: Adenauer (bis 10.38 Uhr)¹, Blücher, von Brentano, Schröder, Schäffer, Erhard (bis 11.15 Uhr), Lübke, Preusker, Oberländer, Balke, Wuermeling; Globke, W. Strauß, Westrick, Busch, Rust, Bergemann, Thedieck, Ripken; Blankenhorn (AA; bis 10.38 Uhr), von Eckardt (BPA; bis 10.38 Uhr), Krueger (BPA; bis 11.15 Uhr), Bott (Bundespräsidialamt), Seeliger (AA; von 10.42 Uhr bis 11.25 Uhr), Selbach (Bundeskanzleramt; bis 10.38 Uhr). Protokoll: Bachmann.

Beginn: 10.00 Uhr   *Ende: 11.47 Uhr*

Ort: Bundeshaus, Zimmer 119 N

Tagesordnung:
1. *Politische Lage.*
2. *Personalien
Gemäß Anlagen.*
3. *Entwurf eines Vierzehnten Gesetzes zur Änderung des Zolltarifs – Stand: 23. Mai 1957
Vorlage des BMF vom 25. Mai 1957 (III B/5 - 2211 - 177/57).*
4. *Deutsch-österreichische Vermögensverhandlungen der Gemischten Kommission, hier: Genehmigung der Richtlinien für die weiteren Verhandlungen der deutschen Delegation
Vorlage des AA vom 20. Mai 1957 (506 - 80 SL - 08 - 94.19 - 83/57).*
5. *Alterssicherung der Landwirte; hier: Initiativentwurf eines Gesetzes über die Alterssicherung der Landwirte – BT-Drucks. 3118
Vorlage des BMA vom 10. Mai 1957 (GS - 6501 - 672/57).*
6. *Genehmigung des Haushaltsplanes der Bundesanstalt für Arbeitsvermittlung und Arbeitslosenversicherung für das Rechnungsjahr 1957
Vorlage des BMA vom 23. Mai 1957 (II a 5 - 2097.3 - H 57 - 491/57).*

1. Politische Lage   Bundeskanzler

Der *Bundeskanzler* berichtet über seine Amerikareise². Er erwähnt, daß der Abrüstungsbeauftragte Stassen³ jetzt dem State Department eingegliedert sei⁴. Das ent-

---

[1] Nach dem Tageskalender Adenauers fand um 10.45 Uhr eine Fernsehaufnahme mit dem Journalisten Max Schulze-Vorberg statt (B 136/20686).
[2] Adenauer hatte sich vom 24. bis 29. Mai 1957 in den USA aufgehalten. Unterlagen über die Gespräche mit Präsident Eisenhower und Außenminister Dulles in AA B 1, Bd. 14, Aufzeichnungen und Gesprächsthemen, Pressekonferenzen und Erklärungen in AA B 32, Bd. 26, Auf-

scheidende Wort bei den Abrüstungsverhandlungen habe also auf amerikanischer Seite nach dem Präsidenten der Außenminister Dulles zu sprechen. Das Einvernehmen zwischen dem Präsidenten und seinem Außenminister sei vollständig. Der *Bundeskanzler* spricht sodann im einzelnen über den Vorschlag, den die Amerikaner jetzt der Abrüstungskonferenz unterbreiten wollen. Der Vorschlag sei von außerordentlicher Kühnheit[5]. Wenn auf seiner Grundlage gewisse Fortschritte erzielt würden, solle entsprechend der deutschen Anregung eine Deutschland-Konferenz einberufen werden[6]. Vor dem Zusammentritt dieser Konferenz müsse aber klar sein, daß die Sowjets wirklich mit der Absicht kämen, dem jetzigen Spannungszustande in der Welt ein Ende zu bereiten. Der Konferenz-Vorschlag sei von der englischen und der gegenwärtigen geschäftsführenden französischen Regierung[7] akzeptiert worden. Amerika habe ihn offiziell noch nicht angenommen, da es erst mit England und Frankreich Fühlung nehmen wollte. Allgemein sei zu sagen, daß nicht nur der Präsident und der Außenminister, sondern auch die Bevölkerung, das Repräsentan-

---

zeichnung über das Gespräch Adenauers mit Dulles am 27. Mai 1957 in StBKAH III/54, des weiteren Aufzeichnungen über die Gespräche mit Dulles am 26., 27. und 28. Mai und mit Eisenhower ebenfalls am 27. Mai 1957 in FRUS 1955–1957, Bd. XXVI, S. 259–285. – Vgl. das Kommuniqué vom 28. Mai 1957 und den Text der Ansprachen Adenauers vor dem Repräsentantenhaus und vor dem Senat am 28. Mai 1957 in Bulletin Nr. 100 vom 1. Juni 1957, S. 897–901.

[3] Harold E. Stassen (geb. 1907). 1938–1941 Gouverneur des US-Staates Minnesota, 1945 US-Delegierter bei der Friedenskonferenz in San Francisco, 1948 und 1952 sowie 1964 und 1968 Bewerbung um die Präsidentschaftskandidatur der Republikaner, 1953–1956 Berater von Präsident Eisenhower, 1953 Direktor des Amtes für gemeinsame Sicherheit (Mutual Security Agency), 1953–1955 des Amtes für Auslandsvorhaben (Foreign Operations Administration), 1955–1958 US-Vertreter bei der UNO-Abrüstungskommission.

[4] Siehe 176. Sitzung am 20. März 1957 TOP 1. – Stassen, der im März 1955 die Leitung des neu geschaffenen Amtes für Abrüstungsfragen übernommen hatte, sollte wegen seiner eigenmächtigen Verhandlungsführung und seiner Informationspolitik zum 1. Juli 1957 dem State Department unterstellt werden. Vgl. die Berichte des deutschen Botschafters in Washington vom 14. und 23. Mai 1957 in AA B 2, VS-Bd. 121.

[5] Im November 1956 hatten die USA in den Abrüstungsverhandlungen die Errichtung von zwei Luftinspektionszonen als Instrumente einer Rüstungskontrolle im Fernen Osten und in Europa vorgeschlagen. Nach anfänglicher Ablehnung war die Sowjetunion schrittweise auf diese Position zugegangen. Vgl. den Bericht der deutschen Botschaft in London vom 13. Mai 1957 in AA B 2, VS-Bd. 121. – Fortgang hierzu 185. Sitzung am 12. Juni 1957 TOP A.

[6] In einer gemeinsamen Erklärung vom 28. Mai 1957 hatten Adenauer und Eisenhower ihr Einverständnis bekräftigt, die Wiedervereinigungsfrage nicht von den Abrüstungsverhandlungen abzukoppeln. – Unterlagen zu den vorbereitenden Verhandlungen der Bundesrepublik mit den drei Westmächten in AA B 12, Bde. 44a und 47a, Erklärung vom 28. Mai 1957 veröffentlicht in DzD III 3/2, S. 1084–1086. Der gemeinsame Vorschlag wurde als „Berliner Erklärung" der drei Westmächte und der Bundesrepublik am 29. Juli 1957 veröffentlicht. In ihr betonten die Westmächte, daß sie einem Abrüstungsabkommen nicht zustimmen würden, das der Wiedervereinigung Deutschlands im Wege stünde. Ferner bezeichneten sie die Prinzipien der Freiheit und der Selbstbestimmung der Völker sowie die Wiedervereinigung Deutschlands als grundlegend für eine europäische Friedensordnung und für eine umfassende Sicherheitsvereinbarung. In diesem Sinne boten die vier Regierungen der Sowjetunion weitreichende Verhandlungen an. Vgl. Bulletin Nr. 137 vom 30. Juli 1957, S. 1301 und DzD III 3/2, S. 1304–1308.

[7] Die Regierung Guy Mollet war am 21. Mai 1957 gestürzt worden. Neuer Regierungschef wurde am 12. Juni 1957 der Radikalsozialist Maurice Bourgès-Maunoury.

tenhaus und der Senat den deutschen Besuchern einen sehr freundlichen Empfang bereitet hätten, vielleicht in noch höherem Maße als früher. Über die Freigabe des beschlagnahmten deutschen Vermögens würden in Kürze Verhandlungen zwischen dem State Department und der deutschen Botschaft geführt werden[8]. Es seien Vorschläge für eine Lösung nach dem Schweizer Vorbild[9] ausgearbeitet worden. Zum Problem der Stinnes-Aktien erwähnt der *Kanzler,* daß eine Fristverlängerung für die Beantwortung des Fragebogens konzediert worden sei[10]. In der anschließenden Diskussion äußern sich insbesondere der *Vizekanzler* und der *Bundesminister für Wohnungsbau* zu den Aussichten des amerikanischen Abrüstungsvorschlages und zu seinen möglichen Auswirkungen auf Deutschland.

2. Personalien

Das Kabinett stimmt sämtlichen Personalvorschlägen zu (Anlagen 1 und 2 zu Punkt 2) der Tagesordnung[11] und Beförderung des Ministerialdirigenten Hermann Puhan zum Ministerialdirektor[12]. Diese letzte Beförderung gilt als beschlossen, wenn nicht innerhalb einer Woche von einem der Kabinettsmitglieder Widerspruch erhoben wird.

4. Deutsch-österreichische Vermögensverhandlungen der Gemischten Kommission, hier: Genehmigung der Richtlinien für die weiteren Verhandlungen der deutschen Delegation AA

Der *Bundesminister des Auswärtigen* erklärt, daß die Bundesrepublik mit dem bisherigen Verhandlungsergebnis sehr zufrieden sein könne[13]. Nach dem Staatsvertrag

---

[8] Unmittelbar nach dem USA-Besuch von Adenauer wurden die Rückgabeverhandlungen intensiviert. Vgl. dazu Kreikamp, Vermögen, S. 127–164.

[9] Vgl. hierzu 130. Sitzung am 18. April 1956 TOP 3 (Kabinettsprotokolle 1956, S. 309–311).

[10] Siehe dazu TOP C dieser Sitzung.

[11] Anlagen in B 134 VS/13. – Vorgeschlagen war die Ernennung je eines Ministerialrats im BMWi und im BMVtg, des Brigadegenerals Ignaz Peslmüller sowie eines Hauptverwaltungsdirigenten im BMV (Anlage 1). Außerdem sollte im AA ein Konferenzdolmetscher als Angestellter nach der ADO für übertarifliche Angestellte im öffentlichen Dienst eingestuft werden (Anlage 2).

[12] Hermann Puhan (geb. 1902). 1931–1939 Landeszollamt und Oberfinanzpräsidium Danzig (Abt. Zoll), 1939–1946 Oberfinanzpräsidium Hamburg, 1946–1948 Finanzleitstelle Hamburg, 1948–1951 Hauptzollamt Minden, 1951–1967 BMF, dort 1952–1956 Leiter des Referats III A 5 bzw. ab 1954 I P 3 (Personalien in Bereich Zoll), 1956–1957 Leiter der Unterabteilung III A (Organisation, Verwaltung im Bereich Zoll), 1957–1967 Ministerialdirektor und Leiter der Abteilung I (Personalien, Organisation, Allgemeine Verwaltung, Recht des öffentlichen Dienstes). – Ernennungsvorschlag des BMF vom 28. Mai 1957 in B 134/4219.

[13] Siehe 158. Sitzung (Fortsetzung) am 30. Okt. 1956 TOP 3 (Kabinettsprotokolle 1956, S. 676 f.). – Vorlage des AA vom 20. Mai 1957 in AA B 86, Bd. 476, und B 136/2287, weitere Unterlagen in AA B 86, Bde. 833 und 834 sowie zur Tätigkeit der Gemischten Kommission in B 126/9165 bis 9170, Vorlage des BMF vom 23. Mai 1957 in B 126/9168 und B 136/2287. – In Österreich war nach 1945 deutsches privates und öffentliches Vermögen beschlagnahmt und in dem Staatsvertrag von 1955 dem österreichischen Staat übertragen worden. Am 21. Dez. 1955 hatte sich eine deutsch-österreichische Gemischte Kommission konstituiert, die u.a. die Vorschläge für die vertragliche Regelung der Behandlung des deutschen Eigentums natürlicher und juristischer Personen ausarbeiten sollte. Sie hatte schließlich eine Lösung in Form einer „Großen

hätte Österreich nur Werte von 100 bis 120 Mio. DM freizugeben brauchen, jetzt handele es sich um 500 bis 600 Mio. DM, das bedeute etwa 95 % des Eigentums der natürlichen Personen. Man dürfe den Abschluß des Vertrages nicht an der Frage der „Großen Konnexität" scheitern lassen[14]. Der *Bundesminister der Finanzen* erwidert, daß nach seinen Berechnungen im Höchstfalle ein Ablösungsbetrag von 6,6 Mio. DM in Betracht komme. Er halte es nicht für angezeigt, ohne einen besonderen Nachweis über diesen Betrag hinauszugehen. Der *Minister* äußert seine Besorgnis im Hinblick auf das Gutachten des Bundesjustizministeriums zu Art. 14 GG[15]. *Staatssekretär Dr. Strauß* berichtet kurz über dieses Gutachten. Eine absolut sichere Voraussage über die mögliche Anwendung des Art. 14 GG in dem vorliegenden Falle ließe sich nicht machen. Im übrigen sei er von seinem Sachbearbeiter, der an den bisherigen deutsch-österreichischen Verhandlungen teilgenommen habe, dahin unterrichtet worden, daß 6,6 bis 7,0 Mio. DM zur Ablösung der österreichischen Ansprüche ausreichen müßten. Auf eine Frage des *Bundesministers für Wohnungsbau* unterstreicht der *Bundesminister des Auswärtigen*, daß die Anwendung des Art. 14 GG im vorliegenden Falle eben mit der Globalzahlung an Österreich unmöglich gemacht werden sollte. Wenn man sich mit Österreich über die Zahlung einige, würden Entschädigungsansprüche aus dem Gesichtspunkt der Enteignung gegen die Bundesrepublik nicht in Betracht kommen. *Staatssekretär Dr. Strauß* bestätigt das. *MinDirigent Dr. Seeliger* erklärt, die deutsche Verhandlungsposition sei in diesem Punkte nicht besonders günstig, da Österreich nicht sehr daran interessiert sei, die Abwicklung der Geschäfte im Zusammenhange mit den inkonnexen Forderungen zu übernehmen. Österreich solle uns auf diesem Gebiet einen Gefallen tun. Wenn der Bundesminister der Finanzen an einer Kontrolle der Verwendung des von Deutschland zu zahlenden Betrages interessiert sei, so könne man den Österreichern eine gemeinsame Verwaltung des Geldes vorschlagen. Der *Bundesminister des Auswärtigen* rät

---

Konnexität" vorgeschlagen. Sie sollte von Österreich eingeräumt werden, um zu ermöglichen, daß deutsche Schuldner die österreichischen Gläubiger im Einzelfall auf ein in Österreich belegenes Vermögen verweisen könnten. Die Bundesrepublik sollte für die Anerkennung dieser Konnexität eine Globalsumme bereitstellen, mit der eventuelle private Forderungen an den österreichischen Staat abgesichert werden sollten. Die österreichische Delegation hatte hierfür zuletzt einen Betrag von 12 Millionen DM für erforderlich erachtet. Der BMF ging dagegen von einem Betrag von 6,6 Millionen DM aus, während das AA in den Verhandlungen bis zu 12 Millionen DM anbieten wollte. Mit Schreiben vom 21. Mai 1957 hatte Adenauer Schäffer gebeten, einem Ablösebetrag zwischen 7,5 und 12 Millionen DM zuzustimmen (B 126/ 9168).

[14] Artikel 22 Ziffer 13 des Staatsvertrages vom 15. Mai 1955 betreffend die Wiederherstellung eines unabhängigen und demokratischen Österreich (BGBl. für die Republik Österreich Nr. 152 vom 30. Juli 1955) verbot eine Rückgabe von solchem Vermögen in das Eigentum deutscher physischer Personen, das von den Alliierten an Österreich übertragen worden war. Einer Kann-Bestimmung unterworfen waren das Vermögen kirchlicher, kultureller und karitativer Einrichtungen sowie privates Kleinvermögen in einer Höhe bis zu 260 000 Schilling. Andererseits hatte sich Österreich verpflichtet, auf Ansprüche gegenüber Deutschland zu verzichten, die aus der Zeit nach dem 13. März 1938 datierten. Vgl. dazu Vorlage des AA vom 22. Okt. 1956 in B 136/2287.

[15] Vgl. das Schreiben des BMJ vom 7. Mai 1957 an den BMF in B 141/8426 und B 136/2287. – Der BMJ hatte darauf hingewiesen, daß das Zustimmungsgesetz u.U. wegen der Unvereinbarkeit mit Art. 14 GG (Enteignung) für verfassungswidrig erklärt werden könnte.

dringend von diesem Gedanken ab. Hieraus könnten sich eine endlose Kette von Verhandlungen und letzten Endes noch höhere Kosten ergeben. Auch der *Bundesminister der Finanzen* ist dieser Meinung. Der *Bundesminister für Wohnungsbau* spricht sich für eine Pauschalleistung in angemessener Höhe aus, damit die Gefahr des Artikels 14 GG gebannt wird. Der *Vizekanzler* verweist auf den präjudiziellen Charakter der Verhandlungen und tritt für ihren beschleunigten Abschluß ein. Der *Bundesminister des Auswärtigen* verweist auf den bevorstehenden Staatsbesuch des Bundeskanzlers in Österreich[16]. Das Kabinett beschließt gegen die Stimme des *Bundesministers der Finanzen*, daß in den Verhandlungen versucht werden soll, mit einer Globalzahlung von 10 Mio. DM auszukommen. Sollte eine Einigung nur bei mehr als 12 Mio. DM möglich sein, müßte die Sache noch einmal vom Kabinett beraten werden. Der *Bundesminister des Auswärtigen* versichert, daß die Verhandlungen über diesen Punkt nicht ohne Zustimmung des Bundesministers der Finanzen abgeschlossen werden würden.

Der *Bundesminister der Finanzen* äußert Bedenken zu der beabsichtigten Regelung der Kreditforderungen deutscher Banken gegen die österreichische Wirtschaft. *MinDirigent Dr. Seeliger* erklärt, die deutsche Delegation habe niemals eine Lösung akzeptiert, durch die den deutschen Kreditgebern der Klageweg abgeschnitten werden sollte. Das Kabinett ist übereinstimmend der Meinung, daß in diesem Zusammenhang eine Haftung des Bundes nicht in Betracht kommen könne.

Der *Bundesminister der Finanzen* wendet sich gegen den beabsichtigten Briefwechsel zur Frage des Lastenausgleichs[17]. Es dürfe allenfalls etwa folgendes erklärt werden: „Die deutsche Delegation nimmt von den österreichischen Wünschen Kenntnis und wird sie ihrer Regierung übermitteln". *MinDirigent Dr. Seeliger* betont, man sei sich völlig einig darin, daß ein pactum de contrahendo[18] nicht geschlossen werden solle. Die deutsche Delegation habe bewußt vermieden, das Thema Lastenausgleich anzuschneiden. Es sei am Ende doch noch aufgekommen, aber vor allem aus Gründen der österreichischen Innenpolitik. Die Österreicher legten Wert darauf, wenigstens sagen zu können, ein informatorisches Gespräch über diese Fragen stünde mit Deutschland bevor. Der *Bundesminister der Finanzen* ist der Meinung, daß der Briefwechsel nicht schon bei der Unterzeichnung des Vertrages, sondern erst nach seiner Ratifizierung stattfinden dürfe, da sonst die Beratungen in den parlamenta-

---

[16] Vom 13. bis 15. Juni hielt sich Adenauer zu einem Staatsbesuch in Wien auf. – Unterlagen zur Vorbereitung und Durchführung des Besuchs, dabei Redeentwürfe und Pressereaktionen in AA B 23 (Ref. 203), Bd. 64. Vgl. dazu den Text der Ansprachen in Bulletin Nr. 108 vom 14. Juni 1957, S. 981–983 und des Abschlußkommuniqués vom 15. Juni 1957 in Bulletin Nr. 110 vom 19. Juni 1957, S. 1012.

[17] Die österreichische Seite hatte einen Briefwechsel zu dem Abkommen vorgeschlagen, mit dem eine Einbeziehung österreichischer Staatsbürger in die Lastenausgleichsregelung der Bundesrepublik ermöglicht werden sollte. Danach sollte die Bundesrepublik eine Gleichstellung der Österreicher mit Angehörigen der Vereinten Nationen anerkennen und dadurch hinsichtlich der Aufbringung der Kosten eine privilegierte Stellung einräumen, während auf der Leistungsseite Österreicher wie Deutsche behandelt werden sollten. Gegen diesen Vorschlag hatte der BMF mit Schreiben vom 15. Mai 1957 Einspruch erhoben (B 141/8426).

[18] Vorvertrag mit bindendem Charakter über ein Teilgebiet eines noch abzuschließenden völkerrechtlichen Vertrages.

rischen Körperschaften unnütz belastet würden. Der *Bundesminister des Auswärtigen* stimmt dieser Auffassung zu. Der *Bundesminister für Vertriebene, Flüchtlinge und Kriegsgeschädigte* warnt ebenfalls davor, die österreichischen Lastenausgleichsforderungen zu diskutieren. Seit Jahren versuche Österreich, die Bundesrepublik an seinen diesbezüglichen Lasten finanziell zu beteiligen. Deutschland könne dem österreichischen Staate die Sorge um seine 500 000 Vertriebenen nicht abnehmen. Der *Bundesminister des Auswärtigen* erklärt, daß auch der Briefwechsel zum Lastenausgleich nur im Einvernehmen mit dem Bundesminister der Finanzen stattfinden würde[19].

[A. Sowjetnote]

Außerhalb der Tagesordnung spricht der *Bundesminister des Auswärtigen* über die letzte Sowjetnote[20]. Diese Note könne nicht unerwidert bleiben. Noch vor Beginn der Verhandlungen in Moskau müsse Deutschland gewisse Behauptungen der Sowjets richtigstellen. Es gehe vor allem darum, daß die Repatriierung der Deutschen aus der Sowjetunion keineswegs abgeschlossen sei[21]. Das Kabinett ist sich darüber einig, daß die Richtlinien für die Verhandlungen in Moskau und die Bestimmung des Delegationsleiters in der nächsten Kabinettssitzung behandelt werden sollen[22].

[B. Deutsch-Iranische Studienkommission]

Außerhalb der Tagesordnung spricht der *Bundesminister für Wohnungsbau* über die Deutsch-Iranische Studienkommission, deren Einsetzung bei dem Besuch des Bundeskanzlers im Iran vereinbart worden sei. Es wird festgestellt, daß zunächst der Abg. Leverkuehn[23] in Begleitung eines Fachmannes nach dem Iran fliegen solle[24].

---

[19] Vgl. den nicht veröffentlichten Schriftwechsel vom 15. Juni 1957 zum Vertrag in B 136/2287. – BR-Drs. 23/58, BT-Drs. 226. – Gesetz vom 9. Juni 1958 über den Vertrag vom 15. Juni 1957 zwischen der Bundesrepublik Deutschland und der Republik Österreich zur Regelung vermögensrechtlicher Beziehungen (BGBl. II 129).

[20] Siehe 179. Sitzung am 11. Febr. 1957 TOP A. – Vgl. die Verbalnote der Sowjetunion vom 23. Mai 1957 in AA B 12, Bd. 466, veröffentlicht in DzD III 3/2, S. 1065 f. – Das Ministerium für Auswärtige Angelegenheiten der UdSSR hatte unter Bezugnahme auf die Note der Bundesrepublik vom 16. April 1957 der Botschaft der Bundesrepublik das Einverständnis zur Aufnahme von Verhandlungen über engere Beziehungen beider Staaten bestätigt und als Verhandlungsbeginn den 15. Juni 1957 vorgeschlagen. Die Repatriierungsfrage hatte sie bis auf Einzelfälle als abgeschlossen bezeichnet.

[21] Zur Frage der Rückführung der im sowjetischen Machtbereich zurückgehaltenen Deutschen vgl. Sondersitzung am 29. Aug. 1956 TOP C (Kabinettsprotokolle 1956, S. 567).

[22] In der Verbalnote vom 8. Juni 1957 stellte die Bundesregierung die beiderseitige Übereinstimmung zur Aufnahme von Regierungsverhandlungen fest. Sie betonte darüber hinaus ihren Standpunkt, daß bei den Rückführungsverhandlungen alle in der Sowjetunion befindlichen deutschen Staatsangehörigen in verbindlicher Form einbezogen werden müßten (Note vom 8. Juni 1957 in AA B 1, Bd. 126, veröffentlicht in Bulletin Nr. 106 vom 12. Juni 1957, S. 965 f. und in DzD III 3/2, S. 1156–1158). – Fortgang 188. Sitzung am 10. Juli 1957 TOP A (Deutschsowjetische Verhandlungen in Moskau).

[23] Korrigiert aus Leverkühn. – Dr. Paul Leverkuehn (1893–1960). 1925–1928 Bankier in New York, 1928–1930 Reichskommissar für die Freigabe des deutschen Vermögens an der deutschen

[C. Stinnes-Aktien]

Außerhalb der Tagesordnung spricht *Staatssekretär Dr. Westrick* das bereits in der 183. Kabinettssitzung behandelte Problem der Stinnes-Aktien an[25]. Das Kabinett ist übereinstimmend der Meinung, daß der Fragebogen im positiven Sinne beantwortet werden solle. Der *Bundesminister des Auswärtigen* unterstreicht, daß die Bankengruppe sichtbar im Einvernehmen mit der Bundesregierung handeln müsse. Dies sei aus amerikanischer Sicht notwendig. Der *Bundesminister der Finanzen* erklärt sich bereit, in voller Höhe finanziell einzuspringen, möchte aber zwei Gefahren vermeiden:

1) Der Ankauf der Aktien dürfe nicht als eine de jure-Anerkennung der Enteignung aufgefaßt werden,

2) es dürfe nicht der Eindruck entstehen, daß hier der Bund eine bestimmte Gruppe für ihre Auslandsverluste entschädige, weil sonst eine unabsehbare Menge von Forderungen folgen würden.

Der Bund könne das Geld auf ein Jahr vorstrecken, innerhalb dessen der Besitz wieder in Privathand überführt werden sollte. Die Aktien dürften aber nur an inländische Interessenten veräußert werden. Der Bund solle nicht offen als Erwerber auftreten, die Bundesmittel sollten als Darlehen gegeben werden.

Der *Vizekanzler* berichtet über ein Gespräch mit Bankdirektor Abs. Die Gefahr einer präjudiziellen Wirkung sei nicht gegeben. Die Banken sollten ein eigenes Interesse an der Transaktion haben, weil dann der Verkauf wahrscheinlich zu günstigeren Bedingungen erfolgen werde. Der *Bundesminister der Finanzen* stimmt diesem Gedanken zu. Er sei bereit, die Banken am Gewinn zu beteiligen, wenn sie vorher erklärten, daß sie sich auch an einem etwaigen Verlust beteiligen würden. Der *Vizekanzler* weist abschließend darauf hin, daß die Entscheidung in dieser Sache möglichst umgehend getroffen werden müßte[26].

Botschaft in Washington, 1930–1939 Rechtsanwalt in Berlin, 1940 Konsul in Täbris (Persien), 1941–1944 beim Militärattaché an der Botschaft in der Türkei (Leiter der Abwehraußenstelle in Istanbul), 1944–1945 Bevollmächtigter des Vorstands der Deutschen Waffen- und Munitionsfabriken AG, 1946–1947 Reichsbankleitstelle (britische Zone) in Hamburg, 1948 Verteidiger im Kriegsverbrecherprozeß gegen das OKW vor einem US-Militärgericht in Nürnberg und 1949 im Prozeß gegen den ehem. Generalfeldmarschall von Manstein vor einem britischen Militärgericht in Hamburg, 1951–1953 Mitglied der deutschen Delegation bei der Londoner Schuldenkonferenz, 1953–1960 MdB (CDU), 1954 Präsident der Europa-Union, 1957–1960 Präsident des Instituts für Asienkunde in Hamburg.

[24] Siehe 178. Sitzung am 4. April 1957 TOP 1. – Nach der Absage von Schniewind wurde Leverkuehn mit der Leitung der Delegation betraut, die sich vom 11. bis 22. Juni 1957 im Iran aufhielt. Ihre Aufgabe bestand darin, die Möglichkeiten einer Intensivierung der deutsch-iranischen Wirtschaftsbeziehungen zu untersuchen. Vgl. dazu die Berichte in B 136/1260 und 1262 sowie weitere Unterlagen zur Vor- und Nachbereitung der Reise in B 102/58165; vgl. dazu Berggötz, Nahostpolitik, S. 195.

[25] Siehe 183. Sitzung am 21. Mai 1957 TOP C.

[26] Fortgang 185. Sitzung am 12. Juni 1957 TOP 9.

[D. Weingesetz]

Außerhalb der Tagesordnung spricht der *Bundesminister des Innern* über das Verbot der Vergärung ausländischen Traubenmostes. Von italienischer Seite seien rechtliche Bedenken erhoben worden[27]. Da aber allgemein anerkannte Regeln des Völkerrechts nicht verletzt würden, bestünden wohl keine Bedenken, daß die Änderung zum Weingesetz verkündet werde. Das Kabinett stimmt dieser Auffassung zu[28].

Die übrigen Punkte der Tagesordnung werden nicht behandelt[29].

---

[27] Mit dem Antrag vom 16. Dez. 1956 aus der Mitte des Bundestages war ein entsprechendes Verwendungsverbot durch die Änderung des Weingesetzes vom 25. Juli 1930 (RGBl. I 356) angestrebt worden (BT-Drs. 3022). Unterlagen dazu in B 116/4236 und in B 142/2574. – Die italienische Regierung hatte auf den diskriminierenden Charakter der beabsichtigten Gesetzesänderung hingewiesen, der im Widerspruch zu den GATT-Vereinbarungen stünde. Vgl. dazu Abschrift der Verbalnote vom 5. April und Antwort des BML vom 24. April 1957 an das AA in B 136/1985.

[28] BR-Drs. 118/57. – Gesetz zur Änderung des Weingesetzes vom 4. Juli 1957 (BGBl. I 595).

[29] Zu TOP 3 (Entwurf eines Vierzehnten Gesetzes zur Änderung des Zolltarifs) Fortgang 185. Sitzung am 12. Juni 1957 TOP 4, zu TOP 5 (Alterssicherung für Landwirte) Fortgang 185. Sitzung am 12. Juni 1957 TOP 2, zu TOP 6 (Genehmigung des Haushaltsplans der Bundesanstalt für Arbeitsvermittlung und Arbeitslosenversicherung für das Rechnungsjahr 1957) Fortgang 185. Sitzung am 12. Juni 1957 TOP 3.

185. Kabinettssitzung
am Mittwoch, den 12. Juni 1957

Teilnehmer: Adenauer (bis 12.50 Uhr)[1], Blücher, von Brentano, Schäffer, Erhard, Lübke, Storch, Preusker, Oberländer, Balke; Globke, Anders, W. Strauß, Westrick, Busch, Rust, Bergemann, Thedieck, Ripken; Bleek (Bundespräsidialamt), von Eckardt (BPA), Krueger (BPA), Selbach (Bundeskanzleramt). Protokoll: Bachmann.

Beginn: 10.00 Uhr   *Ende: 13.55 Uhr*

Ort: Haus des Bundeskanzlers

Tagesordnung:
1. *Personalien*
   Gemäß Anlagen.
2. *Alterssicherung der Landwirte; hier: Initiativentwurf eines Gesetzes über die Alterssicherung der Landwirte – BT-Drucks. 3118*
   Vorlage des BMA vom 10. Mai 1957 (GS - 6501 - 672/57).
3. *Genehmigung des Haushaltsplanes der Bundesanstalt für Arbeitsvermittlung und Arbeitslosenversicherung für das Rechnungsjahr 1957*
   Vorlage des BMA vom 23. Mai 1957 (II a 5 - 2097.3 - H 57 - 491/57).
4. *Entwurf eines Vierzehnten Gesetzes zur Änderung des Zolltarifs – Stand: 23. Mai 1957*
   Vorlage des BMF vom 25. Mai 1957 (III B/5 - 2211 - 177/57).
5. *Verwaltung des Volkswagen-Sondervermögens nach § 12 Abs. 1 des Initiativ-Gesetzentwurfs – BT-Drucks. 3534*
   Vorlage des BMZ vom 3. Juni 1957 (K 32/16).
6. *Höchstgeschwindigkeit für Kraftfahrzeuge:*
   a) Entwurf eines Gesetzes zur Änderung des Straßenverkehrsgesetzes und des Gesetzes zur Sicherung des Straßenverkehrs
   b) Gesetz über allgemeine Höchstgeschwindigkeitsgrenzen für Kraftfahrzeuge, hier: Anrufung des Vermittlungsausschusses durch die Bundesregierung
   Vorlage des BMV vom 5. Juni 1957 (StV 2 - Nr. 2179 Vm/57).
7. *Zuwendungen des Bundes zur Stabilisierung der Mehlpreise*
   Vorlage des BML vom 7. Juni 1957 (III A 1 a - 3142.1 - 173/57, Kab. Nr. 161 II).
8. *Aussagegenehmigung für den Herrn Bundeskanzler in der Sache Hertslet/Sonnemann*
   ohne Vorlage.

---

[1] Nach dem Tageskalender Adenauers hatte der Bundeskanzler um 13.00 Uhr ein Gespräch mit Robert Pferdmenges (B 136/20686).

185. Sitzung am 12. Juni 1957

9. *Zwangsverkauf von Anteilen der Hugo Stinnes Corporation, New York, durch das Office of Alien Property Department of Justice*
Vorlage des BMWi vom 7. Juni 1957 (III 3 - 1203/57).

[A. Politische Lage]

Zu Beginn der Sitzung spricht der *Bundeskanzler* über die politische Lage. Er erwähnt den konservativen Wahlsieg in Kanada² und weist auf die Initiative der FDP zur Änderung des Artikels 15 des Grundgesetzes hin. Hier machen der *Vizekanzler* und der *Bundesminister für Wohnungsbau* einige Bemerkungen darüber, wie sich die Koalitionsfraktionen zu dem Antrag verhalten sollen³. Der *Bundeskanzler* kommt dann auf das Problem der Inspektionszonen und auf die Weisungen zu sprechen, die der amerikanische Beauftragte Stassen erhalten hat⁴. Sodann fragt der Bundeskanzler nach dem bisherigen Ergebnis der Ermittlungen über das Unglück bei dem 19. Luftlandejägerbataillon⁵. *Staatssekretär Dr. Rust* antwortet, die Schwierigkeit liege darin, einerseits die Öffentlichkeit schon jetzt genügend aufzuklären und andererseits jeden Anschein zu vermeiden, als ob in ein bei der Staatsanwaltschaft schwebendes Ermittlungsverfahren eingegriffen werden solle. In der letzten Juniwoche solle dem Verteidigungsausschuß des Bundestages und sodann evtl. dem Plenum des Bundestages berichtet werden. Der *Bundeskanzler* unterstreicht, es müsse der Anschein vermieden werden, den gewisse Zeitungen zu erwecken versuchen, als ob das Unglück auf Fehlern des militärischen oder politischen Systems beruhe. Es müsse, was nach den bisherigen Feststellungen klar zu sein scheine, herausgestellt werden, daß nicht das System, sondern die Schuld eines Einzelnen oder mehrerer Einzelner zu der Katastrophe geführt hätte. *Staatssekretär Dr. Rust*

---

² Die Fortschrittliche Konservative Partei hatte sich bei den Parlamentswahlen am 10. Juni 1957 gegenüber 1953 von 51 auf 111 Sitze verbessern können und damit eine 22jährige Regierung der Liberalen Partei beendet, deren Mandate von 170 auf 103 zurückgegangen waren. Oppositionsführer John Diefenbaker löste die Regierung St. Laurent mit Außenminister Lester Pearson ab. Vgl. dazu Aufzeichnungen der deutschen Botschaft vom 11. und 25. Juni 1957 in AA B 32, Bd. 1.

³ Mit dem Gesetzentwurf hatte die FDP-Fraktion beantragt, ein Enteignungsverbot von Grund und Boden sowie von Produktionsmitteln zum Zwecke der Vergesellschaftung in den Art. 15 des Grundgesetzes einzufügen (BT-Drs. 3525 vom 21. Mai 1957). Die FDP hatte den Antrag in der 214. Sitzung des Bundestages am 31. Mai 1957 zurückgezogen (vgl. Stenographische Berichte, Bd. 37, S. 12615).

⁴ Siehe 184. Sitzung am 31. Mai 1957 TOP A. – Stassen hatte ohne vorherige Absprache mit den westlichen Verbündeten vorab mit dem russischen Chefdelegierten Sorin informell ein Memorandum der USA vom 31. Mai 1957 erörtert und damit die übrigen NATO-Partner irritiert. Dieses 35 Punkte umfassende Memorandum enthielt neben dem bereits diskutierten Plan einer Luftinspektionszone in der Arktis und Europa erstmals den Vorschlag zur Errichtung von Bodeninspektionszonen in Europa. Diese Vorschläge gingen über die Angaben hinaus, die Dulles Adenauer bei dessen USA-Besuch am 27. Mai 1957 vorgetragen hatte. Vgl. dazu die Berichte des deutschen Botschafters aus London, Text und Analysen des Memorandums in AA B 14, VS-Bde. 425 und 427.

⁵ Am 3. Juni 1957 waren bei einer Übung 15 Rekruten der Bundeswehr in der Iller ertrunken. Vgl. die Pressedokumentation in B 136/6838.

befürchtet, daß man mit einer allzu starken Betonung dieses Gedankenganges der Opposition und einer gewissen Presse Angriffsflächen bieten könnte. Soweit möglich, habe das Verteidigungsministerium bisher die Öffentlichkeit aufgeklärt. Es seien Artikel im Bulletin[6] erschienen und er, der Staatssekretär, habe im Rundfunk gesprochen. Es sei auch klar festgestellt worden, daß das Überschreiten der Iller durch einen Bataillonsbefehl verboten gewesen sei. Das Problem der Befehlsverweigerung durch die Soldaten des betroffenen Zuges sei praktisch überhaupt nicht aufgekommen, da niemand an eine Gefahr dieses Ausmaßes gedacht habe. Der *Bundeskanzler* ist von diesen Erklärungen nicht befriedigt. In der Öffentlichkeit werde versucht, die angeblich fehlerhafte Struktur der neuen Bundeswehr mit dem tragischen Ereignis in Verbindung zu bringen. Der *Bundespressechef* erklärt, es sei anfangs in der Nachrichtengebung klar herausgestellt worden, daß ein Bataillonsbefehl vorgelegen habe, den Fluß zu durchqueren. Je länger die Debatte andauere, um so mehr geriete diese Tatsache in den Hintergrund. Es dürfe aber nicht verkannt werden, daß auch sehr viele Presseäußerungen erschienen seien, in denen versucht werde, zu erklären und zu beruhigen. Der *Bundesminister der Finanzen* berichtet über die Gespräche, die er mit den Angehörigen der Opfer bei der Trauerfeier geführt habe. Er habe von ihnen keine Vorwürfe gegen die Bundeswehr als solche gehört. Auch verschiedene bayerische Zeitungen hätten zu dem tragischen Ereignis ruhige und überlegte Artikel geschrieben[7].

1. **Personalien**

Das Kabinett stimmt den Vorschlägen in Anlage 1 und 2 zu Punkt 1 der Tagesordnung zu[8].

3. **Genehmigung des Haushaltsplans der Bundesanstalt für Arbeitsvermittlung und Arbeitslosenversicherung für das Rechnungsjahr 1957** BMA

Der *Bundesminister für Arbeit* begründet seine Vorlage vom 23.5.1957. Der *Bundesminister der Finanzen* betont demgegenüber, er müsse sich schon aus grundsätzlichen Erwägungen an das Gutachten des Bundesbeauftragten für Wirtschaftlichkeit in der Verwaltung halten[9]. Der *Vizekanzler* macht einen vermittelnden Vorschlag.

---

[6] Vgl. dazu Bulletin Nr. 107 vom 13. Juni 1957, S. 973 „Die Grenzen des Gehorsams. Eine Stellungnahme des Bundesministeriums für Verteidigung".

[7] Vgl. hierzu ferner das Protokoll der 159. Sitzung des BT-Ausschusses für Verteidigung am 6. Juni 1957 (BW 2/2381), die Erklärung von Strauß in der 215. Sitzung des Bundestages vom 26. Juni 1957 (Stenographische Berichte, Bd. 37, S. 12648–12654) und den Bericht (o.D.) der vom BMVtg eingesetzten Untersuchungskommission mit Begleitschreiben vom 17. Juli 1957 sowie Unterlagen zum „Iller-Prozeß" vor dem Landgericht Kempten am 20., 21. und 23. Aug. 1957 in BW 2/2572.

[8] Vorgeschlagen war die Ernennung je eines Ministerialrates im BMAt, im BMWi und im BMVtg (Anlage 1), sowie die Genehmigung einer vom AA beantragten Dienstvereinbarung (Anlage 2).

[9] Vorlage des BMA vom 23. Mai 1957 in B 149/6000 und B 136/734. – Der Haushalt der Bundesanstalt bedurfte gemäß Gesetz über Arbeitsvermittlung und Arbeitslosenversicherung in der Fassung vom 3. April 1957 (BGBl. I 322) der Genehmigung durch die Bundesregierung, um die der BMA in seiner Vorlage gebeten hatte. Nach dem Bericht des BMA schloß der Haushalt in

185. Sitzung am 12. Juni 1957

Der *Bundeskanzler* schlägt vor, daß das Kabinett die Entscheidung in dieser Sache dem Vizekanzler sowie den Bundesministern der Finanzen und für Arbeit überträgt. Nach kurzer Erörterung entscheidet sich jedoch das Kabinett mit Mehrheit für den Standpunkt des Bundesministers für Arbeit.

2. **Alterssicherung der Landwirte; hier: Initiativentwurf eines Gesetzes über die Alterssicherung der Landwirte – Bundesdrucks. 3118** BMA

Der *Bundesminister für Arbeit* weist darauf hin, daß der Initiativ-Gesetzentwurf der Fraktion der CDU/CSU (Drucksache 3118) jetzt im Sozialpolitischen Ausschuß des Bundestages behandelt werde. Der *Bundesminister der Finanzen* bezieht sich auf seine Vorlage vom 20. Mai 1957, die er mündlich noch näher begründet[10]. Der *Bundesminister für Wohnungsbau* stimmt in der Sache dem Bundesminister der Finanzen zu, glaubt aber, daß der vom Bundesminister der Finanzen unter dem 20. Mai 1957 vorgeschlagene Kabinettsbeschluß praktisch nicht gefaßt werden könnte. Der *Bundeskanzler* ist der Meinung, daß die Sache bereits erledigt sei und der Bundesminister der Finanzen bei einer früheren Beratung mit der Einbringung des Initiativ-Gesetzentwurfs stillschweigend einverstanden gewesen sei[11]. Der *Bundesminister*

Einnahmen und Ausgaben mit 1,6 Milliarden DM ab. Die Senkung der Beiträge zur Arbeitslosenversicherung von 3 % auf 2 % und gleichzeitige Leistungsverbesserungen hatten einen Fehlbetrag von ca. 94 Millionen DM entstehen lassen, der durch Rücklagen gedeckt werden mußte. Die Meinungsverschiedenheiten zwischen BMA und BMF betrafen die Stellenansätze der Hauptdienststelle. In einem Schreiben vom 18. Mai 1957 hatte Schäffer unter Bezugnahme auf eine Stellungnahme des Bundesrechnungshofes die Anbringung mehrerer „künftig wegfallend"-Vermerke gefordert (B 149/6000).

[10] Vorlage des BMA vom 10. Mai 1957 in B 149/461 und B 136/2666 und Vorlage des BMF vom 20. Mai 1957 in B 126/13847 und B 136/2666, weitere Unterlagen in B 116/16043 bis 16046. – Bereits am 23. Febr. 1956 hatte der BML im Bundestag die Notwendigkeit einer Regelung der bäuerlichen Altersversicherung anläßlich der Aussprache über den Bericht über die Lage in der Landwirtschaft (BT-Drs. 2100) betont (vgl. Stenographische Berichte, Bd. 28, S. 6756). Am 19. April 1956 hatte die FDP-Fraktion die Bundesregierung ersucht, baldmöglichst einen Gesetzentwurf vorzulegen (BT-Drs. 2318). Am 19. Jan. 1957 hatte die CDU/CSU-Fraktion einen Gesetzentwurf eingebracht, der weitgehend auf den Vorarbeiten des BMA beruhte (BT-Drs. 3118). Er sah eine „Sockelrente" von 60 DM für Ehepaare und 40 DM für Alleinstehende vor. Als Leistungsvoraussetzungen waren die Vollendung des 65. Lebensjahres, eine 15-jährige Beitragszahlung oder eine Hofübergabe nach Vollendung des 50. Lebensjahres genannt. Die Einführung der Rente sollte durch eine Startfinanzierung des Bundes in Höhe von 70 Millionen DM gewährleistet werden. Schäffer hatte eine interfraktionelle Weiterbehandlung des Gesetzentwurfs für notwendig erachtet und eine Altersgeldversicherung auf selbstverantwortlicher, genossenschaftsrechtlicher Basis gefordert. Als Starthilfe befürwortete er ein zu verzinsendes Bundesdarlehen. Er bezweifelte die sozialpolitische Notwendigkeit einer gesetzlichen Regelung, die überdies ein Präjudiz für alle anderen selbständigen Berufsgruppen darstellen würde. Die geringe Höhe der Altersversicherung („Taschengeldversicherung") stünde zudem in keinem Verhältnis zum Verwaltungsaufwand und dessen Kosten. Wegen der geringen finanziellen Auswirkungen könne auch nicht die frühzeitige Hofübergabe als angestrebter agrarpolitischer Nebeneffekt erreicht werden.

[11] Vgl. 172. Sitzung am 21. Febr. 1957 TOP 9 (Grüner Plan) und 134. Sitzung am 15. Mai 1956 TOP 2 (Kabinettsprotokolle 1956, S. 358). – Adenauer setzte sich angesichts „der besonderen politischen Bedeutung, die der Alterssicherung der Landwirte besonders in bäuerlichen Kreisen" zukomme, für eine Verabschiedung des Initiativantrags noch in der laufenden Legislaturperiode

für Wirtschaft pflichtet dem Bundesminister der Finanzen darin bei, daß mit dem Gesetzentwurf zur Alterssicherung der Landwirte ein gefährlicher Weg beschritten werde, der zu ähnlichen Forderungen anderer Gruppen der freien Berufe führen könne. Der *Bundesminister für Ernährung, Landwirtschaft und Forsten* wendet sich gegen die Auffassung, als ob der Gesetzentwurf nur von bäuerlichen Kreisen Süddeutschlands begrüßt werde. Die Bauernverbände hätten sich allgemein, also auch für Norddeutschland, für ihn ausgesprochen. Angesichts der Auffassung des Bundeskanzlers, daß die Sache mit dem Initiativ-Gesetzentwurf der CDU/CSU-Fraktion für die Bundesregierung zunächst erledigt sei, stellt der *Bundesminister der Finanzen* abschließend fest, daß das Kabinett zu seiner Vorlage vom 20. Mai 1957 nicht Stellung nimmt[12].

4. **Entwurf eines Vierzehnten Gesetzes zur Änderung des Zolltarifs – Stand: 23.5.1957**

BMF

Das Kabinett erteilt die gemäß Vorlage des Bundesministers der Finanzen erforderliche nachträgliche Zustimmung[13].

5. **Verwaltung des Volkswagen-Sondervermögens nach § 12 Abs. 1 des Initiativ-Gesetzentwurfs – Bundestagsdrucks. Nr. 3534**   BMZ

Die Sache wird auf Vorschlag des Vizekanzlers vom Kabinett nicht behandelt[14].

---

ein. Vgl. das Schreiben Adenauers an den Vorsitzenden des Arbeitskreises Arbeit und Soziales der CDU/CSU-Fraktion, Peter Horn, vom 6. Juni 1957 in B 136/2666.

[12] Fortgang 190. Sitzung am 24. Juli 1957 TOP F.

[13] Siehe 183. Sitzung am 21. Mai 1957 TOP 3. – Vorlage des BMF vom 25. Mai 1957 in B 102/56241 und B 136/355. – Entsprechend dem vorausgegangenen Kabinettsbeschluß waren ohne materielle Änderungen die Worte „zur Verhütung volkswirtschaftlich ungerechtfertigter Preissteigerungen" in „zur Sicherung der Stabilität des Preisgefüges" abgewandelt und die Begründung entsprechend neu gefaßt worden. – BR-Drs. 227/57, BT-Drs. 3564. – Gesetz vom 26. Juli 1957 (BGBl. I 808). – Fortgang 187. Sitzung am 2. Juli 1957 TOP 9 und 12 und 188. Sitzung am 10. Juli 1957 TOP 5.

[14] Vorlage des BMZ vom 3. Juni 1957 in B 136/2341, weitere Unterlagen in B 102/76370 und B 141/19602. – Der von den Koalitionsfraktionen am 22. Mai 1957 eingebrachte Gesetzentwurf sah die Umwandlung der Volkswagenwerk GmbH in eine Aktiengesellschaft, die Übertragung der Geschäftsanteile von der ehemaligen Deutschen Arbeitsfront auf den Bund sowie den bevorzugten Erwerb von Aktien durch Arbeitnehmer der Gesellschaft vor. Nach § 12 des Entwurfs sollte der BMWi den Erlös aus dem Verkauf von Bundesanteilen für bestimmte Investitionsvorhaben verwenden (BT-Drs. 3534). Mit der Vorlage vom 3. Juni 1957 hatte der BMZ beantragt, die Verwaltung dieses Vermögens dem seinem Hause unterstehenden ERP-Sondervermögen zuzuweisen. Der BMWi hatte dagegen für eine getrennte Verwaltung der Sondervermögen plädiert. Er begründete dies mit der beabsichtigten Zweckbestimmung der Verwendung der Erlöse aus dem Verkauf der Volkswagenaktien, die der Förderung von Eigentum in Arbeitnehmerhand und der Vorbereitung der Wiedervereinigung zufließen sollten. – Die Privatisierung des Volkswagenwerks wurde im Gesetz über die Überführung der Anteilsrechte an der Volkswagenwerk GmbH in private Hand vom 21. Juli 1960 (BGBl. I 585) geregelt. Unterlagen zur Entstehung dieses Gesetzes vor allem in B 102/76368 bis 76373 und B 141/19602 bis 19618. Die Verwendung der Erträge durch die Stiftung Volkswagenwerk

185. Sitzung am 12. Juni 1957

[B. Tariferhöhungen bei der Bundesbahn]

Außerhalb der Tagesordnung bringt der *Bundeskanzler* seine Besorgnis darüber zum Ausdruck, daß auf Veranlassung des Bankdirektors Abs die Diskussion über eine Tariferhöhung bei der Bundesbahn erneut beginnen solle. Das Kabinett beauftragt den Bundesminister für Wirtschaft, umgehend mit dem Abgeordneten Dr. Wellhausen[15] in Verbindung zu treten und ihm den Wunsch des Kabinetts zu übermitteln, daß Erörterungen über eine Tariferhöhung bei der Bundesbahn unterbleiben[16].

6. Höchstgeschwindigkeitsgrenze für Kraftfahrzeuge: BMV

a) Entwurf eines Gesetzes zur Änderung des Straßenverkehrsgesetzes und des Gesetzes zur Sicherung des Straßenverkehrs

b) Gesetz über allgemeine Höchstgeschwindigkeitsgrenzen für Kraftfahrzeuge

hier: Anrufung des Vermittlungsausschusses durch die Bundesregierung

Staatssekretär Dr. Bergemann trägt vor, die Bundesregierung habe im Oktober 1956 einen Gesetzentwurf eingebracht, durch den dem Bundesminister für Verkehr erneut die Befugnis verliehen werden sollte, durch Rechtsverordnung Höchstgeschwindigkeiten für Kraftfahrzeuge festzulegen. Der Bundestag habe diese Materie aber

---

wurde in einem eigenen Gesetz über die Regelung der Rechtsverhältnisse bei der Volkswagenwerk GmbH vom 9. Mai 1960 (BGBl. I 301) festgelegt.

[15] Dr. Hans Wellhausen (1894–1964). 1923 Regierungsrat in Bremen, seit 1926 bei der Maschinenfabrik Augsburg-Nürnberg AG (1927 Prokurist, 1931–1959 Vorstandsmitglied und Direktor), 1949–1957 MdB (FDP, ab 1956 CSU), dort 1949–1953 stellvertretender Fraktionsvorsitzender, 1951–1957 Vorsitzender des Ausschusses für Finanz- und Steuerfragen, 1952–1959 Präsident des Verwaltungsrats der Deutschen Bundesbahn.

[16] Zur Tarifsituation vgl. 177. Sitzung am 27. März 1957 TOP F (Omnibustarife), zur Finanzlage 183. Sitzung am 21. Mai 1957 TOP 2 (Bundeshaushalt). – Schreiben Seebohms an Adenauer vom 10. Juni 1957 in B 136/2740, weitere Unterlagen in B 108/1392 bis 1395 sowie 13302 und 13303. – Seebohm hatte Adenauer am 10. Juni 1957 mitgeteilt, daß der Vorstand der Bundesbahn beantragt habe, die seit 1951/52 annähernd unveränderten Leistungspreise anzuheben. Die Personentarife sollten um durchschnittlich 14 % und die Gütertarife um 11 % erhöht werden. Die erwarteten Mehreinnahmen in Höhe von ca. 750 Millionen DM sollten zum Abbau des wachsenden Defizits verwendet werden. Entgegen den Bestrebungen des BMV, des BMWi und des Präsidenten des Verwaltungsrats Wellhausen bestand der Verwaltungsrat u.a. auf Antrag von Abs darauf, die Erhöhung auf seiner Sitzung am 12. Juni 1957 zu behandeln. In dieser Sitzung beauftragte der Verwaltungsrat den Vorstand der Bundesbahn, auf der Grundlage der vorgelegten Tariferhöhungsvorschläge Verhandlungen einzuleiten (Beschluß des Verwaltungsrates vom 12. Juni 1957 in B 108/1393). Auch Adenauer setzte sich dafür ein, die Verhandlungen über die Preiserhöhungen auf einen Zeitpunkt nach der Bundestagswahl zu verschieben (vgl. das Schreiben Adenauers an Schäffer vom 7. Aug. 1957 in B 136/2739). – Fortgang hierzu 3. Sitzung des Kabinettsausschusses für Wirtschaft am 13. Dez. 1957 TOP 2 (B 136/36221) und 9. Kabinettsitzung am 15. Jan. 1958 TOP 2 (B 136/36117). – Die Tarife wurden zum 1. Febr. 1958 erhöht. Anordnung über den Deutschen Eisenbahn-Personen-, Gepäck- und Expreßguttarif und den Deutschen Eisenbahn-Gütertarif vom 19. Jan. 1958 (BAnz. Nr. 15 vom 23. Jan. 1958, S. 1–10).

durch Gesetz geregelt[17]. Hiergegen habe der Bundesrat den Vermittlungsausschuß angerufen mit dem Ziel, die Regierungsvorlage wiederherzustellen[18]. Der entsprechende Vorschlag des Vermittlungsausschusses sei vom Bundestag verworfen worden[19]. Hiergegen nun solle die Bundesregierung ihrerseits den Vermittlungsausschuß anrufen. Das Kabinett beschließt entsprechend der Vorlage des Bundesministers für Verkehr[20].

Im Anschluß hieran weist der *Bundeskanzler* auf die Notwendigkeit hin, den Lärm zu bekämpfen, der durch manche Kraftfahrzeuge verursacht werde. Auf dem Rhein müsse man nicht nur an die Lärmbekämpfung, sondern auch an die Schäden denken, die unter dem Fischbestand besonders dadurch entstünden, daß schnellfahrende Motorboote zu dicht an die Ufer herankämen.

7. Zuwendungen des Bundes zur Stabilisierung der Mehlpreise BML

Der *Bundesminister für Ernährung, Landwirtschaft und Forsten* verweist auf seine beiden Kabinettvorlagen vom 21.3. und 7.6.1957, die er näher begründet[21]. Wenn die Subventionen über den 31.3.1957 hinaus nicht fortgesetzt würden, sei eine Erhöhung des Brotpreises, die sehr unerwünscht wäre, zu befürchten. Der *Bundesminister der Finanzen* erwidert mit dem Hinweis auf seine Kabinettvorlage zum Bundeshaushalt 1957. Dort sei angedeutet, daß die jetzt verlangten Beträge aus

---

[17] Siehe 141. Sitzung am 26. Juni 1956 TOP 4 (Kabinettsprotokolle 1956, S. 455). – Vorlage des BMV vom 5. Juni 1957 in B 108/6560 und B 136/1532. – Der BMV hatte in seiner Vorlage die Anrufung des Vermittlungsausschusses beantragt. Zuvor hatte der Bundesrat der Ermächtigung des BMV zum Erlaß von Rechtsverordnungen zugestimmt, sie jedoch für zustimmungsbedürftig erklärt (BR-Drs. 245/56). Diesem Votum des Bundesrates hatte das Kabinett im Umlaufverfahren zugestimmt. Vgl. die Stellungnahme des BMV vom 26. Sept. 1956 zum Beschluß des Bundesrates in B 136/1532. – Der Bundestag hatte dagegen in der 198. Sitzung am 15. März 1957 einen interfraktionellen Antrag vom 5. Febr. 1957 (BT-Drs. 3187) verabschiedet, der eine Festsetzung der Höchstgeschwindigkeiten durch ein Gesetz auf 50 Stundenkilometer in geschlossenen und 80 Stundenkilometer außerhalb geschlossener Ortschaften für PKW ohne Anhänger vorsah und somit dem Bundestag eine Mitwirkung bei der Geschwindigkeitsbegrenzung sichern sollte (vgl. Stenographische Berichte, Bd. 35, S. 11281).

[18] BR-Drs. 109/57, BT-Drs. 3340 (Verlangen des Bundesrates nach Einberufung des Vermittlungsausschusses).

[19] Dem Bericht des Vermittlungsausschusses (BT-Drs. 3434) hatten der Bundestag in seiner 210. Sitzung am 22. Mai 1957 (Stenographische Berichte, Bd. 37, S. 12182) sowie der Bundesrat am 24. Mai 1957 die Zustimmung verweigert (BT-Drs. 3548).

[20] BT-Drs. 3617, BR-Drs. 263/57. – Zur Beratung vgl. 32. Sitzung des Vermittlungsausschusses am 28. Juni 1957 TOP 2 (Protokolle des Vermittlungsausschusses, Fiche 4 L 2). Mit der Annahme des Vermittlungsvorschlages auf der Grundlage des Initiativgesetzes des Bundestages wurden zum 1. Sept. 1957 – begründet mit der hohen Zunahme von Verkehrsunfällen – Geschwindigkeitsbegrenzungen durch ein Bundesgesetz eingeführt. – Gesetz zur Änderung des Straßenverkehrsgesetzes und des Gesetzes zur Sicherung des Straßenverkehrs vom 16. Juli 1957 (BGBl. I 709).

[21] Siehe 181. Sitzung am 7. Mai 1957 TOP E. – Vorlagen des BML vom 21. März und 7. Juni 1957 in B 136/2626 und B 126/8311. – Der BML hatte mit seiner Vorlage vom 7. Juni 1957 die inzwischen dringend gewordene Beratung seiner Vorlage vom 21. März 1957 (vgl. 180. Sitzung am 30. April 1957 TOP 11) beantragt.

Mitteln des Grünen Planes entnommen werden könnten[22]. Das Kabinett sei dieser Auffassung damals einstimmig gefolgt. Die Zolleinnahmen aus zusätzlichen Weineinfuhren, die zur Deckung der gewünschten Ausgaben herangezogen werden sollten, seien zusammen mit den Einnahmen aus allen anderen Zöllen im Haushalt 1956 veranschlagt worden. Die tatsächlichen Einnahmen seien hinter dem Voranschlag mit 137 Mio. DM zurückgeblieben. Außerdem müsse berücksichtigt werden, daß bereits 11 Mio. DM für Mehlsubventionen für die Zeit vom 1.1. bis 31.3.1957 bereitgestellt worden seien, dazu 10 Mio. DM für Frostschäden im Weinbau und weitere 10 Mio. DM für Zinsverbilligung in der Landwirtschaft[23]. Damit sei auch der vom Bundesminister für Ernährung, Landwirtschaft und Forsten angeführte Betrag fast vollständig verbraucht. Es sei nicht zu verantworten, eine neue ungedeckte Ausgabe zu beschließen. Der *Bundeskanzler* erklärt demgegenüber, es sei unmöglich, eine Brotpreiserhöhung zuzulassen. Es sei ihm auch nicht erinnerlich, daß sich das Kabinett im Rahmen der Haushaltsvorlage des Finanzministers mit diesem Problem beschäftigt habe. Der *Bundesminister der Finanzen* erklärt, die ohnehin überhöhten Brotpreise in Schleswig-Holstein und Hessen[24] sollten nicht noch durch Gewährung einer Subvention durch den Bund anerkannt werden. Wenn aber eine weitere Subvention für richtig gehalten werde, müßte es möglich sein, Mittel aus dem Grünen Plan abzuzweigen. Der *Bundeskanzler* äußert Bedenken gegen die Absicht, aus dem Grünen Plan etwas herauszubrechen. Der *Bundesminister für Ernährung, Landwirtschaft und Forsten* hält es für sicher, daß der Haushaltsausschuß einer außerplanmäßigen Ausgabe in der für die Subventionen benötigten Höhe zustimmen wird. Der *Vizekanzler* glaubt, daß zum Schluß des Haushaltsjahres Ausgabereste bleiben würden, die zur Deckung herangezogen werden könnten. Es sei auch nicht sehr wahrscheinlich, daß die 1,5 Mia. DM des Grünen Planes bis 31. März 1958 ausgegeben werden würden.

Auf Vorschlag des *Bundeskanzlers* beschließt das Kabinett gegen die Stimme des *Bundesministers der Finanzen*, die für die Mehlpreissubventionen benötigten Beträge entsprechend der Vorlage des Bundesministers für Ernährung, Landwirtschaft und Forsten zu bewilligen. Der Bundesminister der Finanzen wird ersucht, demnächst dem Kabinett einen Deckungsvorschlag vorzulegen[25].

8. Aussagegenehmigung für den Herrn Bundeskanzler in der Sache Hertslet[26]/Sonnemann

Der *Bundeskanzler* trägt den Sachverhalt vor[27]. *Staatssekretär Dr. Globke* ergänzt diese Ausführungen dahin, daß seinerzeit dem damaligen Bundesminister der

---

[22] Vgl. 183. Sitzung am 21. Mai 1957 TOP 2.
[23] Zu den Zinsverbilligungsmaßnahmen für die Landwirtschaft vgl. 163. Sitzung am 12. Dez. 1956 TOP E (Kabinettsprotokolle 1956, S. 768).
[24] Unterlagen dazu in B 116/8965.
[25] Fortgang 187. Sitzung am 2. Juli 1957 TOP C.
[26] Joachim G. A. Hertslet. Außenhandelskaufmann und Devisenberater, Leiter einer Orienthandelsagentur in Bonn-Beuel.
[27] Vgl. 253. Sitzung am 21. Okt. 1952 TOP G (Kabinettsprotokolle 1952, S. 633). – Hertslet hatte neben anderen Verfahren gegen die Bundesregierung auch eine Privatklage gegen Staatssekretär

Justiz, Dr. Dehler[28], und dem Protokollführer in der Kabinettssitzung vom 21.10.1952, Dr. Spieler[29], die Genehmigung zur Aussage im Prozeß erteilt worden sei, allerdings mit der Maßgabe, daß die Aussagegenehmigung sich nicht auf Einzelheiten der Erörterung, insbesondere die Äußerungen einzelner Sitzungsteilnehmer, erstrecke. Jetzt verlange das Gericht ausdrücklich die Aussage über zahlreiche Einzelheiten. Der *Bundesminister des Auswärtigen* glaubt, daß schon die seinerzeitige Erteilung einer Aussagegenehmigung ein Fehler gewesen sei. Eine Äußerung des Bundeskanzlers zu den jetzt gestellten detaillierten Fragen sei aber politisch unmöglich. Der *Vizekanzler* verweist darauf, daß grundsätzliche Erwägungen und die Treuepflicht gegenüber dem angeklagten Staatssekretär Dr. Sonnemann in Konflikt geraten könnten. *Staatssekretär Dr. Strauß* schließt sich der Auffassung an, daß eine Aussage des Bundeskanzlers oder eines anderen Kabinettsmitgliedes über die vom Gericht bezeichneten Einzelheiten nicht in Betracht kommen könne. Im Anschluß daran macht er nähere Ausführungen über den Ablauf des Prozesses. Der *Vizekanzler* gibt zu bedenken, daß es zweckmäßig sein könnte, dem Gericht mitzuteilen, daß die Bundesregierung ihren Beamten nahegelegt habe, im Kontakt mit Hertslet Zurückhaltung zu üben. Der *Bundesminister für Ernährung, Landwirtschaft und Forsten* schließt sich dieser Auffassung an. Es gelte, Staatssekretär Dr. Sonnemann in dem Strafverfahren zu schützen.

Auf Vorschlag des *Bundeskanzlers* beschließt das Kabinett folgendes:

1) Grundsätzlich sind Genehmigungen zu Aussagen über Vorgänge in Kabinettssitzungen nicht zu erteilen.

Sonnemann wegen Beleidigung angestrengt. Ausgangspunkt der Verfahren war die Kabinettssitzung vom 21. Okt. 1952, in der Hertslet, der über gute Kontakte zu arabischen Ländern verfügte und sich öffentlich gegen das Abkommen der Bundesrepublik mit Israel geäußert hatte, als Landesverräter bezeichnet worden sein soll. Sonnemann war zunächst verurteilt und nach Herabsetzung des Strafmaßes durch das Revisionsgericht amnestiert worden. Der Beschluß war jedoch bis zum Abschluß des Verfahrens über eine Selbstanzeige Hertslets wegen Landesverrats ausgesetzt worden. Am 31. Mai 1957 hatte das Landgericht Bonn die Bundesregierung um Aussagegenehmigung für den Bundeskanzler u. a. darüber gebeten, wer die Vorwürfe erhoben habe, auf welche Tatsachen sie sich gründeten und ob irgendwelche Weisungen über die weitere Behandlung Hertslets vereinbart worden seien. Unterlagen dazu in B 136/3803, weitere Unterlagen zu den sich bis Ende der 60er Jahre hinziehenden Prozessen in B 136/3804 und 3805 sowie in B 106/71928.

[28] Dr. Thomas Dehler (1897–1967). Ab 1924 Rechtsanwalt in München und Bamberg, 1930–1933 Vorsitzender der DDP/DStP in Bamberg, 1945 Landrat des Kreises Bamberg, 1946–1947 Generalstaatsanwalt und Generalkläger in Bamberg, 1947–1949 Präsident des Oberlandesgerichtes Bamberg, 1946–1956 Vorsitzender der FDP in Bayern, 1946–1949 MdL Bayern, 1949 Mitglied des Parlamentarischen Rates, 1949–1967 MdB, 1949–1953 Bundesminister der Justiz, 1953–1957 Vorsitzender der FDP-Bundestagsfraktion, 1954–1957 Bundesvorsitzender der FDP, 1960–1967 Vizepräsident des Deutschen Bundestages.

[29] Dr. Hermann Spieler (1894–1979). 1933–1938 Oberlandesgerichtsrat in Breslau, 1939 Vizepräsident des Oberlandesgerichts Naumburg/Saale, 1940 des Oberlandesgerichts Breslau, 1947–1951 Hilfsrichter, 1951 Oberlandesgerichtsrat in Hamm, 1952–1954 Bundeskanzleramt, dort Leiter des Referats 4 (Grundsatzfragen, Koordinierung und Kabinettssachen aus den Geschäftsbereichen des BMI [Abt. 1, 3, 4 und 5], BMJ, BMBR, Grundsatzfragen und allgemeiner Verkehr mit Bundestag, Bundesrat, Bundespräsidialamt), 1954–1962 Bundesrichter am Bundesgerichtshof.

2) Im vorliegenden Falle wird dem Bundeskanzler die Genehmigung zur Aussage nicht erteilt.

3) Der Bundesminister des Auswärtigen wird unter Berücksichtigung des Punktes 1 angesichts eines in Aussicht stehenden Gerichtsbeschlusses genau zu prüfen haben, ob dem Staatssekretär Prof. Dr. Hallstein die Genehmigung zur Aussage im Hertslet-Prozeß erteilt werden kann.

4) Mit dem Verteidiger des Staatssekretärs Dr. Sonnemann, Professor Dr. Dahs[30], wird zu erörtern sein, ob seitens der Bundesregierung dem Gericht eine Erklärung übermittelt werden kann, die der Entlastung des Herrn Dr. Sonnemann dienen könnte. Ggf. müßte die Sache danach noch einmal im Kabinett behandelt werden.

Aus dem inzwischen herbeigeholten Protokoll über die Kabinettssitzung am 21. Oktober 1952 wird festgestellt, daß der Bundeskanzler die Sitzung an diesem Tage um 11.15 Uhr verlassen hat. Die Sache Hertslet ist jedoch erst am Ende der Sitzung – gegen 13.00 Uhr – behandelt worden[31].

[C. Deutsch-Sowjetische Verhandlungen in Moskau]

Außerhalb der Tagesordnung schlägt der *Bundeskanzler* für die in Moskau in Aussicht stehenden Verhandlungen[32] als Leiter der deutschen Delegation den Gesandten Lahr[33] vor. In der anschließenden Debatte, an der sich der *Vizekanzler* sowie die *Bundesminister für Ernährung, Landwirtschaft und Forsten, des Auswärtigen, für Wohnungsbau* und *für Wirtschaft* beteiligen, wird erörtert, welchen Rang und welche besonderen Fähigkeiten auf wirtschaftlichem oder politischem Gebiet der Leiter der deutschen Delegation haben müsse. Es wird festgestellt, daß für spezielle wirtschaftliche Fragen Fachleute der anderen Ressorts zugezogen werden müssen. Das Kabinett stimmt dem Vorschlage des Bundeskanzlers zu[34].

---

[30] Prof. Dr. Hans Dahs (1904–1972). Rechtsanwalt in Bonn, ab 1953 Honorarprofessor für Bürgerliches und Zivilprozeßrecht an der Universität Bonn, langjähriger Vorsitzender des Strafrechtsausschusses der Bundesrechtsanwaltskammer.

[31] Fortgang 186. Sitzung am 19. Juni 1957 TOP D.

[32] Siehe 184. Sitzung am 31. Mai 1957 TOP A.

[33] Rolf Lahr (1908–1985). 1934–1935 und 1939–1942 Reichswirtschaftsministerium, 1935–1939 Reichsgruppe Industrie, 1949 Verwaltung für Wirtschaft des Vereinigten Wirtschaftsgebiets, 1949–1953 BMWi, dort Leiter des Referats V B 4, später: V B 6 und V B 11 (Außenwirtschaft: Frankreich mit Kolonialreich, Saarland, Italien), 1953–1973 AA, dort u.a. seit 1956 Delegierter bei deutsch-französischen Verhandlungen, Leiter der deutschen Delegation für die Saarverhandlungen, 1957–1960 Botschafter z.b.V., u.a. Delegationsleiter 1957 bei den deutsch-sowjetischen Verhandlungen über ein Handels- und Konsularabkommen sowie über die Rückführung der deutschen Staatsangehörigen aus der Sowjetunion und 1958 bei den deutsch-niederländischen Ausgleichsverhandlungen, 1960–1961 Vertreter der Bundesrepublik bei der EWG in Brüssel, 1960–1969 Staatssekretär, 1969–1973 Botschafter in Rom.

[34] Unterlagen über die Vorbereitung und Zusammenstellung der Delegation in AA B 2, VS-Bd. 280. – Fortgang 188. Sitzung am 10. Juli 1957 TOP B.

9. **Zwangsverkauf von Anteilen der Hugo Stinnes Corporation, New York, durch das Office of Alien Property Department of Justice** BMWi

Staatssekretär Dr. Westrick äußert Bedenken dagegen, vor Abschluß der Verhandlungen in Washington den Haushaltsausschuß des Bundestages zu beteiligen[35]. Der *Vizekanzler* verweist auf die Gefahr, daß die deutschen Voreigentümer Ansprüche geltend machen, wenn die Anteile, wie beabsichtigt, für Deutschland zurückerworben werden. Der Ausgang eines etwaigen Prozesses sei nicht mit Sicherheit vorauszusehen. Es sei nicht möglich, jetzt schon einen endgültigen Kaufpreis zu nennen. Das deutsche Angebot solle aber höchstens bei 37,5 Dollar pro Anteil liegen. Die Bundesministerien für Wirtschaft und der Finanzen sollten umgehend Unterhändler nach Washington schicken, man könnte diese Dinge nicht dem Botschafter allein überlassen. Der *Bundesminister der Finanzen* tritt dafür ein, daß der Haushaltsausschuß möglichst bald verständigt wird, wenn dies auch nicht mehr vor dem von den Amerikanern festgesetzten Termin möglich sein sollte. Eine negative Stellungnahme des Haushaltsausschusses sei sehr unwahrscheinlich. Es müsse vor dem Ausschuß betont werden, daß der Bund nur als Kreditgeber auftrete, weil das Banken-Konsortium allein zur Finanzierung nicht in der Lage sei, daß aber nicht beabsichtigt sei, neues Bundesvermögen zu schaffen. Wenn der Haushaltsausschuß nicht benachrichtigt werde, könnten politische Schwierigkeiten entstehen. Der *Bundesminister des Auswärtigen* befürchtet demgegenüber Schwierigkeiten in Amerika, wenn die amerikanische Öffentlichkeit erfahre, daß die Bundesregierung hinter dem Banken-Konsortium stehe. Die amerikanische Regierung sei zwar unterrichtet, der Einfluß der öffentlichen Meinung dürfe aber nicht unterschätzt werden. Der *Bundesminister der Finanzen* kann sich diesen Bedenken nicht verschließen. Er schlägt vor, daß er vertraulich mit einigen Mitgliedern des Haushaltsausschusses spricht. Der *Vizekanzler* regt an, daß die erforderlichen Mittel vorläufig aus dem Fonds des Bundesministers für Wirtschaft zur Förderung der gewerblichen Wirtschaft entnommen werden. Damit könnten rechtliche Schwierigkeiten zunächst vermieden werden. *Staatssekretär Dr. Westrick* unterstreicht, daß bei dem Wiederverkauf der zu erwerbenden Anteile in Deutschland aus wirtschaftlichen Gründen u.U. ein niedrigeres Angebot bevorzugt werden müßte, auch wenn der Bund dadurch einen geringeren Gewinn mache oder einen Verlust erleide. Auf Vorschlag des *Vizekanzlers* beschließt das Kabinett folgendes:

1) Es wird ein deutsches Angebot von 37,5 Dollar pro Anteil in Aussicht genommen. Falls notwendig, ist eine mäßige Erhöhung (bis etwa 40 Dollar) in Betracht zu ziehen.

---

[35] Siehe 184. Sitzung am 31. Mai 1957 TOP 1. – Vorlage des BMWi vom 7. Juni 1957 in B 102/22443 und B 136/7284. – Der BMWi war darum bemüht, wegen der volkswirtschaftlichen Bedeutung des Unternehmens einem deutschen Bankenkonsortium den Zuschlag zu sichern. Die Interessen der Bundesregierung sollte die Kreditanstalt für Wiederaufbau mit einem Konsortialanteil von ca. 70 % wahrnehmen. Der BMWi hatte beantragt, für den auf die Kreditanstalt entfallenden anteiligen Kaufpreis – er betrug insgesamt 80 Millionen DM – ein Darlehen aus Bundesmitteln bereitzustellen. Die Aktien sollten zu einem späteren Zeitpunkt an deutsche Interessenten weiter veräußert werden. Der Vorlage waren u. a. ein Entwurf eines Konsortialvertrages und eines Darlehensvertrages für die Kreditanstalt beigefügt.

185. Sitzung am 12. Juni 1957

2) Es werden sofort drei geeignete Beamte, und zwar je einer aus den Bundesministerien der Finanzen, für Wirtschaft und für wirtschaftliche Zusammenarbeit, nach Washington entsandt.

3) Das Kabinett hat von dem Risiko Kenntnis genommen, das in der Möglichkeit liegt, daß die früheren, von den Amerikanern enteigneten Anteilinhaber nach dem Rückkauf der Anteile Ansprüche gegen die Bundesregierung erheben.

4) Der Bundesminister der Finanzen wird mit einigen Abgeordneten des Haushaltsausschusses des Bundestages vertraulich über die beabsichtigte Transaktion sprechen. Wenn eine eingehendere Beratung gewünscht werden sollte, wird der Bundesminister des Auswärtigen von dem Bundesminister der Finanzen zugezogen werden.

5) Das Kabinett ist mit den Entwürfen, die der Vorlage des Bundesministers für Wirtschaft vom 7.6.1957 beigefügt sind, einverstanden[36].

Außerhalb der Tagesordnung behandelt das Kabinett den

[D.] **Entwurf eines Gesetzes zu den Vereinbarungen zwischen der Regierung der Bundesrepublik Deutschland und den Regierungen der Vereinigten Staaten von Amerika, des Vereinigten Königreichs von Großbritannien und Nordirland, der Republik Frankreich, des Königreichs Dänemark, des Königreichs der Niederlande und des Königreichs Belgien über gegenseitige Hilfe (Artikel 3 des Nordatlantik-Vertrages)**

Gegenüber Bedenken, die der *Bundesminister der Finanzen* äußert, verweist der *Bundesminister des Auswärtigen* auf den letzten Absatz des Entwurfs einer Note an den amerikanischen Botschafter, die mit den Worten beginnt: „Die Bundesregierung legt Artikel 3 des Nordatlantik-Vertrages dahin aus, ..." und mit den Worten endet „bedürfte wiederum der Zustimmung des Deutschen Bundestages"[37]. *Staatssekretär Dr. Strauß* gibt zu bedenken, daß der Gesetzentwurf nur dem Bundesrat unterbreitet

---

[36] Unterlagen zu den weiteren Verhandlungen in den USA in AA B 86, Bd. 839 und B 102/22443. – Am 25. Juni 1957 erhielt die Deutsche Bank als Konsortialführerin den Zuschlag und damit 53 % des Aktienanteils bei einem Stückpreis pro Aktie von 37 Dollar. Zu zahlen waren insgesamt über 19 Millionen Dollar bzw. rund 82 Millionen DM.

[37] Siehe 166. Sitzung am 11. Jan. 1957 TOP 1 und 2. – Vorlage des AA vom 7. Juni 1957 in AA B 14, Bd. 99 und B 136/3132. – In Art. 3 des Nordatlantikvertrages (Gesetzes über den Beitritt der Bundesrepublik Deutschland zum Brüsseler Vertrag und zum Nordatlantikvertrag vom 24. März 1955, BGBl. 1955 II 256) hatten die Vertragspartner gegenseitige Hilfsleistungen auch finanzieller Art vereinbart. Die Bundesrepublik hatte sich verpflichtet, an sämtliche Entsendestaaten, d.h. auch an Belgien und die Niederlande, für das Rechnungsjahr 1957/58 insgesamt 1,2 Milliarden DM zu zahlen. Der vom AA vorgelegte Gesetzentwurf einschließlich der Notenwechsel mit den einzelnen Vertragspartnern sollte Umfang und Art der zu leistenden Stationierungskosten für das kommende Wirtschaftsjahr auf eine gesetzliche Grundlage stellen. Die Bedenken des BMF richteten sich gegen die nur gegenüber den USA eingeräumte Klausel, über die finanziellen Hilfsmaßnahmen der Bundesrepublik jederzeit erneut in Verhandlungen treten zu können. Dagegen wollte die BMF die Einmaligkeit der Zahlungen festgestellt wissen. Vgl. dazu den Vermerk des BMF vom 11. Juni 1957 in B 126/13401.

werden könne, eine Beratung im Bundestag in dieser Legislaturperiode sei ausgeschlossen. Nach der Neuwahl des Bundestages müßte dann das Gesetz von der Regierung erneut eingebracht werden. Der *Vizekanzler* und der *Bundesminister des Auswärtigen* erklären hierzu, es komme jetzt in erster Linie darauf an, daß die Bundesregierung ihren guten Willen zur Erledigung dieser Sache beweise. Das Kabinett stimmt der Vorlage zu[38].

[E. Wohnungsbau für Flüchtlinge]

Außerhalb der Tagesordnung erklärt der *Bundesminister für Wohnungsbau*, es sei zu befürchten, daß der Bundesrat wegen des Haushalts 1957 den Vermittlungsausschuß anrufen werde[39]. Zur Begründung würde darauf hingewiesen werden, daß die vom Bund den Ländern zur Verfügung gestellten Mittel für den Flüchtlingswohnungsbau zu gering seien. Der *Minister* macht einen bestimmten Vorschlag, nach welchem die Kopfquote für den Flüchtlingswohnungsbau künftig nicht mehr in absoluten Zahlen, sondern in Prozentzahlen der durchschnittlichen Baukosten berechnet werden sollte[40].

Nach kurzer Erörterung beschließt das Kabinett, zunächst das für den 13.6.1957 zu erwartende Votum des Finanzausschusses des Bundestages abzuwarten[41]. Sollte tatsächlich die Gefahr der Anrufung des Vermittlungsausschusses bestehen, so sollen die Bundesminister für Wohnungsbau, der Finanzen und für Vertriebene, Flüchtlinge und Kriegsgeschädigte geeignete Schritte unternehmen, um einem solchen Beschluß entgegenzuwirken[42].

[F. Kleiderbeschaffung für das Lager Friedland]

Außerhalb der Tagesordnung bittet der *Bundesminister für Vertriebene, Flüchtlinge und Kriegsgeschädigte* um die Zustimmung des Kabinetts zu der möglichst umge-

---

[38] BR-Drs. 264/57. – Fortgang 190. Sitzung am 24. Juli 1957 TOP B.

[39] Siehe 182. Sitzung am 16. Mai 1957 TOP 7 I.

[40] Der Zuschuß des Bundes für den aus öffentlichen Mitteln geförderten Wohnungsbau zugunsten der Flüchtlinge betrug 2000 DM pro Kopf bzw. 8000 DM pro Wohnung bei einem angenommenen Durchschnitt von vier Personen pro Haushalt. – Zu den Rechtsgrundlagen und Vergaberichtlinien vgl. das Rundschreiben des BMWo vom 7. Dez. 1956 in B 136/9517 sowie das Rundschreiben des BMWo, BMF und BMVt vom 27. Febr. 1957 in B 150/2870.

[41] Muß heißen „des Bundesrates". – Nach Zusagen des BMF sah der Finanzausschuß auf seiner Sitzung am 13. Juni 1957 davon ab, dem Bundesrat die Anrufung des Vermittlungsausschusses zu empfehlen. Der Finanzausschuß hatte diesen Schritt erwogen, weil in verschiedenen Einzelplänen des Bundeshaushalts 1957 die Verausgabung von Bundesmitteln von der Mitfinanzierung durch Länder und Gemeinden abhängig gemacht worden war. Er sah darin einen Eingriff in die politische und haushaltsmäßige Unabhängigkeit der Länder. Vgl. dazu die Ausführungen des Berichterstatters auf der Sitzung des Bundesrates am 21. Juni 1957 (BR-Sitzungsberichte, Bd. 5, insb. S. 699 f.). In einer Entschließung machte sich der Bundesrat die Auffassung des Finanzausschusses zu eigen (BR-Sitzungsberichte, Bd. 5, S. 703 f., BR-Drs. 244/57 und BT-Drs. 3630). – Zu diesen sogenannten Dotationsauflagen im Bundeshaushalt vgl. auch 186. Sitzung am 19. Juni 1957 TOP A.

[42] Fortgang 188. Sitzung am 10. Juli 1957 TOP 7.

henden Überweisung von 50 000,-- DM zur Beschaffung der notwendigen Bekleidung für Aussiedler und Heimkehrer im Lager Friedland. Der Bundeskanzler werde am 15.6.1957 in Frankfurt/Main vor dieser Personengruppe sprechen[43]. Bis dahin müßten die schlimmsten Notstände, von denen er, der Minister, sich kürzlich in Friedland überzeugt habe, beseitigt sein. Der *Bundesminister für Ernährung, Landwirtschaft und Forsten* bestätigt aus eigener Erfahrung die Notlage im Lager Friedland. Der *Bundesminister der Finanzen* sagt zu, daß der Notstand behoben wird, ist aber nicht bereit, jetzt schon eine bestimmte ziffernmäßige Zusage zu machen. Der am 8.6.1957 vom Bundesminister für Vertriebene, Flüchtlinge und Kriegsgeschädigte eingebrachte Antrag[44] werde am 14.6.1957 in einer Ressortbesprechung behandelt werden[45]. Der *Bundesminister für Ernährung, Landwirtschaft und Forsten* schlägt vor, daß der Minister für Vertriebene, Flüchtlinge und Kriegsgeschädigte ermächtigt wird, den benötigten Betrag sofort aus seinem Etat zu zahlen, gegen die Zusage baldiger Rückerstattung aus Bundesmitteln. Der *Vizekanzler* schlägt vor, daß der Bundesminister der Finanzen Bestellungen von Kleidung „in dem benötigten Mindestmaß" sofort zustimmt, damit keine Zeit verloren geht. Der *Bundesminister der Finanzen* erklärt jedoch, er könne keine Zusage machen, ohne sich vorher orientiert zu haben. Der *Bundesminister für Vertriebene, Flüchtlinge und Kriegsgeschädigte* erklärt ausdrücklich, er müsse die Verantwortung für die weitere Entwicklung der Sache ablehnen[46].

---

[43] Vgl. den Text der Rede, die Adenauer auf der Abschlußveranstaltung des Deutschlandtreffens des Verbandes der Heimkehrer am 16. Juni 1957 in Frankfurt/Main hielt, in Bulletin Nr. 110 vom 19. Juni 1957, S. 1008 f.
[44] Nicht ermittelt.
[45] In einer fernmündlichen Unterredung mit Oberländer am 1. Juli 1957 lehnte Schäffer jede Zuwendung an die Wohlfahrtsverbände ab. Vgl. den Vermerk des BMVt vom 2. Juli 1957 in B 150/3097.
[46] Fortgang Sondersitzung am 27. Juni 1957 TOP A.

186. Kabinettssitzung am Mittwoch, den 19. Juni 1957

Teilnehmer: Blücher, von Brentano, Schäffer, Erhard, Lemmer, Oberländer; Globke, Anders, W. Strauß, Westrick, Sonnemann, Busch, Rust, Bergemann, Wandersleb, Thedieck, Ripken; Bleek (Bundespräsidialamt), von Eckardt (BPA), Krueger (BPA). Protokoll: Praß.

Beginn: 11.30 Uhr *Ende: 12.55 Uhr*

Ort: Haus des Bundeskanzlers

Tagesordnung:

1. *Personalien*
   Gemäß Anlagen.

2. *§§ 37 und 44 des Bundesbankgesetzes; Vorschläge für die Besetzung des Direktoriums der Bundesbank*
   Vorlage des BMWi vom 5. Juni 1957 (VI A/2 - 382/57).

3. *Große Anfrage der Fraktion der DP (Bundestagsdrucksache 3431) betr. Gleichstellung der Angehörigen der ehemaligen Waffen-SS mit den Angehörigen der ehemaligen Wehrmacht*
   Vorlage des BMVtg vom 14. Juni 1957 (III B Tgb. Nr. III 2300 IV/57).

4. *Ursachen des Geburtenrückganges*
   Vorlage des BMFa vom 17. April 1957 (F - 2100 - K - 1/57).

5. *Zustimmung der Bundesregierung gem. Art. 113 des Grundgesetzes zum Gesetz über den Wehrbeauftragten des Bundestages*
   ohne Vorlage.

Außerhalb der Tagesordnung

[A.] Dotationen

Der *Bundesminister der Finanzen* teilt mit, daß gegebenenfalls die rechtzeitige Verabschiedung des Haushalts an der Frage der Dotationen scheitern könne. Er beabsichtige daher, dem Bundesrat einen Kompromiß vorzuschlagen[1].

---

[1] Zu den Dotationen vgl. 185. Sitzung am 12. Juni 1957 TOP E (Wohnungsbau für Flüchtlinge).

186. Sitzung am 19. Juni 1957

Der *Bundesminister der Finanzen* liest eine Erklärung vor, die er am 21.6.1957 im Bundesrat abgeben will[2].

Das Kabinett nimmt von den Ausführungen Kenntnis.

[B.] Arbeitszeit für öffentliche Bedienstete

Der *Bundesminister der Finanzen* berichtet über den Stand der Verhandlungen über die Arbeitszeit für öffentliche Bedienstete und über das von ihm geplante gemeinsame Vorgehen mit den Ländern. Das Kabinett nimmt Kenntnis[3].

[C.] Deutsch-belgischer Ausgleichsvertrag

Der *Bundesminister des Auswärtigen* verweist mit kurzen Ausführungen auf die Kabinettvorlage[4]. Der *Bundesminister der Finanzen* hat Bedenken, dem Beschluß des Bundesrates zu folgen. Das Kabinett solle sich jetzt noch nicht festlegen. Der Vorschlag des Bundesrates sei in seinen Auswirkungen zur Zeit noch nicht übersehbar. Es wäre daher zweckmäßig, diese Frage zunächst in einer Chefbesprechung zu erörtern. Der *Bundesminister für Vertriebene, Flüchtlinge und Kriegsgeschädigte* und *Staatssekretär Dr. Strauß* schließen sich den Bedenken des Bundesministers der Finanzen an. Der *Bundesminister des Auswärtigen* erklärt sich mit der vorgeschlagenen Chefbesprechung einverstanden. Der *Bundesminister der Finanzen* empfiehlt, am Freitagvormittag den Termin für die Chefbesprechung zu vereinbaren. Der *Bundesminister des Auswärtigen* ist einverstanden[5].

---

[2] Text der Erklärung nicht ermittelt. – In der 179. Sitzung des Bundesrates am 21. Juni 1957 erklärte sich der BMF bereit, bei den künftigen Verhandlungen über den Bundeshaushalt bei den Dotationsauflagen die Interessen des Bundes und der Länder gleichermaßen zu berücksichtigen. Der Bundesrat zog daraufhin den Antrag auf Anrufung des Vermittlungsausschusses zurück (BR-Sitzungsberichte, Bd. 5, S. 703).

[3] Siehe 178. Sitzung am 4. April 1957 TOP F. – Vgl. die Aufzeichnung des BMI vom 19. Juni 1957 für diese Kabinettssitzung in B 106/19287, weitere Unterlagen zu den Tarifverhandlungen in B 106/7430, 7489 und 8241 sowie in B 136/1966. – Bei den Tarifverhandlungen mit den Gewerkschaften war die Frage der Arbeitszeitverkürzung einer besonderen Kommission zur weiteren Beratung übertragen worden. Während die Vereinigung der kommunalen Arbeitgeberverbände in den Tarifverträgen mit den Gewerkschaften die 45-Stundenwoche zum 1. Okt. 1957 einführte, hatten Bund und Länder sich darüber verständigt, den Gewerkschaften vorzuschlagen, die wöchentliche Arbeitszeit ab 1. April 1958 beginnend jährlich um je eine Stunde herabzusetzen. – Fortgang 192. Sitzung am 14. Aug. 1957 TOP A.

[4] Siehe 180. Sitzung am 30. April 1957 TOP 5. – Vorlage des AA vom 12. Juni 1957 zu BR-Drs. 191/57 in B 136/1724. – Der Bundesrat hatte die Einfügung eines Artikels 1a beschlossen, der eine Entschädigung natürlicher und juristischer Personen für den Verlust des Teils an Grundeigentum im Kreis Monschau vorsah, der 1922 Belgien zugeschlagen worden war. Das AA hatte in seiner Vorlage die Zustimmung zu den Änderungsvorschlägen des Bundesrates beantragt. Der BMF hatte diese Forderung u.a. mit Hinweis auf die entstehenden finanziellen Lasten von ca. 30 Millionen DM abgelehnt. Vgl. dazu den Vermerk des Kanzleramtes vom 18. Juni 1957 in B 136/1724.

[5] Die Chefbesprechung sollte am 2. Juli 1957 stattfinden (vgl. den Vermerk des Bundeskanzleramtes vom 22. Juni 1957 in B 136/1724). Mit der Vertagung der Beratung im Kabinett am 2. Juli

[D.] Verfahren gegen Staatssekretär Dr. Sonnemann

Staatssekretär Dr. Strauß berichtet über die neue Situation in dem Verfahren gegen Staatssekretär Dr. Sonnemann auf Grund des Einstellungsbeschlusses des Landgerichts Bonn vom 15.6.1957[6].

1. Personalien

Das Kabinett beschließt die Anlage 1 zu Punkt 1 der Tagesordnung mit der Maßgabe, daß für den Vorschlag zu Ziffer 1 noch die Ausnahmegenehmigung des Bundespersonalausschusses herbeigeführt wird[7].

2. §§ 37 und 44 des Bundesbankgesetzes; Vorschläge für die Besetzung des Direktoriums der Bundesbank BMWi

Der *Bundesminister für Wirtschaft* trägt den Kompromißvorschlag der Anlage 2 der Kabinettvorlage vor[8]. Der Bundeskanzler habe gegen diesen Kompromiß keine Bedenken geäußert. Er empfehle daher, diesem Vorschlag zuzustimmen. Der *Bundesminister der Finanzen* weist darauf hin, daß einige Länderfinanzminister den Vermittlungsausschuß anrufen wollen. Er selbst stimme jedoch dem Kompromiß

1957 erübrigte sich eine Abstimmung zwischen AA und BMF. – Fortgang 187. Sitzung am 2. Juli 1957 TOP 3.

[6] Siehe 185. Sitzung am 12. Juni 1957 TOP 8.

[7] Vorgeschlagen war die Ernennung eines Botschaftsrates im AA, eines Ministerialrates im BMF sowie eines Ministerialrats, eines Kapitäns zur See und eines Obersten im BMVtg (Anlage 1). Des weiteren sollte gemäß Anlage 2 die Anstellung des Leiters des Presse- und Informationsdienstes des BMG in Berlin, Karl Brammer, als Angestellter nach der ADO für übertarifliche Angestellte im öffentlichen Dienst um ein weiteres Jahr bis zum 31. Juli 1958 verlängert werden. Vgl. zu Brammer 142. Sitzung am 4. Juli 1956 TOP 1 (Kabinettsprotokolle 1956, S. 457).

[8] Zum Bundesbankgesetz vgl. 157. Sitzung am 17. Okt. 1956 TOP 3 (Kabinettsprotokolle 1956, S. 641). – Vorlage des BMWi vom 5. Juni 1957 in B 102/27341, B 126/7393 und B 136/1204. – § 37 des Bundesbankgesetzes enthielt die Übergangsvorschrift für die von den Organen der Bank deutscher Länder bis zur Bestellung der Mitglieder der Organe der Deutschen Bundesbank wahrzunehmenden Aufgaben sowie eine Regelung der ersten Bestellung der leitenden Persönlichkeiten, § 44 bestimmte das Inkrafttreten des Gesetzes. In der bisherigen Fassung des § 37 sollten alle amtierenden Landeszentralbankpräsidenten durch Gesetz bestätigt werden. Jeweils zwei Mitglieder des Direktoriums einschließlich Präsident und Vizepräsident sollten für acht, sechs, vier und zwei Jahre neu bestellt werden. Nach § 44 der bisherigen Fassung sollte das Gesetz zum 1. Okt. 1957 in Kraft treten. Die der Vorlage des BMWi beigefügte Anlage 2 enthielt einen Kompromißvorschlag des Vorsitzenden des Bundestagsausschusses für Geld und Kredit, Hugo Scharnberg, für die angesprochenen Paragraphen. Danach sollte das Gesetz am Tage nach seiner Verkündung in Kraft treten. Unverzüglich nach dem Inkrafttreten waren der Präsident der Deutschen Bundesbank sowie drei weitere Direktoriumsmitglieder und frühestens nach einem Jahr der Vizepräsident und die drei übrigen Direktoriumsmitglieder zu bestellen. Der BMWi hatte sich für die Annahme des Kompromißvorschlages ausgesprochen, um eine breite Mehrheit für das Gesetz zu erhalten. Die Personalentscheidungen sollten nach Vorschlag des BMWi vertraulich mit der Opposition getroffen werden. Die SPD hatte gemäß Vorlage des BMWi ein Entgegenkommen bei der Verabschiedung des Gesetzentwurfs bekundet, sofern ihr in der Frage der Bestellung des Vizepräsidenten und der Direktoriumsmitglieder eine Mitwirkungsmöglichkeit zugestanden würde.

zu. Der *Bundesminister für Wirtschaft* ist der Ansicht, daß die Finanzminister keine Unterstützung bei den Länderregierungen finden werden.

Das Kabinett beschließt, gegen die vorgeschlagene Regelung keinen Widerspruch zu erheben[9].

3. **Große Anfrage der Fraktion der DP (Bundestagsdrucksache 3431) betr. Gleichstellung der Angehörigen der ehemaligen Waffen-SS mit den Angehörigen der ehemaligen Wehrmacht**
BMVtg

Der *Bundesminister des Auswärtigen* hält es für bedenklich, die Große Anfrage im Bundestag zu beantworten[10]. Die Antwort werde außenpolitisch erhebliche Unruhe verursachen. Er schlage daher vor, daß der Vizekanzler die Angelegenheit mit der DP/FVP bespreche. *Staatssekretär Dr. Rust* teilt diese Auffassung. *Staatssekretär Dr. Anders* weist darauf hin, daß kaum Zeit für die Beantwortung der Großen Anfrage vorhanden sein dürfte, falls diese Anfrage nach dem Vorschlag des Abgeordneten Rasner erst nach Behandlung der Novelle[11] zum Gesetz zu Artikel

---

[9] Fortgang 187. Sitzung am 2. Juli 1957 TOP 13.

[10] Vorlagen des BMVtg vom 14. und 18. Juni 1957 und weitere Unterlagen in B 136/133 und B 106/32301. – Gegenstand der Großen Anfrage der Bundestagsfraktion der DP/FVP vom 30. April 1957 waren u.a. die Frage der Vereinbarkeit rechtsstaatlicher Grundsätze mit der „kollektiven Verurteilung der Angehörigen der ehemaligen Waffen-SS und deren Familien", die „Beseitigung der noch in Gesetzen und Verordnungen bestehenden Ausnahmebestimmungen für die Angehörigen der ehemaligen Waffen-SS und deren Hinterbliebene" und schließlich die mögliche Bereitschaft der Bundesregierung, „alle Bewerber der ehemaligen Waffen-SS für die Verwendung in der Bundeswehr mit den Angehörigen der ehemaligen Wehrmacht gleichzustellen" (BT-Drs. 3431). Der BMVtg hatte nach Fühlungnahme mit dem BMI dem Kabinett einen Beantwortungsentwurf vorgelegt, in dem u.a. darauf hingewiesen worden war, daß die vom Bundeskanzler vor dem Bundestag am 3. Dez. 1952 abgegebene Anerkennung aller „Waffenträger unseres Volkes, die im Namen der hohen soldatischen Überlieferung ehrenhaft zu Lande, auf dem Wasser und in der Luft gekämpft haben" (Stenographische Berichte, Bd. 14, S. 11141) auch für die Angehörigen der früheren Waffen-SS gelte, „soweit sie ausschließlich als Soldaten ehrenvoll für Deutschland gekämpft haben" (Entwurf in B 106/32301). Hinsichtlich der Aufnahme von ehemaligen Waffen-SS-Angehörigen in die Bundeswehr (vgl. 157. Sitzung am 17. Okt. 1956 TOP F: Kabinettsprotokolle 1956, S. 652 f.) hatte der Beantwortungsvorschlag des BMVtg auf die grundsätzliche Gleichstellung aufgrund der §§ 8 und 60 des Soldatengesetzes vom 19. März 1956 (BGBl. I 114) hingewiesen, aber auch auf die Richtlinien des Personalgutachterausschusses Bezug genommen. Danach waren „Bewerber im Generals- oder Oberstenrang der früheren Waffen-SS nicht einzustellen" und untere Ränge nur nach besonderer Prüfung und nach dem Erweis des „überzeugten Abrückens von den Vorstellungen des Nationalsozialismus und der Waffen-SS" zu berücksichtigen. Die Prüfung ehemaliger Angehöriger der Waffen-SS sollte nach einem Vorschlag des Personalgutachterausschusses vom 8. März 1957 in einer „Zentralen Annahmestelle" erfolgen. Die aufgrund dieser Prüfung für den Dienst in der Bundeswehr für geeignet befundenen Bewerber seien den Angehörigen der ehemaligen Wehrmacht gleichzustellen.

[11] Vgl. dazu BT-Drs. 2255. – Zweites Gesetz zur Änderung des Gesetzes zur Regelung der Rechtsverhältnisse der unter Art. 131 des Grundgesetzes fallenden Personen vom 11. Sept. 1957 (BGBl. I 1275). – Der parlamentarische Geschäftsführer der CDU/CSU-Fraktion Will Rasner hatte in seiner Eigenschaft als Mitglied des Ältestenrats des Bundestages dem Vorsitzenden des Beamtenrechtsausschusses, Dr. Josef Ferdinand Kleindinst (CSU), von einem entsprechenden Wunsch der CDU-Fraktion im Ältestenrat berichtet. Nach Kleindinsts Angaben bestanden keine Bedenken, „wenn die Antwort auf die Große Anfrage mit dem Ende der Sitzungsperiode

186. Sitzung am 19. Juni 1957

131 beantwortet wird. Der *Bundesminister des Auswärtigen* empfiehlt, die Antragsteller durch die Ressorts zu empfangen und ihnen zu erklären, daß ihr Anliegen durch eine Beantwortung nicht gefördert würde. *Staatssekretär Dr. Rust* erklärt sich bereit, gegebenenfalls zusammen mit Ministerialdirektor Gumbel[12] die DP/FVP-Fraktion über die Auffassung des Kabinetts zu unterrichten. Das Kabinett ist einverstanden[13].

4. Ursachen des Geburtenrückganges BMFa

Dieser Punkt der Tagesordnung wurde nicht behandelt[14].

5. Zustimmung der Bundesregierung gem. Art. 113 des Grundgesetzes zum Gesetz über den Wehrbeauftragten des Bundestages BMVtg

Das Kabinett stimmt dem Gesetz über den Wehrbeauftragten des Bundestages gemäß Artikel 113 GG zu[15].

Außerhalb der Tagesordnung

[E.] Freigabe des Restes der deutschen 18 % Quote an der Weltbank

Der *Vizekanzler* berichtet, daß er dem Bundesminister der Finanzen vorgeschlagen habe, auch die Raten für 1958/59 schon jetzt an die Weltbank zu zahlen. Der Bundesminister der Finanzen habe dies jedoch abgelehnt[16]. Der *Bundesminister für Wirtschaft* betont nachdrücklich, daß die Weltbank keinerlei DM-Reserven mehr

---

des Bundestags überhaupt in Wegfall käme". Vgl. dazu den Vermerk „Kabinettsache" des BMI vom 18. Juni 1957 in B 106/32301.

[12] Karl Gumbel (1909–1984). 1946 Oberregierungspräsidium Pfalz in Neustadt, 1947–1949 Ministerium des Innern des Landes Rheinland-Pfalz, 1949–1955 Bundeskanzleramt, dort zuletzt 1953–1955 Leiter der u.a. für Inneren Dienst, Personal sowie Angelegenheiten des BMI, BMJ, BMG, BMBR, BMFa, BMAt, AA und der Dienststelle Blank bzw. des BMVtg zuständigen Unterabteilung A, 1955–1966 BMVtg, dort Leiter der Abteilung III (Personal), 1959–1964 Stellvertreter des Staatssekretärs und 1964–1966 Staatssekretär, 1967–1969 Staatssekretär im BMI.

[13] Nicht ermittelt. – Fortgang 187. Sitzung am 2. Juli 1957 TOP F.

[14] Siehe 168. Sitzung am 23. Jan. 1957 TOP 2.

[15] Vgl. 115. Sitzung am 25. Jan. 1956 TOP D (Kabinettsprotokolle 1956, S. 126). – Auf der Grundlage des Antrags der SPD-Fraktion vom 7. Juni 1956 (BT-Drs. 2441) und des Antrags von Vertretern der Koalitionsfraktionen vom 20. Juni 1956 (BT-Drs. 2529) hatten Bundestag und Bundesrat der vom Vermittlungsausschuß vorgeschlagenen Fassung des Gesetzentwurfs vom 23. Mai 1957 (BT-Drs. 3538) am 29. Mai bzw. am 7. Juni 1957 zugestimmt (BR-Drs. 238/57). Mit der Verabschiedung des Gesetzes erhöhten sich die Ausgaben im Haushaltstitel des Bundestages von ursprünglich 150 000 DM auf 286 000 DM. Diese Mehrausgaben hatten eine Zustimmung der Bundesregierung gemäß Art. 113 GG erfordert. Vgl. dazu den Vermerk des Bundeskanzleramtes vom 18. Juni 1957 in B 136/6882 sowie Unterlagen zu den Beratungen in B 106/2444 und 18275. – Gesetz vom 26. Juni 1957 (BGBl. I 652). – Als erster Wehrbeauftragter des Bundestages wurde am 19. Febr. 1959 der frühere Staatssekretär im niedersächsischen Ministerium für Vertriebene, Flüchtlinge und Kriegsgeschädigte General a.D. Helmuth von Grolman (1898–1977) gewählt.

[16] Siehe 183. Sitzung am 21. Mai 1957 TOP 4.

besitze. Die Mitgliedsstaaten der Weltbank seien daher gezwungen, an die Bundesrepublik in Devisen zu zahlen. Eine solche Gläubigerpolitik könnten wir uns nicht leisten. Die anderen Länder würden uns das sehr übel nehmen. Wir sollten uns dann auch nicht darüber wundern, daß sich in Frankreich im Zeitalter der Integration ein Prozeß der Desintegration vollziehe. Eine gute Politik fordere dringend die Zahlung der Restquote. Man solle daher seinem Vorschlag folgen und die noch offenen 113 Millionen DM je zur Hälfte 1957/58 an die Weltbank zahlen und diesen Betrag vorläufig durch unverzinsliche Schatzanweisungen des Bundes decken. Dieser Kredit könne dann in 5 Teilraten aus den ordentlichen Haushalten 1958 bis 1962 zurückgezahlt werden, so daß der Haushalt jährlich nur mit 22,6 Mio. DM belastet werde. Allerdings müßten dann bis 1962 etwa 8 Mio. DM Zinsen zu Lasten des Haushalts aufgebracht werden. Daran dürfe aber die Zahlung keineswegs scheitern. Wir sollten die Gelegenheit nicht versäumen, jetzt eine große Geste zu machen. Es könne gar nicht zweifelhaft sein, daß der Haushaltsausschuß seinem Vorschlag zustimmen werde. Der *Bundesminister der Finanzen* hat Bedenken, in der jetzigen Situation dem Haushaltsausschuß neue Forderungen vorzutragen. Es müsse daher eine Ausweichlösung gefunden werden. Der *Vizekanzler* betont, daß wir uns nicht darauf berufen könnten, daß wir unsere Verpflichtungen erfüllt hätten. Die deutsche Quote sei von einer Vorausschau auf die deutsche Wirtschaft ausgegangen, die durch die Entwicklung völlig überholt sei. Wenn man die Entwicklung richtig vorausgesehen hätte, würde die Quote viel höher liegen. Es müsse daher mit der BdL ein Ausweg gefunden werden. Man dürfe jedoch keine Zeit mehr verlieren. Wir könnten auch schlecht Frankreich Vorhaltungen machen, wenn wir unsere moralische Verpflichtung gegenüber der Weltbank nicht erfüllten. Der *Bundesminister für Wirtschaft* unterstreicht nachdrücklich das groteske Mißverhältnis der deutschen Quote etwa zu den Quoten von Frankreich und England[17]. Der *Bundesminister des Auswärtigen* hält es für ein Gebot von Treu und Glauben, den Rest der deutschen Quote freizugeben. Im übrigen handele es sich hier auch um ein außenpolitisches Problem. Zur Zeit seien wir gezwungen, uns immer wieder in allen Gesprächen für die gegenwärtige Situation zu entschuldigen. Es könne daher nicht zweifelhaft sein, daß der Haushaltsausschuß der Freigabe zustimmen werde. Der *Bundesminister der Finanzen* betont erneut, daß es ihm entscheidend darauf ankomme, eine Lösung ohne Einschaltung des Haushaltsausschusses zu finden. Der *Vizekanzler* ist der Ansicht, daß zunächst der Haushaltsausschuß nicht beteiligt werden müsse; es genüge vielmehr die Zusage der BdL. Der *Bundesminister der Finanzen* erklärt sich bereit, am Montag den 24.6. im Anschluß an die Kabinettsausschußsitzung dem Vizekanzler und dem Bundesminister für Wirtschaft einen definitiven Vorschlag zu unterbreiten. Das Kabinett ist einverstanden[18].

---

[17] Der BMWi hatte in seiner Vorlage berichtet, daß 1952 der deutsche Kapitalanteil an der Weltbank aufgrund von Wirtschaftsdaten ermittelt worden sei, die sich inzwischen wesentlich verändert hätten. So sei der Kapitalanteil der Bundesrepublik auf 330, der Frankreichs auf 525 und der von Großbritannien auf 1300 Millionen Dollar festgelegt worden.

[18] Mit Schreiben vom 27. Juni 1957 monierte Adenauer bei Schäffer, er habe seine Zusagen nicht eingehalten, und bat um „umgehende" Klärung der Angelegenheit (B 136/3339, Abschrift in B 102/26581). – Fortgang 187. Sitzung am 2. Juli 1957 TOP 12.

**Sondersitzung
am Donnerstag, den 27. Juni 1957**

Teilnehmer: Adenauer, Blücher, Schröder, Schäffer, Storch, Strauß, Lemmer, Oberländer, Wuermeling; Globke, Westrick, Bergemann, Wandersleb, Ripken; Bleek (Bundespräsidialamt), von Eckardt (BPA), Selbach (Bundeskanzleramt), Kilb (Bundeskanzleramt). Protokoll: Abicht.

Beginn: 9.00 Uhr   *Ende: 10.00 Uhr*

Ort: Bundeshaus

Tagesordnung:

Einziger Punkt: Erhöhung der Preugo-Mindestsätze
                         Vorlage des BMWi vom 24. Juni 1957 (I B 4/Y 2 e/7997/57).

[1. Erhöhung der Preugo-Mindestsätze]   **BMWi**

Der *Bundeskanzler* schildert im großen Zusammenhang die Gesichtspunkte, die für eine Erhöhung der Preugo-Mindestsätze sprechen[1]. Der *Vizekanzler* berichtet dann im einzelnen über das Ergebnis der Sitzung am 24. Juni, in der sich das Wirtschaftskabinett eingehend mit der Frage der Erhöhung der Ärztegebühren beschäftigt hat. Der *Bundesminister für Arbeit* trägt anschließend auch den Standpunkt der Krankenkassen vor. Der *Bundeskanzler* hebt hervor, es käme nicht so sehr auf die Lage des einzelnen Arztes, sondern auf die ausreichende ärztliche Versorgung der Patienten an. Er nennt einige Beispiele aus der Preugo und führt aus, daß eine ausreichende ärztliche Betreuung der Patienten bei derartig niedrigen Sätzen nicht mehr gewährleistet sei. *Staatssekretär Dr. Westrick* weist darauf hin, daß die Ärzteschaft und die Krankenkassen darin einig seien, daß die Positionen 23 c (Diathermie), 23 e (andere therapeutische Lichtquellen) und 25 c (intravenöse Injektionen) überhöht seien. Hier brauchten die Preugo-Sätze nicht erhöht zu werden. Im übrigen

---

[1] Vgl. 70. Sitzung des Kabinettsausschusses für Wirtschaft am 24. Juni 1957 TOP 1 (B 136/36220). – Vorlage des BMWi vom 24. Juni 1957 in B 102/30886 und B 136/2447. – In der Preußischen Gebührenordnung (Preugo) für approbierte Ärzte und Zahnärzte vom 1. Sept. 1924 waren die Mindestsätze für ärztliche Leistungen festgelegt worden, die zuletzt in der Verordnung PR Nr. 74/52 vom 11. Dez. 1952 angehoben worden waren (BAnz. Nr. 243 vom 16. Dez. 1952, S. 1). Die Verbandsvertretung der Ärzteschaft hatte beim BMWi eine Anhebung der Mindestsätze um 50 % beantragt, die der BMWi in seiner Vorlage auf eine Erhöhung der Sätze um 33⅓% unter der Bedingung der Ausnahme bestimmter Positionen reduziert hatte. Der BMA, BMWi, BMI und BMF sowie die Sozialversicherungsträger hatten aus jeweils unterschiedlichen Gründen eine derartige lineare Erhöhung abgelehnt. – Vgl. dazu auch Kleine Anfrage Nr. 358 der FDP vom 10. Mai 1957 (BT-Drs. 3514) und die Stellungnahme des BMWi vom 29. Mai 1957 (BT-Drs. 3597, Unterlagen zur Beantwortung in B 102/30884).

werde eine Erhöhung um 33⅓% vorgeschlagen. Der *Bundeskanzler* erklärt sich mit diesem Vorschlag einverstanden und bittet, dafür zu sorgen, daß die Ärzteschaft sobald als möglich einen Vorschlag für die endgültige Neufassung der Preugo vorlegt, der der heutigen Auffassung von dem Wertverhältnis der einzelnen Gebührenpositionen untereinander entspricht. Er betont, daß die Ärzteschaft, die seit Jahren über diesen Vorschlag berate, ihre Arbeiten endlich abschließen müßte.

Das Kabinett stimmt einer Erhöhung der Preugo-Mindestsätze – ausgenommen die Positionen 23 c, 23 e und 25 c – um 33⅓% zu[2].

Der Bundespressechef wird beauftragt, dafür zu sorgen, daß die Presse erst am 29. Juni über diesen Beschluß berichtet[3].

[A. Bekleidungsvorräte im Lager Friedland]

Der *Vizekanzler* macht darauf aufmerksam, daß die Bekleidungsvorräte im Lager Friedland erschöpft seien und daß dem Roten Kreuz durch die Bundesregierung sofort finanziell geholfen werden müßte[4]. Der *Bundesminister für Vertriebene, Flüchtlinge und Kriegsgeschädigte* betont, daß es sich um eine außerordentlich wichtige und grundsätzliche Frage handele. Die Wohlfahrtsverbände verfügten nicht mehr über die erforderlichen Mittel, um die Aussiedler ausreichend einkleiden zu können. Die Situation habe sich in letzter Zeit völlig verschoben. Unter den Personen, die aus Sibirien und Polen zurückkämen, seien jetzt bis zu ⅓ Jugendliche. Die in Erwachsenengrößen beschaffte Kleidung sei für die Jugendlichen nicht verwendbar. Zur Einkleidung und Ausrüstung der Personen, die in Friedland ankämen, seien jetzt monatlich 300 000 DM erforderlich. Es sei eine moralische Pflicht, den Unglücklichen, die zum Teil mehr als 10 Jahre in Sibirien zugebracht hätten, großzügig zu helfen. Überdies sei es auch eine politische Notwendigkeit. Der *Bundeskanzler* stimmt dem zu und bringt zum Ausdruck, daß in dieser Frage bisher zu wenig geschehen sei. Der *Bundesminister des Innern* regt an, durch einen Aufruf an die Öffentlichkeit zu appellieren. Der *Bundeskanzler* hält dies nicht für zweckmäßig. Der *Bundesminister der Finanzen* erklärt, daß für morgen in dieser Frage eine Besprechung mit dem Präsidenten des Deutschen Roten Kreuzes vorgesehen sei. Der *Bundeskanzler* bittet den Bundesminister der Finanzen, dem Roten Kreuz sofort einen größeren Kredit zu eröffnen. Er hält es für zweckmäßig, daß sich das Rote Kreuz von den Lieferfirmen möglichst große Rabatte gewähren lasse. Der *Bundesminister für Vertriebene, Flüchtlinge und Kriegsgeschädigte* teilt mit, daß die

---

[2] Verordnung PR Nr. 10/57 vom 7. Juli 1957 (BAnz. Nr. 130 vom 11. Juli 1957, S. 1).

[3] Die „Frankfurter Allgemeine Zeitung" berichtete schon am 28. Juni 1957 über das Ergebnis der Kabinettssitzung. – Der Hartmannbund als Standesvertretung der niedergelassenen Ärzte hatte auf eine Entscheidung der Bundesregierung im Sinne seiner Forderungen bis zu dem Ende Juni anberaumten Ärztetag gedrängt. Vgl. dazu den Artikel „Kommt Adenauer mit leeren Händen?" in „Der Deutsche Arzt" vom 1. Juni 1957. Adenauer war als Redner auf der Abschlußkundgebung des Deutschen Ärztetages am 29. Juni 1957 in Köln vorgesehen, sagte aber kurzfristig ab. Redeentwurf und weitere Unterlagen dazu in B 136/5224. – Fortgang 187. Sitzung am 2. Juli 1957 TOP A.

[4] Siehe 185. Sitzung am 12. Juni 1957 TOP F.

Rabattfrage geklärt sei. Der *Bundesminister der Finanzen* äußert grundsätzliche Bedenken, weil es sich wieder um einen Fall handele, in dem der Bund Länderaufgaben übernehme. Der *Bundeskanzler* hält dem entgegen, der Bund verhandele mit der Sowjet-Union über die Rückführung der deutschen Staatsangehörigen[5]. Daraus ergebe sich auch die Zuständigkeit des Bundes für die Betreuung der Zurückgeführten. Er beauftragt den Bundesminister für Vertriebene, Flüchtlinge und Kriegsgeschädigte, in jeder Weise dafür zu sorgen, daß die Aussiedler angemessen eingekleidet und ausgerüstet werden[6].

---

[5] Vgl. dazu 188. Sitzung am 10. Juli 1957 TOP A.
[6] Fortgang 187. Sitzung am 2. Juli 1957 TOP G.

187. Kabinettssitzung am Dienstag, den 2. Juli 1957

Teilnehmer: Adenauer (bis 11.02 Uhr)[1], Blücher, von Brentano (von 10.15 bis 11.15 Uhr), Schröder (bis 11.02 Uhr und ab 11.55 Uhr), Schäffer, Erhard (bis 11.35 Uhr), Lübke (bis 11.16 Uhr), Seebohm, Oberländer, Wuermeling (ab 11.15 Uhr); Globke, W. Strauß (bis 10.35 Uhr und ab 11.50 Uhr), Westrick, Rust (bis 10.35 Uhr und ab 11.50 Uhr), Wandersleb, Thedieck, Ripken; Bleek (Bundespräsidialamt; bis 11.25 Uhr), von Eckardt (BPA; bis 11.29 Uhr), Krueger (BPA), Selbach (Bundeskanzleramt). Protokoll: Abicht.

Beginn: 10.00 Uhr   Ende: 12.30 Uhr

Ort: Bundeshaus, Zimmer 119 N

Tagesordnung:

1. *Personalien*
   Gemäß Anlagen.

2. *Mitteilung über die in Aussicht genommene Besetzung einer auswärtigen Vertretung*
   Schreiben des Staatssekretärs des Bundeskanzleramtes vom 26. Juni 1957 (11 - 14004 - 493/57 VS-Vertr.).

3. *Gesetzentwurf zu dem deutsch-belgischen Ausgleichsvertrag vom 24. Sept. 1956; hier: Stellungnahme des Bundesrates vom 24. Mai 1957*
   Vorlage des AA vom 12. Juni 1957 (302 - 213 - 01 - 1403/57).

4. *Entwurf einer Dritten Verordnung über die Höchstzahlen der Kraftfahrzeuge des Güterfernverkehrs und der Fahrzeuge des Möbelfernverkehrs*
   Vorlage des BMV vom 18. Juni 1957 (StV 3 - 6198 Vm/57).

5. *Stellungnahme zu dem Entwurf eines Sechsten Gesetzes zur Änderung des Zuckersteuergesetzes, BT-Drucks. 3199*
   Vorlage des BMF vom 14. Juni 1957 (III C/4 - V 5000 - 10/57).

6. *Entwurf eines Abkommens betr. die Frachten und Beförderungsbedingungen im Verkehr mit Kohle und Stahl auf dem Rhein*
   Vorlage des BMV vom 26. Juni 1957 (B 655/2185 Vmb/57).

7. *Sender Europa I*
   Vorlage des AA geht den Bundesministern noch zu.

8. *Ursachen des Geburtenrückganges*
   Vorlage des BMFa vom 17. April 1957 (F - 2100 - K - 1/57).

---

[1] Nach dem Tageskalender Adenauers fand um 11.00 Uhr eine Besprechung mit dem CDU/CSU-Fraktionsvorsitzenden Krone, mit Minister Balke, Staatssekretär Rust und einigen Bundestagsabgeordneten statt (B 136/20686).

9. Entwicklung der Preise
   Vortrag des BMWi.
10. Entwicklung des Wohnungsbaues
    Vortrag des BMWo.
11. Gesetz zur Änderung des Lebensmittelgesetzes
    Vortrag des BMI.
12. Freigabe der 18 %-Quote für die Weltbank
    Vortrag des BMWi.
13. Vorschlag zur Besetzung der Stelle des Präsidenten der Bundesnotenbank
    Vortrag des BMWi.

[A.] **Erhöhung der Preugo-Mindestsätze**

Der *Bundeskanzler* weist darauf hin, daß das Kabinett in seiner Sondersitzung am 27. Juni der Erhöhung der Preugo-Mindestsätze mit der Maßgabe zugestimmt habe, daß dieser Beschluß der Presse so bekanntgegeben werden solle, daß sie erst am 29. Juni darüber berichten könne. Dennoch habe die Frankfurter Allgemeine Zeitung bereits am 28. Juni eine Notiz über den Kabinettsbeschluß gebracht[2]. Dies sei offensichtlich auf einen Vertrauensbruch zurückzuführen. Auch ein prominenter Ausländer habe sich kürzlich bei ihm über die ständigen Indiskretionen in Deutschland beschwert. Die Konsequenz sei, daß künftig geheime und vertrauliche Angelegenheiten nicht mehr im Kabinett behandelt werden könnten.

[B.] **Beginn des Wahlkampfes**

Der *Bundeskanzler* kündigt an, daß am Mittwoch, dem 10. Juli, um 9 Uhr eine Kabinettssitzung stattfinden werde, die der Sprachregelung im Wahlkampf dienen solle[3]. Er teilt mit, daß die Koordinierung des Wahlkampfes auch in der Koalitionsbesprechung am 28. Juni erörtert worden sei. Man habe dort die Einsetzung einer besonderen Kommission beschlossen[4]. Außerdem solle ein Parteienausschuß gebildet

---

[2] Siehe Sondersitzung am 27. Juni 1957 TOP 1. – Die „Frankfurter Allgemeine Zeitung" hatte am 28. Juni 1957 auf Seite 1 kurz und auf Seite 5 ausführlicher über den Kabinettsbeschluß vom 27. Juni 1957 berichtet. Vgl. dazu den Vermerk des Bundeskanzleramtes vom 29. Juni 1957 und Presseausschnitte in B 136/2447.

[3] Siehe 179. Sitzung am 11. April 1957 TOP 1. – Die CDU hatte am 30. Juni 1957 in der Westfalenhalle in Dortmund ihren Wahlkampf eröffnet. Vgl. dazu den Bericht Adenauers vor dem Bundesvorstand am 1. Juli 1957 in CDU-Bundesvorstand, S. 1254–1257. Auf dem Wahlkongreß am 16. Juni 1957 hatte die SPD an gleicher Stelle ihr Wahlprogramm unter dem Motto „Sicherheit für alle durch Wiedervereinigung Deutschlands in Frieden und Freiheit, durch soziale Gerechtigkeit, durch geistige Freiheit, durch Festigung der Demokratie nach innen und außen" vorgestellt. Vgl. dazu Klotzbach, Staatspartei, S. 393–401.

[4] Unterlagen hierzu nicht ermittelt. – Adenauer hatte vermutlich die Errichtung einer Schiedskommission angesprochen. Sie sollte aus je zwei Vertretern der Koalitionsparteien bestehen und bei „Angriffen konfessioneller oder auch sonstiger Art der Koalitionsparteien gegeneinander" in Aktion treten. Vgl. dazu die Ausführungen Adenauers in CDU-Bundesvorstand, S. 1259.

werden, der in der Lage sei, während des Wahlkampfes unverzüglich zu unerwarteten Ereignissen Stellung zu nehmen[5].

[C.] **Zuwendungen an Getreidemühlen zur Stabilisierung der Mehlpreise**

Der *Bundeskanzler* bemerkt, er sei von dem Abgeordneten Pferdmenges dahin unterrichtet worden, daß die Getreidemühlen die vom Kabinett beschlossenen Zuwendungen bisher nicht erhalten hätten, weil der Bundesminister der Finanzen die entsprechenden Mittel noch nicht freigegeben habe. Der *Bundesminister der Finanzen* versichert, er werde diese Angelegenheit binnen 24 Stunden in Ordnung bringen[6].

1. Personalien

Das Kabinett stimmt den Ernennungsvorschlägen gemäß Anlagen 1, 2 und 3 zu Punkt 1 der Tagesordnung mit der Maßgabe zu, daß die Ernennung zu Nr. 3 der Anlage 1 erst mit Wirkung vom 1.10.1957 erfolgt[7].

2. Mitteilung über die in Aussicht genommene Besetzung einer auswärtigen Vertretung

AA

Das Kabinett nimmt von dem Schreiben des Staatssekretärs des Bundeskanzleramtes vom 26.6.1957 zustimmend Kenntnis[8].

---

[5] Angesprochen ist hier vermutlich die bei der Bundesgeschäftsstelle der CDU als Wahlgremium eingerichtete ständige Kommission, die bei unvorhergesehenen Ereignissen wie z.B. bei einem Rednerausfall eingreifen sollte. Der Kommission gehörten u. a. der Fraktionsvorsitzende Krone und Bundesinnenminister Schröder an. Vgl. dazu CDU-Bundesvorstand, S. 1259 und Krone, Tagebücher, S. 260.

[6] Siehe 185. Sitzung am 12. Juni 1957 TOP 7. – Vgl. den Schriftwechsel zwischen BMF und BML über die etatmäßige Unterbringung der Haushaltsmittel für die Mehlpreissubvention in B 136/2626 und B 126/8311. – Bekanntmachung des BML über die Gewährung von Zuwendungen des Bundes zur Stabilisierung des Mehlpreises vom 3. Aug. 1957 (BAnz. Nr. 155 vom 15. Aug. 1957, S. 2). – Fortgang 1. Sitzung des Kabinettsausschusses für Wirtschaft am 12. Nov. 1957 TOP 3 (B 136/36221) und 5. Sitzung am 27. Nov. 1957 TOP 4.

[7] Vorgeschlagen war in Anlage 1 die Ernennung des Gesandtschaftsrates I. Klasse Georg Graf zu Pappenheim zum Gesandten, des Senatspräsidenten beim Deutschen Patentamt Herbert Kühnemann zum Präsidenten des Deutschen Patentamtes (Nummer 3 der Anlage 1), ferner eines Ministerialrats im BMJ, eines Ministerialrats im Bundesrechnungshof, von Alfred Weidemann zum Präsidenten des Bundeswehrersatzamtes sowie von Heinrich Engl, Heinz Wichmann, Dr. Alfred Krüttner, Dr. Helmut Hölder, Dr. Benno Becker und Dr. Gebhard Loosch zu Präsidenten einer Wehrbereichsverwaltung. Des weiteren sollten im Bereich des BMVtg zwei Oberste, im BMV ein Ministerialdirigent und Dr. Wilhelm Ter-Nedden zum Ministerialdirektor sowie im BMWo Dr. Johannes Schornstein ebenfalls zum Ministerialdirektor ernannt werden. In Anlage 2 war vorgeschlagen, Friedrich Harder zum Direktor beim Bundesausgleichsamt, je einen Ministerialrat im BMWi, im BMVtg und im BMWo sowie im BMVtg einen Obersten und Paul Reichelt zum Generalmajor zu ernennen. Schließlich sollten gemäß Anlage 3 Dr. Fritz Flitner, Dr. Otto Löscher und Dr. Dietrich Reinicke zu Bundesrichtern beim Bundesgerichtshof ernannt werden.

3. Gesetzentwurf zu dem deutsch-belgischen Ausgleichsvertrag vom 24.9.1956; hier: Stellungnahme des Bundesrates vom 24.5.1957 AA

Der *Bundesminister des Auswärtigen* bittet, diesen Punkt von der Tagesordnung abzusetzen[9]. Er vertritt die Auffassung, daß der Gesetzentwurf zu dem deutsch-belgischen Ausgleichsvertrag vom 24.9.1956 in dieser Legislaturperiode vom Bundestag nicht mehr verabschiedet werden könne. Außerdem hält er es für erforderlich, vor einem Beschluß des Kabinetts zu der Stellungnahme des Bundesrates noch mit dem Bundesminister der Finanzen und der Regierung des Landes Nordrhein-Westfalen zu sprechen[10].

4. Entwurf einer Dritten Verordnung über die Höchstzahlen der Kraftfahrzeuge des Güterfernverkehrs und der Fahrzeuge des Möbelfernverkehrs BMV

Das Kabinett billigt die Kabinettvorlage des Bundesministers für Verkehr vom 18.6.1957 und ermächtigt ihn, etwaigen kleineren Änderungswünschen des Bundesrates zu entsprechen[11].

5. Stellungnahme zu dem Entwurf eines Sechsten Gesetzes zur Änderung des Zuckersteuergesetzes BMF

Der *Bundesminister der Finanzen* erklärt, seine Kabinettvorlage vom 14.6.1957 sei dadurch erledigt, daß sich die Parteien auf eine Notstandshilfe für die Zuckerrübenbetriebe geeinigt hätten[12].

---

[8] Vorlage des Bundeskanzleramtes vom 26. Juni 1957 in B 136/1837. – Vorgeschlagen war die Umwandlung des Generalkonsulats in Seoul in eine Gesandtschaft und ihre Besetzung mit Generalkonsul Dr. Richard Hertz.

[9] Siehe 186. Sitzung am 19. Juni 1957 TOP C.

[10] Fortgang 17. Sitzung am 12. März 1958 TOP 4 (B 136/36117). – Gesetz vom 6. Aug. 1958 zu dem Vertrag vom 24. Sept. 1956 über eine Berichtigung der deutsch-belgischen Grenze und andere die Beziehungen zwischen beiden Ländern betreffende Fragen (BGBl. II 262).

[11] Vorlage des BMV vom 18. Juni 1957 in B 108/3278 und B 136/9750. – Auf der Grundlage des Güterkraftverkehrsgesetzes vom 17. Okt. 1952 (BGBl. I 697) hatte der BMV mit dem Verordnungsentwurf beabsichtigt, neue Höchstzahlen festzulegen, die von den einzelnen Ländern jährlich bis 1959 zugelassen werden durften. So sollte die Anzahl der Fahrzeuge im allgemeinen Güterfernverkehr auf insgesamt 15 189, für den Bezirksgüterverkehr auf 5645 und die Zahl der Kraftfahrzeuge und Anhänger im Möbelfernverkehr auf 3581 festgesetzt werden. – BR-Drs. 309/57. – Fortgang 192. Sitzung am 14. Aug. 1957 TOP 5.

[12] Vorlage des BMF vom 14. Juni 1957 in B 126/233 und B 136/2266. – Vertreter der Koalitionsparteien hatten am 6. Febr. 1957 einen Antrag auf Änderung des Zuckersteuergesetzes eingebracht (BT-Drs. 3199). Er sah eine Senkung der Zuckersteuer für die verarbeitenden Betriebe bei gleichzeitiger Erhöhung des Abnahmepreises für die Zuckerindustrie vor. Die durch die Steuersenkung frei werdenden Mittel sollten die Zuckerfabriken für die Zahlung höherer Preise an die Rübenbauern verwenden, so daß sich die Erhöhung der Erzeugerpreise nicht auf die Endverbraucher auswirkte. Damit war beabsichtigt, den in Nordrhein-Westfalen und Niedersachsen von Ernteschäden betroffenen Zuckerrübenanbau zu unterstützen. Der BMF hatte einen Einnahmeausfall von ca. 60 Millionen DM errechnet und in seiner Vorlage eine Ablehnung des Antrages gefordert. Nach einem Fraktionsbeschluß der CDU vom 24. Juni 1957, den Gesetzentwurf in der ablaufenden Legislaturperiode nicht mehr zu behandeln, hatte der BML

187. Sitzung am 2. Juli 1957

6. Entwurf eines Abkommens betr. die Frachten und Beförderungsbedingungen im Verkehr mit Kohle und Stahl auf dem Rhein   BMV

Das Kabinett beschließt gemäß Kabinettvorlage des Bundesministers für Verkehr vom 26.6.1957[13].

7. Sender Europa I   AA

Dieser Punkt der Tagesordnung wird zurückgestellt, weil die Kabinettvorlage des Auswärtigen Amtes noch nicht fertiggestellt und der Bundesminister für das Post- und Fernmeldewesen in der heutigen Sitzung nicht anwesend ist[14].

8. Ursachen des Geburtenrückganges   BMFa

Dieser Punkt der Tagesordnung wird im Hinblick auf die Abwesenheit des Bundesministers für Familienfragen zurückgestellt[15].

9. Entwicklung der Preise   BMWi

und

12. Freigabe der 18 %-Quote für die Weltbank   BMWi

Der *Bundesminister für Wirtschaft* betont, daß die Preise in letzter Zeit stabil geblieben seien[16]. Die gegenwärtige extreme deutsche Gläubiger-Position habe jedoch erhebliche ausländische Kritik hervorgerufen[17]. Wenn man sich nicht großen außenpolitischen Schwierigkeiten aussetzen wolle, müsse man unverzüglich die volle deutsche Restquote an der Weltbank (113,3 Mio. DM) freigeben. Allerdings würde dies etwa 8 Mio. DM Zinsen kosten. Der *Bundesminister der Finanzen* weist darauf hin, daß er einen Gegenvorschlag gemacht habe und daß wegen etwaiger

---

    die direkte Zahlung von Subventionen an die betroffenen Zuckerrübenbetriebe in Höhe von 7 bis 10 Millionen DM vorgeschlagen. Der BMF hatte diesem Vorschlag grundsätzlich zugestimmt. Vgl. dazu den Vermerk des Bundeskanzleramtes vom 2. Juli 1957 in B 136/2266. – Fortgang Sondersitzung am 22. Juli 1957 TOP 1.

[13] Vorlage des BMV vom 26. Juni 1957 in B 108/1700. – Nach der Vorlage des BMV war das Abkommen vom Ministerrat der EGKS angeregt worden. Es sollte Diskriminierungen des grenzüberschreitenden Frachtverkehrs durch Angleichung von Frachtnormen und Frachtbedingungen unter den Rheinuferstaaten beseitigen. – Fortgang 192. Sitzung am 14. Aug. 1957 TOP 4.

[14] Fortgang 189. Sitzung am 16. Juli 1957 TOP 2.

[15] Vgl. 168. Sitzung am 23. Jan. 1957 TOP 2.

[16] Vgl. dazu den Vermerk des BMWi vom 1. Juli 1957 und weitere Unterlagen zur Preisentwicklung in B 102/14476.

[17] Siehe 186. Sitzung am 19. Juni 1957 TOP E. – Zur Gläubigerposition der Bundesrepublik innerhalb der EZU und zur Kritik der Mitgliedsstaaten der OEEC vgl. den Vermerk des Bundeskanzleramtes vom 2. Juli 1957 in B 136/3339, weitere Unterlagen in B 102/56240 und B 136/2595. – Der BMWi hatte auf die zunehmende Kritik der Mitgliedsstaaten der OEEC an der Gläubigerpolitik der Bundesrepublik hingewiesen, die von der Bundesregierung wirksamere Maßnahmen zum Abbau ihrer Handels- und Zahlungsbilanzüberschüsse forderten. – Fortgang hierzu 193. Sitzung am 20. Aug. 1957 TOP 1.

Zinszahlungen die Zustimmung des Haushaltsausschusses des Bundestages notwendig sei, die er höchstens nach den Parlamentsferien einholen könne[18].

Der *Bundesminister für Wirtschaft* vertritt demgegenüber die Auffassung, daß die Zustimmung des Vorsitzenden des Haushaltsausschusses und seines Vertreters ausreiche. Der *Bundesminister der Finanzen* räumt ein, daß man in der Frage des Erwerbs der Stinnes-Aktien entsprechend verfahren habe[19] und erklärt sich damit einverstanden, mit den Abgeordneten Schoettle[20] und Vogel zu sprechen.

In der Erwartung, daß der Vorsitzende des Haushaltsausschusses des Bundestages und sein Stellvertreter[21] die Zustimmung erteilen, beschließt das Kabinett einstimmig, die volle deutsche Restquote an der Weltbank freizugeben[22].

Anschließend trägt der *Bundesminister für Wirtschaft* vor, daß es im Hinblick auf die ausländische Kritik an der extremen deutschen Gläubiger-Position auch erforderlich sei, unverzüglich von der Ermächtigung zu Zollsenkungen Gebrauch zu machen[23]. Es müsse den anderen Staaten wenigstens eine wirtschaftliche Chance gegeben werden[24].

Das Kabinett faßt den grundsätzlichen Beschluß, von der Ermächtigung zu Zollsenkungen sofort Gebrauch zu machen. Ein entsprechender Verordnungsentwurf soll vom Kabinett in der Sitzung am 10. Juli verabschiedet werden[25].

10. Entwicklung des Wohnungsbaues   BMWo

Da der Bundesminister für Wohnungsbau abwesend ist, trägt der *Bundeskanzler* vor, daß kürzlich eine Tagung der Aufbauminister der Länder in Bad Godesberg stattgefunden habe, in der – offensichtlich aus wahltaktischen Erwägungen – an der

---

[18] Vgl. dazu das Schreiben Schäffers vom 22. Juni 1957 an den BMZ in B 136/3339 und B 102/26581. – Der BMF hatte sich bereit erklärt, die am 1. Juli 1958 und 1959 fällig werdenden Raten in Höhe von je 22,6 Millionen DM bereits ab 1. Sept. 1957 auf Abruf zur Verfügung zu stellen.

[19] Vgl. dazu 185. Sitzung am 12. Juni 1957 TOP 9.

[20] Erwin Schoettle (1899–1976). Bis 1933 Mitglied des Landesvorstandes der SPD in Württemberg, 1933 MdL Württemberg, 1933–1946 Emigration in der Schweiz (bis 1939) und Großbritannien, 1946–1962 Landesvorsitzender der SPD in Württemberg-Baden bzw. ab 1952 in Baden-Württemberg, 1946–1947 MdL Württemberg-Baden, 1947–1949 Mitglied des Wirtschaftsrats des Vereinigten Wirtschaftsgebiets, 1949–1972 MdB, dort 1949–1969 Vorsitzender des Haushaltsausschusses, 1969–1972 des Ausschusses für Wahlprüfung, Immunität und Geschäftsordnung, 1951–1957 und 1964–1965 stellvertretender Fraktionsvorsitzender, 1961–1969 Vizepräsident des Deutschen Bundestags.

[21] Angesprochen waren Erwin Schoettle (SPD) und Martin Blank (DP/FVP). Rudolf Vogel (CDU) war seit 1953 Haushaltsobmann seiner Fraktion.

[22] Am 4. Juli 1957 teilte das BMF dem BMWi mit, daß die Vertreter des Haushaltsausschusses ihre grundsätzliche Zustimmung erteilt hätten (B 102/26581).

[23] Vgl. dazu 183. Sitzung am 21. Mai 1957 TOP 3.

[24] Mit Schreiben vom 7. Aug. 1957 an das AA, den BMZ und den BMF sowie nachrichtlich an das Bundeskanzleramt teilte der BMWi den Vollzug des Kabinettsbeschlusses mit (B 102/26581 und B 136/3339).

[25] Fortgang hierzu 188. Sitzung am 10. Juli 1957 TOP 5.

Wohnungsbaupolitik der Bundesregierung Kritik geübt worden sei[26]. *Staatssekretär Dr. Wandersleb* erklärt, daß sein Haus in der morgigen Ausgabe des Bulletin zu dieser Frage ausführlich Stellung nehmen werde. Der *Vizekanzler*, der den Vorsitz übernommen hat, erklärt sich bereit, die Formulierung dieses Artikels heute nachmittag mit Staatssekretär Dr. Wandersleb zu besprechen[27].

13. Vorschlag zur Besetzung der Stelle des Präsidenten der Bundesnotenbank BMWi

Der *Bundesminister für Wirtschaft* berichtet über das Ergebnis der Beratungen im Ausschuß für Geld und Kredit über die Besetzung des Direktoriums der Bundesnotenbank und das Inkrafttreten des Bundesnotenbankgesetzes[28].

Nach längerer Diskussion kommen die anwesenden Kabinettmitglieder einstimmig zu folgender Stellungnahme:

1. Präsident der Bundesnotenbank = Herr Blessing[29] (Der Bundeskanzler hat dieser Stellenbesetzung bereits zugestimmt).

2. Vizepräsident der Bundesnotenbank = Herr Troeger[30] (Der Bundeskanzler soll zu dieser Stellenbesetzung noch um seine Zustimmung gebeten werden).

---

[26] Siehe 182. Sitzung am 16. Mai 1957 TOP 6. – Unterlagen zu der Tagung nicht ermittelt. – Zum Stand des Wohnungsbauprogramms vgl. die Meldungen der Länder in B 134/1514, die Zusammenstellung des BMWo vom 15. Mai 1957 über die Leistungen des Wohnungsbaus in der 2. Legislaturperiode, die dem Bundeskanzler am 8. Juni für die „Vortragstätigkeit in den nächsten Monaten" zugesandt worden war, in B 136/1454 sowie den Entwurf einer Ministervorlage vom 16. Juli 1957 über das Wohnungsbauprogramm 1957 und die Verteilung der Bundeshaushaltsmittel für 1957 in B 134/1304.

[27] Vgl. dazu Bulletin Nr. 119 vom 4. Juli 1957, S. 1125. – In dem Artikel mit der Überschrift „Ist der soziale Wohnungsbau wirklich in Gefahr? Der Wohnungsbau weiterhin die Aufgabe Nr. 1 – Ungewöhnliche Mittel des Bundes. Auch Länder und Gemeinden müssen erhöhte Mittel bereitstellen" wandte sich der BMWo gegen die Befürchtungen der Aufbauminister, steigende Zinssätze und Geldbeschaffungskosten könnten einen erheblichen Rückgang des sozialen Wohnungsbaus verursachen.

[28] Siehe 186. Sitzung am 19. Juni 1957 TOP 2. – Vgl. die Protokolle der 100. Sitzung des Bundestagsausschusses für Geld und Kredit am 24. Juni und der 101. Sitzung am 2. Juli 1957, in der der Gesetzentwurf abschließend beraten wurde, in Parlamentsarchiv des Deutschen Bundestages, Unterlagen zur Sitzung des Bundestagsausschusses am 24. Juni 1957 in B 102/5699. Personalerörterungen sind in diesen Protokollen nicht festgehalten.

[29] Karl Blessing (1900–1971). Seit 1920 Tätigkeit bei der Reichsbank, 1930–1934 abgeordnet zur Bank für Internationalen Zahlungsausgleich (BIZ), dort Abteilungsleiter, 1934–1937 Reichswirtschaftsministerium, 1937–1939 Mitglied des Reichsbankdirektoriums, 1941–1945 kriegsdienstverpflichtet in der Mineralölwirtschaft, 1948–1957 Tätigkeit in der Industrie, Mitglied im Aufsichtsrat verschiedener Unternehmen, 1958–1969 Präsident der Deutschen Bundesbank.

[30] Dr. Heinrich Troeger (1901–1975). 1926–1933 Erster Bürgermeister und 1945–1946 Oberbürgermeister der Stadt Jena, 1947 Hessisches Finanzministerium, 1947–1948 Generalsekretär des Exekutivrates, 1948–1949 des Länderrates des Vereinigten Wirtschaftsgebiets, 1950 Finanzministerium des Landes Nordrhein-Westfalen (Stellvertreter des Ministers), 1951–1956 Hessischer Minister der Finanzen, 1954–1958 MdL Hessen (SPD), 1956–1957 Präsident der Landeszentralbank Hessen, 1958–1969 Vizepräsident der Deutschen Bundesbank.

3. Inkrafttreten des Bundesnotenbankgesetzes am Ersten des Monats nach Verkündung.
4. Zwischen den Punkten 1–3 besteht ein Junktim[31].

[D.] Urlaubsregelung in den Bundesressorts

Der *Vizekanzler* weist darauf hin, daß in den nächsten Wochen ständig mit der Notwendigkeit zu rechnen sei, seitens der Bundesregierung zu OEEC-Fragen Stellung zu nehmen. Aus diesem Grunde sollten die leitenden Beamten der Bundesressorts, die mit OEEC-Fragen zu tun hätten, ständig erreichbar sein. *Staatssekretär Dr. Globke* teilt in diesem Zusammenhang mit, der Bundeskanzler wolle die Bundesminister bitten, im Falle ihrer Abwesenheit von Bonn dafür zu sorgen, daß ihre Staatssekretäre hier zur Verfügung ständen.

[E.] Nachfolgeinstitution der Golddiskontbank

Der *Vizekanzler* hält es für erforderlich, daß Vertreter der Bundesressorts an den Beratungen über die Nachfolgeinstitution der Golddiskontbank teilnehmen und weist darauf hin, daß das Schwergewicht der Neuregelung im künftigen Statut liegen werde[32]. Der *Bundesminister für Wirtschaft* stimmt dem zu, schlägt jedoch vor, zunächst die Bestellung eines neuen Direktoriums der Bundesnotenbank abzuwarten[33].

[F.] Große Anfrage betr. Waffen-SS

Der *Vizekanzler* bringt in Erinnerung, daß auf Grund eines Kabinettsbeschlusses zwischen den Koalitionsfraktionen verabredet worden sei, formlos von einer Beantwortung der Großen Anfrage der DP/FVP betr. Gleichstellung der Angehörigen der ehemaligen Waffen-SS mit den Angehörigen der ehemaligen Wehrmacht abzusehen. Die anwesenden Kabinettsmitglieder stimmen dem zu[34].

---

[31] Fortgang 189. Sitzung am 16. Juli 1957 TOP B.

[32] Siehe 107. Sitzung am 25. Nov. 1955 TOP 1 (Kabinettsprotokolle 1955, S. 693 f.). – Die Deutsche Golddiskontbank war durch Gesetz vom 19. März 1924 (RGBl. II 71) als Tochter der Reichsbank in Form einer juristischen Person des Privatrechts gegründet worden. 85 % des Stammkapitals von 600 Millionen RM hatte sich in Besitz der Reichsbank befunden, deren Grundkapital in Höhe von 150 Millionen RM sich im Besitz privater, z.T. auch ausländischer Anteilseigner befand. Beide Institute waren 1945 stillgelegt und ihre Funktionen auf Nachfolgeinstitute übertragen oder gänzlich aufgehoben worden. Der Gesetzentwurf über die Liquidation der Deutschen Reichsbank und der Deutschen Golddiskontbank (BT-Drs. 2327) sah die Auflösung der Institute und Entschädigung der Anteilseigner nach dem durch die Währungsreform 1948 geschaffenen Umstellungsrecht vor. Er war nach der 1. Lesung des Bundestages am 30. Mai 1956 an den Ausschuß für Geld und Kredit und den Ausschuß für Finanz- und Steuerfragen zur Mitberatung überwiesen und seitdem wiederholt von der Beratung abgesetzt worden (Schreiben des BMWi vom 15. Mai 1957 an die Vorsitzenden der beiden BT-Ausschüsse und Gesetzentwurf in der Fassung vom 21. Juni 1957 in B 102/27586 und 28166). Der Entwurf wurde in der zweiten Legislaturperiode nicht mehr abschließend behandelt. – Fortgang 23. Sitzung am 30. April 1958 TOP 2 (B 136/36118). – Gesetz vom 2. Aug. 1961 (BGBl. I 1165).

[33] Vgl. dazu TOP 13 dieser Sitzung.

[34] Siehe 186. Sitzung am 19. Juni 1957 TOP 3.

187. Sitzung am 2. Juli 1957

[G.] **Betreuung der Aussiedler im Grenzdurchgangslager Friedland**

Auf eine Frage des *Vizekanzlers* berichtet der *Bundesminister der Finanzen*, daß er nach der letzten Kabinettssitzung mit dem Präsidenten des Deutschen Roten Kreuzes Dr. Weitz[35] gesprochen habe. Es sei Einverständnis darüber erzielt worden, daß das Bundesfinanzministerium zunächst einen Vorschuß von 50 000 DM zahle, diesen Vorschuß nach Bedarf erhöhe und alle derartigen Zahlungen den Ländern auf die Kriegsfolgenhilfe anrechne[36]. Der *Bundesminister für Vertriebene, Flüchtlinge und Kriegsgeschädigte* nimmt auf seine Kabinettvorlage vom 27.6.1957 Bezug[37]. Er betont, es komme ihm nicht darauf an, wie das Bundesfinanzministerium die gezahlten Beträge von den Ländern zurückerhalte, es sei vielmehr entscheidend, daß sofort und großzügig geholfen werde. Der von dem Bundesminister der Finanzen genannte Betrag von 50 000 DM sei erheblich zu niedrig. Sorgfältige Berechnungen, an denen auch die Vertreter des Bundesfinanzministeriums mitgewirkt hätten, seien zu einem monatlichen Bedarf von 300 000 DM gekommen. Man stehe vor der moralischen und politischen Notwendigkeit, unverzüglich einen größeren Bestand von Bekleidungs- und Ausrüstungsgegenständen zu beschaffen, damit die unglücklichen Aussiedler nach den langen Jahren des Leidens angemessen eingekleidet und ausgerüstet werden könnten. Es sei überdies erforderlich, daß die notwendigen Beträge praenumerando zur Verfügung gestellt würden. Es treffe nicht zu, daß seine Vorschläge gegen die Art. 112 oder Art. 120 GG verstießen. Der *Bundesminister der Finanzen* erklärt demgegenüber, nach seiner Auffassung handele es sich um eine eindeutige Länderaufgabe. Wenn sich die Länder weigerten, diese Aufgabe zu erfüllen, werde er Vorschüsse leisten, diese Vorschüsse den Ländern in Abzug bringen und es notfalls auf einen Prozeß ankommen lassen. Ein anderes Verfahren sei haushaltsrechtlich nicht möglich. Der *Bundesminister für Vertriebene, Flüchtlinge und Kriegsgeschädigte* gibt zu Protokoll, daß er die Verantwortung für das Lager Friedland ablehnen müsse, wenn man seine Kabinettvorlage verwerfe. Der *Vizekanzler* stellt klar, daß diese Kabinettvorlage nicht abgelehnt worden sei. Der *Bundesminister für Verkehr* setzt sich dafür ein, daß der Bundesminister der Finanzen die von ihm zugesagte erste Vorschußrate auf 300 000 DM erhöhe. Der *Vizekanzler* bittet den Bundesminister der Finanzen, sofort einen Vorschuß in angemessenem Umfange zu zahlen und bei weiterem Bedarf entsprechend zu erhöhen. Er glaubt,

---

[35] Dr. Heinrich Weitz (1890–1962). 1927–1937 Oberbürgermeister von Trier, 1945 Oberbürgermeister von Duisburg, 1945 Mitglied des rheinischen Provinzialrates, 1946–1950 MdL Nordrhein-Westfalen (CDU), 1947–1951 Finanzminister des Landes Nordrhein-Westfalen, 1951 Präsident des Rheinischen Sparkassen- und Giroverbandes, 1952–1961 Präsident des Deutschen Roten Kreuzes.

[36] Siehe Sondersitzung am 27. Juni 1957 TOP A. – Vgl. den undatierten und ungezeichneten Vermerk über dieses nicht datierte Gespräch in B 136/9439 und B 150/3097.

[37] Vorlage des BMVt vom 27. Juni 1957 in B 150/3097 und B 136/9439. – In seiner Vorlage hatte der BMVt berichtet, daß in der Zeit vom 1. Jan. bis 31. Mai 1957 ca. 42 000 Personen über das Grenzdurchgangslager Friedland in die Bundesrepublik eingereist seien, im gesamten Jahr 1956 dagegen ca. 30 000 und in den Jahren davor jeweils 15 000. Zur notwendigen Unterstützung der bisher aus Spenden des Roten Kreuzes getragenen Erstausstattung der Flüchtlinge hatte der BMVt außerplanmäßig 1,8 Millionen DM für Einkleidungszwecke beantragt. Die Zusage des BMF in Höhe von 50 000 DM hatte er als unzureichend abgelehnt.

daß die erste Rate etwa 200 000 DM betragen müsse. Der *Bundesminister der Finanzen* hält es für zweckmäßig, aus taktischen Gründen im Hinblick auf den sonst zu erwartenden Widerspruch der Länder mit einer kleinen Rate anzufangen. Der *Bundesminister für Vertriebene, Flüchtlinge und Kriegsgeschädigte* erklärt hierzu, daß man sich mit einem Betrag von DM 50 000 nur blamieren werde. Der *Bundesminister der Finanzen* entgegnet, daß sich Dr. Weitz mit einer ersten Rate von 50 000 DM einverstanden erklärt habe. *Staatssekretär Dr. Strauß* ist der Ansicht, daß es sich bei der Einkleidung der Aussiedler nicht um eine Bundesaufgabe im Sinne des Art. 120 GG, möglicherweise aber um eine Notstandsmaßnahme handele, auf die Art. 112 GG angewendet werden könne[38]. Er hält den von dem Bundesminister der Finanzen vorgeschlagenen ersten Vorschuß von 50 000 DM für zu niedrig und warnt vor den psychologischen Auswirkungen einer falschen Behandlung der Aussiedler.

Die anwesenden Kabinettmitglieder fassen folgenden Beschluß: Aus zwingender menschlicher und politischer Verpflichtung wird der Bundesminister der Finanzen beauftragt und ermächtigt, laufend die notwendigen Beträge zur Einkleidung und Ausrüstung der Aussiedler im Lager Friedland bereit zu stellen. Hierdurch soll die Frage, ob es sich um eine Bundes- oder Landesaufgabe handelt, nicht präjudiziert werden. Als erste Rate wird sofort ein Betrag von 300 000 DM gezahlt. Dieser Betrag ist auf Grund von Anforderungen der Lagerleitung in dem erforderlichen Umfange aufzustocken. Alle Zahlungen erfolgen im voraus.

Dieser Beschluß erfolgt bezüglich der Höhe der ersten Rate gegen die Stimme des *Bundesministers der Finanzen*[39].

11. Gesetz zur Änderung des Lebensmittelgesetzes   BMI

Der *Bundesminister des Innern* spricht sein Bedauern aus, daß das Gesetz zur Änderung des Lebensmittelgesetzes in dieser Legislaturperiode nicht mehr verabschiedet werde[40]. Er hält es für zweckmäßig, das Gesetz unmittelbar nach den Wahlen durch Initiativantrag einbringen zu lassen. Ebenso bedauerlich sei, daß die Verwaltungsgerichtsordnung[41] nicht mehr verabschiedet werde. Auch hier müsse man nach den Wahlen unverzüglich einen Initiativantrag veranlassen.

---

[38] Art. 112 GG besagt, daß Haushaltsüberschreitungen und außerplanmäßige Ausgaben der Zustimmung des Bundesministers der Finanzen bedürfen. Nach Art. 120 GG hat der Bund u.a. die Aufwendungen für die sonstigen inneren und äußeren Kriegsfolgelasten zu tragen.

[39] Fortgang 188. Sitzung am 10. Juli 1957 TOP 6.

[40] Siehe 146. Sitzung am 8. Aug. 1956 TOP 2 (Kabinettsprotokolle 1956, S. 520–523). – Der in parlamentarischer Beratung befindliche Gesetzentwurf sah Bestimmungen zum Verbraucherschutz und zur Verwendung fremder Stoffe in Lebensmitteln vor. Der Ältestenrat hatte am 1. Juli 1957 beschlossen, die zweite und dritte Lesung des Entwurfs nicht mehr auf die Tagesordnung der letzten Sitzungswoche des Bundestages zu setzen. Vgl. dazu den Vermerk des Bundeskanzleramtes vom 9. Juli 1957 in B 136/1984 sowie die Ministervorlage vom 28. Juni 1957 in B 142/1533. – Fortgang 14. Sitzung am 19. Febr. 1958 TOP 2 (B 136/36117). – Gesetz vom 21. Dez. 1958 (BGBl. I 950).

[41] Siehe hierzu 28. Sitzung am 6. April 1954 TOP 2 (Kabinettsprotokolle 1954, S. 151 f.). – Am 5. Dez. 1957 brachte die Bundesregierung den Entwurf erneut im Bundestag ein (BT-Drs. 55). – Gesetz vom 21. Jan. 1960 (BGBl. I 17 und 44).

[H.] Diskontinuität der Legislaturperioden

Der *Vizekanzler* bezeichnet die bisherige Praxis bei der Behandlung von unerledigten Gesetzesvorlagen in einer neuen Legislaturperiode als unhaltbar. *Staatssekretär Dr. Strauß* weist darauf hin, daß diese Frage nur bezüglich der Beschlüsse des Bundesrates problematisch sei. Der *Bundesminister für Verkehr* vertritt die Auffassung, daß der Bundesrat ein kontinuierliches Verfassungsorgan sei[42].

---

[42] Vgl. dazu 3. Sitzung am 3. Nov. 1953 TOP 1 (Kabinettsprotokolle 1953, S. 473). – Im Wahljahr 1953 war zwischen Bundesregierung und Bundesrat die Frage strittig geblieben, ob sich das Prinzip der Diskontinuität gemäß § 126 der GO des Bundestages vom 28. Jan. 1952 (BGBl. II 389) auch auf den Bundesrat bezieht. Die Bundesregierung hatte seinerzeit beschlossen, alle nicht mehr abschließend behandelten Gesetzesvorlagen nochmals beim Bundesrat als sogenannten ersten Durchlauf einzubringen. Vgl. dazu Vermerk vom 6. Nov. 1957 in B 144/1944. – Zur Neueinbringung nicht mehr verabschiedeter Gesetzesvorlagen Fortgang 2. Sitzung am 7. Nov. 1957 TOP 1.

**188. Kabinettssitzung
am Mittwoch, den 10. Juli 1957**

Teilnehmer: Adenauer, Blücher, von Brentano (bis 11.12 Uhr), Schröder, von Merkatz (bis 11.32 Uhr), Schäffer, Lübke, Strauß, Seebohm, Oberländer, Balke, Wuermeling; Globke, W. Strauß, Westrick, Busch, Steinmetz, Wandersleb, Thedieck, Ripken; Bleek (Bundespräsidialamt), von Eckardt (BPA), Krueger (BPA), Selbach (Bundeskanzleramt), Kilb (Bundeskanzleramt). Protokoll: Abicht.

Beginn: 11.00 Uhr   Ende: 12.50 Uhr

Ort: Haus des Bundeskanzlers

Tagesordnung:

1. Personalien
   Gemäß Anlagen.

2. Ursachen des Geburtenrückganges
   Vorlage des BMFa vom 17. April 1957 (F - 2100 - K - 1/57).

3. Einführung der Wiedergutmachungsgesetzgebung im Saarland
   Vortrag des BMF.

4. Entwurf eines Gesetzes über das Abkommen vom 15. Mai 1956 zwischen der Bundesrepublik Deutschland und dem Königreich Belgien über die Errichtung nebeneinanderliegender nationaler Grenzabfertigungsstellen, über die Grenzabfertigung in Zügen während der Fahrt und über die Bestimmung von Gemeinschafts- und Betriebswechselbahnhöfen im Verkehr über die deutsch-belgische Grenze
   Gemeinsame Vorlagen des BMF und des AA vom 24. Juni 1957 (III A/1 - Z 2106 (Belg) - 11/57 und 500 - 83. SV - 72).

5. Entwurf einer Verordnung über Zollsatzänderungen
   Vorlage des BMF vom 8. Juli 1957 (III B/5 - Z 2211 - 226/57).

6. Betreuung der Aussiedler im Grenzdurchgangslager Friedland; Bereitstellung von Mitteln für dringenden Bekleidungsbedarf
   Vorlage des BMVt vom 27. Juni 1957 (III 1a - 9440 - 3776/57 I 2 Kab. 888/57).

7. Wohnungsbau für Vertriebene und Sowjetzonenflüchtlinge
   Gemeinsame Vorlage des BMWo und des BMVt vom 8. Juli 1957 (I B 4 - 4131/197/57 und II 5 - 5851a Tgb. Nr. 2704/57).

188. Sitzung am 10. Juli 1957

[A. Ministerbesprechung¹]

Ministerbesprechung: zusätzlich: Krone, Stücklen, Schneider-Lollar², Schneider-Bremerhaven³. Adenauer: Gespräch mit General Gruenther⁴ (jetzt Chef des US roten Kreuzes), vorher den ganzen Tag bei Eisenhower, der immer friedliebender wird, Stassen voll übertriebenem Optimismus. Wahlaussichten: wird BHE 5 % Klausel überspringen? lt. Adenauer: keine Kontakte mit der FDP 1953 geschlossene Front gegen SPD, 1957 Aufsplitterung durch FDP und BHE Zusammenhalten der Koalition ist umso notwendiger! Zukunft: Wechsel im Vorsitz der Koalitionsbesprechungen. Ungelegenheiten: Äußerungen von Schneider in Bremen⁵. Unglückliche Situation beim Atomgesetz⁶. Lage in Niedersachsen im Verhältnis CDU/DP(FVP) noch nicht geregelt⁷. Auch in Hessen kommt man in dieser Sache nicht zu Rande. Örtliche Organisationen verkennen das große Ziel. Notfalls muß Verständigung von hier aus erzwungen werden. Lage an der Saar (Ausdehnung der CSU im Einvernehmen mit CDU⁸). Schmutzwerfen von SED⁹, von SPD¹⁰, auch von Neofaschisten; dabei ist das

---

¹ Laut Einladung vom 4. Juli 1957 (B 136/36682) war für 9.00 Uhr eine Ministerbesprechung zur Erörterung des Wahlkampfes anberaumt worden, über die kein Protokoll angefertigt worden war. Im folgenden wird die Mitschrift Seebohms in Kursivschrift wiedergegeben (Nachlaß Seebohm N 1178/9b).

² MdB Dr. Ludwig Schneider (DP/FVP).

³ MdB Herbert Schneider (DP/FVP).

⁴ Alfred Maximilian Gruenther (1899–1983). 1930–1940 u.a. Dozent an der US-Militärakademie West Point, 1942–1943 stellvertretender Stabschef im Hauptquartier der alliierten Streitkräfte in London und Algier, 1943–1944 Stabschef der 5. US-Armee in Italien, 1945–1946 stellvertretender Befehlshaber der US-Besatzungsstreitkräfte in Österreich, 1947–1949 Leiter des Planungsstabs der Stabschefs der US-Streitkräfte, 1949–1950 stellvertretender Leiter der Planungs- und Operationsabteilung des Generalstabs, 1950–1952 Oberkommandierender der Alliierten Streitkräfte in Europa (SHAPE), 1952–1956 der NATO-Streitkräfte in Europa (SACEUR), 1957–1964 Präsident des amerikanischen Roten Kreuzes, 1960–1972 Direktor der Pan American World Airways.

⁵ Nicht ermittelt.

⁶ Der Entwurf des „Gesetzes zur Änderung des Grundgesetzes" als Voraussetzung für das „Gesetz über die Erzeugung und Nutzung der Kernenergie und den Schutz gegen ihre Gefahren (Atomgesetz)" hatte am 27. Juni 1957 im Bundestag nicht die erforderliche qualifizierte Mehrheit erhalten. Auch bei der erneuten Beratung am 2. Juli 1957 war eine Grundgesetzänderung an der Enthaltung eines Teils der Unionsabgeordneten gescheitert. Vgl. Stenographische Berichte, Bd. 37, S. 12772 und Bd. 38, S. 13043, Fortgang hierzu 189. Sitzung am 16. Juli 1957 TOP C.

⁷ Zu der Wahlabsprache der CDU mit der DP/FVP in Niedersachsen vgl. 179. Sitzung am 11. April 1957 TOP 1.

⁸ Auf dem Landesparteitag der CSU am 6. und 7. Juli 1957 war der Zusammenschluß von CSU und CVP für die bevorstehenden Bundestagswahlen durch eine zeitlich befristete Satzungsänderung beschlossen worden. Die beiden Landesverbände blieben aber vermögensrechtlich und organisatorisch getrennt. Der Landesverband Saarland erhielt die Bezeichnung „Christlich-Soziale Union, Landesverband Saar (CVP)". – Entwurf der Satzungsänderung in ACSP, LVers. vom 6./7. Juli 1957, Bd. 3, Unterlagen zur Namensbezeichnung in ACSP, PA Juli 1957, Nr. 1, zum Zusammenschluß vgl. Groß, Seidel, S. 145–150.

⁹ Vgl. dazu den Vermerk des Bundeskanzleramtes vom 30. Juli 1957 („Verleumdungsfeldzug der SED/KPD gegen Mitglieder der Bundesregierung und führende Persönlichkeiten in der Bundesrepublik") in StBKAH 12.23.

seitens der SPD am gefährlichsten, weil sie doch Ansehen hat. Erlaß einstweiliger Verfügungen usw. soll von Bonn aus erfolgen (Bu[ndes]KA[nzler]). Streit Adenauer/SPD. SPD will uns aus der Nato herausführen. Das wiedervereinigte Deutschland soll neutralisiert werden gemäß der österreichischen Lösung (Ollenhauer in Wien[11], Wehner in Frankfurt[12]). Das bedeutet: USA trennt sich von Europa, gleicht sich mit Rußland aus (über Asien, Chruschtschow[13]), Europa erledigt. Krach mit SPD Ministerpräsidenten unter Vorantritt Zinns: Erklärung, nicht mehr an einen Tisch setzen (Zinn, Kaisen[14], Hoegner[15], Suhr[16], Steinhoff[17]) hat A. offenbar empört[18].

[10] Vgl. dazu die Zusammenstellung der Zitate im Informationsdienst der CDU „Union in Deutschland" vom 18. Juli 1957 (StBKAH 12.24).

[11] Auf dem Kongreß der Sozialistischen Internationale in Wien vom 5. bis 6. Juli 1957 war Ollenhauer neben Hugh Gaitskell und Guy Mollet zum Vizepräsidenten und der Däne Alsing Andersen zum Präsidenten gewählt worden. Der Kongreß war mit Forderungen nach einer allgemeinen Abrüstung, der Wiedervereinigung Deutschlands in Freiheit und der Stärkung der Vereinten Nationen abgeschlossen worden. Vgl. dazu Redemanuskripte und Veranstaltungsunterlagen in AdsD, SPD-Parteivorstand (alter Bestand) 01626, des weiteren den Bericht eines Mitarbeiters der „Studiengruppe Südost" in München vom 5. Juli 1957 in AA B 1, Bd. 117.

[12] Nicht ermittelt.

[13] Nikita Sergejewitsch Chruschtschow (1894–1971). 1934–1966 Mitglied des ZK der KPdSU, 1938–1949 Erster Sekretär des ZK der KP der Ukraine, 1939–1964 Mitglied des Politbüros bzw. des Präsidiums des ZK der KPdSU, 1947 Regierungschef der Ukraine, 1949 Sekretär, 1953 Erster Sekretär des ZK der KPdSU, 1958 Ministerpräsident der UdSSR, 1964 Absetzung als Parteisekretär und Ministerpräsident, 1966 Ausschluß aus dem ZK.

[14] Wilhelm Kaisen (1887–1979). 1918 politischer Redakteur der Bremer „Volkszeitung", 1921–1933 Mitglied der Bremer Bürgerschaft (SPD), 1927–1933 Senator für Wohlfahrt in Bremen, in der NS-Zeit wiederholt verhaftet, 1945 erneut Bremer Senator für Volkswohlfahrt, 1945–1965 Bürgermeister und seit 1946 Präsident des Senats der Hansestadt Bremen, 1946–1950 Mitglied des Parteivorstands der SPD.

[15] Dr. Wilhelm Hoegner (1887–1980). 1920–1933 Staatsanwalt und Richter, 1924–1932 MdL Bayern (SPD), 1930–1933 MdR, 1933 Emigration (Österreich, Schweiz), 1945–1946 Bayerischer Ministerpräsident, 1946–1947 Bayerischer Justizminister, 1950–1954 Bayerischer Innenminister, 1954–1957 erneut Bayerischer Ministerpräsident.

[16] Dr. Otto Suhr (1894–1957). 1921–1925 hauptberuflich im Allgemeinen Deutschen Gewerkschaftsbund, 1925–1933 im Allgemeinen Freien Angestelltenbund, 1928–1933 Dozent an der Hochschule für Politik in Berlin, 1933–1945 journalistische Tätigkeit, 1945 Hauptabteilungsleiter in der Deutschen Zentralverwaltung für die Industrie in der SBZ, 1946 Generalsekretär der SPD in Berlin, 1946–1948 Stadtverordneter von Groß-Berlin, 1948–1950 von Berlin (West), 1948–1949 Mitglied des Parlamentarischen Rates, 1949–1951 MdB, 1949–1955 Direktor der Deutschen Hochschule für Politik (später „Otto-Suhr-Institut"), 1951–1955 Präsident des Berliner Abgeordnetenhauses, 1955–1957 Regierender Bürgermeister von Berlin.

[17] Fritz Steinhoff (1897–1969). 1928–1933 SPD-Parteisekretär und ab 1929 Mitglied des Magistrats der Stadt Hagen, 1933–1945 mehrfache Inhaftierung und Verurteilung, zuletzt 1944–1945 im Konzentrationslager Sachsenhausen, 1946–1956 und 1963–1964 Oberbürgermeister der Stadt Hagen, 1945–1961 MdL Nordrhein-Westfalen (1954–1956 und 1958–1961 Fraktionsvorsitzender), 1949–1950 Minister für Wiederaufbau, 1956–1958 Ministerpräsident des Landes Nordrhein-Westfalen, 1961–1969 MdB.

[18] Zum Wahlprogramm der SPD vgl. 187. Sitzung am 2. Juli 1957 TOP B. – Auf der Parteiveranstaltung der CSU in Nürnberg am 7. Juli 1957 hatte Adenauer u.a. zur Haltung der SPD gegenüber der NATO ausgeführt: „Wir sind fest entschlossen, daß die SPD niemals an die Macht kommt [...], weil wir glauben, daß mit einem Sieg der Sozialdemokratischen Partei der Untergang Deutschlands verknüpft ist". Diese Äußerung hatte Empörung bei der SPD ausgelöst. Am 8. Juli

34 Mio. für Wahlen fehlen; Brotpreiserhöhung droht![19] Gelder für Friedland (alles gekauft, nichts bezahlt)[20]. Cusanus Gymnasium: häßliche Angelegenheit[21]. Unbehagliches Gefühl, trotz allem, was wir erreicht haben. Weltlage viel schwieriger als 1956[22]. Riß zwischen Stassen u. UK. ! bezügl. Auffassungen Bonns[23]. Str[auß]: Wahlpropaganda unter den Soldaten[24]. Adenauer: Gefahr eines Streikes im graphischen Gewerbe: Gewerkschaftsforderungen rechtzeitig gestellt[25]. Krone: Notwendigkeit des Koalitionswahlkampfes: Lösung des Problems auch wichtig für spätere Koalitionsbesprechungen. Kampf nicht untereinander, sondern gegen FDP und SPD. Vorschlag: Bildung ständigen Ausschusses zum Ausgleich auftretender Spannungen. Aus propagandistischen Gründen muß in der Atomfrage etwas geschehen! Er ist mehr für ein neues Gesetz; das kann dann der nächste Bundestag machen. Balke: Atomgesetz ist an sich verabschiedungsreif. Differenzen berühren nur die Grundgesetzänderung. Er schlägt Initiativ-Kurzgesetz vor, das am 29.8. in 3 Lesungen passieren könnte (Überleitungsgesetz ohne Verfassungsänderung). Etwa: Gesetz zur vorl. Regelung der Anwendung der Kernenergie (Atomüberleitungsgesetz)[26]. Ende. Es kommen zum Kabinett StS Busch, Globke, Steinmetz, Westrick, Thedieck, Ripken, Strauß, Wandersleb.

1957 hatten die sozialdemokratischen Länderchefs von Hessen (Georg August Zinn), von Bremen (Wilhelm Kaisen), von Bayern (Wilhelm Hoegner), von Berlin (Otto Suhr) und von Nordrhein-Westfalen (Fritz Steinhoff) vereinbart, dem für den 11. Juli 1957 vorgesehenen Empfang des Bundesrates für die Bundesregierung fernzubleiben. Vgl. die „Frankfurter Allgemeine Zeitung" vom 9. Juli 1957, S. 1 („Erregung über Adenauers Nürnberger Rede"). – Text der Rede Adenauers in StBKAH 02.16, veröffentlicht in Adenauer, Reden, S. 364–373, dazu Repgen, Finis Germaniae, S. 294–315.

[19] Zu den Bemühungen der Bundesregierung um stabile Brotpreise vgl. 185. Sitzung am 12. Juni 1957 TOP 7.

[20] Vgl. dazu TOP 6 dieser Sitzung.

[21] Die Eltern der Schüler des staatlichen Cusanus-Gymnasiums in Bad Godesberg, das u.a. von zahlreichen Diplomatenkindern besucht wurde, hatten am 2. Juli 1957 den Schulstreik ausgerufen. Damit protestierten sie gegen die Einführung des Schichtunterrichtes und gegen die Verzögerungen beim Ausbau der Schule, für die sie die öffentliche Verwaltung verantwortlich machten. Die Landesregierung übernahm schließlich 80 % der Kosten für den Bau eines weiteren Gymnasiums im Raum Bonn-Bad Godesberg. Vgl. dazu Kabinettsprotokolle NRW 1956–1958, Teil 2, S. 981 f.

[22] Korrigiert aus 1957.

[23] Zu den Abrüstungsverhandlungen in London vgl. 184. Sitzung am 31. Mai 1957 TOP 1. – Zu der amerikanisch-sowjetischen Annäherung in der Frage der Errichtung von Inspektionszonen in Europa hatte ein Sprecher der Bundesregierung am 2. Juli 1957 ausgeführt, die Bundesregierung werde kein eigenes und alleiniges Risiko eingehen, sondern nur einer gemeinsam mit den NATO-Partnern getragenen Lösung zustimmen. Vgl. „Frankfurter Allgemeine Zeitung" vom 3. Juli 1957, S. 3 „Bonn will nur gemeinsame Risiken übernehmen".

[24] Vgl. dazu TOP D dieser Sitzung.

[25] Auf dem Kongreß der Industriegewerkschaft Chemie, Papier, Keramik am 10. Juli 1957 bezeichnete der Gewerkschaftsvorsitzende, Wilhelm Gefeller, den Streik als notwendiges Mittel zur Durchsetzung gewerkschaftlicher Forderungen. Dabei nahm er auf den angekündigten Beschluß Bezug, die Streikbereitschaft durch den Gewerkschaftskongreß zu erhöhen. Vgl. „Frankfurter Allgemeine Zeitung" vom 11. Juli 1957 S. 3 „Der Streik als Kampfmittel notwendig".

[26] Fortgang hierzu 189. Sitzung am 16. Juli 1957 TOP C.

1. Personalien

Das Kabinett billigt die Personalvorschläge gemäß Anlagen 1, 2 und 3 zu Punkt 1 der Tagesordnung[27].

2. Ursachen des Geburtenrückganges BMFa

Dieser Punkt der Tagesordnung wird zurückgestellt[28].

[B.] Deutsch-sowjetische Verhandlungen in Moskau

Der *Bundesminister des Auswärtigen* nimmt zu der letzten sowjetischen Note Stellung. Er liest den Entwurf einer offiziösen Antwort vor, die durch das Bundespresseamt veröffentlicht werden soll. Abschließend bringt er zum Ausdruck, daß die deutsch-sowjetischen Verhandlungen in Moskau nunmehr beginnen könnten. Das Kabinett stimmt dieser Auffassung zu[29].

3. Einführung der Wiedergutmachungsgesetzgebung im Saarland BMF

Der *Bundesminister der Finanzen* berichtet über den Stand der Gesetzgebungsarbeiten zur Einführung der deutschen Wiedergutmachungsgesetzgebung im Saarland. Er bezeichnet es im Hinblick auf § 10 des Saareingliederungsgesetzes als unmöglich und auch nicht erforderlich, an das Saarland einen Vorschuß aus Bundesmitteln zu zahlen[30].

---

[27] Vorgeschlagen war in Anlage 1 die Ernennung des Präsidenten des Amtes für Wertpapierbereinigung Fritz Fechner zum Ministerialdirigenten, der Ministerialdirigenten Dr. Otto Stalmann und Dr. Curt Bretschneider zu Ministerialdirektoren im BML, eines Ministerialdirigenten ebenfalls im BML sowie des Obersten Ernst August Lassen zum Brigadegeneral. Gemäß Anlage 2 sollte die Bundesregierung dem Bundespräsidenten die Ernennung Anton Sabels, MdB (CDU/CSU), zum Präsidenten der Bundesanstalt für Arbeitsvermittlung und Arbeitslosenversicherung vorschlagen (vgl. 183. Sitzung am 21. Mai 1957 TOP 1). In Anlage 3 war vorgeschlagen, Kurt Barske, Dr. Hugo von Wallis, Dr. Wilhelm Schwetz, Theodor Schulz und Dr. Emil Berger zu Bundesrichtern beim Bundesfinanzhof zu ernennen.

[28] Vgl. 168. Sitzung am 23. Jan. 1957 TOP 2.

[29] Siehe 179. Sitzung am 11. April 1957 TOP A. – Vgl. die Note vom 6. Juli 1957 und den vorausgehenden Schriftwechsel in AA B 12, Bd. 286, abgedruckt in DzD III 3/2, S. 1250–1255. – In der Note hatte die sowjetische Regierung die Bereitschaft der Bundesregierung zur Aufnahme bilateraler Wirtschaftsverhandlungen in Moskau begrüßt, ein Junktim zwischen Repatriierungsfrage und Wirtschaftsverhandlungen aber weiterhin abgelehnt. In der Verlautbarung vom 10. Juli 1957 stellte die Bundesregierung u. a. die Übereinstimmung über das Bestehen der Rückführungsfrage fest, dessen Lösung sie nicht als Vorbedingung für die Wirtschaftsverhandlungen machen wollte. Vgl. die Presseverlautbarung in Bulletin Nr. 124 vom 11. Juli 1957, S. 1173 und DzD III 3/2, S. 1258. – Die Verhandlungen begannen am 23. Juli 1957 in Moskau. Gesprächsthemen waren neben Handelsfragen die Repatriierung und die Gewährleistung von Konsularrechten. – Vgl. die Instruktionen für die Verhandlungen in AA B 2, VS-Bd. 280, die Aufzeichnungen über den Stand der Verhandlungen in AA B 1, Bd. 126, B 12, Bd. 467 und B 12, VS-Bd. 3748, vgl. dazu ferner das Kommuniqué vom 23. Juli 1957 in Bulletin Nr. 134 vom 25. Juli 1957, S. 1261, und in DzD III 3/2, S. 1296. – Fortgang dazu 16. Sitzung am 5. März 1958 TOP A (B 136/36117). Unterlagen zu den Vertragsverhandlungen in AA B 63, Bde. 96–108.

[30] Das Eingliederungsgesetz vom 23. Dez. 1956 (BGBl. I 1011) ermächtigte die Bundesregierung, geltendes Recht im Saarland einzuführen. Die Bemühungen um eine Übernahme der deutschen

188. Sitzung am 10. Juli 1957

4. **Entwurf eines Gesetzes über das Abkommen vom 15.5.1956 zwischen der Bundesrepublik Deutschland und dem Königreich Belgien über die Errichtung nebeneinanderliegender nationaler Grenzabfertigungsstellen, über die Grenzabfertigung in Zügen während der Fahrt und über Bestimmung von Gemeinschafts- und Betriebswechselbahnhöfen im Verkehr über die deutsch-belgische Grenze BMF/AA**

Dieser Punkt der Tagesordnung wird abgesetzt, weil mit einer Verabschiedung durch die gesetzgebenden Körperschaften in dieser Legislaturperiode nicht mehr zu rechnen ist[31].

5. **Entwurf einer Verordnung über Zollsatzänderungen** BMF

Der *Bundeskanzler* weist darauf hin, daß die „Welt" in ihrer heutigen Ausgabe über Zollsenkungspläne der Bundesregierung berichtet habe. Er bezeichnet es als unerhörten Vertrauensbruch, daß die „Welt" über die bevorstehende Kabinettsberatung unterrichtet worden sei[32].

Der *Bundesminister der Finanzen* trägt unter Bezugnahme auf den Kabinettsbeschluß vom 2. Juli den Inhalt seiner Kabinettvorlage vom 8. Juli vor[33]. Er beziffert den Ausfall an Zöllen auf 10 bis 30 Mio. DM, spricht aber die Erwartung aus, daß dieser Ausfall durch erhöhte Einfuhren ausgeglichen werde. Er betont, daß es der Hauptzweck der Zollsatzsenkung sei, der Kritik des Auslandes an der extremen deutschen Gläubigerposition zu begegnen. *Staatssekretär Dr. Westrick* erklärt, daß die Zollsatzsenkung auch der etwaigen Möglichkeit einer Preissteigerung im Inland begegnen solle. Dieser Zweck der Verordnung dürfe im Hinblick auf die Formulierung des Zollermächtigungsgesetzes nicht außer Acht gelassen werden. Der *Bundeskanzler* vertritt die Auffassung, daß die Preise im Inland zur Zeit stabil seien. Der *Vizekanzler* glaubt, die Zollsatzsenkung sei zu gering, um die deutsche Gläubigerposition

---

Wiedergutmachungsgesetzgebung waren bisher an der noch ausstehenden Währungsumstellung im Saarland gescheitert. Schäffer war von Adenauer aufgefordert worden, über den Sachstand mündlich zu berichten. Den Vorschlag, einen Pauschbetrag in Höhe von 10 Millionen DM zur vorläufigen Regelung von Härtefällen zur Verfügung zu stellen, lehnte der BMF ab. Seiner Ansicht nach bot die Finanzhilfe der Bundesrepublik für das Jahr 1957 hierzu noch genügend Spielraum. Vgl. dazu das Schreiben Adenauers an Schäffer vom 6. Juli 1957 und Antwort des BMF vom 30. Juli 1957 in B 136/1146, weitere Unterlagen dort und in B 126/9875.

[31] Vorlage des AA vom 24. Juni 1957 zu BR-Drs. 155/57 in B 136/7858. – Die Vorlage des AA vom 8. März 1957 mit dem Entwurf eines Ratifizierungsgesetzes zum Abkommen vom 15. Mai 1956 war im Umlaufverfahren verabschiedet worden (AA B 80, Bd. 45 und B 136/7858). – Das Abkommen sollte der Erleichterung der Grenzabfertigung und des internationalen Verkehrs an der deutsch-belgischen Grenze dienen. – BR-Drs. 434/57, BT-Drs. 49. – Gesetz vom 25. Juni 1958 (BGBl. II 190).

[32] Siehe 187. Sitzung am 2. Juli 1957 TOP 9 und 12. – Am 10. Juli 1957 hatte die „Welt" unter der Überschrift „Erhard und Schäffer für eine Senkung der Zölle" über die „mit strengstem Stillschweigen" vorbereitete Entscheidung berichtet.

[33] Vorlage des BMF vom 8. Juli 1957 in B 126/3885 und B 136/363. – Vorgesehen war eine bis zum Jahresende 1957 befristete Senkung der Wertzollsätze für bestimmte Waren der gewerblichen Wirtschaft um bis zu 25 %. Die Zollsenkung sollte ausdrücklich dazu dienen, die Preisauftriebstendenzen zu dämpfen und den Devisenzustrom einzuschränken. Zu dieser Maßnahme war die Bundesregierung aufgrund des Vierzehnten Gesetzes zur Änderung des Zolltarifs ermächtigt worden. Vgl. dazu 185. Sitzung am 12. Juni 1957 TOP 4.

323

wirksam abzubauen. Deutschland sei ein strukturelles Überschußland, habe jedoch keine übermäßige Ausfuhr. Im Hinblick auf die Haltung der übrigen OEEC-Länder müsse man dem Verordnungsentwurf zustimmen. Volkswirtschaftlich richtig sei jedoch für die Zukunft folgendes Wirtschaftsprogramm: Erhöhtes Sparen, erhöhte Investitionen und erhöhte Rationalisierungsmaßnahmen. Der *Bundeskanzler* stimmt dem zu. Er bezeichnet jedoch die Begründung zu dem Entwurf der Zollsenkungsverordnung als bedenklich und stellt darüber hinaus mit Nachdruck klar, daß eine Aufwertung der Deutschen Mark keinesfalls in Betracht komme. Der *Bundesminister für Atomfragen* unterstreicht die Feststellung, daß die Investitionsrate in letzter Zeit infolge der Furcht vor einer Konjunkturüberhitzung verkürzt worden sei. Auf die Frage des *Bundesministers des Innern*, welche Waren der gewerblichen Wirtschaft – abgesehen von den Ausnahmen (Negativliste) – positiv betroffen würden, erklärt *Staatssekretär Dr. Westrick*, daß es sich um rund 6000 Positionen handele[34]. Der *Bundesminister der Finanzen* betont, man müsse sich schon jetzt darüber Gedanken machen, was nach Ablauf der Zollsenkungsverordnung zu geschehen habe. Er spricht überdies die Befürchtung aus, daß die anderen OEEC-Länder auch die Senkung der landwirtschaftlichen Zolltarife fordern würden.

Das Kabinett beschließt gemäß Kabinettvorlage des Bundesministers der Finanzen vom 8.7.1957, lehnt jedoch die in dieser Kabinettvorlage gegebene Begründung zu der Zollsenkungsverordnung ab[35].

6. Betreuung der Aussiedler im Grenzdurchgangslager Friedland; Bereitstellung von Mitteln für dringenden Bekleidungsbedarf BMVt

Der *Bundesminister der Finanzen* berichtet, daß er mit den in Frage kommenden Verbänden über die Höhe eines Vorschusses zur Einkleidung der Aussiedler im Lager Friedland einig geworden sei. Er wolle nunmehr mit den Ländern über die Rückzahlung dieses Vorschusses verhandeln. Der *Bundesminister für Vertriebene, Flüchtlinge und Kriegsgeschädigte* erklärt, er sei durch den Bundeskanzler beauf-

---

[34] Zu dieser Formulierung nahm Westrick in einem Vermerk vom 17. Juli 1957 wie folgt Stellung: „Im 1. Absatz der Seite 4 ist die Diskussion, die im Kabinett stattgefunden hat, nicht richtig dargestellt. Der Bundeskanzler befragte mich nach der ungefähren Anzahl der Zollpositionen. Hierauf teilte ich mit, daß es etwa 6000 Positionen seien; dem wurde aber hinzugefügt, daß sämtliche Agrargüter, außerdem die Montanunion-Güter sowie die mit den Finanzzöllen belasteten Güter von vornherein aus der Zollsenkung ausgenommen sind; dabei wurde erwähnt, daß eine Reihe von Positionen, die besonders gefährdete Bereiche der gewerblichen Wirtschaft betreffen, in einer sogenannten Schutzliste zusammengefaßt und von der Zollsenkung ausgenommen werden sollen. Der Bundesminister des Innern fragte mich sodann, bei welchen Gütern sich das Bundeswirtschaftsministerium eine Steigerung der Einfuhr erwarte. Hierauf erwiderte ich, daß diese Frage nicht mit Sicherheit beantwortet werden könne; auf alle Fälle aber würden Einfuhrsteigerungen bei Maschinen und Maschinenteilen, bei Schuhen und bei einigen Artikeln der chemischen Industrie erwartet. Ich würde empfehlen, das Protokoll in diesem Sinne zu ändern oder wenigstens einen entsprechenden Änderungsvermerk zu den Akten zu nehmen. Die in dem Protokoll enthaltene Bemerkung, daß 6000 Positionen von der Zollsenkung, positiv betroffen' würden, ist falsch angesichts der Tatsache, daß ich deutlich erklärt habe, daß von den insgesamt etwa 6000 Positionen die Gebiete Agrar, Montanunion und Finanzzölle ganz herausfallen." Vermerk in B 136/36282.

[35] Fortgang 191. Sitzung am 7. Aug. 1957 TOP 3.

188. Sitzung am 10. Juli 1957

tragt worden, für eine angemessene Einkleidung der Aussiedler im Lager Friedland zu sorgen³⁶. Er habe die entsprechenden Bekleidungs- und Ausrüstungsgegenstände kaufen lassen. Die Rechnungen über diese Bestellungen müßten durch den Bundesminister der Finanzen bezahlt werden. Der *Bundeskanzler* bestätigt diese Ausführungen des Bundesministers für Vertriebene, Flüchtlinge und Kriegsgeschädigte³⁷.

7. Wohnungsbau für Vertriebene und Sowjetzonenflüchtlinge   BMWo

Dieser Punkt der Tagesordnung wird zurückgestellt. Der *Bundeskanzler* bittet die Bundesminister für Wohnungsbau sowie für Vertriebene, Flüchtlinge und Kriegsgeschädigte, bis zur Kabinettssitzung am 17. Juli eine leichter verständliche Fassung ihrer Kabinettvorlage vorzulegen³⁸.

[C.] Entwurf einer Verordnung über die Auszahlung des Ehrensoldes für Träger höchster Kriegsauszeichnungen des 1. Weltkrieges

Der *Bundesminister des Innern* trägt den Inhalt seiner Kabinettvorlage vom 6.7.1957 in den Grundzügen vor³⁹. Der *Bundesminister für Verkehr* regt an, unter Änderung des § 1 Abs. 2 Ehrensold nur an Inhaber der Großen österreichischen goldenen Tapferkeitsmedaille und auch der Großen österreichischen silbernen Tapferkeitsmedaille zu zahlen⁴⁰. Der *Bundesminister des Innern* hält es für zweckmäßig, bei der Fassung der Kabinettvorlage zu bleiben, sagt aber zu, die Anregung des Bundesministers für Verkehr zu prüfen. Das Kabinett beschließt mit dieser Maßgabe entsprechend der Kabinettvorlage des Bundesministers des Innern vom 6.7.1957⁴¹.

[D.] Rüstungslieferungen aus Griechenland

Der *Vizekanzler* berichtet, daß er gestern den griechischen Handelsminister empfangen habe und daß Griechenland größere Rüstungsaufträge aus Deutschland

---

[36] Siehe 187. Sitzung am 2. Juli 1957 TOP G. – Vorlage des BMVt vom 27. Juni 1957 in B 150/3097 und B 136/9439.

[37] Unterlagen über die Durchführung der Aktion in B 150/3097.

[38] Siehe 185. Sitzung am 12. Juni 1957 TOP E. – Gemeinsame Vorlage des BMVt und des BMWo vom 8. Juli 1957 in B 150/2871 und B 136/9518. – Fortgang 190. Sitzung am 24. Juli 1957 TOP 4.

[39] Vorlage des BMI vom 6. Juli 1957 in B 136/3010. – Die Verordnung bezog sich auf § 11 des Gesetzes über Titel, Orden und Ehrenzeichen, das am 26. Juli 1957 in Kraft trat (BGBl. I 844). Nach diesem Gesetz sollte u.a. den Trägern höchster Kriegsauszeichnungen des Ersten Weltkrieges ein Ehrensold gewährt werden. Der Verordnungsentwurf sah die Auszahlung eines einheitlichen Ehrensoldes in Höhe von DM 25 monatlich vor. Dazu Einzeleingaben in B 106/53655 und 104076. – Zum Gesetz vgl. 129. Sitzung am 11. April 1956 TOP E (Kabinettsprotokolle 1956, S. 290).

[40] Der BMI hatte vorgeschlagen, die Träger des Österreichischen Militär-Maria-Theresien-Ordens und der Österreichischen Goldenen Tapferkeitsmedaille zu berücksichtigen.

[41] BR-Drs. 336/57. – Verordnung vom 6. Aug. 1957 (BGBl. I 1119).

325

erwarte[42]. Der *Bundeskanzler* hält die griechischen Forderungen im Grundsatz für berechtigt. Der *Bundesminister für Verteidigung* sieht nur geringe Möglichkeiten, die griechischen Forderungen zu erfüllen, und berichtet in diesem Zusammenhang über die deutschen Rüstungskäufe im Ausland. *Staatssekretär Dr. Westrick* weist auf das Projekt hin, die griechischen Braunkohlenvorkommen als Rohstoffbasis für ein Elektrizitätswerk zu verwenden, und schlägt vor, den Bau dieses Elektrizitätswerkes durch ein deutsches Darlehen zu fördern. Der *Bundeskanzler* sieht in der Unterstützung dieses Projektes den einzigen Weg, den griechischen Wünschen entgegenzukommen[43].

[E.] **Verteilung von Wahlschriften der Parteien in den Kasernen**

Der *Bundesminister für Verkehr* verweist auf seine Kabinettvorlage vom 6. Juli 1957 und spricht sich für eine Verteilung von Postwurfsendungen und anderen Sendungen von Informations- und Werbeschriften der zugelassenen Parteien und Wahlkandidaten in den Kasernen aus, wobei diese Möglichkeit sämtlichen Parteien gleichermaßen gegeben werden soll. Der *Bundesminister für Verteidigung*, der *Bundesminister des Innern* und der *Bundeskanzler* erheben gegen diesen Vorschlag Bedenken. *Staatssekretär Dr. Steinmetz* weist darauf hin, daß Postwurfsendungen an einzelne Soldaten, die in Kasernen wohnen, undurchführbar sind. Das Kabinett stimmt der Kabinettvorlage des Bundesministers für Verkehr vom 6. Juli 1957 nicht zu[44].

---

[42] Der griechische Handels- und Industrieminister Panagiotis Papaligouras hielt sich auf Einladung Blüchers vom 6. bis 10. Juli 1957 in Bonn auf und führte Gespräche mit Blücher, Erhard, Schäffer und Strauß. Vgl. die Gesprächsaufzeichnungen in AA B 50, Bd. 173 sowie das Besprechungsprotokoll über die Verhandlungen von Papaligouras mit Blücher und Erhard am 9. Juli 1957 mit weiteren Unterlagen in B 102/58097 und B 146/1888.

[43] Die Verhandlungen wurden am 9. Nov. 1957 in Athen fortgeführt. Unterlagen dazu in B 102/58096. – Runderlaß Außenwirtschaft Nr. 70/57 vom 3. Dez. 1957 betreffend Griechenland: 6. Zusatzvereinbarung vom 21. Nov. 1957 zum Warenabkommen vom 12. Febr. 1951 (BAnz. Nr. 242 vom 17. Dez. 1957, S. 1). – Fortgang 30. Sitzung am 2. Juli 1958 TOP C (B 136/36118).

[44] Siehe 168. Sitzung am 23. Jan. 1957 TOP 3. – Vorlage des BMV vom 6. Juli 1957 in B 136/6848. – Der BMV hatte die Auffassung des BMVtg, daß das Verteilen parteipolitischer Schriften und Wahlkampfmaterialien in Kasernen unstatthaft sei, angefochten und das Kabinett um Bestätigung seiner Rechtsauffassung gebeten.

189. Kabinettssitzung
am Dienstag, den 16. Juli 1957

Teilnehmer: Adenauer, Blücher, Schröder, von Merkatz, Balke, Wuermeling; Globke, Anders, W. Strauß, Westrick, Sonnemann, Busch, Rust, Bergemann, Steinmetz, Wandersleb, Nahm, Thedieck; Grewe (AA), Schillinger (BMF), Vockel (Bevollmächtigter der Bundesrepublik Deutschland in Berlin), Bleek (Bundespräsidialamt), von Eckardt (BPA), Krueger (BPA), Selbach (Bundeskanzleramt). Protokoll: Abicht.

Beginn: 10.00 Uhr   *Ende: 12.30 Uhr*

Ort: Haus des Bundeskanzlers

Tagesordnung:
1. *Personalien*
   Gemäß Anlagen.
2. *Sender Europa I*
   Vorlage des AA vom 4. Juli 1957 (202 - 82.11).
3. *Wiedergutmachung nationalsozialistischen Unrechts*
   Vorlage des BMF vom 27. Juni 1957 (V B/4 - 0 1470 D - 692/57).
4. *Entwurf eines Gesetzes zu den Verträgen zur Gründung der Europäischen Wirtschaftsgemeinschaft und der Europäischen Atomgemeinschaft (EURATOM) vom 25. März 1957; hier: voraussichtliche Stellungnahme des Bundesrates*
   Vorlage des BMZ vom 12. Juli 1957 (K 22/16).
5. *Verwaltungsabkommen zwischen Bund und Ländern*
   a) über den Ausbau der Ingenieurschulen
   Vorlage des BMF wird nachgereicht,
   b) über die Errichtung eines Deutschen Wissenschaftsrates
   Vorlage des BMI vom 13. Juli 1957 (III 2 - 32012 - 1284/57).

[A.] **Bergarbeiterlöhne und Kohlenpreise**

Der *Bundeskanzler* weist darauf hin, daß nach einer Mitteilung in der „Welt" ein neuer Tarif für die Bergarbeiter abgeschlossen worden sei, und zwar rückwirkend ab 1. Juli 1957. Er spricht die Befürchtung aus, daß die erhöhte Entlohnung der Bergarbeiter zu einer Erhöhung des Kohlepreises und damit zu einer allgemeinen

Preissteigerung führen werde[1]. Er bedauert, daß es dem Bundeswirtschaftsministerium nicht gelungen sei, mit der Grundstoffindustrie so engen Kontakt zu halten, daß diese Entwicklung hätte verhindert werden können. Es sei das offensichtliche Bestreben der IG-Bergbau, vor den Wahlen eine allgemeine Preissteigerung auszulösen, um damit der Bundesregierung Schwierigkeiten zu machen und die Wahlen zu beeinflussen. *Staatssekretär Dr. Westrick* erklärt, daß er erst kürzlich im Kabinett auf die Kündigung der Bergarbeitertarife hingewiesen und die Möglichkeit einer Erhöhung des Kohlepreises angedeutet habe[2]. Die Vereinbarung einer Rückwirkung des neuen Tarifvertrages sei ihm selbst überraschend gekommen. Den Kohlepreis könne man durch erhöhte Einfuhr amerikanischer Kohle stabilisieren. Im übrigen sei die Bundesrepublik zur Zeit das wichtigste Kohleproduktionsland[3]. Der *Vizekanzler* führt aus, es handele sich um die Folge einer Entwicklung, auf die der Bundesminister für Arbeit bereits vor drei Jahren hingewiesen habe. Die maßgebenden Persönlichkeiten im deutschen Bergbau fühlten sich nicht als Unternehmer, sondern nur als Manager ihrer Betriebe. Dabei käme es ihnen in erster Linie darauf an, mit den Gewerkschaften zu einer Einigung zu kommen, und zwar unter Ausschaltung der Bundesregierung und zu Lasten der Verbraucher. Es sei ein Fehler gewesen, daß man vor 2 Jahren einer versteckten Lohnerhöhung zugestimmt habe[4]. Nunmehr versuchten die Gewerkschaften, weitere Forderungen durchzusetzen. Der *Bundesminister für Atomfragen* vertritt die Auffassung, daß ein manipulierter Kohlepreis nicht mit dem Prinzip der freien Marktwirtschaft zu vereinbaren sei. Grundsätzlich hält er es für richtig, die Kohlepreise freizugeben. Vor den Wahlen dürfe jedoch eine Erhöhung des Kohlepreises nicht zugelassen werden. *Staatssekretär Dr. Westrick* betont, daß der Kohlepreis im Sommer für die Öffentlichkeit nicht so interessant wäre wie im Winter. Er weist darauf hin, daß durch erhöhte Heizöleinfuhren[5] eine gewisse Entlastung der Hausbrandversorgung[6] eingetreten sei[7].

---

[1] Am 10. Juli 1957 war ein neuer Tarifvertrag für den rheinisch-westfälischen Steinkohlenbergbau abgeschlossen worden. Die Erhöhung der Arbeiterlöhne und Angestelltengehälter um 4,25 % brachte eine Verteuerung der Steinkohle um insgesamt 1,59 DM pro Tonne mit sich. Vgl. dazu das Schreiben des Unternehmensverbandes Ruhrbergbau vom 12. Juli 1957 mit anliegendem Tarifvertrag in B 136/6574 sowie den Vermerk des BMWi vom 12. Juli 1957 in B 102/34015.

[2] Eine entsprechende Äußerung von Westrick ist in den Protokollen nicht nachgewiesen.

[3] Zur Kohleversorgungslage vgl. 66. Ausschußsitzung am 12. März 1957 TOP 3 (B 136/36220).

[4] Zur Lohnerhöhung 1955 vgl. 78. Sitzung am 30. März 1955 TOP F (Kabinettsprotokolle 1955, S. 214–220).

[5] Vgl. dazu 168. Sitzung am 23. Jan. 1957 TOP E.

[6] Vgl. dazu 168. Sitzung am 23. Jan. 1957 TOP D.

[7] In einer Besprechung mit dem BMWi am 22. Juli und in einem Schreiben an den BMWi vom 27. Juli 1957 bezeichnete der Unternehmensverband Ruhrbergbau eine Kostenerhöhung für den Herbst als unumgänglich. Besprechungsvermerk und Schreiben in B 102/34015. – Am 16. Sept. 1957 kündigte der Unternehmensverband Ruhrbergbau durch die Lohnerhöhungen bedingte Preissteigerungen um ca. 30 bzw. 40 Pfennig je Doppelzentner für Kohle bzw. Koks zum 1. Okt. 1957 an. Gegen diese Preiserhöhung unmittelbar nach der Wahl wehrte sich der BMWi ohne Erfolg. Vgl. dazu die Unterlagen in B 102/34015 und B 136/6574. – Fortgang 196. Sitzung am 9. Okt. 1957 TOP D (Sofortmaßnahmen zur Förderung des Wettbewerbs in der Energiewirtschaft).

[B. Bundesnotenbankgesetz]

Staatssekretär Dr. Westrick berichtet über die Frage, ob der Bundesrat wegen des Bundesnotenbankgesetzes den Vermittlungsausschuß anrufen werde[8].

5. **Verwaltungsabkommen zwischen Bund und Ländern:**   BMI

   b) über die Errichtung eines Deutschen Wissenschaftsrates

Der *Bundeskanzler* erklärt, daß er der Kabinettvorlage des Bundesministers des Innern vom 13.7.1957 nicht zustimmen könne[9]. Diese Kabinettvorlage sei sehr kurzfristig auf die Tagesordnung gesetzt worden. Das Verwaltungsabkommen zwischen Bund und Ländern über die Errichtung eines Deutschen Wissenschaftsrates binde einseitig den Bund und bedeute einen Verzicht des Bundes auf seine Zuständigkeit nach Art. 74 Nr. 13 GG[10]. Ebenso wie in der Frage des Wohnungsbaues[11] oder der Betreuung der Aussiedler[12] handele es sich auch hier wieder um den Fall, daß die Länder ihre verfassungsmäßigen Pflichten nicht erfüllten und der Bund für die Länder einspringen solle. Die öffentliche Meinung werde der Bundesregierung keinen Dank wissen, sondern gegen den Bund Stellung nehmen, wenn dieser die zu erwartenden überhöhten Forderungen der Länder oder der Wissenschaftler ablehnen müsse. Es sei untragbar, daß sich der Bund in Art. 3 Abs. 1 des Verwaltungsabkommens verpflichten solle, die Vorschläge des Wissenschaftsrates im Bundeshaushalt zu berücksichtigen. Ferner sei es eine Unmöglichkeit, daß die Geschäftsstelle des Wissenschaftsrates bei einem Bundesland eingerichtet werde. Was das Stimmenverhältnis anlange, sei damit zu rechnen, daß die Wissenschaftler und Ländervertreter gemeinsam gegen den Bund stimmen würden[13]. Das Abkommen sei in seiner ganzen Anlage falsch. Mit der Billigung dieses Abkommens würde man nur der politischen Opposition eine Waffe gegen die Bundesregierung in die Hand geben. Im Hinblick auf die angespannte Lage des Bundeshaushalts in den nächsten

---

[8] Siehe 187. Sitzung am 2. Juli 1957 TOP 13. – Mit Schreiben vom 11. Juli 1957 hatte der BMF dem Bundeskanzler berichtet, daß Nordrhein-Westfalen vermutlich Einspruch gegen das Bundesnotenbankgesetz vor allem wegen des Einlagezwanges der Länder erheben werde. Vgl. das Schreiben in B 136/1204 sowie die Ministervorlage vom 11. Juli 1957 in B 126/7393. Am 19. Juli 1957 stimmte der Bundesrat dem vom Bundestag am 4. Juli verabschiedeten Gesetz zu (BR-Drs. 321/57). – Gesetz vom 26. Juli 1957 (BGBl. I 745). – Fortgang 2. Sitzung am 7. Nov. 1957 TOP 6.

[9] Vorlage des BMI vom 13. Juli 1957 in B 138/1518 und B 136/6048, weitere Unterlagen in B 138/1517 und 6163. – Das vom BMI vorgelegte Verwaltungsabkommen zwischen Bund und Ländern sah die Errichtung eines Wissenschaftsrates vor. Er sollte die Pläne des Bundes und der Länder zur Förderung der Wissenschaft insbesondere im Bereich des Hochschulbaus aufeinander abstimmen, einen Gesamtplan entwerfen und ein Dringlichkeitsprogramm ausarbeiten. Der aus 39 Mitgliedern bestehende Wissenschaftsrat sollte sich aus Vertretern der Wissenschaftsorganisationen, des öffentlichen Lebens und des Bundes und der Länder zusammensetzen und vom Bundespräsidenten benannt bzw. bestellt werden.

[10] Art. 74 zählt die Gebiete der konkurrierenden Gesetzgebung auf, darunter als Nr. 13 die Förderung der wissenschaftlichen Forschung.

[11] Vgl. hierzu 181. Sitzung am 7. Mai 1957 TOP 6.

[12] Vgl. hierzu 187. Sitzung am 2. Juli 1957 TOP G.

[13] Vgl. hierzu ausführlicher 3. Sitzung am 13. Nov. 1957 TOP B.

Jahren könne man keinen Blankowechsel unterschreiben. Ein Beschluß könne aus diesem Grunde nur in Gegenwart des Bundesministers der Finanzen gefaßt werden. Der *Bundesminister des Innern* gibt zu bedenken, daß die Unterzeichnung des Abkommens für den 18. Juli vorgesehen [sei] und daß die Ablehnung der Unterzeichnung bei den Ländern und den Wissenschaftlern Enttäuschung hervorrufen werde. Er ist der Ansicht, ein sofortiger Abschluß des Abkommens werde das politisch umstrittene Gebiet der Förderung von Wissenschaft und Forschung vor den Wahlen neutralisieren. Er glaubt, das Stimmenverhältnis im Wissenschaftsrat sei so ausgewogen, daß eine Überstimmung des Bundes schwer möglich sei. Eine sachliche Regelung sei auch deshalb geboten, weil die Kultusministerkonferenz der Länder ein zu schwerfälliges Instrument sei und die Kulturabkommen zwischen den Ländern sich als wirkungslos erwiesen hätten. Die ursprünglichen Forderungen der Länder seien über die jetzige Fassung des Verwaltungsabkommens hinausgegangen. Ein Scheitern der Verhandlungen würde der politischen Opposition Auftrieb geben. Die Fassung des Art. 3 des Entwurfes bedeute noch keine finanzielle Bindung, sondern nur die Notwendigkeit einer Berücksichtigung der Wünsche des Wissenschaftsrates im Rahmen des haushaltsmäßig Vertretbaren. Es werde bei den Ländern niemals durchzusetzen sein, daß die Geschäftsstelle des Wissenschaftsrates beim Bund errichtet würde. Daher habe er den Vorschlag gemacht, die Bestimmung der Geschäftsstelle dem Wissenschaftsrat selbst zu überlassen und nur auszuschließen, daß sie beim Bund oder bei einem Land errichtet würde. Der *Vizekanzler* betont, es könne nicht angeordnet werden, daß ein Bundesressort nur über das Bundesinnenministerium mit der Geschäftsstelle des Wissenschaftsrates verkehren dürfe. Außerdem halte er es für ausgeschlossen, daß das Innenministerium bestimme, welche Bundesressorts in dem Wissenschaftsrat vertreten seien. Der *Vizekanzler* schlägt vor, das Abkommen in der Sitzung des Wirtschaftskabinetts am 23. Juli eingehend zu erörtern und anschließend in der Kabinettssitzung am 24. Juli einen Beschluß zu fassen. Der *Bundesminister für Atomfragen* setzt sich ebenfalls dafür ein, heute von einer Beschlußfassung abzusehen. Er glaubt, daß es demokratischen Grundsätzen mehr entsprochen hätte, wenn der Wissenschaftsrat in ein beschließendes und in ein ausführendes Organ aufgeteilt worden wäre. Er ist ferner der Meinung, daß man bisher mit den Ländern bereits einen modus vivendi gehabt habe, bei dem vermieden worden sei, daß die Länder über Bundesgelder disponieren könnten. In diesem Zusammenhang verweist er auf das Beispiel seines Hauses[14]. Schließlich hält es der *Bundesminister für Atomfragen* für richtig, erst die Verabschiedung des Atomgesetzes abzuwarten, weil sich hieraus erhebliche finanzielle Konsequenzen für den Bund ergeben würden[15]. Der *Bundesminister der Justiz und für Angelegenheiten des Bundesrates* stimmt dem Bundesminister des Innern in der Auffassung zu, daß viele politische Gesichtspunkte für einen Abschluß des Verwaltungsabkommens sprechen. Er vertritt allerdings die Auffassung, daß eine Drittelung der Sitze im Wissenschaftsrat zwi-

---

[14] Ein Großteil der Haushaltsmittel des BMAt floß direkt der Förderung der wissenschaftlichen Forschung zu.
[15] Vgl. dazu 190. Sitzung am 24. Juli 1957 TOP 3.

189. Sitzung am 16. Juli 1957

schen Bund, Ländern und Wissenschaft zweckmäßiger gewesen sei. *Ministerialdirektor Dr. Schillinger* bittet, in Art. 3 Abs. 1 die Worte „im Rahmen des haushaltsmäßig Möglichen" einzufügen und die in Art. 2 genannten Aufgaben nach der sachlichen Bedeutung umzustellen. Der *Bundeskanzler* erhebt gegen die von dem Vizekanzler vorgeschlagene Beratung im Kabinettsausschuß keine Bedenken. Er bittet außerdem den Bundesminister des Innern, die Länder um nähere Erläuterungen zu Art. 3 zu ersuchen. Es gehe nicht an, daß sich der Bund auf Jahre hinaus in bedeutsamen Haushaltsfragen die Hände binde. Überdies müsse vermieden werden, daß alljährlich Streit darüber entstehe, in welchem Verhältnis die Aufwendungen des Bundes zu den Aufwendungen der Länder und die Aufwendungen der Länder untereinander stünden. Die Länder müßten daher den ungefähren Schlüssel für das Verhältnis der genannten Aufwendungen mitteilen. Schließlich sei es undiskutabel, daß die Geschäftsstelle des Wissenschaftsrates bei einem Land errichtet würde[16].

5. **Verwaltungsabkommen zwischen Bund und Ländern:** BMF

   a) über den Ausbau der Ingenieurschulen

Dieser Punkt der Tagesordnung wird in der Diskussion zu Punkt 5 b der Tagesordnung von dem Bundesminister des Innern berührt, aber nicht näher beraten[17].

1. **Personalien**

Die anwesenden Kabinettsmitglieder stimmen den Ernennungsvorschlägen gemäß Anlagen 1, 2 und 3 zu Punkt 1 der Tagesordnung zu[18]. (Anmerkung des Protokollführers: Dieser Beschluß wird im Umlaufverfahren bestätigt.)

Der *Bundeskanzler* bittet die Bundesminister des Innern und der Finanzen, Personalsachen mit größter Beschleunigung zu bearbeiten, damit vorgesehene Beförderungen möglichst bald ausgesprochen werden können.

---

[16] Fortgang 71. Sitzung des Kabinettsausschusses für Wirtschaft am 23. Juli 1957 TOP 3 b (B 136/36220) und 193. Sitzung am 20. Aug. 1957 TOP 6.

[17] Vorlage des BMF vom 12. Juli 1957 in B 126/2308 und B 136/6048. – Fortgang 71. Sitzung des Kabinettsausschusses für Wirtschaft am 23. Juli 1957 (B 136/36220) und 193. Sitzung am 20. Aug. 1957 TOP 6.

[18] Vorgeschlagen war die Ernennung von einem Ministerialrat im BMA und von zwei Ministerialräten im BMVtg (Anlage 1). Des weiteren hatte der BMA vorgeschlagen, die Bundesrichter beim Bundessozialgericht Dr. Fritz Haueisen und Richard Stengel zu Senatspräsidenten beim Bundessozialgericht sowie Dr. Friedrich Haug, Artur Mellwitz, Dr. Karl Rottmann, Dr. Franz Schwankhart, Dr. Maria Schwarz, Dr. Erich Strauß, Horst Hunger und Alfred Sonnenberg zu Bundesrichtern beim Bundessozialgericht zu ernennen (Anlage 2). Schließlich sollten die Senatspräsidenten Dr. Maximilian Lohrscheid und Karl Bömmels zu Beisitzern und der Präsident des früheren Gerichtshofes der französisch-saarländischen Union Dr. Nikolaus Philippi sowie der Oberverwaltungsgerichtsrat Dr. Erich Jacob zu stellvertretenden Beisitzern des deutsch-französischen Gemischten Gerichtshofes ernannt werden (Anlage 3). Zum deutsch-französischen Gemischten Gerichtshof vgl. 180. Sitzung am 30. April 1957 TOP 3.

331

3. Wiedergutmachung nationalsozialistischen Unrechts BMF

Dieser Punkt der Tagesordnung wird zurückgestellt[19]. Auf Anregung des *Vizekanzlers* soll eine Beratung in Gegenwart des Bundesministers der Finanzen stattfinden. Der Bundesminister der Finanzen soll gebeten werden, vor dieser Beratung die Gründe für die erhöhten Schätzungen im einzelnen zu erläutern[20].

4. Entwurf eines Gesetzes zu den Verträgen zur Gründung der Europäischen Wirtschaftsgemeinschaft und der Europäischen Atomgemeinschaft (EURATOM) vom 25. März 1957; hier: voraussichtliche Stellungnahme des Bundesrates AA

Der *Vizekanzler* trägt den Inhalt seiner Kabinettvorlage vom 12.7.1957 vor[21]. Aus Rechtsgründen bestünden nach seiner Auffassung Bedenken gegen die Entsendung von Mitgliedern des Bundesrates in die Versammlung der Europäischen Gemeinschaft. Aus politischen Gründen sei es jedoch zweckmäßig, wenn die Bundesregierung die von ihm vorgeschlagene konziliante Haltung in dieser Frage einnehme.

---

[19] Vorlage des BMF vom 27. Juni in B 136/1147. – In der Vorlage hatte der BMF darauf hingewiesen, daß die voraussichtlichen Gesamtkosten der Wiedergutmachung die Schätzungen von 7,5 bis 8 Mrd. DM deutlich übersteigen und sich auf etwa 26 Mrd. DM belaufen würden. Eine weitere Erhöhung der Wiedergutmachungsleistungen sei angesichts der Haushaltslage unmöglich. Anlaß dieser Neueinschätzung war die von einer Organisation französischer Widerstandskämpfer (Fédération Internationale Libre des Déportés et Internés de la Résistance/FILDIR) vorgebrachte Forderung nach Wiedergutmachung. Zuvor hatten bereits elf westliche Staaten Entschädigungsforderungen für Opfer der nationalsozialistischen Verfolgung geltend gemacht. – Öffentliche Äußerungen Schäffers als Finanz- und später als Justizminister, vor allem seine Rede vor der niederbayerischen CSU in Plattling am 14. Dez. 1957, in der er angesichts des Umfangs der Wiedergutmachungsleistungen vor Gefahren für die Währungsstabilität warnte und eine restriktivere Auslegung des Bundesentschädigungsgesetzes anmahnte, lösten heftige Reaktionen im In- und Ausland aus (Unterlagen in B 136/1147, B 126/9871). Das AA sah sich veranlaßt, als Reaktion auf die Beschwerden eine vom BMF verfaßte Statistik über die Entschädigungsverfahren und -leistungen allen diplomatischen und konsularischen Vertretungen zuzusenden. Vgl. das Rundschreiben des AA vom 19. Sept. 1957 in AA B 81, Bd. 535.

[20] Am 17. Dez. 1957 erklärte der BMF auf Anfrage des Bundeskanzleramtes die Kabinettsvorlage vom 27. Juni 1957 als erledigt (Schreiben in B 136/1147). – Die Transferleistungen zur Wiedergutmachung wurden auch in Überlegungen zum Abbau des Zahlungsbilanzüberschusses (vgl. 187. Sitzung am 2. Juli 1957 TOP 12) einbezogen. Unterlagen dazu in B 136/3321. – Fortgang zur Finanzierung der Wiedergutmachung 16. Sitzung am 5. März 1958 TOP 4 (Stellungnahme der Bundesregierung zu den Beschlüssen des Bundesrates über Steueränderungsgesetze 1958: B 136/36117), zu den Entschädigungsforderungen der elf Staaten Fortgang 42. Sitzung am 12. Nov. 1958 TOP 5 (Londoner Schuldenabkommen und ausländische Wiedergutmachungsansprüche: B 136/36119).

[21] Zum Ratifizierungsgesetz siehe 179. Sitzung am 11. April 1957 TOP 4. – Vorlage des BMZ in B 136/8494, weitere Unterlagen in B 144/986. – Der BMZ hatte in seiner Vorlage auf die Gefahr hingewiesen, daß der Bundesrat wegen seiner unerfüllten Forderung den Vermittlungsausschuß anrufen und dadurch die Verabschiedung des Gesetzes erheblich verzögern könnte. Auch das AA hatte in einem Schreiben vom 1. Juli 1957 auf die Haltung des Bundesrates aufmerksam gemacht (B 136/1314). Der Bundesrat hatte die Forderung gestellt, daß von den vertraglich vorgesehenen 36 deutschen Abgeordneten der Gemeinsamen Versammlung 11 Mitglieder vom Bundesrat und 25 vom Bundestag bestellt werden sollten. Die Bundesregierung hatte dagegen die Absicht, die Mitwirkung des Bundesrates bei der Entsendung von deutschen Vertretern in internationale Organisationen in einem eigenen Gesetz zu regeln. Der Entwurf einer entsprechenden Erklärung der Bundesregierung war der Vorlage beigefügt.

Der Text dieser Erklärung müsse allerdings noch überarbeitet werden. Infolge einer Reise nach Berlin könne er diese Erklärung in der Bundesratssitzung am 19. Juli nicht persönlich abgeben. Der *Bundesminister der Justiz und für Angelegenheiten des Bundesrates* glaubt, daß rechtliche Bedenken nicht bestünden. Nach seiner Auffassung bestünden aber Zweifel an der Zweckmäßigkeit dieser Lösung, weil Landesminister kaum Zeit haben würden, regelmäßig an den Sitzungen Europäischer Gremien teilzunehmen, und weil sie im Falle ihrer Entsendung von ihrer Weisungsgebundenheit befreit werden müßten. Der *Bundeskanzler* hält es aus grundsätzlichen Erwägungen für bedenklich, dem Bundesrat zusätzliche Rechte einzuräumen. Mit diesem Vorbehalt stimmt er der vom Bundesminister für wirtschaftliche Zusammenarbeit vorgeschlagenen und von ihm noch zu überarbeitenden Erklärung zu und bittet den Bundesminister für Angelegenheiten des Bundesrates, diese Erklärung namens der Bundesregierung in der Bundesratssitzung am 19. Juli abzugeben[22].

[C.] Entwurf eines Atomgesetzes

Der *Bundesminister für Atomfragen* verteilt einige Stücke des neuen Entwurfs eines Atomgesetzes nebst Erläuterungen und trägt diesen Entwurf in den Grundzügen vor[23]. Er hebt hervor, daß der Gesetzentwurf so abgefaßt sei, daß er eine Grund-

---

[22] Diese Erklärung trug von Merkatz in der 181. Sitzung des Bundesrates am 19. Juli 1957 vor. Dabei wies er darauf hin, daß die Entsendung der deutschen Abgeordneten einer besonderen gesetzlichen Regelung bedürfe und die Bundesregierung eine angemessene Vertretung des Bundesrates wünsche. Nach dieser Erklärung stimmte der Bundesrat dem Gesetzentwurf zu. Vgl. dazu BR-Sitzungsberichte, Bd. 5, S. 746. – Gesetz zu den Verträgen vom 25. März 1957 zur Gründung der Europäischen Wirtschaftsgemeinschaft und der Europäischen Atomgemeinschaft vom 27. Juli 1957 (BGBl. II 753). – Fortgang 5. Sitzung am 27. Nov. 1957 TOP 3.

[23] Zum Atomgesetz siehe 144. Sitzung am 20. Juli 1956 TOP 1 (Kabinettsprotokolle 1956, S. 492–495). – Entwurf eines Gesetzes „zur vorläufigen Regelung der wissenschaftlichen und wirtschaftlichen Anwendung der Kernenergie (Vorläufiges Atomgesetz)" mit Stand vom 12. und 15. Juli 1957 in B 138/553, weitere Unterlagen in B 102/41009, B 136/2041 und B 141/19559. – Der Entwurf des „Gesetzes zur Änderung des Grundgesetzes" als Voraussetzung für das „Gesetz über die Erzeugung und Nutzung der Kernenergie und den Schutz gegen ihre Gefahren (Atomgesetz)" (BR-Drs. 322/56 a-b und BT-Drs. 3026 a-b und 3502) war am 27. Juni 1957 im Bundestag an der erforderlichen Zweidrittelmehrheit gescheitert (Stenographische Berichte, Bd. 37, S. 12772). Der Entwurf zur Änderung des Grundgesetzes hatte vorgesehen, die Zuständigkeit für die Erzeugung und Nutzung der Kernenergie, für den Bau entsprechender Anlagen und den Schutz gegen die Gefahren der Kernenergie im Rahmen der konkurrierenden Gesetzgebung auf den Bund zu übertragen (Art. 74 Nr. 11 a). Ferner sollte die Grundgesetzänderung den Aufbau einer Bundesauftragsverwaltung zur Ausführung der Atomgesetzgebung (Art. 87 c GG) ermöglichen. In einem interfraktionellen Antrag hatten CDU/CSU, SPD, DP/FVP und GB/BHE noch am 27. Juni 1957 einen eigenen Gesetzentwurf zur Änderung des Grundgesetzes eingebracht (BT-Drs. 3688), der am 2. Juli 1957 in namentlicher Abstimmung erneut auch an mangelnder Unterstützung durch Mitglieder der Koalitionsfraktionen gescheitert war (Stenographische Berichte, Bd. 38, S. 13043, Unterlagen dazu in B 138/553). Das Kabinett hatte daraufhin den BMAt mit der Ausarbeitung eines vorläufigen Atomgesetzes beauftragt, das keine Grundgesetzänderung erfordern würde. Dieser Entwurf eines vorläufigen Atomgesetzes stützte die Gesetzgebungskompetenz des Bundes auf bereits bestehende Ermächtigungen (Art. 73 Nr. 5 und 6, Artikel 74, Nr. 1, 11, 12, 13, 19 und 21 bis 23 GG). Der Entwurf sah für Errichtung und Betrieb eines Forschungsreaktors von bis zu 15 Megawatt Leistung die Möglichkeit einer

gesetzänderung nicht voraussetze. Der *Bundesminister der Innern* schlägt vor, einige Formulierungen in den Erläuterungen unverfänglicher zu fassen. Der *Bundesminister für Atomfragen* betont, daß die Erläuterungen nur zur Unterrichtung des Kabinetts bestimmt seien und daß er die endgültige Fassung des Gesetzentwurfes nebst Begründung gesondert vorlegen wolle. Der *Bundeskanzler* bittet den Bundesminister für Atomfragen, die einzelnen Formulierungen noch mit den Bundesministern des Innern und der Justiz abzustimmen. Es komme ihm darauf an, daß der Bund in der Frage eines Atomgesetzes die Initiative nicht aus der Hand gebe. Die Bundesländer sollten nach Möglichkeit davon abgehalten werden, eigene Atomgesetze zu erlassen. Wenn sie den Erlaß eigener Atomgesetze für notwendig hielten, sollten sie durch die Initiative des Bundes dazu bewogen werden, die Landesatomgesetze dem Muster des neuen Bundesatomgesetzes anzupassen. Um dieses Ziel zu erreichen, solle der Entwurf des neuen Bundesatomgesetzes sobald als möglich dem Bundesrat zugeleitet werden[24].

2. **Sender Europa I** AA

Ministerialdirektor Professor Dr. Grewe trägt den Inhalt der Kabinettvorlage des Auswärtigen Amtes vom 4.7.1957 in den Grundzügen vor[25]. Der *Vizekanzler* weist auf die Möglichkeit von Störsendungen aus der SBZ hin. Der *Bundesminister der Justiz und für Angelegenheiten des Bundesrates* bittet, von einer Beschlußfassung abzusehen, weil die völkerrechtlichen Probleme und die Frage eines Schadensersatzes noch nicht abschließend geprüft worden seien. *Staatssekretär Dr. Steinmetz*

Befreiung von dem Verbot des Artikels 1 Abs. 1 b des Gesetzes Nr. 22 der Alliierten Hohen Kommission vom 2. März 1950 (Amtsblatt der Alliierten Hohen Kommission für Deutschland Nr. 12 vom 7. März 1950, S. 122) vor. Ferner sollte die Bundesregierung zum Erlaß von Strahlenschutz- und Haftungsbestimmungen ermächtigt werden. – Zur Entstehungsgeschichte des Atomgesetzes bis 1957 und zur Atomgesetzgebung der Bundesländer vgl. auch Müller, Kernenergie, S. 528–565.

[24] Fortgang 190. Sitzung am 24. Juli 1957 TOP 3.

[25] Siehe 164. Sitzung am 19. Dez. 1956 TOP 5 (Kabinettsprotokolle 1956, S. 779 f.), vgl. auch 182. Sitzung am 16. Mai 1957 TOP B. – Vorlage des AA vom 4. Juli 1957 in AA (Abt. 2), VS-Bd. 5909, weitere Unterlagen u.a. in AA B 17, Bd. 122, B 21, Bde. 48 und 348 bis 350, B 24, Bd. 464 sowie B 136/3466. – Der Langwellensender Europa I war 1952 durch Vertrag zwischen der Saarländischen Rundfunk AG, der damaligen Trägerin der Funkhoheit, und der privaten Saarländischen Fernseh AG, deren Hauptgesellschafter in Monaco ansässig war, gegründet worden. Europa I arbeitete auf kommerzieller Basis und sendete mit starken, ungenehmigten Frequenzen ausschließlich nach Frankreich hinein. Nach dem Scheitern der Bemühungen der deutschen und der französischen Regierung um eine Liquidierung des Senders waren Verhandlungen über die Gründung einer Aktiengesellschaft mit einer Mehrheitsbeteiligung der deutschen und französischen Regierung geführt worden. Die privaten Interessenten an der projektierten Aktiengesellschaft hatten ihre Zusagen von einer Konzessionsdauer des Senders von mindestens zehn Jahren abhängig gemacht, eine Forderung, die die französische Regierung zunächst abgelehnt hatte. Dagegen hatte sich das AA in der Vorlage für eine Fortführung in einem angemessenen Zeitraum unter der Bedingung ausgesprochen, daß die Störungen des Senders abgestellt würden. Die Regierung des Saarlandes war an einer Fortführung des Senders interessiert, dessen Erfolg beim französischen Publikum auch der finanziellen Situation des saarländischen Rundfunks zugute kam.

unterstreicht die Bedenken, die sich aus dem Fehlen einer legalen Welle ergeben. *Staatssekretär Thedieck* bittet, auf die Belange des Saarlandes besonders Rücksicht zu nehmen. Der *Bundeskanzler* glaubt, daß die bisherigen Proteste anderer Sender nicht allzu ernst genommen werden sollten. Er hält es jedoch für zweckmäßig, die Saarregierung nochmals um Darlegung ihrer Auffassung zu bitten[26].

[D.] Wirtschaftshilfe für Island

Ministerialdirektor Professor Dr. Grewe trägt den Plan vor, Island durch finanzielle Beteiligung am Bau von Fischereifahrzeugen eine Wirtschaftshilfe zu gewähren[27]. Der *Bundeskanzler* schildert die gegenwärtige innenpolitische Lage in Island und erklärt, die bisherige konservative Regierung in Island sei hauptsächlich deshalb gestürzt worden, weil sich die USA geweigert hätten, Fische von Island zu kaufen[28]. Das Auswärtige Amt solle daher den USA mitteilen, daß es wohl ihre Sache wäre, die entstandenen Schwierigkeiten zu beseitigen. Der *Vizekanzler* fügt hinzu, daß auch Großbritannien einen schweren politischen Fehler gemacht habe, weil es den Einbruch britischer Fischer in isländische Gewässer geduldet habe. Es bestehe also kaum Veranlassung, daß Deutschland einspringe, zumal eine deutsche Hilfe auf Kosten Griechenlands, der Türkei, Afghanistans usw. gehen würde. *Staatssekretär Dr. Sonnemann* spricht sich ebenfalls gegen eine Wirtschaftshilfe für Island aus. Er befürchtet, daß die Finanzierung des Baues von isländischen Fischereifahrzeugen zur Notwendigkeit führen werde, daß Deutschland, und zwar zum Nachteil der deutschen Fischerei, noch mehr isländische Fische abnehmen müsse als bisher. Der *Bundesminister der Justiz und für Angelegenheiten des Bundesrates* stimmt den bisherigen Ausführungen zu. Der *Bundeskanzler* erklärt, daß die Angelegenheit damit erledigt sei[29].

[E.] Gehaltszahlung an Bedienstete der Bahn und Post im Saarland

Der *Bundeskanzler* teilt mit, daß mit größter Beschleunigung eine Rechtsverordnung auf Grund des § 13 Abs. 6 des Saareingliederungsgesetzes erlassen werden müsse. Diese Verordnung sei notwendig geworden, weil das Saarland die Besoldung der Landesbeamten erhöht habe. Nach kurzer Debatte, an der sich in erster Linie *Ministerialdirektor Dr. Schillinger* und der *Bundesminister des Innern* beteiligen, wird Einverständnis dahin erzielt, daß eine derartige Verordnung rückwirkend ab

---

[26] Fortgang 193. Sitzung am 20. Aug. 1957 TOP 7.

[27] Vorlage des AA vom 8. Juli 1957 in AA (Abt. 4), VS-Bd. 4809. – Das AA begründete seinen Antrag damit, durch wirtschaftliche Unterstützung die militärstrategisch wichtige Insel stärker an den Westen zu binden.

[28] Die Frage der weiteren Stationierung amerikanischer Truppen in Island hatte zum Bruch der konservativen Regierungkoalition, zu vorzeitigen Wahlen am 24. Juni 1956 und zur Bildung einer Linksregierung geführt. Der sozialdemokratische Außenminister Gudmundur Gudmundson hatte erklärt, Island wolle weiterhin Mitglied des NATO-Paktes sein, das Truppenabkommen mit den USA aber revidieren (AdG 1956, S. 5898).

[29] Fortgang 196. Sitzung am 9. Okt. 1957 TOP 5.

1. Januar 1957 erlassen, die notwendigen Vorschüsse gezahlt und die Rechtsverhältnisse der Angestellten und Arbeiter im Dienst der Post und Bahn im Saarland entsprechend gestaltet werden sollen[30].

---

[30] Die Vorlage des BMF vom 16. Aug. 1957 wurde im Umlaufverfahren verabschiedet (B 106/7332 und B 136/898). – Verordnung zur Angleichung der Dienst- und Versorgungsbezüge der in § 13 Abs. 1, 3 und 5 des Gesetzes über die Eingliederung des Saarlandes bezeichneten Beamten und Versorgungsempfänger des Bundes vom 3. Okt. 1957 (BAnz. Nr. 193 vom 8. Okt. 1957, S. 1). – Der Erlaß Nr. 7/57 vom 3. Juli 1957 der Regierung des Saarlandes (Gewährung einer einmaligen Zuwendung für die Zeit vom 1. Jan. 1957 bis 30. Juni 1957 und von Vorschüssen ab 1. Juli 1957 auf die nach der Besoldungsneuregelung zustehenden Bezüge) war der Vorlage des BMF beigefügt und wurde mit der Verordnung vom 3. Okt. 1957 veröffentlicht. – Zur Zweiten Rechtsverordnung Fortgang 7. Sitzung am 13. Dez. 1957 TOP 6.

**Sondersitzung
am Montag, den 22. Juli 1957**

Teilnehmer: Adenauer, Schröder, Lübke, Seebohm, Oberländer; Globke, Westrick, Busch, Steinmetz, Wandersleb, Thedieck, Ripken; Grewe (AA), Schillinger (BMF), von Eckardt (BPA), Selbach (Bundeskanzleramt). Protokoll: Bachmann.

Beginn: 18.00 Uhr *Ende: 18.30 Uhr*
Ort: Haus des Bundeskanzlers

Tagesordnung:
1. *Maßnahmen zur Milderung der Ernteschäden im Jahre 1956 in zuckerrübenanbauenden Betrieben*
   Vorlage des BML vom 11. Juli 1957 (II A 1 - 2031 - 320/57 zu Rüb. Kab. Nr. 381/57).
2. *Diskontermäßigung*
   Vortrag des BMWi.

2. Diskontermäßigung BMWi

Der *Bundeskanzler* führt aus, daß die Bundesminister der Finanzen und für Wirtschaft gegen die Absicht des Zentralbankrates der Bank deutscher Länder, den Diskontsatz von 4½ auf 4 % zu senken, Bedenken geäußert hätten[1]. Es wäre zweckmäßig gewesen, wenn hiervon er, der Bundeskanzler, rechtzeitig benachrichtigt worden wäre. Im übrigen sei es wohl nicht richtig, der Absicht der Bank deutscher Länder entgegenzutreten, und zwar auch deswegen, weil sich in verschiedenen Wirtschaftszweigen deutlich Merkmale eines Konjunkturrückgangs zeigten. *Staatssekretär Dr. Westrick* erklärt, es gebe Argumente für und gegen die Diskontsenkung. Die vom Bundeswirtschaftsminister geäußerten Bedenken seien nicht als Widerspruch aufzufassen. Am 24.7.1957 finde eine neue Sitzung des Zentralbankrates statt, bei der

---

[1] In Bank- und Börsenkreisen sowie innerhalb der BdL war verstärkt die Senkung des Diskontsatzes um einen halben Prozentpunkt diskutiert worden. Auch von seiten der OEEC war ein derartiger Schritt erwartet worden. Vgl. dazu u.a. die „Frankfurter Allgemeine Zeitung" vom 4. Juli 1957 S. 9 („Die Banken hoffen auf Senkung des Diskontsatzes") und den Vermerk des Bundeskanzleramtes vom 12. Juli 1957 in B 136/7343. – Die Diskontsatzsenkung war als geeignetes Mittel betrachtet worden, um dem Aufwertungsdruck der DM entgegenzuwirken, die Zahlungsbilanzüberschüsse gegenüber der EZU zu verringern und damit der Kritik der OEEC zu begegnen (vgl. dazu 187. Sitzung am 2. Juli 1957 TOP 12). – Zu den Ausführungen des Bundeskanzlers vgl. den Vermerk vom 22. Juli 1957 für die Kabinettssitzung in B 136/7343, dazu auch den Vermerk des BMF vom 22. Juli 1957 und die Aufzeichnung Schäffers über diese Sitzung in B 126/18337.

Gelegenheit gegeben sei, einen endgültigen Beschluß zu fassen. Der *Bundeskanzler* hält eine Senkung des Diskontsatzes auch wegen der zurückgehenden Baukonjunktur und mit Rücksicht auf den Grünen Plan für richtig. *Ministerialdirektor Dr. Schillinger* schlägt vor, sicherzustellen, daß bei einer etwaigen Senkung des Diskontsatzes die Zinsen für Spareinlagen nicht gesenkt würden und daß vorsorglich gewisse Maßnahmen gegen finanzielle Mißbräuche ins Auge gefaßt würden, wie z.B. eine Erhöhung der Mindestreservesätze und eine Regulierung der Kreditkontingente. Der *Bundeskanzler* erklärt sich mit dieser Auffassung einverstanden, soweit es sich um die gleichbleibende Verzinsung der Spareinlagen handelt.

Das Kabinett ist übereinstimmend der Meinung, daß Bedenken gegen die Senkung des Diskontsatzes von 4½ auf 4 % nicht geäußert werden sollen[2].

1. **Maßnahmen zur Milderung der Ernteschäden im Jahre 1956 in zuckerrübenanbauenden Betrieben** BML

Der *Bundesminister für Ernährung, Landwirtschaft und Forsten* und *Ministerialdirektor Dr. Schillinger* begründen ihren gegensätzlichen Standpunkt[3]. Der *Bundeskanzler* erklärt, in einer früheren Kabinettssitzung sei mit dem Bundesminister der Finanzen eine Einigung darüber erzielt worden, daß eine Existenzgefährdung angenommen werden könne, wenn ein Landwirt in zwei aufeinanderfolgenden Jahren schwere Ernteschäden erlitten habe[4]. Der *Bundesminister für Ernährung, Landwirtschaft und Forsten* erklärt, bezüglich der Länderbeteiligung habe der Bundesminister der Finanzen inzwischen seinen Standpunkt insofern modifiziert, als er sich bei Niedersachsen mit einer Landesbeteiligung von 20 % begnügen wolle. Der *Bundeskanzler* glaubt, das Verlangen einer anteiligen Leistung des Landes Niedersachsen

---

[2] Der Zentralbankrat beschloß in seiner 250. Sitzung am 24. Juli 1957 keine notenbankpolitischen Maßnahmen. Vgl. dazu das Protokoll in HA BBk B 330/102 sowie den Protokollauszug dieser Sitzung in B 136/7343. – Fortgang 191. Sitzung am 7. Aug. 1957 TOP B.

[3] Siehe 187. Sitzung am 2. Juli 1957 TOP 5. – Vorlage des BML vom 11. Juli 1957 in B 116/2944 und B 136/8651 sowie Vorlage des BMF vom 15. Juli 1957 in B 126/8253 und B 136/8651. – Der Bundestag hatte mit Entschließung vom 29. Mai 1957 die Bundesregierung ersucht, für außergewöhnliche Ernteschäden des Jahres 1956 Mittel bereitzustellen (Umdruck 1057 und Stenographische Berichte, Bd. 37, S. 12552). Der BML hatte diesem Antrag entsprochen und in seiner Vorlage um Zustimmung zu einer außerplanmäßigen Ausgabe von 14 Millionen DM zur Finanzierung einer Hilfsaktion für die zuckerrübenanbauenden Betriebe in Niedersachsen, Nordrhein-Westfalen und in Teilen Nordhessens gebeten. Der BML hatte eine 50 %ige Beteiligung des Landes Niedersachsen, auf das 80 % der Schadensfälle entfallen waren, für unzumutbar gehalten und vorgeschlagen, auf eine Beteiligung der Länder und auf den Nachweis der Existenzgefährdung generell zu verzichten und eine generelle Hilfe ab einer Ertragsminderung von mehr als 20 % gegenüber dem Durchschnitt der Jahre 1952/53 zu leisten. Der BMF hatte dagegen in seiner Vorlage eingewandt, daß eine 20 %ige Ertragsminderung keine Existenzgefährdung bedeute, da es keine Monokulturen gäbe und nur bei etwa 5000 Betrieben Schadenshilfe im Umfang von insgesamt 3 bis 5 Millionen zu leisten sei. Seine Zustimmung hatte der BMF nur bei Einhaltung der bisher angewandten Grundsätze der Mittelvergabe in Notstandsfällen in Aussicht gestellt. Danach konnten Beihilfen nur in Form von Zinsverbilligung und niedrig-verzinslichen Darlehen unter dem Nachweis der Existenzgefährdung und mit einer 50 %igen Beteiligung der Länder gewährt werden.

[4] Vgl. 163. Sitzung am 12. Dez. 1956 TOP E (Kabinettsprotokolle 1956, S. 768).

stehe im Widerspruch zu der Tatsache, daß der Bund dem Lande ein Darlehen von 80 Mio. DM zum Ausgleich des Haushalts 1957 gegeben habe[5]. *Ministerialdirektor Dr. Schillinger* erklärt, der Bundesfinanzminister wende sich gegen eine Aushöhlung des Prinzips, daß der Bund bei Ernteschäden und in anderen ähnlichen Fällen nur subsidiär für Hilfsmaßnahmen in Frage komme und daß in erster Linie die Länder zuständig seien. Der Minister sei auch der Auffassung, daß eine Existenzgefährdung bei den meisten Zuckerrübenproduzenten nicht angenommen werden könne, weil sie nur einen Teil ihres Landes mit Zuckerrüben bebaut und im übrigen andere Kulturen hätten. Ein wichtiges Anzeichen dafür, daß die Wirtschaftslage der Betroffenen nicht sehr ernst sei, sei der Umstand, daß Anträge auf Stundung von Steuern nicht gestellt worden seien. Auch auf die individuelle Schadensfeststellung könne der Bundesfinanzminister nicht verzichten. Der *Bundesminister für Ernährung, Landwirtschaft und Forsten* weist auf den Bundestagsbeschluß vom 29. Mai 1957 (Umdruck 1057) hin. Seit dem Beschluß seien zwei Monate vergangen, ohne daß die Verhandlungen mit dem Bundesfinanzminister zu Ende gekommen seien. Der *Bundesminister für Vertriebene, Flüchtlinge und Kriegsgeschädigte* berichtet über Feststellungen, die er bei den Landwirten, bei Sparkassen und bei Zuckerfabriken im Kreise Hildesheim getroffen habe. Danach sei eine schnelle Hilfe erforderlich. Der *Bundeskanzler* erklärt, der Bundesfinanzminister hätte seine grundsätzlichen Bedenken vorbringen sollen, als der Bundestag über die Hilfsaktion beraten habe. Es sei aber richtig, daß der jetzt zu fassende Beschluß keine Berufungsmöglichkeit für ähnliche Fälle in der Zukunft schaffen solle. Es könne eine Formulierung gefunden werden, die den Ausnahmecharakter der jetzigen Hilfsaktion betone. *Ministerialdirektor Dr. Schillinger* erklärt, er habe Weisung, dem Antrage des Bundesministers für Ernährung, Landwirtschaft und Forsten nicht zuzustimmen. Er würde es jedoch sehr begrüßen, wenn im Sinne der Ausführungen des Herrn Bundeskanzlers sichergestellt würde, daß eine etwaige Hilfsaktion nicht zu Berufungen in der Zukunft führen würde. Der *Bundesminister für Verkehr* erklärt, nach den bisherigen Feststellungen würde die Hilfsaktion etwa 14 Mio. DM kosten. Es komme in erster Linie auf Schnelligkeit an. Es sei besser, einen geringeren Betrag sofort, als höhere Zahlungen erst nach einem langwierigen Verfahren zu geben.

Das Kabinett stimmt der vom Bundesminister für Ernährung, Landwirtschaft und Forsten vorgeschlagenen Hilfsaktion zu mit der Maßgabe, daß ihr Ausnahmecharakter betont und Berufungsmöglichkeiten ausgeschlossen werden sollen[6].

[A. Bekleidungsaktion im Lager Friedland]

Außerhalb der Tagesordnung weist der *Bundesminister für Vertriebene, Flüchtlinge und Kriegsgeschädigte* auf die Kabinettsberatungen am 27. 6. und am 2.7.1957 hin, in denen die Bundesregierung beschlossen habe, laufend die notwendigen Beträge zur Einkleidung und Ausrüstung der Aussiedler im Lager Friedland bereitzustellen

---

[5] Vgl. dazu Sondersitzung am 9. Nov. 1956 TOP 1 (Kabinettsprotokolle 1956, S. 710 f.).
[6] Fortgang Sondersitzung am 29. Juli 1957 TOP 1.

und als erste Rate einen Betrag von 300 000 DM zu zahlen[7]. Der Bundesminister der Finanzen habe bisher nur 80 000 DM bewilligt. Das Kabinett bekennt sich noch einmal ausdrücklich zu den in dieser Sache gefaßten Beschlüssen und ermächtigt den Bundesminister für Vertriebene, Flüchtlinge und Kriegsgeschädigte, soviel Bekleidungsvorräte zu kaufen, wie zur ordentlichen Einkleidung der Aussiedler erforderlich sind.

---

[7] Siehe 188. Sitzung am 10. Juli 1957 TOP 6.

**190. Kabinettssitzung
am Mittwoch, den 24. Juli 1957**

Teilnehmer: Adenauer, Blücher, von Merkatz, Lübke, Oberländer, Balke; Globke, Anders, W. Strauß, Westrick, Busch, Bergemann, Steinmetz, Wandersleb, Thedieck; van Scherpenberg (AA), Schillinger (AA), von Eckardt (BPA), Krueger (BPA), Selbach (Bundeskanzleramt). Protokoll: Abicht.

Beginn: 10.00 Uhr   *Ende: 12.15 Uhr*
Ort: Haus des Bundeskanzlers

Tagesordnung:
1. *Personalien*
   Gemäß Anlagen.
2. *Hilfsmaßnahmen für den Saargrenzgürtel*
   Vorlage des BMWi vom 8. Juli 1957 (I A 2 - 1874/57).
3. *Entwurf eines Gesetzes zur vorläufigen Regelung der wissenschaftlichen und wirtschaftlichen Anwendung der Kernenergie (Vorläufiges Atomgesetz)*
   Vorlage des BMAt vom 19. Juli 1957 (I A 2 - K 0100 - 23/57).
4. *Bundesmittel für den Wohnungsbau zugunsten von Zuwanderern aus den sowjetischen Besatzungsgebieten, von Aussiedlern und von ihnen gleichgestellten Personen*
   Gemeinsame Vorlage des BMWo und des BMVt vom 8. Juli 1957 (I B 4 - 4131/197/57 und II 5 - 5851a - Tgb. Nr. 2704/57I).
5. *Unfallversicherungen für Bundesminister, Angestellte und Arbeiter des Bundes sowie sonstige in Dienstkraftwagen mitfahrende Personen*
   Gemeinsame Vorlage des BMI und BMJ vom 28. Juni 1957 (Z 10 - 010 060 - 1470/57 und 7307 - 32 173/57).

[A.] Ausbau des Autobahnnetzes bis zur niederländischen Grenze und deutsch-niederländische Ausgleichsverhandlungen

Der *Bundeskanzler* weist darauf hin, der Sender Hilversum habe sich in einer gestrigen Sendung mit dem Ausbau des deutschen Autobahnnetzes bis zur niederländischen Grenze und den deutsch-niederländischen Ausgleichsverhandlungen befaßt. Außerdem habe der holländische Delegationsführer durch den niederländischen Landwirtschaftsminister[1] sein Bedauern aussprechen lassen, daß Deutschland

---
[1] Korrigiert aus Landschaftsminister. – Sicco Mansholt war von 1945 bis 1958 Landwirtschaftsminister.

190. Sitzung am 24. Juli 1957

wenig Interesse an einem baldigen Abschluß der deutsch-niederländischen Ausgleichsverhandlungen[2] zeige. *Staatssekretär Dr. Bergemann* erklärt, der Bundesminister für Verkehr habe kürzlich in einer Besprechung erwähnt, daß man die Autobahn zwischen Wesel und der niederländischen Grenze erst trassieren könne, wenn die endgültige Grenzziehung zwischen Deutschland und den Niederlanden geklärt worden sei. Er werde unverzüglich durch Anruf im niederländischen Verkehrsministerium klarstellen, daß mit dieser Äußerung kein unzulässiger Einfluß auf die deutsch-niederländischen Verhandlungen beabsichtigt gewesen sei. Die Presse solle entsprechend unterrichtet werden[3]. *Ministerialdirektor van Scherpenberg* berichtet, daß das Verhältnis der deutschen und der niederländischen Delegation ausgezeichnet sei und daß der jetzige Stand der Verhandlungen als günstig bezeichnet werden könne. Es solle für eine beschleunigte Weiterführung der Verhandlungen Sorge getragen werden[4].

1. **Personalien**

Die anwesenden Kabinettsmitglieder stimmen den Ernennungsvorschlägen gemäß Nr. 1 bis 3 der Anlage 1 und Nr. 1 bis 9 der Anlage 2 zu Punkt 1 der Tagesordnung zu[5].

2. **Hilfsmaßnahmen für den Saargrenzgürtel** BMWi

Staatssekretär Dr. Westrick trägt den Inhalt der Kabinettvorlage des Bundesministers für Wirtschaft vom 18.7.1957 ausführlich vor[6]. Nach kurzer Diskussion kommen die

---

[2] Siehe 165. Sitzung am 9. Jan. 1957 TOP 4.
[3] Vgl. dazu Mitteilung des BPA Nr. 775/57 vom 24. Juli 1957 in BD 7/167–1957/3. – Unterlagen zur Planung und zum Bau der „Holland-Linie" in B 108/4248 und 4249.
[4] Die Verhandlungen wurden 1960 abgeschlossen. – Gesetz vom 10. Juni 1963 über den Vertrag vom 8. April 1960 zur Regelung von Grenzfragen und anderen zwischen den beiden Ländern bestehenden Problemen – Ausgleichsvertrag (BGBl. II 548).
[5] Vorgeschlagen war im Bereich des BML die Ernennung des Direktors des Instituts für Maschinenwesen der Bundesversuchs- und Forschungsanstalt für Milchwirtschaft, Prof. Dr. Ing. Günther Wälzholz, zum Direktor und Professor im Beamtenverhältnis auf Lebenszeit sowie von zwei Ministerialräten im BMA (Anlage 1, Nr. 1 bis 3, zu Nr. 4 bis 8 vgl. 191. Sitzung am 7. Aug. 1957 TOP 1). Gemäß Anlage 2 sollten Dr. Fritz Boerckel, Dr. Werner Böhmer, Rolf Clauß, Dr. Kurt Klamroth und Dr. Hans-Wolrad Waitz zu Bundesrichtern beim Bundesverwaltungsgericht, Ernst-Wolfgang Amelung und Heinz Lippold zu Bundesrichtern bei dem Bundesdisziplinarhof sowie Dr. Eberhard Barth zum Senatspräsidenten bei dem Bundesdisziplinarhof (Wehrdienstsenat) und Dr. Otto Grünewald ebendort zum Bundesrichter ernannt werden.
[6] Vorlage des BMWi vom 18. Juli 1957 in B 102/13136 und B 136/2420. – Mit der BT-Drs. 835 vom 23. Sept. 1954, der der Bundestag am 20. März 1957 im wesentlichen zugestimmt hatte (BT-Drs. 3241), war die Bundesregierung zu Hilfsmaßnahmen für den Saargrenzgürtel, einem ca. 20 km breiten, zum Saarland angrenzenden Gebietsstreifen des Landes Rheinland-Pfalz, aufgefordert worden. Eine angestrebte Gleichbehandlung mit dem Zonenrandgebiet hatte der dem BMI unterstellte Interministerielle Ausschuß für Notstandsfragen abgelehnt. Der rheinland-pfälzische Ministerpräsident Peter Altmeier hatte mit einem Schreiben vom 1. Juli 1957 an den BMWi und die beteiligten Bundesressorts mit Hinweis auf die besondere politische Situation gegen dieses Votum Einspruch erhoben. Die Vorlage des BMWi enthielt als Anlage das Schreiben Altmeiers sowie den Entwurf eines Antwortschreibens, das den Beschluß des Interministeriellen Ausschusses nochmals bestätigte.

190. Sitzung am 24. Juli 1957

anwesenden Kabinettsmitglieder überein, zunächst noch eine Rückfrage an das Land Rheinland-Pfalz zu richten[7].

3. **Entwurf eines Gesetzes zur vorläufigen Regelung der wissenschaftlichen und wirtschaftlichen Anwendung der Kernenergie (Vorläufiges Atomgesetz)** BMAt

Der *Bundesminister für Atomfragen* betont, daß es sich bei dem Entwurf eines vorläufigen Atomgesetzes um eine ausgesprochene Übergangsregelung handele[8]. Er erklärt sich mit der Anregung des *Staatssekretärs Dr. Strauß*, den letzten Absatz auf Seite 2 der Begründung zu streichen, einverstanden. Die anwesenden Kabinettsmitglieder stimmen dem Gesetzentwurf zu. Er soll nicht im Wege eines Initiativgesetzantrages beim Bundestag eingebracht, sondern als Regierungsvorlage dem Bundesrat zugeleitet werden[9].

[B.] **Stationierungskosten**

Der *Bundeskanzler* teilt mit, der britische Botschafter Sir Christopher Steel[10] habe ihn brieflich um baldige Verabschiedung des Abkommens über die Stationierungs-

---

[7] Am 6. Aug. 1957 unterrichtete der BMWi den rheinland-pfälzischen Ministerpräsidenten über die erneute ablehnende Stellungnahme des Interministeriellen Ausschusses und bat um weitere Unterlagen, die die politische Notwendigkeit der Forderungen belegen sollten (Schreiben in B 102/13136 und B 136/2420). Ein partielles Entgegenkommen in der Förderungspraxis der Bundesregierung wurde in Verhandlungen zwischen dem BMWi und Landesvertretern im Dezember 1957 erzielt. Danach verzichtete das Land Rheinland-Pfalz auf eine formelle Gleichstellung mit dem Zonenrandgebiet, während der BMWi eine großzügigere Beurteilung der Kreditanträge aus dem Saargrenzgürtel sowie günstige Zinskonditionen zusagte. Vgl. dazu den Vermerk des Bundeskanzleramtes vom 9. Dez. 1957 in B 136/2420.

[8] Siehe 189. Sitzung am 16. Juli 1957 TOP C. – Vorlage des BMAt vom 19. Juli 1957 in B 138/553, B 141/19559 und B 136/2041, vgl. auch B 142/4737. – Die für das ursprünglich vorgesehene Atomgesetz erforderliche Grundgesetzänderung, die die Zuständigkeit von Bund und Ländern festlegen sollte, war im Bundestag gescheitert. Der jetzt vorgelegte Entwurf eines vorläufigen Atomgesetzes stützte die Bundeskompetenz allein auf Art. 74 Ziffer 19 GG (Maßnahmen gegen gemeingefährliche Krankheiten, Verkehr mit Giften). Er sah ferner die Fortgeltung des Gesetzes Nr. 22 der Alliierten Hohen Kommission (Überwachung von Stoffen, Einrichtungen und Ausrüstungen auf dem Gebiet der Kernenergie) vor. Die bis zum 31. Dez. 1958 befristete Regelung sollte der Gefahr einer Rechtszersplitterung durch Landesatomgesetze entgegenwirken und ausreichende Rechtsgrundlagen für Errichtung und Betrieb von Reaktoren, den Strahlenschutz und die Haftung beim Umgang mit radioaktiven Stoffen schaffen.

[9] BR-Drs. 357/57. – Der Bundesrat machte von seinem Recht auf Stellungnahme keinen Gebrauch. Vgl. das Schreiben des Direktors des Bundesrates an das Bundeskanzleramt vom 3. Aug. 1957 in B 136/2041. Der Gesetzentwurf wurde in der 2. Legislaturperiode im Bundestag nicht mehr eingebracht. Vgl. das Schreiben Globkes vom 20. Aug. 1957 in B 136/2037. – Fortgang 2. Sitzung am 7. Nov. 1957 TOP 1 (Entscheidung über Gesetzentwürfe, die in der zweiten Legislaturperiode nicht mehr verabschiedet wurden) und 24. Sitzung am 7. Mai 1958 TOP D (Atomgesetzgebung: B 136/36118).

[10] Sir Christopher Steel (1903–1973). Seit 1927 im britischen diplomatischen Dienst, ab 1945 leitende Stellung bei der britischen Militärregierung in Deutschland, ab 1947 politischer Berater des Militärgouverneurs General Robertson, 1949–1950 dessen Stellvertreter als Hoher Kommissar, 1950–1952 Gesandter an der britischen Botschaft in Washington, 1953–1956 Ständiger Vertreter bei der NATO, 1956–1963 Botschafter in Bonn.

kosten gebeten¹¹. *Ministerialdirektor van Scherpenberg* berichtet, daß die Forderungen der USA an der leider eingetretenen Verzögerung schuld seien. Außerdem habe der Bundesrat am 12. Juli zu dem Gesetzentwurf keine Stellung genommen¹². Es sei zweifelhaft, ob der Bundestag Ende August alle drei Lesungen vornehmen könne. Der *Bundeskanzler* erklärt sich bereit, die Vorsitzenden der Bundestagsfraktionen schriftlich um eine beschleunigte Verabschiedung zu bitten. Er beauftragt das Auswärtige Amt, ihm entsprechende Briefentwürfe vorzulegen¹³.

[C.] **Völkerrechtliche und staatsrechtliche Stellung des Landes Berlin**
Im Anschluß an die Wahl des Regierenden Bürgermeisters von Berlin zum Präsidenten des Bundesrates¹⁴ werden die völkerrechtliche und staatsrechtliche Stellung Berlins, die Befugnisse seiner Vertreter im Bundesrat und die Frage der Vertretung des Bundespräsidenten durch den Bundesratspräsidenten eingehend erörtert. Der *Bundeskanzler* hält es für erforderlich, die einzelnen Rechtsfragen genau zu prüfen und das Kabinett zu gegebener Zeit zu unterrichten¹⁵.

4. **Bundesmittel für den Wohnungsbau zugunsten von Zuwanderern aus den sowjetischen Besatzungsgebieten, von Aussiedlern und von ihnen gleichgestellten Personen**
BMWo/BMVt
Dieser Punkt der Tagesordnung wird abgesetzt¹⁶.

---

¹¹ Siehe 185. Sitzung am 12. Juni 1957 TOP D (Gesetz über gegenseitige Wirtschaftshilfe nach Art. 3 des NATO-Vertrages). – Schreiben Steels vom 18. Juli 1957 in StBKAH III/6. – Der britische Botschafter hatte die Ankündigung Adenauers, daß das Gesetz über die gegenseitige Wirtschaftshilfe noch in dieser Legislaturperiode abschließend behandelt würde, begrüßt, da hierdurch innenpolitische Schwierigkeiten für Premierminister Macmillan vermieden würden. – Die Stationierungsmächte hatten wiederholt auf die Verabschiedung des Wirtschaftshilfegesetzes gedrängt. Der Bundestag beriet trotz wiederholter Anmahnung der Bundesregierung den Gesetzentwurf nicht mehr. Dies löste bei den Alliierten eine ernsthafte Verstimmung aus. Unterlagen dazu AA B 2, VS-Bd. 193.

¹² Der Bundesrat hatte keine Einwendungen erhoben (BR-Drs. 264/57).

¹³ Vgl. das Schreiben des Bundeskanzlers vom 26. Juli 1957 an die Fraktionsvorsitzenden in B 136/3132. – Eine abschließende Beratung in dieser Legislaturperiode kam nicht mehr zustande. Als Übergangslösung hatte der Haushaltsausschuß des Bundestages am 3. Juli 1957 vorsorglich auf Antrag des BMF Abschlagszahlungen bis zur Höhe von 25 % der vereinbarten Beträge zugestimmt. Vgl. das Schreiben von Brentanos an Adenauer vom 29. Aug. 1957 in B 136/3132. – Fortgang 5. Sitzung am 27. Nov. 1957 TOP 2.

¹⁴ Am 19. Juli 1957 hatte der Bundesrat den Regierenden Bürgermeister von Berlin, Dr. Otto Suhr (SPD), zum Präsidenten des Bundesrates für die zum 7. Sept. 1957 beginnende Amtszeit gewählt (BR-Sitzungsberichte, Bd. 5, S. 742). – Zum Tode von Otto Suhr am 30. Aug. 1957 vgl. 194. Sitzung am 3. Sept. 1957 TOP B.

¹⁵ Eine Beratung im Kabinett war nicht zu ermitteln. – Vgl. die Materialsammlung zur staatsrechtlichen Stellung und zu den Viermächte-Vereinbarungen über Berlin in B 137/1327, ferner die vom Verfassungsausschuß des Königsteiner Kreises im Dezember 1956 getroffene „Festlegung" zur staats- und völkerrechtlichen Stellung Berlins in AA B 12, Bd. 81. Der Berliner Senat bemühte sich im Jahr 1958 verstärkt darum, die Stellung der Berliner Bundesratsmitglieder aufzuwerten und ihnen das volle Stimmrecht zu verleihen. Unterlagen dazu in B 144/1712 und B 136/18019.

¹⁶ Siehe 188. Sitzung am 10. Juli 1957 TOP 7. – Der BMWo, der BMVt und der BMF hatten die Vertagung beantragt, da zunächst Verhandlungen mit den Ländern angestrebt waren. Vgl. das

5. Unfallversicherung für Bundesminister, Angestellte und Arbeiter des Bundes sowie sonstige in Dienstkraftwagen mitfahrende Personen BMI/BMJ

Nach kurzer Diskussion stimmen die anwesenden Kabinettsmitglieder der gemeinsamen Kabinettvorlage der Bundesminister des Innern und der Justiz vom 28.6.1957 zu[17]. Es wird vereinbart, daß ein entsprechender Runderlaß, der auch eine großzügige Billigkeitsregelung enthalten soll, den Kabinettsmitgliedern im Umlaufverfahren zur Bestätigung vorgelegt wird[18]. *Staatssekretär Dr. Bergemann* gibt zu Protokoll, daß der Bundesminister für Verkehr die erwähnte Billigkeitsregelung nicht als befriedigend ansehe und eine Insassenversicherung für erforderlich halte.

[D.] Wirtschaftshilfe für Polen

Die anwesenden Kabinettsmitglieder stimmen der Vorlage des Bundesministers des Auswärtigen vom 22.7.1957 zu[19].

[E.] Bundestagswahl

Der *Bundesminister der Justiz und für Angelegenheiten des Bundesrates* berichtet, die Landeswahlleiter hätten kürzlich in Wiesbaden getagt und beschlossen, es jedem Land zu überlassen, ob die DP/FVP als neue Partei im Sinne des Bundeswahlgesetzes anzusehen sei. Dies sei ungerechtfertigt. Juristisch sei die FVP in der DP aufgegangen. Nur aus Gründen der politischen Höflichkeit habe man von einem Zusammenschluß der beiden Parteien gesprochen. Die Lage sei also völlig anders als bei der Föderalistischen Union. Das Bundesministerium des Innern müsse die Rechtslage eindeutig klarstellen[20]. Wenn die DP/FVP auch nur in einem Bundesland als neue Partei be-

---

Schreiben der Länder vom 23. Juli 1957 in B 150/2871. – Fortgang Sondersitzung am 29. Juli 1957 TOP 3.

[17] Siehe 160. Sitzung am 22. Nov. 1956 TOP 7 (Kabinettsprotokolle 1956, S. 763). – Vorlage des BMI und des BMJ vom 28. Juni 1957 in B 126/12903 und B 136/5114. – BMI und BMJ waren zu dem Schluß gekommen, daß es einer zusätzlichen Haftungsregelung nicht bedürfe. In den Fällen, in denen Ansprüche nicht geltend gemacht werden konnten, sollte unter Berücksichtigung der Billigkeit und des Ansehens der Bundesregierung eine Schadensregelung auf Kosten des Bundes im Einzelfall möglich sein. – Unterlagen zu einem Rahmenvertrag über Kraftfahrzeugversicherungen für Bundesbedienstete in B 106/50838.

[18] Vorlage des BMF vom 9. Sept. 1957 in B 136/5114. – Rundschreiben des BMF vom 18. Dez. 1957 an die Obersten Bundesbehörden in B 126/12903.

[19] Vorlage des AA vom 22. Juli 1957 in AA (Abt. 4), VS-Bd. 4800 und B 136/1260. – Die Wirtschaftsverhandlungen waren am 8. Juli 1957 aufgenommen worden. In den Verhandlungen waren beide Seiten darum bemüht, die durch die stark defizitäre Handelsbilanz Polens gegenüber der Bundesrepublik belasteten Wirtschaftsbeziehungen zu intensivieren. Das AA hatte in seiner Vorlage eine Stundung der Fälligkeiten Polens in Höhe von 30 Millionen DM und eine flexible Haltung in Fragen der Kreditkonzessionen bei den weiteren Verhandlungen beantragt. – Fortgang 4. Sitzung am 21. Nov. 1957 TOP 3.

[20] Siehe 188. Sitzung am 10. Juli 1957 (Ministerbesprechung). – Vgl. dazu das Schreiben von Merkatz' vom 23. Juli 1957 an den BMI in B 106/58953 und B 136/3851. – In der Besprechung der Wahlrechtsreferenten der Länder und der Landeswahlleiter am 17. Juli 1957 in Wiesbaden war hierzu beschlossen worden: „Übereinstimmung besteht, daß die DP/FVP, wie auch in der

handelt würde, müsse sie sich hiergegen mit einer Verfassungsklage wenden. Dies könne unter Umständen dazu führen, daß die ganze Bundestagswahl wiederholt werden müsse. Der *Bundeskanzler* bittet den Bundesminister der Justiz und für Angelegenheiten des Bundesrates, sich schriftlich an den Bundesminister des Innern zu wenden. *Staatssekretär Dr. Anders* sagt eine Erledigung in dem von dem Bundesminister der Justiz und für Angelegenheiten des Bundesrates gewünschten Sinne zu. *Staatssekretär Dr. Globke* bittet den Bundesminister der Justiz und für Angelegenheiten des Bundesrates um eine Briefabschrift, damit er die Mitglieder der Wahlausschüsse, die der CDU angehören, im gleichen Sinne unterrichten könne[21].

[F.] Alterssicherung der Landwirte

Der *Bundeskanzler* teilt mit, daß sich Schwierigkeiten bei den Bedingungen ergeben hätten, unter denen ein Bundesdarlehen in Höhe von 70 Mio. DM als Starthilfe für die Alterssicherung der Landwirte gegeben werden solle[22]. Der *Bundesminister für Ernährung, Landwirtschaft und Forsten* berichtet hierzu, daß die Beiträge der altersversicherten Landwirte niedrig gehalten werden müßten. Das Bundesdarlehen könne aber erst im Laufe von zehn Jahren getilgt werden. Außerdem müsse die Verzinsung niedrig gehalten werden. Auf Vorschlag des *Bundeskanzlers* beschließen die anwesenden Kabinettsmitglieder, daß das Bundesdarlehen in zehn Jahren getilgt und mit 3½% verzinst werden soll. Falls der Bundesminister der Finanzen gegen diesen Beschluß Widerspruch erheben sollte, wird vorgesehen, noch in dieser Woche eine Sondersitzung des Kabinetts abzuhalten[23].

Bekanntmachung des Bundeswahlleiters vom 12. Juni 1957 angegeben ist, als ‚alte' Partei anzusehen ist. Da aber die Wahlausschüsse selbständig entscheiden müssen, wird es für angebracht gehalten, daß der Bundeswahlleiter die zur Beurteilung erforderlichen Unterlagen beschafft." In der Besprechung war auch mehrheitlich die Ansicht vertreten worden, daß die Föderalistische Union (FU), die aus der Fusion der Bayern-Partei mit der Zentrumspartei hervorgegangen war, eine ‚neue' Partei sei, da sie mit keiner der bisher im Bundestag oder im Landtag vertretenen Parteien identisch sei. Vgl. den Vermerk des BMI vom 22. Juli 1957 in B 106/58952.

[21] Nach Prüfung der Unterlagen kam der BMI zu dem Ergebnis, „daß die Deutsche Partei (DP/FVP) mit der vor Aufnahme der ehemaligen FVP-Mitglieder bestehenden Deutschen Partei identisch ist und daher als ‚alte' Partei im Sinne des § 19 des Bundeswahlgesetzes zu gelten hat." Vgl. das Schreiben des BMI vom 29. Juli 1957 an den BMJ sowie das Rundschreiben des Bundeswahlleiters vom 31. Juli 1957 in B 106/58953.

[22] Siehe 185. Sitzung am 12. Juni 1957 TOP 2. – Schäffer hatte sich in einem Brief vom 22. Juli 1957 bei Adenauer über angebliche Verhandlungen des BML mit dem Geschäftsführer der landwirtschaftlichen Berufsgenossenschaften beschwert und kritisiert, daß dies nicht „der erste Fall [sei], wo schwerwiegende finanzielle Verpflichtungen ohne Kenntnis des Finanzministers eingegangen werden sollten". Schäffer erklärte sich zu einem persönlichen Gespräch mit dem Geschäftsführer der Berufsgenossenschaften über die Bedingungen des Darlehens bereit. Mit dem Darlehen in Höhe von 70 Millionen DM war er einverstanden, sprach sich aber dagegen aus, es als „verlorenen Zuschuß" zu betrachten (B 136/2666).

[23] Fortgang Sondersitzung am 29. Juli TOP 2.

**Sondersitzung
am Montag, den 29. Juli 1957**

Teilnehmer: Adenauer, Schröder, von Merkatz, Schäffer, Lübke, Storch, Oberländer, Wuermeling[1]; Globke, W. Strauß, Westrick, Rust, Bergemann, Gladenbeck, Wandersleb; Bleek (Bundespräsidialamt), Krone (MdB; bis 17.10 Uhr zu Punkt 1 der Tagesordnung), van Scherpenberg (AA), Krueger (BPA), Selbach (Bundeskanzleramt). Protokoll: Bachmann.

Beginn: 17.00 Uhr   *Ende: 18.20 Uhr*

Ort: Haus des Bundeskanzlers

Tagesordnung:

1. *Maßnahmen zur Milderung der Ernteschäden im Jahre 1956 in zuckerrübenanbauenden Betrieben*
   Vorlage des BML vom 11. Juli 1957 (II A 1 - 2031 - 320/57 zu Rüb. Kab. Nr. 381/57).

2. *Altersversorgung der Landwirte; hier: Laufzeit und Verzinsung des Bundesdarlehens von 70 Mio. DM*
   Widerspruch des BMF.

3. *Bundesmittel für den Wohnungsbau zugunsten von Zuwanderern aus den sowjetischen Besatzungsgebieten, von Aussiedlern und von ihnen gleichgestellten Personen*
   Gemeinsame Vorlage des BMWo und des BMVt vom 8. Juli 1957 (I B 4 - 4131/197/57 bzw. II 5 5851a Tgb. Nr. 2704/57).

4. *Verwendung eines Teils des Erlöses aus der Abwicklung und Entflechtung des ehemaligen reichseigenen Filmvermögens zu Gunsten von Vertriebenen und Flüchtlingen*
   Vorlage des BMVt vom 25. Juli 1957 (II 1d 5170 - I 2 Kab. 940/57).

1. Maßnahmen zur Milderung der Ernteschäden im Jahre 1956 in zuckerrübenanbauenden Betrieben   **BML**

Der *Bundesminister der Finanzen* führt aus, er habe gegen den Kabinettsbeschluß vom 22.7.1957 Widerspruch erhoben, und zwar weil er auf die finanzielle Beteiligung

---

[1] Im Protokoll folgt hier die Bemerkung: „Das Kabinett ist damit beschlußfähig. (Der nicht anwesende Bundesminister für Verteidigung wird durch den Bundesminister der Justiz vertreten, der nicht anwesende Bundesminister für gesamtdeutsche Fragen durch den Bundesminister für Arbeit und der nicht anwesende Bundesminister für Atomfragen durch den Bundesminister der Finanzen)" (B 136/36116).

der Länder nicht verzichten könne². Auch die Frage des Nachweises der Existenzgefährdung sei sehr problematisch. Der *Bundesminister der Justiz* bittet den Bundesminister der Finanzen, seinen Widerspruch zurückzunehmen. Maßnahmen zur Milderung der Ernteschäden 1956 würden insbesondere in Niedersachsen dringend erwartet. 80 % der hier in Betracht kommenden Schäden entfielen auf das Land Niedersachsen. Wenn die Existenzgefährdung im Einzelfall eingehend geprüft werde, komme die Hilfe zu spät und werde politisch und wirtschaftlich in ihrer Wirkung herabgesetzt. Der *Bundeskanzler* schlägt vor, daß der Bund den für die Hilfe notwendigen Gesamtbetrag vorlegt und von Niedersachsen eine Erstattung in Höhe von 20 % und von den übrigen Ländern in Höhe von 50 % verlangt. Das Kabinett einschließlich des *Bundesministers der Finanzen* ist mit diesem Vorschlage einverstanden. Im übrigen bleibt es bei dem Beschluß vom 22.7.1957³.

2. **Altersversorgung der Landwirte; hier: Laufzeit und Verzinsung des Bundesdarlehens von 70 Mio. DM** BMA

Der *Bundesminister der Finanzen* berichtet über ein Gespräch, das er vor zwei Tagen mit einem Vertreter der Landwirtschaftlichen Berufsgenossenschaften gehabt habe⁴. Er, der Minister, habe erklärt, daß der Kredit nicht von vornherein auf mehrere Jahre gegeben werden könnte, weil dem der Artikel 115 des Grundgesetzes entgegenstehe⁵. Das Geld solle zunächst bis zum Ende dieses Haushaltsjahres, das ist bis zum 31. März 1958, gegeben werden. Er, der Minister, sei bereit, von Jahr zu Jahr eine Verlängerung des Darlehens in Betracht zu ziehen, wenn die Notwendigkeit anhand vorzulegender Unterlagen nachgewiesen werde. Im übrigen solle der Kredit mit 3 % verzinst und für die ersten zwölf Monate Zinsfreiheit gewährt werden. Die *Bundesminister für Ernährung, Landwirtschaft und Forsten* und *für Arbeit* erklären sich nach kurzer Debatte mit diesen Vorschlägen einverstanden.

Das Kabinett stimmt der Regelung zu⁶.

---

² Siehe Sondersitzung am 22. Juli 1957 TOP 1. – Zum Widerspruch vgl. das Schreiben Schäffers vom 24. Juli 1957 an das Bundeskanzleramt in B 126/8253 und B 136/8651, Abschrift ferner in B 116/2944.

³ Durchführungsbestimmungen für die Gewährung einer Ernteschadenshilfe 1956 für zuckerrübenanbauende Betriebe vom 19. Aug. 1957 in B 126/8253 und B 116/2944.

⁴ Siehe 190. Sitzung am 24. Juli 1957 TOP F. – Vgl. den Schriftwechsel zum Gespräch Schäffers mit dem Hauptgeschäftsführer des Bundesverbandes der landwirtschaftlichen Berufsgenossenschaften, Kurt Noell, am 26. Juli 1957 in B 126/13847; zur Einigung zwischen BMF, BML und dem Bundesverband vgl. Unterlagen in B 116/16045.

⁵ Nach Art. 115 GG bedürfen u. a. Kredite, die zu laufenden Haushaltsausgaben führen, einer bundesgesetzlichen Regelung.

⁶ BR-Drs. 324/57, BT-Drs. 3707. – Gesetz über eine Altershilfe für Landwirte vom 27. Juli 1957 (BGBl. I 1063).

4. **Verwendung eines Teils des Erlöses aus der Abwicklung und Entflechtung des ehemaligen reichseigenen Filmvermögens zugunsten von Vertriebenen und Flüchtlingen**
BMVt

Der *Bundesminister für Vertriebene, Flüchtlinge und Kriegsgeschädigte* begründet seine Kabinettvorlage vom 25. Juli 1957. Das Kabinett stimmt der Vorlage zu[7].

3. **Bundesmittel für den Wohnungsbau zugunsten von Zuwanderern aus den sowjetischen Besatzungsgebieten, von Aussiedlern und von ihnen gleichgestellten Personen**
BMWo/BMVt

Staatssekretär Dr. Wandersleb begründet die Vorlage[8]. Er weist auf die möglichen politischen Folgen hin, wenn der Flüchtlingswohnungsbau jetzt stecken bleibe. Er berichtet sodann über eine der Kabinettsberatung vorausgegangene Chefbesprechung mit dem Bundesminister der Finanzen, der gegen eine Bindung in dem vorgeschlagenen Sinne für die nächsten Jahre Bedenken geäußert und auch Kompromißvorschlägen nicht zugestimmt habe[9].

Der *Bundesminister für Vertriebene, Flüchtlinge und Kriegsgeschädigte* erklärt, die Flüchtlingslager seien jetzt voll besetzt. Wenn die Besprechungen in Moskau über die Rückführung von Deutschen Erfolg hätten[10], würde die Bundesregierung die neu zuströmenden Personen nicht mehr unterbringen können, ohne neue Gebäude zu beschlagnahmen. Der *Bundeskanzler* unterstreicht diesen Hinweis. Die Bundesregierung müsse gerüstet sein für den Fall, daß die Sowjets größere Rückführungstransporte genehmigten.

Der *Bundesminister der Finanzen* äußert Bedenken gegen eine weitere Erhöhung der für den Flüchtlingswohnungsbau zur Verfügung zu stellenden Summe. Er verweist

---

[7] Vorlage des BMVt vom 25. Juli 1957 in B 150/4880 und B 136/2468. – Nach § 8 Absatz 3 des Gesetzes zur Abwicklung und Entflechtung des ehemaligen reichseigenen Filmvermögens vom 5. Juni 1953 (BGBl. I 276) sollte ein Teil des Liquidationserlöses zur wirtschaftlichen Eingliederung heimatvertriebener Filmtheaterbesitzer verwendet werden. Vgl. 282. Sitzung am 13. März 1953 TOP 2 (Kabinettsprotokolle 1953, S. 216). Beim Verkauf war jedoch dieser Personenkreis bisher unberücksichtigt geblieben. Der BMVt hatte in seiner Vorlage vorgeschlagen, von dem Abwicklungserlös 2 Millionen DM zinsgünstig der Lastenausgleichsbank zur Kreditvergabe an diesen Personenkreis zur Verfügung zu stellen.

[8] Siehe 190. Sitzung am 24. Juli 1957 TOP 4. – Gemeinsame Vorlagen des BMWo und des BMVt vom 8. und 15. Juli 1957 sowie Vorlage des BMF vom 26. Juli 1957 in B 150/5709, B 134/523 und B 136/9518. – BMVt und BMWo hatten eine Erhöhung des Bundesanteils für die statistisch feststellbaren Gesamtherstellungskosten pro Wohnung im sozialen Wohnungsbau von bisher 8000 auf 9450 DM vorgeschlagen. Die Länder hatten ihrerseits wegen der gestiegenen Baukosten eine Erhöhung des Bundesanteils auf 12 000 DM gefordert. Nach Vorschlag des BMVt und des BMWo sollte der benötigte Betrag von 75 Millionen DM den 370 Millionen DM entnommen werden, die für die Vergabe von Wohnungsbaudarlehen für das Jahr 1958 vorgesehen waren (vgl. dazu 182. Sitzung am 16. Mai 1957 TOP 7). Der BMF hatte dagegen eine Erhöhung des Bundesanteils wegen der künftigen Belastung des Haushaltes abgelehnt und auf die bisher für den Wohnungsbau bereitgestellten, aber nicht abgerufenen Haushaltsmittel des BMWo in Höhe von 458 Millionen DM hingewiesen.

[9] Vgl. dazu den Vermerk von Wandersleb vom 29. Juli 1957 in B 136/9518 und den Vermerk des BMWo vom 29. Juli 1957 in B 150/2871.

[10] Vgl. dazu 188. Sitzung am 10. Juli 1957 TOP A.

auf Erklärungen des Bundeswohnungsbauministers, wonach in diesem Jahr mit der im Haushalt vorgesehenen Summe der Höchstbetrag erreicht sei und das Wohnungsbauministerium notfalls aus eigenen Mitteln etwaige Lücken schließen würde. Der *Minister* beanstandet außerdem, daß der Bundeswohnungsbauminister im Bundesrat bei der Beratung des Bundeshaushalts Andeutungen über seinen jetzt dem Kabinett vorliegenden Vorschlag gemacht habe, bevor das Kabinett darüber beschlossen habe[11]. Die Forderungen der Länder seien infolge dieser Andeutungen gewachsen und würden sich wohl noch weiter ausdehnen. Der Vorschlag, daß der Bund für alle Zukunft 50 % der Kosten für den Flüchtlingswohnungsbau auf der Grundlage der Vorjahreskosten übernehmen solle, sei sehr bedenklich. Der Haushalt 1958 werde eine Bewährungsprobe sein. Der Haushalt 1957 sei dadurch ausgeglichen worden, daß 6 Milliarden DM einmalige Einnahmen eingestellt worden seien, die natürlich in den kommenden Jahren nicht mehr zur Verfügung stehen würden. Auch wenn man für 1958 mit zwei bis 2,5 Mia. DM Mehreinnahmen infolge des wachsenden Sozialproduktes rechne, so bleibe ein erheblicher ungedeckter Rest.

Der *Bundeskanzler* weist darauf hin, daß die Länder zum Teil daran interessiert seien, dem Bund im Wahljahr beim Wohnungsbau Schwierigkeiten zu machen. Er, der Bundeskanzler, habe sich davon überzeugt, daß die Flüchtlinge im allgemeinen zwei Jahre in Lagern zubringen müßten. Dort arbeite die sozialdemokratische Propaganda sehr geschickt. Nach der Wahl werde man sehen müssen, ob man zu anderen Konstruktionen komme. *Staatssekretär Dr. Wandersleb* ist der Meinung, daß die vorhandenen Mittel über 500 Mio. DM im Sinne der Kabinettvorlage mobilisiert werden sollten, ohne eine Belastung für den Haushalt 1958 zu schaffen. Den Ländern müsse der Widerstand gegen den Wohnungsbau für Flüchtlinge so schwer wie möglich gemacht werden. Auch der *Bundeskanzler* hält es für besser, jetzt weniger Wohnungen als vorgesehen zu bauen als gar keine. Freilich könne man die Bedenken des Finanzministers für den Haushalt 1958 nicht beiseite schieben. Es sei daher zweckmäßig, neue Vorschläge des Bundes mit der Erklärung zu verbinden, daß sie Ausnahmecharakter hätten und im Hinblick auf die plötzlich ansteigende Zahl der Flüchtlinge und Rückwanderer gemacht würden. Der *Bundesminister für Vertriebene, Flüchtlinge und Kriegsgeschädigte* schließt sich dieser Erklärung an und weist darauf hin, daß für das ganze Haushaltsjahr 1957 mit 50 000 Spätaussiedlern aus den Oder-Neiße-Gebieten gerechnet worden sei. Diese Zahl sei aber schon in den ersten vier Monaten des Haushaltsjahres erreicht worden. Er, der Minister, schlage vor, daß die bereitstehenden Bundesmittel für die restlichen acht Monate des Haushaltsjahres nach dem Vorschlage der Kabinettvorlage eingesetzt würden. Ein Präjudiz für die Regelung in den kommenden Haushaltsjahren solle damit nicht geschaffen werden. Der *Bundesminister der Finanzen* erklärt, er nehme an, daß die Mehrheit des Kabinetts mit diesem Vorschlage einverstanden sei, er wolle daher keinen Widerspruch erheben.

Das Kabinett stimmt zu[12].

---

[11] Vgl. die Niederschrift vom 14. Juni 1957 über die Sitzung des Ausschusses für Wiederaufbau und Wohnungswesen des Bundesrates am 13. Juni 1957 in B 150/2871.

[12] Mit Schreiben vom 6. Aug. 1957 an die Ministerpräsidenten der Länder teilte der Bundeskanzler diesen Kabinettsbeschluß mit, verwies auf den Sondercharakter der Aktion und stellte für 1958 erneute Verhandlungen in Aussicht (B 136/9518 und B 150/2871).

[A. Plakataktion des Deutschen Saarbundes]

Außerhalb der Tagesordnung weist der *Bundeskanzler* darauf hin, daß der Deutsche Saarbund ein Plakat herausgebracht habe „Selbstbestimmung für Südtirol", das er den Korrespondenten italienischer Zeitungen in Bonn zugeschickt habe[13]. Es sei notwendig, eine Notiz im Bulletin der Bundesregierung zu veröffentlichen, durch die die Bundesregierung von dem Saarbund abrücke. Der *Bundesminister der Justiz* erklärt, der Saarbund sei eine bedeutungslose Organisation, die zudem jetzt aus Leuten bestehe, die für Deutschland eine neutralistische Politik befürworteten[14]. Der Saarbund habe keine Legitimation, sich um das in der Tat schwierige Problem Südtirol zu kümmern. Der *Bundeskanzler* bittet das Auswärtige Amt, festzustellen, ob ein Interesse daran besteht, von der Verlautbarung des Saarbundes abzurücken. Es müsse jedenfalls alles geschehen, damit gewissen italienischen Kreisen kein billiger Vorwand für antideutsche Äußerungen geliefert werde[15].

[B. Luftschutzgesetz]

Außerhalb der Tagesordnung führt der *Bundesminister der Finanzen* aus, daß der Bundesrat wegen des Luftschutzgesetzes den Vermittlungsausschuß angerufen habe mit dem Ziel, die vorgesehene und vom Bundestag beschlossene Kostenverteilung zum Nachteil des Bundes zu verändern[16]. Es sei notwendig, vor dem Zusammentritt

---

[13] Plakat in ZSg. 1–39/7. – Der 1951/52 als überparteiliche Vereinigung zur Rückgliederung des Saargebietes gegründete Deutsche Saarbund e.V. hatte sich nach der Eingliederung der Saar 1957 in Volksbund für die Wiedervereinigung Deutschlands umbenannt. Er hatte das Plakat dem Bonner Korrespondenten des „Giornale d'Italia" zugesandt und damit eine heftige Pressereaktion in Italien ausgelöst, über die der Saarbund in seinem Organ „Kulturpolitik" vom 12. Aug. 1957 ausführlich berichtete (ZSg. 1–39/5).

[14] Nach eigenen Angaben gehörten 67 namentlich genannte Abgeordnete aller Fraktionen des 2. Deutschen Bundestages, sechs Landesminister und Ministerpräsident Altmeier dem Saarbund als Mitglieder an. Nach der Bundestagswahl schrumpfte die Zahl auf 37. Am 23. Okt. 1957 schieden alle acht noch im Saarbund verbliebenen Mitglieder der SPD-Bundestagsfraktion aus. Vgl. dazu „Mitteilungen" des Saarbundes und das Schreiben des BMG vom 13. Nov. 1957 an das Bundeskanzleramt in B 137/3811 und B 136/1736, Unterlagen zur finanziellen Unterstützung bis 1954 durch das BMG in B 137/3469. 1960 ging ein Teil des Saarbundes in der Deutschen Friedensunion auf.

[15] Vgl. Bulletin Nr. 83 vom 7. Mai 1958, S. 822. – Die Bundesregierung wies darauf hin, „daß sie auf die Tätigkeit des Deutschen Saarbundes keinen Einfluß" habe und „Empfehlungen und Praktiken des Deutschen Saarbundes" ablehne.

[16] Siehe 183. Sitzung am 21. Mai 1957 TOP D. – Vgl. das Schreiben des Präsidenten des Bundesrates an den Vorsitzenden des Vermittlungsausschusses vom 12. Juli 1957 (BT-Drs. 3733). – Der Bundesrat hatte in insgesamt 17 Punkten den Vermittlungsausschuß angerufen. Insb. hatte er die vom Bundestag beschlossene Kostenverteilung, wonach 30 % der Zweckausgaben von den Ländern übernommen werden sollten, abgelehnt und eine 100 %ige Übernahme durch den Bund gefordert. Im Rahmen des dreijährigen Luftschutzprogramms bedeutete dies eine jährliche Mehrbelastung des Bundeshaushaltes von 90 Millionen DM. Am 29. Aug. stimmten der Bundestag (Stenographische Berichte, Bd. 38, S. 13516) und am 6. Sept. 1957 der Bundesrat (BR-Sitzungsberichte, Bd. 5, S. 777) dem Vorschlag des Vermittlungsausschusses (Protokoll der 33. Sitzung vom 25. und 26. Juli 1957, Fiche 4 M1) zu, der sich in der Frage der Kostenverteilung für eine vollständige Übernahme der Sachausgaben durch den Bund ausgesprochen hatte. – Fortgang 196. Sitzung am 6. Okt. 1957 TOP 6.

des Bundestagsplenums am 29. August 1957 mit den Koalitionsfraktionen zu sprechen. Der *Bundesminister des Innern* berichtet über die Beratungen des Bundesrates. Die finanziellen Bedenken des Bundesministers der Finanzen müßten durchaus gewürdigt werden, es sei aber politisch unmöglich, den Vorschlag des Vermittlungsausschusses abzulehnen und damit das Luftschutzgesetz scheitern zu lassen. Dies würde – zwei Wochen vor der Wahl – der Opposition billiges Propagandamaterial liefern. Der *Bundeskanzler* tritt für eine vorläufige Regelung ein, die im dritten Bundestag, wenn es die Mehrheitsverhältnisse zulassen, korrigiert werden sollte. Das Gesetz dürfe auch deswegen nicht scheitern, weil der Hauptstoß der sozialdemokratischen Propaganda noch kommen werde, und zwar im Zusammenhang mit der Atomgefahr und dem Schutz der Zivilbevölkerung gegen diese Gefahr. Der *Bundesminister der Finanzen* erklärt, er könne unmöglich neue Ausgaben für das Haushaltsjahr 1958 übernehmen.

[C. Anerkennung des neuen Regimes in Tunesien]

Außerhalb der Tagesordnung fragt *Ministerialdirektor Dr. van Scherpenberg*, ob die Bundesregierung das neue Regime in Tunis anerkennen wolle. Das Kabinett spricht sich für die Anerkennung aus[17].

[D. Meinungsumfragen zur Bundestagswahl]

Der *Bundeskanzler* weist auf das neueste, für die Koalitionsparteien günstige Befragungsergebnis zweier Meinungsforschungsinstitute hin[18].

---

[17] Siehe 174. Sitzung am 7. März 1957 TOP G. – Am 25. Juli 1957 hatte die Verfassunggebende Versammlung Tunesiens den Bey Mohammed Lamine für abgesetzt erklärt und den bisherigen Ministerpräsidenten Habib Bourgiba zum Präsidenten des zur Republik erklärten Landes und bis zur Verkündung einer neuen Verfassung zum Staatsoberhaupt gewählt. Das AA sah die formalen Voraussetzungen, d.h. Ausübung der Herrschaftsgewalt, Bereitschaft zur Erfüllung der völkerrechtlichen Verbindlichkeiten und Wille zur Fortsetzung der diplomatischen Beziehungen als gegeben an und empfahl eine rasche Anerkennung. Sie erfolgte am 1. Aug. 1957. – Vgl. dazu die Aufzeichnung vom 29. Juli 1957 und den Vermerk vom 6. Aug. 1957 mit weiteren Unterlagen über die innenpolitische Entwicklung in AA (Abt. 2 Ref. 205), Bd. 21.

[18] Nach dem Kopf-an-Kopf-Rennen von CDU/CSU und SPD im April 1957 (je 40 %) hatten die Unionsparteien in den Monaten Mai und Juni einen wachsenden Vorsprung gegenüber der SPD erringen können, der sich nach einer Repräsentativbefragung im Juli 1957 auf 47 % erhöhte, während SPD auf 37 % und FDP/DVP auf 6 % absanken (vgl. die Berichte Nr. 307 und 309 „Die Stimmung im Bundesgebiet" des Instituts für Demoskopie Allensbach in B 145/4229). Diesen Trend bestätigten Umfrageergebnisse des Emnid-Instituts für Meinungsforschung (Unterlagen dazu in B 145/4266).

**191. Kabinettssitzung
am Mittwoch, den 7. August 1957**

Teilnehmer: Adenauer, Blücher, von Brentano, Erhard, Oberländer, Balke; Globke, Anders, W. Strauß, Westrick, Sonnemann, Busch, Bergemann, Gladenbeck, Wandersleb, Thedieck, Ripken; Schillinger (BMF), Holtz (BMVtg), von Eckardt (BPA), Krueger (BPA), Selbach (Bundeskanzleramt). Protokoll: Abicht.

Beginn: 10.00 Uhr   *Ende: 11.05 Uhr*

Ort: Haus des Bundeskanzlers

Tagesordnung:
1. *Personalien*
   Gemäß Anlagen.
2. *Mitteilung über die in Aussicht genommene Neubesetzung von vier auswärtigen Vertretungen*
   Schreiben des Staatssekretärs des Bundeskanzleramtes vom 24. Juli 1957 (11 - 14004 - 550/551/57 VS-Vertr.).
3. *69. Verordnung über Zollsatzänderungen (konjunkturpolitische Zollsenkung, 4. Teil)*
   Vorlage des BMF vom 2. Aug. 1957 (Geh. III B - 5/57 - III B/5 - Z 2211 - 276/57).

[A.] Pressefragen

Der *Bundeskanzler* bezeichnet es als notwendig, daß die Kabinettsmitglieder während des Wahlkampfes durch das Bundespresseamt eingehender als bisher über Angriffe der politischen Opposition unterrichtet werden, und nennt einige Beispiele dafür, mit welchen unerfreulichen Methoden der Wahlkampf in der Presse, durch Flugblätter und in Wahlversammlungen geführt wird[1]. In diesem Zusammenhang hält es der Bundeskanzler für wünschenswert, das zersplitterte deutsche Presserecht zu vereinheitlichen[2].

---

[1] Zum Wahlkampf der SPD vgl. Klotzbach, Staatspartei, S. 388–401. Sammlung von Zitaten und Stimmen der SPD zur Person Adenauers in StBKAH 12.23 und 12.24. Vgl. dazu auch Adenauer-Heuss, Unter vier Augen, S. 221.

[2] Nach Art. 75 Abs. 1 Nr. 2 GG stand dem Bund das Recht zur Rahmengesetzgebung über die allgemeinen Rechtsverhältnisse der Presse zu. Mit Ausnahme des Gesetzes vom 4. Aug. 1953 (BGBl. I 735), mit dem das Reichsgesetz über die Presse vom 7. Mai 1874 (RGBl. 65) abgeändert worden war, erfolgte keine weitere gesetzliche Regelung auf Bundesebene. In den Ländern blieb das Presserecht durch Landespressegesetze geregelt. – Zur Haltung Adenauers gegenüber der Presse vgl. auch Küsters, Presse, S. 13–31.

1. Personalien

Die anwesenden Kabinettsmitglieder billigen die Personalien gemäß Anlage 1 Nr. 1 bis 10 und 12 bis 25, Anlage 2, Anlage 3, Anlage 4 und Nachtrag zu Punkt 1 der Tagesordnung[3].

2. Mitteilung über die in Aussicht genommene Neubesetzung von vier auswärtigen Vertretungen
AA

Die anwesenden Kabinettsmitglieder stimmen der Neubesetzung von vier auswärtigen Vertretungen gemäß Schreiben des Staatssekretärs des Bundeskanzleramtes vom 24.7. und 3. 8. 1957 zu[4].

3. 69. Verordnung über Zollsatzänderungen (konjunkturpolitische Zollsenkung, 4. Teil)
BMF

Nach eingehender Diskussion erklären sich die anwesenden Kabinettsmitglieder mit der Vorlage des Bundesministers der Finanzen vom 2.8.1957 Az. Geh. III B - 5/57 - III B/5 - Z 2211-276/57 – mit der Maßgabe einverstanden, daß im Interesse der Notstandsgebiete Wilhelmshaven und bayerischer Wald sowie zum Schutz der Vertriebenen-Industrie zusätzlich in die Schonliste aufgenommen werden:

1) Rechenmaschinen,

2) Holzfaserplatten,

3) Gablonzer Glasperlen und Gablonzer Schmuck.

---

[3] Vorgeschlagen war in Anlage 1 (siehe dazu auch B 134 VS/13) die Ernennung eines Vortragenden Legationsrates im AA, von sechs Ministerialräten und einem Ministerialdirigenten im BMVtg, von je zwei Ministerialräten im BMJ und im BMA, von je einem Ministerialrat im BMI, Bundesrechnungshof, BMWi, BMV und im BMVt, des Senatspräsidenten beim Bundesverwaltungsgericht Egmont Witten, ferner die Ernennung der Brigadegeneräle Curt Pollex (Fortgang dazu 194. Sitzung am 3. Sept. 1957 TOP 1), Ludwig Karn, Joachim von Schwatlo-Gestering und Sigismund Freiherr von Falkenstein, des Generalmajors Hermann Plocher (zu den drei letzteren siehe 190. Sitzung am 24. Juli 1957 TOP 1, Anlage 1 Nr. 4 bis 8) und des Generalarztes Dr. Theodor Joedicke sowie schließlich die Ernennung des Vertragsangestellten Dr. Wilhelm Sandermann zum Direktor und Professor im Beamtenverhältnis auf Lebenszeit als Institutsdirektor des Instituts für Holzchemie und Zellstoffchemie an der Bundesforschungsanstalt für Forst- und Holzwirtschaft in Reinbek bei Hamburg (Vorlage des BML vom 20. Juli 1957 in B 134/4220). Anlage 2 enthielt einen Anstellungsvorschlag des BPA nach der ADO für übertarifliche Angestellte im öffentlichen Dienst. Gemäß Anlage 3 sollten Dr. Gerhard Wolf zum Bundesrichter beim Bundesverwaltungsgericht und Dr. Georg Kröning zum Bundesrichter beim Bundesdisziplinarhof (Wehrdienstsenat) ernannt werden. Anlage 4 enthielt den Vorschlag, den Eintritt in den Ruhestand für den Senatspräsidenten beim Deutschen Patentamt Dr. Carl von Lorck bis zum 31. Aug. 1958 hinauszuschieben. Vorgeschlagen war schließlich im Nachtrag die Ernennung eines Inspekteurs der Bereitschaftspolizeien der Länder im BMI, je eines Ministerialrates im BMJ und im BMV sowie von zwei Ministerialräten, zwei Ministerialdirigenten und des Brigadegenerals Kurt Bräunig im BMVtg.

[4] Vorlage des Bundeskanzleramtes vom 24. Juli und 3. Aug. 1957 in B 136/1837. – Vorgeschlagen war die Besetzung der Gesandtschaft in Amman mit Gesandtschaftsrat I. Klasse Conrad von Schubert, der Gesandtschaft in Panama mit Gesandtschaftsrat I. Klasse Georg Graf zu Pappenheim, der Botschaft in Kuala Lumpur (Malaysia) mit Generalkonsul Dr. Hans Ulrich Granow und der Botschaft in Bagdad mit Botschaftsrat Dr. Herbert Richter.

191. Sitzung am 7. August 1957

Die Zollsenkung soll am 20. August in Kraft treten[5].

Der *Vizekanzler* bittet, den Kabinettsmitgliedern als Material für Wahlreden eine Liste über zollfreie und geringfügig zollbelastete Waren zu übersenden, in der möglichst der Anteil dieser Waren an den Lebenshaltungskosten in Prozentsätzen angegeben sein soll[6].

[B.] Diskontsenkung

Die Haltung der Bank deutscher Länder und die Stellungnahmen der Bundesminister der Finanzen und für Wirtschaft zu der Frage der Diskontsenkung in letzter Zeit werden kurz erörtert. Beschlüsse werden nicht gefaßt[7].

[C.] Preiserhöhung für Zuckerrüben

Der *Bundeskanzler* teilt mit, daß Ministerpräsident Hellwege sich kürzlich für eine Zuckerrübenpreiserhöhung eingesetzt habe. Der *Bundeskanzler* weist auf die Abmachungen mit dem Bundestag hin und vertritt die Auffassung, daß diese Frage zur Zeit nicht aktuell sei. Außerdem müsse man zunächst das Ergebnis der Zuckerrübenernte abwarten. Allerdings müsse man die früheren Ernteschäden unverzüglich regulieren[8].

[D. Ministerbesprechung]

Der *Bundeskanzler* beschränkt die Sitzung um 11.05 auf die Bundesminister[9].

---

[5] Siehe 188. Sitzung am 10. Juli 1957 TOP 5. – Vorlage des BMF vom 2. Aug. 1957 in B 126/3885 und B 136/363. – Durch das 14. Gesetz zur Änderung des Zolltarifs vom 26. Juli 1957 war die Bundesregierung ermächtigt worden, ohne Zustimmung der gesetzgebenden Körperschaften Zollsätze für Waren der gewerblichen Wirtschaft befristet zu ermäßigen oder aufzuheben (BGBl. I 808). Die Vorlage des BMF enthielt den Entwurf einer Verordnung über eine bis zum Jahresende befristete Senkung der Wertzollsätze bis zu 25 % bei Waren der gewerblichen Wirtschaft. Der Vorlage war eine gemeinsam mit dem BMWi erstellte „Schonliste" solcher Produkte beigefügt, die von der Zollsenkung ausgenommen werden sollten. – Neunundsechzigste Verordnung über Zollsatzänderungen (Konjunkturpolitische Zollsenkung – 4. Teil) vom 15. Aug. 1957 (BGBl. I 1203).

[6] Vgl. dazu die Mitteilung des BMF in Bulletin Nr. 145 vom 9. Aug. 1957, S. 1366.

[7] Zur Diskussion um die Senkung des Diskontsatzes vgl. Sondersitzung am 22. Juli 1957 TOP 2. – Am 18. Sept. 1957 senkte die Bundesbank den Diskontsatz von 4½ auf 4 % (HA BBk B 330/134). Der Schritt war mit der britischen Regierung zur Stützung des englischen Pfundes abgestimmt. Vgl. dazu Wippich, Krise des £-Sterling, S. 50.

[8] Siehe Sondersitzung am 29. Juli 1957 TOP 1. – Vgl. das Schreiben Hellweges an Adenauer vom 23. Juli und Antwort Adenauers vom 13. Aug. 1957 in B 136/2629. – Hellwege hatte die Anträge von Abgeordneten des Bundestages auf Preiserhöhungen unterstützt. Dagegen hatte das Kabinett Preiserhöhungen als Mittel zum Ausgleich der Ernteausfälle abgelehnt und direkte Unterstützungsmaßnahmen beschlossen. Adenauer teilte Hellwege am 13. Aug. 1957 mit, daß für alle haushaltsrelevanten Maßnahmen zur Deckung höherer Preise die Mitwirkung der gesetzgebenden Körperschaften erforderlich, eine parlamentarische Behandlung in der ablaufenden Legislaturperiode aber nicht mehr möglich sei. Der BML legte am 20. Aug. 1957 einen Verordnungsentwurf vor, der die in der Bundestagsentschließung vorgesehenen Preiserhöhungen aufgriff (B 116/7254). – Fortgang hierzu 6. Sitzung am 4. Dez. 1957 TOP E.

[9] Aufzeichnungen über diesen Teil der Sitzung nicht ermittelt.

**192. Kabinettssitzung
am Mittwoch, den 14. August 1957**

Teilnehmer: Adenauer, Blücher, von Brentano, Schröder, Lübke, Lemmer, Preusker, Oberländer (ab 11.05 Uhr); Globke, W. Strauß, Westrick, Busch, Bergemann, Nahm, Thedieck, Ripken; Schillinger (BMF), Holtz (BMVtg), von Eckardt (BPA), Krueger (BPA), Selbach (Bundeskanzleramt). Protokoll: Bachmann.

Beginn: 10.00 Uhr   *Ende: 11.15 Uhr*

Ort: Haus des Bundeskanzlers

Tagesordnung:

1. *Personalien*
   Gemäß Anlagen.

2. *Mitteilung über die in Aussicht genommene Neubesetzung einer auswärtigen Vertretung*
   (Schreiben des Staatssekretärs des Bundeskanzleramtes vom 9. Aug. 1957 (11 - 14004 - 600/57 VS-Vertr.).

3. *2. Internationale Konferenz über die friedliche Verwendung der Kernenergie vom 1.–13. Sept. 1958 in Genf*
   Vorlage des BMAt vom 2. Aug. 1957 (I B - K 6004 - 151/57).

4. *Abkommen betreffend Frachten und Beförderungsbedingungen im Verkehr mit Kohle und Stahl auf dem Rhein*
   Vorlage des BMV vom 29. Juli 1957 (B 655/2223 Vmb/57).

5. *Entwurf einer Dritten Verordnung über die Höchstzahlen der Kraftfahrzeuge des Güterfernverkehrs und der Fahrzeuge des Möbelfernverkehrs*
   Vorlage des BMV vom 5. Aug. 1957 (StV - 3 - 6138 B).

Zu Beginn der Sitzung weist der *Bundeskanzler* darauf hin, daß vor der Sitzung des Ältestenrates des Bundestages am 28.8.1957 eine Koalitionsbesprechung stattfinden müsse[1]. Der *Bundeskanzler* erklärt ferner, entgegen den Mitteilungen des Vorsitzenden der FDP zeigte die letzte Meinungsumfrage ein weiteres Ansteigen der Stimmen für die Koalitionsparteien[2].

---

[1] Laut Tageskalender des Bundeskanzlers fand die Koalitionsbesprechung wie vorgesehen statt (B 136/20686). Unterlagen hierzu konnten nicht ermittelt werden.
[2] Siehe hierzu Sondersitzung am 29. Juli 1957 TOP D.

1. Personalien

Ministerialdirektor Dr. Schillinger äußert für das Bundesministerium der Finanzen Bedenken gegen die Ernennung des Herrn Dr. Cartellieri[3] zum Ministerialdirektor, da keine B 4-Stelle zur Verfügung stehe. Er schlägt vor, die Entscheidung bis nach den Wahlen zurückzustellen. *Staatssekretär Dr. Westrick* begründet den Ernennungsvorschlag für den abwesenden Bundesminister für Atomfragen. Der *Bundesminister des Innern* tritt ebenfalls dafür ein, daß die Entscheidung im Falle Cartellieri zurückgestellt wird, weil noch nicht genügend Zeit gewesen sei, die Unterlagen zu prüfen. Vielleicht ließe sich noch vor den Wahlen eine Lösung finden. Der *Bundeskanzler* hält die Bedenken für begründet. Das Kabinett stimmt den Ernennungsvorschlägen zu Punkt 1 der Tagesordnung hinsichtlich der Anlage 1 und des Nachtrages zu. Die Entscheidung über den Vorschlag Anlage 2 (Dr. Cartellieri) wird zurückgestellt[4].

2. Mitteilung über die in Aussicht genommene Neubesetzung einer auswärtigen Vertretung AA

Das Kabinett nimmt zustimmend Kenntnis[5].

3. 2. Internationale Konferenz über die friedliche Verwendung der Kernenergie vom 1.–13. September 1958 in Genf BMAt

Das Kabinett stimmt zu[6].

---

[3] Dr. Wolfgang Cartellieri (1901–1969). 1923–1939 Justizdienst (zuletzt Landgerichtsdirektor in Erfurt), 1939–1946 Kriegsdienst und Kriegsgefangenschaft, seit 1947 Chefredakteur der Zeitschrift „Der Betriebsberater", 1949–1951 Rechtsanwalt, 1951–1956 Dienststelle Blank bzw. BMVtg, dort Leiter der Unterabteilung Verwaltung und Organisation, bzw. später Politische, organisatorische und Verwaltungsangelegenheiten, Leiter des Statutausschusses beim Interimsausschuß der EVG in Paris, 1956–1966 BMAt bzw. BMwF (1957 Ministerialdirektor), dort zunächst Leiter der Unterabteilung I (Allgemeine Angelegenheiten, Recht und Verwaltung), ab 1957 Leiter der Abteilung I (Recht, Wirtschaft, Verwaltung und internationale Zusammenarbeit) und Chefdelegierter beim Direktionsausschuß für Kernenergie beim Europäischen Wirtschaftsrat in Paris, 1959–1966 Staatssekretär, Vorsitzender des Aufsichtsrats der Gesellschaft für Kernforschung mbH in Karlsruhe sowie des Verwaltungsrats der Gesellschaft für Weltraumforschung in Bad Godesberg.

[4] Außer der Ernennung Cartellieris zum Ministerialdirektor im BMAt (Anlage 2) war vorgeschlagen die Ernennung eines Ministerialrats im BMWi, von vier Ministerialräten und eines Ministerialdirigenten im BMVtg sowie der Brigadegeneräle Ludwig Schanze und Curt Pollex (siehe dazu 191. Sitzung am 7. Aug. 1957 TOP 1) und eines Obersten (Anlage 1). Ferner sollten im BMF ein Ministerialdirigent und im BMI Ministerialdirektor Dr. Josef Stralau ernannt werden (Nachtrag). – Fortgang zur Ernennung Cartellieris 193. Sitzung am 20. Aug. 1957 TOP 2.

[5] Vorlage des Bundeskanzleramtes vom 6. Aug. 1957 in B 136/1837. – Vorgeschlagen war die Besetzung des Generalkonsulats in Sydney mit Dr. Friedrich Buch.

[6] Vorlage des BMAt vom 2. Aug. 1957 in B 138/3969 und B 136/6113. – Der BMAt hatte vorgeschlagen, die Einladung des Generalsekretärs der Vereinten Nationen zur Teilnahme an der Konferenz anzunehmen, und zur Begründung den allgemeinen Nutzen für die wissenschaftliche, technische und wirtschaftliche Weiterentwicklung der Atomenergie angeführt. An der Konferenz nahm eine fünfköpfige Delegation unter Leitung Balkes teil, die von 23 Beratern begleitete

4. Abkommen betreffend Frachten und Beförderungsbedingungen im Verkehr mit Kohle und Stahl auf dem Rhein BMV

Das Kabinett stimmt mit der Maßgabe zu, daß auf Seite 1 in Ziffer 2 der Kabinettvorlage statt der Worte „nicht der Ratifikation bedarf" die Worte gesetzt werden „nicht der Zustimmung nach Art. 59 Abs. 2 GG bedarf"[7].

5. Entwurf einer Dritten Verordnung über die Höchstzahlen der Kraftfahrzeuge des Güterfernverkehrs u. der Fahrzeuge des Möbelfernverkehrs BMV

Staatssekretär Dr. Bergemann begründet die Vorlage[8]. *Ministerialdirektor Dr. Schillinger* äußert Bedenken. Der Bundesminister der Finanzen werde sich allenfalls für den vom Bundesminister für Verkehr hilfsweise vorgeschlagenen Beschluß aussprechen können. Schon jetzt würden im Güterfernverkehr 35 % Massengüter befördert, die eigentlich auf die Schiene gehörten. Bei Zulassung von weiteren 579 Güterfernverkehrsunternehmen würde der Bundesbahn ein Einnahmeausfall von jährlich 80 Millionen DM entstehen. Auch der *Bundeskanzler* ist der Meinung, daß die Zustände auf den Straßen dringend einer Neuregelung bedürften. Neben den Einnahmeausfällen der Bundesbahn sei die besonders starke Abnutzung der Straßen durch die schweren Lastzüge zu berücksichtigen. Im Augenblick bleibe aber keine andere Wahl, als die Kabinettvorlage des Bundesministers für Verkehr anzunehmen. Die neue Bundesregierung werde sich mit dem Gesamtproblem sehr bald befassen müssen. Der *Vizekanzler* weist darauf hin, daß prozentual die vorgeschlagene Erhöhung der Höchstzahlen nicht sehr bedeutend sei. Außerdem sei es falsch, wenn man gegenüber der Öffentlichkeit die Ertragslage der Bundesbahn zur Begründung der hier zu treffenden Entscheidung heranziehe.

Auf Vorschlag des *Bundeskanzlers* stimmt das Kabinett dem Hauptantrag der Kabinettvorlage des Bundesministers für Verkehr zu. Die hilfsweise in der Kabinettvorlage vorgeschlagene Lösung wird abgelehnt[9].

---

wurde. Unterlagen über die Zusammensetzung der Delegation in B 138/621 und über die Zusammenstellung der Konferenzbeiträge in B 138/615 bis 617.

[7] Siehe 187. Sitzung am 2. Juli 1957 TOP 6. – Vorlage des BMV vom 29. Juli 1957 in B 108/1701. – Das vom BMV vorgelegte Abkommen war auf Initiative der Hohen Behörde der EGKS zustandegekommen. Angestrebt war eine Angleichung der Tarif- und Beförderungskonditionen für Kohle und Stahl unter den Rheinanliegerstaaten. Als Verwaltungsabkommen bedurfte es keiner Ratifikation. – Abkommen vom 1. Febr. 1958 (Amtsblatt der Europäischen Gemeinschaft für Kohle und Stahl, 1958, S. 49).

[8] Siehe 187. Sitzung am 2. Juli 1957 TOP 4. – Vorlage des BMV vom 5. Aug. 1957 in B 108/3278 und B 136/9750. – Der Bundesrat hatte gegenüber der Vorlage des BMV eine Erhöhung der für den Güterverkehr zugelassenen Fahrzeuge um insgesamt 579 auf 21 413 und für den Möbelfernverkehr um insgesamt 155 auf 3790 Fahrzeuge beschlossen (BR-Drs. 309/57). Der BMV hatte in seiner Vorlage zwar Bedenken u.a. wegen der verstärkten Konkurrenz für die Bundesbahn und die Binnenschiffahrt erhoben, aber die Zustimmung empfohlen. Als Alternative hatte er einen Kompromiß hinsichtlich der Höchstzahlen vorgelegt. Zur interessenspolitischen Auseinandersetzung um eine Verkehrskonzeption zugunsten von Straße oder Schiene vgl. Klenke, Verkehrspolitik.

[9] Fortgang 193. Sitzung am 20. Aug. 1957 TOP 5.

[A. Arbeitszeitverkürzung]

Außerhalb der Tagesordnung spricht der *Bundeskanzler* über die Einführung der 45-Stunden-Woche für Beamte in Nordrhein-Westfalen. Der *Bundesminister für das Post- und Fernmeldewesen, Staatssekretär Dr. Bergemann* und *Ministerialdirektor Dr. Schillinger* äußern sich darüber, welche Auswirkungen ein entsprechender Beschluß für Post, Bahn und Zollverwaltung haben würde[10]. Der *Bundeskanzler* beauftragt den Bundespressechef, von diesen Ausführungen in der nächsten Pressekonferenz Gebrauch zu machen[11].

[B.] **Gesetz über Titel, Orden und Ehrenzeichen; hier: Bestimmung der Muster nach § 6 Abs. 1 Nr. 2 und 3 des Gesetzes (Vorlage des BMI vom 5. 8. 1957 – I A - 11 952 A - 850/57)**

Das Kabinett stimmt der Vorlage zu[12].

[C.] **Zollsatzänderungen für Frischobst**

Der *Bundesminister für Ernährung, Landwirtschaft und Forsten* weist darauf hin, daß eine Senkung der Zölle für Frischobst angesichts der schlechten Obsternte in der Bundesrepublik notwendig sei[13]. *Ministerialdirektor Dr. Schillinger* bringt zum Ausdruck, daß für den aufzustellenden Haushalt 1958 vorläufig noch eine Deckungslücke von 4 Mia. DM bestehe. Der Bundesfinanzminister könne daher dem bei einer etwaigen Zollsenkung zu erwartenden Einnahmeausfall von 30 Mio. DM nicht zustimmen. Außerdem sei zu befürchten, daß die bei einer Zollsenkung auf 1 Pfund Obst entfallenden Pfennigbeträge nicht dem Endverbraucher zugute kommen, son-

---

[10] Vgl. 186. Sitzung am 19. Juni 1957 TOP B. – In der Kabinettssitzung am 23. Juli 1957 hatte die Landesregierung von Nordrhein-Westfalen eine Vorlage über die Verkürzung der durchschnittlichen Wochenarbeitszeit auf 45 Stunden vertagt. Am 1. Okt. 1957 stimmte sie der Vorlage zu (Kabinettsprotokolle NRW 1954–1958, Teil 2, S. 1001 und 1031). – Verordnung vom 1. Okt. 1957 (Gesetz- und Verordnungsblatt für das Land Nordrhein-Westfalen Nr. 61 vom 11. Okt. 1957, S. 1).

[11] Die Arbeitszeitverkürzung wurde in den folgenden Pressekonferenzen nicht thematisiert. Vgl. dazu die Protokolle der Pressekonferenzen in B 145 I/70. – Fortgang 2. Sitzung des Kabinettsausschusses für Wirtschaft am 27. Nov. 1957 TOP 3 (B 136/36221) und 6. Sitzung am 4. Dez. 1957 TOP D.

[12] Zum Gesetz über Titel, Orden und Ehrenzeichen vom 26. Juli 1957 (BGBl. I 844) siehe 129. Sitzung am 11. April 1956 TOP E (Kabinettsprotokolle 1956, S. 290–292). – Vorlage des BMI vom 5. Aug. 1957 in B 106/77126 und B 136/3011. – Die in der Zeit vom 1. Aug. 1934 bis zum 8. Mai 1945 gestifteten Orden und Ehrenzeichen enthielten überwiegend nationalsozialistische Embleme. Nach dem Ordensgesetz durften sie, soweit sie überhaupt wieder zugelassen waren, nur in geänderter Form getragen werden. In seiner Vorlage bat der BMI um eine Entscheidung über die von ihm vorgelegten Muster der bereinigten Orden und Abzeichen. Die Muster waren in der Vorlage vom 21. Sept. 1954 bereits vorgestellt worden. Vgl. dazu 98. Sitzung am 28. Sept. 1955 TOP 7 (Kabinettsprotokolle 1955, S. 542 f.).

[13] Vorlage des BML vom 13. Aug. 1957 in B 116/19171 und B 136/363. – Der vom BML vorgelegte Verordnungsentwurf sah eine Aufhebung der Zölle für Südfrüchte vor. Mit ihr sollte eine Preissenkung bezweckt werden. Der BMF bezifferte den Einnahmeausfall auf ca. 30 Millionen DM. Vgl. dazu den Vermerk des BMF vom 19. Aug. 1957 in B 126/3886.

dern beim Zwischenhandel hängen bleiben würden. Der *Bundesminister für Ernährung, Landwirtschaft und Forsten* erwidert darauf, daß durch erhöhte Einfuhr ein Preisdruck ausgeübt werden würde und so die Herabsetzung der Zölle wenigstens mittelbar dem Verbraucher zugute kommen würde. Der *Bundeskanzler* und der *Vizekanzler* betonen, daß die Zollsenkung jetzt schon deswegen nicht mehr abgelehnt werden könne, weil die entsprechenden Pläne bereits durch Indiskretionen an die Öffentlichkeit gelangt seien. Es müsse versucht werden, einen Weg für eine möglichst schnelle Entscheidung zu finden. Man könne nicht auf die Zustimmung des Bundestages oder des Bundesrates warten. Witterungseinflüsse, Lohnerhöhungen und ähnliche preisbildende Faktoren verlangten eine schnelle Entscheidung und ließen sich nicht durch den Gang der Verwaltung beeinflussen.

Das Kabinett stimmt der Herabsetzung der Zölle für Obst auf die Mindestsätze zu. Über Einzelheiten der Durchführung sollen die Bundesminister der Finanzen, für Ernährung, Landwirtschaft und Forsten und für Wirtschaft umgehend beraten[14].

[D. Umsatzsteuer für Röstkaffee]

Außerhalb der Tagesordnung weist *Staatssekretär Dr. Westrick* auf den Wunsch des Bundeswirtschaftsministeriums hin, die rechtsförmliche Überprüfung der angeregten Umsatzsteuer-Unschädlichkeit beim Rösten, Mischen und Mahlen von Kaffee zu beschleunigen, damit die Verordnung bis zum 1.9.1957 in Kraft treten kann. Das Bundesfinanzministerium solle möglichst schnell an das Bundesjustizministerium herantreten. Der *Bundeskanzler* unterstützt diesen Vorschlag, die notwendige Prüfung solle sofort (noch in diesen Tagen) beginnen. Das Kabinett ist einverstanden[15].

[E. Ministerbesprechung]

Um 11.15 Uhr beschränkt der *Bundeskanzler* die Sitzung auf die Kabinettsmitglieder[16].

---

[14] Fortgang 193. Sitzung am 20. Aug. 1957 TOP 4.

[15] Im Rahmen der Beratung des Gesetzentwurfes zur Änderung des Umsatzsteuergesetzes, dem späteren Neunten Gesetz zur Änderung des Umsatzsteuergesetzes vom 18. Okt. 1957 (BGBl. I 1743), hatte der Bundestag in seiner 223. Sitzung am 4. Juli 1957 den Antrag des Ausschusses für Finanz- und Steuerfragen vom 10. Mai 1957 (BT-Drs. 3511) verabschiedet, mit dem das Rösten, Mischen und Mahlen von Kaffee im Großhandel als umsatzsteuerunschädliche Bearbeitung zugelassen werden sollte (Stenographische Berichte, Bd. 38, S. 13266). Der Bundesrat hatte in seiner 181. Sitzung am 19. Juli 1957 dieser Entschließung zugestimmt (BR-Sitzungsberichte, Bd. 5, S. 672). Die angestrebte umsatzsteuerliche Gleichstellung des Großhandels mit den mehrstufigen Verarbeitungsbetrieben zielte auf eine Steuersenkung, die für den Endverbraucher eine Preisermäßigung von ca. 0,40 DM pro 500 Gramm Kaffee mit sich bringen sollte. Der BMJ teilte mit Schreiben vom 14. Aug. 1957 mit, daß nur für den Fall, daß es sich beim Rösten von Kaffee um eine geringfügige Bearbeitung handele, die Erklärung der Steuerunschädlichkeit durch Rechtsverordnung erfolgen könne. Andernfalls sei eine Gesetzesänderung erforderlich. Die Beurteilung des Bearbeitungsumfanges müsse jedoch dem Fachressort überlassen bleiben (B 136/1094). – Fortgang 193. Sitzung am 20. Aug. 1957 TOP 8.

[16] Aufzeichnungen hierzu nicht ermittelt.

**193. Kabinettssitzung
am Dienstag, den 20. August 1957**

Teilnehmer: Adenauer, Blücher, von Brentano, Schröder, Schäffer, Erhard, Lübke, Lemmer, Preusker, Oberländer, Wuermeling; Globke, Anders, W. Strauß, Westrick, Busch, Bergemann, Thedieck, Ripken; Bott (Bundespräsidialamt), Holtz (BMVtg), von Eckardt (BPA), Krueger (BPA), Selbach (Bundeskanzleramt), Bernard (Deutsche Bundesbank; bis 11.15 Uhr), Vocke (Deutsche Bundesbank; bis 11.15 Uhr). Protokoll: Praß.

Beginn: 10.00 Uhr   *Ende: 12.15 Uhr*

Ort: Haus des Bundeskanzlers

Tagesordnung:
1. *Probleme des deutschen Zahlungsbilanzüberschusses
   Vortrag des BMWi.*
2. *Personalien
   Gemäß Anlagen.*
3. *Mitteilung über die in Aussicht genommene Besetzung einer auswärtigen Vertretung
   Schreiben des Staatssekretärs des Bundeskanzleramtes vom 10. Aug. 1957
   (11 - 14004-606/57 VS-Vertr.).*
4. *Entwurf einer Einundsiebzigsten Verordnung über Zollsatzänderungen (Obstzölle)
   Vorlage des BML vom 16. Aug. 1957 (VII A 1 - 7212 - Kab. Nr. 585/57).*
5. *Dritte Verordnung über die Höchstzahlen der Kraftfahrzeuge des Güterfernverkehrs und der Fahrzeuge des Möbelfernverkehrs
   Vorlage des BMV vom 5. Aug. 1957 (StV - 3 - 6138 B/57).*
6. *Verwaltungsabkommen zwischen Bund und Ländern;
   a) Errichtung eines Deutschen Wissenschaftsrats
   Vorlagen des BMI vom 13. Juli 1957 (III 2 - 32012 - 1284/57) und 22. Juli 1957
   (III 2 - 32012 - 1588/57),
   b) Ausbau der Ingenieurschulen
   Vorlage des BMF vom 12. Juli 1957 (VI A/3 - FA 1216 - 51/57 und II A/3 -
   I 5105 - 52/57 a).*
7. *Sender Europa I
   Vorlage des BMF vom 13. Juli 1957 (II A 16/57 VS-Vertr.).*
8. *Befreiung des Röstvorgangs bei Kaffee im Großhandel von der Umsatzsteuer.
   Der BMF ist um eine Vorlage gebeten.*

193. Sitzung am 20. August 1957

1. Probleme des deutschen Zahlungsbilanzüberschusses BMWi

Der *Bundesminister für Wirtschaft* gibt einen Bericht über die Probleme, die sich aus dem deutschen Zahlungsbilanzüberschuß ergeben. Die Spekulation auf eine Aufwertung der DM nehme gefährliche Formen an. Dreiviertel des Überschusses sei darauf zurückzuführen, daß das Ausland mit einer Aufwertung rechne. Die Kaufkraft der DM beruhe darauf, daß es der Bundesregierung gelungen sei, die Preise weitgehend stabil zu halten. Da im Ausland weiterhin mit der Stabilität der DM gerechnet werde, werde das Geld in DM angelegt, um keinerlei Risiko einzugehen. Es müsse betont werden, daß einseitige Maßnahmen eines Landes das Problem der Disparität der Wechselkurse nicht lösen könnten. Er schlage daher eine mit der Leitung der Deutschen Bundesbank abgestimmte Erklärung der Bundesregierung vor.

Der Text dieser Erklärung wird an die Kabinettsmitglieder verteilt[1].

Der *Bundeskanzler* empfiehlt, in der Erklärung den Begriff der Aufwertung klarzustellen und insbesondere auch eindeutig darauf hinzuweisen, daß der innere Wert der DM unverändert bleibe. Das sei wegen der Angriffe der Opposition nötig. Auch würden nur dann breitere Bevölkerungsschichten die Erklärung verstehen.

Präsident Dr. Bernard ist der Ansicht, daß die englische wie die deutsche Presse den Begriff der Aufwertung als feststehend behandeln. Wenn man überhaupt eine Erläuterung geben wolle, solle man von einer Heraufsetzung des Außenwertes der DM sprechen. Im übrigen glaube er auch, daß jetzt sofort etwas getan werden müsse, um die Spekulation zurückzudämmen. In den letzten 8 Tagen seien massierte Auszahlungen geleistet worden. Man spekuliere nicht nur auf die Aufwertung der DM, sondern auch auf die Abwertung in den anderen Ländern. Eine Aufwertung der DM würde eine Änderung der Relation zum US-Dollar bedeuten. Das aber wäre eine Verfälschung der Wechselkurse. Wenn man im übrigen, wie es in dem Interview des Bundesministers für Wirtschaft mit der Nachrichtenagentur „associated press" geschehen sei, die freie Konvertierbarkeit als Endziel ansehe[2], so dürfe der Dollarraum keineswegs ausgeschlossen werden. Deshalb sei eine Änderung

---

[1] Entwurf einer Erklärung des BMWi vom 19. Aug. 1957 in B 102/25878. – Im ersten Halbjahr 1957 hatte die Bundesrepublik einen Überschuß in der deutschen Handelsbilanz von 1,9 Milliarden DM und in der Zahlungsbilanz von 4 Milliarden DM erwirtschaftet. In beiden Bereichen war deutlich eine weiter steigende Tendenz erkennbar (vgl. Vermerk vom 19. Aug. 1957 in B 102/25878). Dies hatte Erwartungen nach einer Aufwertung der D-Mark hervorgerufen, die durch spekulative Devisenzuflüsse zusätzlich verstärkt worden waren. Vgl. dazu Pressedokumentation in B 102/12455. Durch eine unmißverständliche Stellungnahme der Bundesregierung, an der bisherigen Parität der D-Mark festzuhalten, sollte dem Aufwertungsdruck begegnet werden.

[2] Gegenüber dem Korrespondenten der amerikanischen Nachrichtenagentur Associated Press (AP), Werner Simon, hatte Erhard die Aufgabe des Systems fester Währungsparitäten gefordert und die vorübergehende Einführung begrenzt flexibler Wechselkurse auf einer zu vereinbarenden Bandbreite als denkbare Lösungsmöglichkeit bezeichnet. Eine Neuordnung der europäischen Währungsverhältnisse und die Einführung konvertierbarer Währungen hatte er für erforderlich gehalten, um die aktuellen Diskrepanzen innerhalb des multilateralen Verrechnungssystems der Europäischen Zahlungsunion zu beseitigen. Einseitige Maßnahmen wie etwa die Aufwertung der DM hatte er dagegen abgelehnt. Interview abgedruckt in Bulletin Nr. 149 vom 15. Aug. 1957, S. 1397 f.

der Relation der DM zum Dollar nicht vertretbar. Insgesamt gesehen sei eine Erklärung der Bundesregierung im jetzigen Zeitpunkt unerläßlich. *Präsident Geheimrat Dr. Vocke* bemerkt ergänzend, daß der Franc, das Pfund und der Gulden inflationistische Tendenzen aufweisen. Die Flucht in die DM nehme daher ungeheure Geschwindigkeit an. Der Zuwachs an Devisen aus Spekulationsgründen betrage z.Zt. 100 Mio. DM und mehr. Eine sofortige eindeutige gemeinsame Erklärung der Bundesregierung und der Bundesbank sei daher unerläßlich. Gerade auch außenpolitische Gründe forderten eine solche Erklärung. Der *Bundeskanzler* betont erneut, daß auch auf die innerpolitische Situation Rücksicht genommen werden müsse.

Nach Erörterung der vom Bundesminister für Wirtschaft vorgeschlagenen Erklärung beschließt das Kabinett nach verschiedenen Abänderungsvorschlägen insbesondere der Bundesminister für Wohnungsbau und für wirtschaftliche Zusammenarbeit, folgende Erklärung in der heutigen Pressekonferenz abzugeben.

„Unter dem Vorsitz von Bundeskanzler Dr. Adenauer hat die Bundesregierung in Anwesenheit der Leitung der deutschen Bundesbank die internationale Währungslage eingehend beraten. Anlaß gab das beständige starke Anwachsen der deutschen Zahlungsbilanzüberschüsse. Die Bundesregierung erklärt in Übereinstimmung mit der Leitung der deutschen Bundesbank: Der Außenwert der DM ist bekanntlich ebenso wie der der meisten anderen Währungen durch das Verhältnis zum US-Dollar bestimmt. Das Verhältnis der DM zum US-Dollar bedarf auf Grund aller wirtschaftlichen Tatbestände keiner Änderung. Alle Gerüchte über eine beabsichtigte Aufwertung der DM sind gegenstandslos.

Bundesregierung und Bundesbank werden die im In- und Ausland so hoch eingeschätzte Stabilität der deutschen Währung weiterhin wahren."[3]

6 a. Errichtung eines Deutschen Wissenschaftsrats   BMI

Der *Vizekanzler* berichtet über das Ergebnis der Kabinettsausschußsitzung vom 23. Juli 1957 und teilt mit, daß die Bundesminister für Verkehr und für Verteidigung gebeten haben, auch dem Präsidialrat der deutschen Luftfahrtforschung das Recht zu geben, die vom Bundespräsidenten zu berufenden Wissenschaftler vorzuschlagen[4]. Der *Bundesminister des Innern* schlägt vor, zunächst dem Verwaltungs-

---

[3] Neufassungen der Erklärung in B 136/2595. – Die Erklärung wurde als Mitteilung des BPA Nr. 871/57 am 20. Aug. 1957 veröffentlicht (BD 7/167–1957/1).

[4] Siehe 189. Sitzung am 16. Juli 1957 TOP 5 und 71. Sitzung des Kabinettsausschusses für Wirtschaft am 23. Juli 1957 TOP 3 b (B 136/36220). – Vorlage des BMI vom 22. Juli 1957 in B 138/1518 und B 136/6048, vgl. dazu das Schreiben von Seebohm und Strauß vom 1. Aug. 1957 an das Bundeskanzleramt in B 138/6163 und B 136/6048. – In einer Sitzung am 18. Juli 1957, an der zeitweilig auch Vertreter der Deutschen Forschungsgemeinschaft, der Westdeutschen Rektorenkonferenz und der Max-Planck-Gesellschaft teilgenommen hatten, hatte der von der Verhandlungskommission des Bundes und der Länder eingesetzte „Unterausschuß Wissenschaftsrat" unter dem Vorsitz des niedersächsischen Kultusministers Richard Langeheine Änderungen am Entwurf eines Verwaltungsabkommens zwischen Bund und Ländern, insb. über die Zusammensetzung und den Wahlmodus der Mitglieder des Wissenschaftsrates, beraten und beschlossen. Vgl. die Niederschrift dieser Sitzung in B 136/6048, dazu Aufzeichnungen in B 138/1518. Die Änderungen hatte der BMI in seiner Vorlage dem Kabinett zur Genehmigung vorgelegt. Danach sollten in den aus 39 Mitgliedern bestehenden Wissenschaftsrat die Bundes-

abkommen in der vorgeschlagenen Fassung zuzustimmen und alle anderen Fragen, insbesondere auch hinsichtlich der Beteiligung der Ressorts, einer interministeriellen Besprechung vorzubehalten.

Das Kabinett ist einverstanden[5].

2. Personalien

Der *Bundesminister der Finanzen* weist zu der Verlängerung des Dienstvertrages für Herrn Dr. Vockel[6] auf seinen Erlaß vom 14. August 1957 hin[7].

Das Kabinett nimmt Kenntnis.

Nach Erörterung des Vorschlages zur Ernennung des Ministerialdirigenten Dr. Cartellieri zum Ministerialdirektor beschließt das Kabinett, daß der Bundesminister der Finanzen den Vorschlag mit dem Bundesminister für Atomfragen noch einmal beraten und daß das Ergebnis dem Herrn Bundeskanzler mitgeteilt werden soll. Falls eine Einigung zwischen den beiden Ministern nicht zustandekommt, soll es dem Bundesminister für Atomfragen vorbehalten bleiben, den Ernennungsvorschlag in der nächsten Sitzung erneut vorzutragen.[8]

Im übrigen beschließt das Kabinett die Anlagen Nr. 1, 2 und 3 zu Punkt 2 der Tagesordnung für die 193. Kabinettssitzung der Bundesregierung am 20. August 1957[9].

---

regierung sechs und die Landesregierungen je ein Mitglied entsenden. Die übrigen 22 Mitglieder sollte der Bundespräsident berufen, davon 16 Mitglieder auf gemeinsamen Vorschlag der Deutschen Forschungsgemeinschaft, der Max-Planck-Gesellschaft und der Westdeutschen Rektorenkonferenz und sechs Mitglieder auf gemeinsamen Vorschlag der Bundesregierung und der Landesregierungen. Seebohm und Strauß hatten in ihrem Schreiben vom 1. Aug. 1957 auf die zunehmende wissenschaftliche und wirtschaftliche Bedeutung der Luft- und Raumfahrtforschung hingewiesen und deren Vertretung im Wissenschaftsrat gefordert. – Der Präsidialrat der Luftfahrtforschungsanstalten war Ende 1956 von den führenden sechs Luftfahrtforschungsanstalten in der Bundesrepublik, darunter der Deutschen Versuchsanstalt für Luftfahrt e.V., der Deutschen Forschungsanstalt für Luftfahrt e.V. und dem Forschungsinstitut für Physik der Strahlantriebe e.V., eingerichtet worden. Mit ihm sollten die Interessen der Luftfahrtforschung, insb. die jeweiligen Forschungsarbeiten und finanziellen Bedürfnisse koordiniert werden, um sie gegenüber den behördlichen Trägern und Förderern von Bund und Ländern einheitlich vertreten zu können. Vgl. dazu Beiträge aus dem BMV vom 5. Nov. 1956 zur Rede Seebohms auf der 34. Verkehrsminister-Konferenz am 15. Nov. 1956 in Braunschweig in B 108/42952.

[5] Verwaltungsabkommen vom 5. Sept. 1957 (BAnz. Nr. 200 vom 17. Okt. 1957, S. 1). – Unterlagen zur Vorbereitung der Unterzeichnung und Text der Ansprache Adenauers anläßlich der Unterzeichnung am 5. Sept. 1957 in B 136/6048, veröffentlicht in Bulletin Nr. 165 vom 6. Sept. 1957, S. 1539. Unterlagen zur Tätigkeit des Wissenschaftsrates im Bestand B 247. – Fortgang 3. Sitzung am 13. Nov. 1957 TOP C.

[6] In Anlage 3 zu Punkt 2 der Tagesordnung war die Verlängerung des Dienstvertrages mit dem Bevollmächtigten der Bundesrepublik Deutschland in Berlin, Heinrich Vockel, bis zum 30. Juni 1958 vorgeschlagen.

[7] Ein entsprechender Erlaß des BMF vom 14. Aug. 1957 ließ sich nicht nachweisen.

[8] Siehe 192. Sitzung am 14. Aug. 1957 TOP 1. – Cartellieri wurde am 5. Sept. 1957 zum Ministerialdirektor ernannt (Hausmitteilung des BMAt vom 9. Okt. 1957 in B 138 AHM/Personalveränderungen 1).

[9] Außer der Verlängerung des Dienstvertrags mit Vockel (Anlage 3) und der Ernennung Cartellieris zum Ministerialdirektor im BMAt (Punkt 2 der Anlage 2) waren vorgeschlagen die

193. Sitzung am 20. August 1957

3. Mitteilung über die in Aussicht genommene Besetzung einer auswärtigen Vertretung
AA

Das Kabinett stimmt dem Vorschlag zu[10].

4. Entwurf einer Einundsiebzigsten Verordnung über Zollsatzänderungen (Obstzölle)
BML

Der *Bundesminister der Finanzen* erklärt sich grundsätzlich mit dem Entwurf des Bundesministers für Ernährung, Landwirtschaft und Forsten vom 16. August 1957 einverstanden[11].
Das Kabinett beschließt die Vorlage.

Der *Bundesminister der Finanzen* weist in diesem Zusammenhang darauf hin, daß das Aufkommen an Umsatzsteuer im Juli dieses Jahres geringer gewesen sei als im Vergleichsmonat des Vorjahres. Das sei ein einmaliger Vorgang. Der *Bundesminister für Ernährung, Landwirtschaft und Forsten* bittet, den Termin für das Inkrafttreten der Zollsenkung vor den 1. September 1957 zu legen. Der *Bundeskanzler* schließt sich diesem Vorschlag an und empfiehlt, nicht den Beschluß des Bundestages abzuwarten, sondern die Zölle bereits vorher zu stunden. Der *Bundesminister der Finanzen* erklärt, daß allein die Unterrichtung der Zolldienststellen mehrere Tage in Anspruch nehme, so daß eine Stundung vor dem 1. September nicht möglich sei. Der *Bundeskanzler* schlägt vor, die Zölle bereits ab 25. August 1957 zu stunden. Gegen diesen Vorschlag werden keine Einwendungen erhoben[12].

5. Dritte Verordnung über die Höchstzahlen der Kraftfahrzeuge des Güterfernverkehrs und der Fahrzeuge des Möbelfernverkehrs
BMV

Der *Bundesminister der Finanzen* erklärt, daß er keinen Widerspruch eingelegt habe[13]. Er benütze aber die Gelegenheit, den Bundesminister für Verkehr darauf hinzuweisen, daß nach Berechnungen des Bundesfinanzministeriums mit einer Mindereinnahme der Bundesbahn von jährlich 80 Mio. DM gerechnet werden müsse. Er erkläre ausdrücklich, daß es unmöglich sei, im nächsten Haushalt dem

---

Ernennung eines Ministerialrates im BMF, des Generalleutnants Gerhard Matzky und des Brigadegenerals Wolf von Kahlden (Anlage 1), sowie im Bereich des BML die Ernennung des Direktors und Professors an der Bundesforschungsanstalt für Fischerei Dr. Johannes Lundbeck zum Beamten auf Lebenszeit als Direktor des Instituts für Seefischerei in Hamburg (Punkt 1 der Anlage 2).

[10] Vorlage des Bundeskanzleramtes vom 10. Aug. 1957 in B 136/1837. – Vorgeschlagen war die Besetzung der Gesandtschaft in Beirut mit Generalkonsul Dr. Walter Hellenthal.
[11] Siehe 192. Sitzung am 14. Aug. 1957 TOP C. – Vorlage des BML vom 16. Aug. 1957 in B 116/19171, B 136/363 und B 102/17411. – Der BML hatte die von ihm beantragten Zollsatzänderungen damit begründet, daß in der Öffentlichkeit die hohen Preise für ausländisches Obst kritisiert und dafür vor allem die Zölle verantwortlich gemacht würden.
[12] BR-Drs. 361/57. – Einundsiebzigste Verordnung über Zollsatzänderungen (Obstzölle) vom 18. Sept. 1957 (BGBl. I 1376).
[13] Siehe 192. Sitzung am 14. Aug. 1957 TOP 5. – Vorlage des BMV vom 5. Aug. 1957 in B 108/3278 und B 136/9750.

Bundesverkehrsminister etwa 80 Mio. DM zusätzliche Bundesmittel für die Bundesbahn zur Verfügung zu stellen.

Das Kabinett nimmt Kenntnis und beschließt die Vorlage[14].

6 b. Ausbau der Ingenieurschulen BMF

Das Kabinett stimmt dem Entwurf des Verwaltungsabkommens zu[15].

7. Sender Europa I AA

Nach einer kurzen Darstellung des *Bundesministers für das Post- und Fernmeldewesen* über den gegenwärtigen Stand und einem Hinweis von *Staatssekretär Dr. Strauß* auf etwaige Schadensersatzansprüche beschließt das Kabinett auf die Vorschläge des Bundesministers für das Post- und Fernmeldewesen und des Bundesministers des Auswärtigen, die Verhandlungen wegen des Senders Europa I weiterzuführen. Dabei soll eine Herabsetzung der Sendeleistung angestrebt werden, um Störungen der übrigen Sender zu vermeiden. Auch soll die Lizenzfrage geklärt werden. Die Zwischenregelung solle sich nur auf den Zeitraum bis zur nächsten Weltkonferenz[16] im Jahre 1961 erstrecken[17].

8. Befreiung des Röstvorgangs bei Kaffee im Großhandel von der Umsatzsteuer BMF

Der *Bundesminister der Finanzen* erklärt, daß er schon immer die Auffassung vertreten habe, daß das Rösten von Kaffee steuerschädlich sei[18]. Der *Bundeskanzler*

---

[14] Verordnung vom 28. Aug. 1957 (BAnz. Nr. 170 vom 5. Sept. 1957, S. 1).

[15] Siehe 189. Sitzung am 16. Juli 1957 TOP 5 und 71. Sitzung des Kabinettsausschusses für Wirtschaft am 23. Juli 1957 TOP 3 a (B 136/36220). – Vorlage des BMF vom 12. Juli 1957 in B 126/2308 und B 136/6048. – Nach dem vom BMF zur Genehmigung vorgelegten Abkommen mit den Ministerpräsidenten der Länder verpflichtete sich der Bund, 50 % der bisher von den Ländern getragenen Zuschüsse zum Ausbau wissenschaftlicher Einrichtungen zu übernehmen. Dieser Betrag war für 1957 auf rund 20 Millionen DM geschätzt worden. Im Gegenzug verpflichteten sich die Länder, die dadurch eingesparten Haushaltsmittel für den Ausbau von Ingenieurschulen zu verwenden. – Verwaltungsabkommen vom 5. Sept. 1957 (BAnz. Nr. 200 vom 17. Okt. 1957, S. 1).

[16] Angesprochen ist der Welt-Postkongreß, eine Sonderorganisation der UNO, der als gesetzgebendes Organ des Weltpostvereins in der Regel alle fünf Jahre zusammentrat.

[17] Siehe 189. Sitzung am 16. Juli 1957 TOP 2. – Vorlage des AA vom 13. Juli 1957 in AA (Abt. 2), VS-Bd. 5909. – Die Vorlage enthielt einen Zwischenbericht über den Stand der Verhandlungen mit Frankreich und mit privaten Interessenten über die Neustrukturierung der Eigentumsverhältnisse an dem Sender. – Fortgang 10. Sitzung am 22. Jan. 1958 TOP A (B 136/36117).

[18] Siehe 192. Sitzung am 14. Aug. 1957 TOP D. – Undatierter Entwurf des BMWi der Verordnung in B 136/1094. – Der Aufforderung des Bundeskanzleramtes, einen Verordnungsentwurf als Beratungsgrundlage für die Kabinettssitzung vorzulegen, war der BMF nicht nachgekommen. Vorsorglich war auch der BMWi gebeten worden, einen Verordnungsentwurf auszuarbeiten, der einen entsprechenden, undatierten Entwurf einer Neunten Verordnung zur Änderung der Durchführungsbestimmungen zum Umsatzsteuergesetz für diese Sitzung vorbereitet hatte. Der BMWi war der Auffassung, daß es sich beim Rösten von Kaffee um eine geringfügige Bearbeitung handele und somit die Umsatzsteuerbefreiung durch eine Verordnung der Bundesregierung herbeigeführt werden könne. Dagegen hatte der BMF das Rösten als nicht geringfügige Bearbeitung im Sinne des Umsatzsteuergesetzes betrachtet und die Meinung vertreten, daß die beab-

193. Sitzung am 20. August 1957

hält es für wünschenswert, einen Weg für die Herabsetzung des Kaffeepreises zu finden. *Staatssekretär Westrick* teilt mit, daß der Kaffee-Einzelhandel dem BMWi die Zusage gegeben habe, den Kaffeepreis um 0,80–1,20 DM je Kilo zu senken, wenn die Umsatzsteuerfreiheit eingeführt würde. Der *Bundesminister für Ernährung, Landwirtschaft und Forsten* weist auf die Entschließungen des Bundestages und Bundesrates vom 4. bzw. 19. Juli 1957 hin. Er bittet, diesen Entschließungen stattzugeben. Der *Bundesminister für Wohnungsbau* unterstützt diesen Antrag. Der *Bundesminister der Finanzen* erklärt, daß er bereit sei, die Umsatzsteuer ab 1. September 1957 zu stunden, wenn der Großhandel sich bereit erkläre, die Preise zu senken. Jedoch sei für die Regelung ein formelles Gesetz erforderlich. Das Gesetz müsse dann später dem Bundestag vorgelegt werden.

Das Kabinett ist einverstanden[19].

[A.] **Kriegsfolgenschlußgesetz**

Der *Bundesminister der Finanzen* weist darauf hin, daß in der Sitzung des Bundestages vom 29. August 1957 das Kriegsfolgenschlußgesetz als Punkt 42 behandelt werden soll[20]. Hierfür sei die Einfügung eines Artikels 135a in das Grundgesetz erforderlich. Dazu werde eine ²/₃-Mehrheit benötigt. Um diese Mehrheit sicherzustellen sei es zu empfehlen, diesen Punkt an die Spitze der Tagesordnung zu setzen. Er bittet, ihn zu ermächtigen, die hierfür erforderlichen Verhandlungen zu führen. Der *Bundeskanzler* schließt sich diesem Vorschlag an[21].

Das Kabinett ist einverstanden.

---

sichtigte Umsatzsteuerbefreiung nur durch eine Gesetzesänderung erfolgen könne. Vgl. dazu den Vermerk des Bundeskanzleramtes vom 19. Aug. 1957 in B 136/1094.

[19] In einer Pressemitteilung vom 28. Aug. 1957 kündigte das BMF eine Stundung der entsprechenden Umsatzsteuer unter der Erwartung an, daß der Bundestag einen entsprechenden Gesetzentwurf noch in dieser Legislaturperiode verabschieden würde. Die beabsichtigte Senkung der Umsatzsteuer für Kaffee von 4 % auf 3 % sollte nach Schätzung des BMF den Endverbraucherpreis um 0,80 bis 1,20 DM pro Kilo Röstkaffee senken. Vgl. dazu die BPA-Mitteilung Nr. 896/57 in BD 7/167–1957/3. – Eine Einarbeitung in das Neunte Änderungsgesetz war aus Zeitgründen nicht mehr möglich. Die Umsatzsteuerbefreiung sollte daher im Zehnten Gesetz zur Änderung des Umsatzsteuergesetzes geregelt werden (vgl. dazu den Vermerk des Bundeskanzleramtes vom 8. März 1958 in B 136/1094), fand aber keine Aufnahme. Vgl. dazu die in Artikel I des Zehnten Gesetzes zur Änderung des Umsatzsteuergesetzes vom 29. Dez. 1959 aufgeführten, von der Umsatzsteuer befreiten Nahrungsmittel (BGBl. I 831).

[20] Zum Entwurf des Kriegsfolgenschlußgesetzes, das inzwischen in Allgemeines Kriegsfolgengesetz umbenannt worden war, vgl. 96. Sitzung am 7. Sept. 1955 TOP 3 (Kabinettsprotokolle 1955, S. 503 f.). – Der Entwurf auf der Grundlage der BT-Drs. 3736 wurde in der 227. Sitzung des Bundestages am 29. August 1957 angenommen (Stenographische Berichte, Bd. 38, S. 13526). – BR-Drs. 377/57. – Fortgang 195. Sitzung am 18. Sept. 1957 TOP A.

[21] Unterlagen zu den Verhandlungen nicht ermittelt. – Der Bundestag stimmte in der gleichen Sitzung der Verfassungsänderung gemäß BT-Drs. 3732 zu (Stenographische Berichte, Bd. 38, S. 13522–13526, dazu weitere Unterlagen in B 136/3827). Die Grundgesetzänderung sollte die Voraussetzung dafür schaffen, daß bestimmte Verbindlichkeiten des Reiches, des ehemaligen Landes Preußen und anderer nicht mehr bestehender Körperschaften des öffentlichen Rechts sowie des Bundes, der Länder und Gemeinden nicht oder nur in beschränktem Umfang zu erfüllen waren. – BR-Drs. 376/57. – Gesetz zur Einfügung eines Artikels 135a in das Grundgesetz vom 22. Okt. 1957 (BGBl. I 1745).

[B.] **Richtlinien für das künftige Verfahren im Sportverkehr der deutschen Sportverbände mit den Ostblockstaaten insbesondere mit Ungarn**

Der *Bundesminister des Innern* weist auf die mit den Sportverbänden getroffene Regelung vom 20. Februar 1956 hin[22]. Er glaube, daß auf die Dauer eine Überprüfung dieser Vereinbarung nicht zu umgehen sein werde[23]. Am 1. September 1957 solle zwischen Deutschland und Ungarn ein Länderhandballspiel und ein Kanu-Länderkampf stattfinden. Er schlage vor, die Bedenken gegen die Einreise der ungarischen Sportler zurückzustellen. Der *Bundeskanzler* weist darauf hin, daß am 8. September die Verhandlungen über den einstimmigen Beschluß zum Ungarnbericht der UNO beginnen[24]. Wenn man vorher die ungarischen Sportler an Wettkämpfen in Deutschland teilnehmen lasse, werde die Wirkung dieser Verhandlungen vor der UNO weitgehend abgewertet. Der *Bundesminister des Auswärtigen* unterstützt diese Auffassung. Die öffentliche Meinung werde von den Funktionären des Sports nicht richtig wiedergegeben. Wenn die Mehrzahl der NATO-Staaten die Sportveranstaltungen mit Ungarn als unerwünscht betrachte[25], so könnte die Bundesregierung keine andere Auffassung vertreten. Auch dürfe die Bundesregierung auf keinen Fall dazu beitragen, daß die Vorgänge in Ungarn in Vergessenheit geraten. Der *Bundesminister des Innern* ist der Ansicht, daß die Sportverbände verärgert würden. Man könnte als Kompromiß die Sportveranstaltung ohne viel Propagandaaufwand durchführen und auf der anderen Seite die politische Propaganda stark betonen. Der *Bundeskanzler* lehnt diese Lösung ab. Auch wenn dieselben Sportler aus Ungarn unter einer freiheitlichen Regierung nach Deutschland kommen würden, so kämen sie jetzt immerhin als Repräsentanten der jetzigen ungarischen Regierung. In jedem Fall seien aber die leitenden Funktionäre, die die Mannschaft begleiten, typische Vertreter des kommunistischen Regimes in Ungarn. Der *Bundesminister des Innern* betont erneut, daß eine Ablehnung in der deutschen Öffentlichkeit wenig Verständnis finden werde. Der *Vizekanzler* unterstützt diese Ansicht und weist darauf hin, daß die Abschlüsse für diese Veranstaltung bereits vor mehr als einem Jahr

---

[22] Nach dieser Regelung sollten Einreise- und Aufenthaltsgenehmigungen von Angehörigen der Ostblockstaaten zur Teilnahme an internationalen Sportveranstaltungen, insb. Länderkämpfen, Europa- und Weltmeisterschaften grundsätzlich erteilt werden, während die Teilnahme von Sportlern aus den Ostblockstaaten an Veranstaltungen privater Natur von den Sportverbänden nach Möglichkeit eingeschränkt werden sollte. – Richtlinien und Niederschrift der Besprechung vom 20. Febr. 1956 in B 106/5293, weitere Unterlagen auch in B 136/5551.

[23] Der Beschluß vom 20. Febr. 1956 war in einer Besprechung zwischen Vertretern des BMI, des Bundeskanzleramtes und des AA mit den Repräsentanten der Sportverbände am 6. Aug. 1957 im wesentlichen bestätigt worden. Vgl. Niederschrift des BMI vom 6. Aug. 1957 in B 106/5293 und B 136/5551.

[24] Am 10. Sept. 1957 trat die Generalversammlung der Vereinten Nationen zu ihrer Sondersitzung über die Ungarnfrage zusammen und erörterte einen von den USA eingebrachten und von 34 Mitgliedsstaaten der UNO unterschriebenen Entschließungsentwurf, in dem das Vorgehen der Sowjetunion und der ungarischen Regierung bei der Niederschlagung des ungarischen Aufstandes 1956 verurteilt wurde. Diese Entschließung stützte sich auf einen Bericht des Ungarn-Ausschusses der UNO. Vgl. die Entschließung in Bulletin Nr. 169 vom 12. Sept. 1957, S. 1576.

[25] Vgl. den Bericht der Vertretung der Bundesrepublik bei der NATO vom 7. Aug. 1957 in AA B 94, Bd. 542.

getroffen worden wären. Auch sei zu berücksichtigen, daß durch eine Ablehnung die Sowjetzone in immer stärkerem Maße der Partner für Veranstaltungen mit ungarischen Sportlern werde. Der *Bundeskanzler* weist erneut auf die am 8. September vor der UNO-Vollversammlung beginnende Verhandlung über den Ungarnbericht hin und betont nachdrücklich, daß die Bundesregierung nicht inkonsequent sein dürfe. Der *Bundesminister des Innern* hält entgegen, daß vor kurzem ein Schwimmwettkampf mit ungarischen Sportlern in Reutlingen stattgefunden hat[26]. Auch *Bundespressechef von Eckardt* ist der Ansicht, daß die Sportler in der öffentlichen Meinung nicht als Repräsentanten des Landes empfunden würden. Der *Bundeskanzler* ist demgegenüber der Ansicht, daß das Auftreten der ungarischen Sportler in Länderkämpfen nur als Repräsentanz des betreffenden Landes verstanden werden könnte. Denn es werde die Landesflagge gehißt und die Nationalhymne gespielt. Die deutschen Zuschauer müßten sich von ihren Plätzen erheben. Es sei nur eine konsequente Haltung in dieser Frage möglich. Der *Bundesminister für Familienfragen* schließt sich dieser Auffassung an und betont, daß man so lange keine Sportler aus Ungarn hereinlassen könne, als in Ungarn täglich Todesurteile gegen freiheitliche Ungarn gefällt würden. Hier müsse das gleiche gelten wie für die Sowjetunion, deren Sportler die Bundesregierung auch nicht hereinlassen könne, solange mehr als 80 000 Repatriierungsfälle noch ungeklärt seien. Der *Bundesminister für Wirtschaft* empfiehlt, bei Ablehnung insbesondere auch auf das Hissen der Flagge und das Spielen der Nationalhymne hinzuweisen. Der *Bundesminister des Auswärtigen* unterstützt diese Auffassung mit dem Hinweis, daß die Bundesregierung keineswegs weniger tun könne als die Schweiz und Österreich. Der *Bundeskanzler* bittet nunmehr abzustimmen, ob die ungarischen Sportler zu den beiden Wettkämpfen zugelassen werden sollen.

Das Kabinett lehnt dies mit überwiegender Mehrheit ab[27].

---

[26] Am 20. und 21. Juli 1957 hatte in Reutlingen ein Schwimm-Länderkampf zwischen der Bundesrepublik Deutschland und Ungarn stattgefunden.

[27] Der Beschluß der Bundesregierung (vgl. Bulletin Nr. 154 vom 22. Aug. 1957, S. 1438) rief die Kritik der Oppositionsparteien, des Deutschen Sportbundes und der Presse hervor. Vgl. das Schreiben des Präsidenten des Deutschen Sportbundes Willi Daume an den BMI vom 26. Aug. 1957 und Presseausschnitte in B 136/5551. Nach einer Besprechung mit von Brentano am 27. Aug. 1957 (vgl. Presseverlautbarung in Bulletin Nr. 159 vom 29. Aug. 1957, S. 1492) erklärte Daume, daß die fraglichen Wettkämpfe zu einem späteren Zeitpunkt stattfinden würden (vgl. „Frankfurter Allgemeine Zeitung" vom 28. Aug. 1957). Das geplante (Feld-)Handball-Länderspiel wurde bereits am 27. Okt. 1957 in Ludwigshafen nachgeholt, der Kanu-Länderkampf am 23./24. Aug. 1958 in Wuppertal (vgl. „Deutsche Handball-Woche" Nr. 37 vom 10. Sept. 1957 und Nr. 44 vom 29. Okt. 1957 sowie „Kanu-Sport" 1957, S. 416). Im Dezember 1957 fanden Fußball-Länderspiele zwischen den A- und B- sowie den Junioren-Nationalmannschaften Deutschlands und Ungarns statt. Im Frühjahr 1958 verständigten sich BMI und AA mit dem Deutschen Sportbund über einen im Regelfall uneingeschränkten Ost-West-Sportverkehr. Vgl. Unterlagen dazu in B 106/5293 und in AA B 94, Bd. 542, Kommuniqué vom 23. April 1958 auch in Bulletin Nr. 77 vom 25. April 1958, S. 747.

194. Sitzung am 3. September 1957

**194. Kabinettssitzung
am Mittwoch, den 3. September 1957**

Teilnehmer: Adenauer, von Brentano, Schröder, Lübke, Lemmer, Preusker, Wuermeling; W. Strauß, Hartmann, Westrick, Busch, Bergemann, Nahm, Ripken; Bott (Bundespräsidialamt), Janz (Bundeskanzleramt), Hopf (BMVtg), von Eckardt (BPA), Krueger (BPA), Selbach (Bundeskanzleramt). Protokoll: Bachmann.

Beginn: 10.00 Uhr *Ende: 11.00 Uhr*

Ort: Haus des Bundeskanzlers

Tagesordnung:
1. *Personalien
   Gemäß Anlagen.*
2. *Mitteilung über die in Aussicht genommene Besetzung einer auswärtigen Vertretung
   Schreiben des Staatssekretärs des Bundeskanzleramtes vom 22. Aug. 1957
   (11 - 14004 - 628/57 VS-Vertr.).*
3. *Entwurf einer Verordnung über die Gewährung von Vorrechten und Befreiungen an die Organisation des Nordatlantikvertrages, die nationalen Vertreter, das internationale Personal und die für die Organisation tätigen Sachverständigen
   Vorlage des AA vom 22. Juli 1957 (211 - 80 - 03 - 4/2162/57).*
4. *Errichtung einer Bundesanstalt für Bodenforschung
   Vorlage des BMWi vom 21. Aug. 1957 (III A 3 - 12556/57).*
5. *Verfassungsgerichtliche Prüfung des Gesetzes zur Änderung wasserrechtlicher Vorschriften in Hessen vom 16. April 1957 (Hess. GVBl. S. 50)
   Vorlage des BMV vom 13. Aug. 1957 (W 10 - 2189 VA 57).*

[A. Auszeichnung des Hauptgeschäftsführers des Bundesverbandes der Deutschen Industrie]

Der *Bundeskanzler* hält es für richtig, daß Dr. Beutler[1] vom Bundesverband der deutschen Industrie anläßlich seines 60. Geburtstages eine Auszeichnung verliehen

---

[1] Dr. Hans-Wilhelm Beutler (1897–1966). 1926–1942 Geschäftsführer mehrerer industrieller Verbände, 1946 Hauptgeschäftsführer der Wirtschaftsvereinigung Ziehereien und Kaltwasserwerke in Düsseldorf, 1946–1947 MdL Nordrhein-Westfalen (FDP), 1949–1957 Hauptgeschäftsführer, 1957–1963 geschäftsführendes Präsidiumsmitglied des BDI, Vizepräsident der Europa-Union.

wird. Das Kabinett ist damit einverstanden. Der *Bundeskanzler* bittet MinDirektor Bott, den Bundespräsidenten hierüber zu unterrichten[2].

[B. Gedenken an Otto Suhr]

Der *Bundeskanzler* gedenkt des verstorbenen Regierenden Bürgermeisters von Berlin, Dr. Otto Suhr. Nicht nur Berlin, sondern ganz Deutschland habe durch seinen Tod einen schweren Verlust erlitten[3].

[C. Verordnung zur Änderung der Straßenverkehrs-Zulassungsordnung und der Straßenverkehrs-Ordnung (Abmessungen und Gewichte)]

Anschließend berichtet der *Bundeskanzler* über ein Gespräch, das er mit Vertretern des Kraftverkehrsgewerbes über die Begrenzung der Länge der Lastzüge geführt habe. Die Herren hätten vorgeschlagen, den Vollzug der bereits erlassenen Verordnung bis zum Inkrafttreten der zu erwartenden europäischen Lösung auszusetzen[4]. Sie hätten bemängelt, daß der Bundesverkehrsminister die verkehrsrechtlichen Probleme vor den notwendigen Entscheidungen mit den Betroffenen nicht bespreche. *Staatssekretär Dr. Bergemann* erwidert, die Betroffenen seien vor den notwendigen Entscheidungen immer nach ihrer Meinung gefragt worden. Der Verkehrsausschuß des Bundestages habe im Jahre 1955 zwei Monate lang mit den Vertretern der Betroffenen verhandelt und ihre Meinung gehört. Die Industrie habe die Umstellung auf die neuen Maße bereits vollzogen. Bis zum Inkrafttreten einer europäischen Lösung – dabei handele es sich nicht um die Genfer Empfehlungen von 1949[5] –

---

[2] Glückwunschschreiben Adenauers vom 5. Sept. 1957 zum Geburtstag und zur Verleihung des Großen Verdienstkreuzes sowie Dankschreiben Beutlers vom September 1957 in B 136/1895, Schriftwechsel zur Vorschlagsbegründung und Vorschlagsliste Nr. 54 in B 122/38806.

[3] Otto Suhr war am 30. Aug. 1957 verstorben. – Nachruf, Beileidstelegramme und Text der Gedenkrede von Bundespräsident Heuss in Bulletin Nr. 162 vom 3. Sept. 1957, S. 1511 f. bzw. Nr. 165 vom 6. Sept. 1957, S. 1534.

[4] Zur VO vom 21. März 1956 (BGBl. I 127) vgl. 126. Sitzung am 14. März 1956 TOP C (Kabinettsprotokolle 1956, S. 247), zur Verschiebung des Inkrafttretens durch die VO vom 16. Okt. 1956 (BGBl. I 814) vgl. 152. Sitzung am 19. Sept. 1956 TOP 7 (Kabinettsprotokolle 1956, S. 601). – Unterlagen des BMV und des BMWi zur Vorbereitung des Gespräches Adenauers mit dem Präsidenten des Verbandes der Automobilindustrie Max Thoennissen und dem Präsidenten der Zentralarbeitsgemeinschaft des Straßenverkehrsgewerbes Georg Geiger am 20. Aug. 1957 in B 136/1537. – In einer Kundgebung am 18. Aug. 1957 in Hamburg hatten Vertreter des Straßenverkehrsgewerbes und des Kraftfahrzeugbaus auf die schwierige wirtschaftliche Lage hingewiesen (vgl. dazu auch 195. Sitzung am 18. Sept. 1957 TOP 4) und u.a. eine stärkere Berücksichtigung bei der Vergabe von Aufträgen durch die Bundeswehr und eine Verschiebung des Inkrafttretens der o.g. Verordnung bis zum Erlaß europaeinheitlicher Vorschriften gefordert. An der geplanten Verordnung hatten sie kritisiert, daß sie eine Planungsunsicherheit auslösen und Wettbewerbsnachteile gegenüber ausländischen Herstellern verursachen würde.

[5] Vgl. dazu 16. Sitzung am 29. Jan. 1954 TOP 6 (Kabinettsprotokolle 1954, S. 42) sowie Vorlage des BMV vom 7. Jan. 1954 mit Text der Abkommen und Protokolle in B 108/10619 und B 136/10051, BR-Drs. 19/54 und BT-Drs. 291. – Mit den in Genf am 19. Sept. 1949 unterzeichneten Abkommen und Protokollen sollte eine Angleichung der Verkehrsvorschriften auf europäischer Ebene in Gang gebracht werden. Darin waren u.a. auch Empfehlungen über die

würden sicher noch sechs bis sieben Jahre vergehen. Die europäische Lösung werde der jetzt in der Bundesrepublik gültigen gewiß nahekommen. Die Tendenz zum Sattelschlepper solle gefördert werden.

Nach kurzer Debatte wird beschlossen, daß der Bundesverkehrsminister die Angelegenheit nochmals mit den Herren Geiger[6] und Thoennissen[7] bespricht[8].

1. Personalien

Das Kabinett stimmt den Vorschlägen in Anlage 1 und 2 zu Punkt 1 der Tagesordnung[9] zu mit Ausnahme des Vorschlages Dr. Rudolf Vogel, der zurückgestellt wird[10].

2. Mitteilung über die in Aussicht genommene Besetzung einer auswärtigen Vertretung AA

Das Kabinett nimmt zustimmend Kenntnis[11].

Abmessungen und Gewichte ausgesprochen worden, die in der beabsichtigten Verordnung noch unterschritten wurden. – Ein Gesetz über den Beitritt der Bundesrepublik Deutschland zum Internationalen Abkommen über den Straßenverkehr aus dem Jahre 1949 kam nicht zustande.

[6] Georg Geiger (1894–1972). 1945–1968 Präsident des Verbandes für das Verkehrsgewerbe Niedersachsen, 1947–1968 gleichzeitig Präsident der Zentralarbeitsgemeinschaft des Straßenverkehrsgewerbes, zudem des Ausschusses Kraftverkehrswirtschaft, Vorsitzender des Verwaltungsrats der Bundesanstalt für den Güterfernverkehr und Mitglied des Aufsichtsrats des Versicherungsverbandes des Deutschen Kraftverkehrs VaG (KRAVAG).

[7] Max Thoennissen (1887–1969). Im Ersten und Zweiten Weltkrieg Berufsoffizier, zuletzt 1944 Generalmajor und Chef der Abteilungen für Kraftfahrzeugwesen im OKH und OKW, dazwischen Tätigkeit in der Privatwirtschaft, 1949–1959 Präsident des Verbandes der Automobilindustrie, zudem Präsident des Bureau Permanent International des Constructeurs d'Automobiles und Vorstandsmitglied des BDI.

[8] Vgl. dazu den Vermerk über die Besprechung am 16. Sept. 1957 in B 108/3395 sowie Schreiben Seebohms an Adenauer vom 16. Sept. 1957 in B 136/1538. – In dieser Besprechung wurde eine Übergangslösung vereinbart, nach der während des Jahres 1958 neue und verkehrssichere Lastzüge bis zu 32 Tonnen Gesamtgewicht und bis zu 18 Metern Länge zugelassen werden durften. Diese Regelung sollte in einer Verordnung zur Änderung der Straßenverkehrszulassungsordnung festgeschrieben werden, die aber nicht zustande kam. Unterlagen dazu in B 108/3395 und B 135/1537.

[9] Vorgeschlagen war in Anlage 1 die Ernennung des Vortragenden Legationsrats I. Klasse Dr. Rudolf Vogel und des Gesandten Conrad von Schubert im AA und eines Ministerialdirigenten im BML. Im Bereich des BMVtg sollten Georg Werthmann zum Militärgeneralvikar, Heinrich Hax und Heinrich Baron von Behr zu Generalmajoren sowie Hans Meyer und Max Eckart Wolff zu Flottillenadmiralen ernannt werden. Anlage 2 enthielt den Vorschlag, den Kraftfahrer des Generalinspekteurs der Bundeswehr als Chefkraftfahrer zu entlohnen.

[10] Fortgang hierzu 195. Sitzung am 18. Sept. 1957 TOP 2.

[11] Vorlage des Bundeskanzleramtes vom 22. Aug. 1957 in B 136/1837. – Vorgeschlagen war die Besetzung der Botschaft in Ciudad Trujillo (Dominikanische Republik) mit Legationsrat I. Klasse Dr. Karl-Gustav Wollenweber.

194. Sitzung am 3. September 1957

3. **Entwurf einer Verordnung über die Gewährung von Vorrechten und Befreiungen an die Organisation des Nordatlantikvertrages, die nationalen Vertreter, das internationale Personal und die für die Organisation tätigen Sachverständigen** AA

Das Kabinett stimmt zu[12].

4. **Errichtung einer Bundesanstalt für Bodenforschung** BMWi

Staatssekretär Dr. Westrick begründet die Vorlage[13]. Der Vorschlag des Bundesfinanzministers, die in Rede stehenden Aufgaben dem bereits bestehenden Landesamt in Hannover zu übertragen, sei nicht annehmbar. Es gehe vor allem um die Auslandsaufgaben der zu gründenden Bundesanstalt. Der *Bundesminister des Innern* weist auf den Gesichtspunkt der Verwaltungsvereinfachung hin. Er bittet zu prüfen, ob eine Verbindung der in der Vorlage gekennzeichneten Aufgaben mit der Bundesanstalt für Landeskunde in Remagen[14] möglich sei. Der *Minister* regt an, hierüber ein Gutachten des Bundesbeauftragten für Wirtschaftlichkeit in der Verwaltung einzuholen. Es sei allerdings klar, daß der Bund bei der Wahrnehmung seiner vorbezeichneten Aufgaben eigene Kräfte einsetzen müßte und sich nicht lediglich der Hilfe des niedersächsischen Landesamtes bedienen könne. *Staatssekretär Dr. Westrick* erklärt, die Bundesanstalt in Remagen habe andere Aufgaben. Das vom Bundeswirtschaftsminister entworfene Verwaltungsabkommen mit dem Lande Niedersachsen sehe vor, daß der augenblickliche Leiter des niedersächsischen Amtes für Bodenforschung[15] in Hannover Präsident der Bundesanstalt werde und im unbezahlten Nebenamt auch das niedersächsische Amt für Bodenforschung leite. Es

---

[12] Vorlage des AA vom 22. Juli 1957 in B 136/6196. – Das AA hatte einen Verordnungsentwurf zur Ratifizierung des Abkommens über die Gewährung von Vorrechten und Befreiungen vom 20. Sept. 1951 vorgelegt, das von den Mitgliedstaaten des Nordatlantikvertrages bereits ratifiziert und von der Bundesrepublik am 29. Mai 1956 unterzeichnet worden war. – BR-Drs. 399/57. – Verordnung vom 30. Mai 1958 (BGBl. II 117).

[13] Siehe 71. Sitzung des Kabinettsausschusses für Wirtschaft am 23. Juli 1957 TOP 2 (B 136/36220). – Vorlage des BMWi vom 21. Aug. 1957 in B 102/34868 und B 136/5913, Unterlagen zur Haushaltsaufstellung 1957 in B 102/33768 und 33769, weitere Unterlagen in B 102/34865, 34869, 9841 und 9859. – Der BMWi hatte die Errichtung eines Bundesinstituts in organisatorischer Anlehnung an das niedersächsische Amt für Bodenforschung beantragt. Es sollte Forschung auf Bundesebene betreiben und die Entsendung geologischer Sachverständiger ins Ausland zentral steuern. Mit den Auslandsaufgaben sollte das Institut zur Durchführung außenwirtschaftlicher Projekte der Bundesregierung insb. im Rahmen der Entwicklungshilfe beitragen. Der BMF hatte die Errichtung des Instituts aus Kostengründen abgelehnt. Vgl. dazu den Schriftwechsel zwischen Schäffer und Erhard in B 136/5913.

[14] Die Bundesanstalt für Landeskunde hatte die Aufgabe, in- und ausländisches Schrifttum sowie Kartenneuerscheinungen zu sammeln und für landeskundliche und geographische Forschungsarbeiten bereitzustellen. Als öffentliche Anstalt ohne eigene Rechtspersönlichkeit war sie aufgrund der Überführungsverordnung vom 9. Juni 1953 (BGBl. I 383) dem BMI unterstellt. – Unterlagen zur Tätigkeit in Bestand B 167.

[15] Professor Dr. Alfred Bentz (1897–1964). 1923–1945 Preußische Geologische Landesanstalt bzw. (seit 1939) Reichsstelle bzw. (seit 1940) Reichsamt für Bodenforschung, dort seit 1934 Leiter des Instituts für Erdölgeologie, seit 1940 Leiter der Abteilung IV (Erdöl), gleichzeitig seit 1938 Beauftragter für die Förderung der Erdölgewinnung beim Beauftragten für den Vierjahresplan, 1945–1951 Direktor, 1951–1962 Präsident des niedersächsischen Amtes für Bodenforschung und 1959–1962 gleichzeitig Präsident der Bundesanstalt für Bodenforschung.

handele sich um eine internationale Kapazität. Der *Bundeskanzler* ist ebenfalls der Meinung, daß die Aufgaben der Bundesanstalt für Landeskunde mit den geologischen Aufgaben der neu zu gründenden Bundesanstalt nichts zu tun hätten. Es gelte, fähige Fachleute und eine gute Organisation bei der Erforschung der Bodenschätze auch im Auslande zur Verfügung zu haben. Dies sei im Interesse des deutschen Ansehens und der deutschen Wirtschaft geboten. Mit dem Bundesbeauftragten für Wirtschaftlichkeit in der Verwaltung könne hierüber gesprochen werden. Der *Bundesminister für Wohnungsbau* macht den Vorschlag, daß die Bundesminister des Auswärtigen, der Finanzen und für Wirtschaft mit dem Bundesbeauftragten ein gemeinsames Gespräch führen, ohne daß ein ausführliches Gutachten, das zu zeitraubend wäre, angefordert wird. Das Bundeswirtschaftsministerium solle sodann gemäß dem Besprechungsergebnis verfahren[16].

Das Kabinett ist hiermit einverstanden[17].

Staatssekretär Dr. Strauß bittet den Bundeswirtschaftsminister, in den vorgesehenen Organisationserlaß für die neue Bundesanstalt die in der Kabinettvorlage enthaltene Bezeichnung des Aufgabenbereichs der Anstalt aufzunehmen. *Staatssekretär Hartmann* schlägt vor, den Satz auf Seite 5 der Kabinettvorlage „Der Bund wird die notwendigen Mittel zur Verfügung stellen" zu streichen, damit die Entscheidung über den Haushalt 1958 nicht präjudiziert werde. Der *Bundeskanzler* glaubt, die Streichung sei unschädlich und könne daher vorgenommen werden. Das Kabinett stimmt zu[18].

5. **Verfassungsrechtliche Prüfung des Gesetzes zur Änderung wasserrechtlicher Vorschriften in Hessen vom 16. April 1957 (Hess. GVBl. S. 50)** BMV

Das Kabinett beschließt gemäß Antrag des Bundesministers für Verkehr. Das Bundesverfassungsgericht soll aber erst nach dem 15.9.1957 angerufen werden[19].

---

[16] Der Vertreter des Bundesrechnungshofes legte vor allem eine Bewertung der vom Bund zu übernehmenden Objekte (Bibliothek, Instituteinrichtungen etc.) nahe und empfahl entsprechende Festlegungen für die weiteren Verhandlungen mit der niedersächsischen Landesregierung. Vgl. dazu Vermerk des BMWi vom 2. Dez. 1957 in B 102/9858.

[17] In einer Ressortbesprechung am 18. Sept. 1957 im BMWi wurde die Anregung des BMI, die neu zu schaffende Bundesanstalt mit der Bundesanstalt für Landeskunde zusammenzulegen, von den übrigen Besprechungsteilnehmern einmütig abgelehnt (vgl. den Protokollentwurf des BMWi vom 27. Sept. 1957 sowie die Vermerke Kattenstroths vom 11. und vom 15. Okt. 1957 in B 102/34868).

[18] Erlaß über die Errichtung einer Bundesanstalt für Bodenforschung vom 26. Nov. 1958 in BAnz. Nr. 230 vom 29. Nov. 1958, S. 1, dort auch Verwaltungsabkommen mit dem Land Niedersachsen vom 17./26. Nov. 1958.

[19] Vorlage des BMV vom 13. Aug. 1957 in B 108/7247 und B 136/53, weitere Unterlagen in B 108/7248 bis 7251 sowie B 108/596 bis 598. – Der BMV hatte in seiner Vorlage eine Normenkontrollklage der Bundesregierung beim Bundesverfassungsgericht beantragt. Nach seiner Auffassung hatten verschiedene Vorschriften des hessischen Gesetzes gegen die Verwaltungszuständigkeiten des Bundes verstoßen. Er hatte sich dabei auf Art. 89 GG berufen, wonach der Bund die Bundeswasserstraßen durch eigene Bundesbehörden zu verwalten hat. Mit Schreiben vom 27. Sept. 1957 legte der BMV den Antrag der Bundesregierung auf Prüfung beim Bundesverfassungsgericht vor (B 108/7247 und B 136/53). Mit Hinblick auf das Urteil des Bundesver-

194. Sitzung am 3. September 1957

[D.] Freigabe der in das Rechnungsjahr 1957 übertragenen Ausgabereste des Bundesministers für Verteidigung (Einzelplan 14)

Außerhalb der Tagesordnung weist *MinDirektor Dr. Hopf* auf die Kabinettsvorlage des Bundesministers für Verteidigung vom 30.8.1957 betr. Freigabe der in das Rechnungsjahr 1957 übertragenen Ausgabereste des Bundesministers für Verteidigung (Einzelplan 14) hin. Durch die Verweigerung der Freigabe werde die weitere Aufbauarbeit des Verteidigungsministeriums stärkstens behindert[20]. Der *Bundeskanzler* erklärt, er habe eine Entscheidung auf Grund seiner Befugnis getroffen, die Richtlinien der Politik zu bestimmen. Er verlange, daß unverzüglich entsprechend dieser Entscheidung verfahren werde. Es gehe nicht an, daß der Bundesfinanzminister in außenpolitische Fragen von großer Bedeutung eingreife. Die gesamten Ausgabereste des Einzelplans 14 des Haushaltsjahres 1956, und zwar auch die noch strittigen 2,74 Mrd. DM, sollten sofort ohne jede Einschränkung und Auflage zur Verausgabung im Rechnungsjahr 1957 freigegeben werden. Widerspruch aus dem Kabinett wird nicht erhoben[21].

[E. Ortsklassenverzeichnis]

Außerhalb der Tagesordnung bittet *Staatssekretär Hartmann*, daß in dem bevorstehenden Umlaufverfahren betreffend Ortsklassen-Verzeichnis von den Kabinettsmitgliedern kein Einspruch erhoben wird, selbst wenn verschiedene Wünsche unberücksichtigt geblieben seien[22]. Es sei dringend notwendig, die Vorlage jetzt zu verabschieden, sie könne in ein bis zwei Jahren neu gefaßt werden. Der *Bundesminister des Innern* äußert bestimmte Wünsche bezüglich Arnsberg und Mettmann[23].

---

fassungsgerichts vom 30. Okt. 1962 betreffend das Gesetz zur Reinhaltung der Bundeswasserstraßen (BVerfGE 15, 1) zog die Bundesregierung mit Schriftsatz vom 27. Mai 1963 ihren Antrag zurück. Das Bundesverfassungsgericht hatte in diesem Urteil gegen die Bundesregierung entschieden mit der Begründung, daß die Verwaltungskompetenzen des Bundes nicht weiter reichten als die Gesetzgebungskompetenzen auf demselben Sachgebiet. Vgl. dazu den Einstellungsantrag der Bundesregierung vom 27. Mai 1957 und den Einstellungsbeschluß des Bundesverfassungsgerichts vom 11. Juni 1963 in B 108/16206 und B 136/53.

[20] Vgl. Sondersitzung am 5. Nov. 1956 TOP 1 (Kabinettsprotokolle 1956, S. 684 f.). – Vorlage des BMVtg vom 30. Aug. 1957 in BW 1/17353 und B 136/2164, dort auch weiterer Schriftwechsel zwischen Strauß und Schäffer. – Das BMVtg hatte die Freigabe von Ausgaberesten des Rechnungsjahres 1956 von insgesamt rund 3,5 Milliarden DM zur Verausgabung im Rechnungsjahr 1957 gefordert. Die Mittel sollten zum Aufbau der Bundeswehr und zur Erfüllung der Verpflichtungen gegenüber den verbündeten Streitmächten verwendet werden. Der BMF hatte sich der Zuteilung mit Hinweis darauf widersetzt, daß diese Mittel anderweitig durch Regierung und Parlament verausgabt worden seien und nur durch Einsparungen an anderer Stelle aufgebracht werden könnten. Im Schreiben vom 12. Juli 1957 an Strauß hatte Schäffer eine Freigabe von 800 Millionen DM zugesagt, während er für den Restbetrag in Höhe von mehr als 2,7 Milliarden DM die Freigabe verweigerte (B 136/2164).

[21] Fortgang 195. Sitzung am 18. Sept. 1957 TOP 3.

[22] Vorlage des BMF vom 6. Sept. 1957 in B 136/5184. – Der BMF hatte ein überarbeitetes Ortsklassenverzeichnis zur Genehmigung vorgelegt, das nach § 40 des Bundesbesoldungsgesetzes vom 27. Juli 1957 (BGBl. I 993) bis spätestens zum 1. Okt. 1957 zu erstellen war.

[23] Mit Schreiben vom 22. Aug. 1957 an den BMF hatte sich der BMI für eine Einreihung der Orte Arnsberg und Mettmann – letzterer lag in Schröders Wahlkreis – in die Ortsklasse A eingesetzt.

Der *Bundesminister des Auswärtigen* tritt Staatssekretär Hartmann bei und bittet, Sonderwünsche zunächst zurückzustellen[24].

[F. Änderungsverordnung über Ausgleichsleistungen nach dem Lastenausgleichsgesetz]

Außerhalb der Tagesordnung weist *Staatssekretär Hartmann* darauf hin, daß am 6.9.1957 der Bundesrat über eine Durchführungsverordnung zum Lastenausgleichsgesetz zu befinden habe. In dieser Verordnung sei eine Vorschrift über Abschreibungsmöglichkeiten für Wohnbauten enthalten, die einer parallelen Regelung zum Bundesversorgungsgesetz widerspreche[25]. Der *Bundesminister für Wohnungsbau* erläutert hierzu die Vorschrift des § 7b des Einkommensteuer-Gesetzes mit der Möglichkeit, in zwölf Jahren 50 % des Herstellungswertes eines Neubaues abzuschreiben. Für Rentner wolle der Bundesarbeitsminister den Abschreibungssatz auf 1 % jährlich herabsetzen. *Staatssekretär Dr. Busch* begründet diese Maßnahme. Die Bestimmung werde nur wohlhabendere Kreise treffen. Es solle verhindert werden, daß durch eine hohe Abschreibungsquote das Einkommen eines Beziehers einer Grundrente so vermindert werde, daß er auch noch Anspruch auf eine Ausgleichsrente erhalte.

Auf Vorschlag von *Staatssekretär Hartmann* beschließt das Kabinett, daß die Bundesminister der Finanzen, für Wohnungsbau und für Arbeit sich über die Regelung nach dem Lastenausgleichsgesetz und nach dem Bundesversorgungsgesetz verständigen sollen. Es wird versucht werden, in der Bundesratssitzung am 6.9.1957 zu erreichen, daß die entsprechende Vorschrift in der Durchführungsverordnung zum Lastenausgleichsgesetz zunächst aus der Verordnung herausgenommen und später beschlossen wird[26].

Im folgenden Umlaufverfahren stellte er, um die Verabschiedung zum 1. Okt. 1957 nicht zu gefährden, seine Wünsche zurück. – Unterlagen dazu in B 106/7458 und B 136/5184, zu Mettmann siehe auch 131. Sitzung am 25. April 1956 TOP 3 (Kabinettsprotokolle 1956, S. 325).

[24] BR-Drs. 397/57. – Der Bundesrat stimmte am 20. Sept. 1957 der Verordnung mit der Maßgabe zu, daß eine Reihe von Gemeinden, darunter auch Arnsberg, nicht aber Mettmann, höher eingestuft würden. – Verordnung über die Aufstellung des Ortsklassenverzeichnisses vom 1. Okt. 1957 (BGBl. II 1445).

[25] Vgl. dazu die Vorlage des BMF vom 2. Juli 1957 in B 126/10536 und B 136/650. – Die Vorlage war im Umlaufverfahren verabschiedet worden (BR-Drs. 355/57). Angestrebt war eine Anpassung der bestehenden Leistungsverordnungen an die durch die 8. Novelle zum Lastenausgleichsgesetz (vgl. 181. Sitzung am 7. Mai 1957 TOP B) sowie durch das Neuordnungsgesetz in der Sozialversicherung (vgl. 170. Sitzung am 6. Febr. 1957 TOP C) geschaffene Rechtslage. Umstritten war Artikel I Nr. 3 des Entwurfs, der eine Anpassung der Abschreibungssätze beim Wohnungsbau in der Unterhaltshilfe nach dem LAG an die höheren Sätze des Gesetzes über die Versorgung der Opfer des Krieges (Bundesversorgungsgesetz) in der Fassung des Änderungsgesetzes vom 27. Juli 1957 (BGBl. I 1061) vorsah.

[26] Der Bundesrat stimmte der Streichung zu (BR-Drs. 355/57-Beschluß). – Verordnung zur Änderung der Dritten, Vierten, Fünften, Siebenten, Neunten, Zehnten und Elften Verordnung über Ausgleichsleistungen nach dem Lastenausgleichsgesetz vom 17. Sept. 1957 (BGBl. I 1380).

**195. Kabinettssitzung
am Mittwoch, den 18. September 1957**

Teilnehmer: Adenauer, Blücher, von Brentano, Schröder, von Merkatz, Schäffer, Erhard, Lübke, Storch, Strauß, Seebohm, Lemmer (ab 10.45 Uhr), Preusker, Oberländer, Balke (bis 12.00 Uhr), Wuermeling; Globke, Hallstein, W. Strauß, Steinmetz, Rust, Thedieck; Hopf (BMVtg; zu TOP), Bleek (Bundespräsidialamt), von Eckardt (BPA), Krueger (BPA), Selbach (Bundeskanzleramt), Kilb (Bundeskanzleramt). Protokoll: Abicht.

Beginn: 10.00 Uhr   *Ende: 12.35 Uhr*

Ort: Haus des Bundeskanzlers

Tagesordnung:
1. *Politische Lage.*
2. *Personalien*
   Gemäß Anlagen.
3. *Freigabe der in das Rechnungsjahr 1957 übertragenen Ausgabereste des BMVtg (Einzelplan 14)*
   Vorlage des BMVtg vom 30. Aug. 1957 (II - 2591/57).
4. *Angelegenheit Henschel-Kassel*
5. *Entschädigungsansprüche der Schweizerischen Bundesregierung und der Galerien Fischer, Luzern, und Neuport, Zürich*
   Vorlage des AA vom 6. Aug. 1957 (605/457 - 08 - 68 E/1712/57, Fischer, Luzern).
6. *Wirtschaftshilfe für Island*
   Vorlage des AA vom 30. Aug. 1957 (410 - 463/57 geh.).

1. **Politische Lage**   **Bundeskanzler**

Der *Bundeskanzler* würdigt das Ergebnis der Bundestagswahl am 15. September[1]. Es sei bedeutsam, daß es der Regierungskoalition gelungen sei, zahlreiche Stimmen der Arbeiter zu gewinnen. Damit sei endlich das Prinzip der Klassenparteien über-

---

[1] Bei der Bundestagswahl am 15. Sept. 1957 hatten bei einer Wahlbeteiligung von 87,8 % die CDU ihren Stimmenanteil gegenüber 1953 von 36,4 auf 39,7 %, die SPD von 28,8 auf 31,8 %, die CSU von 8,8 auf 10,5 % und die DP/FVP von 3,3 auf 3,4 % verbessert. Der Stimmenanteil der FDP war dagegen von 9,5 auf 7,7 %, der des GB/BHE von 5,9 auf 4,6 % gesunken. Mit zusammen 50,2 % hatten CDU und CSU die absolute Mehrheit der Stimmen und der Mandate im Bundestag erhalten. Der BHE war an der 5 %-Klausel gescheitert, während die DP aufgrund von Absprachen mit der CDU in den Bundestag einziehen konnte. Vgl. dazu Statistisches Bundesamt, Wahl zum 3. Deutschen Bundestag.

wunden worden. Die neue Bundesregierung werde vor großen innen- und außenpolitischen Aufgaben stehen. Es müßten alle Anstrengungen gemacht werden, auch die kommenden Landtagswahlen zu gewinnen[2].

Auf den Staatsbesuch Gomulkas in Jugoslawien übergehend, erklärt der *Bundeskanzler*, die Bedeutung der Äußerungen Titos[3] dürfe nicht übertrieben werden[4]. Der *Bundesminister der Justiz und für Angelegenheiten des Bundesrates* begrüßt es, daß das Auswärtige Amt in dieser Angelegenheit während des Wahlkampfes beruhigend gewirkt habe. Der *Bundesminister des Auswärtigen* weist darauf hin, daß das Auswärtige Amt bei der jugoslawischen Regierung rechtzeitig Bedenken angemeldet habe und daß die in einem Trinkspruch und in dem Abschlußkommunique zum Ausdruck gekommene Anerkennung der Oder-Neiße-Grenze durch Jugoslawien im Widerspruch zu früheren Erklärungen Titos stehe[5]. Es sei zu befürchten, daß Jugoslawien in absehbarer Zeit die sogenannte „DDR" ausdrücklich anerkennen werde. Der *Bundeskanzler* betont, daß die gegenwärtige Bundesregierung zu der Haltung Jugoslawiens nicht abschließend Stellung nehmen könne. Es werde Aufgabe des neuen Kabinetts sein, die Frage der deutschen Ostpolitik eingehend zu diskutieren. Bis dahin solle eine Erörterung in der Presse möglichst vermieden werden[6].

---

[2] Im Jahr 1958 standen Landtagswahlen in Nordrhein-Westfalen (Juni), in Schleswig-Holstein (September), in Hessen und Bayern (November) und in Berlin (Dezember) an. – Zu den Wahlergebnissen in Hamburg und Niedersachsen 1957 vgl. 6. Sitzung am 4. Dez. 1957 TOP A (Außenpolitische Lage).

[3] Josip Broz „Tito" (Tito ist ein Deckname aus der Zeit vor dem Zweiten Weltkrieg) (1892–1980). Ab 1920 Aufbau der jugoslawischen KP und Gewerkschaften, 1934 Mitglied des ZK und des Politbüros, 1937 Zentralsekretär der KP Jugoslawiens, ab 1941 Führer der kommunistisch orientierten Partisanenorganisationen, 1945–1953 Ministerpräsident, 1953–1980 Staatspräsident von Jugoslawien.

[4] Vom 10. bis 16. Sept. 1957 hatte eine polnische Partei- und Regierungsdelegation Jugoslawien besucht. In der gemeinsamen Abschlußerklärung vom 16. Sept. 1957 hatten die Vertreter beider Staaten Einverständnis u.a. darüber bekundet, daß für eine Lösung der Wiedervereinigungsfrage von der Anerkennung der Existenz zweier deutscher Staaten ausgegangen werden müsse und direkte Verhandlungen zwischen der DDR und der Bundesrepublik Deutschland erforderlich seien. Des weiteren hatte Jugoslawien erklärt, daß es die „durch Potsdamer Beschlüsse festgelegte und von der Deutschen Demokratischen Republik anerkannte, an der Oder und der Lausitzer Neiße liegende Grenze als die endgültige polnisch-deutsche Grenze" ansehe. Vgl. den Text der Erklärung in AA B 14, Bd. 538, veröffentlicht in DzD III 3/3, S. 1605 f.

[5] Tito hatte sich bei verschiedenen Gelegenheiten zur deutschen Frage geäußert und die Existenz zweier deutscher Staaten als eine Tatsache bezeichnet, deren Anerkennung Voraussetzung für einen friedlichen Wiedervereinigungsprozeß sei. Vgl. dazu die Zusammenstellung vom 19. Sept. 1957 der Äußerungen Titos von 1955 bis 1957 in AA B 12, Bd. 583. Andererseits hatte er insb. im Zusammenhang mit dem deutsch-jugoslawischen Wirtschaftsabkommen bestätigt, daß eine Anerkennung der DDR durch Jugoslawien nicht in Betracht gezogen werde. Vgl. dazu 142. Sitzung am 4. Juli 1956 TOP A (Kabinettsprotokolle 1956, S. 460–462). Am 11. Sept. 1957 hatte Hallstein gegenüber dem jugoslawischen Geschäftsträger erklärt, daß sich die Bundesregierung bei einer Anerkennung der DDR zu einer Überprüfung der Beziehungen zu Jugoslawien gezwungen sehe. Vgl. den Vermerk von Hallstein vom 11. Sept. 1957 sowie Telegramm des AA an den deutschen Botschafter in Belgrad vom 12. Sept. 1957 in AA B 12, Bd. 538.

[6] Fortgang Sondersitzung am 17. Okt. 1957 TOP 1.

2. Personalien

Das Kabinett stimmt den Personalien gemäß Anlage 1 Nr. 1-12 und 14-25, Anlage 2 und Nachtrag zu Punkt 2 der heutigen Tagesordnung zu. Die Ernennung zu Nr. 13 der Anlage 1 wird auf Antrag des Bundesministers für Verteidigung zurückgestellt[7].

Es wird der neuen Bundesregierung empfohlen, die Frage der Beförderung eines Beamten, der Mitglied des Deutschen Bundestages ist, gesetzlich zu regeln[8].

3. Freigabe der in das Rechnungsjahr 1957 übertragenen Ausgabereste des BMVtg (Einzelplan 14) BMVtg

Der *Bundeskanzler* bringt sein Befremden zum Ausdruck, daß die Frage der Ausgabereste des Bundesverteidigungsministeriums infolge einer Indiskretion in der letzten Ausgabe des „Spiegel" erörtert worden sei[9]. Er vertritt die Ansicht, daß er die Be-

---

[7] Anlagen und Nachtrag in B 134 VS/13. – Vorgeschlagen war im AA die Ernennung von Rudolf Vogel (siehe 194. Sitzung am 3. Sept. 1957 TOP 1), Wilhelm Hartlieb und Wolfgang Seeliger zu Vortragenden Legationsräten I. Klasse, im BMI eines Ministerialrates und des Brigadegenerals im Bundesgrenzschutz Georg Attenberger, im BMF von Albert Wittneben zum Oberfinanzpräsidenten (der Oberfinanzdirektion Münster) und eines Ministerialrates, je eines Ministerialrates im BMWi und BML, im BMVtg die Ernennung von zwei Ministerialräten, eines Ministerialdirigenten, der Brigadegeneräle Wilhelm Meyer-Detring, Eugen Walter und Kurt von Einem (Nr. 13 der Anlage 1), eines Kapitäns zur See und von sieben Obersten und schließlich im BMV die Ernennung von Dr. Hugo Strößenreuther und Heinrich Korner zu Präsidenten der Bundesbahndirektionen Nürnberg und Regensburg (Anlage 1). In Anlage 2 war die Genehmigung einer Vereinbarung beantragt, Ministerialrat Franz Mai (ehemals Referent im Bundeskanzleramt) nach seiner Tätigkeit als Intendant des Saarländischen Rundfunks ggf. wieder ins Bundesbeamtenverhältnis zu übernehmen. Im Nachtrag war die Ernennung eines Ministerialdirigenten im BMVtg vorgeschlagen.

[8] Angesprochen war die Ernennung von MdB Rudolf Vogel zum Vortragenden Legationsrat I. Klasse im AA. Durch Aushändigung der unter dem 19. Sept. 1957 ausgefertigten Urkunde wurde er am 23. Sept. 1957 rechtswirksam zum Beamten ernannt, während sein Mandat als MdB noch andauerte. Vogel wurde mit dem 7. Okt. 1957 MdB und trat sein Amt im AA nicht an. Der Rechtsstellung Vogels galten auch die Kleinen Anfragen der SPD Nr. 158 vom 25. Jan. und 289 vom 19. März 1958, die das AA am 15. Febr. (BT-Drs. 224) und 3. April 1958 (BT-Drs. 319) beantwortete. Vgl. zu den Anfragen und der Antwort des AA auch B 136/133. – Die Rechtsstellung der in den Bundestag gewählten Angehörigen des öffentlichen Dienstes sowie die gegenseitige Verrechnung mehrerer Bezüge aus öffentlichen Kassen wurden zusammenfassend im Gesetz über die Rechtsverhältnisse der Mitglieder des Deutschen Bundestages (Abgeordnetengesetz) vom 18. Febr. 1977 (BGBl. I 297) geregelt.

[9] Siehe 194. Sitzung am 3. Sept. 1957 TOP D. – Vorlage des BMVtg vom 30. Aug. 1957 und Vorlage des BMF vom 17. Sept. 1957 in BW 1/17353 und B 136/2164. – Schäffer hatte in seiner Vorlage vom 17. Sept. 1957 den Anforderungen des BMVtg auf Freigabe der Ausgabereste in Höhe von rund 3,5 Milliarden DM nur teilweise entsprochen und einer Freigabe von 859 Millionen DM zugestimmt. Im übrigen aber hatte er die Meinung vertreten, daß der BMVtg die im Haushaltsjahr 1957 insgesamt für Investitionen zur Verfügung gestellten 7,8 Milliarden ohnehin nicht würde verausgaben können. Dagegen hatte Strauß zuletzt am 7. Sept. 1957 Adenauer nochmals auf die Dringlichkeit seiner Forderungen auch aus außenpolitischen Gründen hingewiesen und sich über das Verhalten des BMF beschwert. – In der Ausgabe vom 18. Sept. 1957 hatte der „Spiegel" auf S. 13 berichtet, daß „nach einer Periode des vollen Portemonnaies jetzt die Ära der leeren Kassen" für die öffentlichen Finanzen anbreche und daß die nächste Bundesregierung vor der Entscheidung stehe, Ausgaben zu kürzen oder die Steuern zu erhöhen

handlung der Ausgabereste im Rahmen seiner Richtlinien-Kompetenz allein entscheiden könne. Ohne diesen Standpunkt aufzugeben, erklärt er sich bereit, auch das Kabinett mit dieser Angelegenheit zu befassen. Die Auffassung des Bundesministers der Finanzen sei geeignet, die deutsche NATO-Politik ernstlich zu gefährden. Der *Bundesminister für Verteidigung* erklärt, daß die Stellungnahme des Bundesministers der Finanzen zu einer erneuten Umplanung bei der Aufstellung der Bundeswehr nötigen würde, die weder gegenüber der Truppe noch gegenüber der NATO vertreten werden könne. Der *Bundesminister des Auswärtigen* unterstützt den Bundesminister für Verteidigung unter außenpolitischen Gesichtspunkten. Der *Bundesminister der Finanzen* erklärt demgegenüber, es liege ein Mißverständnis vor. Es gehe gar nicht um das Tempo und den Umfang der Aufrüstung, sondern nur um den Weg, auf dem er das erforderliche Geld beschaffen könne. Der von ihm vorgeschlagene Weg einer Bindungsermächtigung sei die einzige Möglichkeit, die erforderliche Deckung zu beschaffen. Auf eine Frage des *Bundesministers für Atomfragen* erklärt *Staatssekretär Dr. Rust*, daß bereits Bindungsermächtigungen in Höhe von 15 Mrd DM vorlägen. Der *Bundesminister der Justiz und für Angelegenheiten des Bundesrates* hält es für dringend erforderlich, in der Aufrüstungsfrage entscheidende Fortschritte zu machen. Der *Bundesminister für Wohnungsbau* schließt sich dem an und weist ebenso wie der *Bundesminister des Innern* darauf hin, daß die Ausgabereste Verteidigungsausgaben betreffen, die seinerzeit vom Parlament genehmigt worden seien. Wenn das Parlament vor den letzten Wahlen neue Ausgaben beschlossen habe, so dürfe dies nicht zu Lasten der Verteidigung gehen. Der *Bundesminister für Verteidigung* hält es nicht nur sachlich, sondern auch psychologisch für richtiger, daß das Parlament eine Deckung für die erwähnten neuen Aufgaben finde.

Das Kabinett beschließt gegen die Stimme des Bundesministers der Finanzen gemäß Kabinettvorlage des Bundesministers für Verteidigung vom 30.08.1957. Der *Bundesminister der Finanzen* gibt zu Protokoll, daß er keinen Widerspruch erhebe, daß der Beschluß aber unvermeidliche Auswirkungen auf den Haushalt 1958 haben werde[10].

4. **Angelegenheit Henschel-Kassel**   BMF/BMWi

Der *Bundesminister für Wirtschaft* berichtet, er habe soeben ein Fernschreiben erhalten, in dem der Hoffnung Ausdruck gegeben würde, daß die Firma Henschel saniert werden könne[11]. Der *Vizekanzler* hält es für zweckmäßig, zur Sanierung

---

bzw. eine „Rüstungssteuer" zu erheben. Im Bundeskanzleramt war dazu registriert worden, daß zwischen den Zahlenangaben und Argumenten des „Spiegel" und denen des BMF eine weitgehende Übereinstimmung bestünde. Vgl. den Vermerk des Bundeskanzleramtes vom 17. Sept. 1957 in B 136/2164 sowie den Vermerk des BMVtg vom 16. Sept. 1957 in BW 1/17353.

[10] Mit Schreiben vom 20. Sept. 1957 an den BMVtg gab der BMF die bisher im Verteidigungsbereich nicht verwendeten Ausgabereste in Höhe von ca. 3,5 Milliarden DM unter Anrechnung der bereits zugewiesenen ca. 846 Millionen DM frei (BW 1/17353).

[11] Schreiben des Sanierungsbevollmächtigten des Aufsichtsrates der Firma Henschel & Sohn G.m.b.H, Dr. Johannes Semler, vom 18. Sept. 1957 an den BMWi in B 102/22756. – Die Firma mit über 10 000 Beschäftigten im Zonenrandgebiet stellte vor allem Lastkraftwagen und Lokomotiven her. Infolge unerwartet hoher Verluste hatte die Firma ihre Zahlungen eingestellt und am 17. Sept. 1957 die Eröffnung eines gerichtlichen Vergleichsverfahrens zur Abwendung des

keine MSA-Mittel zu verwenden, um die Amerikaner nicht in diese unerfreuliche Angelegenheit hineinzuziehen. Der *Bundesminister für Verkehr* weist darauf hin, daß die Firma Henschel schon in früheren Jahren Schwierigkeiten gehabt habe. Sie habe bei dem Lokomotivgeschäft mit Indien Verluste gehabt und sich nicht rechtzeitig den neuen wirtschaftlichen Gegebenheiten (geringer Bedarf an Dampflokomotiven und schweren Lastwagen) angepaßt. Der *Bundesminister für Wirtschaft* glaubt, daß auf die Lastwagenkapazität der Firma Henschel verzichtet werden könne und daß die 4 Produktionsstätten in Kassel auf Spezialfertigung umgestellt werden müßten. Der *Bundesminister für Wohnungsbau* weist auf die hessischen Landtagswahlen hin[12] und warnt davor, die Angelegenheit Henschel zum Gegenstand des Wahlkampfes machen zu lassen. Der *Bundesminister des Auswärtigen* schließt sich diesen Ausführungen an. Mit dem *Vizekanzler* hält es der *Bundesminister für Wirtschaft* für zweckmäßig, eine Lösung zu finden, die auf die Lage der Henschelwerke im Zonengrenzgebiet Rücksicht nimmt und eine Arbeitslosigkeit in Kassel verhindert. Das Kabinett ist damit einverstanden[13].

5. Entschädigungsansprüche der Schweizerischen Bundesregierung und der Galerien Fischer, Luzern, und Neuport, Zürich AA

Der *Bundesminister des Auswärtigen* trägt die wesentlichen Gesichtspunkte aus seiner Kabinettvorlage vom 6.8.1957 vor[14]. Der *Vizekanzler* und der *Bundesminister der Justiz* befürchten, daß die Zahlung einer freiwilligen Entschädigung ein Präjudiz bedeuten würde. Außerdem habe sich, wie das Schweizer Gericht bestätigt habe, die Galerie Fischer selbst in unsaubere Geschäfte eingelassen. Der *Bundesminister der Finanzen* schlägt vor, einen anderen Weg zu wählen, um die Schweizer Wünsche zu erfüllen. Auf Vorschlag des *Bundeskanzlers* beschließt das Kabinett gemäß Vorlage des Bundesministers des Auswärtigen mit der Maßgabe, daß für die Entschädigung eine Form gefunden wird, die keinen Präjudiz für andere Fälle bedeutet[15].

Konkurses beantragt. Ein zur Überwindung der betrieblichen und finanziellen Krise ausgearbeiteter Sanierungsplan sah u.a. als Überbrückungsmaßnahme die Gewährung eines Sofortkredits vor, der vom Land Hessen verbürgt und vom Bund mit 5 Millionen DM rückverbürgt werden sollte. Der Sanierungsbevollmächtigte hatte in dem Schreiben an den BMWi die bankmäßige Deckung des beabsichtigten Bundeskredites zugesagt. Die Gewährung eines Kredits aus MSA-Mitteln war Bestandteil des Sanierungsplanes.

[12] Die nächsten Landtagswahlen fanden am 23. Nov. 1958 statt.

[13] Fortgang 196. Sitzung am 9. Okt. 1957 TOP 2.

[14] Vorlage des AA in B 126/9047, weitere Unterlagen in B 136/1123. – Die fraglichen Galerien hatten während der Kriegszeit Gemälde und andere Kunstgegenstände nach Deutschland, u.a. auch an Hermann Göring, verkauft. Als Gegenwert hatten sie neben Barzahlungen auch Kunstgegenstände aus jüdischem Besitz erhalten, die im besetzten Frankreich beschlagnahmt worden waren. Nach Beschluß des Schweizer Bundesrates waren diese Kunstgegenstände 1945 an Frankreich restituiert worden. Durch Gerichtsurteil zu Entschädigungsleistung an die Galeristen verpflichtet, hatte die Eidgenossenschaft ihrerseits Restitutionsforderungen an die Bundesrepublik erhoben. Das AA hatte die Ansprüche der Schweiz zwar für rechtlich unbegründet gehalten, aber dennoch in der Vorlage dafür plädiert, aus moralischen und politischen Gründen den Forderungen zu entsprechen.

[15] Im Bundeshaushalt 1957 wurden als Entschädigungsleistung 292 000 DM als außerplanmäßige Ausgaben im Einzelplan des AA eingestellt.

6. Wirtschaftshilfe für Island AA

Dieser Punkt der Tagesordnung wird zurückgestellt. Es soll zunächst eine Chefbesprechung zwischen den Bundesministern des Auswärtigen und der Finanzen stattfinden[16].

[A.] Allgemeines Kriegsfolgengesetz

Das Kabinett erklärt sich damit einverstanden, daß der Bundesminister der Finanzen die von ihm zu dem Allgemeinen Kriegsfolgengesetz bereits abgegebene Erklärung in der Bundesratssitzung am 20. September wiederholt[17].

---

[16] Fortgang 196. Sitzung am 9. Okt. 1957 TOP 5.
[17] Siehe 193. Sitzung am 20. Aug. 1957 TOP A. – Ministervorlage für den BMF vom 17. Sept. 1957 in B 136/51548. – Schäffer wiederholte in der 183. Sitzung des Bundesrates am 20. Sept. 1957 die bereits am 5. Juli in der 224. Sitzung des Deutschen Bundestags (Stenographische Berichte, Bd. 38, S. 13371) abgegebene Erklärung, daß durch das Allgemeine Kriegsfolgengesetz die Beseitigung von Westwallanlagen und die Entschädigung der durch Westwallanlagen unmittelbar betroffenen Personen nicht beeinträchtigt würden. Diese Maßnahmen, für die durch Beschluß des Bundestages vom 29. Mai 1957 (vgl. dazu Stenographische Berichte, Bd. 37, S. 12511) 6 Millionen DM bereit gestellt worden seien, würden nach dem Willen der Bundesregierung auch in den folgenden Haushaltsjahren fortgeführt werden (BR-Sitzungsberichte, Bd. 5, S. 791 f.). – Gesetz zur allgemeinen Regelung durch den Krieg und den Zusammenbruch des Deutschen Reiches entstandener Schäden (Kriegsfolgengesetz) vom 5. Nov. 1957 (BGBl. I 1747).

**196. Kabinettssitzung
am Mittwoch, den 9. Oktober 1957**

Teilnehmer: Adenauer (bis 11.50 Uhr)[1], Blücher, von Brentano, Schröder, von Merkatz, Erhard, Lübke, Storch, Strauß, Seebohm, Lemmer, Preusker, Oberländer, Balke, Wuermeling; Globke, Hallstein, von Lex, Westrick, Nahm (ab 11.20 Uhr), Thedieck; Bleek (Bundespräsidialamt), von Eckardt (BPA), Haenlein (Bundeskanzleramt), Selbach (Bundeskanzleramt), Kilb (Bundeskanzleramt). Protokoll: Bachmann.

Beginn: 10.00 Uhr   *Ende: 12.35 Uhr*

Ort: Haus des Bundeskanzlers

Tagesordnung:

1. *Personalien
(Anlagen werden nachgereicht).*

2. *Antrag auf Übernahme einer Bundesbürgschaft zugunsten der Firma Henschel
Vorlage des BMWi vom 30. Sept. 1957 (VI B 1 - 263 - 23 475/57).*

3. *Räumungsklagen deutscher Hauseigentümer gegen die amerikanischen Stationierungsstreitkräfte und ihre Mitglieder und Ergänzung des Bundesleistungsgesetzes
Vorlage des AA vom 30. Sept. 1957 (507 - 81.34/16 - 233/57).*

4. *OEEC-Ratssitzung in Paris
Vortrag des AA.*

5. *Wirtschaftshilfe für Island
Vorlage des AA vom 30. Aug. 1957 (410 - 463/57 geh.).*

6. *Gesetz über Maßnahmen zum Schutz der Zivilbevölkerung; hier: Zustimmung der Bundesregierung nach Artikel 113 GG
Vorlage des BMI vom 2. Okt. 1957 (ZB 6 - 350 - 436/57).*

[A. Tod von Botschafter Pfleiderer]

Zu Beginn der Sitzung gedenkt der *Bundeskanzler* des soeben verstorbenen Botschafters Dr. Pfleiderer[2].

---

[1] Nach dem Tageskalender Adenauers hatte der Bundeskanzler um 11.50 Uhr ein Gespräch mit den Vorsitzenden der CDU-Landesverbände Rheinland und Westfalen-Lippe, Wilhelm Johnen und Lambert Lensing (B 136/20686). Johnen war gleichzeitig auch Vorsitzender, Lensing stellvertretender Vorsitzender der CDU-Fraktion im Landtag des Landes Nordrhein-Westfalen.

[2] Dr. Karl Georg Pfleiderer (1899–1957). 1923–1945 auswärtiger Dienst, 1948–1949 Landrat des Kreises Waiblingen, 1949–1955 MdB (FDP), dort Mitglied des Ausschusses für das Besatzungs-

[B. Schweden-Reise des Bundeskanzlers]

Der *Bundeskanzler* spricht sodann über die herzliche Aufnahme, die er bei der schwedischen Bevölkerung gefunden hat³.

1. Personalien

Der *Bundesminister für Verteidigung* berichtet auf Veranlassung des *Bundeskanzlers* über die Korruptionsaffäre im Bundesministerium für Verteidigung⁴. Der *Bundesminister* erklärt u.a., er habe dem Bonner Oberstaatsanwalt eine Durchsuchung der in Betracht kommenden Diensträume des Ministeriums mit gewissen Einschränkungen, die sich auf den Geheimschutz beziehen, gestattet. Auf diese Weise habe sich ein richterlicher Durchsuchungsbefehl erübrigt, der in der Öffentlichkeit einen falschen Eindruck von der Haltung des Ministeriums hätte hervorrufen können. Der *Bundeskanzler* fragt, inwieweit der Bund geschädigt worden sei. Der *Bundesminister für Verteidigung* antwortet, diese Frage lasse sich noch nicht beantworten. Sichere Feststellungen über eine Schädigung des Bundes seien noch nicht getroffen worden. Der *Bundesminister für Wirtschaft* verweist auf das Mittel der freien öffentlichen Ausschreibung für Aufträge des Verteidigungsministeriums. Der *Bundeskanzler* bezweifelt die Wirksamkeit dieses Mittels. Auch der *Bundesminister für Verteidigung* weist darauf hin, daß gerade bei den Ausschreibungen Unkorrektheiten festgestellt worden seien. Das Verfahren sei besonders ungeeignet für die Bundeswehr. Es sei am besten, einige seriöse Firmen unmittelbar um Angebote zu ersuchen.

Der *Bundesminister für Verteidigung* spricht sodann über die Ablösung des Unterabteilungsleiters für das militärische Personal im Bundesverteidigungsministerium⁵.

---

statut und auswärtige Angelegenheiten, 1955–1957 Botschafter in Belgrad. – Pfleiderer war am 8. Okt. 1957 nach Rückkehr aus seinem Urlaub in der Schweiz in Bonn gestorben, wohin er wegen der bevorstehenden Anerkennung der DDR durch Jugoslawien zur Berichterstattung gerufen worden war. Vgl. dazu Sondersitzung am 17. Okt. 1957.

³ Adenauer hatte sich anläßlich der Hochzeit seines jüngsten Sohnes Georg vom 4. bis 7. Okt. 1957 in Kalmar (Schweden) aufgehalten. Sein Besuch hatte in der schwedischen Öffentlichkeit eine starke und wohlwollende Beachtung gefunden. Vgl. dazu den Bericht des deutschen Botschafters aus Stockholm vom 9. Okt. 1957 in AA B 23, Bd. 76.

⁴ Mit Schreiben vom 16. Aug. 1957 hatte der BMVtg den Bundeskanzler über die Ergebnisse seiner internen Untersuchungen wegen passiver Bestechung im Amt für Wehrtechnik und Beschaffung des BMVtg in Koblenz unterrichtet (B 136/6896). Die Vorfälle waren von der Presse und der Opposition in der Öffentlichkeit aufgegriffen worden. Auch die Staatsanwaltschaft hatte sich eingeschaltet. Etwa 120 Ermittlungsverfahren wurden anhängig. Vgl. dazu Zeitungsausschnitte, Text der Pressekonferenz des SPD-Bundestagsabgeordneten Helmut Schmidt vom 29. Aug. 1957 und andere Materialien in B 136/6896, weitere Unterlagen in BW 2/2052, BW 5/15927, BW 5/648 und 649, sowie Unterlagen zu den Verhandlungen im BT-Ausschuß für Verteidigung in BW 2/2381 und 1301.

⁵ Am 21. Sept. 1957 hatte Strauß den Leiter der Unterabteilung III C (Militärisches Personal) im BMVtg Brigadegeneral Burkhart Müller-Hillebrand entlassen und durch Oberst Ernst August Lassen ersetzt. An der Weigerung Müller-Hillebrands, die von Strauß vorgeschlagenen Beförderungen seines Persönlichen Referenten (Bucksch) und des Chefs seines Ministerbüros (Acker) zu befürworten, hatten sich die Auseinandersetzungen entzündet. Müller-Hillebrand hatte auf die besser begründeten Beförderungsansprüche von dienstälteren Truppendienstoffizieren hingewiesen. Demgegenüber hatte Strauß in der Öffentlichkeit den Primat der Politik gegenüber den

196. Sitzung am 9. Oktober 1957

Der *Minister* betont vor allem, daß in dieser Sache durchaus kein Gegensatz zwischen dem zivilen und dem militärischen Personal zum Ausdruck gekommen sei. Die Inspekteure der Luftwafffe, General Kammhuber[6], und der Marine, Admiral Ruge[7], hätten sich ebenfalls über den abgelösten Brigadegeneral beschwert. Er, der Minister, habe Müller-Hillebrand[8] wiederholt durch den Leiter der Personalabteilung[9] verwarnen lassen. Der Brigadegeneral habe in seiner Personalpolitik die ehemaligen Generalstabsoffiziere zu Unrecht begünstigt. Bei der Ablehnung von Bewerbern für die Bundeswehr sei er ohne das nötige Fingerspitzengefühl vorgegangen. Zehntausende von Ablehnungsschreiben mit dem Satz „Die Gründe für Ihre Ablehnung können im einzelnen nicht bekanntgegeben werden" hätten bei den Empfängern der Briefe mit Recht Verwunderung und Beunruhigung hervorgerufen. Bei der Annahmestelle Köln der Bundeswehr sei mit Wissen des abgelösten Brigadegenerals ein Offizier beschäftigt worden, der wegen einer politischen Denunziation während der Hitlerzeit nach 1945 zu zwei Jahren Arbeitslager verurteilt gewesen sei. Der *Minister* bringt noch weitere Beispiele für Mißgriffe des Brigadegenerals Müller-Hillebrand[10].

Die von ihm, dem Minister, gemachten Vorschläge zur Beförderung des Oberstleutnants Dr. Bucksch[11] zum Oberst und des Majors Dr. Acker[12] zum Oberstleutnant

---

militärischen Instanzen betont, den er durchzusetzen habe (vgl. auch den Bericht in der „Frankfurter Allgemeinen Zeitung" vom 23. Sept. 1957: „Der Chef in der Ermekeilkaserne heißt Strauß").

[6] Josef Kammhuber (1896–1986). 1917–1945 Offizier (1943 General der Flieger), zuletzt 1943–1944 Oberbefehlshaber der Luftflotte 5 und 1945 Generalbevollmächtigter für Strahlflugzeuge, 1945–1948 Kriegsgefangenschaft, seit 1948 Mitarbeiter der Historical Division der US-Armee, 1955–1962 BMVtg (Generalleutnant, 1961 General), dort 1956 Leiter der Abteilung VI (Luftwaffe), 1956–1962 Inspekteur der Luftwaffe und Chef des Führungsstabs der Luftwaffe.

[7] Friedrich Ruge (1894–1985). 1914–1945 Marineoffizier (1943 Vizeadmiral), zuletzt 1941–1943 Befehlshaber der Sicherungsstreitkräfte West, 1943 Befehlshaber des Deutschen Marinekommandos Italien, 1944–1945 Leiter des Amtes für Kriegsschiffbau, 1945–1946 Kriegsgefangenschaft, danach kriegsgeschichtliche Studien und Publikationen, 1952–1954 Stadtrat von Cuxhaven (parteilos), 1956–1961 BMVtg, dort 1956 Leiter der Abteilung VII (Marine), 1957–1961 Inspekteur der Marine und Chef des Führungsstabs der Marine, seit 1962 Lehrbeauftragter für wissenschaftliche Politik an der Universität Tübingen (1967 Honorarprofessor).

[8] Burkhart Müller-Hillebrand (1904–1987). 1923–1945 Offizier (1945 Generalmajor), zuletzt 1944–1945 Chef des Generalstabs des Panzerarmeeoberkommandos 3, 1945–1947 Kriegsgefangenschaft, seit 1948 kriegsgeschichtliche Studien für die Historical Division der US-Armee, 1955–1965 BMVtg bzw. Bundeswehr, dort 1955–1957 Leiter der Unterabteilung III C (Militärisches Personal), 1957–1959 stellvertretender, 1959–1961 Kommandeur der 1. (Panzer-) Grenadier-Division in Hannover, 1961–1965 stellvertretender Chef des Stabes Plans and Policy beim NATO-Hauptquartier (SHAPE) in Paris.

[9] Ministerialdirektor Karl Gumbel, Leiter der Abteilung III (Personal) im BMVtg.

[10] Vgl. dazu den „Bericht über die Ablösung des Brigade-Generals Müller-Hillebrand" des BMVtg vom 3. Okt. 1957 und Zeitungsausschnitte in B 136/6842, ferner Tagesbefehl des BMVtg vom 2. Okt. 1957 (Bulletin Nr. 185 vom 4. Okt. 1957, S. 1706) sowie den Artikel „Das Hillebrand-Lied" im „Spiegel" vom 2. Okt. 1957, S. 15–19.

[11] Dr. Heinrich Bucksch (1913–1993). 1934–1945 Offizier in der Reichswehr bzw. Wehrmacht (zuletzt Gruppenleiter beim Chef des Transportwesens im Generalstab des Heeres), 1945–1947 Kriegsgefangenschaft, 1951–1971 Dienststelle Blank/BMVtg bzw. Bundeswehr (1955 Oberst-

seien keineswegs voreilig gewesen, sie hätten den vom General Müller-Hillebrand selbst gebilligten Beförderungsrichtlinien entsprochen. Die Ernennungsurkunde für Oberstleutnant Dr. Bucksch sei übrigens schon von seinem, des Ministers, Vorgänger vor einem Jahr unterschrieben gewesen.

Der *Minister* betont noch, daß alle Nachrichten über einen Protestschritt der Offiziere gegen die Ablösung des Brigadegenerals frei erfunden seien. Der *Bundeskanzler* bemerkt, daß er über diese Sache leider nicht rechtzeitig unterrichtet worden sei.

Das Kabinett stimmt den Personalvorschlägen zu. (Anlagen 1 und 2 vom 5. Oktober 1957 sowie Nachtrag vom 8. Oktober 1957 zu Punkt 1 der Tagesordnung)[13].

5. Wirtschaftshilfe für Island AA

Der *Bundesminister des Auswärtigen* verweist auf seine Kabinettvorlage vom 30.8.1957 und auf die Chefbesprechung mit dem Bundesminister der Finanzen am 26.9.1957, über die er berichtet. Das Kabinett ist mit einer Regelung im Sinne der Kabinettvorlage und der Chefbesprechung einverstanden[14].

---

leutnant, Oktober 1957 Oberst), dort u.a. bis 1957 Persönlicher Referent von Blank bzw. Strauß, 1958–1959 abkommandiert als stellvertretender Brigadekommandeur in Amberg, 1959–1964 Referatsleiter im Führungsstab der Bundeswehr mit dem Zuständigkeitsbereich Militärattachédienst, 1964–1968 Heeresattaché an der Botschaft in Paris, 1968–1971 stellvertretender Divisionskommandeur in Regensburg.

[12] Dr. Rolf Acker (geb. 1917). 1936–1945 Offizier (1943 Hauptmann), nach Jurastudium und Referendarsausbildung 1953–1956 Tätigkeit als Rechtsanwalt, 1956–1976 BMVtg bzw. Bundeswehr (1956 Major, 1957 Oberstleutnant, 1967 Oberst), dort u.a. 1956–1957 Leiter des Ministerbüros, 1957–1959 Persönlicher Referent des Ministers, 1959–1963 Kommandeur des Feldartilleriebataillons 41 in Landshut, 1963–1972 Hilfsreferent und Referent des Referats W I 2 (Verteidigungswirtschaftliche Beziehungen zu Italien, Griechenland, Türkei, Portugal, Norwegen, Dänemark, Schweden, Schweiz und Spanien), 1972–1976 Referent bei der Ständigen Vertretung der Bundesrepublik Deutschland bei der NATO in Brüssel, seit 1976 erneut Tätigkeit als Rechtsanwalt.

[13] Vorgeschlagen war in Anlage 1 die Ernennung des Botschafters Dr. Herbert Richter und des Vortragenden Legationsrates I. Klasse Dr. Franz Breer im AA, im Bereich des BMF die Ernennung von Dr. Ernst Eberhard Kleiner zum Präsidenten des Amtes für Wertpapierbereinigung, von Herbert Irmer zum Direktor beim Bundesrechnungshof, eines Ministerialrates beim Bundesrechnungshof und zweier Ministerialräte als Mitglieder des Bundesrechnungshofes, im Bereich des BMVtg die Ernennung eines Ministerialrats, von drei Obersten (darunter Dr. Heinrich Bucksch), des Brigadegenerals Max Heyna, des Flottillenadmirals Ernst Thienemann, des Generalleutnants Smilo Freiherr von Lüttwitz und des Militärgeneraldekans Friedrich Hofmann sowie schließlich eines Ministerialrates im BMV. Anlage 2 enthielt den Antrag, den Eintritt des Vizepräsidenten des Deutschen Patentamtes Dr.-Ing. Friedrich Reich in den Ruhestand bis zum 31. Dez. 1958 hinauszuschieben. Im Nachtrag war die Ernennung von drei Ministerialräten im BML vorgeschlagen worden.

[14] Siehe 189. Sitzung am 16. Juli 1957 TOP D. – Vorlage des AA vom 30. Aug. 1957 und Aufzeichnung des AA vom 26. Sept. 1957 über die Chefbesprechung am gleichen Tage in AA Abt. 4, VS-Bd. 4809. – Das AA hatte die grundsätzliche Zustimmung der Bundesregierung zu einer von den NATO-Mitgliedsstaaten getragenen multilateralen Finanzhilfe beantragt. Für das auf insgesamt 9 Millionen Dollar veranschlagte Projekt sollte die Bundesrepublik entsprechend ihrem Beitragsschlüssel 1,8 Millionen Dollar (7,5 Millionen DM) aufbringen. Das AA und das BMF hatten sich dahingehend geeinigt, Island in bilateralen Verhandlungen ein langfristiges

[C. Regierungswechsel in Bayern]

Außerhalb der Tagesordnung teilt der *Bundeskanzler* mit, er habe soeben telefonisch aus München erfahren, daß nach dem Rücktritt des Ministerpräsidenten Dr. Hoegner der Landesvorsitzende der CSU, Dr. Seidel[15], an der Bildung eines neuen Kabinetts arbeite[16].

6. **Gesetz über Maßnahmen zum Schutz der Zivilbevölkerung; hier: Zustimmung der Bundesregierung nach Artikel 113 GG** BMI

Der *Bundesminister des Innern* verweist auf seine Kabinettvorlage vom 2. Oktober 1957, auf die Vorlage des Bundesministers der Finanzen vom 7. Oktober 1957 und auf eine Chefbesprechung zwischen ihm, dem Minister, und dem Bundesminister der Finanzen am 8. Oktober 1957. Der *Minister* verliest einen Brief, den ihm der Bundesminister der Finanzen nach dieser Chefbesprechung geschrieben hat, und in welchem die Einwendungen des Finanzministers gegen die Kabinettvorlage im wesentlichen zurückgezogen werden. Das Kabinett beschließt entsprechend der Kabinettvorlage des Bundesministers des Innern vom 2. Oktober 1957 unter Berücksichtigung des genannten Briefes des Bundesministers der Finanzen[17].

2. **Antrag auf Übernahme einer Bundesbürgschaft zugunsten der Firma Henschel** BMWi

Der *Bundesminister für Wirtschaft* berichtet über die Sanierungsabsichten für die Firma Henschel in Kassel. Er verweist auf seine Kabinettvorlage vom 30. September

---

Darlehen zu gewähren. Die Finanzhilfe sollte aus dem Entwicklungsfond des ordentlichen Haushaltes entnommen werden.

[15] Dr. Hanns Seidel (1901–1961). Ab 1930 Rechtsanwalt in Aschaffenburg, 1940–1945 Kriegsdienst, 1945–1947 Landrat in Aschaffenburg, seit 1946 MdL Bayern (CSU), 1947–1954 Bayerischer Wirtschaftsminister, 1955–1960 Vorsitzender der CSU, 1957–1960 Bayerischer Ministerpräsident.

[16] Die 1954 geschlossene „Viererkoalition" von SPD, FDP, BP und GB/BHE war nach den Bundestagswahlen und dem überragenden Erfolg der CSU auseinandergebrochen. Am 8. Okt. 1957 hatte Ministerpräsident Wilhelm Hoegner (SPD) seinen Rücktritt erklärt. Am 16. Okt. 1957 wurde Hanns Seidel (CSU) zum Ministerpräsidenten gewählt. Seine Regierung setzte sich aus Vertretern der CSU, der FDP und des GB/BHE zusammen.

[17] Siehe 183. Sitzung am 21. Mai 1957 TOP D. – Vorlage des BMI vom 2. Okt. 1957, des BMF vom 7. Okt. und Schreiben des BMF an den BMI vom 8. Okt. 1957 in B 106/106349 und B 136/1937, weitere Unterlagen in B 106/106343 bis 106348. – Der Bundesrat hatte die im Gesetzentwurf vorgesehene finanzielle Belastung von Ländern und Kommunen mit 30 % der Gesamtkosten abgelehnt und den Vermittlungsausschuß angerufen (BR-Drs. 277/57). Gegen dessen Beschluß einer 100 %igen Übernahme der Kosten durch den Bund (BR-Drs. 363/57, BT-Drs. 3752, vgl. dazu Protokoll der 33. Sitzung des Vermittlungsausschusses am 25. und 26. Juli 1957 TOP 6, Fiche 4 M 1) hatte der BMF Einspruch erhoben. Das BMI hatte festgestellt, daß Umfang und Zeitraum der sich aus dem Gesetz ergebenden Kosten im Gesetz selbst nicht geregelt, sondern der Festsetzung des Haushaltes vorbehalten seien. Demnach bedeute eine Zustimmung zu dem Gesetz nach Art. 113 GG auch keine vom BMF befürchtete Präjudizierung. Aufgrund dieser Erläuterung hatte der BMF seine Bedenken zurückgestellt. – Erstes Gesetz über Maßnahmen zum Schutz der Zivilbevölkerung vom 9. Okt. 1957 (BGBl. I 1696).

1957 und auf Arbeitsergebnisse eines Sonderausschusses der beteiligten Ministerien, der am 8. Oktober 1957 zusammengetreten sei[18]. Danach soll eine Auffanggesellschaft als G.m.b.H. gegründet und mit Krediten vom Bund, vom Land Hessen und von den in Betracht kommenden Banken ausgestattet werden. Es handle sich nicht darum, die alten Firmeninhaber zu retten, sondern den Betrieb selbst. Der Bundesminister der Finanzen sei mit der vorgeschlagenen Lösung einverstanden, auch das Bundesverteidigungsministerium sei an einer Sanierung interessiert.

Der *Bundeskanzler* fragt, wieviel Beschäftigte die Firma Henschel habe. Der *Bundesminister für Wirtschaft* erklärt, es handle sich um etwa 10 500 Menschen. Der *Bundeskanzler* glaubt, daß es den Grundsätzen einer gesunden Marktwirtschaft entspreche, daß Betriebe, die falsch disponierten oder nicht genügend leistungsfähig seien, ihre Tätigkeit einstellten. Die Banken seien selbstverständlich an der Rettung ihrer Kredite interessiert. Man müsse zuerst die Frage stellen, ob der Betrieb überhaupt lebensfähig sei, wie er in Zukunft seine Produktion einrichten wolle und ob man mit der Sanierung nicht gutes Geld zu dem bereits gefährdeten ohne wirtschaftlichen Erfolg hinzulege. Der *Bundesminister für Wirtschaft* erwidert, der Betrieb sei von einem namhaften Wirtschaftsprüfer genau untersucht und als sanierungsfähig bezeichnet worden, wenn das Produktionsprogramm umgestellt werde. Der *Bundesminister für Verkehr* bemerkt, zwei Finanzgruppen seien an der Übernahme der Firma Henschel interessiert, nämlich Oetker, Bielefeld, und die Gruppe Flick, Quandt und Mercedes. Die zweite Gruppe könne an der Fortführung der Firma Henschel kaum ein besonderes Interesse haben. Die Lokomotivproduktion der Firma Henschel sei seit langem ein Verlustgeschäft gewesen. Nur mit einem neuen Produktionsprogramm könne die Firma vielleicht erhalten werden. Der sozialdemokratische Oberbürgermeister von Kassel, Dr. Lauritzen[19], habe ihm, dem Minister, erklärt, Henschel müsse Rüstungsaufträge erhalten. Dabei habe Dr. Lauritzen seine gegen die Bewaffnung gerichtete Einstellung völlig außer acht gelassen.

Der *Bundesminister für Arbeit* berichtet über Einzelheiten der Henschelbetriebe. Das alte, im Stadtinnern von Kassel gelegene Werk sei wegen seiner Lage nicht ausbaufähig. Die Firma AEG sei an der Übernahme dieses Werkes interessiert. Wirtschaftlich sei es in gewisser Beziehung vielleicht vernünftig, der Firma Henschel nicht zu helfen, man müsse aber an die über 10 000 Beschäftigten denken. Kassel habe insgesamt etwa 95 000 Arbeitnehmer. Von Henschel seien zahlreiche Zulieferbetriebe abhängig. Wenn jetzt nicht geholfen werde, müßte für den ganzen Winter

---

[18] Vgl. 195. Sitzung am 18. Sept. 1957 TOP 4. – Vorlage des BMWi vom 30. Sept. 1957 in B 102/22756 und B 136/2515, sowie Vermerke über die Besprechungen u.a. am 8. Okt. 1957 in B 102/51239, weitere Unterlagen in B 102/22756 und B 126/40300.

[19] Dr. Lauritz Lauritzen (1910–1980). 1929 Mitglied der SPD, 1937–1945 Reichsstelle für Chemie, 1945 Magistrat der Stadt Berlin, Landratsamt Rendsburg, Leiter der Präsidialkanzlei beim Oberpräsidenten der Provinz Schleswig-Holstein, 1946–1950 Landesdirektor im Ministerium des Innern des Landes Schleswig-Holstein, 1951–1954 Niedersächsisches Innenministerium, 1954–1963 Oberbürgermeister der Stadt Kassel, 1963–1966 Hessischer Minister der Justiz und für Bundesangelegenheiten (Bevollmächtigter des Landes Hessen beim Bund), 1966–1967 MdL Hessen, 1966–1972 Bundesminister für Wohnungswesen und Städtebau, seit 1969 für Städtebau und Wohnungswesen, 1969–1980 MdB, Juli – Dezember 1972 zusätzlich Bundesminister für Verkehr und für das Post- und Fernmeldewesen, 1972–1974 Bundesminister für Verkehr.

mit 6 bis 7000 zusätzlichen Arbeitslosen in Kassel gerechnet werden. Es müßten dann monatlich Millionen-Beträge an Arbeitslosenunterstützung gezahlt werden. Außerdem würde ein Kredit von 7,5 Mio. DM der Bundesanstalt für Arbeitsvermittlung und Arbeitslosenversicherung, den Henschel zur Schaffung von Arbeitsplätzen erhalten habe, verloren sein. Bei den Zulieferbetrieben seien 50 bis 60 Konkurse sicher, wenn Henschel jetzt zugrunde gehe. Es müsse auch an die Lage der Stadt Kassel im Zonenrandgebiet gedacht werden. Der *Bundeskanzler* fragt, ob das Arbeitsministerium von diesen Ausführungen des Ministers dem Handelsblatt eine Mitteilung gemacht habe[20]. Der *Bundesminister für Arbeit* verneint diese Frage. Der *Bundesminister für Atomfragen* ist der Meinung, daß betriebswirtschaftlich geprüft werden müßte, wie der Betrieb aussieht und insbesondere welche stillen Reserven vorhanden sind. Wirtschaftspolitisch sei zu sagen, daß der Konkurs in der Marktwirtschaft eine wichtige Funktion habe. Sozialpolitisch sei auf die Überbeschäftigung in der Metallindustrie und auf die neuen Lohnforderungen der Industriegewerkschaft Metall hinzuweisen[21]. Die Entlassung der Belegschaft bei Henschel würde daher wahrscheinlich keine besonders schädlichen Auswirkungen haben. Es müsse geprüft werden, ob der Betrieb noch lebensfähig sei und ob die neue Besitzergruppe bereit sei, dasselbe Risiko zu übernehmen wie der Bund. Ein eingehender Wirtschaftsprüfer-Bericht müsse vorgelegt werden. Der *Bundeskanzler* ergänzt diese Ausführungen dahin, daß auch ein Warnungssignal für die Unternehmer nützlich sein könnte. Es sei zu befürchten, daß in einigen Wochen die Sache Henschel noch einmal auf der Tagesordnung stehen werde, vielleicht auch die Forderungen weiterer Gruppen der Industrie. Der *Bundesminister für Wohnungsbau* sagt, an eine Sanierung der Firma sei nur unter 3 Mindestvoraussetzungen zu denken:

1.) Die neue Besitzergruppe müsse auch ein echtes Obligo übernehmen, sonst werde der Bund in einigen Wochen vor weiteren Forderungen stehen, und zwar wohl auch der Firma Büssing und des ganzen Schwermaschinenbaus.

2.) Der Bund müsse die gleichen Sicherheiten bekommen, wie sie die Banken haben.

3.) Die kleinen Gläubiger der Firma Henschel müßten in demselben prozentualen Umfange saniert werden, den die Bundesbeteiligung haben würde.

Der *Bundesminister des Auswärtigen* verweist auf eine Aufstellung über die schlechte Wirtschaftslage der Firma Henschel und erklärt, daß ohne die vom Bundesminister für Wohnungsbau genannten Mindestbedingungen an eine Sanierung durch den Bund nicht gedacht werden könne, sonst werde man in 4 Wochen vor weiteren Forderungen stehen. Der *Bundesminister für Wirtschaft* schlägt vor, daß unter Berücksichtigung der in der Aussprache betonten Gesichtspunkte eine kleine

---

[20] Vgl. dazu die Stellungnahme des BMA in Handelsblatt Nr. 117 vom 7. Okt. 1957.

[21] In der Verhandlung am 30. Sept. 1957 hatte die IG Metall dem Gesamtverband der metallindustriellen Arbeitgeberverbände die Forderung nach einer Verkürzung der wöchentlichen Arbeitszeit von 45 auf 44 Stunden bei vollem Lohn- und Gehaltsausgleich sowie eine Erhöhung der Löhne und Gehälter um 10 % unterbreitet. Am 6. Dez. 1957 einigten sich die Tarifparteien unter dem unparteiischen Vorsitz des ehemaligen nordrhein-westfälischen Arbeitsministers Johann Ernst auf eine Erhöhung der Löhne und Gehälter um ca. 6 % und auf eine Verkürzung der Arbeitszeit ab Januar 1959 auf 44 Stunden. Vgl. dazu Geschäftsbericht 1956/1957 des Vorstandes der IG Metall, S. 90 f. (ZSg. 1–186/2).

Ministergruppe die weiteren Verhandlungen in dieser Sache führe. Der *Bundesminister der Justiz* ist der Meinung, daß die Sache noch nicht genügend vorbereitet sei, um heute entschieden zu werden. Jedenfalls müsse der Schutz der kleinen Leute ins Auge gefaßt werden. Auch der *Bundesminister für Arbeit* ist dieser Meinung und glaubt, die Gefahr, daß Henschel in den nächsten Tagen seine Tore schließe, sei nicht gegeben. Nach kurzen Ausführungen des *Vizekanzlers* schlägt der *Bundeskanzler* vor, daß die Bundesminister der Finanzen, für Wirtschaft, für Arbeit und für Wohnungsbau über die Lösung des Problems weiter verhandeln. Der Presse solle mitgeteilt werden, daß die Beauftragten der Ministerien die Lage geprüft hätten und das Material jetzt durchgearbeitet werden müßte[22].

[D. Sofortmaßnahmen zur Förderung des Wettbewerbs in der Energiewirtschaft]

Außerhalb der Tagesordnung wird die Kabinettvorlage des Bundesministers für Wirtschaft vom 5. Oktober 1957 über Sofortmaßnahmen zur Förderung des Wettbewerbs in der Energiewirtschaft behandelt[23]. Der *Bundesminister für Wirtschaft* berichtet über seine Reise nach Luxemburg und unterstreicht besonders, daß außer dem Artikel 61 (Höchstpreis-System) und dem Artikel 3 (Diskriminierung) des Montanvertrages[24] der Hohen Behörde keine Mittel zur Verfügung stünden, den Kohlepreis zu bestimmen[25]. Der *Bundeskanzler* weist darauf hin, daß in dieser Sache die Gewerkschaft und die Zechenleitungen eine gemeinsame Front bildeten. Der *Bundesminister für Wirtschaft* erklärt, er habe die Absicht, die in seiner Kabinettvorlage gekennzeichneten Pläne weiter zu verfolgen. Das Kabinett nimmt hiervon Kenntnis[26].

---

[22] Vgl. Bulletin Nr. 199 vom 24. Okt. 1957, S. 1824. – Es wurde schließlich eine Auffanggesellschaft gegründet, an der der Bund allerdings nicht direkt finanziell beteiligt war, jedoch eine Ausfallbürgschaft in Höhe von 6,5 Millionen DM übernahm (Verhandlungsvermerke und Vertragsentwürfe in B 102/22756 und B 136/2515).

[23] Zur Kohlepreiserhöhung siehe 189. Sitzung am 16. Juli 1957 TOP A. – Vorlage des BMWi vom 5. Okt. 1957 in B 136/2505, weitere Unterlagen in B 102/34015, 34017 und 34183. – Als Reaktion auf die gescheiterten Verhandlungen mit Vertretern des Ruhrkohlenbergbaus um eine Rücknahme der Kohlepreiserhöhungen hatte Erhard in der Vorlage als Sofortmaßnahme den Abbau steuerlicher Vergünstigungen vorgeschlagen. Als langfristige strukturelle Maßnahmen zur Bekämpfung des Preisauftriebs hatte er die Auflockerung der Kartellwirkungen bei den Ruhrkohleverkaufsgesellschaften sowie eine verstärkte staatliche Förderung der Atomwirtschaft in Aussicht genommen.

[24] Angesprochen ist der Vertrag vom 18. April 1951 über die Gründung der Europäischen Gemeinschaft für Kohle und Stahl (Gesetz vom 29. April 1952, BGBl. II 445).

[25] Erhard hatte am 8. Okt. 1957 an der Ministerratssitzung der Montanunion teilgenommen, auf der eine Überprüfung der Preislisten der Kohleerzeuger erörtert worden war. Erhard und Vertreter anderer Regierungen hatten sich für eine Revision des Montan-Vertrages ausgesprochen, der den Mitgliedstaaten größere Möglichkeiten zur Preisgestaltung bei der Kohle einräumen sollte. Vgl. dazu Aufzeichnung des AA vom 10. Okt. 1957 über eine Vorbesprechung Erhards mit dem Vizepräsidenten der Hohen Behörde Franz Etzel in AA B 18, Bd. 37 und Protokoll der 45. Ministerratssitzung am 8. Okt. 1957 in AA, B 13, Bd. 106.

[26] Fortgang 2. Sitzung des Kabinettsausschusses für Wirtschaft am 27. Nov. 1957 TOP 2 (B 136/36221). – Der Preisrückgang bei Heizöl schuf eine verschärfte Konkurrenzsituation zur

3. **Räumungsklagen deutscher Hauseigentümer gegen die amerikanischen Stationierungsstreitkräfte und ihre Mitglieder und Ergänzung des Bundesleistungsgesetzes**

AA

Bei vorübergehender Abwesenheit des Bundesministers des Auswärtigen trägt der *Bundesminister des Innern* die Kabinettvorlage des Auswärtigen Amtes vom 30.9.1957 vor[27]. Der Bundesminister wendet sich gegen den Vorschlag, einen Gesetzentwurf zur Ergänzung des Bundesleistungsgesetzes zu beschließen. Die knapp 1000 in Betracht kommenden Fälle müßten auf andere Weise, am besten durch Bereitstellung gewisser finanzieller Mittel, gelöst werden. Das Kabinett solle aber die bisherigen Maßnahmen des Auswärtigen Amtes billigen, nämlich die Übernahme der Kosten und die Bestellung eines Rechtsanwaltes für die beklagten Wohnungsinhaber. Auch der *Bundesminister der Justiz* spricht sich gegen eine Gesetzesänderung aus und tritt für globale Ausgleichszahlungen ein. Er schlägt vor, die Sache heute von der Tagesordnung abzusetzen und eine neue Ressortbesprechung, zu der das Auswärtige Amt einladen solle, einzuberufen. Das Kabinett ist hiermit einverstanden und billigt auf ausdrückliche Bitte des *Bundesministers des Auswärtigen* die bisherigen Maßnahmen des Auswärtigen Amtes[28].

4. **OEEC-Ratssitzung in Paris**

AA

Der *Bundesminister des Auswärtigen* schildert die Tätigkeit der 3 Arbeitsgruppen der OEEC in Paris und die gleichlaufenden Arbeiten des Interimsausschusses der 6 Staaten der Europäischen Wirtschaftsgemeinschaft in Brüssel. Die deutschen Delegationen in Paris und Brüssel hätten folgende Konzeption erarbeitet[29]:

a) Vollständiger Abbau der Zölle und mengenmäßigen Beschränkungen bei den industriellen Produkten, parallel mit dem Gang in der EWG. – Inanspruchnahme von Schutzklauseln unter der Kontrolle der Institutionen;

Kohle, so daß sich weitere Maßnahmen der Bundesregierung erübrigten. Vgl. den Vermerk vom 16. Jan. 1958 in B 136/2505.

[27] Vorlage des AA vom 30. Sept. 1957 in AA B 86, Bd. 981 und B 136/3141. – Gemäß § 85 Absatz 2 des Bundesleistungsgesetzes vom 19. Okt. 1956 (BGBl. I 815) war die Beschlagnahmefrist privater Immobilien zugunsten der Stationierungsstreitkräfte am 30. Sept. 1957 ausgelaufen. Nach Fristende hatten eine Anzahl von Eigentümern gegen die Wohnungsinhaber aus den Ländern der Stationierungsstreitkräfte Räumungsklage erhoben. Das AA hatte in der Vorlage beantragt, die gesetzliche Frist durch ein Änderungsgesetz um ein Jahr zu verlängern sowie die vom AA vorgenommene Beauftragung eines Rechtsanwalts und die Übernahme der Prozeßkosten durch den Bund zu genehmigen.

[28] Niederschrift des AA über die Abteilungsleiterbesprechung mit Vertretern des AA, des BMI, des BMJ und des BMF am 14. Okt. 1957 in AA B 86, Bd. 981, weitere Unterlagen in B 126/4997. – Es wurde beschlossen, auf eine Gesetzesänderung zu verzichten und eine Regelung von Fall zu Fall anzustreben, wobei der Bund die Prozeßkosten übernehmen sollte.

[29] Siehe 170. Sitzung am 6. Febr. 1957 TOP 4; vgl. zum Interimsausschuß 179. Sitzung am 11. April 1957 TOP 4. – Von der deutschen Delegation ausgearbeiteter „Vorentwurf einer Aufzeichnung über die Freihandelszone" vom 27. Sept. 1957 und Aufzeichnung des AA vom 1. Okt. 1957 über den Stand der Verhandlungen über die Errichtung einer Freihandelszone in AA B 53 (Ref. 401), Bd. 29. – Das Projekt einer Freihandelszone war sowohl im Rahmen der OEEC und der EWG weiter verhandelt worden.

b) Weitestmöglicher Abbau der Handelshemmnisse auf dem Agrarsektor, um die Gegenseitigkeit für die Agrarexportländer herzustellen. Pragmatische, nach Ländern und Waren unterschiedliche Regelung (Zollkontingente etc.);

c) Annahme von Regeln zur Gewährleistung eines freien Wettbewerbs;

d) Wirksame Koordinierung der Währungs- und Konjunkturpolitik der Mitgliedstaaten zur Aufrechterhaltung des Zahlungsbilanzausgleichs unter gleichzeitiger Berücksichtigung der Beschäftigungspolitik und der Investitionsprogramme;

e) Zu den zwei wesentlichen Fragen des Überganges von der ersten zur zweiten Periode und der Diskriminierung:

kein Übergang der FHZ in die zweite Periode, solange nicht die EWG den Überhang für sich beschlossen hat.

Diskriminierung zu Ungunsten der nicht zur EWG gehörenden Zonenmitglieder nur in dem unvermeidlichen Ausmaß.

Bei der Tagung des Ministerrates der OEEC sollte der Vorschlag zur Einsetzung eines Ministerausschusses unterstützt werden, da der Ausschuß bessere Arbeit leisten könne als das Plenum des Ministerrates. Der *Bundesminister für Wirtschaft* gibt zu bedenken, ob nicht auch ein Ausschuß auf der Ebene der Staatssekretäre in Betracht komme. Der *Vizekanzler* ist mit der Schaffung des Ausschusses einverstanden, bittet aber, diese Sache nicht zu einer Grundsatzfrage zu machen. Vor einem neuen allgemeinen Grundsatzbeschluß der OEEC sei zu warnen. Eine solche Deklamation ohne praktischen Hintergrund werde die interessierte Öffentlichkeit schlecht aufnehmen. Der *Bundesminister für Ernährung, Landwirtschaft und Forsten* äußert Bedenken wegen der Absicht Englands, seine Landwirtschaft aus der Freihandelszone auszunehmen[30]. Der *Vizekanzler* unterstreicht, daß es auf eine pragmatische Lösung ankommen werde. Wichtig werde das Verhalten der skandinavischen Länder sein. Der *Bundesminister der Justiz* bittet, die Sache in einer Kabinettvorlage noch einmal darzustellen[31].

[E. Unterbringung der Flüchtlinge]

Außerhalb der Tagesordnung berichtet der *Bundesminister für Vertriebene, Flüchtlinge und Kriegsgeschädigte* über seinen gestrigen Vortrag vor dem Kabinett von Nordrhein-Westfalen. Berlin sei mit Flüchtlingen überfüllt. Es bestehe die Gefahr, daß der Abflug eingestellt werden müsse[32]. Am kommenden Montag werde in Berlin

---

[30] Vgl. dazu den Vermerk des BMZ vom Okt. 1957 über eine Besprechung Blüchers, Erhards und Vertretern des BMZ, BMWi, BMF, BML und AA am 4. Okt. 1957 mit dem britischen Botschafter Steel und dem zu den Verhandlungen ermächtigten britischen Staatsminister Reginald Maudling in AA, B 20, Bd. 102.

[31] Der Ministerrat der OEEC tagte vom 15. bis 17. Okt. 1957 in Paris. – Unterlagen dazu in B 136/2595. Resolutionen des Rates der OEEC vom 17. Okt. 1957 über die Europäische Freihandelszone und die Einsetzung eines Ministerausschusses zur Untersuchung der damit zusammenhängenden Fragen in BAnz. Nr. 218 vom 12. Nov. 1957, S. 1. – Fortgang zur Freihandelszone 22. Sitzung am 22. April 1958 TOP A (B 136/36118).

[32] Durch das Gesetz über die Notaufnahme von Deutschen in das Bundesgebiet vom 11. Juni 1951 (BGBl. I 381) und durch die Verordnung über die Bereitstellung von Durchgangslagern und

eine Länderkonferenz stattfinden[33]. Die Mitteilung des Bundeskanzlers an die Länderregierungen über den Kabinettsbeschluß vom 29.7.1957, daß der Bund 50 % der Kosten für den Flüchtlingswohnungsbau übernehme, habe sehr günstig gewirkt[34]. Der *Bundesminister für Wohnungsbau* erklärt, der Bundesminister der Finanzen habe seinerzeit erklärt, daß er, der Minister, vor einem formellen Kabinettsbeschluß den Bundesrat im Sinne der oben beschriebenen Lösung unterrichtet habe. Dies sei aber vor den Wahlen politisch die einzige Möglichkeit gewesen. Es sei jetzt notwendig, daß der Bundesminister der Finanzen eine endgültige Erklärung abgebe. Zweckmäßig wäre es, in neuen Vereinbarungen mit den Ländern nicht auf die Zahl der zu errichtenden Wohnungen abzustellen, sondern auf die Zahl der unterzubringenden Personen[35].

[F. Presseberichte zur Deutschen Frage]

Außerhalb der Tagesordnung entwickelt sich auf Veranlassung des *Bundesministers für Familienfragen* eine kurze Debatte über die in der Presse wiedergegebenen

---

über die Verteilung der in das Bundesgebiet aufgenommenen deutschen Vertriebenen auf die Länder des Bundesgebiets vom 28. März 1952 (BGBl. I 236) war der Schlüssel für die Verteilung der in den Notaufnahmelagern angekommenen Flüchtlinge aus der sowjetischen Besatzungszone und dem sowjetischen Sektor Berlins sowie der Vertriebenen (Spätaussiedler) auf die einzelnen Bundesländer festgelegt worden. Da die Länder Baden-Württemberg und Nordrhein-Westfalen ihre Aufnahmeverpflichtungen nicht in vollem Umfang erfüllt hatten, war im Notaufnahmelager Berlin ein „Abflugstau" entstanden, der im August 1957 mit annähernd 5000 Personen seinen Höhepunkt erreicht hatte. Mit Schreiben vom 3. Sept. 1957 hatte der Senator für Arbeit und Sozialwesen von Berlin an den Arbeits- und Sozialminister des Landes Nordrhein-Westfalen appelliert, Sofortmaßnahmen zu ergreifen, um die Überbelegung der Lager in Berlin einzuschränken (vgl. die Abschrift in B 136/9434). – Vgl. dazu 525. Sitzung der Landesregierung von Nordrhein-Westfalen am 8. Okt. 1957 TOP 1 (Kabinettsprotokolle NRW 1954–1958, Teil 2, S. 1034) sowie Abschrift eines Berichtes über die Aussprache im Landeskabinett am 8. Okt. 1957 mit weiteren Unterlagen in B 150/2872. – Unterlagen über die Sofortmaßnahmen im Jahre 1958 zum Abbau des Rückstaus in Berlin in B 150/6269 und 6270, Zahlenmaterial zur Belegung der Notaufnahmelager in Berlin in B 150/6418 und zum Rückstau in B 150/6289.

[33] Die Besprechung mit den Flüchtlingsministern der Länder fand am 14. Okt. 1957 in Berlin statt. Vgl. dazu die Niederschrift des BMVt vom 22. Okt. 1957 in B 150/2874.

[34] Vgl. dazu Sondersitzung am 29. Juli 1957 TOP 3 (Bundesmittel für den Wohnungsbau zugunsten von Zuwanderern aus den sowjetischen Besatzungsgebieten, von Aussiedlern und von ihnen gleichgestellten Personen). – Schreiben Adenauers an die Ministerpräsidenten der Länder vom 6. Aug. 1957 in B 150/2871 und B 136/9518. – Diese Zusage Adenauers über die Kostenübernahme bezog sich ausdrücklich auf die Zahl der Flüchtlinge ungeachtet des ursprünglich festgelegten haushaltsrechtlichen Rahmens. Diese als „Kanzlerlösung" bekannt gewordene Modifizierung sollte den sozialen Wohnungsbau für Flüchtlinge und Vertriebene beschleunigen sowie die Situation in den Durchgangslagern entspannen.

[35] Der BMF hatte den Kabinettsbeschluß vom 29. Juli 1957 so ausgelegt, daß zusätzliche Mittel nicht bereitzustellen waren, die Zuteilung vielmehr nur nach den im Haushaltsplan 1957 vorgesehenen Mitteln erfolgen sollte. Demgegenüber hatten der Bundeskanzler und der BMWo betont, daß diese Zuschüsse für jeden zu berücksichtigenden Zuwanderer oder Aussiedler in Betracht kämen. Mit dem BMF wurde schließlich eine Übergangsregelung für das Rechnungsjahr 1957 zur Aufstockung der Bundesmittel von ca. 400 Millionen auf ca. 500 Millionen DM für die vorbezeichneten Zwecke vereinbart. Vgl. dazu die Unterlagen in B 136/9518. – Fortgang 41. Sitzung am 5. Nov. 1958 TOP B (B 136/36119).

Äußerungen bei einer Veranstaltung der Princeton-Universität in Washington[36]. Beschlüsse werden nicht gefaßt.

---

[36] Nach einer von der deutschen Presse aufgegriffenen Meldung von Associated Press (AP) vom 6. Okt. 1957 hatten führende Politiker des Westens auf einer von der Princeton-Universität im Juni 1957 organisierten Tagung über die Probleme der NATO-Verteidigung die Meinung vertreten, daß die Teilung Deutschlands zwar bedauernswert, aber vielleicht doch als beste Garantie gegen einen erneuten Führungsanspruch Deutschlands in Europa zu betrachten sei. Vgl. die Aufzeichnung vom 9. Okt. 1957 in AA B 1, Bd. 117. – Als Teilnehmer an dieser Tagung bestätigte Fritz Erler, MdB (SPD), diese Äußerungen. Vgl. dazu die „Frankfurter Allgemeine Zeitung" vom 9. Okt. 1957, S. 3 („Erler bestätigt Äußerungen von Princeton").

**Sondersitzung
am Donnerstag, den 17. Oktober 1957**

Teilnehmer: Adenauer, Blücher, von Brentano, Schröder, von Merkatz, Schäffer, Lübke, Seebohm, Lemmer, Preusker, Oberländer, Wuermeling; Globke, Westrick, Busch, Steinmetz, Rust, Thedieck; Janz, Grewe, Bleek (Bundespräsidialamt), von Eckardt (BPA), Krueger (BPA), Selbach (Bundeskanzleramt), Kilb (Bundeskanzleramt). Protokoll: Mercker.

Beginn: 10.00 Uhr   *Ende: 11.45 Uhr*

Ort: Haus des Bundeskanzlers

*Tagesordnung:
Politische Lage (Jugoslawien).*

[1. Politische Lage (Jugoslawien)]

Der *Bundesminister des Auswärtigen* berichtet über die politische Lage, die durch die Anerkennung der sogenannten DDR durch Jugoslawien eingetreten ist[1]. Nach eingehender Erörterung des Für und Wider kommt er zu dem Ergebnis, daß als Antwort seitens der Bundesrepublik nur der Abbruch der diplomatischen Beziehungen zu Jugoslawien in Betracht kommen könne. Auch die Aufrechterhaltung wirtschaftlicher Beziehungen sei nicht angebracht. Es müsse lediglich erwogen werden, in welcher Weise die Erfüllung der Verpflichtungen des Bundes aus den mit Jugoslawien abgeschlossenen Staatsabkommen[2] technisch sichergestellt werden könne. Die Regelung dieser letzteren Frage sei jedoch nicht vordringlich. Durch den Abbruch der diplomatischen Beziehungen zu Jugoslawien werde die Frage der Aufnahme von Beziehungen zu den Satellitenstaaten nicht präjudiziert.

Der *Bundeskanzler* schließt sich der Auffassung des Bundesministers des Auswärtigen an. Er hält insbesondere im Hinblick auf die gesamte Weltlage den Abbruch der diplomatischen Beziehungen für unausweichlich. An der Erörterung beteiligen sich der *Vizekanzler* und *die Bundesminister Lemmer, Oberländer, v. Merkatz, Preusker* und *Seebohm*. Sie treten ebenfalls für den Abbruch der diplomatischen

---

[1] Vgl. 195. Sitzung am 18. Sept. 1957 TOP 1. – Am 10. Okt. 1957 hatten die Regierungen der DDR und Jugoslawiens vereinbart, diplomatische Beziehungen aufzunehmen und diplomatische Vertreter im Range von Gesandten auszutauschen. Vgl. das Kommuniqué und die Erklärung über die Aufnahme diplomatischer Beziehungen in AA B 14, Bd. 136, veröffentlicht in DzD III 3/3, S. 1712.

[2] Zum deutsch-jugoslawischen Vertrag über wirtschaftliche Zusammenarbeit vom 10. März 1956 (Gesetz vom 15. Nov. 1956, BGBl. II 976) vgl. 142. Kabinettssitzung am 4. Juli 1956 TOP A (Kabinettsprotokolle 1956, S. 465–467).

Beziehungen ein. *Staatssekretär Dr. Westrick* berichtet über die wirtschaftlichen Auswirkungen.

Das Kabinett beschließt, daß die diplomatischen Beziehungen zu Jugoslawien abgebrochen werden sollen. Dieser Beschluß soll erst veröffentlicht werden, wenn der Bundesminister des Auswärtigen die für Freitag geplante Besprechung mit den Vertretern der Bundestagsfraktionen gehabt und anschließend über das Ergebnis dieser Besprechung dem Bundeskanzler berichtet hat[3].

---

[3] Unterlagen über diese Besprechung nicht ermittelt. – In einer Note vom 19. Okt. 1957 an den Botschafter Jugoslawiens in Bonn teilte von Brentano den Beschluß der Bundesregierung zum Abbruch der diplomatischen Beziehungen mit (Note mit Vorstufen in AA B 2, VS-Bd. 224 und AA B 14, Bd. 585, veröffentlicht in Bulletin Nr. 197 vom 22. Okt. 1957, S. 1805 f. und DzD III 3/3, S. 1768–1774). In einer Pressekonferenz vom gleichen Tage erläuterte der Außenminister den Schritt der Bundesregierung. Der Abbruch der Beziehungen sei notwendig gewesen, um die Grundlagen der Wiedervereinigungspolitik der Bundesregierung zu wahren. Diese Entscheidung sei nur in diesem konkreten Fall ohne präjudizierende Absicht getroffen worden. So seien etwa diplomatische Beziehungen zu Polen möglich, obgleich diese Frage noch nicht zur Entscheidung anstünde. Auf den deutsch-jugoslawischen Wirtschaftsvertrag eingehend erklärte er, er sei auf der Grundlage der Nicht-Anerkennung der DDR vereinbart worden. Er kündigte an, daß auch die Handelsmission in Jugoslawien zurückgezogen werde (Text der Pressekonferenz in B 145 I/71, veröffentlicht in DzD III 3/3, S. 1774–1778). In Erklärungen vom 19. Okt. 1957 kritisierten der jugoslawische Botschafter in Bonn und das Außenministerium in Belgrad den Abbruch der Beziehungen, den sie als einen ungewöhnlichen Schritt bezeichneten, der gegen die Interessen des Friedens, aber auch der Wiedervereinigung verstoße und die jugoslawische Regierung unter politischen Druck gesetzt habe (Text der Erklärungen in AA B 2, VS-Bd. 224 und AA B 14, Bd. 585, veröffentlicht in DzD III 3/3, S. 1778–1781). Zum Abbruch der Beziehungen vgl. Kosthorst, Brentano, S. 191–203. – Fortgang 21. Sitzung am 17. April 1958 TOP 3 (Deutsch-jugoslawischer Vertrag über die wirtschaftliche Zusammenarbeit vom 10. März 1956: B 136/36118).

1. Kabinettssitzung
am Montag, den 28. Oktober 1957

Teilnehmer: Adenauer, Erhard, von Brentano, Schröder, Schäffer, Etzel, Lübke, Blank, Strauß, Seebohm, Stücklen, Lindrath, Lücke, Oberländer, Lemmer, von Merkatz (ab 18.15 Uhr), Balke, Wuermeling; Globke; Bleek (Bundespräsidialamt), von Eckardt (BPA), Krueger (BPA), Selbach (Bundeskanzleramt), Kilb (Bundeskanzleramt), Haenlein (Bundeskanzleramt). Protokoll: Praß.

Beginn: 17.30 Uhr   *Ende: 18.50 Uhr*

Ort: Haus des Bundeskanzlers

Tagesordnung:
Regierungserklärung.

[1. Regierungserklärung]

Der *Bundeskanzler* eröffnet die Sitzung. Er heißt die neuen Mitglieder des Kabinetts herzlich willkommen und bittet alle Kabinettsmitglieder, möglichst regelmäßig an den Sitzungen teilzunehmen. Das Bundeskabinett solle mehr als bisher ein politisches Team bilden.

Die Regierungsbildung sei schwieriger gewesen als die ersten beiden Regierungsbildungen. Den ausscheidenden Herren habe er in seinem Namen und gleichzeitig im Namen der Bundesregierung für ihre Tätigkeit gedankt[1].

Die Regierungserklärung von 1953 sei zu lang und zu mannigfaltig gewesen[2]. Auch diesmal sei ihm umfangreiches Material vorgelegt worden. Darunter hätten sich

---

[1] Im dritten Kabinett Adenauer waren als neue Minister ernannt worden Franz Etzel (CDU) zum Bundesfinanzminister, Theodor Blank (CDU) zum Bundesminister für Arbeit und Sozialordnung, Richard Stücklen (CSU) zum Bundesminister für das Post- und Fernmeldewesen, Dr. Hermann Lindrath (CDU) zum Bundesminister für wirtschaftlichen Besitz des Bundes – dieses Ministerium war neu geschaffen worden – und Paul Lücke (CDU) zum Bundesminister für Wohnungsbau. Ausgeschieden waren Franz Blücher (DP/FVP), bisher Vizekanzler und Bundesminister des aufgelösten Bundesministeriums für wirtschaftliche Zusammenarbeit, Anton Storch (CDU), bisher Bundesminister für Arbeit, Viktor-Emanuel Preusker (DP/FVP), bisher Bundesminister für Wohnungsbau, und Jakob Kaiser (CDU), bisher Bundesminister für gesamtdeutsche Fragen. Ein anderes Ressort übernommen hatten Fritz Schäffer (CSU), Bundesminister der Justiz, zuvor Bundesminister der Finanzen, und Ernst Lemmer (CDU), Bundesminister für gesamtdeutsche Fragen, zuvor Bundesminister für das Post- und Fernmeldewesen. Zum Stellvertreter des Bundeskanzlers hatte Adenauer Bundeswirtschaftsminister Ludwig Erhard (CDU) ernannt.

[2] Zur Regierungserklärung 1953 vgl. Stenographische Berichte, Bd. 18, S. 11–22 sowie 1. Sitzung am 20. Okt. 1953 TOP B (Kabinettsprotokolle 1953, S. 459 f.).

397

auch zahlreiche Beiträge befunden, die nicht angefordert worden waren[3]. Wenn alles Material in die Regierungserklärung aufgenommen worden wäre, so hätte das eine Rede von mehr als vier Stunden bedeutet. Er habe daher den Stoff ganz erheblich raffen müssen. Jetzt habe die Regierungserklärung eine Redelänge von etwa 95 bis 100 Minuten.

Der *Bundeskanzler* berichtet nunmehr über die Disposition der Regierungserklärung und trägt ihren Inhalt teils wörtlich und teils in Stichworten vor. Er hebt dabei diejenigen Stellen heraus, die ihm besonders wichtig erscheinen.

Nach Verteilung des Textes des Entwurfs der Regierungserklärung[4] werden von Seiten der Kabinettsmitglieder einige Ergänzungs- und Änderungswünsche vorgetragen. Soweit sie die Zustimmung des Kabinetts finden, werden sie gleich in den Text der Regierungserklärung eingearbeitet. Im übrigen nimmt das Kabinett von dem Entwurf der Regierungserklärung zustimmend Kenntnis[5].

---

[3] Beiträge der Ressorts in B 136/3774.
[4] Texte der Regierungserklärung in StBKAH 03.13 und B 136/3774.
[5] Zur Vorstellung des Regierungsprogramms des dritten Kabinetts Adenauer in der 3. Sitzung des Deutschen Bundestages am 29. Okt. 1957 vgl. Stenographische Berichte, Bd. 39, S. 17–26.

**2. Kabinettssitzung
am Donnerstag, den 7. November 1957**

Teilnehmer: Adenauer, Erhard (bis 10.55 Uhr), von Brentano (bis 11.45 Uhr), Schröder, Schäffer, Etzel, Lübke, Blank, Strauß, Seebohm, Stücklen, Lindrath, Lücke (ab 10.15 Uhr), Oberländer, Lemmer, von Merkatz, Balke, Wuermeling; Hallstein, Anders, Westrick; Vockel (Bevollmächtigter der Bundesrepublik Deutschland in Berlin), Krone (MdB), Höcherl (MdB), Schneider (Bremerhaven) (MdB), Bleek (Bundespräsidialamt), Janz (Bundeskanzleramt), Krueger (BPA), Selbach (Bundeskanzleramt), Kilb (Bundeskanzleramt), Haenlein (Bundeskanzleramt). Protokoll: Abicht.

Beginn: 10.00 Uhr   *Ende: 12.15 Uhr*

Ort: Haus des Bundeskanzlers

Tagesordnung:

1. *Entscheidung über die Gesetzentwürfe, die in der zweiten Legislaturperiode nicht mehr verabschiedet wurden*
   Vorlage des Staatssekretärs des Bundeskanzleramtes vom 4. Nov. 1957 (4 - 14500 - 4140/57 II).

2. *Personalien*
   Gemäß Anlagen.

3. *Mitteilung über die in Aussicht genommene Besetzung auswärtiger Vertretungen*
   a) Schreiben des Staatssekretärs des Bundeskanzleramtes vom 11. Okt. 1957 (11 - 14004 - 716/57 VS-Vertr.),
   b) Schreiben des Staatssekretärs des Bundeskanzleramtes vom 5. Nov. 1957 (11 - 14004 - 792/57 VS-Vertr.).

4. *Bildung eines Kulturfonds des Europarates*
   Vorlage des AA vom 4. Nov. 1957 (601/406 - 21/6099/57).

5. *Liberalisierung der Einfuhr*
   Vorlage des BMWi vom 19. Okt. 1957 (V A 2 - 14785/57).

6. *Gesetz über die Deutsche Bundesbank; hier: Zustimmung der Bundesregierung zu den Dienstverträgen gemäß § 7 Abs. 4 Satz 3 und § 8 Abs. 5 Satz 3*
   Vorlage des BMWi vom 30. Sept. 1957 (VI A/2 - 624/57).

[A.] **Politische Lage in Niedersachsen**

Die nach Auflösung der Regierungskoalition in Niedersachsen entstandene politische Lage wird eingehend besprochen[1]. An der Diskussion beteiligen sich außer dem *Bundeskanzler* in erster Linie die *Bundesminister für Angelegenheiten des Bundesrates und der Länder, für Verkehr, für Vertriebene, Flüchtlinge und Kriegsgeschädigte* und der Abgeordnete *Schneider*. Beschlüsse werden nicht gefaßt.

1. **Entscheidung über die Gesetzentwürfe, die in der zweiten Legislaturperiode nicht mehr verabschiedet wurden**

Der *Bundeskanzler* verweist auf die Kabinettvorlage des Staatssekretärs des Bundeskanzleramtes vom 4. 11. 1957[2] und erklärt, die in der zweiten Legislaturperiode nicht verabschiedeten Vorlagen des Bundesrates und aus der Mitte des Bundestages (Anlagen III und II zur Kabinettvorlage vom 4. 11. 1957) sollten unerörtert bleiben. Es müsse jedoch heute eine Entscheidung darüber getroffen werden, welche in der zweiten Legislaturperiode nicht mehr verabschiedeten Regierungsvorlagen unverändert eingebracht werden sollten und welche Regierungsvorlagen nach Änderungen erneut einzubringen wären. Es komme darauf an, daß der Bundestag und seine Ausschüsse bereits im Dezember Material für seine Gesetzgebungsarbeit erhalte. Bei den Regierungsvorlagen, die unverändert eingebracht werden sollten, müsse heute auch ein Beschluß in der Sache selbst gefaßt werden. Die entsprechenden Gesetzentwürfe und Begründungen müßten morgen dem Bundesrat zugeleitet werden[3].

I. Nicht erledigte Regierungsvorlagen

Auswärtiges Amt

1	*Gesetz über das Abkommen vom 28.6.1955 zwischen der Bundesrepublik Deutschland und dem Königreich Griechenland über die Untersuchung und Überwachung von Wein*	*11.1.1957 an BT-Ausschüsse für Ernährung und Außenhandelsfragen zurückverwiesen*

---

[1] Der Beschluß der seit dem 30. Sept. 1957 bestehenden Fraktionsgemeinschaft von FDP und BHE vom 4. Nov. 1957, sechs DRP-Hospitanten in ihre Reihen aufzunehmen, hatte eine Krise in der von Ministerpräsident Hellwege in Niedersachsen geleiteten Regierungskoalition von DP, CDU, FDP und BHE ausgelöst. Die Weigerung der FDP/BHE-Fraktion, ihren Beschluß zu revidieren, führte zu der am 12. Nov. 1957 abgeschlossenen Bildung einer neuen Regierung, an der unter Ministerpräsident Hellwege DP, CDU und SPD beteiligt waren. Vgl. dazu den Bericht Hellweges vom 15. Jan. 1958 an den Bundeskanzler und weitere Unterlagen in B 136/4905.

[2] Vorlage des Bundeskanzleramtes vom 4. Nov. 1957 in B 136/31274, vgl. auch B 144/1944.

[3] Im folgenden wird Anlage 1 der Kabinettsvorlage des Bundeskanzleramtes vom 4. Nov. 1957 in Kursivschrift eingefügt.

2	Gesetz zu der Vereinbarung vom 31.10.1956 zwischen der Bundesrepublik Deutschland und der Schweizerischen Eidgenossenschaft über die Zollbehandlung von Müllergaze	Beschlußfassung gemäß Art. 76/2 GG am 3.5.1957
3	Gesetz über das Abkommen vom 15.5.1956 zwischen der Bundesrepublik Deutschland und dem Königreich Belgien über die Errichtung nebeneinander liegender nationaler Grenzabfertigungsstellen, über die Grenzabfertigung in Zügen während der Fahrt und über die Bestimmung von Gemeinschafts- und Betriebswechselbahnhöfen im Verkehr über die deutsch-belgische Grenze	Beschlußfassung gemäß Art. 76/2 GG am 3.5.1957
4	Gesetz zu dem Vertrag vom 24.9.1956 zwischen der Bundesrepublik Deutschland und dem Königreich Belgien über eine Berichtigung der deutsch-belgischen Grenze und andere die Beziehungen zwischen beiden Ländern betreffende Fragen	Beschlußfassung gemäß Art. 76/2 GG am 12.7.1957
5	Gesetz zu den Vereinbarungen zwischen der Regierung der Bundesrepublik Deutschland und den Regierungen der Vereinigten Staaten von Amerika, des Vereinigten Königreichs von Großbritannien und Nordirland, der Republik Frankreich, des Königreichs Dänemark, des Königreichs der Niederlande und des Königreichs Belgien über gegenseitige Hilfe gemäß Artikel 3 des Nordatlantikvertrages	Beschlußfassung gemäß Art. 76/2 GG am 12.7.1957

Bundesministerium des Innern

6	Verwaltungsgerichtsordnung sowie Gesetz über die Beschränkung der Berufung in verwaltungsgerichtlichen Verfahren	seit 8.7.1954 BT-Ausschüsse für innere Verwaltung und Rechtswesen und Verfassungsrecht

7	Gesetz über das Apothekenwesen	11.11.1955 an BT-Ausschüsse für Gesundheitswesen und Wirtschaftspolitik zurückverwiesen
8	Gesetz über die Tuberkulosehilfe	BR dem Vorschlag des Vermittlungsausschusses nicht zugestimmt
9	Gesetz zur Änderung des Lebensmittelgesetzes	seit 7.12.1956 Ausschuß für Gesundheitswesen
10	Gesetz über den unmittelbaren Zwang bei Ausübung öffentlicher Gewalt durch Vollzugsbeamte des Bundes	seit 27.4.1955 BT-Ausschüsse für Innere Verwaltung und Rechtswesen und Verfassungsrecht
11	Gesetz über die Ausübung der Berufe des Masseurs, des Masseurs und medizinischen Bademeisters und des Krankengymnasten	seit 6.2.1957 Ausschuß für Gesundheitswesen
12	Gesetz über die Ausübung des Berufs der medizinisch-technischen Assistentin	seit 6.2.1957 Ausschuß für Gesundheitswesen

Bundesministerium der Justiz

13	Bundesrechtsanwaltsordnung	seit 27.4.1955 Ausschuß für Rechtswesen und Verfassungsrecht
14	Gesetz über Maßnahmen auf dem Gebiete des Notarrechts	seit 3.2.1956 Ausschuß für Rechtswesen und Verfassungsrecht
15	Durch das Gesetz vom 3.3.1956 nicht erledigte Teile des Gesetzentwurfs zur Vereinheitlichung und Änderung familienrechtlicher Vorschriften	seit 29.9.1955 Ausschuß für Rechtswesen und Verfassungsrecht

2. Sitzung am 7. November 1957

16	Gesetz über den Beitritt der Bundesrepublik Deutschland zu der am 26.6.1948 in Brüssel revidierten Berner Übereinkunft zum Schutze von Werken der Literatur und der Kunst	seit 27.6.1956 an BT-Ausschüsse für gewerblichen Rechtsschutz und Urheberrecht und Kulturpolitik
17	Gesetz zur Ausführung der am 26.6.1948 in Brüssel revidierten Berner Übereinkunft zum Schutze von Werken der Literatur und der Kunst	seit 27.6.1956 an BT-Ausschüsse für gewerblichen Rechtsschutz und Urheberrecht und Kulturpolitik
18	Drittes Gesetz zur Aufhebung des Besatzungsrechts	seit 12.4.1957 Ausschuß für Rechtswesen und Verfassungsrecht
19	Deutsches Richtergesetz	BR – Stellungnahme verweigert

Bundesministerium der Finanzen

20	Gesetz über die Rechtsverhältnisse der Steuerberater und Steuerbevollmächtigten	seit 17.9.1954 BT-Ausschüsse für Wirtschaftspolitik, Finanz- und Steuerfragen, Rechtswesen und Verfassungsrecht
21	Gesetz zur Änderung des Bewertungsgesetzes, des Vermögenssteuergesetzes und des Erbschaftssteuergesetzes	seit 27.9.1956 an BT-Ausschüsse für Finanz- und Steuerfragen und für Ernährung
22	Dreizehntes Gesetz zur Änderung des Zolltarifs (Saisonzölle)	seit 12.4.1957 an Ausschüsse für Außenhandelsfragen und für Ernährung
23	Gesetz über die Finanzstatistik	vom BR in 2. Durchgang noch nicht behandelt

403

Bundesministerium für Wirtschaft

24	Gesetz zur vorläufigen Durchführung von wirtschaftlichen Verträgen mit ausländischen Staaten	seit 10.12.1953 an BT-Ausschüsse für Außenhandelsfragen und Rechtswesen und Verfassungsrecht
25	Gesetz über eine Berufsordnung für Wirtschaftsprüfer (Wirtschaftsprüferordnung)	seit 17.9.1954 an BT-Ausschüsse für Wirtschaftspolitik, für Finanz- und Steuerfragen und für Rechtswesen und Verfassungsrecht
26	Gesetz über eine Berufsordnung der vereidigten Buchprüfer (Buchprüferordnung)	seit 17.9.1954 an BT-Ausschüsse für Wirtschaftspolitik, für Finanz- und Steuerfragen und für Rechtswesen und Verfassungsrecht
27	Gesetz über die sechste Änderung des Gaststättengesetzes	seit 23.3.1956 an BT-Ausschüsse für Wirtschaftspolitik, für Rechtswesen und Verfassungsrecht und für Sonderfragen des Mittelstandes
28	Gesetz über die Liquidation der Deutschen Reichsbank und der Deutschen Golddiskontbank	seit 30.5.1956 an BT-Ausschüsse für Geld und Kredit und für Finanz- und Steuerfragen
29	Viertes Bundesgesetz zur Änderung der Gewerbeordnung	seit 26.10.1956 an Ausschüsse für Wirtschaftspolitik, für Sonderfragen des Mittelstandes und für Rechtswesen und Verfassungsrecht

30	Gesetz über die Errichtung eines Bundesaufsichtsamtes für das Kreditwesen	seit 20.3.1957 an BT-Ausschüsse für Geld- und Kredit und für Wirtschaftspolitik
31	Gesetz über die Preisstatistik	vom BT in erster Lesung nicht behandelt

Bundesministerium für Ernährung, Landwirtschaft und Forsten

32	Gesetz über Maßnahmen zur Verbesserung der Agrarstruktur und zur Sicherung land- und forstwirtschaftlicher Betriebe (Grundstückverkehrsgesetz)	seit 14.3.1957 an BT-Ausschüsse für Ernährung, Landwirtschaft und Forsten, für Bau und Bodenrecht, für Rechtswesen und Verfassungsrecht und für Kommunalpolitik
33	Gesetz zu dem Protokoll vom 1.12.1956 zur Änderung des internationalen Zuckerabkommens	Beschlußfassung gemäß Art. 76/2 GG am 19.7.1957

Bundesministerium für Arbeit

34	Gesetz zur Einführung der Selbstverwaltung auf dem Gebiet der Sozialversicherung und Angleichung des Rechts der Krankenversicherung im Land Berlin	am 2.7.1957 an Ausschuß für Sozialpolitik zurückverwiesen
35	Gesetz zum Schutze der arbeitenden Jugend (Jugendarbeitsschutzgesetz)	seit 5.4.1957 an BT-Ausschüsse für Arbeit und für Jugendfragen
36	Gesetz über den zivilen Ersatzdienst	vom BT in erster Lesung nicht behandelt

37	Zweites Gesetz zur Änderung des Sozialgerichtsgesetzes	seit 24.5.1957 an BT-Ausschüsse für Rechtswesen und Verfassungsrecht, für Sozialpolitik und für Kriegsopfer- und Heimkehrerfragen
38	Gesetz zu dem Vertrag vom 10.3.1956 zwischen der Bundesrepublik Deutschland und der Föderativen Volksrepublik Jugoslawien über die Regelung gewisser Forderungen aus der Sozialversicherung	vom BT in erster Lesung nicht mehr behandelt
39	Gesetze zur Wiedergutmachung nationalsozialistischen Unrechts in der Kriegsopferversorgung	Beschlußfassung gemäß Art. 76/2 GG am 21.6.1957
40	Gesetz zur Änderung und Ergänzung des Gesetzes zur Wiedergutmachung nationalsozialistischen Unrechts in der Kriegsopferversorgung für Berechtigte im Ausland	Beschlußfassung gemäß Art. 76/2 GG am 21.6.1957
41	Gesetz über die Einkommensgrenze für das Erlöschen der Versicherungsberechtigung in der gesetzlichen Krankenversicherung	seit 3.12.1953 Ausschuß für Sozialpolitik

Bundesministerium für Verkehr

42	Gesetz zur Sicherung des Straßenverkehrs durch Entlastung der Straßen (Straßenentlastungsgesetz)	seit 10.7.1954 an BT-Ausschüsse für Verkehr, für Wirtschaftspolitik, für Ernährung, Landwirtschaft und Forsten, für Wiederaufbau und Wohnungswesen und für Kommunalpolitik

43	Gesetz über die Beförderung von Personen zu Lande	seit 5.11.1954 an BT-Ausschüsse für Verkehrswesen, für Wirtschaftspolitik, für Post- und Fernmeldewesen und für Kommunalpolitik
44	Gesetz über die Reinhaltung der Bundeswasserstraßen	seit 31.12.1956 an BT-Sonderausschuß „Wasserhaushaltsgesetz"
45	Gesetz zur Änderung des Luftverkehrsgesetzes	BR hat von einer Stellungnahme abgesehen
46	Gesetz über den Beitritt der Bundesrepublik Deutschland zu dem Abkommen über den Straßenverkehr vom 19.9.1949, dem Protokoll über Straßenverkehrszeichen vom 19.9.1949 und der europäischen Zusatzvereinbarung vom 16.9.1950 zum Abkommen über den Straßenverkehr und zum Protokoll über Straßenverkehrszeichen	seit 19.3.1954 an BT-Ausschuß für Verkehrswesen

Bundesministerium für Verteidigung

47	Gesetz über die Organisation der militärischen Landesverteidigung	seit 4.5.1956 an BT-Ausschüsse für Verteidigung, für Rechtswesen und Verfassungsrecht und für innere Verwaltung

Bundesministerium für Wohnungsbau

48	Bundesbaugesetz	seit 11.1.1957 an BT-Ausschüsse für Wiederaufbau und Wohnungswesen und für Bau- und Wohnrecht

49	Gesetz zur Änderung des Ersten Wohnungsbaugesetzes und des Zweiten Wohnungsbaugesetzes	Beschlußfassung gemäß Art. 76/2 GG am 21.6.1957

Bundesministerium für Atomfragen

50	Gesetz über die friedliche Verwendung der Kernenergie und den Schutz gegen ihre Gefahren	zweite und dritte Beratung im BT vertagt
51	Gesetz zur vorläufigen Regelung der wissenschaftlichen und wirtschaftlichen Anwendung der Kernenergie (Vorläufiges Atomgesetz)	vom BR nicht behandelt

Bundesministerium für wirtschaftliche Zusammenarbeit

52	Gesetz über das europäische Währungsabkommen vom 5.8.1955	Beschlußfassung gemäß Art. 76/2 GG am 3.5.1957

Die Anlage I zur Kabinettvorlage vom 4.11.1957 wird mit folgendem Ergebnis durchgegangen:

A.) Folgende Gesetzentwürfe werden erneut, und zwar unverändert, beschlossen:

Anlage I Nr. 1, 2, 3, 5, 6, 7, 10, 11, 12, 16, 17, 18, 20, 25, 26, 27, 28, 29, 30, 31, 32, 33, 34, 36, 37, 38, 39, 40, 44, 45 und 52.

B.) Folgende Gesetzentwürfe werden erneut beschlossen, wobei die zuständigen Bundesminister die Gesetzestexte nebst Begründungen mit etwa notwendigen redaktionellen Änderungen unverzüglich dem Bundeskanzleramt zur Weiterleitung an den Bundesrat übersenden sollen, ohne daß es eines weiteren Kabinettsbeschlusses bedürfte:

Anlage I Nr. 13, 14 und 50.

C.) Folgende Gesetzentwürfe sollen sobald als möglich – gegebenenfalls in einer Neufassung – dem Kabinett zur Beschlußfassung vorgelegt werden:

Anlage I Nr. 8, 9, 15, 21, 22 und 35.

D.) Einzelnes zu weiteren Gesetzentwürfen:

Anlage I Nr. 19 soll nach Überarbeitung dem Kabinett vorgelegt werden.

Anlage I Nr. 23 wird vom Bundesrat im zweiten Durchgang behandelt werden.

Anlage I Nr. 41 wird in das Gesetz zur Neuregelung der Krankenversicherung eingearbeitet werden.

Anlage I Nr. 42 ist erledigt.

Anlage I Nr. 43 soll in veränderter Fassung dem Kabinett vorgelegt werden.

Anlage I Nr. 47 soll überprüft und zunächst mit den Koalitionsfraktionen besprochen werden.

Anlage I Nr. 48 soll geändert und dem Kabinett zur Beschlußfassung vorgelegt werden.

Anlage I Nr. 49 ist in der Sache erledigt.

Anlage I Nr. 51 ist durch Einbringung von Anlage I Nr. 50 erledigt.

E.) Es wurden zurückgestellt, ohne daß weitere Beschlüsse gefaßt wurden:

Anlage I Nr. 4, 24 und 46.

F.) Sonstiges:

a) Es sollen Überlegungen angestellt werden, ob und welche Änderungen des Personalgutachterausschußgesetzes notwendig sind.

b) Im Zusammenhang mit der Neueinbringung des Atomgesetzes sollen keine Grundgesetzänderungen beantragt werden. Eine Grundgesetzänderung ist erst beabsichtigt im Zusammenhang mit dem Erlaß einer Strahlenschutzverordnung.

c) Es wird beschlossen, kein Gesetz zur Neugliederung des Bundesgebiets nach Artikel 29 Abs. 6 GG einzubringen.

2. Personalien

Die Personalien gemäß Anlage 1 und 2 zu Punkt 2 der Tagesordnung werden gebilligt[4].

3. Mitteilung über die in Aussicht genommene Besetzung auswärtiger Vertretungen
AA

Das Kabinett nimmt von den Mitteilungen über die in Aussicht genommene Besetzung auswärtiger Vertretungen gemäß Schreiben des Staatssekretärs des Bundeskanzleramtes vom 11.10. und 5.11.1957 zustimmend Kenntnis[5].

---

[4] Vorgeschlagen war die Ernennung von Dr. Walter Truckenbrodt und Dr. Hans Karstien zu Vortragenden Legationsräten I. Klasse im AA, eines Ministerialdirigenten und eines Ministerialrats im BMF, eines Ministerialrats im BML und des Brigadegenerals Hans-Ulrich Krantz (Anlage 1). Ferner sollte dem Leitenden Direktor beim Bundesmonopolamt für Branntwein in Offenbach/M. Werner Langenberg das Amt eines Ministerialrats im BMF übertragen werden (Anlage 2).

4. Bildung eines Kulturfonds des Europarates AA

Die Vorlage des Bundesministers des Auswärtigen vom 4.11.1957 wird zurückgestellt. Es soll zunächst eine Chefbesprechung stattfinden[6].

5. Liberalisierung der Einfuhr BMWi

Dieser Punkt der Tagesordnung wird auf Wunsch des Bundesministers für Wirtschaft zurückgestellt[7].

---

[5] Schreiben des Bundeskanzleramtes vom 11. Okt. und 5. Nov. 1957 in B 136/1837. – Vorgeschlagen war die Akkreditierung des Botschafters Dr. Horst Böhling als Gesandter in Vientiane und die Besetzung des Generalkonsulats in Osaka-Kobe mit Dr. Günther Schlegelberger.

[6] Vorlage des AA vom 4. Nov. 1957 in AA B 91 Bd. 284 und B 136/6431. – Die Beratende Versammlung des Europarates hatte den Regierungen der Mitgliedsstaaten die Bildung eines Kulturfonds vorgeschlagen, dessen Organisation ein europäisches Kulturprogramm entwickeln, aber auch private und öffentliche Initiativen anregen, fördern und durchführen sollte. Der Fonds sollte sich neben privaten Spenden und freiwilligen Zuschüssen der Regierungen vor allem auf feste Jahresbeiträge der Mitgliedsstaaten stützen, die mindestens die Höhe des im Jahre 1958 für kulturelle Zwecke aufgewendeten Teils des allgemeinen Haushaltes des Europarates erreichen sollten. Das BMF hatte aus grundsätzlichen finanz- und haushaltswirtschaftlichen Überlegungen die beabsichtigte Fondskonstruktion vor allem deshalb abgelehnt, weil auf das Finanzgebaren des Fonds kein Einfluß ausgeübt werden könne. Das AA hatte in seiner Vorlage beantragt, dieser Auffassung des BMF die Zustimmung zu verweigern. – Das AA zog seine Vorlage zurück, nachdem in einer Besprechung am 12. Nov. 1957 der BMF seine Bedenken vor allem aufgrund der Versicherung zurückstellte, daß dem Bund keine zusätzlichen Kosten entstehen würden. Vgl. dazu die Vorlage des AA vom 22. Nov. 1957 in AA B 91 Bd. 284 und B 136/6431 sowie den Vermerk vom 12. Nov. 1957 über die Besprechung am 12. Nov. 1957 in B 126/13047. – In der Tagung der Stellvertreter der Außenminister des Europarates vom 14. bis 23. Nov. 1957 wurde die Gründung eines Kulturfonds grundsätzlich gebilligt (Mitteilungen des Europarats Nr. 12 vom Dez. 1957 in EA 1958, S. 10460).

[7] Vorlage des BMWi vom 19. Okt. 1957 in B 102/57411 und B 136/6577, weitere Unterlagen in B 102/57412 und B 102/57482. – Zu der für den 17. Okt. bis 30. Nov. 1957 in Genf anberaumten XII. Tagung des GATT war die Bundesregierung aufgefordert worden, eine Erklärung über die von ihr künftig beabsichtigte Einfuhrpolitik abzugeben. Der BMWi hatte in seiner Vorlage dafür plädiert, die Erwartungen auf eine weitestgehende Liberalisierung zu erfüllen. Hierzu hatte er im Bereich der gewerblichen Wirtschaft eine Ausweitung der Liberalisierung auf annähernd 100 % vorgeschlagen, wie sie schon gegenüber den Ländern der OEEC bestand. Im landwirtschaftlichen Bereich, insb. bei den Marktordnungswaren, hatte er nur begrenzte Möglichkeiten gesehen. Nach den in der Vorlage enthaltenen Empfehlungen sollte die deutsche Delegation daher über Liberalisierungsmaßnahmen nur bei den Waren berichten, über deren Freigabe Einvernehmen bestand. Zu Erzeugnissen, deren Liberalisierung noch umstritten war, sollte dem GATT gegenüber erklärt werden, daß die Bundesregierung auf der nächsten Tagung erneut berichten würde. Darüber hinaus sollte die Delegation zu der Erklärung ermächtigt werden, daß die bestehenden bilateralen Kontingentsvereinbarungen bis spätestens zum 1. Jan. 1960 abgebaut und ab diesem Zeitpunkt in Globalkontingente überführt werden sollten. Eine entsprechende Erklärung gab die deutsche Delegation in der Vollversammlung am 20. Nov. 1957 ab. Vgl. dazu den Abschlußbericht der deutschen Delegation vom 13. Dez. 1957 über die GATT-Tagung in B 102/57482 sowie den Schlußbericht vom 14. Dez. 1957 in AA B 13 (Abt. 2 Ref. 200), Bd. 52. – Fortgang 1. Sitzung des Kabinettsausschusses für Wirtschaft am 12. Nov. 1957 TOP 2 (B 136/36221).

6. **Gesetz über die Deutsche Bundesbank; hier: Zustimmung der Bundesregierung zu den Dienstverträgen gemäß § 7 Abs. 4 Satz 3 und § 8 Abs. 5 Satz 3** BMWi

Dieser Punkt der Tagesordnung wird zurückgestellt. Die zustimmungsbedürftigen Dienstverträge der Deutschen Bundesbank sollen mit einer Übersicht über die Geschäftsverteilung zunächst dem Bundeskanzler zugeleitet werden[8].

---

[8] Fortgang 3. Sitzung am 13. Nov. 1957 TOP D und 5. Sitzung TOP C und D. – Einen Geschäftsverteilungsplan legte der BMWi mit Schreiben vom 15. Nov. 1957 dem Bundeskanzleramt vor (B 102/27340 und B 136/1205).

3. Sitzung am 13. November 1957

3. Kabinettssitzung
am Mittwoch, den 13. November 1957

Teilnehmer: Adenauer, Erhard, von Brentano, Schröder, Schäffer, Etzel, Lübke, Blank, Strauß, Seebohm, Stücklen, Lindrath, Lücke, Oberländer, Lemmer, von Merkatz, Balke, Wuermeling; Hallstein, Anders; Vockel (Bevollmächtigter der Bundesrepublik Deutschland in Berlin), Bleek (Bundespräsidialamt), Kriele (Bundeskanzleramt), Krueger (BPA), Selbach (Bundeskanzleramt), Kilb (Bundeskanzleramt). Protokoll: Bachmann.

Beginn: 10.00 Uhr   *Ende: 12.00 Uhr*
Ort: Haus des Bundeskanzlers

Tagesordnung:
1. *Personalien*
   Gemäß Anlagen.
2. *Regierungsvorlagen, die dem Bundesrat am 8. Nov. 1957 zugeleitet wurden; hier: Entscheidung über die Stellungnahme der Bundesregierung zu etwaigen Änderungsvorschlägen des Bundesrates*
   Vorlage des Staatssekretärs des Bundeskanzleramtes vom 9. Nov. 1957 (4 - 14500 - 4373/57).

1. Personalien

Das Kabinett stimmt den Vorschlägen in den Anlagen 1 und 2 sowie im Nachtrag zu Anlage 1 zu Punkt 1 der Tagesordnung zu[1].

[A. Politische Haltung der Tageszeitung „Die Welt"]

Außerhalb der Tagesordnung macht der *Bundeskanzler* auf einen Artikel aufmerksam, der in der heutigen Ausgabe der „Welt" erschienen ist. Es entwickelt sich eine kurze Debatte über die Haltung dieses Blattes[2].

---

[1] Vorgeschlagen war in Anlage 1 die Ernennung eines Ministerialrats im BMI, von zwei Ministerialräten im BMVtg, des Konteradmirals Bernhard Rogge und des Bundeswehrdisziplinaranwalts Elmar Brandstetter. Anlage 2 enthielt einen Anstellungsvorschlag des BPA nach der ADO für übertarifliche Angestellte im öffentlichen Dienst. Im Nachtrag war die Ernennung von Ministerialdirektor Dr. Wilhelm Claussen zum Staatssekretär im BMA (im Zusammenhang mit der Versetzung von Staatssekretär Busch vom BMA zum BMBes), von Ministerialdirektor Dr. Ludwig Seiermann zum Staatssekretär im BMV sowie eines Ministerialdirigenten im BMVtg vorgeschlagen.

[2] Angesprochen war wahrscheinlich der auf Seite 3 der „Welt" am 13. Nov. 1957 erschienene Artikel des Leiters des Bonner Büros der „Welt" Georg Schröder „Bonn will weder Pulverfaß

2. Regierungsvorlagen, die dem Bundesrat am 8. November 1957 zugeleitet wurden; hier: Entscheidung über die Stellungnahme der Bundesregierung zu etwaigen Änderungsvorschlägen des Bundesrates

Der *Bundeskanzler* stellt die Frage zur Diskussion, ob die Schutzfristen für Werke der Literatur und der Kunst, die am 31.12.1957 enden, bis 31.12.1964 verlängert werden können³. Der *Bundesminister der Justiz* weist darauf hin, daß die Vorbereitungen zur Urheberrechtsreform im Bundesjustizministerium bis 1958 abgeschlossen sein würden. 1959 könnten die Gesetzentwürfe dem Bundestag vorgelegt werden⁴. Der *Bundeskanzler* bemerkt dazu, daß man die jetzt auslaufenden Schutzfristen bis zum Inkrafttreten des neuen Gesetzes verlängern könnte, ohne sich auf das Datum 31.12.1964 festzulegen. Der *Bundesminister des Auswärtigen* befürchtet, daß bei einer Verlängerung der Schutzfristen Verwirrung entsteht, weil z.B. verschiedene Verleger jetzt schon Vorbereitungen zur Auflage gewisser Werke getroffen hätten, deren Schutzfristen am Jahresende erlöschen würden. Der *Bundesminister der Justiz* macht darauf aufmerksam, daß noch Prozesse liefen, die vor allem die Wiedergabe bestimmter Werke beträfen. Gesetzentwürfe sollten dem Parlament nicht vorgelegt werden, solange diese Prozesse nicht im wesentlichen entschieden seien. Der *Bundesminister für Angelegenheiten des Bundesrates und der Länder* weist auf den Gesichtspunkt der europäischen Rechtsangleichung hin. Der *Bundesminister der*

---

noch Waffenkammer sein", in dem u.a. auch auf die bevorstehende NATO-Konferenz und auf die Entscheidung über die künftige Verfügbarkeit von Atomwaffen eingegangen worden war. – Seebohm notierte hierzu: „Adenauer wegen Informationen Schröders von der Welt: politische Linie der Welt (torpediert und durchkreuzt Absichten der Bundesregierung)" (Nachlaß Seebohm N 1178/9b). Zur Berichterstattung der „Welt" hatte Adenauer vor dem Bundesvorstand der CDU am 1. Juli 1957 bemerkt: „Die ‚Welt' können wir mehr oder weniger als reines sozialistisches Blatt betrachten." (CDU-Bundesvorstand, S. 1259).

³ Siehe 2. Sitzung am 7. Nov. 1957 TOP 1. – Vorlage des Bundeskanzleramtes vom 9. Nov. 1957 in B 136/31274. – Die Vorlage enthielt eine Liste von 31 Gesetzentwürfen der Bundesregierung, die in der vorangegangenen Legislaturperiode nicht mehr abschließend behandelt und gemäß Artikel 76 Abs. 2 GG dem Bundesrat am 8. Nov. 1957 erneut zur Beratung überwiesen worden waren. Das Bundeskanzleramt hatte zur Beschleunigung des Beratungsverfahrens beantragt, in den Fällen, in denen der Bundesrat Änderungsvorschläge aus der zweiten Legislaturperiode unverändert wieder vortragen würde, ohne erneuten Kabinettsbeschluß die Stellungnahmen der Bundesregierung ebenfalls unverändert zu wiederholen. – Mit Schreiben vom 8. Nov. 1957 an das Bundeskanzleramt hatte der BMJ darum gebeten, den Gesetzentwurf über den Beitritt der Bundesrepublik Deutschland zu der am 26. Juni 1948 in Brüssel revidierten „Berner Übereinkunft zum Schutze von Werken der Literatur und der Kunst" und den Gesetzentwurf über die Ausführung dieses Abkommens nicht dem Bundesrat vorzulegen, da sie aus dem Zusammenhang der in der Regierungserklärung angekündigten großen Urheberrechtsreform gerissen würden (B 136/1042). – Zu den Regierungsvorlagen über das Berner Abkommen vgl. 131. Sitzung am 25. April 1956 TOP 5 und 6 (Kabinettsprotokolle 1956, S. 325 f.).

⁴ Die für die Bundesrepublik gültigen Gesetze vom 19. Juni 1901 (RGBl. 227) und vom 9. Jan. 1907 (RGBl. 7) regelten das Urheberrecht an Werken der Literatur und Tonkunst bzw. an Werken der bildenden Kunst und Photographie. Mit ihnen war eine mit dem Tode des Urhebers beginnende Schutzfrist von 50 Jahren (bei Lichtbildern 25 Jahre) festgelegt worden. Das Gesetz über Urheberrechte und verwandte Schutzrechte vom 9. Sept. 1965 (BGBl. I 273) faßte die bis dahin in getrennten Gesetzen des Reichs behandelten Urheberrechte an Werken der bildenden Künste, Photographien, Schriftwerken, dramatischen Werken und deren Aufführung und an Tonkunst und Musikaufführungen zusammen.

Justiz erklärt sich bereit, das ganze Problem noch einmal nachzuprüfen. Eine Unterlage wird ihm vom Bundeskanzler hierfür übergeben[5].

Im übrigen beschließt das Kabinett gemäß Vorlage.

[B. Bundeswahlgesetz]

Außerhalb der Tagesordnung spricht der *Bundesminister des Innern* über den § 3 des Bundeswahlgesetzes, wonach eine Kommission zu berufen ist, die Vorschläge für eine etwaige Änderung der Wahlkreise ausarbeiten soll[6]. Einen Bericht hierüber müßte die Bundesregierung dem Bundestag bis zum 15. Oktober 1958[7] vorlegen. Der *Bundeskanzler* äußert Bedenken dagegen, die Frage der Wahlkreiseinteilung jetzt anzurühren. Die Bundesregierung könne dadurch in der Öffentlichkeit verdächtigt werden, sie wolle das Wahlrecht ändern. Man solle diese Frage mindestens bis nach den Landtagswahlen in Nordrhein-Westfalen und Bayern[8] zurückstellen. Der *Bundesminister des Innern* verweist auf die gesetzlich festgelegte Frist (15. Oktober 1958) und meint, es handele sich hier im wesentlichen um technische Erörterungen. Der *Bundeskanzler* erklärt, es sei nichts dagegen einzuwenden, wenn der Präsident des Statistischen Bundesamtes vorbereitende Arbeiten in seiner Behörde durchführen lasse. Die Arbeit dürfe aber jetzt noch nicht einen politischen Anstrich erhalten. Der *Bundesminister des Auswärtigen* verweist ebenfalls auf die große politische Bedeutung der Wahlkreiseinteilung. Der *Bundesminister für Angelegenheiten des Bundesrates und der Länder* wendet sich gegen die Absicht, die Wahlkreise hinsichtlich ihrer Bevölkerungszahl einander genau anzugleichen.

Das Kabinett lehnt den Vorschlag des Bundesministers des Innern ab, jetzt schon über die Zusammensetzung der Kommission des § 3 des Bundeswahlgesetzes zu entscheiden[9].

---

[5] Adenauer hatte dem BMJ einen Entwurf eines Gesetzes zur Hemmung des Schutzfristablaufes überreicht. Vgl. dazu die Notiz Schäffers vom 13. Nov. 1957 in B 141/2656. Der Entwurf selbst konnte nicht ermittelt werden.

[6] Zum Wahlgesetz siehe 155. Sitzung am 25. Jan. 1956 TOP E (Kabinettsprotokolle 1956, S. 127 f.). – Vorlage des BMI vom 8. Nov. 1957 in B 106/58992 und B 136/3840, Unterlagen zur Tätigkeit der Kommission und zur Wahlkreiseinteilung in B 106/3172 und 3173. – Nach § 3 des Bundeswahlgesetzes vom 7. Mai 1956 (BGBl. I 383) hatte der Bundespräsident eine ständige Wahlkreiskommission zu benennen, die aus dem Präsidenten des Statistischen Bundesamtes, einem Richter des Bundesverwaltungsgerichts und fünf weiteren Mitgliedern bestehen sollte. Die Kommission hatte die Aufgabe, die Veränderungen der Bevölkerungszahlen im Wahlgebiet zu beobachten und im Laufe des ersten Jahres nach Zusammentritt des Bundestages der Bundesregierung einen Bericht mit Vorschlägen zur Änderung der Wahlkreiseinteilung vorzulegen. In seiner Vorlage hatte der BMI neben dem Präsidenten des Statistischen Bundesamtes, Dr. Gerhard Fürst, den Präsidenten des Bundesverwaltungsgerichts, Hans Egidi, und fünf weitere Personen vorgeschlagen.

[7] Korrigiert aus: 1957.

[8] In Nordrhein-Westfalen fanden Landtagswahlen am 6. Juli 1958, in Bayern und in Hessen am 23. Nov. 1958 statt.

[9] Vgl. die Mitteilung des BMI vom 19. März 1958 über die Ernennung der Mitglieder der Wahlkreiskommission (BT-Drs. 294) und den Bericht der Wahlkreiskommission vom 25. Nov. 1958 (BT-Drs. 677). – Fortgang 13. Sitzung am 12. Febr. 1958 TOP 6 (B 136/36117).

[C.] **Verwaltungsabkommen zwischen Bund und Ländern über die Errichtung eines Wissenschaftsrates (Vorlage BMI vom 11.11.1957 – III 2 - 32012 - 1765/57)**

Der *Bundesminister des Innern* begründet seine Vorlage[10]. 16 Mitglieder des Wissenschaftsrates ernenne der Bundespräsident auf gemeinsamen Vorschlag der Rektorenkonferenz, der Max-Planck-Gesellschaft und der Deutschen Forschungsgemeinschaft. 6 weitere Mitglieder würden vom Bundespräsidenten auf gemeinsamen Vorschlag der Bundesregierung und der Länderregierungen ernannt. Er, der Minister, bitte das Kabinett um Zustimmung zu der Liste der 6 Persönlichkeiten, über die man mit den Ländern wahrscheinlich einig werden würde. Ein gewisses Bedenken sei dadurch entstanden, daß unter den 6 Vorgeschlagenen zu viele Wirtschaftsführer seien. Der Ministerpräsident von Nordrhein-Westfalen, Steinhoff, habe daraufhin an ihn, den Minister, geschrieben, er schlage den ersten Vorsitzenden des Deutschen Gewerkschaftsbundes als Mitglied für den Wissenschaftsrat vor[11]. Vermutlich werde aber Herr Steinhoff mit diesem Vorschlag bei den anderen Ministerpräsidenten nicht durchkommen. Es sei schließlich die Frage, ob man auch eine Frau als Mitglied des Wissenschaftsrates hätte vorschlagen sollen. Dies hätte am besten bei den obengenannten 16 Persönlichkeiten geschehen können, die dafür Vorschlagsberechtigten hätten aber z.B. aus dem Kreise der weiblichen Hochschullehrer niemanden benannt.

Der *Bundeskanzler* äußert Bedenken gegen die Liste. Es entwickelt sich eine längere Debatte, an der sich neben dem *Bundeskanzler die Bundesminister des Innern, für Wirtschaft, für Atomkernenergie und Wasserwirtschaft, für Verteidigung, für Verkehr und für das Post- und Fernmeldewesen* beteiligen. Der *Chef des Bundespräsidialamtes* erläutert, in welcher Weise der Bundespräsident die Sache behandeln möchte. Allgemein tritt in der Debatte der Wunsch hervor, die Vorschlagsliste der 6 erst dann zu verabschieden, wenn über die Gesamtzusammenstellung des Wissenschaftsrates Abschließendes gesagt werden könne. Der *Bundesminister für Verkehr* schlägt vor, Professor Dr. Frohne[12] in die dem Bundespräsidenten vorzulegende

---

[10] Siehe 193. Sitzung am 20. Aug. 1957 TOP 6 a (Verwaltungsabkommen). – Vorlage des BMI vom 11. Nov. 1957 in B 136/6048 und B 138/6163. – § 4 des Verwaltungsabkommens sah einen aus insgesamt 39 Mitgliedern bestehenden Wissenschaftsrat vor. Ihm sollten 22 Vertreter aus dem Bereich der Wissenschaft und der Wirtschaft und 17 Vertreter von Bund und Ländern angehören. Bei der ersten Gruppe sollten sechs Persönlichkeiten gemeinsam von Bund und Ländern benannt werden. Der BMI hatte hierfür in seiner Vorlage eine Vorschlagsliste vorgelegt. Auf ihr befanden sich Paul Aubel (Leiter der Wirtschaftsberatungs-AG Düsseldorf und Vorsitzender des Vorstandes der Studienstiftung des Deutschen Volkes), Rüdiger Beer (Beigeordneter beim Deutschen Städtetag und dessen Referent für kulturelle Angelegenheiten), Heinz Göschel (Vorstandsmitglied der Siemens-Schuckert-Werke), Otto Reuleaux (Vorstandsvorsitzender der Kali-Chemie AG), Ernst Hellmut Vits (Vorsitzender des Verbandes der Vereinigten Glanzstoff-Fabriken AG) und Carl Wurster (Vorstandsvorsitzender der Badischen Anilin- und Soda-Fabrik).

[11] Mit Schreiben vom 30. Okt. 1957 hatte Steinhoff den Vorschlag des Bundesvorstandes des DGB mitgeteilt, dessen Vorsitzenden Willi Richter als Mitglied zu ernennen (B 138/6163).

[12] Dr.-Ing. Edmund Frohne (1891–1971). Seit 1918 Deutsche Reichsbahn, dort 1938 Abteilungspräsident, nach 1945 Staatssekretär für Verkehr in Niedersachsen, 1947–1949 Direktor der Verwaltung für Verkehr des Vereinigten Wirtschaftsgebiets, 1950–1952 Staatssekretär im BMV, 1952–1956 Vorsitzender des Vorstandes der Deutschen Bundesbahn.

Kandidatenliste aufzunehmen[13]. Der *Bundeskanzler* ist der Meinung, es sei mit der Stellung des Bundespräsidenten unvereinbar, daß er praktisch keine andere Möglichkeit erhalte, als seinen Namen unter gewisse Ernennungsvorschläge zu setzen, die er im ganzen annehmen oder verwerfen müsse. Der Bundespräsident müsse die Möglichkeit haben, aus einer größeren Zahl von Vorschlägen die erforderliche Anzahl von Mitgliedern auszuwählen.

Das Kabinett stimmt dieser Auffassung zu und beauftragt den Bundesminister des Innern, neue Verhandlungen mit den Ländern zu führen, mit dem Ziel, die Liste der 6 zu ergänzen. Nach der bisherigen Entwicklung kann angenommen werden, daß auch die Liste der 16 entsprechend ergänzt wird[14].

[D. Besoldung des Präsidenten und Vizepräsidenten der Bundesbank]

Außerhalb der Tagesordnung spricht der *Bundeskanzler* über die Besoldung und die Aufgaben des Präsidenten und des Vizepräsidenten der Bundesbank. Es sei zweckmäßig, zwischen dem Präsidenten und dem Vizepräsidenten einen größeren Unterschied in der Besoldung zu machen, als er jetzt vorgesehen sei[15]. Die Geschäftsordnung sei außerdem wesentlich, vor allem die Frage, wer die Personalien zu bearbeiten habe. Der Bundesminister für Wirtschaft wird hierzu weitere Vorschläge machen[16].

---

[13] Dieser Satz wurde gemäß Vermerk des Protokollanten vom 21. Nov. 1957 in das Protokoll nachträglich eingefügt (B 136/36117).
[14] Fortgang 7. Sitzung am 13. Dez. 1957 TOP G.
[15] Unterlagen über die Verhandlungen zur Neufassung der Verträge in HA BBk N 3/18 und HA BBk B 330/8454 und 8456.
[16] Siehe 2. Sitzung am 7. Nov. 1957 TOP 6, zum Bundesbankgesetz vgl. 189. Sitzung am 16. Juli 1957 TOP B. – Fortgang 5. Sitzung am 27. Nov. 1957 TOP C.

4. Sitzung am 21. November 1957

**4. Kabinettssitzung
am Donnerstag, den 21. November 1957**

Teilnehmer: Adenauer, Erhard, Schröder, Schäffer, Etzel, Blank, Strauß, Stücklen, Lindrath, Lücke, Oberländer, von Merkatz, Balke, Wuermeling; Hallstein, Sonnemann, Seiermann, Thedieck; Hopf (BMVtg), Vocke (Deutsche Bundesbank; von 10.42 bis 11.37 Uhr), Nöller (Bundespräsidialamt), Krueger (BPA), Kriele (Bundeskanzleramt), Mercker (Bundeskanzleramt), Selbach (Bundeskanzleramt), Kilb (Bundeskanzleramt). Protokoll: Abicht.

Beginn: 10.00 Uhr   *Ende: 11.52 Uhr*

Ort: Haus des Bundeskanzlers

Tagesordnung:
1. *Personalien*
   Gemäß Anlagen.
2. *Vorhaben der OEEC auf dem Gebiet der friedlichen Atomenergie*
   Gemeinsame Vorlage des BMAt und des AA vom 9. Nov. 1957 (I B 3 - K 6020- 155/57 bzw. 215 - 81.12).
3. *Wirtschaftshilfe für Polen*
   Vorlage des AA vom 15. Nov. 1957 (413 - 84.01/92.20 - 1609/57 II).
4. *Entwurf eines Gesetzes über das Abkommen vom 24. April 1954 zwischen der Bundesrepublik Deutschland und der Italienischen Republik über Untersuchung und Überwachung von Wein*
   Vorlage des AA vom 11. Nov. 1957 (404 - 85 SB 94.12 (1)).
5. *Entwurf eines Gesetzes zur Errichtung des Bundesamtes für zivilen Bevölkerungsschutz*
   Vorlage des BMI vom 16. Nov. 1957 (Z B - AL/009 - 250/57).
6. *NATO-Jahreserhebung 1957 – I. und II. Teil*
   Vorlage des AA vom 16. Nov. 1957.

1. Personalien

Der *Bundesminister für Verteidigung* zieht den Personalvorschlag Nr. 2 der Anlage 1 vorläufig zurück. Das Kabinett billigt die übrigen Personalangelegenheiten gemäß Anlage 1 und 2 zu Punkt 1 der heutigen Tagesordnung[1].

---

[1] Vorgeschlagen war in Anlage 1 die Ernennung des Konteradmirals Werner Ehrhardt und eines Kapitäns zur See (Nr. 2 der Anlage). Gemäß Anlage 2 sollte dem Bundespräsidenten die Bestel-

4. Sitzung am 21. November 1957

2. Vorhaben der OEEC auf dem Gebiet der friedlichen Atomenergie BMAt/AA

Der *Bundesminister für Atomkernenergie und Wasserwirtschaft* bittet um einen Kabinettsbeschluß entsprechend der Vorlage vom 9.11.1957[2]. Nach eingehender Grundsatzdebatte über das Verhältnis von OEEC zu Euratom beschließt das Kabinett entsprechend dieser Vorlage, wobei unter Abs. V 1 a folgender Halbsatz gestrichen wird:

„oder es soll durch eine andere geeignete Formel in einer von allen Euratom-Staaten als ausreichend angesehenen Weise die Rechtsstellung der Mitgliedsstaaten von Euratom gewahrt werden."[3]

3. Wirtschaftshilfe für Polen AA

Staatssekretär *Professor Dr. Hallstein* trägt die Grundgedanken der Kabinettvorlage vom 15. 11. 1957 vor[4]. *Präsident Vocke* erklärt, daß es sich bei den 6,3 Mio. DM, die Polen gestundet haben wolle, um die 1. Rate der erst vor einem Jahr konsolidierten polnischen Staatsschulden handele. Sowohl vom polnischen als auch vom deutschen Standpunkt aus gesehen, sei der Betrag nicht hoch. Eine Stundung durch Deutschland werde jedoch mit Sicherheit zu Berufungen, z.B. von Seiten Ungarns, der Tschechoslowakei und Bulgariens, führen. Die *Bundesminister für Vertriebene, Flüchtlinge und Kriegsgeschädigte* sowie *für Angelegenheiten des Bundesrates und der Länder* behandeln die Frage der Stundung im Zusammenhang mit der allgemeinen deutschen Ostpolitik. Sie halten es für erforderlich, eine Grundsatzdebatte über die deutsche Ostpolitik für eine der nächsten Kabinettssitzungen vorzusehen. Der *Bundesminister der Finanzen* weist darauf hin, daß es bei den polnischen Verpflichtungen aus dem Warenverkehr für den Bund nicht um einen Betrag von 20 Mio. DM, sondern nur um 16,5 Mio. DM gehe. Der *Bundesminister der Justiz* hält eine Prüfung der Rechtslage im Hinblick auf Artikel 115 GG für erforderlich. Das Kabinett erklärt sich mit der Stundung der polnischen Verpflichtungen aus dem Warenverkehr in der jetzt bestehenden Höhe von 16,5 Mio. DM auf ein Jahr unter dem Vorbehalt einverstanden, daß die Rechtslage (Art. 115) zufriedenstellend

---

lung des Leitenden Verwaltungsdirektors Dr. Werner Kohl zum ständigen Stellvertreter des Präsidenten des Landesarbeitsamtes Pfalz vorgeschlagen werden.

[2] Vorlage des BMAt vom 9. Nov. 1957 in B 138/2754 und B 136/6113. – Der Ministerrat der OEEC hatte am 18. Juli 1957 die Ausarbeitung eines Statuts einer Europäischen Kernenergie-Agentur, die Einführung einer Sicherheitskontrolle sowie die Verwirklichung gemeinschaftlicher Einrichtungen auf dem Gebiet der Kernenergie beschlossen. In seiner Vorlage hatte der BMAt um die Genehmigung der Direktiven für die deutsche Verhandlungsdelegation gebeten.

[3] Absatz V 1 a der Vorlage hielt als Bedingung für die Errichtung einer Europäischen Kernenergie-Agentur der OEEC fest, daß diese zum EURATOM-Vertrag nicht in Widerspruch stehen und die Rechte und Pflichten der EURATOM-Mitgliedsstaaten nicht berühren dürfe. – Fortgang 7. Sitzung am 13. Dez. 1957 TOP E (Europäische Gemeinschaftsanlage der OEEC für die chemische Aufbereitung bestrahlter Brennstoffe).

[4] Vgl. 190. Sitzung am 24. Juli 1957 TOP D. – Vorlage des AA vom 15. Nov. 1957 in B 136/1260, weitere Unterlagen in B 102/18434 und 58124. – Wegen der Verschlechterung der Wirtschaftslage in Polen hatte das AA bei den laufenden Wirtschaftsverhandlungen ein weiteres finanzielles Entgegenkommen befürwortet und einen Aufschub der Fälligkeiten Polens beantragt.

geklärt wird⁵. Wegen der 1. Rate aus dem Umstellungskredit in Höhe von 6,3 Mio. DM soll mit Polen erneut verhandelt werden. Falls Polen von der Forderung, auch diesen Betrag auf ein Jahr zu stunden, nicht abgehen sollte, muß diese Frage erneut im Kabinett behandelt werden⁶. Der *Bundesminister der Finanzen* bittet um laufende Beteiligung an den Verhandlungen. Der *Bundesminister für Vertriebene, Flüchtlinge und Kriegsgeschädigte* schlägt vor, die Presse nicht zu unterrichten.

5. Entwurf eines Gesetzes zur Errichtung des Bundesamtes für zivilen Bevölkerungsschutz
BMI

Die Kabinettvorlage⁷ des Bundesministers des Innern vom 16.11.1957 wird mit folgenden Maßgaben vom Kabinett gebilligt:

1.) § 1 Abs. 2 wird gestrichen.

2.) § 4 soll der Formulierung der Berlinklausel in dem Ersten Gesetz über Maßnahmen zum Schutze der Zivilbevölkerung angeglichen werden.

3.) § 2 Abs. 5 bleibt unverändert; dies bedeutet jedoch keine Zuständigkeitserweiterung für den Bundesminister des Innern und schließt ein Weisungsrecht anderer Ressorts an das Bundesamt für zivilen Bevölkerungsschutz nicht aus⁸.

4. Entwurf eines Gesetzes über das Abkommen vom 24. April 1954 zwischen der Bundesrepublik Deutschland und der Italienischen Republik über Untersuchung und Überwachung von Wein
AA

Die Kabinettvorlage des Auswärtigen Amtes vom 11.11.1957 wird ohne Aussprache genehmigt⁹.

---

⁵ Nach Art. 115 GG bedarf die Aufnahme von Krediten „sowie die Übernahme von Bürgschaften, Garantien oder sonstigen Gewährleistungen, die zu Ausgaben in künftigen Rechnungsjahren führen können", der Ermächtigung durch ein Bundesgesetz. – Mit Schreiben an das Bundeskanzleramt vom 15. Jan. 1958 zog der BMJ seine Bedenken zurück (B 136/1260).

⁶ Runderlaß Außenwirtschaft Nr. 74/57 vom 18. Dez. 1957 zum Protokoll vom 3. Dez. 1957 über den Warenverkehr mit Polen in BAnz. Nr. 5 vom 9. Jan. 1958, S. 1.

⁷ Siehe 196. Sitzung am 9. Okt. 1957 TOP 6. – Vorlage des BMI vom 16. Nov. 1957 in B 106/12449 und B 136/5072, Unterlagen zur organisatorischen und personellen Planung in B 106/12449. – Als Bundesoberbehörde sollte das Bundesamt Organisations- und Verwaltungsaufgaben gemäß Gesetz über Maßnahmen zum Schutz der Zivilbevölkerung übernehmen. Außerdem sollten der Zivile Luftschutz und das Technische Hilfswerk in das neue Amt überführt werden. – § 1 Abs. 2 sah vor, daß der BMI den Sitz der Behörde bestimmte, nach § 2 Abs. 5 konnte sich der BMI „zur Erfüllung weiterer Aufgaben" nach dem Zivilschutzgesetz des Bundesamtes „bedienen".

⁸ BR-Drs. 458/57, BT-Drs. 131, BR-Drs. 250/58. – Gesetz zur Errichtung des Bundesamtes für zivilen Bevölkerungsschutz vom 5. Dez. 1958 (BGBl. I 893).

⁹ Vorlage des AA vom 11. Nov. 1957 in B 136/1257. – Das AA hatte in seiner Vorlage die Ratifizierung des Abkommens vom 24. April 1954 beantragt, das die Einfuhr von Wein regeln und gegenüber den bestehenden Vorschriften gewisse Erleichterungen für den italienischen Export schaffen sollte. – BR-Drs. 466/57, BT-Drs. 223. – Der Entwurf wurde im Bundestag in der 3. Legislaturperiode nicht abschließend behandelt.

6. NATO-Jahreserhebung 1957 – I. und II. Teil AA

Das Kabinett nimmt von der Antwort der Bundesrepublik Deutschland auf den NATO-Fragebogen für die militärische Jahreserhebung 1957 Teil I (Haushaltsjahr 1958) nachträglich Kenntnis und billigt den Teil II (Haushaltsjahre 1959 und 1960). Der Teil II der Antwort steht unter dem Vorbehalt der finanziellen Leistungsfähigkeit (vgl. Seite 18 Abs. 3)[10].

[A. Bundeshaushalt]

Der *Bundesminister der Finanzen* kündigt an, daß er in einer der nächsten Kabinettssitzungen über die Lage des Bundeshaushalts einen zusammenfassenden Bericht erstatten wolle[11].

---

[10] Zur NATO-Jahreserhebung 1956 siehe Sondersitzung am 30. Okt. 1956 TOP A (Kabinettsprotokolle 1956, S. 669). – Vorlage des AA vom 16. Nov. 1957 in AA B 14 (Ref. II A 7), VS-Bd. 15. – Die NATO-Mitgliedsstaaten hatten jährlich über ihre militärischen Verteidigungsplanungen und über die dazu benötigten finanziellen Mittel im Rahmen ihrer gesamtwirtschaftlichen Möglichkeiten zu berichten. Diese Berichte bildeten die Grundlage für einen Gesamtüberblick der Verteidigungsanstrengungen der Allianz, aus dem wiederum Schlußfolgerungen und Empfehlungen für die einzelnen Mitgliedsstaaten erarbeitet wurden. Die Bundesrepublik erstattete seit 1952 jährlich einen Bericht.

[11] Fortgang 3. Sitzung des Kabinettsausschusses für Wirtschaft am 13. Dez. 1957 TOP 1 (Konjunkturpolitische Lage) und 11. Sitzung am 29. Jan. 1958 TOP 3 (B 136/36221 und 36117).

5. Sitzung am 27. November 1957

**5. Kabinettssitzung
am Mittwoch, den 27. November 1957**

Teilnehmer: Adenauer, Erhard, Schröder, Schäffer, Etzel, Blank, Strauß (bis 13.00 Uhr), Stücklen, Lindrath, Lücke, Oberländer, Balke, Wuermeling; Hallstein, von Lex (bis 13.15 Uhr), Sonnemann, Rust (ab 13.00 Uhr), Seiermann, Ripken; Mercker (Bundeskanzleramt; bis 11.45 Uhr), Kriele (Bundeskanzleramt; bis 13.15 Uhr), Bleek (Bundespräsidialamt), Krueger (BPA), Selbach (Bundeskanzleramt), Kilb (Bundeskanzleramt), Truckenbrodt (AA; zu TOP 1). Protokoll: Praß.

Beginn: 10.00 Uhr　　　　　　　　　　　　　　　　　　*Ende: 13.45 Uhr*

Ort: Haus des Bundeskanzlers

Tagesordnung:
1. *Personalien*
   Gemäß Anlagen.
2. *Abschluß der Verhandlungen über die Zusatzvereinbarungen zum NATO-Truppenstatut*
   Vorlage des AA vom 18. Nov. 1957 (507 - 900 - 03 - 13/57).
3. *Entwurf eines Gesetzes zur Ernennung der Vertreter der Bundesrepublik zu den Europäischen Versammlungen.*
   Vorlage des AA vom 22. Nov. 1957 (20 - 210 - 81.40 (2) - 2819/57).
4. *Mehlpreissubventionen*
   Vorlage des BML vom 8. Nov. 1957 (III B 7 - 9313 Kab. Nr. 586/57).
5. *Krediterersuchen Frankreichs an die OEEC*
   Vorlage des BMWi vom 25. Nov. 1957 (V A 2 a - 806/57 geh.).
6. *Verhandlungen über Pläne zur Änderung des Wehrpflichtgesetzes und des Organisationsgesetzes.*

Der *Bundeskanzler* eröffnet die Sitzung um 10.10 Uhr.

Außerhalb der Tagesordnung

[A.] Allgemeine Fragen der Außen- und Innenpolitik
Der *Bundeskanzler* behandelt zunächst die vermutlichen Auswirkungen der Krankheit von Präsident Eisenhower auf die geplante Gipfelkonferenz[1], setzt sich

---

[1] Nach einem Herzinfarkt im September 1955 hatte Eisenhower am 24. Nov. 1957 einen leichten Schlaganfall erlitten. An der NATO-Gipfelkonferenz in Paris vom 16. bis 19. Dez. 1957 nahm er jedoch teil (vgl. 7. Sitzung am 13. Dez. 1957 TOP A).

421

kritisch mit dem Verlangen des Bundestages und des Bundesrates nach Information über die beabsichtigte Haltung der Bundesregierung in London und Paris auseinander[2], schildert die Unvereinbarkeit der außenpolitischen Konzeption der Bundesregierung mit den Auffassungen der SPD[3], skizziert die Schlußfolgerungen, die sich aus dem Wahlsieg für die künftige Haltung der CDU gegenüber der SPD ergeben und geht kurz auf die Wahlen in Hamburg[4] ein sowie auf die Regierungsumbildung in Niedersachsen[5] und die bevorstehenden Landtagswahlen in Nordrhein-Westfalen[6]. In der anschließenden Aussprache, an der sich neben dem *Bundeskanzler* die *Bundesminister des Innern, der Finanzen, für Wirtschaft, für Arbeit und Sozialordnung, für das Post- und Fernmeldewesen, für Wohnungsbau, für Vertriebene, Flüchtlinge und Kriegsgeschädigte, für gesamtdeutsche Fragen und für Familien- und Jugendfragen* beteiligen, werden insbesondere das Informationsverlangen des Bundestages und des Bundesrates, der Parteitag in Nordrhein-Westfalen[7] sowie die Wahlkampftaktik, die Stellung der FDP insgesamt sowie vor allem auch in Baden-Württemberg[8] und Nordrhein-Westfalen[9] und schließlich die Stellungnahme der Fraktion zur Be-

---

[2] Auf Anregung der SPD hatten sich die Bundestagsfraktionen im Ältestenrat darauf verständigt, die Bundesregierung aufzufordern, in einer gemeinsamen Sitzung des Außenpolitischen und des Verteidigungsausschusses des Bundestages am 3. Dez. 1957 über die Ergebnisse der Gespräche Adenauers mit Premierminister Macmillan anläßlich des für Anfang Dezember geplanten Besuchs Adenauers in London und über die Pläne der Bundesregierung zur NATO-Konferenz in Paris zu berichten (Protokoll der 1. Sitzung des Ältestenrates am 26. Nov. 1957, 3. Wahlperiode, in Parlamentsarchiv des Deutschen Bundestages). – Adenauer mußte seinen Staatsbesuch in Großbritannien wegen einer Grippeerkrankung absagen. Von Brentano erstattete am 3. Dez. 1957 in einer gemeinsamen Sitzung des Bundestagsausschusses für Auswärtige Angelegenheiten und des Ausschusses für Verteidigung einen Bericht über die bevorstehende NATO-Konferenz. Vgl. dazu das Protokoll in Parlamentsarchiv des Deutschen Bundestages sowie 6. Sitzung am 4. Dez. 1957 TOP A.

[3] Führende SPD-Politiker hatten in der Bündnispolitik der Bundesregierung ein Hindernis zur Wiedervereinigung gesehen und den Austritt der Bundesrepublik aus der NATO gefordert. Vgl. dazu 188. Sitzung am 10. Juli 1957 TOP A.

[4] Bei den Bürgerschaftswahlen in Hamburg am 10. Nov. 1957 hatte die SPD mit 53,9 % der abgegebenen Stimmen (1953: 45,2 %) die absolute Mehrheit gewonnen. Die zum „Hamburger Block" zusammengeschlossenen Parteien von CDU, FDP und DP, die 1953 zusammen auf 50 % der Stimmen gekommen waren, hatten nur noch 32,3 % erreicht (vgl. Ritter/Niehuss, Wahlen, S. 160). Am 4. Dez. 1957 löste Max Brauer (SPD) den bis dahin regierenden Ersten Bürgermeister Kurt Sieveking (CDU) ab. Dem neuen Senat gehörten neun Senatoren der SPD und drei der FDP an.

[5] Vgl. 2. Sitzung am 7. Nov. 1957 TOP A.

[6] Die Landtagswahlen in Nordrhein-Westfalen fanden am 6. Juli 1958 statt.

[7] Am 23. Nov. 1957 hatte der Parteitag des Landesverbandes Rheinland der CDU in Mülheim (Ruhr) stattgefunden, der der Vorbereitung des Wahlkampfes für die Landtagswahlen im Juli 1958 galt. Zur Programmrede des ehemaligen Ministerpräsidenten Karl Arnold vgl. „Union in Deutschland" Nr. 48 vom 28. Nov. 1957, S. 3.

[8] In Baden-Württemberg gehörte die FDP einer seit dem 9. Mai 1956 bestehenden Allparteien-Regierung unter Ministerpräsident Gebhard Müller (CDU) an. Mit Wolfgang Haußmann und Karl Frank stellte sie den Justiz- und den Finanzminister.

[9] In Nordrhein-Westfalen bestand seit dem 29. Febr. 1956 eine Koalitionsregierung aus SPD, FDP und Zentrum. Von der FDP gehörten dem Kabinett unter Ministerpräsident Fritz Steinhoff (SPD) Willi Weyer (Finanzen), Paul Luchtenberg (Kultus), Hermann Kohlhase (Wirtschaft und Verkehr) und Josef Efferz (Ernährung und Landwirtschaft) an.

5. Sitzung am 27. November 1957

setzung des Vorsitzes des Bundestagsausschusses für gesamtdeutsche Fragen mit dem Abgeordneten Wehner eingehend erörtert. Der *Bundeskanzler* schlägt vor, daß möglichst alle Kabinettsmitglieder an der um 15.00 Uhr beginnenden Fraktionssitzung teilnehmen[10] und daß der für 15.00 Uhr angesetzte Kabinettsausschuß auf 16.30 Uhr vertagt wird[11]. Das Kabinett ist einverstanden.

1. Personalien

Das Kabinett beschließt die Anlage 1 zu Punkt 1 der Tagesordnung für die 5. Kabinettssitzung der Bundesregierung sowie nach Aussprache den Nachtrag vom 26. November 1957 zu Punkt 1 der Tagesordnung[12].

2. Abschluß der Verhandlungen über die Zusatzvereinbarungen zum NATO-Truppenstatut AA

Staatssekretär Prof. Dr. Hallstein trägt den wichtigsten Inhalt der Kabinettvorlage des Bundesministers des Auswärtigen vom 18.11.1957 vor[13]. Verhandlungen um

---

[10] Anläßlich der Bundestagsdebatte in der 201. Sitzung am 4. April 1957 über ein Amnestiegesetz (vgl. dazu 177. Sitzung am 27. März 1957 TOP G) hatte Wehner die Argumentation von Bundesinnenminister Schröder mit den „Konstruktionen des Anklägers Wyschinski" verglichen und damit einen Eklat hervorgerufen (Stenographische Berichte, Bd. 36, S. 11457). Andrej Wyschinski (1883–1954), 1935–1939 Generalstaatsanwalt der UdSSR, 1949–1953 sowjetischer Außenminister, war durch seine Rolle als Chefankläger in zahlreichen politischen Säuberungsprozessen zwischen 1936 und 1938 bekannt geworden. In der anstehenden Beschlußfassung über die Verteilung der Vorsitze in den neu zu bildenden Bundestagsausschüssen war die Wiederwahl Wehners zum Vorsitzenden des Ausschusses für gesamtdeutsche und Berliner Fragen für viele Abgeordnete der CDU/CSU u.a. wegen dieses Vorfalles untragbar geworden. In der Fraktionsbesprechung im Anschluß an diese Kabinettssitzung wurde ausschließlich diese Angelegenheit erörtert (vgl. das Protokoll in ACDP VIII-001-107/4). – In einem persönlichen Schreiben an Schröder vom 7. Nov. 1958 hatte Wehner seine Äußerungen bedauert und darum gebeten, in der Diskussion um den Vorsitz ausschließlich seine politische Haltung zu berücksichtigen. Schröder hatte diese Entschuldigung mit Schreiben vom 8. Nov. 1957 angenommen, im übrigen aber auf die Entscheidungsbefugnisse der Fraktionen verwiesen. Vgl. dazu den Schriftwechsel (Abschriften) in B 136/4534. In der Sitzung am 28. Nov. 1957 stimmte die CDU/CSU-Fraktion auf Vorschlag des Vorstandes der Ernennung Wehners zu (vgl. das Protokoll in ACDP VIII-001-107/4).

[11] Vgl. dazu 2. Sitzung des Kabinettsausschusses für Wirtschaft am 27. Nov. 1957 (B 136/36221).

[12] Vorgeschlagen war die Ernennung des Vortragenden Legationsrats I. Klasse Hans Carl Graf von Hardenberg im AA, des Generalmajors Gottfried Weber und eines Obersten im BMVtg (Anlage 1) sowie die Beauftragung von Dr. Gabriele Wülker mit der Wahrnehmung der Geschäfte einer Staatssekretärin im BMFa (Nachtrag).

[13] Siehe 166. Sitzung am 11. Jan. 1957 TOP 2. – Vorlage des AA vom 18. Nov. 1957 in AA B 86, VS-Bd. 5553, weitere Unterlagen zur Frage des hier angesprochenen Manöverrechts insb. in AA B 86, Bde. 369 bis 372. – Mit Gesetz vom 24. März 1955 (BGBl. II 256) war die Bundesrepublik Mitglied des NATO-Paktes geworden. Ziel der im Oktober 1955 eingesetzten Truppenvertragskonferenz war, für die in der Bundesrepublik stationierten Streitkräfte der NATO-Bündnispartner eine Stationierungsvereinbarung zu erreichen, die die in den Anhängen zum Protokoll vom 23. Okt. 1954 über die Beendigung des Besatzungsregimes in der Bundesrepublik Deutschland (Gesetz vom 24. März 1955, BGBl. II 213) festgelegten Bestimmungen des Vertrages über die Rechte und Pflichten ausländischer Streitkräfte und ihrer Mitglieder in der Bundesrepublik Deutschland (Truppenvertrag), des Abkommens über die finanzielle Beteiligung der

die Ablösung des NATO-Truppenstatuts liefen bereits seit zwei Jahren. Leider sei bisher ein annehmbares Ergebnis nicht erzielt worden. Es bestehe nunmehr die Absicht, den sieben Entsendestaaten ein ultimatives Schlußangebot zu übermitteln. Dieses Angebot würde die Forderungen enthalten, auf deren Erfüllung die Bundesregierung selbst auf die Gefahr eines Scheiterns der Konferenz bestehen sollte. Dieses Verfahren sei gewiß hart, aber es bestehe kein anderer Ausweg. Die Bundesregierung müsse erkennen lassen, daß sie die bisherige Verschleppung nicht mehr mitmache. Der Termin für eine solche Aktion kurz vor der NATO-Konferenz[14] müsse als günstig angesehen werden. Er schlage vor, daß die beteiligten Bundesministerien zu den vom Auswärtigen Amt als Anlage II der Kabinettvorlage vorgelegten Verhandlungsrichtlinien nur noch solche Änderungen beantragen, die als so wichtig anzusehen seien, daß ohne ihre Annahme ein Scheitern der Konferenz in Kauf genommen werden sollte. *Staatssekretär Dr. Sonnemann* trägt Bedenken gegen den Text der Verhandlungsrichtlinien vor[15]. Sie richten sich besonders gegen die Niedersachsen-Klausel[16], gegen die Benutzung von Naturschutzgebieten für Manöver und gegen die Schaffung eines besonderen Rechts für Manövergelände. Er fordert, daß die Bestimmungen des Bundesleistungsgesetzes[17] unverändert auch in das Statut über-

---

Bundesrepublik an der Verteidigung des Westens (Finanzvertrag) und des Abkommens über die steuerliche Behandlung der Streitkräfte und ihrer Mitglieder ablösen und der Bundesrepublik die Stellung eines gleichberechtigten Bündnismitglieds bringen sollte. Dabei sollte nach Artikel 8 Abs. 1 b des Protokolls vom 23. Okt. 1954 bei diesen Verhandlungen auf der Grundlage des NATO-Truppenstatuts vom 19. Juni 1951 eine Vereinbarung getroffen werden, „ergänzt durch diejenigen Bestimmungen, die in Hinblick auf die besonderen Verhältnisse in bezug auf die in der Bundesrepublik stationierten Streitkräfte erforderlich sind". Die Bundesregierung hatte als Ergebnis dieser Verhandlungen eine deutliche Entlastung gegenüber den bisherigen Finanz- und sonstigen Dienstleistungsanforderungen der Stationierungsmächte erwartet. Wegen des aus Sicht der Bundesregierung unbefriedigenden Ergebnisses hatte das AA in seiner Vorlage beantragt, auf ein Ende der Truppenvertragskonferenz hinzuwirken und hierzu einen Abschlußbericht vorzulegen, der die erzielten Ergebnisse, die verhandelbaren Gegenstände und die unverzichtbaren Forderungen der Bundesregierung festhalten sollte. Über diese Zugeständnisse sollte nicht mehr hinausgegangen und die Verhandlungen als gescheitert erklärt werden, falls die Entsendestaaten diesen Bericht der Bundesregierung nicht als Grundlage zu weiteren Verhandlungen akzeptieren würden. In den der Vorlage als Anlage II beigefügten Verhandlungsrichtlinien waren die Grenzen der Verhandlungsbereitschaft zu den noch offenen Fragen u.a. des Manöverrechts, der Truppenschäden und der Fernmeldegebühren umrissen. – Zu den bisherigen Verhandlungen über das Zusatzabkommen vgl. Hofmann, Truppenstationierung, S. 227–244.

[14] Vgl. 7. Sitzung am 13. Dez. 1957 TOP A.

[15] Vorlage des BML vom 22. Nov. 1957 in AA B 86, VS-Bd. 5553. – Der BML hatte gefordert, daß die ausländischen Streitkräfte bei Manövern und sonstigen Übungen grundsätzlich im gleichen Umfang wie die Bundeswehr Vorschriften des deutschen Rechts beachten sollten.

[16] In der 143. Sitzung am 24. Juni 1955 hatte der Bundesrat anläßlich der Beratung des Bundesleistungsgesetzes einen Antrag des Landes Niedersachsen (BR-Drs. 179/3/55) angenommen, der weitergehende Beschränkungen des Manöverrechts, insb. ein Verbot der wiederholten Verwendung desselben Geländes zu Manöverzwecken, vorsah (BR-Sitzungsberichte, Bd. 4, S. 174).

[17] Zum Bundesleistungsgesetz siehe 84. Sitzung am 2. Juni 1955 TOP 2 (Kabinettsprotokolle 1955, S. 341 f.). – Das Bundesleistungsgesetz vom 19. Okt. 1956 (BGBl. I 815) enthielt u.a. Vorschriften über Anforderungen von Leistungen zur Erfüllung von Verpflichtungen aus den Verträgen über die Stationierung und die Rechtsstellung von Streitkräften, ferner Vorschriften

nommen werden sollten. *Staatssekretär Prof. Dr. Hallstein* hält das Bundesleistungsgesetz für unzureichend. Das sei auch die Auffassung der deutschen Militärexperten. Der Vertragsabschluß gebe eine gute Gelegenheit für die Änderung des Gesetzes. Die Botschafter der Entsendestaaten hätten ihm mit Nachdruck erklärt, daß eine befriedigende Regelung der Frage des Manöverrechts für die Entsendestaaten von entscheidender Bedeutung sei. Der *Bundesminister für Verteidigung* schlägt vor, die wichtigsten Teile des Manöverrechts in ein Zusatzabkommen aufzunehmen. Auch empfiehlt er, die Niedersachsen-Klausel zu lockern und die Möglichkeit zur Benutzung von Naturschutzgebieten für Manöverübungen auszudehnen. Die finanziellen Gesamtauswirkungen des Zusatzabkommens bereiteten ihm erhebliche Sorgen, und schließlich sei die dreijährige Kündigungsklausel diskriminierend. Man müsse berücksichtigen, daß der deutsche Anteil an der Verteidigung von Jahr zu Jahr steige und den der Entsendestaaten in Kürze bei weitem übersteigen werde. Der *Bundesminister des Innern* schließt sich hinsichtlich des Manöverrechts der Auffassung des Bundesministers für Verteidigung an, empfiehlt jedoch, das Manöverrecht in einer besonderen Ressortbesprechung noch abschließend zu erörtern. Die Benutzung von Naturschutzgebieten halte er jedoch für bedenklich. Immerhin seien diese Gebiete mit erheblichem finanziellen Aufwand zunächst aufgebaut worden und sollten jetzt niedergewalzt werden. *Staatssekretär Prof. Dr. Hallstein* erklärt sich mit den Vorschlägen des Bundesministers für Verteidigung im wesentlichen einverstanden. Bezüglich der Gestellung von Ersatzgelände weist er jedoch darauf hin, daß dieses geeignet sein müsse; es könne den Entsendestaaten nicht zugemutet werden, ihre Streitkräfte den nach freiem Ermessen zu treffenden Entscheidungen der deutschen Behörden zu unterwerfen. Der *Bundesminister für Verteidigung* erklärt sich damit einverstanden. Der *Bundeskanzler* betont nachdrücklich, daß eine Verwendung von Naturschutzparks für Manöver nicht gestattet werden könne. Das gelte auch für solche Parks, die erst in Zukunft neu geschaffen werden, oder für Gebiete, die zu Naturschutzparks erklärt werden. *Staatssekretär Prof. Dr. Hallstein* hält entgegen, daß es immerhin 700 Naturschutzgebiete in Deutschland gebe. Der *Bundeskanzler* erwidert, daß es sich hierbei nur um sehr kleine Gebiete handele. Er meine nicht diese kleinen Naturschutz-„Gebiete", sondern die erwähnten Naturschutz-„Parks". Der Unterschied bestehe darin, daß die Naturschutzgebiete dem Schutz seltener Pflanzen, die Naturschutzparks dagegen der Erholung des Städters dienen sollen. *Staatssekretär Prof. Dr. Hallstein* warnt davor, die Truppen der Entscheidungszuständigkeit unterer Verwaltungsinstanzen auszuliefern, die nach dem geltenden Recht ein Gebiet zum Naturschutzgebiet erklären könnten[18]. Er verliest nunmehr Ziffer 1 (b) 2 der Anlage II zur Kabinettvorlage und

---

über die Durchführung aus der Stationierung entstehender Entschädigungsforderungen bzw. Ersatzleistungen sowie Bestimmungen über die Durchführung von Manövern.

[18] Der Bund hatte von der ihm nach Art. 75 GG zustehenden Gesetzgebungsbefugnis auf dem Gebiet des Naturschutzes keinen Gebrauch gemacht. Oberste Naturschutzbehörden waren zumeist die Innenminister der Länder. Land- und forstwirtschaftlich genutzte Grundstücke wurden in den Ländern durch die Landwirtschaftskammern bzw. Landwirtschaftsbehörden, Wasserschutzgebiete durch die Landeswirtschaftsministerien oder deren Unterbehörden als besondere Schutzgebiete ausgewiesen. Die Charakterisierung als besonders schutzwürdig konnte dabei immer nur einzelnen Grundstücken, nicht aber Gebieten beigelegt werden. Unterlagen zum

weist darauf hin, daß auch das Auswärtige Amt an dem Grundsatz festhalte, daß die Streitkräfte die bereits vorhandenen Naturschutzgebiete beachten müssen. Nur für Ausnahmefälle, in denen aus Gründen eines unabweisbaren militärischen Bedürfnisses eine Befreiung von dieser Verpflichtung nicht zu vermeiden sei, halte er eine besondere Regelung für unbedingt notwendig. Der *Bundeskanzler* betont erneut, daß die Naturschutzparks ausgenommen werden müßten. Im übrigen sollte man künftig mit den englischen Truppenkommandeuren reden und nicht jede Angelegenheit in den Landtag von Niedersachsen bringen und große Protestaktionen starten. *Staatssekretär Prof. Dr. Hallstein* erklärt sich bereit, die Naturschutzparks in die Regelung der Ziffer 1 (b) 2 der Anlage II der Kabinettvorlage aufzunehmen. Der *Bundesminister des Innern* hält dies für unzureichend. Das Bundesleistungsgesetz spreche nur von Naturschutz-„Gebieten", während der Bundeskanzler die Naturschutz-„Parks" überhaupt nicht als Manövergebiete zulassen wolle. Das sollte jedenfalls für die vorhandenen Gebiete gelten. Die neu zu schaffenden Parks könnte man in die Regelung nicht mit einbeziehen. *Staatssekretär Prof. Dr. Hallstein* ist der Ansicht, daß die gegenwärtige Situation noch keine endgültigen Schlüsse darüber zulasse, ob die Bestimmungen des Bundesleistungsgesetzes für die Bundeswehr ausreichen würden. Er sei der Meinung, daß die Bundeswehr, sobald ihr Aufbau abgeschlossen sei, auch ihrerseits Abänderungsforderungen stellen werde. Wie er bereits ausgeführt habe, stehe auch er auf dem Standpunkt, daß in den Zusatzvereinbarungen von der grundsätzlichen Geltung der Bestimmungen des Bundesleistungsgesetzes über die Benutzung von Naturschutzgebieten auszugehen sei. Dieser Grundsatz werde sich aber nicht ausnahmslos einhalten lassen. Das gelte vor allem für die besondere Lage im Raume Soltau-Lüneburg[19], wo die britischen Streitkräfte aus verschiedenen Gründen den südlichen Teil des Naturschutzgebietes für ihre Übungen nicht aufgeben könnten. Der *Bundeskanzler* möchte wissen, welche Regelung in England gelte. *Staatssekretär Prof. Dr. Hallstein* erklärt, daß ihm die Regelung in England unbekannt sei. Er weist darauf hin, daß eine Benutzung von Naturschutzgebieten nach dem Text der vorgeschlagenen Verhandlungsrichtlinien nur für die Fälle „eines unabweisbaren militärischen Bedürfnisses" vorgesehen werden solle. Der *Bundeskanzler* betont erneut, daß die Naturschutzparks nicht als Manövergebiete zugelassen werden sollen. Das Kabinett erhebt keine neuen Einwände. Der *Bundesminister für das Post- und Fernmeldewesen* trägt die Vorlage vom 25.11.1957 vor. Er beantragt, den Punkt 7 der Anlage II entsprechend seiner Vorlage zu ändern[20]. *Staatssekretär Prof. Dr. Hallstein* stimmt diesem Antrag zu. Der *Bundesminister der Finanzen* widerspricht dem Vorschlag des Bundesministers

---

Problembereich Manöverrecht und Berücksichtigung von Schutzgebieten insb. in AA B 86, Bd. 372.

[19] Unterlagen über die Regelungen für das von britischen Truppen benutzte Manövergebiet in Soltau-Lüneburg insb. in AA B 86, Bde. 373 bis 375 und 850 bis 852.

[20] Vorlage des BMP vom 25. Nov. 1957 in AA B 86, VS-Bd. 5553, weitere Unterlagen zu Post- und Fernmeldeleistungen in AA B 86, Bde. 361 bis 363, 390 und 966. – Während das AA einen allgemeinen Abschlag auf die von den Entsendestaaten zu zahlenden Fernmeldegebühren in Höhe der Gewinnablieferungen der Post an den Bund vorgeschlagen hatte, hatte der BMP eine Gebührenermäßigung bis zur Höhe von 33⅓% bei Telefonleitungen und bei Fernschreibleitungen bis zu 18 % gefordert.

für das Post- und Fernmeldewesen. Es wäre besser, die bisherige Regelung aufrechtzuerhalten. Das sei auch die Auffassung des Parlaments gewesen. Im übrigen werde die vorgeschlagene Neuregelung des Truppenvertrages Kosten von 500,5 Mill. DM (bisher: 520,6 Mill. DM) verursachen. Es trete daher nur eine Einsparung von rund 20 Mill. DM ein. Eine Übernahme des NATO-Statuts würde dagegen die Belastung auf 30 Mill. DM sinken lassen. *Staatssekretär Prof. Dr. Hallstein* weist darauf hin, daß in Artikel 8 des Deutschlandvertrages[21] vorgesehen sei, daß das NATO-Truppenstatut durch Zusatzvereinbarungen ergänzt werden soll, die im Hinblick auf die „besonderen Verhältnisse" der im Bundesgebiet stationierten Streitkräfte erforderlich sind. Es sei deshalb von vornherein klar gewesen, daß das NATO-Statut nicht ohne ergänzende Bestimmungen, die auch eine über das Statut hinausgehende finanzielle Belastung mit sich bringen würden, für die Bundesrepublik in Kraft treten würde. Ferner bestehe keine Chance zur Einigung, wenn die vom Bundesminister für das Post- und Fernmeldewesen vorgeschlagene Vergünstigung vom Kabinett abgelehnt werden sollte. Der *Bundeskanzler* empfiehlt, die Vorlage des Bundesministers für das Post- und Fernmeldewesen anzunehmen. Das Kabinett beschließt diese Vorlage gegen die Stimme des *Bundesministers der Finanzen*. *Staatssekretär Dr. Seiermann* bittet darum, daß auf Referentenebene nochmals über eine dem Artikel 41 des Truppenvertrages entsprechende Regelung gesprochen werde. Er regt an, zu verlangen, daß die Entsendestaaten nicht nur für sogenannte Bagatellschäden an Bundesbahn- und Bundespostvermögen, sondern auch für Bagatellschäden an Bundesstraßen haften sollten[22]. *Staatssekretär Prof. Dr. Hallstein* ist einverstanden. Der *Bundesminister der Justiz* schlägt vor, in Anlage II Ziffer 3 (a) (drittletzte Zeile) vor dem Wort „Stationierungsbedingungen" das Wort „wesentlichen" einzufügen. *Staatssekretär Prof. Dr. Hallstein* stimmt diesem Vorschlag zu. Er bittet um die Ermächtigung, in der bevorstehenden Besprechung mit den Botschaftern der Entsendestaaten anzudeuten, daß die Bundesregierung hinsichtlich der Bewilligung einer weiteren (letzten) Abschlagszahlung auf die Verteidigungshilfe (für das Rechnungsjahr 1957) durch den Haushaltsausschuß des Bundestages Schwierigkeiten erwarte, solange die Verhandlungen über die Zusatzvereinbarungen nicht zu einem für uns annehmbaren Ergebnis geführt haben[23]. Das Kabinett ist einverstanden.

Das Kabinett beschließt nunmehr, wie in der Kabinettvorlage unter Ziffer II[24] vorgesehen, und billigt die Verhandlungsrichtlinien (Anlage II der Vorlage) mit der Maß-

---

[21] Vertrag über die Beziehungen zwischen der Bundesrepublik Deutschland und den Drei Mächten (Deutschlandvertrag) vom 26. Mai 1952 in der Fassung des am 23. Okt. 1954 in Paris unterzeichneten Protokolls über die Beendigung des Besatzungsregimes (BGBl. II 305).

[22] Der Truppenvertrag als Bestandteil des Vertrages über die Beziehungen zwischen der Bundesrepublik und den Drei Mächten vom 26. Mai 1952 war durch das Protokoll vom 23. Okt. 1954 am 5. Mai 1955 in modifizierter Form in Kraft getreten (BGBl. II 213 bzw. 224). Artikel 41 des Truppenvertrages behandelte die Verkehrsleistungen, d.h. die Bereitstellung von Verkehrswegen und Transportmitteln für den Bedarf der Streitkräfte. Unterlagen über die Verhandlungen zu diesem Bereich in AA B 86, Bde. 358 bis 360.

[23] Eine entsprechende Empfehlung war in Ziffer II der Kabinettsvorlage des AA ausgesprochen. Mit einer entsprechenden Ankündigung wurde ein rascher Fortgang der Verhandlungen erwartet.

[24] Korrigiert aus: III.

gabe, daß die Beratungsergebnisse des Kabinetts vom Auswärtigen Amt in die Verhandlungsrichtlinien eingearbeitet werden[25].

3. Entwurf eines Gesetzes zur Ernennung der Vertreter der Bundesrepublik zu den Europäischen Versammlungen AA

Das Kabinett beschließt das vorgeschlagene Gesetz[26] mit folgenden vom Bundesminister der Justiz vorgetragenen redaktionellen Änderungen:

a) In § 1 Abs. 1 Satz 2 ist das – erste – Wort „Sie" durch folgende Worte zu ersetzen: „Die in Satz 1 bezeichneten Vertreter ..."

b) In § 1 Abs. 3 Satz 1 treten an die Stelle der Worte „gemäß den Absätzen 1 und 2 zu berufenden Vertreter und deren Stellvertreter" die Worte „nach den Absätzen 1 und 2 zu berufenden Vertreter und die nach Absatz 1 Satz 1 zu berufenden Stellvertreter".

c) § 1 Abs. 3 Satz 2 erhält folgenden Wortlaut:

„Das Mandat der vom vorangegangenen Bundestag berufenen Vertreter und Stellvertreter erlischt mit der Annahme der Wahl durch die vom neuen Bundestag Gewählten."

d) In § 2 Abs. 1 ist in der ersten Zeile das Wort „ihrer" durch das Wort „und" und in der zweiten Zeile das Wort „und" durch das Wort „sowie" zu ersetzen.

e) In § 4 ist hinter dem Wort „Tage" das Wort „nach" einzufügen[27].

4. Mehlpreissubventionen BML

Staatssekretär Dr. Sonnemann trägt die Kabinettvorlage des Bundesministers für Ernährung, Landwirtschaft und Forsten vom 8.11.1957 vor[28]. Der *Bundesminister*

---

[25] In dem Memorandum vom 3. Dez. 1957 an die Botschafter der Entsendestaaten faßte das AA die noch strittigen Fragen zusammen, stellte die von Seiten der Bundesregierung verhandlungsfähigen Positionen dar und wies auf die für die Bundesregierung unverzichtbaren Forderungen hin. Die Antwort der Entsendestaaten erfolgte am 28. Mai 1958 (AA B 86, Bd. 254). – Fortgang 46. Sitzung am 8. Dez. 1958 TOP 2 (B 136/36119). – BR-Drs. 260/60, BT-Drs. 2146. – Gesetz vom 18. Aug. 1961 zu dem Abkommen zwischen den Parteien des Nordatlantikvertrages vom 19. Juni 1951 über die Rechtsstellung ihrer Truppen und zu den Zusatzvereinbarungen vom 3. Aug. 1959 zu diesem Abkommen (BGBl. II 1183).

[26] Vorlage des AA vom 22. Nov. 1957 in AA (Ref. 200) Bd. 18 und B 136/8494 sowie Vorlage des BMJ vom 9. Nov. 1957 in B 136/8494. – Nach dem Gesetzentwurf sollten insgesamt 36 Vertreter nach einheitlichem Verfahren für die Dauer einer Wahlperiode gewählt werden, davon 30 vom Bundestag und 6 vom Bundesrat. Je 18 Vertreter waren für die Beratende Versammlung des Europarates und für die Versammlung der Westeuropäischen Union zu wählen. Diese insgesamt 36 Vertreter sollten zugleich Mitglieder in der gemeinsamen Versammlung der Europäischen Wirtschaftsgemeinschaft, der Europäischen Atomgemeinschaft und der Europäischen Gemeinschaft für Kohle und Stahl sein.

[27] BR-Drs. 467/57, BT-Drs. 130 (3. Wahlperiode). – Das Gesetz kam nicht zustande. – Fortgang 6. Sitzung am 4. Dez. 1957 TOP C.

[28] Siehe 187. Sitzung am 2. Juli 1957 TOP C und 1. Sitzung des Kabinettsausschusses für Wirtschaft am 12. Nov. 1957 TOP 3 (B 136/36221). – Vorlage des BML vom 8. Nov. 1957 in B 136/2626 und B 126/8304. – Die Mühlenverbände hatten wegen Kostensteigerungen und sin-

für Wirtschaft fügt auf eine Frage des Bundeskanzlers ergänzend hinzu, daß die Preiserhöhung jährlich pro Kopf 3,50 DM bei Wegfall der Mehlpreissubvention betrage und 5,40 DM, wenn auch die Getreidepreissubvention entfalle. Wenn man das System der Subventionen aufgeben wolle, so sollte man beide Subventionen zum gleichen Zeitpunkt aufheben. Ein Auslaufen der Subventionen zum 31.12.1957 würde eine Erhöhung des Kaufpreises um 4,4 Pfennige je Kilo und unter Berücksichtigung der bevorstehenden Lohnerhöhungen insgesamt 6 Pfennige je Kilo Brot betragen. *Staatssekretär Dr. Sonnemann* empfiehlt, die Getreidepreissubventionen nicht bereits jetzt aufzuheben, sondern ihren Wegfall nur anzukünden. Das Kabinett beschließt, die Mehl- und Getreidepreissubventionen zum 31.12.1957 auslaufen zu lassen[29].

5. **Kreditersuchen Frankreichs an die OEEC** BMWi

Der *Bundesminister für Wirtschaft* trägt seine Kabinettvorlage vom 25.11.1957 vor[30]. Er betont insbesondere, daß es die allgemeine Auffassung der EZU-Länder sei, daß

---

kender Erlöse gefordert, die zum Jahresende entfallenden Mehlpreissubventionen auch 1958 fortzuzahlen und zu erhöhen. Nach den Berechnungen des BML hatte eine Erfüllung dieser Forderung eine Aufstockung der Subventionen um 70 Millionen auf insgesamt 115 Millionen DM zur Folge, während bei einem sofortigen Wegfall der Subventionen mit einer Erhöhung des Brotpreises um ca. 2 Pfennig je Kilo zu rechnen war. Nachdem sich der Wirtschaftsausschuß gegen die Fortführung der Mehlpreissubventionen ausgesprochen hatte, hatte der BML in seiner Vorlage um eine grundsätzliche Entscheidung des Kabinetts gebeten.

[29] Nach der Entscheidung des Kabinetts führte Erhard Verhandlungen mit Vertretern der Mühlen und Bäckereien über die durch den Wegfall der Subventionen erforderliche Gestaltung der Brotpreise. Dabei hatte er bei einer Erhöhung von mehr als 6 Pfennig pro Kilo mit dem Erlaß einer Brotpreisverordnung gedroht. Vgl. dazu den Vermerk des Bundeskanzleramtes vom 4. Jan. 1958 in B 136/2626.

[30] Vorlage des BMWi vom 25. Nov. 1957 in B 102/435382, vgl. auch die Aufzeichnungen über die finanzielle Lage Frankreichs vom 8. Nov. 1957 in AA (Abt. 4), VS-Bd. 4800, und Berichte des deutschen Mitglieds und Vorsitzenden des Direktoriums der EZU Dr. Hans Karl von Mangoldt in B 102/10577. – Der BMWi hatte in seiner Vorlage das Ergebnisprotokoll einer Ressortbesprechung vom 19. Nov. 1957 über die französische Zahlungssituation zur Unterrichtung des Kabinetts vorgelegt. Grundlage dieser Besprechung war ein der Vorlage beigefügtes vertrauliches Memorandum vom 15. Nov. 1957, in dem das deutsche Mitglied im EZU-Präsidium über inoffizielle Sondierungsgespräche Frankreichs um eine Kredithilfe der EZU sowie über die Einschätzung der Lage durch das Direktorium berichtete. Frankreich hatte am 11. Aug. 1957 zur Behebung der Zahlungsprobleme ein doppeltes Währungssystem eingeführt, das einer Abwertung des Franc von mehr als 15 % entsprach. Nach Angaben der EZU waren die Devisenreserven Frankreichs auf 600 Millionen Dollar zurückgegangen, daneben bestand ein Zahlungsbilanzdefizit von ca. 500 Millionen Dollar, ein Haushaltsdefizit von umgerechnet ca. 10 Milliarden DM sowie eine Auslandsverschuldung von ca. 2,5 Milliarden Dollar. Das Direktorium hatte das von der französischen Regierung in Verbindung mit dem Kreditantrag vorgelegte Wirtschaftsprogramm als unzureichend erachtet und nur unter Vorbehalt eines wirtschaftlich fundierten Sanierungsprogramms und seiner Überprüfung durch einen Sachverständigen eine multilaterale Kreditaktion befürwortet. Die Ressortbesprechung im BMWi hatte zu dem Ergebnis geführt, daß der Bundesrepublik als extremer Gläubiger innerhalb der EZU zwar die Hauptlast an der Kreditaktion zufallen würde, sie aber nicht als bilateraler Kreditgeber auftreten sollte. Die Besprechungsteilnehmer hatten sich für eine multilaterale Maßnahme unter Einschaltung des international angesehenen Generaldirektors des IWF, des Schweden Per Jacobsson, als Sachverständigen ausgesprochen. Dadurch sollte der Druck auf

Frankreich nur eine gemeinsame Hilfe geleistet werden sollte und nur dann, wenn Frankreich ein angemessenes Sanierungsprogramm mit hinreichenden Garantien für seine Ausführung aufstelle. Zweiseitige Kreditverhandlungen der BRD mit Frankreich sollten nicht stattfinden. Ein deutscher Kredit sollte nicht Frankreich, sondern der EZU zur Verfügung gestellt werden. Der Kredit könnte sich auf etwa 100 bis höchstens 200 Mio. Dollar belaufen. Insgesamt sei mit einer kollektiven Kreditaktion von 500 bis 600 Mio. Dollar zu rechnen. Der *Bundesminister für Atomkernenergie und Wasserwirtschaft* bezweifelt, daß mit einem Kredit von 500 bis 600 Mio. Dollar eine Sanierung Frankreichs erreicht werden könne. In Wirklichkeit handle es sich um eine Subvention à fonds perdu. Im übrigen sei Frankreich auch gar nicht bereit, seine Finanzen in Ordnung zu bringen. Der *Bundesminister der Finanzen* unterstreicht die Auffassung, daß Frankreich nur dann geholfen werden solle, wenn es ein festes Sanierungsprogramm vorlege. Ein bilaterales Gespräch sollte die Bundesregierung in jedem Falle vermeiden. Der *Bundeskanzler* teilt diese Auffassung und schließt sich dem Vorschlag der Vorlage des Bundesministers für Wirtschaft an, die Verhandlungen durch eine Kommission unter Vorsitz von Per Jacobsson[31] führen zu lassen. Das Kabinett erklärt sich mit den Vorschlägen des Bundesministers für Wirtschaft einverstanden[32].

6. **Verhandlungen über Pläne zur Änderung des Wehrpflichtgesetzes und des Organisationsgesetzes** BMVtg

Der Punkt wird zurückgestellt[33].

Frankreich zur Durchführung eines Sanierungsprogramms verstärkt und die Bundesregierung vor der Situation bewahrt werden, als Kreditgeber von Frankreich Sanierungsmaßnahmen einzufordern. – Vgl. dazu Hentschel, Zahlungsunfähigkeit, S. 121–129.

[31] Korrigiert aus „Per Jakobsen". – Per Jacobsson (1894–1963). 1920–1928 schwedischer Delegierter in der Wirtschafts- und Finanzabteilung des Völkerbundsekretariats in Genf, 1931–1956 Bank für Internationalen Zahlungsausgleich (BIZ) in Basel, dort zunächst Wirtschafts- und Finanzberater, später Leiter der Volkswirtschaftlichen Abteilung, 1950 Mitverfasser des Gutachtens der EZU über das Zahlungsbilanzdefizit der Bundesrepublik gegenüber den EZU-Ländern (vgl. 107. Sitzung am 31. Okt. 1950: Kabinettsprotokolle 1950, S. 788), 1956–1963 Generaldirektor des Internationalen Währungsfonds (IWF).

[32] Nach einer Prüfung der wirtschaftlichen Lage und des von der französischen Regierung vorgelegten Sanierungsprogramms gewährten EZU und IWF mit Unterstützung der USA Frankreich in einer gemeinsamen Aktion Ende Januar 1958 einen Kredit von insgesamt 655 Millionen Dollar. Unterlagen dazu in B 136/2520 und AA (Abt. 4), VS-Bd. 4838.

[33] Zum Wehrpflichtgesetz vom 21. Juli 1956 (BGBl. I 651) siehe 129. Sitzung am 11. April 1956 TOP 5, zum Organisationsgesetz siehe 130. Sitzung am 18. April 1956 TOP 8 (Kabinettsprotokolle 1956, S. 287 f. und 315). – Zum Stand der parlamentarischen Beratung vgl. den Schriftwechsel zwischen dem Bundeskanzler und dem BMVtg vom November und Dezember 1957 in B 136/6833. Zum Wehrpflichtänderungsgesetz vgl. die Vorlage des BMVtg vom 16. Dez. 1957 in B 136/1021. Die Änderungsvorschläge betrafen vor allem das Auswahlverfahren bei der Einberufung, die Neuaufteilung der Dienstzeiten zum Grundwehrdienst und die Mobilmachungsvorbereitungen auf personellem Gebiet. Wehrpflichtänderungs- und Organisationsgesetz standen auch als Punkt 8 auf der Tagesordnung der 7. Sitzung am 13. Dez. 1957, eine Behandlung wurde aber nicht protokolliert. – Fortgang zum Wehrpflichtänderungsgesetz 73. Sitzung am 15. Juli 1959 TOP 3 (B 136/36120). – BR-Drs. 273/59, BT-Drs. 1423. – Gesetz zur Änderung

Außerhalb der Tagesordnung

[B.] Stationierungskosten

Staatssekretär Prof. Dr. Hallstein trägt die Vorlage des Bundesministers des Auswärtigen vom 25.11.1957 vor[34]. *Der Bundesminister der Finanzen* erklärt sich mit der vorgeschlagenen Aufstockung des bei der Bank von England eröffneten Kontos in transferierbaren Pfunden um den Betrag von 45 Mio. Pfund mit der bisherigen Zweckbestimmung einverstanden, bittet jedoch, die weiterhin vorgeschlagene vorzeitige Erfüllung der finanziellen Verpflichtungen aus Rüstungsgut in Großbritannien dahingehend zu modifizieren, daß das Beschaffungskonto A, das die Bundesbank bei der Bank von England in Höhe von 30 Mio. Pfund angelegt hat, um den Betrag aufgestockt wird, der sich aus den derzeitigen Beschaffungsverpflichtungen gegenüber britischen Firmen ergibt. In Betracht kommt insgesamt ein Betrag von etwa 38 Mio. Pfund. Durch diese Maßnahme würde devisenwirtschaftlich derselbe Effekt erzielt werden, der durch die (haushaltsrechtlich unzulässige) Vorziehung von Zahlungen an die Lieferfirmen selbst bewirkt würde. Das Kabinett beschließt die Vorlage mit dieser Änderung[35].

[C.] Bundesbank; hier: Verträge mit den Präsidenten

Der *Bundeskanzler* berichtet, daß er die Verträge für den künftigen Präsidenten und Vizepräsidenten der Bundesbank in Gegenwart des Bundesministers für Wirtschaft

---

des Wehrpflichtgesetzes vom 28. Nov. 1960 (BGBl. I 853). – Das Organisationsgesetz kam nicht zustande.

[34] Siehe 177. Sitzung am 27. März 1957 TOP D. – Vorlage des AA vom 25. Nov. 1957 in AA (II A 7), VS-Bd. 391, weitere Unterlagen in B 126/34103, zu den Verhandlungen mit Großbritannien vgl. Wippich, Krise des £-Sterling, S. 62–64. – In einem Memorandum vom 31. Okt. 1957 hatte Großbritannien den Wunsch geäußert, unter Hinweis auf die gegenseitige Hilfe gemäß Artikel 3 des Nordatlantikpaktes (vgl. 185. Sitzung am 12. Juni 1957 TOP D) für das Rechnungsjahr 1958 erneut 588 Millionen DM als Stationierungskosten von der Bundesrepublik zu erhalten (Memorandum in AA B 14, Bd. 98). In der Vorlage hatte das AA einen Beschluß des Kabinetts beantragt, den britischen Vertretern mit Hinweis auf die finanziellen Anstrengungen zum Aufbau der Bundeswehr zu erklären, daß die Bundesrepublik nicht mehr in der Lage sei, Barleistungen zum Unterhalt von Stationierungstruppen einzelner Bündnispartner in der Bundesrepublik aufzubringen. Ferner hatte das AA beantragt, als Zeichen der Hilfsbereitschaft zur Erleichterung der Devisenlage Großbritanniens einen Beitrag zu leisten und den Verhandlungspartnern vorzuschlagen, die im Juni 1957 vereinbarte Devisenhilfe (vgl. 177. Sitzung am 27. März 1957 TOP D) um 45 Millionen Pfund Sterling aufzustocken. Schließlich sollten gemäß Antrag des AA die finanziellen Verpflichtungen aus der Bestellung von Rüstungsgut in Großbritannien vorzeitig erfüllt werden. Diese Verpflichtungen hatten ein Volumen von insgesamt 662,3 Millionen DM. Abzüglich der bereits 1957 erfolgten Zahlungen belief sich der Restbetrag auf 455,7 Millionen DM, der nach dem ursprünglich vereinbarten Zahlungsplan bis 1960 eingelöst werden sollte.

[35] Fortgang 12. Sitzung am 5. Febr. 1958 TOP A (B 136/36117). – BR-Drs. 23/59, BT-Drs. 857. – Gesetz zu der Vereinbarung zwischen der Regierung der Bundesrepublik Deutschland und der Regierung des Vereinigten Königreiches von Großbritannien und Nordirland über eine Devisenhilfe an Großbritannien (Art. 3 des Nordatlantikvertrages) vom 19. Mai 1959 (BGBl. 1959 II 544).

mit Herrn Blessing erörtert habe[36]. Er sei der Auffassung, daß der Abstand zwischen den Bezügen des Präsidenten und des Vizepräsidenten größer sein müsse, weil der Präsident die gesamte Verantwortung trage. Da die Vereinbarungen aber mit den Präsidenten bereits auf der Basis der bisherigen Vertragsentwürfe getroffen worden seien, sollte den Verträgen zunächst unverändert zugestimmt, eine Änderung jedoch für später in Aussicht genommen werden. Das Kabinett ist einverstanden. Der *Bundesminister der Justiz* regt an, die Verträge formalrechtlich nach seinen Vorschlägen im Schreiben vom 26.11.1957 zu ändern[37]. Das Kabinett stimmt den Verträgen nach Maßgabe der Änderungsvorschläge zu.

[D.] **Bundesbank; hier: Weiterverwendung von Vizepräsident Könneker**

Der *Bundesminister für Wirtschaft* teilt mit, daß Vizepräsident Könneker[38] bereit sei, als 7. Direktor in das Direktorium der Bundesbank einzutreten. Das Kabinett ist einverstanden[39].

---

[36] Siehe 3. Sitzung am 13. Nov. 1957 TOP C. – Vorlage des BMWi vom 9. Nov. 1957 in B 136/1205. – Nach dem Gesetz über die Deutsche Bundesbank (vgl. 189. Sitzung am 16. Juli 1957 TOP B) bedurften die Dienstverträge mit dem Zentralbankrat der Zustimmung durch die Bundesregierung.

[37] Schreiben des BMJ vom 27. Nov. 1957 an das Bundeskanzleramt mit Änderungsvorschlägen in B 136/1205, dort und in B 136/3324 weitere Unterlagen auch zu den Verträgen mit den übrigen Mitgliedern des Direktoriums der Deutschen Bundesbank und den Vorständen der Landeszentralbanken.

[38] Wilhelm Könneker (1898–1984). 1931–1938 Reichsbank, 1938–1942 und 1945–1946 Direktor der Reichsbanknebenstelle Limburg, 1946–1947 Hessisches Ministerium der Finanzen, dort Leiter der Abteilung Bankenaufsicht, 1947 Vorstandsmitglied und 1948 Vizepräsident der Landeszentralbank von Hessen, Generaltreuhänder für die Reichsbank in der amerikanischen Zone, 1948–1957 Vizepräsident des Direktoriums der Bank deutscher Länder, 1958–1966 Mitglied des Direktoriums der Deutschen Bundesbank.

[39] Siehe TOP C dieser Sitzung. – Fortgang zu den Ernennungen von Mitgliedern des Direktoriums 13. Sitzung am 12. Febr. 1958 TOP 7 (B 136/36117).

**6. Kabinettssitzung
am Mittwoch, den 4. Dezember 1957**

Teilnehmer: Erhard, Schröder, Schäffer, Etzel, Blank, Stücklen, Lindrath, Lücke, Oberländer, Lemmer, von Merkatz, Balke, Wuermeling; Globke, Sonnemann, Rust, Seiermann; Grewe (AA), Bleek (Bundespräsidialamt), Krueger (BPA), Selbach (Bundeskanzleramt). Protokoll: Abicht.

Beginn: 10.00 Uhr   *Ende: 12.13 Uhr*
Ort: Haus des Bundeskanzlers

Tagesordnung:
1. *Personalien*
    Gemäß Anlagen.
2. *Entwurf einer Ersten Verordnung über Änderungen der Bezugsgrößen für die Berechnung von neu festzusetzenden Renten in den Rentenversicherungen der Arbeiter und der Angestellten sowie in der knappschaftlichen Rentenversicherung*
    Vorlage des BMA vom 27. Nov. 1957 (GS - 6821 - 1520/57).

1. Personalien

Das Kabinett nimmt von den Ernennungsvorschlägen gemäß Anlage 1 zu Punkt 1 der Tagesordnung zustimmend Kenntnis[1].

[A.] Außenpolitische Lage

Auf Wunsch des *Vizekanzlers* berichtet *Ministerialdirektor Prof. Dr. Grewe* über den Inhalt der Rundfunkvorträge, die der ehemalige USA-Botschafter in Moskau George F. Kennan[2] im britischen Rundfunk gehalten habe[3]. Kennan sei zweifellos

---

[1] Vorgeschlagen war die Ernennung des Generalmajors Richard Schimpf, eines Kapitäns zur See und zweier Ministerialräte im BMVtg sowie des Ministerialdirektors Helmut Stukenberg im BMV.

[2] George Frost Kennan (geb. 1904). Seit 1926 im diplomatischen Dienst der USA mit Stationen u.a. in Berlin (1929–1931, 1939–1941) und Moskau (1933, 1935–1937, 1944–1946), 1947–1949 Leiter eines Planungsausschusses im State Department, Konzipient der „Eindämmungspolitik" (containment policy) gegenüber der Sowjetunion, 1950–1952 neben Lehrtätigkeit in Chicago und Princeton Berater der Regierung in Osteuropafragen, Mai 1952 bis September 1952 Botschafter in Moskau, 1954–1961 Professor in Princeton, 1961–1963 Botschafter in Belgrad, anschließend wieder Lehrtätigkeit in Princeton.

[3] Zwischen dem 11. Nov. und 2. Dez. 1957 hatte Kennan in der Reihe „Rußland, das Atom und der Westen" vier Rundfunkvorträge bei der BBC in London gehalten. Im Vortrag am 24. Nov.

ein Freund Deutschlands. Er habe zu der Deutschlandfrage im allgemeinen sehr positiv Stellung genommen und mit viel Verständnis die besondere Situation Berlins gewürdigt. Sein Vorschlag, in Mitteleuropa eine atomwaffenfreie Zone zu schaffen, sei bereits in der gestrigen Sitzung des Verteidigungsrates[4] erörtert worden. Hierbei habe der Bundesminister für Verteidigung bemerkt, daß die Kontrollmöglichkeiten – insbesondere bei taktischen Atomwaffen – nur sehr begrenzt seien. Wenn die Truppen der Amerikaner und der Russen nach West und Ost zurückgezogen würden, bedeute dies eine eindeutige Benachteiligung des freien Westens, weil die amerikanischen Truppen um mehrere tausend Kilometer zurückverlegt würden, während die russischen Truppen nur wenige hundert Kilometer zurückgingen – eine Distanz, die in wenigen Stunden in umgekehrter Richtung zurückgelegt werden könne. Zu der Vortragsreihe Kennan's wolle das Auswärtige Amt – ohne jede Polemik – eine Stellungnahme in Form einer diplomatischen Korrespondenz abgeben[5].

Der *Vizekanzler* bemerkt ergänzend, in der gestrigen Verteidigungsratssitzung sei auch darüber gesprochen worden, daß Deutschland nach Presseberichten angeblich unmittelbare Kontakte zwischen den USA und der Sowjetunion begrüßt habe. Der Bundespressechef habe gestern zu diesen Presseberichten erklärt, er sei falsch verstanden worden. Es sei kein Kurswechsel in der deutschen Außenpolitik eingetreten. Deutschland begrüße die üblichen diplomatischen Kontakte zwischen den Vereinigten Staaten und der Sowjetunion, wünsche jedoch keine Sonderverhandlungen zwischen diesen Staaten über weltpolitische Fragen[6]. Der *Bundesminister für Angelegenheiten des Bundesrates und der Länder* betont, die erwähnten Presseberichte

---

1957 zum Thema „Das Ost- und Mitteleuropaproblem" hatte er die Wiedervereinigung als Hauptproblem der Ost-West-Beziehungen bezeichnet und auch beim Westen Konzessionsbereitschaft angemahnt. U.a. hatte er die Forderung nach einer außenpolitischen Entscheidungsfreiheit einer gesamtdeutschen Regierung als unrealistisch bezeichnet und den Rückzug der sowjetischen Truppen aus Mittel- und Osteuropa für wünschenswerter erachtet als den Aufbau einer neuen deutschen Armee. Im Vortrag am 2. Dez. 1957 über „Das militärische Problem" hatte er davor gewarnt, in taktischen Atomwaffen eine Lösung der gegenwärtigen militärischen Lage zu sehen und eine atomwaffenfreie Zone in Europa befürwortet. – Texte der insgesamt sechs Vorträge in B 136/6917, Text der Rundfunkrede vom 24. Nov. 1957 veröffentlicht in DzD III 3/3. – Zur kritischen Einschätzung Kennans durch Adenauer vgl. Heuss-Adenauer, Unserem Vaterlande, S. 245–249, und Adenauer-Heuss, Unter vier Augen, S. 259–261.

[4] Die Protokolle des Bundesverteidigungsrates befinden sich als geheime Verschlußsache in der Registratur des Bundeskanzleramtes.

[5] In der „Diplomatischen Korrespondenz" Nr. 3 vom 4. Dez. 1957 wurden die Vorschläge Kennans vorgestellt. In einem anschließenden Kommentar wurde ein Verzicht auf die Entscheidungsfreiheit einer gesamtdeutschen Regierung als ebenso unannehmbar bezeichnet wie die Vorschläge zum Abzug der ausländischen Truppen und zu einer atomwaffenfreien Zone. Kommentar auch abgedruckt in Bulletin Nr. 226 vom 6. Dez. 1957, S. 2087, und in DzD III 3/3, S. 2011–2013.

[6] In der Pressekonferenz am 2. Dez. 1957 hatte sich von Eckardt auf Nachfrage zu den im SPD-Pressedienst und zuletzt von Carlo Schmid und Fritz Erler in einer Pressekonferenz erhobenen Forderungen nach direkten sowjetisch-amerikanischen Erkundungsgesprächen zum Abbau der internationalen Spannungen und des Wettrüstens geäußert und derartige Kontakte als nicht unlogisch bezeichnet. Text der Pressekonferenz in B 145 I/71, vgl. dazu den „SPD-Pressedienst" vom 21., 22. und 26. Nov. 1957 (ZSg. 1–90/28) sowie zur Pressekonferenz von Erler und Schmid „Frankfurter Allgemeine Zeitung" vom 30. Nov. 1957, S. 1.

hätten ihn ebenfalls merkwürdig berührt. Sie seien geeignet, die Koalitionsparteien zu verwirren und den Glauben an die NATO problematisch werden zu lassen. Die Bundesregierung müsse diese Dinge unverzüglich in der Öffentlichkeit klarstellen, zumal sich der „Fall Wehner" bereits nachteilig ausgewirkt habe[7]. Der *Vizekanzler* stimmt dem zu. Er hält es jedoch für richtig, zunächst das Ergebnis der NATO-Konferenz abzuwarten, und schlägt vor, daß der Bundeskanzler und die Bundesminister in ihren Weihnachtsbotschaften und Artikeln für die nötige Klarstellung sorgen[8]. Der *Bundesminister des Innern* schließt sich ebenfalls den Auffassungen des Bundesministers für Angelegenheiten des Bundesrates und der Länder an. Dieser Einzelfall gebe ihm Veranlassung zu der allgemeinen Forderung, daß die Bundesregierung ständig eine intensive propagandistische Tätigkeit entfalte. Es sei sehr bedauerlich, daß die publizistische Aktivität der Bundesregierung nach Beendigung des Wahlkampfes stark nachgelassen habe. Wenn man die politischen Rückschläge in Hamburg[9], in Niedersachsen[10] und in Nürnberg[11] berücksichtige, werde es für die Bundesregierung schwer sein, jeweils bei den bevorstehenden Landtagswahlen den verlorenen Boden aufzuholen. Da die SPD eine einheitliche Linie verfolge, sei es erforderlich, daß auch für die Bundesminister und die Abgeordneten der Koalitionsfraktionen eine Sprachregelung getroffen werde. Der *Vizekanzler* hält dies vor allem auf dem Gebiete der Außenpolitik für notwendig. Der *Bundesminister der Finanzen* stellt die Frage, wer diese Sprachregelung in die Hand nehmen solle. Nach längerer Diskussion wird vereinbart, daß – abgesehen von dem Resümee des Bundeskanzlers – die Bundesminister in jeder Kabinettssitzung aktuelle Fragen aus ihrem Geschäftsbereich als „Themen des Tages" vortragen sollen. Nach Verständigung im Kabinett solle eine entsprechende Sprachregelung an die Vorstände der Koalitionsfraktionen weitergegeben werden[12]. Das Auswärtige Amt wird die Bundesminister und die Koalitionsfraktionen über außenpolitische Fragen zusätzlich durch die „Diplomatische Korrespondenz" unterrichten.

In diesem Zusammenhang bemerken der *Bundesminister für das Post- und Fernmeldewesen* und der *Bundesminister des Innern*, daß mit den Ländern über die Verträge zur Neuordnung des Rundfunkwesens nicht weiter verhandelt werden sollte. Die Position des Bundes solle auf dem Wege der vollzogenen Tatsachen

---

[7] Zum „Fall Wehner" vgl. 5. Sitzung am 27. Nov. 1957 TOP A.

[8] Weder Adenauer noch Strauß (Bulletin Nr. 238 vom 29. Dez. 1957, S. 2208), noch Lemmer und Oberländer (Bulletin Nr. 237 vom 21. Dez. 1957, S. 2195) erwähnten in ihren Weihnachtsansprachen diesen Themenbereich.

[9] Zum Ergebnis der Hamburger Bürgerschaftswahlen vgl. 5. Sitzung am 27. Nov. 1957 TOP A.

[10] Zur Regierungsumbildung in Niedersachsen vgl. 2. Sitzung am 7. Nov. 1957 TOP A.

[11] Bei den Oberbürgermeisterwahlen in Nürnberg am 17. Nov. 1957 hatte sich der sozialdemokratische Kandidat Andreas Urschlechter gegen den von Bayern-Partei, BHE und FDP unterstützten Bewerber der CSU, Hans Bencker, durchgesetzt und die Nachfolge von Otto Bärnreuther (SPD) angetreten. Bei den Bundestagswahlen am 15. Sept. 1957 hatte die CSU der SPD das Direktmandat in Nürnberg abnehmen können.

[12] Eine Umsetzung dieser Vereinbarungen ließ sich nicht nachweisen.

gestärkt werden. Es sei richtig, allgemein ein freies Werbefernsehen zuzulassen. Diese Fragen werden jedoch nicht weiter vertieft[13].

Auf eine Frage des *Bundesministers für Familien- und Jugendfragen*, wie die gestrige gemeinsame Sitzung der Bundestagsausschüsse für auswärtige Angelegenheiten und für Verteidigung verlaufen sei, berichtet *Ministerialdirektor Prof. Dr. Grewe*: Der Bundesminister des Auswärtigen habe über die Vorbereitung der bevorstehenden NATO-Konferenz berichtet. Er habe dabei das Problem der waffentechnischen Entwicklung angeschnitten und betont, daß die NATO-Konferenz einen politischen Akzent erhalten müsse. Deutschland werde auf der Konferenz keine Zwangskonsultierung fordern. Die politische Zusammenarbeit müsse jedoch im Rahmen der bestehenden Institutionen und durch Vergrößerung der Vollmachten des Generalsekretärs und der NATO-Botschafter gefördert werden. Schließlich habe der Bundesminister des Auswärtigen noch zum Ausdruck gebracht, daß die Grundlagenforschung durch enge wissenschaftliche Zusammenarbeit intensiviert werden müsse. Der Bundesminister für Verteidigung habe zu folgenden militärischen Fragen Stellung genommen: 1. Integrierung der Logistik, 2. Integrierung der Luftverteidigung, 3. Poolung des Transportwesens, 4. Angleichung der Truppengliederung, 5. Standardisierung von Waffen und Fahrzeugen. Schließlich habe er ausgeführt, daß auf dem Gebiete der Forschung und der Produktion Schwerpunkte gebildet werden müßten und daß hier eine Arbeitsteilung zwischen den NATO-Staaten zweckmäßig sei[14].

[B.] Verordnung über den Verkauf bestimmter Waren an Sonn- und Feiertagen

Der *Bundesminister für Arbeit und Sozialordnung* weist darauf hin, daß durch die Verordnung über den Verkauf bestimmter Waren an Sonn- und Feiertagen, die auf Grund des Ladenschlußgesetzes erlassen werden solle, ein politisches Problem aufgeworfen werde. In der Frage des Verkaufs von Zeitungen an Sonn- und Feiertagen stünden die Bemühungen um die Aufrechterhaltung der Feiertagsruhe[15] im Gegensatz zu dem Geschäftsinteresse gewisser Zeitungen. Nach längerer Diskussion sieht das

---

[13] Zur Neuordnung des Rundfunks siehe 159. Sitzung am 14. Nov. 1956 TOP 2 (Kabinettsprotokolle 1956, S. 725–727). – Nachdem der Versuch einer Neuordnung des Rundfunkwesens auf dem Wege eines Bundesgesetzes in der ersten Legislaturperiode gescheitert war, hatte der BMI auf Beschluß des Kabinetts vom 5. Febr. 1954 (Kabinettsprotokolle 1954, S. 60) eine Regelung mit den Ländern auf Vertragsbasis angestrebt. Gegenstand der laufenden Verhandlungen mit den Ländern waren ein allgemeiner Rundfunkvertrag sowie ein Kurzwellen-, ein Langwellen- und ein Fernsehvertrag. Während im Rundfunkvertrag die Stellung der Landesanstalten unangetastet blieb, war in den Bestimmungen zu den übrigen Verträgen das Mitwirkungsrecht des Bundes durch eine Verbesserung des Stimmenanteils in den beschließenden Gremien verstärkt worden. Unterlagen zu den Vertragsverhandlungen in B 136/2004 und zu den Verhandlungen bis 1956 in B 106/695 bis 705. – Fortgang 12. Sitzung am 5. Febr. 1958 TOP 3 (B 136/36117).

[14] Vgl. 5. Sitzung am 27. Nov. 1957 TOP A, Fortgang zur NATO-Konferenz 7. Sitzung am 13. Dez. 1957 TOP A.

[15] Vgl. 178. Sitzung am 4. April 1957 TOP D.

Kabinett davon ab, die Verordnung, die bereits dem Bundesrat zur Zustimmung zugeleitet worden ist, zu ändern[16].

2. **Entwurf einer Ersten Verordnung über Änderungen der Bezugsgrößen für die Berechnung von neu festzusetzenden Renten in den Rentenversicherungen der Arbeiter und der Angestellten sowie in der knappschaftlichen Rentenversicherung**

BMA

Der *Bundesminister der Finanzen* bittet, künftige Verordnungen über Änderungen der Bezugsgrößen für die Berechnung von Renten in den Rentenversicherungen der Arbeiter und der Angestellten sowie in der knappschaftlichen Rentenversicherung in dem Kabinettsausschuß für Wirtschaft vorzubesprechen. Mit der Kabinettvorlage des Bundesministers für Arbeit und Sozialordnung vom 27.11.1957 erklärt er sich einverstanden[17]. Er weist generell darauf hin, daß das Saarland in Finanzfragen eine Sonderstellung habe. Dies sei in den Beschlüssen über die Finanzierung des Wohnungsbaues für Sowjetzonenflüchtlinge[18] nicht hinreichend zum Ausdruck gekommen. Der *Bundesminister für Angelegenheiten des Bundesrates und der Länder* erklärt sich bereit, diese Frage in der heutigen Besprechung mit dem Bevollmächtigten des Saarlandes klarzustellen[19].

---

[16] Vorlage des BMA vom 29. Nov. 1957 in B 102/43279 und B 136/741, BR-Drs. Nr. 476/57. – Gemäß § 12 Abs. 1 des Gesetzes über den Ladenschluß vom 28. Nov. 1956 (BGBl. I 875) in der Fassung vom 17. Juli 1957 (BGBl. I 722) sollte der BMA im Einvernehmen mit dem BMWi und dem BML mit Zustimmung des Bundesrates bestimmen, „daß und wie lange an Sonn- und Feiertagen abweichend von der Vorschrift des § 3 Abs. 1 Nr. 1 Verkaufsstellen für die Abgabe von frischer Milch, Bäcker- und Konditorwaren, Frischobst, Blumen und Zeitungen geöffnet sein dürften". Der vom BMA vorgelegte Entwurf einer Neuregelung sah für den Sonntag eine zweistündige Verkaufszeit an Kiosken von 11 bis 13 Uhr, eine ganztägige Verkaufszeit an den Bahnhofsverkaufsstellen und für alle übrigen Verkaufsstellen Öffnungszeiten von fünf Stunden vor. Auf Wunsch des Verbandes der Zeitungsverleger hatte Erhard in einem Schreiben vom 2. Dez. 1957 an Blank eine Verlängerung des Zeitungsverkaufs über die fünf Stunden hinaus gefordert (B 102/43279). – Verordnung vom 21. Dez. 1957 (BGBl. I 1881).

[17] Vorlage des BMA vom 27. Nov. 1957 in B 149/6943 und B 136/790. – Gemäß den Rentenversicherungs-Neuregelungsgesetzen (vgl. 170. Sitzung am 6. Febr. 1957 TOP C) war die Bundesregierung nach Anhörung des Statistischen Bundesamtes und mit Zustimmung des Bundesrates ermächtigt, alljährlich das durchschnittliche Bruttoarbeitsentgelt aller Versicherten zu bestimmen. Es war maßgeblicher Faktor für die allgemeine Bemessungsgrundlage zur Berechnung der Rentenhöhe, die nach dem Verhältnis des Arbeitseinkommens des einzelnen Versicherten zu dem durchschnittlichen Bruttoarbeitsentgelt aller Versicherten der Rentenversicherungen der Arbeiter und Angestellten ermittelt wurde. Durch den vom BMA vorgelegten Verordnungsentwurf sollten erstmalig die Bezugsgrößen für den Rentenbezug in den o.g. Rentenversicherungen festgelegt und ab Januar 1958 angewendet werden. Eine Sonderregelung war für das Saarland wegen des dort bestehenden abweichenden Lohngefüges vorgesehen.

[18] Vgl. dazu Sondersitzung am 29. Juli 1957 TOP 3.

[19] Unterlagen über ein Gespräch von Merkatz' mit dem Bevollmächtigten des Saarlandes beim Bund Dr. Karl Waltzinger nicht ermittelt.

6. Sitzung am 4. Dezember 1957

Das Kabinett beschließt gemäß Kabinettvorlage des Bundesministers für Arbeit und Sozialordnung vom 27.11.1957[20].

[C. Ernennung der Vertreter der Bundesrepublik zu den Europäischen Versammlungen]

Der *Bundesminister für Angelegenheiten des Bundesrates und der Länder* betont, daß er in der Frage der Wahl der Vertreter der Bundesrepublik zu den Europäischen Versammlungen die ihm durch das Kabinett erteilten Befugnisse nicht überschritten habe[21].

[D. Arbeitszeitverkürzung]

Er [der *Bundesminister für Angelegenheiten des Bundesrates und der Länder*] weist ferner darauf hin, daß die Bundesländer in der Frage der Arbeitszeit im öffentlichen Dienst in einer schwierigen Lage seien. Die Länder hätten den Wunsch, daß der Bund die Initiative ergreife und Richtlinien erlasse[22]. Die Länder hätten die Befürchtung, daß sie sich einzeln dem Wunsch der Gewerkschaften auf Verkürzung der Arbeitszeit nicht mit Erfolg entgegensetzen könnten. Bund und Länder müßten gemeinsam den Standpunkt vertreten, daß eine Arbeitszeitverkürzung im öffentlichen Dienst erst dann in Betracht komme, wenn alle Wirtschaftszweige zu einer 45-Stunden-Woche übergegangen seien. Am 12. Dezember finde eine Konferenz der Landesinnenminister statt. Bei dieser Gelegenheit wollten die Länder diese Frage erörtern. Der *Bundesminister des Innern* dankt dem Bundesminister für Angelegenheiten des Bundesrates und der Länder für diesen Hinweis und übernimmt es, sich dieser Frage anzunehmen[23].

[E.] Erhöhung des Mindestpreises für Zuckerrüben

Staatssekretär *Dr. Sonnemann* erklärt, das Kabinett habe bereits die politische Entscheidung getroffen, daß die Rübenpreise angehoben werden sollten[24]. Es gehe um

---

[20] BR-Drs. 483/57. – Verordnung vom 21. Dez. 1957 (BGBl. I 1902).

[21] Siehe dazu 5. Sitzung am 27. Nov. 1957 TOP 3.– Fortgang 14. Sitzung am 19. Febr. 1958 TOP B (B 136/36117).

[22] Siehe 192. Sitzung am 14. Aug. 1957 TOP A und 2. Sitzung des Kabinettsausschusses für Wirtschaft am 27. Nov. 1957 TOP 3 (B 136/36221). – Protokolle und Auszüge über die vorausgegangenen Verhandlungen der Finanzminister und Finanzsenatoren der Länder in B 106/8241.

[23] In der Sitzung am 12. Dez. 1957 sprachen sich die Finanzminister der Länder gegen eine sofortige und für eine stufenweise Einführung der 45-Stunden-Woche aus. Vgl. dazu das Schreiben des Finanzausschusses des Bundesrates an die Finanzminister und Senatoren der Länder vom 21. Dez. 1957 in B 222/121. – Fortgang (Arbeitszeitverkürzung) 10. Sitzung am 22. Jan. 1958 TOP 2 (B 136/36117) sowie 3. Sitzung des Kabinettsausschusses für Wirtschaft am 13. Dez. 1957 TOP 2 (B 136/36221).

[24] Siehe 191. Sitzung am 7. Aug. 1957 TOP C. – Vorlage des BML vom 16. Okt. 1957 in B 136/2629. – Die Vorlage bezweckte eine Erhöhung der Zuckerrübenpreise, die dem Erzeuger zugute kommen sollte. Um eine Erhöhung der Verbraucherpreise zu vermeiden, sollte die

einen Betrag von rund 60 Mio. DM²⁵. Man müsse sich jetzt darüber schlüssig werden, welchen Weg man bei der Durchführung des Kabinettsbeschlusses gehen wolle. Es kämen in Betracht: eine Senkung der Zuckersteuer, Subventionen und schließlich die Erhöhung des Zuckerpreises. Die Angelegenheit sei eilig, weil die Zuckerkampagne bereits angelaufen sei. Der *Bundesminister der Finanzen* betont, daß Haushaltsmittel nicht zur Verfügung gestellt werden könnten und daß die Ersparnisse, die infolge der Brotpreiserhöhungen²⁶ gemacht würden, inzwischen auf andere Weise verbraucht seien. Der *Vizekanzler* führt aus, das Kabinett könne nicht in jeder Sitzung einzelne Preiserhöhungen beschließen. Es sei dringend erforderlich, in Gegenwart des Bundeskanzlers nach der NATO-Sitzung²⁷ alle Fragen, die mit der Erhöhung von Preisen, Löhnen und Lebenshaltungskosten zusammenhingen, im Gesamtzusammenhang unter Berücksichtigung der Haushaltslage zu erörtern. Der *Bundesminister der Finanzen* stimmt dem zu. Der *Bundesminister für Vertriebene, Flüchtlinge und Kriegsgeschädigte* führt ergänzend aus, daß die Rübenpreise im Hinblick auf eine Zusage des Bundeskanzlers vor den Wahlen²⁸ und mit Rücksicht auf die betriebswirtschaftliche Lage der Rübenbaubetriebe angehoben werden müßten. Wenn die Preise nicht erhöht würden, sei zu befürchten, daß die Anbaufläche für Zuckerrüben zurückgehe. Der *Bundesminister für Familien- und Jugendfragen* gibt seiner Besorgnis Ausdruck, daß durch eine Erhöhung der Zuckerverbrauchspreise die kinderreichen Familien besonders betroffen würden.

Auf Vorschlag des *Vizekanzlers* beschließt das Kabinett, daß die Frage der Rübenpreiserhöhung am 13. Dezember im Kabinettsausschuß für Wirtschaft erörtert werden soll. Der *Bundesminister der Finanzen* hält es für denkbar, daß die bisherigen Subventionen bis zum 31.12.1957 weiterlaufen und dann aufgehoben werden²⁹.

Zuckersteuer für die verarbeitenden Betriebe gesenkt werden. Der Vorlage war der Entwurf einer entsprechenden Preisverordnung beigefügt.

²⁵ Im August waren die erforderlichen Deckungsmittel noch auf 46 Millionen geschätzt worden (Vermerk vom 30. Aug. 1957 in B 136/2629).

²⁶ Vgl. dazu 185. Sitzung am 12. Juni 1957 TOP 7 und 5. Sitzung am 27. Nov. 1957 TOP 4.

²⁷ Zur Ministertagung des Nordatlantikrats vom 16. bis 19. Dez. 1957 in Paris vgl. 7. Sitzung am 13. Dez. 1957 TOP A.

²⁸ Vgl. „Die Welt" vom 31. Aug. 1957 („Gefahr für Zuckerpreis – Zusagen des Bundeskanzlers an die Zuckerrübenbauern").

²⁹ Fortgang 3. Sitzung des Kabinettsausschusses für Wirtschaft am 13. Dez. 1957 TOP 4 (B 136/36221). – Der Ausschuß beschloß, daß die Erhöhung des Zuckerrübenpreises der Ernte 1957 von 6,50 DM auf 6,75 DM je 100 kg reine Rüben und die Herabsetzung der bisherigen Zuckergehaltsbasis von 16 % auf 15,5 % auf dem Verordnungswege zu regeln sei. Zur Deckung der Mehraufwendungen der Zuckerfabriken sollte der Zuckerpreis für die Zeit ab dem 1. Febr. 1958 auf 4 DM je 100 kg Zucker erhöht werden und für inländischen Zucker Subventionen zur Verfügung gestellt werden. – Das Kabinett stimmte einer entsprechenden neuen Vorlage des BML vom 20. Dez. 1957 im Umlaufverfahren zu (B136/2629). – BR-Drs. 9/58 und BR-Drs. 10/58. – Verordnungen Z Nr. 1/58 über Preise für Zuckerrüben der Ernte 1957 und Z Nr. 2/58 zur Änderung der Verordnung Z Nr. 1/55 über Preise für Zucker vom 27. Jan. 1958 (BAnz. Nr. 19 vom 29. Jan. 1958, S. 1).

[F.] **Entwürfe der Verwaltungsgerichtsordnung und des Gesetzes über die Beschränkung der Berufung im verwaltungsgerichtlichen Verfahren; hier: Stellungnahme der Bundesregierung zu den Vorschlägen des Bundesrates**

Auf Vorschlag des *Bundesministers des Innern* beschließt das Kabinett vorbehaltlich der Zustimmung des Bundesministers der Justiz gemäß Kabinettvorlage des Bundesministers des Innern vom 2.12.1957[30].

---

[30] Siehe 28. Sitzung am 6. April 1954 TOP 2 (Kabinettsprotokolle 1954, S. 151 f.). – Vorlage des BMI vom 2. Dez. 1957 zu BR-Drs. 432/57 in B 106/47650 und B 136/874, weitere Unterlagen in B 106/47646 bis 47649. – Die Bundesregierung hatte den Gesetzentwurf erneut unverändert beim Bundesrat eingebracht. Die vom BMI vorgelegten Entwürfe behandelten u.a. das Berufungsverfahren, Rechtsmittel, Wiederaufnahme des Verfahrens, Kosten und Vollstreckung in verwaltungsgerichtlichen Verfahren sowie die Berufungsbeschränkung gegen Urteile in Streitigkeiten auf dem Gebiet des Preisrechts. – BT-Drs. 55. – Gesetz vom 21. Jan. 1960 (BGBl. I 17 und 44).

7. Kabinettssitzung
am Freitag, den 13. Dezember 1957

Teilnehmer: Adenauer (bis 11.55 Uhr)[1], Erhard, Schröder, Schäffer, Etzel, Lübke, Blank, Strauß, Lindrath, Lücke, Oberländer, Balke, Wuermeling; Globke, von Lex, Hartmann, Seiermann, Thedieck, Ripken; Vockel (Bevollmächtigter der Bundesrepublik Deutschland in Berlin), Bleek (Bundespräsidialamt), Grewe (AA), Krueger (BPA), Selbach (Bundeskanzleramt), Kilb (Bundeskanzleramt; bis 11.55 Uhr). Protokoll: Bachmann.

Beginn: 10.00 Uhr *Ende: 12.40 Uhr*

Ort: Haus des Bundeskanzlers[2]

Tagesordnung:

1. *Personalien*
   Gemäß Anlagen.

2. *Gegenseitige Vertretung der Bundesminister*
   Schreiben des Staatssekretärs des Bundeskanzleramtes vom 29. Okt. 1957 (4 - 14003 - 5605/57).

3. *Weihnachts- und Neujahrsglückwünsche*
   Schreiben des Staatssekretärs des Bundeskanzleramtes vom 23. Nov. 1957 (4 - 14010 - 4926/57).

4. *Vertretung der saarländischen Arbeitnehmer im beratenden Ausschuß der Hohen Behörde der Europäischen Gemeinschaft für Kohle und Stahl*
   Vorlage des BMWi vom 7. Dez. 1957 (III D 3 - 74 339/57).

5. *Memorandum der Regierung des Saarlandes an die Bundesregierung betr. die derzeitige besondere wirtschaftliche Lage des Saarlandes vom 13. Nov. 1957*
   Vorlage des BMWi vom 5. Dez. 1957 (I A 2 - 3157/57).

6. *Besoldungsrechtliche Übergangsmaßnahmen für die Bundesbeamten im Saarland; hier: Zweite Rechtsverordnung auf Grund des § 13 Abs. 6 des Gesetzes über die Eingliederung des Saarlandes vom 23. Dez. 1956*
   Vorlage des BMI vom 9. Dez. 1957 (II 8 - 7407 11 - 5229 II/57).

7. *Entwurf eines Jugendarbeitsschutzgesetzes*
   Vorlage des BMA vom 2. Dez. 1957 (III c 3 - 6416/57).

8. *Verhandlung über Änderungen des Wehrpflichtgesetzes und des Organisationsgesetzes.[3]*

---

[1] Laut Adenauers Tageskalender hatte der Bundeskanzler um 11.30 Uhr ein Gespräch mit Globke; für 11.55 Uhr war kein Termin notiert (B 136/20686).
[2] Ortsangabe gemäß Einladung (B 136/36117).
[3] Dieser TOP wurde nicht behandelt. – Siehe 5. Sitzung am 27. Nov. 1957 TOP 6.

[A. NATO-Tagung in Paris]

Zu Beginn der Sitzung macht der *Bundeskanzler* Ausführungen über das Programm der bevorstehenden NATO-Konferenz in Paris. Er teilt ferner mit, daß auch einige Einzelgespräche mit prominenten Politikern vorgesehen seien[4]. Für die NATO hätten sich in letzter Zeit schwerwiegende Probleme ergeben. Der *Bundeskanzler* beschreibt diese Probleme im einzelnen[5]. Hierzu seien jetzt noch die Briefe Bulganins an die westlichen Regierungschefs gekommen[6]. Durch diese Briefe sei die dilatorische Behandlung mancher Probleme unmöglich geworden, man müsse gewisse Entscheidungen jetzt sofort treffen. Der *Bundeskanzler* wünscht, daß das Auswärtige Amt eine kommentierte Zusammenstellung der Brieftexte jedem Kabinettsmitglied zusendet[7]. *Ministerialdirektor Prof. Dr. Grewe* berichtet über die letzten Veränderungen des Programms der NATO-Tagung. Der *Bundeskanzler* betont, daß die Konferenz nicht mit einer kriegerischen Fanfare enden darf. Ein starker Appell für einen neuen Schritt zur Abrüstung sei notwendig. Danach analysiert der *Bundes-*

---

[4] Zur Tagung der NATO-Außenminister in Bonn vom 2. bis 4. Mai 1957 vgl. 180. Sitzung am 30. April 1957 TOP A, zu den Beratungsthemen vgl. 6. Sitzung am 4. Dez. 1957 TOP A (Außenpolitische Lage). – Auf dem Programm des Bundeskanzlers für die Ministerratstagung der NATO vom 16. bis 18. Dez. 1957 waren Besprechungen mit dem NATO-Oberbefehlshaber General Norstad, Präsident Eisenhower, dem ehemaligen französischen Hochkommissar André François-Poncet, dem ehemaligen französischen Außenminister Antoine Pinay, dem kanadischen Ministerpräsidenten John Diefenbaker, dem griechischen Ministerpräsidenten Konstantin Karamanlis und dem früheren Präsidenten der Hohen Behörde der EGKS Jean Monnet vorgesehen. Vgl. das „Programm des Herrn Bundeskanzler" vom 16. Dez. 1957 in AA B 14 (II A 7), VS-Bd. 8, dort und in VS-Bde. 7 und 9 Unterlagen zur Vorbereitung der Tagung. – Aufzeichnungen über die Gespräche Adenauers am 14. Dez. 1957 mit Außenminister Dulles, am 15. Dez. mit dem französischen Ministerpräsidenten Félix Gaillard und dem britischen Premierminister Macmillan, am 17. Dez. mit Präsident Eisenhower und am 18. Dez. 1957 mit dem türkischen Ministerpräsidenten Adnan Menderes in StBKAH III/55.

[5] Die politische, wirtschaftliche und militärische Entwicklung in der Sowjetunion, insb. aber die erfolgreiche Erprobung einer Interkontinentalrakete am 26. Aug. 1957 und der Start der ersten Weltraumsatelliten „Sputnik 1" und „Sputnik 2" am 4. Okt. und 3. Nov. 1957 war als klar erkennbarer Fortschritt gewertet und gleichzeitig als verschärfte Bedrohung der westlichen Welt interpretiert worden, auf die das NATO-Bündnis mit verstärkten Rüstungsanstrengungen und einer verbesserten Kooperation reagieren sollte. Vgl. dazu den Vermerk des AA (Graf von Baudissin) vom 18. Nov. 1957 in AA B 14 (II A 7), VS-Bd. 7.

[6] In Briefen vom 10. Dez. 1957 an die Regierungschefs der NATO-Mitgliedsstaaten hatte sich Bulganin mit unterschiedlicher Akzentsetzung besorgt über die Rüstungsproduktion und Kriegsvorbereitungen der NATO, insb. über die Atomrüstung und die Lagerung von Atomwaffen in der Bundesrepublik geäußert und das Interesse an Abrüstung und Entspannung betont. Gegenüber Eisenhower hatte er den Verzicht auf den Einsatz von Atomwaffen und auf Versuchsexplosionen, die Errichtung einer atomwaffenfreien Zone in Mitteleuropa und einen Nichtangriffspakt zwischen den Staaten der NATO und denen des Warschauer Paktes vorgeschlagen und sich zu einer Gipfelkonferenz zur Lösung dieser Fragen bereit erklärt. Note Bulganins vom 10. Dez. 1957 an Adenauer in AA B 12, Bd. 17, veröffentlicht in Bulletin Nr. 230 vom 12. Dez. 1957, S. 2122 f. und DzD III 3/3, S. 2037–2055. Abschrift der Note sowie Aufzeichnung des AA vom 10. Dez. 1957 über das Gespräch zwischen Smirnow und von Brentano bei der Übergabe in AA B 1, Bd. 126 und AA B 12, Bd. 467. Noten Bulganins veröffentlicht in DzD III 3/3, S. 2030–2069.

[7] Nicht ermittelt.

kanzler die politische Lage und befaßt sich mit der möglichen Entwicklung in den nächsten zehn Jahren[8].

[B. Sitz und personelle Besetzung der Organe der Europäischen Gemeinschaften]

Außerhalb der Tagesordnung wird über den Sitz und die personelle Besetzung der Organe von EWG, Euratom und Montanunion gesprochen. Der *Bundeskanzler* bemerkt, daß über den Sitz der Organe von den sechs beteiligten Ländern einstimmig beschlossen werden müsse. Vor einiger Zeit sei zum Ausdruck gebracht worden, daß alle europäischen Organe in derselben Stadt untergebracht werden sollten. Es sei die Frage, ob hierfür Luxemburg in Betracht komme[9]. Der luxemburgische Ministerpräsident Bech[10] habe persönlich nicht den Wunsch, zu der Montanunion auch die Organe von EWG und Euratom nach Luxemburg zu bekommen. Er fürchte, daß die Stadt dadurch ihre Eigenart verlieren könne. Er lege aber großen Wert darauf, daß die Montanunion bis auf weiteres in Luxemburg bleibe. Bech habe seinerzeit – d.h. vor fünf Jahren – den Vorschlag gemacht, daß sich die Montanunion provisorisch für drei Monate in Luxemburg niederlasse. Er habe damals die Konferenz, die über die Ortsfrage zu entscheiden gehabt habe, aus einer Verlegenheit befreien wollen[11]. Jetzt ginge es nicht, die große Zahl der Mitarbeiter der Montanunion plötzlich von Luxemburg abzuziehen.

Der *Vizekanzler* kommt zu dem Schluß, daß als gemeinsamer Sitz aller europäischen Organisationen weder Mailand noch das Gebiet Straßburg-Kehl in Betracht käme.

---

[8] Vgl. dazu den Text der Erklärung Adenauers vor der NATO-Konferenz am 16. Dez. 1957 in Bulletin Nr. 233 vom 17. Dez. 1957, S. 2149 f. – In dem Schlußkommuniqué vom 19. Dez. 1957 (Bulletin Nr. 237 vom 21. Dez. 1957, S. 2189–2192) bekannten sich die Mitgliedsstaaten der NATO zu einer umfassenden kontrollierten Abrüstung und zur Bereitschaft zu Abrüstungsverhandlungen, bestätigten aber zugleich ihre Entschlossenheit, dem Herrschaftsanspruch der Sowjetunion Einhalt zu gebieten. Sie kündigten eine Wirtschaftsoffensive zur Unterstützung der Länder der Dritten Welt an und traten für die Unabhängigkeit und Souveränität der Staaten des Nahen Ostens ein. Für das Bündnis kündigten sie vermehrte Anstrengungen zur technischen und militärischen Verbesserung der Streitkräfte sowie eine Intensivierung der Konsultationen an. Vgl. auch Nachlaß Blankenhorn N 1351/82.

[9] Zur Wahl der deutschen Vertreter vgl. 5. Sitzung am 27. Nov. 1957 TOP 3. – In einem Schreiben vom 11. Dez. 1957 an den Bundeskanzler hatte der Präsident der Hohen Behörde der EGKS, René Mayer, darauf aufmerksam gemacht, daß die Mitgliedsstaaten der EGKS demnächst aufgrund des Artikels 216 des Vertrages über die Gründung der EWG und des Artikels 189 des Vertrages über die Gründung der EURATOM die Amtssitze dieser neuen Gemeinschaften festzusetzen hatten. Gleichzeitig hatte er sich für Luxemburg als gemeinsamen Amtssitz ausgesprochen (Schreiben in AA, Abt. 2 Ref. 200, Bd. 53; dort und in AA B 1, Bd. 48 weitere Unterlagen zu den Bewerbungen einzelner Städte, darunter Luxemburg, Brüssel und Straßburg-Kehl, sowie zur personellen Besetzung der Organe). In einer Chefbesprechung am 7. Dez. 1957 im BMWi hatten sich die Ressortvertreter auf Luxemburg als Sitz aller Gemeinschaftsorgane verständigt (Aufzeichnung des AA vom 7. Dez. 1957 in AA Abt. 2, VS-Bd. 3253).

[10] Dr. Joseph Bech (1887–1975). Seit 1914 Mitglied der luxemburgischen Abgeordnetenkammer für die Rechtspartei, 1921 Innen- und Unterrichtsminister und 1923 zusätzlich Justizminister, 1926–1937 und 1953–1958 Ministerpräsident, 1956–1958 Außenminister, 1953 zusätzlich Landwirtschafts- und Weinbauminister, 1959–1964 Präsident der Abgeordnetenkammer.

[11] Zur Pariser Außenministerkonferenz am 23. Juli 1952 vgl. 238. Sitzung am 29. Juli 1952 TOP D (Kabinettsprotokolle 1952, S. 488).

Brüssel habe ein gutes Gelände angeboten, das allerdings erst nach dem Ende der Weltausstellung 1958 verfügbar sein werde. Es sei wohl am zweckmäßigsten, wenn die Montanunion zunächst in Luxemburg bleibe. Man müsse auch von der Investitionsbank und dem Hohen Gerichtshof sprechen[12]. Was das Präsidium von Euratom angehe, so werde der Vorschlag, den Franzosen Armand zum Präsidenten zu machen, allgemein positiv bewertet.

Der *Bundesminister der Finanzen* führt aus, man müsse die Frage der Einheitlichkeit des Sitzes von dem Problem trennen, welche Stadt in Betracht komme. Die Einheitlichkeit sei von entscheidender Bedeutung, und zwar nicht nur aus verwaltungstechnischen Gründen. Bei EWG, Euratom und Montanunion handele es sich um drei gemeinsame Märkte, die mit der Zeit vereinigt werden müßten. Daran zweifle eigentlich niemand. Lege man die Verwaltungsspitze jeder Organisation in eine andere Stadt, so belaste man die politisch und wirtschaftlich notwendige Entwicklung mit einer negativen Hypothek. Auch Ministerpräsident Bech sei im Grunde dieser Meinung, könne aber aus seiner besonderen Situation heraus diese Lösung nicht befürworten. Bei der Montanunion gebe es eine Reihe diplomatischer Missionen. Diese würden sich sofort an den Sitz der EWG begeben, wenn dieser nicht nach Luxemburg komme. Er, der Minister, glaube, es wäre ein schwerer Fehler, die drei Organisationen in verschiedene Städte zu legen. Die Frage, welche Stadt in Betracht komme, habe nicht so grundsätzliche Bedeutung. Das Gebiet Straßburg-Kehl komme nicht in Betracht, weil hier nationale Ressentiments eher belebt als abgebaut würden. Es würde sich mit Selbstverständlichkeit ergeben, daß die deutschen Mitglieder der Behörde in Kehl, die Franzosen in Straßburg wohnten. Mitten durch die europäische Hauptstadt würde eine nationale Grenze laufen. Hierin sei dem Bundesminister für Wirtschaft zuzustimmen. Praktisch blieben danach nur Brüssel oder Luxemburg übrig. Luxemburg sei als Sitz aller drei Organisationen gut geeignet. Die Gefahr der Überfremdung sei nicht so groß. Dies sei auch die Meinung weiter Kreise in Luxemburg. Der *Bundeskanzler* zeigt sich von diesen Ausführungen nicht ganz überzeugt, während der *Bundesminister der Finanzen* daran festhält, daß zahlreiche luxemburgische Minister und die Großherzogin die Aufnahme auch der anderen beiden europäischen Organisationen in Luxemburg befürworten. Der *Bundesminister für Wirtschaft* weist darauf hin, daß die EWG ein ungeheures Gewicht erhalten werde. Sie werde von selbst die zentrale Einrichtung werden. Man könne also die Entwicklung in Ruhe abwarten. Der *Bundesminister für Ernährung, Landwirtschaft und Forsten* schließt sich dieser Auffassung an. Der *Bundeskanzler* unterstreicht noch einmal, daß auch Ministerpräsident Bech mit dem späteren Abzug der Montanunion von Luxemburg einverstanden sei. Der *Bundesminister für Atomkernenergie und Wasserwirtschaft* weist darauf hin, daß infolge des Schwergewichts der EWG die Angliederung der Montanunion nach einigen Jahren erfolgen werde. Man könne deshalb Brüssel als Sitz der EWG in Aussicht nehmen. Der *Bundesminister der*

---

[12] Die Errichtung einer Investitionsbank und eines Gerichtshofs waren in dem Vertrag über die Europäische Wirtschaftsgemeinschaft vorgesehen. Die Investitionsbank erhielt ihren Sitz in Brüssel, der Gerichtshof in Luxemburg.

Finanzen spricht sich wiederum dafür aus, von Anfang an dieselbe Stadt zum Sitz der drei Behörden zu machen. Die Bank und der Gerichtshof könnten an anderer Stelle untergebracht werden. Der *Bundeskanzler* schlägt vor, das Kabinett möge beschließen, es sei wünschenswert, EWG und Euratom nach Brüssel zu bringen und im Laufe der späteren Entwicklung auch die Montanunion dort unterzubringen. Hiergegen erhebt sich kein Widerspruch, der *Bundesminister der Finanzen* nimmt aber seine früher geäußerte Meinung auch nicht ausdrücklich zurück.

Der *Bundesminister der Finanzen* betont, es sei notwendig, daß die Ausschüsse der Gemeinsamen Versammlung am Sitz der europäischen Organisation tagen. Auch hiergegen wird kein Widerspruch geäußert.

Der *Bundesminister für Wirtschaft* erklärt, man sei sich im wesentlichen darüber einig, daß der Posten des Präsidenten der EWG den BENELUX-Ländern zufallen solle. Diese hätten untereinander ausgemacht, daß Holland das Vorschlagsrecht eingeräumt werden sollte. Holland schlage nun Herrn Mansholt[13] vor, der Sozialist und Agrarpolitiker sei. Man müsse sich fragen, ob diese beiden Eigenschaften für den ersten Präsidenten der EWG gut seien. Der *Bundeskanzler* wendet sich gegen den Vorschlag Mansholt. Der *Bundesminister für Ernährung, Landwirtschaft und Forsten* berichtet, er kenne Herrn Mansholt seit langem. Seine Kandidatur werde auch von konservativen niederländischen Politikern befürwortet. Seine Haltung gleiche eher der eines Liberalen. Er habe am meisten Meinungsverschiedenheiten mit seinem holländischen Parteifreunde und Ministerpräsidenten Drees[14] gehabt. Mansholt beherrsche vier Sprachen. Der *Bundesminister des Innern* fragt, ob ein besserer Kandidat genannt werden könne. Dies müßte geprüft werden, bevor man den ersten Kandidaten ablehne. Der *Bundeskanzler* ist der Meinung, daß der erste Präsident der europäischen Wirtschaftsgemeinschaft unter keinen Umständen ein Sozialist sein dürfe. Man müsse daran denken, unter welchen Schwierigkeiten und gegen einen wie harten Widerstand wenigstens der deutschen Sozialdemokraten die Anfänge Europas geschaffen worden seien. Der *Bundesminister der Finanzen* bestätigt, daß Mansholt sehr angesehen sei, er sei aber trotzdem ein überzeugter Sozialist. Mansholt sei eine Figur des niederländischen Zweiparteienspiels. Bei der Berufung des Präsidenten EWG sei Einstimmigkeit erforderlich. Einen Sozialisten könne die Bundesrepublik nicht akzeptieren.

Der *Bundeskanzler* schlägt folgenden Beschluß vor: Das Kabinett ist der Auffassung, daß an die Spitze der EWG eine Persönlichkeit treten muß, welche der deutschen Wirtschaftskonzeption entspricht. Das Kabinett stimmt zu.

---

[13] Sicco Leendert Mansholt (1908–1995). Seit 1936 Mitglied der Sociaal-Democratische Arbeiderspartij in Nederland (SDAP) bzw. seit 1946 der Partij van de Arbeid (PvdA), 1945–1958 niederländischer Minister für Landwirtschaft, Fischerei und Ernährung, 1958–1967 Vizepräsident der EWG-Kommission, 1967–1972 der Kommission der EG, 1968 Verfasser des „Memorandums zur Reform der Landwirtschaft in der EWG" (Mansholt-Plan), März bis Dez. 1972 Interims-Präsident der Kommission der EG.

[14] Willem Drees (1886–1988). Seit 1927 im Vorstand der SDAP, 1940–1941 Inhaftierung im Konzentrationslager Buchenwald, anschließend Tätigkeit in der niederländischen Widerstandsbewegung, 1946 Mitgründer der PvdA, 1945–1948 niederländischer Sozialminister, 1948–1958 mit mehrfachen Unterbrechungen Ministerpräsident, 1971 Austritt aus der PvdA.

Der *Bundesminister der Finanzen* weist darauf hin, daß die Besetzung der Präsidentenposten der Montanunion und von Euratom dringend sei. Der *Bundeskanzler* meint, man solle erst das Ergebnis der Präsidentenwahl bei der EWG abwarten[15].

[C. Fall Agartz]

Außerhalb der Tagesordnung berichtet der *Bundesminister des Innern* über den soeben bekanntgewordenen Freispruch[16] des Dr. Agartz. Sein Kraftfahrer, der auf seine Anweisung das Geld zur Finanzierung der von Agartz herausgegebenen Korrespondenz aus dem kommunistischen Machtbereich abgeholt habe, sei zu acht Monaten Gefängnis verurteilt worden. Der *Minister* ist der Meinung, daß das Urteil sehr bedenkliche Konsequenzen haben werde. Das Infiltrationstor sei weit geöffnet, die Annahme kommunistischer Gelder legalisiert. Man müsse sich fragen, ob gesetzgeberische Maßnahmen erforderlich seien. Das Kabinett solle die Bundesminister der Justiz und des Innern beauftragen, die entsprechenden Vorschläge möglichst bald zu machen.

Der *Bundesminister der Justiz* empfiehlt, die schriftliche Urteilsbegründung abzuwarten. Wahrscheinlich sei der Freispruch mit der Auslegung des Begriffs „Absicht" zu erklären. Der *Bundeskanzler* glaubt aber, daß jetzt sofort eine Verlautbarung der Bundesregierung etwa folgenden Inhalts erscheinen müsse: Das Kabinett wolle die schriftliche Urteilsbegründung abwarten, um dann evtl. zu der Sachlage Stellung zu nehmen[17].

[D. Nächste Kabinettssitzung]

Abschließend bittet der *Bundeskanzler* die Kabinettsmitglieder sich auf die Möglichkeit einer Kabinettssitzung am 21. Dezember 1957 (Samstag) einzurichten. Es könne notwendig werden, im Anschluß an die NATO-Konferenz noch einmal vor Weihnachten zu tagen[18]. Der *Bundeskanzler* weist weiter darauf hin, daß der Bundespräsident die Neujahrsglückwünsche des Kabinetts am 9. Januar 1958 entgegennehmen wird. Nachdem der Bundeskanzler die Sitzung verlassen hat, übernimmt der Vizekanzler den Vorsitz.

---

[15] Fortgang 8. Sitzung am 8. Jan. 1958 TOP 2 (B 136/36117). – Auf der Außenministerkonferenz der sechs EWG-Staaten am 7. Jan. 1958 wurde Walter Hallstein zum ersten Präsidenten der EWG-Kommission gewählt.

[16] Siehe 178. Sitzung am 4. April 1957 TOP 1 (Politische Lage). – Der Bundesgerichtshof hatte Agartz am 13. Dez. 1957 freigesprochen, da ihm ein direkter Vorsatz einer verfassungsfeindlichen Betätigung nicht nachgewiesen werden konnte und sich die Entgegennahme von Geldern der SED nicht in einer deutlich verfassungsfeindlichen Tendenz der Artikel seiner Zeitschrift niedergeschlagen habe. Urteil des BGH vom 13. Dez. 1957 in BGHSt 11, 171, Unterlagen zum Prozeß in B 136/1742, in Nachlaß Agartz N 1104/7 und in AdsD, Nachlaß Gustav Heinemann, Mappe 01023.

[17] Eine Pressemitteilung konnte nicht ermittelt werden.

[18] Die nächste Kabinettssitzung fand am 8. Jan. 1958 statt.

7. Sitzung am 13. Dezember 1957

1. Personalien

Das Kabinett billigt die Vorschläge: Anlage 1 zu Punkt 1 der Tagesordnung (mit Ausnahme des vor Beginn der Sitzung gestrichenen Vorschlages Ziff. 1) und Anlage 2 zu Punkt 1 der Tagesordnung[19].

[E.] Europäische Gemeinschaftsanlage der OEEC für die chemische Aufarbeitung bestrahlter Kernbrennstoffe

Außerhalb der Tagesordnung wird die gemeinsame Vorlage der Bundesminister für Atomkernenergie und Wasserwirtschaft und des Auswärtigen vom 6. Dezember 1957 behandelt: Europäische Gemeinschaftsanlage der OEEC für die chemische Aufarbeitung bestrahlter Kernbrennstoffe[20].

Das Kabinett stimmt der Vorlage zu.

2. Gegenseitige Vertretung der Bundesminister

Das Kabinett stimmt der Vorlage zu[21].

---

[19] Vorgeschlagen war die Ernennung des Legationsrates I. Klasse Dr. Karl-Gustav Wollenweber zum Botschafter (vgl. 194. Sitzung am 3. Sept. 1957 TOP 2), eines Ministerialrats im BMWi, eines Ministerialdirigenten und des Generalarztes Dr. Heinrich Oberdieck im BMVtg (Anlage 1; gestrichen war als Ziffer 1 der Vorschlag des AA zur Ernennung eines Generalkonsuls). Ferner sollte Oberverwaltungsgerichtsrat Dr. Hansharald Müller zum Beisitzer beim deutsch-französischen Gemischten Gerichtshof (vgl. dazu 171. Sitzung am 15. Febr. 1957 TOP 8) ernannt werden (Anlage 2).

[20] Siehe 4. Sitzung vom 21. Nov. 1957 TOP 2. – Vorlage des BMAt vom 6. Dez. 1957 in B 138/2758 und B 136/6113, weitere Unterlagen in B 138/2763 und 2754. – Der Direktionsausschuß für Kernenergie der OEEC hatte die Gründung einer Europäischen Gesellschaft für chemische Aufarbeitung bestrahlter Kernbrennstoffe (Eurochemic) vorgeschlagen, die in Mol (Belgien) eine Anlage zur Aufbereitung von Kernbrennstoffen errichten sollte. Die Bundesrepublik sollte anteilig 16–17 % (13,5–14 Millionen DM) der Kosten übernehmen. Nachdem seitens der interessierten Industrie die Übernahme von 33–50 % der Kosten zugesagt worden war, hatte der BMF den Finanzvorbehalt zurückgezogen. Die Gründung der Gesellschaft sollte durch eine ratifizierungsbedürftige Konvention der beteiligten Staaten erfolgen. Die Rechtsverhältnisse sollten durch eine Satzung geregelt werden. Die Vorlage knüpfte die Zustimmung zu Konvention und Satzung der Eurochemic an die Ergänzung der Satzung der OEEC-Kernenergie-Agentur um den Vorbehalt zugunsten des EURATOM-Vertrags und an die gleichzeitige oder vorangehende Verabschiedung dieser Satzung. Dem Gesetzentwurf zu dem Übereinkommen vom 20. Dez. 1957 stimmten die Ressorts im Umlaufverfahren zu (vgl. Schreiben des Bundeskanzleramtes an die Bundesminister vom 2. Okt. 1958 in B 136/6114). – BR-Drs. 237/58, BT-Drs. 600. – Gesetz zu dem Übereinkommen vom 20. Dez. 1957 über die Gründung der Europäischen Gesellschaft für die chemische Aufarbeitung bestrahlter Kernbrennstoffe (Eurochemic) vom 26. Mai 1959 (BGBl. II 621).

[21] Zur bisherigen Festlegung der Vertretungsregelung vgl. 32. Sitzung am 21. Dez. 1949 TOP 10 (Kabinettsprotokolle 1949, S. 278). – Vorlage des Bundeskanzleramtes vom 29. Okt. 1957 in B 141/58658. Zur Ausführung des Beschlusses vgl. u.a. Hausmitteilung des Bundeskanzleramtes Nr. 1/58 vom 6. Jan. 1958 in B 136/4069. – Danach wurden vertreten der Bundeskanzler durch den BMWi, der Bundesminister des Auswärtigen durch den BMBR, der BMI durch den BMJ, der BMJ durch den BMI, der BMF durch den BMBes, der BMWi durch den BMF, der BML durch den BMA, der BMA durch den BML, der BMVtg durch den BMBR, der BMV durch den BMP, der BMP durch den BMV, der BMWo durch den BMFa, der BMVt durch den BMG, der

3. Weihnachts- und Neujahrsglückwünsche

Weihnachts- und Neujahrsglückwünsche sollen nicht versandt werden, soweit nicht bereits entgegenstehende Maßnahmen getroffen sind[22].

6. Besoldungsrechtliche Übergangsmaßnahmen für die Bundesbeamten im Saarland; hier: Zweite Rechtsverordnung auf Grund des § 13 Abs. 6 des Gesetzes über die Eingliederung des Saarlandes vom 23.12.1956   BMI

Das Kabinett billigt die Vorlage[23].

Staatssekretär Hartmann bemerkt ausdrücklich zur Aufnahme in das Protokoll, daß aus der soeben beschlossenen Maßnahme keine zusätzliche Belastung für den Bundeshaushalt entstehen dürfe. *Staatssekretär Dr. Seiermann* glaubt, daß die Belastung der Bundesbahn sich schließlich doch auf den Bundeshaushalt auswirken werde. *Staatssekretär Hartmann* bleibt bei seiner Meinung. Die Bundesbahn müsse sich ggf. selbst helfen[24].

7. Entwurf eines Jugendarbeitsschutzgesetzes   BMA

Der Bundesminister für Arbeit und Sozialordnung berichtet über seine Verhandlungen mit den Parteien. Da die sozialdemokratische Bundestagsfraktion inzwischen einen eigenen Entwurf eingebracht habe, der in verschiedenen Punkten über den am 28.11.1956 beschlossenen Regierungsentwurf hinausgehe, könne dieser Entwurf jetzt nicht mehr modifiziert werden, man müsse an ihm festhalten. Das Kabinett beschließt entsprechend[25].

BMG durch den BMVt, der BMBR durch den BMFa, der BMFa durch den BMWo, der BMAt durch den BMBes, der BMBes durch den BMAt.

[22] Vgl. dazu das Schreiben des Staatssekretärs im Bundeskanzleramt vom 23. Nov. 1957 an die Bundesminister in B 136/4674.

[23] Zur Ersten Rechtsverordnung vgl. 189. Sitzung am 16. Juli 1957 TOP E. – Vorlage des BMI vom 9. Dez. 1957 in B 136/5190, weitere Unterlagen in B 106/7332. – Die Regierung des Saarlandes hatte durch Erlaß vom 21. Nov. 1957 die Zahlung einer Teuerungszulage an Beamte in Höhe von 50 % der Dienstbezüge für den Monat Oktober 1957 angeordnet (Amtsblatt des Saarlandes, S. 1000). Nach § 13 Abs. 6 des Gesetzes über die Eingliederung des Saarlandes vom 23. Dez. 1956 (BGBl. I 1011) hatte die Bundesregierung für diejenigen ehemaligen Beamten des Saarlandes, die aufgrund des Eingliederungsgesetzes Bundesbeamte geworden waren, eine Angleichung der Bezüge an die der saarländischen Beamten vorzunehmen. Dabei handelte es sich vorwiegend um Beamte der Bundesbahn und Bundespost, für deren Anpassung der Bezüge nach Angaben des BMI Mehrkosten von 4,384 Millionen DM entstehen würden. Der BMI hatte mit seiner Vorlage eine entsprechende Rechtsverordnung vorgelegt, die nach dem Eingliederungsgesetz nicht der Zustimmung des Bundesrates bedurfte.

[24] Zweite Verordnung zur Angleichung der Dienst- und Versorgungsbezüge der in § 13 Abs. 1, 3 und 5 des Gesetzes über die Eingliederung des Saarlandes bezeichneten Beamten und Versorgungsempfänger des Bundes vom 21. Jan. 1958 (BAnz. Nr. 17 vom 25. Jan. 1958, S. 1).

[25] Siehe 171. Sitzung am 15. Febr. 1957 TOP 4. – Vorlage des BMA vom 2. Dez. 1957 in B 149/1096 und B 136/2678, Vermerk des BMA über die Besprechung mit dem sozialpolitischen Arbeitskreis der CDU/CSU-Bundestagsfraktion am 27. Nov. 1957 in B 149/1096. – Unter Bezugnahme auf den Kabinettsbeschluß in der 2. Sitzung am 7. Nov. 1957 TOP 1 hatte der BMA in seiner Vorlage die Zustimmung zu dem Entwurf in der Fassung vom 23. Nov. 1956

4. **Vertretung der saarländischen Arbeitnehmer im Beratenden Ausschuß der Hohen Behörde der Europäischen Gemeinschaft für Kohle und Stahl** BMWi

Der *Bundesminister für Wirtschaft* begründet seine Vorlage. Er regt an, den Deutschen Gewerkschaftsbund, Landesbezirk Saarland, bis zum 14.1.1959 als maßgebende Organisation für den Sitz im Beratenden Ausschuß bei der Hohen Behörde vorzuschlagen. Für die Zeit danach solle die Besetzung überprüft werden. Der *Bundesminister für Arbeit und Sozialordnung* berichtet über seine Verhandlungen, über den von ihm gewonnenen Eindruck und über das Ergebnis der Betriebsrätewahlen an der Saar. Er erklärt sich mit dem Vorschlage des Bundesministers für Wirtschaft einverstanden[26].

Das Kabinett beschließt entsprechend[27].

5. **Memorandum der Regierung des Saarlandes an die Bundesregierung betr. die derzeitige besondere wirtschaftliche Lage des Saarlandes vom 13.11.1957** BMWi

Der *Bundesminister für Wirtschaft* weist auf die Bedeutung der in der Vorlage zum Ausdruck kommenden Probleme hin. Das Thema sei so umfangreich, daß es heute – auch wegen der Abwesenheit des Bundeskanzlers – nicht behandelt werden sollte. Der *Bundesminister der Finanzen* erklärt, die Mittel aus der Finanzhilfe des Bundes seien noch nicht verbraucht. Man müsse im Auge behalten, daß das Saarland jetzt seine finanziellen und wirtschaftlichen Interessen sehr kräftig wahrnehmen wolle.

Die Vorlage wird vom Kabinett nicht weiter behandelt[28].

---

erbeten, der in der vorausgegangenen Legislaturperiode nicht mehr verabschiedet worden war. Der Entwurf der SPD (BT-Drs. 31) basierte auf dem Antrag vom 6. Juni 1956 (BT-Drs. 2429). Er entsprach zwar im wesentlichen der Regierungsvorlage, enthielt aber weniger einengende Sondervorschriften z.B. für die Seeschiffahrt, für Heimarbeiter oder im eigenen Haushalt beschäftigte Kinder. – BR-Drs. 5/58, BT-Drs. 317. – Gesetz zum Schutz der arbeitenden Jugend (Jugendarbeitsschutzgesetz) vom 9. Aug. 1960 (BGBl. I 665).

[26] Vorlage des BMWi vom 7. Dez. 1957 in B 102/34564 und B 136/8362. – Der Beratende Ausschuß bei der Hohen Behörde der EGKS setzte sich aus je 17 Vertretern der Unternehmen, der Arbeitnehmer und der Verbraucher zusammen. In jeder Gruppe war die Bundesrepublik durch sechs Vertreter repräsentiert. Für die dritte Amtsperiode vom 15. Jan. 1958 bis zum 14. Jan. 1959 war ein Arbeitnehmervertreter aus dem Saarland zu bestimmen, den nach dem Inkrafttreten des Saarvertrages die Bundesregierung vorzuschlagen hatte. Unter Berufung auf die Betriebsrätewahlen im Sommer 1957 (69,3 % freie Gewerkschaften und 30,7 % christliche Gewerkschaften) hatte der DGB-Landesbezirk Saarland Anspruch auf diesen Sitz erhoben, während der Gesamtverband christlicher Gewerkschaften damit argumentierte, daß der DGB bereits fünf Sitze innehabe. Der BMWi hatte in seiner Vorlage empfohlen, den DGB für den Rest der laufenden Amtsperiode als „maßgebende Arbeitnehmerorganisation" im Sinne der Bestimmungen des Montanunionvertrages (Art. 18 Abs. 3) vorzuschlagen.

[27] Als 51. Mitglied des Beratenden Ausschusses wurde als Vertreter des DGB-Landesbezirks Saarland der Betriebsratsvorsitzende der saarländischen Neunkircher Eisenwerk AG Erich Pontius durch den Ministerrat der EGKS ernannt. Vgl. dazu das Schreiben des Generalsekretärs des Ministerrates der EGKS vom 10. Febr. 1958 an den BMWi in B 102/34564. – Fortgang 42. Sitzung am 12. Nov. 1958 TOP 3 (B 136/36119).

449

[F.] Umschuldung der Verpflichtungen des indischen Staates gegenüber deutschen Industrieunternehmungen für Lieferungen für das Stahlwerk Rourkela (Vorlage des Bundesministers des Auswärtigen vom 10. Dezember 1957)

Staatssekretär Hartmann erklärt, die Devisenlage Indiens sei verzweifelt. Indien habe daher gebeten, 600 Mio. DM seiner Verpflichtungen gegenüber deutschen Industriewerken umzuschulden[29]. Damit würden die Bundesmittel für derartige Zwecke in sehr hohem Maße in Anspruch genommen. Trotzdem habe man den Vorschlag der Vorlage ausgearbeitet. Jetzt habe Indien seine Wünsche auf 800 Mio. DM erhöht. Auf diese Forderung dürfe keinesfalls eingegangen werden. Der *Bundesminister für wirtschaftlichen Besitz des Bundes* behält sich wegen der späten Zustellung der Vorlage ihre genaue Prüfung noch vor. Der *Bundesminister der Finanzen* unterstreicht, daß nicht mehr als 600 Mio. DM bewilligt werden dürften. Der *Vizekanzler* bittet zu prüfen, ob man bei der Ablehnung der Erhöhungswünsche Indiens die Formel gebrauchen solle, daß die Erhöhung „einstweilen nicht" bewilligt werden könne. Der *Bundesminister der Finanzen* wendet sich gegen diesen Vorschlag, regt aber an, die Ablehnung der Erhöhung an Indien erst im Januar mitzuteilen. Der *Bundesminister für wirtschaftlichen Besitz des Bundes* bittet um Beteiligung in dieser Angelegenheit.

Das Kabinett beschließt entsprechend der Vorlage und lehnt eine Erhöhung des Umschuldungsbetrages über 600 Mio. DM hinaus ab[30].

[G.] Wissenschaftsrat

Der *Bundesminister des Innern* weist auf seine Vorlage vom 11.11.1957 hin[31]. Er ist der Meinung, daß an den sechs Vorschlägen für die Berufung in den Wissenschaftsrat festgehalten werden solle. Außerdem sollen als Vertreter der Bundesregierung in der Verwaltungskommission die Staatssekretäre folgender Ministerien tätig werden: des Innern, der Finanzen, für Wirtschaft, für Ernährung, Landwirt-

---

[28] Siehe 167. Sitzung am 16. Jan. 1957 TOP D. – Vorlage des BMWi vom 5. Dez. 1957 mit beigefügtem Memorandum der Regierung des Saarlandes vom 13. Nov. 1957 in B 102/13157 und B 136/948. – Fortgang 8. Sitzung am 8. Jan. 1958 TOP 3 (B 136/36117).

[29] Siehe 143. Sitzung am 11. Juli 1956 TOP 1 a (Kabinettsprotokolle 1956, S. 468 f.) und 53. Sitzung des Kabinettsausschusses für Wirtschaft am 9. Juli 1956 TOP 2 (B 136/36218). – Vorlage des AA vom 10. Dez. 1957 in B 136/2519 und B 102/55513. – Beim Bau des Rourkela-Stahlwerkes waren Verbindlichkeiten der indischen Regierung gegenüber den beteiligten deutschen Firmen in Höhe von insgesamt 600 Millionen DM entstanden, die bis Ende 1960 fällig wurden. Nach dem vom AA beantragten Umschuldungsplan sollte der Bund Ausfallbürgschaften in Höhe von insgesamt 240 Millionen DM aus Haushaltsmitteln bereitstellen. Das AA hatte seinen Vorschlag mit der wirtschaftlichen Bedeutung, aber auch mit der politischen Rolle Indiens im Lager der blockfreien Staaten begründet.

[30] Fortgang 12. Sitzung am 5. Febr. 1958 TOP C (B 136/36117).

[31] Siehe 3. Sitzung am 13. Nov. 1957 TOP C. – Vorlage des BMI vom 9. Dez. 1957 in B 138/6163 und B 136/6048. – Der BMI hatte sich die Argumentation des hessischen Ministerpräsidenten Zinn zu eigen gemacht, nach der bei einer Änderung oder Erweiterung der Vorschlagsliste neue Forderungen wie etwa der Wunsch des DGB nach einer Vertretung nicht mehr abgewiesen werden könnten. Vgl. das Schreiben Schröders vom 16. Nov. 1957 an Adenauer in B 136/6048.

schaft und Forsten, für Atomkernenergie und Wasserwirtschaft und für Verkehr. Die ständigen Stellvertreter sollen von denselben Ressorts gestellt werden mit Ausnahme des Verkehrsministeriums. Der Staatssekretär dieses Hauses soll von einem Herrn des Verteidigungsministeriums vertreten werden.

Das Kabinett stimmt den Vorschlägen zu[32].

[H. Mittel für die FU Berlin]

Außerhalb der Tagesordnung spricht der *Bevollmächtigte der Bundesrepublik Deutschland in Berlin, Dr. Vockel,* über die Möglichkeit, aus den Mitteln, bei deren Verwendung der Wissenschaftsrat mitzureden hat, im voraus etwa 2 Mio. DM für die Berliner Universität zur Verfügung zu stellen. Die Sache sei seinerzeit im Bundestagsausschuß für Gesamtdeutsche und Berliner Fragen erörtert worden. Der *Bundesminister des Innern* äußert Bedenken dagegen, daß weitere Spezialprojekte ohne Beteiligung des Wissenschaftsrates finanziert würden. Man solle diesem Gremium das Mitspracherecht nicht unnötig verkürzen. Er, der Minister, wolle den Vorschlag aber noch einmal prüfen. *Dr. Vockel* beruft sich auf eine Zusage des Innenministeriums gegenüber dem Bundestagsausschuß für Gesamtdeutsche und Berliner Fragen. Der *Bundesminister des Innern* erklärt, er habe eine solche Zusage nicht gemacht. *Staatssekretär Thedieck* erläutert, daß bei einer Sitzung des genannten Ausschusses in Berlin als Vertreter des Bundesinnenministeriums Dr. Sauer[33] erschienen sei. Da kurz vorher die Behandlung derartiger Fragen vom Kabinett dem Bundesinnenministerium übertragen worden sei[34], habe er, der Staatssekretär, auf die Anwesenheit eines Vertreters des Bundesinnenministeriums Wert gelegt. Dr. Sauer habe erklärt, sein Haus wolle die Sache in die Hand nehmen und um eine Regelung bemüht sein[35].

---

[32] Mit Schreiben vom 20. Dez. 1957 übermittelte Erhard als Stellvertreter des Bundeskanzlers dem Bundespräsidenten die sechs gemeinsam von Bund und Ländern vorgeschlagenen Mitglieder (B 136/6048 und B 138/6163). Der Wissenschaftsrat konstituierte sich am 6. Febr. 1958. Ansprache des Bundespräsidenten in der Universität Bonn in Bulletin Nr. 27 vom 8. Febr. 1958, S. 233–235.

[33] Dr. Karl Sauer (geb. 1894). 1931–1937 Preußisches, ab 1933 Reichs- und Preußisches Ministerium des Innern, 1937–1945 Preußische Bau- und Finanzdirektion Berlin, 1945 Regierung in Arnsberg, 1945–1946 Provinzialregierung in Münster/Westf., 1946–1947 Innenministerium des Landes Nordrhein-Westfalen, 1947–1950 Magistrat von Groß-Berlin, 1950–1958 BMI, dort 1950–1953 Leiter des Referats I C 3, bzw. ab 1952 VI A 3 (Verfassungsschutz, Grenzschutz, bzw. ab 1952 Verfassungsschutz, Kriminalpolizei), 1953–1958 Vertreter des BMI in Berlin.

[34] Vgl. dazu 171. Sitzung am 15. Febr. 1957 TOP 9.

[35] Mit Schreiben vom 9. Jan. 1958 an den BMI präzisierte Vockel den Finanzbedarf der Berliner Hochschuleinrichtungen (B 138/1653 und B 136/6541). Am 8. Jan. 1958 beauftragte das Berliner Abgeordnetenhaus den Senat formell, mit dem BMI und dem BMF zu verhandeln, um außerhalb des regulären Bundeszuschusses noch im Haushaltsjahr 1957 einen Zuschuß für die Freie Universität und für die Technische Universität in Höhe von insgesamt 2,1 Millionen DM und im Haushaltsjahr 1958 eine einmalige direkte Zuwendung in Höhe von 3,5 Millionen DM für die Freie Universität und einen einmaligen Betrag in Höhe von 2 Millionen DM für die Technische Universität für Verwaltungszwecke zu erhalten. Vgl. das Schreiben des Senators für Volksbildung Joachim Tiburtius vom 19. Jan. 1958 an den BMI mit beiliegendem Beschluß des Abgeordnetenhauses in B 138/1653. Am 6. Juni 1958 beschloß der Wissenschaftsrat, als

[I. Weihnachtsgeld]

Außerhalb der Tagesordnung fragt der *Bundesminister des Innern*, ob dieses Jahr den Bundesbeamten ein Weihnachtsgeld in der Form gezahlt werden solle, daß für jedes Kind DM 15,-- berechnet würden. Er, der Minister, stehe auf dem Standpunkt, daß nach der Erhöhung der Beamtenbezüge nach dem Bundesbesoldungsgesetz derartige Zuschläge nicht mehr in Betracht kämen[36].

Das Kabinett stimmt dieser Auffassung zu, der *Bundesminister für Familien- und Jugendfragen* weist aber auf das Beispiel mancher Länder und Gemeinden hin, die sich anders verhielten[37].

[J. Ernennung von Hettlage]

Außerhalb der Tagesordnung bittet der *Bundesminister der Finanzen* um die Zustimmung des Kabinetts zu der Ernennung des Herrn Dr. Hettlage[38] zum Ministerialdirektor im Bundesministerium der Finanzen. Er solle die Stelle des in den einstweiligen Ruhestand getretenen Ministerialdirektors Dr. Vialon[39] übernehmen.

---

einmalige Maßnahme 3 Millionen DM aus Forschungsmitteln den Berliner Hochschuleinrichtungen zuzuteilen. Vgl. den Vermerk des BMI vom 26. Sept. 1958 in B 138/1653, Unterlagen über die weiteren Verhandlungen zwischen dem Land Berlin und dem Bund in B 138/1653 und 1654 sowie in B 136/6541.

[36] Zum Bundesbesoldungsgesetz vom 27. Juli 1957 (BGBl. I 993) vgl. 160. Sitzung am 22. Nov. 1956 TOP 10 (Kabinettsprotokolle 1956, S. 733). – Sprechzettel für den Minister vom 9. Dez. 1957 in B 106/19095, weitere Unterlagen in B 106/19279 und B 222/251. – Laut Sprechzettel vertrat das BMI den Standpunkt, daß mit Inkrafttreten des Bundesbesoldungsgesetzes für die Gewährung von Weihnachtszuwendungen an Beamte, Richter und Soldaten keine Rechtsgrundlage mehr gegeben sei, während Weihnachtsgeld an Angestellte und Arbeiter des Bundes auch im Jahre 1957 zu gewähren sei. Die finanziellen Aufwendungen nach der bisherigen Praxis auf der Berechnungsgrundlage von 15 DM für jedes kinderzuschlagsberechtigte Kind bei einer Bezugsgrenze von 465 DM Grundgehalt waren für Bund, Länder, Bundesbahn und Bundespost auf 5,5 Millionen DM veranschlagt worden.

[37] In einem Schnellbrief vom 17. Dez. 1957 teilte das BMI den obersten Bundesbehörden und den Dienststellen seines Geschäftsbereiches sowie nachrichtlich u.a. den Finanzministern und Finanzsenatoren der Länder seine nunmehr durch Kabinettsbeschluß gestützte Auffassung mit (B 106/7908). Entsprechend beschied das Bundeskanzleramt auch den Bundesvorstand des DGB, der mit Schreiben vom 21. Okt. und 3. Dez. 1957 eine einheitliche Weihnachtsgratifikation für den gesamten öffentlichen Dienst gefordert hatte (B 106/19095).

[38] Prof. Dr. Karl Maria Hettlage (1902–1995). 1932–1933 MdL Preußen (Zentrum), 1934–1938 Stadtkämmerer von Berlin, 1938–1951 Vorstandsmitglied der Commerzbank, während des Zweiten Weltkriegs im Reichsministerium für Bewaffnung und Munition bzw. ab 1942 für Rüstung und Kriegsproduktion, dort Leiter des Generalreferats für Wirtschaft und Finanzen, seit 1949 Honorarprofessor für Finanz- und Steuerrecht an der Universität Bonn, seit 1953 ordentlicher Professor für Öffentliches Recht an der Universität Mainz, 1958–1962 BMF (Ministerialdirektor), dort 1958–1959 Leiter der Abteilung II (Bundeshaushalt), 1959–1962 Staatssekretär, 1962–1967 Mitglied der Hohen Behörde der EGKS, 1967–1969 erneut Staatssekretär im BMF.

[39] Prof. Dr. Friedrich Karl Vialon (1905–1990). 1929–1937 im Justizdienst, 1937–1942 und 1944–1945 Reichsfinanzministerium, 1942–1944 Leiter der Finanzabteilung beim Reichskommissariat Ostland in Riga, 1945–1950 in der Privatindustrie, 1950–1957 BMF, 1955–1957 Leiter der Unterabteilung II A, 1957 der Abteilung II (jeweils: Bundeshaushalt), 1957–1958 einstweiliger Ruhestand, 1958–1962 Bundeskanzleramt, dort Leiter der u.a. für Wirtschaft, Landwirtschaft,

Dieser werde sich zunächst erholen und habe einen Forschungsauftrag auf dem Gebiet des Haushaltsrechts erhalten. Es sei an seine baldige anderweitige Verwendung gedacht[40]. Der *Bundesminister der Justiz* fragt nach Einzelheiten der Regelung mit Dr. Vialon. Der *Bundesminister der Finanzen* gibt nähere Erklärungen. Das Kabinett ist mit der Ernennung des Herrn Dr. Hettlage einverstanden.

[K. Interzonenhandel]

Außerhalb der Tagesordnung berichtet der *Bevollmächtigte der Bundesrepublik Deutschland in Berlin, Dr. Vockel*, über den Druck, der von sowjetzonaler Seite auf die Berliner Firma Büxenstein[41] ausgeübt wird. Die östlichen Stellen versuchten, die Firma zu ruinieren, indem sie andere Firmen zu der schriftlichen Erklärung zwängen, ihre Geschäftsverbindungen mit Büxenstein abzubrechen. Es sei erwogen worden, im Rahmen der Verhandlungen über den neuen Interzonenhandelsvertrag die Vertreter der Sowjetzone zur Rede zu stellen. Er, Dr. Vockel, habe diesen Vorschlägen widersprochen und empfohlen, die Sache erst nach dem Abschluß des Vertrages, dann aber sofort, zu behandeln. Dies sei auch – mit einem gewissen Erfolg – bereits geschehen. Die Westberliner Zeitung „Telegraph" habe jetzt schwere Vorwürfe gegen ihn, Dr. Vockel, erhoben. Er habe sich gegen diese Vorwürfe in einer Pressekonferenz zur Wehr gesetzt. Er lege aber Wert darauf, erklären zu können, daß er seine damalige Empfehlung bezüglich der Firma Büxenstein im Einvernehmen mit der Bundesregierung abgegeben habe. Der *Vizekanzler* glaubt, es genüge, wenn Dr. Vockel erkläre, er habe im Einvernehmen mit dem Bundesminister für Wirtschaft gehandelt. *Staatssekretär Thedieck* weist auf den Ernst der Situation hin. Das Vorgehen der sowjetzonalen Stellen gegen die Firma Büxenstein sei ein Probefall. Es dürfe ihnen nicht gelingen, diese große Firma zugrunde zu richten. Er, der Staatssekretär, und MinDirigent Dr. Woratz[42] von der Treuhandstelle

---

Soziales und Verkehr zuständigen Abteilung II, 1962–1966 Staatssekretär im BMZ, ab 1963 Ermittlungsverfahren wegen Verdachts des Meineids (keine Kenntnis von Vernichtungsaktionen gegen Juden in Riga während des Zweiten Weltkriegs), 1971 Hauptverhandlung vor dem Landgericht Koblenz und Freispruch. – Der neu ernannte Bundesfinanzminister Franz Etzel hatte sich von Vialon getrennt, der als Leiter der Haushaltsabteilung die Haushaltspolitik Schäffers nachhaltig mitgestaltet und ausgeführt hatte.

[40] Im September 1958 trat Vialon als Ministerialdirektor in das Bundeskanzleramt ein und wurde dort Leiter der u.a. für Wirtschaft und Landwirtschaft zuständigen Abteilung II.

[41] Im Text durchweg in der Schreibweise „Büxsenstein". – Die 1852 gegründete Druckerei Georg W. Büxenstein war seit 1953 eine hundertprozentige Tochter der CDU-nahen Deutschland-Verlag GmbH, die u.a. die Berliner Tageszeitung „Der Tag" herausgab. Hauptanteilseigner des Verlages waren Jakob Kaiser mit 50 % und Dr. Johann Baptist Gradl mit 40 %. Die Leitung des Verlages unterstand dem Zeitungsverleger Gradl, Mitglied der CDU Berlin, seit 1956 im Bundesvorstand der CDU und ab 1957 MdB. Vgl. dazu die Unterlagen zu den Rechts- und Finanzverhältnissen des Verlages in B 137/16570.

[42] Dr. Gerhard Woratz (1908–1997). 1938–1945 Reichswirtschaftsministerium, 1951–1968 BMWi, 1955–1959 Leiter der Unterabteilung IV A (Eisen- und Metallwirtschaft), 1959–1964 der Unterabteilung IV C (Sonstige Industrien), 1964 Leiter der Abteilung E (Europäische zwischenstaatliche Zusammenarbeit), 1964–1968 der Abteilung III (Bergbau, Energie und Wasserwirtschaft, Eisen und Stahl, Mineralöl, EGKS), 1968–1974 Bundesbeauftragter für den Steinkohlenbergbau und die Steinkohlenbergbaugebiete.

für Interzonenhandel[43] hätten sich daher schon früher für eine etwas schärfere Reaktion gegenüber der Sowjetzone ausgesprochen. *Dr. Vockel* weist demgegenüber darauf hin, daß bei den Verhandlungen über den Interzonenhandelsvertrag für Berlin sehr viel auf dem Spiele gestanden habe. Es sei daher empfehlenswert gewesen, diese Verhandlungen nicht zu belasten. Jetzt aber könne man das Anliegen im Zusammenhang mit Büxenstein mit Energie angehen[44]. Dies sei auch, wie gesagt, mit einem gewissen Erfolg bereits geschehen. Das Kabinett ist damit einverstanden, daß sich Dr. Vockel bezüglich seines früheren Vorgehens darauf beruft, im Einvernehmen mit dem Bundesminister für Wirtschaft gehandelt zu haben.

---

[43] Die Treuhandstelle für den Interzonenhandel (TSI) war 1949 beim Deutschen Industrie- und Handelstag (DIHT) gegründet worden. Sie unterstand jedoch der Weisungsaufsicht des BMWi, das für den Interzonenhandel zuständig war und das der TSI die Ausgestaltung und Durchführung des Interzonenhandels auf der Rechtsgrundlage des Frankfurter Abkommens vom 8. Okt. 1949 (BAnz. Nr. 8 vom 11. Okt. 1949, S. 1) bzw. des Berliner Abkommens vom 20. Sept. 1951 (BAnz. Nr. 186 vom 26. Sept. 1951, S. 3) übertragen hatte. Unterlagen zu ihrer Tätigkeit bis zur Auflösung als Treuhandstelle für Handel und Industrie im Jahre 1990 in B 356.

[44] Druckerzeugnisse des Deutschland-Verlags und anderer Organisationen mit z.T. gegen die DDR gerichteten politischen und propagandistischen Inhalts waren von den Behörden der DDR beschlagnahmt worden. Vockel hatte sich dafür eingesetzt, diese Sendungen zu unterlassen, um die in den Verhandlungen um das Interzonenhandelsabkommen für 1958 erzielten Erleichterungen nicht zu gefährden und um Nachteile für die Berliner Wirtschaft abzuwenden (vgl. das Schreiben Vockels an Adenauer und an Erhard vom 29. Okt. 1957 in B 102/435431). Bei der Verhandlung zwischen der TSI und dem Ministerium für Außen- und Interzonenhandel (MAI) am 30. Jan. 1958 sagte die Verhandlungsleiterin des MAI eine Klärung zu. Bei der Verhandlung am 2. Mai 1958 wurde die Angelegenheit als erledigt bezeichnet (vgl. dazu die Niederschriften der TSI über die Besprechungen mit dem MAI vom 30. Jan. und 29. April 1958 in B 102/20953).

ANHANG

GESCHÄFTSORDNUNG DER BUNDESREGIERUNG VOM 11. MAI 1951

(GMBl. 1951, S. 137)

Die Bundesregierung hat nach Artikel 65 des Grundgesetzes folgende, von dem Bundespräsidenten genehmigte Geschäftsordnung beschlossen:

I. DER BUNDESKANZLER

§ 1

(1) Der Bundeskanzler bestimmt die Richtlinien der inneren und äußeren Politik. Diese sind für die Bundesminister verbindlich und von ihnen in ihrem Geschäftsbereich selbständig und unter eigener Verantwortung zu verwirklichen. In Zweifelsfällen ist die Entscheidung des Bundeskanzlers einzuholen.

(2) Der Bundeskanzler hat das Recht und die Pflicht, auf die Durchführung der Richtlinien zu achten.

§ 2

Neben der Bestimmung der Richtlinien der Politik hat der Bundeskanzler auch auf die Einheitlichkeit der Geschäftsführung in der Bundesregierung hinzuwirken.

§ 3

Der Bundeskanzler ist aus dem Geschäftsbereich der einzelnen Bundesminister über Maßnahmen und Vorhaben zu unterrichten, die für die Bestimmung der Richtlinien der Politik und die Leitung der Geschäfte der Bundesregierung von Bedeutung sind.

§ 4

Hält ein Bundesminister eine Erweiterung oder Änderung der Richtlinien der Politik für erforderlich, so hat er dem Bundeskanzler unter Angabe der Gründe hiervon Mitteilung zu machen und seine Entscheidung zu erbitten.

§ 5

Der Bundeskanzler unterrichtet den Bundespräsidenten laufend über seine Politik und die Geschäftsführung der einzelnen Bundesminister durch Übersendung der wesentlichen Unterlagen, durch schriftliche Berichte über Angelegenheiten von besonderer Bedeutung sowie nach Bedarf durch persönlichen Vortrag.

§ 6

Der Bundeskanzler leitet die Geschäfte der Bundesregierung nach Maßgabe des IV. Abschnittes.

§ 7

(1) Der Staatssekretär des Bundeskanzleramtes nimmt zugleich die Geschäfte eines Staatssekretärs der Bundesregierung wahr.

(2) Er kann die an den Bundeskanzler gerichteten oder ihm von dem Bundespräsidenten überwiesenen Schreiben unmittelbar an den zuständigen Bundesminister weiterleiten. Empfiehlt der zuständige Bundesminister eine Beantwortung durch den Bundeskanzler, so legt er dem Bundeskanzler einen entsprechenden Entwurf vor.

II. STELLVERTRETUNG DES BUNDESKANZLERS

§ 8

Ist der Bundeskanzler an der Wahrnehmung der Geschäfte allgemein verhindert, so vertritt ihn der gemäß Artikel 69 des Grundgesetzes zu seinem Stellvertreter ernannte Bundesminister in seinem gesamten Geschäftsbereich. Im übrigen kann der Bundeskanzler den Umfang seiner Vertretung näher bestimmen.

III. DIE BUNDESMINISTER

§ 9

Der Geschäftsbereich der einzelnen Bundesminister wird in den Grundzügen durch den Bundeskanzler festgelegt. Bei Überschneidungen und sich daraus ergebenden Meinungsverschiedenheiten zwischen den einzelnen Bundesministern entscheidet die Bundesregierung durch Beschluß.

§ 10

(1) Abordnungen (Deputationen) sollen in der Regel nur von dem federführenden Fachminister oder seinem Vertreter empfangen werden. Sie sind vorher um Angabe des Verhandlungsgegenstandes zu ersuchen. Erscheint ein gemeinsamer Empfang angezeigt, so benachrichtigt der angegangene Bundesminister die außer ihm noch in Frage kommenden Bundesminister.

(2) Der Bundeskanzler empfängt Abordnungen nur in besonderen Fällen.

§ 11

(1) Mitglieder und Vertreter auswärtiger Regierungen sowie Vertreter zwischenstaatlicher Einrichtungen sollen nur nach vorherigem Benehmen mit dem Auswärtigen Amt empfangen werden.

(2) Verhandlungen mit dem Ausland oder im Ausland dürfen nur mit Zustimmung des Auswärtigen Amtes, auf sein Verlangen auch nur unter seiner Mitwirkung geführt werden.

(3) Die Bestimmungen der Absätze 1 und 2 gelten nicht für den Bundesminister für den Marshallplan, soweit er in Ausübung der ihm übertragenen Aufgaben tätig ist. Er hat jedoch das Auswärtige Amt über Verhandlungen mit dem Ausland oder im Auslande und über solche Besprechungen mit Vertretern auswärtiger Regierungen sowie Vertretern zwischenstaatlicher Einrichtungen zu unterrichten, die über die Erledigung laufender Angelegenheiten seines Geschäftsbereiches hinausgehen.

§ 12

Äußerungen eines Bundesministers, die in der Öffentlichkeit erfolgen oder für die Öffentlichkeit bestimmt sind, müssen mit den vom Bundeskanzler gegebenen Richtlinien der Politik in Einklang stehen.

§ 13

(1) Jeder Bundesminister macht, bevor er den Sitz der Bundesregierung länger als 1 Tag verläßt, dem Bundeskanzler Mitteilung. Bei Abwesenheit von mehr als 3 Tagen und bei Auslandsreisen ist das Einvernehmen mit dem Bundeskanzler herzustellen.

(2) Zur Annahme von Einladungen in das Ausland ist die Zustimmung des Bundeskanzlers erforderlich.

(3) Bevor ein Bundesminister den Sitz der Bundesregierung verläßt, gibt er dem Bundeskanzler die Anschrift an, unter der er während seiner Abwesenheit zu erreichen ist.

§ 14

Ist ein Bundesminister verhindert, so wird er in der Regierung durch den dazu bestimmten Bundesminister, als Leiter einer obersten Bundesbehörde durch den Staatssekretär oder bei dessen Behinderung durch die dazu bestimmten Beamten seines Ministeriums vertreten.

IV. DIE BUNDESREGIERUNG

§ 15

(1) Der Bundesregierung sind zur Beratung und Beschlußfassung zu unterbreiten alle Angelegenheiten von allgemeiner innen- oder außenpolitischer, wirtschaftlicher, sozialer, finanzieller oder kultureller Bedeutung, insbesondere

    a) alle Gesetzentwürfe,

    b) alle Entwürfe von Verordnungen der Bundesregierung,

    c) sonstige Verordnungsentwürfe, wenn sie von besonderer politischer Bedeutung sind,

    d) die Stellungnahme des Bundesrates zu den Vorlagen der Bundesregierung,

    e) alle Angelegenheiten, für welche Grundgesetz oder Gesetz dieses vorschreiben,

    f) Meinungsverschiedenheiten zwischen verschiedenen Bundesministern.

(2) Ihr sind außerdem zu unterbreiten:

    a) Vorschläge zur Ernennung von Beamten, die jederzeit in den Wartestand versetzt werden können, von sonstigen Beamten, die nach der Besoldungsordnung feste Gehälter beziehen, sowie von Ministerialräten und Ministerialbeamten gleichen Ranges.

b) Vorschläge zur Anstellung von Angestellten nach der ADO für übertarifliche Angestellte im öffentlichen Dienst der obersten Bundesbehörden,

c) zur Beratung ohne Beschlußfassung: Vorschläge für die Zustimmung des zuständigen Bundesministers zur Ernennung von Bundesrichtern.

§ 16

(1) Alle Angelegenheiten, die der Bundesregierung unterbreitet werden, sind vorher zwischen den beteiligten Bundesministerien zu beraten, sofern nicht im Einzelfalle die Dringlichkeit der Entscheidung eine Ausnahme notwendig macht.

(2) Die bei den Beratungen strittig gebliebenen Punkte sind in dem Anschreiben an den Staatssekretär des Bundeskanzleramtes (§ 21 Abs. 2) oder in sonst geeigneter Weise mit kurzer Begründung der vorgeschlagenen Lösung auszuführen.

(3) Bei der Vorlage von Gesetzentwürfen ist mitzuteilen, daß die Ausführung des Gesetzes Bund, Länder und Gemeinden nicht mit Kosten belastet oder, wenn dies der Fall ist, ob der Bundesminister der Finanzen nach Kenntnis von dem Plane des Gesetzes Widerspruch erhoben hat. Fehlt der Vermerk, so sorgt der Staatssekretär des Bundeskanzleramtes dafür, daß er nachgeholt wird.

(4) Ist keine mündliche Erörterung im Kabinett erforderlich, so ist bei der Vorlage zu bemerken, daß ein Beschluß auf schriftlichem Wege ausreichen wird (§ 20 Abs. 2).

§ 17

(1) Meinungsverschiedenheiten zwischen den Bundesministern sind der Bundesregierung erst zu unterbreiten, wenn ein persönlicher Verständigungsversuch zwischen den beteiligten Bundesministern oder im Falle ihrer Behinderung zwischen ihren Vertretern ohne Erfolg geblieben ist.

(2) Der Bundeskanzler kann Meinungsverschiedenheiten vor der Beratung im Kabinett zunächst in einer Ministerbesprechung mit den beteiligten Bundesministern unter seinem Vorsitz erörtern.

§ 18

(1) Vorschläge zur Ernennung von Beamten und zur Anstellung von Angestellten sind in den Fällend es § 15 Abs. 2 Buchst. a) und b) vor jeder entscheidenden oder verpflichtenden Maßnahme oder Mitteilung der Bundesregierung zu unterbreiten; in den übrigen Fällen sind sie, sofern es sich um Beamte des höheren Dienstes (Gruppe A 2 c 2 und höher) und die ihnen gleichgestellten Angestellten in den Ministerien handelt, dem Bundeskanzler zur Kenntnis mitzuteilen.

(2) Ernennungen dürfen erst nach Vollziehung der Urkunde durch den Bundespräsidenten veröffentlicht werden.

Anhang 1: Geschäftsordnung der Bundesregierung

§ 19

Soll ein Beamter der Gruppe B 4 oder höherer Gruppen der Besoldungsordnung entlassen, in den Wartestand oder in den Ruhestand versetzt werden, so ist vor entscheidenden und verpflichtenden Maßnahmen oder Mitteilungen die Stellungnahme des Bundeskanzlers einzuholen. Alsdann ist vor solchen Maßnahmen oder Mitteilungen die Angelegenheit dem Bundespräsidenten zur Entscheidung zu unterbreiten.

§ 20

(1) Die Bundesregierung faßt ihre Beschlüsse in der Regel in gemeinschaftlicher Sitzung.

(2) Ist die mündliche Beratung einer Angelegenheit nicht erforderlich, so soll der Staatssekretär des Bundeskanzleramtes die Zustimmung der Mitglieder der Bundesregierung auf schriftlichem Wege einholen (Umlaufsache). Bestehen über die Notwendigkeit einer mündlichen Beratung Zweifel, so hat er die Entscheidung des Bundeskanzlers herbeizuführen.

§ 21

(1) Die Sitzungen der Bundesregierung werden durch den Staatssekretär des Bundeskanzleramtes nach näherer Anweisung des Bundeskanzlers festgesetzt. Er veranlaßte die Einladung zu den Sitzungen unter Beifügung einer Tagesordnung.

(2) Die von den Bundesministern vorgelegten Entwürfe und Ausführungen sind dem Staatssekretär des Bundeskanzleramtes in der gewünschten Zahl von Abdrucken einzureichen; sie sind gleichzeitig sämtlichen Bundesministern und dem Chef des Bundespräsidialamtes unmittelbar zuzuleiten.

(3) Die Übersendung von Kabinettsvorlagen hat so zeitig zu erfolgen, daß für eine sachliche Prüfung vor der Beratung noch ausreichend Zeit bleibt. Zwischen der Zustellung der Vorlage an den Staatssekretär des Bundeskanzleramtes und die Bundesminister und der Beratung soll mindestens eine Woche liegen. Handelt es sich um umfangreichere Gesetzesvorlagen oder sonstige Vorlagen von weittragender Bedeutung und ist die Frist nicht eingehalten, so ist auf Antrag von zwei Bundesministern oder deren Vertretern die Angelegenheit von der Tagesordnung abzusetzen, es sei denn, daß der Bundeskanzler die sofortige Beratung für notwendig hält.

§ 22

(1) Die Sitzungen der Bundesregierung finden unter dem Vorsitz des Bundeskanzlers im Falle seiner Behinderung unter dem Vorsitz des Stellvertreters des Bundeskanzlers statt. Ist auch der Stellvertreter verhindert, so führt den Vorsitz der vom

Bundeskanzler oder seinem Stellvertreter besonders bezeichnete Bundesminister oder mangels solcher Bezeichnungen der Bundesminister, der am längsten ununterbrochen der Bundesregierung angehört; bei mehreren Bundesministern mit gleicher Amtszeit übernimmt den Vorsitz der an Lebensjahren älteste Bundesminister.

(2) Die Sitzungen beginnen pünktlich zu der in der Einladung angegebenen Zeit. Behinderte Bundesminister haben für ihre Vertretungen zu sorgen.

(3) Die Sitzungen der Bundesregierung sind vertraulich. Insbesondere sind Mitteilungen über Ausführung einzelner Bundesminister, über das Stimmenverhältnis und über den Inhalt der Niederschrift ohne besondere Ermächtigung des Bundeskanzlers unzulässig.

§ 23

(1) An den Sitzungen der Bundesregierung nehmen außer den Bundesministern und dem Staatssekretär des Bundeskanzleramtes regelmäßig teil:

der Chef des Bundespräsidialamtes,

der Bundespressechef,

der Persönliche Referent des Bundeskanzlers,

der Schriftführer.

(2) Ist ein Bundesminister an der Teilnahme an einer Sitzung der Bundesregierung verhindert, so hat der Staatssekretär seines Ministeriums an der Sitzung teilzunehmen. Der Staatssekretär eines Bundesministeriums kann auch in Begleitung des Bundesministers an den Sitzungen der Bundesregierung teilnehmen.

(3) Hält ein Bundesminister die Zuziehung eines Beamten seines Ministeriums außer dem Staatssekretär für erwünscht, so hat er dies unter Benennung des Beamten schriftlich anzuzeigen. Über die Zulassung zur Sitzung entscheidet der Vorsitzende. Der Beamte nimmt an der Sitzung nur für die Dauer der Verhandlungen über den Punkt, zu dem er zugezogen ist, teil.

(4) Der Bundeskanzler kann die Sitzung auf die Bundesminister beschränken.

§ 24

(1) Die Bundesregierung ist beschlußfähig, wenn einschließlich des Vorsitzenden die Hälfte der Bundesminister anwesend ist.

(2) Die Bundesregierung faßt ihre Beschlüsse mit Stimmenmehrheit. Bei Stimmengleichheit entscheidet die Stimme des Vorsitzenden.

§ 25

Der Wortlaut der Beschlüsse der Bundesregierung wird von dem Vorsitzenden jeweils im Anschluß an die mündliche Beratung eines Gegenstandes festgelegt.

§ 26

(1) Beschließt die Bundesregierung abgesehen von den §§ 20 und 21 der Haushaltsordnung, in einer Frage von finanzieller Bedeutung gegen oder ohne die Stimme des Bundesministers der Finanzen, so kann dieser gegen den Beschluß ausdrücklich Widerspruch erheben. Wird Widerspruch erhoben, so ist über die Angelegenheit in einer weiteren Sitzung der Bundesregierung erneut abzustimmen. Die Durchführung der Angelegenheit, der der Bundesminister der Finanzen widersprochen hat, muß unterbleiben, wenn sie nicht in der neuen Abstimmung in Anwesenheit des Bundesministers der Finanzen oder seines Vertreters von der Mehrheit sämtlicher Bundesminister beschlossen wird und der Bundeskanzler mit der Mehrheit gestimmt hat.

(2) Entsprechendes gilt, wenn der Bundesminister der Justiz oder der Bundesminister des Innern gegen einen Gesetz- oder Verordnungsentwurf oder eine Maßnahme der Bundesregierung wegen ihrer Unvereinbarkeit mit geltendem Recht Widerspruch erhebt.

§ 27

(1) Über die Sitzungen der Bundesregierung wird eine Niederschrift aufgenommen, die von dem Schriftführer unterzeichnet wird. Eine Abschrift der Niederschrift wird den Bundesministern umgehend zugesandt. Der Chef des Bundespräsidialamtes und der Bundespressechef erhalten nachrichtlich eine Abschrift der Niederschrift.

(2) Die Niederschrift gilt als genehmigt, wenn die beteiligten Bundesminister nicht innerhalb 3 Tagen nach ihrer Zustellung Einwendungen gegen den Inhalt oder die Fassung erheben.

(3) In Zweifelsfällen ist die Angelegenheit nochmals der Bundesregierung zu unterbreiten.

§ 28

(1) Die von der Bundesregierung beschlossenen Vorlagen werden den gesetzgebenden Körperschaften durch den Bundeskanzler zugeleitet und vor ihnen durch den in der Sache zuständigen Bundesminister vertreten.

(2) Die Vertretung hat einheitlich zu erfolgen, auch wenn einzelne Bundesminister anderer Auffassung sein sollten. Gegen die Auffassung der Bundesregierung zu wirken, ist den Bundesministern nicht gestattet.

(3) Bevor das Einverständnis mit wesentlichen Änderungen einer Gesetzesvorlage im Bundestag oder Bundesrat oder in den Ausschüssen erklärt wird, ist die Bundesregierung zu befragen. Ist dies aus Zeitmangel nicht möglich und doch eine Stellungnahme geboten, so soll wenigstens eine Einigung mit den erreichbaren Ministerien gesucht werden.

§ 29

(1) Gesetze sind dem Bundespräsidenten erst nach der Gegenzeichnung durch den Bundeskanzler und den zuständigen Bundesministern zur Vollziehung vorzulegen. Berührt der Inhalt des Gesetzes den Geschäftsbereich mehrerer Bundesminister, so zeichnen diese in der Regel auch die Ausfertigung.

(2) Verfügungen und Anordnungen sind dem Bundespräsidenten erst nach der Gegenzeichnung durch den zuständigen Bundesminister zur Vollziehung vorzulegen. Absatz 1 Satz 2 gilt entsprechend.

§ 30

(1) Verordnungen der Bundesregierung werden nach Gegenzeichnung durch den zuständigen Fachminister vom Bundeskanzler gezeichnet. Sonstige Verordnungen werden – auch wenn sie der Bundesregierung vorgelegen haben – grundsätzlich von dem zuständigen Bundesminister allein gezeichnet.

(2) Unter der ausdrücklichen Bezeichnung „Die Bundesregierung" sollen – abgesehen von Fällen besonderer Ermächtigung durch die Bundesregierung – nur der Bundeskanzler oder mit ihm der zuständige oder alle Bundesminister zeichnen.

§ 31

Die präsidierenden Mitglieder der Landesregierungen sollen mehrmals im Jahre persönlich zu gemeinsamen Besprechungen mit der Bundesregierung vom Bundeskanzler eingeladen werden, um wichtige politische, wirtschaftliche, soziale und finanzielle Fragen zu erörtern und in persönlicher Fühlungnahme zu einer verständnisvollen einheitlichen Politik in Bund und Ländern beizutragen.

DIE TEILNEHMER
AN DEN KABINETTSSITZUNGEN DES JAHRES 1957

§ 23 der Geschäftsordnung der Bundesregierung vom 11. Mai 1951 bestimmt den Kreis der regelmäßigen Teilnehmer an den Kabinettssitzungen der Bundesregierung[1]. Es sind dies neben dem Bundeskanzler, den Bundesministern und dem Staatssekretär des Bundeskanzleramts als Geschäftsführer der Bundesregierung der Chef des Bundespräsidialamtes, der Bundespressechef, der Persönliche Referent des Bundeskanzlers und der bzw. die Schriftführer. Staatssekretäre nehmen als Stellvertreter verhinderter Bundesminister teil, sie können aber auch als Begleiter ihrer Minister bei den Sitzungen anwesend sein.

Ein Minister kann die Anwesenheit eines weiteren Beamten seines Ministeriums beantragen, der für die Dauer der Verhandlung einer bestimmten Angelegenheit an der Sitzung teilnimmt.

A. Regelmäßige Teilnehmer

Der Bundeskanzler und die Bundesminister

Der Bundeskanzler

Konrad Adenauer (1876–1967)

1917–1933 Oberbürgermeister von Köln (Zentrum), 1921–1933 Präsident des Preußischen Staatsrates, bis 1933 Mitglied des Reichsvorstandes der Zentrumspartei, 1945 erneut Oberbürgermeister von Köln, 1946–1950 MdL Nordrhein-Westfalen (CDU), dort 1946–1949 Fraktionsvorsitzender, 1946–1950 Vorsitzender der CDU der britischen Besatzungszone, 1948–1949 Präsident des Parlamentarischen Rates, 1949–1967 MdB, 1949–1963 Bundeskanzler, 1951–1955 zugleich Bundesminister des Auswärtigen, 1950–1966 Bundesvorsitzender der CDU.

---

[1] Vgl. den Text in Anhang 1.

Anhang 2: Sitzungsteilnehmer

Der Stellvertreter des Bundeskanzlers
Franz Blücher (1896–1959)
1919–1946 kaufmännische Tätigkeit u.a. als Direktor eines Bankhauses in Essen, 1946–1947 MdL Nordrhein-Westfalen, 1946–1947 Finanzminister des Landes Nordrhein-Westfalen, 1946–1949 Vorsitzender der FDP in der Britischen Zone, 1947–1949 Vorsitzender der FDP-Fraktion im Wirtschaftsrat des Vereinigten Wirtschaftsgebiets, 1949–1954 Bundesvorsitzender der FDP, 1949–1958 MdB (FDP, 1956 FVP, 1957 DP/FVP, 1957 DP), 1949–1957 Stellvertreter des Bundeskanzlers und 1949–1953 Bundesminister für den Marshallplan, 1953–1957 Bundesminister für wirtschaftliche Zusammenarbeit, 1958–1959 Mitglied der Hohen Behörde der Montanunion.

Seit 29. Oktober 1957:
Dr. Ludwig Erhard siehe *Der Bundesminister für Wirtschaft*

Der Bundesminister des Auswärtigen
Dr. Heinrich von Brentano (1904–1964)
Seit 1932 Rechtsanwalt am Oberlandesgericht in Darmstadt, 1945 Mitgründer der CDU in Hessen, 1946–1949 MdL Hessen, dort 1947–1949 Fraktionsvorsitzender, 1948–1949 Mitglied des Parlamentarischen Rates, 1949–1964 MdB, dort 1949–1955 und 1961–1964 Vorsitzender der CDU/CSU-Fraktion, 1955–1961 Bundesminister des Auswärtigen.

Der Bundesminister des Innern
Dr. Gerhard Schröder (1910–1989)
1933–1939 wissenschaftlicher Assistent, 1939 Rechtsanwalt, Wehrdienst, nach 1945 persönlicher Referent des Oberpräsidenten der Nordrhein-Provinz, dann Oberregierungsrat bei der Landesregierung Nordrhein-Westfalen, ab 1947 Abteilungsleiter in der Stahltreuhändervereinigung, 1947–1953 Rechtsanwalt, 1949–1980 MdB (CDU), dort 1951–1953 stellvertretender Fraktionsvorsitzender, 1969–1980 Vorsitzender des Auswärtigen Ausschusses, 1953–1961 Bundesminister des Innern, 1955–1978 Vorsitzender des Evangelischen Arbeitskreises von CDU und CSU, 1961–1966 Bundesminister des Auswärtigen, 1966–1969 Bundesminister der Verteidigung, 1967–1973 stellvertretender Bundesvorsitzender der CDU.

Der Bundesminister der Justiz
Prof. Dr. Hans-Joachim von Merkatz (1905–1982)
1935–1938 Kaiser-Wilhelm-Institut für ausländisches öffentliches Recht und Völkerrecht, 1938–1945 Generalsekretär des Ibero-Amerikanischen-Instituts in Berlin, 1946 Rechtsberater des Direktoriums der Deutschen Partei (DP), 1947 MdL Niedersachsen, 1948–1949 wissenschaftlicher Mitarbeiter der DP-Fraktion im Parlamentari-

schen Rat, 1949–1969 MdB (DP, seit 1960 CDU), dort 1953–1955 Vorsitzender der DP-Fraktion, 1951–1958 Mitglied der Beratenden Versammlung des Europarates und 1952–1958 der Gemeinsamen Versammlung der EGKS, 1952–1960 Mitglied des Direktoriums bzw. Parteivorstandes der DP, 1955–1962 Bundesminister für Angelegenheiten des Bundesrates, zugleich 1956–1957 Bundesminister der Justiz und 1960–1961 Bundesminister für Vertriebene, Flüchtlinge und Kriegsgeschädigte, 1964–1968 Mitglied des Exekutivrates der UNESCO, 1967–1979 Präsident der Paneuropa-Union Deutschlands.

Seit 29. Oktober 1957:

Fritz Schäffer (1888–1967)

1920 Bayerisches Staatsministerium für Unterricht und Kultus, 1920–1933 MdL Bayern (Bayerische Volkspartei), 1929–1933 Vorsitzender der Bayerischen Volkspartei, 1931–1933 als Staatsrat Leiter des Bayerischen Staatsministeriums der Finanzen, anschließend Anwaltstätigkeit, 1945 Bayerischer Ministerpräsident (CSU), 1949–1961 MdB, 1949–1957 Bundesminister der Finanzen, 1957–1961 Bundesminister der Justiz.

Der Bundesminister der Finanzen

Fritz Schäffer siehe *Der Bundesminister der Justiz*

Seit 29. Oktober 1957:

Dr. Franz Etzel (1902–1970).

1930–1952 Rechtsanwalt und Notar in Duisburg, 1949–1953 und 1957–1965 MdB (CDU), 1952–1957 Vizepräsident der Hohen Behörde der EGKS, 1957–1961 Bundesminister der Finanzen.

Der Bundesminister für Wirtschaft

Dr. Ludwig Erhard (1897–1977)

1913–1916 Kaufmannslehre, 1919–1925 Studium in Nürnberg und Frankfurt/Main, 1928–1942 wissenschaftlicher Assistent und Mitglied der geschäftsführenden Leitung des Instituts für Wirtschaftsbeobachtung der deutschen Fertigware, 1942–1945 Leiter des Instituts für Industrieforschung, 1945–1946 Bayerischer Staatsminister für Handel und Gewerbe, 1947 Honorarprofessor der Universität München, Vorsitzender der Sonderstelle Geld und Kredit der Verwaltung des Vereinigten Wirtschaftsgebiets, 1948–1949 Direktor der Verwaltung für Wirtschaft des Vereinigten Wirtschaftsgebiets, 1949–1977 MdB (CDU), 1949–1963 Bundesminister für Wirtschaft, 1963–1966 Bundeskanzler, 1966–1967 Bundesvorsitzender der CDU.

Anhang 2: Sitzungsteilnehmer

Der Bundesminister für Ernährung, Landwirtschaft und Forsten
Heinrich Lübke (1894–1972)
1923–1933 Geschäftsführer des Reichsverbands der landwirtschaftlichen Klein- und Mittelbetriebe, 1927–1933 Geschäftsführer der Deutschen Bauernschaft, 1929 Vorstandsmitglied der Wirtschafts- und Treuhandstelle der Deutschen Bauernschaft und 1930 der Siedlungsgesellschaft Bauernland, 1932–1933 MdL Preußen (Zentrum), 1934–1935 Untersuchungshaft, 1937–1939 Leitender Mitarbeiter der Niedersächsischen Wohnungsbau- und Siedlungsgesellschaft, 1939–1945 Vermessungsingenieur und Bauleiter, 1944 stellvertretender Leiter der „Baugruppe Schlempp" (Projekte u.a. in der Heeresversuchsanstalt Peenemünde), 1945–1946 „Baubüro Lübke", 1946 Mitglied des Beratenden Westfälischen Provinzialrats in Münster (CDU), 1946–1954 MdL Nordrhein-Westfalen, 1947–1952 Minister für Ernährung, Landwirtschaft und Forsten des Landes Nordrhein-Westfalen, 1949–1950 und 1953–1959 MdB, dort 1949–1950 Vorsitzender des Ausschusses für Ernährung, Landwirtschaft und Forsten, 1953–1959 Bundesminister für Ernährung, Landwirtschaft und Forsten, 1959–1969 Bundespräsident.

Der Bundesminister für Arbeit
Anton Storch (1892–1975)
1920–1933 Angestellter im Zentralverband Christlicher Holzarbeiter Deutschlands (bis 1921 Unterbezirksleiter in Koblenz, 1921–1933 Bezirksleiter in Hannover), 1931–1933 Leiter des Allgemeinen Deutschen Gewerkschaftsbundes in der Provinz Hannover, 1933–1939 Versicherungsvertreter, 1939–1945 dienstverpflichtet zum Sicherheits- und Hilfsdienst bei der Feuerschutzpolizei Hannover, 1945 Mitgründer der CDU in Hannover und des Deutschen Gewerkschaftsbundes in Niedersachsen, 1946–1948 Leiter der Hauptabteilung Sozialpolitik des Deutschen Gewerkschaftsbundes (Britische Zone), 1947–1948 Mitglied des Wirtschaftsrats des Vereinigten Wirtschaftsgebiets, 1948–1949 Direktor der Verwaltung für Arbeit des Vereinigten Wirtschaftsgebiets, 1949–1965 MdB, 1949–1957 Bundesminister für Arbeit, 1958–1965 MdEP.

Seit 29. Oktober 1957:
Der Bundesminister für Arbeit und Sozialordnung
Theodor Blank (1905–1972)
1930–1933 Sekretär im Zentralverband Christlicher Fabrik- und Transportarbeiter, 1939–1945 Kriegsdienst und Gefangenschaft, 1945 Mitgründer der CDU Westfalen und des Deutschen Gewerkschaftsbundes, 1945 Stadtverordneter in Dortmund, 1945–1950 Mitglied des Vorstandes der IG Bergbau, 1946–1947 MdL Nordrhein-Westfalen, 1947–1949 Mitglied des Wirtschaftsrates des Vereinigten Wirtschaftsgebiets, 1949–1972 MdB (CDU), dort 1965–1969 stellvertretender Fraktionsvorsitzender, 1950–1955 Beauftragter des Bundeskanzlers für die mit der Vermehrung der alliierten Truppen zusammenhängenden Fragen, 1951 Chef der deutschen Dele-

gation beim Interimsausschuß für die Organisation der EVG, 1955–1956 Bundesminister für Verteidigung, 1957–1965 Bundesminister für Arbeit und Sozialordnung.

Der Bundesminister für Verteidigung

Franz Josef Strauß (1915–1988)

1939–1945 Wehrdienst, 1945 stellvertretender Landrat, 1946–1949 Landrat in Schongau, 1948–1953 Generalsekretär der CSU, 1949–1978 MdB, dort 1949–1953 geschäftsführender Vorsitzender der CSU-Landesgruppe und stellvertretender Vorsitzender der CDU/CSU-Fraktion, 1953–1957 und 1963–1966 Vorsitzender der CSU-Landesgruppe, 1952–1961 stellvertretender Vorsitzender der CSU, 1961–1988 Vorsitzender der CSU, 1953–1955 Bundesminister für besondere Aufgaben, 1955–1956 Bundesminister für Atomfragen, 1956–1962 Bundesminister für bzw. (ab 1961) der Verteidigung, 1966–1969 Bundesminister der Finanzen, 1978–1988 MdL Bayern und Bayerischer Ministerpräsident.

Der Bundesminister für Verkehr

Dr.-Ing. Hans Christoph Seebohm (1903–1967)

1931–1946 stellvertretender Direktor, Direktor und Geschäftsführer verschiedener Bergbau-Gesellschaften, 1946–1948 Minister für Aufbau, Arbeit und Gesundheitswesen in Niedersachsen, Mitglied des Parlamentarischen Rates (DP), 1949–1967 MdB (DP, seit 1960 CDU), 1949–1966 Bundesminister für Verkehr, 1959–1967 Sprecher der Sudetendeutschen Landsmannschaft.

Der Bundesminister für das Post- und Fernmeldewesen

Ernst Lemmer (1898–1970)

1922–1933 Generalsekretär des Gewerkschaftsrings deutscher Arbeiter- und Angestelltenverbände (Hirsch-Dunckersche Gewerkvereine), 1924–1932 und 1933 MdR (DDP/DStP), 1945 Mitgründer und 1945–1949 stellvertretender Vorsitzender des FDGB, 1946–1947 stellvertretender Vorsitzender der CDU in der Sowjetischen Besatzungszone, 1946–1949 MdL Brandenburg, 1951–1969 Mitglied des Berliner Abgeordnetenhauses (1951–1956 Fraktionsvorsitzender), 1952–1970 MdB, 1956–1961 Vorsitzender des CDU-Landesverbandes Berlin, 1956–1957 Bundesminister für das Post- und Fernmeldewesen, 1957–1962 Bundesminister für gesamtdeutsche Fragen, 1961–1970 Vorsitzender der Exil-CDU, 1963–1970 Bundesvorsitzender bzw. ab 1967 Präsident des Gesamtverbandes der Sowjetzonenflüchtlinge, 1964–1965 Bundesminister für Vertriebene, Flüchtlinge und Kriegsgeschädigte, 1965–1969 Sonderbeauftragter des Bundeskanzlers für Berlin.

Seit 29. Oktober 1957:

Richard Stücklen (geb. 1916)

Elektroingenieur, 1949–1990 MdB (CSU), dort 1953–1957 geschäftsführender und 1966–1976 Vorsitzender der Landesgruppe der CSU, 1953–1957 und 1965–1976 stellvertretender Vorsitzender der CDU/CSU-Fraktion, 1953–1957 Vorsitzender des

Ausschusses für Sonderfragen des Mittelstandes, 1957–1966 Bundesminister für das Post- und Fernmeldewesen, 1976–1979 und 1983–1990 Vizepräsident, 1979–1983 Präsident des Deutschen Bundestags.

Der Bundesminister für wirtschaftlichen Besitz des Bundes

Dr. Hermann Lindrath (1896–1960)

Bis 1926 Tätigkeit im Bankgeschäft, 1926–1945 Stadtverwaltung Halle (u.a. 1930 Direktor der städtischen Steuerverwaltung, 1945 Stadtkämmerer), 1928–1933 Mitglied der DVP, 1933–1945 Dozent u.a. für Steuer-, Finanz-, Haushalts- und Gemeindewirtschaftsrecht an der Universität Halle, 1935 Mitglied des Finanzgerichts Magdeburg, 1945–1951 Wirtschaftsprüfer und Steuerberater in Halle, 1951 nach wiederholter Inhaftierung Wechsel in die Bundesrepublik, 1953–1960 MdB (CDU), Mitglied des Verwaltungsrats der Lastenausgleichsbank in Bad Godesberg und des Forschungsbeirats für Fragen der Wiedervereinigung Deutschlands in Berlin, 1957–1960 Bundesminister für wirtschaftlichen Besitz des Bundes.

Der Bundesminister für Wohnungsbau

Dr. Viktor-Emanuel Preusker (1913–1991)

1937–1940 Bankkaufmann, 1947 Geschäftsführer der FDP in Hessen, 1949–1961 MdB (FDP, 1956 FVP, 1957 DP/FVP, 1957 DP, 1960 CDU), 1953–1957 Bundesminister für Wohnungsbau, 1958–1960 Vizepräsident des Deutschen Bundestags, 1963–1975 erneut Tätigkeit im Bankgeschäft.

Seit 29. Oktober 1957:

Paul Lücke (1914–1976)

Bis 1935 Tätigkeit in der katholischen Jugendbewegung, 1945 Mitgründer der CDU im Oberbergischen Kreis, 1947–1949 Amtsdirektor von Engelskirchen, 1949–1972 MdB, dort 1950–1957 Vorsitzender des Ausschusses für Wiederaufbau und Wohnungswesen, 1954–1965 Präsident des Deutschen Gemeindetages, 1957–1965 Bundesminister für Wohnungsbau, bzw. (seit 1961) für Wohnungswesen, Städtebau und Raumordnung, 1965–1968 Bundesminister des Innern.

Der Bundesminister für Vertriebene, Flüchtlinge und Kriegsgeschädigte

Prof. Dr. Dr. Theodor Oberländer (1905–1998)

1933 Direktor des Instituts für Osteuropäische Wirtschaft in Königsberg, 1934 Professor für Agrarpolitik in Danzig, ab 1940 in Prag, 1934–1937 Leiter des Bundes Deutscher Osten, 1940–1943 Ostexperte bei einer von der deutschen Wehrmacht ausgebildeten Ukrainer-Einheit, 1945 in amerikanischer Gefangenschaft, 1946 in der Landwirtschaft tätig, 1950 Mitgründer des BHE in Bayern und MdL, 1951–1953 Staatssekretär für das Flüchtlingswesen in Bayern, 1953–1961 und 1963–1965 MdB (bis 1955 GB/BHE, 1955 Gruppe Kraft/Oberländer, dann Gast der

CDU/CSU-Fraktion, ab 1956 CDU), 1953–1960 Bundesminister für Vertriebene, Flüchtlinge und Kriegsgeschädigte, 1954–1955 Bundesvorsitzender des BHE.

Der Bundesminister für gesamtdeutsche Fragen
Jakob Kaiser (1888–1961)
Ab 1918 Geschäftsführer des Gesamtverbandes der christlichen Gewerkschaften Deutschlands, 1933 MdR (Zentrum), 1945–1947 Vorsitzender der CDU in Berlin und der Sowjetischen Besatzungszone, 1946 Mitglied des Abgeordnetenhauses Berlin, 1948/49 Mitglied des Parlamentarischen Rates, 1949–1957 MdB, 1949–1957 Bundesminister für gesamtdeutsche Fragen.

Seit 29. Oktober 1957:
Ernst Lemmer siehe *Der Bundesminister für das Post- und Fernmeldewesen*

Der Bundesminister für wirtschaftliche Zusammenarbeit
Franz Blücher siehe *Der Stellvertreter des Bundeskanzlers*

Der Bundesminister für Angelegenheiten des Bundesrates, seit Oktober 1957: *Der Bundesminister für Angelegenheiten des Bundesrates und der Länder*
Prof. Dr. Hans-Joachim von Merkatz siehe *Der Bundesminister der Justiz*

Der Bundesminister für Atomfragen, seit Oktober 1957: *Der Bundesminister für Atomkernenergie und Wasserwirtschaft*
Prof. Dr.-Ing. Siegfried Balke (1902–1984)
1925–1953 Tätigkeit in der chemischen Industrie (1945 technischer Betriebsleiter, 1952 Direktoriumsmitglied der Wacker-Chemie GmbH, Vorsitzender des Vereins der Bayerischen Chemischen Industrie, Präsidialmitglied des Landesverbandes der Bayerischen Industrie), 1953–1956 Bundesminister für das Post- und Fernmeldewesen, 1956–1962 Bundesminister für Atomenergie bzw. (ab Oktober 1957) für Atomkernergie und Wasserwirtschaft, 1957–1969 MdB (CSU), 1964–1969 Präsident der Bundesvereinigung der Deutschen Arbeitgeberverbände.

Der Bundesminister für Familienfragen, seit Oktober 1957: *Der Bundesminister für Familien- und Jugendfragen*
Dr. Franz Josef Wuermeling (1900–1986)
1926–1931 Preußisches Ministerium des Innern, 1931–1939 Landrat und Finanzdezernent in Kassel, 1939 aus politischen Gründen entlassen, 1940–1947 Tätigkeit in der Industrie, 1945 Bürgermeister von Linz/Rhein, 1947–1951 MdL Rheinland-Pfalz (CDU), 1947–1949 Staatssekretär im Ministerium des Innern des Landes Rheinland-Pfalz, 1949–1969 MdB, 1953–1962 Bundesminister für Familienfragen bzw. (ab Oktober 1957) für Familien- und Jugendfragen.

Anhang 2: Sitzungsteilnehmer

Die Staatssekretäre

Bundeskanzleramt

Dr. Hans Globke (1898–1973)

1925–1929 Stellvertreter des Polizeipräsidenten von Aachen, 1929–1934 Preußisches Ministerium des Innern, dort Leiter des Verfassungs- und des Saarreferats, 1934–1945 Reichsministerium des Innern, dort Referent für Personenstandswesen, ab 1938 für Staatsangehörigkeitsfragen und Optionsverträge, 1946–1949 Stadtkämmerer in Aachen, 1949 Vizepräsident des Landesrechnungshofes in Nordrhein-Westfalen, 1949–1963 Bundeskanzleramt, dort 1949–1950 Leiter der Abteilung II (Koordinierung- und Kabinettsangelegenheiten), 1950–1953 Leiter der Abteilung I (Allgemeine Angelegenheiten, Gesetzgebung und Koordinierung), zugleich Vertreter des Staatssekretärs, 1953–1963 Staatssekretär.

Auswärtiges Amt

Prof. Dr. Walter Hallstein (1901–1982)

1929 Privatdozent, 1930–1941 Professor für Privat- und Gesellschaftsrecht, 1946 Lehrstuhl für Internationales Privatrecht, Völkerrecht, Rechtsvergleichung und Gesellschaftsrecht an der Universität Frankfurt/Main, 1950 Leiter der deutschen Verhandlungsdelegation für den Schuman-Plan, 1950–1951 Staatssekretär im Bundeskanzleramt, 1951–1958 (Januar) im AA, 1958–1967 Präsident der Kommission der Europäischen Wirtschaftsgemeinschaft in Brüssel, 1968 Präsident des Rates der Europäischen Bewegung, 1969–1972 MdB (CDU).

Bundesministerium des Innern

Hans Ritter von Lex (1893–1970)

1921–1923 und 1927–1932 Bayerisches Kultusministerium, 1923–1927 Bezirksamtmann (Landrat) in Rosenheim, 1932–1933 MdR (Bayerische Volkspartei), 1933–1945 Reichsministerium des Innern, 1945 Bayerisches Kultusministerium, 1946 Bayerisches Innenministerium, 1950–1960 Staatssekretär im BMI (Staatssekretär I), 1961–1967 Präsident des Deutschen Roten Kreuzes.

Karl Theodor Bleek (1898–1969)

1927–1931 Preußisches Innenministerium, 1932–1933 Landrat im Kreis Arnswalde/Neumark, 1933 Bezirksregierung in Stade, 1934–1937 in Arnsberg und 1937–1939 in Breslau, 1939–1945 Stadtkämmerer von Breslau, 1946–1951 Oberbürgermeister von Marburg, 1946–1951 MdL Hessen (LDP bzw. FDP, 1947–1951 Fraktionsvorsitzender), 1951–1957 Staatssekretär im BMI (Staatssekretär II), 1957 (1. Juni)–1961 Chef des Bundespräsidialamtes.

Seit 1. Juni 1957:

Dr. Georg Anders (1895–1972)

1933–1934 Preußisches Justizministerium, 1934–1945 Reichsjustizministerium, 1949 Personalamt der Verwaltung des Vereinigten Wirtschaftsgebiets, 1949–1962 BMI, dort 1949–1952 Leiter des Referats II 5 (Bundesbeamtengesetz, Gesetz auf Grund Art. 131 GG, Versorgungsrecht, seit 1950 nur: Versorgungsrecht), 1952–1953 Leiter der Unterabteilung I A (Verfassung und Staatsrecht), 1953–1957 Leiter der Abteilung II (Beamtenrecht), 1957–1962 Staatssekretär (1957–1960 Staatssekretär II, 1960–1962 Staatssekretär I).

Bundesministerium der Justiz

Dr. Walter Strauß (1900–1976)

1928–1935 Reichswirtschaftsministerium, 1935–1945 Wirtschaftsberater und Anwaltstätigkeit, 1946–1947 Staatssekretär im Hessischen Staatsministerium, 1947–1949 stellvertretender Direktor der Verwaltung für Wirtschaft des Vereinigten Wirtschaftsgebiets und Leiter des Rechtsamtes der Verwaltung des Vereinigten Wirtschaftsgebiets, 1948–1949 Mitglied des Parlamentarischen Rates (CDU), 1950–1962 Staatssekretär im BMJ, 1963–1970 Mitglied des Gerichtshofes der Europäischen Gemeinschaften.

Bundesministerium der Finanzen

Alfred Hartmann (1894–1967)

Seit 1923 Reichsfinanzverwaltung, 1925–1935 Reichsfinanzministerium, 1935–1942 Vorsteher des Finanzamts Berlin-Friedrichshain, 1942–1943 Rechnungshof des Deutschen Reiches, 1944–1945 Wehrdienst, 1945–1947 Bayerisches Finanzministerium, 1947–1949 Direktor der Verwaltung für Finanzen des Vereinigten Wirtschaftsgebiets, 1950–1959 Staatssekretär im BMF.

Bundesministerium für Wirtschaft

Dr. Ludger Westrick (1894–1990)

1921–1948 Vereinigte Aluminium-Werke AG, 1948–1951 Finanzdirektor der Deutschen Kohlenbergbauleitung, 1951–1963 Staatssekretär im BMWi, 1963–1964 Staatssekretär im Bundeskanzleramt, 1964–1966 Bundesminister für besondere Aufgaben.

Bundesministerium für Ernährung, Landwirtschaft und Forsten

Dr. Theodor Sonnemann (1900–1987)

1923–1933 Syndikus im Reichslandbund, 1934–1936 Reichsnährstand, 1936–1945 Kriegsmarine und Reichsministerium für Rüstung und Kriegsproduktion, 1947–1949 Hauptgeschäftsführer des Landesverbandes des Niedersächsischen

Landvolkes, 1950–1961 Staatssekretär im BML, 1961–1973 Präsident des Deutschen Raiffeisenverbandes e.V.

Bundesministerium für Arbeit, seit Oktober 1957: *Bundesministerium für Arbeit und Sozialordnung*

Max Sauerborn (1889–1963)

1923–1945 Reichsarbeitsministerium, 1948–1949 Bayerisches Arbeitsministerium und Präsident des Bayerischen Landesversicherungsamtes, 1950–1957 Staatssekretär im BMA.

Seit 1. März 1957:

Dr. Hans Busch (1896–1972)

1925–1928 Landratsamt Moers, 1928–1932 Preußisches Ministerium für Volkswohlfahrt, 1932–1934 Preußisches Ministerium des Innern, 1934–1937 Reichsministerium des Innern, 1937–1945 Regierung in Düsseldorf, 1939–1945 Kriegsdienst, 1945–1946 Oberpräsidium der Nordrhein-Provinz, 1946–1950 Beigeordneter der Stadt Köln (Sozialverwaltung und Jugendpflege), 1951–1956 Kultusministerium des Landes Nordrhein-Westfalen, dort 1953 Staatssekretär, März–Oktober 1957 Staatssekretär im BMA, November 1957–1961 Staatssekretär im BMBes, Mitglied in mehreren Aufsichtsräten, u.a. Vorsitzer des Aufsichtsrats der Volkswagenwerk AG sowie des Aufsichtsrats der Aktiengesellschaft für Berg- und Hüttenbetriebe (vormals Reichswerke), Salzgitter.

Bundesministerium für Verteidigung

Dr. Josef Rust (1907–1997)

1934–1945 Reichswirtschaftsministerium, 1948–1949 Niedersächsisches Finanzministerium, 1949–1952 Bundeskanzleramt, dort Leiter des Referats 6 (Finanzen, Wirtschaft, Landwirtschaft, ERP, Bundesbank, ab 1951: Grundsatzfragen, Koordinierung und Kabinettssachen aus den Geschäftsbereichen des BMM, BMF, BMWi, BML; Bundesbank), 1952–1955 BMWi, dort Leiter der Abteilung III (Bergbau, Energie und Wasserwirtschaft, Eisen und Stahl, Europäische Gemeinschaft), 1955–1959 Staatssekretär im BMVtg, 1959–1969 Vorstandsvorsitzender und 1969–1978 Aufsichtsratsvorsitzender der Wintershall AG (Kassel), 1966–1974 Aufsichtsratsvorsitzender der Volkswagen AG.

Bundesministerium für Verkehr

Dr. Günther Bergemann (1902–1968)

1927–1933 Mitarbeiter im Gesamtverband der christlichen Gewerkschaften Deutschlands in Berlin, 1929–1935 Dozent an der Fachschule für Wirtschaft und Verwaltung in Berlin, 1933–1934 Preußisches Ministerium für Handel und Gewerbe, 1934–1941 Reichswirtschaftsministerium, dort 1939–1941 Leiter der Handelspolitischen Abteilung, 1941–1942 Stellvertreter des Generalbevollmächtigten für die Wirtschaft in Serbien, 1942–1945 Reichsverkehrsministerium, dort Leiter der Abteilung Seeschiffahrt in Hamburg, 1945–1947 Leiter des Seeschiffahrtsamtes in Hamburg, 1947–1948 Leiter der Hauptverwaltung des Seeverkehrs des amerikanischen und britischen Besatzungsgebiets, 1948–1949 Verwaltung für Verkehr des Vereinigten Wirtschaftsgebiets, dort Leiter der Abteilung Seeverkehr, 1949–1957 BMV, dort bis 1952 Leiter der Allgemeinen Abteilung, 1952–1957 Staatssekretär, 1957–1967 Geschäftsführer der Margarine–Union GmbH.

Seit 1. November 1957:

Dr. Ludwig Seiermann (1903–1979)

1924–1947 Hauptausschuß der deutschen Binnenschiffahrt bzw. der Reichsverkehrsgruppe Binnenschiffahrt, zuletzt stellvertretender Hauptgeschäftsführer, 1947–1948 Hauptverwaltung der Binnenschiffahrt des amerikanischen und britischen Besatzungsgebiets, dort Leiter der Gruppe Binnenschiffahrt, 1948–1949 Verwaltung für Verkehr des Vereinigten Wirtschaftsgebiets, dort Leiter der Abteilung Binnenschiffahrt, 1949–1967 BMV, dort bis 1957 Leiter der Abteilung Binnenschiffahrt, 1957–1967 Staatssekretär.

Bundesministerium für das Post- und Fernmeldewesen

Prof. Dr. Friedrich Gladenbeck (1899–1987)

1933–1938 Reichspostministerium, 1938–1942 Präsident der Forschungsanstalt der Deutschen Reichspost, 1942–1947 Mitglied im Vorstand der AEG, 1946–1947 Reichspost-Oberdirektion für die britische Zone, 1947–1948 Post- und Fernmeldetechnisches Zentralamt des Vereinigten Wirtschaftsgebiets, 1950–1952 Präsident der Oberpostdirektion Hamburg, 1952–1959 BMP, dort 1952–1954 Leiter der Dienststelle „Chefingenieur der Deutschen Bundespost", 1954–1959 Staatssekretär für das Fernmeldewesen, 1960–1961 Geschäftsführer der „Freien Fernsehen GmbH".

Dr. Hans Steinmetz (1908–1987)

1934–1938 nach Entlassung aus dem juristischen Vorbereitungsdienst wegen „politischer Unzuverlässigkeit" Tätigkeit als Hilfs- und Telegrafenarbeiter, 1941–1943 Reichspostzentralamt, 1944–1945 Tätigkeit in der Industrie, 1946–1948 Landrat des Kreises Bergstraße in Heppenheim, 1946–1949 und 1954–1956 MdL Hessen (CDU), 1948–1949 Hauptverwaltung für das Post- und Fernmeldewesen des Vereinigten Wirtschaftsgebiets, 1949–1951 BMP, dort jeweils Leiter der Abteilung III (Personalwesen) und im BMP kommissarischer Staatssekretär, 1951–1954 Präsident der Oberpostdirektion Koblenz, 1954–1956 Geschäftsführer der Deutschen Postreklame GmbH, 1956–1969 erneut BMP, dort Staatssekretär für das Postwesen bzw. (ab 1960) für die Post- und Fernmeldeverwaltung, 1962–1983 Aufsichtsratsmitglied der Adler Versicherungen.

Anhang 2: Sitzungsteilnehmer

Bundesministerium für Wohnungsbau

Dr. Hermann Wandersleb (1895–1977)

1927–1933 Landrat in Querfurt, 1945 Vizepräsident des Oberpräsidiums der Nordrhein-Provinz, 1946–1949 Chef der Landeskanzlei Nordrhein-Westfalen, 1950–1959 Staatssekretär im BMWo.

Bundesministerium für Vertriebene, Flüchtlinge und Kriegsgeschädigte

Dr. Peter Paul Nahm (1901–1981)

1919–1933 Mitglied des Zentrums, seit 1924 Journalist, 1933 Inhaftierung, 1934–1945 Tätigkeit im Weinbau und Weinhandel, 1945–1946 Landrat des Rheingaukreises, 1947–1949 Leiter des hessischen Landesamtes für Vertriebenen- und Flüchtlingsfragen, 1949–1952 Hessisches Innenministerium, dort Leiter der Sozialabteilung, 1951 Umsiedlungsbeauftragter der Bundesregierung, 1953 Bundesbeauftragter für die Unterbringung der Flüchtlinge aus der sowjetischen Besatzungszone, 1953–1967 Staatssekretär im BMVt.

Bundesministerium für gesamtdeutsche Fragen

Franz Thedieck (1900–1995)

1923–1930 Kölner Abwehrstelle des Preußischen Ministeriums des Innern gegen den Separatismus, 1931–1940 Bezirksregierung Köln, 1940–1943 Militärverwaltung in Belgien und Nordfrankreich, 1946–1949 erneut Bezirksregierung Köln, 1950–1964 Staatssekretär im BMG, 1961–1966 Vorsitzender des Verwaltungsrats des Deutschlandfunks, 1966–1972 Intendant des Deutschlandfunks.

Bundesministerium für Angelegenheiten des Bundesrates, seit Oktober 1957: *Bundesministerium für Angelegenheiten des Bundesrates und der Länder*

Dr. Georg Ripken (1900–1962)

1924–1926 Generalsekretär der Deutschen Liga für Völkerbund, 1927–1945 im auswärtigen Dienst (zuletzt 1944 stellvertretender Leiter der Handelspolitischen Abteilung des AA), 1951–1958 BMBR, dort Leitender Ministerialbeamter, 1954–1958 Staatssekretär, 1958–1961 MdB (DP, 1960 CDU).

Der Chef des Bundespräsidialamtes

Dr. Manfred Klaiber (1903–1981)

1926–1945 im auswärtigen Dienst, 1947 Württemberg-Badisches Staatsministerium, 1948–1949 Bevollmächtigter Württemberg-Badens bei der Verwaltung des Vereinigten Wirtschaftsgebiets, 1949–1957 (31.Mai) Chef des Bundespräsidialamtes (1954 Staatssekretär), 1957–1963 Botschafter in Rom, 1963–1968 in Paris.

Seit 1. Juni 1957:
Karl Theodor Bleek *siehe Staatssekretäre – Bundesministerium des Innern*

Hans Bott (1902–1977)
Bis 1945 Buchhändler und Verleger, 1946-1949 Referent im Kultministerium des Landes Württemberg-Baden, 1949–1959 persönlicher Referent des Bundespräsidenten und stellvertretender Chef des Bundespräsidialamtes, nach 1959 ehrenamtlicher Mitarbeiter von Theodor Heuss und Mitglied des Stiftungsrates und des Kuratoriums der Elly-Heuss-Knapp-Stiftung „Deutsches Mütter-Genesungswerk".

Eberhard Nöller (geb. 1911)
1949–1951 BMM, dort Mitarbeiter im Referat III 2 (ERP-Politik und Durchführung: Rechtsfragen), 1951 im Referat Rechts-, Kabinetts- und Parlamentssachen, 1951–1964 Bundespräsidialamt, dort Leiter des Referats 1, ab 1954 des Referats 3, ab 1957 des Referats 2 (jeweils zuständig vor allem für Gesetzgebung, rechtliche Grundsatzfragen, Gnadensachen, Wiedergutmachung, Entschädigung, ab 1960 zudem für Personalien), 1964–1974 BMVtg, dort bis 1972 in der Abteilung VR (Verwaltung und Recht) Leiter der Unterabteilung I (Besondere Verwaltungsaufgaben, Militärseelsorge), 1972–1974 in der Abteilung S (Sozialabteilung) Leiter der Unterabteilung II (Soziale Sicherung der Soldaten, Beamten und Arbeitnehmer), 1974–1976 Präsident des Bundeswehrverwaltungsamtes.

Der Chef des Presse- und Informationsamtes der Bundesregierung (BPA)

Felix von Eckardt (1903–1979)
1927–1929 außenpolitischer Berichterstatter des Hauses Ullstein, 1929–1932 Presseattaché an der deutschen Gesandtschaft in Brüssel, 1933–1945 Tätigkeit als Filmbuchautor und Dialogregisseur, 1945–1951 Begründer, Herausgeber und Chefredakteur des „Weserkurier", 1952–1955 Chef des BPA, 1955–1956 Botschafter bei den Vereinten Nationen, 1956–1962 erneut Chef des BPA (1958 Staatssekretär), 1962–1965 Bevollmächtigter der Bundesrepublik Deutschland in Berlin, 1965–1972 MdB (CDU).

Werner Krueger (1915–1998)
1937 Redakteur der „Westfälischen Volkszeitung", 1946–1949 Parlamentsjournalist im nordrhein-westfälischen Landtag, Redakteur der „Westfalenpost", 1947 Presse-

referent beim CDU-Zonenausschuß der Britischen Zone, 1950–1954 BPA, dort 1950 Persönlicher Referent des Chefs des BPA, 1950–1951 Leiter der Abteilung Inland, 1951–1954 Stellvertreter des Bundespressechefs, 1954–1956 Chefredakteur der Abteilung Fernsehen beim NWDR Hamburg/Köln bzw. ab 1955 beim WDR Köln, 1956–1967 erneut stellvertretender Chef des BPA, 1967-1969 Beauftragter für den Aufbau des Planungsstabes im Bundeskanzleramt.

Dr. Wolfgang Glaesser (1908–1973)

1934 nach Entlassung aus dem Staatsdienst Emigration nach Österreich und 1938 in die Schweiz, dort bis 1950 u.a. Mitarbeiter der Neuen Zürcher Zeitung, Vorsitzender der Liberaldemokratischen Vereinigung der Deutschen in der Schweiz und Geschäftsführender Vorsitzender der Arbeitsgemeinschaft Demokratisches Deutschland, Gründungsmitglied der FDP, zeitweise im Bundesvorstand, 1950–1973 BPA, dort 1951–1963 Leiter der Abteilung Inland, 1963–1966 der Abteilung Information, seit 1966 Abteilungsleiter z.b.V.

Der Persönliche Referent des Bundeskanzlers

Hans Kilb (1910–1984)

1936–1945 Berufsoffizier, 1946–1948 Tätigkeit als Prokurist, 1948–1951 Stadtverwaltung Göttingen, 1951 BMM, dort Persönlicher Referent des Staatssekretärs, 1951–1958 Bundeskanzleramt, dort zunächst 2. Persönlicher Referent, ab Juli 1952 Persönlicher Referent des Bundeskanzlers, 1958–1974 Direktor bei der Verwaltung der Europäischen Atomgemeinschaft und (ab 1967) bei der Kommission der Europäischen Gemeinschaften.

Der Leiter des Kanzlerbüros

Josef Selbach (geb. 1915)

1948–1950 Amtsgericht Baden-Baden, 1950 Landgericht Offenburg, 1950–1963 Bundeskanzleramt, dort 1952–1963 Leiter des Kanzlerbüros, 1963–1967 beurlaubt, Mitarbeiter des Bundeskanzlers a.D. Konrad Adenauer, 1969–1983 Vizepräsident des Bundesrechnungshofes und stellvertretender Vorsitzender des Bundespersonalausschusses.

Die Protokollführer

Dr. Günther Abicht (1911–1968)

1935–1945 Verwaltungsdienst, zuletzt Oberpräsidium Breslau, 1939–1946 Kriegsdienst und Kriegsgefangenschaft, 1946–1948 zunächst Land- und Waldarbeiter, dann Bürovorsteher in Borstel (Landkreis Harburg), 1949 Vorsitzender der Schlichtungsstelle für Wohnungssachen beim Landkreis Harburg, 1949–1952 Landesverwaltungsgericht Braunschweig, 1952–1955 BMVt, 1955–1960 Bundeskanzleramt, dort Leiter des Referats 4, ab 1957: A/4, ab 1960: I 4 (bis 1960 u.a. Kabinettssachen aus dem Geschäftsbereich des BMI, BMJ, BMBR und ab 1957 BMFa sowie Grundsatzfragen und allgemeiner Verkehr mit Bundestag, Bundesrat und Bundespräsidialamt, ab 1960 u.a. Kabinettssachen des BMVtg, Verteidigungsfragen der NATO, Zivile Verteidigung und Geschäftsführung des Bundesverteidigungsrates), seit 1956 zusätzlich Leiter des Referats 7, ab 1957: B/7 (u.a. Kabinettssachen aus dem Geschäftsbereich des BMA, BMWo, BMVt, unselbständiger Mittelstand und freie Berufe, BAVAV), 1960–1968 erneut BMVt, dort 1960–1964 Leiter der Zentralabteilung bzw. (ab 1961) Abteilung I, 1964–1968 Leiter der Abteilung II (zuständig u.a. für wirtschaftliche Eingliederung, Suchdienste, Genfer Flüchtlingskonvention, Wohnungswesen, Sozialwesen).

Dr. Günter Bachmann (geb. 1915)

1939–1946 Kriegsdienst und Kriegsgefangenschaft, 1947–1948 Staatsanwaltschaft Mannheim, 1948–1950 Industrie-Forschungs-Institut München, 1950–1951 Amtsgericht Mannheim, 1951 Landgericht Mannheim, 1952–1968 Bundeskanzleramt, dort 1952–1955 Hilfsreferent im Referat 5 (zuständig u.a. für Grundsatzfragen und Kabinettssachen aus den Geschäftsbereichen des AA, des BMI, Abt. Innere Sicherheit, des BMG und der Dienststelle Blank), 1955–1958 Leiter dieses Referats, Mai–Dezember 1958 Persönlicher Referent des Bundeskanzlers, 1959–1964 erneut Leiter des Referats 5, 1960–1963 zusätzlich des Referats 4 (zuständig u.a. für Kabinettssachen des BMVtg, Verteidigungsangelegenheiten, Geschäftsführung des Bundesverteidigungsrats), 1964–1969 Leiter der für Fragen der militärischen und zivilen Verteidigung zuständigen Unterabteilung I A bzw. (ab 1966) III A, 1969 BMI, dort Leiter der Abteilung D (Beamtenrecht und sonstiges Personalrecht des öffentlichen Dienstes), 1970–1983 Direktor des Caritas-Verbands Bonn e.V.

Dr. Rudolf Kriele (1900–1973)

1922–1935 Justizdienst, 1935–1945 Landrat, 1945–1949 Tätigkeit in der Privatindustrie, 1949–1952 Landesgeschäftsführer beim Deutschen Roten Kreuz Hessen, 1953–1956 Bundesrechnungshof, 1956–1959 Bundeskanzleramt, dort u. a. Leiter des Referates 10 (u.a zuständig für Kabinettssachen aus dem Geschäftsbereich des BMVtg, der zivilen Notstandsplanung einschließlich des zivilen Bevölkerungsschutzes beim BMI sowie für Verteidigungsangelegenheiten der übrigen Bundesressorts) und Geschäftsführer des Bundesverteidigungsrates, 1959–1964 BMAt bzw. ab 1962 BMwF, dort Leiter der Abteilung I (Recht und Wirtschaft der Kernenergie, Verwaltung, Internationale Zusammenarbeit auf dem Gebiet der Kernenergie, ab 1963: Zentralabteilung).

Dr. Reinhold Mercker (1903-1996)
1925–1945 im Reichspostdienst, 1947–1949 niedersächsischer Justizdienst, 1950–1951 niedersächsisches Justizministerium, 1951–1956 BMJ, dort Leiter des Referats IV 1 (Verfassungsrecht), 1956–1966 Bundeskanzleramt, dort 1956–1960 Leiter der Unterabteilung A (Referate 1, 3, 4, 5, 9 und 11: u.a. zuständig für Innerer Dienst, Personal sowie Angelegenheiten des BMI, BMJ, BMVtg, BMG, BMBR, BMFa, BMAt und des AA), 1960–1966 Leiter der Abteilung I (Referate mit Zuständigkeit u.a. für Innerer Dienst, Personal sowie Angelegenheiten des BMI, BMJ, BMVtg, BMG, BMBR, Bundespräsidialamt, Bundestag und Bundesrat), 1965–1966 auch Stellvertreter des Chefs des Bundeskanzleramts, 1966–1967 Staatssekretär im Bundesministerium für die Angelegenheiten des Bundesverteidigungsrates, 1967–1968 Staatssekretär (mit Sonderaufgabe) im BML.

Dr. Johannes Praß (1914–1989)
1941–1945 in der Heeresverwaltung, 1947–1956 in der Verwaltung der Freien und Hansestadt Hamburg (1947 Landesjugendamt und Schulbehörde, 1948 Rechtsamt des Senats, ab 1950 Finanzbehörde), 1956–1969 Bundeskanzleramt, dort 1956–1963 Leiter des Referats 6, ab 1957: B 6 (zuständig u.a. für Kabinettssachen aus dem Geschäftsbereich des BMM bzw. BMZ, BMF, BMWi, BML, BMBes, für Angelegenheiten der Bundesbank, der multilateralen wirtschaftlichen Organisationen einschließlich der europäischen Wirtschaftsintegration, für handels- und wirtschaftspolitische Angelegenheiten des AA sowie für die Geschäftsführung des Kabinettsausschusses für Wirtschaft), 1964–1969 Leiter der Abteilung II, bzw. ab 1968 der Abteilung III (Referate mit Zuständigkeit u.a. für Finanzen, Wirtschaft, Soziales, Gesundheit und Vertriebene).

B. Sonstige Teilnehmer, Gäste

Karl Andres (1906–1996)
1933–1934 Reichsarbeitsministerium, 1934–1945 ständiger Stellvertreter des Reichstreuhänders der Arbeit für Mitteldeutschland in Weimar bzw. Magdeburg, 1953–1966 BMA, dort Leiter des Referats IIIb 3 (Neue Kindergeldgesetzgebung einschl. Rechtsverordnungen, Frauenlohn, Lohn in volkswirtschaftlicher Sicht), 1961–1966 Leiter der Unterabteilung II b (Arbeitslosenversicherung, Arbeitslosenhilfe, Kindergeld, arbeits- und sozialpolitische Fragen der Verteidigung und des

Notdienstes, Ziviler Ersatzdienst), 1966–1969 BMFa, dort Leiter der Abteilung II (Familienpolitik).

Fritz Berendsen (1904–1974)

1923–1945 Offizier, 1953–1959 und 1965–1969 MdB (CDU), 1959–1964 Bundeswehr (Brigadegeneral, 1964 Generalmajor).

Karl George Bernard (1890–1972)

Seit 1920 am Reichswirtschaftsgericht, 1929–1935 Reichswirtschaftsministerium, 1935 entlassen, 1936–1948 Vorstandsmitglied des Direktoriums der Frankfurter Hypothekenbank, 1947 Mitglied der Sonderstelle Geld und Kredit bei der Verwaltung für Finanzen des Vereinigten Wirtschaftsgebiets, 1948–1957 Präsident des Zentralbankrates der Bank deutscher Länder bzw. 1957 der Deutschen Bundesbank.

Herbert Blankenhorn (1904–1991)

1929–1945 AA bzw. auswärtiger Dienst mit Stationen in Athen, Washington, Helsinki und Bern, 1946–1948 Deutsches Sekretariat des Zonenbeirates (der britischen Besatzungszone) in Hamburg, 1948–1949 Generalsekretär beim Zonenausschuß der CDU in der britischen Besatzungszone und persönlicher Referent des Präsidenten des Parlamentarischen Rates bzw. des Bundeskanzlers, 1949–1951 Leiter der Verbindungsstelle zur Alliierten Hohen Kommission im Bundeskanzleramt, 1951–1955 Leiter der Politischen Abteilung des AA, 1955–1958 Ständiger Vertreter bei der NATO in Paris, 1958–1963 Botschafter in Paris, 1963–1965 in Rom, 1965–1970 in London.

Dr. Ernst-Christoph Brühler (1891–1961)

1931–1933 Mitglied des Badischen Landtags (DNVP), nach 1945 Direktor der Evangelischen Pädagogischen Akademie Freiburg, 1953–1957 MdB (DP, 1957 DP/FVP), dort 1955–1957 Fraktionsvorsitzender.

Prof. Dr. Karl Carstens (1914–1992)

1945–1949 Rechtsanwalt und 1945–1947 Referent beim Senator für Justiz und Verfassung in Bremen, 1949–1954 Bevollmächtigter Bremens beim Bund, 1950–1973 Lehrtätigkeit für Staats- und Völkerrecht an der Universität Köln (1960 Ordinarius), 1954–1966 AA, dort 1954–1955 Gesandter und Leiter der ständigen Vertretung der Bundesrepublik beim Europarat, 1955–1958 stellvertretender Leiter der Politischen Abteilung, 1958–1960 Leiter der Europaabteilung, 1960–1966 Staatssekretär und ab 1961 ständiger Vertreter des Bundesaußenministers, 1967 Staatssekretär im BMVtg, 1968–1969 Chef des Bundeskanzleramts, 1969–1972 Leiter des Forschungsinstituts der Deutschen Gesellschaft für Auswärtige Politik, 1972–1979

MdB (CDU), dort 1973–1976 Vorsitzender der CDU/CSU-Fraktion, 1976–1979 Präsident des Deutschen Bundestages, 1979–1984 Bundespräsident.

Dr. Alexander Elbrächter (1908–1995)

Seit 1932 Chemiker, 1953–1969 MdB (DP, seit Juni 1958 CDU).

August-Martin Euler (1908-1966)

1945–1946 Landrat des Kreises Hersfeld, 1946–1956 Landesvorsitzender der FDP in Hessen, 1949–1958 MdB (FDP, 1956 FVP, 1957 DP/FVP, 1957 DP), dort 1951–1952 Vorsitzender, 1950 und 1952–1956 stellvertretender Vorsitzender der FDP-Fraktion, 1957 Landesvorsitzender der DP/FVP in Hessen.

D. Dr. Eugen Gerstenmaier (1906–1986)

1938–1944 Konsistorialrat im Außenamt der Evangelischen Kirche, Mitglied der Bekennenden Kirche, 1944 Verhaftung als Mitglied der Widerstandsgruppe des „Kreisauer Kreises" und Verurteilung durch den Volksgerichtshof, 1945–1951 Leiter des Hilfswerks der EKD, seit 1948 Mitglied der Synode der EKD, 1949–1969 MdB (CDU), 1954–1969 Präsident des Deutschen Bundestages, 1956–1969 Stellvertretender Vorsitzender der CDU.

Dr. Wilhelm Grau (1901–1975)

1934–1938 Württembergisches Innenministerium, 1938–1945 Reichsministerium des Innern, 1947–1949 Innenministerium des Landes Württemberg-Hohenzollern, 1949–1955 Bundeskanzleramt, dort Leiter des Referats 2 (Haushaltsreferat) und gleichzeitig der Referate 8 (Grundsatzfragen, Koordinierung und Kabinettssachen aus den Geschäftsbereichen des BMV, BMP; Rechnungshof, Bundesbahn, Bundespost) und 9 (Wissenschaftliche Forschung), 1955–1959 BMAt, dort 1955–1958 Stellvertreter des Ministers, Dezember 1958 Freistellung zum Ausbau der Reaktorstation Karlsruhe zu einer Forschungsstätte, 1959–1966 BMV, dort Leiter der Abteilung Binnenschiffahrt.

Prof. Dr. Wilhelm Grewe (1911–2000)

1935–1942 Dozent u.a. an den Universitäten Hamburg (1936–1937) und Königsberg (1936–1937) sowie in Berlin (1937–1938 am Deutschen Institut für außenpolitische Forschung, 1938–1940 an der Hochschule für Politik, 1940–1942 an der Universität), 1942–1955 Professor an den Universitäten Berlin (1942–1945), Göttingen (1945–1947) und Freiburg i. Br. (1947–1955, seit 1949 ordentlicher Professor für öffentliches Recht), 1951–1955 Leiter der deutschen Delegation für die Ablösung des Besatzungsstatuts, 1953–1954 gleichzeitig kommissarischer Leiter der Rechtsabteilung des AA, 1953–1954 Sonderbevollmächtigter der Bundesregierung bei der Konferenz der vier Außenminister in Berlin, 1955 Übernahme in das AA, dort 1955–1958 Leiter der Politischen Abteilung, 1958–

1962 Botschafter in Washington, 1962–1971 Leiter der ständigen Vertretung der Bundesrepublik Deutschland bei der NATO, 1971–1976 Botschafter in Tokio.

Franz Haenlein (1903–1989)

1947 Justitiar der Kirchlichen Hilfsstelle für Flüchtlinge in München, 1947–1948 Exekutivrat des Vereinigten Wirtschaftsgebiets, 1948–1949 Staatskanzlei Rheinland-Pfalz, 1949–1952 Bevollmächtigter des Landes Rheinland-Pfalz beim Bund, 1952–1960 Bundeskanzleramt, dort 1952–1957 Leiter des Referats 6 (Grundsatzfragen, Koordinierung und Kabinettssachen aus den Geschäftsbereichen des BMM, BMF, BMWi, BML; Bundesbank), 1957–1960 Leiter des Referats II (Haushaltsangelegenheiten, Kassen- und Rechnungswesen u.a.), gleichzeitig seit 1956 Leiter der Unterabteilung B (Referate 2, 6, 7 und 8), 1960 Leiter des Planungsbüros, 1960–1968 BMA, dort Leiter der Abteilung I (Allgemeine Verwaltung, wirtschaftspolitische und statistische Angelegenheiten, internationale Sozialpolitik).

Hermann Höcherl (1912–1989)

1948–1949 Rechtsanwalt, 1949 Eintritt in die CSU, 1950–1951 Staatsanwalt, 1951 Amtsgerichtsrat in Regensburg, 1953–1976 MdB, dort 1957–1961 Vorsitzender der Landesgruppe der CSU, 1961–1965 Bundesminister des Innern, 1965–1969 Bundesminister für Ernährung, Landwirtschaft und Forsten.

Dr. Wolfgang Holtz (1897–1966)

1922–1932 Reichsfinanzverwaltung, 1932–1943 Reichswirtschaftsministerium, 1943 Reichsverkehrsministerium, 1944 Militärverwaltung in Frankreich, 1944–1945 Reichsstelle für Eisen und Metalle, 1948–1949 Verwaltung für Verkehr des Vereinigten Wirtschaftsgebiets, 1950–1951 BMWo, dort Leiter des Sonderreferats „Ausbau Bonn und Bundeszone", 1951–1955 Dienststelle Blank, dort Vertreter des Leiters, 1955–1959 BMVtg, dort Leiter der Abteilung Verteidigungswirtschaft.

Volkmar Hopf (1906–1997)

Seit 1930 im Justizdienst, ab 1936 Landrat in Franzburg-Barth (Pommern), 1939 Oberlandrat in Zlin (Protektorat Böhmen und Mähren), 1940–1945 Kriegsdienst, danach Verbandssyndikus in Wiesbaden, 1951–1955 BMI, dort Leiter des Referats Z 4, ab 1953 Z 7 (Haushaltsangelegenheiten), 1955–1964 BMVtg, dort Leiter der Abteilung II, später H (Finanzen und Haushalt), 1959–1964 Staatssekretär, 1964–1971 Präsident des Bundesrechnungshofs.

Dr. Richard Jaeger (1913–1998)

1947–1948 Bayerisches Staatsministerium für Unterricht und Kultus, 1949 Oberbürgermeister von Eichstätt, 1949–1980 MdB (CSU), dort 1953–1965 Vorsitzender des Ausschusses für Verteidigung, 1953–1965 und 1967–1976 Vizepräsident des Deutschen Bundestages, 1965–1966 Bundesminister der Justiz.

Dr. Friedrich Janz (1898–1964)

1927–1945 AA bzw. auswärtiger Dienst, 1947–1950 (Süd-) Badisches Finanzministerium, 1950–1952 Badische Staatskanzlei, 1952–1953 AA, 1953–1959 Ministerialdirektor des Bundeskanzleramts, 1959–1961 Leiter der Rechtsabteilung im AA, 1961–1963 Botschafter in Wien.

Ludwig Kattenstroth (1906–1971)

1949 Verwaltung für Wirtschaft des Vereinigten Wirtschaftsgebiets, 1949–1962 BMWi, dort 1949 Leiter der Abteilung II (Wirtschaftsordnung bzw. seit 1953 Wirtschaftsordnung und -förderung), 1954 der Abteilung Z (Zentralabteilung), 1956 der Abteilung III (Bergbau, Energie und Wasserwirtschaft, Eisen und Stahl, Europäische Gemeinschaft für Kohle und Stahl), 1962–1963 Bundeskanzleramt, dort Leiter der Abteilung II (Wirtschaft, Finanzen, Soziales), 1963–1965 Staatssekretär im BMSchatz, 1965–1969 Staatssekretär im BMA.

Dr. Georg Kliesing (1911–1992)

1953–1976 MdB (CDU), seit 1958 Mitglied der Beratenden Versammlung des Europarates und der Versammlung der WEU, dort 1962–1968 Vorsitzender des Verteidigungsausschusses der Versammlung der WEU, 1968–1970 in beiden Versammlungen Vorsitzender der christlich-demokratischen Fraktion, 1963–1964 Präsident der Nordatlantischen Versammlung.

Dr. Werner Knieper (1909–1977)

1955–1967 BMVtg, dort Leiter der Unterabteilung Recht, 1959 der Abteilung Verteidigungswirtschaft (W), 1965 der Hauptabteilung II (Rüstungsangelegenheiten), 1966–1967 Staatssekretär, 1968–1974 Geschäftsführer der Vereinigten Flugtechnischen Werke GmbH (VWF) bzw. Vorstandsvorsitzender der VWF Fokker GmbH, 1970–1974 zudem Vorsitzender des Aufsichtsrats und 1974–1977 Mitglied des Aufsichtsrats, 1973–1976 Präsident des Bundesverbandes der Deutschen Luft- und Raumfahrtindustrie, 1974–1976 Mitglied des Präsidiums des BDI.

Dr. Rudolf Kriele siehe Regelmäßige Teilnehmer – Protokollführer

Dr. Heinrich Krone (1895–1989)

1923–1933 stellvertretender Generalsekretär der Deutschen Zentrumspartei und Vorsitzender des Reichsverbandes der Deutschen Windthorstbünde, 1925–1933 MdR, 1934–1945 Mitbegründer und Geschäftsführer des Caritas-Notwerkes, 1949–1969 MdB (CDU), dort 1951–1955 Geschäftsführer und 1955–1961 Vorsitzender

der CDU/CSU-Fraktion, 1958–1964 stellvertretender Bundesvorsitzender der CDU, 1961–1966 Bundesminister für besondere Aufgaben bzw. ab 1964 für die Angelegenheiten des Bundesverteidigungsrates.

Dr. Josef Löns (1910–1974)

1946–1948 Zonenausschuß der CDU für die britische Besatzungszone, dort Generalsekretär und Referent des Vorsitzenden Adenauer für den Zonenbeirat (der britischen Zone) und für den Landtag Nordrhein-Westfalen, 1947–1950 Rechtsanwalt, 1948–1952 Beigeordneter in der Stadtverwaltung Köln, 1953–1958 AA, dort Leiter der Personal- und Verwaltungsabteilung (Zentralabteilung), 1958–1963 Botschafter in Den Haag, 1963–1970 in Wien und 1970–1973 in Bern.

Hasso von Manteuffel (1897–1978)

1916–1945 Berufsoffizier (zuletzt General der Panzertruppe), 1953–1957 MdB (FDP, 1956 FVP, 1957 DP/FVP), 1959 Verurteilung in Düsseldorf zu einer Gefängnisstrafe von 18 Monaten wegen Todesurteils gegen einen Soldaten im Jahr 1944, 1961 Begnadigung.

Dr. Reinhold Mercker *siehe Regelmäßige Teilnehmer – Protokollführer*

Robert Pferdmenges (1880–1962)

1920–1929 im Vorstand des A. Schaffhausen'schen Bankvereins in Köln, 1931–1953 Teilhaber des Bankhauses Salomon Oppenheim jr. & Cie (1938 umbenannt in Pferdmenges & Co), 1945–1946 Präsident der Industrie- und Handelskammer zu Köln, 1947–1949 Wirtschaftsrat des Vereinigten Wirtschaftsgebiets (CDU), 1950 Vorsitzender im Bonner Ausschuß für Angelegenheiten des Schuman-Planes, 1950–1962 MdB, finanz- und wirtschaftspolitischer Ratgeber Adenauers.

Will Rasner (1920–1971)

1946 stellvertretender Chefredakteur des „Flensburger Tageblatts", 1946–1953 Vorsitzender des Schleswig-Holsteinischen Journalistenverbandes, 1953–1971 MdB (CDU), dort 1955–1971 Parlamentarischer Geschäftsführer der CDU/CSU-Fraktion.

Dr. Albert Hilger van Scherpenberg (1899–1969)

1926–1944 im auswärtigen Dienst, Febr. 1944 Verhaftung und Verurteilung durch den Volksgerichtshof, 1945–1949 Bayerisches Staatsministerium für Wirtschaft, 1949–1953 BMWi, dort Leiter des Referats V A 6, später: V B 3 bzw. V B 4 (Außenwirtschaft: Sterlingblock), 1953–1961 AA, dort bis 1958 Leiter der Handelspolitischen Abteilung, 1958–1961 Staatssekretär, 1961–1964 Botschafter beim Heiligen Stuhl.

Anhang 2: Sitzungsteilnehmer

Dr. Franz Schillinger (1897–1985)

1925–1933 Reichsfinanzministerium, 1933–1950 bei mehreren Finanzämtern und Oberfinanzpräsidenten, zuletzt 1949–1950 Leiter der Zollabteilung beim Oberfinanzpräsidenten in München, 1950–1959 BMF, dort Leiter der Abteilung III (Zölle, Verbrauchssteuern, Monopole).

Herbert Schneider (Bremerhaven) (1915–1995)

1937–1945 Offizier, seit 1947 Mitglied der Bremer Bürgerschaft (DP), 1951–1961 Landesvorsitzender der DP in Bremen, 1952–1953 Generalsekretär der DP, 1953–1961 und 1969–1972 MdB (1953–1961 DP, 1961 fraktionslos, 1969–1972 CDU), dort 1957–1960 Fraktionsvorsitzender der DP, 1958 stellvertretender, 1961–1962 Bundesvorsitzender der DP, 1962–1969 Geschäftsführer des Bundesverbandes der Deutschen Luft- und Raumfahrtindustrie.

Dr. Ludwig Schneider (Lollar) (1898–1978)

Seit 1928 Rechtsanwalt, 1949–1961 MdB (FDP, 1956 FVP, Fraktionsvorsitzender, 1957 DP/FVP, 1957 DP, 1961 CDU), dort 1953–1957 Vorsitzender des Wahlprüfungsausschusses, 1953–1957 Vizepräsident des Deutschen Bundestages.

Dr. Günter Seeliger (1906–1966)

1933–1938 nach Ablehnung der Aufnahme in den auswärtigen Dienst wegen fehlender Parteizugehörigkeit Tätigkeit in der Privatindustrie, 1938–1941 Wirtschaftsgruppe Chemische Industrie, 1941–1945 IG Farbenindustrie, 1945–1946 Provinzialverwaltung Sachsen-Anhalt, dort Leiter der Abteilung Wirtschaftslenkung, 1946–1947 Landesregierung Thüringen, dort Leiter des Wirtschaftsstabs, 1947–1954 Verwaltung für Wirtschaft des Vereinigten Wirtschaftsgebiets bzw. (ab 1949) BMWi, dort zuletzt Leiter der Unterabteilung V A (Allgemeine Fragen der Außenwirtschaft, Ein- und Ausfuhr, Zollpolitik), 1954–1958 AA, dort in der Handelspolitischen Abteilung Beauftragter für Handelsvertragsverhandlungen, 1958–1963 Generaldirektor für auswärtige Beziehungen bei der Kommission der EWG in Brüssel, nach erneutem Eintritt in den auswärtigen Dienst 1963–1966 Botschafter der Bundesrepublik in Mexiko.

Dr. Walter Truckenbrodt (1914–1999)

1950–1951 Finanzministerium des Landes Nordrhein-Westfalen, 1951–1953 Persönlicher Referent des Oberstadtdirektors der Stadt Essen, 1953–1973 AA, dort 1953–1957 in der Rechtsabteilung Leiter des Referats „Friedensregelung", 1957–1959 Leiter der deutschen Delegation für die Truppenvertragskonferenz, 1959–1962 beurlaubt und Stellvertretender Exekutivsekretär im NATO-Generalsekretariat, 1962–1963 Vertretung der Bundesrepublik Deutschland bei der OECD, 1963–1964 Planungsstab des AA, 1965–1969 Stellvertretender Leiter der Rechtsabteilung, 1969–1973 Botschafter in Venezuela.

Dr. Wilhelm Vocke (1886–1973)

1913–1919 Reichsamt des Innern, 1919–1939 Direktoriumsmitglied der Deutschen Reichsbank, seit 1930 u.a. Stellvertreter des Reichsbankpräsidenten in der Bank für Internationalen Zahlungsausgleich (BIZ) und Mitglied des Finanzkomitees des Völkerbundes, 1946–1948 stellvertretender Leiter der Reichsbankleitstelle (Hauptverwaltung der Reichsbank für die britische Zone) in Hamburg, 1948–1957 Präsident des Direktoriums der Bank deutscher Länder, 1950 Mitglied des Verwaltungsrates der BIZ.

Dr. Heinrich Vockel (1892–1968)

1922–1933 Generalsekretär der Deutschen Zentrumspartei, 1934–1945 Tätigkeit bei der Hertie Waren und Kaufhaus GmbH in Berlin, 1945 Mitbegründer der CDU in Berlin, 1950–1962 Bevollmächtigter der Bundesrepublik Deutschland in Berlin.

ÜBERSICHT ZUR ANWESENHEIT DER REGELMÄSSIGEN TEILNEHMER AN DEN KABINETTSSITZUNGEN 1957

● = anwesend
○ = zeitweise anwesend
P = Protokollführer

Bundeskanzler und Bundesminister

Bundeskanzler und Bundesminister	Adenauer	Blücher	Erhard	v.Brentano	Schröder	v.Merkatz	Schäffer	Etzel	Lübke	Storch	Blank	Strauß	Seebohm	Lemmer	Stücklen	Lindrath	Preusker	Lücke	Oberländer	Kaiser	Balke	Wuermeling
9. Jan.	●	●	●		●	●	●		●			●	●	●					●			●
11. Jan.	●	●	●	●	●		●				●						●		●			●
15. Jan.	●	●	●	●	●		●		○	○		●	○				●		●		●	●
16. Jan.	●	●	●		○		●		●			○	○				●		●		○	●
23. Jan.	○	○	●	○	●	●	●		●		●	●	●				●		●		●	●
30. Jan.	○	○	●	○	●	○	●		●	○		●	●				●				●	●
6. Febr.	○	●	●	●	●	●	●		●	●		●	●				●		●		●	
15. Febr.	●		●	●	●	●	●		●	○							●		●			
21. Febr.	●	●	●	●		●	●		●	●		●	●				●		●		●	
1. März		○	●		●	●	●		●	●			●				●		●		●	
7. März		●	○		●	●	○			○			●				○					●
13. März		○	○		○	○	●		○	○		●	○				●			●		●
20. März	○		●		○		●		●	○		●	●	●			●		●	●		●
27. März					●	●	●					●					●		●	●		●
28. März		●			●	○	●		●	●			●	●			●		●			
4. April	●	●	●	●	○	●	●			○		○	○	○			●		○			●

Anhang 3: Anwesenheitsübersicht

Bundes-kanzler und Bundes-minister	Adenauer	Blücher	Erhard	v.Brentano	Schröder	v.Merkatz	Schäffer	Etzel	Lübke	Storch	Blank	Strauß	Seebohm	Lemmer	Stücklen	Lindrath	Preusker	Lücke	Oberländer	Kaiser	Balke	Wuermeling
11. April	○	●	○	○	○	●	●			○			●	●			●		●	●	●	○
30. April	○	●		●			●		●			●		○							●	○
7. Mai		●	○		●		●		○			○		●			●			●		○
9. Mai	●	●	●	●	●		○		●	●		●		○			●		●		●	●
16. Mai	○	●	●	●	○		●			●	○	●					●		●		●	
21. Mai	○	●	●	●			●		●	○			●	●			●		●		●	●
31. Mai	○	●	●	●	●		●		●								●		●		●	●
12. Juni	○	●	●	●			●		●	●							●		●		●	
19. Juni		●	●	●			●							●			●					
27. Juni	●	●			●		●			●		●		●			●					●
2. Juli	○	●	○	○	○		●		○			●					●					○
10. Juli	●	●		○	●	○	●		●			●	●				●				●	●
16. Juli	●	●			●	●															●	●
22. Juli	●				●				●				●				●					
24. Juli	●	●				●			●								●			●		
29. Juli	●				●	●	●			●	●						●					●
7. Aug.	●	●	●	●													●			●		
14. Aug.	●	●			●	●			●				●				●		○			
20. Aug.	●	●	●	●	●		●		●				●				●	●				●
3. Sept.	●			●	●				●				●				●					
18. Sept.	●	●	●	●	●	●	●		●	●		●	●	○			●		●		○	●
9. Okt.	○	●	●	●			●	●		●	●	●					●				●	●
17. Okt.	●	●			●	●	●		●			●	●				●					●
28. Okt.	●		●	●		●	○	●	●	●		●	●	●	●	●		●	●		●	●
7. Nov.	●		○	○	●	●	●	●	●		●	●	●	●	●	●		○	●		●	●
13. Nov.	●		●	●	●	●	●	●		●	●	●	●	●	●		●	●			●	●
21. Nov.	●		●		●					●	●			●	●		●	●			●	●
27. Nov.	●		●		●	●	●			●	○		●	●			●	●			●	●
4. Dez.		●		●	●	●	●		●			●	●	●			●	●			●	●
13. Dez.	○		●		●		●	●		●	●			●			●	●			●	●

Anhang 3: Anwesenheitsübersicht

Staatssekretäre

Staatssekretäre	Globke	Hallstein	v.Lex	Bleek	Anders	W.Strauß	Hartmann	Westrick	Sonnemann	Sauerborn	Busch	Rust	Bergemann	Seiermann	Gladenbeck	Steinmetz	Wandersleb	Nahm	Thedieck	Ripken	Klaiber
9. Jan.	●	●	●							●							●	●			●
11. Jan.	●	●			●		●			●					●			●			●
15. Jan.	●	●			●				○	○		○			●			●	●		●
16. Jan.		○			○										○				○		
23. Jan.	●									●								●			●
30. Jan.					●					○	●				●			●	●		○
6. Febr.	●																	○	○		●
15. Febr.	○				●					○	○				●			●			
21. Febr.	●		●							●								●	○		
1. März	●	○								●	●		○		○			○			○
7. März	●	●					●			●			●		○	●	●				
13. März	●	●					●			●	●				●	●			●	●	
20. März	●	●					●														●
27. März									●	●					●						●
28. März										●							●				●
4. April	●	○					●	●		●					○		○	●			●
11. April	○	○			○		○	○													○
30. April	○	●		●	●	●		●	●						○		●	●	●		●
7. Mai		○			●	●		●	●								●	●	●		
9. Mai	●	●	●		●	●										●					
16. Mai	●															●		●	●		●
21. Mai	○					●			○	●									●	●	
31. Mai	●				●	●			●	●	●							●	●		
12. Juni	●		●	●	●	●			●	●								●	●		
19. Juni	●		●	●	●	●	●		●	●	●					●		●	●		
27. Juni	●		●		●					●					●			●			
2. Juli	●		○	○	●				○						●			●	●		
10. Juli	●		●	●	●		●				●				●			●	●		

Anhang 3: Anwesenheitsübersicht

Staats-sekretäre	Globke	Hallstein	v.Lex	Bleek	Anders	W.Strauß	Hartmann	Westrick	Sonnemann	Sauerborn	Busch	Rust	Bergemann	Seiermann	Gladenbeck	Steinmetz	Wandersleb	Nahm	Thedieck	Ripken	Klaiber
16. Juli	●			●	●	●		●	●		●	●	●			●	●	●	●		
22. Juli	●							●			●					●	●		●	●	
24. Juli	●			●	●			●			●		●			●	●		●		
29. Juli	●			●		●						●	●		●		●		●		
7. Aug.	●			●	●			●	●		●		●		●		●		●	●	
14. Aug.	●					●		●			●		●					●	●	●	
20. Aug.	●			●	●	●		●			●		●						●	●	
3. Sept.						●	●	●			●		●						●		●
18. Sept.	●	●		●		●					●				●				●		
9. Okt.	●	●	●	●		●									O		●				
17. Okt.	●					●					●	●			●		●				
28. Okt.	●			●																	
7. Nov.		●		●	●			●													
13. Nov.		●		●	●																
21. Nov.		●							●				●						●		
27. Nov.		●	O	●					●				●	●						●	
4. Dez.	●			●					●				●						●		
13. Dez.	●		●	●			●						●						●	●	

Andere

Andere	Bott	Nöller	v.Eckardt	Krueger	Glaesser	Kilb	Selbach	Abicht	Bachmann	Kriele	Mercker	Praß
9. Jan.			●	●			●	P				
11. Jan.			●	●			●	P				
15. Jan.			●	●		●	●					P

Anhang 3: Anwesenheitsübersicht

Andere	Bott	Nöller	v.Eckardt	Krueger	Glaesser	Kilb	Selbach	Abicht	Bachmann	Kriele	Mercker	Praß
16. Jan.				○		●	●					P
23. Jan.			●	●			●	P				
30. Jan.			●	●			●	P				
6. Febr.				●		●	●		P			
15. Febr.			●	●		●	●					P
21. Febr.	●		●	●			●	P				
1. März				●				P				
7. März	●			●								P
13. März			○	●					P			
20. März			○	●			●	P				
27. März					●		●		P			
28. März				●			●	P				
4. April			●	●	●		●					P
11. April				○		○	○	○	P○			
30. April			●	●		○	●	P				
7. Mai				○		●		P				
9. Mai			●	●			●			P		
16. Mai			●	●		●	●	P				
21. Mai	●		●	●			●					P
31. Mai	●		○		○		○		P			
12. Juni			●	●			●		P			
19. Juni			●	●								P
27. Juni			●			●	●	P				
2. Juli			○	●			●	P				
10. Juli			●	●		●	●	P				
16. Juli			●	●			●	P				
22. Juli			●				●		P			
24. Juli			●	●			●	P				
29. Juli				●			●		P			
7. Aug.			●	●			●	P				
14. Aug.			●	●			●		P			

Anhang 3: Anwesenheitsübersicht

Andere	Bott	Nöller	v.Eckardt	Krueger	Glaesser	Kilb	Selbach	Abicht	Bachmann	Kriele	Mercker	Praß
20. Aug.	●		●	●			●					P
3. Sept.	●		●	●			●		P			
18. Sept.			●	●		●	●	P				
9. Okt.			●			●	●		P			
17. Okt.			●	●		●	●				P	
28. Okt.			●	●		●	●					P
7. Nov.				●		●	●	P				
13. Nov.				●		●	●		P	●		
21. Nov.		●		●		●	●	P		●	●	
27. Nov.				●		●	●			○	○	P
4. Dez.				●			●	P				
13. Dez.				●		●	○		P			

ZEITTAFEL

1. Januar
Das Saarland wird als 11. Bundesland in die Bundesrepublik Deutschland eingegliedert

10. Januar
Harold Macmillan wird britischer Premierminister

22. Januar
Der Bundestag verabschiedet das Rentenreformgesetz

24. bis 26. Januar
Bundesparteitag der FDP in Berlin. Reinhold Maier wird zum Bundesvorsitzenden gewählt

5. Februar
Brief des sowjetischen Ministerpräsidenten Nikolaj A. Bulganin an Bundeskanzler Konrad Adenauer

27. Februar
Antwortschreiben Adenauers an Bulganin

18. März
Beginn der bis zum 6. September dauernden UNO-Abrüstungskonferenz in London

18. März
Zweiter Brief Bulganins an Adenauer

25. März
Unterzeichnung der Verträge über die Gründung einer Europäischen Wirtschaftsgemeinschaft und einer Europäischen Atomgemeinschaft in Rom

Anhang 4: Zeittafel

1. April
Einberufung der ersten Wehrpflichtigen zur Bundeswehr

4. April
Adenauer befürwortet Ausrüstung der Bundeswehr mit Atomwaffen

12. April
„Göttinger Erklärung" von 18 deutschen Atomwissenschaftlern zum Atomwaffenverzicht der Bundesrepublik

13. April
Antwortschreiben Adenauers auf den zweiten Brief Bulganins

16. April
Die Sowjetunion beendet eine am 3. April begonnene Serie von fünf Atombombenversuchen

27. April
Note der sowjetischen Regierung gegen eine atomare Bewaffnung der Bundeswehr

10. Mai
Atomdebatte im Bundestag

12. bis 15. Mai
Bundesparteitag der CDU in Hamburg

15. Mai
Großbritannien zündet seine erste Wasserstoffbombe

21. Mai
Sturz des französischen Ministerpräsidenten Guy Mollet

23. Mai
SPD gibt ihren Deutschland-Plan bekannt

3. Juni
15 Soldaten der Bundeswehr ertrinken bei einer Übung in der Iller

Anhang 4: Zeittafel

5. und 6. Juni
Parteikongreß der FDP in Hamburg

6. Juni
Verbalnote der Bundesregierung an die Sowjetunion

11. Juni
Maurice Bourgès-Maunoury wird französischer Ministerpräsident

16. Juni
Abschluß des Wahlkongresses der SPD in der Dortmunder Westfalenhalle

27. Juni
Weitere Note der sowjetischen Regierung gegen eine atomare Ausrüstung der Bundeswehr

28. Juni
Der Bundestag verabschiedet das Beamtenbesoldungsgesetz

30. Juni
Wahlkongreß der CDU in der Dortmunder Westfalenhalle

3. Juli
Ausschluß von Georgij M. Malenkow, Lasar M. Kaganowitsch und Wjatscheslaw M. Molotow aus dem Zentralkomitee und dem Präsidium der KPdSU

4. Juli
Der Bundestag verabschiedet das Kartellgesetz und das Bundesbankgesetz

5. Juli
Bisher stärkster Atombombenversuch der USA auf dem amerikanischen Kontinent

5. Juli
Tagung der Sozialistischen Internationale in Wien

7. Juli
Abschluß des Landesparteitags der CSU in Würzburg

Anhang 4: Zeittafel

23. Juli

Aufnahme der deutsch-sowjetischen Verhandlungen in Moskau über einen Handels- und Konsularvertrag sowie über die Repatriierung der in der UdSSR noch zurückgehaltenen Deutschen

27. Juli

Vorschlag einer gesamtdeutschen Föderation durch die Regierung der DDR

29. Juli

„Berliner Erklärung" der drei Westmächte und der Bundesregierung zur Wiedervereinigung

14. August

Abwertung des Franc und Sparprogramm der französischen Regierung

26. August

Start einer sowjetischen Interkontinentalrakete

29. August

Letzte Sitzung des Zweiten Deutschen Bundestages

15. September

Wahlen zum Dritten Deutschen Bundestag

19. September

Die Bundesbank senkt den Diskontsatz um 0,5 % auf 4 %, Großbritannien erhöht den Diskontsatz von 5 % auf 7 %

30. September

Rücktritt des französischen Ministerpräsidenten Bourgès-Maunoury

1. Oktober

Erhöhung der Steinkohlenpreise um 7 bis 10 %

2. Oktober

Der polnische Außenminister Adam Rapacki spricht sich für eine entmilitarisierten Zone in Europa aus

4. Oktober
Start des ersten Weltraumsatelliten durch die Sowjetunion (Sputnik 1)

13. Oktober
Die Behörden der DDR verfügen überraschend den Umtausch der seit 1948 in Umlauf befindlichen Banknoten gegen neue Scheine

15. Oktober
Konstituierende Sitzung des Dritten Deutschen Bundestages in Berlin

19. Oktober
Abbruch der diplomatischen Beziehungen zu Jugoslawien

22. Oktober
Adenauer zum dritten Mal zum Bundeskanzler gewählt

29. Oktober
Vereidigung der Minister des neuen Kabinetts und Regierungserklärung Adenauers

3. November
Start von Sputnik 2

3. November
Die Sowjetunion stellt die Mitarbeit in der UNO-Abrüstungskommission ein

6. November
Félix Gaillard wird französischer Ministerpräsident

6. November
Regierungskrise in Niedersachsen

10. November
SPD erringt bei den Hamburger Bürgerschaftswahlen die absolute Mehrheit

9. Dezember
Rapacki-Plan einer atomwaffenfreien Zone in Europa vorgestellt

16. bis 18. Dezember
NATO-Konferenz in Paris

ABKÜRZUNGSVERZEICHNIS

AA	Bundesminister des Auswärtigen / Politisches Archiv des Auswärtigen Amts
Abg.	Abgeordneter
Abs.	Absatz
Abt.	Abteilung
ACDP	Archiv für Christlich-Demokratische Politik der Konrad-Adenauer-Stiftung
ACSP	Archiv für Christlich-Soziale Politik der Hanns-Seidel-Stiftung
a.D.	außer Dienst
AdG	Keesing's Archiv der Gegenwart
ADO	Allgemeine Dienstordnung
ADS	Amtsdrucksachen (Sammlung im Bundesarchiv)
AdsD	Archiv der sozialen Demokratie der Friedrich-Ebert-Stiftung
AEG	Allgemeine Elektrizitätsgesellschaft
AG	Aktiengesellschaft
AHM	Archivalische Hilfsmittel (Sammlung im Bundesarchiv)
AP	Associated Press
Art.	Artikel
Az.	Aktenzeichen
BAnz.	Bundesanzeiger
BAVAV	Bundesanstalt für Arbeitsvermittlung und Arbeitslosenversicherung
BBC	British Broadcasting Corporation
BBk	siehe HA BBk
Bd.	Band
Bde.	Bände

Abkürzungsverzeichnis

BDI	Bundesverband der Deutschen Industrie
BdL	Bank deutscher Länder
Bearb./bearb.	Bearbeiter/bearbeitet
Benelux (-Staaten)	Belgien, Niederlande, Luxemburg
betr.	betreffend
BFH	Bundesfinanzhof
BGB	Bürgerliches Gesetzbuch
BGBl.	Bundesgesetzblatt
BGH	Bundesgerichtshof
BGHSt	Bundesgerichtshof, Entscheidungen in Strafsachen
BHE	Block der Heimatvertriebenen und Entrechteten
BIZ	Bank für internationalen Zahlungsausgleich
BK	Bundeskanzler / Bundeskanzleramt
BM	Bundesminister / Bundesministerium
BMA	Bundesminister / Bundesministerium für Arbeit, seit Oktober 1957: Bundesminister / Bundesministerium für Arbeit und Sozialordnung
BMAt	Bundesminister / Bundesministerium für Atomfragen, seit Oktober 1957: Bundesminister / Bundesministerium für Atomkernenergie und Wasserwirtschaft
BMBes	Bundesministerium für wirtschaftlichen Besitz des Bundes
BMBR	Bundesminister / Bundesministerium für Angelegenheiten des Bundesrates, seit Oktober 1957: Bundesminister / Bundesministerium für Angelegenheiten des Bundesrates und der Länder
BMF	Bundesminister / Bundesministerium der Finanzen
BMFa	Bundesminister / Bundesministerium für Familienfragen, seit Oktober 1957: Bundesminister / Bundesministerium für Familien und Jugendfragen
BMJ	Bundesminister / Bundesministerium der Justiz
BML	Bundesminister / Bundesministerium für Ernährung, Landwirtschaft und Forsten
BMM	Bundesminister / Bundesministerium für den Marshallplan
BMP	Bundesminister / Bundesministerium für das Post- und Fernmeldewesen
BMSchatz	Bundesschatzministerium
BMV	Bundesminister / Bundesministerium für Verkehr

BMVt	Bundesminister / Bundesministerium für Vertriebene, Flüchtlinge und Kriegsgeschädigte
BMVtg	Bundesminister / Bundesministerium für Verteidigung
BMwF	Bundesminister / Bundesministerium für wissenschaftliche Forschung
BMWi	Bundesminister / Bundesministerium für Wirtschaft
BMWo	Bundesminister / Bundesministerium für Wohnungsbau
BMZ	Bundesminister / Bundesministerium für wirtschaftliche Zusammenarbeit
BP	Bayern-Partei
BPA	Presse- und Informationsamt der Bundesregierung
BR	Bundesrat
BRD	Bundesrepublik Deutschland
BStBl.	Bundessteuerblatt
BT	Deutscher Bundestag
BVerfG	Bundesverfassungsgericht
BVerfGE	Entscheidungen des Bundesverfassungsgerichts
BVerwG	Bundesverwaltungsgericht
BVerwGE	Entscheidungen des Bundesverwaltungsgerichts
CDU	Christlich Demokratische Union Deutschlands
COMLANDCENT	Commander Allied Land Forces Central Europe (Befehlshaber der Alliierten Landstreitkräfte Mitteleuropa)
CSU	Christlich Soziale Union
CVP	Christliche Volkspartei
DAG	Deutsche Angestellten-Gewerkschaft
DC	Democrazia Cristiana
DDP	Deutsche Demokratische Partei
DDR	Deutsche Demokratische Republik
DGB	Deutscher Gewerkschaftsbund
DIHT	Deutscher Industrie- und Handelstag
DKV	Deutscher Kohlenverkauf / Deutsche Kohle-Verkaufsorganisation
DM	Deutsche Mark
DNVP	Deutsch-Nationale Volkspartei
DP	Deutsche Partei

Abkürzungsverzeichnis

Dpf	Deutscher Pfennig
DRP	Deutsche Reichspartei
Drs.	Drucksache
DStP	Deutsche Staatspartei
DV	Durchführungsverordnung
DVP	Demokratische Volkspartei
DzD	Dokumente zur Deutschlandpolitik
EA	Europa-Archiv
EG	Europäische Gemeinschaft
EGKS	Europäische Gemeinschaft für Kohle und Stahl
EKD	Evangelische Kirche in Deutschland
ERP	European Recovery Program
etc.	und so weiter
EURATOM	Europäische Atomgemeinschaft
EVG	Europäische Verteidigungsgemeinschaft
EWG	Europäische Wirtschaftsgemeinschaft
EZU	Europäische Zahlungsunion
FAO	Food and Agriculture Organization of the United Nations
FDGB	Freier Deutscher Gewerkschaftsbund
FDP	Freie Demokratische Partei
Ffm	Frankfurt am Main
FHZ	Freihandelszone
FILDIR	Fédération Internationale Libre des Déportés et Internés de la Résistance
FOA	Foreign Organizations Administration
FRUS	Foreign Relations of the United States
FU	Föderalistische Union
FU Berlin	Freie Universität Berlin
FVP	Freie Volkspartei
GATT	General Agreement on Tariffs and Trade
GB	Gesamtdeutscher Block
GBl.	Gesetzblatt
geb.	geboren(e)

Geh.	Geheim
Gen.	Genossen
GG	Grundgesetz
ggf.	gegebenenfalls
GGO	Gemeinsame Geschäftsordnung der Bundesministerien
GmbH	Gesellschaft mit beschränkter Haftung
GMBl.	Gemeinsames Ministerialblatt der Bundesministerien
GOBReg	Geschäftsordnung der Bundesregierung
GVBl.	Gesetz- und Verordnungsblatt
GVP	Gesamtdeutsche Volkspartei
HA BBk	Historisches Archiv der Deutschen Bundesbank
Hess. GVBl.	Gesetz- und Verordnungsblatt für das Land Hessen
Hrsg./hrsg.	Herausgeber/herausgegeben
IG	Interessen-Gemeinschaft
IG	Industriegewerkschaft
IWF	Internationaler Währungsfonds
Kap.	Kapitel
Komintern	Kommunistische Internationale
KP	Kommunistische Partei
KPD	Kommunistische Partei Deutschlands
KPdSU	Kommunistische Partei der Sowjetunion
KRAVAG	Versicherungsverband des Deutschen Kraftverkehrs VaG
LAG	Lastenausgleichsgesetz
MdB	Mitglied des Bundestages
MdEP	Mitglied des Europäischen Parlaments
MdL	Mitglied des Landtages
MdR	Mitglied des Reichstages
Mia.	Milliarden
MinDirigent	Ministerialdirigent
Mio.	Millionen
Mrd.	Milliarden

Abkürzungsverzeichnis

MRG	Mouvement des Radicaux de Gauche
MSA	Mutual Security Agency
NATO	North Atlantic Treaty Organization
Nr.	Nummer / Nummern
NRW	Nordrhein-Westfalen
NS	Nationalsozialismus / nationalsozialistisch
o.D.	ohne Datum
OECD	Organization for Economic Cooperation and Development
OEEC	Organization for European Economic Cooperation
OKH	Oberkommando des Heeres
OKL	Oberkommando der Luftwaffe
OKW	Oberkommando der Wehrmacht
ÖTV	Gewerkschaft Öffentliche Dienste, Transport und Verkehr
ÖVP	Österreichische Volkspartei
Pfg.	Pfennig
PKW	Personenkraftwagen
Preugo	Preußische Gebührenordnung
Prof.	Professor
PSDI	Partito Socialista Democratico Italiano
PSI	Partito Socialista Italiano
PSIUP	Partito Socialista Italiano di Unita Proletaria
PvdA	Partij van der Arbeid
Ref.	Referat
RGBl.	Reichsgesetzblatt
RHO	Reichshaushaltsordnung
S.	Seite
SACEUR	Supreme Allied Commander Europe
SBZ	Sowjetische Besatzungszone
SDAP	Sociaal-Democratische Arbeiderspartij in Nederland
SED	Sozialistische Einheitspartei Deutschlands

SHAEF	Supreme Headquarters Allied Expeditionary Forces
SHAPE	Supreme Headquarters Allied Powers Europe
SNCF	Société Nationale des Chemins de Fer Français
SPD	Sozialdemokratische Partei Deutschlands
SRP	Sozialistische Reichspartei
SS	Schutzstaffel(n)
StBKAH	Stiftung Bundeskanzler-Adenauer-Haus
StS	Staatssekretär
SU	Sowjetunion
Tbc	Tuberculose
Tgb. Nr.	Tagebuchnummer
Tit.	Titel
TO / T.O.	Tagesordnung
TOP	Tagesordnungspunkt
TSI	Treuhandstelle für den Interzonenhandel
UdSSR	Union der Sozialistischen Sowjetrepubliken
UK	United Kingdom
UN	United Nations
UNO	United Nations Organization
US	United States
USA	United States of America
UVG	Unfallversicherungsgesetz
VfZ	Vierteljahrshefte für Zeitgeschichte
Vgl.	Vergleiche
VO	Verordnung
VS	Verschlußsache
VWF	Vereinigte Flugtechnische Werke GmbH
WEU	Westeuropäische Union
z.b.V.	zur besonderen Verwendung
Ziff.	Ziffer
ZK	Zentralkomitee
ZSg.	Zeitgeschichtliche Sammlungen des Bundesarchivs
z.Zt.	zur Zeit

QUELLEN- UND LITERATURVERZEICHNIS

1. UNGEDRUCKTE QUELLEN

Archiv der sozialen Demokratie der Friedrich-Ebert-Stiftung, Bonn (AdsD)

Nachlaß Gustav Heinemann
Nachlaß Erich Ollenhauer
Parteivorstand

Archiv für Christlich-Demokratische Politik der Konrad-Adenauer-Stiftung, St. Augustin (ACDP)

I-148	Nachlaß Hans-Joachim von Merkatz
I-659	Sammlung Hans von der Groeben
VIII-001	CDU/CSU-Fraktion des Deutschen Bundestages

Archiv für Christlich-Soziale Politik der Hanns-Seidel-Stiftung, München (ACSP)

Nachlaß Franz Josef Strauß
LVers. Landesversammlung
PA Parteiausschuß

Bundesarchiv

B 102	Bundesministerium für Wirtschaft
B 106	Bundesministerium des Innern
B 108	Bundesministerium für Verkehr

Quellen- und Literaturverzeichnis

B 116	Bundesministerium für Ernährung, Landwirtschaft und Forsten
B 122	Bundespräsidialamt
B 126	Bundesministerium der Finanzen
B 134	Bundesministerium für Raumordnung, Bauwesen und Städtebau
B 135	Bundesministerien für besondere Aufgaben
B 136	Bundeskanzleramt
B 137	Bundesministerium für innerdeutsche Beziehungen
B 138	Bundesministerium für Bildung und Wissenschaft
B 141	Bundesministerium der Justiz
B 142	Bundesministerium für Gesundheitswesen
B 144	Bundesministerium für Angelegenheiten des Bundesrates
B 145	Presse- und Informationsamt der Bundesregierung
B 145 I	Presse- und Informationsamt der Bundesregierung „Hausdienst"; Pressekonferenzen
B 146	Bundesministerium für den Marshallplan / Bundesministerium für wirtschaftliche Zusammenarbeit
B 149	Bundesministerium für Arbeit
B 150	Bundesministerium für Vertriebene, Flüchtlinge und Kriegsgeschädigte
B 153	Bundesministerium für Familie und Jugend
B 167	Bundesanstalt für Landeskunde
B 183	Bentheimer Grenzlandausschuß
B 215	Oberstes Rückerstattungsgericht
B 222	Tarifgemeinschaft deutscher Länder
B 247	Wissenschaftsrat
B 257	Bundesministerium für Post und Telekommunikation
B 356	Treuhandstelle für den Interzonenhandel
BW 1	Bundesministerium der Verteidigung
BW 2	Führungsstab der Streitkräfte
BW 5	Dokumentationszentrum der Bundeswehr
BW 9	Dienststellen zur Vorbereitung des westdeutschen Verteidigungsbeitrages 1950–1955
Pers 1	Personalakten – Soldaten der Bundeswehr

Nachlässe, Persönliche Papiere (N)

N 1080	Franz Blücher
N 1104	Viktor Agartz

N 1178   Hans-Christoph Seebohm
N 1239   Heinrich von Brentano
N 1263   Kurt Rheindorf
N 1337   Karl Carstens
N 1351   Herbert Blankenhorn
N 1439   Otto Dibelius

Sammlung amtlicher Druckschriften (ADS)
BD 7   Presse- und Informationsamt der Bundesregierung

Zeitgeschichtliche Sammlungen (ZSg.)
ZSg. 1-19   CDU/CSU
ZSg. 1-39   Deutscher Saarbund
ZSg. 1-90   SPD
ZSg. 1-122   Deutscher Beamtenbund
ZSg. 1-186   Industriegewerkschaft Metall

Sammlung archivalischer Hilfsmittel (AHM)

Historisches Archiv der Deutschen Bundesbank, Frankfurt/Main (HA BBk)

B 330   Zentralbankrat, Direktorium, Dienststelle des Direktoriums
N 3   Nachlaß Werthmöller

Parlamentsarchiv des Deutschen Bundestages, Bonn

Politisches Archiv des Auswärtigen Amts, Bonn (AA)

B 1   Ministerbüro
B 2   Büro Staatssekretäre
B 10   Politische Abteilung (Abt. 2)
B 12   Ostabteilung (Abt. 7)
B 13   Allgemeine außenpolitische Fragen (Abt. 2, Ref. 200)

B 14	NATO, Verteidigung und Abrüstung (Abt. 2, Ref. 211)
B 14	NATO, WEU, Verteidigung (Abt. 2, Ref. II A 7)
B 17	Saarfragen
B 20	Europäische Politische Integration, EWG, EGKS
B 21	Europarat, WEU
B 22	Friedliche Verwendung der Atomenergie
B 23	Nordische Staaten
B 30	Vereinte Nationen
B 31	Großbritannien, Australien, Neuseeland, Irland, Commonwealth
B 32	USA, Kanada
B 50	Handelspolitische Abteilung (Abt. 4)
B 53	Wirtschaftliche Organisationen (Abt. 4, Ref. 401)
B 80	Völkerrecht und Staatsverträge
B 81	Gesandtschafts- und Konsularrecht
B 86	Auslandsvermögen, Friedensregelung, Stationierung ausländischer Truppen
B 91	Internationale Staatliche Organisationen, Gästeprogramm
B 94	Wissenschaft, Hochschulen, Jugendfragen, Sport
Mult.	Sammlung multilateraler Verträge

Stiftung Bundeskanzler-Adenauer-Haus, Bad Honnef-Rhöndorf (StBKAH)

Nachlaß Konrad Adenauer

2. GEDRUCKTE QUELLEN UND LITERATUR

Adenauer, Konrad: Erinnerungen 1955–1959. 4. Aufl. Stuttgart 1984

Adenauer, Konrad: Teegespräche 1955–1958. Bearb. von Hanns Jürgen Küsters. (Rhöndorfer Ausgabe) Berlin 1986

Adenauer, Konrad: Reden 1917–1967. Eine Auswahl. Hrsg. von Hans-Peter Schwarz. Stuttgart 1975

Adenauer, Konrad: Briefe 1955–1957. Bearb. von Hans Peter Mensing. (Rhöndorfer Ausgabe) Berlin 1998

Adenauer, Konrad und Theodor Heuss: Unter vier Augen. Gespräche aus den Gründerjahren 1949–1959. Bearb. von Hans Peter Mensing. (Rhöndorfer Ausgabe) Berlin 1997

Amtsblatt der Europäischen Gemeinschaft für Kohle und Stahl, 1958

Amtsblatt des Bundesministers für das Post- und Fernmeldewesen, 1957

Amtsblatt des Kontrollrats in Deutschland, 1946

Amtsblatt des Saarlandes, 1957

Der Beamtenbund, 1957

Bellers, Jürgen: Reformpolitik und EWG-Strategie der SPD. Die innen- und außenpolitischen Faktoren der europapolitischen Integrationswilligkeit einer Oppositionspartei (1957–1963). München 1979

Berggötz, Sven Olaf: Nahostpolitik in der Ära Adenauer. Möglichkeiten und Grenzen 1949–1963. (Forschungen und Quellen zur Zeitgeschichte, Bd. 33) Düsseldorf 1998

Brenke, Gabriele: Europakonzeptionen im Widerstreit. Die Freihandelszonen-Verhandlungen 1956–1958. In: Vierteljahrshefte für Zeitgeschichte 42 (1994), S. 595–633

Bührer, Werner: Westdeutschland in der OEEC. Eingliederung, Krise, Bewährung 1947–1961. (Quellen und Darstellungen zur Zeitgeschichte, Bd. 32) München 1997

Bulletin des Presse- und Informationsamtes der Bundesregierung, 1957–1958

Bundesanzeiger. Hrsg. vom Bundesminister der Justiz, 1949, 1951–1952, 1957–1958

Bundesbahndirektion Hannover (Hrsg.): Tarif- und Verkehrs-Anzeiger (TVA) für den Personen-, Gepäck-, Expreßgut-, Güter- und Tierverkehr der Eisenbahnen des öffentlichen Verkehrs im Gebiet der Bundesrepublik Deutschland. Hannover 1957

Bundesgesetzblatt. Hrsg. vom Bundesminister der Justiz, 1950–1961, 1963, 1965, 1973, 1977

Bundesgesetzblatt für die Republik Österreich, 1955

Bundesrat (BR)-Sitzungsberichte siehe Verhandlungen des Bundesrats

Bundessteuerblatt. Hrsg. vom Bundesminister der Finanzen. Teil II: Veröffentlichungen der Länder. Teil III: Veröffentlichungen des Bundesfinanzhofs, 1955–1956

[CDU-Bundesvorstand:] Adenauer: „Wir haben wirklich etwas geschaffen." Die Protokolle des CDU-Bundesvorstands 1953–1957. Bearb. von Günter Buchstab. (Forschungen und Quellen zur Zeitgeschichte, Bd. 16) Düsseldorf 1990

Christlich-Demokratischer Pressedienst, 1957

Der Deutsche Arzt, 1957

Deutsche Handball-Woche, 1957

Deutschland im Wiederaufbau. Tätigkeitsbericht der Bundesregierung für das Jahr 1957. Herausgegeben von dem Presse- und Informationsamt der Bundesregierung. 1958

Deutschland im Wiederaufbau. Tätigkeitsbericht der Bundesregierung für das Jahr 1958. Herausgegeben von dem Presse- und Informationsamt der Bundesregierung. 1959

Diplomatische Korrespondenz, 1957

Documents of the United Nations Conference on International Organization, San Francisco 1945, Bd. 15. London, New York 1946

Dokumente zur Deutschlandpolitik. Hrsg. vom Bundesministerium für gesamtdeutsche Fragen. III. Reihe/Band 3 in drei Drittelbänden: 1. Januar bis 31. Dezember 1957. Frankfurt/Main, Berlin 1967

Domes, Jürgen: Bundesregierung und Mehrheitsfraktion. Aspekte der Verhältnisse der Fraktion der CDU/CSU im zweiten und dritten Deutschen Bundestag zum Kabinett Adenauer. Köln 1964

Eckardt, Felix von: Ein unordentliches Leben. Lebenserinnerungen. Düsseldorf, Wien 1967

Eckert, Michael: Kernenergie und Westintegration. Die Zähmung des westdeutschen Nuklearnationalismus. In: Vom Marshallplan zur EWG. Die Eingliederung der Bundesrepublik Deutschland in die westliche Welt. Hrsg. von Ludolf Herbst, Werner Bührer und Hanno Sowade. (Quellen und Darstellungen zur Zeitgeschichte, Bd. 30) München 1990, S. 313–334

Enders, Ulrich: Integration oder Kooperation? Ludwig Erhard und Franz Etzel im Streit über die Politik der europäischen Zusammenarbeit 1954–1956. In: Vierteljahrshefte für Zeitgeschichte 45 (1997), S. 143–171

Entscheidungen des Bundesgerichtshofes in Strafsachen. Hrsg. von den Mitgliedern des Bundesgerichtshofes und der Bundesanwaltschaft. Bd. 11. Köln, Berlin 1958

Entscheidungen des Bundesverfassungsgerichts. Hrsg. von den Mitgliedern des Bundesverfassungsgerichts.
Bd. 6: [Oktober 1956–Mai 1957]. Tübingen 1957
Bd. 15: [Oktober 1962–März 1963]. Tübingen 1964

Entscheidungen des Bundesverwaltungsgerichts. Hrsg. von den Mitgliedern des Gerichts. Bd. 4 : [Oktober 1955–Mai 1957]. Berlin 1957

Europa-Archiv. Hrsg. von Wilhelm Cornides, 1949, 1957–1958

FDP-Bundesvorstand. Die Liberalen unter dem Vorsitz von Thomas Dehler und Reinhold Maier. Sitzungsprotokolle 1954–1960. Bearb. von Udo Wengst. (Quellen zur Geschichte des Parlamentarismus und der politischen Parteien, Vierte Reihe Bd. 7/II) Düsseldorf 1991

Foreign Relations of the United States 1955–1957.
Bd. IV: Western European Security and Integration. Washington 1986
Bd. XVI: Suez Crisis July 26 – December 31, 1956. Washington 1990
Bd. XXVI: Central and Southeastern Europe. Washington 1992

Fraenkel, Ernst: Der Ruhreisenstreit 1928–1929 in historisch-politischer Sicht. In: Staat, Wirtschaft und Politik in der Weimarer Republik. Festschrift für Heinrich Brüning. Hrsg. von Ferdinand A. Hermens und Theodor Schieder. Berlin 1967, S. 97–117

Frankfurter Allgemeine Zeitung für Deutschland, 1957

Gemeinsame Geschäftsordnung der Bundesministerien. Allgemeiner Teil (GGO I). Hrsg. vom Bundesministerium des Innern. Bonn 1958

Gemeinsames Ministerialblatt. Hrsg. vom Bundesminister des Innern, 1952, 1956–1957, 1967, 1970

Geschäftsbericht der Bank Deutscher Länder für das Jahr 1956. Frankfurt/Main 1957

Geschäftsbericht der Deutschen Bundesbank für das Jahr 1957. Frankfurt/Main 1958

Geschäftsbericht 1956/1957 des Vorstandes der Industriegewerkschaft Metall. Frankfurt/Main 1958

Gesetz- und Verordnungsblatt für das Land Hessen, 1957

Gesetz- und Verordnungsblatt für das Land Nordrhein-Westfalen, 1957

Giese, Friedrich und Friedrich August Freiherr von der Heydte in Zusammenarbeit mit Hans Müller (Hrsg.): Der Konkordatsprozeß. München 1956–1958

Grewe, Wilhelm G.: Rückblenden 1976–1951. Frankfurt/Main 1979

Groeben, Hans von der: Deutschland und Europa in einem unruhigen Jahrhundert. Erlebnisse und Betrachtungen von Hans von der Groeben. Baden-Baden 1995

Groß, Hans Ferdinand: Hanns Seidel 1901–1961. Eine politische Biographie. München 1992

Haftendorn, Helga: Sicherheit und Entspannung. Zur Außenpolitik der Bundesrepublik Deutschland 1955–1982. Baden-Baden 1983

Handelsblatt, 1957

Heidemeyer, Helge: Flucht und Zuwanderung aus der SBZ/DDR 1945/1949–1961. Die Flüchtlingspolitik der Bundesrepublik Deutschland bis zum Bau der Berliner Mauer. (Beiträge zur Geschichte des Parlamentarismus und der politischen Parteien, Bd. 100) Düsseldorf 1994

Hentschel, Volker: Ludwig Erhard. Ein Politikerleben. München, Landsberg am Lech 1996

Hentschel, Volker: Zwischen Zahlungsunfähigkeit und Konvertibilität. Frankreich und Deutschland in der Europäischen Zahlungsunion. In: Die deutsch-französischen Wirtschaftsbeziehungen 1945–1960. Kolloquium des Deutschen Historischen Instituts Paris 8.–10. Dezember 1994. Hrsg. von Andreas Wilkens. Sigmaringen 1997, S. 101–133

Henzler, Christoph: Fritz Schäffer. Der erste bayerische Nachkriegsministerpräsident und erste Finanzminister der Bundesrepublik Deutschland 1945–1967. Eine biographische Studie. München 1994

Heuss, Theodor: Tagebuchbriefe 1955/63. Eine Auswahl aus Briefen an Toni Stolper. Hrsg. von Eberhard Pikart. Stuttgart 1983

Heuss, Theodor und Konrad Adenauer: Unserem Vaterlande zugute. Der Briefwechsel 1948–1963. Bearb. von Hans Peter Mensing. (Rhöndorfer Ausgabe) Berlin 1989

Hockerts, Hans Günter: Sozialpolitische Entscheidungen in Nachkriegsdeutschland. Alliierte und deutsche Sozialversicherungspolitik 1945 bis 1957. (Forschungen und Quellen zur Zeitgeschichte, Bd. 1) Stuttgart 1980

Hollmann, Michael: Die Nachfolge Monnets. Die Bundesregierung und die Frage der Präsidentschaft der Hohen Behörde der Europäischen Gemeinschaft für Kohle und Stahl. In: Interessen verbinden. Jean Monnet und die europäische Integration der Bundesrepublik Deutschland. Hrsg. von Andreas Wilkens. Bonn 1999, S. 187–203

Die Kabinettsprotokolle der Bundesregierung. Hrsg. für das Bundesarchiv von Hans Booms und (ab Bd. 7) Friedrich P. Kahlenberg.
Bd. 1: 1949. Bearb. von Ulrich Enders und Konrad Reiser. Boppard 1982
Bd. 2: 1950. Bearb. von Ulrich Enders und Konrad Reiser. Boppard 1984
Bd. 3: 1950. Wortprotokolle. Bearb. von Ulrich Enders und Konrad Reiser. Boppard 1984
Bd. 4: 1951. Bearb. von Ursula Hüllbüsch. Boppard 1988

Bd. 5: 1952. Bearb. von Kai von Jena. Boppard 1989

Bd. 6: 1953. Bearb. von Ulrich Enders und Konrad Reiser. Boppard 1989

Bd. 7: 1954. Bearb. von Ursula Hüllbüsch und Thomas Trumpp. Boppard 1993

Bd. 8: 1955. Bearb. von Michael Hollmann und Kai von Jena. München 1997

Bd. 9: 1956. Bearb. von Ursula Hüllbüsch. München 1998

Kabinettsausschuß für Wirtschaft. Bd. 1: 1951–1953. Bearb. von Ulrich Enders. München 1999

Ministerausschuß für die Sozialreform 1955–1960. Bearb. von Bettina Martin-Weber. München 1999

Die Kabinettsprotokolle der Landesregierung Nordrhein-Westfalen 1954 bis 1958. Bearb. von Volker Ackermann. Teil 2. (Veröffentlichungen der Staatlichen Archive des Landes Nordrhein-Westfalen. Reihe K: Kabinettsakten, Band 3. Im Auftrag des Ministeriums für Stadtentwicklung, Kultur und Sport und des Ministeriums für Wissenschaft und Forschung des Landes Nordrhein-Westfalen hrsg. von Kurt Düwell und Ottfried Dascher) Siegburg 1997

Kanu-Sport, 1957–1958

Keesing's Archiv der Gegenwart, XV., XXVI. und XXVII. Jahrgang, 1945, 1956–1957

Klenke, Dietmar: Bundesdeutsche Verkehrspolitik und Motorisierung. Konfliktträchtige Weichenstellungen in den Jahren des Wiederaufstiegs. Stuttgart 1953

Kitzinger, Uwe W.: Wahlkampf in Deutschland. Eine Analyse der Bundestagswahl 1957. Göttingen 1960

Klotzbach, Kurt: Der Weg zur Staatspartei. Programmatik, praktische Politik und Organisation der deutschen Sozialdemokratie 1945 bis 1965. Berlin, Bonn 1982

Kosthorst, Daniel: Brentano und die Deutsche Einheit. Die Deutschland- und Ostpolitik des Außenministers im Kabinett Adenauer 1955–1961. (Forschungen und Quellen zur Zeitgeschichte, Bd. 26) Düsseldorf 1993

Kraushaar, Wolfgang: Die Protest-Chronik 1949–1959. Eine illustrierte Geschichte von Bewegung, Widerstand und Utopie. Band III: 1957–1959. Hamburg 1996

Kreikamp, Hans-Dieter: Deutsches Vermögen in den Vereinigten Staaten. Die Auseinandersetzung um seine Rückführung als Aspekt der deutsch-amerikanischen Beziehungen 1952–1962. Stuttgart 1979

Krone, Heinrich: Tagebücher. Erster Band: 1945–1961. Bearb. von Hans-Otto Kleinmann. (Forschungen und Quellen zur Zeitgeschichte, Bd. 28) Düsseldorf 1995

Küsters, Hanns Jürgen: Die Gründung der Europäischen Wirtschaftsgemeinschaft. Baden-Baden 1982

Küsters, Hanns Jürgen: Souveränität und ABC-Waffen-Verzicht. Deutsche Diplomatie auf der Londoner Neunmächte-Konferenz 1954. In: Vierteljahrshefte für Zeitgeschichte 42 (1994), S. 499–536

Küsters, Hanns Jürgen: Konrad Adenauer, die Presse, der Rundfunk und das Fernsehen. In: Konrad Adenauer und die Presse (Rhöndorfer Gespräche, Bd. 9). Hrsg. von Karl-Günther von Hase. Bonn 1988, S. 13–31

Lange, Erhard H. M.: Wahlrecht und Innenpolitik. Entstehungsgeschichte und Analyse der Wahlgesetzgebung und Wahlrechtsdiskussion im westlichen Nachkriegsdeutschland 1945–1956. (Marburger Abhandlungen zur politischen Wissenschaft, Bd. 26) Meisenheim am Glan 1975

Maier, Reinhold: Selbstbesinnung, Selbstbescheidung, Selbstbehauptung. Rede des Altministerpräsidenten auf der öffentlichen Kundgebung des Dreikönigstreffens der Freien Demokratischen Partei Baden-Württembergs am 6. Januar 1957 in der Stuttgarter Liederhalle. Hrsg. von der Freien Demokratischen Partei (DVP) Landesverband Baden-Württemberg. (Schriftenreihe der FDP [DVP], Heft 4) Stuttgart 1957

Vom Marshallplan zur EWG. Die Eingliederung der Bundesrepublik Deutschland in die westliche Welt. Hrsg. von Ludolf Herbst, Werner Bührer und Hanno Sowade. (Quellen und Darstellungen zur Zeitgeschichte. Hrsg. vom Institut für Zeitgeschichte, Bd. 30) München 1990

Meyer, Georg: Vom Kriegsgefangenen zum Generalinspekteur: Adolf Heusinger 1945–1961. Potsdam 1997

Morsey, Rudolf: Heinrich Lübke. Eine politische Biographie. Paderborn, München, Wien, Zürich 1996

Müchler, Günter: CDU/CSU. Das schwierige Bündnis. München 1976

Müller, Wolfgang D.: Geschichte der Kernenergie in der Bundesrepublik Deutschland. Anfänge und Weichenstellungen. Stuttgart 1990

Neumann, Franz: Der Block der Heimatvertriebenen und Entrechteten 1950–1960. Ein Beitrag zur Geschichte und Struktur einer politischen Interessenpartei. Meisenheim am Glan 1968

Niedersächsisches Gesetz- und Verordnungsblatt. Hrsg. von der Niedersächsischen Staatskanzlei. Jg. 1954

Pommerin, Rainer: Von Berlin nach Bonn. Die Alliierten, die Deutschen und die Hauptstadtfrage nach 1945. Köln 1989

Pöttering, Hans-Gert: Adenauers Sicherheitspolitik 1955–1963. Ein Beitrag zum deutsch-amerikanischen Verhältnis. Düsseldorf 1975

Protokolle des Vermittlungsausschusses des Deutschen Bundestages und des Bundesrates. Erste bis sechste Wahlperiode (1949–1972). Hrsg. vom Sekretariat des Bundesrates. Bonn 1983

Reichsgesetzblatt, 1874, 1901, 1907, 1923, 1930, 1933, 1938, 1939

Repgen, Konrad: Der Konkordatsstreit der fünfziger Jahre. Von Bonn nach Karlsruhe (1949–1955/57). In: Kirchliche Zeitgeschichte 3 (1990), S. 201–245

Repgen, Konrad: Finis Germaniae: Untergang Deutschlands durch einen SPD-Wahlsieg 1957? In: Konrad Adenauer und seine Zeit. Politik und Persönlichkeit des ersten Bundeskanzlers. Bd. II: Beiträge der Wissenschaft. Hrsg. von Dieter Blumenwitz, Klaus Gotto u.a. Stuttgart 1976, S. 294–315

Ritter, Gerhard A. und Merith Niehuss: Wahlen in Deutschland 1946–1991. Ein Handbuch. München 1991

Schiffers, Reinhard (Bearb.): Weniger Länder – mehr Föderalismus? Die Neugliederung des Bundesgebietes im Widerstreit der Meinungen 1948/49–1990. Eine Dokumentation. (Dokumente und Texte, Bd. 3) Düsseldorf 1996

Schiffers, Reinhard: Verfassungsschutz und parlamentarische Kontrolle in der Bundesrepublik Deutschland 1949–1957. Mit einer Dokumentation zum „Fall John" im Bundestagsausschuß zum Schutz der Verfassung. (Dokumente und Texte, Bd. 5) Düsseldorf 1997

Schwarz, Hans-Peter: Die Ära Adenauer. Gründerjahre der Republik 1949–1957 (Geschichte der Bundesrepublik Deutschland, Bd. 2) Stuttgart 1981

Schwarz, Hans-Peter: Die Ära Adenauer. Epochenwechsel 1957–1963. (Geschichte der Bundesrepublik Deutschland, Bd. 3) Stuttgart 1981

Schwarz, Hans-Peter: Adenauer. [Band 2:] Der Staatsmann: 1952–1967. Stuttgart 1991

SED und Kirche. Eine Dokumentation ihrer Beziehungen. Hrsg. von Frédéric Hartweg. Bd. 1: SED 1945–1967. Bearb. von Joachim Heise. Neukirchen-Vluyn 1995

Scholz, Michael F.: Herbert Wehner in Schweden 1941–1946. München 1995

Schulz, Günther: Wiederaufbau in Deutschland. Die Wohnungsbaupolitik in den Westzonen und der Bundesrepublik von 1945 bis 1957. (Forschungen und Quellen zur Zeitgeschichte, Bd. 20) Düsseldorf 1994

Sozialdemokratischer Pressedienst, 1957

Der Spiegel, 1957

Statistisches Bundesamt: Die Wahl zum 3. Deutschen Bundestag am 15. September 1957. Hefte 1 bis 4. Statistik der Bundesrepublik Deutschland. Bd. 200. Stuttgart 1957–1959

Stenographische Berichte siehe Verhandlungen des Deutschen Bundestags

Stöver, Bernd: Der Fall Otto John. Neue Dokumente zu den Aussagen des deutschen Geheimdienstchefs gegenüber MfS und KGB. In: Vierteljahrshefte für Zeitgeschichte 47 (1999), S. 103–136

Strauß, Franz Josef: Die Erinnerungen. Berlin 1989

Tarif- und Verkehrsanzeiger der Deutschen Bundesbahn, 1957

Union in Deutschland, 1957

Verhandlungen des Bundesrates. Sitzungsberichte (Stenographische Berichte).
Bd. 4: 135.–169. Sitzung. Jahrgang 1955–1956. Bonn 1955–1956
Bd. 5: 170.–200. Sitzung. Jahrgang 1957–1958. Bonn 1957–1958
Anlagen zu den Stenographischen Berichten (Drucksachen). Bonn 1954–1960

Verhandlungen des Deutschen Bundestages. 1., 2. und 3. Wahlperiode. Stenographische Berichte. Bde. 1, 14, 18, 26, 28, 30, 33 bis 39. Bonn 1950–1957
Anlagen zu den Stenographischen Berichten (Drucksachen). Bonn 1950–1960

Wagner, Georg: Sozialstaat gegen Wohnungsnot. Wohnraumbewirtschaftung und sozialer Wohnungsbau im Bund und in Nordrhein-Westfalen 1950–1970. (Forschungen zur Regionalgeschichte, Bd. 11). Paderborn 1995

Weilemann, Peter: Die Anfänge der Europäischen Atomgemeinschaft. Zur Gründungsgeschichte von EURATOM 1955–1957. Baden-Baden 1983

Die Welt, 1957

Wilker, Lothar: Die Sicherheitspolitik der SPD 1956–1966. Zwischen Wiedervereinigungs- und Bündnisorientierung. Bonn-Bad Godesberg 1977

Wippich, Werner: Die Rolle der Bundesrepublik Deutschland in der Krise des £-Sterling und des Sterling-Gebietes 1956/57. In: Gustav Schmidt (Hrsg.): Zwischen Bündnissicherung und privilegierter Partnerschaft. Die deutsch-britischen Beziehungen und die Vereinigten Staaten von Amerika 1955–1963. Bochum 1995, S. 33–79

PERSONENINDEX

Nicht aufgenommen wurden die Namen der Verfasser der in den Anmerkungen zitierten Publikationen bzw. Quellensammlungen. Auch sind jene Seitenzahlen nicht aufgeführt, die lediglich die im Dokumentenkopf dokumentierte Teilnahme der *regelmäßigen* Teilnehmer an den Kabinettssitzungen nachweisen; diese kann der Anwesenheitsübersicht (Anhang 3) entnommen werden. Fundstellen mit biographischen Angaben zur Person sind durch Fettdruck hervorgehoben. Die Hinweise auf Bundeskanzler, Bundesminister und Staatssekretäre wurden sachlich spezifiziert.

Abicht, Günther **481**
Abs, Hermann Josef **273**, 282, 289
Achenbach, Ernst **230**
Acker, Rolf 384 f., **386**
Adams, Leopold 246
Adenauer, Georg 384
Adenauer, Konrad **467**
– Abrüstung, Abrüstungsverhandlungen 91, 236, 255, 276 f., 285, 442
– Afrikapolitik *(siehe auch – Assoziierung überseeischer Gebiete)* 101
– Agartz (Fall Agartz) 215 f., 446
– Algerien 142
– Alterssicherung der Landwirte 287 f., 346
– Amnestiegesetz 192
– Amt für Wehrtechnik und Beschaffung 384
– Arbeitszeit im öffentlichen Dienst 359
– Ärzte, Gebührenordnung 123, 304 f.
– Assoziierung überseeischer Gebiete mit der EWG 96, 98, 101, 105, 142–144
– Atomare Aufrüstung, Atomare Bewaffnung der Bundeswehr 16–18, 91, 156, 192, 236, 254–256
– Atomgesetz 319, 334
– Atomwaffenverzicht 91
– Außenpolitische Lage (Überblick) 70–72, 127–129, 155 f., 237, 276–278, 285 f., 321, 378, 421–423, 442 f.
– Bamberger Rede 41 f.
– Bank deutscher Länder, Diskontermäßigung 337 f.
– Bayern, Regierungswechsel 387
– Beförderungen vor der Bundestagswahl 331
– Bergbaulöhne 327 f.
– Berlin, Tod Otto Suhrs 371
– Berlin, völker- und staatsrechtliche Stellung 344
– Berlin-Debatte im Bundestag 127
– Berner Übereinkunft zum Schutz von Werken der Literatur und der Kunst 413 f.
– Besatzungsrecht, Aufhebung 110
– Bestechungsaffären im Amt für Wehrtechnik und Beschaffung 384
– Besteuerung der entflochtenen Unternehmen der Eisen- und Stahlindustrie 77
– Besuch im Iran 41, 214, 218–220
– Besuch in den USA 16, 20, 27, 41 f., 272 f., 276–278, 285
– Besuch in der Türkei 218–220
– Besuch in Frankreich (Nov. 1956) 88, 93
– Besuch in Italien 218
– Besuch in Österreich 280
– Besuch in Schweden 384
– Britische Truppenreduzierung 18 f., 140, 192 f.

Personenindex

noch: *Adenauer*
- Brotpreis 291
- Bulganin-Briefe 22 f., 137 f., 231, 442
- Bundesanstalt für Arbeitsvermittlung und Arbeitslosenversicherung, Haushalt 287
- Bundesanstalt für Bodenforschung 374
- Bundesaufsichtsamt für das Kreditwesen 76
- Bundeshaushalt 39, 270 f.
- Bundesländer, Übernahme von Länderaufgaben durch den Bund 329 f.
- Bundesländer, Wohnungsbau für Flüchtlinge 350
- Bundesminister (ehem.) Kraft und Schäfer, Sonderaufträge 150 f., 247
- Bundesminister und Wahlkampf 71
- Bundesministerium für Verteidigung, Bestechungsaffären 384
- Bundesministerium für Verteidigung, Personalpolitik 386
- Bundesrat, Rechte und Zuständigkeiten 333
- Bundestagswahl *(siehe auch – Wahlkampf)* 29 f., 70–72, 79, 145, 151, 169, 193, 328, 331, 353 f., 356, 377 f.
- Bundestagswahl, Wahltermin 151, 169, 193
- Bundesverfassungsgericht 166, 216
- Bundeswahlgesetz 128, 414
- Bundeswehr, Iller-Unglück 285 f.
- CDU/CSU, Wahlkampfstrategie 42
- DDR-Kohleversorgung 79 f.
- Deutsche Bundesbahn, Besoldung 272
- Deutsche Bundesbahn, Tarife 289
- Deutsche Bundesbank, Präsident, Vizepräsident, Direktorium 300, 313, 416, 431 f.
- Deutscher Bundestag, Regierungserklärungen 49, 116, 121
- Deutscher Saarbund 351
- Deutschlandfrage 231, 320, 378, 395
- Deutschlandfrage, Junktim mit Abrüstungsfrage 277
- Deutschland-Konferenz 277
- Diskontermäßigung der Bank deutscher Länder 337 f.
- Diskontinuität der Legislaturperiode 400
- D-Mark-Aufwertung 362 f.
- DP-FVP-Fusionierung 346
- EGKS 107
- EGKS, Konferenz der Regierungschefs 155
- Einfuhren, Mehreinnahmen 272
- Entflechtungen in der Eisen- und Stahlindustrie, Besteuerung 77
- Entspannungspolitik 277
- Erhards Maßhalteappelle 268, 270
- Erhards Verhältnis zur Industrie 328
- Ernteschäden bei Zuckerrüben 338 f., 348, 355
- EURATOM 88–92, 156, 218, 333
- „Europa I" (Rundfunksender) 259, 335
- Europäische Gemeinschaften, Besetzung und Sitz der Organe 443 f.
- Europäische Integration 25 f., 70, 88–91, 107, 229, 320
- Europa-Ministerium 47
- EWG 26, 91, 93–96, 98, 100 f., 104–109, 142–145, 155, 206, 218, 333, 445
- EWG, Präsidentschaft 445
- Fahrpreise für Heimkehrer 112
- Familienpolitik 118
- FDP 71, 229, 285, 319
- Federführung von Ministerien 138, 221 f.
- Fernmeldegebühren bei Stationierungstruppen 427
- Flaggen und Hymnen 369
- Fleischkonserven 224
- Flüchtlinge, Friedland-Hilfe 297, 305 f., 321, 324 f.
- Flüchtlingslager 140, 350
- Flüchtlingswohnungsbau 34, 140, 253, 263, 325, 349 f., 393
- Flugplatz Köln-Wahn 116
- Forschungsausgaben für EURATOM 91 f.
- Frankreich, Besuch Adenauers Nov. 1956 88, 93
- Frankreich, Bulganin-Brief 442
- Frankreich, EWG 93–95, 98 f., 101, 142–144
- Frankreich, Kreditersuchen an die OEEC 430
- Frankreich, Suez-Konflikt 70
- Freie Berufe 150, 247

Personenindex

- Freihandelszone 143
- Friedland-Hilfe 297, 305 f., 321, 324 f.
- GB/BHE 229, 319
- Geheimhaltung insbes. von Kabinettsberatungen 215, 308, 323, 360, 379 f.
- Gemeinsame Geschäftsordnung der Bundesministerien 130
- Geschäftsordnung der Bundesregierung 130
- Geschlossenheit von Bundesregierung und Koalition 40, 71
- Gesetzgebungsvorhaben der Bundesregierung 29, 71, 400
- Gewerkschaften und Bundestagswahlen 328
- Gewerkschaftsgesetz 79
- Gläubigerposition der Bundesrepublik in der EZU 362 f.
- Göttinger Erklärung 17
- Griechenland, Rüstungslieferungen 326
- Großbritannien, Abrüstungsgespräche (Verhältnis zu Stassen) 321
- Großbritannien, Bulganin-Brief 442
- Großbritannien, EWG 144 f.
- Großbritannien, Labour-Partei 218
- Großbritannien, Suez-Konflikt 70
- Großbritannien, Truppenreduzierung in der Bundesrepublik 18 f., 140 f., 192 f.
- Hamburg, Wahlen 422
- Heimkehrer, Fahrpreise 111 f.
- Hellweges Kontakte zur Bayern-Partei 128
- Henschel-Sanierung 388–390
- Hertslet/Sonnemann (Fall) 291–293
- Hochschullehrerreserve für Wiedervereinigung 152 f.
- Iller-Unglück 285 f.
- Indiskretionen 215, 308, 323, 360, 379 f.
- Innenpolitische Lage (Überblick) 70–72, 127–129, 192, 215 f., 285 f., 377 f., 421–423
- Interzonenhandel 454
- Iran-Besuch 41, 214, 218–220
- Island 257, 335
- Isotopentrennanlage 91
- Italien-Besuch 218
- Jugoslawien 378, 383, 395 f.
- Juliusturm 39

- Kabinettssitzungen, Terminierung 116, 446
- Kaffeesteuer 360, 366 f.
- Kanadische Parlamentswahlen 285
- Kartellgesetzgebung 270
- Kennan-Vorschläge 434
- Kernbrennstoffe, Eigentumsfrage 89 f.
- Koalitionsbesprechungen 267
- Kohle, Versorgung und Preise 116, 327 f., 390
- Kohleversorgung in der DDR 79 f.
- Kommunismus, mohammedanisches Bollwerk 219 f.
- Konjunkturelle Lage 337
- Konjunkturpolitische Zollsatzsenkung 268–270
- Konkordatsurteil 216
- Kraftfahrer bei Obersten Bundesbehörden 196
- Kraftfahrzeuge, Abmessungen und Gewichte 371 f.
- Kriegsfolgenschlußgesetz 367
- Kriegsopferversorgung 184
- Kulturschutz 413 f.
- Labour-Partei 218
- Landwirtschaft 338 f., 348
- Landwirtschaft, Alterssicherung der Landwirte 287 f., 346
- Landwirtschaft, Grüner Bericht, Grüner Plan 148, 162, 291
- Landwirtschaft, Landarbeiterlöhne 78
- Lärmbekämpfung im Verkehr 290
- Liberalismus 44
- Löhne, Lohnerhöhungen 116, 178, 327 f.
- Lohnstatistik, Verordnung 111
- Luftschutzgesetz 273, 352
- Manöverrecht 425
- Mansholt 445
- Margarinepreise 249
- Marktwirtschaft 388
- Mehlpreise 291, 309, 429
- Meinungsumfragen 44, 356
- Ministerzimmer im Bundeshaus 72
- Mittelstandsförderung 156, 247
- Naher und Mittlerer Osten 70, 219 f.
- Nationalhymnen 369

527

Personenindex

noch: Adenauer
- NATO 16, 18, 39, 137 f., 254, 267
- NATO, Finanzhilfe im Rahmen des NATO-Vertrags 343 f.
- NATO, Ratstagung in Paris 18, 442 f.
- NATO, Stabsrahmenübung „Schwarzer Löwe" 275
- Naturschutz 425 f.
- Neutralisierung Deutschlands 320
- Niederländisch-deutsche Ausgleichsverhandlungen 341 f.
- Niedersachsen, Regierungsumbildung 400, 422
- Norstad 267
- Nürnberger Rede 42, 320
- Oder-Neiße-Grenze 127
- OEEC, Kreditersuchen Frankreichs 430
- Öffentlicher Dienst, Arbeitszeit 359
- Omnibustarife 206, 214, 225
- Ostblock 70, 368 f.
- Österreich-Besuch 280
- Österreichisch-deutsche Vermögensverhandlungen 279
- Ostgebiete, Ost-Ausschuß 127 f.
- Ostpolitik 378
- Pax atomica USA-Sowjetunion 145, 320
- Personalbeschlüsse (Cartellieri) 357, 364
- Petersberger Abkommen 229
- Pfleiderer 383
- Politische Lage (Überblick) *(siehe auch – außenpolitische und innenpolitische Lage)* 192, 276–278, 285 f., 377 f.
- Preise, Preisstabilität 71 f., 116, 249, 268 f., 291, 309, 323, 327 f., 355, 390, 429
- Preiswucher, Gesetz 116
- Presse- und Informationsamt der Bundesregierung 130
- Pressepolitik, Presserecht 127, 259, 353, 412 f.
- Radford-Plan 16
- Regierungsbildung 45–50, 397
- Regierungserklärung 1957 49, 397 f.
- Regierungserklärungen vor dem Bundestag 116, 121
- Reichskonkordat, Konkordatsurteil 216
- Rentenreform, Rentenversicherungsgesetz 29 f., 149, 229
- Richtergesetz 138 f., 221 f.
- Richtlinienkompetenz des Bundeskanzlers 269, 380
- Rundfunksender „Europa I" 259, 335
- Rüstungslieferungen aus Griechenland 326
- Saarland, Deutscher Saarbund 351
- Saarland, Gehaltszahlungen bei Bahn und Post 335
- Saarland, Wiedergutmachungsgesetzgebung 323
- Saatguthilfe für Ungarn 82
- Schleswig-Holstein, Streik 71, 78, 82, 87
- „Schwarzer Löwe" (NATO-Stabsrahmenübung) 275
- Schweden-Reise 384
- Schweizerische Entschädigungsansprüche 381
- Smirnow 236 f.
- Sonderaufträge der ehem. Bundesminister Kraft und Schäfer 150 f., 247
- Sonntagsarbeit 225
- Sowjetunion, Bulganin-Briefe, Notenwechsel 22 f., 137 f., 231, 236 f., 442
- Sowjetunion, Entspannungspolitik 277
- Sowjetunion, Regierungsverhandlungen 293, 349
- Soziale Harmonisierung in der EWG 93 f., 100
- Sozialer Wohnungsbau 160 f.
- Sozialreform, Sozialgesetzgebung 29 f., 32, 149
- SPD, außenpolitische Konzeption 422
- SPD, Boykott durch SPD-Ministerpräsidenten nach Nürnberger Rede 42, 320 f.
- SPD, Flüchtlingslager 350
- SPD, NATO-Austritt 70
- SPD, „Untergang Deutschlands" und „nationales Unglück" 42, 70, 320 f.
- SPD, Wahlkampf 70, 229, 319 f., 352
- Sportverkehr mit Ungarn und übrigen Ostblockstaaten 368 f.
- Stationierungskosten 140 f., 343 f., 427
- Steuern 77, 360, 366 f.
- Stinnes-Aktien 272 f., 278

Personenindex

- Straßenverkehr, Straßenverkehrsordnung 358, 371 f.
- Streiks, insbes. Schleswig-Holstein 71, 78 f., 82, 87, 321
- Suez-Konflikt, Suezkanal 70, 74
- Suhr 371
- Tag der Deutschen Einheit 243
- Tageskalender 257, 284, 307, 356, 383, 441
- Terminierung von Kabinettssitzungen 116, 446
- Treibstoffversorgung 117
- Truppenvertragsverhandlungen 425–427
- Türkei-Besuch 218–220
- Umsiedlung aus den Ostgebieten 127 f.
- Unfallversicherungsgesetz 123
- Ungarn 70, 82, 113, 368 f.
- UNO 70, 369
- Urheberrecht 413 f.
- USA, Abrüstungsstrategie 276 f.
- USA, Besuch Adenauers 16, 20, 27, 41 f., 272 f., 276–278, 285
- USA, Bulganin-Brief 442
- USA, Europäische Integration 145
- USA, Kennan-Vorschläge 434
- USA, NATO-Politik 421
- USA, Radford-Plan 16
- USA, Verständigung mit der Sowjetunion 145, 320
- Verkehr, Verkehrspolitik 206, 214, 225, 289 f., 358, 371f.
- Verteidigungsetat, insbes. Ausgabereste 39, 84, 375, 379 f.
- Waffen-SS, Ehrenerklärung 1952 301
- Wahlgesetzänderung 128, 414
- Wahlkampf *(siehe auch – Bundestagswahl)* 42, 71 f., 215, 225, 228–231, 319–321, 353 f.
- Wahlkampf in Kasernen 326
- Wahlkreiseinteilung 414
- Währungsstabilität 100
- Wasserwirtschaftsgesetz 151
- Wehner (Fall Wehner) 192
- Wehrpflicht 32, 229
- Weine, Heranziehung zum Monopolausgleich 223
- „Die Welt" (Tageszeitung) 412 f.
- Weltbankquote 303

- Westbindung der Bundesrepublik 41, 254
- Wiedergutmachungsgesetzgebung im Saarland 323
- Wiedervereinigung *(siehe auch – Deutschlandpolitik)* 22 f., 152 f., 229, 277
- Wissenschaftsrat 329–331, 415 f., 450
- Wohnungsbau 160 f., 229, 312 f.
- Wohnungsbau für Flüchtlinge, Vertriebene und Aussiedler 34, 253, 263, 325, 349 f., 393
- Zahlungsbilanzüberschüsse der Bundesrepublik 362 f.
- Zölle, Zollsenkungen 105, 264 f., 268–270, 360, 365
- Zuckerrüben, Zuckerrübenpreise 338 f., 348, 355, 439
- Zuständigkeitsabgrenzung in der Bundesregierung 48, 138, 221 f.
- Zwei-Staaten-Theorie 231

Agartz, Viktor 42, **215 f.**, 230, 446
Altmeier, Peter 342 f., 351
Amelung, Ernst-Wolfgang 342
Anders, Georg **475**
- DP-FVP-Fusionierung 346
- Ernennung zum Staatssekretär im Bundesministerium des Innern 267
- Waffen-SS, Gleichstellung mit der Wehrmacht 301
Andersen, Alsing 320
Andres, Karl 172, **482**
Armand, Louis **103**, 444
Arnold, Karl 71, **164**, 422
Attenberger, Georg 379
Atzenroth, Karl 228, **229**
Aubel, Paul 415

Bachmann, Günter **481**
Balke, Siegfried **473**
- Althausbesitz 251
- Arbeitszeit im öffentlichen Dienst 359
- Atomforschung 91 f.
- Atomgesetz 321, 333 f., 343
- EURATOM 89–92, 143, 156, 232
- Europäische Gemeinschaften, Sitz der Organe 444

529

Personenindex

noch: Balke
- Friedliche Nutzung der Atomenergie, Europäische Kernenergie-Agentur 357 f., 418, 447
- Henschel-Sanierung 389
- Isotopentrennanlage 91
- Koalitionsbesprechung 307
- Kohlenpreise 328
- OEEC, Kreditersuchen Frankreichs 430
- Personalbeschlüsse (Cartellieri) 364
- Regierungsbildung 46
- Rundfunksender „Europa I" 259
- Streiks 82
- Unfallversicherungsgesetz 123
- Verteidigungsetat, Ausgabereste 380
- Vertretung durch Lindrath 448
- Vertretung durch Schäffer 164
- Wissenschaftsrat 330, 415
- Zölle 265

Bärnreuther, Otto 435
Barske, Karl 322
Barth, Eberhard 342
Baudissin, Wolf Graf 442
Bech, Joseph **443**, 444
Becker, Benno 309
Beer, Rüdiger 415
Behr, Heinrich Baron von 120, 372
Ben Gurion, David 228
Bencker, Hans 435
Bentz, Alfred 373, **374**
Berendsen, Fritz 254, **483**
Berg, Fritz 93, 268
Bergemann, Günther **476 f.**
- Ablösung als Staatssekretär im Bundesministerium für Verkehr 48
- Arbeitszeit im öffentlichen Dienst 359
- Ausbau der Bundesautobahn zur niederländischen Grenze 342
- Geschwindigkeitsbegrenzung 289 f.
- Kraftfahrzeuge, Abmessungen und Gewichte 371 f.
- Kraftfahrzeug-Höchstzahl im Güterfern- und Möbelfernverkehr 358
- Straßenverkehrs-Zulassungsordnung 371 f.
- Unfallversicherung für Bundesbedienstete in Dienst-PKW 345
- Vorstand der Deutschen Bundesbahn 238

Berger, Emil 322
Bernard, Karl George 361 f., **483**
Beutler, Hans-Wilhelm 370
Bilstein, Hans 87
Blank, Martin 312
Blank, Theodor **470 f.**
- Ernennung zum Bundesminister für Arbeit und Sozialordnung 45, 397
- Innenpolitische Lage 422
- Jugendarbeitsschutzgesetz 448 f.
- Rentenberechnung 437 f.
- Saarländische Arbeitnehmer im Beratenden Ausschuß der Hohen Behörde der EGKS 449
- Türkisch-deutscher Munitionslieferungsvertrag 224
- Vertretung durch Lübke 447
- Warenverkauf an Sonn- und Feiertagen 436 f.

Blankenhorn, Herbert 189, 267, 276, **483**
Bleek, Karl Theodor **474**
- Apothekenwesen 241
- Neugliederung Badens 240
- Tag der Deutschen Einheit 243
- Wissenschaftsrat 415

Blessing, Karl **313**, 432
Blücher, Franz 114, 232, **468**
- Abrüstungsverhandlungen 278
- Althausbesitz 251
- Assoziierung überseeischer Gebiete mit der EWG 95, 102 f.
- Atomare Bewaffnung 256
- Ausscheiden aus dem Kabinett 46 f., 397
- Aussiedlung von Deutschen aus den Ostgebieten 170
- Belgisch-deutscher Ausgleichsvertrag 239
- Bergbauindustrie 328
- Berlin, finanzielle Anforderungen 129
- Besuch in Pakistan 41, 209
- Britische Truppenreduzierung 189
- Bundesanstalt für Arbeitsvermittlung und Arbeitslosenversicherung, Haushalt 286 f.

- Bundesaufsichtsamt für das Kreditwesen 76
- Bundeshaushalt 213, 261
- Bundesminister (ehem.) Kraft und Schäfer, Sonderaufträge 150, 246 f.
- Bundesregierung, Vertretung bei offiziellen Anlässen 250
- Bundesverfassungsgericht, Besoldung 166
- COSMIC (NATO-Geheimhaltungsgrad) 131
- DDR, Kohleversorgung 79
- Deutsche Bundesbahn, Gutachten 122 f.
- Diskontinuität der Legislaturperiode 317
- EGKS, Vizepräsident der Hohen Behörde 46
- EGKS-Regierungskonferenz in Brüssel 75
- Einfuhrmehreinnahmen 272
- Entflechtung in der Eisen- und Stahlindustrie, Besteuerung der entflochtenen Unternehmen 77
- ERP-Sondervermögen 124, 169
- EURATOM 90, 332 f.
- EWG 94 f., 99, 102 f., 145, 332 f.
- Flüchtlinge, Friedland-Hilfe 297, 305, 315 f.
- Flüchtlingswohnungsbau 253
- Freihandelszone 133 f., 392
- GATT-Sitzung in Genf 182
- Geheimschutz, Geheimnisverrat 130 f.
- Gesetzesvorlagen, unerledigte 317
- Golddiskontbank 314
- Griechenland, Rüstungslieferungen 325 f.
- Griechenland, Unterredung mit griechischem Ministerpräsidenten 209
- Großbritannien, EWG, Freihandelszone 145, 392
- Großbritannien, Truppenreduzierung in der Bundesrepublik 189
- Henschel-Sanierung 380 f., 390
- Hertslet/Sonnemann (Fall) 292
- Industrieausstellung in Kairo 163 f.
- Jugoslawien, Abbruch der diplomatischen Beziehungen 395 f.
- Kernbrennstoffe, Eigentumsfrage 90
- Kindergeldgesetz 174–176
- Kohlenpreise 328
- Kohleversorgung der Bundeswehr 159
- Kohleversorgung in der DDR 79
- Konjunkturpolitik 324, 355
- Konjunkturpolitische Zollsatzsenkung 269 f.
- Kriegsopferversorgung 184
- Landwirtschaftliche Rentenbank, Schuldverschreibungen 112
- Margarinepreis 249
- Mehlpreis 291
- Militärseelsorge 233
- Ministerzimmer im Bundeshaus 72
- Münzen 186
- NATO, Finanzhilfe im Rahmen des NATO-Vertrags 295, 344
- Oder-Neiße-Grenze 127
- OEEC-Arbeitsgruppen 17, 133 f.
- OEEC-Ratssitzung 392
- OEEC-Staatssekretärsausschuß 392
- Omnibustarife 214
- Ostblockstaaten 368 f.
- Österreichisch-deutsche Vermögensverhandlungen 280
- Ostgebiete, Ost-Ausschuß 127 f., 203 f., 230
- Pakistan-Besuch 41, 209
- Preise, Preispolitik 249, 291, 328
- Regierungsbildung 46 f., 397
- Rundfunksender „Europa I" 334
- Rüstungslieferungen aus Griechenland 325 f.
- Saarland, soziale Besitzstandswahrung 262
- Schweizerische Entschädigungsansprüche 381
- Sowjetunion, Regierungsverhandlungen 293
- Sportverkehr mit Ungarn und übrigen Ostblockstaaten 368 f.
- Stinnes-Aktien 272, 282, 294
- Strafrechtsänderungsgesetz 165
- Straßenverkehr, Kraftfahrzeug-Höchstzahl im Güterfern- und Möbelfernverkehr 358
- Streik in Schleswig-Holstein 82, 135
- Suezkanal-Räumung 74
- Tarifverhandlungen im öffentlichen Dienst 178

531

Personenindex

noch: Blücher
- Türkei, Unterredung mit türkischem Außenminister 209
- Unfallversicherungsgesetz 123
- Ungarn 368 f.
- Urlaubsregelungen in den Bundesressorts 314
- Vizepräsident der Hohen Behörde der EGKS 46
- Waffen-SS, Gleichstellung mit der Wehrmacht 301
- Wahlkampf 230, 355
- Weine, Heranziehung zum Monopolausgleich 223
- Weltbankquote 260 f., 272, 302 f.
- Wiedergutmachung nationalsozialistischen Unrechts 332
- Wissenschaftsrat 330 f., 363
- Wohnungsbau 253, 313
- Zahlungsbilanzüberschüsse der Bundesrepublik 363
- Zeitungsverlagswesen 168
- Ziviler Ersatzdienst 78
- Zölle, Zollsenkung 265, 269 f., 323 f., 355
- Zuständigkeitsabgrenzungen 182

Boerckel, Fritz 342
Böhling, Horst 410
Böhm, Franz 234, **240**
Böhmer, Werner 342
Böhrnsen, Hermann 187
Bömmels, Karl 331
Born, Max 17
Bott, Hans 371, **479**
Bourgès-Maunoury, Maurice 277
Bourgiba, Habib 352
Brammer, Karl 300
Brandstetter, Elmar 412
Brauer, Max 422
Bräunig, Kurt 354
Breer, Franz 386
Brenner, Otto 87, 135
Brentano, Heinrich von **468**
- Algerien und EWG 142
- Assoziierung überseeischer Gebiete mit der EWG 99, 141–145
- Außenpolitische Lage (Überblick) 258
- Belgisch-deutscher Ausgleichsvertrag 131, 239 f., 299 f., 310
- Besuch in Australien 41, 216 f.
- Besuch in den USA 41, 181, 216 f.
- Besuch in Indien 41, 216–219
- Britische Truppenreduzierung 140 f., 189
- Bulganin-Briefe 231, 442
- Bundesanstalt für Bodenforschung 374
- Bundeswahlgesetz 414
- COSMIC (NATO-Geheimhaltungsgrad) 131 f.
- DDR, Anerkennung durch Jugoslawien 395 f.
- Deutscher Bundestag, Gemeinsame Sitzung der Ausschüsse für Auswärtige Angelegenheiten und Verteidigung 422
- Deutscher Bundestag, Regierungserklärungen 121
- Deutschlandfrage 378, 395
- EURATOM 87–89, 91 f. 155, 232
- Europa-Ministerium 47
- Europarat, Kulturfonds 410
- EWG 99, 141–145, 155 f., 232
- Flüchtlingsfonds der UNO 241 f.
- Forschungsausgaben für EURATOM 91 f.
- Frankreich und EWG 99
- Freihandelszone 392
- GB/BHE, Wahlhilfe 229 f.
- Geheimschutz 131 f.
- Großbritannien, Finanzverhandlungen 82–84
- Großbritannien, Truppenreduzierung in der Bundesrepublik 140 f., 189
- Handels- und Konsularabkommen mit der Sowjetunion 1958 23
- Henschel-Sanierung 381, 390
- Hertslet/Sonnemann (Fall) 292 f.
- Indien-Reise 41, 216–219
- Indische Umschuldungswünsche im Zusammenhang mit dem Stahlwerk Rourkela 450
- Industrieausstellung in Kairo 181
- Island, Wirtschaftshilfe 382, 386
- Isotopentrennanlage 91
- Jugoslawien, Abbruch der diplomatischen Beziehungen 378, 395 f.

- Kernbrennstoffe, Eigentumsfrage 91
- Konjunkturpolitische Zollsatzsenkung 269
- Kulturfonds des Europarats 410
- NATO, Besprechungen mit General Norstad 267
- NATO, Finanzhilfe im Rahmen des NATO-Vertrags 295 f., 344
- NATO, Geheimhaltungsgrad COSMIC 131 f.
- NATO, Ratstagung in Paris 436
- NATO, wissenschaftliche Zusammenarbeit 436
- OEEC-Ratssitzung 391 f.
- Ortsklassenverzeichnis 376
- Ostblockstaaten 368 f.
- Österreichisch-deutsche Vermögensverhandlungen 278–281
- Ostgebiete, Ost-Ausschuß 128, 230
- Polen, Weizenlieferung 203
- Pressepolitik 259
- Regierungsbildung 45
- Regierungserklärungen vor dem Bundestag 121
- Rundfunksender „Europa I" 366
- Saatguthilfe für Ungarn 81 f.
- Schweizerische Entschädigungsansprüche 381
- Sonntagsarbeit 225
- Sowjetunion, Bulganin-Briefe und Notenwechsel 231, 237, 442
- Sowjetunion, Handels- und Konsularabkommen 1958 23
- Sowjetunion, Regierungsverhandlungen 281, 293, 322
- Sportverkehr mit Ungarn und übrigen Ostblockstaaten 368 f.
- Stationierungskosten 83 f., 140 f., 344
- Stationierungstruppen, Räumungsklagen deutscher Hauseigentümer 391
- Stationierungstruppen, Reduzierung 140 f., 189
- Stinnes-Aktien 272 f., 282, 294 f.
- Treibstoffversorgung 117
- Truppenvertragskonferenz 84 f.
- Ungarn 81 f., 368 f.
- UNO-Flüchtlingsfonds 241 f.
- Urheberrechtsreform 413
- USA-Reise 41, 216 f.
- Verteidigungsetat, Ausgabereste 380
- Vertretung durch von Merkatz 447
- Waffen-SS, Gleichstellung mit der Wehrmacht 301 f.
- Wahlhilfe für den GB/BHE 229 f.
- Weine, Heranziehung zum Monopolausgleich 223
- Weizenlieferung an Polen 203
- Weltbankquote 303
- Wirtschaftshilfe für Island 382, 386
- Zollsenkung 269

Bretschneider, Curt 322
Brühler, Ernst-Christoph 234, 254, **483**
Buch, Friedrich 357
Buchner, Johann 72
Bucksch, Heinrich 384, **385**, 386
Bulganin, Nikolaj A. 18 f., 22 f., **137**, 155, 231, 236, 442
Busch, Hans 321, **476**
- Ernennung zum Staatssekretär im Bundesministerium für Arbeit 48, 156, 167
- Ernennung zum Staatssekretär im Bundesministerium für wirtschaftlichen Besitz des Bundes 48, 167, 412
- Lastenausgleichsgesetz 376
- Personalbeschlüsse 267

Carstens, Karl 86, 100, 136, 156, **483 f.**
Cartellieri, Wolfgang **357**, 364,
Charlotte, Großherzogin von Luxemburg 444
Chruschtschow, Nikita S. **320**
Clauß, Rolf 342
Claussen, Wilhelm 48, 167, 412
Conant, James B. 88, 104, 272
Conring, Hermann 247
Coppé, Albert 115
Coudenhove-Kalergi, Graf Richard **167**

Dahs, Hans **293**
Daume, Willi 369
Degen, Aloys 167
Dehler, Thomas 71, **292**
Dehousse, Fernand **166 f.**
Deist, Heinrich 229
Dibelius, Otto 80, 146

533

Personenindex

Diefenbaker, John 285, 442
Diesener, Hermann 242
Dietmar, Hellmuth 115
Dimitroff, Georgi M. 192
Döring, Wolfgang **230**
Drees, Willem **445**
Duckart, Wolfgang 158, 267
Dulles, John Foster 20, **96**, 216 f., 258 f., 272, 276 f., 285, 442

Eckardt, Felix von **479**
– Arbeitszeit im öffentlichen Dienst 359
– Iller-Unglück 286
– Kraftfahrer, Entlohnung als Chefkraftfahrer 196
– Preußische Gebührenordnung für Ärzte und Zahnärzte (Preugo) 305
– Reduzierung der Stationierungstruppen 140
– Rundfunksender „Europa I" 259
– Sportverkehr mit Ungarn und übrigen Ostblockstaaten 369
– Stationierungskosten 140
– USA, Haltung zu Abrüstung und deutscher Wiedervereinigung (Rundfunkinterview) 259
– USA, Kontakte mit der Sowjetunion 434
– Wahlkampfvorbereitung 71
Efferz, Josef 422
Ehrhardt, Werner 417
Eichendorff, Joseph Freiherr von **243**
Einem, Kurt von 379
Eisenhower, Dwight D. 19 f., 192, **258**, 276 f., 319, 421, 442
Eiswaldt, Erich 110
Elbrächter, Alexander 254, **484**
Engelhardt, Hans **157**
Engl, Heinrich 309
Erhard, Ludwig **469**
– Alterssicherung der Landwirte 35, 287 f.
– Amt für Wehrtechnik und Beschaffung, Bestechungsaffären 384
– Associated-Press-Interview 362
– Assoziierung überseeischer Gebiete mit der EWG 26, 98, 101, 104 f., 142–145, 155

– Atomare Bewaffnung 91
– Außenpolitische Lage (Überblick) 433–435
– Bank deutscher Länder, Diskontsenkung 337 f., 355
– Berlin, Firma Büxenstein 453 f.
– Brotpreis 187–189
– Bundesanstalt für Bodenforschung 373 f.
– Bundesaufsichtsamt für das Kreditwesen 75 f., 260
– Bundesminister (ehem.) Kraft und Schäfer, Sonderaufträge 150
– Bundestagswahl 43 f.
– Deutsche Bundesbahn, Tarife 289
– Deutsche Bundesbank, Präsident, Vizepräsident und Direktorium 300, 313 f., 416, 431 f.
– Diskontsenkung der Bank deutscher Länder 337 f., 355
– D-Mark-Aufwertung 362 f.
– EGKS, Saarländische Arbeitnehmer im Beratenden Ausschuß der Hohen Behörde 449
– EGKS-Ministerratssitzung 390
– EGKS-Regierungskonferenz in Brüssel zur Vorbereitung des Gemeinsamen Markts 75
– Energiewirtschaft 390
– Ernennung zum Vizekanzler 48, 397
– EURATOM 91
– Europäische Gemeinschaften, Sitz der Organe 443 f.
– Europa-Ministerium 47
– EWG 26, 75, 92–95, 98, 100 f., 104–106, 108 f., 142–144, 155
– EWG, Präsidentschaft 445
– Fleischkonserven 224
– Frankreich, EWG und Europäische Integration 93–95, 101, 104 f., 143–145, 303
– Frankreich, Kreditersuchen an die OEEC 429 f.
– Freihandelszone 134, 143, 392
– GATT-Sitzung in Genf 181 f.
– Geheimnisverrat 130
– Gläubigerposition der Bundesrepublik in der EZU 268, 303, 311, 362 f.
– Golddiskontbank 314

- Griechenland, Rüstungslieferungen an die Bundesrepublik 326
- Großbritannien, EWG 143 f.
- Großbritannien, Freihandelszone 392
- Grüner Bericht 162
- Henschel-Sanierung 380 f., 387–390
- Indische Umschuldungswünsche im Zusammenhang mit dem Stahlwerk Rourkela 450
- Industrie, Erhards Beziehungen 328
- Industrieausstellung in Kairo 163 f., 181
- Innenpolitische Lage (Überblick) 422
- Interzonenhandel 453 f.
- Kaffeesteuer 360
- Kindergeldgesetz 175
- Kohlenpreise 37, 149, 390
- Kohleversorgung 116 f.
- Kohleversorgung der Besatzungstruppen 84
- Kohleversorgung der Bundeswehr 158 f.
- Konjunkturpolitik, Konjunkturpolitisches Programm 205, 264
- Konjunkturpolitische Zollsatzsenkung 268–270
- Kreditpolitik 268
- Landwirte, Alterssicherung 35, 287 f.
- Löhne, Stillhalteabkommen 205
- Lohn-Preis-Spirale 177
- Maßhalteappelle 36 f., 268, 270
- Mehlpreise 429
- Mietpreisbindung 233
- OEEC, Frankreichs Kreditersuchen 429 f.
- OEEC-Ratssitzung 392
- Öffentlicher Dienst, Tarifverhandlungen 177 f.
- Omnibustarife 205, 214, 232
- Ordnungspolitische Vorstellungen 35
- Ostblockstaaten 369
- Preise, Preispolitik 36 f., 149, 177, 187–189, 205, 268, 311, 362, 390, 429, 439
- Regierungsbildung 45, 47
- Renten, Rentenanpassung 35, 149
- Rüstungsaufträge 326, 384
- Saargrenzgürtel 342 f.

- Saarländische Arbeitnehmer im Beratenden Ausschuß der Hohen Behörde der EGKS 449
- Sonntagsarbeit 31, 225
- Sonn- und Feiertage, Warenverkauf 437
- Sowjetunion, Regierungsverhandlungen 293
- Soziale Harmonisierung in der EWG 94 f., 100
- Soziale Marktwirtschaft 43 f.
- Sozialreform 149
- Sportverkehr mit Ungarn und übrigen Ostblockstaaten 368 f.
- Sprachregelung im Kabinett 435
- Stationierungskosten 84
- Stellvertreter des Bundeskanzlers 48, 397
- Steuern, Steuersenkungen 168, 185, 360
- Stillhalteabkommen über Preise und Löhne 205
- Strafrechtsänderungsgesetz 165
- Strafverfolgung von Verwaltungsangehörigen der Bundesministerien 165
- Streik in Schleswig-Holstein 78 f., 87, 134 f.
- Tarifverhandlungen im öffentlichen Dienst 177 f.
- Treibstoffversorgung 117
- Unfallversicherungsgesetz 123
- Ungarn 369
- USA, Kontakte mit der Sowjetunion 434
- Verhältnis zur Grundstoffindustrie 328
- Vertretung durch Etzel 447
- Vizekanzler, Ernennung 48, 397
- Vorsitz im Kabinettsausschuß für Wirtschaft 47 f.
- Wahlkampf 43 f.
- Währungsparität 362
- Warenverkauf an Sonn- und Feiertagen 437
- Weine, Heranziehung zum Monopolausgleich 223
- Weizenlieferung an Polen 203
- Weltbankquote 260, 302 f., 311 f.
- Wettbewerbsförderung 390
- Wirtschaftswunder 44

Personenindex

noch: Erhard
– Wissenschaftsrat 415, 451
– Wohnraumbewirtschaftung 233
– Zahlungsbilanzüberschüsse der Bundesrepublik 268, 303, 311, 362 f.
– Zeitungsverlagswesen 168, 180
– Zölle, Zollpolitik 75, 105, 264 f., 268–270, 312, 323
– Zuckerrübenpreise 439
Erler, Fritz 70, 394, 434
Ernst, Johann **134**, 389
Etzel, Franz **469**
– Bundeshaushalt, allgemeine Lage 420
– Bundesministerium der Finanzen, Ablösung Vialons und Ernennung Hettlages als Leiter der Abteilung Bundeshaushalt 452 f.
– EGKS, Vizepräsident der Hohen Behörde 115
– EGKS-Ministerratssitzung 390
– Ernennung zum Bundesminister der Finanzen 46 f., 397
– Europäische Gemeinschaften, Sitz der Organe 443 f.
– EWG, Präsidentschaft 445 f.
– Fernmeldegebühren bei Stationierungstruppen 427
– Frankreichs Kreditersuchen an die OEEC 430
– Indische Umschuldungswünsche im Zusammenhang mit dem Stahlwerk Rourkela 450
– Innenpolitische Lage 422
– Mansholt als Präsident der EWG-Kommission 445 f.
– OEEC, Frankreichs Kreditersuchen 430
– Pressepolitik 435
– Rentenberechnung 437
– Sprachregelung im Kabinett 435
– Stationierungskosten 431
– Truppenvertragsverhandlungen 426 f.
– Vertretung durch Lindrath 447
– Wirtschaftshilfe an Polen 418 f.
– Zuckerrübenpreise 439
Euler, August-Martin 254 f., **484**

Falkenstein, Sigismund Freiherr von 354

Faure, Maurice **97 f.**, 107 f.
Fechner, Fritz 322
Fettweis, Albert 152, 239
Figl, Leopold **82**
Fischer-Menshausen, Herbert 220
Flitner, Fritz 309
Foertsch, Friedrich 193
François-Poncet, André 442
Frank, Karl 422
Fritz, Ernst 109
Frohne, Edmund **415**

Gädcke, Heinrich 115
Gaillard, Félix 442
Gaitskell, Hugh Todd **218**, 320
Gefeller, Wilhelm 321
Geiger, Georg 371, **372**
Geitmann, Hans 238
Gerhard, Walther 236
Gerstenmaier, Eugen 254–256, **484**
Gladenbeck, Friedrich **477**
– Ertragslage der Deutschen Bundespost 177
– Tarifverhandlungen im öffentlichen Dienst 177, 178
Glaesser, Wolfgang **480**
Globke, Hans 321, 441, **474**
– DP-FVP-Fusionierung 346
– Federführung und Mitfederführung 139
– Geheimschutz, Geheimhaltungsgrad COSMIC 131
– Geschäftsordnung 139
– Göttinger Erklärung 236
– Hertslet/Sonnemann (Fall) 291 f.
– Ministerzimmer im Bundeshaus 72
– NATO-Stabsrahmenübung „Schwarzer Löwe" 275
– Ost-Ausschuß 230
– Rundfunksender „Europa I" 259
– Urlaubsregelungen in den Bundesressorts 314
Gomulka, Wladyslaw 24, **204**, 381
Göring, Hermann 381
Göschel, Heinz 415
Gradl, Johann Baptist 453
Granow, Hans Ulrich 354
Grau, Wilhelm 183, **484**

Personenindex

Grewe, Wilhelm 21, 258, 327, 334 f., 337, 395, 433 f., 436, 441 f., **484 f.**
Groeben, Peter von der 146
Grolman, Helmuth von 302
Gruenther, Alfred Maximilian **319**
Grundschoettel, Hans 230
Grünewald, Otto 342
Gudmundson, Gudmundur 335
Gumbel, Karl **302**, 385
Gurmany, Mushtag Ahmad 209

Haas, Wilhelm **137**, 138
Haenlein, Franz 209, 383, **485**
Hahn, Otto 236
Hallstein, Walter 23 f., **474**
– Ablösung als Staatssekretär im Auswärtigen Amt und Ernennung zum Präsidenten der Europäischen Kommission 48
– Abrüstungsverhandlungen 193
– Assoziierung überseeischer Gebiete mit der EWG 95, 97 f., 103
– Bundesleistungsgesetz 425 f.
– EURATOM 91
– Europarat, Ministerkomitee 237
– EWG 92 f., 95, 97 f., 100, 103–109
– EWG, Präsident der Europäischen Kommission 48, 445
– Frankreich, EWG 97 f., 103
– GATT-Sitzung in Genf 181 f.
– Göttinger Erklärung 236
– Großbritannien, EWG 103 f.
– Großbritannien, Truppenreduzierung in der Bundesrepublik 189
– Hertslet/Sonnemann (Fall) 293
– Industrieausstellung in Kairo 164
– Jugoslawien, Anerkennung der DDR 378
– Manöverrecht 425 f.
– Naturschutz und Manöverschäden 425 f.
– Niederländisch-deutsche Ausgleichsverhandlungen 73
– Ost-Ausschuß 230
– Polen, Wirtschaftshilfe 418
– Stationierungskosten 431
– Strafverfolgung von Verwaltungsangehörigen der Bundesministerien 165
– Suezkanal-Räumung 74
– Truppenvertragsverhandlungen 423–426
Hansen, Ottomar 193
Hardenberg, Hans Carl Graf von 423
Harder, Friedrich 309
Harkort, Günther 156
Hartlieb, Wilhelm 379
Hartmann, Alfred **475**
– Bundesanstalt für Bodenforschung 374
– Indische Umschuldungswünsche im Zusammenhang mit dem Stahlwerk Rourkela 450
– Lastenausgleichsgesetz 376
– Ortsklassenverzeichnis 375 f.
– Saarland, Übergangsmaßnahmen für Bundesbeamte 448
Hassel, Kai-Uwe von 78, **79**, 87
Haueisen, Fritz 331
Haug, Friedrich 331
Haußmann, Wolfgang 422
Hax, Heinrich 120, 372
Heisenberg, Werner 17
Hellenthal, Walter 365
Hellmich, Franz Joseph **199**
Hellwege, Heinrich **128**, 229, 355, 400
Hepp, Leo 120
Hertel, Georg 267
Hertslet, Joachim G.A. **291**, 292
Hertz, Richard 310
Hettlage, Karl Maria **452**
Heusinger, Adolf 20, **194**, 236, 239, 267, 275
Heuss, Theodor *(siehe auch Sachindex: Bundespräsident)* 41, 193, 371
Heyna, Max 386
Higgins, Marguerite **258**
Hilbert, Anton 234, **240**
Höcherl, Hermann 399, **485**
Hoegner, Wilhelm **320**, 321, 387
Hofmann, Friedrich 386
Hölder, Helmut 309
Holtz, Wolfgang 353, 356, 361, **485**
Hopf, Volkmar 370, 375, 417, **485**
Horn, Peter 288
Hunger, Horst 331
Huth, Joachim 259

Personenindex

Irmer, Herbert 386

Jacob, Erich 331
Jacobsson, Per 429, **430**
Jaeger, Richard 165, 254–256, **485 f.**
Janz, Friedrich 120, 197, 209, 244, 395, 399, **486**
Joedicke, Theodor 354
Johannesson, Rolf 267
John, Otto **132**
Johnen, Wilhelm 383

Kadar, Janos **203**
Kahlden, Wolf von 365
Kaisen, Wilhelm 320, 321
Kaiser, Jakob **473**
– Amnestiegesetz 207
– Ausscheiden aus dem Kabinett 45, 47, 397
– Deutschland-Verlag GmbH 453
– Gesellschaftspolitische Stellung des Arbeiters 231
– Konkordatsurteil des Bundesverfassungsgerichts 198
– Niederländisch-deutsche Ausgleichsverhandlungen 73 f.
– Ost-Ausschuß 230
– Teilnahme an Kabinettssitzungen 183
– Wahlkampf 231
Kammer, Erich 246
Kammhuber, Josef **385**
Karamanlis, Konstantin 209, 442
Karn, Ludwig 354
Karstien, Hans 409
Käss, Friedrich 157, 267
Kastner, Heinz **169**
Kattenstroth, Ludwig 197, 205, 209, 372, **486**
Kennan, George F. 21, **433**, 434
Kilb, Hans **480**
Klaiber, Manfred **478 f.**
– Ernennung zum Botschafter in Rom 168
Klamroth, Kurt 342
Klein, Günter 165
Kleindinst, Josef Ferdinand 301 f.

Kleiner, Ernst Eberhard 386
Kliesing, Georg 254, **486**
Knieper, Werner 254, **486**
Koch, Karl 238
Koch, Robert 186
Kohl, Werner 238, 418
Kohlhase, Hermann 422
Könneker, Wilhelm **432**
Kopf, Hermann 234, **240**
Korner, Heinrich 379
Körner, Theodor 82
Kraft, Waldemar 41, 46, 222, **247**
Kramel, Angelo **177**, 178
Krantz, Hans-Ulrich 409
Krekeler, Heinz 217, 258
Kretschmer, Heinrich 129, 238
Kriele, Rudolf 412, 417, 421, **481 f.**
Krone, Heinrich 40, 225, 273, 307, 309, 319, 321, 347, 399, **486 f.**
Kröning, Georg 354
Krueger, Werner 130, **479 f.**
Krüttner, Alfred 309
Kühne, Walter 158
Kühnemann, Herbert 309
Kunst, Hermann **79**, 80, 145

Lahr, Rolf **293**
Lamine, Mohammed, Bey 352
Langeheine, Richard 363
Langenberg, Werner 409
Lassen, Ernst August 322, 384
Laue, Max von 17, 236
Lauritzen, Laurits **388**
Lemmer, Ernst **471**
– Atomare Bewaffnung 255
– Berlin, finanzielle Anforderungen 129
– Deutscher Beamtenbund, Jahrestagung 179
– Ernennung zum Bundesminister für gesamtdeutsche Fragen 45, 397
– EWG, Bildung eines Wirtschafts- und Sozialrats 106
– Geheimschutz, Geheimhaltungsgrad COSMIC 131 f.
– Innenpolitische Lage (Überblick) 422
– Jugoslawien, Abbruch der diplomatischen Beziehungen 395 f.

Personenindex

- Omnibustarife 206
- Ost-Ausschuß 128
- Regierungserklärungen vor dem Deutschen Bundestag 121
- Rundfunksender „Europa I" 311, 366
- Strafrechtsänderungsgesetz 165
- Streik in Schleswig-Holstein 79, 134 f.
- Vertretung durch Oberländer 448
- Wahlkampf 230

Lensing, Lambert 383
Leverkuehn, Paul **281 f.**
Lex, Hans Ritter von **474**
Lindrath, Hermann **472**
- Ernennung zum Bundesminister für wirtschaftlichen Besitz des Bundes 46 f., 397
- Indische Umschuldungswünsche im Zusammenhang mit dem Stahlwerk Rourkela 450
- Vertretung durch Balke 448

Lippold, Heinz 342
Litt, Theodor **243**
Lohrscheid, Maximilian 331
Löns, Josef 209, **487**
Loosch, Gebhard 309
Lorck, Carl von 354
Löscher, Otto 309
Lübke, Heinrich **470**
- Abrüstung 259
- Alterssicherung der Landwirte 287 f., 346, 348
- Assoziierung überseeischer Gebiete mit der EWG 104, 144
- Brotpreis 186–189
- Bundeshaushalt 272
- Bundesminister (ehem.) Kraft und Schäfer, Sonderaufträge 247
- Einfuhren 185, 272
- Ernteschäden bei Zuckerrüben 338 f.
- ERP-Sondervermögen, Wirtschaftsplan 124
- Europäische Gemeinschaften, Sitz der Organe 444
- EWG 104–106, 144
- EWG, Präsidentschaft 445
- Flüchtlinge, Friedland-Hilfe 297
- Freihandelszone 133 f., 392
- Grüner Bericht 146–148, 162

- Kaffeesteuer 367
- Konkordatsurteil des Bundesverfassungsgerichts 198
- Landarbeiterlöhne 78
- Landwirte, Alterssicherung 287 f., 346, 348
- Landwirtschaftliche Rentenbank, Schuldverschreibungen 112
- Mansholt als Präsident der EWG-Kommission 445
- Margarinepreis 237, 249
- Mehlpreis 242, 249 f., 290 f., 309
- Mehlsubventionen 272
- Niederländisch-deutsche Ausgleichsverhandlungen 73
- Obst, Zollsenkung 359 f., 365
- OEEC-Ratssitzung 392
- Omnibustarife 214
- Preise, Preispolitik 186–189, 237, 242, 249 f., 272, 290 f., 309
- Regierungsbildung 45
- Sekteinfuhr 272
- Sowjetunion, Regierungsverhandlungen 293
- Steuern, Steuerpolitik 185, 310 f., 367
- Streik in Schleswig-Holstein 79
- Traubensafteinfuhr 272
- Ungarn-Hilfe 204
- Vertretung durch Blank 447
- Warenverkauf an Sonn- und Feiertagen 437
- Weineinfuhr 272
- Weizenlieferung an Polen 203 f.
- wissenschaftliche Forschung, Verwendung von Verteidigungsmitteln 200 f.
- Zölle, Zollpolitik 105, 265, 359 f., 365
- Zuckerrüben 311, 338 f.
- Zuckersteuergesetz 310 f.

Luchtenberg, Paul 422
Lücke, Paul **472**
- Ernennung zum Bundesminister für Wohnungsbau 46 f., 397
- Innenpolitische Lage (Überblick) 422
- Vertretung durch Wuermeling 447

Lulay, Wilhelm Adam 234, **240**
Lundbeck, Johannes 365
Lüttwitz, Smilo Freiherr von 386

539

Personenindex

Macmillan, Harold **103**, 236, 344, 442
Mai, Franz 379
Maier, Reinhold **71**, 230 f.
Mangoldt, Hans Karl von 429
Mansholt, Sicco Leendert 341, **445**
Manteuffel, Hasso von 264 f., **487**
Martin, Basil Kingsley 227
Matzky, Gerhard **194**, 365
Maudling, Reginald 392
Mayer, René 115, 443
Meir, Golda 228
Melchers, Wilhelm **157**, 232, 260
Mellwitz, Artur 331
Mende, Erich **230**
Menderes, Adnan **219**, 442
Menderes, Ethem 209
Mercker, Reinhold 417, 421, **482**
Merkatz, Hans-Joachim von **468** f.
– Agartz (Fall Agartz) 216
– Amnestiegesetz 206 f.
– Arbeitszeitverkürzung im öffentlichen Dienst 438
– Atomgesetz 332
– Berlin, Verlegung von Bundesdienststellen 128
– Berner Übereinkunft zum Schutz von Werken der Literatur und der Kunst 413
– Besatzungsrecht, Aufhebung 190
– Bundesaufsichtsamt für das Kreditwesen 76
– Bundesleistungsgesetz 391
– Bundesminister (ehem.) Kraft und Schäfer, Sonderaufträge 151
– Bundesverfassungsgericht, Konkordatsurteil 198
– Bundeswahlgesetz 128, 414
– COSMIC (NATO-Geheimhaltungsgrad) 132
– Deutscher Saarbund 351
– Deutschlandfrage 378
– DP-FVP-Fusionierung 345 f.
– Ernteschäden bei Zuckerrüben 348
– EURATOM 156, 232, 333
– Europäische Versammlungen, deutsche Vertreter 438
– EWG 144 f., 156, 232, 333
– Federführung beim Richtergesetz 138, 220 f.
– Federführung im EWG-Interimsausschuß 232
– Friedensnobelpreis, Vorschläge 167
– Geheimnisverrat, Geheimschutz 130, 132
– Henschel-Sanierung 390
– Island, Wirtschaftshilfe 335
– John (Fall John) 132
– Jugoslawien, Anerkennung der DDR und Abbruch der diplomatischen Beziehungen 395 f.
– Kindergeldgesetz 174 f.
– Konkordatsurteil des Bundesverfassungsgerichts 198
– Landwirtschaft, Grüner Bericht 148, 162
– Militärseelsorgegesetz 246
– Niedersachsen, Auflösung der Regierungskoalition 400
– OEEC-Ratssitzung 392
– Öffentlicher Dienst, Arbeitszeitverkürzung 438
– Ostgebiete, Ost-Ausschuß 127 f.
– Polen, Wirtschaftshilfe 418
– Räumungsklagen deutscher Hauseigentümer gegen US-Stationierungstruppen 391
– Regierungsbildung 45
– Rentenberechnung 437
– Richtergesetz 138, 220–222
– Rundfunksender „Europa I" 334
– Saarklauseln 199
– Saarland, Rentenberechnung 437
– Schweizerische Entschädigungsansprüche 381
– Sprachregelung im Kabinett 435
– Strafrechtsänderungsgesetz 164 f.
– Strafverfolgung von Verwaltungsangehörigen der Bundesministerien 165
– Suezkanal-Räumung 74
– Tunesischer Unabhängigkeitstag 182
– Urheberrechtsreform 413
– USA, Kontakte mit der Sowjetunion 434 f.
– Verteidigungsetat, Ausgabereste 380
– Vertretung durch Wuermeling 448
– Vertretung Oberländers 164

- Wahlgesetzänderung 128, 414
- Wahlkampf 230 f.
- Wasserwirtschaftsgesetz 151
- Wehrdisziplinargerichte 222
- Wissenschaftliche Forschung, Verwendung von Verteidigungsmitteln 200
- Wissenschaftsrat 331 f.

Messner, Albert 238
Meyer, Hans 372
Meyer-Detring, Wilhelm 379
Mikojan, Anastas 23
Miller, Oskar von 186
Mirza, Iskander 209
Mollet, Guy **88**, 93, 277, 320
Monnet, Jean 442
Most, Otto 159
Müller, Gebhard 422
Müller, Hansharald 447
Müller-Armack, Alfred **108**, 156
Müller-Hermann, Ernst 117
Müller-Hillebrand, Burkhart 384, **385**, 386

Nahm, Peter Paul **478**
- Bundesministerium für Vertriebene, Flüchtlinge und Kriegsgeschädigte, Verlegung einer Abteilung nach Berlin 122
- Notaufnahmeverfahren 127

Nasser, Gamal Abdel-Nasir **70**
Nehru, Pandit **217 f.**
Nenni, Pietro **218**
Nixon, Richard M. 192
Noell, Kurt 348
Nöhring, Herbert 129
Nöller, Eberhard **479**
Norstad, Lauris 19, **119**, 191, 267, 442
Nostitz-Drzewiecki, Gottfried von **157**, 245

Oberdieck, Heinrich 447
Oberländer, Theodor **472 f.**
- Aussiedlung von Deutschen aus den Ostgebieten 170
- Belgisch-deutscher Ausgleichsvertrag 299
- Bundeshaushalt 252
- Bundesministerium für Vertriebene, Flüchtlinge und Kriegsgeschädigte, Verlegung einer Abteilung nach Berlin 122
- Bundestagswahl 229
- Entflechtung reichseigenen Filmvermögens 349
- Ernteschäden bei Zuckerrüben 339
- ERP-Sondervermögen 169
- Evakuiertenrückführung 252
- EWG 105 f.
- Fahrpreise für Heimkehrer 111 f.
- Friedensnobelpreis (Vorschläge) 166 f.
- Friedland-Hilfe 296 f., 305 f., 315 f., 324 f., 339 f.
- GB/BHE und Bundestagswahl 229
- Geheimschutz, Geheimhaltungsgrad COSMIC 132
- Innenpolitische Lage (Überblick) 422
- Jugoslawien, Abbruch der diplomatischen Beziehungen 395 f.
- Lastenausgleichsgesetz 248
- Lohnstatistik, Verordnung 111
- Niedersachsen, Auflösung der Regierungskoalition 400
- Notaufnahmeverfahren 127
- Österreichisch-deutsche Vermögensverhandlungen 281
- Ostgebiete, Ost-Ausschuß 128, 230
- Polen, Weizenlieferung und Wirtschaftshilfe 203 f., 418 f.
- Regierungsbildung 45
- Stationierungskosten 140
- Ungarnflüchtlinge, Ungarnhilfe 113, 119, 203, 264
- Unterbringung der Flüchtlinge und Spätaussiedler 113, 119, 139 f., 161
- Vertretung durch Lemmer 447
- Vertretung durch Merkatz 164
- Weizenlieferung an Polen 203 f.
- Wohnraumbewirtschaftung und Mietpreisbindung 233
- Wohnungsbau für Flüchtlinge, Vertriebene und Aussiedler 253, 263, 296, 325, 344, 349 f., 392 f.
- Zuckerrüben, Ernteschäden, Preise 339, 439

Oeftering, Heinz Maria **156 f.**, 233, 238
Ollenhauer, Erich 42, **217**, 228

Personenindex

Ottman, Karl 122

Pahlevi, Mohammed Reza, Schah von Persien 41, **219**
Papaligouras, Panagiotis 326
Pape, Günther 193
Pappenheim, Georg Graf zu 309, 354
Paulssen, Hans-Constantin 87
Pearson, Lester 167, 285
Pemsel, Max **194**
Peslmüller, Ignaz 278
Pferdmenges, Robert 254, 284, 309, **487**
Pfleiderer, Karl Georg 24, **383 f.**
Philippi, Nikolaus 331
Pinay, Antoine 442
Pire, Dominique Georges 166, **167**
Planck, Max **186**
Plocher, Hermann 354
Pochhammer, Wilhelm von 120
Pohland, Erich **157**
Pollex, Curt 354, 357
Pontius, Erich 449
Potratz, Hans 193
Praß, Johannes **482**
Preusker, Viktor-Emanuel 312, **472**
– Abrüstungsverhandlungen 278
– Alterssicherung der Landwirte 287 f.
– Althausbesitz 250 f., 262
– Arbeitslosigkeit im Bausektor 161
– Assoziierung überseeischer Gebiete mit der EWG 101–103
– Atomare Bewaffnung 256
– Ausscheiden aus dem Kabinett 46 f., 397
– Bank deutscher Länder, Devisenanlage bei der Bank of England 203
– Berlin, Baumaßnahmen 129
– Bundesanstalt für Bodenforschung 374
– Bundesgrenzschutzbauten 271
– Bundeshaushalt, Bundeshaushaltsplan 201, 213, 250, 261, 272
– Bundesminister (ehem.) Kraft und Schäfer, Sonderaufträge 151, 247
– COSMIC (NATO-Geheimhaltungsgrad) 132
– EURATOM 90 f.
– Evakuiertenrückführung 252
– EWG 95, 100–102, 107, 109, 156
– FDP-Antrag auf Änderung von Art. 15 des Grundgesetzes 285
– Federführung beim Richtergesetz 221 f.
– Geheimnisverrat, Geheimschutz 130, 132
– Großbritannien, EWG 145
– Henschel-Sanierung 381, 389 f.
– Iranisch-deutsche Studienkommission 281
– Jugoslawien, Abbruch der diplomatischen Beziehungen 395 f.
– Kaffeesteuer 367
– Kapitalansammlungsverträge, Steuerbegünstigung 180 f., 190
– Kindergeldgesetz 175 f.
– Konjunkturpolitische Zollsatzsenkung 269 f.
– Konkordatsurteil des Bundesverfassungsgerichts 198
– Lastenausgleichsgesetz 376
– Lohnstatistik, Verordnung 111
– Luftschutzgesetz 273
– Mietpreisbindung 233
– Omnibustarife 205 f., 214
– österreichisch-deutsche Vermögensverhandlungen 279 f.
– Renten, Rentengesetzgebung 133, 149
– Richtergesetz 221 f.
– Rücktrittsankündigung 251 f.
– Saar, finanzielle Anforderungen 113
– Sowjetunion, Regierungsverhandlungen 293
– Soziale Harmonisierung in der EWG 100
– Soziale Marktwirtschaft 251
– Sozialer Wohnungsbau 159–161, 180
– Stationierungskosten 141
– Steuern, Steuerpolitik 180 f., 190, 367
– Tarifverhandlungen im öffentlichen Dienst 178
– Ungarnflüchtlinge, Wohnungsbau 263
– Unterbringung von Flüchtlingen und Spätaussiedlern 140
– Verteidigungsetat, Ausgabereste 380
– Wahlkampf 230 f.
– Währungsstabilität 100

- Wissenschaftliche Forschung, Verwendung von Verteidigungsmitteln 200
- Wohnraumbewirtschaftung 233
- Wohnungsbau für Flüchtlinge, Vertriebene und Spätaussiedler 34, 140, 252 f., 263, 296, 325, 344, 349 f., 393
- Wohnungsbauförderung 251
- Zahlungsbilanzüberschüsse der Bundesrepublik 363
- Zollbauten 271
- Zölle 265, 269 f.

Puhan, Hermann **278**

Rademacher, Willy Max **159**, 169
Radford, Arthur W. 16
Randow, Elgar von 245
Rapacki, Adam 21 f.
Rasner, Will 192, 254, 256, 301, **487**
Rausch, Alfred 267
Rehwinkel, Edmund 146, **187**
Reich, Friedrich 386
Reichelt, Paul 309
Reinhardt, Hellmuth 167
Reinicke, Dietrich 309
Reuleaux, Otto 415
Reza Pahlevi, Mohammed, Schah von Persien 41, **219**
Richter, Herbert 354, 386
Richter, Willi 87, 415
Riezler, Wolfgang 236
Rigler, Rudolf 129, 167
Ripken, Georg 321, **478**
Ritzel, Heinrich Georg 247
Rodenbourg, Eugène 152
Rogge, Bernhard 412
Rosenberg, Ludwig 159
Roth, Karl **186**, 243
Röttiger, Hans 179
Rottmann, Karl 331
Ruge, Friedrich **385**
Rust, Josef **476**
- Atomare Bewaffnung, Große Anfrage der SPD 239
- Bundeshaushalt 213
- Göttinger Erklärung 236
- Großbritannien, Reduzierung der Stationierungstruppen 140, 189
- Iller-Unglück 285 f.
- Koalitionsbesprechung 307
- Kohleversorgung der Bundeswehr 158
- Kriegsopferversorgung 184
- Personalgutachterausschuß 182
- Richtergesetz 222
- Steuersenkungen 168
- Strafrechtsänderungsgesetz 164 f.
- Unfallversicherungsgesetz 123
- Verteidigungsetat, Ausgabereste 380
- Waffen-SS, Gleichstellung mit der Wehrmacht 301
- Wehrdisziplinargerichte 222
- Wissenschaftliche Forschung, Verwendung von Verteidigungsmitteln 200

Sabel, Anton 267, 322
Sandermann, Wilhelm 354
Sandys, Duncan Edward **141**
Saragat, Giuseppe **218**
Sauer, Karl **451**
Sauerborn, Max **476**
- Ablösung als Staatssekretär im Bundesministerium für Arbeit 48
- Unfallversicherungsgesetz 114 f.
- Ziviler Ersatzdienst 78
Schäfer, Hermann 41, 46, **150 f.**, 222, 247
Schäffer, Fritz 195, **469**
- Ablösung als Bundesminister der Finanzen 47, 397
- Agartz (Fall Agartz) 446
- Allgemeines Kriegsfolgengesetz 382
- Alterssicherung der Landwirte 35, 287 f., 346, 348
- Althausbesitz 251, 262 f.
- Amnestiegesetz 207
- Arbeitszeit im öffentlichen Dienst 299
- Assoziierung überseeischer Gebiete mit der EWG 96–99, 102 f., 142, 144
- Aussiedlung von Deutschen aus den Ostgebieten 170
- Bank deutscher Länder, Devisenanlage bei der Bank of England 202
- Bank deutscher Länder, Diskontsenkung 337, 355
- Belgisch-deutscher Ausgleichsvertrag 131, 299 f., 310

543

noch: Schäffer
- Berner Übereinkunft zum Schutz von Werken der Literatur und der Kunst 413
- Besatzungsrecht, Aufhebung 110, 190
- Besteuerung der entflochtenen Unternehmen der Eisen- und Stahlindustrie 77
- Brotpreis 187
- Bundesanstalt für Arbeitsvermittlung und Arbeitslosenversicherung, Haushalt 286 f.
- Bundesanstalt für Bodenforschung 373
- Bundesaufsichtsamt für das Kreditwesen 76
- Bundesentschädigungsgesetz 332
- Bundesfernstraßen, Ausbauplan 118 f., 122
- Bundesgesundheitsamt, Verlegung der Hauptdienststelle 76
- Bundeshaushalt, Bundeshaushaltsplan 34, 39, 184, 201 f., 210–213, 222, 226, 251 f., 261, 267 f., 270–272, 298 f., 350
- Bundesminister (ehem.) Kraft und Schäfer, Sonderaufträge 150, 247
- Bundesminister der Finanzen und der Justiz, Ablösung und Ernennung 47, 397
- Bundestagswahl, Wahltermin 169, 193
- Bundesverfassungsgericht, Besoldung 166
- Bundesverfassungsgericht, Konkordatsurteil 198
- Bundeswehr, Iller-Unglück 286
- CDU/CSU Fraktion 39 f.
- COSMIC (NATO-Geheimhaltungsgrad) 132
- Deutsche Bundesbahn, Besoldung 238
- Deutsche Bundesbahn, Mindereinnahmen 365 f.
- Deutsche Bundesbahn, Vorstand 238
- Deutsche Bundesbank, Bundesbankgesetz 329
- Deutsche Bundesbank, Präsident, Vizepräsident, Direktorium 300 f., 432
- Deutsche Bundespost, Ertragslage 177
- Diskontsenkung der Bank deutscher Länder 337, 355
- Dotationen 298 f.
- EGKS-Regierungskonferenz in Brüssel zur Vorbereitung des Gemeinsamen Markts 75
- Einfuhrmehreinnahmen 272
- Einfuhrwaren, Steuerbegünstigung 184 f.
- Entflechtung der Eisen- und Stahlindustrie, Besteuerung der entflochtenen Unternehmen der 77
- Ernennung zum Bundesminister der Justiz 47, 397
- Ernteschäden bei Zuckerrüben 338 f., 347 f.
- EURATOM 92
- Europäische Versammlungen, deutsche Vertreter 428
- Evakuiertenrückführung 252
- EWG 75, 96–99, 102–104, 108 f., 142, 144, 155 f.
- Fahrpreise für Heimkehrer 111 f.
- Federführung beim Richtergesetz 221
- Fleischkonserven 224
- Flüchtlinge, Friedland-Hilfe 297, 305 f., 315 f., 324, 340
- Flüchtlinge, Unterbringung 140, 161
- Flüchtlingsfonds der UNO 241 f.
- Flüchtlingswohnungsbau 34, 263, 296, 344, 349 f., 393
- Forschungsaufgaben für EURATOM 92
- Frankreich und EWG 98 f.
- Freihandelszone 134
- Geheimnisverrat, Geheimschutz 130, 132
- Getreidelieferung an Polen 195, 203 f.
- Gläubigerposition der Bundesrepublik in der EZU 323
- Griechenland 326
- Großbritannien, Finanzverhandlungen 83 f.
- Grüner Bericht 147 f.
- Haushaltslage *(siehe auch – Bundeshaushalt)* 39, 210–213, 251 f.
- Heimkehrer, Fahrpreise 111 f.
- Henschel-Sanierung 388, 390
- Hochschullehrerreserve für Wiedervereinigung 152
- Iller-Unglück 286
- Ingenieurschulen 366
- Island Wirtschaftshilfe 382, 386
- Isotopentrennanlage 92

- Jugendarbeitsschutzgesetz 149
- Juliusturm 39
- Kabinettsausschuß für Wirtschaft, Vorsitz 47
- Kaffeesteuer 366 f.
- Kapitalansammlungsverträge, Steuerbegünstigung 180 f.
- Kindergeldgesetz 173 f.
- Kohleversorgung der Besatzungstruppen 84
- Kohleversorgung der Bundeswehr 159
- Konjunkturpolitik 354
- Konjunkturpolitische Zollsatzsenkung 269 f.
- Konkordatsurteil des Bundesverfassungsgerichts 198
- Kraftfahrer bei Obersten Bundesbehörden 196
- Kriegsfolgenschlußgesetz 382
- Kriegsopferversorgung 31, 183 f.
- Kuchenausschuß 40
- Kulturschutz 413
- Landwirte, Alterssicherung 35, 287 f., 346, 348
- Landwirtschaft, Grüner Bericht 147 f.
- Lastenausgleichsgesetz 248, 376
- Lohnstatistik, Verordnung 111
- Luftschutzgesetz 273, 351 f.
- Margarinepreis 238, 249
- Mehlpreis 290 f.
- Monopolausgleich 223
- Münzen 185 f.
- Nationalsozialismus 332
- NATO, Finanzhilfe im Rahmen des NATO-Vertrags 295, 344
- Niederländisch-deutsche Ausgleichsverhandlungen 73
- Obst, Zollsenkung 360, 365
- Öffentlicher Dienst, Arbeitszeit 299
- Öffentlicher Dienst, Tarifverhandlungen 170 f., 176–178
- Omnibustarife 206, 214
- Österreichisch-deutsche Vermögensverhandlungen 279–281
- Ostgebiete 170
- Personalbeschlüsse 267, 364
- Polen, Getreidelieferungen 195, 203 f.
- Polen, Wirtschaftshilfe 418
- Preise, Preispolitik 187, 238, 242, 249 f., 265, 290, 309
- Regierungsbildung 39 f., 46, 397
- Regierungserklärungen vor dem Deutschen Bundestag 121
- Renten, Rentengesetzgebung 35, 133, 149
- Richtergesetz 138 f., 220 f.
- Rücktrittsankündigung 252
- Rüstungsaufträge an die Türkei 224
- Rüstungsaufträge an Griechenland 326
- Saarklauseln 125
- Saarland, finanzielle Anforderungen 113
- Saarland, Saarbergbau 202
- Saarland, Wiedergutmachungsgesetzgebung 322 f.
- Saatguthilfe für Ungarn 82
- Schweizerische Entschädigungsansprüche 381
- Sozialer Wohnungsbau 161
- Sozialreform 149
- Stationierungskosten 344
- Stellvertretung des Bundeskanzlers 47
- Steuer, Steuerpolitik 47, 77, 168, 180 f., 184 f., 310, 366 f.
- Stinnes-Aktien 273, 282, 294 f., 312
- Straßenbau 118 f., 122
- Straßenverkehr, Kraftfahrzeug-Höchstzahl im Güterfern- und Möbelfernverkehr 358, 365 f.
- Suezkanal-Räumung 74
- Tarifverhandlungen bei der Bundespost 207
- Tarifverhandlungen im öffentlichen Dienst 170 f., 176–178
- Treibstoffversorgung 117
- Truppenvertragskonferenz 84
- Türkei 224
- Unfallversicherungsgesetz 115
- Ungarnflüchtlinge, Ungarnhilfe 82, 263
- UNO-Flüchtlingsfonds 241 f.
- Urheberrechtsreform 413 f.
- Verteidigungsetat, Ausgabereste 147 f., 375, 379 f.
- Vertretung durch Balke 164
- Vertretung durch Schröder 447
- Verwaltungsgerichtsordnung 440

Personenindex

noch: Schäffer
- Vialons Ablösung als Leiter der Abteilung Bundeshaushalt im Bundesministerium der Finanzen 453
- Währungsstabilität 332
- Weine, Heranziehung zum Monopolausgleich 223
- Weltbankquote 260, 272, 302 f., 311 f.
- Wiedergutmachung nationalsozialistischen Unrechts 332
- Wiedergutmachungsgesetzgebung im Saarland 322 f.
- Wirtschaftshilfe für Island 382, 386
- Wirtschaftshilfe für Polen 418
- Wissenschaftliche Forschung, Verwendung von Verteidigungsmitteln 200 f., 213
- Wissenschaftsrat 330
- Wohnungsbau für Flüchtlinge, Vertriebene und Aussiedler 34, 263, 296, 344, 349 f., 393
- Zeitungsverlagswesen 168, 180
- Ziviler Ersatzdienst 78
- Zivilschutz 273, 351 f., 387
- Zölle, Zollpolitik 75, 269 f., 323 f., 354, 360, 365
- Zuckerrüben 338 f., 347 f.
- Zuckersteuergesetz 310

Schah Mohammed Reza Pahlevi 41, **219**
Schanze, Ludwig 357
Scharnberg, Hugo 300
Schelp, Fritz 238
Scherpenberg, Albert Hilger van 197 f., 202–204, 341 f., 344, 347, 352, **487**
Scheuble, Julius 260
Schillinger, Franz 327, 331, 335, 337–339, 341, 353, 357–359, **488**
Schimmelpfennig, Kurt 115, 167
Schimpf, Richard 433
Schlegelberger, Günther 410
Schmid, Carlo 434
Schmidt, Helmut 384
Schneider (-Bremerhaven), Herbert 254, 256, 319, 399, **488**
Schneider (-Lollar), Ludwig 254, 319, **488**
Schniewind, Otto **219**, 282
Schoettle, Erwin **312**
Schornstein, Johannes 309

Schröder, Georg 412 f.
Schröder, Gerhard **468**
- Agartz (Fall Agartz) 216, 446
- Amnestiegesetz 206 f.
- Arbeitszeitverkürzung im öffentlichen Dienst 438
- Atomare Bewaffnung 255
- Atomgesetz 334
- Aussiedlung von Deutschen aus den Ostgebieten 170
- Beamte, Jahrestagung des Deutschen Beamtenbundes 179
- Beamte, Weihnachtsgeld 452
- Berlin, Freie Universität 451
- Berlin-Erklärung 121
- Besatzungsrecht, Aufhebung 190
- Besteuerung der entflochtenen Unternehmen der Eisen- und Stahlindustrie 77
- Brotpreis 187
- Bundesanstalt für Bodenforschung 373 f.
- Bundesbesoldungsgesetz, Weihnachtsgeld für Bundesbeamte 452
- Bundesgebiet, Neugliederung 240
- Bundesgrenzschutz, Bauten 271
- Bundesleistungsgesetz 391
- Bundesminister (ehem.) Kraft und Schäfer, Sonderaufträge 150, 247
- Bundestagswahl, Wahltag 151, 169
- Bundesverfassungsgericht, Besoldung 165 f.
- Bundesverfassungsgericht, Konkordatsurteil 197 f.
- Bundeswahlgesetz 414
- Bundeswehr, Vertrauensmänner der Soldaten 179
- CDU-Wahlkampfkommission 309
- COSMIC (NATO-Geheimhaltungsgrad) 131 f.
- Deutscher Beamtenbund, Jahrestagung 179
- Ehrensold für Kriegsauszeichnungen aus dem 1. Weltkrieg 325
- EWG, Präsidentschaft 445
- Federführung beim Richtergesetz 138 f.
- Flüchtlinge und Spätaussiedler, Friedland-Hilfe 305

Personenindex

- Flüchtlinge und Spätaussiedler, Unterbringung und Wohnungsbau 140
- Forschungsförderung 373 f.
- Freie Universität Berlin 451
- Geheimnisverrat, Geheimschutz 129–132 f.
- Gemeinsame Geschäftsordnung der Bundesministerien 129
- Gesetzgebungsministerium 139
- Hochschulen, Freie Universität Berlin 451
- Hochschullehrerreserve für Wiedervereinigung 152 f.
- Industrieausstellung in Kairo 164
- Innenpolitische Lage (Überblick) 422, 435
- Kartellgesetz 269 f.
- Kindergeldgesetz 174
- Kommunistische Infiltration 446
- Konjunkturpolitische Zollsatzsenkung 269 f.
- Konkordatsurteil des Bundesverfassungsgerichts 197 f.
- Lebensmittelgesetz 316
- Luftschutzgesetz 352
- Manöverrecht, Manöverschäden 425 f.
- Münzen 186
- Naturschutz 426
- Neugliederung des Bundesgebiets 240
- Öffentlicher Dienst, Arbeitszeitverkürzung 438
- Öffentlicher Dienst, Gehaltszahlungen bei Bahn und Post im Saarland 335
- Öffentlicher Dienst, Tarifverhandlungen 171
- Öffentlicher Dienst, Weihnachtsgeld 452
- Ortsklassenverzeichnis 375
- Ostblockstaaten 368 f.
- Ostgebiete 170
- Personalbeschlüsse (Cartellieri) 357
- Personalgutachterausschuß 182
- Pressepolitik 259, 435
- Regierungsbildung 45
- Regierungserklärungen vor dem Bundestag 121
- Richtergesetz 138 f., 220–222
- Rundfunkneuordnung 435 f.
- Saarklauseln 199
- Saarland, Gehaltszahlungen bei Bahn und Post 335
- Sonntagsarbeit 225
- Sportverkehr mit Ungarn und übrigen Ostblockstaaten 368 f.
- Sprachregelung im Kabinett 435
- Stationierungstruppen, Räumungsklagen deutscher Hausbesitzer 391
- Steuern, Steuerpolitik 77, 168
- Strafrechtsänderungsgesetz 165
- Streik in Schleswig-Holstein 82
- Tarifverhandlungen im öffentlichen Dienst 171
- Truppenvertragsverhandlungen 425 f.
- Unfallversicherungsgesetz 115, 123
- Ungarn 368 f.
- Universitäten, Freie Universität Berlin 451
- Verteidigungsetat, Ausgabereste 380
- Vertrauensmänner der Bundeswehrsoldaten 179
- Vertretung durch Schäffer 447
- Verwaltungsgerichtsordnung 316, 440
- Wahlgesetzänderung 414
- Wahlkampf 309
- Wahlkampf in Kasernen 326
- Wehner 42, 423
- Weihnachtsgeld für Bundesbeamte 452
- Weingesetz 283
- Wissenschaftliche Forschung, Verwendung von Verteidigungsmitteln 200 f., 213
- Wissenschaftsrat 330 f., 363, 415 f., 450 f.
- Zeitungsverlagswesen 168
- Ziviler Ersatzdienst 77 f.
- Zivilschutz 352, 387
- Zollbauten 271
- Zölle, Zollpolitik 269 f., 324

Schubert, Conrad von 354, 372
Schulz, Theodor 322
Schulze-Vorberg, Max 276
Schwankhart, Franz 331
Schwarz, Maria 331
Schwatlo-Gesterding, Joachim von 354
Schweitzer, Albert **101**
Schwetz, Wilhelm 322

Seebohm, Hans Christoph **471**
- Arbeitszeitverkürzung 207 f.
- Assoziierung überseeischer Gebiete mit der EWG 103 f.
- Bundesautobahnen, Ausbau zur niederländischen Grenze 342
- Bundesfernstraßen, Ausbauplan 118, 122
- Bundeshaushalt 213, 270, 272
- Bundesminister (ehem.) Kraft und Schäfer, Sonderaufträge 151
- Bundeswehr, Kohleversorgung 158 f.
- Deutsche Bundesbahn, Besoldung 272
- Deutsche Bundesbahn, Gutachten 122 f.
- Deutsche Bundesbahn, Kohleversorgung 117
- Deutsche Bundesbahn, Tarife 205 f., 214, 225, 289
- Deutsche Bundesbahn, Verwaltungsrat 159
- Deutsche Bundespost, Tarife 205 f., 214, 225
- Deutsche Bundespost, Tarifverhandlungen 207 f.
- Deutscher Kohlen-Verkauf (DKV) 90
- Diskontinuität der Legislaturperiode 317
- Ehrensold für Kriegsauszeichnungen aus dem 1. Weltkrieg 325
- Eisenbahnverkehr, Gemischter Ausschuß für Eisenbahnfragen im Saarland 123 f.
- Emden, Bedeutung als Hafen 73
- Ernteschäden bei Zuckerrüben 339
- EURATOM 90
- EWG 94, 99, 103 f.
- Flüchtlinge, Friedland-Hilfe 315
- Flugplatz Köln-Wahn 117
- Gemischter Ausschuß für Eisenbahnfragen im Saarland 123 f.
- Grenzen von 1937 229
- Großbritannien, Stationierungstruppen in der Bundesrepublik 189, 195
- Güterfernverkehr 310
- Henschel-Sanierung 381, 388
- Hessen, verfassungsrechtliche Prüfung der wasserrechtlichen Vorschriften 374
- Jugoslawien, Abbruch der diplomatischen Beziehungen 395 f.
- Kabinettsaufzeichnungen 41, 127 f., 157, 192, 216, 228–231, 319–321, 413
- Kindergeldgesetz 175
- Kohlenverkauf, Kohleversorgung 90, 117, 158 f.
- Konkordatsurteil des Bundesverfassungsgerichts 198
- Kraftfahrzeuge, Abmessungen und Gewichte 371 f.
- Kraftfahrzeug-Höchstzahl im Güterfern- und Möbelfernverkehr 310
- Landwirtschaft, Grüner Bericht 162
- Luftverkehrsabkommen mit Dänemark, Norwegen und Schweden 115
- Manöver, Manöverschäden 195
- Niederländisch-deutsche Ausgleichsverhandlungen 73
- Niedersachsen, Auflösung der Regierungskoalition 400
- Öffentlicher Dienst, Tarifverhandlungen 176–178, 207 f.
- Omnibustarife 205 f., 214, 225
- Ostgebiete, Ost-Ausschuß 127 f.
- Ostgrenzen, Oder-Neiße-Grenze 45, 127, 229
- Regierungsbildung 45
- Reichsgrenzen von 1937 229
- Rheinschiffahrt, Frachtnormen 311, 358
- Saarklauseln 199
- Saarland, Gemischter Ausschuß für Eisenbahnfragen 123 f.
- Seeverkehr 73
- Stationierungstruppen 189, 195
- Straßen- und Wegebau in Manövergebieten 195
- Straßenverkehr, Straßenverkehrs-Zulassungsordnung 371 f.
- Tarifverhandlungen 176–178, 207 f.
- Unfallversicherung für Bundesbedienstete im Dienst-PKW 345
- Unfallversicherungsgesetz 115
- Vertretung durch Stücklen 447
- Wahlkampf 230
- Wahlkampf in Kasernen 326
- Wasserrechtliche Vorschriften in Hessen 374
- Wasserwirtschaftsgesetz 151

Personenindex

- Wissenschaftliche Forschung, Verwendung von Verteidigungsmitteln 200
- Wissenschaftsrat 363 f., 415

Seeliger, Günter 276, 279 f., **488**
Seeliger, Wolfgang 379
Segni, Antonio **218**
Seidel, Hanns 45, 47, **387**
Seiermann, Ludwig **477**
- Ernennung zum Staatssekretär im Bundesministerium für Verkehr 48, 412
- Manöverschäden 427
- Truppenvertragsverhandlungen 417
- Übergangsmaßnahmen für Bundesbeamte im Saarland 448

Seifriz, Adalbert **157**
Selbach, Josef **480**
Semler, Johannes 380
Severing, Carl 135
Siebrecht, Valentin 115, 167
Sieveking, Kurt 422
Siewert, Curt 146
Simon, Werner 362
Sina, Eduard 238
Smirnow, Andrej A. **137**, 236, 442
Sonnemann, Theodor **475 f.**
- Fall Hertslet/Sonnemann 291–293, 300
- Fleischkonserven 224
- Mehlpreise 428 f.
- Saatguthilfe für Ungarn 81 f.
- Truppenvertragsverhandlungen 424
- Weine, Heranziehung zum Monopolausgleich 223
- Wirtschaftshilfe für Island 335
- Zuckerrübenpreise 438 f.

Sonnenberg, Alfred 331
Soraya Esfandiary Bakhtiary 41
Sorin, Valerian A. 20, 285
Spaak, Paul-Henri 89, **101**, 102, 131, 141, 143
Speidel, Hans **119**, 220, 236
Spieler, Hermann **292**
St. Laurent, Louis 285
Stahlberg, Gerhard 110
Stalmann, Otto 322
Stassen, Harold E. 20, 276, **277**, 285, 319, 321
Steel, Christopher **343**, 392,
Steinhoff, Fritz **320**, 321, 415, 422
Steinmetz, Hans 321, **477**

- Omnibustarife 205 f.
- Personalbeschlüsse 199
- Rundfunksender „Europa I" 259, 334 f.
- Tarifverhandlungen bei der Deutschen Bundespost 207
- Truppenvertragskonferenz 85
- Wahlkampf in Kasernen 326

Stengel, Richard 331
Stinnes, Hugo 272, 278, 282, 294
Storch, Anton **470**
- Alterssicherung der Landwirte 287 f., 348
- Ärzte-Gebühren 304
- Ausscheiden aus dem Kabinett 45, 47, 397
- Bergbauindustrie 328
- Bundesanstalt für Arbeitsvermittlung und Arbeitslosenversicherung, Haushalt 286 f.
- Bundeshaushalt 213
- EWG 93
- Henschel-Sanierung 388–390
- Jugendarbeitsschutzgesetz 150
- Kindergeldgesetz 31, 172–176
- Lastenausgleichsgesetz 376
- Löhne 93
- Lohnstatistik, Verordnung 111
- Personalbeschlüsse 267
- Preußische Gebührenordnung (Preugo), Mindestsätze 304
- Rentenreform 231
- Rentner-Wohnungsbau 376
- Schlichtungen 135
- Sonntagsarbeit 225, 233 f.
- Streik in Schleswig-Holstein 79, 87, 135
- Tarifverhandlungen im öffentlichen Dienst 171
- Unfallversicherungsgesetz 123, 148 f., 194 f.
- Wahlkampf 231
- Wohnungsbau für Rentner 376

Strachwitz, Rudolf Graf 168, 245
Stralau, Josef 357
Strauß, Erich 331
Strauß, Franz Josef **471**
- Amt für Wehrtechnik und Beschaffung, Bestechungsaffären 384

549

Personenindex

noch: Strauß, Franz Josef
- Atomare Bewaffnung der Bundeswehr 16 f., 254–256
- Atomare Bewaffnung, Große Anfrage der SPD 17, 239
- Atomwaffenkontrolle 434
- Bundeshaushalt siehe – *Verteidigungshaushalt*
- EGKS-Regierungskonferenz in Brüssel zur Vorbereitung des Gemeinsamen Markts 75
- Flüchtlinge und Spätaussiedler, Unterbringung 140
- Geheimschutz, Geheimhaltungsgrad COSMIC 131 f.
- Göttinger Erklärung 236
- Griechenland, Rüstungslieferungen 326
- Großbritannien, Finanzverhandlungen 84
- Iller-Unglück 286
- Juliusturm 39
- Landwirtschaft, Grüner Bericht 148
- Logistik 436
- Luftverteidigung 436
- Manöverrecht 425
- Militärseelsorge 233, 246
- NATO, COMLANDCENT 119
- NATO, Geheimhaltungsgrad COSMIC 131 f.
- Norstad 267
- Personalpolitik, Primat der Politik in der Bundeswehr 33, 384–386
- Politische Betätigung der Soldaten 112, 118
- Regierungsbildung 46
- Regierungserklärungen vor dem Bundestag 121
- Rüstungsaufträge 384
- Rüstungslieferungen aus der Türkei 224
- Rüstungslieferungen aus Griechenland 326
- SPD, Große Anfrage der zur Atombewaffnung 17, 239
- Stationierungskosten 84
- Transportwesen 436
- Truppenvertragsverhandlungen 425
- Türkisch-deutscher Munitionslieferungsvertrag 224

- Verteidigungshaushalt 84, 121, 147, 261
- Verteidigungshaushalt, Ausgabereste 39, 375, 379 f.
- Verteidigungsstrategie 434
- Vertrauensmänner der Soldaten 179
- Vertretung durch von Merkatz 447
- Waffen-SS, Gleichstellung mit der Wehrmacht 301
- Waffentechnik 436
- Wahlkampf in Kasernen 321, 326
- Wissenschaftsrat 363 f., 415
- Ziviler Ersatzdienst 77

Strauß, Walter 321, **475**
- Atomgesetz 343
- Belgisch-deutscher Ausgleichsvertrag 299
- Besatzungsrecht, Aufhebung 110
- Bundesanstalt für Bodenforschung 374
- Diskontinuität der Legislaturperiode 317
- EWG, Ministerrat 107 f.
- Flüchtlinge, Friedland-Hilfe 316
- Gemischter Gerichtshof, Saarbrücken 239
- Hertslet/Sonnemann (Fall) 292, 300
- Lohnstatistik, Verordnung 111
- Militärseelsorge 233
- NATO, Finanzhilfe im Rahmen des NATO-Vertrags 295 f.
- Österreichisch-deutsche Vermögensverhandlungen 279
- Rundfunksender „Europa I" 366

Strößenreuther, Hugo 379

Stücklen, Richard 254, 319, **471 f.**
- Ernennung zum Bundesminister für das Post- und Fernmeldewesen 46 f., 397
- Fernmeldegebühren bei Stationierungstruppen 426 f.
- Innenpolitische Lage 422
- Rundfunkneuordnung 425 f.
- Truppenvertragsverhandlungen 426 f.
- Vertretung durch Seebohm 447
- Wissenschaftsrat 415

Stukenberg, Helmut 433

Stumpf, Hermann 267

Suhr, Otto **320**, 321, 344, 371
Suhrawardy, Huseyn Shaheed 209
Ter-Nedden, Wilhelm 309
Thedieck, Franz 321, **478**
– Belgisch-deutscher Ausgleichsvertrag 239 f.
– Berlin, Firma Büxenstein 453
– Berlin, Freie Universität 451
– Hochschullehrerreserve für die Wiedervereinigung 152 f.
– Interzonenhandel 453
– Rundfunksender „Europa I" 259, 335
Thienemann, Ernst 386
Thoennissen, Max 371, **372**
Thorneycroft, Peter 143
Thors, Olafur 257
Tiburtius, Joachim 451
Tito, Josip Broz 24, **378**
Trettner, Heinrich 193
Troeger, Heinrich **313**
Truckenbrodt, Walter 409, 421, **488**

Urschlechter, Andreas 435

Valentin, Jean **239**
Vialon, Friedrich Karl **452 f.**
Vits, Ernst Hellmut 415
Vocke, Wilhelm 361, 363, 417 f., **489**
Vockel, Heinrich 165, 191, 327, 364, 399, 412, 441, 451, **489**
Vogel, Rudolf **246 f.**, 312, 372, 379
Vorwald, Wolfgang 260

Waitz, Hans-Wolrad 342
Wallis, Hugo von 322
Walter, Eugen 379
Waltzinger, Karl 437
Wälzholz, Günther 342
Wandersleb, Hermann 321, **478**
– Bulletin-Artikel zur Wohnungsbaupolitik 313
– Wohnungsbau für Flüchtlinge und Aussiedler 349 f.
Wangenheim, Hubert Freiherr von 146

Weber, Gottfried 423
Wehner, Friedrich 115, 167
Wehner, Herbert 42, **192**, 423
Weidemann, Alfred 309
Weitz, Heinrich **315**, 316
Weizsäcker, Carl-Friedrich von 236
Wellhausen, Hans **289**
Wenhold, Hermann **181**
Werthmann, Georg 372
Westrick, Ludger 321, **475**
– Ärzte, Gebührenordnung 304 f.
– Bergarbeiterlöhne 328
– Bundesanstalt für Bodenforschung 373 f.
– Bundesanstalt für Landeskunde 374
– Deutsche Bundesbank, Bundesbankgesetz 329
– Diskontsenkung der Bank deutscher Länder 337 f.
– GATT-Sitzung in Genf 181 f.
– Griechenland, Wirtschaftsförderung 326
– Industrieausstellung in Kairo 164
– Jugoslawien, Abbruch der diplomatischen Beziehungen 396
– Kaffeepreise und -steuer 360, 367
– Kohlenpreise 328
– Margarinepreise 238, 249
– Personalbeschlüsse (Cartellieri) 357
– Preise, Preispolitik 238, 249, 323, 328, 367
– Preußische Gebührenordnung (Preugo), Mindestsätze 304 f.
– Saargrenzgürtel 342 f.
– Steuern, Röstkaffee 360, 367
– Stinnes-Aktien 282, 294
– Zollsatzänderung 323 f.
Weyer, Willi **230**, 422
Wichmann, Heinz 309
Wildemuth, Eberhard 160
Witten, Egmont 354
Wittneben, Albert 379
Wolf, Gerhard 354
Wolff, Max Eckart 372
Wollenweber, Karl-Gustav 372, 447
Woratz, Gerhard **453**
Worgitzky, Hans-Heinrich 267

551

Personenindex

Wuermeling, Franz-Josef **473**
- Außenpolitische Lage 436
- Denkschrift zur demographischen Entwicklung und Familienpolitik 118
- innenpolitische Lage 422
- Kindergeldgesetz 173–176
- Kinderreiche 439
- Kinderzuschläge bei Ausgleichsrenten 184
- Konkordatsurteil des Bundesverfassungsgerichts 198
- Kriegsopferversorgung 184
- Omnibustarife 206, 232
- Presseberichte zur Deutschlandfrage 393 f.
- Regierungsbildung 45
- Sportverkehr mit Ungarn und übrigen Ostblockstaaten 368 f.
- Unfallversicherungsgesetz 123
- Vertretung durch Lücke 448
- Wahlkampf 230
- Weihnachtsgeld für Bundesbeamte 452
- wissenschaftliche Forschung, Verwendung von Verteidigungsmitteln 200 f.
- Zuckerrübenpreise 439

Wülker, Gabriele 48, 423
Wurster, Carl 415
Wyschinski, Andrej 42, 423
Zenker, Karl-Adolf 232
Zinn, Georg August **228**, 320, 450
Zörner, Heinz 199

SACH- UND ORTSINDEX

Abhören von Telefongesprächen 130

Abrüstung, Abrüstungsgespräche 15 f., 19–24, 140, 193, 236, 239, 255, 276 f., 321, 442 f.

– Inspektionszonen, entmilitarisierte bzw. atomwaffenfreie Zonen 19–22, 193, 236 f., 255, 258, 277, 285, 321, 434, 442

– Junktim mit der Deutschlandfrage 19–24, 258 f., 277

Afghanistan

– Gesandtschaft der Bundesrepublik Deutschland 110

– Wirtschaftshilfe 335

Afrika *(siehe auch Europäische Wirtschaftsgemeinschaft, Assoziierung sowie einzelne Länder)* 96, 101–103, 144, 155

Agrarstruktur *siehe unter Landwirtschaft*

Ägypten *(siehe auch Suez-Krise)*

– Deutsche Industrieausstellung in Kairo 163 f., 181

– Räumung des Suezkanals 74, 117

Aktien

– Stinnes-Aktien, Aufkauf 272 f., 278, 282, 294 f., 312

– Volksaktien, Volkswagenaktien 49, 288

Aktion „Kampf dem Atomtod" 22, 255

Algerien, EWG, Assoziierung überseeischer Gebiete 141 f.

Algerienkrieg 28

Alleinvertretungsanspruch der Bundesrepublik 23 f.

Allensbach, Institut für Demoskopie 255, 352

Allgemeine Elektrizitätsgesellschaft (AEG) 388

Allgemeines Kriegsfolgengesetz *siehe Kriegsfolgenschlußgesetz*

Allgemeines Zoll- und Handelsabkommen (GATT) 104, 181 f., 410

Alliierte Hohe Kommission 110, 190

– Gesetz Nr. 22 334, 343

Alliierter Kontrollrat, Gesetz Nr. 34 110

Altersrente, Altersversorgung 35, 147, 162, 211, 274, 283, 287 f., 346, 348

Althausbesitz 34, 160, 251, 262 f., 268

Amman, Gesandtschaft der Bundesrepublik Deutschland 354

Amnestiegesetz 42, 206 f.

Amt für Bodenforschung, niedersächsisches 373

Amt für Wehrtechnik und Beschaffung 33, 384

Amt für Wertpapierbereinigung 322, 386

Amtsgehaltsgesetz 166

Angestellte

– Bahn und Post im Saarland 336

– Fragen der Angestellten und freien Berufe (Sonderauftrag) 246 f.

– Gehälter 35, 170 f., 176–178, 207 f., 226, 328

– Renten, Rentengesetze 30, 133, 437 f.

– Unfallversicherung 345

– Weihnachtsgeld 452

– Zuständigkeit des Bundesministeriums für Arbeit 49

Ankara, Zwischenaufenthalt Blüchers 209

Apostolische Nuntiatur 246

Apothekenwesen 241, 402

Arabische Staaten *(siehe auch einzelne Staaten)*, Fall Hertslet 292

Sach- und Ortsindex

Arbeiter *(siehe auch Tarifpolitik, Tarifverhandlungen)*
- Bahn und Post im Saarland 336
- Renten, Rentengesetz 30, 133, 437 f.
- Tarifverhandlungen im öffentlichen Dienst 176–178, 226
- Unfallversicherung für Arbeiter des Bundes 345
- Wahlverhalten 377 f.
- Weihnachtsgeld für Arbeiter des Bundes 452

Arbeitgeber *(siehe auch Tarifpolitik, Tarifverhandlungen)*
- Arbeitgeberverbände 36, 87, 116, 170, 299, 389
- Lohnstatistik 111
- Sonntagsarbeit 225

Arbeitnehmer *(siehe auch Tarifpolitik, Tarifverhandlungen)*, Lohnstatistik 111

Arbeitsämter
- Internationales Arbeitsamt 93
- Landesarbeitsamt Berlin 193
- Landesarbeitsamt Hessen 115, 167
- Landesarbeitsamt Niedersachsen 115, 167
- Landesarbeitsamt Nordbayern 129, 238
- Landesarbeitsamt Pfalz 238, 418
- Landesarbeitsamt Südbayern 115, 129, 167

Arbeitsgemeinschaft deutscher wirtschaftswissenschaftlicher Forschungsinstitute 147

Arbeitslose
- Arbeitslosenhilfe 213
- Arbeitslosenversicherung 30, 287
- Umschulungsmaßnahmen in der EWG 108 f.

Arbeitsmarkt, Arbeitsmarktpolitik 30, 161, 381, 388 f., 392

Arbeitsschutz, Jugendarbeitsschutzgesetz 31, 149 f., 405, 448 f.

Arbeitszeit, Arbeitszeitverkürzung 31, 35 f., 170, 177 f., 207 f., 226, 299, 389, 438
- Fünf-Tage-Woche 31
- Fünfundvierzig-Stunden-Woche 36, 177, 208, 299, 359, 438
- Jugendarbeitsschutzgesetz 149 f.
- Kommission zur Beratung der Arbeitszeitverkürzung 207

- Pausenregelungen 149
- Sonntagsarbeit 233 f.
- Vierzig-Stunden-Woche 93 f.

Arktis, Luftinspektionszone 285
Arnsberg, Ortsklassenverzeichnis 375 f.
Artillerie, Vergleich mit taktischen Atomwaffen 16
Ärzte 36, 123, 175, 304 f., 308
Asien *(siehe auch einzelne Länder)* 155, 219 f., 277, 320
Associated Press 394
Athen 209, 326
Atomare Partnerschaft („pax atomica") USA-Sowjetunion 19, 21, 145, 217
Atomenergie, Kernenergie, Atomwirtschaft *(siehe auch Atomgesetz, Europäische Atomgemeinschaft)* 87, 333 f., 343, 390, 447
- Atomenergiebehörde 245 f.
- Atomgesetz 319, 321, 333 f., 343, 408 f.
- Friedliche Nutzung der Kernenergie 357 f., 408, 418, 447
- Internationale Konferenz über die friedliche Verwendung der Kernenergie 357 f.

Atomforschung 88, 91 f., 245 f., 333 f., 343, 357
Atomkrieg 16 f., 21 f., 239, 275
Atomwaffen, atomare Bewaffnung der Bundeswehr 15–19, 21 f., 43, 91, 145, 156, 192, 236 f., 239, 245, 254–256, 321, 352, 413, 434, 442
- Atomwaffenfreie Zonen 434, 442
- Versuchsstop 193, 236, 255

Ausfuhr *(siehe auch Außenhandel)* 27, 38, 73, 260, 392
Ausländer, heimatlose 166 f.
Auslandsbonds 73
Auslandsschulden 27 f., 83, 202
Aussagegenehmigung für den Bundeskanzler im Fall Hertslet/Sonnemann 291–293
Außenhandel *(siehe auch Ausfuhr und Einfuhr)*
- Einfuhrerleichterungen 37, 168, 184 f., 323 f.
- Gläubigerposition und Zahlungsbilanzüberschuß der Bundesrepublik Deutschland 27–29, 203, 268, 303, 311, 323 f., 332, 337, 362 f., 429

Sach- und Ortsindex

- mit Polen 195, 203, 345
- Zollabkommen 92
- Außenhandelsstelle für Erzeugnisse der Ernährung und Landwirtschaft 199
- Außenpolitik, Regierungsprogramm 1957 49 f.
- Außenpolitische Lage 70–72, 127–129, 155 f., 189, 192 f., 216–220, 236 f., 258 f., 276–278, 285 f., 378, 421–423, 433–436
- Aussiedler, Spätaussiedler 119, 127 f., 139 f., 170, 253, 305, 329, 344, 349 f., 393
  - Kleiderhilfe im Lager Friedland 296 f., 305 f., 315 f., 324 f., 339 f.
- Ausstellungen, Industrieausstellung der Bundesrepublik Deutschland in Kairo 163 f., 181.
- Australien
  - Besuch Blüchers 41
  - Besuch Brentanos 216 f.
  - Generalkonsulat der Bundesrepublik Deutschland in Sydney 357
- Auswärtiges Amt
  - Abrüstungsgespräche 20
  - Assoziierung überseeischer Gebiete mit der EWG 101–105
  - Aussiedlung von Deutschen aus den Ostgebieten 170
  - Auswärtige Vertretungen der Bundesrepublik Deutschland 110, 129, 137, 168, 181, 217, 245, 258, 260, 272, 277 f., 281, 285, 309 f., 332, 354, 357, 365, 372, 379, 383 f., 396, 409 f.
  - Auswärtige Vertretungen in der Bundesrepublik Deutschland 137, 163 f., 236, 246, 258–260, 295, 343 f., 392, 396
  - Berlin-Klausel im Vierten Strafrechtsänderungsgesetz 165
  - Bundeshaushalt 242
  - Deutscher Saarbund 351
  - Diplomatische Korrespondenz 434 f.
  - EGKS-Regierungskonferenz 87
  - EURATOM 88, 92
  - Europäische Kernenergie-Agentur 447
  - Europarat 410
  - EWG, Gemeinsamer Markt 92, 105, 109
  - Flüchtlingsplan der UNO 241 f.
  - Freihandelszone 133
  - Friedensnobelpreis 167
  - GATT, Zuständigkeiten 182
  - Gesetzentwürfe, unerledigte 400 f.
  - Großbritannien, Finanzverhandlungen 83
  - Indien, Umschuldungswünsche im Zusammenhang mit dem Stahlwerk Rourkela 450
  - Informationsdienst für die Bundestagswahl 259
  - Island, Wirtschaftshilfe 335, 386 f.
  - Italien, Abkommen über Untersuchung und Überwachung von Wein 419
  - Jugoslawien, Haltung in der Deutschlandfrage 378
  - Konkordatsurteil 198
  - Kulturfonds des Europarats 410
  - Niederländisch-deutsche Ausgleichsverhandlungen 73
  - Nutzung von Bundesvermögen durch Stationierungstruppen 85
  - Österreichisch-deutsche Vermögensverhandlungen 279
  - Personalbeschlüsse 72, 109, 115, 120, 129, 167, 179, 193, 232, 245, 260, 278, 286, 300, 309, 354, 372, 379, 386, 409, 423, 447
  - Polen und andere Ostblockstaaten, allgemeine Lage 204
  - Polen, Wirtschaftshilfe 345, 418
  - Räumungsklage deutscher Hausbesitzer gegen US-Stationierungsstreitkräfte 391
  - Rundfunksender „Europa I" 311, 334
  - Saarklausel in Gesetzen und Verordnungen 199
  - Stationierungskosten 28, 344, 431
  - Truppenvertragskonferenz 423 f., 428
  - Tunesien, Anerkennung der Regierung Bourgiba durch die Bundesregierung 352
  - Vertretung des Bundesaußenministers durch den Bundesminister für Angelegenheiten des Bundesrates und der Länder 447
  - Vortragsreihe Kennans 434
  - Wiedergutmachung von nationalsozialistischem Unrecht 332
  - Zuständigkeitsabgrenzungen 48
- Auszeichnungen 325
- Autobahnen siehe Bundesautobahnen
- Automobilindustrie 371, 380 f.

Bäckereigewerbe 186–188
Backwaren
– Preise 188
– Verkauf an Sonn- und Feiertagen 436 f.
Bad Godesberg
– Cusanus-Gymnasium 321
– Jahrestagung des Deutschen Beamtenbundes 179
– Tagung der Aufbau- und Wohnungsbauminister der Länder 312 f.
Bademeister, medizinische, Berufsordnungsgesetz 402
Baden-Württemberg 46
– Neugliederung und Wiederherstellung des Landes Baden 234, 240 f.
– Notaufnahme der DDR-Flüchtlinge 393
– Regierung und FDP-Beteiligung 422
Badische Anilin- und Soda-Fabrik 415
Bagdad, Botschaft der Bundesrepublik Deutschland 354
Bahnhofsverkaufsstellen, Warenverkauf an Sonn- und Feiertagen 436 f.
Bamberg, Adenauers Wahlkampfrede 42
Bananen 155
Bank deutscher Länder *siehe auch Deutsche Bundesbank*
– Bundesaufsichtsamt für das Kreditwesen 75 f.
– Bundesbankgesetz 300
– Darlehen an Großbritannien 83
– Devisenanlage bei der Bank of England 202 f.
– Devisenzuflüsse 27 f.
– Diskontsatzsenkung 337 f., 355
– Getreidelieferungen an Polen 195, 203 f.
– Kreditrestriktionen 268
– Stationierungskosten 83
– Zentralbankrat 75 f., 337 f.
Banken *(siehe auch Bank deutscher Länder und Deutsche Bundesbank)* 75, 280, 294 f., 388
– Bank of England 28, 83, 202 f., 431
– Deutsche Bank 295
– Deutsche Golddiskontbank 314, 404
– Deutsche Reichsbank 314, 404
– Investitionsbank der EWG 104, 141, 444 f.

– Landwirtschaftliche Rentenbank 112 f.
– Lastenausgleichsbank 169, 349
– Weltbank 260, 272, 302 f., 311 f.
Bauwesen, Bauwirtschaft *(siehe auch Wohnungsbau)* 30, 38, 161, 271 f., 329, 338, 407
– Arbeitslosigkeit 160 f.
– Bauberufsgenossenschaft 148
– Hochschulbau 329
– Luftschutzbauten 273
– Preise 34
– Unfallversicherung 148
Bayerischer Wald, Notstandsgebiet 354
Bayern
– Landarbeiterlöhne 78
– Landesarbeitsamt Nordbayern 129, 238
– Landesarbeitsamt Südbayern 115, 129, 167
– Landtagswahlen 378, 414
– Ministerpräsident 321
– Regierungswechsel 45, 47, 387
– Schäffers Rede in Plattling 332
– Wahlergebnis bei Bundestagswahlen 44 f.
Bayern-Partei
– Fusion mit dem Zentrum zur Föderalistischen Union 346
– Oberbürgermeisterwahl in Nürnberg 435
– Regierungskoalition in Bayern 387
– Wahlrechtsänderung 128
– Zusammenarbeit mit der DP 128
BBC *siehe British Broadcasting Corporation*
Beamte
– Abstellung zu europäischen Institutionen 232
– Beamtenrecht, Beamtenrechtsrahmengesetz 36, 110, 166, 208, 246
– Besoldung im Saarland 25 f., 335 f., 448
– Besoldung 35, 40, 178, 211, 271 f.,
– Bestechung, Veruntreuung, Unterschlagung 33, 165, 384
– Hinterbliebenenfürsorge
– Jahrestagung des Deutschen Beamtenbundes 179
– Versorgung 36, 211, 336

Sach- und Ortsindex

- Vollzugsbeamte des Bundes 402
- Weihnachtsgeld 452

Beirut, Gesandtschaft der Bundesrepublik Deutschland 365

Beleidigungsklagen 291–293, 300

Belgien
- Ausgleichsvertrag mit der Bundesrepublik Deutschland 29, 131, 239 f., 299, 310, 401
- Cour de Cassation 152, 239
- EURATOM 143
- Eurochemic 447
- EWG, Assoziierung überseeischer Gebiete 26, 92, 95, 98, 101, 142, 144
- EWG, Präsident der EWG-Kommission 445
- Grenzabfertigungsstellen, Abkommen 323, 401
- Grenzziehung zu Deutschland 1922 299
- NATO, Vereinbarungen über gegenseitige finanzielle Hilfe 295 f., 401
- Reduzierung der britischen Stationierungstruppen 140
- Uranvorkommen 90
- Zölle 105

Belgisch-Kongo 101

Belgrad 24

Benelux-Länder
- Assoziierung überseeischer Gebiete mit der EWG 142
- Präsident der EWG-Kommission 445
- Reduzierung der britischen Stationierungstruppen 140

Beratende Versammlung des Europarats 166 f., 410, 428

Bereitschaftspolizeien der Länder 354

Bergbau *(siehe auch Kohle)*
- Arbeitszeitverkürzung 178
- Bergrechtliche Gewerkschaften 195
- Braunkohlevorkommen in Griechenland 326
- Erzversorgung der Atomindustrie 88
- Konjunkturpolitische Zollsatzsenkung 269
- Löhne und Preise 327 f.
- Ruhrkohlenbergbau 37, 328, 390
- Saarbergbau 25 f., 202, 210

Berlin
- Abgeordnetenhaus 451
- Bauten 129
- Berliner Abkommen vom 20. Sept. 1951 (Interzonenhandel) 454
- Berliner Erklärung vom 29. Juli 1957 21, 277
- Berlin-Klausel in Gesetzen und Verordnungen 165, 199, 419
- Braunkohlelieferung aus der DDR 79
- Bundesaufsichtsamt für das Kreditwesen (Sitz in Berlin) 260
- Bundesbedienstete in Berlin 121
- Bundesdienststellen, Verlegung nach Berlin 43, 76, 121 f., 128 f., 260
- Bundesgesundheitsamt; Sitz in Berlin 76
- Bundesministerium für Vertriebene, Flüchtlinge und Kriegsgeschädigte, Verlegung einer Abteilung nach Berlin 122
- Bundespost-Aufträge 121
- Bundestagsdebatte (Berlin-Debatte) 116, 121, 127–129
- Bundestagssitzungen 205
- Bundeszuschüsse 451
- Büxenstein (Firma) 453 f.
- CDU-Landesverband 45, 453
- Deutsches Institut für Wirtschaftsforschung 147
- FDP-Bundesparteitag 1957 71
- Flüchtlinge, Aufnahme, Notaufnahmelager 34, 139, 393
- Freie Universität 451
- Frontstadt 43
- Grüne Woche 127
- Hauptstadtfrage, Hauptstadtfunktionen 43, 121, 129
- Interzonenhandel 453 f.
- Kennan-Vorträge 434
- Konferenz der Flüchtlingsminister der Länder 393
- Krankenversicherungsrechtsausgleich 405
- Kulturelle Einrichtungen 121
- Landesarbeitsamt 193
- Notaufnahmelager 139, 393
- Presse- und Informationsdienst des Bundesministeriums für Gesamtdeutsche Fragen 300

557

Sach- und Ortsindex

noch: Berlin
- Presse 453
- Pressekonferenz Adenauers anläßlich der Grünen Woche 127
- Regierender Bürgermeister 344, 371
- Regierungserklärung der Bundesregierung 121
- Reichstagsgebäude 211
- Reise Blüchers 333
- Senat 76, 344, 451
- Senator für Arbeit und Sozialwesen 393
- Senator für Volksbildung 451
- Sozialversicherung 405
- Suhr, Otto (Tod) 371
- Tag der Deutschen Einheit 243
- „Der Tag" (Zeitung) 453
- Technische Universität 451
- Telefonverbindungen, Abhörgefahr 130
- „Telegraph" (Zeitung) 453
- Universitäten 451
- Verlegung von Bundesdienststellen nach Berlin 43, 76, 121 f., 128 f., 260
- Vertreter im Bundesrat 344
- Völker- und staatsrechtliche Stellung 344
- Westmächte, Berliner Erklärung vom 29. Juli 1957 21, 277
- Wirtschaft 454
Berlin (Ost)
- Flüchtlinge 393
- Reisen von Geheimnisträgern der Bundesrepublik Deutschland 131 f.
Berner Übereinkunft zum Schutz von Werken der Literatur und der Kunst 403, 413 f.
Berufe
- Berufsausbildung, Umschulungsmaßnahmen in der EWG 108 f.
- Berufsgenossenschaften 148, 195, 346, 348
- Berufsordnungsgesetze 402–404
- Berufsunfälle 123
- Freie und geistig schaffende Berufe 49, 85, 106, 150, 175, 246 f., 287 f.
- Niederlassungsfreiheit der Apotheker 241
- Niederlassungs- und Gewerberecht 261
Besatzungsbehörden, Übernahme von Bediensteten 190

Besatzungsrecht, Drittes Aufhebungsgesetz 76, 110, 190, 403
Besatzungsregime *(siehe auch Truppenstatut)* 15, 159, 229, 423 f.
Besatzungstruppen siehe Stationierungstruppen
Besatzungstruppen, sowjetische in der DDR 204
Besatzungszone, französische 159
Besoldung
- Amtsgehaltsgesetz 166
- Beamte 35, 40, 178, 211, 271 f.
- Beamte im Saarland 25 f., 335 f., 448
- Besoldungsrechtsreform 36, 375
- Bundesbesoldungsgesetz 35 f., 166, 170, 375, 452
- Bundeshaushalt 210 f.
- Mitglieder des Bundesverfassungsgerichts 165 f.
- Ortsklassenverzeichnis 36, 375 f.
- Präsident und Vizepräsident der Deutschen Bundesbank 416, 432
- Richter 35, 165 f.
Bestechungsfälle
- im Amt für Wehrtechnik und Beschaffung 33, 384
- in Bundesministerien 165
Betriebsrätewahlen im Saarland 449
Bevölkerungspolitische Entwicklung *(siehe auch Familienpolitik)* 118
Bevollmächtigter der Bundesrepublik Deutschland in Berlin 165
Bevollmächtigter des Saarlandes beim Bund 437
Bevorratungswirtschaft 184 f., 224
Bielefeld, Firma Oetker 388
Bildende Kunst, Urheberrecht 413
Block der Heimatvertriebenen und Entrechteten (BHE) *siehe Gesamtdeutscher Block/BHE*
Blumen, Verkauf an Sonn- und Feiertagen 437
Bodenforschung *siehe Bundesanstalt für Bodenforschung*
Bodenschätze, Erforschung 374
Bonn
- Auswärtige Vertretungen *siehe unter Auswärtiges Amt*
- Besuch Maurice Faures 107

558

– Besuch Mikojans und Verträge mit der Sowjetunion 1958 23
– Landgericht 292, 300
– NATO–Außenministerkonferenz 18, 237
– Sitz des Bundesaufsichtsamtes für das Kreditwesen 76, 260
– Tag der Deutschen Einheit 243
– Universität 451
– Zahl der Bundesbediensteten 121
Braugerste 158
Braunkohle
– Lieferung aus der DDR in die Bundesrepublik Deutschland 79
– Vorkommen in Griechenland 326
Braunschweig, Verkehrsminister-Konferenz 364
Bremen 319, 321
Bremer Erlaß der Finanzminister und -senatoren der Länder vom 6. Dez. 1954 184 f.
British Broadcasting Corporation (BBC) 21, 433
Brot
– Preise 37, 158, 186–189, 242, 264, 290 f., 321, 429, 439
– Verkauf an Sonn- und Feiertagen 437
Brüssel
– Cour de Cassation 152, 239
– EGKS-Regierungskonferenz 75, 87–109
– EWG, Interimsausschuß 391
– Sitz der Organe der Europäischen Gemeinschaften 27, 443–445
– Weltausstellung 1958 444
Bruttosozialprodukt 38, 350
Buchprüferordnung 404
Bulgarien, Staatsschulden 418
Bulletin der Bundesregierung 286, 313, 351
Bundesamt für zivilen Bevölkerungsschutz 419
Bundesanstalt für Arbeitsvermittlung und Arbeitslosenversicherung
– Haushalt 30, 283, 286 f.,
– Henschel-Werke, Sanierung 388
– Personalbeschlüsse 129, 167, 238, 260, 322
– Präsident 267
Bundesanstalt für Bodenforschung 373 f.

Bundesanstalt für das Kreditwesen, Gesetz 405
Bundesanstalt für Landeskunde 373 f.
Bundesarbeitsgericht, Personalbeschlüsse 267
Bundesaufsichtsamt für das Kreditwesen 75 f., 180, 260
Bundesaufsichtsamt für das Versicherungs- und Bausparwesen, Personalbeschlüsse 109
Bundesausgleichsamt
– Personalbeschlüsse 267, 309
– Präsident und Vizepräsident 158
– Zuständigkeit des Bundesministers für Vertriebene, Flüchtlinge und Kriegsgeschädigte 49
Bundesautobahnen, Ausbau 122, 341 f.
Bundesbahngesetz *siehe unter Deutsche Bundesbahn*
Bundesbankgesetz *siehe unter Deutsche Bundesbank*
Bundesbaugesetz 407
Bundesbauverwaltung, Zuständigkeit des Bundesministers für wirtschaftlichen Besitz des Bundes 49
Bundesbeamte *siehe Beamte*
Bundesbeauftragter für Fragen der Angestellten und freien Berufe 150, 247 f.
Bundesbeauftragter für Wasserfragen 150, 247
Bundesbeauftragter für Wirtschaftlichkeit in der Verwaltung 261, 286 f., 373 f.
Bundesbedienstete
– Unfallversicherung 345
– Weihnachtsgeld 452
Bundesbehörden
– Kraftfahrer bei obersten Bundesbehörden 196
– Verlegung nach Berlin 43, 76, 121 f., 128 f., 260
Bundesbesoldungsgesetz 35 f., 166, 170, 375, 452
Bundesbürgschaften 195
Bundesdarlehen zur Alterssicherung der Landwirte 346, 348
Bundesdisziplinarhof, Personalbeschlüsse 342, 354
Bundesentschädigungsgesetz 332
Bundesevakuiertengesetz 252

559

Bundesfinanzhof 185, 223
- Personalbeschlüsse 322
Bundesforschungsanstalt für Fischerei 364
Bundesforschungsanstalt für Holz- und Forstwirtschaft 354
Bundesgebiet, Neugliederung 234, 240 f., 409
Bundesgerichte
- Besoldung 166
- Richtergesetz 220 f.
Bundesgerichtshof
- Fall Agartz 216, 446
- Personalbeschlüsse 238, 309
- Richtergesetz 220 f.
Bundesgesundheitsamt, Verlegung nach Berlin 76
Bundesgrenzen *(siehe auch Reichsgrenzen, Oder-Neiße-Linie)*
- Belgien 239, 299, 310, 323, 401
- Niederlande 29, 73 f., 341 f.
Bundesgrenzschutz 271
Bundeshaushalt 30, 38–40, 113, 131, 133, 152, 177, 195, 200 f., 206, 210–213, 222 f., 226, 231, 242, 263, 267 f., 271, 273 f., 291, 303, 309, 316, 332, 339, 351, 381, 386 f., 420, 439, 448
- Auswärtiges Amt 242
- Bundesanstalt für Arbeitsvermittlung und Arbeitslosenversicherung 283, 286 f.
- Bundesjugendplan 211
- Bundesministerium des Innern 152
- Bundesministerium für Arbeit (und Sozialordnung) 173 f., 212
- Bundesministerium für Atomfragen (für Atomkernenergie und Wasserwirtschaft) 330
- Bundesministerium für Ernährung, Landwirtschaft und Forsten *(siehe auch*
  - *Grüner Bericht, Grüner Plan)* 35, 146–148, 211, 272, 290 f.
- Bundesministerium für gesamtdeutsche Fragen 152
- Bundesministerium für Verkehr 213, 271
- Bundesministerium für Verteidigung 39, 83 f., 121, 147, 158 f., 177, 184, 200 f., 210–213, 224, 271, 375, 379 f.

- Bundesministerium für wirtschaftliche Zusammenarbeit 85, 150
- Bundesministerium für Wohnungsbau 33 f., 40, 161, 252, 262, 273 f., 313, 349 f.
- Bundesnachrichtendienst 210
- Deutsche Bundesbahn 210, 271 f., 365
- Deutscher Bundestag 302
- Dienststellen der ehem. Bundesminister für besondere Aufgaben Kraft und Schäfer 150 f., 222, 237, 246–248
- Dotationsauflagen 296, 298 f.
- Entwicklungshilfe 271 f.
- Grüner Bericht, Grüner Plan 35, 146, 148, 210, 222
- Kassenüberschüsse aus nicht verbrauchten Verteidigungsmitteln („Juliusturm") 39, 177, 271, 375, 379 f.
- Kindergeld 173 f., 211
- Kriegsopferversorgung, Kriegsfolgenschlußgesetz 210–212, 382
- Sozialhaushalt 212
- Stationierungskosten 212, 427
- Wissenschaft und Forschung, Wissenschaftsrat 200 f., 210, 213, 329 f.
Bundeshaushalt 1957 39, 76, 210–213, 242, 250–252, 261, 264, 270–274, 350, 375, 379 f., 393
Bundeshaushalt 1958 212 f., 252, 350, 359, 374, 380, 420, 451
Bundesjugendplan 211
Bundeskabinett *siehe Bundesregierung*
Bundeskanzler
- Richtlinienkompetenz 269, 380
- Stellvertretung des Bundeskanzlers 47 f., 397
Bundeskanzleramt
- Abteilung II 453
- Federführung und Mitfederführung 139
- Ministerzimmer im Bundeshaus 72
- Personalbeschlüsse 379
Bundeskredite, Henschel-Werke, Sanierung 381, 387–390
Bundesländer
- Arbeitsminister 173
- Arbeitszeit im öffentlichen Dienst 36, 299, 438
- Atomgesetz 334, 343
- Aufbau- und Wohnungsbauminister 313

Sach- und Ortsindex

- Bereitschaftspolizei der Länder 354
- Boykott eines Empfangs des Bundesrats für die Bundesregierung durch SPD-Ministerpräsidenten 42, 320 f.
- Bundesbankdirektorium 300 f.
- Dotationsauflagen im Bundeshaushalt 299
- Ernteschäden bei Zuckerrüben 338 f., 348
- Fernsehvertrag 436
- Finanzämter 173
- Finanzminister und -senatoren 184, 248, 300 f., 438, 452
- Flüchtlinge, Aufnahme und Unterbringung 139 f., 161, 392 f.
- Flüchtlinge, Kleiderhilfe 315 f., 324 f.
- Flüchtlinge, Wohnungsbau 263, 296, 344 f., 349 f., 393
- Flüchtlings- und Vertriebenenminister 140, 161, 393
- Fünfundvierzig-Stunden-Woche 36
- Gesetzgebungskompetenz 216
- Ingenieurschulen 331, 336, 366
- Innenminister und -senatoren 138, 425, 438
- Justizminister und -senatoren 138
- Kraftfahrzeug-Höchstzahl im Güterfern- und Möbelfernverkehr 310
- Kriegsfolgenschlußgesetz 367
- Kulturhoheit 198, 216
- Kultusministerkonferenz 330
- Landespressegesetze 353
- Landesrundfunkanstalten 436
- Landeswahlleiter 345
- Landtagswahlen 378, 381, 391, 414, 422, 435
- Landwirtschaftsminister 425
- Lastenausgleichsgesetz 32, 248
- Löhne 207
- Luftschutzgesetz 351 f.
- Minister der Landesregierungen, Teilnahme an den Sitzungen der Europäischen Gremien 333
- Ministerpräsidenten 42, 243, 350, 366, 393
- Naturschutz 425 f.
- Notaufnahme 392 f.
- Öffentlicher Dienst 176, 299, 438
- Omnibustarife 205
- Presserecht 353
- Rundfunkneuordnung 436
- sozialer Wohnungsbau 34
- Steuerausfälle 185
- Stiftung Preußischer Kulturbesitz 216
- Tag der Deutschen Einheit 243
- Tarifverhandlungen im öffentlichen Dienst 176
- Übernahme von Länderaufgaben durch den Bund 306, 315 f., 324 f., 329, 339
- Verkehrsminister-Konferenz 364
- Vermögen, Truppenvertragskonferenz, Nutzung von durch Stationierungstruppen 84 f.
- Versorgungskosten des Bundes und der Länder 211
- Vertragsschließungskompetenz 198
- Wahlrechtsreferenten 345 f.
- Weihnachtsgeld für Beamte 452
- Wissenschaftsrat 329–331, 363 f., 415 f., 451
- Wohnungsbau 313, 329
- Wohnungsbau für Flüchtlinge und Aussiedler 263, 296, 344 f., 349 f., 393
- Wohnungsbauminister 161, 313
- Zivilschutz 387

Bundesleistungsgesetz 391, 424–426

Bundesminister (siehe auch Bundesregierung)
- Ermächtigung zur Einfügung der Saarklausel 153
- Ministerbesprechungen 162, 319–321, 355, 360
- Ministerzimmer im Bundeshaus 72
- Regierungsbildung 1957 44–48
- Unfallversicherung 345
- Verantwortlichkeit 269
- Vertretung der Bundesregierung bei offiziellen Anlässen 250
- Vertretung durch Staatssekretäre 314
- Vertretung, gegenseitige 347, 447 f.
- Wahlkampf 71
- Zuständigkeitsabgrenzungen 48–50, 138 f., 220–222

Bundesministerien
- Errichtung eines Europa-Ministeriums 46–48
- Errichtung eines Rechtsprechungsministeriums 139

561

noch: Bundesministerien
- Errichtung eines Schatzministeriums 47
- Geheimschutz 130
- Gemeinsame Geschäftsordnung der Bundesministerien (GGO) 129 f.
- „Gesetzgebungsfabrikation" 71
- Neustrukturierung 45 f.
- Strafverfolgung von Verwaltungsangehörigen 165
- Urlaubsregelungen 314
- Verlegung nach Berlin 129
- Wahlkampfeinsatz 231

Bundesministerien (ehem.) für besondere Aufgaben Kraft und Schäfer 20 f., 48 f., 150 f., 157, 222, 237, 246–248

Bundesministerium der Finanzen
- Abteilung Bundeshaushalt 452 f.
- Ärzte, Gebührenordnung (Preugo-Mindestsätze) 304
- Ausgabereste des Verteidigungsetats 375, 379 f.
- Berliner Hochschulen 451
- Besteuerung entflochtener Unternehmen 77
- Bundesausgleichsamt 158
- EGKS-Regierungskonferenz 87
- Federführung und Mitfederführung beim Richtergesetz 138, 221 f.
- Flüchtlinge, Kleiderhilfe 315 f., 324 f.
- Freihandelszone 133
- Gehaltszahlung bei Bahn und Post im Saarland 336
- Gemischter Ausschuß für Eisenbahnfragen im Saarland 123 f.
- Gesetzentwürfe, unerledigte 403
- Kulturfonds des Europarats 410
- Mehlpreis 242
- Neubesetzung nach der Bundestagswahl 47
- Nutzung von Bundesvermögen durch Besatzungstruppen 85
- österreichisch-deutsche Vermögensverhandlungen 279
- Personalbeschlüsse 146, 220, 267, 278, 300, 331, 357, 365, 379, 386, 409
- Renten und sozialer Besitzstand Saarland 262
- Richtergesetz 138 f., 221 f.
- Saareingliederung 113, 123 f., 262, 336

- Sonderaufträge der ehem. Bundesminister für besondere Aufgaben Kraft und Schäfer 150
- Steuerschätzung 211 f.
- Stinnes-Aktien, Aufkauf 294 f.
- Truppenvertragskonferenz 85
- Umsatzsteuer für Röstkaffee 360, 366 f.
- Vertretung des Bundesministers für Atomfragen bzw. für Atomkernenergie und Wasserwirtschaft 164, 347
- Vertretung durch den Bundesminister für Arbeit 164
- Vertretung durch den Bundesminister für wirtschaftlichen Besitz des Bundes 447
- Weine, aufgespritete 223
- Wissenschaftsrat 450
- Zuständigkeit für öffentliches Dienstrecht 221
- Zuständigkeitsabgrenzungen 48 f.

Bundesministerium der Justiz
- Apothekenwesen 241
- Berlin-Klausel im Vierten Strafrechtsänderungsgesetz 165
- Deutsche Dienststelle beim Gemischten Gerichtshof, Saarbrücken 246
- Federführung und Mitfederführung beim Richtergesetz 138 f., 220–222
- Gesetzentwürfe, unerledigte 402 f.
- Kindergeldgesetz 174
- Personalbeschlüsse 186, 309, 354
- Preiswuchergesetz 116
- Richtergesetz 138 f., 220–222, 403
- Strafverfolgung von Verwaltungsangehörigen der Bundesministerien 165
- Umsatzsteuergesetz 360
- Unfallversicherung für Bundesbedienstete 345
- Urheberrechtsreform 413 f.
- Vertretung des und durch den Bundesminister des Innern 447

Bundesministerium des Innern
- Apothekenwesen 241
- Ärzte, Gebührenordnung (Preugo-Mindestsätze) 304
- Berliner Hochschulen 451
- Bundesamt für zivilen Bevölkerungsschutz 419
- Bundesausgleichsamt 158

562

Sach- und Ortsindex

- Bundesbeamte im Saarland, Übergangsmaßnahmen 448
- DP, Fusionierung mit der FVP 345 f.
- Federführung für den Interministeriellen Saarausschuß 76
- Federführung und Mitfederführung beim Richtergesetz 138 f., 221 f.
- Gesetzentwürfe, unerledigte 401 f.
- Interministerieller Ausschuß für Notstandsfragen 342 f.
- Kulturabteilung 152
- Personalbeschlüsse 120, 167, 331, 354, 379, 412
- Richtergesetz 138 f., 221 f.
- Sportverkehr mit Ostblockstaaten 368
- Tarifverhandlungen im öffentlichen Dienst 171
- Unfallversicherung für Bundesbedienstete 345
- Unfallversicherungsgesetz 148
- Vertretung des und durch den Bundesminister der Justiz 447
- Wissenschaftsrat 330, 450
- Zuständigkeit für den Zivilen Ersatzdienst 77 f.
- Zuständigkeit für Hochschullehrerreserve im Falle der Wiedervereinigung 152 f.
- Zuständigkeit für Kulturaufgaben 153
- Zuständigkeit für öffentliches Dienstrecht 221
- Zuständigkeitsabgrenzungen 48 f.

Bundesministerium für Angelegenheiten des Bundesrates (und der Länder)
- Vertretung des Bundesministers für Vertriebene, Flüchtlinge und Kriegsgeschädigte 164
- Vertretung durch den Bundesminister für Familien- und Jugendfragen 448

Bundesministerium für Arbeit (und Sozialordnung)
- Ärzte, Gebührenordnung (Preugo-Mindestsätze) 304
- EGKS-Regierungskonferenz 87
- Gesetzentwürfe, unerledigte 405 f.
- Lohnstatistik 111
- Personalbeschlüsse 120, 129, 331, 342, 354
- Renten und sozialer Besitzstand im Saarland 262
- Schlichtungswesen 79
- Sonntagsarbeit 225
- Staatssekretäre 48, 412
- Unfallversicherungsgesetz 114 f., 123, 148
- Vertretung des Bundesministers der Finanzen 164
- Vertretung durch den Bundesminister für Ernährung, Landwirtschaft und Forsten 447
- Zuständigkeit für Zivilen Ersatzdienst 78
- Zuständigkeitsabgrenzungen 49

Bundesministerium für Atomfragen (für Atomkernenergie und Wasserwirtschaft)
- EGKS-Regierungskonferenz 87
- Gesetzentwürfe, unerledigte 408
- Personalbeschlüsse 129, 167, 220, 286, 357
- Vertretung des und durch den Bundesminister der Finanzen 164, 347
- Vertretung des Bundesministers für wirtschaftlichen Besitz des Bundes 448
- Vertretung durch den Bundesminister für Angelegenheiten des Bundesrates und der Länder 448
- Wissenschaftsrat 451
- Zuständigkeiten 49

Bundesministerium für besondere Aufgaben Kraft bzw. Schäfer siehe Bundesministerien (ehem.) für...

Bundesministerium für das Post- und Fernmeldewesen
- Nutzung von Fernmeldeeinrichtungen durch Besatzungstruppen 85
- Personalbeschlüsse 179, 186, 259
- Tarifverhandlungen im öffentlichen Dienst 171
- Vertretung des und durch den Bundesminister für Verkehr 447

Bundesministerium für Ernährung, Landwirtschaft und Forsten
- Apothekenwesen 241
- Freihandelszone 133
- Gesetzentwürfe, unerledigte 405
- Landwirtschaftliche Rentenbank 112
- Margarinepreis 237 f.
- Mehlpreis 242
- Personalbeschlüsse 193, 238, 322, 342, 365, 372, 379, 386, 409

563

Sach- und Ortsindex

noch: Bundesministerium für Ernährung, Landwirtschaft und Forsten
- Truppenvertrag 424
- Vertretung des und durch den Bundesminister für Arbeit und Sozialordnung 447
- Wissenschaftsrat 450 f.

Bundesministerium für Familienfragen (für Familien- und Jugendfragen)
- Personalbeschlüsse 423
- Staatssekretär 48, 423
- Vertretung durch den Bundesminister für Wohnungsbau 448
- Zuständigkeitsabgrenzungen 48

Bundesministerium für gesamtdeutsche Fragen
- Deutscher Saarbund 351
- EGKS-Regierungskonferenz 87
- Vertretung des und durch den Bundesminister für Vertriebene, Flüchtlinge und Kriegsgeschädigte 447 f.
- Vertretung durch den Bundesminister für Arbeit 347
- Zuständigkeit für Hochschullehrerreserve im Falle der Wiedervereinigung 152 f.

Bundesministerium für Verkehr
- Bundesbahntarife 289
- EGKS-Regierungskonferenz 87
- Frachten und Beförderungsbedingungen auf dem Rhein, Abkommen 311, 358
- Gemischter Ausschuß für Eisenbahnfragen im Saarland 124
- Gesetzentwürfe, unerledigte 406 f.
- Höchstgeschwindigkeit bei Kraftfahrzeugen 290
- Kraftfahrzeug-Höchstzahl im Güterfern- und Möbelfernverkehr 310, 358
- Personalbeschlüsse 120, 278, 309, 354, 379, 386, 433
- Staatssekretäre 48, 412
- Tarifverhandlungen im öffentlichen Dienst 171
- Vertretung des und durch den Bundesminister für das Post- und Fernmeldewesen 447
- Wissenschaftsrat 451

Bundesministerium für Verteidigung
- Abteilung Territoriale Verteidigung 194
- Amt für Wehrtechnik und Beschaffung 33, 384
- Ausgaberest des Verteidigungsetats 375, 379 f.
- Berlin-Klausel im Vierten Strafrechtsänderungsgesetz 165
- Bestechungsfälle 384
- Bundeshaushalt 39, 201, 210 f., 375, 379 f.
- Evangelisches Kirchenamt für die Bundeswehr 146
- Gesetzentwürfe, unerledigte 407
- Henschel-Werke, Sanierung 388
- Iller-Unglück 33, 285 f.
- Inspekteure der Luftwaffe und Marine 385
- Manöver der britischen Stationierungstruppen 195
- Militärische Führungsstellen 193 f.
- Militärseelsorge 146, 233
- Ministerbüro 384
- Organisation 33, 194
- Personalabteilung 384 f.
- Personalbeschlüsse 33, 72, 115, 120, 129, 146, 179, 193 f., 220, 232, 245, 259 f., 267, 278, 286, 300, 309, 322, 331, 354, 357, 365, 372, 379, 384–386, 412, 423, 433, 447
- Persönlicher Referent des Ministers 384 f.
- Reduzierung der britischen Stationierungstruppen 140
- Rüstungsaufträge 384
- Stationierungskosten 83 f.
- Strafrechtsänderungsgesetz 164 f.
- Verteidigungsmittel und wissenschaftliche Forschung 200
- Vertretung durch den Bundesminister der Justiz 347
- Vertretung durch den Bundesminister für Angelegenheiten des Bundesrates und der Länder 447
- Waffen-SS, Gleichstellung mit der Wehrmacht 301
- Wissenschaftsrat 451

Bundesministerium für Vertriebene, Flüchtlinge und Kriegsgeschädigte
- EGKS-Regierungskonferenz 87
- Evakuierte 263
- Kleiderhilfe im Lager Friedland 315 f.

Sach- und Ortsindex

- Personalbeschlüsse 115, 199, 354
- Verlegung einer Abteilung nach Berlin 122
- Vertretung des und durch den Bundesminister für gesamtdeutsche Fragen 447 f.
- Vertretung durch den Bundesminister für Angelegenheiten des Bundesrates 164
- Wohnungsbau 33, 234
- Zuständigkeiten 49

Bundesministerium für Wirtschaft
- Apothekenwesen 241
- Ärzte, Gebührenordnung (Preugo-Mindestsätze) 304
- Bundesbahntarife 289
- EGKS-Regierungskonferenz 87
- Einfuhr-Liberalisierung 410
- Freihandelszone 133
- Gemischter Ausschuß für Eisenbahnfragen im Saarland 123 f.
- Gesetzentwürfe, unerledigte 404
- Margarinepreise 237 f.
- Personalbeschlüsse 146, 220, 232, 238, 278, 286, 309, 354, 357, 379, 447
- Stinnes-Aktien, Aufkauf 294 f.
- Treuhandstelle für den Interzonenhandel 454
- Umsatzsteuergesetz 366
- Vertretung durch den Bundesminister der Finanzen 447
- Volkswagen–Sondervermögen 288
- Wissenschaftsrat 450
- Zölle 265
- Zuständigkeit für Ärztegebühren 36
- Zuständigkeit für die OEEC 182
- Zuständigkeitsabgrenzungen 48

Bundesministerium für wirtschaftliche Zusammenarbeit
- Auflösung 46–49
- Bundesbeauftragter für Wasserfragen 150
- Bundeshaushalt 85
- ERP-Sondervermögen 169
- Freihandelszone 133
- Gesetzentwürfe, unerledigte 408
- Sonderaufträge der ehem. Bundesminister für besondere Aufgaben Kraft und Schäfer 150 f.

- Stinnes-Aktien, Aufkauf 295
- Volkswagen-Sondervermögen 288

Bundesministerium für wirtschaftlichen Besitz des Bundes
- Errichtung 46–48
- Sonderaufträge der ehemaligen Bundesminister für besondere Aufgaben Kraft und Schäfer 248
- Staatssekretär 48, 412
- Vertretung des Bundesministers der Finanzen 447
- Vertretung durch den Bundesminister für Atomkernenergie und Wasserwirtschaft 447
- Zuständigkeiten 49

Bundesministerium für Wohnungsbau
- EGKS-Regierungskonferenz 87
- Gesetzentwürfe, unerledigte 407 f.
- Personalbeschlüsse 220, 309
- Referat Wohnungsfürsorge für die Bundeswehr 261
- Vertretung durch den Bundesminister für Familien- und Jugendfragen 447
- Wohnungsbau für Evakuierte 234, 263
- Zuständigkeiten 33

Bundesmonopolamt für Branntwein 409
Bundesmünzen zu 2 DM 185 f.
Bundesnachrichtendienst 204, 210, 267
Bundesnotenbank *siehe Deutsche Bundesbank*
Bundesnotenbankgesetz *siehe Deutsche Bundesbank, Bundesbankgesetz*
Bundesparteitage
- CDU 1957 41
- FDP 1956 und 1957 71

Bundespräsident 238, 322, 371, 417 f., 446
- Stiftung Preußischer Kulturbesitz 216
- Vertretung durch den Bundesratspräsidenten 344
- Wahltag 41, 193
- Wissenschaftsrat 329, 363 f., 415 f., 451

Bundespressekonferenz *(siehe auch Pressekonferenzen)* 130
Bundesprüfstelle für jugendgefährdende Schriften 48
Bundesrat
- Altbaubesitz 262

565

noch: Bundesrat
- Arbeiterrentenversicherungs- und Angestelltenversicherungs-Neuregelungsgesetze 133, 437
- Arbeitszeit im öffentlichen Dienst 438
- Atomgesetz 334, 343
- Ausschüsse, Finanzausschuß 296, 438
- Außenpolitische Lage 422
- Belgien, Ausgleichsvertrag 299, 310
- Berliner Vertreter 344
- Besatzungsrecht, Aufhebung 190
- Boykott des Empfangs für die Bundesregierung durch SPD-Ministerpräsidenten 42, 321
- Brotpreise 188
- Bundesbankgesetz 329
- Bundeshaushalt 222 f., 298 f., 350
- Bundesleistungsgesetz 424
- Diskontinuität der Legislaturperiode 317
- Dotationsauflagen im Bundeshaushalt 298 f.
- EWG- und EURATOM-Verträge, Entsendung von Vertretern in die Gemeinsame Versammlung 332 f.
- Französisch-deutscher Niederlassungs- und Schiffahrtsvertrag 261 f.
- Gesetzgebungsvorhaben 400–403, 413 f.
- Grüner Bericht 148
- Höchstgeschwindigkeit bei Kraftfahrzeugen 289 f.
- Jugendarbeitsschutzgesetz 149 f.
- Kindergeldgesetz 173, 175 f.
- Konjunkturpolitische Zollsatzsenkung 270
- Kraftfahrzeug-Höchstzahl im Güterfernverkehr 358
- Kriegsfolgengesetz 382
- Lastenausgleichsgesetz, Änderungsgesetz und -verordnung 248 f., 376
- Lebensmittelgesetz 316
- Lohnstatistik 111
- Luftschutzgesetz 351 f.
- Militärseelsorgegesetz 246
- NATO, Finanzhilfen im Rahmen des NATO-Vertrages 295 f.
- Präsident 344
- Preiserhöhungen 188, 355

- Rentenversicherungs-Neuregelungsgesetze 133, 437
- Saarklauseln 125, 153
- Stationierungskosten 295 f., 344
- Steuerbegünstigung von Kapitalansammlungsverträgen 180 f., 190
- Stiftung Preußischer Kulturbesitz 216
- Umsatzsteuer für Röstkaffee 360, 367
- Unfallversicherungsgesetz 194 f.
- Verfassungsorgan 317
- Verwaltungsgerichtsordnung 440
- Warenverkauf an Sonn- und Feiertagen 437
- Wehrbeauftragter des Deutschen Bundestags 302
- Wohnraumbewirtschaftung 233
- Wohnungsbau für Flüchtlinge und Aussiedler 296, 350
- Zivilschutz 387
- Zölle für Frischobst 360
- Zollsenkung 270, 288

Bundesrechnungshof
- Bundesanstalt für Bodenforschung 373 f.
- Haushalt der Bundesanstalt für Arbeitsvermittlung und Arbeitslosenversicherung 287
- Margarinepreise 249
- Monopolausgleich, Heranziehung aufgespriteter Weine 223
- Personalbeschlüsse 72, 129, 146, 233, 238, 267, 309, 354, 386
- Präsident 238

Bundesrecht, Einführung im Saarland 75 f., 124 f., 153, 199, 246, 262, 322 f.

Bundesrechtsanwaltsordnung 402

Bundesregierung
- außenpolitische Vertretungsbefugnis, Vertragsschließungskompetenz 198, 216
- Geschäftsordnung der Bundesregierung 48, 195, 232, 457–465
- Geschlossenheit von Bundesregierung und Koalition 71, 247, 435
- Gesetzgebungskompetenz 333 f., 375
- Gesetzgebungsprogramm 400–409
- Kabinettsausschuß für Wirtschaft *siehe dort*

Sach- und Ortsindex

- Kabinettssitzungen, Beginn und Ansetzung 116, 446
- Kabinettssitzungen, Sprachregelung 435
- Konjunkturprogramm 205
- Ministerbesprechungen 162, 319–321, 355, 360
- Ost(gebiete)-Ausschuß, Ost-Kommission 128, 203 f., 230
- Regierungsbildung und Regierungserklärung 1957 45–50, 397 f.
- Regierungserklärung 1949 160
- Regierungsprogramm 1953 29, 32
- Straffung der Regierungsarbeit 139
- Verwaltungszuständigkeiten 374 f.
- Zuständigkeitsabgrenzungen 48–50, 138 f., 182, 220–222, 374 f.

Bundesrichter 238, 267, 309, 322, 331, 342, 354

Bundesschatzministerium, geplante Errichtung 47

Bundessozialgericht, Personalbeschlüsse 331

Bundesstraßen siehe unter Straßenverkehr

Bundestag siehe Deutscher Bundestag

Bundestagswahlen 17, 23, 29 f., 32, 36 f., 39–48, 70 f., 73, 128, 145, 174, 259, 265, 268, 289, 296, 308, 316, 319–321, 326, 328, 345 f., 350–352, 355, 357, 377 f., 414, 435
- Meinungsumfragen 44, 352, 356
- Preiserhöhungen nach dem Wahltag 328
- Wahlabsprachen 229, 319
- Wahlausschüsse 346
- Wahlergebnis 44–46, 377
- Wahlkampf 40–44, 70 f., 174, 193, 215, 225, 228–231, 254 f., 308 f., 319–321, 326, 351, 353, 422
- Wahlkreiseinteilung 414
- Wahltermin 41, 151, 169, 193

Bundesverband der Deutschen Industrie 93, 268, 370

Bundesverband der landwirtschaftlichen Berufsgenossenschaften 348

Bundesvereinigung der Deutschen Arbeitgeberverbände 87

Bundesverfassungsgericht
- Apothekenwesen 241

- Außenpolitische Vertretungsbefugnis der Bundesregierung 216
- Besoldung der Mitglieder 165 f.
- Bundeswahlgesetz, Klagen der Bayern-Partei und GVP gegen 5%-Klausel 128
- Ehegattenbesteuerung 38 f., 212
- Hessisches Gesetz zur Änderung wasserrechtlicher Vorschriften 374 f.
- Konkordatsurteil 197 f., 216
- Richtergesetz 220–222
- Stiftung Preußischer Kulturbesitz 216

Bundesvermögen 49, 84 f., 294

Bundesversorgungsgesetz, Änderung 31, 40, 183 f., 201, 376

Bundesversuchs- und Forschungsanstalt für Milchwirtschaft 342

Bundesverteidigungsrat 434

Bundesverwaltungsgericht
- Apothekenwesen 241
- Personalbeschlüsse 342, 354
- Richtergesetz 220, 222

Bundeswahlgesetz 128, 345 f., 414

Bundeswahlleiter 346

Bundeswasserstraße 374 f., 407

Bundeswehr
- Amt für Wehrtechnik und Beschaffung 33, 384
- Annahmestelle Köln 385
- Atombewaffnung (siehe auch Atomwaffen,...) 16–19, 22, 43, 91, 236, 239
- Aufbau, Auf- und Ausrüstung 19, 28, 32 f., 39, 121, 164 f., 189, 217, 375, 380
- Befehlsverweigerung 286
- Berufssoldaten 121
- Besatzungsrecht 110
- Bestechungsfälle 33, 384
- Bundesleistungsgesetz 426
- Einberufungen 32, 430
- ERP-Sondervermögen 169
- Evangelisches Kirchenamt für die Bundeswehr 145 f.
- Forschung 436
- Führungsstab der Bundeswehr 194
- Führungsstil 33, 285 f.
- Gehorsam 286
- Generalinspekteur der Bundeswehr 194, 372
- Gleichstellung von Soldaten und Beamten 110

567

Sach- und Ortsindex

noch: Bundeswehr
- Grundrechte 32
- Iller-Unglück 33, 285 f.
- Innere Führung 33
- Inspekteure der Marine und der Luftwaffe 385
- Kasernenfreimachung 201
- Kohleversorgung 158 f.
- Liegenschaften 201
- Luftlandejägerbataillon, 19. 285
- Luftverteidigung 436
- Manöverrecht 424
- Militärbischof 145
- Militärgeneraldekan 146, 386
- Militärische Führungsstellen 193 f.
- Militärseelsorge 32, 145 f., 233, 246, 386
- Mitbestimmungsrecht 32 f.
- Mobilmachung 430
- Nationalsozialismus, Einstellung belasteter Offiziere bzw. von ehem. Angehörigen der Waffen-SS 301, 385
- Personalgutachterausschuß für die Streitkräfte 182, 301, 409
- Personalpolitik *(siehe auch unter Bundesministerium für Verteidigung)* 33, 121, 193 f., 384–386
- Politische Betätigung der Soldaten 112, 118
- Primat der Politik 33, 384–386
- Rüstungsaufträge 371, 384, 388
- Stabsrahmenübung „Schwarzer Löwe" 17, 275
- Strafrechtsänderungsgesetz 33, 164 f.
- Strukturgesetz 286
- Transportwesen 436
- Versorgung mit Importkohle 37
- Verteidigungsstrategie 275
- Vertrauensmännerwahlgesetz 32 f., 179 f.
- Verwaltungsorganisation 121
- Waffen-SS, Einstellung ehem. Angehöriger 301
- Waffentechnik 436
- Wahlkampf unter Soldaten und in Kasernen 321, 326
- Wehrbeauftragter des Deutschen Bundestages 32, 302
- Wehrbereichsverwaltungen (Personalbeschlüsse) 309
- Wehrdebatte des Deutschen Bundestags 32, 116, 121
- Wehrpflicht *siehe Wehrgesetze, Wehrpflichtgesetz*
- Weihnachtsgeld für Soldaten und Beamte 452
- Wohnungsbau 201, 261
- Zeitsoldaten 121

Bundeswehrersatzamt, Präsident 309
Burma, Gesandtschaft der Bundesrepublik Deutschland 245
Büssing (Firma) 389
Büxenstein (Firma) 453 f.

Chef-Kraftfahrer bei Bundesdienststellen 196, 372
Chemische Aufbereitung bestrahlter Kernbrennstoffe 447
Chemische Industrie, Einfuhrsteigerung 324
China 96, 127, 219
Christlich-Demokratische Union
- Arbeitnehmerflügel 45
- Ausdehnung der CSU auf das Saarland 319
- Bundesparteitag in Hamburg 41
- Bundestagswahlen, Wahlabsprachen in Niedersachsen mit der DP/FVP 229, 319
- – Wahlergebnis 44 f., 377
- – Wahlkampf 41, 44, 229, 308 f., 319
- – Wahlkongreß in Dortmund 41
- – Wahlprogramm 229
- Deutschland-Verlag GmbH 453 f.
- FDP, Koalition 229 f.
- Hamburger Block, Bürgerschaftswahlen in Hamburg 422
- Industrieller Flügel 47
- Junge Union 229
- Landesverband Berlin 45, 453
- Landesverbände Rheinland und Westfalen-Lippe 383
- Niedersachsen, Auflösung der Regierungskoalition 400
- Regierungsbildung 45 f.
- SPD, Verhältnis nach der Wahl 422

- „Die Welt", Berichterstattung 412 f.
- Wirtschaftspolitischer Arbeitskreis 47

Christlich-Demokratische Union/Christlich-Soziale Union *(siehe auch Koalition)*
- Alterssicherung der Landwirte 287 f.
- Arbeitskreis Arbeit und Soziales 288
- Atombewaffnung, Große Anfrage der SPD 17
- Atomgesetz 333
- Bundeshaushalt 1957 270
- Bundestagswahlen, Meinungsumfragen 44, 352, 356
- Bundestagswahlen, Wahlergebnis 44, 377
- Bundesversorgungsgesetz, Änderung 183 f., 201
- Haushaltspolitik Schäffers 39
- Jugendarbeitsschutzgesetz 448
- Koalition mit der FVP 71
- Koalitionsgespräche mit der Bundesregierung 40
- Konjunkturpolitische Zollsatzsenkung 269
- Kriegsopferversorgung 183 f.
- „Kuchenausschuß" 38, 40
- Luftschutzgesetz 41, 273
- Sonderaufgaben der ehem. Bundesminister Kraft und Schäfer 40 f.
- Sonntagsarbeit, Große Anfrage 31, 225, 233
- Strafrechtsänderungsgesetz 165
- Wehner als Vorsitzender des Gesamtdeutschen Ausschusses des Bundestags 423
- Zuckersteuergesetz 310

Christliche Gewerkschaften 225
Christliche Volkspartei 319
Christlich-Soziale Union
- Ausdehnung auf das Saarland 319
- Bundestagswahlen 42, 44 f., 377, 435
- Oberbürgermeisterwahl in Nürnberg 435
- Regierungsbildung 46
- Regierungswechsel in Bayern 45, 47, 387
- Schäffer 39 f., 47, 332

Ciudad Trujillo, Botschaft der Bundesrepublik Deutschland 372

COMLANDCENT (NATO-Befehlshaber) 119
COSMIC (NATO-Geheimhaltungsgrad) 131 f.
Cour de Cassation, Brüssel 152, 239
Cusanus-Gymnasium, Bad Godesberg 321

D-Mark
- 2 DM-Münze 185 f.
- Aufwertungsdruck und -gerüchte 28, 324, 337, 362 f.

„Dagens Nyheter" (schwedische Zeitung) 192
Daimler-Benz 388
Dänemark 320
- Freihandelszone 392
- Luftverkehrsabkommen 115
- NATO, gegenseitige Hilfe 295 f., 401
Demographische Entwicklung 118
Demontagepolitik 229
Denunziationen im Nationalsozialismus 385
Dessertweine 223
Deutsche Angestellten-Gewerkschaft 151, 170, 188, 247
Deutsche Arbeitsfront 288
Deutsche Bank 295
Deutsche Bundesbahn
- Arbeitszeit 177, 359
- Bundesbahndirektionen (Personalbeschlüsse) 379
- Bundesbahngesetz 238
- Einnahmeausfälle 358, 365 f.
- Fahrpreise für Heimkehrer 111 f.
- Fünfundvierzig-Stunden-Woche 36, 177
- Gehaltszahlungen im Saarland 335 f., 448
- Gemischter Ausschuß für Eisenbahnfragen im Saarland 123 f.
- Grenzübergang und -abfertigung nach Belgien, Abkommen und Gesetz 323, 401
- Gutachten über Wirtschaftlichkeit 122 f.
- Hauptprüfungsamt 122
- Haushaltskürzungen 271 f.

noch: Deutsche Bundesbahn
- Löhne und Gehälter 170, 176–178, 226
- Lokomotiven-Bau 380 f., 388
- Omnibustarife 36, 205 f., 214, 225, 231 f.
- Pensionskasse deutsche Eisenbahn 211
- Personalbeschlüsse 238, 379
- Rechnungslegung 122 f.
- Schäden durch Stationierungstruppen 427
- Tarife, Tariferhöhungen 36, 112, 177 f., 289
- Treibstoffversorgung 117
- Verlagerung des Verkehrs von der Straße auf die Schiene 358
- Verwaltungsrat 159, 169, 289
- Vorstand 238, 289
- Weihnachtsgeld 452
- Zulassung von Güterfernverkehrsunternehmen im Straßenverkehr 358

Deutsche Bundesbank
- Besoldung von Präsident und Vizepräsident 416, 432
- Bundesbankgesetz 300 f., 313 f., 329, 411, 416
- Dienstverträge 411
- Direktorium 300 f., 313 f., 432
- Diskontsatzsenkung 28, 355
- D-Mark-Aufwertung 362 f.
- Geschäftsverteilung 411
- Landeszentralbanken 432
- Präsident 300, 313, 416, 431 f.
- Rüstungsaufträge an Großbritannien 431
- Sitz des Bundesaufsichtsamtes für das Kreditwesen 260
- Vizepräsident 416, 432
- Währungsstabilität und Wechselkurse 362 f.
- Zahlungsbilanzüberschüsse der Bundesrepublik 362 f.
- Zentralbankrat 432

Deutsche Bundespost
- Arbeitszeit 207 f., 359
- Berlin-Aufträge 121
- Ertragslage 177
- Fernmeldegebühren von Stationierungstruppen 424, 426 f.
- Gebührenerhöhung 178
- Gehaltszahlungen im Saarland 335 f., 448
- Löhne und Gehälter 170, 176–178, 207 f., 226
- Omnibustarife 36, 205 f., 214, 225, 231 f.
- Schäden durch Stationierungstruppen 427
- Truppenvertragskonferenz 85
- Verwaltungsrat 177, 178
- Weihnachtsgeld für Beamte 452

Deutsche Demokratische Republik
- Amnestiegesetz in der Bundesrepublik Deutschland 206 f.
- Anerkennung durch die Bundesrepublik Deutschland 24
- Anerkennung durch Jugoslawien 23 f., 378, 395 f.
- Aufnahme in den Warschauer Pakt 15
- Beschlagnahmungen von westlichen Druckerzeugnissen 454
- Braunkohlelieferung in die Bundesrepublik Deutschland 79
- Bundestagswahlkampf 319
- Evangelische Kirche 79 f., 207, 246
- Fall Agartz 216, 230, 446
- Flüchtlinge 33 f., 106, 113, 119, 122, 139 f., 160 f., 250, 252 f., 263, 344, 349 f., 393, 437
- Häftlinge 206 f.
- Hochschulen, Hochschullehrerreserve in der Bundesrepublik für den Fall der Wiedervereinigung 152
- Interzonenhandel 80, 453 f.
- Kirchen 246
- Kohlenlieferung aus der Bundesrepublik an die Evangelische Kirche in der DDR 80
- Lage 79 f.
- Ministerium für Außen- und Interzonenhandel 454
- Propaganda der Bundesrepublik Deutschland gegen die DDR 454
- Reisen von Geheimnisträgern der Bundesrepublik in die DDR 131 f.
- SED 216, 230, 319
- Souveränität 15, 23
- Sowjetische Besatzungstruppen 204
- SPD 42
- Sportverkehr mit Ungarn 369

Sach- und Ortsindex

- Störsender 334
- Strafjustiz 206 f.
- Verständigung mit der Bundesrepublik 23
- Verwandte von Geheimnisträgern der Bundesrepublik in der DDR 131

Deutsche Forschungsanstalt für Luftfahrt 364

Deutsche Forschungsgemeinschaft 200, 213, 363 f., 415

Deutsche Friedensunion 351

Deutsche Golddiskontbank 314, 404

Deutsche Lufthansa 115

Deutsche Partei
- Fusionierung mit der FVP 44, 46, 229 f., 345 f.
- Grüner Bericht 162
- Hamburger Block, Bürgerschaftswahlen in Hamburg 422
- Konkordatsurteil 198
- Kriegsopferversorgung 183 f.
- Niedersachsen, Auflösung der Regierungskoalition 400
- Wahlrecht 128
- Zusammenarbeit mit der Bayern-Partei 128

Deutsche Partei/Freie Volkspartei *(siehe auch Koalition)*
- Althausbesitz 263
- Amnestiegesetz 206 f.
- Atomgesetz 333
- Bundestagswahlen, Wahlergebnis 44, 46, 377
- Gleichstellung von Angehörigen der Waffen-SS mit der Wehrmacht 301 f., 314
- Koalitionsaussage 319
- Konjunkturpolitische Zollsatzsenkung 269 f.
- Neue Partei im Sinne des Bundeswahlgesetzes 345 f.
- Regierungsbildung 45 f., 397
- Wahlabsprachen in Niedersachsen mit der CDU 229, 319

Deutsche Reichsbank, Liquidationsgesetz 314, 404

Deutsche Reichspartei 400

Deutsche Versuchsanstalt für Luftfahrt 364

Deutsche Volkspartei 352

Deutsche Zentrumspartei 346, 422

Deutscher Ärztetag 305

Deutscher Bauernverband 35, 45, 146, 288

Deutscher Beamtenbund 179

Deutscher Bundestag
- Abgeordnete als Mitglieder des Deutschen Saarbundes 351
- Abgeordnetengesetz 379
- Alterssicherung der Landwirte 287 f.
- Ältestenrat 148, 301, 316, 356, 422
- Althausbesitz 251, 262
- Amnestiegesetz 206 f.
- Atomare Bewaffnung der Bundeswehr 17 f., 239, 245, 254–256
- Atomgesetz 319, 343
- Ausgabenpolitik 226, 231
- Ausschüsse 400
- – Ausschuß für Angelegenheiten der inneren Verwaltung 401 f., 407
- – Ausschuß für Arbeit 405
- – Ausschuß für Außenhandelsfragen 400, 403 f.
- – Ausschuß für auswärtige Angelegenheiten 156, 422, 436
- – Ausschuß für auswärtige Angelegenheiten, Unterausschuß Brüsseler Verträge 156
- – Ausschuß für Beamtenrecht 301
- – Ausschuß für Ernährung, Landwirtschaft und Forsten 400, 403, 405 f.
- – Ausschuß für Finanz- und Steuerfragen 211, 296, 314, 403 f.
- – Ausschuß für Fragen des Gesundheitswesens 402
- – Ausschuß für Geld und Kredit 300, 313 f., 404 f.
- – Ausschuß für gesamtdeutsche und Berliner Fragen 121, 129, 423, 451
- – Ausschuß für Geschäftsordnung 192
- – Ausschuß für gewerblichen Rechtsschutz und Urheberrecht 403
- – Ausschuß für Jugendfragen 405
- – Ausschuß für Kommunalpolitik 405–407
- – Ausschuß für Kriegsopfer- und Heimkehrerfragen 406
- – Ausschuß für Kulturpolitik 196, 403

571

Sach- und Ortsindex

noch: Deutscher Bundestag – Ausschüsse
– – Ausschuß für Post- und Fernmeldewesen 407
– – Ausschuß für Rechtswesen und Verfassungsrecht 66, 164, 206, 241, 401–407
– – Ausschuß für Sonderfragen des Mittelstandes 404
– – Ausschuß für Sozialpolitik 287, 405 f.
– – Ausschuß für Verkehrswesen 371, 406 f.
– – Ausschuß für Verteidigung 285 f., 384, 407, 422, 436
– – Ausschuß für Wiederaufbau und Wohnungswesen 46, 406 f.
– – Ausschuß für Wirtschaftspolitik 402–407
– – Haushaltsausschuß 111 f., 150 f., 160, 211, 242, 246 f., 252, 262, 294 f., 303, 312, 427
– – Sonderausschuß „Wasserhaushaltsgesetz" 407
– – Vermittlungsausschuß von Bundestag und Bundesrat 248 f., 290, 296, 299, 302, 329, 332, 351 f., 387, 402
– Außenpolitische Lage 121, 127, 422
– Baden-Württemberg, Neugliederung 240 f.
– Beamtenernennung von Abgeordneten 379
– Beamtenrechtsrahmengesetz 208
– Belgien, Ausgleichsvertrag 239 f., 310
– Berlin, Sitzungen 205
– Berlin-Debatte 116, 121, 127–129
– Bestechungsaffären im Amt für Wehrtechnik und Beschaffung 384
– Bundesbankdirektorium 300
– Bundesbankgesetz 329
– Bundesbankpräsident 313
– Bundesbesoldungsgesetz 166
– Bundeshaushalt 39, 212, 222 f., 242, 252, 271, 302
– Bundeshaushalt, Ausgabereste des Verteidigungsetats 375, 379 f.
– Bundestagswahlen *siehe dort*
– Bundesverfassungsgericht, Besoldung 166
– Bundeswahlgesetz 414
– DP/FVP-Fraktion 229

– Ehegattenbesteuerung 38 f.
– Ernteschäden bei Zuckerrüben 338 f.
– Europäische Versammlungen, deutsche Mitglieder 332 f., 428
– Evakuierte 252
– EWG und EURATOM, Verträge 156
– FDP-Fraktion 71
– Fernmeldegebühren von Stationierungstruppen 427
– Flüchtlingswohnungsbau 34
– Förderung der wissenschaftlichen Forschung 200, 213
– Geheimschutz 130
– Geschäftsordnung 317
– Gesetzgebungsarbeit, Gesetzgebungsvorhaben 29, 50, 269, 400, 408
– Golddiskontbank 314
– Großbritannien, Gewährung von Darlehen 83
– Große Anfragen
– – Atomare Bewaffnung der Bundeswehr 17 f., 239, 245, 254–256
– – Gleichstellung von Angehörigen der Waffen-SS mit der Wehrmacht 301 f., 314
– – Sonntagsarbeit 31, 233
– – Sozialer Wohnungsbau 160 f., 180
– Grundgesetzänderung 367
– Grüner Bericht 148
– Haushalt 302
– Höchstgeschwindigkeit bei Kraftfahrzeugen 289 f.
– Iller-Unglück 285 f.
– Italien, Weinausfuhr in die Bundesrepublik 419
– Jugendarbeitsschutzgesetz 448
– Jugoslawien, Abbruch der diplomatischen Beziehungen 396
– Kaffeesteuer 360, 367
– Kindergeldgesetz 174 f.
– Kleine Anfragen
– – Ärzte, Gebührenordnung (Preugo-Mindestsätze) 304
– – Ernennung von Abgeordneten zu Beamten 379
– – Heranziehung aufgespriteter Weine zum Monopolausgleich 223
– – Personalgutachterausschuß 182

– – Strafverfolgung von Verwaltungsangehörigen der Bundesministerien 165
– Konjunkturpolitische Zollsatzsenkung 269
– Kriegsfolgen(schluß)gesetze 367, 382
– Lage der Landwirtschaft, Grüner Bericht 148, 287
– Lastenausgleichsgesetz 248 f.
– Lastkraftwagen, Abmessungen und Gewichte 371
– Lebensmittelgesetz 316
– Luftschutzgesetz 351 f.
– Ministerzimmer im Bundeshaus 72
– Münzen 185
– NATO, Finanzhilfe im Rahmen des NATO-Vertrages 295 f.
– Obstzölle 360, 365
– Personalgutachterausschuß für die Streitkräfte 182
– Präsident 192
– Preiserhöhungen 355
– Regierungserklärungen 116, 121, 193, 229, 304
– Rentenversicherungs-Neuregelungsgesetz 133
– Saargrenzgürtel 342
– Sitzungen in Berlin 205
– Sonderaufträge der ehem. Bundesminister für besondere Aufgaben Kraft und Schäfer 150 f., 246 f.
– Sonntagsarbeit 31, 233 f.
– Stationierungskosten 344
– Steuer für Röstkaffee 360, 367
– Steuerschätzung 211 f.
– Stiftung Preußischer Kulturbesitz 216
– Stinnes-Aktien, Aufkauf 294
– Strafrechtsänderungsgesetz 164
– Strafverfolgung von Verwaltungsangehörigen der Bundesministerien 165
– Straßenverkehrs-Zulassungs-Ordnung 371
– Tag der Deutschen Einheit 243
– Tarifverhandlungen im öffentlichen Dienst 177
– Türkei, Munitionsliefervertrag 224
– Unfallversicherungsgesetz 148
– Urheberrechtsreform 413

– Verkehrsgesetze und -verordnungen 289 f., 371
– Verteidigungsmittel für wissenschaftliche Forschung 213
– Verwaltung 72
– Vizepräsidenten 46, 72
– Waffen-SS, Gleichstellung mit der Wehrmacht 301 f., 314
– Wahlrecht 128, 414
– Wasserwirtschaftsgesetz 151
– Wehrbeauftragter des Deutschen Bundestages 32, 302
– Wehrdebatte 32, 116, 121
– Wehrgesetze, Organisations- und Wehrpflichtänderungsgesetz 430
– Weine, Heranziehung aufgespriteter Weine zum Monopolausgleich 223
– Weineinfuhr aus Italien, Abkommen über Untersuchung und Überwachung 419
– Weltbankquote der Bundesrepublik Deutschland 312
– Wohnungsbau für Flüchtlinge 34
– Zeitungsverlagswesen, Unterstützung 168
– Zölle für Frischobst 360, 365
– Zollsenkungen 265, 269, 288
– Zuckerrüben, Ernteschäden und Preise 338 f., 355

Deutscher Gewerkschaftsbund, Gewerkschaften *(siehe auch Industriegewerkschaften, Gewerkschaft Gartenbau, Land- und Forstwirtschaft, Gewerkschaft Öffentliche Dienste, Transport und Verkehr sowie Tarifpolitik, Tarifverhandlungen)*
– Agartz' Konjunkturtheorie 230
– Arbeitszeitverkürzung 36, 299, 438
– Brotpreise 188
– EWG 95
– Gewerkschaftsgesetz 79
– Kohlepreise 37
– Landesbezirk Saar 449
– Lohnforderungen, Lohnerhöhungen 36, 176–178, 188, 225 f.
– Lohnfortzahlung im Krankheitsfall 36
– Metallarbeiterstreik in Schleswig-Holstein 78, 87, 134
– Paulskirchenmanifest 255 f.
– Sonntagsarbeit 225

Sach- und Ortsindex

noch: Deutscher Gewerkschaftsbund
- Tarifverhandlungen im öffentlichen Dienst 35, 170 f., 176–178, 225 f.
- Vertretung saarländischer Arbeitnehmer im Beratenden Ausschuß der Hohen Behörde der EGKS 449
- Weihnachtsgeld im öffentlichen Dienst 452
- Wirtschaftswissenschaftliches Institut 42
- Wissenschaftsrat 415, 450

Deutscher Industrie- und Handelstag 230, 454

Deutscher Kohlenverkauf (DKV) 90

Deutscher Richterbund 139

Deutscher Saarbund 351

Deutscher Sportbund 369

Deutscher Sprachatlas 213

Deutscher Städtetag 415

Deutscher Wissenschaftsrat *siehe Wissenschaftsrat*

Deutsches Institut für Wirtschaftsforschung 147

Deutsches Manifest (Paulskirchenmanifest) 255 f.

Deutsches Patentamt, Personalbeschlüsse 309, 354, 386

Deutsches Reich
- „Anschluß" Österreichs 279
- Besitz an der Saargrube-Aktiengesellschaft 202
- Entflechtung des reichseigenen Filmvermögens 349
- Kriegsfolgen(schluß)gesetze, Verbindlichkeitsregelungen 367, 382
- Reichsgebiet, Reichsgrenzen 1937 170, 229
- Reichskonkordat 197 f., 216, 246
- Urheberrecht 413

Deutsches Richtergesetz 110, 138 f., 220–222, 403

Deutsches Rotes Kreuz 127, 305, 315

Deutschlandfrage, Deutschlandpolitik *(siehe auch Wiedervereinigung)* 15–24, 43, 50, 217 f., 394, 434
- Deutschlandkonferenz 277
- Haltung Jugoslawiens 378, 395 f.
- Junktim mit Abrüstung 277
- Neutralisierung 351
- Pressepolitik 393 f.

- Zwei-Staaten-Theorie 23 f., 138, 231, 378

Deutschland-Verlag GmbH 453 f.

Deutschlandvertrag 427

Diathermie 304

Dienstkraftwagen, Unfallversicherung 345

Dienstrecht, Zuständigkeit der Bundesministerien des Innern und der Finanzen 221

Dinslaken-Rees (Wahlkreis) 73

Diplomatische Korrespondenz 434, 435

Diskontinuität der Legislaturperiode 317, 400–409, 413

Disziplinarsachen der Richter, Dienstgericht (Richtergesetz) 220–222

Dollart 73 f.

Dominikanische Republik, Botschaft der Bundesrepublik Deutschland 372

Dortmund, Wahlkongresse der CDU und SPD 41, 308

Dotationsauflagen im Bundeshaushalt 296, 298 f.

Duisburg 47

Durchgangslager *siehe Flüchtlingslager und Friedland*

Düsseldorf, Wirtschaftsberatungs AG 415

Düsseldorf-Lohausen, Flughafen 117

Düsseldorf-Mettmann, Ortsklassenverzeichnis 375 f.

Ehegattenbesteuerung 38 f., 212, 222, 264, 268, 270

Ehrensold 325

Ehrenzeichen 325, 359

Eichendorff-Gedenkmünze 242 f., 249

Eichendorff-Stiftung 249

Eigentumsbildung 34, 46 f., 49

Einfuhr *(siehe auch Außenhandel)*
- Erleichterung und Steigerung 37, 168, 184 f., 323 f.
- Heizöl 328
- Kohle 158 f., 328
- landwirtschaftliche Produkte 272
- Liberalisierung 188, 410
- Wein 223, 242, 272, 291, 400, 419
- Zeitungspapier 185

Einfuhr- und Vorratsstelle für Schlachtvieh, Fleisch- und Fleischerzeugnisse 224
Einkommensentwicklung 35–38, 43, 93
Einkommensteuer, Einkommensteuergesetz 38, 166, 184, 195, 212, 376
Eisen- und Stahlindustrie *(siehe auch Metallindustrie)* 37, 77, 225
- Frachten und Beförderungsbedingungen auf dem Rhein, Abkommen 311, 358
- Rourkela, indisches Stahlwerk 450
Eisenbahnen *(siehe auch Deutsche Bundesbahn)*
- Französische Eisenbahngesellschaft (SNCF) 103
- Gemischter Ausschuß für Eisenbahnfragen im Saarland 123 f.
- Verlagerung des Verkehrs von der Straße auf die Schiene 358
Elten 73
Embleme, nationalsozialistische 359
Emden 73
Emnid-Institut für Meinungsforschung 352
Ems 73 f.
Ems-Dollart-Vertrag 74
Ems-Neckar-Linie (NATO-Strategie) 275
Energie, Energiewirtschaft *(siehe auch Atomenergie)*, Wettbewerbsförderung 37, 390
Enteignungsverbot 285
Entflechtung 77, 229, 349
Entmilitarisierte Zonen *siehe unter Abrüstung*
Entschädigung *siehe Wiedergutmachung*
Entspannungspolitik 15, 217, 272, 434 f., 442
Entwicklungshilfe 271 f., 373, 434
Erbschaftssteuergesetz 403
Erdöl 83, 117–119, 144, 219, 390 f.
Ernteschäden 310, 338 f., 347 f., 355, 359
Ersatzdienst *siehe Ziviler Ersatzdienst*
Erster Weltkrieg 325
Erze, Versorgung der Atomindustrie 88
Eskenderun (Iran) 219
Eurafrika 155
EURATOM *siehe Europäische Atomgemeinschaft*

Eurochemic *siehe Europäische Gesellschaft für die chemische Aufbereitung bestrahlter Kernbrennstoffe*
Europa *(siehe auch Europäische Atomgemeinschaft, Europäische Integration, Europäische Wirtschaftsgemeinschaft)*
- Abhängigkeit von den USA 267
- Atomare Bewaffnung der NATO-Truppen 16
- Deutscher Führungsanspruch 394
- Inspektionszonen (Abrüstung) 277, 285
- „Europa I" (Rundfunksender) 259, 311, 334 f., 366
Europa-Dörfer 167
Europäische Atomgemeinschaft (EURATOM) 26, 87–109, 142 f., 169
- Besetzung der Organe 443–446
- Bundeshaushalt 211
- Eigentum an Kernbrennstoffen 26, 88–92, 155 f.
- Forschungsaufgaben 92
- Gemeinsame Versammlung von EWG, EURATOM und EGKS 26 f., 332 f., 428, 438, 445
- Isotopentrennanlage 88, 91 f.
- OEEC 418, 447
- Präsident 444, 446
- Sitz der Organe 27, 443–445
- Spaak-Bericht 89
- Verträge 155, 193, 218, 232, 332 f.
Europäische Freihandelszone 26, 94, 97, 102–104, 133 f., 143–145, 156, 391 f.,
Europäische Gemeinschaft für Kohle und Stahl (EGKS) 15, 26, 107
- Afrika 155
- Besetzung der Organe 443–446
- EWG 145
- Familienpolitik 93
- Frachten und Beförderungsbedingungen auf dem Rhein, Abkommen 311, 358
- Freihandelszone 133
- Gemeinsame Versammlung von EWG, EURATOM und EGKS 26 f., 332 f., 428, 438, 445
- Hohe Behörde 46, 442
- Hohe Behörde, Beratender Ausschuß 106 f., 449
- Hohe Behörde, Präsident und Vizepräsident 115 f., 446

Sach- und Ortsindex

noch: EGKS
- Konferenzen der Regierungschefs und Außenminister in Paris 26, 155
- Ministerrat 311
- Ministerratssitzung Luxemburg 390
- Regierungskonferenz in Brüssel 75, 87–109
- Sitz der Organe 443–445
- Sozial- und Steuerpolitik 93
- Vertrag 390, 449
- Vertretung saarländischer Arbeitnehmer im Beratenden Ausschuß der Hohen Behörde 449
- Zolltarifsenkung in der Bundesrepublik 324

Europäische Gesellschaft für die chemische Aufbereitung bestrahlter Kernbrennstoffe (Eurochemic) 418, 447

Europäische Integration 25–29, 48–50, 87–109, 121, 141–145, 193, 229, 232, 443–446
- Abstellung von Beamten zu europäischen Institutionen 232
- Deutscher Führungsanspruch 394
- Europäisches Parlament *(siehe auch Europäische Wirtschaftsgemeinschaft, Gemeinsame Versammlung...)* 106 f., 143, 232
- Sitz und personelle Besetzung der Organe der Europäischen Gemeinschaften 27, 443–445
- Verkehrsvorschriften, Angleichung 371 f.
- Vertretung der Bundesrepublik in parlamentarischen Gremien und Institutionen 26 f., 332 f., 428, 438, 445

Europäische Kernenergie-Agentur 418, 447

Europäische Versammlungen *(siehe auch Europäische Wirtschaftsgemeinschaft, Gemeinsame Versammlung...)*, deutsche Vertreter 428, 438

Europäische Wirtschaftsgemeinschaft (EWG) 25 f., 75, 92–109, 169, 181
- Agrarmarkt 392
- Algerien 141 f.
- Anpassungsfonds 108 f.
- Arbeitslosenunterstützung 108 f.
- Arbeitszeit 94
- Assoziierung überseeischer Gebiete 26, 92, 95–104, 141–145, 155

- Besetzung der Organe 443–446
- Bundeshaushalt 211
- Europäischer Gerichtshof 444
- Europäisches Parlament 106 f., 143
- Freihandelszone 156, 391 f.
- GATT 181 f.
- Gemeinsame Versammlung von EWG, EURATOM und EGKS 26 f., 332 f., 428, 438, 445
- Großbritannien 96 f., 102–104, 143–145
- Handelsverkehr, Handelspolitik 96, 105
- Interimsausschuß 232, 391
- Investitionsbank 104, 141, 444 f.
- Löhne 93
- Marokko 142
- Ministerrat 107, 109
- Niederlassungsrecht 142
- Präsident der Kommission 445 f.
- Sitz der Organe 443–445
- Soziale Harmonisierung, soziale Infrastruktur 26 f., 93 f., 96 f., 100, 106, 142
- Sozialrat 106 f.
- SPD 229
- Tunesien 103, 142
- UNO-Charta 97, 102, 141 f.
- USA 104 f., 145, 217
- Verkehrspolitik 94, 371 f.
- Verträge 26, 155 f., 193, 218, 232, 332 f.
- Vierzig-Stunden-Woche 94
- Wechselkurse 93, 95
- Wirtschaftsrat 106 f.
- Zölle, Zollunion 27, 75, 92, 105, 155, 391 f.

Europäische Zahlungsunion (EZU)
- Ablösung durch das Europäische Währungsabkommen 220
- Gläubigerposition und Zahlungsbilanzüberschüsse der Bundesrepublik Deutschland 27–29, 203, 311, 337, 362 f., 429
- Krediterstuchen Frankreichs 429 f.

Europäischer Fonds für die Berufsausbildung und Freizügigkeit der Arbeitskräfte 108 f.

Europäischer Gerichtshof 444 f.

Europäischer Währungsfonds 220

Europäisches Abkommen über die Gleichwertigkeit der Studienzeiten an den Universitäten 216
Europäisches Parlament *(siehe auch Europäische Wirtschaftsgemeinschaft, Gemeinsame Versammlung...)* 106 f., 143, 232
Europäisches Währungsabkommen 220, 408
Europa-Ministerium, Errichtung 46–48
Europarat
– Beratende Versammlung 166 f., 410, 428
– Kulturfonds 410
– Ministerausschuß 237
– Tagung der stellv. Außenminister 410
European Recovery Program (ERP), Sondervermögen, Kredite 49, 113, 124, 169, 237, 288
Evakuierte 33 f., 234, 241, 250, 252, 263, 267 f.
Evangelische Arbeitsgemeinschaft für öffentliche Verantwortung 167
Evangelische Kirche
– in der DDR 79 f., 207
– Militärseelsorge 32, 145 f., 233
Evangelisches Kirchenamt für die Bundeswehr 145 f.
EWG *siehe Europäische Wirtschaftsgemeinschaft*
EZU *siehe Europäische Zahlungsunion*

Fall Agartz 215 f., 230, 446
Fall Hertslet/Sonnemann 291–293, 300
Fall John 132
Fall Wehner 42, 192, 423, 435
Familienpolitik
– Demographische Entwicklung 118
– Denkschrift 31, 112, 118
– EGKS 93
– Ehegattenbesteuerung 38 f., 212, 222, 264, 268, 270
– Familienausgleichskasse 173–175
– Familienrechtliche Vorschriften, Vereinheitlichung und Änderung 402
– Familienzulagengesetz im Saarland 173
– Familienzusammenführung 127

– Geburtenrückgang 31, 118, 243, 302, 311, 322
– Jugendarbeitsschutzgesetz 31, 149 f., 405, 448 f.
– Kindergeld, Kindergeldgesetz 31, 172–176, 211
– Kinderreiche 118, 439
– Kinderzuschläge bei Ausgleichsrente 184
– Weihnachtsgeldberechnung nach Kinderzahl 452
Fédération Internationale Libre des Déportés et Internés de la Résistance (FILDIR) 332
Feiertage
– ausländische Nationalfeiertage 250
– Tag der Deutschen Einheit 243
– Warenverkauf und Feiertagsruhe 436 f.
Ferner Osten, Inspektionszone 277
Fernmeldewesen, Abhören von Telefongesprächen 130
– Nutzung durch Stationierungstruppen 85, 424, 426 f.
Fernsehen 334, 436
Fette, Steuerbegünstigung, Preise 185, 187
Filmtheater, vertriebene Filmtheaterbesitzer 349
Filmvermögen, reichseigenes, Entflechtung 349
Finanzämter 172 f., 175
Finanzstatistik, Gesetz 403
Fischer (Galerie in Luzern) 381
Fischerei
– Bundesforschungsanstalt für Fischerei 364
– Institut für Seefischerei 365
– Rheinfischerei 290
– Wirtschaftshilfe für Island 335
Flaggen (bei Sportveranstaltungen) 369
Fleisch, Preise 187, 224
Flick-Gruppe 388
Flüchtlinge
– Aufnahme und Unterbringung 33 f., 113, 119, 139 f., 161, 392 f.
– Beihilfen 106
– Eingliederung 32
– Flüchtlingsfonds der UNO 234, 241 f.

577

noch: Flüchtlinge
- Kleiderhilfe 39, 139, 296 f., 305 f., 315 f., 321, 324 f., 339 f.
- Lager *(siehe auch Friedland)* 33 f., 118, 139 f. 160 f., 349 f., 392 f.
- Lastenausgleichsgesetz *siehe unter* Lastenausgleich
- Lohnstatistik 111
- Notaufnahmegesetz und -verfahren 34, 127, 139, 392 f.
- Ungarn-Flüchtlinge 34, 113, 118 f., 241, 250, 264, 267 f., 273 f.
- Wohnungsbau 33 f., 160 f., 250, 252 f., 263, 268, 296, 325, 344 f., 349 f., 392 f., 437
- Zuständigkeit innerhalb des Bundesministeriums für Vertriebene, Flüchtlinge und Kriegsgeschädigte 122

Flughäfen
- Beteiligung des Bundes 211
- Düsseldorf-Lohausen, Frankfurt/Main, Köln-Wahn 117
- Paris 115

Föderalistische Union 345 f.

Food and Agriculture Organization of the United Nations (FAO) 81

Forschung, Forschungspolitik *(siehe auch Wissenschaft)*
- Agrarpolitik und Agrarsoziologie 147
- Atomforschung 88, 91 f., 245 f., 333 f., 343, 357
- Bodenforschung 373 f.
- Bundeshaushalt 200 f., 210
- Bundeswehr 436
- Deutsche Forschungsgemeinschaft 200, 213, 363 f., 415
- Fischerei 364
- Förderung 200, 213, 329–331, 363 f.
- Forschungsauftrag für Vialon 453
- Forschungsgesellschaft für Agrarpolitik und Agrarsoziologie 147
- Forschungsinstitut für Physik der Strahlantriebe 364
- Geographische und geologische Forschungen 373 f.
- Holz- und Forstwirtschaft 354
- Landeskundliche Forschungen 373
- Luftfahrtforschung 363 f.
- Meinungsforschung 44, 255, 352, 356
- Milchwirtschaft 342

- Raketenforschung 442
- Sprachforschung 213
- Verwendung von Verteidigungsmitteln 200 f., 213
- Weltraumforschung 364, 442
- Wirtschaftsforschung 147
- Wissenschaftsrat *siehe dort*

Fotografie, Urheberrecht 413

Frankfurt/Main
- Deutschlandtreffen der Heimkehrer 297
- Flughafen 117
- Frankfurter Abkommen vom 8. Okt. 1949 (Interzonenhandel) 454
- Jahresversammlung des Bundesverbands der Deutschen Industrie 268
- Paulskirchenmanifest 255 f.
- Sitz des Bundesaufsichtsamtes für das Kreditwesen 75, 260

„Frankfurter Allgemeine Zeitung" 129, 308

Frankreich
- Abrüstungsgespräche 20
- Algerienkrieg 28
- Atomkraft, Militärische Verwendung 156
- Berliner Erklärung der Westmächte 277
- Beschlagnahme von Kunstgegenständen aus jüdischem Besitz 381
- Bundesrepublik Deutschland, Verständigungspolitik 15, 25
- Deutschlandfrage 20 f.
- Deutschlandkonferenz 277
- EGKS 155
- Eisenbahngesellschaft (SNCF) 103
- EURATOM 88 f., 91 f., 143, 156
- Europäische Zahlungsunion 27
- Europäisches Parlament 107
- EWG 25 f., 92–99, 101–105, 107 f., 141–145, 155
- EWG, Assoziierung überseeischer Gebiete 92, 95–98, 101–104, 141–145
- Fédération Internationale Libre des Déportés et Internés de la Résistance (FILDIR) 332
- Finanzielle Lage 27–29, 363, 429 f.
- Gemischter Ausschuß für Eisenbahnfragen im Saarland 123 f.

Sach- und Ortsindex

- Gemischter (deutsch-französischer) Gerichtshof in Saarbrücken 25, 152, 239, 246, 331, 447
- inflationistische Tendenzen des Franc 363
- Isotopentrennanlage 88, 91 f.
- Kolonien siehe – EWG, Assoziierung überseeischer Gebiete
- Kreditersuchen an die OEEC 429 f.
- Luftverkehr mit der Bundesrepublik Deutschland 115
- NATO-Beitritt der Bundesrepublik Deutschland 295 f.
- Niederlassungs- und Schiffahrtsvertrag mit der Bundesrepublik 261 f.
- Oberstes Rückerstattungsgericht in Rastatt 159
- Pinay, Unterredung mit Adenauer 442
- Regierungsbildung 277
- Restitution von Kunstgegenständen 381
- Rundfunksender „Europa I" 334 f., 366
- Saarabkommen, Saareingliederung 25, 123 f., 152, 246, 331, 447
- Saarbergbau 202
- Sahara-Ölvorkommen 144
- Sozialsystem 93, 95
- Stationierungskosten 27
- Suez-Krise 19, 70
- Uranvorkommen 90
- Vereinbarungen über gegenseitige Hilfe im Rahmen der NATO 401
- Währungspolitik 28, 429 f.
- Weltbank 303
- Widerstandskämpferorganisationen 332
- Wiedervereinigung Deutschlands 20 f., 277
- Wirtschaft 95, 144, 429 f.
- Zölle 105
Frauen
- Arbeitszeit 149
- Berücksichtigung bei Regierungsbildung 45, 48
- Ehegattenbesteuerung 222
- Jugendarbeitsschutzgesetz 149 f.
- Mitglieder im Wissenschaftsrat 415
- Wahlgeschenke 37
Freie Berufe 49, 85, 106, 150, 175, 246 f., 287 f.

Freie Demokratische Partei
- Alterssicherung der Landwirte 287
- Amnestiegesetz 206 f.
- Ärzte, Gebührenordnung (Preugo-Mindestsätze) 304
- Atomare Bewaffnung der Bundeswehr 255
- Baden-Württemberg 422
- Bayern, Regierungskoalition 387
- Berlin, Hauptstadt Berlin 121
- Berlin, Verlegung von Bundesdienststellen 129
- Bundesparteitage 1956 und 1957 71
- Bundestagsfraktion 71
- Bundestagswahlen, Meinungsumfragen 352, 356
- Bundestagswahlen, Wahlergebnis 44, 377
- Bundestagswahlen, Wahlkampf 41, 231, 319, 422
- Bundesversorgungsgesetz, Änderung 201
- Dreikönigstreffen in Stuttgart 71
- Enteignungsverbot 285
- Grundgesetz, Änderung von Art. 15 285
- Hamburger Block, Bürgerschaftswahlen in Hamburg 422
- „Inflationsmentalität" der Wohlfahrtsgesellschaft 231
- Koalition mit der SPD auf Bundesebene 228
- Koalitionsfrage 71, 228–230, 319
- Konkordatsurteil 198
- „Nationalistische Sozialrevolutionäre" 230
- Niedersachsen, Auflösung der Regierungskoalition 400
- Nordrhein-Westfalen 230 f., 422
- Nordrhein-Westfalen, Landesparteitag in Köln 231
- Nürnberg, Oberbürgermeisterwahl 435
- Spaltung 71
- Unterwanderung durch ehem. Nationalsozialisten 230
- Wahlkongreß in Hamburg 41
- Wohlfahrtsstaat 231
Freie Volkspartei (siehe auch Deutsche Partei/Freie Volkspartei)
- Amnestiegesetz 207

579

Sach- und Ortsindex

noch: Freie Volkspartei
- Fusionierung mit der DP 44, 46, 229 f., 345 f.
- Gründung 71
- Koalition mit der CDU/CSU 71
- Wahlabsprachen 229, 319
- Wahlergebnis 44, 46, 377

Freihandelszone *siehe Europäische Freihandelszone*

Friedensnobelpreis 166 f.

Friedensvertrag 131

Friedland (Grenzdurchgangslager), Kleiderhilfe 39, 139, 296 f., 305 f., 315 f., 321, 324 f., 339 f.

Frostschäden 291

Führungsstab der Bundeswehr 194

Fünf-Tage-Woche 31

Fünfundvierzig-Stunden-Woche *(siehe auch Arbeitszeit, Arbeitszeitverkürzung)* 36, 177, 208, 299, 359, 438

Fußball, Länderspiele gegen Ungarn 369

Gablonzer Glasperlen und Schmuck 354

Gaststättengesetz 404

GATT *siehe Allgemeines Zoll- und Handelsabkommen*

Gebührenordnung, Ärzte und Zahnärzte (Preugo) 304 f., 308

Geburtenrückgang 118, 243, 302, 311, 322

Gehälter
- Angestellte 35, 170 f., 176–178, 207 f., 226, 328
- Angleichung im Saarland 25, 335 f., 448
- Deutsche Bundesbahn und Deutsche Bundespost 170, 176–178, 207 f., 226
- Öffentlicher Dienst 35 f., 170 f.

Geheimhaltung, Geheimschutz 129–132, 215

Geistig schaffende Berufe *(siehe auch Freie Berufe)* 85

Gemeinden
- Kriegsfolgenschlußgesetz 367
- Manöverschäden 195
- Omnibustarife 205, 214
- Tarifverhandlungen im öffentlichen Dienst 176–178

- Unfallversicherungsgesetz, Unfallversicherungsverbände 148, 195
- Versorgungsbetriebe 148, 195
- Weihnachtsgeld für Beamte 452
- Wohnungsbau 313
- Wohnungsbau für Flüchtlinge 296
- Zivilschutz 387

Gemeinsame Geschäftsordnung der Bundesministerien (GGO) 129 f.

Gemeinsame Versammlung von EWG, EURATOM und EGKS 26 f., 332 f., 428, 438, 445

Gemeinsamer Markt *siehe Europäische Wirtschaftsgemeinschaft*

Gemischte Kommission, deutsch-österreichische 278–281

Gemischter Ausschuß für Eisenbahnfragen im Saarland 123 f.

Gemischter Gerichtshof in Saarbrücken, deutsch-französischer 25, 152, 239, 246, 331, 447

Generalbundesanwalt beim Bundesgerichtshof 216

Generalinspekteur der Bundeswehr 194, 372

Genf
- GATT-Konferenz 181, 410
- Genfer Empfehlungen zu Verkehrsvorschriften 371 f.
- Internationale Konferenz über die friedliche Verwendung der Kernenergie 357 f.
- Internationales Arbeitsamt 93

Geographische und geologische Forschungen 373 f.

Gerichte *(siehe auch einzelne Bundesgerichte)*
- Cour de Cassation, Brüssel 152, 239
- Dienstgericht für Disziplinarsachen der Richter (Richtergesetz) 220–222
- Europäischer Gerichtshof 444
- Gemischter (deutsch-französischer) Gerichtshof in Saarbrücken 25, 152, 239, 246, 331, 447
- Gerichtshof der französisch-saarländischen Union 331
- Landesgericht in Luxemburg 152
- Landgericht Bonn 292, 300
- Landgericht Kempten 286
- Oberstes Rückerstattungsgericht 159

580

Sach- und Ortsindex

- Reichsarbeitsgericht 135
- Wehrdisziplinargerichte 222
Gerste 81, 158
Gesamtdeutsche Volkspartei, Wahlrechtsänderung 128
Gesamtdeutscher Block/BHE
- Atomgesetz 333
- Bayern, Regierungskoalition 387
- Berlin, Hauptstadt Berlin 121
- Berlin, Verlegung von Bundesdienststellen 129
- Bundestagswahlen, Wahlergebnis 44, 46, 377
- Bundestagswahlen, Wahlkampf 229
- Bundesversorgungsgesetz 201
- Koalitionsfrage 229, 319
- Kriegsopferversorgung 183 f.
- Lastenausgleichsgesetz 248
- Niedersachsen, Auflösung der Regierungskoalition 400
- Nürnberg, Oberbürgermeisterwahl 435
- Wahlrechtsänderung 128
Gesamtverband der deutschen Brotindustrie 188
Gesamtverband der metallindustriellen Arbeitgeberverbände 87, 389
Geschäftsordnung
- Federführung und Mitfederführung, Mitzeichnung 138 f., 220 f.
- Gemeinsame Geschäftsordnung der Bundesministerien (GGO) 129 f.
- Geschäftsordnung der Bundesregierung 48, 195, 200, 232, 457–465
- Geschäftsordnung des Deutschen Bundestages 317
Geschäftsverteilung *siehe Zuständigkeiten, Zuständigkeitsabgrenzungen*
Gesetzgebung
- Berlin-Klausel 165, 199, 419
- Diskontinuität der Legislaturperiode 317
- Gesetzgebungsarbeit des Deutschen Bundestags 269
- Gesetzgebungskompetenz der Bundesregierung 333 f., 375
- Gesetzgebungsprogramm der Bundesregierung 29–40, 50, 71, 139, 400–409, 413 f.
- Saarklausel 75 f., 124 f., 153, 199, 246

Getreide 81, 158, 429
- Lieferungen an Polen 195, 203 f.
- Preise, Preisgesetz 158, 188, 429
Getreidemühlen *(siehe auch Mühlen)* 188, 309
Gewerbeordnung, Änderungsgesetz 404
Gewerbliche Wirtschaft *(siehe auch Wirtschaft)* 35, 169, 177 f., 294, 355
Gewerkschaft Gartenbau, Land- und Forstwirtschaft 78
Gewerkschaft Öffentliche Dienste, Transport und Verkehr (ÖTV) 35, 170 f., 176–178, 225 f.
Gewerkschaften *siehe Deutscher Gewerkschaftsbund, Deutsche Angestellten Gewerkschaft sowie Tarifpolitik, Tarifverhandlungen*
Gewerkschaften, bergrechtliche 195
Gewerkschaften, christliche 225
Ghom (Iran) 219
„Giornale d' Italia" 351
Gipfelkonferenz 442
Glasperlen, Gablonzer 354
Gläubigerposition der Bundesrepublik Deutschland 27–29, 203, 268, 303, 311, 323 f., 332, 337, 362 f., 429
Goldbestände 264
Golddiskontbank *siehe Deutsche Golddiskontbank*
Göttingen 229
Göttinger Erklärung 17, 236
Grenzen *siehe Bundesgrenzen, Reichsgrenzen, Oder-Neiße-Linie*
Griechenland
- Braunkohlevorkommen 326
- Rüstungslieferung in die Bundesrepublik Deutschland 325 f.
- Unterredung Adenauers mit Ministerpräsident Karamanlis 442
- Unterredung Blüchers mit Ministerpräsident Karamanlis 209
- Weinüberwachung, Abkommen 400
- Wirtschaftshilfe und Warenabkommen 325 f., 335
Großbritannien
- Abrüstung, Abrüstungsgespräche 20, 258 f.
- Adenauer-Besuch und Unterredung mit Macmillan 422
- Atombewaffnung 145, 192

581

noch: Großbritannien
- Bank of England 28, 83, 202 f., 431
- Berliner Erklärung der Westmächte 277
- Botschaft/Botschafter der Bundesrepublik Deutschland 277, 285
- Botschaft/Botschafter in der Bundesrepublik Deutschland 343 f., 392
- British Broadcasting Corporation (BBC) 21, 433
- deutsch-britischer Wirtschaftsausschuß 84, 102
- Deutschlandfrage, Wiedervereinigung 20 f., 258 f., 277
- Deutschlandkonferenz 277
- Devisenhilfe der Bundesrepublik 28, 431
- D-Mark-Aufwertung 362
- EWG 96 f., 102–104, 143–145
- Finanz- und Haushaltskrise 27–29, 83, 355, 363
- Finanzverhandlungen mit der Bundesrepublik 72, 82–84, 102, 202 f.
- Fischereistreit mit Island 335
- Flughafen Köln-Wahn 117
- Freihandelszone 102, 133, 143 f., 392
- Hoher Kommissar in Deutschland 190
- Iran 219
- Kohleversorgung der Stationierungstruppen in der Bundesrepublik 84
- Kredite aus der Bundesrepublik 82 f.
- Labour Partei 218
- Landwirtschaft 392
- Manöverschäden in Niedersachsen 195, 426
- Militärregierung in Deutschland 190
- NATO, Beitritt der Bundesrepublik Deutschland 295 f.
- NATO, Vereinbarungen über gegenseitige Hilfe 401
- Naturschutz und Manöverrecht 426
- OEEC 133
- Öleinfuhr aus USA 83
- Rüstungsaufträge aus der Bundesrepublik 27 f., 83, 431
- Schulden der Bundesrepublik 83
- Sowjetunion, Bulganin-Brief 236
- Stationierungskosten 27 f., 82–84, 202, 343 f., 431
- Suez-Krise 19, 70

- Truppenreduzierung in der Bundesrepublik 18 f., 25, 84, 140 f., 189, 192 f.
- Übernahme von Bediensteten der britischen Besatzungsbehörden 190
- Währungskrise 27 f., 355, 363
- Wasserstoffbombe 19
- Weltbankquote 303
- Wirtschaft 144

Große österreichische Tapferkeitsmedaille 325

Grundgesetz für die Bundesrepublik Deutschland
- Änderungen 285, 319, 321, 333 f., 343, 367, 409
- Artikel 12 241
- Artikel 14 279
- Artikel 15 285
- Artikel 29 234
- Artikel 59 358
- Artikel 73 246
- Artikel 74 329, 343
- Artikel 75 353, 425
- Artikel 76 401, 405 f., 408, 413
- Artikel 87c 333
- Artikel 89 374
- Artikel 98 138
- Artikel 112 315 f.
- Artikel 113 30, 133, 273, 302, 387
- Artikel 115 348, 418
- Artikel 120 315 f.
- Artikel 131 302
- Artikel 135a 367
- Reichskonkordat 198
- Unterscheidung von Richtern und Beamten 110

Grundrechte in der Bundeswehr 32
Grundstücksverkehrsgesetz 405
Grüner Bericht, Grüner Plan *siehe unter Landwirtschaft*
Güterverkehr
- Güterkraftverkehrsgesetz 310
- Höchstzahl der Kraftfahrzeuge im Güterfernverkehr 310, 358, 365 f.
- Verlagerung auf die Schiene 358

Häfen, Bau in assoziierten Gebieten der EWG 96

Sach- und Ortsindex

Hafer, Lieferung an Ungarn 81
Hallstein-Doktrin 23 f.
Hamburg 230
– Apothekenwesen 241
– Bundesparteitag der CDU 41
– Bürgerschaftswahlen 378, 422, 435
– Hamburger Block 422
– Institut für Seefischerei 365
– Wahlkongreß FDP 41
Handball, Länderspiel mit Ungarn 368 f.
Handelsblatt 389
Handwerker (im Wirtschafts- und Sozialrat der EWG) 106
Hannover (Königreich), Vertrag von 1824 mit den Niederlanden über Traktatgebiete 73
Hannover, Amt und Bundesanstalt für Bodenforschung 373
Hartmannbund 305
Hauptprüfungsamt für die Deutsche Bundesbahn 122
Hausbesitz *(siehe auch Althausbesitz)* 250 f., 262
– Räumungsklage deutscher Hausbesitzer gegen US-Stationierungsstreitkräfte 391
Hausbrandversorgung 37, 84, 116 f., 159, 328
Hausfrauen
– Ehegattenbesteuerung 222
– Wahlgeschenke 37
Haushaltsrecht, Forschungsauftrag für Vialon 453
Hausratsentschädigung (Lastenausgleich) 32
Heimarbeit, Jugendarbeitsschutzgesetz 449
Heimat, Recht auf Heimat 252
Heimatlose Ausländer 166 f.
Heimkehrer
– Deutschlandtreffen 297
– Fahrpreise für Heimkehrer 111 f.
– Kleiderhilfe 296 f., 305 f., 315 f., 324 f., 339 f.
Heizöl 117, 328, 390 f.
Henschel (Firma) 380 f., 387–390
Hermann-Ehlers-Gesellschaft 167
Hessen
– Brotpreise 291
– Bundestagswahlkampf 319

– Ernteschäden bei Zuckerrüben 338
– Henschel-Werke, Sanierung 381, 388
– Landesarbeitsamt 115, 167
– Landtagswahlen 378, 391, 414
– Ministerpräsident 321
– wasserrechtliche Vorschriften, Gesetz zur Änderung 374 f.
Hildesheim (Kreis), Ernteschäden bei Zuckerrüben 339
Hilversum (Rundfunksender) 341
Hochschulen
– Bau 329
– Europäisches Abkommen über die Gleichwertigkeit der Studienzeiten 216
– Freie Universität Berlin 451
– Hochschullehrerinnen 415
– Hochschullehrerreserve für den Fall der Wiedervereinigung 152
– Princeton University 21, 394
– Technische Universität Berlin 451
– Universität Bonn 451
– Westdeutsche Rektorenkonferenz 153, 363 f., 415
Holland-Linie (Autobahnbau) 341 f.
Holzfaserplatten, Zollsatzsenkung 354
Hülsenfrüchte, Steuerbegünstigung 185

IFO-Institut für Wirtschaftsforschung 147
Iller, Unglück von Bundeswehr-Soldaten 33, 285 f.
Indien
– Afrika 96
– Besuch Blüchers 41
– Besuch Brentanos 216–218
– Beziehungen zur Bundesrepublik Deutschland 217 f.
– Blockfreiheit 450
– Botschafter der Bundesrepublik Deutschland 260
– Lokomotiv-Geschäft der Firma Henschel 381
– Religion als „Schutzwall gegen den Kommunismus" 218
– Rourkela, Stahlwerk, und Finanzierung von Industrieprojekten durch die Bundesrepublik 218, 450
– Wiedervereinigung Deutschlands 218

583

Indiskretionen 130
Industrie *(siehe auch einzelne Industriezweige)*
– Industrieverbände 205
– Kohleversorgung 37, 116 f.
– Preisentwicklung, Preisdisziplin 37, 268
– Verstaatlichungen 43
– Vertriebenen-Industrie 354
– Wahlkampfunterstützung für Erhard 44
Industriegewerkschaft Bergbau 328
Industriegewerkschaft Chemie, Papier, Keramik 321
Industriegewerkschaft Metall 78, 87, 134, 389
„Industriekurier" 259
Industrieobligationen 180
Inflationsgefahr, Inflationsgerüchte 36–38, 93, 95, 231, 363
Informationswesen 129 f., 259
Ingenieurschule, Verwaltungsabkommen zwischen Bund und Ländern 331, 366
Innenpolitische Lage (Überblick) 70–72, 127–129, 215 f., 285 f., 377 f., 421–423
Innere Führung (in der Bundeswehr) 33
Inspekteur der Bereitschaftspolizeien der Länder 354
Inspekteure der Luftwaffe und Marine 385
Inspektionszonen (Abrüstung) 19 f., 258, 277, 285, 321
Institut für Demoskopie Allensbach 255, 352
Institut für Holzchemie und Zellstoffchemie 354
Institut für Seefischerei 365
Institut für Wirtschaftsforschung-IFO 147
Interkontinentalraketen 442
Interministerieller Ausschuß für Notstandsfragen 342 f.
Interministerieller Saarausschuß 76
Internationale Atomenergiebehörde 245 f.
Internationaler Währungsfonds 429 f.
Internationales Abkommen über den Straßenverkehr 372
Internationales Arbeitsamt 93
Internationales Rotes Kreuz 204

Internationales Zuckerabkommen 405
Interzonenhandel, Interzonenhandelsabkommen 80, 453 f.
Investitionsbank der EWG 104, 141, 444 f.
Investitionssteigerungen 324
Irak, Botschafter der Bundesrepublik Deutschland 354
Iran
– Adenauer-Besuch 41, 214, 217–220
– Deutsch-iranische Studienkommission 281 f.
– Deutsch-iranischer Wirtschaftsausschuß 219
– Wirtschaftliche und politische Lage 219 f.
Islamische Staaten, „Schutzwall gegen den Kommunismus" 219 f.
Island
– Adenauers Unterredung mit dem ehem. Ministerpräsidenten Olafur Thors 257
– NATO-Mitgliedschaft 335, 386
– Wirtschaftshilfe der Bundesrepublik 335, 382, 386 f.
Isotopentrennanlage 88, 91 f.
Israel
– Abkommen mit der Bundesrepublik Deutschland 292
– Ausschluß von der Benutzung des Suezkanals 74
– Nahost- und Suez-Konflikt 70
– Ollenhauer-Besuch 42, 228
Italien
– Adenauer-Besuch 218 f.
– Außenhandelsüberschüsse der Bundesrepublik Deutschland 223
– Botschafter der Bundesrepublik Deutschland 168
– EURATOM 88 f.
– EWG 104, 108
– „Giornale d'Italia" 351
– Kommunistische Partei 218
– Sozialistische und Sozialdemokratische Partei, Nenni- und Saragat-Sozialisten 218
– Südtirol (Selbstbestimmungsrecht) 351
– Weinausfuhr in die Bundesrepublik, deutsches Weingesetz sowie Abkommen über Untersuchung und Überwachung 283, 419

Japan
- Generalkonsulat der Bundesrepublik Deutschland in Osaka-Kobe 410
- Nationalfeiertag 250

Jordanien, Gesandtschaft der Bundesrepublik Deutschland 354

Juden, Beschlagnahme von Kunstgegenständen aus jüdischem Besitz 381

Jugend, Jugendpolitik
- Bundesjugendplan 211
- Jugendarbeitsschutzgesetz 31, 149 f., 405, 448 f.
- Kleiderhilfe im Lager Friedland 305
- Zuständigkeit des Bundesministeriums für Familien- und Jugendfragen 48

Jugoslawien
- Anerkennung der DDR und Abbruch der diplomatischen Beziehungen durch die Bundesrepublik 23 f., 378, 383 f., 395 f.
- Besuch Gomulkas 378
- Botschafter in Bonn und Handelsmission der Bundesrepublik in Belgrad 396
- Oder-Neiße-Linie 24, 378
- Vertrag über jugoslawische Forderungen aus der Sozialversicherung 406
- Wirtschaftsabkommen mit der Bundesrepublik Deutschland 24, 378, 395 f.

„Juliusturm" (siehe auch Bundeshaushalt, Kassenüberschüsse aus nicht verbrauchten Verteidigungsmitteln) 39, 177

Junge Union 229

17. Juni 243

Kabinettsausschuß für europäische Angelegenheiten (geplant) 47

Kabinettsausschuß für Wirtschaft 47, 75, 80, 117, 122 f., 133, 148, 159, 181, 185, 190, 192, 230, 232, 243, 289, 309, 330 f., 363, 410, 420, 423, 428, 437–439, 450

Kabul, Gesandtschaft der Bundesrepublik Deutschland 110

Kaffee
- Preise 37, 360, 367
- Steuern 360, 366 f.
- Zölle 75

Kairo
- Botschafter der Bundesrepublik Deutschland 181
- Industrieausstellung der Bundesrepublik 163 f., 181

Kakao 75, 155, 185

Kali-Chemie AG 415

Kalmar (Schweden) 384

„Kampf dem Atomtod", Aktion 22, 255

Kanada
- Adenauers Unterredung mit Ministerpräsident Diefenbaker 442
- Aufnahme geflüchteter ungarischer Studenten 113
- Botschaft der Bundesrepublik Deutschland 285
- Deutschlandfrage 20
- EURATOM 89
- Generalkonsul der Bundesrepublik Deutschland in Montreal 110
- Ollenhauer-Besuch 42, 217
- Parlamentswahl 285

Kanusport, Länderkampf mit Ungarn 368 f.

Kapitalanlagegesellschaften 75

Kapitalansammlungsverträge 180 f., 190

Kapitalbildung 47, 49

Kapitalgesellschaften, Umwandlungs-Steuergesetz 195

Kapitalmarkt 180, 187

Kartellgesetz 43, 270

Kartographie 373

Kasernen
- Freimachung 201
- Wahlkampf 321, 326

Kassel, Sanierung der Henschel-Werke 380 f., 387–390

Katholische Kirche
- Apostolische Nuntiatur 246
- Militärseelsorge 32, 246
- in Polen 204
- Reichskonkordat, Konkordatsurteil des Bundesverfassungsgerichts 197 f., 246

Katmandu, Botschafter der Bundesrepublik Deutschland 260

Kaufkraft (siehe auch Inflationsgefahr) 36, 38

Kehl, Straßburg-Kehl, Sitz der Organe der Europäischen Gemeinschaften 443

Kempten, Landgericht 286
Kernbrennstoffe *siehe unter Europäische Atomgemeinschaft*
Kernenergie *siehe Atomenergie*
Kiel 134
Kinder *(siehe auch Familienpolitik)*
– Beschäftigung im Haushalt (Jugendarbeitsschutzgesetz) 449
– Kindergeld, Kindergeldgesetz 31, 172–176, 211
– Kinderreiche 118, 439
– Kinderzuschläge bei Ausgleichsrente 184
– Stief- und Pflegekinder 173
– Weihnachtsgeldberechnung nach Kinderzahl 452
Kirchen *(siehe auch Evangelische und Katholische Kirche)*
– Konfessionsproporz bei Ernennung von Ministern und Staatssekretären 45 f., 48, 167
– Lage in der DDR 207, 246
– Militärseelsorge 32, 145 f., 233, 246, 386
– Sonntagsarbeit 225
Kleiderhilfe für das Lager Friedland 39, 296 f., 305 f., 315 f., 321, 324 f., 339 f.
Kleve, Vertrag von 1816 zwischen Preußen und den Niederlanden über Traktatgebiete 73
Knappschaftsrente 20, 211, 437 f.
Koalition *(siehe auch Christlich-Demokratische Union/Christlich-Soziale Union)*
– Alterssicherung der Landwirte 35
– Althausbesitz 263
– Atomare Bewaffnung 17, 255 f.
– Atomgesetz 333
– Beamtenrechtsrahmengesetz 166
– Besoldung von Mitgliedern des Bundesverfassungsgerichts 166
– Bundeshaushalt 252, 267, 274
– Bundestagswahlen, Meinungsumfragen 352, 356
– Bundestagswahlen, Wahlergebnis 44 f., 377
– Bundestagswahlen, Wahlkampf 308 f., 321
– Evakuierte 263

– FDP und Koalitionsfrage 71, 228–230, 319
– Flüchtlinge, Wohnungsbau 263
– Geschlossenheit 71, 247, 435
– Gleichstellung von Angehörigen der Waffen-SS mit der Wehrmacht 301 f., 314
– Grundgesetzänderungen 285, 333
– Jugoslawien, Abbruch der diplomatischen Beziehungen 396
– Kindergeldgesetz 175
– Koalitionsbesprechungen 128, 267, 307, 356
– „Kuchenausschuß" 38, 40
– Luftschutzgesetz 351 f.
– Schiedskommission für den Wahlkampf 308 f.
– Sonderaufträge der ehem. Bundesminister für besondere Aufgaben Kraft und Schäfer 151, 247
– SPD, Große Anfrage zur Atombewaffnung 17
– Strafrechtsänderungsgesetz 165
– USA, unmittelbare Kontakte zur Sowjetunion 435
– Wahlrecht 128
– Wehrbeauftragter des Deutschen Bundestages 302
– Zollsatzsenkung 265, 268
– Zuckersteuergesetz 310
Kobe, Generalkonsulat Osaka-Kobe der Bundesrepublik Deutschland 410
Koblenz
– Amt für Wehrtechnik und Beschaffung 384
– Verlegung des Bundesgesundheitsamtes nach Berlin 76
Koexistenz, friedliche 15, 19, 21–23
Kohle *(siehe auch Bergbau sowie Europäische Gemeinschaft für Kohle und Stahl)*
– Beförderung auf dem Rhein (Abkommen) 311, 358
– Braunkohlevorkommen in Griechenland 326
– Deutscher Kohlenverkauf (DKV) 90
– Einfuhr 158 f., 328
– Lieferung an die Evangelische Kirche in der DDR 80

Sach- und Ortsindex

- Lieferung aus Polen in die Bundesrepublik 203
- Lieferung aus Polen in die DDR 79
- Lieferung von Braunkohle aus der DDR in die Bundesrepublik 79
- Preise 37, 149, 327 f., 390 f.
- Ruhrkohlenbergbau, Unternehmensverband Ruhrbergbau 37, 328, 390
- Saarkohlenbergbau 25 f., 202, 210
- Verkaufsorganisationen 90, 390
- Versorgung 37, 84, 116 f., 158 f., 328
- Versorgung der Stationierungstruppen 37, 84, 158
- Versorgung in der DDR 79 f.

Koks 116 f., 328

Köln
- Annahmestelle der Bundeswehr 385
- Deutscher Ärztetag 305
- FDP-Landesparteitag 231
- Flughafen Köln-Wahn 117

Kolonien siehe Europäische Wirtschaftsgemeinschaft, Assoziierung überseeischer Gebiete

Kommission zur Beratung der Arbeitszeitverkürzung 207

Kommunismus
- Angebliche Anfälligkeit der SPD 42, 230
- Bedrohung der Bundesrepublik 15, 42
- Indischer und „mohammedanischer Schutzwall" 218–220
- Komintern 192
- Stalinismus 203 f.

Kommunistische Partei Deutschlands
- Amnestiegesetz 206 f.
- Frühere Mitgliedschaft Wehners 42, 192
- Wahlkampf, Wahlverhalten 230, 319

Kommunistische Partei Italiens 218

Konditorwaren 187, 437

Konferenzen
- Bonn, NATO-Außenministerkonferenz 18, 237
- Brüssel, EGKS-Regierungskonferenz zur Vorbereitung von EWG und EURATOM 75, 87–109
- Brüssel, EWG-Interimsausschuß 391
- Genf, GATT-Tagung 181, 410
- Genf, Internationale Konferenz über die friedliche Verwendung der Kernenergie 357 f.
- Gipfelkonferenz 442
- London, Abrüstungsverhandlungen 19–22, 140, 193, 276 f., 285, 321
- London, Neunmächtekonferenz 1954 91
- London, WEU-Ratstagungen 189, 192
- Luxemburg, EGKS-Ministerratstagung 390
- Messina 1955 89
- Paris, Außenministerkonferenz 1952 443
- Paris, EGKS-Außenministerkonferenz 26, 155
- Paris, EGKS-Konferenz der Regierungschefs 26, 155
- Paris, NATO-Ratstagungen 16, 18, 22, 189, 413, 421 f., 435 f., 439, 442 f., 446
- Paris, OEEC-Ratstagungen 133, 391 f., 418
- Rom, Europäische Verträge 155 f.
- Straßburg, Stellvertreter der Außenminister des Europarats 410

Konfessionsproporz bei Ernennung von Ministern und Staatssekretären 45 f., 48, 167

Kongo, Belgisch-Kongo 101

Königsteiner Kreis 344

Konjunktur, Konjunkturpolitik 31, 36–38, 43 f., 205, 230, 264 f., 268–270, 392
- Konjunkturpolitische Zollsatzsenkung 37, 187, 268–270, 354 f.

Konkordat siehe Reichskonkordat

Konkurse 389

Konserven 224

Konsumgenossenschaften 188

Korea (Süd), Generalkonsulat und Gesandtschaft der Bundesrepublik Deutschland 310

Körperschaftsteuer, Körperschaftsteuergesetz 38, 166

Kraftfahrer bei Bundesdienststellen 196, 372

Kraftfahrzeuge
- Dienstwagen, Unfallversicherung 345
- Höchstgeschwindigkeit 289 f.
- Höchstzahl im Güter- und Möbelfernverkehr 310, 358, 365 f.
- Kraftverkehrsgewerbe, Kraftfahrzeug-Industrie 371 f.

587

Sach- und Ortsindex

Krankenhäuser, Bau in überseeischen Gebieten 96, 99, 101 f.
Krankenkassen 304
Krankenversicherung 49, 123, 406, 409
– Angleichung in Berlin 405
Kreditanstalt für Wiederaufbau 294
Kriegsauszeichnungen 325
Kriegsfolgenhilfe 315
Kriegsfolgenschlußgesetz, Allgemeines Kriegsfolgengesetz 212, 367, 382
Kriegsopferversorgung 31, 40, 173, 183 f., 201, 210 f., 376, 406
Kriegssachschäden, Kriegssachgeschädigte 32, 106, 125, 169
Kriegsschadenrente 32
Kuala Lumpur, Botschaft der Bundesrepublik Deutschland 354
„Kuchenausschuß" 38, 40
Kulturfonds des Europarats 410
„Kulturpolitik" (Zeitung des Deutschen Saarbundes) 351
Kunst, Berner Übereinkunft zum Schutz von Werken der Literatur und der Kunst 403, 413 f.
Kunsthandel 381

Labour Partei 218
Ladenschlußgesetz 436 f.
Lagerhaltung, steuerliche Begünstigung 184 f.
Landesarbeitsämter
– Berlin 193
– Hessen 115, 167
– Niedersachsen 115, 167
– Nordbayern 129, 238
– Pfalz 238, 418
– Südbayern 115, 129, 167
Landeskundliche Forschungen 373
Landesrundfunkanstalten 436
Landesverratsverfahren 292, 300
Landeswahlleiter 345
Landeszentralbanken 432
Landtagswahlen 378, 381, 391, 414, 422, 435
Landwirtschaft
– Agrarstruktur 34 f., 405
– Alterssicherung der Landwirte 35, 147, 162, 274, 283, 287 f., 346, 348

– Ausgabenentwicklung 146
– Außenhandelsstelle für Erzeugnisse der Ernährung und Landwirtschaft 199
– Bananen 155
– Berufsgenossenschaften 346, 348
– Blumen, Verkauf an Sonn- und Feiertagen 437
– Braugerste 158
– Brotpreise 37, 158, 186–189, 242, 264, 290 f., 321, 429, 439
– Bundesdarlehen zur Alterssicherung 346, 348
– Bundeshaushalt 35, 146, 148, 210 f., 222
– Deutscher Bauernverband 35, 45, 146, 288
– Einfuhren 272
– Einfuhr- und Vorratsstelle für Schlachtvieh, Fleisch- und Fleischerzeugnisse 224
– Einkommensentwicklung 34 f., 146
– Ernteschäden 310, 338 f., 347 f., 355, 359
– ERP-Sondervermögen 124
– Europäische Agrarpolitik 47, 392
– Europa-Ministerium (geplant) 47
– Existenzgefährdung von Landwirten 338 f., 348
– Familienausgleichskasse 173 f.
– Fette 185, 187
– Fleischkonserven 224
– Fleischpreise 187, 224
– Förderungsmaßnahmen 112 f.
– Forschungsgesellschaft für Agrarpolitik und Agrarsoziologie 147
– Freihandelszone 133 f.
– Futtergetreide 158
– Gerste 81, 158
– Gesamtentwicklung 146–148
– Getreide 81, 158, 429
– Getreidelieferungen an Polen 195, 203 f.
– Getreidepreise, -preisgesetz 158, 188, 429
– Grundstücksverkehrsgesetz 405
– Grüner Bericht, Grüner Plan, allgemeine Landwirtschaftspolitik 34 f., 146–148, 162, 210, 222, 251, 268, 287, 291
– Hafer 81

588

- Holzindustrie 354
- Hülsenfrüchte 185
- Kakao 75, 155, 185
- Kindergeldgesetz 173 f.
- Kleinstunternehmen 174
- Konjunkturpolitische Zollsatzsenkung 269
- Landwirtschaftliche Rentenbank 112 f.
- Landwirtschaftskammern 425
- Landwirtschaftsminister der Länder 425
- Lebensverhältnisse 34 f.
- Löhne 35, 78, 146 f.
- Margarinepreise 37, 237 f., 249
- Mechanisierung, Rationalisierung 35
- Mehlpreise 187 f., 234, 242, 249 f., 290 f., 309, 428 f.
- Milch, Milchpreise 147, 162, 437
- Milchviehbestand 162
- Nahrungsmittelpreise 78
- Obst 37, 359 f., 365, 437
- Ölfrüchte 155
- Preise 35, 37, 48, 78, 147, 155, 158, 162, 186–189, 224, 234, 237 f., 242, 249 f., 264, 290 f., 309 f., 321, 355, 360, 428 f., 438 f.
- Produktions- und Qualitätssteigerung 34 f.
- Rationalisierung 35
- Reis 185
- Roggen 158
- Saatgetreide 158
- Saatguthilfe für Ungarn 81 f.
- Schlachtvieh 224
- Sektgrundwein 242, 272
- soziale Sicherung, Sozialpolitik 35, 274
- Steuern, steuerliche Begünstigungen 112, 184 f., 310, 439
- Struktur, Gesetz zur Verbesserung der Agrarstruktur 405
- Südfrüchte 37, 155
- Tee 185
- Traubensaft 242, 272
- Treibstoffversorgung 117
- Unfallversicherungsgesetz 123, 195
- Verbände 35, 45, 146, 288, 428 f.
- Viehbestände 147, 162, 224
- Wein 196, 223, 242, 272, 283, 291, 400
- Wein, Abkommen über Untersuchung und Überwachung mit Italien 419
- Weingesetz 283
- Weinzölle 242, 291
- Weizen, Lieferungen an Polen 195, 203 f.
- Zinsverbilligung 291, 338
- Zölle 37, 155, 242, 272, 290 f., 324, 359 f., 365
- Zucker, Internationales Zuckerabkommen 405
- Zucker, Preise 37, 310, 439
- Zucker, Steuer 210, 310, 439
- Zucker, Subventionierung 210
- Zuckerrüben 310, 338 f., 347 f., 355, 438 f.

Langwellensender, (siehe auch Rundfunk, Sender „Europa I"), Langwellenvertrag 334, 436

Laos, Gesandter der Bundesrepublik Deutschland 410

Lastenausgleich
- Einbeziehung in deutsch-österreichisches Vermögensabkommen 280 f.
- Lastenausgleichsbank 169, 349
- Lastenausgleichsgesetz 32, 125, 248 f., 376

Lastkraftwagen, Abmessungen, Gewichte 371

Lastkraftwagen-Industrie 380 f.

Lebenshaltungskosten 38, 93, 355, 439

Lebensmittelgesetz 316 f., 402

Lebensstandard, Regierungsprogramm 1957 49

Lebensversicherungsrenten 210

Legislaturperiode, Diskontinuität 317, 400–409, 413

Libanon, Gesandtschaft der Bundesrepublik Deutschland 365

Liberalisierungsmaßnahmen (Handel, Wettbewerb) 37, 188, 410

Liberalismus 44

Lichtbilder, Urheberrecht 413

Liegenschaften des Bundes 49, 201

„Lion Noir" (NATO-Stabsrahmenübung) 17, 275

Literatur, Berner Übereinkunft zum Schutz von Werken der Literatur und der Kunst 403, 413 f.

Lohausen, Flughafen Düsseldorf-Lohausen 117
Löhne, Lohnpolitik *(siehe auch Tarifpolitik, Tarifverhandlungen)* 31, 35–38, 146 f., 176, 439
- Backgewerbe 186–188
- Bergarbeiter 327 f.
- Deutsche Bundespost und Bundesbahn 170, 176–178, 207 f., 226
- EWG 93
- Landwirtschaft 35, 78, 146 f.
- Lohnforderungen, Lohnerhöhungen 36, 38, 116, 135, 176–178, 188, 225 f., 230, 360, 389, 429
- Lohnfortzahlung im Krankheitsfall 36, 78, 134
- Lohn-Preis-Spirale 36 f., 177, 187 f.
- Lohnstatistik 111
- Maßhalteappelle 36 f., 286
- Öffentlicher Dienst 35, 170 f., 225 f.
- Saarland 25, 437
- Stillhalteabkommen 37, 205
Lokomotiven 380 f., 388
Lollar siehe *Personenindex: Schneider, Ludwig*
London
- Abrüstungsverhandlungen 19–22, 140, 193, 276 f., 285, 321
- British Broadcasting Corporation (BBC) 21, 433
- Geplante Unterredung Macmillans mit Adenauer 422
- Londoner Schuldenabkommen 27 f., 202
- Neunmächtekonferenz 1954 91
- WEU-(Minister-) Ratstagungen 189, 192
Ludwigshafen, Handball-Länderspiel mit Ungarn 369
Luftfahrtforschung 363 f.
Luftschutz, Luftschutzgesetz *(siehe auch Zivilschutz)* 41, 273, 351 f., 419
Luftverkehr
- Deutsche Lufthansa 115
- Düsenflugplätze in der Bundesrepublik Deutschland 117
- Flughäfen Düsseldorf-Lohausen, Frankfurt/Main, Köln-Wahn 117
- Flughafen Paris 115
- Flughäfen, Beteiligung des Bundes 211

- Luftverkehrsabkommen mit Dänemark, Norwegen und Schweden 115
- Luftverkehrsgesetz 407
Luftverteidigung 436
Lüneburg, Manövergelände 195, 426
Luxemburg
- EGKS-Ministerratssitzung 390
- EWG, Assoziierung überseeischer Gebiete 142, 144
- Landesgericht 152
- Präsident der EWG-Kommission 445
- Reduzierung der britischen Stationierungstruppen in der Bundesrepublik 140
- Sitz der Organe der Europäischen Gemeinschaften 27, 443 f.
Luzern, Galerie Fischer 381

Mailand, Sitz der Organe der Europäischen Gemeinschaften 443
Malaysia, Botschaft der Bundesrepublik Deutschland 354
Manöver, Manöverschäden 195, 424–427
Marburg/Lahn 213
Margarine, Industrie und Preise 37, 237 f., 249
Maria-Theresia-Orden (österreichische Kriegsauszeichnung) 325
Marktwirtschaft 328, 388–391
- Soziale Marktwirtschaft 250 f.
Marokko 103, 142
Maschinen, Maschinenbau 324, 389
Masseur, Berufsordnungsgesetz 402
Maßhalteappelle 36 f., 268
Max-Planck-Gesellschaft 200, 213, 363 f., 415
Medizinische Bademeister, Berufsordnungsgesetz 402
Medizinisch-technische Assistentin, Berufsordnungsgesetz 402
Mehl, Mehlpreise und -subventionierung 187 f., 234, 242, 249 f., 290 f., 309, 428 f.
Meinungsumfragen 44, 255, 352, 356
Meppen, Vertrag von 1824 73
Mercedes, Daimler-Benz AG 388
Messina, Konferenz 89

Sach- und Ortsindex

Metallindustrie *(siehe auch Eisen- und Stahlindustrie)*
– Arbeitszeit 36
– Gesamtverband der metallindustriellen Arbeitgeberverbände 87, 389
– Metallarbeiterstreik in Schleswig-Holstein 36, 71, 78 f., 82, 87, 134
– Überbeschäftigung 389
Mettmann, Ortsklassenverzeichnis Düsseldorf-Mettmann 375 f.
Mietpreise, Mietpreisbindung 34, 160, 190, 233, 262
Mietwohnungsbau 33
Milch
– Milchwirtschaft, Milchpreise 147, 162
– Verkauf an Sonn- und Feiertagen 437
Militärbischof 145
Militärgeneraldekan 146, 386
Militärisches Sicherheitsamt 229
Militär-Maria-Theresia-Orden (österreichische Kriegsauszeichnung) 325
Militärseelsorge 32, 145 f., 233, 246, 386
Mineralöl *siehe Erdöl*
Ministerbesprechungen (der Bundesminister) 162, 319–321, 355, 360
Mitbestimmungsrecht, Bundeswehr 32 f.
Mittelstand, Mittelstandsförderung 46, 49, 85, 124, 150 f., 169, 175 f., 187 f., 246–248, 404
Mittlerer Osten 216 f.
Möbelfernverkehr, Höchstzahl der Kraftfahrzeuge 310, 358, 365 f.
Mol (Belgien) 447
Monaco 334
Monopolausgleich, Heranziehung aufgespriteter Weine 196, 223
Monschau (Kreis) 299
Montanunion *siehe Europäische Gemeinschaft für Kohle und Stahl*
Moskau 23 f., 138, 204, 293, 322, 349
Mühlen 188, 242, 249 f., 309
Mühlenverbände 428 f.
Mülheim (Ruhr), Parteitag des CDU-Landesverbandes Rheinland 422
Müllergaze 401
München 147, 387
Münster/Westf. 194, 379
Münzen
– Bundesmünzen zu 2 DM 185 f.

– Eichendorff-Gedenkmünze 242 f., 249

Naher Osten 70, 121, 216 f., 443
Nahrungsmittel, Preise 78
Nationalfeiertage
– ausländische 250
– Tag der Deutschen Einheit 243
Nationalflagge und Nationalhymne bei Sportveranstaltungen 369
Nationalsozialismus
– Denunziationen 385
– Einstellung von nationalsozialistisch belasteten Offizieren in die Bundeswehr 385
– Gleichstellung von Waffen-SS und Wehrmacht 301 f., 314
– Kriegsopferversorgung 406
– Nationalsozialistische Embleme auf Orden und Ehrenzeichen 359
– Unterwanderung der FDP 230
– Wiedergutmachung nationalsozialistischen Unrechts 74, 322 f., 332, 406
NATO *siehe North Atlantic Treaty Organization*
Naturschutz, Naturschutzparks, Truppenvertrag 424–426
Neckar, Ems-Neckar-Linie (NATO-Strategie) 275
Nepal, Botschafter der Bundesrepublik Deutschland 260
Neu Delhi, Botschafter der Bundesrepublik Deutschland 260
Neujahrsglückwünsche 446, 448
Neunkirchen (Saar), Neunkircher Eisenwerke GmbH 449
Neuport, Galerie in Zürich 381
Neuseeland, Gesandter der Bundesrepublik Deutschland 129
Neutralisierungspolitik 351
„The New Statesman" 227
New York
– Hugo-Stinnes-Corporation 294
– „The New York Herald Tribune" 258
Nichtangriffspakt zwischen NATO und Warschauer Pakt 22, 442
Niederlande
– Atomforschung 92

591

Sach- und Ortsindex

noch: Niederlande
- Ausbau der Bundesautobahn zur niederländischen Grenze (Holland-Linie) 341 f.
- Ausgleichsverhandlungen mit der Bundesrepublik Deutschland 29, 73 f., 341 f.
- Auslandsbonds 73
- Besetzung durch deutsche Truppen während des Zweiten Weltkriegs 73
- EURATOM 92, 143
- EWG 94 f., 142
- Finanzielle Hilfe der Bundesrepublik Deutschland im Rahmen des NATO-Vertrages 295
- Landwirtschaftsministerium 341 f.
- NATO, Beitritt der Bundesrepublik Deutschland 295 f.
- NATO, Vereinbarung über gegenseitige Hilfe im Rahmen des NATO-Vertrages 295, 401
- Präsident der EWG-Kommission 445
- Reduzierung der britischen Stationierungstruppen in der Bundesrepublik 140
- Restitutionsforderungen gegenüber der Bundesrepublik 73
- Rundfunksender Hilversum 341
- Traktatländereien 73
- Verkehrsministerium 342
- Währung 363
- Zölle 105

Niedersachsen
- Amt und Bundesanstalt für Bodenforschung, Verwaltungsabkommen 373 f.
- Bundesleistungsgesetz 424–426
- Bundestagswahlkampf, Wahlabsprachen zwischen CDU und DP/FVP 229, 319
- DP-Wahlergebnis 44
- Ernteschäden 310, 338 f., 348
- Konkordatsurteil 197 f.
- Kultusminister 363
- Landesarbeitsamt 115, 167
- Landtagswahlen 378
- Manövergelände 424–426
- Mehrleistungen aus Bundeshaushalt 211
- Ministerium für Vertriebene, Flüchtlinge und Kriegsgeschädigte 302

- Niedersachsen-Klausel im Truppenvertrag 424–426
- Regierungskrise und -umbildung 400, 422, 435
- Schulgesetz 198
- Verschuldung 231
- Zuckerrübenanbau 310, 348

Nobelpreis, Friedensnobelpreis 166 f.
Nobelpreisträger (Göttinger Erklärung) 17, 236
Nordrhein-Westfalen
- Arbeits- und Sozialminister 134, 389, 393
- Arbeitszeit im öffentlichen Dienst 359
- Belgien, Ausgleichsvertrag 310
- Bundesbankgesetz 329
- CDU 46 f.
- CDU, Landesverband Rheinland 383, 422
- CDU, Landesverband Westfalen-Lippe 383
- CDU, Landtagsfraktion 383
- Ernährungs-, Landwirtschafts- und Forstminister 422
- Ernteschäden 310, 338
- FDP 230 f., 422
- Finanzminister 422
- Flüchtlinge und Spätaussiedler, Unterbringung, Notaufnahme 139, 392 f.
- Flughafen Köln-Wahn 117
- Kultusminister 422
- Landtagswahlen 1958 378, 414, 422
- Ministerpräsident 117, 321, 422
- Oberländers Vortrag vor der Landesregierung 392
- Parteitag des CDU-Landesverbandes Rheinland in Mülheim (Ruhr) 422
- Regierung, Regierungswechsel 1956 71, 392, 422
- Wirtschaftsminister 422
- Zuckerrübenanbau 310, 338

Normenkontrollklagen 241, 374 f.
North Atlantic Treaty Organization (NATO)
- Abrüstung, Abrüstungsverhandlungen 237, 285, 321, 443
- Atomrüstung 15–19, 21, 237, 275
- Außenministertagung in Bonn 18, 237

Sach- und Ortsindex

- Bundesrepublik Deutschland
- – Austrittsforderung der SPD 43, 422
- – Beitritt 1955 15, 83
- – Deutschlandfrage 20 f., 237
- – Jahreserhebung 1957 19, 420
- – NATO-Vertrag 83, 202, 295 f., 344, 401, 431
- – Reduzierung der britischen Stationierungstruppen 18 f., 140, 189
- – Sicherheitsbedürfnis und Stellung im Bündnis 25, 42, 49 f., 121, 254, 259
- – Stationierungskosten 295, 343 f.
- – Truppenstatut 83, 85, 423–428
- – Verteidigungsbeitrag 19, 39, 83 f., 375, 380
- COMLANDCENT (Befehlshaber der Landstreitkräfte Europa-Mitte) 119
- COSMIC (Geheimhaltungsgrad) 131 f.
- Dritte Welt, Wirtschaftsoffensive 443
- Entspannungsbemühungen 435
- Forschung 436
- Gegenseitige Finanz- und Wirtschaftshilfe im Rahmen des NATO-Vertrages 202, 295 f., 344, 401, 431
- Island 335, 386
- Jahreserhebung 1957 19, 420
- Naher Osten 443
- NATO-Rat, Ratstagungen 16, 18 f., 22, 189, 413, 421 f., 431, 435 f., 439, 442 f., 446
- Nichtangriffspakt mit dem Warschauer Pakt 22, 442
- Oberbefehlshaber in Europa 19, 119, 192, 267
- Radford-Plan 16
- Reduzierung der britischen Stationierungstruppen in der Bundesrepublik 18 f., 140, 189
- SACEUR (Oberbehlshaber in Europa) 19, 119, 192, 267
- Sportverkehr der NATO-Staaten mit Ungarn 368
- Stabsrahmenübung „Schwarzer Löwe/Lion Noir" 17, 275
- Strategie, Verteidigungsplanungen 16 f., 140, 189, 275, 394, 420
- Truppenstatut 83, 85, 423–428
- Waffentechnische Entwicklung 16, 436

Norwegen
- Europäische Freihandelszone 392
- Luftverkehrsabkommen 115

Notaufnahmegesetz und -verfahren 34, 127, 139 f., 392 f.
Notstandsgebiete 342 f., 354
Nuntiatur, apostolische Nuntiatur 246
Nürnberg
- Adenauers Wahlkampfrede auf dem CSU-Wahlkongreß 42, 320 f.
- Bundesbahndirektion 379
- Oberbürgermeisterwahl 435

Oberbundesanwalt bei dem Bundesgerichtshof 130
Oberfinanzdirektion Münster 379
Oberfinanzpräsidenten 379
Oberschlesien 203
Oberstes Rückerstattungsgericht 159
Obst
- Preise 360
- Verkauf an Sonn- und Feiertagen 437
- Zölle 37, 359 f., 365

Oder-Neiße-Linie *(siehe auch Ostgebiete)* 24, 127, 186, 229, 378
Oetker (Firma) 388
Offenbach, Bundesmonopolamt für Branntwein 409
Öffentliche Gewalt, Zwangsausübung 402
Öffentlicher Dienst *(siehe auch Angestellte, Beamte, Besoldung, Bundesbedienstete*
- Arbeitszeitverkürzung, 45-Stunden-Woche 36, 208, 225 f., 299, 359, 438
- Besoldungsrechtliche Übergangsmaßnahmen für Bundesbeamte im Saarland 25, 335 f., 448
- Besoldungsrechtsreform 36
- Ernennung von Bundestagsabgeordneten zu Beamten 379
- Kindergeldgesetz 173
- Löhne und Gehälter 35 f., 170 f., 225 f.
- Tarifverhandlungen 35, 170 f., 176–178, 225 f.
- Weihnachtsgeld 452
- Zuständigkeit des Bundesministeriums des Innern 48 f.

Öffentliches Dienstrecht, Zuständigkeit der Bundesministerien des Innern und der Finanzen 221
Offiziere, politische Betätigung 118
Öl *siehe Erdöl und Heizöl*
Öl, Rapsöl 238
Ölfrüchte 155
Ölgesellschaften 117
Omnibustarife 36, 205 f., 214, 225, 231 f.
Opposition *(siehe auch einzelne Parteien)*
– Atomare Bewaffnung 254 f.
– Berlinpolitik 43
– Besoldung von Mitgliedern des Bundesverfassungsgerichts 166
– Bestechungsaffären im Amt für Wehrtechnik und Beschaffung 384
– Bundesbankdirektorium 300
– Bundeshaushalt, Ausgabeanträge 213
– D-Mark-Aufwertung 362
– Kohlepreise 37
– Konjunkturpolitische Zollsatzsenkung 268
– Luftschutzgesetz 273, 352
– Richtergesetz 139
– Sozialer Wohnungsbau 160
– Wahlkampfkonzept 42 f.
– Wehrpflicht 256
– Wissenschaftsrat 329 f.
Orden 325, 359
Organization for European Economic Cooperation (OEEC) 103, 229, 237, 314
– Ausschuß und Arbeitsgruppen zur Bildung einer Freihandelszone 133 f., 391 f.
– Diskontermäßigung der Bank deutscher Länder 337
– Diskriminierungsbeschränkungen 392
– Einfuhr-Liberalisierung 410
– EURATOM 418
– Europäische Freihandelszone 94, 97, 133 f., 143 f., 391 f.
– Europäische Kernenergie-Agentur, Europäische Gesellschaft für die chemische Aufbereitung bestrahlter Kernbrennstoffe (Eurochemic) 418, 447
– EWG 144
– Frankreich, Kreditwesen 429 f.
– Friedliche Nutzung der Atomenergie 418, 447

– Gläubigerposition der Bundesrepublik Deutschland 27–29, 311, 324, 337
– Konjunkturpolitik 392
– Ministerausschuß 133 f., 391 f.
– Ministerratstagungen 133, 391 f., 418
– Skandinavische Staaten 392
– Staatssekretärsausschuß 392
– Vertretung der Bundesrepublik Deutschland 48
– Währungspolitik 292
– Zahlungsbilanzen, Zahlungsbilanzausgleich 27, 29, 392
– Zuständigkeit des Auswärtigen Amtes 48
Ortsklassenverzeichnis 375 f.
Osaka, Generalkonsulat Osaka-Kobe der Bundesrepublik Deutschland 410
Ost-Ausschuß *siehe unter Ostgebiete*
Ostblockstaaten 15, 17, 24, 33 f., 70, 121, 127, 203 f., 216 f., 395, 418
– Geheimschutzmaßnahmen der Bundesrepublik 131
– Gewaltverzichts- und Verständigungspolitik 50
– Sportverkehr 368 f.
– Stundung von Staatsschulden 418
Österreich
– Anschluß an das Deutsche Reich 1938 279
– Einbeziehung in die Lastenausgleichsregelung der Bundesrepublik 280 f.
– Orden, Kriegsauszeichnungen 325
– Saatguthilfe für Ungarn 81 f.
– Sportverkehr mit Ostblockstaaten 369
– Staatsvertrag 1955 29, 278 f.
– Ungarn-Flüchtlinge 119
– Vermögensverhandlungen der deutsch-österreichischen Gemischten Kommission 29, 274, 278–281
– Vertriebene 281
Ostgebiete 121, 127, 186, 203
– Ost(gebiete)-Ausschuß, Ost-Kommission der Bundesregierung 128, 203 f., 230
– Spätaussiedler, „zweite Vertreibung" 119, 127 f., 139, 170, 253, 305, 344, 349 f.
Ostpolitik *(siehe auch Ostblockstaaten)*, Grundzüge und Grundsatzdebatte 418

594

Pakistan
- Besuch Blüchers, deutsche Wirtschaftshilfe 41, 209
- „Schutzwall gegen den Kommunismus" 219

Panama, Gesandtschaft der Bundesrepublik Deutschland 354

Papierindustrie 168, 185

Paraguay, Nationalfeiertag 250

Paris
- Außenministerkonferenz 1952 443
- EGKS-Konferenzen der Regierungschefs und Außenminister 26, 155
- Europäisches Abkommen über die Gleichwertigkeit der Studienzeiten an den Universitäten 216
- Europäisches Währungsabkommen 220
- Flughafen 115
- NATO-(Minister-) Ratstagungen 16, 18, 22, 189, 413, 421 f., 435 f., 439, 442 f., 446
- OEEC-(Minister-) Ratstagungen 133, 391 f., 418
- Pariser Verträge 15, 85
- Sechsmächteabkommen 1949 131
- Vertretung der Bundesrepublik Deutschland bei der OEEC 48

Parteien (siehe auch einzelne Parteien, Koalition und Opposition)
- Ausgabewünsche an den Bundeshaushalt 177
- Bundestagswahlen 169
- Kindergeldgesetz 175
- Liberalismus 44
- Politische Betätigung 118
- Regierungserklärungen vor dem Bundestag 116
- Tarifverhandlungen im öffentlichen Dienst 176
- Wahlkampf in Kasernen 326
- Zweiparteiensystem 44

Paulskirchenmanifest 255 f.

„Pax atomica" (zwischen USA und Sowjetunion) 19, 21, 145, 217

Pensionskasse deutsche Eisenbahn 211

Persien siehe Iran

Personalbeschlüsse, Stellenbesetzungen 72, 109, 115, 120, 129, 146, 156 f., 167 f., 179, 186, 193, 199, 220, 232 f., 238, 245, 259, 278, 286, 300, 309, 322, 331, 342, 354, 357, 364 f., 372, 379, 384–386, 409, 412, 417, 423, 433, 447

Personalgutachterausschuß für die Streitkräfte 182, 301, 409

Personengesellschaften, Umwandlung von Kapitalgesellschaften 195

Personenkraftwagen, Höchstgeschwindigkeit 290

Personenstandsgesetz 138 f.

Personenverkehr (siehe auch Deutsche Bundesbahn und Verkehr)
- Beförderung von Personen zu Lande, Gesetz 407
- Omnibustarife 36, 205 f., 214, 225, 231 f.

Petersberger Abkommen 229

Pfalz, Landesarbeitsamt 238, 418

Photographie, Urheberrecht 413

Physik 364

Pipelines 219

Plattling, Rede Schäffers 332

Polen (siehe auch Oder-Neiße-Linie und Ostgebiete)
- Anerkennung der Oder-Neiße-Grenze durch Jugoslawien 24, 378
- Außenhandel mit der Bundesrepublik Deutschland 195, 203, 345
- Besuch Gomulkas in Jugoslawien 378
- Deutsche Spätaussiedler insbes. aus den Oder-Neiße-Gebieten 119, 127 f., 139, 170, 253, 305, 349 f., 393
- diplomatische Beziehungen zur Bundesrepublik Deutschland 396
- Getreide-(Weizen-) Lieferung der Bundesrepublik 195, 203 f.
- Grenzen mit Deutschland (siehe auch Oder-Neiße-Linie) 24, 229
- Handelsabkommen mit der DDR 24
- Katholische Kirche 204
- Kohlenlieferung in die Bundesrepublik 203
- Kohlenlieferung in die DDR 79
- Kolchosen 204
- Lage 127
- Politische Lage 127, 203 f.
- Posener Aufstand, Oktober-Ereignisse 1956 70
- Rotkreuzabkommen mit der Bundesrepublik Deutschland 127
- Staatsschulden 418 f.

Sach- und Ortsindex

noch: Polen
- Wirtschaftshilfe der Bundesrepublik 345, 418 f.
Politische Lage (Überblick) 276–278, 285 f., 377 f.
Polizei
- Bereitschaftspolizeien der Länder 354
- UNO-Polizeitruppe am Suez-Kanal 167
Port Said 70
Portugal 211
Postwurfsendungen (Wahlkampf) 326
Potsdamer Beschlüsse 1945 378
Präsidialrat der Luftfahrtforschungsanstalten 363 f.
Preis- und Lohnstatistik, Fachausschuß des Statistischen Bundesamtes 111
Preise, Preispolitik
- Backwaren 188
- Bauwirtschaft 34
- Bergbau 327 f.
- Braugerste 158
- Brot 37, 158, 186–189, 242, 264, 290 f., 321, 429, 439
- Eisen und Stahl 37, 77
- Fette 187
- Fleisch 187, 224
- Futtergetreide 158
- Gerste 158
- Getreide 158, 188, 429
- Heizöl 117, 390 f.
- Industriegetreide 158
- Kaffee 37, 360, 367
- Kakao 155
- Kleingebäck 188
- Kohle 37, 149, 327 f., 390 f.
- Landwirtschaft 35, 37, 48, 78, 147, 155, 158, 162, 186–189, 224, 234, 237 f., 242, 249 f., 264, 290 f., 309 f., 321, 355, 360, 428 f., 438 f.
- Lohn-Preis-Spirale 36 f., 177, 187 f.
- Margarine 37, 237 f., 249
- Maßhalteappelle 36 f., 268
- Mehl 187 f., 234, 242, 249 f., 290 f., 309, 428 f.
- Milch 147, 162
- Nahrungsmittel 78
- Obst 360

- Ölfrüchte 155
- Preisentwicklung, Preiserhöhungen 34, 36–38, 43, 186–188, 205, 230 f., 264 f., 268–270, 288, 311, 323 f., 328, 355, 362
- Preisrecht 440
- Preisstabilität, Preisstop 37, 178, 187, 205, 224, 264 f., 268–270, 288, 290 f., 362
- Rohstoffe 249
- Saatgetreide 158
- Stillhalteabkommen 37, 205
- Südfrüchte 37, 155
- Zeitungen 168
- Zucker 37, 310, 439
- Zuckerrüben 355, 438 f.
Preisstatistik, Gesetz 405
Preiswucher, Gesetz 116
Presse- und Informationsamt der Bundesregierung
- EWG-Verträge 156
- Gemeinsame Geschäftsordnung der Bundesministerien 129 f.
- Kraftfahrer 196
- Notenwechsel mit der Sowjetunion 322
- Personalbeschlüsse 109, 220, 300, 354, 412
- Wahlkampf 71, 353
Presse- und Informationsdienst Berlin 300
Presse, Presseberichterstattung
- Ärzte, Gebührenordnung (Preugo-Mindestsätze) 305
- Deutschlandfrage 393 f.
- Gemeinsame Geschäftsordnung der Bundesministerien 129 f.
- Iller-Unglück 286
- Kennans Vortragsserie 21
- Metallarbeiterstreik in Schleswig-Holstein 79
- Wirtschaftshilfe für Polen 419
Pressegesetzgebung 353
Pressekonferenzen 127, 130, 136, 156, 192, 198, 219, 236, 258, 276, 359, 363, 384, 396, 434, 453
Pressepolitik, Informationswesen 129 f., 259
Preußen
- Stiftung Preußischer Kulturbesitz 216

596

– Verbindlichkeitsregelungen, Kriegsfolgenschlußgesetz 367
– Vertrag von Kleve 1816 mit den Niederlanden über Traktatgebiete 73
Preußische Gebührenordnung (Preugo) für Ärzte und Zahnärzte 304 f., 308
Princeton University 21, 394
Produktionsmittel, Miteigentum 49
Produktivitätssteigerung 49, 177
Protestbewegung gegen die atomare Bewaffnung der Bundeswehr 22, 255

Quandt-Gruppe 388

Radford-Plan 16, 19 f.
Radioaktivität 16
Raketenforschung 442
Raketenrüstung, Raketentechnik *(siehe auch Atomwaffen)* 18 f., 442
Rangun, Gesandtschaft der Bundesrepublik Deutschland 245
Rapacki-Plan 21 f.
Rapallo-Vertrag 236
Rapsöl 238
Rastatt, Oberstes Rückerstattungsgericht 159
Rationalisierungserhöhung 324
Raumfahrt, Raumfahrtforschung 364, 442
Raumordnung 160
Rechenmaschinen 354
Rechtsanwälte, Kindergeldgesetz 175
Rechtsprechungsministerium, geplante Errichtung 139
Rees, Wahlkreis Dinslaken-Rees 73
Regensburg, Bundesbahndirektion 379
Reichsarbeitsgericht 135
Reichsbank, Liquidationsgesetz 314, 404
Reichsgesetz über die Presse 1874 353
Reichsgrenzen von 1937, Reichsgebiet 170, 229
Reichshaushaltsordnung 110
Reichskonkordat
– Konkordatsurteil des Bundesverfassungsgerichts 197 f., 216
– Militärseelsorgegesetz 246
Reichsmark, Freigabe von Reichsmark-Wertpapieren 73

Reichstagsgebäude 211
Reinbek bei Hamburg, Bundesforschungsanstalt für Holz- und Forstwirtschaft 354
Reis, Steuerbegünstigung 185
Remagen, Bundesanstalt für Landeskunde 373
Renten
– Alterssicherung der Landwirte 35, 147, 162, 274, 283, 287 f., 346, 348
– Ausgleichsrenten 184, 376
– Bundesversorgungsgesetz 183 f., 201
– Elternrente 183
– Knappschaftsrenten 30, 211, 437 f.
– Kriegsopfer 183 f., 210
– Lastenausgleichsgesetz 376
– Pensionskasse deutsche Eisenbahn 211
– Produktivitätsrenten 149
– Rentenanpassung 149
– Witwen- und Waisenrenten 30, 123, 183
Rentenreform, Rentenversicherungsgesetze 29–32, 40, 133, 149, 173, 229, 231, 437 f.
– Einführung im Saarland 243, 261 f., 437
Rentner, steuerbegünstigter Wohnungsbau 376
Reutlingen, Schwimmwettkampf mit ungarischen Teilnehmern 369
Rhein
– Fischbestand, Lärmbekämpfung 290
– Frachten und Beförderungsbedingungen auf dem Rhein, Abkommen 311, 358
– NATO-Strategie 17, 189, 275
Rheinland-Pfalz
– Landesarbeitsamt Pfalz 238, 418
– Saargrenzgürtel 342 f.
Richter
– Besatzungsrecht, Gleichstellung mit Beamten 110
– Besoldung, Bezüge 35, 165 f.
– Bundesverfassungsgericht 166, 220–222
– Deutsches Richtergesetz 110, 138 f., 220–222, 403
– Dienstgericht in Disziplinarsachen der Richter 220–222
Roggen, Lieferprämien 158

Rohstoffe, Preise 249
Rom
– Botschaft der Bundesrepublik Deutschland 168
– Römische Verträge (EURATOM und EWG) 26, 155 f., 193, 218, 232, 332 f.
Rourkela (Stahlwerk in Indien) 218, 450
Rückwanderer *siehe Aussiedler, Spätaussiedler*
Ruhrbehörde 229
Ruhrbergbau, Unternehmensverband 37, 328, 390
„Ruhreisenstreit" 135
Ruhrgebiet, Streiks 1928/1929 134 f.
Ruhrkohlenbergbau 37, 328, 390
Ruhrkohleverkaufsgesellschaften 90, 390
Rundfunk
– Kurzwellen- und Langwellenvertrag 436
– Landesrundfunkanstalten 436
– Neuordnung des Rundfunkwesens 435 f.
– Saarländischer Rundfunk 334, 379
– Sender „Europa I" 259, 311, 334 f., 366
– Sender Hilversum 341
Rüstung *siehe Atomwaffen, Abrüstung sowie Bundeswehr, Aufbau, Auf- und Ausrüstung und unter Sowjetunion*
Rüstungsaufträge, Rüstungskäufe
– Bestechungsfälle im Amt für Wehrtechnik und Beschaffung 384
– Firma Henschel 388
– in der Türkei 224
– in Griechenland 325 f.
– in Großbritannien 27 f., 83, 431
– Kraftfahrzeugbau 371
„Rüstungssteuer" 380

Saarbrücken
– Gemischter deutsch-französischer Gerichtshof 25, 152, 239, 246, 331, 447
– Oberlandesgericht 246
Saarbund *siehe Deutscher Saarbund*
Saarland, Saarfrage
– Besoldungsrechtliche Übergangsregelungen, Angleichung der Gehälter 25 f., 335 f., 448
– Betriebsrätewahlen 449

– Bevollmächtigter des Saarlandes beim Bund 437
– Bundesbeamte *siehe – besoldungsrechtliche Übergangsregelungen*
– Bundesrecht, Bundesgesetze, Einführung, 75 f., 124 f., 153, 199, 246, 262, 322 f.
– Deutsche Dienststelle beim Gemischten Gerichtshof 246
– Deutscher Saarbund 351
– Eingliederung, Saarvertrag, Saareingliederungsgesetz 15, 25 f., 113, 121, 123–125, 152, 199, 202, 240, 246, 262, 322 f., 331, 335 f., 351, 447 f.
– Familienzulagengesetz 173
– Gemischter Ausschuß für Eisenbahnfragen 123 f.
– Gemischter (deutsch-französischer) Gerichtshof in Saarbrücken 25, 152, 239, 246, 331, 447
– Gerichtshof der französisch-saarländischen Union 331
– Interministerieller Saarausschuß 76
– Kindergeldgesetz 173
– Landesregierung 113, 262
– Lohnsystem 437
– Ministerpräsident 262
– Renten, Rentenversicherung, sozialer Besitzstand 243, 261 f., 437
– Rundfunksender „Europa I" 259, 311, 334 f., 366
– Saarbergbau, Saarbergwerke AG 25 f., 202, 210
– Saargrenzgürtel 342 f.
– Saargruben-Aktiengesellschaft 202
– Saarklauseln 75 f., 124 f., 153, 199, 246
– Saarländische Fernseh AG 334
– Saarländischer Rundfunk AG 334, 379
– Sonderstellung in Finanzfragen 437
– Vertretung saarländischer Arbeitnehmer im Beratenden Ausschuß der Hohen Behörde der EGKS 449
– Wahlkampf 319
– Währungsumstellung 323
– Wiedergutmachungsgesetzgebung 322 f.
– Wirtschaftslage 449
– Zusammenschluß von CVP und CSU 319
Saatgetreide 158

Sach- und Ortsindex

Saatguthilfe für Ungarn 81 f.
SACEUR (NATO, Oberbefehlshaber in Europa) 19, 119, 192, 267
Sahara, Ölvorkommen 144
Satellitenstaaten *siehe Ostblockstaaten*
Sattelschlepper 372
Schatzanweisungen des Bundes 303
Scheidemünzen, Gesetz 185
Schiedssprüche (bei Streiks) 135
Schienenverkehr *(siehe auch Deutsche Bundesbahn und Eisenbahnen)*, Verlagerung von der Straße 358
Schiffahrt
– Bundeswasserstraßen 374 f., 407
– Jugendarbeitsschutzgesetz 449
– Konkurrenz des Straßengüterverkehrs 358
– Niederlassungs- und Schiffahrtsvertrag mit Frankreich 261 f.
– Rhein 290
– Rhein, Frachten und Beförderungsbedingungen, Abkommen 311, 358
– Seeschiffahrtsvertrag mit der Sowjetunion 1958 23
Schlesien 203, 242
Schleswig-Holstein
– Brotpreise 291
– Landtagswahlen 1958 378
– Lohnerhöhungen im Backgewerbe 186 f.
– Mehrleistungen aus Bundeshaushalt 211
– Metallarbeiterstreik 36, 71, 78 f., 82, 87, 134
– Minister für Wirtschaft und Verkehr 187
Schmuckindustrie, Gablonzer 354
Schuhe 324
Schulden
– ausländische 418
– Auslandsschulden, Londoner Schuldenabkommen 27 f., 83, 202
Schuldverschreibungen
– Landwirtschaftliche Rentenbank 112 f.
– Steuerbegünstigung von Kapitalansammlungsverträgen 180 f., 190
Schulen, Schulwesen *(siehe auch Hochschulen, Ingenieurschulen)*
– Christliche Gemeinschaftsschule 197

– Konkordatsurteil 197 f.
– Schulbau in überseeischen Gebieten 96, 102
– Schulstreik in Bad Godesberg 321
„Schwarzer Löwe" (NATO-Stabsrahmenübung) 17, 275
Schweden
– Adenauer-Reise 384
– Fall Wehner 192
– Freihandelszone 392
– Luftverkehrsabkommen 115
Schweiz
– Abkommen über Zollbehandlung von Müllergaze 401
– Deutsches Vermögen 211, 278
– Entschädigungsansprüche, Galerien in Luzern und Zürich 381
– Sportverkehr mit Ostblockstaaten 369
Schwermaschinenbau 389
Schwimmsport, Veranstaltung mit ungarischen Teilnehmern 369
Seeschiffahrt *siehe Schiffahrt*
Sektgrundwein 242, 272
Selbstbestimmungsrecht, Südtirol 351
Selfkant-Gebiet 73
Seoul, Generalkonsulat und Gesandtschaft der Bundesrepublik Deutschland 310
Sibirien, Heimkehrer 305
Siemens-Schuckert-Werke 415
Skandinavische Staaten, Freihandelszone 392
Soldaten *(siehe auch Bundeswehr)*
– Berufssoldaten 121
– Gleichstellung mit Beamten 110
– Politische Betätigung 112, 118
– Soldatengesetz 118, 179, 301
– Vertrauensmänner 32 f., 179
– Wahlkampf in Kasernen 321, 326
– Weihnachtsgeld 452
– Zeitsoldaten 121
Soltau, Manövergelände 195, 426
Sonntagsarbeit 31, 225, 233 f.
Sonntags-Warenverkauf 436 f.
Sowjetische Besatzungszone *siehe Deutsche Demokratische Republik*
Sowjetunion
– Abrüstung, Abrüstungsgespräche 19 f., 22, 140, 193, 255, 285, 434, 442

599

noch: Sowjetunion
- Ankauf von westlichen Konsumgütern 203
- Bulganin-Briefe und -Noten an westliche Staaten 18, 137 f., 155, 231, 236, 442
- Bundesrepublik Deutschland
-- Adenauer-Besuch 1955 127
-- Atomare Aufrüstung 237
-- Beziehungen 22–24, 121
-- Botschaft/Botschafter der Bundesrepublik Deutschland in Moskau 137, 281
-- Botschaft/Botschafter der Sowjetunion in Bonn 137 f., 236
-- Handels-, Kultur- und Konsularabkommen 23 f., 281, 293, 322
-- Heimkehrer aus Sibirien 305
-- Notenwechsel 18, 137 f., 155, 231, 236 f., 281, 322, 442
-- Remilitarisierung 23
-- Repatriierung 23, 139, 231, 281, 306, 322, 349, 369
-- Sowjetische Bedrohung 15, 17
-- SPD 42
-- Sportverkehr 369
-- Wiedervereinigung siehe – Deutschlandfrage, Deutschlandpolitik
-- Wirtschaftsverhandlungen 231, 322
- DDR, Besatzungstruppen in der DDR 204
- DDR, Verständigung mit Bundesrepublik Deutschland 23
- Deutschlandfrage, Deutschlandpolitik 18, 21, 23, 138, 231, 277
-- Zweistaatentheorie 231
- Deutschlandkonferenz 277
- Entspannungspolitik 15, 272, 442
- Frankreich, Haltung in der Suez-Krise 19
- Friedliche Koexistenz 15
- Gipfelkonferenz 442
- Goldpolitik 203
- Großbritannien, Bulganin-Brief 236
- Großbritannien, Haltung in der Suez-Krise 19
- Interkontinentalraketen 442
- Islamische Staaten als „Schutzwall" gegen den Kommunismus 219

- Ministerium für Auswärtige Angelegenheiten 281
- NATO, Nichtangriffspakt zwischen NATO und Warschauer Pakt 442
- NATO, Rüstung 442 f.
- Ostblockstaaten, politische und wirtschaftliche Lage 127, 204
- Rüstung, Raketenrüstung 18, 203, 442
- Schauprozesse 1936–1938 423
- Sputnik 1 und 2 18, 442
- Suez-Krise 19, 70
- Truppenrückzug in Mitteleuropa 434
- Ungarn-Aufstand 15, 43, 70, 368
- USA, Verständigung, „Pax atomica" 19, 21, 70, 145, 217, 259, 320 f., 434 f.
- Weltraumforschung 18, 442

Sozialdemokratische Partei Deutschlands (siehe auch Opposition)
- Abrüstung 239, 434
- Atomare Bewaffnung der Bundeswehr 17 f., 43, 239, 245, 254–256
- Atomgesetz 333
- Außenpolitische Konzeption 422
- Bayern, Regierungskoalition 387
- Berlin, Hauptstadtfunktionen 121, 129
- Berlin, Verlegung von Bundesdienststellen 129
- Berlinpolitik 43
- Bestechungsaffären im Amt für Wehrtechnik und Beschaffung 384
- Boykott eines Empfangs Adenauers durch SPD-Ministerpräsidenten 42, 320 f.
- Bundesbankdirektorium 300
- Bundeshaushalt, Ausgabenpolitik 226
- Bundestagsabgeordnete, Ernennung zu Beamten 379
- Bundestagswahlen
-- Meinungsumfragen 44, 352
-- Wahlergebnis 44, 377
-- Wahlkampf 41–43, 70, 228, 308, 319–321
-- Wahlprogramm 320
- Bundesversorgungsgesetz 201
- DDR 42
- Deutschlandfrage, Deutschlandpolitik 43, 217, 229, 394, 422
- Einkommensentwicklung 43
- Entspannungspolitik 434

- EWG, Europäische Integration 229, 445
- Fall Agartz 42, 446
- Fall Wehner 42
- Flüchtlingslager 350
- Hamburg, Bürgerschaftswahlen 422
- Henschel-Werke, Sanierung 388
- Inflationsgefahr 36 f.
- Jugendarbeitsschutzgesetz 448
- Koalitionsfrage nach den Bundestagswahlen 228 f.
- Kohlepreise 37
- Kommunismus, angebliche Anfälligkeit und Unterwanderung 42, 230
- Konkordatsurteil 198
- Kriegsopferversorgung 183 f.
- Landtagswahlen 435
- Luftschutzgesetz 352
- Metallarbeiterstreik in Schleswig-Holstein 71
- Mitglieder des Deutschen Saarbundes 351
- NATO-Austritt der Bundesrepublik Deutschland 43, 70, 319, 422
- NATO-Stabsrahmenübung „Schwarzer Löwe" 17
- Niedersachsen, Regierung 231
- Nordrhein-Westfalen, Regierung 422
- Notaufnahmeverfahren 127
- Omnibustarife 214
- Paulskirchenmanifest 255 f.
- Petersberger Abkommen 229
- Princeton-Tagung 394
- Regierungsbildung nach den Bundestagswahlen 228
- Richtergesetz 139
- Sicherheitskonzept 22, 43
- Sowjetunion 42
- Sozialer Wohnungsbau 160, 180
- Sozialpolitik 43
- Strafverfolgung von Verwaltungsangehörigen der Bundesministerien 165
- Untergang Deutschlands und nationales Unglück bei SPD-Wahlsieg 42, 70
- Unterrichtung des Außenpolitischen und Verteidigungsausschusses des Bundestags 422
- USA, Kontakte mit der Sowjetunion 434
- USA, Ollenhauer-Besuch 42, 217, 228

- Verstaatlichungen 43
- Wahlkongreß in Dortmund 41, 308
- Wehrbeauftragter des Bundestags 302
- Wiederbewaffnung 32
- Wiedervereinigung 217, 229, 422
- Wirtschaftspläne 228
- Zinn, Kanzlerkandidatur 228

Sozialdemokratische Partei Italiens 218
Soziale Marktwirtschaft 250 f.
Sozialer Wohnungsbau siehe unter Wohnungsbau
Sozialgerichtsgesetz 406
Sozialistische Einheitspartei Deutschlands
- Bundestagswahlkampf 319
- Fall Agartz 216, 230
Sozialistische Internationale, Kongreß in Wien 320
Sozialistische Partei Italiens 218
Sozialistische Reichspartei 230
Sozialpolitik (siehe auch Renten, Kriegsopferversorgung, Jugendarbeitsschutzgesetz, Kindergeldgesetz, Versicherungen) 29–35, 40, 42 f., 49, 212, 272
- Soziale Harmonisierung in der EWG 26 f., 93 f., 96 f., 100, 106, 142
- Sozialgesetzgebung 29–32
Sozialprodukt 38, 350
Sozialrat der EWG 106 f.
Sozialreform (siehe auch Rentenreform) 49, 123
Sozialversicherung 376, 405 f.
- Angleichung in Berlin 405
Sozialversicherungsträger, Ärzte-Gebührenordnung 304
Sozialwissenschaften 216
Spanien, Außenhandelsüberschüsse der Bundesrepublik Deutschland 223
Spareinlagen, Verzinsung 338
Spätaussiedler siehe Aussiedler, Spätaussiedler
„Der Spiegel" 379
Sport
- Bundeshaushalt 211
- Verkehr mit Ungarn und anderen Ostblockstaaten 368 f.
Sprachforschung, Deutscher Sprachatlas 213

Sach- und Ortsindex

Sputnik 1 und 2 442
Staatssekretäre 48, 131, 156, 167, 267, 314, 392, 412, 423, 450
Stahlindustrie *(siehe auch Metallindustrie)* 37, 77, 225
– Frachten und Beförderungsbedingungen auf dem Rhein, Abkommen 311, 358
– Indisches Stahlwerk Rourkela 450
– Sonntagsarbeit 225
Stalinismus 203 f.
Stationierungskosten 27 f., 82–85, 140 f., 184, 202, 210, 212, 271, 295 f., 343 f., 427, 431
Stationierungstruppen *(siehe auch Truppenvertrag)*
– Beschlagnahmungen 391
– Finanz- und Dienstleistungsanforderungen 424 f.
– Freigabe des Flughafens Köln-Wahn 117
– Manöver, Manöverschäden 195, 425 f.,
– Räumungsklagen deutscher Hausbesitzer 391
– Reduzierung in der britischen Zone 18 f., 25, 84, 140 f., 189, 192 f.
– Unterhalt 431
Statistik
– Finanzstatistik, Gesetz 403
– Lohnstatistik, Gesetz 111
– Preisstatistik, Gesetz 405
Statistisches Bundesamt 146 f., 414, 437
– Fachausschuß „Preis- und Lohnstatistik" 111
Stellvertreter des Bundeskanzlers 47 f., 397
Steuerberater 175
Steuerberater und Steuerbevollmächtigte, Gesetz über Rechtsverhältnisse 403
Steuern
– Bevorratungswirtschaft 184 f.
– Bewertungsgesetz 403
– Ehegattenbesteuerung 38 f., 212, 222, 264, 268, 270
– Einheitsbewertung 153
– Einkommensteuer, Einkommensteuergesetz 38, 166, 184, 195, 212, 376
– entflochtene Unternehmen, Besteuerung 77
– Erbschaftssteuergesetz 403
– Ergänzungsabgabe 213

– Fette 185
– Hülsenfrüchte 185
– Importwaren 184 f.
– Kaffee 360, 366 f.
– Kakao 185
– Kapitalansammlungsverträge 180 f., 190
– Körperschaftsteuer, Körperschaftsteuergesetz 38, 166
– Landwirtschaft 112, 184 f., 310, 439
– Mineralölsteuer 118 f.
– Nichtsteuerzahler 174
– Reis 185
– „Rüstungssteuer" 380
– Saarklauseln 124 f., 153
– Steueraufkommen 38 f., 270 f., 365
– Steuerausfälle 36 f., 185
– Steuerbegünstigungen und -erleichterungen 33, 37, 112, 180 f., 184 f., 190, 251, 376
– Steuererhebung, Sondersteuern im Rahmen des Kindergeldgesetzes 173, 175
– Steuererhöhungen 379 f.
– Steuerpolitik 47, 49
– Steuerpolitik, EGKS 93
– Steuerreform 38, 40, 47
– Steuerschätzung 211 f.
– Steuersenkungen 168, 231
– Tee 185
– Umsatzausgleichssteuer 168
– Umsatzsteuer, Umsatzsteuergesetz 77, 360, 365–367
– Umwandlungs-Steuergesetz 195
– Verbrauchsteuern 75, 158
– Vermögensteuer 153, 248, 403
– Wohnungsbau 33, 376
– Zucker, Zuckersteuergesetz 210, 310, 439
Stiftungen
– Eichendorff-Stiftung 249
– Stiftung Preußischer Kulturbesitz 216
– Stiftung Volkswagenwerk 288 f.
– Studienstiftung des Deutschen Volkes 415
Stinnes-Aktien, Aufkauf 272 f., 278, 282, 294 f., 312
Stockholm 192

602

Strafprozesse, Aussagegenehmigung für Mitglieder der Bundesregierung 291–293
Strafrechtsänderungsgesetz, Viertes 33, 164 f.
Strafverfolgung von Verwaltungsangehörigen der Bundesministerien 165
Strafvollzug 206
Strahlantriebe, Forschungsinstitut 364
Strahlenschutz, Strahlenschutzverordnung 334, 343, 409
Straßburg
- Konferenz der Stellvertreter der Außenminister des Europarats 410
- Ministerausschuß des Europarats 237
- Sitz der Organe der Europäischen Gemeinschaften 443
Straßenverkehr
- Angleichung der Vorschriften in Europa 371 f.
- Bundesautobahnen 122, 341 f.
- Bundesstraßen, Bundesfernstraßen, Ausbauplan 40, 110, 118, 122
- Bundesstraßen, Schäden durch Stationierungstruppen 427
- Genfer Empfehlungen 371 f.
- Güter- und Möbelfernverkehr 310, 358, 365 f.
- Höchstgeschwindigkeit für Kraftfahrzeuge 289 f.
- Internationales Abkommen über den Straßenverkehr 372
- Lastkraftwagen, Abmessungen, Gewichte 371
- Sattelschlepper 372
- Straßenabnutzung 358, 427
- Straßenbau 74, 96, 110, 118, 122, 230, 271
- Straßenentlastungsgesetze 406
- Straßenverkehrsgesetz, Gesetz zur Sicherung des Straßenverkehrs 289 f.
- Straßenverkehrsgewerbe 371 f.
- Straßenverkehrsordnung, Straßenverkehrs-Zulassungs-Ordnung 371 f.
- Straßenverkehrszeichen 407
- Verkehrsfinanzgesetz 118, 122
Strategic Air Command 16
Streiks
- Aussperrungen 135
- Graphisches Gewerbe 321

- Metallarbeiterstreik in Schleswig-Holstein 36, 71, 78 f., 82, 87, 134
- Ruhrgebiet 1928/1929 134 f.
- Schlichtungswesen, Schiedssprüche 79, 82, 134 f.
- Schulstreik in Bad Godesberg 321
- Urabstimmungen 78, 82
Studienstiftung des Deutschen Volkes 415
Stuttgart, Dreikönigstreffen der FDP 71
Subventionen *siehe Margarine, Mehl, Milch und Zucker*
Südamerika, Luftverkehr 115
Südfrüchte 37, 155
Südtirol, Selbstbestimmungsrecht 351
Suez-Krise 15, 19, 70, 164, 167
- Freimachung des Suezkanals 74, 117
Sydney, Generalkonsulat der Bundesrepublik Deutschland 357

Tag der Deutschen Einheit 243
„Der Tag" (Berliner Zeitung) 453
Tagungen *siehe Konferenzen*
Taktische Atomwaffen 16–18, 21
Tapferkeitsmedaille, Österreichische 325
Tarife
- Deutsche Bundesbahn 36, 112, 177 f., 289
- Omnibustarife 36, 205 f., 214, 225, 231 f.
- Sozialtarife bei Bahn und Post 205 f.
Tarifgemeinschaft der kommunalen Arbeitgeber 36, 299
Tarifgemeinschaft deutsche Länder 170 f.
Tarifpolitik, Tarifverhandlungen *(siehe auch Löhne, Lohnpolitik)*
- Arbeitszeit, Arbeitszeitverkürzungen *siehe dort*
- Bäckereigewerbe 186–188
- Bergbau 327 f.
- Deutsche Bundespost 207 f.
- Graphisches Gewerbe 321
- Landwirtschaft 78
- Lohnfortzahlung im Krankheitsfall 36, 78, 134
- Metallarbeiterstreik in Schleswig-Holstein 36, 71, 78 f., 82, 87, 134 f.

603

Sach- und Ortsindex

noch: Tarifpolitik
- Metallindustrie 78, 389
- Öffentlicher Dienst 35, 170 f., 176–178, 225 f.
- Tarifparteien 116
- Tarifrecht 270
- Tarifverträge für Kraftfahrer bei obersten Bundesbehörden 196

Technisches Hilfswerk 419
Tee, Zölle und Steuerbegünstigung 75, 185
Tel Aviv, Besuch Ollenhauers 228
Telefongespräche, Abhörgefahr 130
„Telegraph" (Berliner Zeitung) 453
Theater, Urheberrecht 413
Tierbestände 147, 162
Titel, Orden, Ehrenzeichen, Gesetz 325, 359
Todesurteile (in Ungarn) 369
Togo 103
Tonkunst, Urheberrecht 413
Traktatländereien 73
Traubenmost, Vergärungsverbot 283
Traubensaft, Einfuhrzölle 242, 272
Treibstoffversorgung 117
Treuhandstelle für den Interzonenhandel 453 f.
Treuhandstelle für Handel und Industrie 454
Truppenstatut 83, 85, 423–428
Truppenvertrag, Truppenvertragskonferenz 72, 84 f., 195, 423–428
- Fernmeldegebühren 424, 426
- Manöverschäden, Niedersachsen-Klausel 424–427

Tschechoslowakei, Staatsschulden 418
Tuberkulose
- Tbc-Freiheit des Milchviehbestandes 162
- Tuberkulosehilfe 211, 402

Tunesien
- Anerkennung 352
- Assoziierung mit der EWG 103, 142
- Unabhängigkeitstag 182

Türkei
- Adenauer-Besuch 218–220
- Blüchers Zwischenaufenthalt 209

- Islamischer „Schutzwall gegen den Kommunismus" 219
- Munitionsliefervertrag 224
- Wirtschaftshilfe der Bundesrepublik 335

Überseeische Gebiete, Assoziierung mit der EWG 26, 92, 95–104, 141–145, 155
UdSSR *siehe Sowjetunion*
Ulm, II. Korps 194
Umrüstung, Radford-Plan 16, 19 f.
Umsatzsteuer, Umsatzsteuergesetz 77, 168, 360, 365–367
Umsiedler *siehe Aussiedler*
Unfallversicherungen
- Bauarbeiter 148
- Bundesminister und Bundesbedienstete 345
- Gesetz 31, 114 f., 123, 148 f., 194 f.
- Regierungsprogramm 1957 49

Ungarn
- Aufstand und sowjetischer Einmarsch 1956 15, 43, 70, 230, 368
- Saatguthilfe 81 f.
- Sportverkehr 368 f.
- Staatsschulden 418
- Todesurteile 369
- Ungarn-Flüchtlinge 34, 113, 118 f., 241, 250, 264, 267 f., 274
- – Aufnahme geflüchteter Studenten in Kanada 113
- Ungarn-Hilfe 70, 81 f., 113, 119, 203 f., 210
- UNO-Debatte 70, 368 f.

Universitäten *siehe Hochschulen*
UNO *siehe Vereinte Nationen*
Unternehmensverband Ruhrbergbau 37, 328, 390
Unteroffiziere, politische Betätigung 118
Unterschlagungen 165
Uran 90
Urheberrecht, Urheberrechtsreform 403, 413 f.
Urlaub, Jugendarbeitsschutzgesetz 31
Urlaubsvertretungen 314
USA *siehe Vereinigte Staaten von Amerika*

Sach- und Ortsindex

Vatikan
- Apostolische Nuntiatur 246
- Botschafter der Bundesrepublik Deutschland 168
- Konkordatsurteil 198

Verbände
- Arbeitgeberverbände 36, 87, 116, 170, 299, 389
- Ärzteverbände 304
- Bundesverband der Deutschen Industrie 93, 268, 370
- Bundesverband der landwirtschaftlichen Berufsgenossenschaften 348
- Bundesvereinigung der Deutschen Arbeitgeberverbände 87
- Deutscher Bauernverband 35, 45, 146, 288
- Gesamtverband der deutschen Brotindustrie 188
- Gesamtverband der metallindustriellen Arbeitgeberverbände 87, 389
- Industrieverbände 205
- Kraftverkehrsgewerbe 371 f.
- Landwirtschaftliche Verbände 35, 45, 146, 288, 428 f.
- Mühlenverbände 428 f.
- Sportverbände 368 f.
- Unfallversicherungsverbände 148
- Unternehmensverband Ruhrbergbau 37, 328, 390
- Verband der Automobilindustrie 371
- Verband der Heimkehrer 297
- Vereinigung der kommunalen Arbeitgeberverbände 36, 170, 299
- Wohlfahrtsverbände 297, 305
- Zentralverband des deutschen Bäckerhandwerks 187–188
- Zentralverband deutscher Konsumgenossenschaften 188

Verbraucherschutz 316 f.
Verbrauchsteuern 75, 158
Vereinigte Glanzstoff Fabriken 415
Vereinigte Staaten von Amerika
- Abrüstung, Abrüstungsgespräche 19 f., 193, 258 f., 277, 285
- Bundesrepublik Deutschland 15 f., 41, 192, 217, 258 f., 267
- – Adenauer-Besuch 20, 41 f., 273, 276–278, 285
- – Aufrüstungsrückstand 217
- – Berliner Erklärung der Westmächte 277
- – Botschaft/Botschafter der Bundesrepublik in Washington 217, 258, 278
- – Botschaft/Botschafter in Bonn 258, 272, 295
- – Brentano-Besuch 41, 181, 216 f.
- – deutsches Vermögen in den USA siehe – Stinnes-Aktien
- – Dulles-Interview 258 f.
- – Engagement in Deutschland nach 1945 102
- – Finanz- und Wirtschaftshilfe im Rahmen des NATO-Vertrages 295 f., 401
- – Henschel-Werke, Sanierung 381
- – Kohleausfuhr 158, 328
- – NATO-Beitritt 295 f.
- – Ollenhauer-Besuch 42, 217, 228
- – Reaktorabkommen 89
- – SPD-Regierung nach der Bundestagswahl 217
- – Stationierungskosten 27, 295 f., 344
- – Stationierungstruppen 391
- – Stinnes-Aktien, Aufkauf 272 f., 278, 282, 294 f., 312
- – Truppenrückzug 217, 434
- – Weizenlieferung 203 f.
- – Wiedervereinigung Deutschlands siehe – Deutschlandfrage
- Department of Justice 294
- Deutschlandfrage 20 f., 272, 277, 394
- Dollar-Parität 27, 362 f.
- Entspannungspolitik 217
- EURATOM 88 f., 91, 104, 145, 217
- Europa, Europäische Integration 25, 102, 145, 267
- EWG 104 f., 145, 217
- Frankreich, Haltung in der Suez-Krise 19
- Frankreich, US-Kredite 430
- Großbritannien, Haltung in der Suez-Krise 19
- Großbritannien, Öleinfuhr 83
- Island 335
- Nahostpolitik 101
- NATO 15 f., 18
- NATO, Beitritt der Bundesrepublik Deutschland 295 f.

605

Sach- und Ortsindex

noch: *Vereinigte Staaten von Amerika*
- NATO, Finanz- und Wirtschaftshilfe im Rahmen des NATO-Vertrages 295 f., 401
- Office of Alien Property 294
- Ölausfuhr 83
- Princeton University 21, 394
- Radford-Plan 16, 19 f.
- Repräsentantenhaus 277 f.
- Rotes Kreuz 319
- Senat 278
- Sowjetunion, Verständigung, „Pax atomica" 19, 21, 145, 217, 259, 320 f., 434 f.
- Sowjetunion, Zusammenarbeit in der Suez-Krise 19, 70
- State Department 258
- Stinnes-Aktien, Aufkauf 272 f., 278, 282, 294 f., 312
- Strategic Air Command 16
- Suez-Krise 19, 70
- Truppenrückzug in Mitteleuropa 217, 434
- Ungarnfrage vor der UNO 368
- Währungspolitik 27, 362 f.

Vereinigung der kommunalen Arbeitgeberverbände 36, 170, 299

Vereinte Nationen 280, 320
- Abrüstungskommission, Abrüstungsgespräche 19–21, 140, 193, 237, 276–278
- Aussiedlung von Deutschen aus den ehem. Ostgebieten 170
- Charta 97, 102, 141 f.
- Flüchtlingsfonds 234, 241 f.
- Food and Agriculture Organization (FAO) 81
- Internationale Konferenz über die friedliche Verwendung der Kernenergie 357 f.
- Polizeitruppe am Suez-Kanal 167
- Rapacki-Plan 21
- Räumung des Suezkanals 74
- Suez-Konflikt 70
- Ungarn-Ausschuß 70, 368 f.
- Vollversammlung 193, 368 f.
- Weltpostkongreß 366

Verfassungsklagen 346
Verfassungsrechtliche Prüfungen 374

Vergütungen *(siehe auch Besoldung, Gehälter, Löhne)*, Erhöhungen 176–178

Verkehr, Verkehrspolitik *(siehe auch Deutsche Bundesbahn, Luftverkehr, Schiffahrt, Straßenverkehr)*
- EWG 92, 94, 96
- Fahrpreise für Heimkehrer 111 f.
- Französische Eisenbahngesellschaft (SNCF) 103
- Grenzabfertigung nach Belgien, Abkommen und Gesetz 323, 401
- Güter- und Möbelfernverkehr, Höchstzahl der Kraftfahrzeuge 310, 358, 365 f.
- Personenbeförderung zu Lande, Gesetz 407
- Straße-Schiene-Konzeption 310, 358
- Tarife siehe unter Deutsche Bundesbahn
- Truppenvertrag 427
- Verkehrsfinanzgesetz 118, 122
- Verkehrsgesetze 289 f., 371 f.
- Verkehrsunfälle 290
- Verkehrsunternehmen 205, 358
- Verkehrszeichen 407
- Wahlkampf 230

Verlagswesen 168

Vermögen, deutsches im Ausland
- in den USA (Stinnes-Aktien) 272 f., 278, 282, 294 f., 312
- in der Schweiz 211, 278
- in Österreich 29, 274, 278–281

Vermögensteuer 153, 248, 403
Vermögenswerte des Bundes 72
Verschuldung des Bundes 231
Versicherungen
- Altersversicherungen, Altersrente in der Landwirtschaft 35, 147, 162, 274, 283, 287 f., 346, 348
- Angestelltenversicherung, Neuregelungsgesetz 30, 133, 437
- Arbeiterrentenversicherung, Neuregelungsgesetz 30, 133, 437
- Arbeitslosenversicherung 30, 287
- Ärzte, Gebührenordnung (Preugo-Mindestsätze) 304
- Gemeindeunfallversicherung 148
- Knappschaftliche Rentenversicherung 30, 211, 437 f.
- Kraftfahrzeugversicherung für Bundesbedienstete 345

– Krankenversicherung 49, 123, 406, 409
– Krankenversicherung, Angleichung in Berlin 405
– Lebensversicherungsrenten 210
– Pflichtversicherung in der Landwirtschaft 147
– Rentenversicherung siehe Rentenreform, Rentenversicherungsgesetze
– Sozialversicherung 304, 376, 405 f.
– Sozialversicherung, Angleichung in Berlin 405
– Unfallversicherung, Unfallversicherungsgesetz 31, 49, 114 f., 123, 148 f., 194 f., 345
Versorgung siehe Altersversicherungen, Beamte, Bundesversorgungsgesetz und Kriegsopferversorgung
Versorgungskosten des Bundes und der Länder 211
Verstaatlichungen 43, 285
Verteidigungskosten siehe Bundeshaushalt, Bundesministerium für Verteidigung und – Kassenüberschüsse aus nicht verbrauchten Verteidigungsmitteln
Verteidigungsstrategie und -politik siehe NATO, Strategie
Vertrauensmännerwahlgesetz 32, 179
Vertreibung, Aussiedlung von Deutschen aus den Ostgebieten („zweite Vertreibung") 119, 127 f., 139, 170, 253, 305, 344, 349 f.
Vertreibungsschäden, Saarklausel 125
Vertretungsregelungen 164, 314, 347, 447 f.
Vertriebene (siehe auch Flüchtlinge, Aussiedler, Spätaussiedler sowie Lastenausgleich)
– Bundeshaushalt 211
– Entschädigung siehe Lastenausgleich
– Filmtheaterbesitzer 349
– Flüchtlingsfonds der UNO 241 f.
– Kleiderhilfe siehe unter Friedland
– Lohnstatistik 111
– Österreich 281
– Unterbringung und Eingliederung 33 f., 393
– Unterstützung 106
– Vertriebenen-Industrie 354
– Wohnungsbau 325
Veruntreuung 165

Verwaltungsgerichtsordnung 401, 440
Verwaltungsvereinfachung 373
Verwaltungszuständigkeiten des Bundes 374 f.
Viehbestände 147, 162
Vientiane, Gesandter der Bundesrepublik Deutschland 410
Vierzig-Stunden-Woche (siehe auch Arbeitszeit, Arbeitszeitverkürzung) 93 f.
Vizekanzler siehe Stellvertreter des Bundeskanzlers
Völkerrecht 283
– Vertragsschließungskompetenz des Bundes und der Länder 198
Volksaktien 49
Volksbund für die Wiedervereinigung Deutschlands 351
Volkswagenwerk, Volkswagenaktien, Volkswagen-Sondervermögen 49, 288 f.
Vollzugsbeamte des Bundes 402

Waffen-SS, Gleichstellung mit Angehörigen der Wehrmacht, Aufnahme ehem. Angehöriger in die Bundeswehr 301 f., 314
Wahlen siehe Bundestagswahlen und Landtagswahlen
– Oberbürgermeisterwahl in Nürnberg 435
Wahlkampf siehe unter Bundestagswahlen
Wahlkreise, Änderung 414
Wahlrechtsänderung, Wahlgesetz 128, 345 f., 414
Wahn, Flughafen Köln-Wahn 117
Währungspolitik 27–29
– Aufwertung der D-Mark 28, 324, 337, 362 f.
– Devisenanlage bei der Bank of England 202 f.
– Devisenbestände 264
– Europäischer Währungsfonds 220
– Europäisches Währungsabkommen 220, 408
– Frankreich 28, 429 f.
– Goldbestände 264
– Großbritannien 27 f., 355, 366
– Internationaler Währungsfonds 429 f.

noch: Währungspolitik
- Kompetenz des geplanten Europa-Ministeriums 46 f.
- OEEC 292
- USA 27, 362 f.
- Währungsreform 1948 314
- Währungssicherung, Währungsstabilität 38, 43, 100, 116, 362 f.
- Währungsumstellung im Saarland 323
- Wechselkurse 93, 362 f.

Waisenrente 30, 123, 183

Warenhäuser 224

Warschauer Pakt 17, 22, 442

Washington 181, 294, 394

Wasserrechtliche Vorschriften in Hessen 374 f.

Wasserschutzgebiete 425

Wasserstoffbomben 19

Wasserstraßen 374 f., 407

Wasserwirtschaft, Wasserfragen 49, 85, 124, 150, 237, 246–248, 374 f.

Wehrbeauftragter des Deutschen Bundestages 32, 302

Wehrbereichsverwaltungen (Personalbeschlüsse) 309

Wehrdebatte im Deutschen Bundestag 32, 116, 121

Wehrdienst, Wehrdienstverweigerer, Ziviler Ersatzdienst 33, 77 f., 405

Wehrdienstsenat (Bundesdisziplinarhof), Personalbeschlüsse 342, 354

Wehrgesetze
- Militärseelsorge 32, 145 f., 233, 246
- Organisationsgesetz 407, 430
- Soldatengesetz 118, 179, 301
- Vertrauensmännerwahlgesetz 32 f., 179 f.
- Viertes Strafrechtsänderungsgesetz 33, 164 f.
- Wehrbeauftragter des Deutschen Bundestages 32, 302
- Wehrdisziplinargerichte 222
- Wehrpflichtgesetz, Wehrpflichtänderungsgesetz 32 f., 77, 229, 256, 430 f.
- Wehrstrafgesetz 138 f., 166
- Ziviler Ersatzdienst 33, 77 f., 405

Wehrmacht
- Auflösung 110

- Gleichstellung der Angehörigen der Waffen-SS 301 f., 314

Wehrpflicht *siehe Wehrgesetze, Wehrpflichtgesetz*

Wehrpolitik *siehe Wehrdebatte im Deutschen Bundestag*

Weihnachtsbotschaften 435

Weihnachtsgeld 452

Weihnachtsglückwünsche 448

Wein, Weinbau
- Abkommen mit Griechenland über Untersuchung und Überwachung 400
- Abkommen mit Italien über Untersuchung und Überwachung 419
- Aufgespritete Weine, Heranziehung zum Monopolausgleich 196, 223
- Dessertweine 223
- Einfuhr 242, 272
- Frostschäden 291
- Weingeist 223
- Weingesetz 283
- Wermutweine 223
- Zölle 242, 291

Weizen, Lieferungen an Polen 195, 203 f.

Wellington, Gesandtschaft der Bundesrepublik Deutschland 129

„Die Welt" 258 f., 323, 327, 412 f.

Weltausstellung 1958 in Brüssel 444

Weltbank, Quote der Bundesrepublik Deutschland 260, 272, 302 f., 311 f.

Weltpostverein, Welt-Postkongreß 366

Weltraumforschung, Weltraumsatelliten 18, 442

Werbefernsehen 436

Wermutweine 223

Wertpapiere 180

Wesel, Autobahnbau 342

Weser, NATO-Strategie 189

Westdeutsche Rektorenkonferenz 153, 363 f., 415

Westeuropäische Union
- (Minister-) Ratstagungen 189, 192
- Reduzierung der britischen Stationierungstruppen in der Bundesrepublik 140, 189, 192
- Versammlung, deutsche Vertreter 428

Westfalenhalle (Dortmund) 41, 308

Westwall 382

Sach- und Ortsindex

Wettbewerbsbeschränkungen, Gesetz gegen (Kartellgesetz) 43, 270
Wettbewerbsförderung in der Energiewirtschaft 37, 390
Wiedergutmachung nationalsozialistischen Unrechts 74, 322 f., 332, 406
Wiedervereinigung 15, 17–24, 50, 74, 121, 138, 152, 217 f., 229, 231, 237, 239 f., 256, 277, 308, 320, 351, 394, 422, 434
– Haltung Jugoslawiens 378, 396
– Junktim mit Abrüstung 19–24, 258 f., 277
Wien 82, 280
– Kongreß der Sozialistischen Internationale 320
Wiesbaden, Tagung der Landeswahlleiter 345 f.
Wifo-Institut 146 f.
Wilhelmshaven, Notstandsgebiet 354
Wirtschaft, Wirtschaftspolitik
– Demontage 229
– Entflechtung 77, 229, 349
– gewerbliche Wirtschaft 35, 169, 177 f., 294, 355
– Kompetenz eines Europa-Ministeriums 46
– Maßhalteappelle 36 f., 268
– Ordnungspolitische Maßnahmen 37, 43 f.
– Preisstabilität, Preisstop siehe unter Preise, Preispolitik
– Produktivitätssteigerung 49, 177
– Soziale Marktwirtschaft 250 f.
– SPD-Wirtschaftspläne 228
– Wettbewerb, Wettbewerbsförderung 37, 43, 270, 293
– Wirtschaftsverträge mit ausländischen Staaten 404
– Wirtschaftswachstum siehe Konjunktur, Konjunkturpolitik
– Wirtschaftswissenschaften 216
– Wirtschaftswunder 44
Wirtschaftliche Beteiligungen des Bundes 49
Wirtschaftsberatungs AG 415
Wirtschaftsforschungsinstitute 146 f.
Wirtschaftshilfe
– Afghanistan 335
– Gegenseitige im Rahmen des NATO-Vertrages 202, 295 f., 344, 401, 431

– Griechenland 325 f., 335
– Indien 218 f.
– Iran 219 f.
– Island 335, 382, 386 f.
– Pakistan 209
– Polen 345, 418 f.
– Türkei 335
Wirtschaftsprüfer
– Berufsordnungsgesetz 404
– Kindergeldgesetz 175
Wirtschaftsrat der EWG 106 f.
Wirtschaftsstrafgesetz 116
Wiso-Korrespondenz für Wirtschafts- und Sozialwissenschaften 216
Wissenschaft (siehe auch Forschung, Forschungspolitik)
– Hochschullehrerreserve für den Fall der Wiedervereinigung 152
– Wirtschafts- und Sozialwissenschaften 216
– Wissenschaftler im Wirtschafts- und Sozialrat der EWG 106
– Wissenschaftliche Forschung siehe Forschung, Forschungspolitik
– Wissenschaftsförderung 116, 329–331, 363 f., 366
Wissenschaftsrat 329–331, 363 f., 415 f., 450 f.
Witwenrente 30, 123, 183
Wohlfahrtsverbände 297, 305
Wohngeldzuschuß 176, 207
Wohnungsbau 33 f., 49, 229, 312
– Althausbesitz 34, 160, 251, 262 f., 268
– Aussiedler 344, 349 f.
– Bundeswehr 201, 261
– Evakuierte 33 f., 234, 241, 263
– Flüchtlinge 33 f., 160 f., 250, 252 f., 263, 268, 296, 325, 344 f., 349 f., 392 f., 437
– Hausbesitz, Hausbesitzer (siehe auch – Althausbesitz) 250, 262, 391
– Instandsetzung 34, 250 f., 262, 273
– Kasernenfreimachung 201
– Lastenausgleichsgesetz 376
– Mieten, Mietpreisbindung 34, 160, 190, 233, 262
– Mietwohnungsbau 33
– mittelständische Politik 46
– Raumordnung 160

609

Sach- und Ortsindex

noch: Wohnungsbau
- Räumungsklagen deutscher Hausbesitzer gegen US-Stationierungsstreitkräfte 391
- Regierungsprogramm 1957 49
- Sozialer Wohnungsbau 33 f., 159–161, 180, 190, 313, 349, 393
- Sozialwohnungen 34
- Steuerbegünstigungen 376
- Übernahme von Aufgaben der Länder durch den Bund 329
- Ungarn-Flüchtlinge 34, 241, 250, 264, 273 f.
- Vertriebene 325
- Wohngeldzuschuß 176, 207
- Wohnraumbewirtschaftung, Wohnungszwangswirtschaft 233, 251
- Wohnungsbaugesetze 34, 201, 408
- Wohnungsbauprogramm 160
- Wohnungsbedarf in Großstädten 34
- Zinsentwicklung 313

Wuppertal, Kanu-Länderkampf gegen Ungarn 369

Würzburg, Bundesparteitag FDP 71

Zahlungsbilanzen, OEEC 392

Zahlungsbilanzüberschüsse der Bundesrepublik Deutschland 27–29, 203, 268, 303, 311, 323 f., 332, 337, 362 f., 429

Zahnärzte, Gebührenordnung 304 f., 308

Zeitungen, Verkauf an Sonn- und Feiertagen 436 f.

Zeitungspapier 168

Zeitungsverlagswesen 168, 180, 185

Zellstoff 168

Zentralarbeitsgemeinschaft des Straßenverkehrsgewerbes 371

Zentralverband des deutschen Bäckerhandwerks 188

Zentralverband deutscher Konsumgenossenschaften 188

Zentrumspartei 346, 422

Zinsen 331, 338

Zinsen, Zinsverbilligung in der Landwirtschaft 291, 338

Zivile Verteidigung, Zivilschutz, Gesetz (siehe auch Luftschutz) 41, 239, 254 f., 273, 351 f., 387, 419

Ziviler Ersatzdienst, Gesetz 33, 77 f., 405

Zölle
- Belgien 105
- EWG, Zollunion 75, 92, 105, 155, 391 f.
- Finanzzölle 75, 324
- Frankreich 105
- Kaffee 75
- Kakao 75, 155
- Landwirtschaft 37, 155, 242, 272, 290 f., 324, 359 f., 365
- Niederlande 105
- Obst 37, 359 f., 365
- Saisonzölle 403
- Schweiz 401
- Sektgrundwein 242, 272
- Südfrüchte 37, 155
- Tee 75
- Traubensaft 242, 272
- Wein 242, 291
- Zollsenkungen, Zollsatzänderungen 37, 187 f., 264 f., 268–270, 283, 288, 312, 323 f., 354 f., 403

Zollverwaltung 271, 359

Zonenrandgebiete 211, 342, 354, 380 f., 388

Zuchthaus 206

Zucker
- Internationales Zuckerabkommen 405
- Preise 37, 310, 439
- Subventionierung 410
- Zuckerindustrie 310, 339, 439
- Zuckersteuer, Zuckersteuergesetz 210, 310, 439

Zuckerrüben
- Ernteschäden 310, 338 f., 347 f., 355
- Preise 355, 438 f.

Zürich, Galerie Neuport 381

Zuständigkeiten, Zuständigkeitsabgrenzungen
- Bundesminister, Bundesregierung 48–50, 138 f., 182, 220–222, 374 f.
- Auswärtiges Amt 48
- – GATT 182
- Bundesministerium der Finanzen 48 f.
- – Öffentliches Dienstrecht 221
- Bundesministerium des Innern 48 f.
- – Hochschullehrerreserve für den Fall der Wiedervereinigung 152 f.

– – Kulturaufgaben 153
– – öffentliches Dienstrecht 221
– – Ziviler Ersatzdienst 77 f.
– Bundesministerium für Arbeit und Sozialordnung 49
– – Angestellte 49
– – Ziviler Ersatzdienst 78
– Bundesministerium für Atomkernenergie und Wasserwirtschaft 49
– Bundesministerium für Familien- und Jugendfragen 48
– Bundesministerium für gesamtdeutsche Fragen, Hochschullehrerreserve im Falle der Wiedervereinigung 152 f.
– Bundesministerium für Vertriebene, Flüchtlinge und Kriegsgeschädigte 49, 122
– – Bundesausgleichsamt 49
– Bundesministerium für Wirtschaft 48
– – Ärztegebühren 36

– – OEEC 182
– Bundesministerium für wirtschaftlichen Besitz des Bundes 49
– – Bundesbauverwaltung 49
– Bundesministerium für Wohnungsbau 33
– Deutsche Bundesbank, Geschäftsverteilung 411
Zweiparteiensystem 44
Zwei-Staaten-Theorie (Deutschlandfrage) 23 f., 138, 231
„Zweite Vertreibung" *siehe Vertreibung, Aussiedlung von Deutschen aus den Ostgebieten*
Zweiter Weltkrieg
– Besetzung der Niederlande durch deutsche Truppen 73
– Kriegsfolgengesetz 382
– Kunsthandel 381
– Sicherheitsbedürfnis der ehem. Kriegsgegner 25